自由中國

FREE CHINA

合訂本 第七集

第八卷

中華民國四十二年七月一日出版

社址：臺北市和平東路二段十八巷一號

自由中國合訂本第七集要目

第八卷　第一期

第八卷　第二期

第八卷　第三期

第八卷　第四期

第八卷　第五期

第八卷　第六期

第八卷　第七期

第八卷　第八期

第八卷　第九期

第八卷　第十期

第八卷　第十一期

第八卷　第十二期

定價：精裝每册六十元
平裝每册五十元

自由中國

FREE CHINA

第八卷　第一期

民國四十二年　新年特刊

要　　目

中華民國四十二年一月一日出版
社址：臺北市金山街一巷二號

半月大事記

十二月九日（星期二）
美總統當選人艾森豪在海倫那巡洋艦駛往夏威夷途中與重要閣員就韓戰問題整日秘密會議。
英國可能同意在韓發動有限度攻勢，使聯軍防線推進至較易守衛的狹窄地帶。
北非摩洛哥境內發生土人仇法的流血暴動。

十二月十日（星期三）
立法院會議通過明年度總預算案。
美機出動五百三十架次猛炸圖門江南四處共方鐵路終點。
艾森豪電邀麥克阿瑟元帥作非正式會談，聽取麥帥終止韓戰的計劃。

十二月十一日（星期四）
耕者有其田條例立院決議交付四委員會審查。
日警察本部宣稱：已發現在日本的國際間諜網。

十二月十二日（星期五）
艾森豪抵檀香山，繼續舉行政策會議。
美駐華大使司徒雷登辭職。
日首相吉田茂對國會演說，蘇俄與中共對日的敵對態度已取消了恢復正常關係的可能性。
摩洛哥土人繼續暴動示威。

十二月十三日（星期六）
聯大政治委員會對法國與突尼西亞爭執通過拉丁美洲提案。
歐洲十八國的經濟合作組織擬定經濟自給方案。
紐約舉行原子彈空襲演習。

十二月十四日（星期日）
艾森豪返抵紐約，結束其為時兩週半的韓國之行。
韓境大小諸里兩山三日來血戰後中共損失兩千人。
日首相吉田茂與自由黨內反對派代表會晤，但未獲得解決黨內僵局的協議。

十二月十五日（星期一）
中共拒絕聯合國所通過的印度解決韓戰方案。美國已表示不再作讓步。
北大西洋公約理事會在巴黎舉行會議。
日首相吉田茂接受黨內反對派條件，內閣危機減輕。

十二月十六日（星期二）
北大西洋公約理事會任命英蒙巴頓將軍為地中海盟軍海軍總司令。
美提出新建議支持日本加入聯合國。
回教賢哲團大會促請所有回教國家與法國斷絕關係。
美國務卿艾契遜與英外相艾登會晤，圖解決英伊糾紛。

十二月十七日（星期三）
法突關係新發展：突武裝部隊一部叛變，突王拒絕改革計劃的若干部份。
日煤礦工人已結束其六十日的全國罷工。
日眾院通過補充預算，內閣危機解除。
艾森豪與麥克阿瑟對世界大局與韓戰問題作兩小時會談。

十二月十八日（星期四）
大西洋公約理事會議結束會中通過二億餘元軍事工程計劃。
日電氣工人與資方獲得協議，終止其開始八十三日來的罷工。

十二月十九日（星期五）
聯大法律委員會通過我要求，修正禁止危害種族公約中文本建議。
泰國三度拘捕大批共黨份子。
法對突王提出強硬照會，要求依法方改革方案進行談判。

十二月二十日（星期六）
聯大政委員決議要求安理會准予日本、柬埔寨、老撾、越南，利比亞與約但加入聯合國。
突王認可法方改革方案。阿拉伯聯盟政委會集會開羅。

十二月二十一日（星期日）
聯大決定設立十五國委員會研究侵略之定義。
俄代表要求聯大討論「集體屠殺韓戰戰俘問題」。

十二月二十二日（星期一）
法國已試驗成功一新原子堆。
聯大否決蘇俄所控美國屠殺戰俘案。
土耳其、希臘與南斯拉夫對於共同防務已獲得原則協議。

十二月二十三日（星期二）
法皮奈內閣辭職。
日眾院通過向美國租借軍艦案。

十二月二十四日（星期三）
韓境中線中共軍約一千人發動攻勢被聯軍擊潰。
非政府表示，接受日本以勞務方式從事賠償的要求。
法總統接見各黨領袖，圖解法政府危機。

社論

法律與自由

有許多名詞，每因爲界限與涵義之不清，而引起了嚴重的誤解。「自由」就是這些最被誤解的名詞中之一個。對自由這東西，人們常是先把它的界限擴大，擴大到成爲放縱，然後又從而攻擊之。人們沒有知道，他們所攻擊的，並不是自由，而是放縱，我們誠能把自由的涵義辨明，此種攻擊對自由之神聖與值得寶貴，毫無損害。

要辨明自由與放縱二者間的界限，無須旁徵博引，在今日，這應該已經是一般人的常識了。個人的自由，應以不妨礙其他個人的自由和利益爲度。就是這樣一個簡單的解釋已經儘够。也許有人以爲還應該加上一句：個人的自由，同時也不應妨礙全體的利益。這話是不錯的，但這樣的補充却沒有絕對的必要。全體，無非是個人的累積；妨礙全體，事實上卽等於妨礙其他的個人。加上如此一句，不過是一種同義複述（tautology）。所謂全體的利益，如果是眞實的利益，就決不會與絕大多數個人的利益相衝突，無須要求犧牲後者而成全前者；祇有在全體利益被曲解的場合，才會有少數人假全體之名來要求大多數人有所犧牲。

怎樣才算不妨礙他人的自由和利益？這也非常簡單。道德和習俗供給了一個一般的標準，法律更爲此規定了詳細的節目。「己所不欲，勿施於人。」僅僅從這八個字，我們就可以大致辨別出那些事是該作的，那些事是不該作的。如果還嫌這個標準過於籠統，我們可以進而就教於法律。法律本來就以道德和習俗爲基礎，不過更爲詳盡而具體。法律就是一切行爲的規範。

再說，什麼是法律，這問題在專制政體之下也許還有疑義，但在民主政體，則應該是非常明白的。我國憲法第一百七十條卽曾規定：「本憲法所稱之法律，謂經立法院通過，總統公布之法律。」一點也不含糊，法律就是專指由最高民意代表所多數通過並由元首公告的法律而言。各級行政機關所頒發的條例和命令不得超出法律授權的精神之外。

照上文的推論，自由的範圍應與法律所許可的行爲範圍同其廣窄，不多於此，亦不少於此，自由軼出了這範圍，便成爲放縱。此二者間的界限是明確的，並非僅祇有程度的差別。

眞正的自由人，決不要求絲毫法律範圍以外的自由，但同時也決不放棄絲毫法律範圍以內的自由。在自由人看來，法律是政府與人民所應共守的，不是政府對人民單方面的約束。法律一方面規定了人民的行爲範圍，另一方面也規定了政府的權力範圍。法律，一方面是行爲的約束，另一方面也正是自由的保障。在先進國家，不僅政府可以繩人民以法，並且人民也可以繩政府以法；司法機關的權威，常常凌駕於行政與立法機關以上，人民對政府的控訴，常常可以使法院判決政府的命令爲無效，這樣才是法治的最高理想。

眞正的自由人，並不迷信法律之決無錯誤。有獨立思想的自由人，決不會對所有的現行法律都完全滿意。他要在言論上反對那種他所不能滿意的法律，並盡力慫慂立法機關把它修改或撤消。但是，在尙未經由合法程序把它修改或撤消之前，一個自由人對他所不能滿意的法律，決不拿行爲來觸犯它。這是一種自制。他明知此種對自由的約束爲不必要或甚且有害，亦仍願經由合法的途徑來加以反對，就表示他不願爲自由而破壞法律的尊嚴。

但自由人也要求政府應有同樣的自制。法律約束人民的行爲，也限制政府的權力。政府也與個人同樣的會對法律感覺不能滿意，而要求權力之擴大，正如個人要求自由之擴大一樣。而且，政府破壞法律，較諸尋常的個人有更多的方便。政府若不能自制，就可以命令來破壞法律，拿權力來貫澈命令，使法律爲之失效，使政府與人民之間找不到一個共同遵守的行爲標準。其結果，在人民方面若不是完全屈服，便是叛亂、抵抗、或消極的不合作；而其最後歸宿祇有二途，若不是高度的極權，就是支離破碎的無政府狀態。這兩個最後歸宿，都是我們所應該警誡的。

今日的自由世界，正面臨極權勢力擴張的嚴重威脅，在此時機，無人能够否認全世界自由人民有堅強團結的必要。但問題是，這團結要建立在怎樣的基礎之上？是一種强制的團結呢？還是一種自由意志的團結？如果是前者，我們敢坦白的說，我們的反共鬬爭終必失敗，因爲我們的强制效力，決不可能發揮到共產國家那樣的高度。我們是無法與它在這方面競爭的。必須是自由意志的團結才是一種眞實的、心悅誠服的團結。美國的兩黨，在各種問題的意見上都不相同，但在反侵略的鬬爭中却能團結，而且也發揮了偉大的力量。這是一個實例。

我們也完全承認，在緊急狀態之下，爲了團結，爲了便於行動，法律的尺度是應該稍稍改變的，它將變得限制個人者較多而限制政府者較少。但此種改變，也仍然必須以多數同意與合法程序爲其必要條件。法律的尺度雖有改變，而其必須爲政府與人民所共守的基本原則，則是不變的。並不是說，在緊急狀態之下，法律就可以不要，而隨時代以其它的東西，如命令與紀律之類。選擇了自由的人們，不會由衷的願意接受法律以外的約束，縱然形式上他不得不以識時務者的姿態勉强站在一起，但他的力量是無從發揮的。

東亞的命運

胡適

今日的東亞是今日的世界的一個部分，所以我們談「東亞的命運」，應該先了解今日世界的危機是怎樣造成的。

我近年常對許多國內國外的朋友說：今日世界的危機是三件大事造成的。第一是一九四一年六月希特勒(Hitler)開始侵入蘇聯之後，英美兩國盡力給蘇聯以經濟的、物資的、軍事的援助，就使蘇聯成爲歐洲的第一個强國。在德國的武力崩潰之後，蘇聯更無疑的成爲歐洲第一大强國。第二是雅爾達(Yalta)會議產生的秘密遠東協定，把蘇聯邀請回到東亞來，給他十百倍于日俄戰爭以前的各種特殊權利，使蘇聯成爲亞洲第一大强國。日本的武力崩潰之後，蘇聯更無疑的成爲亞洲第一大强國。第三是當日全世界最强大的國家——美國——在一九四五至一九四六年自己解除了自己的武裝力量，做到馬歇爾將軍(General of the Army, George C. Marshall)說的"tumultuous demobilization"『鬨烘烘的復員』。這樣自己急遽解除武裝的結果，就使蘇聯不但成爲歐洲亞洲的第一大强國，並且無疑的成爲全世界第一大强國。

自由世界的大力量在短時期內變成了不能制止强暴侵略的微小力量，所以在一九四七至一九四九年之間，東歐的許多國家，一個一個的被暴力征服了，被關閉在鐵幕裏，而自由世界完全無法援救。同一時期裏，赤色的武裝力量，征服了亞洲的北韓，征服了滿洲，征服了華北、華中、與華南，而自由世界也完全無力量援救。

這三大事件(也可以說是三大錯誤!)造成了今日世界的危機，造成了今日東亞的危機。

今日東亞的形勢是這樣的?①中華民國的大陸上四萬五千萬人口完全淪陷在鐵幕裏，已是三年多了。②韓國在赤禍的戰爭裏，已過兩年半了。③越南的戰事已進入第七年了。④日本雖然新近恢復了國家的獨立，但時時在赤色侵略的威脅之下。⑤自由中國的根據地——臺灣——以及菲律賓民主國、暹羅、緬甸、印度尼西亞，也都在赤禍的威脅之下。

我們現在談『東亞的命運』，其實就是推論一個問題：東亞的八萬萬人口能不能脫離赤色帝國主義的侵略與侵略的威脅，而成爲獨立自由的民族國家?

這就是說：東亞的命運是獨立與自由呢?還是不能避免被關閉在鐵幕世界裏的惡運呢?

我向來有『不可救藥的樂觀主義者』的綽號。我今天在新年裏推算『東亞的命運』，可以大膽的說：東亞的前途在眼前雖然還是很可悼歎的，但在不遠的將來，這一大個含有八萬萬人口的東亞全部都可以脫離赤禍的壓迫與威脅，都可以進入獨立自由的命運。

東亞的命運的轉機是在一九五〇年六月發生的聯合國出兵保衛大韓民國的戰爭。這件大事有幾層深遠的意義：

第一、聯合國依據憲章、共同出兵援救一個被侵略的國家，這是第一次。這是爲人類歷史上開一個新紀元；這是用實力共同保衛『集體安全』(collective security)的第一次實行。

第二、美國是向來不肯輕易拋棄他的傳統的孤立主義(isolationism)的立場的，所以在兩次世界大戰裏，美國總是在英法等國家都已打到精疲力盡的時候，不得已纔出兵參戰。此次保衛韓國的戰爭是美國首先倡導，美國打頭陣，美國軍隊的傷亡最多(南韓的軍隊除外)。這一點最可以表示世界的新形勢已逼迫美國不能不接受自由世界的領導地位了。

第三、在韓國戰事發生以來的兩年半之中，美國與其他自由世界國家，都已積極的恢復他們的武裝力量。自由世界的力量的急驟增加，是韓戰的最重大意義。

第四、韓國戰事的擴大與延長，已逼迫自由世界了解東亞的特殊重要地位，逼迫他們拋棄向來『歐洲第一』的成見，逼迫他們不得不把東亞的危機放在第一重要、第一急待解決的地位。

第五、因爲中國共產黨武裝力量的『抗美援韓』，韓戰延長至兩年半之久，至今還沒有結束的希望。這個持久戰的形勢，應該可以使自由世界充分瞭解中國大陸的重要性，充分瞭解中國大陸的廣大人力(man power)是不可讓世界共產侵略主義搶去裝備、訓練、造成最危險可怕的侵略力量的!所以韓國戰事在世界戰略上的最重大意義，也許可能逼迫自由世界走上援助自由中國恢復中國大陸、拯救中國四萬五千萬人民的一條大路上去。

我想在今日的世界形勢，我們應該切實的承認，『東亞的命運』是密切的聯繫在整個自由世界的命運之上。我們東亞國家的力量增高，當然可以增高自由世界的力量。整個自由世界力量的增高，就是東亞自由國家力量的增高。自由世界的命運光明，也就是東亞的命運光明。

國家自由與個人自由

羅鴻詔

一

最近胡適之先生自海外歸來，在「自由中國」創刊三週年紀念會上，以爭取言論自由、爲國家做諍臣、爲政府做諍友勗勉吾人，因之臺灣輿論界提出國家自由與個人自由的問題來討論，這是很可欣慰的現象。有一批論者覺得胡先生的話不對，紛紛提出質詢及商榷，他們的說法約言之如次：言論自由在臺灣是現成的，實無須乎爭取；今日的國家處境如此，人人均應盡其最大的努力去爭取國家的自由；反之，中國的個人自由太多了，人人均應犧牲個人的自由，然後能爭得國家的自由。信如論者所言，則今天臺灣的人民太自由了，只應自動減小，何必教人去爭取？海外某報所謂，「自由中國的言論自由，只有胡適之先生才享受一點，別人是沒有的。」當然是誹謗之辭，即胡先生要人去爭取，也未免多事了。

我向來對於自由問題感覺興趣，也不妨乘此時機來參加檢討一下。自由是一個極廣大的問題，西方人士討論了二千年，文獻之多，難以數計。我現在只打算將國家自由和個人自由的意義，以及二者間的關係，作一個簡單的分析，而對於「應該」的問題也提出我個人的意見。

自由是 freedom 或 liberty 的譯名，在外國文裏的意思是限制之不存(absence of restraint)，是消極的，對外的。在中國人的口頭上則「自由自在」與「無拘無束」差不多，也可解作消極的，對外的。據此則有沒有自由，不論國家與個人，即是有沒有外來的限制。

今先論國家，它有沒有自由是對「他國」而言，若有別的國家來限制我國，則我國沒有自由，別的國家乃有自由了，故國家的自由即是獨立，凡獨立的國家都是自由的。百餘年前黑格爾追求自由，尋得國家爲對象，他以爲國家的行爲是自由的，不但事實如此，而且應該如此。比方戰爭是國家的行爲，所以是絕沒有是非善惡可講的，唯有歷史才是判決者，換言之唯有勝者爲是而敗者爲非。但是今天大家都不敢贊同此說了，國家的行爲也有是非善惡之別了。自聯合國成立以後，已有憲章以限制各國的行動，合乎憲章者爲是，違犯憲章者爲非，理論上是截然兩判的。今天兩大壁壘之對立互相以侵略爲指責，不是說侵略的行爲是惡的，不對的嗎？果然，如非侵略則已，苟爲侵略，則不論其結果爲勝爲敗，均難逃惡行之譏評，理論上應該受到限制，不許其有絕對自由了。再看事實，美蘇二國都是世界上最强的國家，它們有沒有絕對的自由呢？就美國而論，去年麥克阿瑟的免職，有人說是由於英國的壓力，韓戰成爲有限度的戰爭而僵持不下，好多人都說是由於英法的掣肘，可見美國的行動並不是絕無限制的。蘇俄似乎是橫行無忌了，但是封鎖柏林、欲以此逼英美法退出，而行之年餘又要自行結束，豈不是受到限制嗎？且看其受帝國主義者包圍的宣傳，不是說國家沒有自由，大家應努力爭取嗎？至於英國當局訂定政策，時時都要察看美國的顏色，反對派已藉此爲攻擊。法國雖然是强有力的國家，較之英國更見不如，餘者更是自鄶以下。尼赫魯不度德，不量力，居然以第三者自居，欲超然於兩大壁壘之外，不是招到許多譏誚嗎？總之，嚴格而論，今日的國家沒有一個是自由的，它的行爲都是受到限制的。但若論到自由的程度，究有高下之分，自應分別看待。故居今日而論國家的自由不是有與沒有截然兩判的問題，只是或多少的問題而已。

二

個人的自由是對「他人」而言，有他人限制便是不自由，如果沒有便是自由。對於國家還有黑格爾敢於主張它應絕對自由，對於個人，則主張絕對自由者從來都不曾有過，故所謂自由也只是或多或少的問題。但是所謂多少是何意義？論者說，「中國人的自由太多了」。判定多少要有尺度去較量，沒有尺度而漫然說太多，人家聽了將會茫然不知其意旨之所在。我們須認定限制個人行爲的，中國從前則有禮與刑，今日則有憲法及法律（立法院所通過由總統公佈之法律）。由此言之，今天來說中國人的自由太多，即是說應該限制的並沒有法律條文去限制罷了。這是不是那些論者的意思呢？是否要請立法院多立幾許法律條文呢？所謂「犧牲個人自由」是否說，法律上沒有限制的也應該自動地加以限制呢？即使我要加以限制，究竟限制那一種行爲呢？如果立法院多立法律，便眞眞能够爭得國家自由的話，那麼只要論者將那些法律的內容寫出來，我想，立法委員諸公必能照辦無疑。如果我們對自己的行爲多加一些限制，便眞能够爭得國家自由的話，則只要論者指出某種行爲來，我們也一定遵命辦理。爲甚麼只有空空洞洞的一句話「應該犧牲個人自由」，而不列舉具體的內容呢？如果允許我們猜測，則論者的意思或許是指無條件地犧牲一切自由吧。須知民主國家既已有憲法，既已有人民代表所立的法律，除此之外再不應該限制個人的自由了，即是說，法律之內應該讓個人去自由行動的。若在法律之外有所要求，則只能當作道德的勸誡，只能就特定的事件而論，決不應泛論一切。故如果論者眞眞要求每一個人犧牲他的一切自由，我們只得答覆一句道：這是不通之論。（理由參看後面）

從別方面言之，個人自由與他人限制相對，今專就平民對官吏的關係而論，當更切於實際。抽象的國家是不會行爲的，必由政府代表，而所謂政府只是一羣官吏而已。故國家限制人民的行爲必須由官吏執行。論者說，「中國的個人自由太多了」，此所謂「個人」或指平民，或指官吏，或兼指官吏與人民，三者必居其一。如果是指平民，便是說官吏奉法不力，法律上應加以限制的，官吏並沒有嚴格執行。法律是人民的代表所立的，故以法律限制人民，在理論上是人民自己限制自己。如果官吏在法律以外去限制人民的行爲，便是官吏剝奪人民的自由了。在此二者之間還有各級政府的命令，這些命令都是根據法律而來，但是否與法律原意相符，往往成爲激烈爭論的問題。譬如最近臺北市的議員選舉，比較前次沉寂得多，即因限制太嚴之故。選舉是一種政治教育，競選之熱鬧可以使人民增加政治的興趣，壓抑過甚殊非佳事。據十二月十六日自立晚報社論稱：「查本省選舉取締辦法，曾規定候選人不得挨戶訪問，發競選名片、標語、傳單等，其使用之汽車限於一輛，且只能於前往發表政見時使用之，又發表政見時不得裝用擴音器或張貼宣傳品。該辦法第十七條更規定『候選人登報發表政見，均以各縣市銷數最多之報紙刊登一天爲限』。嗣後復補充解釋關於候選人之經歷，由各選舉事務所在當地報紙代表登載一次，並不得『由私人或團體登報推薦候選人』。這些限制候選人的辦法都不是立法院所通過的法律，而限制竟如此之嚴，故那篇社論接着說，「倘須予以限制，亦須訂定法案，完成立法秩序，始得生效。何必由行政機關想個『辦法』，又加以『解釋』，用以限制人民自由，剝奪人民權利？」又謂，「現在各縣市議員候選人之『公權』，不啻被『褫奪』一半矣。」本來官吏頒布命令以限制人民的自由，在法律上是有條件的。因爲命令之限制不能說是人民自己限制自己，以其間有官吏的意志之介入故。問題之所在即是，這些命令是否有法律的根據，是否與法律的原意相符，是不是沒有超出法律的精神之外？如果「是」的，則依然和法律相同，如果「不是」的，則與法律無關，只能當它是官吏的個人行爲。上面所說的本省選舉取締辦法，我們實不能作完全肯定的答案，所以在今天的臺灣並非全無官吏剝奪人民自由之事，謂臺灣今日平民的自由太多了，並不合乎事實的眞相。如果所謂「個人」是指官吏而言，則在反面平民的自由是太少了。平民的個人自由與官吏的個人自由是對立的，一方多則他方少，故平民爭取自由只是限制官吏的自由，其對象是官吏而不是國家，這一點必須認淸，不可混同。如果所謂「個人」是兼指官吏與人民而言，則「個人自由太多」一句話，將不成意義，或可解作漫無限制，成爲無政府狀態吧。論者又謂「應該犧牲個人的自由」。此所謂「個人」如兼指官吏與人民，亦將不成意義；若指官吏，則唯有大多數人民去限制他們的行爲，方能實現；若指平民，則平民犧牲了一切自由之後，官吏便有毫無限制的自由了，這不是極權主義是甚麼？

三

最後個人自由與國家自由的關係，即論者所謂「應該犧牲個人的自由去爭取國家的自由」，有沒有充分的理由呢？且看美蘇兩國的實情，美國則平民的自由多而官吏的自由少，蘇俄則只見官吏(或者說史大林一人)有自由，而平民自由至被剝奪淨盡，但是兩方都能稱雄於世界，故可以說個人自由與國家自由並無關係。國家的自由與否是一國對他國的關係，個人的自由與否是一人對他人的關係(政治上則是平民對官吏的關係)，也可以說完全是兩回事。但是我們今日所以反抗蘇俄，所以深信蘇俄必敗，其最大理由之一即是因爲蘇俄的極權政治逼迫人民至於毫無自由，所謂「反極權」不是爭取自由嗎？所謂「行民主」不是實現自由嗎？蘇俄的國家自由在今天確是數一數二的，但是我們並不羨慕它，則我們今日並不以爭取國家的自由爲唯一的目標，也怕不必多所說明了吧。既已不是唯一的目標，爲甚麼值得犧牲個人的自由去爭取呢？即使爭取到蘇俄那種境地，我們是否心滿意足呢？

就中國而論，在抗戰以前受着許多不平等條約的束縛，的確是很不自由的，當時，國父教我們盡最大努力去爭取國家自由，當然是切實的教訓。抗戰勝利以後，中國列爲四强或五强之一，不平等條約業經全部取消，國家自由已經實現，而且在世界列國中居於有數的地位了。只因中共稱兵作亂，竊據大陸，我政府才退到臺灣來，故今天的問題是國內戡亂的問題，只要能够打倒中共，收復大陸，那有外國以不平等條約來壓迫我？我們何必向他國爭取國家自由？情勢已經不同，則努力的方向也就兩樣，論者仍然引用國父的話，要犧牲個人自由去爭取國家自由，豈不是刻舟求劍嗎？

現在我們最要仔細檢討的，是如何打倒中共的「方法」問題，我們和那些論者的主張不同，也就是應該採用甚麼方法的不同。我們反對中共而且要打倒它的理由何在？豈不是因爲中共施行極權政治，將人民的自由剝奪淨盡嗎？我們天天以此斥責中共，如果又去倣效它，豈不是「尤而效之」嗎？有人以爲中共實行「一邊倒」政策，完全做了蘇俄的附庸，使中國失了獨立自由，故我們打倒中共便是要恢復國家的自由，論者所謂爭取國家自由，其意義或即在此。但是我們要問，那時候假使中共正式宣布與蘇俄決裂，毛澤東變成狄托，完全恢復了國家的自由，那時候我們反對不反對中共呢？那時候英美諸國必然高興至極，馬上和它握手言歡，而且積極地施以援助吧。可是我們則依然堅持反對的態度，非至中共消滅不止。由此可見，我們所以反對中共，並不在其失却國家的自由，乃在其剝奪人民的個人自由了。反對中共既已以其剝奪人民的自由，則打倒中共的「方法」亦唯有予人民以自由而已。比方今天大家都知道團結才有力量，要打倒中共非團結不可，但是用甚麼方法去求團結，即成爲爭辯的要點。我們以爲唯有自由——在法律範圍內任人民行動自由——才是實現團結的康莊大道；那些論者大概是主張犧牲個人(平民)的自由便會團結吧。須知團結必須各人出諸誠意，然後能堅固而永久，假意的團結即是同床異夢，是沒有力量的。然若不予以自由表現的機會，怎能知道其意之誠妄？難道減少平民的自由而增加官吏的自由，便會團結起來嗎？我們既已實施憲政，個人的行動應一切以法律爲依歸，不論官吏與平民均須遵守法律而行動。如能依此而行，則不但團結可以永固，其他一切問題當無不迎刃而解者，反共必須以此，復國建國尤必須以此。

歐洲聯防條約與對德臨時和約

龍平甫

一、條約的談判與簽訂

自一九五〇年六月二十五日共產國際發動韓戰後，自由世界纔眞正的感覺到西歐防禦力量的薄弱。在遠東戰火隨時有擴大可能的情勢下，各民主國家纔倉卒的從事各項防務措施，西歐的防禦也是自由世界防禦的重要的一環。爲了組織西歐的集體防禦必須德意志聯邦參加是毫無疑義的。在當時決定西德整軍的條件爲：①德國的分裂爲東西猶如高麗之劃分爲南北，北韓旣進攻南韓，則難保東德不藉口統一進攻西德；②然而西德沒有武裝勢力以對抗在東德組織的警衞團 (Bereitschaften)；③在西德祇駐有五師盟國軍隊以對付駐在東德的二十七師蘇俄軍隊；④在全部西歐祇有十二師常備部隊須應付一百多師蘇俄軍隊。西歐防禦力量削弱的最大原因便是德國武力的消滅，因此要充實西歐的防禦力不能不再建德國的武力。在民主國家中美國是最積極贊助德國參加西歐防禦的。一九五〇年九月六日美國國務卿艾契遜單方面的宣佈西德的力量應包括在西歐的防禦計劃中。這樣一個造成旣成事實的宣言使不久來美出席會議的法國外交部長許曼處於很困難的境地。因爲法國的輿論在當時是相當反對德國整軍的。不久在華府召開的北大西洋公約國會議，十二國中祇有法國反對德國整軍。九月二十六日發表公報則是雙方意見的妥協。公報聲明在原則上反對德國整軍，但是在「考慮德國參加防禦力的建立」。當時法國所堅持的是先武裝大西洋公約各國，然後再從事德國的建軍，同時她要求獲得因德國整軍所必須給她的安全保障。在自由世界生存受威脅時，各民主自由國家按理應該捐棄一切成見與猜忌以組織共同陣線，但是就法國的立場而論，兩次世界大戰她都是德國武力的侵害者，我們不難了解法國執政當局對德國的整軍問題所抱的審愼與保留的態度。法國政府旣不能反對德國的再建防禦力，又不能不顧及國內的輿論與立國安全的長久之計，於是它在一九五〇年十月下旬提出一個公式來答覆德國的整軍問題，這便是歐洲軍的建立計劃。「歐洲軍」(L'armée européenne) 並不是法國政府所創造的名詞。在兩個月以前史他斯堡 (Strasburg) 的歐洲咨議會通過邱吉爾提出的歐洲軍的議案。現在法國政府舊話重提使之具體化，當時由內閣總理蒲來萬 (René Pleven) 向國會提出，在原則上反對德國國防軍的恢復，但是德國得參加自由歐洲國家在未來組織的歐洲軍；此軍由一個超國家性的機構管理，同一民族份子可以組織成營，營以上則由不同國籍的單位合併組織成作戰單位，以期達成眞正歐洲軍的組織，以別於現存的民族軍隊。這個計劃在十月二十五日由法國會以三百四十三票對二百二十五票通過。成爲法國所能允許德國參加西歐防禦的唯一方案。

爲了組織歐洲聯邦以消除西歐各國多年來自相殘殺的慘劇，爲了加强西歐的自衞，蒲來萬內閣的歐洲軍計劃未嘗不是很理想的。但是，目前的政治的，經濟的及心理的條件尙不能實現這樣一個計劃。第一、歐洲聯邦旣在短時間沒有實現的可能，在軍事上以營爲民族份子構成單位的超國家性的歐洲軍是不能建立的；第二、由於語言風俗習慣及民族間殘留的成見與猜忌，以不同國籍的營混合編組而成的歐洲軍在戰時很難發揮力量；第三、如果其他國家不能放棄一部份國家主權以服從一個超國家性機構的管理，德國人自然不願意以雇傭兵的資格來參加歐洲軍，換言之，德國要求以平等地位參加歐洲軍。因此德國參加西歐防禦問題是政治的與軍事的，在政治上是如何使西德獲得主權國的地位以平等資格參加西歐的防禦，就是說西方三佔領國如何給西德以政治的讓步；在軍事上爲如何在現實政治情況之下組織一個强有力的歐洲軍，它必須在德國所能接受的條件下，法國所能讓步的範圍內組織。

法國的歐洲軍建立計劃於一九五一年一月下旬獲得美國的「全力支持」。法國向參加北大西洋公約的歐洲國家及西德發出請柬，但是丹麥和挪威因地域的傳統不願參加，英國以對帝國有特殊的責任也願置身局外，荷蘭暫時保留態度。結果祇有法德意比盧森堡五國先參加討論，二月中旬各國代表在巴黎開始歐洲軍建立會議。就歐洲軍的管理機構而論，法國主張(後來獲得意大利贊同)建立一個超國家性的機關，而比利時(後來由荷蘭附和)則持反對意見，因爲這樣一來便牽涉到憲法問題，而且小國的權利有被犧牲的危險。兩派之間有相當久的爭議，一直到一九五二年一月下旬比荷二國纔接受預算的共同建立與武裝勢力由超國家性機構控制兩辦法。至於歐洲軍的組織先由同盟國的軍事專家在一九五〇年十二月在原則上作一結論，次年七月各國代表在巴黎開會，德國要求德籍將領在歐洲軍中與其他各國將領的待遇平等，法國則祇給他們一些較低的地位。於是會議進入僵局。專家會議的結果祇就德法意比盧五國在五十年以人力與物力從事共同防禦作一報告。在一九五一年最後幾個月中歐洲軍的談判很少進展，因此華府的國防部及美國的輿論對歐洲軍建立的前途不免抱悲觀。雖然如此，國際局勢的演進對於歐洲軍的談判却是有利的。一九五一年七月九日英美法三國同時宣佈對德停止戰時狀態。由此德意志聯邦政府便可和盟國以合法的地位從事各種談判。同年九月英美法三國宣言贊助歐洲軍的建立。十月荷蘭正式決定參加歐洲軍。

一九五一年終及本年初歐洲軍的談判獲得一重大的成就。法國在軍事組織上作了一些讓步，比荷在國際管理機構及共同預算上放棄原有立場，於是六國會議得以加速進行。本年一月二十六日至二十七日六國外長在巴黎開第四次歐洲軍事會議，決定組織：①歐洲防禦集團管制委員會；②各國代表大會。但是六國外長對下述問題未作決定：①聯防機構所在地留待條約簽字後決定；②德國保留他日要求加入北大西洋公約組織的權利；③條約有效期限及共同預算交付專家會議酌議具體報告。至此重要問題獲得協議，大家決定起草條約。然而在另一方面修正後的歐洲軍計劃在法國國會中爲許多議員攻擊的目標。自二月十一日起法國國會中發生激烈的辯論。因爲社會黨一度取保留態度，歐洲軍建立的議案有擱淺的危險。當時曾發生一幕很緊張而微妙的政治運用。後來在議案中加了一個補充條件（德國軍隊的徵募與組織須待條約經各國批准後方得實行），社會黨纔決定投政府的信任票。二月十九日投票的結果，政府的歐洲軍政策獲得國會三百二十七票對二百八十七票的支持。於是內閣總理佛爾(E. Faure)與外長許曼帶着計劃到里斯本。在那裏開的北大西洋公約國會議批准了歐洲軍計劃。三月八日德意志聯邦國會通過議案，在原則上德國可以參加歐洲軍。至此技術上的與法律上的問題大部獲得解決。

至本年五月上旬聯防條約經專家繕寫完竣。但是與條約有關的各項問題尙未解決。一方面是法國要求英美給她的安全保障問題，以防德國在恢復軍備後與她爲難，因此五月二十三日法內閣會議決定在獲得英美對防制德國中途退出歐洲防禦集團的保證後始授權許曼簽字，不久談判已久的英美法共同保證宣言在形式上滿足了法國的願望。在一方面六國代表在史他斯堡會議，對下述各點獲得協議：①聯防期限定爲五十年；②兵役年限在過渡期間爲一年半，在歐洲聯防軍成立後爲二年；③抽調聯防部隊到歐洲以外地區的規定。

組織歐洲軍的條約被正式命名爲歐洲防禦集團條約 (Traité de Communauté européenne de défense)。條約在本年五月二十七日在巴黎法國外交部簽字。出席簽字的是六國外交部長（德國由阿德勞總理兼任，意大利由加斯培理首揆兼任。）六國外長除簽訂條約外，更簽訂十二個附帶議定書。其中最重要的是：①軍事議定書；②財政議定書；③盧森堡議定書（聲明該國因人口限制得免除成立一個基本部隊的義務）；④歐洲聯防國家貿易與財政議定書；⑤歐洲聯防軍身份議定書；⑥歐洲聯防軍與北大西洋公約組織關係議定書；⑦歐洲聯防組織與北大西洋 組織互助議定書；⑧英國對參加歐洲聯防國家擔保議定書(英國承允以敦刻爾克 Dunkerque 條約——卽英法荷比盧五國同盟條約——所許諾的擔保義務擴展到參加歐洲聯防的國家)。

巴黎條約簽字後，美英法三國外長發表共同宣言：首先由美英聲明與法國有永久共同利害以維持歐洲聯防條約的有效實施與聯防組織的維持完整。因此英法認爲來自任何方面威脅聯防組織之完整與統一的行動爲威脅各該國自身安全的行動；在此情形下，美英將根據北大西洋公約第四條（本條規定：任何簽字國的獨立與安全受威脅時，得與其他各簽字國會商對策）的規定而採取行動。此外英美並重申在歐洲大陸(包括德意志聯邦)維持必要數量駐軍的決心，藉以執行北大西洋公約所規定的義務，保障歐洲聯防組織的完整與履行對德特殊責任。根據上述理由，英美法三國聲明在柏林繼續駐軍，其久暫視需要而定。如任何方面攻擊柏林卽視爲攻擊美英法三國。

上面所談的是談判與簽訂軍事性條約的大概經過，現在略談政治性條約的締結。對德政治性條約實際是一種臨時和約。由於二次大戰的勝利者不能對德和約取得協議，而德國的統一又遙遙無期，於是西方列强祇好與西德政府談判一種臨時和約。此種條約被稱爲「和平契約」或「契約性協定」(accord contractuel)。去年九月中旬美英法三國外長會議於華府，對於和平契約的訂立獲得協議。於是三國駐德高級委員開始與阿德勞總理談判，到十一月上旬條約的主要各點已成宊案。是月下旬美英法德四國外長在巴黎開會，公報採取條約草案。此後進行細節談判，本年五月二十二日三國高級委員與阿德勞作最後一次談判，採定條約文辭。二十六日三國外長與阿德勞在西德首都波恩(Bonn)將條約簽字。關於條約的命名，德方希望稱之爲德意志條約 (Deutschlandvertrag)，盟國高級委員則希望稱之爲西方列强 對德意志 聯邦關係條約(Traité sur les relations entre les puiss ances occidentales et la Républiqne fédérale allemande)，最後大家同意稱之爲「三同盟國與德意志聯邦關係調整條約」(Convention réglant les rapports entre les trois puissances occidentales alliées et la Républigne fédérale allemande)。這是一個很冗長的名稱，我們不妨稱它爲「對德臨時和約」。

兩項條約的簽字蓋印，對美國而論是鬆了一口大氣。談判十五個月的聯防條約與談判八個月的和平契約終於成爲祇待批准的外交文件。艾森豪元帥也可以拿牠們回國去作爲競選資本之一，因爲當時西歐國家認爲「歐洲的」艾帥之獲選總統較「亞洲的」塔夫脫之勝利爲有利。法國共產的反對條約自不待言，就是反共的政黨中也有許多議員是不贊同的。例如達拉第 (E. Daladier) 大呼：「當心德國建軍的危險！」赫里歐 (Heriot) 稱：「紙面的擔保沒有充分的效力」。戴高樂將軍在六月五日指摘條約「是法國放棄權利的議定書」。另一方面則東德政府在簽訂條約的前後表演了許多神經戰的場面。五月二十三日東德政府某部長宣稱如條約一旦簽訂，柏林將陷於孤立。條約簽訂後，蘇俄認爲條約無效；東德政府最初宣佈將有一重要公報發表，柏林人心一度緊張，結果發表的祇是邊界管制辦法，事實上卽等封鎖邊境。不少東德人恐怕後來逃不出來，於是紛紛逃奔西德。共產集團用威嚇方法旣沒有達到阻止條約的簽訂，此後它可能用較和緩的政治運用阻止條約的生效。

二、歐洲集團防禦條約的內容

歐洲集團防禦條約及其附帶議定書條欵衆多，內容複雜，在這裏祇有簡單的作一種綜合性的分析：

甲、一般性規定

（子）一般原則：①目標——以建立德比法荷意盧六國間的共同防禦爲目標而組織統一協調的歐洲聯防軍；②聯防的程度——參加聯防的國家認爲施行於任何一國的攻擊即爲對其他簽字國的攻擊；③經濟與軍事的團結——歐洲聯防組織不但致力於軍事的團結，並且求每一簽字國經濟資源的合理運用；④與北大西洋公約組織駐歐盟軍統帥部的關係——歐洲聯防軍的武力得受北大西洋公約組織駐歐盟軍統帥部的指揮。

（丑）機構：歐洲聯防組織之下設立四個永久性行政與司法組織：

①歐洲防禦集團管制委員會（Commissariat de la Communauté européenne de défense）負歐洲聯防的行政責任。它是一個超國家性的機構，共有委員九人，經六國一致同意後任命。任期六年，管制委員會委員不得接受所屬國政府的任何訓令，不得作任何違反超國家性的活動，委員會的委員每二年改選三分之一。其主席由委員互推一人任之。任期爲四年。委員會的權力包括軍隊的徵集與動員，組織計劃的確立與其執行；與北大西洋公約組織協商決定軍隊的區域分配，武器、裝備、給養、築城等項工作與實施。它得與有關方面協商以任命基本單位中的軍官，但是高級軍官的任命則須經部長會議（Conseil des ministres）的一致同意方爲有效。管制委員會有權決定其附屬機關的人事任命及器材的保管辦法，得進行與北大西洋公約組織及其他必須連繫的國際性組織的連繫。此外管制委員會得決定軍事學研究的全盤計劃與其執行，它得監視軍火自第三國進口或向第三國出口，軍火的進出口須得管制委員會許可。

管制委員會在推行工作時得採用大多數同意制以爲決定標準。但是爲避免時間上的延誤，在某些情況下，管制委員會得將某些特殊問題咨交部長會議審議。

②部長會議：部長會議由各簽字國選派部長資望的代表組織之。它負責調和管制委員會與各簽字國的政策。部長會議對於議案的通過視情形不同而採用一致同意，多數同意或三分之二以上同意原則。

③各國代表大會：其任務在審查管制委員會所送呈的工作年報，及有關歐洲的各項協調配合問題。其組織與歐洲煤鐵聯營各國代表大會相似。唯一不同者爲德法意各國多三名補充代表。歐洲聯防軍正式成立後，各國代表大會可以控制預算。條約並規定歐洲聯邦實現之後，各國代表大會可有兩院，上院爲各國政府代表，下院爲各國國民代表。

④法院：其任務在保障條約的執行與解釋條約的疑難。

條約並規定召集各國代表開會籌備將歐洲聯防組織改組爲聯邦或邦聯。如在召集會議一年之後仍無成就，則各國代表大會的組織將予以修改。

乙、武裝勢力

條約規定在一九五四年終成立屬於同一指揮系統的四十三個以民族爲本位的部隊（Groupements）。與此有關的規定爲：

（子）兵員：此種部隊既不是法國所提議的團戰鬪單位（Regimental Combat-team）也不是一種普通師，而是爲執行戰術任務足以使用各種兵器由同一民族份子構成的歐洲聯防軍的基本單位。它是一種小型師，可以合併成兵團（Corps d'armée）。關於陸軍兵種及兵員根據條約的規定爲：第一爲步兵部隊，每部隊一萬三千人，第二爲裝甲部隊，每部隊一萬二千人，第三爲摩托化部隊，每部隊一萬二千六百人。空軍基本單位的兵力約爲半個旅，即擁有七十五架飛機與一千二百至一千八百官兵。海軍的任務祇在保護海岸。其基本單位的組織視戰術任務及其所負責保護的海岸地段而決定。

（丑）各國部隊併合組織的條件：歐洲軍各國部隊的併合編組僅在兵團之下行之。一個兵團可包括三四個不同國籍的部隊與一個由各國官佐混合而成的參謀部。聯防軍組織一個各民族份子混合的戰術支援單位與後方勤務。空軍的併合編組則在空軍戰術指揮水準之上行之。

（寅）聯防軍部隊的暫時抽調他用：參加聯防的國家因保護海外屬地的需要而暫時抽調其參加聯防部分的一個或數個部隊時，可先徵求北大西洋公約組織駐歐盟軍統帥部的同意，然後再通知歐洲集團防禦管制委員會行之。

（卯）武裝勢力均衡的維持：根據條約所規定各國所能組織的部隊數量（法國十四個部隊，德意各十二個部隊，荷比盧三國共五個部隊）僅能在部長會議一致同意原則下修改之。此外條約中尙有若干規定以防止德國以增加警察爲名而實際成立另一國防軍。

（辰）其他規定：歐洲聯防軍的部隊可以合未參加此軍的北大西洋公約國家的軍隊合併編組，反之亦然。此規定的目的在使英美軍隊在戰時能與歐洲聯防軍部隊在同一指揮下並肩作戰。軍區組織機構屬於管理委員會。但是軍區的單純的民族性事務活動則不受其限制。各國部隊的局部或全部動員取決於部長會議的一致同意。

丙、歐洲聯防軍的財政

根據條約附帶議定書的規定，歐洲聯防軍的財政應有共同預算。各國所應擔負的經費由部長會議決定，會議以三分之二同意原則決定支出項目及建軍計劃。歐洲聯防軍正式成立後，管制委員會可以制定一部分預算，此部分可以繼續增大。預算擬訂後由部長會議討論，經由全體會議研究後提請各國議會通過。歐洲聯邦成立後，歐洲聯防軍將有名實相符的共同預算。其預算由參加聯邦的各國代表制定之。

丁、聯防軍的技術規定

歐洲聯防條約的最重要的附件是軍事議定書。它規定聯防有關的各項軍事技術條件。軍事議定書可作如次的分析：

(子)基本單位：軍事議定書第一條至第四條規定武裝勢力的基本單位有如左表：

單位類別	指揮	武力	後方勤務	兵力
步兵部隊	一個參謀部 一個司令部直屬連	一個偵察隊 三個步兵團（每團三營） 一個戰車營 五個炮隊（包括三個輕彈炮隊，一個中彈炮隊，一個防空炮隊） 一個機械化工兵營 一個通訊營	一個器材連 一個軍需連 一個軍醫營 此外尚有憲兵交通及人事管理各單位	平時：一三、〇〇〇 戰時：一五、六〇〇
裝甲部隊	一個部隊參謀 一個司令部直屬連 三個部隊附屬參謀	一個偵察營 四個戰車營 四個步兵營 五個炮隊（包括三個輕榴彈炮隊，一個中榴彈炮隊，二個防空炮隊） 一個機械化工兵營 一個加强通訊連	同前 但器材連則擴大爲營	平時：一二、七〇〇 戰時：一四、六〇〇
摩托化部隊	同前	同前 但有三個戰車營及六個步兵營	同前 但祗有一器材連	平時：一二、七〇〇 戰時：一四、七〇〇
空軍基本單位	參謀長一員	一個戰鬥大隊，計包括三中隊，每中隊有戰鬥驅逐機二十五架；驅逐機十二架；偵察機十八架；輕轟機或運輸機十六架。	一個技術大隊(包括一個器材保養隊，一個供應隊) 一個普通勤務大隊	平時：一、三〇〇 戰時：二、〇〇〇
海軍	海軍的組織視作戰區域及特殊任務而決定，其配備由管制委員會決定。			

(丑)軍官的晉升：軍事議定書第二十三條規定軍官的晉升取決於管制委員會所制定的規章辦理。在以民族爲本位構成的部隊軍官的晉升視其功勳而定，一直可以升至師長級。管制委員會得根據部長會議的一致同意，而任命基本單位的指揮官，統帥各國籍部隊的將官，及附屬於管制委員會的武官。其他職務的任命則由管制委員會根據各該主管首長的建議而行之。聯防軍全部官職的分配比例視各國所分攤兵力而決定。

(寅)軍事學校：依軍事議定書第二十七條規定，自條約生效之日起應爲下述人員開設課程：①軍官及參謀官；②負責指揮下述武力的軍官：陸軍：基本單位及團；空軍：相當單位；③軍事學校首長及主要教官；④聯絡官（至少須通兩國語言）；⑤繙譯官；⑥聯防所需要的技術人才及幹部（如通信、傳達、空援、防空、消極防空、水陸兩棲作戰）等。上述各項課程由管制委員會決定並由其負責施行。

條約生效之後現存各種軍事學校除爲訓練及組織民族部隊所必需者外，將改組爲歐洲防禦集團軍事學校。此類歐洲性軍事學校必須依照下述原則推行：①培養歐洲合作精神；②接受管制委員會有關部門的監督；③儘可能按期組織各國官員混合性訓練班；④從事語言教育的高深研究。

高級訓練學校是國際性的，軍官學校及技術軍官學校也是國際性的。但是爲教育的方便計可以依民族而分組教學。在過渡時期內軍官學校與技術軍官學校可在管制委員會之下繼續開辦，但是學校的行政部門則應歐洲化。教官與學生仍可依民族而分組繼續在所在國從事課業。軍士學校與技術軍士學校的辦理與上述同。

(卯)戰爭器材的生產進口與出口：軍事議定書第一〇七條根據兩個附件及一個特別協定將本問題予以解決。本條在原則上禁止下列戰爭器材的生產與進口：①作戰武器：輕武器(獵用武器及小於七公厘口徑的武器除外)，機關槍，防禦戰車武器，槍炮零件，防空武器，烟幕器材，毒氣及火焰放射器；②各種軍用雷信管，包括上述武器的雷信管，手榴彈，自動引擎，魚雷，地雷，及各種炸彈；③各種軍用炸藥(民用炸藥除外)；④裝甲器材，戰車，裝甲車，及裝甲火車；⑤可以製造武器的零件及機器。根據部長會議三分之二多數的同意，管制委員會可以發給上述武器的生產，出口及進口與研究的許可書。

在「戰略上暴露地帶」(Stratégiquement exposé) 內，下述武器的製造須得部長會議一致的同意：①原子武器：包括可以製造此項武器的各種零件及材料(此項限制施用於一年內原子核燃燒物質超過五百公厘的生產)，西德將有特別立法以限制原子武器的製造。阿德勞總理在本年五月二十七日致書美英法三國政府聲明德國政府將禁止：(A)原子武器的研究與製造；(B)原子核燃燒物質在德境內一年生產及進口超過五百公厘者；(C)原子反射器之類設備足以製造原子武器，或超過上述數量的原子核燃燒物質的研究，實施及擁有；(D)在一年內鈾原子進口量超過九噸者，在過渡時期內德國可以生產三十噸的鈾以爲製造原子反射器之用。(E)除製造原子反射器所需用的鈾外，德境內鈾的儲存量不得超過十八噸。此外德國政府從事立法以控制原子能。②化學武器。③生物武器。④長程射擊的引擎，無線電控制的引擎，磁性雷等（短距離射擊引擎不在內）。⑤大中型戰艦(卽一千五百噸排水量以上的海軍般隻，潛水艇，及其他非用蒸汽機，笛塞爾 Diesel 引擎，柴油機發動的船隻)。⑥軍用飛機噴氣推進機。上述各部門的科學的，醫學的及工業的研究與民用的製造不在禁止之列。

所謂戰略暴露地帶實際包括西德全部領土，因此德國在軍事生產方面受若干重大限制。阿德勞在附件中聲明：「茲因國際局勢緊張，本聯邦處於戰略暴露地帶，故聯邦政府認爲非經各國一致同意，管制委員會不發給德境內所規定戰爭器材之製造，並非對德國之歧視。但此項限制不能使歐洲聯防軍之德籍部隊之武器供應劣於其他各國部隊，姑不論此項武器自何處供應」。此外在德國境內軍火庫及短距離控制引擎的裝設應限於萊茵河以西地區。德國現無民航飛機的生產，倘將來須變更此情況時，當由德政府與美英法三國政府協商。

(辰)歐洲聯防軍民族部隊的抽調：根據軍事議定書第十二條的規定，簽字國領土內因不安局面的發生，得請求暫時抽調使用聯防軍該國部隊。第十三條規定：簽字國因負責防禦非歐洲領土而在該地區發生重大危機時，得請求抽調聯防軍該國部分的部隊，經管制委員會的同意後，此項部隊在危機終止之前不受管制委員會的節制。

三、美英法對德臨時和約的內容

條約本身及其附件共有四百頁，洋洋大觀。條約共分兩部分。第一部分是一般性協定 (Convention générale) 與仲裁憲章 (Charte d'arbitrage)。它規定德意志聯邦因簽訂此條約而恢復內政外交的「完全權威」(pleine autorité)，並與其他國家平等的參加歐洲防禦集團。而此集團則爲北大西洋同盟組織的一部分。自條約生效之日起，盟國駐德高級委員辦事處卽改爲大使館，駐各邦盟國委員辦事處卽行裁撤。此後波恩政府自行處理其外交事務，但是它的對外政策必須遵聯合國憲章，及歐洲會議 (Conseil d'Europe) 的章則。波恩政府承認加入自由世界集團而參加各有關國際組織。德意志聯邦的「完全權威」受左列兩項限制：

甲、特別承諾

在若干附件中明白地規定德政府所承諾事項，並聲明不違犯諸言。至於未經明白規定而遇德國與盟國發生爭議時，得由任何一方請求仲裁法院 (Tribunal d'arbitrage) 裁決。此法院有一憲章以爲組織及任務之所本。仲裁法院有權取消德意志聯邦境內所頒佈的立法，規章及司法判決(軍事法庭除外)。仲裁法院的裁決是最後而不可上訴的。法院共有九位法官，其中三德籍，一美籍，一法籍，一英籍，三中立國籍。院長由中立國籍法官中選任，任期二年。法院開辯論與投票時，必須遵守德方與盟方法官人數比額。法院所在地爲德國。

乙、保留權利

這是一些盟國在佔領時代所享受權利的部分保留。這些權利不受仲裁法院的管轄。

(子)德境屯駐盟軍及其安全保障：因駐軍關係盟國於德國被侵略，柏林受攻擊，或境內發生騷動，而認爲德國及歐洲聯防軍不能應付時，有權宣佈「危機狀態」的存在，但是在宣佈之前得咨商德國政府。德國政府可在宣佈後三十日請求解除「非常狀態」，如盟方拒絕則可請求北大西洋公約組織調處。

(丑)柏林地位：條約中有兩個關於柏林的附件。一爲德意志聯邦政府宣言決予柏林城以物質的援助並加强柏林在各方面的地位，尤其是生產能力的增加與勞動市場的改善。德國政府所允許繼續對柏林的援助包括：①財政援助以求預算的平衡；②生產額不足物資的公平分配；③施行貨幣措施及物資儲備以應付非常事變；④維持並改善柏林與聯邦間的交通與運輸；⑤儘可能的將柏林包括在德意志聯邦所締結的國際協定之內。另一文件是盟國高級委員致阿德勞的信件，申明盟國願意協助加强柏林與聯邦間的連繫，盟國當設法使聯邦對柏林的援助易於實施，並允許柏林市及居民代表對外活動，此外並將鼓勵柏林市當局採取與聯邦相似的政策。關於最後一點，盟國不反對柏林市當局依一定程序採行德意志聯邦所採用的立法條文。

(寅)與全部德國有關的各項問題：最主要的是德國的統一與和平條約的締結問題，簽字國規定條約是臨時性的，換言之，目前的條約僅爲三佔領區合併組織的政府與三佔領國政府所簽訂。薩爾問題留待正式簽訂和約時再解決，盟國根據波茨坦 (Potsdam) 協定之一條規定以對蘇俄解釋在德繼續屯兵的理由。盟國應允在與未和德意志聯邦政府建立外交關係的國家進行談判時，須咨商德國政府。條約並規定遇有國際局勢發生基本變化時（例如德國統一的實現或歐洲聯邦的成立），四國中之一國得請求修改契約性協定（第十條）。此外並規定統一後的德國政府若允許繼續執行此類條約義務，則可繼續享有德意志聯邦政府與西方列强因訂此類條約而獲得的權利。

條約的第二部分是附帶協定，共有三個；茲分述於左：

甲、戰爭及佔領所產生問題之解決協定 (Convention sur le règlement de questions issues de la guerre et de l'occupation)，此協定的目的在繼

續佔領國所推行的政策。一方面在防止德意志聯邦政府反對或廢除盟國自一九四五年以來所推行的政策或頒佈的法律，尤其是爲三佔領區而訂立的國際性協定。另一方面在使德意志聯邦政府分擔盟國在各方面所負擔的義務。因此規定：(子)由德國繼續維持盟國立法，(丑)或由德國訂立新法律以代替盟方所頒佈的法律(須先徵得盟方同意)，本協定並對下列各點予以特別規定：(A)德意志聯邦的臨時領土範圍：關於這方面的盟國立法（包括柯尼格 Koenig 將軍對於薩爾區的法令），非經三盟國的同意不得修改或廢除。(B)管制會議（Conseil de Contrôle）。德意志聯邦申明不侵害盟國管制會議的立法及其維持。這個會議也是西方盟國保留權利之一。(C)工業的分散與反托辣斯化：德國承認繼續推行盟國政策。但是在鋼鐵，煤礦及化學工業方面盟國繼續維持其管理機構。(D)內部戰爭損害的賠償：德意志聯邦承認以十五億馬克爲最高額以賠償戰時在德國境內所發生的侵害行爲，至於德境以外的侵害的賠償則另有規定。(E)戰爭賠償：其最後決定當在正式和約締結之時。但是德意志聯邦不抗辯盟國在此方面所採措施的有效性。(F)戰犯問題：德國可與盟國組織混合法庭以進行修改戰爭罪犯的判決。若經法官一致同意則可釋放戰犯，若經大多數同意則可請求囚禁戰犯的國家修改判決。(G)法庭：佔領狀態終止後，德國境內盟國高級委員所轄法院即行取消。但盟國軍人由軍事法庭審判，盟國平民則由德國法院管轄。(H)民用航空：德籍公民可以辦理民航事業，但不得飛航柏林線。(I)政治難民：條約給政治避難者以特別地位。(J)財政措施：聯合國公民在德境居住時得不負擔德國因戰爭而發生的負擔。另有一臨時協定以維持盟國對德國國外資產的處理辦法，因佔領或戰爭而放棄的德方債權及外國資產等等。

乙、外國武裝勢力及其官兵在德境內權利與義務協定 (Convention relative aux droits et obligations des forces étrangères et de leurs membrles sur le territoire de la République fédérale d'Allemagne)。根據此協定，德境內的外國軍隊不再是佔領軍而成爲防守軍。本協定規定外國軍隊的特權豁免，說明德政府所應給予的物質援助，以及德國或柏林被攻擊時所應採取的手段。本協定的大要爲：(子)協定是根據主權國間締結此類協定的原則；但因國際局勢的特殊，德國被認爲處於戰略上暴露地帶，因此德境駐有大量外國軍隊分佈於若干可能遭受攻擊的地點。(丑)外國軍隊允許遵重德國利益，民用經濟及向柏林的輸出。聯邦政府允許供給外國軍隊以人工，器材及服務。(寅)德意志聯邦政府得實行徵用，目前盟軍所借用的房屋與設備應儘速交還原主。(卯)盟軍在德境內有無限制的行動自由，關於軍事的與航空的活動則由混合委員會負責調整。(辰)防守軍官兵應遵守德國法律，在民事方面將受德國法院審理，在刑事方面則由軍事法庭處理。因德人不再受盟國軍事法庭的管轄，故德意志聯邦政府允許採取若干措施以防止軍事機密的洩露及破壞行動的發生。盟國與德國合作交換與安全有關的情報。(巳)自條約生效二年後任何簽字國得請求修改軍事協定。(庚)若干附件並規定，非經有關當局的允許不得在德國法院之前洩露國家機密及有關軍隊安全的情報。

「自由中國」的宗旨

第一、我們要向全國國民宣傳自由與民主的真實價值，並且要督促政府(各級的政府)，切實改革政治經濟，努力建立自由民主的社會。

第二、我們要支持並督促政府用種種力量抵抗共產黨鐵幕之下剝奪一切自由的極權政治，不讓他擴張他的勢力範圍。

第三、我們要盡我們的努力，援助淪陷區域的同胞，幫助他們早日恢復自由。

第四、我們的最後目標是要使整個中華民國成爲自由的中國。

丙、德國參加西方防禦之財政經濟協定(Convention sur la participation économique et financière de la République fédérale à la défense occidentale)。本協定規定德意志聯邦參加防禦的財政負擔。一九五二至一九五三年度德國每月負擔八億五千萬馬克(二億餘美元)。此項經費分作兩部分：(子)盟軍軍費的負擔，自協定生效之日起至一九五三年六月三十日止每月由德意志聯邦攤付八億五千萬馬克。自條約生效後六個月每月在此款中提出五億五千一百萬馬克作爲外國駐軍給養費。其後三個月此款減至三億一千九百萬馬克。此款主要用於修繕軍營，補充軍實，並淸償德籍人工薪給。直至一九五三年六月三十日爲止，法比盧等國軍隊繼續享有英美軍隊在德所得的待遇。自一九五三年以後法國軍隊由歐洲聯防軍預算維持給養，即不再享受此項待遇。至於英美軍隊的給養費則由歐洲聯防組織與英美德四方面協商決定籌款辦法。(丑)歐洲聯防軍德國分攤的十二個部隊應在一九五四年內組織就緒交給歐洲聯防組織支配。

四、兩項條約特點

現在我們可以根據條約的規定列擧出一些特點：

甲、歐洲聯防條約的特點：

①聯防條約祇包括歐洲一部分國家。

②防禦集團構成一種有限度的超國家性機構。

③德國獲得有限度的軍事生產與武裝勢力的恢復以參加西方的保衞。

④法國在德國武力的擴充，原子彈戰艦及飛機的生產方面握有否决權（換言之卽一致同意的規定）。

⑤法國藉聯防條約以避免德國加入北大西洋公約組織。

⑥英美法共同擔保宣言目的在防止德國中途退出防守同盟。

⑦因師以上的混合編組與共同補給制度的建立，事實上任何部隊難以脫離自由行動，並且由此防止德國參謀本部的恢復。

⑧條約規定武力使用的限制，在避免西德利用武力收復東德。

⑨歐洲聯防與許曼的煤鐵聯營辦法如推行順利並進行達到組織歐洲聯邦或邦聯的理想，未嘗不可以構成自由世界英美以外的第三大集團。法國希望在此集團內獲得領導作用，至少希望避免德國獨霸歐洲的危險。

⑩這是一個期限最長的盟約（大西洋公約祇有二十年）。

乙、對德臨時和約的特點：

①這是一個臨時和平條約。

②德國的主權（在條約中稱爲「完全權威」）因條約的簽訂而恢復，但是受到盟國保留權利的重要限制。

③德國的賠償問題及疆界問題（東疆及薩爾問題）均未得解決。

④防守軍的繼續屯駐給法國的安全（對西德）與德國的安全（對東德）作保障。

⑤保障柏林爲盟國與西德的共同任務。

⑥三盟國與蘇俄談判德國問題時得徵詢波恩政府的意見。

五、條約批准問題

歐洲聯防條約及對德臨時和約是不能分離的，條件性的。如果一種條約不能得到批准，他一條約也難生效。此外法國國會並規定條約經全體簽字國批准後，德國方得開始武力的重建。至今爲止英美已批准對德臨時和約。德國雖有社會民主黨的反對（十月六日報載德國社會民主黨有改變態度之說），但是阿德勞的政府黨可以使條約在國會中通過。意荷比盧的批准條約也不致發生問題。最困難的是法國國會的批准問題。

法國的極左翼政黨與若干右翼政黨雖然彼此政爭很烈，但是在反對德國整軍却是意見一致的。政府黨中的若干議員也不滿意歐洲聯防軍的建立。此外法國政府則希在條約提出國會之前將許多國際問題獲得協議：第一、英美法蘇對德國的統一並使之中立化的問題；第二、法德之間的薩爾問題；第三、美法之間對越南問題，突尼斯問題，及摩洛哥問題的看法，以美國在法大量洽商海外軍火訂購（Off-shore orders）問題。這是一些非常複雜的問題。尤其是第一問題在目前是不會解決的，不過法國政府總想將德國統一問題弄個水落石出。如證明無統一的可能，便允許西德武裝。處理這些問題需要相當時間，法國政府可在必要時延緩向國會提出批准條約的要求。

本年九月在西德道特蒙（Dartmund）召開的德國社會民主黨年會中有人攻擊法蘇之間秘密接觸，企圖永久保持德國分裂狀態，並防止德國的重建軍備。接着西德工業大都市都塞道夫（Duesseldorf）的工業郵報（Industriel Kurier）發表消息說，第二次世界大戰中法國內閣總理達拉第曾赴柏林秘密與蘇俄官員接觸討論如何防止德國整軍。達拉第赴柏林是事實，他是很反對重建德國武力的國會議員，但是他否認曾與蘇俄官員發生關係。十月六日法國外長許曼聲明絕對否認法國與蘇俄對德國問題有任何秘密接觸。但是另一方面法國國會若干議員已開始發動對許曼的攻勢，反對他的外交政策。

究竟條約會不會在法國國會獲得批准呢？作者以爲批准大致無問題祇是時間上會有拖延的。因爲：（甲）任何政府不能擔保現行的冷戰不會演成熱戰；（乙）爲保衞西歐必須有德國的武力參加；（丙）歐洲聯防軍是法國提議組織的，如因法國國會反對而流產，則第四共和的整個外交路線必得變更（事實上不能以其他政策代替）；（丁）法國不願因歐洲軍的流產而使法美關係惡化，迫使美國直接與德國談判，而會有無限制整軍的可能。兩相權衡，法國當然願意實現歐洲軍。在任何條約提出議會請求批准之時，議員中一部分持反對意見是不可避免的，這是民主政治必有的現象。在法國政府將巴黎條約與波恩條約提出議會的前後，會發生許多政治運用，可能有一些動人的場面。法國政府或者可能採取最後一着——國會對政府的信任投票法——以使條約獲得批准。

十月十五日寫竣於巴黎

第八卷 第一期

使用電話須知

(一) 自動電話

1. 撥號之前，請先查明對方號碼或撥叫(04)查號臺詢問。
2. 當拿起聽筒，聽到有嗡嗡聲時，表示總機空閒可以撥叫，如果聽筒裏沒有聲音，請稍候等到有嗡嗡聲再撥。
3. 當號碼撥完聽到有短促的波波聲音，表示機線不空，請把聽筒放回，稍等幾分鐘再撥。
4. 號碼撥完後，聽到一陣陣的鈴聲，表示電話已經接通，請靜候對方答話。
5. 每撥一字，請用食指將號盤撥到銅鈎處，然後任其自行轉回，不要隨手帶其回轉，以免線路接錯。
6. 通話完畢請立刻把聽筒放回原處，好讓總機復原，免得他處再與貴處通話時，無法接通。
7. 電話發生障碍，請通知障碍台(02)派人修理。

(二) 人工電話

1. 叫接之前，請先查明對方號碼或詢問(04)查號台。
2. 叫接電話，請先搖鈴數轉，然後拿起聽筒，等電局值機員應答後，告以所要叫接電話號碼，請其叫接，但勿僅告用戶名稱，以免接錯。
3. 通話完畢，請將聽筒放回原處，並再搖鈴一二轉，使值機員拆線。
4. 電話障碍，請通知障碍台(02)派人修理。

交通部臺灣電信管理局

職業教育的檢討與展望

陳克誠

自由中國的教育界，最近因爲師範學院籌設工業教育系和美國職業教育專家藍特教授的來臺，不僅主管教育當局，對於職業教育亟求改進與加强，同時亦引起社會一般的注意與重視。筆者在二十年前雖曾短期擔任職校教學工作，但對於職教問題，爲一門外漢，談不到有什麼研究。惟以一工程師的身份，平日對於現行職教課程之編制，不無一些不成熟的意見。最近兩三週以來，因被邀參加師範學院工業教育系課程草擬工作，得到一個探討這一問題的機會；同時筆者對於職教的幾點膚淺的意見，在平時談天的時候，頗得到幾位工程同仁的贊許與鼓勵，因此乃公開發表，以就正於教界同仁。不過筆者應特別聲明的，下面許多的意見，都是個人直覺的感想，並非以教育原理或學說爲根據，如果所提意見，有悖於教育原理之處，仍請教育專家，賜予指正。

一、過去職業教育之檢討

我國創辦職業學校，大約已有五十年之歷史。辦理的成績，不能說對於中國絲毫沒有貢獻，但除少數成績特別顯著者外，可以說大多數不够理想。直至現在，一般青年，尤其是工程師，竟以任教職業學校爲畏途。非萬分無奈，決不出此。一有機會，卽設法離開。其所以形成如此現象的原因，除職教人員的待遇，不及一般事業機關，爲其主要的原因以外，從事職教之專門人員，毫無進陞之機會；以及一般社會對於職校，不予重視，等等原因，對於職教之發展，均有莫大之影響。在大陸時代，職業學校不僅找不到教師，並且招不到學生。所以職業學校的學生，很少是甘心願意的，多半是投考中學，額滿見遺，才來投考職業學校。所以有人說：內地職業學校學生的特徵：第一、是家境較清寒無法升學的；第二、是年齡較大，失學較久的；第三、是成績稍差，不能入普通中學的。因此，所以畢業出來的學生，雖然不是全部失業，但大多數不是改業他就，用非所學，就是陷於升學不能，就業不够的苦境。此種情形，直接的影響，是青年對於職校裹足不前；間接的影響，是社會人士，看不出職校的效果。根本的原因，除掉社會風尚，對於職教未能有正確的認識以外，但據作者的看法，職業教育本身，亦有下列幾點，值得加以研討的。

(1)無政策無目標　我國辦理職業教育雖有數十年之歷史，但似乎並無確切的鮮明的政策與目標。第一、職業學校的課程，一方面好像是準備學生升學的，一方面又好像是爲學生就業的。第二、職業學校的設施，不一定適合社會的需要。第三、過去辦理職校，除掉課程名目，略與各中學不同外，其他訓練的方法，並無二致。至於濫竽充數之人，則一方面利用社會不注意職校的心理，一方面因學生不升學，無法表現其辦理之良窳，更無所顧忌，爲所欲爲，結果使職業學校與一般學校比，多較消沉。臺灣的職校，因在日治時代，有其一貫的政策，限制臺籍大學生，以職校學生爲其中下級幹部，所以學校的設施，一般較內地爲佳，學生在社會服務的成績，亦較大陸差强人意。但光復以後，臺籍大學生日漸增多，職校學生，在各方面，勢不能與一般大學生抗衡。所以前途茫茫，實有重新檢討政策的必要。

(2)分科太籠統　職業學校的分科，千篇一律，以工業職校言，大都籠統的分爲土木、電機、化工及建築諸科。凡大學有的科系，職校亦有；大學有的課目，職校大體亦有。眞是包羅萬象，應有盡有。其訓練的結果，則是學生畢業以後，一無所長，一無所能。門門都懂，門門都不通。現代學術，日趨專業化，一科之中，課目繁多，高中畢業生在大學四年中所習科目，出校後猶恐不能應付需要，而要小學畢業生在職校六年之學習中，能應付社會之需要，當然是不可能的。所以職校畢業的學生，主持一件工作，固然不可能。求其作助理工作而能勝任愉快，亦不可多得。所以一般事業機關，並不十分歡迎職校學生，似亦有其未可厚非的理由與苦衷。

(3)課程科目有問題　現行職校分科的辦法，一方面太籠統，一方面也太刻板，應當如何改進，將在下文加以研討。卽就臺灣現行分科制度而論，其課程規定，亦大有問題。例如高級工業職校之課程規定，略如下表(見下頁之表)：

根據上表以土木科爲例，我們發現有幾個疑問：第一、全部科目中，缺少公路工程，鐵路工程，水利工程，也無房屋建築。有一位老教授看了這一科目表，下了一個結論說：「這個科目表，恐怕不是習土木工程的人擬定的」。因爲在校內沒有學習這些課程，不知土木科畢業生應當從事那些工作？第二、科目表中無材料力學一課，但有鋼筋混凝土。一個不懂材料力學的學生，不知何以能了解鋼筋混凝土的妙用？第三、規定中沒有結構學，但有結構計劃。關於這一點，有兩個問題，值得討論：①不懂結構學的理論，絕對談不到計劃或設計；②職業學校學生，是否需要計劃或設計？能否設計？據筆者意見，一個高級職校畢業生，根本不必責成其設計，就其所學科目及範圍，亦不可能設計。這一點不僅是有關政策或教學目標問題，實在是一個事實問題。設計的工作，當然應當留待大學畢業生來擔任，比較順理成章。第四、全部科目中，既無水利工程，亦無水力學。如果專設水利科，則又當別論。否則水利工程，爲土木科中最重要科目之一。尤以中國環境，水利工作，更有迫切之需要；水利人才，亦異常缺乏。原撰擬科目者，大概將水利科目，放在農業職校之內，但水利工

臺灣省各工業職業學校科目表

科目＼學科分別	高級機械科	高級電機科	高級土木科	高級化工科	高級礦冶科	初級機械科	初級電機科	初級土木科	初級化工科	初級礦冶科
工業數學	一八	一八	一八	一八	一八	—	—	—	—	—
物理	八	八	八	八	八	八	七	八	四	六
製圖	一四	一〇	一四	三	六	二〇	一〇	一六	八	三
工作法	三	六	—	六	—	—	—	—	—	—
機構學	四	四	—	—	—	—	—	—	—	—
應用力學	六	—	六	—	—	—	—	六	—	—
熱機概論	四	—	—	—	—	熱機概要 四	—	—	—	—
金屬材料	四	—	—	—	—	四	—	—	—	—
工作機械	四	—	—	—	—	四	—	—	—	—
機械設計原理	六	—	—	—	—	機械大意 八	—	—	—	—
電工原理	—	八	—	—	—	—	八	—	—	—
交直流電機	—	八	—	—	—	—	六	—	—	—
電磁測定	—	六	—	—	—	—	四	—	—	—
通訊電學	—	四	—	—	—	—	電訊 六	—	—	—
輸配電學	—	六	—	—	—	—	電力輸送 六	—	—	—
測量	—	—	一四	—	一六	—	—	一八	—	一四
美術	—	—	四	—	—	—	—	六	—	—
土木及建築材料學大意	—	—	六	—	—	—	—	—	—	—
構造設計	—	—	一〇	—	—	—	—	—	—	—
施工法	—	—	四	—	—	—	—	八	—	—
鐵筋混凝土	—	—	六	—	—	—	—	六	—	—
營造業與營造法規	—	—	四	—	—	—	—	二	—	—
化學	—	—	—	一〇	四	—	五	—	一〇	六
化工機械	—	—	—	六	—	—	—	—	—	—
分析化學	—	—	—	三	三	—	—	—	一〇	—
電氣化學	—	—	—	八	—	—	—	—	—	—
化學工業概要	—	—	—	六	—	—	—	—	八	—
機械工程概要	—	—	—	—	二	—	—	—	—	—
地質	—	—	—	—	六	—	—	—	—	四
採礦	—	—	—	—	八	—	—	—	—	八
選礦	—	—	—	—	六	—	—	—	—	六
冶金	—	—	—	—	六	—	—	—	—	—
爐灶概論	—	—	—	—	六	—	—	—	—	—
金相	—	—	—	—	六	—	—	—	—	—
博物	—	—	—	—	—	—	—	—	六	四
有機化學	—	—	—	—	—	—	—	—	八	—
礦山機械	—	—	—	—	—	—	—	—	—	六

程，並不限於農田水利，其與工業之關係，尤爲重大，例如水力發電，航運工程等等。一般社會，有此誤解，應當可以原諒；一個教育政策，有此疏漏，實在太不應該。

以上僅就土木科科目表而言，需要改善之處，已很不少。關於其他各科，作者爲一門外漢，不敢妄參末議，但僅就常識判斷，缺點亦復不少，例如電機科科目中，有電信工學，但無電力工程。其基本科目中，似乎漏了應用力學。機械科科目中，材料力學付諸缺如，亦不合理。化工科科目中，沒有有機化學，而有化學工業；有分析化學而沒有工業分析，均爲不大合理之編製。即令分科制度仍舊，科目表之規定，亦有大加改正之必要。據說，現在各職業學校，應付這些不合理之規定科目表之方法，是按照規定表開課，但課程內容，則自行調整或補充。如此作法，自然有其苦衷，至少是對現行規定的一個無言抗議，應值得同情的。此外關於數理化等基本課程方面，主要的與高中差不了多少。只是每門課程的鐘點略少，練習的時間，亦比較少，結果學生只能囫圇吞棗，不易消化，其效果如何，可以想見。

二、作者對於改進職教之淺見

(1)明確的確定職校的政策或目標　職業學校之設立，當然以訓練實用人才爲目標，不必顧及畢業生升學之能力。但其訓練內容，應以社會需要爲原則。不僅科目名稱，不必與普通相同，其訓練方法，亦應有別。應重質，不重量；重內容，不重形式。例如某地有中學幾所，不一定即設職校一所。職校經費應特別富裕，不能採平均分配辦法。如財力不夠，可少辦幾所，大可不必辦許多虛有其表的職校。

(2)變更現時分科辦法　現時職校分科與大學無異。一位四年畢業之大學生，已感課程太多，無法專精之苦。現時的職校，幾全爲具體而微之工科大學，學生畢業後，學了一些皮毛，並無一技之長。在能力方面，不能與大學生競爭；在工作方面，亦茫然不能有特無恐。作者意見，職校分科切忌籠統，應就社會需要，分科愈專愈佳：例如測量科、製圖科、照相科、印刷科、模型製造科、無線電科、化驗科、汽車修理科、統計科、簿記科等等，都是社會各方面所迫切需要的人才，而現在職校，反都不能供應。舉例言之，製圖人才在各工程機關，到處找不到。一般大學生，在這一方面的訓練，並不見高明，而大學畢業生，亦多不願專作製圖工作。測量人員，情形亦大體相仿，職校學生如專作這方面的訓練，則在就業方面，亦不至與大學生發生衝突，且將爲各方所歡迎。其他各科，也都是現在各大學所未能訓練之人才。有些科目，如能由職校正式訓練，代替現行不大進步的學徒制度，則不僅可以供應社會需要之人才，且可收提高服務道德，改良社會習氣之效用，例如司機人才，就很有此需要。三十六年教部公佈職業學校規程，對於初級職校本已有此規定，但多未見實行。筆者之意，高級職校，亦應本此原則設科，不必與大學工學院看齊。同時在教部規定科目中，有的可以在職校中設立短期訓練班，即可達成任務，不必另設一科，例如汽車駕駛及鐘錶修理等是。

(3)分科不必一律　在大陸時各地職校設科，差不多千篇一律。例如甲校分土木、機械、電機、化工四科，乙校亦大體如是，近乎形式主義。臺灣各職校，雖有少數職校，分科不盡相同，但大體仍屬一致，這是大可不必的。各校分科，應就某地需要或某工廠需要而成立，則訓練較易，收效亦大。以德國爲例，在蔡司公司，就有一個光學職業學校，在拜耳藥廠，就有一藥科職業學校，在Freiberg 礦區，就有一個礦科職校。如此，學校的教師無虞缺乏，學生出路，亦無問題。如以此爲標準，則在我國大陸上，舉例而言：景德鎭宜興附近，應設立陶瓷職校；大冶撫順開灤等地，應有礦冶職校。上海應設商業，及紡織學校等，如果就地方需要而設立，則地可以盡其利；就專門工廠設立，則人可盡其才，似爲最合理而有效的方法。

(4)加重技術訓練　現在職校另外一個弱點，仍以講演上課爲主，大半原因，由於學校設備不完全所致。但是職校學生之主要訓練，應以動手爲主，儘量減少空洞理論之科目。否則畢業以後，談理論，不如大學生；談技術，不及一工廠技工。如是職校學生之出路，當然大成問題矣。

(5)規定職業獎勵辦法　職校不能發達之另一原因：一方面由於職校學生出路不佳，另一方面因社會一般以資格爲重，職校學生雖有良好之服務成績，因限於資格，無法上進。因此服務較久之人員，深造既不可能，上進亦無大望，自然不能吸收有爲之青年。如能妥擬獎勵辦法，同時在事業機關，確定資歷與資格並重之新辦法，當亦有相當之效力。

(6)改善實習辦法　過去職校因限於經費，致實習設備，一般的講，多不完善。因此教學方法，仍重在書本知識的灌輸，實習的時間較少。改良之道，除增加職校經費，充實實習設備外，應與各事業機關，各生產機關，取得一密切的合作，以增加學生實習之機會，增進教學效能。現在各級農工專科之學生，本有校外實習之規定，但嚴格說起來，除少數機關外，學生實習，大多不爲各機關所歡迎。其原因當然是學生程度不够，增加實習機關之麻煩，同時各機關又無此預算，學生實習，增加各機關之擔負。但是學校所訓練出來的學生，直接間接，都是爲各事業機關而訓練的。如果職校由各機關附設，則這些問題，當然不成問題。如職校之設立，係根據事實之需要，則各機關應當將指導學生實習，列爲該機關工作之部門；或將實習消費，列入預算之中。如此，則現在一般學生實習所遭遇之困難，大體可以解決了。但要做到如此地步，不僅須要建教機關之合作，而且應由建教機關之上級主管機關，加以硬性的規定，才可以發生效力的。所謂主管機關，在地方爲省市政府，在中央爲行政院。最近美國職教專家藍特教授向教育廳建議組織一職業教育委員會，很希望這個委員會，能够延攬教育專家以及主管建設部分之人物，共同參加，則其工作必可有良好之表現。

三、尾　語

現在師範學院工業教育系，即將成立，我們希望這一新興的學系，不僅僅爲現在各職校解決師資問題；同時必須要擔負改良職業教育的使命。這一重大的使命，因環境之困難，經費之拮据，當然相當艱巨，但有一個好的開始，前途希望是無窮的。

監察院之將來(四)

雷震

第六章　監察權不能獨立行使之理由(一)

一、過去的御史制度與今日的監察制度均不能超越當時的政治問題

關於過去的御史制度的性質和其作用，及過去御史所有的監察權與今日議會所有的監察權之相互比較，暨行憲前與行憲後監察院的職權的性質和其實施情形等等，上文經已分章加以扼要敍述。觀於這些敍述和分析，我們可以瞭解者有下列二點：

第一、在過去的御史制度之下，御史並不是只有彈劾官吏之權，御史並不是只兼裁判官吏之權，其監察行政部門的權力，範圍是十分寬泛；御史不僅可以建議政事，御史不僅可以質詢政策，御史還可以調查行政設施，御史還可以受理人民請願。可以說，整個行政部門的工作，都要受到御史的監督和控制。因此之故，在御史制度之下，彈劾權或監察權決不能超脫當時的政治問題而獨立行使的。說得更明白一點，御史決不能離開當時政爭的漩渦而獨立執行職權的。

第二、無論行憲前或行憲後的監察院，就其二十年來的實際工作情形來觀察，不論是彈劾案、糾舉案、抑或糾正案，大部分都要牽涉到政治問題上去。例如，抗戰前彈劾張學良和湯玉麟之失地不守，九一八時彈劾王正廷主持外交之喪權辱國，和近年來糾舉臺省財政廳長等對於外滙調度失當諸案，都涉及了政策的是非問題和施政的得失問題。此外，監察院還可以進一步的調查政治一切設施，還可以建議政府注意改善。這種廣泛的監察行政之權，在一般民主國家，乃是民意機關的議會對於政府的全盤施政——包括政策和其施行——的監督之權。換一句話說，也就是今日議會所享有的彈劾權、質詢權、調查權，乃至不信任決議權。假定民主國家必須有一個民意機關來監督行政之權，這些監督權實在不能離開議會——享有立法權的民意機關——而另設一個機關去獨立行使。且從效果上講起來，獨立行使也是不易收到實效的。

二、今昔政治觀念之不同

我們今日研究政治制度應該如何設計的時候，對於政治實體有兩個要點必須認識清楚，絕對不可忽略。這一點如果不弄明白，其所設計的政治制度，可能差之毫釐，而失之千里了。

其一、今日的政治觀念與過去迥不相同。過去是以皇帝為施政的中心，上文已約略言之，故行政與監察都不過是替皇帝來施行統治。換一句話說：行政官吏是替皇帝來治理人民，監察御史是替皇帝來督察官吏和豪霸，故其出發點是為皇帝來治理天下，保持國泰而民安。今日行的是民主政治，民主政治是以人民為施政的中心。而其目的則是為人民謀福利，即令在實行極權政制的國家，其在表面上仍是標榜着『人民政府』，『一切為人民』的。人民既為一切權力的源泉，而其施政的目的又是為人民，故監察政治的權力，其源泉必須是出自人民，行使監察權力的人選(現制稱為監察委員)，必須是由人民用選舉的方法產生出來。這一點現行憲法是採用了，也許說還不够。

其二、政黨及於政治的實際影響，我們在設計政治制度的時候，必須注意及之。一般稱謂今日的政治為『政黨政治』者，可見政黨在政治上的影響和作用之巨大了。以下特專節論之。

三、政黨之作用(一)

今日在政治運行上，其作用最大而具有決定性者，乃是『政黨』的組織。政黨的形態固有許多樣相，但不問是那一類的政黨，都可以說是今日用以操縱政治的唯一工具。無論甚麼政治行動，都不能避開他們的影響，不管是選舉也好，彈劾也好，乃至調查和質詢也好。因此，我們今日不論是研究政治現象，抑或設計政治組織，絕對不能忽略站在政治後臺而負操縱作用的『政黨』的因素。

政黨是一種組織體，有目的、有活動、因而就有規律。不問怎樣民主方式的政黨，不論怎樣組織鬆懈的政黨，對於其組成分子之黨員，總規定有若干的規律以範圍其行動，庶可保持組織體之統一性。因此之故，黨員的行動，或多或少的，都必須受到其所屬政黨的約束。就是說，黨員必須在某種範圍以內，遵守該黨決策機關的決定，儘管他個人的意見有時不能完全贊同其隸屬政黨的政策。政治上有了政黨的組織，政黨就要發生操縱指使的作用，則一切政治的活動必然的是『集體行動』，而監察權之行使亦必然的要受到這種制約，自不能與過去在御史制度下面，御史可以憑着個人的判斷和良心的驅策而獨立行使彈劾權相提並論了。何況過去的御史也不見得都是高風亮節，公正不偏，不為富貴所淫，不為威武所屈呀！御史而為權臣的工具的情形，歷史上例子甚多，明朝一代尤其厲害。

上述這段話，對於今日監察院，驟然看起來似乎有點不很適用。今日的監察委員，也許可以憑其個人的認識而獨立行使監察權。但是，這是例外，在政黨組織下面，絕對的可以說是個例外。因爲執政黨佔了絕對的優勢，在民意機關中佔了百分之九十的力量，其他政黨聯合起來也不足與之抗衡。執政黨既無外患，乃暗生派系而自相搏鬪，黨的中央復失去公正的領導，於是政治遂無法步入政黨政治的軌道，國大代表也好，立監委員也好，乃有離開政黨的約束而各行其是之感突。然而，這又不能說是絕對的，究竟還是一個政黨，有時依然要發生組織體的作用，故目前實無法以『憲政常道』論之。不過，這僅是一時的變態，非組織政黨的原意，我們在設計政治制度的時候，不能以變態作爲常道來考慮問題。如果今日政治局勢，假定有兩個勢均力敵的政黨存在，或者縱有一個勢力較大的政黨，而其他數小黨聯合起來也足以與之抗衡，彼此劍拔弩張，遇事尋隙挑釁，則今日監察制度的作用，其結果必然的又步入另一道路去了。我這個假定絕對不是架空的，有許多事實可資證明。大家不要忘記，監察委員照憲法所定應有二百二十七人，而彈劾案之成立，只要提案委員外之監察委員九人之審查及決定，糾舉案更少，只要三人。且依彈劾案審查規則(註一)第五條所定：『彈劾案審查時，其成立與否決，由審查委員過半數之決議行之』。故實際上只有監察委員六人(連同提案委員)之同意，即可決定一個彈劾案，此與今日各國通例，議會提出彈劾案時，最少須經下議院出席議員過半數之決議相比，其易難之懸殊，實不啻有天壤之隔了。

抑有進者，關於失職的解釋，多係對於政策的當否和其施行的利弊來下判斷，上文已詳言之，如果六個監察委員就可決定某一政策的利弊和其施行的得失，而彈劾其主管人員(例如部長、廳長)爲失職，實不能不令人深感彈劾案之成立，有過於草率之嫌了。誠然，監察委員參加彈劾案之審查，在監察院有預先抽籤編定之秩序以資輪流(彈劾案審查規則第三條)，固可防止若干的弊病，但在有組織之政黨控制下面，這些規定，實不能發生很大的作用。

四、政黨之作用(二)

復查，依照監察法之規定，監察院於彈劾案移付懲戒機關時，可將彈劾案的內容公布於社會，俾衆週知(監察法第十三條第二項)。這又是如何危險可慮的事情。特別是在彈劾案一成立後，便喧騰於報章之上，對於社會固可轟動一時，發生很大的宣傳作用。惟彼此爭辯結果，彈劾案如不成立，則被彈劾者精神上也已經受了極大的損失。倘遇黨爭激烈的時候，這樣可使政治上常常發生動搖不安的情形，其爲害政治之處，遠較喜斯羅所云：『國會有了彈劾案，那些狡猾的議員，往往利用這個權來壓制政府』爲大了。

說到此處我想補充一句。我國出版法載有『出版品不得登載禁止公開訴訟事件之辯論』的規定(出版法第二十三條)，其用意在於保護訴訟當事人之聲譽，和防止有妨害善良風俗的消息的傳播。那末，『彈劾案於移付懲戒機關時得公佈之』，是不是合理的事情？是不是與出版法的精神有衝突，很值得我們考慮的問題。儘管這一條文——公佈彈劾案——的制訂，在監察院方面誠有不得已的苦衷，因爲過去許許多多的彈劾案提出之後就無下文，好像石沉大海，無影無踪，監察院反而蒙上了一個不監不察，尸位素餐的寃枉。於是想出將彈劾案公佈週知的辦法，使被彈劾者可能受到社會和輿論的制裁，用意未可厚非。不過被彈劾者如果是無辜的，則公佈週知的辦法，反使無辜者的名譽遭受莫大的損失，因爲監察委員的認定有時也會有錯誤的。誠然，彈劾案經公務員懲戒委員會的審查，被彈劾者可以被宣告爲不受懲戒，但一度喧騰於報紙上的名譽損失，則是不易恢復的。而且這種辦法——公報週知，在黨爭激烈的時候，可能被利用爲政治鬪爭的工具，易陷社會於不安的境地。因爲我們今日的彈劾案，其成立的條件是太容易了。每一種政治制度都有其有害的一方面，我們在研討政治制度的時候，要充分注意到這一點。

在英美國家，對於政治的批評，享有高度的言論自由，可是對於個人名譽的維護，則無微而不至。我們只要一瞥英國的成文律，只有誹謗律，而無規定言論自由的法律，即可想見英國之重視誹謗爲如何的了(英國社會，除依誹謗律所規定之禁止事項者外，任何思想或言論，均得自由發表，或印刷出版，而不受任何行政機關，團體或私人之阻擾和干涉)(註二)。返觀我國則反是，對政治的設施不欲他人多加評論，而對私人攻擊，男女關係，馬路傳聞，誨淫誨盜等等消息，則儘量任其登載，縱然寫得繪影繪聲，形容得淋漓盡緻，並沒有人加以干涉或阻止的。言念及此，我們不能不說我們的言論自由尙沒有走上正常的軌道。而主管機關也沒有盡到他們應盡的責任。

五、國父主張監察權必須獨立之由來

監察權之必須『獨立的』行使，乃國父中山先生之所主張，故特倡導五權憲法，於立法行政司法三權之外，加入了考試及監察二權。國父說：

『外國從前只有三權分立，我們現在爲甚麼要五權分立呢？其餘兩個權是從甚麼地方來的呢？這兩權是中國固有的東西。中國古時舉行考試和監察的獨立制度，也有很好的成績，像滿淸的御史，唐朝的諫議大夫，都是很好的監察制度。舉行這種制度的大權，就是監察權，監察權就是彈劾權。外國現在也有這種權，不過把他放在立法機關之中，不能够獨立成一種治權罷了』(註三)。

議會即立法機關何以不能兼有監察權呢？議會如果兼行監察權要發生甚麼毛病呢？國父更進一步說：

『糾察權，專管監督彈劾的事。這機關是無論何國皆必有的，其理爲人所易曉。但是中華民國憲法，這機關定要獨立。中國從古以來，本有御史臺主持風憲，然亦不過君主的奴隸，沒有中用的道理。就是現在立憲各國，沒有不是立法機關兼有監督的權限，那權限雖然有强有弱，總是不能獨立，因此生出無數弊病。比方美國糾察權歸議院掌握，往往擅用此權，挾制行政機關，使他不得不俯首聽命，因此常常成爲議院專制，除非有雄才大略的大總統，如林肯、麥堅尼、羅斯福等，纔能達到行政獨立之目的。況且照正理上說，裁判人民的機關，已經獨立，裁判官吏的機關，却仍在別的機關之下，這也是論理上說不過去的。故這機關也要獨立』[註四]。國父並引用前美國哥倫比亞大學教授喜斯羅之言，用以證明立法機關兼有監察權之弊害。

喜斯羅著了一本書，叫做『自由』。他說憲法的三權是不够用的，要主張四權。那四權的意思，就是要把國會中的『彈劾權』拿出來獨立行使，用『彈劾權』同『立法權』『司法權』『行政權』作爲四權分立。他的意思以爲國會有了彈劾權，那些狡猾的議員，往往會利用這個權來壓制政府，弄到政府一舉一動，都不自由，所謂『動輒得咎』[註五]。由此可見國父主張要把監察權離開議會而獨立起來，乃是受了喜斯羅這些話的影響。國父主張監察權獨立行使之意，原欲保持行政機關具有力量，所謂『萬能政府』，免受議會的牽制，可是照這二十年來監察權獨立後的實際情形，和現在憲法上之所定，如果監察院眞能發揮他的威力，其結果恐怕弄到政府一籌莫展，動輒得咎，正與國父的原意相反。

我這些話並不是主張政府要有萬能，更不是主張政府不必要受民意機關的監督，而只是說明監察權獨立行使的結果，與國父主張之萬能政府的用意恰恰相反。其實，監察權如果仿照過去監察御史或都察院的辦法，這種現象可以說是必然的會發生的。不過，國父未能把這兩種制度並行的結果，融會貫通的來考慮，一方面雖然主張監察權要獨立行使，他方面又要求政府須有萬能，這不能不說是在思想上有些矛盾。因爲這兩種制度是不是可以並行不悖，乃是值得研究的一個問題。據我個人的看法，這兩者不論是在理論上或實質上，均是有衝突的。

以下略述美、英、法等國的議會行使彈劾權的情形，用以證明喜斯羅這些話的不確實。

六、 美國行使彈劾權的情形

我們現在來檢討喜斯羅教授所指責的情形是不是實在的情形？還是在憑空臆說？我們更進一步詳察是不是因爲立法機關兼有彈劾的權力，議員們就可以利用這個權力來壓制政府？使政府之一擧一動都會動輒得咎呢？

美國是實行三權分立制度的國家，國會對於行政部門的措施如有不能滿意，或對政策不能贊同的時候，因爲不能藉着不信任決議的辦法，迫令政府全體或某某部長官去職，故可能有利用彈劾權來壓制政府的事情，尤其是反對黨可藉這個法寶作爲政治鬭爭的工具，最少，在理論上是可以作這樣的假定的。而這樣的假定也可以得到很多的人們相信的。然而，我們一查美國開國以來國會實施彈劾制度的實際情形，我們就可以明瞭上面這些假定完全是『不合事實』。美國憲法制定於一七八七年，迄至一九一三年爲止，在這一百三十年當中，國會議員彈劾政府官吏的案件，一共只有『九件』[註六]，可以說是鳳毛麟角，少而又少。尤其是彈劾總統及行政首長的案件只有『二件』，一爲一八六八年大總統詹森之被彈劾，一爲一八七六年陸軍部長貝克奈(William W. Belknap)之被彈劾。其餘被彈劾的七人，一爲參議員布納脫 (William Blount)，餘六人皆爲法官。而九件彈劾案之中，經參議院審判宣告無罪者有六人（大總統詹森案亦宣告無罪)。據此，我們不能說國會議員有利用彈劾權來壓制政府的事情了。

美國大總統是行政部門的代表，國會議員如果想同政府搗亂，最好是與大總統爲難。可是彈劾大總統之案件，在一百三十年當中只有一件，於此可見國會議員們並未藉着彈劾權來同政府搗亂。其實，國會與政府爲難的地方甚多，又何必藉這紆廻繁瑣的彈劾權呢？如不通過政府所希望之法律，如不議決政府的預算，如拒絕批准政府與外國商訂之條約等等，都可以使政府難堪或令政府屈服的。前二種的例子甚多，不遑枚擧，後一種例子最著名的是：威爾遜總統用全力促成的『國際聯盟』，竟被參議院先生們一脚踢開，不予批准，以致提議的美國竟不克參加國際聯盟，威爾遜自己因此抑鬱而死。

七、 英法議會實施彈劾權之情形

英國是實行議會內閣制的國家，故政府事事要聽命於議會。世人嘗謂英國的政府不過是巴力門的一個委員會者，就是說明這層意思。英國巴力門是握有彈劾權的，其運用此權力第一次的紀錄，係在愛德華第三世的時候。那時拿體麥 (Latimer) 和聶微爾 (Neville) 因騙購國債和運走商品而被彈劾，這是一三七六年之事。最後的彈劾案是一八〇六年墨爾菲爾 (Melville) 濫用職權事件。在這四百三十年中間，巴力門的彈劾案也是寥寥可數的。其中如一六二六年威利爾公爵 (George Villiers, Duke of Buckingham) 之被彈劾爲「攬權」，一六二六年溫德窩次 (Thomas Wendworth Earl of Strafford) 和一六四〇年勞德大主教 (Archbishop Laud) 之被彈劾爲「破壞基本國法」；最後幾個彈劾案，如一七八八年哈斯汀 (Warren Hastings) 和一八〇六年墨爾非爾之被彈劾爲「濫用職權」，這些案子若照現在眼光視之，不無以彈劾權作爲政爭工具之嫌。然若詳考其實，從時間來說，此類彈劾案仍是很少很少，自不能以偏概全，謂議會常常有利用彈劾權來挾制政府的事了。且自一八〇六年以來，彈劾權未曾行過一次，而代之以興者，乃是議會的不信任決議權與厲行司法制度暨普遍發展的輿論的力量。

法國自第三共和成立以來，下議院只於一九一八年彈劾過內政部長馬爾維(Louis J. Malvy) 一次，謂其有通敵嫌疑而彈劾之。但是，法國的內閣却時時崩潰，其平均壽命不過數月。這是甚麼緣故呢？議會可用各種方法表示不信任，使內閣非辭職不可。故法國議會控制內閣的方法，非藉彈劾權的發動，乃是利用不信任決議制度耳。

八、喜斯羅的指責並非事實

觀於上述美、英、法三個國家實施彈劾權的實例，可見喜斯羅教授的指責，謂立法機關兼有彈劾權一事，易使政府的一舉一動，都不自由，所謂動輒得咎者，乃是危言聳聽，誇大其詞，完全缺乏事實的根據。故此說絕無可採的價值。

立法機關之兼有彈劾的權力，不獨不是怎樣的可怕，我們若從反面去觀察，彈劾權的行使，如果不藉着民意機關的力量來支援，是否能夠發揮其充分的效力，實又不能無疑問了。立法機關(議會)握有許多權力足以控制政府，如我國憲法第六十三條之所定。政府對於立法機關(議會)的彈劾案如果置之不理，立法機關(議會)可以使用其權力，如否決政府提案，如拒絕通過預算，如不批准條約等等，以迫令政府就範。按今日各國的監察權，一屬於法院，因爲法官的地位安定，且係終身職；二屬於議會，因爲議會有其他權力足以控制政府，而襄助議會工作之審計官也多是終身職的。若像我們現在這樣的作法，把彈劾權特由立法機關劃分出來，使其屬於另一獨立的監察院，在表面上固可以說是：『獨立行使監察大權，避免捲入政治漩渦』，實際上不獨不能避免政潮的牽連，若政府對於彈劾案竟置之不理，在監察院方面則是一點辦法也沒有，除了唉聲嘆氣之外，別無法寶可施。蓋今日的監察院既沒有積極的武器以支援自己的提案，也沒有控制政府的具體辦法可使其所提的彈劾案發生效力，事實俱在，毋庸諱言。其實，『官官相護』，不自今日始也，惟今日則尤烈焉。

九、各國憲法防止濫用彈劾權之規定

至於恐怕立法機關享有彈劾權而可能『濫用彈劾權』一事，證於上文的說明，可以說是絕無僅有之事，不必過份顧慮了。不過，我們爲着防微杜漸起見，對於彈劾案的決定，還可以『提高』立法機關出席人數與同意人數，例如：

(一) 德國議會(一院制)要提出彈劾案時，除提案人須有議員一百人以上之連署者外，其議決須有與憲法修正案所需要的同一多數的同意(威瑪憲法第五十九條)。復查憲法的修正案，須有全體議員三分二之出席，及出席議員三分二之同意(同法第七十六條)，而一般法律案只須全體議員過半數之出席，和出席議員過半數之同意(同法第三十二條及議會議事規則第九十八條)。

(二) 在捷克斯拉夫，衆議院要提出彈劾案時，須有全體議員三分二之出席，及出席議員三分二之同意(一九二〇年捷克憲法第三十四條)，而一般法律案只須全體議員三分一之出席，和出席議員過半數之同意(同法第三十二條)。

(三) 在波蘭，議會要提出彈劾案時，須有全體議員過半數之出席，及出席議員五分三之同意(一九二一年憲法第五十一條及第五十九條)，而一般法律案只須全體議員過半數之出席，及出席議員過半數之同意(同法第三十二條)。

(四) 其他各國，如南斯拉夫(一九二一年憲法第一十一條)，芬蘭(一九一九年憲法第四十七條第二項)，普魯士(一九二〇年憲法第五十八條)等國，對於彈劾案提出的場合，均提高下議院的議事資格，藉以防止彈劾權的濫用。

觀於上文所述，可見各國對於彈劾案的重視，而規定其手續特別繁難，非若我國現行辦法，幾個監察委員就可決定一個彈劾案。國父要把監察權獨立行使，其目的是要重視彈劾權，而其結果則變爲輕視彈劾權了。

註一 監察院彈劾案審查規則，係三十七年七月二十日監察會議第二十二次會議通過。
註二 參看拙作「輿論與民主政治」下篇(第九一頁—至九二頁)。
註三 見三民主義民權主義第六講。
註四 見國父講演：三民主義與中國民族之前途。
註五 見國父講演：五權憲法。
註六 參看 (一) Young, The New Amerian Government and its Work P. 78, P. 116. (二) Munro, The Government of United States P. 210.

愛因斯坦的人生哲學

愛因斯坦作
劉世超譯

這篇短文可說是愛因斯坦對于人生的隨感錄。這篇隨感錄是率真的表現——毫無那『吹噓起來的矯飾之詞 (puffed-up prententiousness)』(借用康德的詞句)。從這篇隨感錄裏，除了許多其他寶貴的意見以外，我們可以看出愛因斯坦是怎樣注重民主，尤其是作爲創造條件的個人主義的氣氛。現在，個人主義正隨着自由主義面臨空前的考驗。不獨政治的全體主義者要消滅它，而且文化的全體主義者也在搖撼它。在這種情形之下，我們一讀這位大科學家之言，當知民主與個人主義對于科學成就有何等關聯；更進而思考它們對于整個的人生有何等關聯。

——譯者

我們在這地球上的處境才奇怪呢。我們每一個人不過來此作一個短暫的訪問，而不知爲什麼，然而有時又似乎以爲具有一個神聖的目的。

然而從日常生活的觀點來看，我們有一件事是的確知道的：卽人在這地球上是爲了別人而活着——主要地是爲了使許多人發生愉快的笑容和生活過得好。我們是因着他們底音容笑貌和生活怡適而感到快樂的。另外也爲了一些我們並不相識的靈魂，然而有同情的帶子把我們和他們的命運聯在一起。每天有很多次我可以體會到我的外在生活與內心生活都是建築在與我們有關聯的人之上——無論是已故的還是活着的。我必須多麽急切的去作一番努力來將我從他們那裏得來的一切還囘去。我從別人的作品那裏借貸的東西實在太多了：每一念及便心情沉重，心緒爲之不寧。

我不相信我們能有何哲學意義上的那種自由。因爲我們的行動不僅受外在因素的强制，而且還受制於一種內在的必然性。叔本華說得好：「一個人確然能做他意向所要做的事，但他自己却不能決定自己底意志之所向。」這話在我年青時就已深深印入心中，並且當我眼見或親身感受到一些生活的艱辛時恆能由這話得到安慰。相信這樣的話，便永遠能產生寬容襟度。因爲這種襟度不讓我們把自己或別人看得太嚴肅。它倒頗有助於幽默感的養成。

如果一個人無止境地去沉思默想他自己存在的理由或生命的普遍意義，從一個客觀的觀點看，我以爲這似乎是全然愚傻的行爲。然而，每個人總會抓住某些理想，作爲他底希冀與判斷的指南。常常閃耀在我面前並使我充滿生活之快樂的理想是善、美、與眞。我從未想到把舒適或快樂作爲標的。因爲由這種基礎建立的道德系統只足適用於一羣畜牲。

如果我沒有感到自己是在與一羣頭腦近似的人合作去追求在藝術和科學研究中永達不到的目標，我的生活將是空虛的。自兒時起，我就看不起那些庸俗事物常加於人類雄心的限制。財產，外在的成功，出風頭，以及奢華——這些對我永遠是不値一顧的。我相信一個單純而謙虛的生活對每一個人都是最有益的，對身心都最有益。

我一方面對社會有正義感及責任感，而另一方面又顯著地有不大願意直接與別人打交道的心情，這二者構成一種奇異的對照。我生來只適於拉一匹馬拉的車，而不適於做結隊的工作。我從未全心全意的屬於一個國家，或者屬于我朋友的圈子，甚至屬于我自己的家庭。這些關係對於我永遠多少帶着點疏遠的意味。我意欲從這些關係撤退而囘到自己的自我小世界裏來，這種願望是與歲月俱增的。

這種孤立有時是辛酸的。但我卽使失去別人的了解與同情，可並不引爲遺憾。我會因此失掉一些東西——這是一定的——但我從別的方面得到補償，因爲我可以變成獨立的了。我不再受習俗、物議、以及他人偏見的束縛，也不再圖謀把我心靈的平靜建立在如此易于變動的基礎上。

我的政治理想是民主。每個人應當被當作一個「個人」來尊敬，但沒有人應被尊奉爲偶像。我被許多人過份稱羨與尊敬，這眞是與我心意相違的命運。或者這種過份的稱讚是由於我用了自己微弱的力量曾改進了幾許觀念。而這些觀念是大衆想去理解卻未能如願以償的。

我極淸楚地知道，要想達到一個確定的目標，總必須有一個人出來承當，從事思想，從事指揮，並負擔大部份的責任。但被領導的人卻不應該被驅策，他們應被允許選擇他們自己的領袖。在我看來，把社會分別成許多階級的種種區別都是虛假的。這些區別，分析到最後，還是依藉於强力之上。我深信每個寡頭的暴力制度一定造成墮落，因爲暴力必不可免地引來一些道德低下的人。歷史已經證明，彰明較著的暴君後面，一定由匪徒惡棍來接替。

由於這些理由我永遠强烈的反對在今日俄國及意大利存在的那種統制。吾人須知，使歐洲的民主形式失掉信譽的並不是民主基本理論自身，雖然也有人說它是有錯誤的；使它失掉信譽的是政治領導的不穩定，以及黨派作風之缺少個人的品質。

我相信美國的政治制度已經合着正確的觀念了。一個總統被選擇出來，給以合理的在位期限及充份的權力，俾能正當地完盡他的責任。在德國政府這一方面，我喜歡它那對個人廣泛照顧的辦法。譬如當人在害病或失業的時候，政府便予以醫治或救濟。我要說，對於我們碌碌的生活眞具有價値的並不是國家，而是能創造能感受的個人。這種人物，並

(下轉第35頁)

恭賀新禧

香港通訊

剖析中共農業互助組織

金一鴻

最近，中共繼「土改」之後又在大陸農村中搞其所謂「組織起來」的農業生產互助合作運動了。這種運動，依據中共「政務院關于一九五二年農業生產的決定」上的計劃：在全國範圍內，應普遍大量發展簡單的，季節性的勞動互助組；在互助組運動有基礎的地區，應推廣常年定型的，農副業結合的互助組；在羣衆互助經驗豐富而又有較强骨幹的地區，應當有領導，有重點地發展土地入股的農業生產合作社。其他專業性質的互助組和生產合作社，亦應適當加以提倡。老解放區要在今、明兩年把農業百分之八、九十的勞動力組織起來，新區要爭取三年左右完成這一任務。

又據中共「中央農業部農政司」一九五二年上半年「農業生產互助合作運動發展情況」上的宣傳，組織起來的勞動力：西北區百分之六十；華北區百分之六十五；內蒙達百分之七十。東北區組織起來的農戶達百分之八十以上；華東區百分之三十三。據不完全統計，中南區組織互助組一百萬個；西南區五十五萬個，佔各該區總農戶數百分之十八以上。總計全國共有互助組六百萬個；農業生產合作社三千餘個，全國組織起來的農戶三千五百餘萬戶，約佔全國總農戶的百分之四十。

中共前旣以分田爲號召，而分田之後，又要農民們重新合攏「組織起來」，這顯屬是一種矛盾，是一種自己打自己嘴吧的行爲！但實際上，中共已經這樣在做了，而且做得非常賣力。當作一種王牌來看待，這到底是種什麼力量逼得中共非要「組織起來」不可？「組織起來」的內容怎樣？「組織起來」之後又有些什麼問題？于此我們作一番研究與分析，可能是需要的。

一、中共在分田之後爲什麼又要「組織起來」？

我們爲要追尋「中共在分田之後爲什麼又要組織起來」的原因，首先必須瞭解「土改」之後大陸農村中發生了三種現象：

第一、農民們在「土改」中所分到的田畝，爲數極爲微少。據中共新華社「一年來土地改革運動的成果」上宣佈：全國一般地區平均每人分到的土地量是一畝到二畝之間；而且耕地是非常散碎的。例如名聞全國的河北省饒陽縣五公村的耿長鎖農業生產合作社，全社僅有土地二百一十三畝二分，而且坵却分爲七十八塊，因之，無法擴大大生產，乃至于想和靠近地結合，或高價收賣臨近地都不可得。(見一九五二年三月十九日北京「人民日報」姚世安等著「耿長鎖領導的農業生產合作社」一文）典型的例子尚且如此，其他的情形更可想而知了。雖則中共有「提高單位面積生產」之說，並誇張廣東揭陽縣勞模林炎城每畝稻產一千六百二十斤，及駐新疆開都河北岸的某部，每畝麥產一千三百七十七斤十一兩的例子作爲沾沾自喜。其實：(一)農業增產不像工業增產可以講倍數，祇能講成數，而中共偏講的是倍數，不能令人無疑；(二)生產有生產的特定條件，即使果有所謂林炎城和新疆某部的事實，當然也是一種突出的例子，並非常態。突出的例子，一地都難概括，何況全國？因此，據中共自己說明，林災城的水稻產量，爲全國平均谷產的八倍，新疆某部小麥的產量，爲全國平均麥產的十四倍。換言之，直至一九五二年秋收爲止，大陸農村每畝平均稻產爲二百〇二斤半，麥產每畝平均九十七斤。農民們所分到的田畝旣僅有一到二畝之間，試問一年之中，四百〇五斤谷的收穫(兩畝最高額計算)，或一百九十四斤麥的收入，不要說，除了農業稅和種糧之外，所餘無幾，根本連口糧亦將大成問題！在這種情形之下，不僅農民餓了，連帶共幹也瘦了，病了。據中共粵西區黨委一九五二年九月十七日寫給「粵西全區土地改革工作幹部的慰問信」上說：「在粵中區的陽江、陽春兩縣，特別是高雷、西江兩區，很多貧雇農長年吃粥，沒有乾飯吃，甚至于在春荒期間，連粥也吃不到，只吃些紅薯，芋頭充飢，但同志們(指共幹)仍然堅持『三同』，沒有動搖，因此，不少同志瘦了，病了。」所謂「三同」，即是奉派監視農民的共幹，和農民同住、同食、同操作之謂。因爲農民們本身無糧可吃，于是連帶着吃農民們糧的共幹，也不得不被餓瘦了，病了！(三)林炎城和新疆某部這種產糧方法，是否合乎科學經濟原則，也大有問題。因爲中共僅把林炎城和新疆某部的產量的數字提出報告，而對于投資于生產資料的比重(包括勞力、耕畜、農具、種籽、肥料等，所耗數字)，並未說明，我們無從核算。惟照中共過去做事的作風而言，每每爲要達成某種任務起見，是不惜化費巨大工本的。因此，此番爲要造成了農業生產上的「標本式」，「儀杖隊型」，以誇耀「土改」的成功，表示農村生產力有突飛的猛進，于是其所下的生產資料的分量，可能是五倍十倍于往昔的，果爾，這是生產上的一種浪費行爲，不足爲訓的。

第二、農民們用以從事農業生產的資金、農具、耕畜等一般的都是非常貧乏的。例如中共黑龍江克山縣民主村典型調查，農民們投資于生產資料的支出，一九四八年爲一一·八%，一九四九年爲一〇·七%，一九五〇年爲一三·〇%，一九五一年爲三三·七%，這個數字，遠不及一九三三年千家駒、韓德章、吳半儂三人在廣西調查的資料，當時鬱林農民們投資于生產資料的支出是三七.〇%。廣西省的農村經濟，在全國各地是處于極低的位置，由此可見「土改」之後，大陸農民們投資于生產的支出，是如何的貧困！又如農具一項，據中共新華社報導，全國需要增補的舊農具爲一百二十七萬四千六百件，實際缺乏農具數爲二千七百二十一萬件以上。(見史鑑「大陸食糧問題」一文)個別的例子，如湖北浠水縣河東鄉五助組，十戶中，六戶沒有耕牛，七戶無犂，八戶缺耙，九戶無耖。至于耕畜方面，中共西北軍政委員會「副主席」習仲勳的「關于西北地區農業互助合作運動」上報告，以長安縣高家灣村的調查爲例，全村一百六十七戶農民，「土改」之後，八戶僱農還全無牲口，一〇七戶貧農祗有三六戶有牲口，還有七一戶沒有牲口，五二戶中農也有五戶缺乏牲口。大車，水車都很缺，僱農兩樣都沒有；貧農一〇七戶祗有兩輛大車，三輛水車，中農也是五二戶才有四輛大車，四輛小車，六輛水車。其他農具，貧農還缺的不少，中農也有缺的，僱農缺的更多。又如山西省興縣專區十一個縣的調查：戰前約有牛九萬二千頭，戰後只有八萬〇七百頭；騾、馬、驢，戰前有六萬八千頭，戰後只有三萬一千頭，平均減少了百分之七十左右。又如河北永年縣典型村調查：騾、馬、牛的數目較戰前減少了百分之八十四至六十六左右。(見中共一九五二年「經濟年鑑」一書)

第三、農民們從事農業生產的勞力，被運用得已經到了強度的頂點了。例如陝西長安縣杜曲區第八鄉王蟒村，從前是「十麥九不鋤」的，現在要細鋤兩次，婦女拔草一次。水稻做到犂一，攻二，耙三，滂四，一九五二年且要做到滂五，使用勞力，平均增加了兩倍以上。又如山西省昔陽縣，戰前每畝地平均用人工八個，現在已增加到了十一個，該縣勞模郭玉恩則已增加到了十八個半。平順縣川底村戰前每畝用人工九個，現已平均達到十八個。(見中共徐執中「論兩年來新中國農業生產的恢復與發展」一文)他如湖南省漢壽縣第五區福和鄉，去年一般農民的稻田，只踩草兩遍，棉地鋤草七遍，今年的稻田踩草三遍到四遍，棉地鋤草十遍到十二遍。此外，中共田流的「土改三年後的北滿農村」上指出：「我估計一下此地農民的勞作時間，每天最少也有十六個鐘頭。」而且婦女們被大量投入土地從事勞作：旅大農村全區已有五萬六千五百〇七名婦女，參加所謂春耕，播種、夏鋤，今年農村婦女參加生產而不是在數量上多少，其特點是參加主要勞動。又如翟城婦女參加田間勞動的，佔全村婦女百分之七十五。(見中共雁軍「一個新型的農村」一文)

中共于遭遇了這樣的重重的難關之後，于是不得不換轉頭來，把先前分配給農民的田，又叫他們合攏「組織起來」，成爲一種時髦而刺激的運動。因爲「組織起來」：一可藉辭擴大耕作面積，把散碎的土地，重行拼起，乃至于在分紅方面，不惜採取「土六勞四」的比例，以引誘農民們來所謂「土地入股」。二可對勞力、耕畜、農具、肥料、種籽等作統一集中調配運用，謂之「服從勞動紀律」。三可因土地性質而使用某種農作，在其中可能或多或少增加些產量，所謂「奉行蘇聯先進經驗」的「盧森科」辦法。這些就是中共在分田之後爲什麼又要叫農民們合攏「組織起來」的根源所在。

但是中共一向是不願意對眞理服輸的，于是又來一種所謂說法：目前中國的農業經濟，基本上還是個體經濟，而且是一種小商品經濟。這種小商品經濟，正如郭沫若呼之爲「爺爺」的史太林所認爲「是站在資本主義與社會主義間的十字路口的經濟」，它既可能發展到資本主義的道路上去，也可能發展到社會主義的道路上去。中共爲要不讓這種個體經濟自流地發展到資本主義的道路上去，因此，要運用國營經濟通過合作社，抓住農民們的個體經濟：一面是組織互助組，一面是對生產資料和生活資料的共買共賣——利用物資交流會及與供銷合作社結合等形式——使個體農民在互助合作中，逐漸受到集體主義的教育、隨着農業工業化的發展，把原來已經加入到農業生產合作社的農民，又轉送到所謂社會主義的集體農莊中去了。

這雖是中共的一套說法，可是由此使我們可以理解到，像蘇俄般的所謂土地重分配，雖或不致于重演，但農民們從得地到失地的過程中，在時間上一定不會很遠了！

二、「組織起來」的內容怎樣？

中共在農業上的互助組織，標榜着所謂「自願結合」，「等作交換」，「民主管理」的三大原則，其發展，主要的可以分爲下列三種形式：

甲、臨時性，季節性的互助組。這種組織，通常的情形都是：

(1)組成的單位，是個體農民三戶到七戶左右。例如廣東揭陽縣安樂區田美村八個互助組，共計五十二戶，平均每組約有六戶，又如山東莒縣呂家莊互助組全村三十二戶，共分六組，平均每組五戶。

(2)主要任務，在于進行人力，畜力的換工，但沒有記工，清工制度，所謂「等價兩利」，根本不分勞力強度，技術高低，勞動性質，祗是一工換一工，大都是憑着記憶決定的。

(3)所有用以從事生產的土地、耕畜、農具、肥料等資料，都是私有的，沒有所謂「公有財產」。

(4)農忙夥幹，農閒單幹。

(5)大活夥幹，小活單幹。

(6)農業夥幹，副業單幹。

這種組織，照例是「春組織夏垮臺」的。據中共說，是互助組中最初級的形式，佔總組織中的數字是百分之六十，亦有高至百分之八十五的，如華北區是。

乙、常年的，定型的互助組。

這種組織的內容，大體有 如下列各

項：

(1)其組成員，通常有八九戶到二十戶左右，參加的農戶，中、貧、僱農都有，土地面積有由數十畝到數百畝的。例如福州市郊後嶼鄉的鄭依犅互助組，共計十五戶，其中僱農一戶，貧農九戶，中農三戶，貧民二戶，土地共計四十二畝三分。廣西全縣兩合鄉蔣在球互助組，全組九戶，中農一戶，貧農八戶。土地五十六畝弱。又如所謂聞名全國的「植棉勞模」山西解縣曲耀離互助組，全組僅八戶，土地是七十三畝二分。李順達互助組，全組十六戶，土地二百二十四畝。

(2)農忙農閒，大活小活，都是夥幹的。

(3)一般的是農業與副業相結合的。例如黑龍江綏化縣民吉村趙永喜互助組，在農忙時，于所謂不受影響農業生產條件下，抽出人，馬工出去拉腳，上山拉套子，賣盆，勞力不足時，由婦女補助，農閒時全組集中分工打柴、拉腳、打魚、編席，收入按勞力，畜力分紅。又如湖南漢壽縣福和鄉任貴芳互助組，全組挖藕，種菜、紡紗等收入谷一千八百二十五斤，捕魚獲利八十多萬元(共幣)，全組養豬十頭，雞鴨一百五十三隻，其收入幾與農業收入相等。

(4)技術分工。例如吉林蛟河縣韓恩互助組(後已改組爲農業生產合作社)分爲新農具、舊農具、水田、副業、牧畜五組。河北大名縣張希順互助組，分爲種籽、肥料、殺蟲、畜牧四組。黑龍江綏化縣民吉村互助組，分爲農業組、副業組、打頭的，代耕組、供銷組、讀報組、信貸組、技術員等。

(5)有少部份公有財產。例如河北張希順互助組有膠皮大車四輛，馬七匹。山西李順達互助組有荒地一百二十七畝，積柴一萬八千餘斤，及其少數耕畜、農具等。湖南任貴芳互助組有船一隻、兩部條插機、兩副魚網、八張葦鐮、一個蒲輥、八十多萬元(共幣)副業生產基金等。

(6)有一套記工，淸工制度，但各地方法亦極不一致的，大體歸納有如下列諸點：

人工方面：一種是「按勞定分」，即按勞力强度，技術高低，勞動性質，用「自報公議」、「民主評定」來決定。例如福建寧德一區瀧坑鄉藍香妹互助組，把會犁、耙、插秧、鋤田的評爲十分，只會鋤田、插秧、挑糞的評爲九分，只會鋤田，拔秧的評爲八分，只會鋤田的評爲七分。又如政和五區新坑鄉呂家旺互助組，先按勞動性質分爲上工(插秧、割稻等)，中工(翻土、種蕃薯、採茶、修水壩等)，下工(挖稻根、耘田、揀肥、掘山等)，然後再按每個組員勞動的强弱和技術高低評爲：掘田十分、九分、八分不等。翻土十分、九分不等，採茶八分、七分不等，挑擔十分、九分、八分、五分不等。第二種是在「按勞定分」的基礎上實行所謂「死分活評」辦法。這種辦法，除按勞動强弱，技術高低，勞動性質評出固定的工作外，每天再按各人實際勞動表現和勞動效率評議，增減工分。例如閩侯林淑英互助組組員何開蒙，全勞動力固定分數十分，但他挑河泥時每天能挑四十五擔，每擔重一百一十斤(一般每天挑四十擔，每擔重八十斤)，組內評他爲十二分。何流業的母親固定分數是十分，她因挑得慢，自動要求減爲九分。其中亦有農忙加工的，如霞浦大沙互助組，在農忙時每人加三分。第三種是所謂「按件論成計工」，它的方法，是不管男女老少，能做多少活就算多少工(把活規定成一定的質量)。假定插秧一畝一個工，十畝田五個人插秧，插完了就算十個工。這五個人當中，如果插的有快慢的，有好壞的，大家再按實際情況評議；快的好的可多得工，慢的壞的少得工。例如建陽葛老五互助組的「按地計工，按工評分」，就是這種辦法，他們首先按土地的遠近，大小，土質的鬆固，好壞以及勞動性質和耕作難易等。評定每塊田所需的工分，然後調配相當于該地工分所需的勞動力進行耕作。每人再根據「按勞定分，死分活評」的辦法，取應得的工分。

牛工方面，主要的有兩種方式：一種是「按日計分」，一種是「按畝計分」。按日計分是不管做多少活，一律按既定的工分計算，工分的高低一般是根據牛的勞力强弱事先評定，有的是一頭牛做一天抵兩個人工，有的抵一個半人工，有的還不及一個半人工。例如南安一區陳存琴互助組規定好牛一天十三分，中等牛一天十分，普通牛一天八分。亦有採取「死工活評」辦法，如南平陳德明互助組，規定按耕多耕少評定分數。

所謂「按畝評分」，就是以牛所耕作的畝數多少評定分數。例如閩侯林淑英互助組，犂一畝田評五分，犂多多計，犂少少計。霞浦郭友足互助組規定犂山田一畝算一工，洋田一畝半算一個工。有的互助組還結合論成計工，如古田永安鄉鄭健豪互助組，規定犂三畝多土地，必須雙犂雙耙，才出谷子三十二斤。

人牛換工方面：一般是按牛力的實際耕作效果，評出一天多少工分，折爲人工多少。如南平陳德明互助組，規定耕牛翻土三畝半，評爲二十分折全勞動力爲兩工。强的有換三個工的，弱的有換一個半工的。此外，耕牛的缺乏與否，也會影響人牛換工的比例的。

計工算賬方面：有的是記賬，有的是使用工票。算賬的時間，有的十天一次，有的半個月，也有一個月，甚至有數月的。例如古田杭洋鄉林觀林互助組，有五個組員到建甌去專搞杉木，家裏田讓其他七個組員耕種，要到夏收後才能算賬給工資。工票一般以分一分、二分、五分、十分四種，有的用紙製、有的用竹籤、木籤等，大體尙能做到有存根、編號，並要經組長(或會計員)蓋章手續。

工資價格方面：一般的低于市價，例如湖北省浠水縣互助組，一般比組外市價低二成到三成，福建永安縣四、六等區互助組，平均比市價低五分之一，福州市郊區工價有較市價低半斤米或一斤米的。

(7)勞動紀律：組內互相連環保，所謂服從領導，有事請假，不遲到，不早退，保證大力生產，提前繳納公糧，至於組外及組內有無其他政治活動情形，必須秘密報告，更是應負之責。

丙、農業生產合作社這種組織是中共認為在互助組織中是一種最高級的形式，其主要意義，是把土地，勞動力作股加入合作社，實行統一經營，按股分配生產物。其要點約有下列諸項：

(1)土地，勞力作股入社，入社的戶數，一般的在十幾戶到二十幾戶之間。(一般的都小規模的)例如河北耿長鎖農業生產合作社，全社計共十七戶。又如吉林韓恩農業生產合作社，全社計共十五戶。

(2)入社的土地，約為二三百畝到五六百畝之多。韓恩農業生產合作社全社計共四百五十畝，耿長鎖農業生產合作社全社計共二百一十三畝二分。延吉金時龍農業生產合作社全社計共五百三十七畝。

(3)土地，勞力分紅比例，約為「土六勞四」。耿長鎖農業生產合作社就是一例。

(4)技術分工，例如韓恩農業合作社分為新農具、舊農具、水田、副業、牧畜五個小組，耿長鎖農業生產合作社，分為農業組、打繩組、打油組，以及會計、事務、餵牲口、收拾車輛、均派有專人負責辦理，農業與副業完全相結合的。

(5)有簡單的記工，清工制度，約可如下：

勞動力方面：全社勞動力按性別年齡評定固定工。男工十八歲到六十五歲為整工，六十六歲到七十五歲算八成工，十五歲到十七歲算六成工，女子十八歲到卅五歲算八成工，十五歲到十七歲算五成工。

勞動時間方面：把一天算成十分工，早上二分，上午，下午各四分。常做工的人記脫工，不常參加勞動的人記實工，每月結工一次，每年年底結賬時，把每人在農業或副業上所作的工數折成標準工（一個整勞力一天做十分工為一標準工），按標準工數分紅。

僱工包工方面：組中缺乏勞動力，對于僱工，如老人和小孩等參加生產，則以僱工，包工等形式出之，臨時給予報酬。

(6)所有農具、耕畜、肥料、種籽等均歸社中公有，方式由社中向外購置作為公有財產，或向社員中折舊轉讓作為本社股本。

(7)分紅辦法，每年農業上收益和副業上的全部紅利，除留百分之五為公積金和扣除次年種糧外，按已定土地勞力比例(農業分紅「土六勞四」)和資金勞力比例(副業分紅「資七勞三」)分配。

(8)公糧支付，由土地所有者自己負擔，但原有的田界大都已不存在了。

(9)入社出社，社員入社須經全體社員同意，出社可以自由，但公積金，土地不能帶走，對于公積金，出社者全部犧牲，對于入社土地，由社中酌給地價收購，社中盈虧，照數分派或負擔，如果中途有重大錯誤被開除出社，由社中決定處置。

此外，還有一種所謂「互助聯組」。是介乎互助組與農業生產合作社中間的一種組織。

這裏不妨拿陝西長安縣杜曲區王蟒村的互助組織，作為例子。該村全村一六七戶，僱農六戶，貧農八十三戶，中農七十一戶，富農四戶，小土地出租者一戶，地主二戶。耕地一千五百多畝，在中共的所謂三大原則——「自願結合」，「等價交換」，「民主管理」——之下，組織了二十五個互助組，(內十七戶有婦女參加，均任副組長)，每組大都由三五人到十來個人不等，每組選舉組長一人、副組長一人、記賬員一人，並由全體組員推選七人，組織一個生產督催檢查小組，就是聯組。選舉蒲忠智為組長，作為互助組的核心領導人物。該組除採取農業與副業結合，技術分工外，對于計工、算賬、畜力、農具，以及耕種、收割等問題，均有一套方法：

記工方面：採用「勞動日」作計算標準，每做過一個「勞動日」就記十分，不够一個「勞動日」時，就按比例減記分數。每半月或一個月結算一次，如果誰長下工，要工還工，要錢算錢，

工資方面：按季節的不同，分成閒工忙工兩種：二、三月列為閒工，工資是一升半大米，婦女是一升大米；餘時則列為忙工，男工二升大米，女工是一升半大米，一般的工作都稍低于市價。管飯是按工管飯，做够一個「勞動日」管三頓飯，做不够時按比例減，但女工不管飯。

畜力方面：是按牲口和人的勞動力比例計算的。比如犁稻地，兩頭牛一天可以犁一畝六分地，一頭牛可犁八分地，一畝地的工資是三升米，于是一頭牛就是二升四合米。

農具方面：目前全部農具都已折價成為組中的公共財產，由聯組統一調配。

耕種收割方面：按作物和土質的具體情況決定：鋤草先鋤苗大草多的，後鋤苗稀草少的；雨後犁地和耕種，光犁沙地土薄容易乾燥的土地，後犁坡地，然後犁平地，最後犁窪地；收割先收立麥，後割倒麥，先割高麥，後割低麥，先割遠麥，後割近麥。

這就是中共現在大陸農村中搞的所謂「互助組織」的全貌！

三、「組織起來」之後的問題

但是中共這種「組織起來」之後的問題並不很少，雖然中共是那樣如火如荼地在進行着：

第一個問題是中共這種「組織起來」的發展，是非常畸輕畸重的。如以「新區」「老區」來分，偏重「老區」，「新區」很少。即以「老區」而論，也是並不很普遍的。例如陝西全省，據中共報告，「組織起來」的勞動力，約為百分之七十五，而志丹、橫山、靖邊等縣「組織起來」的勞動力，

還不到百分之十。又如山西全省，據說「組織起來」的勞動力為百分之七十五，但高平等縣仍有百分之四十五以上沒有參加互助組的。如以地域而論，偏于北方，輕于南方。據中共報導：「組織起來」的勞動力，東北是百分之八十以上，內蒙是百分之七十，華東是百分之三十三，中南、西南均為百分之十八左右。如以性質來講，在所謂全國六百萬個互助組中，初級的，臨時性的，估百分之八十以上，而中級的，常年的，定型的僅為百分之二十左右，而中共認為比較高級的農業生產合作社，全國亦僅三千個。而且這種「組織起來」的互助組，大都是「拉撒合拉撒」，「硬編組」，「抄單單」，「一個命令，一個村裏，一個早晨，就搞起十幾個互助組」，「出門是互助，到地裏都不見互助了。」(見中共習仲勳「關于西北地區農業互助合作運動」一文，載一九五二年新華月報」九月號)

這種情形，我們不妨再拿山西武鄉典型縣來作個例子：武鄉全縣共有互助組四〇二五個，其中最好的和較好的，只有四百餘個，僅佔百分之十弱；而一般的，和較差的則有三、六二五個，佔總額百分之九十強。再從該縣有歷史基礎的一區來看，全區據三十四個村的統計，共有互助組五五一個，好的只有五四個，佔百分之九·六，一般的一二六個，佔百分之二九·四，不好的三三五個，佔百分之六〇·八。最後就是堪稱生產先進的蘇村，也是全村十個互助組都是一般的，沒有一個最好的。(見中共山西長治專署王良玉「關于一般村與較差村互助組問題的商榷」一文) 如果我們再從農民們參加互助組的心理來分析，例如蘇峪全村實有一五八戶，參加互助組的有一三三戶(一八戶變工組在內)，估總戶數百分之八十五弱，但據李九華、郝紹、韓天才、郝六昌等四個互助組的具體調查，該組共有組員四四人，他們參加互助組的動機：(甲)眞正為了「組織起來」提高技術發展生產多打糧食的有十戶，估百分之二二·七。(乙)認為互助組是公家法令和連環保，參加互助組能聽消息，不參加怕自己在政治上孤立的有十一戶，估百分之二十五。(丙)為單純解決擔挑困難，參加互助也不變工的六戶，估百分之一三·六。(丁)為了在互助組僱工方便，又可遲出工資而參加互助組的有六戶，估百分之一三·六。(戊)土地少勞力有餘，沒有其他出賣勞動力的門路，在互助組中可以出賣勞動力賺工資的有三戶，估百分之六·八。(己)趕時髦，趁熱鬧，應名義的有八戶，估百分之一八·五。又據中共習仲勳報導：「西北地區今年辦起一二九個農業生產合作社，少數是有些基礎的，或有計劃的，大多數則是盲目辦起，缺少必要的基礎和條件的，沒有領導的。米脂縣一個縣，今年一個春天就發展六十三個社，子洲縣也是一個縣一辦便是二十三個。這是盲目追求多，還有盲目追求大。」所以，儘管中共如何在喊「組織起來」的互助組是六百萬個，農業生產合作社三千家，「組織起來」的勞動力，估全國總農戶的百分之四十，其實際的基礎，是非常脆弱的。

第二個問題是土地與勞動力分紅比例的問題。所謂土地分紅，實質上就是變相的地租。這不僅與中共前此所謂廢除「勞動剝削」的原旨有背，而且這樣發展下去，妨碍勞動積極性，影響提高生產力，是無法可以估計的。例如耿長鎖農業生產合作社，自一九四六年起，即採取「土六勞四」比例分紅，當時因為各戶在土地與勞動力方面大體尚能相稱(只有二、三戶土地較多勞力較少)，所以吃虧的還不顯著。但到了一九五一年，每畝產量為五百一十斤，土地按六成分，每畝得三百零六斤，比一九四五年每畝產量二百一十五斤高出九十一斤，這些產量的增高，可能是近幾年來對于土地進行投資加工的結果，而把這大部份的利益歸之于土地，當然是不合理的。但中共為什麼久許這種現象存在？主要原因，由于土地太少，勞動力過剩，農民們有的是勞動力，但沒有土地可以耕耘，「巧婦難為無米之炊」！在這種情況之下，于是不得不拿土地分紅的比例提高，來引誘土地的入股；反之，勞動力這樣被賤用，必然地挫折勞動積極性，破壞生產力，這是中共在農業生產上一個無法克服的暗礁所在。

第三個問題是目前在大陸農村中有一種反常的現象，即一般的都是拿副業來支持農業的生產，並不是由于農業資金的積累，來擴大副業的進行，尤其慘的，幾乎全部都是沒有副業的支持簡直農業生產就渡不過去！這裏可以舉出很多的例子：例如耿長鎖農業生產合作社，一九五〇年副業總收入超過農業——農業總分紅數為粗糧七萬五千九百多斤，副業總分紅數為花生六萬零六百多斤。(每斤花生約值一斤半谷子)又如河北省大名縣的六、四七八個互助組，計一三、三五七戶，全部都是靠副業支持農業的。(大名縣共有八、〇七六個互助組，計三三五、七三二戶)又如福州郊區邱心銘互助組，把全組分成四組，輪流以「拉鐵線」賺錢來支付農業工分。西北地區有許多互助組，還要以經營商業來支持農業的。又如王蟒村互助聯組，一九五一年靠全組集體上山割掃帚，一萬三千多把，換回二百多石谷，始能渡過春荒。且由于副業分紅的比例，「資七勞三」上看，更可見出大陸農村勞動力的被輕視，而資金的貧拙情形，非常嚴重。于此，中共所謂由農業資金的積累，來開拓中國工業化的道路，又做了一夢！

第四個問題是在組與組之間發生了妬忌，誰也不佩服誰的一種風氣。而組內的中農，又歧視貧農、僱農；而貧、僱農則在組中排擠中農。互助組對于組外的個體農民(即沒有參加互助組者)採取壓迫打擊態度，形成一片鬪爭現象。(見中共西北軍政委員會「副主席」習仲勳一九五二年六月六日在中共中央西北局會議上報告)這樣鬪爭下去究竟怎樣？

第五個問題是互助組中並非男女

同工同酬的，與中共所宣傳男女一律平等之旨完全不符。例如王蟒村互助聯組，閒時男工是一升半大米，而女工僅是一升大米；忙時男工是二升大米，而女工僅是一升半大米。又如耿長鎖農業生產合作社，男子十八歲到六十五歲爲整工，而女子十八歲到卅五歲算八成工，既無勞動强度之分，又無技術高低之別，三無勞動性質比較，一律盲目分工，豈能謂平？又如王蟒村互助聯組中的十七個組內，男的一律任組長，女的一律任副組長，而男工做工管飯，女工做工不管飯，更是一種不合理。

第六個是互助組中的工資，一般的都低于市價的問題。例如福州市郊一些互助組，有的一工價較市價低半斤米或一斤半米。又如平潭部份互助組，由于工價過低，使土地少勞力有餘的戶感到「不如賣另工合算」。更有的組員，利用組內工價的低，參加互助組而很少參加農業勞動，把田交給組內耕種，自已專門搞生意。且一般地牛工、馬工、都高過人工，更是對無馬無牛的貧僱農戶的一種剝削。此外，老人和小孩等參加生產以僱工，包工等形式出之，無疑的又是一種進行對僱傭勞動的剝削行爲。

第七個是開會與共幹記工代耕問題。開會是中共的包袱，永遠無法脫掉，已爲世所公認。因此在互助組中，會議頻頻，搞得農民們神魂顚倒，痛苦不堪。例如王蟒村互助聯組，差不多天天晚上開會，每次參加的人數都很多，一般是互助組長及幹部，這個會之後，接着又要分別召開組的會，但由于會議太多，所以雖是每晚七時村中廣播筒就已經召集會了，而實際上要到九時之後始能把會開成，加之事前並無準備，在會上七張八嘴，總要鬧到十二時乃至于一時左右，始能散會，弄得大家精疲力竭，又因爲第二日早上五時就要起來勞作，于是人人搞得怨聲載道。（見中共一九五二年六月三日西安「羣衆日報」華而實「全面豐產模範王蟒村互助聯組」一文）同時，有些組還規定出，共幹開會，要組員代耕一半，開會一個月，代耕二十天。有的把主要鄉共幹評爲固定七分，開會算七分，不開會也算七分，引起農民們極大的不滿。（見中共福建省委農村工作委員會農村生產科發表的「當前福建農業生產互助組運動中等價交換問題的初步研究」一文）

總之，互助組的命運，誠如中共習仲勳，在中共西北局會議上報告的：「一個互助組要辦好，第一要有一個有力的，正確的核心，第二要有經常的政治工作，就是說，要有共產黨和青年團進去工作。離開黨的領導行不行呢？不行的，那樣互助組要起變化，走錯路，以至瓦解。」換言之，就是說祇有在被中共控制，壓迫之下，這種組織始有組成的可能，否則「要起變化，走錯路，以至瓦解的。」古云「載舟覆舟」，可見這種非農民所願的組織，前途並不是很光明的！

四十一年十二月四日于九龍

我對僑教前途的信心

吳德耀

在今日社會劇變，民族主義興起，獨立自決的意識愈來愈强的南洋，僑胞教育已成爲一個最迫切的問題了。我們僑胞父老，無不關懷僑教的前途。依我看來，僑教的前途是很光明的，我們儘可樂觀。這種信心不是出於偶然的幻想，而是根據僑胞歷史所表現的事實加以判斷的。克服環境是我們僑胞幾百年來刻意培養、身體力行的功夫；通達人情是他們素來最留心的實際學問。這種克服環境的精神和通達人情的識見，是他們處世的妙策，防身的錦囊。因此，他們雖然沒有得到國家的保護而能永久居留於世界各國，尤其是在南洋各處生息繁榮。

自强不息的精神，刻苦耐勞的美德，是他們在海外異鄉成家立業的基礎。他們的「浩然之氣」在窮困極端，患難臨頭的時候必然會表現出來。所以對於應付當地政局和克服今日南洋社會環境的能力，我們對于僑胞是有信心的。同時，僑胞提倡教育的熱心，教養子弟的勤劬，也是中外人士共知共欽的事實，誰也不能否認。今日僑教雖然遭遇到許多現實環境的困難，但是在僑胞過去堅苦奮鬪的歷史過程中，這實在不算怎麼一回事。

今日南洋僑教問題的核心是華文教育。依我看來，華文教育在南洋有絕對繼續的必要。華文是南洋一千多萬華人的「母語」，華人讀華文是合乎今日世界教育權威所公認的教育原則，符合民主社會和世界人權宣言的精神的。並且也是適應南洋商業界的需要的。反過來說，如果華人不能讀華文，緬人不能讀緬文，印人不能讀印文，那麼我們還談什麼自由，什麼民主呢？英文諺語說：「好事從自家做起」，自由的演變和民主精神的發展也是如此。

我認爲華文教育在南洋有永遠存在的價值。華文是世界最偉大的文化的鎖鑰之一，中國道家的人生觀，儒家的倫理學說，法家的治事理論，都是世界哲學思想的精華的一部份。誰熟讀這種不朽之作，誰就得到最高的智慧。華文同時也是一個最美麗的文苑之鎖鑰。唐詩、宋詞、元曲、和明代的小說，都是人類文學偉大的成就。因此，我認爲華僑之讀華文，將有助於世界文化之交流。南洋的人吸收了它，一定可以提高南洋各民族的文化水準！所以華文教育之能存在於南洋是南洋各民族的幸福，也是世界文化的光輝。

依我看來，南洋華文教育的核心問題在於國文，而國文的核心問題在於教授法。普遍國文於民間是今日僑教最迫切的問題。怎樣改良國文教學法，使學習的人容易了解和發生興趣，乃教師之責任。希望我們僑胞各界的人士，學校當局和師生對於「中國語文普遍化」和「國文教學簡單化」這兩個中心工作再三注意，加倍强化的研究。我對於教師同學們解決這個問題的成功，有無限的信心；因此我就敢說華文教育在南洋不是一日的政治手段和一時的教育政策可以毀滅的。

依我看來，今日僑教的大問題是怎樣使得其他民族人士對於僑教不存懷疑畏懼的心理。要克服這種心理上的障礙，我們在南洋各處的一千多萬華人應該開放胸襟，迎接今日南洋當地的新潮流。南洋的僑教應採取一種新的展望，向前看，要適應南洋各地人民的時代需要，並一心一志的來協助指示南洋社會新潮流發展的方向，從而奠定各民族平等合作的基礎。另一方面，我們竭誠希望其他民族人士也應該以開明的眼光，「一視同仁」的態度來誠意認識僑教的價值和貢獻。

一九五二年十二月

一群華僑青年 誠徵祖國朋友

編輯先生：

我們一群是旅居印尼的華僑青年，常在貴刊及其他報章上讀悉祖國進步的情形，心裏感覺無限的快慰。茲爲進一步對祖國有更深切的認識，伸出我們熱情之手，徵求祖國的青年朋友，聯繫成爲密切的友誼。藉此以明瞭居住在民主自由祖國懷抱裏同胞們的生活情況，同時我們也能把本地的情形告訴給親愛的祖國青年朋友們。

編者先生，請撥點寶貴的篇幅把我們的小小意思刊登出來，我們是萬分感激的。

祝你

康健！

弟 陳英 丘志煌 湯豪 同啓

民國四十一年十一月廿九日

通訊地址：

c/o Ban Goan & Co.
Djalan Djakarta No. 321
Muntok Bangka
Indonesia

希臘通訊

希臘普選的透視

温甦

本月十六日希臘大選。這次大選對未來的政治趨向是有重大的決定性的。這是希臘三年來的第三次普選，選舉制度也完全與過去不同。

以往歷次的選舉制度都完全依照比例制，去年的選舉是比例混合制，這次則完全採用多數制度。所以，這次選舉的性質與過去兩次有着基本的差異。議員競選勝負的決定不僅須視其所隸的黨籍與該黨之政治主張；更重要的却是議員本身所具備的條件。此一形勢對巴巴高元帥所領導的聯合黨是極爲有利的。因此之故，聯合黨終於能在選擧中擊敗其勁敵民主黨。依照常例在選擧期中，應組織一個無黨派色彩的政府，這次的政府是由大法官和退休官員們所組織的。現在政府的內閣總理和兼內政部長，便是一位高等法院的首席法官——德摩特先生。在這次選擧爭鬪中，有二位將軍很值得注意，就是巴巴高元帥和華特拉斯將軍。巴氏是一位民族英雄，自去年內戰結束以後他就差不多得到大多數議員的信任，雖然那時他所獲得的選票只有百分之三六・四而已。

至於特沙德士領導的人民獨立黨，在過去幾次的選擧中都已停止活動，這次特氏則出來與巴華二氏競爭，可是他所領導的力量則是非常之小，並不能給人們以重視。然而巴巴高則不然，不僅跟隨他在首都的大多數官員們擁護他，甚至連獨裁政治家馬大撒的舊部下，以及自由黨威爾斯先生的屬下們都對他寄以同情。這廣大的同情是巴巴高將軍在選擧中獲勝的一項重大的資本。此外另一個重要的因素就是巴氏本人控制了全國所有的報紙。

巴氏曾有一個光榮的歷史，他是人所共知的一位有勇謀的將軍，曾被譽爲希臘第一民族英雄。第二次大戰時，他曾勇敢地抵抗德意軍隊並擊敗共黨，安定了國家。直至六十八歲時，因委任幾位屬員與皇帝意見相左，辭去軍職，轉而從事政治活動，組織一個希臘聯合大政黨。

由於上面所說有利巴氏的條件，所以在大選揭曉以前，他的聯合黨就肯定地說巴巴高元帥一定會得到大多數人民的擁護的。他競選演說的口號是：應該組織一個强有力的新政府。他保證與西方民主自由的國家合作，和爭取希臘的將來國際地位，並保證所有人民的生命安全、經濟穩定、增加生產和發展農業等。但是除了這些諾言外，眞正能吸引選民的還是他自己本身卓著的聲望，許多選民選擧他，因爲他能够得到美國人的支持，和一定能够組織一個好政府。

現在我們再說在這次選擧中失敗的反對黨的華氏吧！他不但是一位大將軍，同時是一位老謀深算的政治家。三十年前他在中亞細亞行軍時曾表現出過人的才幹，一九四四年他很有效地擊敗了共產黨。雖然他具備了這二個有利的條件，可是終由於他所領導的政府的腐敗無能，因此他在不知不覺中被他的部下拖下不能自拔的爛泥中去了。現在華氏是反對巴氏集團的首領，這個集團一部分是走中偏左的民主政黨，另外的自由黨和社會黨在選擧時也再三聲明效忠華氏，他們說：「我們是一個團體中的一份子」。據消息靈通人士透露，意皇與巴氏的政見相左，相反地民主黨首領的華氏曾參加過三次的革命，而與意皇友好。可是最後選擧的結果，仍是巴巴高元帥獲得了勝利。人民的意志才是最後的抉擇。

當巴氏得到百分之五十的民衆選票和在三百位議席中佔了二百四十一票的大多數勝利後，保祿皇帝卽命巴將軍組織新內閣。

內政部公佈選擧結果的總數是聯合黨七七九、八二二票；民主黨五七七、六七八票；共產黨（左傾社會黨）一六四、八四八票；人民獨立黨五八、四二六票。聯合黨獲全勝。

巴氏當選後接受選民的歡呼，並發表了一篇極其感人的演說，同時許下選民們組一個健全的新政府的諾言，以配合西方自由民主國家的需要。我們且拭目以待巴氏執政後的表現吧！

一九五二・十一・廿四

露莎的姑母

徐鍾珮

露莎一面把今早烤好的雞蛋糕包好，一面回過頭來對我說：「這樣好的天氣你就呆在家裏，別見鬼，跟我一起下鄉去。」

我懶懶的伸一個懶腰：「你下鄉看姑母，叫我下鄉到那裏去？」

「笑話，」露莎說：「我姑母家的房子雖然炸掉了一部分，但是也還有地方容你。」

露莎是一個中英混血種，她和我雖相處一年，却從不談她的家世，我知道她有個姑母也還是今天早上的事。她姑母是她父親的妹妹，她父親是英國人，姑母當然也是英國人，我那天委實毫無去一個陌生外國人家的興趣。

但是露莎却興緻勃勃，順手拿起我的大衣，硬給我披上：「可別錯了這好機會，我姑母是故事裏的人物，你不見了她才可惜呢？」她看我有些動搖，又加上幾句：「反正我們不吃她的晚飯，只吃她的茶，我送一個蛋糕給她，你帶些茶叶去，我們也不會太麻煩她。」

是她「故事裏的人物」那句話，打動了我的心，我霍的站起來：「也好，出去散散心」。

九月的倫敦已有寒意，幸好那天是難得的晴天，我和露莎，把花圍巾包了頭。她提着那塊蛋糕，我拿着一包茶叶和一包方糖，同進汽車。英國實行糧食配給，去人家用茶用飯，客人總愛自己帶些東西去，省得吃掉別人家的口糧。

英國如有什麼可愛的，那就是都市外圍的市郊，綠樹裏，紅牆一角，小屋都收拾得乾乾淨淨。露莎側過頭來，微風吹着她頭上的絲巾：「我姑母是一個有名美人，我且不告訴你，你等下自己看吧！」她對我擠擠眼，一臉神秘的笑意。

汽車在大宅的鐵門口停下來，露莎按着喇叭，一個男僕開出鐵門來，他對露莎彎彎腰：「魏德莫小姐，夫人一早就提起你今天要來。」

露莎揮揮手，又發動她的機器，駛進鐵門。

一進鐵門，我不禁兩眼圓睜，天知道，這個花園大得有如公園，中間一片碧油油的大草地，草地中間，一個噴水池，噴水池四圍，盛開着五顏六色的花卉，遠看去倒好像一張天然地毯。我東西張望，露莎拍拍我的大腿：「且別發問，這是一個大園子，告訴你，是皇家的財產，我姑母是以前老皇帝的好朋友，是一位伯爵夫人。」她又對我擠擠眼。

我驚疑未畢，車在一宅大屋前停下來，露莎拿起她的蛋糕：「糟糕，我忘了姑母最恨用報紙包東西，」她疾忙把報紙解開，露出裏面的一張白紙。正當這時，大門開處，一個穿着白圍裙的女僕，出來親切的有禮的招呼露莎，我看了這偌大花園，偌大住宅，和四圍氣派，自覺帶來的一包茶叶和一包方糖，未免寒酸露。

露莎必然也懂得了我的意思，她把我一拉，笑說：「進去吧，別見鬼了，這年頭還有什麼東西比受配給的糧食更尊貴的。」

在會客室裏，觸眼處盡是紅色絲絨和金色的傢俱。如果我有時間打聽，我相信她會逐一告訴我那張椅子是屬於什麼時代，那個櫃子是屬於什麼皇朝的。但是我們沒有功夫，門開處，她的姑母走了進來，脚邊蹣跚的跟着一隻黑色哈叭狗。

露莎吻了她姑母，介紹了我，我才有機會打量這女主人。她一頭銀髮，胸前懸幾行珠鍊，一個畢直的希臘鼻子，一雙藍眼，一笑時一行雪白貝齒，她老愛揚着頭，顯出她特有的高貴，不知爲什麼她令我想起了電影上的女明星伊色爾巴里摩。

依我估計，她應該是六十已出頭，她的頭髮和牙齒，也許已都不是她自己的。但是她入鬢的長眉，她挺直的鼻子，她混身的輪廓，都還可以告訴我以前的美麗。

「歡迎你到這裏來，」正當我打量她時她突然向我開口：「謝謝你的茶葉和糖。」

我注意起她的眼睛，她的目光不像注意不集中，不像憂鬱，而是一種恍然若失的神情，我聽她的聲音又在響：「恕我不能好好招待你，如今已比不得從前。」

也許對從前的回憶使她無言，我們大家沉默了。我想起在戰前，她這大廈裏必定常有盛會，入夜燈火輝煌，她長裙曳地，往來在男女賓客間……

「我最近得了風濕症，」她却不允許我的想像繼續：「連我的小狗也生了同樣毛病，也難怪，我請不到外滙，五年來一直在這潮濕的英國，以前我每年一定要去一次大陸的。」她輕輕的嘆了一口氣。

我奇怪露莎一直沒開口，我抬頭看她，她也正在看我，她滿臉的不耐煩，微微的向我搖頭。

茶來了，還有一盆露莎帶來的蛋糕。她姑母爲我們斟茶放糖，她的小手指微翹着，右手上有兩個大寶石戒指。

「我的糖不够吃，有時我咖啡裏只有加蜂蜜。」她一面斟茶一面說：「在以前……」

露莎沒有讓她再說下去，却搶着說：「你要不要看看以前的姑母，你看牆上的這幅油畫。」

牆上的油畫是一個年靑姑娘，手裏抱一隻白兎，是的，不必她介紹，唇邊眼角，我都認得這是卅餘年前的伯爵夫人。

露莎喝完茶，問她姑母可否帶我參觀參觀全屋，她姑母站起身來，領着我走出客廳，生風濕病的小黑狗也跟在後面。才轉出走廊，我却就看見了破瓦頹牆的側廂。

「這本來是我的書室，」她指着一片瓦礫說：

「希特勒把它改造成這副樣子，炸彈下來時我和剛才一樣正在客廳用茶，我震得從沙發裏跳起來，滿身灰塵。三分鐘後，我站起來，拍拍我的頭髮，出去吩咐僕人重給我做茶，希特勒以爲炸彈能唬人，那就錯了。」

我看她揚着頭的高傲神態，全心相信她的叙述絲毫未帶誇張。她帶着我穿過飯廳走入後面的洋臺。

「你別以爲這是宅大房子，這只是一所別墅，其實很小，只是正面看來很大而已。」

在洋臺上，我看到後園也有一塊草地，花木扶疏，我看不出倒底前面的園子大，還是後面的大。

「這房子被炸了幾年了吧！」我問。

「是那年轟炸兇的時候炸了的。你知道，我們現在修理房屋也要請示政府。這房子是皇家的，政府工務部批下來，皇帝不等這廳房子住，泥水匠還有別的要緊工作，這裏且慢慢的修。他們自然也知道裏面有我住着，但是一個無足輕重的女人，只要有一間房也可蔽風雨，何必再修？」

她又揚一揚頭，鼻孔微張，表示她的不滿，露莎却插進嘴來：「但是姑母，你樓上還有兩間你還是够住的。」

「這要看你所謂的『够』的標準是如何而定。」她姑母冷冷回答。

洋臺上原有的落地玻璃窗也破了，晚風吹來，大家不禁打個寒噤，我們又回到客廳。

我看了錶，覺得是應該回去的時候了，露莎也站起來：「再見，姑母，多早晚你進城來玩？」

「你知道我畢生未坐過公共汽車和出租汽車，」她把臉迎上去給露莎吻：「現在因爲我沒有工作，領到的配給汽油太少，我的汽車和司機都形同虛設，我想我只有暫時和倫敦告別了。」

她一路送我們出來，小哈叭狗跟在脚邊，那位穿白圍裙的女僕，送上了一件黑披風：「外面風大，夫人。」

外面風的確不小，我們又把圍巾包了頭。在我們把汽車開到鐵門口時，我回頭一看，碧藍的天，綠油油的地，盛開的花卉，一切盎然的生氣裏，却不相稱的嵌着一個孤獨的披黑披風的銀髮女人。

「我總算完了一個心願，」汽車駛出鐵門後露莎好像鬆了一口氣：「我最怕聽談過去，可是她是我的姑母，每年我總得來一兩次看她。」

「我眞愛你姑母的風度」，我說。

「豈止你一個人愛，」她回答：「連以前的皇帝還痴了心，當年她出入宮廷，睥睨一世。後來嫁給了白朗寧伯爵，誰知姑丈早死，又無子女承繼伯爵爵位的一個族姪，也承繼了他家的大厦，她自己倒反而寄人籬下，住到老皇帝的別墅來。就此以後，她不能忘情過去，她活在對過去的回憶裏，天哪！連希特勒的炸彈都未能使她從夢裏驚醒。」

「可憐，」我嘆了一口氣：「她一定覺得一切都變了。」

「當然變了，」露莎的眼睛直直的看着前面的大道：「是往好的方面在變。有許多時候，我覺得我和你不同，我認爲應該淘汰的就該無情的讓它淘汰，這樣才能進步。你却愛浪費感情，在一邊嘆氣。」

我沒有分辯，只緊裹一下我的大衣，在我移動大衣時，衣角觸到了剛才露莎挪下的包蛋糕的報紙，順手拿起來，是一張舊報，第一頁上標着一行大標題：「英國技術人員撤出伊朗。」

我挪下報紙，笑着側過頭來，現在輪到我老氣橫秋的教訓她了。

「你說得對，一切該淘汰的都該無情的讓它淘汰，」我說：「感謝你身上的中國人的血，我們兩個畢竟還沒有多少不同。」

一九五二年十二月十五日

(上接第23頁)
當平凡的羣衆仍舊思想遲鈍與感情痲痺時，他們產生了高貴與卓越的事物。

這個題目使我又想到從羣衆心理中產生出來的那個最壞的產品——即可厭的軍國民制。那些排着行列，隨着音樂的調子昂首濶步而引以爲樂的人，我是絕對看不起的。他們實被誤裝上一個大腦。他們只要有一個脊髓就已經足够了。那些隨時聽用的英雄主義，那些盲目的暴力，那些愛國主義的誇張，我多麼强烈的鄙視他們！戰爭是低下的可鄙的。我寧願粉身碎骨也不去參加這種行動。(譯者按：愛因斯坦此語之背景自然爲德國納粹統制下之情形)

這是人類的汚點，應該毫不遲疑地予以根除。我想人的天性是够好的，要不是各國人民的一般常識被人爲着商業或政治的理由有計劃地在學校裏或報紙上予以不斷的敗壞，我相信這個汚點老早可以除掉了。

我們能經驗到的最美的事物是那奇奧的事物。這奇奧的事物是眞正的藝術與科學的泉源。如果一個人對這種宇宙的奇奧所引起的情緒感到陌生，他不再爲此感到驚異或不勝惶悚，他又與死何異——他是閉上眼睛的人了。這種透視生命神秘的慧見，固然常伴隨着恐懼，但也產生了宗教。如果我們知道那些我們所不能進窺的東西眞實存在，它們以最高的智慧和光輝的美展現出來，而我們鈍魯的資質只能知其粗枝大葉——如果我們能够知道這一點，能够有這樣的感覺，我們就已達到眞正宗教的核心了。在這種意義下，也唯有在這種意義下，我屬於那些虔誠宗教徒的行列。

有人想像上帝對他自己創造出來的東西會加以賞罰，這上帝又具有某些目的而這些目的却是按照我們自己的目的來形成的。這樣一個上帝我不能想像。簡言之，這樣的上帝只是人類心靈弱點的一個反映，我也不相信人在他的軀殼死後還能繼續活着。然而有些脆弱的心靈由於恐懼或可笑的自我主義確懷有這類的思想。對於我，只要做下面的事就够了。我去默想那亘古延續的有意識的生命之秘密；去思考那宇宙奇妙的構造，雖然我們只能模糊地察覺到它；並謙卑地試着去了悟那在自然中展現的智識的極小部份。

冬夜

張秀亞

北國冬夜，大地有如巨幅潑墨山水，寒風狂撼着庭前苦杏樹的枯枝，並亂搖着黃葉的旗幟，彷彿妄想憑暴力征服了這世界。

孩子已經睡了，送出了勻勻的鼾聲。我覺得格外的孤獨，世界上，好像除了這枝殘燭陪伴我外，只餘了庭前那受狂風欺凌的苦杏樹。

我撥了撥爐火餘燼，在桌邊坐了下來。燭光在墻壁上，描繪出我搖搖的朦朧身影。

我自袋中拿出那封信，那幾頁摺疊得要破碎的箋紙，浮現出淺黃細緻的花紋，與遒勁的字跡。

我把那箋紙壓倒胸前，又送到唇邊。

燭，亭亭如一個白衣仙子，高擎着小小通明的火炬。照亮了我的心靈，也照亮了那字跡糢糊的舊箋：

「愛妻如晤，……現聞匪軍已在新民附近結集三個縱隊，我方正擬以精銳之師，迎擊而殲滅之。……友人××等今晨已赴前方督師。如此戰獲勝，我方可直指松北，蕩盡赤氛，如不幸匪軍得逞，則白山黑水，頓改顏色。……我受國家任命，爲邊疆官吏，守土有責，誓與此城共存亡，倘有不測，身陷重圍，中華男兒，絕不屈辱，……一旦有變，不必望我生還。×兒尚幼，但頗穎悟，望賢妻善撫育之，勿使似乃父之少學無術，於此國家民族危急存亡之秋，而無以挽狂瀾也……。」

信很短，却流露出一片悲壯情懷。潦草的字跡間，似透出了昂揚慷慨的語聲。我拭拭眼角淚痕，像囘答似的哽咽着說：

「你放心，我一定完成你的心願……。」我低下頭，面頰伏貼在紙上，心緒變得像秋草般凌亂。我憶起了新婚時的情景……他那英爽的面貌，堅強的金屬一般的語調，……我終於又懸想着他的厄運，心靈急劇的跳動起來。

……外面，已開始落雪，片片的飛上了窗玻璃，……屋門被風吹開了，燭光在顫抖搖曳……。我不禁伏在箋紙上低聲啜泣，誰知道凄寒的今夜將帶來多麼晦暗的明晨？……

寂靜中，大門外，似乎傳來了剝啄的聲音：

「拍拍拍，拍拍拍，」誰呢，在這冰冷的風雪夜，輕叩着傷心人的門戶？那聲音極緩，極輕，彷彿怕驚嚇到屋裏的人，却又是那麼連續的拍着，彷彿忐忑的心中懷了無限期望……：「拍、拍、拍。」

「誰？」我推開房門，走了出去，風挾着雪，在茫茫暗夜，像一隻白毛怪獸，向我撲來，……我走到門邊，以顫抖的手去拉動門栓……

啊，天哪，是什麼幽靈在顯現了？——一個衣衫襤褸的老人，站在門階上，在那黯淡的街燈下，隱約辨出他頭上壓額是一頂黑色破氈帽，看不淸眉目，下頦，是一圈蓬亂的絡腮鬍鬚……。

「啊！」我不禁向後退了兩步。

「孩子睡了嗎？」這個鹵莽無禮的「老人」却一步邁近門坎，聲音是嗄啞了，但鬍鬚繚繞的唇邊，依然是那熟悉的，溫存的微笑……。

「怎麼，怎麼弄得這個樣子？你眞的囘來了！」

我覺得天地在旋轉，屋宇在動搖，而只有眼前這個老人，變成一根撑天石柱，矻立於風雪之中，成了弱者唯一的憑依。我不顧「老人」滿身的泥垢，與那令人做嘔的惡劣烟草氣息，只緊緊的，緊緊的，偎貼在他的肩上，我的手，愛撫着那毛髮蓬亂的頭：

「你到底囘來了，我眞不敢巴望還能見得着你……。」

我和他踱進了屋子，我仔細的審視着他，我眞怕一不盯牢他，他又要化做影子飛去……。

我看着那黝黑多垢的臉，那兩顆眼睛，雖然受盡了折磨，但依然像火炬似的閃亮，……那鐫刻着思慮與智慧紋路的高高額頭，那說明了剛直性格的，如一道峭壁般線條冷峻的鼻子，那緊閉着的，弧線溫柔的，表明了他多情性格的豐滿嘴唇，……一點也不錯，是我的丈夫，是我日夜憂心驚恐，今生不敢指望得見的他！

他也是那般興奮呵，拉着我的手，走近燭影朦朧的寢室小床邊，俯身吻着孩子紅櫻般鮮潔的小臉。隨卽，他坐到挨近爐火的那條長凳上，絮絮的爲我訴說出三個月來的經過：——

×城，經過多少次的爭奪，我們終於因共匪用的人海戰術太殘忍，老百姓犧牲得太可憐而暫時退却了。爲了易地而戰，我和幾個同人化裝出走，你知道，我永遠記着一個大詩人說過的話：

我躺下，是爲了起來。

走到××屯，遇到匪兵們的檢查，他們猙獰的望着我們：

「幹什麼營生的？」

我答說：

「做買賣的。」本來我已預備好假的身份證，可以順利過去，繞到敵後，開始地下工作的，但其中有個小頭目似的人，不住上下的打量我：

「這人眼光逼人，態度驕傲，不像個做買賣的老實人，把他帶走！」

是的，我縱然不說話，但眼睛裏那股復仇的火燄，眉目間那股凛然的正氣，使他們感受到無言的壓迫。因爲當眞理和邪惡對面時，邪惡會不自覺的顫抖。他們遂把我解囘瀋陽。

所謂使天堂出現於人間是件難事，但是惡魔們却在人間製造了多少地獄的通路？到了瀋陽，他們也不加訊問，就把我推送到一個「人民監獄」裏，一個地地道道的人間地獄，拘押在裏面的，自然是一些他們認爲的「國特」，還有一個搶匪，一個日本女人。

那是一間小屋，在零下十四度的氣候裏，我們瑟瑟的依墻牛蹲半坐。最强壯的李君，一個關東大漢，血性男兒，進來三天就死掉了。我一向身體瘦弱，儌倖不死，不能不說是精神力量。

十幾天過去了，在饑寒交迫中，誰也不知道自己在人間彌留多久。同獄的人，終日面面相覷，在獄中照不到鏡子，但別人的面孔，都可以做自己的鏡子，因爲都一樣的蒼白，枯瘦毫無人形。每天每個犯人發給一小碗高粱米飯，中間有三分之二的糠粃，砂粒與小石子。進餐的時候，獄卒都在旁監視，只許吞咽，不許吐掉，勉强每個人以皮肉胃腸，消化那些砂石。……過三天，才許飲一碗和鹽的冷水，兩天放一次鹽，每個犯人都沒有便溺，都在便血，這眞是一個活地獄。共匪只想不經審問，把每個人都加以「拘留」的罪名即可致死。一個個的硬漢，都倒了下去，他們這殘惡的目的，部份實現了。在這裏，生和死的界限，完全混淆，如果有人走進來，單從面容上，軀體上，絕不能分淸我們當中誰是死屍，誰是活人。只偶而聽到一個傢伙咕咚一聲，歪倒在地，我們知道共匪的血手，又完成了一樁殺害，我們活着的，便拼着微弱的嗓音，喊着外面的鬼兵：

「喂，又完了一個！」

那個守衛的鬼兵，我們相信他完全痲痺了，不然便完全硬化了，他毫無所動，却不耐煩的呵斥着：

「叫喊什麼，死了就死了，有什麼了不起！」說着其勢洶洶的進來，每每賞給呼喚者一槍托，便把那僵硬的死者，像堆廢木料似的，向屋角一豎，嘴裏喃喃着：

「等着再死幾個一塊弄出去！」

眞是魔鬼的符咒啊，竟完全應驗了，一連死了五個，疊羅漢似的，堆了起來。我們只有偎着他們睡，沒有恐懼，我們的失神黑眼，瞅着他們冷冷的白眼，同爲難友，似乎互通聲氣，在那呵氣成冰的寒夜，他們也給了我們不少的溫煖。

一間監房裏原來十四個人，後來死得只剩了五個。那個日本女人，披頭散髮，無眠的眼睛裏，似閃爍着慘綠的鬼火，整天哼着「啊咦喲」的歌，整像魔鬼的呼喚。最後，我們只有哀求她發發慈悲，不要再唱這懾人的曲子了。

一個上午，天氣晴美，隔着鐵柵窗隙，仁慈的陽光，居然伸進了黃色的手指，窗外還聽到斷續寒雀的叫聲，我懸想着那濶別的藍空下廣袤原野，碧綠的森林……，我像一隻被獵獲的山鷹，我低頭夢想着昔日風光綺麗的山林……忽然外面有粗嗄的喉嚨在喊：

「××提號！」

我的夢破了，才意識到自己生活在魔鬼的鞭梢下面。我踉蹌的走了出去，心中暗忖，不知有什麼命運在等着我。但至少我可以享受一下外面晴美的陽光，與冬晨新鮮的空氣了。不知拐彎抹角，走過了多少院落，最後才來到一間大屋子裏。屋裏熊熊的爐火，吐着懾人的紅舌，一個藍棉衣，青白面皮，初出茅廬的小夥子，說是秦政委，他那無耻的臉上，就露着一股惡意的微笑，手一擺，讓我坐下。

我坦然的坐了下來，冷冷的瞅着他，我要看淸魔鬼的門徒，面上到底有着什麼樣的表情。

他問到我的籍貫、職業、年齡，應對他們，自然還是胡扯的那套，只當他問到我的年齡時，我摸弄着三個月未理的鬍鬚，給自己又添了一把年紀：

「四十五！」

「做什麼的？」

「跑單幫！」

「看你的態度，你的眼神，你那軒昂的氣派，×先生，你不是買賣人，你撒謊！」

「跑單幫！」我自牙縫裏拋出這三個字。

「你爲什麼撒謊，我知道你是××部的高參。」

我故意更裝得安祥鎭定：

「怪事！如果是，那謝謝你升我的官！」

他的臉上，忽然堆滿了謙和的笑容，燃了一枝香烟，送到我的手裏：

「老兄，你是個聰明人，以往的路子走錯了，可以改走新路，你們××黨人，就是這麼固執，你知道，共產黨人民的軍隊，有着不可抵抗的龐大的力量，故此攻無不克，自從攻長春，下錦州，佔瀋陽，……可以說是勢如破竹，眼看就過山海關，××黨大勢已去，你爲何不承認事實，却迷戀骸骨？」

「好，但你也得承認一個事實，勝利之後，你們托庇俄帝，盤據東北，大好河山，行將變色；中央軍經八年苦戰，勝利班師，乘戰勝日本軍閥餘威，誓掃赤氛，你們共匪狼狽而逃，直到松花江邊，如不是人們沉溺於和平的迷夢中，你們安知不都是江魚腹中的上賓！兵家勝敗，不在一時，而最後勝利者，永遠是與眞理站在一邊的，我勸你此刻何必崇拜形式，而陶醉於自我的狂態中？」

「胡說！」這位政委，畢竟缺少忍耐工夫，我的話，批其逆鱗，致使他面紅耳赤，暴跳如雷。忽然，他又憶起了他的任務，氣色又變爲溫和。我早已把生死置之度外，所以毫無驚恐，我只欣賞着他那面容的晴陰變化，像看魔術一般有趣。

「×先生，你的口才不錯，如果能回過頭來爲人民服務，你能够得到很好的職位。」

「謝謝你！我不懂你靦顏事敵的一套政治登龍術！」

「好吧，那麼推下去！」他的臉色一沉，手一揮，立時擁上來四五個大漢，把我的手脚緊緊縛起，推到外面，和幾個東手縛脚的人，一同送上了大卡車，車聲軋軋，疾馳而去。

美麗的白雪，已用它純潔的顏色，爲受凌辱的大地，加上裝飾；一片鬱鬱的黑色松林，掛滿了冰珠雪團，在日光下，好像是翠珠明璫，照眼欲流，極其好看。一隻寒雀，在我的頭上啼叫着飛過，我想牠會把我的最後的祝福，帶給我的自由祖國，我的親人們。

也不知走了有多遠，車在一片廣場上停了下來。

一望無際的雪地上，是一片血痕，方才有人在這兒，已洒了正義的血，對祖國做了神聖的祭獻。因了他們鮮血的洗滌，這片土已潔淨而美麗。想到我的血，即將洒到這聖者的足跡上，我不禁又歡騰，我又興奮。正義的死，終勝過屈辱的生。犧牲，為人的靈魂，加了輝煌的冠冕，而屈辱，只換來終生的枷鎖。在我以前，以後，將有多少人，欣然的去攀折永生的常勝枝柯，通過死的幽徑！想到這裏，我不禁縱聲高歌了。

他們叫我們背向而跪，我的左右邊也都有一個人。

「乒、乒、乒、……」幾聲槍響，兩邊的人都倒在血泊裏，我當時茫然的，不知自己是否還在人間。

「有骨頭，沒打抖！」幾個匪兵又獰笑着把我扶了起來，乘着原來的大卡車回去。又送到那個「政委」的面前。

「對不起，×先生，受驚了，從實招吧，死，不是好玩的。方才我們對你「假執刑」，你怕不怕？」

「笑話，人都有死，我如今是俎上之肉，生死在你們，但屈服不屈服在我，你們此刻有槍，只能毀壞我的肉體，却無法摧毀我的意志。」

他又是哈哈一陣冷笑，派人把我送回牢房。

這把戲後來又重覆了兩三次，他們始終不能得到我什麼口供，也無法使我屈服。

兩個月過去，我的意志更為堅實，但由於那非人道的待遇，我的健康，却幾乎完全崩潰了。由於營養過份惡劣，我手足上的指甲，都自行脫落，眼睛也乾澀欲盲。我希望能夠重行見到自由祖國的陽光，死在祖國的旗幟下面。

同獄中的那個搶匪，被「人民法廷」宣告無罪，早一個月就出去了，他却是一個有江湖俠氣的漢子，每乘守兵不備，越墻而來，給我們投擲一點餅子和香烟。人性和友情的溫煖，延續了我們獄中人的生命。

過了些時候，共匪們看到我的健康當眞不成了，並且，威迫利誘，始終無法使我屈服，他們便美其名將我開釋，實際，他們只是想使我死在監獄門外而已。

一天早晨，一個獄卒開了監門，略問了幾句，便像扔一條破口袋似的，把我扔到獄門外面，他們滿以為不出三小時，我就會凍餒而死，（他們執刑的，釋放的「國特」犯人，都不免一死，因此，始終無人能洩露他們最殘酷的監獄中的秘密。自他們監獄中出來能夠活着的，只有那一個搶匪！）

我偃臥在冰凍的地上，鐵柵的地獄門關上了，我意識到已回人間。我的心堅定，但我的四肢綿軟，不要說直立，連爬行的力量都沒有了，但我仍然在地上掙扎着，我要起來，入關，到上海、南京、臺灣、重建起我們的力量，我心裏想，即使死也要死在自由祖國的太陽下面。

正在這時，那個搶匪朋友，從這裏經過，他說他每天要在這兒走兩三遍，探聽我的消息。他見了我，伸出火熱的手來，把我，揹負到家裏，放在他那高粱桿燒得灼熱的火匠上，他又囑咐妻子，給我煮了一鍋熱粥，並為我縫製厚厚的棉襖，在一個強悍的搶匪那兒，我受到了熱誠的待遇，這是我絕未想到的事。在患難中，心靈都會迸放出友愛的火花。只有共匪才是完全失掉了這人性中最美的部份。……在他的家裏，我靜養了兩個星期，我就回來了，但一入城，我風聞到這可誅的守城將官傅某，有易幟的消息。妻，在獄中九十日，我不曾流淚；……但這個消息，眞使我流淚了，你知道，我回來原是為了找一個打回去的基地，傅某這棄城的意圖，眞使我痛心，那麼說，我們還得走，對嗎，妻？」

我緊緊的貼在他的胸前，我的手撫摸着他的肩臂，昔日那麼寬濶的肩，健壯的臂如今已這麼嶙峋消瘦了：

「你不累嗎？你不要休息休息嗎？」

「不，妻，時日已迫。如果你有勇氣，有決心，眞是我的好妻子，用被子包起孩子來，我們立刻就走。為了在光復祖國的大業上，我們能夠盡一份力量，為了使新生的下一代，不在此受到奴隸的恥辱。我很高興，自地獄到天堂，我走着一個筆直的路子，我們今番奔向自由中國的基地，為了我們明日會光榮的，唱着凱旋的歌曲回來。妻，你應該記得席勒的話：藥不治者火治之，火不治者鐵治之。如今我們要像鐵，鐵的意志，鐵的魄力，不為一時的環境形勢所動搖，抱着必勝必死的決心，看祖國再度中興……」

「你，你太偉大了！」我熱烈的吻着他，涔涔的熱淚，自我的眸子裏流了出來，滴到他蓬亂的絡腮鬚上……。我轉身在抱孩子……

孩子哇的一聲哭了起來，我揉揉朦朧的眼睛，……燭已將盡，流了成堆的蠟淚，沾上了那張破舊的箋紙，四壁寂寂，只有狂風撼戶，大雪入簾，哪兒是他？哪兒是歸來的他!?……一場夢啊，一場悲悽的夢呵！

夢破後，審視着那張箋紙，心頭又更淸晰的憶起一個丈夫的同人自天傳給我的消息：「×兄聽說以城陷不屈，遭匪殺害，不知確否。」……那麼，今晚這個夢可又是什麼朕兆嗎？連科學家也說，在最緊要的關頭，最親近的人們精神上往往互相感應。……是的，「時日已迫。」無論如何，我要按照他夢中的話去做了。我燃亮了燭，抱起孩子，用一層毛氈包起，揹在身上，自己又穿起一件厚大衣，吹滅了燭，掩上房門，走了出去，走，走，離開這末日的古城，帶着孩子走向上海、南京，走向臺灣：……紛飛的大雪在送我，尖風吹嘯着，苦杏樹在搖曳，似乎依依惜別，一隻棲不穩的寒雀在頭上飛過，哀聲的叫着似乎說：

「祝福，祝福，他已為祖國，為你同孩子送來了永遠的祝福！」

我回過頭來，面向着烏雲瀰佈的東北，在這甫離故居的一刹那，默默的向他揮淚低語：

「親愛的丈夫，關山遠隔，生死莫卜，無論你是生是死，請你放心，我已帶着孩子走出了這末日的古城，走向自由祖國，使這新生的下一代，不受到奴隸待遇，在這小心靈上，培養起愛國的苗芽，希望的花朵，不負你的期望……」

追記卅七年離開古城的一夜

為胡適之先生有關文藝的談話進一解

子　強

日前新生報記述胡適之先生對於當前文藝創作方向有關意見的一篇談話，大意是說：希望從事文藝寫作的人，都能够「努力照個人認爲最好的文學」去作，這種做法可以說是爲藝術而藝術，也許會被人指摘爲象牙塔裏的作家，但是「象牙塔裏的成就，也是不可厚非的」，因爲藝術本身有它自己的價值，所以純文藝的作品也不應當捨棄，不論在任何階段，純文藝的創作和研究都應當受重視，其作品的份量也不比宣傳性的文藝爲輕。此外，胡先生認爲：如果「努力照個人認爲最好的文學」(因爲寫作必須是忠於自己所想的)去作，一定可以不斷產生好的作家。有好的作家、偉大的作家產生以後，來領導發展出一個新的方向，新的途徑。

胡先生的這一席話，道理看似乎平常，但說在今天，縱非「空谷足音」，使人「跫然而喜」，也是一段相當精粹而警策的話。凡對於中國文藝創作前途懷有希望及具有批評眼光者，雖不必完全同意胡先生的話，也當有一部份是表示首肯的。在這篇簡短的談話中，似乎談話者限於時間、限於談話的方式，還不能十分暢所欲言，其中保留了若干值得較詳細申論的地方。現在，且試說個人的看法：

第一、胡先生「純文藝」和「宣傳性的文藝」對擧，只是比較程度的說法，或者是不得已的說法。其實，文藝這門東西，儘管在效果上有宣傳的功用，但是宣傳的功用決不能先實質而存在。如果有所謂「宣傳性的文藝」一詞的成立，則好像是先賦以宣傳的目的(假如我們把「宣傳」兩字歸於最狹義的說法)，而這種文藝，却又自別於所謂「純文藝」，依文藝創作的條件說來，這實在是說不大通的。胡先生的話，主要的題眼恐怕還是「藝術本身有它自己的價值」以及「寫作必須是忠於自己所想的」的兩句。不過，讀者自不必斷章取義，以爲這兩句話是無視於文藝的時代要求，而過分誇張「爲藝術而藝術」的價值。從胡先生的通篇談話裏可以很淸楚地看出他的本意，就是：所謂時代要求應該是勢之所趨，而不是某個人所可規定所可先設的形式(如一般所謂「文藝路線」也者)。一個作家，一個觀察力和想像力同樣豐富的作家，對於周遭的事物，從感性的作到理念的顯現，通過藝術手腕，適當地處理了題材，完成一篇作品，這篇作品在心理基礎上有其深厚的根源，獨立地表現了文章的風格，同時在靈魂深處訴出了時代的聲音，則這篇東西必是可以使人感動使人受到影響的成功作品。這位作家，雖無意於宣傳，不以宣傳爲目的；雖無意於「路線」，不以路線自繩，但能忠於自己所想，有良好的寫作態度，有比較深厚的素養，他寫的東西，爲這個時代的人所共有的生活經驗或一種蘊蓄着的理念底顯現，則必可擁有許多具有智慧的讀者，影響所及，便可使這些讀者和其他的作者從這些意念和眞實的體驗中分別去作創造和推進的努力。如果許多與反共抗俄有關的作品都能在文藝的實質上懸此爲標準，即使是表面上與反共抗俄無關而一般屬於發掘人性的美或寫出現實罪惡的文藝作品也都朝着這個方向發展，其效果自必超過尋常一般宣傳之上。於此，我們很難看出什麼是「純文藝」，什麼是「宣傳性文藝」的顯明分界，「純文藝」已是一種比較狀態下的設詞，而「宣傳性的文藝」也根本無所謂單獨存在。凡有意地欲「武裝文藝」者，於此最宜猛省。要文藝披上武裝戰鬬，還是要靠作家先從本身條件善盡其努力的。

第二、胡先生鼓勵人家「努力照個人認爲最好的文學去作」，這句簡單素樸的話，其意決非泛泛。因爲任何一篇作品，決沒有說作者本身首先缺乏信心，缺乏一個好的標準認定，而希望其可以感動別人的。而且創作之所以爲創作，當然有其「個人的」(眞)「最好的」(美)價值在。胡先生擔心人家批評這是「爲藝術而藝術」，是像老調所說的在象牙塔裏高歌，的確，由於若干年來的「時論風尙」，是沒有人敢承當這個「象牙塔裏高歌」的罪名的。我們很明瞭胡先生說話的苦衷，但是，在他這篇談話所敷陳的若干精義下，這一聲明這一顧慮似乎算是多餘的。依一般習慣的說法，「爲藝術而藝術」是與「爲人生而藝術」的「對待詞」。然而，天曉得，爲藝術而藝術，同時便不是或不能爲人生而藝術嗎？如果我們回答一個不是或竟不能，那麼，一切類似的說詞——譬如「爲學術而學術」，便不能同時爲社會文化而學術了，這眞是荒謬的邏輯！當然我們也該明瞭任何一件事物在不同的觀測角度下，可容許有互相不同的價值判斷，我們也該懂得「名辭終與道相妨」的道理，不必以辭害意，引起許多尖銳的爭論。不過，看一件事，討論一件問題，我們不能忽視它的整體，不能輕減它本體的完整性。以藝術說來，畫一幅花鳥是藝術，畫一幅流民圖也是藝術，只要它同樣的是賦以生命，而不是「匠製」。如果就社會的觀點說來，或不妨說是後者的價值勝於前者，但這個價值的取得，却同時是決定在這件藝術品的本身，不應該是決定在任何外在的因素。假使我們承認藝術是美化人生、增進人生，則一幅花鳥畫或是靜觀有趣的啓示，一幅流民圖或是對於改善社會增進人類福利的啓示，同樣的是表現人生、增進人生，在價值和程度上，我們很難強分出一個高低深淺。而且，靜觀有趣，無礙其悲天憫人；有自由豁達的心胸，也必有反共抗俄的勇氣！我們大可不必硬派定前者是躲在象牙塔裏的作者，而火辣辣地形容後者是文藝的鬬士。共產黨的公式，不正是要摧毁靜觀的自由、一切創作的自由麼？他們鄙棄純技術觀點，鄙棄純文藝觀點，而是一切要賦以既定的目的，大家決不能無心的抄襲它。關於「象牙之塔」這個名詞，是從什麼時候開始移植到中國來，手邊無材料可供查證，就我的記憶裏，則這個話語似乎曾被共產黨徒作過有效的利用，而與他們所指摘的「布爾喬亞的意識」結過不解之緣。左派文藝理論家最會罵倒「爲藝術而藝術」的人，硬將它與「爲人生社會而藝術」作一個尖銳的對立，派它一個大大的不是（蔡儀的「新藝術論」便相當地建立過這個理論的基礎）。因此，我覺得，唯其在反共抗俄的眞理覺醒之下，不僅如胡先生所說，「在任何階段，純文藝的作品的份量都不應比宣傳性的文藝較輕」，並且，我們更要進一層的說，唯有眞正具有文藝深厚素養、或懂得向這個方向努力之重要的人（不管他是所謂「純文藝」也好，或其他什麼名詞的也好），纔能創造永恒的價值，纔能反映時代的心聲，纔能替荒圃植下許多花種，對於人類理性的自救，義務地盡了許多廣義的「宣傳」責任。如此，胡先生理想中的好的作家、偉大的作家、新的方向、新的途徑，纔有了圓滿的解答。

第三、胡先生的談話有許多積極的啓示，當然都是原則性的，卻來不及提供若干有效的方式（我所謂方式，不指文藝本身，而是指達到那些途徑的實際可行之法）。觀念的問題是第一個重要，而培養優良文藝的環境條件也是重要。在此，我想試一提出個人的意見和辦法：

（一）鼓勵新進的作家，發掘寫作的天才。不必是辦什麼講習會。如果能辦一個刊物，多登青年的習作，使他們自己有相互觀摩，日進有功的機會固很好。但最重要的是各個刊物的編輯人都有充分自由選擇作品的權利和責任。照各個理想的水準有一個大體公正的去取標準，對文而不對人。

（二）要培養文藝批評家。首先要使文藝工作者有接受批評容忍批評的雅量，文藝批評者不必同時是創作家。根據我們的理想，卽使是一個老於創作自信甚深的人，也不能逃過嚴正的批評家的「苛責」，卽使文章是自己的好，但對於接受批評的習慣視爲民主社會中輿論一樣的當然，則不忘攻錯，總是有益的。尤其要緊的是，有眼光而公正的文藝批評家，可供給青年後進許多鑑賞能力的啓示。起碼讓他們趁早意會到，什麼作品是接近粗製濫造的，經不起批評的，什麼作品是接近水準或很够水準的。讓他們少走一些有意無意地陳陳相因的路子，而黨助提高創作的能力。

（三）不要把翻譯的重要屈居於創作之下。在現階段，至少要鼓勵它的平行發展。大量介紹並熟讀西方上好的新作品，看看人家的長處，看看人家的創作能力，恐怕是增長新血輪的有效之方。

（四）如前所說，刊物的編輯人對於外來的作品固然應當有其公正的選擇標準，對文而不對人，但就一個寫作者本身言，只要有創作的興趣和經驗，那麼就如胡先生所說，「努力照個人認爲最好的文學去作」就是。不必急急於成名，不專以發表慾來作爲支持寫作的原動力。如果有一部嘔心瀝血的作品，一時不能問世，縱不云「藏諸名山，傳之其人」，也不要妄自菲薄，姑留稿以待來年好了。在文壇的歷史上，甚至於有些作品在當代絲毫不被重視，直至若干年以後，才被人估定價值的。這種成功，往往是最光榮而最實在的，直接訴諸批評家和讀者，不假借任何「登龍術」，也不僅是孤芳自賞。

以上是對於胡先生談話的讀後感。題爲「進一解」，也許不甚合適。實在是胡先生的話大部份道出我蘊蓄已久而未敢發表的意見，「於我心有戚戚焉」！我決不敢也不必借胡先生的話以自重，但亟願趁此機會，以就正於胡先生及自由中國文藝界的人士。

最後，我想指出：對於當前文藝創作方向的見解，與胡先生抱有同感的頗不乏人，就我所剪存的資料中，同樣精粹的有梁實秋先生的「文藝的重要性」一文（本年六月二十八日新生報專欄。他說：文藝的正軌，乃是人性的研究，人性是範圍廣大的，是萬古常新的。文藝性的宣傳品，可能同時很有文藝價值，但如果我們認識了文藝本身的重要性，便要注意到正規的文藝的培養。梁先生這一段話，似乎比胡先生一時的談話說得更深入了些），說到介紹西洋文學的重要，有李辰冬先生在本年文藝節新生報專刊中一文（他說，大量的介紹，先把我們的胃口提高了，眼界擴大了，寫作的技巧成熟了，自然就會產生偉大的作品來）。另有一位悼萍先生，在自由中國第六卷第十二期的「書刊評介」裏，評介燕歸來著「紅旗下的大學生活」一書，極力推崇這本書的够格。悼萍先生更不客氣地說：「反共得先弄清共黨統治是怎樣一回事，這一類報道性的東西，我們看到的可也不少，但其中值得一看的實在不多。其原因，倒不全是在文字方面（自然也有許多是文字惡劣的——原註），而多是在描寫共黨罪行時沒有抓住要點，甚至描寫得走了樣；有的時候，我們甚至可以看到一篇或一本反共的東西，其中不盡是些反共八股，而且寫作者本人也充分暴露了他自己所持有的共黨型的氣氛，儘管在字面上有些「自由」「民主」這一類的名詞。」他接着批評那部「紅旗下的大學生活」說：「在這個抓住要點的標準下，至少是及格了。……從作者的筆下，我們感到了劇烈的同情的創痛，這創痛是屬於心靈的。心靈上的創痛來自平淡冷酷的日常生活中者，遠比來自砍砍殺殺的屠場上者深刻得多！」像這些很有份量的批評，我想，應該是自由中國每一位文藝寫作者所樂聞的。也只有這一類的批評，纔能給忠於寫作態度朝着進步方向邁進的人以一個極大的鼓勵。

給讀者的報告

今天是民國四十二年元旦。我們特增加本期的篇幅，發行特大號，以迎接這新的歲秩的來臨。回顧過去一年，無論國際局勢以及自由中國的地位，都有令人樂觀的轉變。時至今日，自由世界的人民對共產國際陰謀之警覺已經普遍提高，防禦侵略的力量也日在增强之中。尤其最近美國大選，使在野二十年的共和黨得以重獲政權，美國未來外交政策勢必有新的轉變，其對抗共黨態度之轉趨積極是可以逆料的。美國居自由世界的領導地位，其政策對自由世界的前途自有其決定性的影響作用。美總統當選人艾森豪先生在競選中曾以新的十字軍運動爲號召，予世人在反極權侵略的鬪爭中以無上精神之鼓舞。從各方面看來，我們可以確信自由世界的前途是光明的。反共鬪爭是全球性的鬪爭，任何民主國家都與自由世界同其命運；自由中國的命運自然也繫於自由世界之上。我們這樣說，絕非消極的等待，而是指出我們的方向，俾作更積極而有效的努力。我們既已抉擇了自由，就必須在自由的方向上善盡最大的努力。這樣，我們國家的前途也必然是光明的。値茲新年，願以此意獻之於國人。

本期發表胡先生的文章題爲「東亞的命運」。一月以前，胡先生便準備在新年爲本刊及東京讀賣新聞各撰一文；然以胡先生回國以後，終日忙碌，我們考慮胡先生的健康，不便使他作太多的操勞，故商得讀賣新聞同意，僅勞胡先生作一篇文章，而同時在本刊與讀賣新聞分別以中日文發表。至「東亞的命運」這個題目，則係從讀賣新聞之請而定，此亦足徵未來中日兩國邦交之必能合作無間也。

本期我們同時有兩篇討論自由的文章。一是社論：法律與自由，一是羅鴻詔先生的「國家自由與個人自由」。自由一詞是人們所熟悉的，但自由之含義却不幸常爲人所曲解。有些人常將自由解釋爲放縱，視言自由者爲「違法犯紀」；然後從而攻擊之。以示其憎惡自由之振振有詞。殊不知法律與自由乃互爲關聯者，自由固不應溢出法律的範圍，而法律實卽爲保障自由而設。惟有在政府與人民共同信守法律的前提之下，民主自由方能期其實現。憎惡自由的思想恒以全體主義的面目出現。凡全體主義者無不以爲全體先於個體而存在，否定個體的目的與價值，故其敵視個人自由乃屬自然之理。此種思想上的混亂實是十分令人憂慮的，不可不爲辨明也。

龍平甫先生遊歐多年，專攻政治，對歐洲問題深具研究。此次爲本刊撰文討論「歐洲聯防條約與對德臨時和約」，原文收到多日，因稿擠遲至本期發表，謹向作者致歉。陳克誠先生評論當前的職業教育，有精闢卓越之意見。本期翻譯「愛因斯坦的人生哲學」是一篇極爲精粹的文字，雖短短不滿三千字，讀之使人如仰高山，如置身智慧之浩瀚中，可以一窺此當代哲人思想之光芒也。

又讀者程建業先生之投書，所示意見，至爲可貴，本刊已代將原函轉寄有關方面，謹爲奉告。

本刊售價

一、臺	幣	四元
二、越	幣	八元
三、菲	幣	五元
四、港	幣	一元
五、暹	幣	四銖
六、美	金	二角
七、叻	幣	四角
八、印尼	幣	三盾

自由中國 半月刊

第八卷 第一期

總第七十六號

"Free China"

中華民國四十二年一月一日

發行人　胡　適

主編　『自由中國編輯委員會』

出版者　自由中國社
社址：臺北市金山街一巷二號
電話：二六八八五號

航空版　香港時報社

經售者

臺灣　美國　日本　韓國　馬尼剌　印尼　越南　暹邏　緬甸　印度　澳洲　北婆羅洲　新加坡

中國書報發行所（臺北市館前街八五號）
紐約民氣日報社
舊金山少年中國晨報社
芝加哥中國出版公司
東京南友堂
東京內山書局
釜山草梁洞新泰行
大中華日報社
椰嘉達星期日報
椰嘉達天聲日報
棉蘭繁華圖書公司
西貢中原文化印刷公司
越南華僑文化事業公司
曼谷攀多社十二號
仰光振成書報店
孟買梅亞號
加爾各答塔梅學校
雪梨瑞田公司
馬拉奕坡美芝律聯華公司
中興日報社
檳榔嶼、吉打邦均有出售

印刷者　精華印書館
廠址：臺北市長沙街二段六〇號
電話：二三四二九號

本刊經中華郵政登記認爲第一類新聞紙類　臺灣郵政管理局新聞紙類登記執照第二〇四號　臺灣郵政劃撥儲金帳戶第八一三九號

自由中國

FREE CHINA

第八卷 第二期

要目

中華民國四十二年一月十六日出版

社址：臺北市金山街一巷二號

半月大事記

十二月二十五日（星期四）

史達林答覆紐約時報記者詢問：願與艾森豪會晤，合作解決韓戰。

大隊共軍噴氣機圖襲韓城，被聯軍飛機擊退。

十二月二十六日（星期五）

杜勒斯發表聲明：謂如史達林有具體和平建議，將可獲得愼重與同情的考慮。但建議利用外交途徑反聯合國。

韓境聯軍飛機晝夜襲擊共方補給線。

法越軍在紅河三角洲南部對共黨發動大淸剿。

十二月二十七日（星期六）

美第八軍團發表韓戰一年檢討，謂過去一年內聯軍地面部隊在韓戰中已予共軍以約十五萬人的損失，但戰線卻未有重大變動。

菲軍警大舉出動，從事全國性突檢，三十五名華僑因涉嫌共黨被捕。

日本全國社會福利委員會發表「年終娼妓問題白皮書」，日本婦女人口四千一百餘萬中，娼妓佔三十萬。

十二月二十八日（星期日）

臺灣六縣五市選舉第二屆議員。

行政院決定在三個月內整頓臺電公司。

美空軍二百架，大舉襲擊平壤附近之共方補給線。

印度洋上一島嶼發現屬於三億年前的一條魚。

十二月二十九日（星期一）

美衆院非美委員會呼籲視共黨為戰時敵人，並要求聯邦政府以戰時體制處理可疑的間諜事件。

在菲華僑因涉共黨嫌被捕者達三百人。

十二月三十日（星期二）

希臘、土耳其、南斯拉夫已完成一項聯防同盟綱領。

菲律賓航空公司飛機一架被中共間諜洪祖鈎刼持飛往大陸，在金門上空附近為我空軍追回，降落金門。

十二月三十一日（星期三）

英首相邱吉爾乘輪啓程赴美訪艾森豪。

美共同安全總署宣稱，一九五二年全年內中國獲美援款項為九千二百四十萬元。

四十二年一月一日（星期四）

國軍第三屆克難英雄大會開幕。

一月二日（星期五）

外交部長葉公超在紐約訪晤艾森豪。

馬爾代夫群島成立共和國。

韓東線共軍在七處進攻聯軍陣地。

一月三日（星期六）

美第八十三屆國會開幕。

日政府已秘密擬定兩種重整軍備計劃的藍圖。

行政院與考試院擬定反共抗俄有功人員奬敍條例草案，送請立院審議。

一月四日（星期日）

日外相宣佈今年外交政策，擴張對外貿易，加强世界和平，同時與自由國家合作。

美宣佈全面原子戰細菌戰進攻情況下保全國家的主要計劃之一部。

一月五日（星期一）

英首相邱吉爾抵紐約，發表談話反對擴大韓戰。

美國紐約區樞機主教史培爾曼抵臺訪問。

韓總統李承晚抵日本訪問，謂應克拉克將軍私人之邀。

一月六日（星期二）

艾森豪邱吉爾在巴魯克家中秘密會談。

日首相吉田茂與韓總統李承晚會談日韓關係。

我駐日大使董顯光與李承晚密談。

一月七日（星期三）

伊朗衆議院通過對莫沙德總理的信任案。

我駐菲大使陳質平與菲外長會談有關華僑問題。

李承晚返韓，已於吉田在原則上同意恢復日韓談判。

一月八日（星期四）

英外相艾登演說，重申貫徹韓戰決心。

法激進社會黨領袖梅葉被衆院批准為戰後第十八任總理。

日駐華大使芳澤奉召返國述職。

以色列抗議英國以武器供給阿剌伯國家。

一月九日（星期五）

美總統杜魯門致國會預算咨文：一九四五年會計年度總計約七百八十六億元。

社論

競選活動應看做政治教育

民主國家要貫澈主權在民的原則，其最起碼的條件就是選舉。「三民主義」裏主張直接民權，在選舉之外又加上罷免、創制、複決而成爲四權，但無論如何，選舉還是最重要的。臺灣自前年實施選舉縣以下的各級官吏及人民代表，最近又有縣市議員之選舉，算來是第二次了。上次的選舉，熱烘烘的競選運動，據說頗有糜費。故四十一年九月二日臺灣省政府公佈的「臺灣省妨害選舉取締辦法」第一條宣稱這是「臺灣省政府爲貫澈民主精神（？）」而訂定的。其第五條規定，「競選活動以左列各種方式爲限：(1)候選人得使用學校社團或廣播電臺及其他公共場所設備發表政見或演說，其時間地點由主管選舉事務機關訂定之；(2)候選人之政見由主管選舉事務機關彙編選舉公報一次，分送選舉區內各戶，該項政見每人以三百字爲限，由候選人於申請登記時一併附送；(3)候選人之姓名、籍貫、性別、年齡、黨籍、學歷、經歷、職業等，由選舉事務機關在當地報紙代爲登載一次，每人以一百字爲限，由各候選人於申請登記時一併附送；(4)候選人從事競選活動得使用汽車一輛。」這個「辦法」，我們顧名思義，它所取締的應該是「妨害」選舉，而此第五條所取締的競選活動，却並不能構成「妨害」。難道政見超過三百字便會妨害選舉嗎？如果有高見，則幾萬字亦不爲多，何必「以三百字爲限」呢？候選人發表政見或演說之時間和地點，爲甚麼要選舉事務機關來規定？這簡直是不必要的干涉。至於候選人之履歷，限定登報一次，汽車只許使用一輛，亦復如此。多登幾次報紙，多用幾輛汽車，何以會妨害選舉，實屬難解。所以照我們看，這個條文都是文不對題的。推原省府立法的用意，大概是從節省糜費着眼吧，但是不當限制而限制，其結果實比糜費更壞，而且這些「辦法」也不一定能够節約浪費呢？

再看民政廳長楊肇嘉於四十一年十一月二十一日致各縣市政府的公函，發表了「縣市議員選舉選務問題釋疑」，更堪驚訝。其中第十六則規定：「候選人之競選活動，依妨害選舉取締辦法第五條之規定，不得再有挨戶訪問，發貼競選名片、標語、傳單等行爲，其依第四欵使用汽車一輛者，只作前往發表政見演說代步之用，不得裝置擴音器，宣傳廣告或其他宣傳用物，社團或個人之登報推薦候選人或爲候選人之宣傳，並應禁止。」第十七則規定：「候選人依妨害取締辦法第五條所爲之政見演說，其時間以十五分鐘爲度，最多不得超過二十分鐘。」題名「釋疑」應該有疑始釋，沒有疑問的自不在解釋之列。演說時間以及汽車使用之限制，既已比原條文嚴厲得多，不合於解釋的慣例了，但總還是原條文所說到的事項，或許勉强可說有疑可釋。至於其他各項，原條文並沒有說及，毫無疑問可言，要你解釋做甚？由此可見，名爲釋疑，而其實並不是使人民的疑問渙然冰釋，只有使人民更滋疑惑罷了。須知競選活動是人民實行民主之重大行爲，如此嚴厲的限制如有必要，亦應由立法機關通過。那「辦法」竟由行政院核准，省政府公佈，實在說不過去。這就是在法律以外限制人民之自由了。至於廳長之釋疑，更是加上一層限制，試問，一個廳長（或選舉監督）何以有如許的大權力，如此的權力是誰授與的？「臺灣省各縣市議會議員選舉罷免規程」第三十八條，「本規程如有疑義，由選舉監督解釋之。」故釋疑只有根據「規程」而釋，最多亦只能根據「辦法」而一併釋之，但是，原條文所限制的均限於候選人本身的活動，而「釋疑」則推而至於「社團或個人之登報推薦或爲候選人之宣傳，並應禁止」，卽是所有人民的助選行爲都要受到限制了，如此毫無根據的解釋，還可看作解釋嗎？還不是違法嗎？

選舉的主要目的在選賢與能，而候選人是否賢能，必須使選民有深刻的認識，而後選舉的結果才不會有錯誤。候選人之競選活動正是他們表現的機會，民衆卽可於這些活動之中看出他們是否賢能來，故競選活動應該任他們多方表現，尤其是與民衆接觸的機會越多越好。書面發表政見固不厭其多，演說亦不厭其久，挨戶訪問尤其是與選民一一接觸，使選民可以直接觀察的，現在這些事項都一律禁止，豈不是惟恐候選人和選民接觸太多嗎？接觸不多則認識不够深刻，認識不深則賢能慘遭落選，不賢而無能者反而當選的可能性，也就要增大了。這不是與選舉的目的背道而馳嗎？至於社團或個人之推薦尤其是選民認識賢能的關鍵。因爲選民中平素認識候選人的畢竟是少數，僅憑他們的競選活動也不一定能够認識清楚，若有我所信任的社團或個人的推薦，我自然更可信任他是賢能而投一票了。爲甚麼這種推薦都要禁止，實在有些不近情理。

進一步講，選舉是一種政治教育，全體人民必以當選爲榮耀，而後競選者興緻勃勃，助選者也肯大賣氣力以求獲勝。最近美國的大選我們居住臺灣的人也還有深刻的印像吧。他們的競選活動應有盡有，凡爲我們選舉「辦法」與「釋疑」中所禁止的，都是盡量使用的，此外還有專用火車，電視等等許多花樣，助選者當然盡量活動，毫無限制，使全國民衆看到的，聽到的大多與選舉有關的事物。當選後各方函電紛馳，熱烈慶賀。我們這次選舉却是競選活動受到嚴格的限制，助選活動幾乎成爲不合法，而轉入於地下，當選後也很少有登報慶賀者，弄得死氣沉沉，奄奄待斃，這豈是「爲貫澈民主精神」所應有的取締嗎？據說，這次選舉活動由公開演說散發傳單而變爲暗中請客，且由友人出面，其費用遠較公開活動時爲多。凡是過份管制和不必要的取締的事情，都會發生這些毛病。我們希望這些「辦法」從速取消，然後能「貫澈民主精神」，提高人民對選舉的興趣。

美國全面外交的新展望

朱伴耘

一、前　言

如果有人問我一九五二年國際間最大的事件是什麼？我的答案便是艾森豪將軍的當選。因爲當民主自由與共產暴政搏鬪到了決定階段的今天，他的當選，不僅關係今後的世局，並且影響未來舉世人們生活的方式。自二次大戰結束至今，由於美國對外政策的疏忽，自由世界日漸縮小，共產勢力日益擴張，不但許多國家淪爲附庸，而無數人民也變成了奴隸的奴隸。假使領導自由世界的美國再沒有高瞻遠矚的舵手來駕駛這隻在狂風巨浪中的自由輪，則全船乘客能否安達光明的彼岸且成問題，至於是否有餘力拯救已溺在水中淹淹一息的人，更不用說了。

民主黨執政二十年，就對人民的福利言，老實講是多方在爲大多數人的生活作打算。新政的施行，使工人農人都得到了適當的保護；新的大資本家在重稅之下，再也無法產生；年老的，失業的，都可獲得政府適當的補助；以致保守派的共和黨人士認爲新政也者就是社會主義左傾之別名。可見民主黨內政方面對於民生之保障確實是在大刀闊斧地幹。競選期中，民主黨人一再警告老百姓謂如選共和黨上臺，則他們在民主黨政府下所享的實惠不久將完全失去，假如老百姓們要懷戀過去的好日子的話，民主黨即會失敗也不會敗得太慘，艾氏即會當選也不會以壓倒的優勢擊敗史蒂文生。那麼美國人民如此熱烈地支持艾氏，僅是爲了英雄崇拜嗎？僅是爲了須要改變胃口嗎？就我的看法，艾氏之當選完全是美國人民對杜馬艾所推行的輭弱外交政策的抗議。他們深深了解，在共產勢力不斷擴張之下，美國的國威固一落千丈，而美國的國運實際上也是汲汲可危。假定不是地勢優越，資源豐富，情況早已不堪設想。百年來建立的經濟制度，在與世隔絕的狀態下，是否僅由於新政的推行便能使老百姓保持目下的所得，是很成問題的。所以就美國人言，目下如何選一英明總統來領導自由世界與共產集團決鬪，以解除外在威脅，遠比保持現在的所得爲重要。因爲只有打開國際僵局，才能使他們將自己的繁榮建築於其他國家也能繁榮的基礎上的政策，得以實現；也只有在外交上取得主動，才能粉碎蘇俄共產帝國主義將其勢力擴張建築於其他國家的貧困與混亂的基礎上的陰謀。而這一領導者，美國人認爲不是杜步亦步、杜趨亦趨的史蒂文生，而是他們心目中的英雄艾森豪氏。是以，如果我們認爲艾氏之當選，是美國人民要變的話，是外交政策的「變」而不是內政實施的「變」。認淸這一點，則可知兩黨競選時都將外交政策列在第一項便不是沒有意義的了。

明年一月二十日，艾氏即正式進入白宮，而新政府決定外交政策的國務卿也於月前爲艾氏任命，那便是爲世界喜厭參半的杜勒斯氏。是以自一月二十日起，現行的「圍堵政策」便宣告歸擋，代之而起的是艾杜的劃時代的美國外交政策。這一政策的具體內容，當待艾氏認淸現實——如赴韓訪問——並於就職後，分別公佈；但根據艾杜過去的言論及批評現行外交政策的理由，詳加分析，或可能推論其動向之所趨。

二、外交原則的改變

就我個人的看法，外交原則是決定外交政策的先決條件。假定原則有問題，那便是外交政策失敗的先聲。二次大戰後，美國外交政策之所以失敗，就是杜馬艾將決策的原則弄錯了。他們沉醉於戰時第三國際的宣佈解散，以爲美蘇並無不可共存之理，將戰後給蘇俄在雅爾達會議中種種讓步，認爲這是蘇俄應享受的權利。及至東歐變色，他們仍以爲蘇俄最多走帝俄時的道路，作到局部的擴張即會自知止步，從未了解蘇俄是以實行共產主義爲名而以赤化全世界爲實的陰謀。所謂圍堵政策也者，就是在假定美蘇可以找出一協調出路來的假定上而定的。待捷克變色，中國進入竹幕，韓戰發生至今，他們雖急起直追，也是遲了一步。

艾氏領導下的新政府，是不會再蹈這種覆轍的。因爲他的國務卿杜勒斯氏不似杜魯門等那樣天眞，而是了解知己知彼的眞理的人，在他兩年前所寫「戰爭與和平」一書上，第二章是講「知道你的敵人」。他對克姆林宮野心家們的陰謀戰略瞭如指掌，他不僅知道共產黨有「進」的辦法，他更知道共產黨人尙有「戰略的退却」的一套。同時在尋求和平的大前提下，他在書中提醒美國人不要誤解和平的意義，以爲美國生活在和平的孤立狀態中便是和平，或以爲全世界爲美國統治了便有了和平。從他這些見解看來，新政府決定外交政策的原則，當不是昔日的舊套。

我已說過美國之所以在冷戰中失敗，便是由於不知道敵人的企圖，不知道眞有敵人的存在。首先只想顧到西半球能不赤化便引爲滿足，看到西歐經濟情況惡劣及接近西歐文化的捷克進入鐵幕，於是來一個馬歇爾計劃，北大西洋公約，後來見到中國變成了「敵人」，又來一個美非澳紐太平洋的聯防；這些外交上的措施，可以說全是被動而不澈底的。基於杜勒斯氏的見解，我可推斷美國新外交政策的原則第一點，是決定蘇聯共產黨徒是美國的敵人，這一敵人的野心，是削弱美國對世界的影響，使美國勢力日孤最後不擊而自潰。他不會再假定美國與克姆林宮的黨羽能找出協調的道路來。不僅新國務卿有此見解，新總統也有此看法，譬如艾氏於六月七日在記者招待會上宣稱，祇要蘇俄繼續維持共產主義，便不能與自由世界並存，世界便繼續無法獲得安定。他們都是心目中認定克姆林宮中的一羣是勢不兩立的敵人，不會再寄望於妥協的道路。這個基本認識，在決定新的外交政策上是非常重要的。杜魯門政府的失策，便在以爲可以同蘇俄共黨討價還價，以爲將旁人的利益犧牲一點使他們得到滿足，魔鬼便不會找上自己。只知消極的應付魔鬼，而不知積極的消滅魔鬼。結果魔鬼勢力日張，而美國却處處疲於奔命。新的政府既深知敵人，同時更認定共產惡魔繼續施行有計劃的侵略政策一日，自由世界便一日無法安定。毫無疑義的，決定新外交政策的原則，必然是必以「除魔」爲其最後的目標。

除了基於「敵我無法兩立」的原則，爲新政府擬定外交政策的張本外，第二點重要原則的改變，便是否定蘇俄所造成的「既成事實」。我們都知道承認今日蘇俄所造成的共產帝國，便無異於自認失敗。杜魯門主義的外交之所以被評之曰被動、曰安撫，便由於他在原則上接受蘇俄所造成的既成事實。所謂防堵也者，無異告訴史大林「你就擴張到這兒爲止吧」。東歐也好，中國也好，你不再找西歐的痲煩，我們還是可以平分秋色的。殊不知蘇俄今日所造成的事實，便是蘇俄意圖削弱美國勢力孤立美國的第一步。對既成事實的低頭，不僅無法獲得平分秋色的目的，結果是自掘墳墓。因爲蘇俄在今天已到了幕後指揮其傀儡作擴張工作的階段，不日更會指揮其傀儡的傀儡作這種擴張工作，到了那時美國自然成了世界的公敵，想挽救也來不及了。這一點艾氏是看得很清楚的，所以他主張雅爾達密約一部份規定應予廢除(七月五日在芝加哥招待會上演說)。所以，他於八月廿五日在紐約美國退伍軍人協會全國大會上演說，主張美國應斷然告知蘇俄，除非共產主義的浪潮退回到自己的國境內，美國絕不休止而認爲滿足，美國絕不承認蘇俄在東歐和亞洲地位的絲毫永久性。凡此都暗示着新政策在原則上，都有一個一百八十度的大轉變。

最後還有一個決定外交政策的原則會加以改變的，那便是廢棄杜魯門式的頭痛醫頭、脚痛醫脚的臨時性的辦法。杜魯門政府之所以忽輭忽硬時而要抓住一盟邦，時而又不忘將盟邦作禮物(如對臺灣言)，都是前面兩大原則弄錯的結果。艾森豪及杜勒斯氏都了解美蘇鬪爭是一個長期的鬪爭。蘇俄自一九一七年建國，便以美國爲最後的敵人，演變至今，是美國吃了一個大敗仗，美國再不能採頭痛醫頭、脚痛醫脚的敷衍辦法了。是以新的政府，亦必以長期的打算來對付蘇俄長期的陰謀作爲決策的原則。他們鑒於失去中國的教訓，知道協助守住一個形將失去的地方遠較將已失去的地方奪回爲易，他們當不輕易再讓自由世界任何一部爲赤匪奪去。於是一方面將繼續對受威脅的地區予以各種援助，同時在心理戰及宣傳戰方面也發動攻勢。這就是杜勒斯氏所謂單靠軍事準備無法戰勝蘇俄的侵略，必須配合以政治的攻勢使鐵幕後被奴役的人們也願爲自由而戰。顯然的這是他認淸蘇俄掌握了宣傳的武器所得的結論。因爲美國至今是到處落得帝國主義戰爭販子的惡名，而蘇俄不費一兵一卒却完成了八億人口的大帝國。美國不能不在政治攻勢上多下功夫，總要讓鐵幕後的人們知道與美國爲友有什麼益處。而這一措施無疑的是個長期計劃，而且一切必須從頭着手，並使政治行動與政治諾言日趨接近。有了這種長期打算的原則，新政府的政策當不會再是消極的、應付的、言行矛盾的了。

三、消除歧見 加強西歐團結

冷戰拖到今天，尙使蘇俄能暫時不挺而走險的，固然是由於美國擁有强大的潛在力量；同時也由於蘇俄看淸了：在美國領導下的自由世界還在各自爲政，儘管有北大西洋公約組織，儘管有歐洲聯軍，但要把紙上的計劃建立成具體的力量，尙爲時有待；蘇俄很可以利用人們厭戰心理，英法帝國主義的自私心理，德法的仇恨心理，以及英美在遠東外交上的衝突等等，作分化自由世界的工作。西歐各國外有戰爭的威脅，內有共黨及共黨同路人的呼應，我們不能說蘇俄的分化工作毫無效果。過去五年來美國對西歐用錢最多、費力最大，結果美國在東方蒙難，不但未得着英法精神上或物質上的支援，反而成了美國解決整個東方問題的累贅。這種貌合神離的狀態，當不能再讓它繼續下去。

消除歧見是加强西歐團結的基本工作。艾氏曾任北大西洋公約組織最高統帥，對於西歐錯綜複雜的困難當有深切了解。目下西歐需要美國，美國也需要西歐，問題在究竟是美國幫助西歐使之不受赤禍的威脅呢？還是美國要西歐於萬一大戰發生打頭陣呢？就美國對西歐關係，究竟是誰求誰、誰助誰這一點，是很重要的。杜魯門的重歐政策，共和黨不以爲然的是援助變成了求歐，好像西歐是美國的救星，非出錢出力守住不可似的。在不以金錢買善意的原則下，我相信艾氏的新政府在大團結的前提下，也盼西歐自動地負擔一部反共的責任，不讓美國因自己負擔太重而影響整個的反共大業。以前英法伸手要錢沒有錢便怠工的技倆，能否向新政府施展成功，是很成問題的。此外自由世界大團結下，必要樹立起正義的旗幟，如何使這張正義的旗幟發生偉大的號召力來爭取宣傳戰的主動地位，就要看美國用什麼方法說服英法放棄帝國主義的行徑。蘇俄說美國是新帝國主義而又是舊帝國主義的幫兇，在目前的情況下，美國實無法洗滌這個惡名。既然稱之爲自由世界便不應有英法壓迫近東北非的帝國主義行爲存在。這些不合理的問題，美國必會用透過聯合國的方式，使殖民地的人士得着自治自主的滿足。美國年來的輿論，一再批評英法帝國主義的自私行爲，杜魯門政府由於太牽就事實，並未對英法施壓力，使之順應時代的潮流。艾森豪氏是主張將希望帶給鐵幕後失去自由的人們，當更會給名在自由世界中而實際上失去自由的人們以希望。

再談到實際阻碍團結的問題。就西歐言，美國是積極要將西德扶植起來，使他們參加西歐聯軍成爲一枝勁旅；可是法國却冷淡非常，她不僅懼德國整軍，甚至不願德國統一。任何一國人民都不願其國家割裂，更何況具有强烈國家意識的德意志民族。美國扶植西德，是促進德國統一的第一步，也是制服蘇俄最有效的辦法。事實上歐洲聯軍沒有德國參加，實在不堪一擊。而要西德於戰爭時效命，如果不給他們獲得統一的希望，那也未免太不着重實際的利害因素。除少數共產黨徒外，德國人民，無論東德也好、西德也好，是知道會如何利用目下時機，以求德意志的復興的。美國固應一方面向法國拍胸，要他們不要畏懼德國的東山再起，同時也會要法國人，深信德國在現時共產與自由兩大鬬爭中所處的地位的重要。這一問題當會於新總統就職後加速求其解決。

另一不能使自由世界歡洽的，便是美與英法，尤其是英國，對遠東政策的意見分歧。所謂對遠東問題的歧見主要的有兩大項目，其一是美國扶植日本，使英國在商業上又多了個大敵。着重現實的英國人眼見自己市場日漸爲日貨侵入，自然不得不討厭美國多事。此外心理上的妬忌也不能說沒有，五十年前正是大英帝國在東方揚威之時，所謂英日同盟也者，不過是讓日本做英國看守東方利益的警犬。於今英日同盟變成了美日同盟，國旗不夜的大英帝國已有日暮窮途之感，撫今思昔，英國執政者能無醋意。她之所以遷就中共，不僅香港可保，他日一旦日本與中共發生貿易關係，豈不有利於她的商務發展？不僅此也，她知道已得罪了國民政府，如果國府一日返回大陸，在國府領導下的中國，自不會忘掉一九五〇年一月六日與國府絕交承認中共之恨，那時的中國還會把英國放在眼上嗎？不如趁此時儘量討好中共，假如太陽出自西方，中國又有一狄托出現，英國不成了中國的好朋友嗎？那一個英國夢想狄托下的中國，豈不會遠美而親英嗎？無怪乎美國人罵英國人只着重目下的商業利益而忽略了將來政略及戰略的利益。在美國檢討整個外交政策的時候，新政府當會使英國於目下尚未獲得商業利益及他日政略及戰略上的利益作一選擇。現實的諷刺及對美國的依賴，目下英國的政策當會轉趨與美國接近的。第二是韓戰問題。就美國言，美國已認淸和談是陰謀，是蘇俄誘使美國第一級的兵力與共產世界第二級的兵力無限期在朝鮮消耗，以致美國不得不被迫自朝鮮退出。是以美國輿論也好、軍事領袖也好，都主張以强硬的辦法結束韓戰，可是都爲英法反對。這次爲了印度在聯大所提的折衷方案，如不是維辛斯基救駕提前發表反對的聲明，則英美的裂縫會愈鬧愈大。英法何以對韓戰取消極態度，一句話爲了自私。他們一方面怕美國致力韓戰，減少了對西歐的援助，同時又怕韓戰擴大共產勢力，採取全面性的報復行爲危及自身。是以韓戰能和則和，不和則拖，死的反正是美國人。可是新政府上臺是解決問題的，決不會再糊糊塗塗的拖下去。當印度折衷方案正式告吹之後，美國正式告訴這兩位友邦：蘇俄所要求的是戰爭，不然就是投降。斯時英法當不得不以美國的意見爲意見了。何況美國在東方有日本、兩方有西德兩張最後的王牌。

美國的輿論常常嘆氣；英法兩次遇難都由美國拯救轉敗爲勝，如今美國有難，而英法反袖手旁觀。事實上何以英法採這種虎頭蛇尾的行爲，因爲他們國內有一部份所謂「中立主義」者，幻想着這次戰爭如發生，最好美蘇兩國直接打，他們能置身度外靜以觀變。這種用心美國人不是不知道，同時也料到英法的幻想不能成爲事實。因爲果然英法中立成功的話，那表示蘇俄要與美國在東方攤牌，她可以將用在西歐的兵力移到東方來協助亞洲人民的解放戰。反之，如果蘇俄有兩線作戰的能力，英法要中立也不可得，結果仍不得不站在美國一邊與美國共存亡。所以，一旦美國決心要與蘇俄攤牌，今日英法因了自身利益與美國所發生的歧見，他日亦必因了自身的利益而跟着美國走。是以局勢愈明朗化的時候，自由世界的內部團結也自會加强。新政府爲了內部的團結，必會做澄淸局勢的 工作；讓一切所謂中立主義者，不得不對自由與枷鎖作一最後的選擇。

四、重歐也不輕亞

數年以來，美國已吃盡了重歐輕亞的苦頭。當美國正在推行馬歇爾計劃，直到發表對華白皮書的時候，蘇俄已趁機塡入了美國在遠東留下的眞空地帶，直到中共參加韓戰，他們已不及挽救。杜勒斯是了解克姆林宮用心的人，也是現行圍堵政策的反對者，他主張美國應把握主動，應在軍事外交上反攻，不能老是處於被動的地位。是以新的政策至少是歐亞並重，而且可能在東方採取攻勢。杜勒斯氏攻擊民主黨外交政策時，他說過去二十年，民主黨執政下的國務卿曾去歐洲十九次，而一次也不曾到過亞洲，他說他要對遠東各國分別訪問。從這點看來，縱然我們不能就肯定說共和黨的外交會重亞輕歐，但我可以相信新政府會一反過去作風要多用心力以解決亞州問題。他決定訪問亞洲各國，是表示美國對亞洲人的眞正關切，看出亞洲人問題之所在，以便從旁協助，再也不是艾其遜氏的「等待塵埃挨淨」的態度了。

目下遠東問題無論對美人也好，對所謂盟邦也好，自然是韓戰問題如何結束。艾森豪等一行不惜冒着生命的危險赴韓前線訪問，如說僅是爲了實踐競選時的諾言，未免把艾氏看成了一個老政客，實際上他是一個軍事家，是向來主張決定性行動的人，一個決定未作之前，能親自赴韓觀察是搜集可靠參考資料的最好辦法。他離韓發表談話說，沒有萬應靈藥來解決韓戰，這句話是值得玩味的。他已了解韓戰並不是局部問題，它是蘇俄以武力赤化遠東的一部，是以要把韓戰局部化，以求一個局部解決，那只是杜魯門政府的夢想。新政府必須體念到從解決整個遠東問題的辦法中，才可尋求到韓戰的解決，而不是從解決韓戰而尋求解決遠東問題的方法。過去兩年，杜魯門政府因爲捨本逐末，是以問題愈鬧愈僵。是以艾氏此次去韓後，旋卽往檀島舉行軍事會議，都可預示我們：他的政府，會着重整個遠東問題的解決，準備以什麽政略及戰略，對付蘇俄勢力在遠東的擴張。如新政府有了應付蘇俄在遠東侵略的整個辦法，韓戰自隨遠東問題的解決而解決。解決韓戰之難在此，解決韓戰之易亦在此。

談到遠東問題，實際上就是中國問題。在「戰爭或和平」一書中，杜勒斯氏指出，美國在東方的政策是奠基於中美的友好關係上的。在這個基礎上，百年來產生了許多主義，如海約翰的「門戶開放」主義，休斯（Hughes）的「中國領土完整」主義，史汀生的「不承認侵略果實」主義。而一九四一年美日關係由惡化而致發生戰爭，亦以日本的野心與美國對華基本國策相違而起。可是戰後由於中國所處的困難局面，以及美國決策者受親共份子影響所造成的錯誤，中國爲蘇俄接收了。同時他更指出：上次大戰美國之所以不惜與日本決裂，原因卽在希望有一個對美友好的中國，不受任何外國及不友誼的暴政所統治。這樣的中國，會歡迎美國的合作，以實行其扶助中國隣邦政治獨立的政策。因爲一個友好的中國，可以有助於美國在亞洲及太平洋任何他區政策的推行。不幸的是，這樣的中國在糊塗的政策下變成了美國的敵人。

在同一書中，杜勒斯一再批評杜魯門政府對亞洲無政策之可言。同時並警告蘇俄在冷戰中是東西並進，美國只注視西方而忽略東方，完全是中了史大林的陰謀。他認爲目前的情況是毫無理由引爲滿足的，在東方應當反守爲攻。雖然他在書中未說明對共產黨統治下的中國應有什麽政策，我敢相信當他就職後，必會對整個中國，草擬一個長期計劃的對華政策。從他對中國在東方地位的重視，以及申述過去美國對華的各種原則，他必會重申美國對華立場以及用什麽方法來維持這種立場。目下對大陸無政策、對臺灣不死不活的應付辦法，必會改變成爲一個整個的對華政策。而艾森豪氏的和平解放政策，必爲形成美國對華長期政策的核心。尤其美國如不怕與蘇俄在遠東攤牌的時候，這一顯明的對華政策必會與世人相見的，而以亞洲人來解放亞洲人，正如蘇俄以亞洲人奴役亞洲人旗鼓相當。杜氏是對蘇俄陰謀與亞洲狀況有深切了解的人，決不像艾其遜自墮敵人的圈套。綜上所述，無論從言論上或行動上，新政府對遠東方面是異常關懷的。目下整個遠東是危機四伏，而熱戰不絕如縷，歐洲方面雖然自由世界尚不足以應敵，但雙方都知道歐洲有變，馬上便是原子戰爭。蘇俄是否已準備成熟，在西線上尙無法看出，但在東方確是一個最好試探的機會，能在東方轉敗爲勝而不引起大戰不是最理想的政策嗎？

行文至此，艾森豪氏一行已返抵國門，他相信朝鮮可有一個滿意的解決。他知道美國所面臨的敵人是不可以「言語」來打交道的，必須以行爲來使他們知所選擇。他決不會讓此僵局再拖上兩年。很明顯、當他就職正式以總統身份宣佈美國的決策後，遠東的和與戰就由克姆林宮選擇了。

『自由中國』的宗旨

第一、我們要向全國國民宣傳自由與民主的真實價值，並且要督促政府（各級的政府），切實改革政治經濟，努力建立自由民主的社會。

第二、我們要支持並督促政府用種種力量抵抗共產黨鐵幕之下剝奪一切自由的極權政治，不讓他擴張他的勢力範圍。

第三、我們要盡我們的努力，援助淪陷區域的同胞，幫助他們早日恢復自由。

第四、我們的最後目標是要使整個中華民國成爲自由的中國。

五、增進與中東北非的友誼

如果莫斯科是指揮共產勢力擴張的總部，那麼華盛頓也必須是領導自由世界向蘇俄勢力反攻的中心。冷戰期間，蘇俄並未忘懷對這些「混亂地區」的染指。到目前爲止，美國援助土希的政策是相當成功的。今後對於這兩國會繼續予以援助。而伊朗的命運如何，也爲美國深切關懷。但由於美英關係太密切，伊朗始終認爲美國對於伊朗缺乏同情；尤其對於艾其遜的政策極爲不滿。譬如伊朗國民黨的總書記及首相莫薩德的親信馬基（Hussein Maki），卽責斥艾其遜阻碍伊朗一切彌補油田損失的辦法。他甚至懷疑新的政府亦不會改變舊的政策。從這種情形看來，美國如不宣佈堅定的同情弱者的立場，今後措施是很難取信於人的。

北非的獨立運動也在高潮之中，共產黨人披上民族主義的外衣，以爭人民的支持而取得政權。這是蘇俄陰謀之一。但問題所在是誰給蘇俄這種機會。美國在摩洛哥及利比亞，都有空軍基地，以爲萬一大戰發生時作爲對蘇施行戰略轟炸之用。可是這些基地又面臨了新的危機。最近卡薩布蘭卡（Casablanca）的騷動美國人認爲這是排斥西方帝國主義者的初步。這種行爲會不僅限於法屬北非，並可能發生沿地中海南岸各地區。華府官方已焦慮着阿拉伯民族運動會遍及整個非洲。美國人認爲卡城局勢雖以法國武力鎮壓暫告平靜，但他們覺得這種平靜是短期的，毫無重大意義的。蘇俄的企圖是使這種民族運動擴大，製造混亂，直到完全排走西方勢力爲止。莫斯科的第五縱隊曾花大量金錢收買土著領袖殺戮歐洲人。並由蘇俄及其附庸國私運武器給當地人民從事暴動工作，可見他們打擊西方，無孔不入。法國雖揚言有把握用武力平定當地騷動，而美國當局非常懷疑法國有這種能力。過去六年中，法國在越南之戰已耗費六十億美金及二萬六千的傷亡，結果是將負擔加在美國身上。美國當不願法國在摩洛哥，突尼西亞，再打第二個「越戰」。

在這種困難的局面下，美國一方面想保持在法屬非洲的空軍基地，一方面又不願開罪法國阻止其帝國主義的行爲，自無良好結果。艾森豪氏認爲自由是不可分的，他必會站在同情弱者立場，給予當地人民自由獨立的保障，以取得他們的同情。同時也必會給法國以選擇，自動放棄帝國主義的行爲與北非人士爲友呢？還是等待與北非人爲敵後被迫不得不放棄其帝國主義的行爲？只要美國堅持正義的立場，在紅色邊緣的各地，自會站在自由世界一邊，也只有美國堅持正義的立場，蘇俄方失掉宣傳的口實。

六、小結

對付蘇俄的侵略行爲，是不能承認既成事實，是不能心存妥協，是不能畏懼戰爭，是不能採取守勢的。假定美國有所謂艾森豪主義的外交政策的話，它的含意是美國外交政策的最後目標是將蘇俄勢力驅回本土，其辦法便是有效的推行和平解放政策，鼓勵被征服的人民反抗蘇俄，目前共產國際在其他各地有任何侵略行爲，便會馬上遭到報復，絕不像過去坐待史大林暴卒，坐待狄托出現，而必會積極地製造產生狄托與促進蘇俄帝國內部崩潰的機會，正如蘇俄在各地製造世界革命的機會一樣。

推行這個政策，是否冒大戰的危險呢？不成問題的當然是一種冒險行爲，因爲自由世界與共產主義的擴張既不能並存，只有早日攤牌，誠如許多贊成「解放政策」的評論家所言，艾氏不是一個膽怯的人，是不會爲「戰爭」所威脅的。同時他就職後的四年，也是到了攤牌的時機。美國本身不能再拖，氫氣彈的優勢不能再行失去，歐洲同盟各國也以負擔整軍，經濟已到崩潰的前夕。這些因素都是促成艾氏將形成一種積極强硬外交的動機。假使蘇俄能知難而退，艾氏便會以其和平解放政策將蘇俄帝國一片片的割裂，相反的蘇俄如不甘割裂，我是無法看出世界大戰能避免的。

最後就自由中國而言，美國新政策的趨向是對國民政府有利的。因爲美國明白宣佈對共產世界堅定態度之日，也是臺灣正式與美國共榮辱之時。當蘇俄將北京政權完全控制的時候，臺灣自然於美英歧見調整後，成爲擴大太平洋防衛中的要角。

四一年十二月十四日於華盛頓大學。

短評

為調景嶺難胞呼籲

香港政府在去年九月曾發出公告，要在今年二月起停止對調景嶺難民膳食的供給。現在時限即將來到，我們體念二千餘難胞啼饑號寒的苦狀，正視這件事在自由對極權主義抗爭中的意義，籲請香港政府毅然打銷這個決定。

首先我們須要表示的是，縱使中、英兩國目下處於不愉快的關係中，但對過去三年間香港政府給與難胞的救濟，自由中國的人民無有不表感謝的。這對未來兩國間關係的改善，將必有良好的影響。時至今日，自由與極權的鬪爭已是不能强分國界的了，自由世界的禍福安危是互爲關聯的，對於逃出鐵幕的難民之施以救濟的工作，應亦是無分國界畛域的。雖然如此，中國政府對香港難民的救濟工作却始終認爲是自身之事，並曾努力以赴，先後接運回至祖國的數逾五千人。當然我們還得作更多與更迅速之救濟，最好能使他們全部安置入臺。在此目標未實現以前，我們希望香港政府能不猝然停供伙食，給我們在接運工作上有時間的便利。目下調景嶺有飯票難胞爲數雖只二千五百人，但停伙以後，其他萬餘無飯票難胞亦將同感彷徨而進退失據，間接影響香港人心與社會秩序，香港政府如僅爲考慮財政負擔而出此，那是十分失策的。況且香港納稅人百分之九十五以上均爲中國人，他們對爲救濟自己兄弟姊妹的義擧，應只感激，絕無怨悱。

此外，我們更重視的乃是難胞救濟工作所提示的道德價值與精神力量。調景嶺難民之從中國大陸逃來香港，乃是爲了避免共黨暴政的迫害。他們的意願包含着今日所有自由國家所面臨的危機，與整個人類所遭受的厄運痛苦。因之，香港政府對於這批難民的待遇，說來應該不僅是「救濟」，也即是履行自己在自由世界中一份責任。我們以爲這是今日最低調的、最具體的道德學。我們不會懷疑到香港政府此次決定有什麼惡的意向。但是很顯然的，停供兩千多難民的膳食對香港的財政不會有多大補助，但對維護自由世界的道德力量却是一個嚴重的打擊；對在中國大陸渴望自由的四億人民却是一個失望的表示；對在香港治下的二百萬中國人民與臺灣的自由中國政府却是一種不友好的措施。自由世界的光明遠景泰半繫於道德心的振奮鼓勵。幫助掙扎於鐵幕以內的人奔向自由世界，正是道德心的表現，也是反擊共產主義的一項有效的方法。英國是自由世界的領導國家之一，英國在民主和自由方面有可資榜樣的成就，今天在全世界爲自由和民主而奮鬪的最緊要關頭，絕不應該作一點削弱道德力量的事情。

基於上述種種，我們希望香港政府能够毅然打銷停供調景嶺難民膳食的決定。

我所了解的自由

許冠三

自由這個辭兒對我們是很熟悉的，我們常常碰到它，也常常使用它。可是，正像我們對其他習見的事物一樣，我們似乎並不大了解它。大概是因爲太熟悉了，便不大注意了解這回事。什麼是自由呢？一個人怎樣才算是自由呢？怎樣就算是不自由呢？如果有人提出這些問題來，一定會難住不少人。好像誰都有個說法，好像誰也搔不着癢處。要爲這些問題找出恰當而完備的答案，可眞是大不易。自由之所以被人誤用，被人濫用，被人盜用，其緣由也許就在此處。或者，我們可以說，正因爲有不少人在誤用自由，濫用自由，盜用自由，才把自由弄得血肉糢糊，面目全非，以致人們無法了解。其實，這兩者之間，當然是互爲因果的。正是因爲我們對自由的了解不够，自由才被人亂加糟踏；反之，也正因爲人們糟踏了自由，我們才格外不認識自由。正本淸源，我們似乎得先從了解自由做起。作者在這裏寫下的，只是一些個人的了解，是從小學六年級起直到現在的了解之總結。或者說，這是作者企圖對自由作進一步了解的開始。

自由的通常了解

在我沒有寫下自己的了解前，我想先談談人們通常的了解。這些了解大致可分做兩類：對於第一類的了解，我們可以叫做自由的「一般了解」，或者說，那是自由在常識世界中的含義；對於第二類的了解，我們可叫做自由的「特定了解」，或者說，那是自由在政治哲學領域中的含義。在常識的領域，自由的含義是比較糢糊、凌亂而空泛的，在政治哲學的範疇中，自由的界說，倒是明確而有條理。這兩個領域的含義，是不應當絞在一起、糾纏不淸的。自由之被誤解的原因之一，就是常人每每分不淸特定了解和一般了解的差異，每每以政治哲學上所講的自由代替常識上的自由，也每每以常識上的自由，代替政治哲學上所講的自由。例如，「把自由思想」與「思想自由」（權）混爲一談者，便大有人在。如果，不將這兩者的界限劃淸，什麼是自由呢？恐怕總難弄够淸楚。因爲，在特定了解與一般了解間常有衝突之處，同是一回事，就自由的特定了解說，那是自由的；但就一般的了解說，可能竟是不自由的。是以，本文一開首便交代淸楚。並且，爲着避免混淆視聽計，本文只談自由在政治哲學上的含義。

自由的特定了解與自由的一般了解之間是有着本質上差異的。就一般的了解說，羣體或個體的行爲愈不受束縛就愈自由。反之，束縛愈多則自由愈少。也就是說愈不自由。所以有人說：「自由的基本意義乃是羣體或個體的行爲不受外在控制。」（羅素語。見「什麼是自由？」——香港人人出版社譯本）就常識上的自由觀念來說，個體或羣體是有理由要求無限自由的，任何外在的限制都在解除之列。（事實上，誰也不可能盡除一切外在束縛。）據此，殺人放火的越軌行爲，不是不該受到懲罰了嗎？殺人放火既受不到懲罰，天下安得不亂？是以，政治哲學中所說的自由就不是這樣了。它是有限度，它不要求打破一切外在的束縛。它的範圍很明確。在自由與不自由間有着淸淸楚楚的界限，在自由與越軌間也有着淸淸楚楚的界限。處處受限制或受太多的限制固然不是自由，而處處不受限制或受太少的限制也不是自由。政治哲學所說的自由，乃是在某種範圍的不受限制。或者說，限制不越過某種範圍。在常識的領域，自由與不自由間既無固定確定界限，而自由與越軌亦每每不辨。嚴格說來，在常識的自由觀念中，並無自由與不自由之分，但有較多（大）自由與較少（小）自由之別。自由實是較多（大）自由的同義字，不自由實是較少（小）自由之義。而在政治哲學領域中呢？從不自由到自由是界限分明的。既然有了自由，自後才有較多（大）自由與較少（小）自由之別。自由越過某一限度，我們就不再稱它爲自由，而稱之以越軌，或其他同等含義的字眼了。當然，自由與不自由之間的界限是人爲的。但是，我們必須先弄淸楚這界限，姑無論我們承認它還是不承認它；是更動它，還是不更動它。這一界限既屬人爲，自然會因時代的進步而更動，所以如今人們要求的基本自由，已多過二百年前人們的要求了。儘管，它是可移動；然而，它却是不可取消的。

現在，我們且舉些實例出來，看看這兩種了解間存在着何等驚人的差異。

例如，就常識世界的自由含義說，史太林可以說是一個非常「不自由的人」。他不能隨意說話，甚至，不能隨意一笑。他不能隨意旅行，不能隨意散步、隨意進小酒店來瓶伏特加，像一個平常的人。他出門得穿防彈衣，坐避彈車，所到之處，皆得戒嚴。而他在內心上的不自由，尤遠甚於其言論上、行爲上的不自由。眞的，就常識的觀念說，史太林確是一個「不自由的人」。可是，就自由的特定了解來看，史太林乃是世界上「最自由」的人。毫無疑問的，他所享有的自由，比民主哲理中所要求的基本自由不知多多少倍。在蘇聯，甚至在世界上是沒有人會干涉其「言論自由」，「思想自由」的。他不必像一個蘇聯的官員那樣擔心被整肅，也不必像一個普通工人那樣，擔心被送集勞工人。他不僅享有基本自由，他還「握有剝奪或施予他人以基本自由的自由。」正是因爲他享有太多的自由權，他才招來另一些「不自由」。史太林的「不自由」與蘇聯人民的不自由是有着本質差異的。蘇聯人民的不自由，乃是就政治哲學上所說之自由而言，是因爲他們沒有享受到「基本自由」(權)。他們的不自由是因共產黨和史太林剝奪了他們的自由權。而史太林的「不自由」並非由於自由權的缺乏與喪失。使史太林「不自由的」人，不是別人，正是他自己，或者，是他自己的慾念。所以，他的「不自由」千萬不可與蘇聯人的「不自由」混爲一談。

又如「自由世界」的「自由」二字含義，也是屬於自由的一般了解的。所謂「自由世界」，實卽「非鐵幕世界」之義。或者說，「自由世界」卽尙未遭遇共產主義奴役的世界。以非共產主義奴役的世界與共產主義奴役的世界一比，前者當然是較比自由了。就常識的自由觀念說，「較比自由」亦可稱爲「自由」，所以，「非鐵幕國家」皆統屬於「自由世界」了。然而，就自由的特定了解說，自由世界中並不見得都自由了。因爲，自由世界中許許多多國家實在是不自由的；許許多多國家的人民也都是不自由。那些國家的人民並未享有某些自由權。

自由的特定了解是一點也不含糊的。自由就是自由，不自由就是不自由。較多或較少的自由與不自由，就是較多或較少的自由與不自由，絕不能拿較多的自由或較少的不自由來代替自由，或者拿較少的自由與較多的不自由來代替不自由。

例如，我們常聽人說：「瑞士是自由的」。這句話含有兩層意思。第一是說，瑞士這個國家是獨立自主的，瑞士不必聽命於其他國家(這個國家有自主權)。第二是說，瑞士人民是自由的，意卽瑞士人民皆享有若干基本自由(權)。同樣地，我們也可以說：「美國是自由的。」「英國是自由的。」當然，這三者一比，美國的自由是不若瑞士的，而英國又不及美國。可是，我們却沒有誰說美國不自由，或英國不自由。爲什麼呢？原來它們的人民都是享有若干基本自由(權)的。然而，對於佛朗哥的西班牙，狄托的南斯拉夫，還有許多類似的國家，我們的想法就不同了。是沒有人會說它們是自由的。這倒不是因爲它們的國家無獨立自主權；乃是因爲它們的人民未享有基本自由(權)。據此，蘇聯當然是不自由的了。至於，那些衛星國家，就更不用說了。它們的不自由還是雙料哩！

自由與限制

現在，作者要說及其個人對自由的了解了。首先，我得聲明，以下所談的自由乃是政治哲學上的概念，而不是常識世界中的觀念。

如果有人把自由當作無拘無束，爲所欲爲來看，這實在是一個絕大的誤會。誠然，自由必然意味着某種範圍內的無拘無束，爲所欲爲；可是，它的含義畢竟不等於無拘無束，爲所欲爲。自由與拘束(限制)雖是兩個對立的存在，然而，它們的存在却是相對的，是互爲消長，不可分離的。如果我們否定了限制的價值，那麼，人類便只有回到原始的無政府狀態去。其實，卽是在原始的無政府狀態中，限制依然是存在的，不過，那時的限制不同於現在罷了。是以，我們所能討論的，所能追求的，實在只是某些限制下的無拘無束，絕非一無限制的無拘無束。限制底質量變動意味着自由底質量變動，反之，自由底質量變動亦意味着限制的質量變動。事實告訴我們，不論是個體或羣體，其行動是不可能不受限制的；而且，有些行動必須得受限制。在人類還未能進步到人人能自制以前，個體或羣體的行動「不受外在控制」一事是根本上辦不到的。只有在某些前提下某種範圍內，這是應該的，也是可能的。所以，言論自由的含義是不同於自由言論的。言論自由(權)只保障人們在某種範圍內的自由言論，並不保障人們隨意亂說。是以，政治哲學領域內所講的自由是有範圍，有限制的。越過那種範圍的「自由」，我們就不能叫它做自由了。如果，硬要叫它做自由，就只好稱之爲「侵害或摧毀自由的自由」。所以，我們誰也不會說隨意殺人放火是自由，或要求「殺人放火的自由(權)」。當然，在不違害他人自由及公共福利的前提下，個人自由是愈多愈好的。如今我們所要討論的問題，根本不是絕對自由或絕對不自由，亦卽絕對限制或絕對不限制的問題；而是限制的範圍或程度問題，誰來限制，如何限制的問題。也就是說，個體或羣體的行爲那些該受限制，那些不該受限制？如果該受限制，應限制到何種程度？還有如何限制？誰來限制？

如果有人認爲解除限制卽是擴充自由；或者說，擴充自由但在解除限制，這也是一個可怕的誤會。誠然，許多自由是因解除某些限制而來；殊不知，如果只是解除某些限制，也不建立另一些限制，自由是無法擴充的。那不僅無從享有新獲得的自由，而且原有的自由還會因此而喪失。有時，人們只是用某一些自由換取另一些自由。是以，人類爭取自由的奮鬪並不只是在於限制的解除，同時，還在於限制的建立。人類的自由擴充史，實卽限制之解除與建立的連續過程，一解除，一建立，又一解除，又一建立，永遠循環不已。不過，第二限制之質量與第一限制之質量已有所不同。因而，從反面看，自由的擴充實卽限制的選擇。

那麼，我們如何選擇限制呢？也就是說，我們怎樣決定那些行爲該不該受限制呢？限制又該及於何種程度呢？照我個人的了解來說，我們是有些原則可做根據的。依據這些原則的限制可以說是合理的限制，是保障或擴充自由必有的限制，反之，是不合理的限制，是摧毀或壓縮自由的限制。這些原則是：

(1)變有害之自由爲無害之自由；
(2)變無價值的自由爲有價值之自由；
(3)變價值較低之自由爲價值較高之自由；
(4)變少量之自由爲多量之自由；
(5)變少數人之自由爲多數人之自由；
(6)變部份人之自由爲全部人之自由。

一切限制必須與此六項原則服務。

在這六項原則中，第一項原則早爲人們所公認，且早已見諸實踐，其歷史遠較近代民主思想爲早。至於後五項原則，在理論上本亦不應有什麼問題。所成問題者，乃爲如何實行罷了。社會安全與自由企業的衝突，即是少量自由與多量自由之衝突，少數人自由與多數人自由之衝突。本乎此，因社會政策而來之某些限制，我們就不得不勉爲忍受。

至於，在一個社會中該由誰來選擇限制呢？在理論上應該是全體，而事實上則爲多數。怎樣才能做到多數選擇呢？又怎樣才能使限制的選擇得符合上述的六項原則呢？這就得牽涉到另一項問題，那就是基本自由的問題。

基本自由

所謂基本自由有兩層含義。第一是說，這是一個自由社會（國家）的成員所享有的起碼自由(權)。在一個社會（國家)中，如果它的成員不能享有這些自由權，那麼，我們便不能說這個社會是自由的社會，這個國家是自由的國家。第二是說，一個社會的成員必先享有這些自由權，然後才能以最經濟的手段取得更多的自由權。或者，其他的自由才有意義。就一個社會來說，必須先有這些自由的存在，然後，才能培養，發展或擴充更多的自由。也就是說，這個社會的限制才會由多數人來選擇，選擇也才能較比合理，較比恰當。有了這些自由的存在，關於公共福利的事，就一定再不會爲一二人，或少數人包辦。在君主專制，貴族專政，或近代獨裁的國家中人們所以不自由，就是因爲多數人無權選擇限制，而由一二人，或少數人代爲選擇了。限制的選擇由少數人代辦，多數人便自然感到不自由了。民主哲理就是反對公共事務由少數人包辦或代辦的哲學。必待社會成員都享有基本自由後，這個社會才能逐漸不斷地：(一)變有害之自由爲無害之自由；(二)變無價值之自由爲有價值之自由；(三)變價值較低之自由爲價值較高之自由；(四)變少量之自由(權)爲多量之自由(權)；(五)變少數人之自由(權)爲多數人之自由(權)。最後，終能使全體人類皆成享有若干可貴之自由(權)。當然，不管社會如何進步，每個人所享有的自由並不一樣。民主所要求的，只是在基本自由(權)上的平等。

基本自由本是歷史的產物，其內容當亦因時代的進展而有所變更。五十年後的基本自由也許兩倍於今日。不過，今日人們所要求的基本自由(權)，大致是十項：(一)思想自由；(二)發明自由；(三)信仰自由；(四)宣揚自由；(五)集會自由；(六)結社自由；(七)罷工自由；(八)創造自由；(九)擇業自由；(十)消費自由。這十項基本自由的另一意義，是在於它們之間的相互依存性。十項自由中的任何一項受到損害，其他的自由必直接或間接，有形或無形地受到了損害。

檢閱一下世界各國的情況，我們可以發現：大多數國家的公民都還未能享有基本自由(權)，可是，有些國家公民所有的自由(權)，已多過這十項基本自由了。所以，我們可以說瑞士、美國、英國都是自由的國土；並且還可以說，瑞士比美國自由，美國比英國自由。這三個國家間的差別，只是在自由的項目上，程度上有所差異。而在蘇聯與美國之間，所存在的差異乃是本質上差異。我們說「美國比蘇聯自由」，我們也常說「美國比英國自由」，嚴格說來，兩個命題所指的實際事物，是有着本質上差異的。

個體自由與集體自由

前述的基本自由皆是從屬於個人的。說的恰當點，「基本自由」應該寫成「個體的基本自由」。我們不能忘記，自由永遠是以個人爲主體的，不是以家庭、社團、黨派或國家爲主體的。然則，人是社會動物，人一日不能離社會而獨存。因此，談及個人自由時，就不得不涉及集體自由。個人自由與集體自由的關係如何呢？個體自由與集體自由孰輕孰重呢？如遇衝突，應該將誰犧牲呢？對於這些問題，有兩種不同的看法。就極權主義的教條言，個人自由是無終極價值的，個體自由必須無條件的從屬於集體自由。在法西斯信徒的心目中，個人必須聽命於國家，爲國家犧牲一切，甚至生命。個人自由之必須爲國家自由犧牲，自不待言，瘋狂的共產黨徒，則以爲個人應爲共產黨，爲「無產階級」犧牲一切，爲黨的自由犧牲個人自由。然而，民主哲理的說法就大相逕庭了。我個人當然是站在民主這方面的。擁護民主的人，雖然堅持個人自由是目的，是主體，反對個人自由無條件的爲集體自由犧牲；可並不要求集體自由爲個體自由犧牲。換句話說，民主並不以爲個體自由與集體自由間有主從問題，有誰應該絕對服從誰，誰絕對應該爲誰犧牲的問題。民主只求個體自由與集體自由間的和諧。民主哲理不否定集體自由應有的價值，但也絕不過份强調其價值。因爲，集體自由的價值只是基於事實的必需，基於發揮其維護、培育並發展個體自由之功能上的必需。由於人不能離羣獨居，個體自由必須因集體自由之消長而伸縮。可是，集體自由如不能盡其維護、培育並發展個體自由之職能，或有危害個人自由之時，集體自由就要爲民主捨棄了。

把個體當着至高的、最後的目的，乃是民主哲理的根基，絕不容動搖。羣體自由既然是基於手段上的必需，自然就不及目的上之當然——個體自由的價值了。因此，它雖不必爲個體自由而犧牲，然總亦不可喧賓奪主，竊據個體自由之寶座。羣體自由可以擴張，也可以收縮。不過，是擴張呢？還是收縮？却由不得它自身作主。一切總得以有利個體自由爲主。大也罷，小也罷，總以無害個體自由之維護、培育並發展爲原則。反之，個體自由亦不可隨意宰割集體自由，侵害集體自由，以致它失去保衛並助長個體自由之功能。如果，集體自由受外在或內在的威脅，有喪失其功能之可能時，那就是個體該犧牲一些自由，以保衛羣體自由之時了。是以，在緊急時期中，民主國家之公民亦勇於爲國犧牲。

就集體自由的性質說，國家自由易於危害個人自由的傾向甚爲顯著。這一方面固然是由於國家具有强制性的權威，一方面也是由於近代國家主義者的過份强調。就在「神聖國家」的目標下，不知多少個體作了寃鬼。按民主的哲理說，國家自由無論如何是强調不得的。過份强調國家自由的結果，對內，必然直接的危及個體自由。而對外呢？必直接危及其他國家的自由，間接威脅到他國人民的個體自由。强隣既已虎視眈眈，他國政府便不得不呼籲人民犧牲個人自由，以保衞國家自由，有些政執者，每每亦乘機擴張政府權力，以滿足其私慾。由此看來，國家自由的價值愈是看高，國際戰爭的潛在性亦愈大，個體自由遭迫害的危機亦愈多。是以，不論就國際和平、世界大同的理想說，抑或就個體自由的目標說，國家自由都不可過份强調。國家自由必須有個適度的限制。

除去國家而外，「神聖的黨」、「神聖的階級」這些觀念，也都是爲禍甚烈的。總之，不論是任何性質的羣體，只要他的自由過多，多過作爲一個爲個體自由服務之工具所應有的程度時，就一定會危及個體自由。首先，它會直接地壓抑了本團體成員的自由；同時，還間接地侵害了其他社團之自由（如甲黨之與乙黨，工會之與農會，甲工會之與乙工會。），以及其他社會成員的自由。所以，在一個自由社會中，不論是國家、政黨、社團的自由，還是個體的自由都是有限度的，它們彼此之間必定是和諧的。集體自由得爲保護、培養並發展個體自由而受制；個體自由亦得爲集體應有的自由（足以發揮其功能所必需的自由）而受制。

自由與平等

自由對人生的價值雖高，然而，自由的價值並不是充分的，絕對的。自由雖是幸福不可缺少的條件，然而，自由並不等於幸福。一個幸福的人生還得具有其他的條件。否則，只有自由是無甚意義的。自由的理想必須與其他的理想求配合、求和諧，才能造福人羣。因此，除去自身（各種自由之間）的限制外，自由還得受其他的理想限制。自由必須與其他的理想和平共處，互爲生發。

幸福的人生與幸福的社會，得有賴甚多之理想引導，而在這些理想中，與自由關係最密切的一個理想乃是平等。平等的含義究竟是什麼呢？說起來太長了。這裏不能多談，只好就它與自由的關係來說說。

這裏，作者要指出，不受平等理想限制的自由一定是有害無益的。如果在一個社會中，有些人有自由權（特別是政治、經濟、文化等自由權），有些人沒有自由權；或者，有些人自由權太多，有些人自由權太少，那麼這樣的自由對社會有什麼益處呢？當自由只是少數人的特權時，有多少罪惡就會跟到來呢？別說過去，別說鐵幕國家，當今世界上究竟有幾個國家的自由是受平等限制的呢？所以，世界總是在不安。和其他許多權利一樣，自由權也是「不患寡而患不均」的。一個社會所擁有的自由總量的多寡，並不能完全決定一個社會是否幸福。眞正決定幸福因素的還是自由權的分配問題。那怕基本自由權只有三項，只要人人皆有，這個社會就難有過分嚴重的人壓迫人，人剝削人的現象。反之，三十項，甚至三百項自由權皆爲少數人所有，其餘的人，一無自由，這個社會自然無幸福可言了。如果有的話，那只是少數人的，而不是整個社會的。

不過，我希望讀者們千萬不要誤會，作者是個自由的平均主義者，主張大家平分自由，像平分土地一樣。須知自由這不能平均分配，亦如美麗，健康、智慧與財富之不能平均分配。我所說的平等，只限於「基本自由」的平等，立足點的平等，出發點的平等，也可以說法定的自由權的平等。至於，你能否好好運用這些自由權那又是另一回事了。而在這些法定的基本自由權（內容是因時代進步而變）的以外，各人得因其主觀條件之便利，享有各種自由。那是無法求其平等的。（完）

（上接第33頁）
神太緊張了吧，他竟忘記了說「做個紀念」。飛機却已騰空而去了。

然而我却一直沒有接到卡露兒的來信，直到半年以後我囘大學去看一位同學時，在收發處的玻璃橱中，發現了我寄出的信又退囘來了。（我當時是用的大學的信封）上面批着幾個字。

「沒有艾理遜住在這裏。」

可是艾理遜已經囘國，也無從探詢究竟了，這件事我也就慢慢的淡忘了。直到有一天，我在路上遇見了湯美，問起了這件事，湯美却說，他和艾理遜是同鄉，也知道他確有個妹妹叫做卡露兒，但已結婚許久，有了四五個孩子了。

「我說的不是這個，是年輕的那一個，十八九歲年紀，長的有點像蓓蒂葛蘭寶的。」我隨手取出了那張像片給湯美看。

「我也有這樣一張，」湯美只看了一眼，便還給我，淡淡地說道！「她就是蓓蒂葛蘭寶。」

× × ×

然而聰明的艾理遜竟在一場被美國人自己稱爲「束住自己的手挨打」的愚蠢的戰爭中犧牲了，這大概是他從來不曾想到的吧！

走筆至此，眞不禁百感交集。我不是基督教徒，不能斷定天堂是否當眞存在，但若天堂是眞實的話，我相信艾理遜現在可能很快樂的永生在天堂中了。他是個虔誠的基督徒，而且，他是個好人。

中小工業金融之重要性

——池田不信任案之側面觀——

瞿荊洲

一

通常我們談到工業問題，多半是注重大規模的工業。尤其是近來最時髦的高喊生產工業化之際，談起工業問題來，必先說到鋼鐵、機械等重工業，其次爲動力(油、煤、電)及酸鹼等基礎工業，再其次也要輪到大規模的紡織工業和化學工業，很少會顧到中小工業的。

何謂中小工業？中小工業是對大工業而言，「大」與「中小」是憑什麼標準來分別呢？嚴格的講起來，若以各工業先進的國家之標準來衡量，我們中國所有的一切工業，都只好算是中小工業。臺灣糖業公司的工廠設備每年可製糖百餘萬噸，似可躋於大工業之林；但它的前身是日人在臺經營的四個製糖公司，而那四個公司又是各自收買些小糖廠再加上自建的若干中小工廠集合而成的。所以它只不過是三十多個中小工廠合歸一個機構來管理而已，也說不上是什麼大工業。如僅就臺灣而論，則臺糖公司就可算是最偉大的了。不僅臺糖公司是如此，臺灣其他較大規模的工業，在日據時期，幾乎全由日人經營（間有臺胞參加股本的，但在股本總額中，所佔比率甚小），光復後多劃歸公營；這些公營事業，都可以說是臺灣的大工業。其餘剩下來規模較小的，則由民營。所以在臺灣如以民營工業（除了若干自大陸遷臺的紡織工廠及原在臺灣的數家鐵工廠外）作爲中小工業，那是頗爲符合實際的。

二

關於臺灣的民營工業，據江文苑先生調查（詳見「臺灣銀行季刊」第四卷第二期），自光復後，民營工業之內容較爲充實。民國卅七年，華北、華中、上海等處的工廠，紛紛遷臺。內地工業家來臺設立新廠者，亦復不少。根據當時統計，曾向政府登記的(還有小部份，沒有登記)民營工廠，總數有九千四百餘家之多。其後因大陸淪陷，失去了廣大的市場；加以外貨(結匯進口的及走私的)充斥，各民營工廠受了重大的打擊，遂陷於極困窘的境地。倒閉或收歇者，爲數甚夥。至卅九年年底統計，民營工廠之開工者，只有七千二百廿九家，停工者達二千六百九十一家。最近臺灣省政府財政廳任廳長發表「耕者有其田政策之實施」一文（見本月一日臺北各報）其中述及臺灣民營工廠，現僅六千餘家，比卅九年年底又少了一千餘家。可見臺灣的民營工業是在漸趨衰落之一途。

本年五月廿九日，美國共同安全總署中國分署署長施幹克博士，在臺北國際扶輪社演說，略謂欲謀臺灣經濟之健全的發展，祇有農業的進步是不夠的，必須共同努力於工業的新穎而又蓬勃的擴張。擴張工業所需的要件甚多，其中之一即是需要更多的自由企業和競爭。本月二日行政院陳院長爲實施耕者有其田條例案發表書面談話，其論及實行工業化有云：「工業化需要政府的領導，同時更需要人民的努力。政府方面，現已確立了工業化的政策，並根據政策的需要，修改法令規章，擴大企業自由，鼓勵人民投資。人民方面，更應發揮自由企業精神……」。這裏所說的「自由企業」、「人民的努力」、「人民投資」等等，應當是表現於民營工業之上。由此可以推知民營中小工業之重要性。臺灣民營中小工業之漸趨衰落，未始不是臺灣經濟上之一缺點。

現在各方面都熱心於工業化之倡導，就應當特別注重民營中小工業。因爲生產之工業化，乃是劃時代的大事，是社會的平衡的發展，需要發動全民的力量，始有成功之望。尤其是我們這工業經濟落後的國家，想要迎頭趕上加速的工業化，只有從民營的中小工業着手。陳院長所說的，由政府釐訂政策、修改法令規章、擴大企業自由，乃是政府爲人民鋪平工業化的道路。在這條康莊的大道上，人民各自經營中小工業，漸由小工業發展爲中工業，由中工業發展爲大工業，然後進於全盤的工業化。日本與歐美工業先進國家比較起來，在工業上可算是後起之秀，它確實是迎頭趕上的。回溯日本工業發達的過程，它是遵循由中小工業發展到大工業的途徑。日本是我們的近鄰，我們可以從它那裏獲得很多的工業化的例證。日本是特別注重中小工業的；其經濟學者栗栖赳夫氏所著「工業金融」一書，其中爲中小工業金融闢一專章，即其一例。

民營中小工業，規模不甚宏大、技術亦較簡單、管理頗爲容易，經營起來，本來無甚問題。通常所謂中小工業問題，大概都是爲了中小工業所需的週轉資金，即所謂中小工業金融問題。本文爲避免冗長起見，特將題旨範圍在「中小工業金融」這一點上。

三

上月廿八日，日本議會通過對吉田內閣的經濟部(日名通商產業省，簡稱「通產省」，又以其英文名稱爲 Ministry of International Trade and Industry 亦簡稱 MITI，掌管日本全國的貿易與工業，相當於我國的經濟部）部長池田勇人的不信任案。據傳是因爲反對黨不滿意於該經濟部對於中小工業所持的政策和態度。筆者聽見了這個消息，就趕忙去查看日本經濟部對於中小工業所規定的政策之內容如何。吉田第四次內閣成立後，曾公佈了一個施政大綱。其中經濟部的政綱，列有三項。其第三項的標題，爲「中小工業政策」。其本文有云：「强化中心企業的基礎，在臨時預算項下，劃出二十億日圓，作爲政府對中小工業之援助資金。並指示長期信用銀行對中小工業特別貸欵」。看了這個施政大綱，深覺吉田內閣的經濟部對於日本的中小工業，可算是愛護備至。二十億日圓，按日本官定匯率折算，約值美金五百五十餘萬元，即照黑市價格計算，亦可折合美金五百萬元。政府撥用五百萬美元來補助中小工業，另外還指定長期信用銀行對中小工業特別貸欵，這可以說已盡了政府補助中小工業的能事。前面已經述說過，中小工業最感困難的，就是缺乏週轉資金，日本政府的政綱，恰好有助於中小工業金融問題之解決。對於中小工業定有這樣優惠的政策的，在其他別國的政府政綱中，是不多見的。爲什麼經濟部部長池田先生，還要遭受到議會的糾彈呢？原來，這位池田先生，在兩年前一次新聞記者招待會席上，曾發表了一篇談話，大意是說他相信中小工業者未能遵循當前從通貨膨脹至經濟穩定的一段過渡時期的正常途徑，而告破產，應認爲係不可避免之事。上月廿七日日本參議院開會時，社會黨的議員加藤勘十氏，記起池田所說的那一段話，遂問他現在做了經濟部長，對於他那一段談話的意見如何？不意池田氏竟率直的作答，說他的那種信念，並未改變。此語一出，羣情譁然，遂掀起了軒然風波。大家認爲身爲部長的人，對於中小工業者之生死，視同兒戲，未免太殘酷、太不負責。這把吉田政府祗爲大資本家服務而犧牲大衆的「眞正性格」完全暴露出來了。社會黨的左右兩派，均大憤怒，於廿七日晚間，分別發表聲明，猛烈的攻擊池田。由重光葵爲首的改進黨，抓住這個機會，遂於廿八日在衆議院提出對池田的不信任案。獲得左右兩派社會黨勞農黨及中立派議員的支持。加之，政府與黨的自由黨內部團結不固，有一部份議員(即所謂鳩山派)意見未甚融洽。自由黨在議會中只超過半數七席，前被開除黨籍的石橋湛山和河野一郎兩氏，尙未恢復黨籍，不特不贊助政府，反而要投「白票」(贊成不信任案)，如此一出一入之間，政府只多了三席。那一部份意見不甚融洽的議員棄權，這個不信任案竟終被通過。這自然是日本政治上意外的波折。其實池田勇人氏本人，自一九四八年十月起，即擔任日本的財政部長之職，直到本年秋季大選爲止，歷時整整三年。在這一段期間，日本的財政金融工作，是相當艱鉅的。池田氏始終堅守前盟軍總部所聘財政顧問陶奇氏所擬訂的日本經濟九項原則，使日本從通貨膨脹漸漸步上金融穩定的大道(此與臺灣自幣制改革後，漸漸趨於停止通貨膨脹的情形，頗有近似之處)。他對於日本財政金融上所有的功績，是未可一筆抹煞的。第四次吉田內閣中，他沒有蟬聯財政部長，改任經濟部長，那是由於吉田氏爲了要拉攏日本實業界，特求才黨外，聘請三井系的巨子向井忠晴氏來擔任財政部長。經濟與財政是息息相關的，池田在日本財政經濟的行政上顯然是一位最有力的主持人，只要看他在經濟部政綱中對於中小工業金融所訂定優厚的條欵，就可以顯示出他敏銳的眼光和遠大的抱負。他現在雖然辭去了經濟部長的職位，但對於日本的財政金融，他定會續有貢獻，我們未便以成敗論人。

四

池田不信任案之通過，可以說是日本各政黨戲劇性的政爭之精彩的演出，其對於今後日本政局之影響，時賢論之已詳，非本文討論範圍，茲不贅述。我們所注意的乃是這個不信任案所持的理由。一個中小工業金融的問題，何以有這麼大的力量，竟將一位很堅强的部長推倒？我們再查看日本經濟界的實情，據悉日本自一九五一年十月以降，其中小工業者因負債過多而陷於破產的現象，日益嚴重。日本的經濟學者，已稱之爲「恐慌的襲來」。據日本銀行調查：截至一九五一年年底止，纖維工業方面的公司宣告破產者，達二百六十家之多，其中每家負債在一億日圓以上的竟有七十家。此外生絲業、人造絲業、皮革業、橡膠業、油脂業方面的中小公司，均因資金困難而陷入恐慌的境地，估計中小工業所需救濟資金，約須百數十億日圓以上，池田氏所提出的二十億日圓的補助金，殊嫌不敷；此種中小工業金融調度，惟賴長期信用銀行之特別貸欵。所以關於中小工業之救濟，乃日本當前之一大難題。社會黨素以代表農民和中小工業者自命的，一旦看見政府沒有提出切實的救濟辦法，反而表示輕忽的態度，故發動在野黨所代表的民力以攻擊政府。正因爲中小工業金融問題的嚴重，故由此問題所發動的力量特別强大，足以擊倒一個閣員而有餘。由於池田不信任案之通過，更顯示民營中小工業金融之重要性，以一個從事金融工作者的眼光看來，無寧是要特別注意於此一方面。

日本與我國僅隔一衣帶水，自中日雙邊和約簽訂以後，兩國間的交往，更見頻繁。加之通信交通之技術進步，日本方面每有較重要的新聞發生，我國方面之報導與評論就會風起雲湧的熱鬧一場；這自然不失爲一種好現象。惟大家所談論的，雖不至「以訛傳訛」，而大多數的却是「人云亦云」，頗有空洞膚淺之嫌，似乎是「美中不足」。即如池田不信任案一事，大家都集中興趣於日本各政黨的政爭，把那不信任案所持的嚴重的理由反而忽略了。也許有人以爲池田不信任案之通過，完全是日本各政黨的政爭問題，至於所謂「不顧中小工業，犧牲大衆」等語句，不過是政爭的工具一種藉口而已。論政者應當注意大者遠者，何必要鑽到牛角尖裏去研究那些細微末節呢？這種說法，自亦有其理由；而政論家高瞻遠矚的評論外國的政局的文章，也是頗足欣賞的。但是，我們若不僅看到問題的表面，而注意問題的實質，豈不是更能收「他山之石」之效？這是應當在此處附帶說明的。

中小工業金融之重要性這個問題，其本身早已巍然存在。並不是由於池田不信任案之通過纔成立的。惟此一問題久爲我們自由中國一般人所忽視，現在因着池田不信任案之提醒，特別把牠彰顯出來，這或者是比較切實而更有益。

五

池田氏關於中小工業的談話，最値得注意的，就是他說從通貨膨脹至穩定的一段過渡時期內，中小工業者如不遵循正常的途徑，必將遭遇到困難而陷於破產。這實在是主持財政金融的人深具經驗而有「心得」者之言。通貨膨脹按其程度原可分爲溫和的通貨膨脹與激烈的通貨膨脹。溫和的通貨膨脹，可以刺激生產，令中小工業者獲得盈餘。但如忽遇通貨緊縮或停止通貨膨脹，中小工業者就會受到影響，這是不待言的。激烈的通貨膨脹，對於工業原是最不利的，不過在通貨膨脹的環境內過久了，中小工業者自會有種種應付環境的方法，漸漸的倒也習慣了。一旦通貨膨脹停止，轉到穩定的局面，其間有一段過渡時期。在此一段時期內，必須回復到正常的途徑，纔能免於虧損；但中小工業者由於惰性作用，積重難返，反而一時不易回復到正常的途徑上來。因此就要遭遇困難較嚴重的甚至要陷於破產。這是實在的情勢。池田氏的這段話是很正確而無可非議的。他之所以被人抨擊的乃是他接着說下去的「應認爲不可避免之事」這句話。政治是辦理衆人之事，負政治之責的政府，安可把中小工業之破產視爲不可避免之事而坐視不救呢？我們在臺灣會有與此相類似的經驗：民國卅八年六月十五日，臺灣改革幣制，從激烈的通貨膨脹，轉爲通貨膨脹停止，而進入穩定的局面。一般工商業者都過慣了通貨膨脹的生活，忽遇通貨膨脹停止，反而大受影響；其中受影響最重大者爲民營中小工業。他們在通貨膨脹的時期內，以高利借入欵項，購進原料，積存成品，因物價上漲，其所得的差益超過其利息的負擔，雖屬高利，仍甚合算。旋因物價愈漲，借欵愈多，而利息之負擔亦愈重；甚至要用新借之欵來抵付前借欵之利息。如是，借欵愈多，利息愈重；利息愈重，借欵愈多；輾轉相生，生生不息。好在通貨正在膨脹，幣値貶低，物價上漲，所存的原料與貨品，划算起來，尚足以抵償借欵本息而有盈餘。正在此嚴重關頭，通貨膨脹停止，新借欵不易續借，物價趨於跌落，貨品不易脫售。一方面因物價趨跌，計算起來虧損已不貲，另一方利息之負擔日益加重，且無現欵足資償付。遂發生池田氏所說的「未能遵循當前從通貨膨脹至穩定的一段過渡時期的正常途徑而告破產」的情形。所幸當時我國的政府當局，沒有像池田先生那樣「認爲不可避免之事」，乃是認爲必須設法救濟。很快的就指定各銀行組設「臺灣省民營企業緊急輔助銀團」。在改革幣制一個月後的七月十六日宣告成立。最初規定緊急貸欵總額爲新臺幣一百二十五萬，折合舊臺幣五百億元，在當時是一個頗爲鉅大的數目。至同年十月底，全部貸放完畢。因鑒於事實上的需要，復由政府核定將貸欵總額增加一倍。此種緊急貸欵，對於民營工業頗有「雪裏送炭」的功效，輔助他們渡過了那一段困難的過渡時期。至翌年一月，當局者爲要正常的調度工業資金，特在臺灣區生產事業管理委員會之下設置產業金融小組，並由小組決議將緊急輔助銀團撤消。接着在三月十一日由政府公佈臺灣省卅九年度民營企業貸欵實施辦法。到了下半年九月，本省各商業銀行復訂立商業銀行辦理工礦貸欵規則，明文規定該項貸欵以中小工礦企業所需之短期週轉資金爲限。至此，臺灣的民營中小工業金融，可算是已由絢爛歸於平淡了。

上述緊急輔助銀團，除了辦理貸欵之外，還有一項特點，即凡受貸之工廠均應接受該團派員駐廠監查其產銷及財務是也。此項派員，均係由各銀行借調對於會計及一般業務之熟手。派到各工廠後，對於各廠之會計體系、工作程序、人事制度、及業務管理等作詳細的考察和檢討。在消極方面，建議各廠力謀業務及財務上之改進，在積極方面，因工廠之營業情形及財產狀況均經查實證明，可以增加各廠對外之信用，此種辦法，至爲妥善，對於將來辦理事業的工業金融時，可提供甚有價値的參考。

六

就廣義言之，目前日本和我們自由中國的經濟情形，都是在「從通貨膨脹至穩定的一段過渡時期」的階段中。此種情形之造成，一方面是由於各國自身之努力，一方面是得力於美援；但兩國的經濟均未達到健全繁榮的境界。日本方面，除了三十餘家規模特大的鋼鐵機械公司，因着韓戰及日本再軍備而得有所謂「軍需景氣」外，中小工業者則在所謂「恐慌的襲來」的狀況下掙扎，已如前述。我們自由中國的民營中小工業也同樣的日就衰微，在前所引的任廳長的論文中，已可參證。經濟也和政治一樣，亟需有「民主」的精神，我們應當響應日本在野黨提出池田不信任案時的論調，政府不應只爲大資本家服務而犧牲大衆，對於中小工業，必須拿出具體的救濟辦法來。我們自由中國較大的工業都歸公營，我們沒有什麼大資本家，我們正好對民營中小工業力予輔助。臺灣在光復之初，我們因集中力量於公營事業，對於民營中小工業沒有充分顧到；在幣制改革之後，對於民營中小工業只有緊急輔助，而沒有長期正式的設施，這都是很令人遺憾的事。現在大家正在高呼生產工業化，而發展民營中小工業，乃是進於工業化應採取的途徑。所以我們應該急起直追的竭力輔助民營中小工業。輔助民營中小工業，可分爲：充實機器設備、改進產製技術、配售原料、推廣銷路等項。其最切迫而有效者，則爲民營中小工業金融之調度。最好能組設專業的工業金融機關來擔當此項重要工作。關於工業金融之專業化的必要，筆者在本年十一月十七日之中華日報專論欄內，已發表短文，茲不贅述。現在只因日本議會對池田不信任案之通過，借題發揮，盼大家於百務鞅掌之餘，充分的認識中小工業金融之重要性。

（四十一年十二月十二日稿）

監察院之將來(五)

雷震

第七章　監察權不能獨立行使之理由(二)

一、現行監察制度下、彈劾的對象太過廣泛

監察權之不能獨立行使，和現行監察制度可能發生之缺陷，除上述諸端之外，尚有以下數點，我們應該提出一併檢討，俾明瞭這個制度之必須早日修正，庶可步入民主憲政的正常軌道。

第一、在現行監察制度下面，彈劾的對象太過廣泛，以致責任不能分明；尤其對於地方公務人員的監察，事實上幾成為不可能的事情。

第二、現行監察制度，監察委員要過問地方公務人員的『失職』問題，不僅變為有名無實，在技術上可云是無法實行。

根據現行憲法第九十七條第二項規定：

『監察院對於中央及地方公務人員，認為有失職或違法情事，得提出糾舉案或彈劾案。……』

又憲法第九十九條規定：

『監察院對於司法院或考試院人員失職或違法之彈劾，適用本憲法第九十五條……之規定』。

又憲法第一百條規定：

『監察院對於總統副總統之彈劾案，須有全體監察委員四分之一以上之提議，全體監察委員過半數之審查及決議，……』。

照上列三條條文的規定，凡屬公務人員，上自總統副總統，下至司書末吏，不問官職大小，不論地位高低，均可成為監察院彈劾的對象。行憲前監察院的職權也是這樣規定的。這是仿照過去御史制度的辦法，因為御史可以糾彈百僚，督察內外的。可是今日的民主國家，除美國制度外，彈劾權實不及於普通官吏的。美國憲法雖規定衆議院有彈劾之全權，照理任何公務員都可被彈劾，但實際上並不如是，上文已詳言之。

二、彈劾權適用之範圍

我們現在這種作法——所有公務人員均為彈劾的對象，可能發生『過與不及』的兩種毛病。就是一方面，監察工作侵犯了司法權的範圍，使工作陷於重疊，一件事情而有二個系統不同的機關來管理；在另一方面，中國地域廣漠，監察委員及監察機構(包括監察行署)均不足以擔負監察全國公務人員的任務，除非把監察機關佈滿全國，如同司法機關一樣，達於窮鄉僻壤。

先從『過』的方面來講吧！彈劾制度發端於第十四世紀的英國，當時司法機關尚未脫離行政機關的干涉，高官權臣的犯罪，初不易受到法院的制裁，而有特設他種制度以資補救的必要。中國從前設立的御史制度，實也包含有這種理由的。中國政治制度，一直是行政兼理司法，縣長如果不能殺人，不能打老百姓的屁股，不僅縣長的威風不能顯出，好像連縣政亦無法推行。至於行政與司法必須分開，庶可保障人民各種自由的權利，乃晚近西洋政治思想輸入的結果。在過去，凡遇人民與政府或官吏相爭的案件，抑或官吏欺壓人民的事情，官官容易相護，人民的寃抑往往不能伸雪。尤其是缺乏制裁高官和權臣的方法。在這種情形之下，御史制度自然有其必要，這與英國初期的議會行使彈劾權的情形，大致是相同的。可是英國到了十八世紀末期，司法制度日趨完備，法院權威逐漸樹立，法律平等主義徹底實行，對於政務委員和高官權臣的犯罪，則與平民一樣要受法律的制裁。可以說是眞正做到『王子犯法，庶民同罪』的地步。故英國自一八〇六年以後，議會已不復行使彈劾權了。戴雪(A.V. Dicey)在其巨著『英憲精義』中說得很詳細。茲特引敍如左，以證明現行監察制度關於此點之必須修正。

『此項彈劾權自一八〇五年(應該是一八〇六年)曾經一次使用後，不復見用，因之，幾成為一種廢物。……至於彈劾權在今代所以幾乎廢棄不用者，亦自有緣故。緣故為何？緣故的一部分是：內閣閣員在今日，以法律周密之故，絕少得一機會以作一種嘗試；其結果足以致彈劾權不能不被起用，而成為唯一訴訟程序。其他部分是：所謂情節重大之罪案，在昔時必須以彈劾案乃能達到者，在今日儘可用普通訴訟程序達到；誠以後者所有手續不如前者之繁重，又可以得到較好的結果，故民間多喜用尋常法院以求伸雪也』(註一)。

此外，英國議會內閣制度日趨健全，其運用一天比一天靈活，議員們可以用不信任決議的辦法，以迫令政務委員去職。在另一方面，而輿論之發達，對於政府的政策和其施行的批評，不僅銳利嚴峻，而且無微不至，益使公務人員戒慎恐懼，不敢稍逸軌範，任意胡為。此等均為彈劾權摒棄不用的原因，上文已詳述之矣。

彈劾權在各國可能適用的官吏，一般說來，只能適用於行政部門的首長及其閣僚少數人而已，其他公務人員則應依照普通訴訟程序，由普通法院來處

理，蓋以普通法院手續簡便，不似彈劾手續之繁重。大抵言之，在君主立憲國家，彈劾權只適用於政務委員(內閣閣員全體)而不適用於君主，以君主不負實際政治的責任；在共和國家，大都亦只適用於總統及政務委員，而不適用於其他官吏。但在美國，憲法上是規定彈劾權可適用於一切官吏，包括行政和司法，不過實際上憲法頒佈以來，下議院只彈劾過九個人。據此以觀，彈劾制度在各國是爲防止『大官和權臣』的玩法而設，以補救法院之力所不及，如英國之巴力門不但可以彈劾政務委員，而且可以組織巴力門高等法院（由貴族院組織之），將他們逮捕審訊以至定讞。故戴雪氏說：『彈劾權的使用雖屬稀罕，他依然是一種法律程序，並得到一所正式法庭（卽巴力門高等法院）承認』。這就是說，在必要的時候，彈劾權仍隨時可供驅策，務令有關係的政務委員對自己的行爲負其責任[註二]。

三、政治制度不容割裂

我國憲法所定，所有公務人員都可以爲彈劾和糾擧的對象，這顯與司法權有衝突，上文已略言之。今日司法旣已獨立，法院業已普設，公務人員之犯罪，刑法上已有詳細之規定(主要的爲刑法第四章)，故除總統副總統及政務委員(包括行政院長)以外的違法行爲，自應循着司法程序以求解決，不應再勞彈劾權的發動了。如謂司法程序不足以制裁公務人員，則是司法機關未臻健全，主持人員未能盡職，主管機關未盡監督責任，與夫法律平等主義未克徹底實行：：等等之故，這與制度本身有何關係？且看今日所提的彈劾案和糾擧案所得的實際效果如何？其程度與司法機關相比最多不過是五十步與百步之比耳。公務人員的違法能否繩之以法，可見其焦點不在彈劾與司法兩種制度的劃分，而在政治之是否上了軌道。如政治不上軌道，縱令有獨立行使之彈劾權，也是不能發生實際的效力。或者以爲要藉彈劾制度以求政治走上軌道，這也是緣木求魚之事，其效力遠不如健全司法制度來得有用。爲今之計，我們應向這方面來努力，大家共同努力於司法制度之建立，並使其日趨健全，不必旁生枝節，另行設立一個平行的監察機構。至於公務人員有違反行政法規之行爲（大部分是政治責任），則應從『分層負責』和『嚴厲監督』等等制度去糾正和防止，其詳容後再論。

如謂『裁制官吏的機關，必須獨立設置』，而且必須與『裁判人民的機關』分開，則今日之監察院又不是這一回事了。第一、今日監察院僅是一個『檢擧官吏』的檢查機關，和司法機關的檢查官地位一樣，並不擔負裁判官吏的責任。經監察院提出彈劾之官吏，其裁判機關則另屬於司法院管轄之公務員懲戒委員會。第二、今日監察院之分支機關的監察行署，只在省會或院轄市設立，而且數省只有一個，可是窮鄉僻壤都有很多的公務人員，以今日之監察行署，實在擔負不了監察全國公務員的責任。若眞要使監察院擔負這個責任，監察機關必須廣爲設置，應如今日法院一樣，每縣至少必須設置一個。這不僅是不可能的事，而且也是重複的。那末，地方上的官吏則變爲沒有人去監察，或者是說不要監察了。其實『天高皇帝遠』，地方上的官吏品質較差，權力又大，愈要嚴格加以監督。四川在軍閥時代，縣以下的區署威權無比，可以任意捕人，可用嚴刑峻法屈打成招，並可不經上級核准而擅自殺人，這種情形在邊區地方可以說是很普遍的現象。從這一點上講，今日監察院則是失去平衡的作法，也就是『不及』的現象了。一件事情在制度上不可有二個性質相同的機構來管理，如果裁判官吏的機關必須另行設置，不僅現行刑法必須改正，其他政治制度亦必須連帶的予以改正。今日我國的法律制度及政治制度，均是仿照西方民主國家的法律制度與政治制度而計劃、而設立的，惟獨對監察制度則又欲仿效過去御史制度的辦法而設計、而實施，故不獨在事實上行之不能得通，在理論上也不易自圓其說。外國政治制度，由於多年的實行、調整、改革而演變至於今日的型態，在實際上純係根據多年的經驗而結晶，在理論上他有一套整個的體系。無論何種制度，都有其一貫體系，割裂而行，則只見其弊而不見其利了。

四、地方公務人員的失職問題、應由地方民意機關監督之

關於監察委員過問地方公務人員失職的問題，依照憲法第九十七條第二項規定：『監察院對於……地方公務人員，認爲有失職……情事，得提出糾擧案或彈劾案……』。又憲法第九十九條規定：『監察院對於司法院（應包括縣級法院）及考試院（應包括地方考銓機關）失職……之彈劾，……』。依照上述兩條憲法的意義，地方公務人員完全要受監察院之監察，不論是失職或違法。可是以今日監察機構之組織，對於地方公務員的監察，不論是失職或違法，眞是設備不週，掛一漏萬，前文已詳言之矣。我們現在要討論者，乃是地方公務人員的失職問題，姑不問其可能不能，應不應由中央民意機關的監察院來過問？這是值得討論的一個大問題，大家不可以爲這是無關緊要的制度。一國政治制度要有其一貫的精神，不可顧此失彼，尤不可上下不符。要解答這個問題，須先說明以下二點：

其一、一國的憲政如要行得好，有結果，必須先從實行地方自治做起。不然的話，憲政只是空中樓閣，不會產生實際的效用。地方自治乃是憲政的基礎。國父一再强調要實行地方自治[註三]，就是這個道理。

其二、失職應該是『政治上的責任』。政治上的是非得失，有極大的主觀成份在內，甲之認爲失職者，乙則未必作如是觀。這裏只有相對的標準，而無絕對的定論。那末，中央民意機關(監察院)的意見與地方民意機關(省縣議會)

的意見發生衝突的時候，又將如何來解決？

根據以上的分析，監察委員對於地方公務人員的失職問題是無法行使監察權的。換一句話說，中央民意機關的監察院來監督地方自治團體公務人員的失職一事，在理論上是講不通的，在事實上是行不通的。『今非昔比』，政治制度的思想，已經由專制而趨於民主，其實行方法已由中央集權而逐漸走到地方分權，故地方政府的事情，必須由地方的民意機關來監督——地方自治，才是正常的辦法。所以，這一部分的工作是不能仿效過去御史制度來作的。這是要求政治制度與實際結果要能名實相符，就是說，在理論上要從嚴格來立論，在實施上要採認真的作法。如果在制度上不求體系分明，在實施上不問實際效果，那末，這種作法當非本文討論之範圍了。

五、地方自治之涵義

何謂地方自治？我們在這個地方，不能不簡單的說一說。

『地方自治』(local self-government) 云者，係地方團體所行的『自主的統治及行政』的總稱。所謂『自主』，當然是對於國家或中央的統治，在一定限度之內，地方團體而有獨立行動的權利。換一句話講，地方自治乃是以地方上的自治團體來管理其自身的公務。這個自治團體，是一個獨立的主體，在某種範圍以內，對國家保有『獨立自營』的權利與義務。因此，所謂自治，不是執行國家的公務，而是為獨立人格者的團體，管理其自身的事務。故地方自治云云，就是以某個地方的人民，管理某個地方上的公務的意思。

各國實行地方自治的程度，雖然彼此高下不一，但是，凡是實行民主憲政的國家，其地方的政治制度，必定是在實行地方自治，則又毫無疑問了。因為近代國家，工商業的發達，科學與技能的進步，政務日趨紛繁，眞是千頭萬緒，決非全部集中於中央政府所能辦理得了。因此，國家有許多公務，除由國家自身之機關去施行外，必須分出若干以授權於其所屬的自治團體，使之成為其自身的目的而處理之。這樣，在一方面，可使全國政治，等齊發達，以矯正中央集權的弊害；在他方面，並使全國人民習於地方政治，庶可建樹立憲政治的基礎。何況有許多事情，本來就有地方性的，必須因地制宜，始能辦理盡善，如水利、漁獵之類。尤其像中國這樣大的國家，不僅地域廣漠，各地肥瘠不同，而氣候南北懸殊，連接寒溫熱三帶，自然而然的，彼此生活習慣相差甚遠。故地方上的公務，必須由地方團體來計劃、來施行，才能適合於當地人民的需要，既不至於越俎代庖，亦復不是隔靴抓癢。這是一個極易明白的道理，亦是一個自然的趨勢。

請看我國憲法，對於地方自治是怎樣規定的。

我國憲法對於地方制度採取所謂『均權制度』。中央與地方兩者權限的劃分，則分別規定於憲法第一〇七條、第一〇八條、第一〇九條及第一一〇條之內；並為杜絕以後的糾紛起見，尚有一條概括的規定。即：

『其在前四條列舉事項之外，如有未列舉事項發生時，其事務有全國一致之性質者屬於中央，有全省一致之性質者屬於省，有一縣之性質者屬於縣，遇有爭議時，由立法院解決之』(憲法第一一一條)。

根據上述這幾條的規定，中央與地方的權限分得相當明白。在這個範圍以內，省與縣均得召集省民或縣民代表大會，依據省縣自治通則(目前尚未制定)，制定省或縣自治法(憲法第一一二條及第一二二條)，實行省縣自治(憲法第一二一條)。根據此項自治法，省縣一如中央：行政部門則設有省或縣政府，由省縣民選舉省長或縣長(憲法第一一三條第一項第二款及第一二六條)，擔任執行的工作；立法機關則設有省或縣議會，由省縣民選舉省或縣議員(憲法第一一三條第一項第一款及第一二四條第一項)，代表人民監督省或縣政府的施政。因此，省與縣在其規定之職權範圍內(憲法第一〇九條及第一一〇條)，省縣議會不僅有立法權(憲法第一一三條第二項及第一二四條第二項)，且有財政同意之權：省縣政府行將徵收的稅收，包括稅目稅率，均須由省縣議會先行通過。換一句話說，省縣預算必須由其決定，省縣決算必須由其核銷。省縣議員對於省縣政府的工作，如有不明白的地方可以提出質問，如有懷疑的時候可以進行調查。我們可以說：除外交、宣戰、媾和諸事項之外，地方省縣議會之於省縣政府，一如中央立法院之於行政院，對於全盤施政(政策和施行)有廣泛監督之權。職是之故，行政院對立法院負責制度的精神，亦應貫澈於省縣政府之對省縣議會，儘管在形式上，兩者(中央和地方)也許不能完全一樣。所以，關於省縣政府的政治責任問題，省縣議會才是監督的機關，亦惟有省或縣議員才能明瞭省縣政府施政的得失利弊之所在。不然的話，不是隔靴抓癢，就是不着邊際。兩者都是行不通的，強欲行之，亦不過是有名無實耳。

省縣實行自治以後，縣政府、省政府、行政院為地方及中央的行政機關；縣議會、省議會、立法院為相對於縣、省及中央之立法機關，亦即代表人民之監督機關。然而，監察院乃是屬於中央的民意機關，對於省縣地方公務人員的失職責任，實際上是無法過問的。大家試想：監察委員們有什麽方法能够眞正的監察省長、縣長及其屬僚的『失職與盡職』，除開省縣議員之外。『鞭長莫及』，這個道理太淺顯了，用不着費詞多加解釋。

六、中央與地方之衝突

抑有進者，民主政治離不開政黨的作用，而民主政治又必須是多黨政治(兩黨以上)，上文已經說明。政黨組織的基層在地方，地方上的黨部可以說是中央黨部的基礎，無論那一部門或那一級的選舉，多由人民直接投票，故地方黨部的權力應該是很大很大的。在某個時期，在中央民意機關佔到多數之政黨，在某一省甚或某一縣之民意機關，未必都能獲得多數。故監察院內部政黨勢力之消長，未必完全與省縣議會恰恰一致。我們的憲政必須是在多黨政治之前提下實行，（凡屬名符其實的憲政，都應當是多黨政治），執政黨的多數黨，在某些地區成爲少數黨，乃是無法避免的事情。美國的政治情形更可說明這一點：當共和黨在中央政府執政的時期，而在南方數省的民意機關仍爲民主黨所把持。監察院的多數黨，未必同時在所有地方民意機關（議會）都是多數黨。若照多黨政治的常理來說，監察院的多數黨，在某某區域的地方民意機關可能是少數黨（中國今日不能說是眞正的多黨政治）。因此，監察院所彈劾的地方自治團體的公務人員，如省長縣長之類，省縣級議會未必完全支持這個意見。蓋不僅對於失職的見解，彼此未必一致；有時還夾雜着政黨鬪爭的因素，可能激起相反的作用。例如上面所舉的，監察院糾舉臺灣省財政廳長和臺灣銀行負責人員之失職一案，省議會可能與這個意見相反，而贊成取消自由外滙，改爲審核外滙的辦法。果爾，財政廳長與臺銀負責人員，不僅說不上有甚麽失職的地方，可能進一步譽他們是「克盡職守」，安定民生。這裏面包含有三種可能性：第一、省議會議員們對此問題之見解（指其中的多數黨），根本與提案監察委員們的不一致。第二、提案監察委員們對於地方政務了解不够，因而發生隔閡。第三、在省議會中支持省當局的議員們的黨派，恰恰與監察院提案委員們之黨派不同。那末，民意機關（監察院）與執行機關（省縣政府）之衝突，可能演變爲中央民意機關與地方民意機關之衝突，也可能演變爲中央與地方之衝突。關於地方公務，儘管地方民意機關與執行機關常常立於對峙的地位，有時爭得面紅耳赤，可是一旦遇到對於某一地方公務的意見，中央與地方發生衝突時，地方的民意機關與其執行機關可能又站在一條線上以與中央抗衡。以封建色彩很濃厚的中國，這種情形是數見不鮮的。由於這些緣故，中央監察院對於地方政府的公務人員的監察工作，勢必變爲有名無實。也許有名無實，還可以減少中央與地方的政治上的糾紛與隔閡。

上述這些推論，決不是危言聳聽，或係誇大其詞。而政黨作用這些假定，雖屬是個假定，可是在多黨政治下面，必然的會發生的。在研究政治制度的時候，必須把握住這些因素，我們這些設計，始可順利推行。故今日憲法規定：監察院可以彈劾地方公務人員，殊爲不妥之至，我們必須把這份責任交給地方民意機關，方能完成這個任務；所謂責任政治云云，亦可不致落空。

註一 參看戴雪著英憲精義第十一章第二節政務委員的責任與法律主治。

註二 參看本節註一。

註三 見國父講演『地方自治』，『地方自治爲建國之礎石』，『辦理地方自治是人民的責任』，『地方自治爲社會進步之基礎』。

馬來亞的政黨、紅禍與自治運動

馬來亞通訊・一月二日

李銳華

今日的馬來亞,正在殖民地主義,共產主義和自治運動的三角決鬪中。英政府爲維持馬來亞的殖民地統治,一向實行「分而治之」(Divide and Control) 政策,袒護馬來人,排斥華僑,此點將另行爲文叙述。而英政府統治華僑政策,則更爲矛盾,一方面鼓勵華僑經濟開發,另一方面壓制華僑政治活動;因此,合法的政黨運動無由發展,奸邪的組織反從地下長成起來,結果紅禍蔓延,又無力撲滅,自治政制,自無從實現,成爲馬來亞當前的嚴重問題。所以當講馬來亞問題,應從政黨運動說起。

華僑政黨

華僑在海外組織政黨,由來已經很久了。南宋滅亡和明社傾覆時,國人紛紛南渡,組織流亡機構,從事復國運動。這是華僑組織政黨之始,不過不具現代政黨規模。一八九四年(光緒二十年)十月二十四日 孫中山先生在檀香山創設興中會,爲推翻滿清的革命機構。組織完備,綱領明確,爲我國第一個現代化的政黨。一八九八年(光緒二十四年)戊戌政變失敗,康有爲等亡命海外,組織保皇黨,擁護光緒帝,主張君主立憲,馬來亞華僑加入者甚衆,一時聲勢頗爲浩大。康氏曾在南洋勸學設教,並在馬來亞創辦報紙,爲保皇宣傳機構。其後黨雖失敗,然在華僑教育和文化方面,功不可滅。一九〇〇(年光緒二十六年) 孫中山先生爲擴大興中會,曾來星加坡鼓吹革命,華僑熱烈響應,和保皇黨成爲兩個對立的陣營。一九〇五年(光緒三十年) 孫先生爲加强革命力量,乃團結其他政黨,改興中會爲同盟會。一九〇六年(光緒三十一年)二月同盟會在星加坡設立支會,由 孫先生親自主持。當時英政府因欲與清政府維持友好關係,曾警告 孫先生勿作過激言論。同年秋, 孫先生又在吉隆坡設立支會,時胡漢民、汪精衛等相繼南渡,助理會務。此後數年間,檳榔嶼、芙蓉、馬六甲、瓜拉比勝各地支會亦相繼成立,會務頗爲發達;獨怡保支會因保皇黨之反對,未成立。當時英政府曾禁止同盟會活動,各會員乃在各地設立書報社爲掩護,繼續從事革命運動。時國內革命聲浪,已達最高潮,馬來亞各地同盟會員爲配合國內的革命軍事行動,積極募欵接濟革命軍。英政府以此遣送大批會員出境, 孫先生亦於此時離星赴歐,這是一九一一年辛亥革命時的事。

辛亥革命後,同盟會改組爲國民黨,前此在馬來亞被封閉的同盟會機構,又告恢復。英政府鑒於我國革命成功,又鑒於國民黨黨員之活動,於馬來亞毫無妨害,乃承認國民黨在馬來亞之地位,並准註册爲正式社團;不過當時不叫國民黨支部,而叫國民黨聯絡站。一九一二年十二月十八日星加坡國民黨聯絡站首先註册,接着其他各地分站亦紛紛登記。惟英人一向是機會主義者,一九一三年袁世凱因欲稱帝,鎭壓國民黨,英政府爲順應袁世凱之意向,取締國民黨聯絡站。當時國內情勢惡劣, 孫先生走日本,黨員四散逃亡,一時組織瓦解。一九一九年十月十日中國國民黨成立,僑情振奮,以書報社爲掩護,展開復興工作,援助國民革命。北伐前後,英人在我國接二連三的發動許多慘案,屠殺中國人民,國人反英運動,如潮高漲,馬來亞華僑極表同情,英人認爲華僑的愛國熱忱,係受中國國民黨之激勵,一九二五年馬來亞英當局大肆鎭壓中國國民黨黨員,並鎭壓華僑的一切愛國行動。限制言論,檢查書報,並禁止僑校採用國內發行的教科書。一九二七年我國北伐成功,中國國民黨執政,英政府爲保全在華權益,迅即承認我政府,馬來亞各地中國國民黨支部,又告復活。惟英人反覆無常,一九二九年金文泰 (Sir Cecil Clementi) 任海峽殖民地總督時,又取締中國國民黨,華僑輿論大譁,掀起强烈的反英運動。英政府見情勢惡化,殊多不利,乃命駐華公使藍卜生 (Sir Miles Lampson) 進見我外交部部長王正廷,幾經商談,達成協議:英方同意修改馬來亞現行法規,取銷對中國國民黨的禁令;我方同意,中國國民黨黨員在馬來亞之活動,對當地政府不採敵視態度,於是馬來亞各地中國國民黨支部,又行恢復。一九三七年我國對日抗戰,華僑極感興奮, 熱烈輸將,援助抗戰,並抵制日貨,打擊敵人,日本政府極爲痛恨。英政府爲順應日政府的要求,對中國國民黨在馬來亞的活動,又採干涉態度。一九三九年中國國民黨設立海外部,部長吳鐵城南來宣慰僑胞,視察黨務,並聯絡當地政府同情我國抗戰,英政府對中國國民黨的態度,又告好轉。英政府因駐華大使寇爾爵士(Sir Archibald Clark Kerr)的建議,派馬來亞官員哲甫 (Mr. J. Jeff),波德 (Mr. R. Boyd) 及狄更生 (Mr. A. H. Dickison) 三人訪問重慶,我政府派鄭介民赴星聯絡。一九四一年太平洋戰爭爆發,英軍與我並肩作戰,馬來亞華僑在中國國民黨領導之下,組織星華義勇軍與華僑抗日軍,與日軍周旋,頗著戰績。戰後各地支黨部紛紛恢復,並紛設三民主義青年團支團部,勸學設教,募欵救災,殊多貢獻。一九四九年中共佔領中國大陸,成立僞政權,英政府首先予以承認,並爲討好中共起見,同時取締中國國民黨。英國的現實外交,由此可以概見一般。

馬共是怎樣長成的

馬共的組織詭秘，眞正的領導人是誰，絕少人知道。一般人說馬共的首領是伍天旺。一九四七年檳榔嶼的亦果西報 (Straits Echo) 說「馬共的黨魁萊德 (Lighter)，一半是暹羅人，他所用的名字不下六十個，萊德不過是其中之一而已。他指揮馬共黨員係用通訊方式，馬共黨員約萬人，沒有一人認識他，也沒有一人知道他的眞正身分。」一九五一年星加坡出版的南洋年鑑說萊德是越南人，一九二三年由莫斯科奉命來馬來亞，此足見萊德是蘇俄豢養的。一九五二年馬來亞英當局登報懸賞通緝馬共領袖陳平。可見馬共的頭目衆多，局外人很難知道他們的底細。

馬共成立於一九二五年，直接受中共指揮。初成立的十年，從不敢露面。一九三四年馬共奉中共的命令，在馬來亞展開活動，以勞工團體爲外圍，實行罷工、怠工、杯葛、示威等。翌年馬來亞各地勞工團體，爲反對英政府主持的某次慶祝大會，四出搗亂，並在星加坡、吉隆坡、檳榔嶼等城市，大舉縱火，造成極大的災禍。一九三六年馬共爲統一行動起見，成立一個指導委員會，由華人印度人及馬來亞人各一人組成。該會曾要求與印度及英國共產黨發生聯系，並要求馬來亞派遣學生往蘇聯留學，又要求准許蘇聯派人來馬視察黨務，均爲英政府拒絕。

一九三七年我國抗日戰爭爆發，中共欲利用抗日名義，陰謀擴充武力，乃宣布取消叛亂，合作抗戰。馬共爲配合中共之行動，擴大組織，設立許多地下支部；並以抗日名義，募欵滙往延安，支援中共。翌年馬共設立許多附屬組織，展開外圍活動，如馬共青年團、馬來亞總工會、馬共糾查團、馬來亞民族解放同盟等，五花八門，莫衷一是。這些組織，均不爲當地政府所承認。乃有大批共黨份子，利用統一抗戰名義，潛入華僑抗敵後援會，華僑救亡協會，及南僑籌賑總會等機構，爲其活動的掩護。一九三九年歐洲對德戰爭爆發，馬共乃效中共之故智，發表下列聲明，宣布與英政府合作：(一)取消爆動政策，(二)實行民主政治，(三)改善人民生活。英人早已洞悉其奸，不予理會。一九四一年十二月日軍進攻馬來亞，勢如破竹。馬來亞局勢岌岌危殆之際，英政府乃釋放共產黨人，准許參加星華義勇軍，協助抗戰。星加坡一戰，英軍全面崩潰，馬共乃攫取大批武器，遁入山林，成立所謂「馬來亞人民抗日軍」。初成立時，只有四個獨立隊，僅約三千人，後來發展到八個獨立隊，共約六千餘人，散布馬來亞各地。擴軍經費，完全向人民勒索而來。一九四五年馬共宣布九項主張：①趕走日軍，建立馬來亞共和國；②建立各民族的聯合政府，改善人民生活發展工農商業；③廢除舊法規，保障言論、出版、結社集會之自由；④減租減息，廢除高利貸，增加工資；⑤承認游擊隊(筆者按指，「馬共人民抗日軍」)爲國防軍；⑥建立各民族免費教育制度；⑦沒收日軍財產，恢復日軍所沒收的財產；⑧實行關稅自主；⑨聯合蘇聯和中國 (筆者按，指中共中國)，解放東亞各地被壓迫民族。這就是馬共的政綱。其中①②⑤⑦⑨項是馬共的第一步目的，③④⑥⑧項是宣傳，爲達到目的的手段。

日軍投降時，馬共走出山林，佔領廣大土地，接收日軍財產；對於華僑之稍有資產者，動輒加以「附敵」罪名，驅逐產業主，沒收其財物；對於昔日會與日軍合作剿共的馬來亞人，不問靑紅皂白恣意報復。因此禍及無辜，中馬兩民族遂展開仇殺，演成空前的排華慘劇，所以在日軍投降後的一個短時期間，馬來亞入於空前混亂狀況。

一九四五年冬，英軍重行登陸馬來亞，馬共與英軍分庭抗禮，幾至衝突，後經我駐吉隆坡領事居間調停，由英政府給予遣散費，馬共遂埋藏其武器於深山中，兵士僞裝復員，黨的地位，由英政府予以承認。於是馬共在各大小城市鄉村，遍設支黨部，並遍設新民主主義青年團、職工總會、農民協會、婦女協會等爲其外圍組織。爲了工作上的便利，馬共又替馬來人及僑生華人組織許多政黨，如馬來國民黨，馬來青年團，馬來亞民主同盟，泛馬商業聯合會，馬來亞民主協進會……爲其活動之掩護。此外馬共爲展開宣傳攻勢，又與英共取得聯系。一九四七年二月英帝國共產黨召開代表大會於倫敦，馬共派華人伍天旺。印度人巴冷 (R. Balan) 及馬來人拉西 (Abdul Rashid Bin Ali)，三人參加，馬共大吹大擂氣燄高漲，不可一世。

戰後新政黨的消長與分合

①馬來國民黨。太平洋戰爭之前，馬來亞沒有一個單純的馬來人政黨。戰後由於共產黨的導演，始於一九四五年十二月三十日在怡保成立馬來國民黨 (Malay National Party 簡稱 M.N.P.)，黨魁爲摩漠奴丁 (Burhanuddin)，它的政綱幾乎是馬共政綱的再版。不過馬來人究竟是馬來人，該黨大部分黨員，主張馬來人應享受特殊權利，與印尼民族運動組成同一戰線，消極反對與共產黨聯合。共產黨認爲馬來國民黨不可靠，乃策動該黨中若干極端份子，另行組織馬來青年團，但不放棄馬來國民黨，仍舊維持密切聯繫。

②馬來青年團 (Angkatan Permuda Insaf 簡稱 A.P.I.) 爲馬來人最激烈的一個政團，一九四六年二月十七日成立於怡保，領導人爲馬來國民黨秘書長波士打曼 (Ahamed Bustaman)。波氏在他一九四六年十二月二十一日在吉隆坡發行的政治信條 (Testament Politik A.P.I.) 一書裏說：「所有的青年都是熱烈的，

活躍的，……如果他們用盡正當的手段謀生不得，勢必迫而走上偸竊搶刼之路，……政治運動亦如此，青年們如果用溫和的手段，達不到他們的政治願望，勢必採用激烈的革命手段。每一個(馬來)熱烈的青年，都是馬來青年團團員，因爲這個組織，有着積極的政策，……今日的社會，存在着兩個對立的階級，資產階級和無產階級，前者壓迫後者和剝削後者，這種現象必須消滅，這就是馬來青年團的政治理想要達到這種理想，有兩個方法，一種是激烈的革命，一種是逐漸的改良。前者必須經過犧牲奮鬬，後者任由政府的同情與仁慈。馬來青年團決定採用前一手段。」這就是馬來青年團的政綱。一九四七年七月十七日英當局宣布馬來青年團爲非法組織，並逮捕波士打曼下獄。團員轉向地下活動。

③馬來民族聯合會(United Malay Nationalist Organization 簡稱 UMNO)，一九四六年春成立於柔佛，領導人爲拿督翁(Dato Onn bin Ja'afar)。拿氏和他祖父父親三代世襲爲柔佛蘇丹的首相，他又是柔佛蘇丹的乾兒子，極得蘇丹的寵信，在馬來人中頗有聲望。因爲他和蘇丹有這樣深遠的關係，所以他主張馬來亞應由馬來蘇丹統治，他說「馬來亞是馬來人的。」這種狹隘的民族主義，極合英政府的偏袒馬來人政策，所以拿氏最受英人靑睞，爲左翼政團攻擊的對象。

④馬來亞印度國大黨 (Malayan Indian Congress) 一九四六年成立，由底威 (J. Thivy) 領導，原爲印度國大黨駐馬來亞支部，其在馬來亞的地位初與中國國民黨在馬來亞之地位相同，但中國國民黨駐海外各地支部，始終站在客人立場，而印度國大黨則參加馬來亞政治活動，主張印度人在馬來亞應與其他各民族取得平等地位，共謀馬來亞之獨立與進步。

⑤馬來亞民主協進會 (Malayan Democratic Union 簡稱 MDU)，一九四五年十二月成立，由共產黨人領導，主張各民族統一戰線，以接代英人之統治。一九四六年十二月該會由歐人非力荷林 (Philip Hoalim) 與歐亞混種人厄伯爾 (John Eber) 分任正副主席，此二人爲欲打擊拿督翁所領導的馬來民族聯合會，聯合馬來國民黨、「馬來亞人民抗日軍」退伍同志會、汎馬商業聯合會、馬來青年團、馬來亞新民主主義青年團、馬來亞印度國大黨六個左翼政團，組成全馬來亞聯合行動委員會 (All Malayan Council of Joint Action 簡稱 AMCJA)，而以馬來亞民主協進會爲中樞。這個混合政團，係由歐人及歐亞混種人領導，馬來人很不服氣。馬來國民黨與馬來青年團首先退出，另行聯合馬來農民協會、馬來婦女協會等馬來人的若干左翼黨團，於一九四七年二月二十二日組成馬來人民統一陣線 (Pusat Tenaga Ra'ayat 簡稱 PUTERA)，與全馬來亞聯合行動委員會成爲對立的陣營。馬來人民統一陣線的政綱與馬來國民黨的政綱大抵相同，主張馬來人享有特殊權利。

全馬來亞聯合行動委員會，雖因領導權的爭執，分裂出一個馬來人統一陣線，但是二者反對拿督翁所領導的馬來民族聯合會的主張則一，復因共產黨的從中撮合，兩個混合政團又合而爲一，叫做「馬來人民統一戰線全馬來亞統一行動委員會」(PUTERA-AMCJA)，這算是左翼政團大同盟。一九四八年這個政團大同盟被英當局宣布爲非法，於是組成這個政團大同盟的各黨團，化整爲零，轉入地下活動。只有印度國大黨臨時宣布退出該同盟，仍准其公開活動。

在這個時候，馬來亞又有許多由各民族混合組成的小黨出現，如陳才清領導的進步黨，李根寶領導的中馬社會黨……，這些小黨，目的僅在政府中爭得若干席位，和人民實際沒有什麼關係，只有陳楨祿和拿督翁於一九五一年九月十六日合組的馬來亞獨立黨，「代表各民族人民的團結、自由、正義與平等」(該黨口號)，各民族人民熱烈擁護，前途最有希望。

憲政實驗流產

爲什麼戰後馬來亞的政黨運動如此蓬勃呢？這與馬來亞的憲法運動有着密切的關係。在這裏，我們不能不把戰後馬來亞的憲政運動敘述一下。

一九四一年十二月日軍進攻馬來亞，英軍全部崩潰，只有華僑游擊隊與日軍周旋，迭創日軍。英政府見馬來亞情勢大變，乃於一九四三年七月由殖民部宣布，允許戰後馬來亞自治。可是四年的對日抗戰，提高了馬來亞人民的政治警覺，英政府的諾言，非切實兌現，不足以滿足其願望，英政府爲緩和馬來亞人民的激烈情緒，乃於一九四五年十月十日由殖民部大臣在國會中重申上項諾言，並派國會議員馬麥契爾爵士 (Sir Harold Mac Michael) 訪馬，和各邦蘇丹會商，訂立協定。一九四六年一月二十二日英政府根據馬麥契爾協定，頒布一項白皮書，其重要內容如下：

①建立馬來亞聯合邦 (Malayan Union)，星加坡與馬來亞聯合邦分治。

②原有馬來亞各邦蘇丹放棄宗主權，但仍保留政治上及宗教上之特殊地位。

③馬來亞聯合邦建立公民制度。

④行政立法會議，設官吏與非官吏議員。

這一白皮書的內容，與馬來亞人民的願望，大相逕庭。與論界認爲：①星加坡無論在歷史上或地理上，爲馬來亞的一部分；該白皮書規定星馬分治，實破壞馬來亞領土之完整；②馬來亞宗主權屬於馬來亞人民全體，蘇丹放棄宗主權，固屬應當，英皇保有宗主權，則更爲不宜。又馬來亞所有人民均應平等看待，任何人不應享受特殊權利；③白皮書規定，出生於馬來亞的外僑，歸化民及於一九四二年二月十五日以前之十五年間進入馬來亞，並會在馬來亞居留十年以上，宣誓效忠馬來亞者，享有公民權。此項規定，殊欠公允，因憲法生效之日起前十年內及以後入境之外僑，永無法取得公民權。又各民族公民，是否享受平等待遇，白皮書並未加以規定；④馬來亞殖民地立法行政會議，戰前設立官吏議員與非官吏議員，華僑只能充任非官吏議員，名額甚少，其在會議中發言，不能發生任何作用，此種殖民地制度現應廢除，而白皮書對此不合理制度，却重加規定，使其合法化，所謂自治，徒託空言。又白皮書「基本原則」第四條規定：「必須保護馬來人之特殊地位與利益。」即「關於移民政策，欽差大臣必須與各蘇丹會商決定。」此種規定，完全是假手少數民族統治多數民族，承認幾個蘇丹貴族，世襲馬來亞的統治權，更不合理。所以該白皮書公布後，民情憤怒，不可遏止。首先吉打五萬人遊行示威。三月三日拿督翁主持的汎馬來人大會(Pan-Malay Congress)在吉隆坡開會，拿氏號召馬來人團結起來。就在這個時候，拿氏組織馬來民族聯合會。四月十六日十七位英國社會名流包括二位前任海峽殖民地總督，一位前任海峽殖民地秘書長和其他高級官吏若干人聯名在太晤士報發表一函，大肆攻擊白皮書，謂馬麥契爾協定，為吞併馬來亞之張本。華僑權威報紙之一的星洲日報批評英政府徒與馬來蘇丹會商之不當。謂蘇丹僅能代表一小部分馬來人，絕不能代表人數衆多的華人。十二月華僑領袖陳禎祿聯合各民族團體組織汎馬來亞聯合行動委員會(Pan-Malayan Council of Jonit Action)，提出三項主張：①設立全民選舉的立法機構；②建立全馬來亞的負責自治政府；③凡當馬來亞為永久家鄉並堅定效忠馬來亞者，一律享受平等公民權。一九四七年二月三日檳城各大社團發表宣言，攻擊英政府偏袒馬來人政策。說道「富甲全球的美國，並不是靠保障印第安人之特殊地位而發展的，乃是由國內數十種外來民族平等相處和衷共濟而發展的。」二十二日馬來亞各地中華商會在吉隆坡成立馬來亞中華商會聯合總會，並向英政府提出新政制備忘錄，支持陳禎祿的三項主張。英政府的回答是：「不能以華僑為談判對象。」鷸蚌相爭，漁翁獲利，馬共利用這個機會，策動左翼政客紛紛組黨或擴大原有組織，加緊活動，而「壯大」起來。

戰後英政府對任何事處於被動地位，沒有一定的決策，當馬來人反對白皮書時，則討好馬來人，拉攏馬來人領袖拿督翁和幾個親英的馬來人頭目，組織一個工作委員會，研究該白皮書新政制方案。馬來人對於給予外僑以平等公民權，頗多顧慮，自卑能力薄弱，不足與其他民族相競爭，力主減削外僑公民權限，故華僑對於以馬來人為主體的工作委員會，反應冷淡。是年十二月英當局為敷衍華僑計，又指派一個諮詢委員會，由十人組成，包括華僑二人為點綴，以馬來亞聯合邦教育部長芝斯曼(Mr. H. R. Cheeseman)為主席，所以又叫十八委員會。這兩個委員會各將所研究的結果，分呈聯合邦政府，聯合邦政府折衷兩委員會的意見，於一九四七年七月發表一項修正方案，叫做馬來亞新政制建議書。該建議書只是把前此的馬來亞聯合邦(Malayan Union)改為馬來亞聯邦(Malayan Federation)，把立法會議議員名額和公民權限，重加確定，其他一仍舊貫。立法會議非官吏議員規定五十人，其中馬來人佔二十二名，華人十四名，印度人五名，歐人七名，錫蘭人一名，歐亞混血種人一名。各州議會主席由馬來人擔任，這是採納諮詢委員會的意見。查馬來亞人口五百餘萬，華人共約三百萬，絕對佔大多數的華人，所佔中央立法會議議員席位，僅及百分之二十，實屬太不公允。又地方議會主席，規定由某一民族擔任，違反現代憲政精神。至於公民權，規定只限於出生於馬來亞者，或其出生時其父為馬來亞公民者所享有，這是採納工作委員會的意見。此項規定，使絕大多數華僑不能取得公民權。又關於移民事項，仍以『保護馬來人之特殊地位與利益』為主旨，由欽差大臣與各蘇會商決定政策。總之兩次憲草的內容，均以偏袒馬來人及壓制華僑為重點，華僑為切身利害及子孫生存計，再不能容忍和緘默。是年十月三十日中華總商會聯合各民族團體舉行同盟總罷業，給英政府以有力的打擊；一九四八年星加坡立法會議議員選舉，二十餘萬合格華僑選民，拒不參加投票，表示消極抵抗。正當殖民地統治將告崩潰和自治政府尚未建立的眞空，馬共突然發動叛亂，揚言要在這年八月三日建立「馬來亞人民共和國」。

馬共叛亂

馬共叛亂，早在預料中。抗戰時馬共組織的所謂「馬來亞人民抗日軍」，戰後雖云復員，但組織完全未解散，而且繼續擴充着；戰時大部分軍火武器，戰後埋藏深山中，隨時即可挖出。一九四八年三月初，馬共迅速從城市轉入鄉間，挖出武器，佔據森林和樹膠園，破壞鐵路和工廠，屠殺平民，搶刼財物。他們盡一切可能的手段，來搗亂馬來亞社會秩序。

馬共何以要在此時發動叛亂呢？分析其原，約有下列諸端：

①一九三一年以來，馬來亞的連續不景氣，造成大批華僑失業。這批失業的華僑，因馬來人土地保留法之限制，要求轉業農耕不可得。太平洋戰爭期間，日本人對於失業華僑，鼓勵下鄉，闢地增產。英人重來後，對於此輩華僑，不但不圖救濟之道，反認為違犯馬來人土地保留法，逼其遷出農莊，甚至加以驅逐和迫害。此輩華僑，為數達五十萬左右(註一)。戰後三年間，他們曾不斷派遣代表向我駐馬來亞各地領事館投訴，領事館曾再三依理提出交涉，沒有什麽結果。祖國政府既不能給他們以有力的援助，而共產黨却在向他們招手，甘言蜜語，百般誘致，貧苦的人民，如何經得

住共產黨的煽惑，無疑的他們願意跟着馬共走，使馬共的聲勢爲之一壯。

②戰後東南亞各殖民地如菲律濱、緬甸、以及印度、錫蘭等相繼獨立，印尼亦成立政府，獨英國對馬來亞不肯完全放手。英政府雖曾兩度頒布憲草，但憲草內容甚不合人民之願望，此點在前節中已詳加敍述。馬來亞人民不滿英政府之情緒，已達最緊張程度，馬共認爲要驅逐英人，必須利用這個機會，卽時動手。

③戰後中共在我國發動叛亂，頗爲得手，同時緬甸的共產黨，菲律濱的胡克黨叛軍及越南的胡志明叛軍，亦異常猖獗。克里姆寧宮認爲時機成熟，遂通過中共命令馬共卽時舉兵，造成整個東南亞之混亂，然後一鼓而「解放」之。

當馬共發動叛亂之初，一般華僑因認識不足，深表同情，甚至予以資助。可是所有同情馬共的華僑，均爲馬共的恐怖行爲所驚醒。馬共發動叛亂後，不敢對英兵正面作戰，却專對平民施行暗殺和破壞。據不完全的調查統計：一九四八年六月十三日在柔佛暗殺中國國民黨黨員三人；十五日在霹靂暗殺英國樹膠園管理員三人；十六日英國會議員李斯威廉 (Mr. Rees William) 在下議院報告：「近數星期來，馬來亞各地至少有十三個樹膠園管理人被害，其中十人被殺，三人重傷。」八月初檳榔嶼醫師王宗鏡被刺；十月二日雙溪西布 (Sungai Siput) 附近鐵路被破壞一大段；二十日柔佛樹膠園公會主席被害。據英當局調查：至一九四八年十月止，平民二百二十三人被暗殺，被害者除歐人十七人外，餘皆爲華僑(註二)。一九四九年八個月中平民被害者五零八人，包括華僑三百一十八人，馬來人七十五人，沙蓋人四十三人，印度人三十四人，歐洲人二十九人，印尼人七人，其他二人國籍未詳(註三)。馬共刺殺之主要對象，爲馬來亞社會名流，例如一九四九年四月九日暴徒在霹靂中華總商會投擲手溜彈，刺殺陳楨祿、劉伯羣等未遂；一九五〇年檳榔嶼鍾靈中學代校長被刺，翌年正校長陳充恩又被刺，爲僑敎界莫大之損失。由此可見，馬共仇殺的對象，主要是華僑，而其所勒索的對象，完全爲華僑；此外，又強迫華僑參加游擊，命爲前導。凡此種種暴行，激起華僑的憤怒。華僑遂由同情馬共，一變而爲仇恨馬共了。

在這個時候，倘英當局能利用人心，善於應付，一面對投共華僑，招來安撫；一面組織反共華僑武力，實行人民自衞，嚴密封鎖，斷絕共匪糧餉接濟，則剿滅共匪，必收奇效。無奈英人計不出此，竟發動軍隊向民間進攻，破壞農園(註四)，屠殺無辜(註五)，硬性的把人民驅入山林，推向共匪的一邊，這是英人失策之一。馬來亞共產黨徒，確以華僑佔多數，英人遂認爲馬共問題，就是華人問題。乃沿襲一貫的錯誤政策，專用馬來人爲警察，來對付華人共產黨，似乎要把反共戰爭，變爲種族戰爭；以少數民族；對付多數民族；把簡單的問題，變爲複雜的問題，這是英人失策之二。英人對於共匪心理，毫不瞭解，凡逮捕華人匪徒，一概遣送回國；此舉對於剿滅共匪，不但毫無實效，反予共匪以鼓勵；因華人共產黨徒被當地政府驅逐回國者，中共視爲「民族英雄」，「革命功臣」，予以優待。是以許多惑於共匪宣傳的華僑，益形囂張，有所恃不恐，這是英人失策之三。還有一件令人最不瞭解的事，英政府一面承認中共，一面剿滅中共扶助的馬共，自相矛盾，致令華僑無所適從。反共的華僑，只好避不露面，而親共的華僑，却認爲「擁共」卽是「愛國」，似乎名正言順，理直氣壯。他們對於反共人士，動輒予以暗殺，英當局又毫無保障。在這種情形之下，當然只見共黨份子活動，却不見反共人士出現，所以馬共越剿越多了。

如何拯救馬來亞

英國的殖民地主義和蘇俄指示的共產主義，是當前馬來亞的二大敵人。二者之中，共產主義更兇惡，更可怕。在英國殖民地主義統治下的馬來亞，人民要求自治，雖難澈底實現，然終有達成願望的可能。若一旦共產主義戰勝，則馬來亞淪爲蘇俄的附庸國，將萬刼不拔，永難翻身了。我們反對殖民地主義，尤其反對共產主義；要想打倒共產主義，必須撤銷殖民地主義，建立完全的自治領，使各民族平等相處，互相合作方能達成任務。

在現階段的馬來亞，建立自治領必須與反共相配合。反共的最大要素，是人民經濟生活穩定，和各民族待遇平等。基於此種原則，來建立馬來亞自治領，則共產黨徒無所施其技，共產主義不打自敗了。關於這個問題，近若干年來馬來亞各社會名流，各政治社團及各工商社團曾先後提出許多寶貴的意見。茲綜合各方面的意見，摘出下列十項要點，庶可作爲馬來亞制憲的參考。這十個要點不是高調，也不是老生常談，而是拯救馬來亞的根本辦法。如果不是這樣辦，共產主義怎樣也不能消滅掉，而馬來亞將爲共產主義所淹沒。

(一)馬來亞民族複雜，在英國各自治領中，惟錫蘭情形與馬來亞最相似，所以馬來亞新政府之組織，應以錫蘭憲法爲藍本，詳加規定：①錫蘭議會之組織，爲下議院議員一百零一名，其中九十五名係由民選、僅五名係由委派。上議院議員三十席，其中一半由下議院議員中選出，一半係由委派。下議院九十五名民選代表中，以各民族人口多寡爲比例分配。一切成年人，不分種族，除褫奪公權者外，均有選舉權與被選權。一九四六年及一九四七年馬來亞「憲草」規定，立法會議中，官吏議員完全係委派，非官吏議員，多數民族反居少數席位，最不公平。②錫蘭議會不得通過損害少數民族利益之法案；如通過，總督有權廢棄之。馬來亞「憲草」，處處保護馬來之特殊地位與利益，最不合理。

(二)任何馬來亞人民，不分種族，凡以馬來亞爲永久家鄉，堅決擁護反共者，一律享有平等公民權。

(三)取消一切差別待遇外僑法案，尤其是馬來人土地保留法，對於外僑爲一項極大的歧視；而對於馬來人亦無好處可言，實際上，大多數馬來人還是地無立錐，爲人佃傭。所以此項法例，應即廢止。凡屬馬來亞公民均應享有土地權；但爲防止富强獨覇土地起見，對於任何私人所有土地最高額，必須加以限制。農田只限於耕者所有，農人所有農田最低額，應按農戶人口之多寡加以規定，不足最低額，由政府增撥土地，務使土地平均分配與農人。

(四)馬來亞財富分配，甚不平均，歐人挾着雄厚資本，依賴政治背景，在馬來亞獨佔許多企業，致使其他民族工商業大受打擊，幾無法生存。爲此，馬來亞國營與民營工商業，應明確劃分。扶助小本工商業，限定大規模私人工商業資本最高額，徵收累進所得稅及遺產稅。

(五)一九四六年及一九四七年馬來亞「憲草」，給予蘇丹許多特權，此項特權應即廢止。至於關於宗教上之事務，應由各宗教團體自行處理，不與政治發生關係。

(六)一九四六年馬來亞「憲草」頒布後，以馬來國民黨爲主體所組成的馬來人民統一陣線(PUTERA)曾提出意見，主張馬來亞應以馬來文爲公用語文，馬來亞國旗應代表馬來民族標誌，所有馬來亞公民統稱馬來由人(Malayu)。此爲狹隘民族主義者之鄙見，彼不識憲政爲何物。國旗當由全民代表大會通過，馬來亞公民當稱馬來亞人(Malayan)，至於公用語文，理應以英文爲主，因英文事實上成爲世界語文，早已爲馬來亞各民族所採用。又將來新憲政實施後，舊有公務人員其與政務無關者，理應照舊任用，新進公務人員，應不分種族，一律由考試錄用。又各民族學校，應以各該民族文字及英文爲必修語文。所有公務人員，應不分種族，平等待遇；其辦法，應依現時馬來亞對歐籍公教人員待遇辦法辦理。

(七)提高工人待遇，應依英本國對工人待遇辦理，並隨時改進。

(八)設立軍事學校，學員應不分種族考選。建立馬來亞國防軍，兵員應由各民族適齡壯丁中徵募；但因語言習慣之不同，應分別訓練和管理。

(九)爲鼓勵反共人士發揮力量起見，馬來亞各民族，凡對反共具有特殊貢獻者，在新政府中應享受崇高地位，任何人其因反共而致其本身或家屬遭受殘害者，應切實從優撫卹。

(十)馬共以華人佔多數，爲澈底打擊馬共起見，必須盡量多用華僑。並須迅速與我建交外交關係，引渡華人匪徒，使附共華僑，知法畏法。尤須迅速恢復中國國民黨在馬來亞之地位，因中國國民黨爲馬來亞歷史最悠久的政黨，在華僑中具有極大的號召力量。該黨亦爲反共歷史最悠久的政黨，對共產黨認識最深，倘得其合作，則剿滅共匪，必能收事半功倍之效。

這就是拯救馬來亞的方針，這就是馬來亞的正確道路。

麥克吉利克(T. C. McGillick)先生的友情

雪梨通訊・十二月十七日

本刊駐澳記者 孫宏偉

在許多「自由中國」的澳洲熱心讀者中，麥克吉利克先生便是其中的一個。麥先生是澳洲人民協會——一個無黨派的澳洲民間組織——的主持人。這幾年來麥先生爲了揭露親共份子在澳洲的陰謀和他們對自由中國的惡意宣傳，曾經盡了最大的努力；他一再的，不斷的給親共份子以打擊，使他們主持下，以中澳友好爲名而以策動澳洲承認中共爲實的所謂澳華協會遭受了無情的創傷。不過爲了打擊敵人，麥先生自己當然也不免爲敵人所攻擊和誹毀，有時甚至被人誤解，但這一切並不能夠絲毫的動搖他爲世界自由民主而奮鬪的決心，敵人的技倆越多，毁謗越利害，麥先生在澳洲電臺，報紙和人民協會的刊物「自由人民」上，所對他們的口誅筆伐，也越發毫不留情，本年八月十六日「自由中國」第七卷四期刊載「澳洲的反共運動」一文，曾譯述麥先生在澳京廣播電臺所廣播論「共產中國」的演辭，麥先生看到了他的演辭被譯載於「自由中國」之後，曾於本年十月廿四日」詒書「自由中國」雜誌駐澳洲的代表，認爲這是自由中國人民對彼獎借和信任的表現。茲將原函照譯如次：

××先生足下：

收到本月廿一日寄來的「自由中國」刊物一卷，藉悉其中刊載有本人在澳京廣播電臺所廣播論「共產中國」的演辭譯文在內，良深欣幸。拙稿被譯載於「自由中國」，實乃貴國人民對於本人的寵遇，並且我相信由於這演辭譯載的結果，將使自由中國的人民對於本人及本人的演辭內容，信任有加。

假如可能，假如我的要求不過分的話，我希望你設法再寄一份這一期的「自由中國」給我。

我一直在想，假如任何時候，以一個公衆集會或其他的方式，來發動一個我們和自由中國親善的羣衆示威大會的話，我實在太願意用各種方法，加以支助。

我感覺我們對於澳華協會陰謀的揭露已經有了相當的成功，因爲最近他們的活動的確是沉寂了很多。

這裏附上本日每日電訊剪報一份，裏面登載人民協會拍給英外相艾登，籲請英國和中共斷絕邦交的電報一件，請你詧閱。

謝謝你！

你誠懇的麥克吉利克

人民協會的講演人

人民協會拍給英外相艾登照譯如下：

艾登外相閣下：「閣下政府對於中共政權的承認實爲太平洋各種紛糾的根源。人民協會頃已要求澳洲的國務總理，在英國政府未與中共斷絕外交關係前，澳洲應支持太平洋公約的現有形式。」（亦卽不容納英國。）

據人民協會職員金氏（E. King）向外間的解釋，這一個電報的目的是答覆英國方面對於美澳紐三國安全公約的批評。英國方面久已對於太平洋三國公約未邀請英國參加，表示不滿，但人民協會却提出了英國承認中共問題，間接的告訴英國，一個承認中共的國家是沒有資格參加一個太平洋反共體系的，這的確替千億萬自由中國在臺灣和中國大陸的人民，說出了他們內心多少時沒有機會說出的話。

再說所謂澳華協會，牠實際上是親共份子澳京國立大學副教授費子智一手所導演的一個僞裝團體，當然談不上什麼促進中澳關係，因爲，假如費子智眞正有心促進中澳關係的話，美爾鉢的正牌中澳協會自一九三七年成立後到現在仍然健在，他實在用不着疊牆架屋的，於現有中澳協會之外再來一個澳華協會。據筆者所知，費子智和若干左翼文化界人士，經常是在美爾鉢活動；隔不了兩三週費子智就要跑到美爾鉢盤桓一番；要不是主持演講會的話，至少也是參加談話會；有時候，他和廣播電臺安排好了節目，和二三同路之人共同播講所謂中國問題；有時候他則揮其如椽之筆在報章或雜誌上發表文章，抒其謬論，看過去似乎他所寫的都是學術性的客觀檢討，實質上却沒有一篇不是極巧妙的宣傳作品；他不僅在澳洲發表文章而且也在美國發表，例如他在本年初卽會在美國太平洋學會季刊發表過一篇文章，提出他對於遠東和平的五項荒謬主張。費子智的活動並不到此爲止，兩年來設在澳京的坎伯拉美爾鉢大學學院受澳外交部及公務人員局的委託，附設了一個外交學系；接受訓練的是參加外交官考試及格的澳外部學員。他們一方面在外部工作，一方面在大學院接受語言（包括中日、俄）和其他科目的訓練，訓練期滿考試及格後卽可正式改派爲三等秘書。因爲這些學生們和澳洲未來的外交政策，不無關係，因此這地方也成爲親共的中國問題專家們活動的對象，所幸大學學院與澳國會近在咫尺，他們的活動很快的引起了國會的注意，國會中當有些議員向澳總理質問，爲什麼外交學系中的某一講座要由親共人士擔任，這才暫時的擋住了費子智囊括大學學院東方學系的雄圖（明年坎伯拉大學學院已決定成立東方學系，聘請瑞典籍的漢學家 Professor Hans Bielenotein 主持，中文講席當不至落入親共份子之手，筆者謹於此預祝畢教授成功）。

文章寫作之外費子智最近還出版

（下轉第28頁）

天主教在蘇俄

安道

自一九一七年大革命以後，俄國人民就開始其被奴役的悲慘命運，喪失了一切自由。除了馬克思、列寧、史達林的教條以外，宗教與信仰不復能自由存在。遠在沙皇時代法律明文規定：東方禮的東正總教爲俄國的合法信仰。這個宗教，共產黨認爲與沙皇有密切的關係。所以共產黨攫取政權後，第一步措施，就是把宗教與政府分離。俄國的東正教分爲兩派，一派是承認羅馬教宗爲元首的，另一派是古來的東正教，不承認羅馬教宗爲其元首，兩派中遭受迫害最劇烈的，當然是承認羅馬教宗的一派，另一派則被共黨用爲政治的工具。

一九一七年十二月十日，共產黨法律規定：接收東正教的財產，取消宗教教育。一九一八年正月間，政府與宗教完全分離。同時規定：信仰自由。一九二五年政府成立一個反宗教的組織，美其名曰「無神鬪士」。

蘇聯共產黨迫害宗教，我們可以把它分爲兩個時期。自一九一七年至一九二五年是恐怖時期，亦可以說是共產黨迫害宗教的試驗期，共產黨曾集體殺害主教神父和教徒。一九二二年從聖誕節到復活節，教徒家中的聖像十字架，凡有象徵宗教的東西，一律都遭銷燬。

同時在莫斯科公審兩位主教——Mous. Ciepack（俄國首席主教，波蘭籍）和 Mous. Budkiewiecz，他們兩位最先均被判處死刑。經教宗比護十一世嚴重抗議首席主教的死刑減爲終身徒刑。而 Budkiewiecz 却于一九二三年正月三十日被共黨極刑處死。

共產黨更剝削了主教神父們的公民權利，把他們列入狂人之類。自教會財產被沒收以後，主教神父皆依賴教徒的救濟來維持餘生，但自一九二五年，共產黨却嚴禁教徒救濟主教神父。在 Kotlass 有一個修會，其中有一百五十位苦修士，一日之內全數爲共黨殺害。Pern 城的總主教 Mous. Andrawitz 被共產黨活埋。Vassili 地方的主教曾抗議這種不人道的刑罰，但他自己也遭到了極刑絞死。Varonep 城的主教 Mous. Tejon 曾在倫敦時報寫了一篇通訊，報導俄共迫害宗教的事實，因之共產黨恨之入骨，把他下了油鍋，活活把他炸死，還强迫其他的神父來共分一杯羹。

一九二三年，共產黨慶祝 Cheka（後改稱 Ogpu 密秘警察委員會）成立六週年紀念，Pravda 曾登出了迫害教會的成績：計殺害二十八位主教，三千七百十五位神父，沒收了二十萬三千四百四十二座教堂。

自一九二五年至一九三六年是第二期。這一期可以說是法定信仰自由時期，但在這一期內，迫害宗教並不比恐怖時期鬆弛。這一期的由來是因爲俄共殺人不眨眼，曾遭到其他國家的抗議，蘇俄共產政府奠基未穩，內懼沙皇餘孽復起，外畏其他國家干涉，所以用法律來掩飾外人的耳目，外裝信仰自由，內裏却迫害宗教更變本加厲。哄騙世界本是共產黨的拿手好戲，法律規定信仰自由，但是如果你要奉行自己的信仰，開設一座教堂，那麼你應當經過數十種繁重的手續，可是如果你今天得到了許可開設一座教堂，明天就可能又得到了警局的禁令，復遭封閉，教徒如欲舉行宗教儀式，應向警局報告，交納重稅。

一位神父很容易遭受逮捕，說他違犯信仰自由的法令，或誣妄其爲外國間諜，教徒如果要去懺悔，共產黨說他給神父送情報。總之，信仰自由雖有明文規定，却沒有法律的保障，反之，迫害宗教却得到了法律的容許。

一九二七年在列寧堡逮捕了上千的天主教徒，索羅基島作爲集中教徒的大本營。史達林曾沉痛告戒共產黨員說他們的反宗教宣傳不够努力。一九二九年共產黨廢止星期日休息的慣例，星期日亦如其他日子一樣照常工作。一個工人如果在聖誕節那天不工作，當天就得不到政府配給的麵包。共產黨法律規定，八歲以下的兒童不准隨父母去教堂，未滿十八歲的青年不准受宗教教育。

一九三〇年一切教堂的鐘都遭到了政府的沒收，改鑄戰爭武器。一九三六年史達林復重申前令。按一九一八年蘇維埃法律一二四條的「良心自由」(freedom of conscience)，容忍私人信仰自由，俄共大肆向外宣傳，說這種法令是世界上最民主的了。一時被封閉的教堂，復行開放，被監禁的神父，重見天日，但是好景不常，這種騙局終于蔽飾不了它猙獰的本來面目。一九三八年在 Pensa 城公審三十六位天主教的神父，他們的罪狀是「無神鬪士」的敵人，這個法庭由一位不滿十八歲的「無神鬪士」Oleinikoff 主持，公審的結果：全部神父皆處死刑。

共產黨的哲學是無神主義，所以凡有關宗教的書籍皆遭焚毀，凡與神有關的建築物或被改造或被改作他用。七天一星期也是與宗教有關係的，所以共產黨把它廢止，改爲十天一星期，但是這種制度却得不到大衆的擁護，因爲一連工作十天，得不到休息，的確是太長了。所以共產黨不得不同復到七天一星期的舊制，現在在俄國宗教節日已不復存在，連有國際性的聖誕節與復活節亦被俄共廢止，却代之以史達林的生日(十二月廿一日)，與五月一日的勞動節。

共產黨每次的宣講，都是要以消滅宗教爲其講題，他們說：宗教並不是永遠的，它只是資本主義的產物，所以如要消滅宗教，必須先要消滅資本主義。

東正教雖暫時得到了共產黨的容忍，這只是史達林的機會主義的賜與，用來向外宣傳蘇聯已有了信仰自由，更用它來與天主教相敵對。史達林七十壽辰時，全俄國東正教會，給史達林送了一個很珍奇的拜占庭式(Byzantine)的木盒子，上面寫着：史達林是東正教的忠實保護者，我們應當向他致深長的謝意。東正教在一九四二年曾得到了史達林的特別恩賜，能够宣講自由。在一九四五年對德戰爭勝利以後，復又劃分了許多教省和教區，一九四八年莫斯科宗主教Alexis 管轄歐亞四百二十九個主教區。

史達林小的時候，他的父親曾決定了他將來的職務，要他作一個皮鞋匠。史達林小時很是頑皮，經他母親再三的請求，他的父親才把他送到一座東正教的修道院裏去。這座東正教的修院，是一個革命的淵藪，裏邊的學生都非常頑强不馴，有一次有一個學生刺殺了一位教員，當警察來逮捕這個學生時，全校的學生與警察發生了衝突。

史達林現在被共產黨和東正教尊奉爲上帝。他們說：史達林是不會錯誤的，他的話就是上帝的旨令，如果萬一史達林的話不合事實，則是因爲有反革命的人在搗亂，有一些叛徒在作祟，史達林本人是永遠不會錯的。

抑且更有甚者，他們教育兒童說，日出日沒和五穀百果之生長，都是史達林使它們這樣，二次世界大戰能够勝利，這是史達林正確領導的功效。

凡此種種都足證明東正教已尊奉史達林爲其上帝，那末它自然再不成其爲宗教，而變成了史達林政治的工具了。

天主教在蘇聯還存在嗎？無可斷言，它還存在在廣大人民的心內。但是宗教的舉動，和主教神父的生存，因爲年來羅馬教廷觀察報不復提及在蘇聯有過壯烈的殉教者，看來似乎是絕跡了。但是天主教總會捲土重來的，史達林最後必然要受到主的裁決。

(上接第26頁)

了一部書名叫「中國的革命」(Revolution in China)，這本書更是集荒謬言論之大成，他在這書中把中國近五十年歷史分爲三個時期；一爲民國時期；次爲國民時期(卽國民政府統治時期)；三爲人民時期(卽匪共竊大陸時期)，這種天眞而陰險的劃分方法，實在是可笑之至，最令人發噱的莫過於所謂「人民時期」，我們眞不知道在這一「時期」裏，中國人民有那一種自由和那一種權力够得上費子智稱這一個時期爲「人民時期」。很顯明的，費子智寫這書的目的是想從中國近代史中找出若干似是而非的論據，來證明匪共的革命是一件極自然的事情，但是費子智在全書中並沒有把蘇聯百年來侵華的史實和所謂匪共革命共同研究，假如他肯從這一個角度來看所謂「中國的革命」的話，我相信他對於他在本書所寫的許多也會啞然失笑！

像費子智這樣的一個人實在是太狡獪可惡，太難應付了，惟有麥克吉利克先生的反共巨棒，才能够制服得住老妖狐的作祟。兩年來愛好民主的澳洲人民，幸賴有麥先生的力闢謬妄，才免於爲邪說所惑，可是麥先生自己則辛苦了，這一年來他幾乎每星期一、二、三、五都在全澳各地巡廻廣播，此外他還在雪梨每日電訊及美爾鉢時代報上人民協會所闢的專欄「醒起來吧！」內經常爲人民協會撰文。在今日綏靖氣氛尙未完全袪除的澳洲內，眞是難得有像麥先生這樣的一個反共鬪士，敢爲自由民主公然向親共份子挑戰，筆者謹於此向自由中國的友人——麥克吉利克先生致最高的敬意。

憶艾理遜

——美軍生活散記——

翟國瑾

在星期六的晚會上遇到了湯美，傾談之下，才知道艾理遜已在今年春天在朝鮮戰場上壯烈犧牲了。我在不禁傷感之餘，特地寫這篇短文來紀念他。

二次大戰期間，我在美軍服務三年，其間曾經換過了美軍代表團，炮兵訓練大隊，和美國陸軍供應處等三個機關，也很交結了不少朋友，艾理遜却是其中和我最要好的一個。

我是在三十一年春天，在昆明和艾理遜相識的，那時我在軍事代表團的技術顧問組當一名繙譯，艾理遜便是其中的顧問之一。在三四個月的時期中，我們由吃飯工作，以至于消遣，總是在一起的。但這並不是我們所以成爲好朋友的原因，他之所以至今在我腦海中留下一個深刻的印象，第一是爲了他永遠穿著的一身奇特的衣服。在當時昆明的美國人中，他是唯一常穿牧童裝的——長統馬靴，大花上身，一條淺藍的牧童褲上，歪歪扭扭地斜掛着一支四五左輪槍，一走起路來槍套便有節奏的敲打着他的右腿，上唇邊留起了一撇克拉克蓋博式的小鬍子，而說話時的表情，和種種出人意外的小聰明，也頗彷彿是克拉克在電影中所扮演的人物。

再者，我和他又有師生之誼。所謂師生，他是我的老師，但又是我的學生。我從他那兒學會了開快車和手槍射擊，至於他那一口奇腔怪調的曼達林(國語)，那還是我教給他的。

在他們的一夥中，艾理遜是一個最富風趣的人物，不管在任何場合之下，只要有他在座，空氣就顯得格外輕鬆，有趣。當時我們的小團體中，極流行這樣的一句話，「做個紀念，好不?你不在乎的，我知道。」這句話的發起人，便是艾理遜。當時我初離開學校不久，身邊還有不少精緻的小玩意兒，如景泰藍的小花瓶啦，象牙雕刻的小象啦，玉石扇墜啦……之類，平常都擺在桌子上，一面寫字，一面撫弄着，別有風趣。艾理遜對這些小玩意兒也具有同樣的愛好，其愛好的程度，似乎還在我以上，事實上，這些小玩意兒後來都先後被他搞走了。而每當他把一件東西放進自己的袋中時，便會習慣的說一句，「做個紀念，好不?」我本來還想找個藉口來加以婉拒的，但他似乎早已預料到這一點，不等我開口，便接着說：「你不在乎的，我知道。」事已至此，我着實也不能再說什麼，只好由他拿去。其後此風一開，大家便羣起效尤，雖然各有損失，但也各有收穫，卽如我現在案頭上還擺着一部沙士比亞全集，和一個小巧的銀製自由神像，便是我向另外兩位顧問那兒取來做「紀念」的。

在當時，這個小團體中，幾乎每個人都是嗜賭如命的，艾理遜自然也不能例外，但他又與別人有所不同，他很少輸錢，據他說，他的賭博術是世代家傳的，他們現在卡洛拉多所有的一座相當講究的住宅，就是他父親贏來的。

「可惜這兒住的人太少，他們又是這麼窮。」他常十分婉惜的說，「不然的話，我會幹的更好。」

不過就我所知，每次發薪之後，頂多不出一星期，大家所有的錢便統統都被他贏光了。有時會空到沒有錢理髮的程度。在此情形下，艾理遜又常會慨解義囊，他把他們叫到院子裏來，排好了隊——連他的上司也沒有例外——然後他從口袋取出一束鈔票，像點名發薪似的每人發給個十塊八塊的。發完之後，又習慣地很輕鬆的說，「做個紀念，好不?」於是大家一鬨而散。

我所以說艾理遜具有超人的小聰明，其故卽在於此，他不但會賭，且會用了賭博以外的方法賺錢。記得有一次我偶爾在文明街小攤上買了一只包金戒指，那戒指是蜘蛛形的，手工很巧，在肚子上鑲了一顆頗大的藍色假寶石，我買來之後，便常戴在手上玩玩，不想又被艾理遜看見了，他一定叫我摘下來給他詳細觀察一下。

「做個紀念，是不是?」我把戒指遞給他時預料他又要來這一手了。

「不，不，」他連忙否認，「這次我買你的好了，你要多少錢?」他隨手拿起案上的放大鏡，仔細的看着。

我本來不打算做生意，便告訴他，我是不賣的，但他堅持要買，他說他可以多出錢，我有了錢，可以再去買一只，還不是一樣。我于是便開玩笑似的告訴他，我是花二十元美金買的。却不料他立刻交我二十元，一面連連稱贊：

「手工太好，太好，二十塊錢一點也不貴。」說完很高興的走了。

不過我却爲此而深爲抱歉，這只戒指我只花了不到兩元的代價，却以二十元賣給艾理遜，未免太對不起朋友了，我決定再退還他十八元，或者索性送給他做個紀念也就算了。但當我把這意見告訴他時，他却很熱誠握着我的手，向我道謝，他拒絕收我退他的錢。

「這筆生意我一點也沒有吃虧。」他說。

「怎麼，你已經賣了它嗎?你賣了多少錢?」

「四十五塊，」他大笑着說一面取出車子上的鑰匙，「我們馬上進城，大大慶祝一下，今天我們都賺了錢，哈，哈。」

× × ×

儘管艾理遜在各方面表現着過人的聰明，但在我所教的幾個學「曼達林」的學生中，他却是最不成的一個，他那把每個字都念成平聲的音調，使人聽起來實在不大舒服。因此之故，國語中所有音同而字異的一些字句，他是永遠也搞不清楚的，例如「孩子」和「鞋子」，「兵」和「病」等字，在他的發音中是毫無區別的，有時他會自已編造一些句子，寫在小册子上，像拗口令似的喃喃的念着：什麽「大孩子穿大孩子，小孩子穿小孩子。」「這個兵是兵(病)，那個兵不是兵。」乍一聽來，簡直就不知道他說的是什麽。話儘管如此，他在離開昆明時，却也很會說許多普通話了，雖然發音總是那樣怪，使人很難聽懂。

我用了教國語爲條件，交換艾理遜教我開車，在表面上我是很不上算的。因爲我教他國語所費的時間很多，而我跟他學開車，只用了三個鐘點，就可以單獨在大街上駕駛了。不過其中又別有波折，以至於艾理遜一直對這宗技術交換表示不滿。本來我們是住在昆明西郊半山上一座招待所中的，那兒學開車極不方便，所以在第二次開車時，他便把我開到小西門外一個廣場上去學。這天是團中一位女秘書的生日，我們先到冠生園去取來了定做的生日蛋糕，然後便把車駛入廣場，開始訓練。艾理遜首先駕車繞場一圈，然後和我換過了坐位，由我駕駛，他坐在旁邊的坐位，左手指點着教我開車，右手拿着一瓶白蘭地，不住的吸着，每喝下去一口酒，便把酒瓶向前方擧一擧，喝道：「快！」。

那正是下午四點多鐘左右，廣場上行人稀少，由于艾理遜死勁兒的催着加油，我只好把油門一直踏下去，車子就像箭似的飛向前去。我沒有時間去看速度表，無從揣測這車子是用每小時幾里的速度前進。只覺着空氣的阻力極大，漸漸地使我呼吸都感到困難了。這下子艾理遜才滿意了。他一邊喝酒，一邊喊叫着：

「頂好！頂好！就這樣開下去，哈……哈，一個吉普車，就是一個吉普車，不是牛車，是不是？哈，不要拐彎，一直開過去，草地上也是一樣的。」

我依照他的話向前衝去，前面是一片草地，草的高度約在二三尺左右，當車子從上邊駛過時，野草便紛紛倒下去了，我正在感到有趣，却不料車突然像是飛機在高空中發生震蕩時的感覺，驟然落下來，又馬上被拋了上去，當我還沒有來得及煞車時，又是一下，車子這才停止不動了。

我定一定神，向下看時，才發現這塊草地上到處都是一列列的防空壕，我的車子躍過了第一道，却把後輪子陷在第二道防空壕裏，動也不能動了。但使我奇怪的是艾理遜和後座上坐的一個捧着蛋糕的工友却都不知那裏去了。我急忙下車來向後面去找，這才看見艾理遜從第一道防空壕中爬了出來，半瓶白蘭地已經不見了，右手上染了許多血，嘴裏不停駡着，聲音有點奇怪，我馬上跑過去扶他站起來，乃發現他的一個門牙竟被撞掉了，艾理遜右手拿着那顆落掉的門牙，不住的吐着血，但他却並沒有怪我，只說：

「這是我的錯誤，我告訴了你錯誤的方向，吐！」他吐一口血，「是那個白蘭地酒瓶混蛋，竟撞掉了我一個牙齒，吐！還好，我沒有受傷，只掉了一個牙齒，吐！」他把牙齒擧了起來，依然是一副幽默的表情！

「做個記念，好不？」他說。

「你不在乎的，我知道」我回答着。

還算不錯，後座那個工友倒沒有受傷，只是把一個大蛋糕壓在身子底下，很潔白的一身制服上，染了頗大的一塊彩色的奶油。

× × ×

當我第二次和艾理遜相遇時，已是兩年以後的事了，那時我轉職美軍供應處，他也進了空軍。其時他已不再穿他的牧童裝，却換了一套十分講究的空軍制服，小鬍子也剃去了，而且還補上了新的牙齒。因此顯着好像年青了許多。

我是在昆明同盟聯歡社的舞池中發現他的。他一眼瞥見了我，馬上舞也不跳，拉着他的舞伴坐到我的座位上來，他的舞伴我也很熟悉的，便是在昆明舞女中被稱爲四大金剛之首的小Y。

本來那時昆明的舞場，只有同盟聯歡社一家，但中美陸空軍集中昆明的，何止數萬，物以稀爲貴，聯歡社的幾十名舞女就成了大家追逐的中心，視若奇珍了。而小Y更被稱爲舞女四大金剛中的冠軍其聲勢非凡，概可想見。平常架子甚大，永遠嚼着口香糖，臉上總是帶着一副不大愛理人的神氣，大家替他取個外號叫做「石膏美人」。

但對于艾理遜，這位「石膏美人」的表情却異乎尋常的熱烈之至。在兩個多小時內，她一直陪伴着艾理遜，爲了怕別人干擾，艾理遜要我同他輪流着陪小丫跳舞，休息的時間，艾理遜同我談着一些別後的情形；另一方面，他又和小Y訂好了約會，在星期六的下午，他們一同到溫泉去渡週末。小丫並不需要艾理遜買任何禮物送她，不過，她說，她在聯歡社每天的收入是五十元美金，再者她另一筆數約一百五十元美金的債欵，必須在星期六這天還清。因此，小Y說，雖然她已經答應了艾理遜的約會，但爲了她這天還得去找錢，能不能準時赴約，又是問題。

這時，艾理遜從我那兒學的一口怪異的「曼達林」發揮了效用，他一半傾聽，一半猜測的，居然也弄通了小Y的意思，他一句話也不說，馬上從袋子裏取出了兩張百元美金交給小Y，照例又是輕鬆的說，「做個紀念，好吧！」

小Y帶着一種又驚又喜的表情，接受了他的錢，她說她實在不好意思，不過，總之她終于接受了他的贈與。

其後一連幾天我沒有再看艾理遜，小Y也同時在舞場中失了踪。直到第五天的晚上，十點鐘了，艾理遜才匆忙的跑到同盟聯歡社，一看見我，就把我扯到一邊，卒然問道：

「你現在有時間沒有？」

「當然有，」我答道，「現在已經十點多鐘，我什麽事也沒有了。」

「那麽好吧，算你運氣，我今晚飛印度，不能分身，我請你去溫泉陪小Y。你現在就去，門外有車子。」他匆忙的說，一邊慌裏慌張的遞給我兩張紙條，那是兩張二百元美金的欠條，上面有小Y的簽字。

「這是怎麼回事呀！」我的確不明白其中究竟。

「那你就別問了，這是個很長的故事。」他說，一方面拉我到衣帽間，催我取大衣，立刻就走。

「你總要告訴我明白才成，我還不知道你在搗什麼鬼？」我以爲他是開玩笑。

「好吧，我告訴你，我在上星期六和小Y去溫泉是不是？在那兒同小Y玩了一陣牌，我是專家，你知道的，小Y在不到一小時內輸給我一千二百多元，我說就算一千二百元吧？幾十塊錢我也不在乎的，結果她還給了我二百美金的現欵，——那還是我的錢，你知道的，另外的一千元小Y沒有錢還，她說分幾個月還淸我，或者，她提議，就用二百元一天代價，陪我在溫泉再玩五天。我想，要她還我一千元未免太殘忍，只好答應她以每天二百元的代價同她在溫泉玩。二百元！聽見了沒有？這是個很大的數目呢？我們一個月的薪水還沒有這許多，不過，不管怎樣，我終于答應了她。我要她寫了五張二百元的欠條，每夜付她一張，免得發生錯誤，生意就是生意是不是？哈——哈。」

儘管艾理遜敍述這故事的時候，表情那樣輕鬆，在我聽了，却不禁有毛髮悚然的感覺，我像看到一隻老鷹在抓住一隻小鷄騰空而去時一樣的難過，我彷彿已經看到了小Y眼淚縱橫的面孔，聽到了她哽咽哭泣的聲音。

「艾理遜，我們是好朋友，是不是？」我感覺我的聲音有點發顫了。

「當然是啦！」他拍一下我的肩，「這就是我這麼遠從飛機場跑來找你的理由，我要你去溫泉快樂的玩兩天。這女孩很漂亮，是不是，如果不是我想到了你，我隨便給誰這個機會，他們都會出於至誠的感謝我的。」

「我却不會，」我說：「我不願意看見我的好朋友這樣的對待一個女孩子？」

「什麼，你說什麼？」他幾乎有點生氣了，「我怎樣了她，我欺負了她麼？」

「我並沒有那樣說，不過事實上是你叫她陪你玩了四天，你並沒有給他一個錢，現在還要把她當貨品轉贈別人呢！」我眞有點兒憤慨了。

「我沒有給她錢嗎？誰說的，」他理直氣壯的說：「你看見我給了她兩張大牛的。你不能否認你看見的，是不是？」

「據我所知道的是，你又把這兩張大牛拿同來了。」

「不錯，百分之百的不錯，可是，你知道，那是我贏來的。那是我的技術好，或是她的技術太壞了，比如我那天要輸了呢？豈不是另外還要給她錢嗎？」

「你知道她的技巧是不成的，是不是？」

「當然是了，要不然我也不會那麼傻，花二百元的代價同她上溫泉。」

「就是這句話，你是有計劃的欺侮一個可憐到當舞女的姑娘。」

「怎麼，你瘋了嗎？我欺侮了誰？一切都是她自願，我從來對女人都是公公道道的。我眞不明白，這是講戀愛嗎？這兒是跳舞場呢！是做生意的地方，生意就是生意，天曉得小Y和我還是第一次見面，她同我玩，是爲了別人告訴她我在印度剛弄到了幾千塊錢，如果不是我給她兩個大牛，她才不理我呢？假使你給她這多錢，他一樣會同你去玩，你信不信？」

「不必問我信不信，我所知道的只有一件事，一個好心腸的人，不會這樣欺騙一個女孩子的。就是這一句話。」

「你眞是個可憐人！」艾理遜這時語氣溫和一些了，他燃上一支烟，憐憫的說：「如果你還是個中學生，你的想法可能還是對的，但你現在站立的地方，却不是學校，是市場，看淸楚了沒有？在不同的地方，我們得有不同的辦法才成，知道嗎？我並且告訴你，就是在中學裏，現在的情形也和我們祖父的時期不同了，女孩子們對於錢，比對愛情的興趣還濃厚。讓我更明白的告訴你，就在我們祖父的時代裏，講戀愛也要手段的，正和玩紙牌一樣，有的人每場都贏，有的人却每場都輸，技術是很重要的，信不信？」

「我不知道任何的技術問題，我從來不搞什麼技術，正如我從來不打橋牌一樣。我以爲對人，尤其是女人，態度必須誠實，否則就是個下流人。」

「所以我說你眞是個可憐人啦！誠實不錯的，但也要看對待什麼人，對女人就不成，如果你沒有技術單是誠實，你永遠也不會成功的。說實在的，當我在中學時期，我也是和你一樣想，我認爲對於我所喜歡的女孩子有任何不忠實的地方都是罪惡的。但事實上，我一直沒有得到一個女人，我眼看着許多我喜歡的女人一個一個的跟別人去了，那些人有的是騙子，專愛說些不負責任的話來欺騙女人的，也有人用了金錢或別的力量壓迫她們，不幸的是，女人就是這樣的，你用了欺騙和壓迫對待她，她隨你怎樣辦都成，你一片好心，誠實的對待她，她們又什麼什麼都不成了。」他再燃上一支烟。

「我不相信事情像你所說的這樣壞。」

「不相信嗎？將來你就會相信了，我是有經驗的，後來我也拋棄誠實的方法，用了別人一樣的手段來對待女人，果然很多女人都跟我來了。不信嗎？小Y就是個好例子，我敢說如果用了你的方法來對付她，她永遠也不會同你去溫泉的……可是，」他看了一下錶，「混蛋，你在和我講哲學嗎？我却沒有時間呢？我的朋友，現在你告訴我你是去不去？」

「我不去，艾理遜，不過……」

「沒有『不過』，我的朋友，我們再見，我去找另外的一個人，把條子還給我，我得趕快，今天晚上我還要去印度呢！」他搶過了條子。轉身要走的樣子。

「艾理遜，稍等一下，」我扯住他。「我們是好朋友，是不是？那麼把條子交給我由我來處理，好吧？」

「怎麼，你還是想去了，是不是？」他立刻又把條子交給了我。「我知道你是想去的，誰都是一樣。」

「你先告訴我，是不是隨我怎麼辦都成？」我接過了條子。

「我本來告訴你隨便怎麼辦的。」

「那麼，你看，」我用了最敏捷的手法，把兩張借條撕碎了。「這就是我的辦法了。我希望你恢復了你的良心，艾理遜，我們中國人有一句話，『適可而止』，無論對什麼人，做的太過份了會惹禍的，你想對不對？」

「你這是幹什麼？」艾理遜沒有想到我這一手，他眞有點驚詫莫名了。他看着散落在地上的紙片，婉惜的說「這是四百塊錢呢！我的朋友。」

「我知道，你不在乎的。」

「不錯，我不在乎，那也不是我的錢，那麼，你想怎麼辦呢？」

「我要你馬上去接她回來。」

「我沒有時間。」

「那麼你立刻打電話通知她，這四百元你不要了，讓她隨便什麼時候回來就是。」

「好！這次我依你就是，無論如何，我們是好朋友，」他同我握手，「我知道你是個好人，不過我的曼達林不成，而她又不會說英文，這電話還是你去打吧！」

我們終于一同去到賬房，向老徐借了電話，由我告訴小Y，要她今晚或明天自己想辦法回來，艾理遜的四百元不要了。但小Y却不相信，她說這個外國人很厲害，她還有兩張借條在他手裏，怕會出麻煩的。於是我又告訴她借條已被我撕碎了，我保證不出麻煩就是，這時我才聽到她輕微的笑聲，她一再向我道謝，稱我爲李先生，眞是張冠李戴，原來她還不知道我姓什麼。

直到第三天艾理遜由印度回來後，我才同他一同去聯歡社，我看到小Y已經在伴舞了。音樂止後，她趕到我們的檯子旁邊，連聲道謝，但任何人都聽得出，她對我的道謝是出于至誠的，對于艾理遜，則聲調中充滿了憤怒，艾理遜是非常敏感的，這一點他立刻感覺到了。

「誠實是最好的政策，我懷疑這句話還是對的。」我輕輕的告訴艾理遜。

「不必懷疑了，這句話有時確是對的。」艾理遜說。

「你們在說些什麼呀？」小Y見我們低低的談着，懷疑我們有什麼秘密。

「我們並沒有說別的，親愛的，」艾理遜很迅速的又取出了他那兩百元錢，放在小Y的手袋裏，「做個紀念，好嗎？」

「這回是眞的嗎？」小Y似乎對一切都不相信了。

「是眞的，」我插口說：「艾理遜從來不騙人的，他是個好人，我知道。」我又向艾理遜重述一遍。

「當然，我眞是個好人，全美國的人都知道的，來呀，Boy，兩瓶Dry Gin，」艾理遜這時好像又恢復了兩年前他穿牧童裝時的天眞，他轉頭來對小Y說「今晚我們去溫泉，好嗎？」

「我去，」小Y用手帕揩了一下眼淚，把兩隻手分別緊握住了我和艾理遜的手。

我第一次看見她笑的竟是那樣的甜，那代表着人類最純潔的眞情的流露。

但不幸的是艾理遜却爲了連續外宿，貽誤戒機，被判禁閉兩週。當我把這個消息，告訴小Y之後，小Y好像很關心似的，她求我帶她到三公里的犯人營去看他。但却得不到憲兵的許可，正在交涉中，午飯時間到了，艾理遜穿了印着一個大「P」字的犯人制服，雜在隊伍裏，到第四招待所餐廳去吃飯，當他看見小Y時，立刻在臉上現出了無比愉快的光彩，他不會同小Y講話，但他微笑的望着小Y點點頭，又指一指他胸前的那個「P」字，好像說！

「妳看，這都是爲了妳！」

此時隊伍的秩序立卽紊亂起來，有的人在吹口哨，有的人則大叫「頂好！」連那個帶隊的大胖子憲兵，也收歛起他那付冷若冰霜的面孔，原來他就是帶頭吹口哨的人！——然而隊伍很快的在我們的面前穿過去了。

艾理遜禁閉期滿後，到我家裏看我，我於是藉題發揮宣揚祖國文化，力言中國「適可而止，不爲已甚」哲學之優越性，附帶指斥艾理遜「唯技術論」之荒謬，並舉例以明之，我說：

「假使你在星期六去溫泉渡過了週末就回來，不再搞什麼「技術」，在那兒多住了四天，也許還不至於關禁閉呢？」

不料艾理遜却大不以爲然。

「你以爲我不知道要兩週禁閉嗎？」他毫不在意的說：「我早就知道了，不管怎樣，兩週禁閉的代價，換取同小Y在溫泉五天快樂的日夜，還是値得的，不信再過些時我還要照樣再來一次！小Y眞是個好女孩，是不是？」

這時我知道在他和小Y這場國際桃色戰爭中，艾理遜已漸趨下風，不再是個征服者了。

我把這意思告訴了他，他並不否認。

「你說的不錯，事實正是這樣，連我也想不到在這兒竟變成了小Y的俘虜。」

「你失敗了，然而你勝利了，許多人想做小Y的俘虜還苦於沒有機會呢！」

於是艾理遜十分驕傲的笑起來了。

× × ×

在斷續三年多的時光裏，我和艾理遜的友誼一直都很濃厚，唯一使我引爲遺憾的，是在他回國之前幾天，竟作了一件很對我不起的事情，我早就說了，那天再看見他時，非跟他算賬不可。——不過，今天我所得到關于艾理遜的消息實在太壞，看起來這筆賬已不必再算，事實上也無從算起了。

那是在三十三年聖誕節的前夕，我到第四招待所找艾理遜，一同去參加當晚的通宵舞會。進門時看見艾理遜正在剪開一疊航空信，在桌子上一只攤開的皮夾裏面，還擺着一張非常好看的彩色少女照片。

「怎麼樣？艾理遜，你的女孩來信了嗎？」我在床邊坐下來，問道。

「女孩是不錯的，不過不是我的，」

「那麼她是屬於誰的呢？」

「那誰知道呢？告訴你吧！這是我妹妹的來信。」

「你曾經有妹妹嗎？」

「當然啦！爲什麼不呢？」

「你可從來沒有告訴過我。」我認爲他這種作風未免太對不起朋友，尤其是像我這樣的好朋友。

「那眞抱歉，實在我們在一起的時候，要講的話太多了，我竟沒有想到這件事。」

「那麼，這就是她的像片了。」我指着那張像片說。

「誰的像片？」

「你的妹妹。」

「噢，」艾理遜這時把手裏的信放下來，像有什麼感觸似的，忽然活潑起來，「你說這張像片嗎？一點不錯，她就是我妹妹啦！你看她還好看嗎？」

「絕對的，你給我仔細瞧瞧，唉，眞不錯，看起來很有點像倍蒂葛蘭竇呢。」我不禁對艾理遜肅然起敬了。

「人家都是這樣說呢？你喜歡她嗎，我替你介紹好吧！」

「那自然是太好了。她實在好看的很！」

「那當然啦，她的名氣可大啦，全美國的人都喜歡她。美國總統都想請她吃飯。」

「她去了嗎？」

「她可不去呢？說實在的，美國總統的年齡也太大一點了，卡露兒說，她不喜他。」

「那麼算了吧！這位姑娘的派頭這麼大，我不相信她會有時間同我交朋友的，再說呢，你是知道的，我從來不湊熱鬧，排隊買電影票，我就不幹。」

「但爲了小姐，排隊是値得的，並且我妹妹和別人不同，你這樣的人還是很有希望的。」

「你又在開玩笑嗎？」

「不，我是說實在的，第一、你是東方人，我妹妹從來就是喜歡東方人。」

「爲什麼呢？」

「我不知道，也許她玩美國人已經玩膩了。」

「還有第二點嗎？」

「有的，第二、你爲人很誠懇，卡露兒，就是我妹妹的名字啦，她最恨的就是沒有誠意的人。一看見這種人她就生氣了。」

「還有嗎？」

「自然還有，第三、這個條件是由你獨占的，你和她的哥哥是好朋友，我的意思是說，我們是好朋友，在這方面，我可以幫忙你。我可以替你宣傳，她會相信的，她從來很聽我的話，事實上，她還有點怕我，在小的時候，我常常打她的，自然，現在我已經不再打她了，但她還很怕我，我叫她怎樣就怎樣。」

經他這樣一說，我倒增加了無限勇氣。我想，此時此地，交結一個美國女孩又何嘗不可呢？何況我的「人事背景」如此優越，「朝裏有人好做官」，天好機會，豈可交臂失之乎？於是我說：

「好吧，艾理遜，我們試試看，我現在怎麼辦呢？」我簡直一點主意也沒有。

「我看，還是我來替你設計吧！別的不說，像交女朋友這件事，我是得過博士學位的，可是你，恐怕初級學校還沒畢業呢？好的，我看，這樣，你先寫個信去聯絡一下，這裏有紙，你先寫下來你的意思，等我洗澡回來再幫你修改一下好了。」他扔給我一卡信箋，然後拿了衣服，逕自洗澡去了。

艾理遜的整容工作耗費了一個多鐘頭，等他回來時我的一封短信已經寫好，且經三讀通過，認爲大致不錯了。

可是艾理遜一看就生氣了。

「簡直是不通，」他憤慨的說：「這種信拿得出去嗎？這簡直不像情書呀！沒有人喜歡讀這種乾燥的文字的，那比演算術還討厭，可憐，你們中國大學都學些什麼呀！連情書都不會寫？我眞不明白，難怪你們很少離婚，就憑你們這種戀愛技術，想結婚實在太困難了。」

於是他自己坐下來，把我的草稿完全撕掉，他從頭寫起，一邊寫，一邊又自己點頭稱讚。

「寫情書第一就得甜蜜，」他嘰咕着。

「可是我還不認識她呢？」

「管她認識不認識呢？」他像先生給學生上課時的神氣，「無論如何，寫情書就得甜蜜，情書就是情書，不是賬單，是不是？不然的話，誰愛讀什麼情書呢？唉，讓我來吧！你簡直太不行了。」

他的情書寫的確够甜蜜，但我總感覺第一次通信，這樣寫法，不太適宜。不過我是很信任艾理遜的，他既然要這樣寫就是這樣寫好了。第二天，我在上班的時候，把一些比較次要的公事丟開，很細心的把這封信用打字機打出來，左上角還編了號碼，那號碼是A—這A字有雙重意義，是開始，也涵有艾理遜之意，同時更在信中附去了我的一張穿着長袍的照片，這也是艾理遜的意思，他以爲是中國人就得穿中國衣服照像才有趣味，否則穿了西裝，那就比不上美國人穿西裝好了。這封信經艾理遜校正無訛就在聖誕節發出了。

就在聖誕節過後第四天，艾理遜便經印度回國去了。這天我和小Y到機場送行，小Y不住的用手帕揩着眼淚，艾理遜的表情也非常慘淡，起飛之前，他還特別把他妹妹的那張照片送給我，也許是精

（下轉第12頁）

第八卷　第二期　內政部雜誌登記證內警臺誌字第一九號　臺灣省雜誌事業協會會員　七八

給讀者的報告

選舉是民主制度的基石。民主國家的議會與行政首長必須經由人民選舉而產生。這些國家政權的轉移，只消假一紙選票以為決定，而不是槍桿子所能為力的。雖然，世有極權專制魔王如史達林、毛澤東者流，也常假選舉以掩飾人民的耳目，但他們那種所謂選舉，其醜態是見不得天日的。所以有人說，從選舉的情形恆可測知一個國家之是否民主，或民主到什麼程度。不但如此，在學步民主的國家，選舉且也是一種政治教育，有助於良好政治風氣的養成。我們為實現民主政治的理想，自前年始，在臺灣實施縣市以下各級官吏及人民代表選舉。一般人民對此亦極感興趣。這都是很可慶幸之事。然而，民主政治原非一蹴可幾的，必然要經過不少的「嘗試與錯誤」trial and error。基於此，我們認為這次縣市議員選舉前省政當局公佈的「臺灣省妨害選舉取締辦法」與「選務問題釋疑」之中，加於選舉活動的諸多限制是很不合理的實有取消的必要。在本期社論「選舉活動應看做政治教育」一文裏，我們為此而呼籲。

距今只有四天，美總統當選人艾森豪就要正式就職了。新政府成立以後，美國外交政策勢必有新的轉變，影響所及，將關係整個自由世界的禍福安危；因此今後美國外交動向，自為世人所關切。本期朱伴耘先生的大文將有助我們在這方面的瞭解。

在為自由而戰的今日，人們對自由的意義乃不能有正確的認識，這是很可遺憾的。澄清這種思想上的混亂，乃是文化工作者不可推卸的責任。為此，上期我們曾登載過兩篇討論自由的文章，這期許冠三先生的大文也是解析自由的含義的。題目雖是用的「我所了解的自由」，實際是為自由一詞作了一個十分平正而明確的界說。人們能一讀此文，當不至對自由有所誤解了。

瞿荊洲先生為文闡明「中小工業金融之重要性」，在致力於工業化的過程中，這個問題的討論是值得重視的。本期馬來亞通訊是一篇觀察入微的報導，「憶艾理遜」一文在輕鬆中流露眞情，這些還是留待讀者自己去體味吧！

本刊售價

一、臺	幣	四元
二、越	幣	八元
三、菲	幣	五元
四、港	幣	一
五、暹	幣	四銖
六、美	金	二角
七、叻	幣	四角
八、印尼	幣	三盾

自由中國 半月刊 第八卷 第二期
總第七十七號
"Free China"
中華民國四十二年一月十六日

發行人　胡適
主編　「自由中國編輯委員會」
出版者　自由中國社
社址：臺北市金山街一巷二號
電話：二六八八五號
航空版　香港時報社
經售者
臺灣　中國書報發行所（臺北市館前街八五號）
美國　紐約民氣日報社　舊金山少年中國晨報社　芝加哥中國出版公司
日本　東京南友堂　東京內山書局
韓國　釜山草梁洞新泰行
馬尼刺　大中華日報社
印尼　椰嘉達星期日報　椰嘉達天聲日報　棉蘭繁華圖書公司
越南　西貢中原文化印刷公司　越南華僑文化事業公司
暹邏　曼谷攀多社十二號
緬甸　仰光振成書報店
印度　孟買梅亞號　加爾各答塔梅學校
澳洲　雪梨瑞田公司
北婆羅洲　馬拉奕坡美芝律聯華公司
新加坡　中興日報社
檳榔嶼、吉打邦均有出售
印刷者　精華印書館
廠址：臺北市長沙街二段六〇號
電話：二一四一九號

本刊經中華郵政登記認為第一類新聞紙類　臺灣郵政管理局新聞紙類登記執照第二〇四號　臺灣郵政劃撥儲金帳戶第八一三九號

自由中國

FREE CHINA

第八卷 第三期

要目

中華民國四十二年二月一日出版

社址：臺北市金山街一巷二號

本刊啓事

關於胡適之先生提議辭去本刊發行人、願意擔任編輯委員一事，前經民國四十一年十一月廿八日本刊第八十次編輯會議決議：接受胡先生意見；並決定俟胡先生離臺後，改由本刊編輯委員會擔任發行人。茲自本期起，正式變更發行人；並將本刊編輯委員會委員名單列后（以姓氏筆劃為序）：

毛子水　申思聰　杭立武　金承藝
胡　適　殷海光　夏道平　張佛泉
黃　中　雷　震　戴杜衡　聶華苓
瞿荊洲　羅鴻詔

社論

全球性戰略與民主世界的團結

今日世界所面臨的民主與極權兩大集團對壘的情勢，不管我們把它稱爲冷戰也好，稱爲溫戰也好，或稱爲有限度的熱戰也好，總之，它是全面性的。在這場全面性的鬭爭中，我們不客氣的說，民主世界直至今日爲止還是一個失敗者；雖然它偶爾也因若干局部的主動而掙得到若干局部的優勢，但此優勢終不能保持長久，而隨時卽爲劣勢所替代。這是難怪的。在這場全面性的鬭爭中，民主世界自始至終祗在作着一些枝枝節節的對策。

共產集團是整個的，而民主集團則是分散的。共產集團，它的目標祗有一個，那就是無限制的征服，無限制的擴張。民主集團各國，目標却有許多，有的祗顧蠅頭小利，有的過分珍視苟延殘喘的和平。共產集團，由於它是整個而一致的，它在各方面的行動都互相緊密配合。民主集團，由於它是分散而同牀異夢，它在各方面的行動就互相牽掣，互相抵消。在這樣的對比下，民主集團是注定了失敗的命運。

在第二次世界大戰期間，反軸心勢力也會經一度陷於這種支離碎割的困境。德國大舉進攻法國與荷比，而蘇俄正在與納粹黨人進行瓜分中歐的陰謀。法國敗亡，英國退守英倫海峽，而美國還在那裏高唱中立。中國艱苦抵抗日本侵略，而英國反將滇緬路封鎖。在那期間，軸心勢力的發展，眞是一瀉千里，所向披靡。直至珍珠港事件爆發，美國參戰，同盟國的全球性戰略才漸漸形成；而正是這個全球性戰略，才把戰爭的整個形勢挽回過來。

今天民主集團在對抗共產侵略勢力的鬭爭中，所缺乏的不是人力，也不是物力財力，而正是這麼一個能把自己所有力量組織起來，並使之發揮充分效力的全球性戰略。

全球性戰略，應該包含一個單純毫不含糊的目標。此目標誠可以就遠近程度分成若干個層次。譬如說，最近的一步是保障整個自由世界的安全，其次的一步是解放鐵幕內所有被奴役的國家，最遠的一步是幫助俄國人民推翻他自己國內的暴力統治。但我們仍應知道，這些層次，祗不過是一整條旅程上的若干停留站，而不是旅程的終點。不達到遠的目標，卽連近的成就，亦屬難以保持。

全球性戰略，應該包含一整套的行動綱領，這樣才能使整個民主世界的力量集中，步調一致。當然，是行動綱領，而不是行動細節。我們無法預知未來的變化。我們也沒有義務把整個戰略向敵人公開宣布。我們要保持高度的機動性。但，綱領仍然是必要的；如此，我們才知道該把力量如何的用法。

韓國戰爭之所以事倍功半，雖勝利在望而無法取得，就正因爲這是一場沒有目標的戰爭。無目標，就根本無戰略之可言。我們反對這樣的戰爭。我們也反對拿臺灣國軍到這種無目標的戰爭中去毫無意義的使用。在全球性戰略未形成以前的一切行動，多半是力量之浪費。我們反對浪費，而並不是諉卸我們的責任。

我們深知，有人會對我們所提出的較遠的目標感覺疑惑。他們說，卽連照目前這樣枝枝節節的應付，民主集團各國的立場與意見都未能一致；提出這樣遠的目標，豈不是等於民主世界團結之拆散？

我們反問：我們是爲了一定目標而團結呢，還是先團結起來之後再去找尋目標？一些目標並不相同的人，卽令團結在一起，又有什麼意義之可言？目標不同的人，他不會把力量用到與我們相同的處所去，這樣的力量，對我們豈不是永遠祗能發生抵消的作用？

我們要先有一個目標之後再言團結，因爲祗有這樣的團結，才是眞正的團結。我們的目標，我們的全球性戰略，本身就可說是一個運動，一個號召，力量祗有在先驅者一往無前的號召之下，才能集合起來。因爲這樣，我們的行動才有了一個方向，我們的力量才有了一個重心，追隨者才不致茫然無所適從。我們不是爲懦怯者找尋逃避，而是爲勇敢者找尋出路。我們堅信，祗有在全球性戰略的號召之下，民主世界的力量才眞能充實起來，龐大起來。

我們是在一定的目標之下，先把願意團結的團結在一起。不願意團結的國家，我們不擬干涉，不擬强制。但相信，祗要它不自甘滅亡，它終有一天會感覺孤立無援而參加我們的行伍。那時候，我們歡迎。我們不相信有一個國家能在正義與暴力之間長期的保持中立。

全球性戰略可能要求某一局部地區暫時有所忍耐，甚至暫時有所犧牲。這是難免的。但，祗要忍耐而有限度，犧牲而有代價，人們會甘之如飴。人們知道，這是爲了一個崇高的理想。

全球性戰略，既然其本身卽爲一個運動，就必須有一個强有力的中心領導。我們非常欣幸而興奮的發現，我們自由世界，現在不僅已經有了這樣一個領導國家，而且已經有了這樣一個領導人物。不用說，那國家就是美國，那人物就是艾森豪總統。他那一篇充滿了對美國以至對整個文明人類的責任感的就職演說，事實上卽等於我們想像中那運動的一分宣言。它煽起了熱情。它帶來了希望。它不僅對敵人挑戰，而且也對我們自己集團中一切因循、苟且、癱瘓、麻木的狀態挑戰。我們有理由相信，失敗的時代是永久的告一結束了。全球性戰略，在不遠的將來，將不僅是一個空想，而可以成爲一個有血有肉的、活生生的事實。我們看到了勝利的曙光。

三百年來世界文化的趨勢與中國應採取的方向

——四十二年一月三日下午三時在新竹演講

胡　適

新竹縣各位父老兄弟姐妹們：

今天我想同各位談一談世界文化的趨勢和我們中國這個國家究竟應該採取那個方向。這個題目很大，當然不是簡單的幾句話可以說得完的，所以我祇能扼要的講一講，報告一點我個人的意思。

先講一點歷史文化的趨勢，就是最近兩三百年來的文化的趨勢；再講一講最近三十五年來的一個新的反動；最後講一講我們這個國家和我們這個民族應該採取的方向。

這三百年來，世界文化很明顯的趨勢，第一、是產生新的科學；第二、是從新的科學所引起的新的工業——科學工業；第三、是在這個新的科學與新的工業起來的時候，同時有一個民主自由的趨勢。這三種趨勢，都是很清楚的。為了講述的方便，我們可以把第一、二兩個趨勢合在一起，算做科學工業的大趨勢，而把民主自由作為第二個大趨勢。

這三百年來的第一個大趨勢，起源于歐洲的南部同西部。先從數學、天文學、物理學的發展，一步一步的進步。三百年前發明了望遠鏡——當時我國人叫為千里鏡——可以看到頂遠頂遠的東西；三百年前左右發明了顯微鏡，可以看到頂小頂小的東西。這是人類新的天地。大家從這個新的天地，才走上了用智慧慢慢的、一步步的窺探自然界的秘密，把自然界裏許多的原理，許多的法則一步一步的訂出來——化學家規定化學的許多重要的原理，物理學家規定物理學的許多重要的原理，尤其重要的，物理學中力學的基本原理。有了這些東西然後才一步一步的走上了科學工業化。所謂科學工業化，就是用人的智慧與聰明才智去蒐集和探取自然界的各種法則各種秘密，把它再訂成為所謂科學的通則——科學的法律或稱自然界的法則，然後再根據這些創出器具，反過來征服自然，控制自然。為甚麼要征服自然控制自然呢？為的要減除人的痛苦，減少人的辛勞，以提高人的幸福，增加人的生活趣味，使人的意味變得更濃厚更豐富。這就是所謂科學的工業文化、工程學的文化的趨勢。

這種文化，在這三百年當中，減少了人類無數無數的苦痛，增加了人類無數無數的幸福，把人的壽命延長了，——把人類許多原來沒有方法控制的大的疾病，除少數幾種外都控制住了，所以人類的壽命已經平均延長到六十多歲。這是世界上過去從來沒有過的事。三百年來不但醫藥衞生進步，交通也進步了，地上的距離可以縮短到從前任何人都夢想不到的地步。這些都是大家知道的事實，不必詳細的去說了。所以三百年來科學工業文化、工程學文化的結果，把人的地位抬高了。人，現在可以征服自然，控制自然來作人的牛馬，不是人來當牛馬。人用無線電——自然界的東西——給我們送信，用電氣給我們推車；自然界替人作奴隸，替人服務。這個科學工業的文化、工程學的文化，它的意義，為的是人。這點是值得我們認識的。

世界文化的第二個趨勢，是民主自由。我們為什麼要征服自然？為的是提高人的價值。人的價值提高了，慢慢的公認：人，有他應該有的權利，應該有的自由。從前講天賦人權；我們知道這個話不正確。人權並不是天賦的，是人造出來的。所謂民主自由平等，都是一個理想，不是天賦的。如果是天賦的，就沒有人投票選舉了。在某種社會上，人如果沒有力量保護自由，專制的人可以把你的自由奪去。我們過去經過很多年的專制社會，那時我們的自由權利一點都沒有，所以我們現在漸漸明白民主自由都不是天賦的人權，是人慢慢感覺得自己的尊嚴，人是有價值的，人格是寶貴的，慢慢的才自己感覺到某種權利與他的發展有很大的關係；有了某種權利，才能使得他的教育完整，發展他的聰明才智人格道德。所以最近三百年來文化發展的第二個趨勢，就是人的價值抬高，承認人有他的尊嚴。

古時也有這種思想。現在有些人提倡讀經；經書當中就有一句話：「天地之性人為貴」。凡是天地之間有生命的東西，人才是最寶貴最高貴的。可見我們在二千五百年前就已經承認天地之間「人」最寶貴。但是二千五百年前有這種思想，却沒有制度化，社會政治與教育都沒有制度來實行這個理想。這個「天地之性人為貴」的話，是孝經裏頭的，但是我們為甚麼沒有做到這民主自由的社會呢？為甚麼到現在我們才感覺它的意義更親切更深長呢？為甚麼從前僅是一句空話，現在才實現呢？這是由於我們人，現在有了科學工業的文化、工程學的文化，才慢慢探出天地間的秘密，眞正能夠控制自然。天地間的秘密，現在雖然還有，但是我們人一天天的知道得多了，一天天的變成有權力的征服者。我們人抓住自然的秘密，製造器具來征服天，征服地，征服自然界一切的惡勢力。我們人有了科學的文化、工程學的文化，價值抬高了。歷史上三百年來民主自由的思想，同科學工業的文化、工程學的文化同時發生，不是偶然的。

人在最近三百年當中，格外感覺人在天地間地位很高。要保障他的尊嚴，必須有：（一）宗教信仰的自由。他信甚麼就信甚麼，他不信甚麼就不信甚麼，信仰自由就是良心自由。良心要相信甚麼，就相信甚麼。（二）思想自由。人類有許多思想，用思想造出許多器具。器具是從思想來的，有思想然後有器具。從前我們常常聽到哲學家說，人是理性的動物；近代法國的哲學家柏格森則說：「人是製造器具的動物」。器具是怎樣製造的呢？思想上起了某種觀念，然後依據某種觀念，用他的手，用他的脚來做出某種器具。反過來說，某種器具是表現人的某種思想，等於做某種工作達到某種目的。頂簡單的說，製造器具是從思想發展的。科學的工業器具，都是根據思想來的。要是思想沒有自由，這個做不得，那個也做不得，這個思想有危險，那個思想有危險，那人就沒有方法發揮他的聰明才智與技能。所以第二種重要的自由，就是「思想的自由」。他的思想能自由的人，在文字上發表出來，就是言論的自由。他要表現于美術品，表現于工業，就是創作，所謂「創作的自由」。人感覺他的尊嚴，便需要某種社會制度政治制度來保障他，使他發展，使他的信仰可以自由，思想可以自由。

信仰自由這個原則，雖然在遠古的時候就有開明的君主主張，但一直到「宗教改革」以後才漸漸為人所承認。有了信仰自由，思想自由亦漸漸長成。這都可以溯源到文藝復興的。

「文藝復興」，就是反抗歐洲中古思想上種種的拘束回到古代比較自由的思想。人們得有思想的自由，非特在科學和工藝上產生了鉅大的進步，並且也引起了政治的革新。英國、在十七世紀就有一個政治的革命。十八世紀，在歐洲的法國和在美洲的美國、都有政治的革命，所謂法國革命與美國獨立的運動。十七世紀英國政治的改革，十八世紀法國與美國的革命，這三件大事造成後來所謂政治的改革。從信仰自由思想自由到政治革命，造成我們今天所謂民主政治的文化。

這個文化起源于英倫三島，影響到法國、美國，從法國美國影響到整個歐洲美洲同全世界。這些，都是大家在教科書中可以讀到的。簡單的說，三百年來世界文化的趨勢」，是很清楚的：一個是科學工業的文化和工程學的文化；一個是同時產生的自由民主的文化。今天在座的同我差不多年紀的五六十歲的人，經過十九世紀的末期到廿世紀的初期，中華民國革命的前後，大家承認這個趨勢是三百年來世界文化進化的大路。這是沒有人疑問、沒有人否認的。這不僅在歐洲如此，孫中山先生領導的中華民國的革命，都是受了整個世界文化的趨向而來的。但是到了民國六年的時候，就是卅五年前（西曆一九一七年），來了一個大的反動，所謂俄國的布爾雪維克革命的成功。那個時候，正是世界第一次世界大戰當中。俄國同西方國家一起對德國作戰，打了幾年，俄國政府的力量，一天一天的維持不住。當我們民國六年，俄國發生兩次革命。一次是所謂二月革命，就是我們講的自由民主的革命。二月革命把世界上最專制的俄國帝制推翻了，建設了一個民主共和國。不過在二月革命以後，自由民主的革命還沒有站住，力量還沒有堅固，又起了所謂十月革命。

「自由中國」的宗旨

第一、我們要向全國國民宣傳自由與民主的真實價值，並且要督促政府（各級的政府），切實改革政治經濟，努力建立自由民主的社會。

第二、我們要支持並督促政府用種種力量抵抗共產黨鐵幕之下剝奪一切自由的極權政治，不讓他擴張他的勢力範圍。

第三、我們要盡我們的努力，援助淪陷區域的同胞，幫助他們早日恢復自由。

第四、我們的最後目標是要使整個中華民國成為自由的中國。

十月革命是列寧領導的布爾雪維克少數黨——共產黨，利用變亂時期的革命。打倒了自由民主，建設一個共產黨的專政政治。從一九一七年十月到去年十一月，剛好卅五年。卅五年來，起了一個反動。布爾雪維克黨當時所擺出的口號與目標，也是屬于自由民主這一條戰線的，但是共產黨得到政權之後，却完全變了一個樣子。在十月革命的時候，說這次革命比二月革命還要自由，還要民主，所以能够很快的打倒二月革命。迨共產黨革命成功，得到政權之後，大家才曉得共產黨所代表的是反民主、反自由的運動。在這個三百年來，大家朝着科學工業的文化工程學的文化與自由民主這個趨向裏面，共產黨的確是一個大的反動。它的反動是怎樣呢？（一）用暴力取得政權；（二）用暴力來維持取得的政權。這卅五年來，所謂共產黨的歷史——世界共產運動的歷史，都跳不出這兩句話。無論在那個國家，共產黨的陰謀都是跳不出這兩句話的。

共產黨用暴力取得政權以後，又怎麼樣用暴力來維持他用暴力取得的政權呢？就是要把三百年來大家公認的人人應該享受的各種自由權利，一切予以剝奪。不許你有信仰、思想、言論等等的自由，連看報的自由都不許的；並不許有財產與行動的自由。今天在坐的朋友，或許有父兄子弟或先生學生或親戚朋友淪陷在大陸。我們看見這個過程——用暴力取得政權、用暴力維持他用暴力取得的政權。他的方式；就是力量到了的地方，立刻罩下鐵幕。第一步，不讓你看報紙；要看報，就得看他的官報。所有新聞消息，都是從新華社出來的，連各報的社論，都是一個地方撰好分發的。只有報沒有新聞，正確的消息也沒有了；無線電廣播也沒有收聽的自由；慢慢的，連說話的自由也沒有了，然後再進一步連不說話的自由也沒有了。從前無論怎樣黑暗的政治，我們還可以有不說話的自由。所謂「是非祇為多開口，煩惱皆因强出頭」，就是說我們在家裏不開口不出頭，就沒有人來干涉你，你還可以保留良心的自由。現在却不行了，你不說話，他要你說話，甚至把廣播稿子替你做好，要你廣播罵人，罵你的爸爸媽媽，你不罵還不行。我的小兒子在大陸上就是這樣。我的兒子罵我是帝國主義的走狗，人民的公敵。他這樣的罵我，由於他沒有說話的自由，也沒有不說話的自由。諸位當中許多有父兄子弟或親戚朋友或學生先生在大陸，這些年來，他們在大陸所受的痛苦，就是被共產黨把他們信仰自由、思想自由與發表言論的自由，統統剝奪了。這個時候，人，不是人，變成了共產黨的奴隸，都是共產黨所謂政府和所謂黨的奴隸。他要你做甚麼，你就得做甚麼。他要把你的財產拿去，於是多產的變為沒有產，沒有產的變為奴隸，就是人民勞力所得的，都沒有權利承認是我的。我的沒有了，你的，他的，都沒有了。人民不但財產沒有了，勞苦所得的享受的權利沒有了，甚至連糧食也沒有了。人人都要靠共產黨發的糧食票。這在我們大陸如此，在整個鐵幕內八萬萬的人民都是如此，完全成為共產黨的奴隸。這個潮流，我們叫他做反動。

有一部份人，甚至一些聰明才智的人，在當初說共產黨是代表社會主義的，是人人「各盡所能，各取所需」的。認為在共產黨統制之下更民主、更自由、更平等，殊不知到了鐵幕裏面，才曉得過去所想像的完全是夢，他乃是以暴力取得政權，然後用暴力來摧殘三百年來所謂的自由權利。一切摧殘完了，然後用暴力來保持他用暴力所取得的政權。

剛才講到鐵幕裏面有八萬萬人口，加上鐵幕祖國俄國的兩萬萬人口，差不多有十萬萬人口。這十萬萬人口，看來似乎也是一個大力量。所以人家講，你講三百年來的大潮流，為甚麼還要把這樣一個十萬萬人的大力量當成一個反動呢？我今天對許多老朋友小朋友與青年中年的朋友講，我已經六十多歲了，我又是弄歷史的人，我可以誠懇的告訴大家，我現在還承認三百年來科學民主自由的那種文化的趨勢，是人類歷史上一個大的趨勢，這個方向是對的，正確的。而這卅五年來，共產黨所代表的鐵幕的文化——反自由反民主的文化，是一個反動。不要以為鐵幕裏及鐵幕祖國的人口共計有十萬萬，就以為他也是一個大的運動。

請不要看錯了！三百年來科學工業化的文化與自由民主這個趨向，是人類文化的大路。而這卅五年來的反動，不是一個有力量的反動，是人類歷史上一個小小的波折，並不是怎樣可怕的。現在我舉兩個例子來證明他的不可怕：我們看共產黨為甚麼要用鐵幕呢？為甚麼要鐵幕內同鐵幕外斷絕交通，人不許自由的出來；報紙、刊物不許自由的進去？為什麼不讓人民出來看看呢？這是他怕光明，怕自由。他曉得如果有了自由、有了光明的東西進去，他的本身就動搖了。我們看俄國布爾雪維克共產黨在這卅五年來，雖然完全抓住了政權，完全統制了俄國的兩萬萬人民；統制了這樣一個大國，作了些什麼呢？是不是為人民提高了生活，做到了更自由更民主更平等呢？沒有的。他是把一切力量來製造暴力，想把人家的政府一個個的破壞。表面上說自由平等，實際上都是假的；沒有經濟自由，也沒有政治自由。他說的政治自由、經濟自由，完全是騙人的，沒有的事。我們看他為甚麼要有這樣的鐵幕，就是他對不起人民，沒有替人民抬高他的生活，也不替人民解除苦痛；他把人當工具、當機器，目的是以暴力來維持取得的政權，以暴力來征服世界。所以不願意他的人民同外面接觸比較，不願意他的人民看見外面的光明與自由，用鐵幕擋住外面的潮流，這就是怕。我們研究歷史的人都曉得，沒有說是一個大的勢力還要怕人家的。「怕」，就是自己不相信自己。因為鐵幕國家自己不相信自己，所以共產黨的頭兒——無論莫斯科或北平的頭兒都是時時刻刻在那裏怕，在發抖，這就是表示他不是一個大的力量。凡是代表怕的心理的，就是表示他不相信自己的主張、自己的制度、自己的人民、以及自己的力量。我可以告訴各位，我們的敵人是不足怕的。他自己不信任自己的組織、主張、力量，以及一切，所以他怕。這個怕的心理，最可證明這卅五年來的潮流，儘管轟轟烈烈有聲有色，十萬萬人口的力量，好像很大的，其實在人類文化進步的大潮流中是一個反動、小波折。

我今天到新竹來的時候，原來沒有準備說甚麼話，不過在中午吃飯的時候，有幾位朋友要我隨便講一講話。我請他們給我出個題目，他們就要我講一講世界文化的趨勢。我剛才講的那些話，因為沒有機會去找參考書，所以祇能簡單的說說。

我們這個國家所走的這個方向，還是站在文化大潮流的大運動裏面——民主自由的世界方面的。在這個大運動裏面，我們沒有走錯路。我們祇要不走錯路，努力往這方面走，我們自己的力量，應該可以一天天的增加起來。大家不要把我們自己看得太輕，也不要怕敵人。他自己吹有八萬萬人民站在他那方面。不要怕！他自己已經沒有信心，我們不必怕他的。他代表的是歷史上的反動，因為他抹煞了人的幸福，人的自由。三百年來，人憑聰明才智來控制自然，為的減除人的痛苦，提高人的幸福。抹煞人的幸福、人的自由，是一個反潮流的，所以他不敢自信，怕外面的自由光明。我們是朝着三百年來的人類的正路走的，我們是承認「天地之性人為貴」的。我們要科學工業文化，為的是人，認為人應該保留他的尊嚴，發揮他的人格，還得要有各種自由。這點意思，我覺得是值得在我將要離開臺灣回到國外去之前，向各位提出來的。

我希望我們各位青年中年與老年的朋友，不要失掉我們的信心，認淸楚我們走的民主自由的道路，是三百年來人類共同的一個目的。我們這條路是對的，是進化的大路。敵人代表的那條路，是三百年中最近這卅五年來所發生的一個小的逆流，小的波動。這個反動，不久的將來，便會被摧毀、被打倒的。

歐洲的防禦

龍平甫

一、前言

自第二次世界大戰結束不久，自由世界卽發現蘇俄帝國主義的威脅，然而一直到一九四七年春美國政府纔始採取措施阻止蘇俄向外侵略，這便是杜魯門的援助土耳其希臘的政策。歐洲的防禦便由此開始。接着國務卿馬歇爾宣佈經濟援歐計劃，一九四八年美國國會通過實施馬歇爾計劃。同年英法荷比盧(森堡)五國成立西方同盟，名義上是預防德國侵略主義的復活。實際上是團結抵抗蘇俄的侵略。次年四月由於柏林的封鎖而有大西洋公約的簽訂，美國破例參加同盟。從此自由世界的防禦始有基礎。由於世界局勢日趨緊張，美國於一九五〇年決定給自由國家以軍事援助。而朝鮮之戰發生後，西歐各國更感軍事合作抵抗侵略的迫切需要。經過多月的協商，駐歐盟軍最高統帥部(S.H.A.P.E.)終於一九五一年四月在巴黎成立，負責歐洲的防禦。

遠在一九四一年十二月七日戴高樂將軍聽到日本偷襲珍珠港的消息後興奮的說道：「現在勝利已經在握！」(指美國因此被迫參戰)。然而他接着說：「我擔心美國與蘇俄會有一次大戰」。事實上史太林以共產主義爲號召推行其斯拉夫民族帝國主義。蘇俄當局在若干言論中充分表現征服世界的野心。例如一九二四年史太林說：「俄國的革命以推翻其他國家的資本主義爲目的，世界革命業已開始」；一九三四年史太林又說：「世界革命時代爲總體戰時代，其間有進有退，可能經過幾十年」。一九四五年對德戰爭勝利，史太林要求俄國人民「繼續擴張經濟，加强蘇俄戰時經濟」。這些言論足够證明蘇俄當局征服世界的野心。在戰後的民主國家中祇有美國是蘇俄的勁敵，因此蘇俄對外宣傳集中攻擊美國，藉以孤立美國，然後以各個擊破的政策，吞併各自由國家；反美宣傳的對內目的則企圖造成俄人的仇美心，以爲戰爭的心理準備。史太林對他勢力所能控制的區域則厲行鐵幕政策，一方面幫助中共奪取政權，一方面加强對東歐附庸國的控制。此外更成立共產國際情報局，以控制蘇俄以外的共產黨。這些措施都是爲未來的戰爭作準備。據法國軍事專家畢耀德將軍(P. Billotte)稱：史太林在一九四八年在黑海以北的克里米的索赤(Sotchi)秘密召集東歐各附庸國首要赴會，他說：「現在需要三年的時間來整理並統一東歐各國的經濟，控制中國，並將蘇俄的戰時經濟加强至必要程度。在此期間可能有戰爭的謠傳，但是我決不開戰。三年之後，如果需要的話，我將與西方算總帳」。畢耀德將軍認爲這件故事是千眞萬確的，因而他認爲史太林將於一九五二年進攻西歐。爲了提醒歐洲人士的警覺心，畢耀德將軍於一九五〇年初發表一書，名爲「決擇之時」(Le Temps de choix)，主張歐美各自由國家成立大西洋聯邦，在政治上，經濟上及軍事上從事澈底的改組，以求完全的合作，抵抗蘇俄的帝國主義。同時英國軍事權威哈德(Liddell Hart)發表一部著作名爲：「西方的防禦」(Defence of the West)。他檢討第二次世界大戰的戰史，認爲西方國家所犯的最大錯誤是羅斯福對德無條件投降政策，他稱之爲最壞的公式。羅斯福正忽視了孫子兵法基本原則之一：孫子卷七軍爭篇：「歸師勿遏，圍師必闕」。無條件投降政策不但使戰爭多延長兩年，並且使德國的武力澈底崩潰，促成戰後西方防禦力的削弱，四國佔領德國亦由此發端，目前使德國參加歐洲集體防禦也因此發生嚴重困難。畢耀德將軍更指明戰時英美對蘇俄的各種讓步，尤其是雅爾達協定，更助長蘇俄的擴張，史太林得隴望蜀，自然不會停止他的對外擴張政策。一直到一九五〇年韓戰爆發前，史太林的帝國主義擴張政策沒有遇到有效的遏止。

二、蘇俄的備戰

爲了控制附庸國，進行戰爭準備，蘇俄設立兩個機構，一爲一九四七年十月五日宣佈成立的共產國際情報局。由俄、波、捷、匈、羅、保、法、意及南斯拉夫等國共產黨成立（南斯拉夫在一九四八年被開除）。其最高機關爲一委員會，受蘇俄政治局控制。委員會之下分設五部，卽：①宣傳部，②經濟部，③政治部，④軍事部，⑤情報部。共產國際情報局不但是蘇俄控制各附庸國的工具，而且是指揮西歐共產黨活動的大本營。軍事方面的統一指揮機構的存在當無可置疑，而且報紙早有報導。祇是蘇俄對此事諱莫如深，局外人很難知其眞象。本年十一月六日漢堡「時代」(Die Zeit) 週刊發表一段消息說：「本年八月共產國家在捷克首都布拉格開會，結果在該城成立一軍事機構，由蘇俄元帥布爾加寧 (Boulganin)，朱可夫 (Zukov)，和伐西列夫斯基 (Vassilievski) 任正副主席。此外波蘭由其國防部次長考爾次 (Korczyc) 代表，捷克由蘇俄軍事代表團長古塞夫 (N. Goussev) 代表，匈牙利由法爾加斯 (Farkas) 代表，羅馬尼亞由保得拉斯 (Bodnaras) 代表，保加利亞由葛利可夫 (Grekov) 代表，另外有中共代表一名，名叫 Yun Ti 的。

第二次世界大戰結束後，民主國家立卽復員，祇有蘇俄維持規模龐大的常備軍。其數量大約爲一百七十師至二百師。此外蘇俄當局並積極使其軍隊現代化。對於東歐附庸國的軍隊，不但加以擴充，並且加强控制。它甚至對附庸國共產黨份子擔任國防部長也不信任，因此派蘇俄將領主持其國防（例如波蘭）。至一九五二年四月爲止，蘇俄的東歐附庸國(波、東德、捷、匈、羅、保、阿爾巴尼亞)共有六十五師，正規軍共一百三十一萬人，公安部隊共三十八萬人。

一般軍事專家認爲蘇俄的常備軍有一百七十五師左右。自然這些軍隊不會全部用來進攻歐洲的。軍事專家說蘇俄分劃下列各軍區以佈署其軍隊：①遠東區，總司令部在赤塔；②中亞細亞區，總司令部在塔什干；③高加索軍區，總司令部在第夫里斯(Tiflis)；④大西洋區，總司令部在切尼亞可斯克(Tcherniakhosk)(舊稱因斯騰堡 Instenburg)。大西洋軍區是面對自由歐洲的。它的指揮官當是布爾加寧，而朱可夫可能是參謀長。本軍區分配有八十五師俄軍，分駐於那爾瓦(Narva)，明斯克(Minsk)，基輔(Kiev)與德薩(Odessa)之線，及東歐各國。其中有三十師駐在東德，兩師駐在奧地利，二十七師駐在其他附庸國。

一旦戰事爆發，俄國可在歐洲動員這八十五師軍隊及六十五師的附庸國軍隊。換言之，她可動員一百五十師的軍隊用於歐洲戰場。但是蘇俄必須分兵來對付東南歐的土耳其，希臘與南斯拉夫。駐在羅保匈三國的二十七師蘇軍及這三個附庸國軍隊約三十師，恐怕要應用在這方面。因此蘇俄可能用來進攻西歐的軍隊不及一百師。美國紐約時報歐洲分社主任密德爾頓(Drew Middleton)在本年發表的「西歐的防禦」(Defence of Western Europe)一書中，認爲蘇俄可能動員進攻西歐的軍隊不及七十五師，其最大理由便是蘇俄軍隊的趨向現代化。一個現代化的軍隊需要大量的技術人員與後勤人員。同時需要大量的技術工人生產武器與裝備。但是蘇俄的技術人員則嚴重缺乏。基於上述理由，蘇俄所能動員的軍隊數量不能不減少。

駐在東德的三十師(共四十萬人)是蘇俄最精銳的部隊，司令官是崔可夫(Vassily Chuikov)。其第三突擊軍(Third Shock Army)在最接近西方的 Letzlinger—Heide 一帶佔領陣地，與英國派駐在下薩克薩(Lower Saxony)的萊茵軍(Army of Rhine)遙峙。蘇俄第八近衞軍(Eight guards Army)則分配在 Eisenach—Ohr druff 之線，與美軍接近。這兩軍各有四師，各有一半爲裝甲師。此二軍之後爲第一、第二、第三及第四機械化軍。其步兵師已摩托化。駐東德蘇俄軍事當局已在柏林之南的溫斯道夫(Wunsdorf)建築一個規模龐大的司令部，可以容納三萬五千人，並有地下的指揮與交通設備。

關於蘇俄附庸國的武力的改組與擴充，茲根據本年五月法國世界報(Le Monde)發表的「爲史太林服役」(Au Service de Staline)(爲 Casimir Smorgorzewski 所著)簡述於後：①波蘭——自一九四九年十一月六日蘇俄元帥羅珂索夫斯基(Konstantin Rokossowski)任波蘭國防部長後，波蘭的武力即直接受蘇俄的控制。波蘭現有陸軍三十六萬。分編於二十師，分配在四個軍區：(甲)華沙，(乙) Bydgoszcz，(丙) Wroclow，(丁) Cracovie。這二十師中有兩個裝甲師，兩個機械化師，四個摩托化師，其餘爲步兵師。此外波蘭有空軍六萬人，防空部隊一萬人，海軍一萬五千人，公安部隊十萬零五千人。②捷克斯洛伐克——捷克的國防事實上由駐在 Karlovy—Vary 的蘇俄元帥康涅夫(Koniev)控制。此外尚有規模龐大的蘇俄軍代表團，團長爲古塞夫，包括上校及將官百員左右。捷克共有十師，分配在三個軍區：(甲)布拉格，(乙) Brno，(丙) Bratislava。另有四個師在成立中。捷克在這四師成立之後將有五個步兵師，三個摩托化師，三個機械化師，三個裝甲師。此外尚有十一個炮兵旅，另外在着手成立三個空軍師，現已成立六營傘兵。公安部隊有六旅邊防軍及九個保安團，全部兵員爲二十五萬人。③匈牙利——陸軍亦如捷克波蘭迭次被清除，現任陸軍總監爲出生在俄國的匈牙利人。陸軍共九師，分轄於四個軍區：(甲)布達佩斯，(乙) Debrecen，(丙) Kiskutelegyhaza，(丁) Pecs。其中步兵師五個，摩托化師三個，裝甲師一個。另外有三個師在成立中。空軍有四團，傘兵一團。公安部隊有四旅邊防軍，八個保安團。全部兵員共十八萬三千人，幾三倍於和約所批准的數量。匈國所駐俄軍之多僅次於東德。④保加利亞——一九四九年蘇俄使祖籍保加利亞而在俄將托爾布金(Tolboukhine)之下任少校的潘撤夫基西(Petr Pantchevksi)升爲中將，充任國防部長，使另一祖籍保國而在馬林諾夫斯基之下充任參謀的軍官升爲國防部次長兼參謀總長。保國陸軍共十一師，分轄於三個軍區：(甲)索非亞，(乙) Plovdiv，(丙)史大林(原爲 Varna)。計步兵師七個，摩托化師一個，機械化師三個。此外尚有兩旅騎兵，三師砲兵。空軍有三旅。公安部隊有五旅邊防軍，八個保安團。全部兵員二十一萬人，幾四倍於和約所允許的人數。⑤羅馬尼亞——國防部長爲蘇俄烏克蘭籍的古柯文(Kukovine)。陸軍共十二師，分轄於三個軍區。(甲)布加勒斯特，(乙) Jassy，(丙) Cluj。計有四個步兵師，四個摩托化師，兩個騎兵師，兩個裝甲師。另有二師在成立中。空軍有五團。公安部隊有邊防軍八旅，保安團十二。全部兵員三十二萬五千人。幾三倍於和約所批准的人數。⑥阿爾巴尼亞——駐有蘇俄軍事代表團，陸軍共三師，全部兵員五萬人。⑦東德——蘇俄的德國佔領區武力骨幹爲「人民警察」。分屬於五區：(甲)Berlin-Adlerhof, Brandenburga (乙)Scbwerin, Mecklenburg (丙) Halle-Saxe-Anhalt (丁) Weimar, Thüringen (戊) Dresde, Saxe。指揮官由舊德國防軍軍官充任，而統轄於崔可夫。「人民警察」原編爲若干「警衞團」，在一九五〇年共有三十九團，次年則改組爲二十四個戰鬭單位，易名爲「人民警察服務團」(Volkspolizeidienststellen)，形成機械化的作戰單位，每團有軍官佐六百員。兵士二千三百名。官佐比例之大在準備擴充爲師。本年十二月二日英國外務部發表東德擴軍報告，現已有一軍成立，司令部在 Pasewalk，下轄三師，分駐於 Eggesin, Prenzlau 與 Prora。另有「海上警察」及「航空警察」，這是海軍與空軍的雛形。

蘇俄各附庸國軍隊在擴充中，預計在一九五三年春季將有九十一師常備軍。其中波蘭二十四師，東德十二師，羅馬尼亞十五師，捷克十四師，匈牙利十二師，保加利十一師(仍舊)，阿爾巴尼亞三師(仍舊)。

三、自由世界的對策

在蘇俄積極擴軍備戰以爲他日實行軍事冒險的情形下，自由世界自然要採取一些對策。這些對策可分爲經濟的，政治的及軍事的。第二次世界大戰以後除美國以外，其他各民主國都感覺經濟復興的困難。因此，復興經濟爲抵抗共產主義擴張的第一要着。於是有馬歇爾援歐計劃的產生，一九四八年四月三日美國國會正式通過馬歇爾計劃，交由經濟合作局執行。自此時起至一九五一年底止，美國分配給歐洲各國的援款共一百二十三億八千五百萬美金。其中九十二億六千萬美金爲贈金，十一億三千九百六十萬美金爲貸款。此項鉅款中用於購買物資的爲一百二十二億八千一百萬美元（用於在美國購買物資的款項爲美金七十五億八千七百萬元）。除上述款項之外，尚有緊急救助金五億二千萬美元。馬歇爾援歐的成就爲：①通貨膨脹的制止，②生產的恢復或超過戰前生產額，③出口的改善。關於歐洲各自由國家間的經濟合作，有許曼計劃 (Schumann Plan) 的實行，法德荷意比盧六國實行煤鐵合營，這是歐洲經濟合作的空前進步。

政治上的措施，先後有英法荷比盧五國訂立的西方同盟及英法美等十二個國家所成立的大西洋同盟的成立。關於歐洲間的政治合作，法國於一九四九年發起歐洲會議(Conseil de l'Europe)，於是年五月由法英荷比盧組織成立。其後丹麥，愛爾蘭、意大利、挪威、瑞典、土耳其、希臘、德意志聯邦紛紛加入。歐洲會議分爲兩部分，一爲諮詢大會(Assemblée consultative)，由各國國會選派代表組織之，一爲部長會議 (Comité des Ministres)，由各國政府選派部長階級的代表組織之。歐洲會議是一種諮詢機關，祇是歐洲政治合作的出發點而已。

關於歐洲防禦的軍事上的措施，大西洋公約實佔有重要的地位。公約簽訂的第二年由於國際局勢的緊急，美國開始實行對歐洲實行軍事援助。韓戰發生後，歐洲的防禦問題更爲迫切。一九五〇年十月大西洋公約國家開會討論共同防禦歐洲辦法，是年十二月布魯塞爾會議對德國參加歐洲防禦獲得原則上的協議，於是各國請求美國總統任命一美籍將領爲駐歐盟軍最高統帥。是年十二月廿日艾森豪元帥受命擔任此職。次年一月艾帥到歐洲視察一週，並與各國政軍首要討論防務問題。三月十五日盟軍總部開始在巴黎辦公。艾帥並發表各部分人選及防禦的區域組織，四月二日艾帥正式就職。本年四月艾帥因參加總統競選而辭職，遺缺由美總統任命李奇威 (Ridgway) 將軍繼任。艾帥在任時極力贊助歐洲的統一運動及歐洲軍的建立。歐洲聯防條約便是在艾帥返美之前簽訂的。

駐歐盟軍最高統帥受常任理事會節制。他在戰時控制同盟國的海陸空各軍，但是各該國內部治安與海岸防禦仍由各該國當局負責指揮。不過盟軍最高統帥在認爲某一地區海岸防禦或治安維持的兼管爲防禦西歐所必需時，則有權兼領之。盟軍最高統帥在平時的權力與責任爲：①北大西洋公約國家分配於統帥部的武力的組織與訓練，以期構成爲一個完整的力量，②防禦計劃的編製，③向常任理事會建議平時與戰時一切與軍事有關的問題。最高統帥可直接與各國參謀總長發生聯繫，在特殊情形下可逕與各國國防部長及政府首長接觸。各國並得派聯絡官常川駐總部。

（左表所示爲駐歐盟軍最高統帥在大西洋集團防禦體系中的地位）

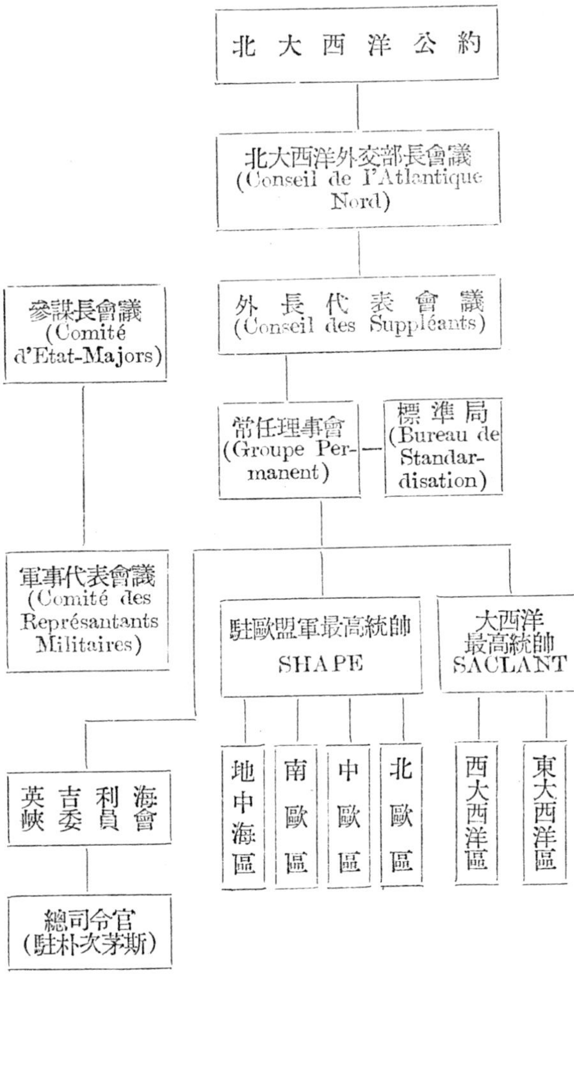

陸歐盟軍最高統帥的助理是三位副總司令。第一副總司令官是蒙哥馬利元帥。他在統帥缺席時可以代行其職權，他負責盟軍的組織與訓練。其他兩位副總司令官，一爲英國空軍元帥孫德士 (Hugh Saunders)，專門負責盟國的空軍指揮；一爲法國海軍中將賴莫尼(André Lemonnier)，專轄海軍。總部的參謀總長爲古倫德中將 (A. M. Gruenther) 及三位副參謀總長：①英國空軍副元帥胡德爾斯頓 (E. C. Hudleston)，主管計劃，政策與作戰，②法國加爾邦第將軍 (Marcel M. Carpentier) 主管行政，③美國畢德爾上校 (Anthony J. D. Biddle)，主管各國事務。另外還有五位助理參謀長：①法國包德將軍 (P. L. Bodet)，主持計劃與作戰，②英國愛勒少將 (Terence Airey)，主持情報，③英國費士定少將 (Festing) 主持通訊，④美國李維少將 (E. H. Leavey)，主持後勤工作⑤意國海軍將官加波尼 (Ferrante Capponi) 負責人事行政。

歐洲防禦的區域組織原分爲北區，中區及南區。本年十二月中旬在巴黎召開的北大西洋公約會議決定成立地中海區，一共四區，各區陸海空軍指揮的人事配備如下：(甲)北歐區：北歐區總指揮官爲英國布令德海軍上將 (Admiral Sir Patrick Brind)(布令德將於一九五三年四月去職，總指揮一職由英國陸軍中將滿式格 (General Sir Robert Mansergh) 繼任，總部設在奧斯陸 (Oslo)；本區海軍司令由本令德兼任(布令德的繼任者尚未決定)。空軍司令原爲美國泰羅爾少將 (R. Tylor)，現爲美國喀德爾將軍 (Carter) 繼任，司令部在奧斯陸。陸軍的挪威部分由挪籍韓斯騰中將 (Wilhepm von Tangen Hansteen) 統領，司令部在奧斯陸；丹麥部分由丹麥的哥爾慈中將 (Ebbe Görtz)，率領現在則由莫勒爾將軍 (Moller) 繼任，司令部在哥本哈根。(乙)中歐區：本區地面部隊指揮官爲法國余安元帥 (A. yuin)，空軍司令官爲美國諾爾斯塔 (Norstad) 將軍，海軍司令官爲法國若熱爾海軍中將 (Robert Taujard)，三將互不相屬，直接受盟軍總部控制；其司令部均設在法國的封騰布勞 (Fontaine-bleau)。(丙)南歐區：本區總指揮官爲美國前駐地中海第六艦隊司令喀爾奈 (Carney) 海軍上將。總部設在意大利的那布勒斯 (Naples)。本區陸軍分爲兩副區：(子)東南歐副區，司令官爲美國魏滿將軍 (Gen. Wyman)，司令部在土耳其的士美納 (Smyrne)，(丑)南歐副區：司令官原爲意大利的加斯第易奧尼 (de Castiglioni) 將軍，現爲佛拉第尼 (Frattini) 將軍繼任；司令部在唯羅納 (Ve-rone)。空軍司令官爲美國史納特將軍 (Schlatter)，司令部在佛羅倫斯 (Florence)。本區海軍原由喀爾奈自領，在理論上包括地中海全部，惟未得英國同意，自希臘與土耳其加入北大西洋公約組織之後，全部地中海的海軍統帥權更爲美英間爭執的焦點，這個問題直至最近始得解決。喀爾奈統帥地中海區支持登陸的海軍 (包括美國第六艦隊——司令官爲萊特將軍 Jerault Wright)。(丁)地中海區：司令官爲英國蒙巴頓 (L. Mountbatten) 海軍上將。總部設在馬爾太島。負責地中海交通與航運的維持。其下分爲四副區：(子)直布羅陀副區(Gibraltar)，由英籍海軍將領擔任指揮，人選尚未決定。(丑)意大利海岸副區，由意籍海軍將領姬羅西 (Gerosi) 指揮；(寅)西地中海副區，由法國海軍將領沙納 (Sa-la) 任指揮，司令部在柯爾及爾 (Alger)。(卯)東地中海副區，指揮官人選尚未決定。

現在讓我們來研究歐洲的防禦力量：就西歐而論，目前常備軍中的主力是在德國屯駐的美英防軍。一九五〇年初期駐德美軍祇有第一步兵師及警衛師 (Contabulary)，共四萬一千人。自韓戰發生後，自由歐洲的防禦日益迫切，於是美國應各國之請，續派援軍到歐。現在駐德美軍共有十五萬人，計有第一師，第四師，第二十八師，第四十三師 (以上皆爲步兵師)，及第二裝甲師與警衛師，合稱第七軍。軍長爲愛廸將軍 (Manton S. Eddy)。他對士兵的訓練特別注意，尤其是班排連的戰鬪教練。第七軍的實力非常堅强，士氣很旺盛。美軍的補給港原爲德國的布來梅港 (Bremerhaven)，但是因接近蘇俄佔領區，在戰時有被切斷的危險，於是美軍當局已將補給港移至法國的波爾多 (Bordeau) 與拉羅舍爾 (La Rochelle)。並在法國東北部凡爾登一帶設立補給堆棧。法國中部大城奧爾良 (Orléans) 則成爲美軍後勤總部所在地，由楊將軍 (Young) 主持其事。英國在德國的駐軍稱爲萊茵軍 (Army of Rhine)，在韓戰之前這一軍祇有二師，即第二步兵師及第七裝甲師。自整軍之後英國增派第十一裝甲師，後來又加派第六裝甲師。至一九五二年初英國在德共有四師。此外英國萊茵軍尚附帶一師實力不足的比利時軍隊，一旅丹麥軍隊，及一旅挪威軍隊。法國在德境維持五師駐軍。美英法在德境內的駐軍是保衛西歐的緊急武力。

爲了從事歐洲的防禦，飛機塲的建築也是重要的問題。大西洋公約國家早已決興建一百二十六處飛機塲於歐洲大陸。其中百分之九十業已竣工，其餘百分之十在建築中。這些飛機塲計分配於下列各國：比利時，十四處；丹麥，七處；法國，四十一處；意大利十二處；盧森，一處；挪威，七處；荷蘭，十三處；西德，三十處。此外沿地中海岸的北非洲一帶，分佈有英法美軍用機塲。美國更在摩納哥建築大飛機塲五處：① Nouaceur ② Sidi Si-mane Keédia；③ Ben-guérir ④ Boulhaut ⑤ Louis Gentil。這些機場是戰略轟炸的基地。不但如此，英國更是支援歐洲防禦的陸海空軍的强大基地。

現在再略談西歐各國整軍的情形：(甲)英國：常備軍共有八十七萬人。作戰部隊共十師，其中四師在德國，兩師在近東，兩師在馬來，一師在香港，半師在朝鮮。國土防守軍在理論上有九師，其中有兩個裝甲師，一個空運師，四個步兵旅。英國已將飛機一千三百架交與北大西洋公約組織支配。

(乙)法國：一九五〇年法國祇有五師在歐洲而且實力不充足，至一九五二年法國已將這五師重新裝備齊全，另外並成立五個新師，可以在三天之內完成動員。此外法國計劃在一九五二年十月一日成立兩個師。她並積極擴海空軍並使之現代化。一九五二年法國海陸空軍人員共爲九十萬零五千人（一九三九年爲八十七萬五千人）。自一九五〇年初以來共增加二十四萬人。其中陸軍增加百分之二十五；海軍增加百分之二十四，空軍增加百分之七十。本年十一月下旬法國國防部長蒲來萬(René Pleven)向「美國新聞與世界報導」記者宣稱法國已擁有十二師常備軍，原擬在一九五三年成立三師，現決暫緩實行，而以駐在北非洲的兩師加入，共十四師，並儘量擴充其設備與兵員。(丙)比利時：在韓戰以前有一師比軍駐在德國，但實力不足，戰爭發生後，比國已將這一師實力補足。此外比國計劃在一九五二年初成立一個步兵師，一個裝甲師及一個預備步兵師，希望在一九五二年七月有兩個步兵師及一個裝甲師成立就緒，此外尚有兩個預備師。至一九五二年底計劃幾全部實現，祇有一個預備師尚未徵召，其重武器尚未補足。比國全部兵員爲十四萬五千人。空軍有七個戰鬪機隊，兩個轟炸機隊，若干運輸機。比國計劃在一九五二年終成立十一個戰鬪機隊，九個轟炸機隊。目前軍用作戰飛機共有三百架。(丁)荷蘭：在一九五一年夏已將一個旅交與駐歐盟軍總部支配，同時荷政府並準備一個預備師的幹部。荷蘭希望在一九五二年秋再成立兩個預備師，至是年十月一日荷蘭已有三師，其中一師爲常備軍，兩師爲可立即動員的預備師。全部兵員爲一一三、七一八人。空軍在本年底有六隊驅逐機，四隊防空戰鬪機。此外荷蘭並計劃繼續擴軍，到一九五四年可能有五個步兵師（分爲一個軍及兩個獨立師）以及若干公安營。那時荷蘭的全部兵員將爲二十五萬人。此五師中有四師是預備師，可在三四天之內完成動員。空軍在一九五四年可能有二十一個戰鬪機隊及若干偵察與護航隊。

自由歐洲防禦的左翼是北歐區。北歐共有芬蘭、瑞典、挪威、丹麥四國。其中挪威與丹麥已加入北大西洋公約組織。芬蘭是一個勇敢善戰的國家，她在抵抗蘇俄的侵略之戰中會立下卓著的戰績。她雖終於戰敗，但仍能保持其獨立，蘇俄對她無可奈何。芬蘭陸軍中的共產黨員已被淸除。芬蘭因與蘇俄比鄰，三面受敵，因此對外政策頗愼重，不願加入任何集團。瑞典是北歐各國中武力最强大的國家，她有陸軍二十五師左右，可在三十六小時內動員，並且擁有齊全的裝備。空軍有飛機一千架，其中半數是噴氣式飛機。瑞典已能自造此種飛機，因而將原有英國造的噴氣式飛機轉售與比利時。目前瑞典軍事當局仍在積極改換新式裝備。時至今日瑞典仍保相當强的中立傳統。但是在未來的戰爭中她是否能維持中立，恐怕很成問題。幾個月之前瑞典的飛機被蘇俄空軍擊落在波羅的海中，這件事很可提醒瑞典人的美夢。如果瑞典被捲入戰爭漩渦中，她一定在自由世界陣營之內。挪威與丹麥實行國民兵制度，常備兵很薄弱。丹麥人多年在和平中生活，而且是小國，免不了有聽天由命的觀念。丹麥每年有二萬五千新兵入伍，她可在三天之內動員下列數量的兵員：陸軍：十二萬五千人；海軍：二萬人；空軍：五千人；國土防守軍：五萬人。挪威除有一旅在德國外並在韓戰發生後成立一個旅以防守北邊與蘇俄接壤的地帶。挪威擬再成立十個旅，可在三天之內完成動員。空軍有戰鬪機一百架。挪威人的抗敵觀念很强，並不怕蘇俄的威嚇。

現在再談東南歐的防禦力量。東南歐是盟軍的右翼，這裏有意大利，希臘與土耳其三個民主國家及脫離莫斯科的南斯拉夫。(甲)意大利：在一九五一年六月有三個實力百分之九十的步兵師，四個實力百分之八十的步兵師，兩個實力百分之六十六的步兵師。另有兩個裝甲旅，其實力各爲百分之九十及百分之四十五。整軍後意大利政府將軍隊重新調整。擬在一九五二年六月擁有四個實力充足裝備齊整的步兵師，至一九五二年終將有十二個師。意國國防部長巴期亞底 (Randolfo Pacciardi) 宣稱一九五二年終的十二個師的戰鬪力將等於一九三九年的六七十師。至一九五二年終意國有八師常備軍，其中六師裝配齊全，另有兩個裝甲旅，兩個山岳旅。全部兵員三十二萬人。意國已將三個步兵師，一個戰車旅及一個山岳旅交與盟軍總部支配。空軍則有十六個戰鬪機隊（其中有六個噴氣式機隊）。(乙)南斯拉夫：陸軍約有三十師，兵員數字估計頗有參差，約有三十萬至六十萬人。裝備多爲俄式與德式，多已陳舊，缺乏配件。陸軍機動力不足，惟南斯拉夫人勇敢善戰，如加以裝備當可發揮其潛力。但是狄托儘量不讓外人知道他的軍事力量，迄今他祇接三十餘美軍教官。(丙)希臘：陸軍有十師，十萬人。另有三萬武裝警察，二十營邊防軍，全部兵員爲十八萬七千人。希軍勇敢善戰，惟缺乏重武器。(丁)土耳其：土耳其因受蘇俄侵略的威脅，自戰後即動員近百萬大兵守邊。自一九四七年起美國聯合軍事援土團 (Joint American Military Mission for Aid to Turkey) 赴土耳其工作，已編練十八師土耳其軍隊，分爲甲乙兩種，甲種爲加强師，共十二師，乙種係舊式編制，共六師。兵員共二十三萬人。此外有三個騎兵師，六個裝甲旅，全部兵員共二十八萬人，分爲八軍。其他邊防部隊尚不在內。美國軍事代表團有官兵千員左右。其主要任務在訓練土耳其部隊如何使用新武器。在美國及西德就業的土國軍官已有一千五百員，士兵四萬人。土軍勇敢善戰，在韓戰中已立有卓著戰功。

自由歐洲中尚有瑞士，葡萄牙及西班牙三國。瑞士是小國中武力最强的一個。她可在最短時間內動員十六師左右以守衛國土。遺憾的是瑞士迄今不願放棄中立傳統，然而在下次大戰中她能中立嗎？那是很成問題的。葡萄牙已是大西洋公約國的一份子。西班牙在將來的歐洲防禦上會有重要的貢獻的。由於西歐各國中一部分社會輿論（如工黨及社會黨）的反對，西班牙迄今被摒除於大西洋公約國家及歐洲軍之外。近年來西班牙的國際地位已逐漸改善。她並允諾次第推行民主制度。西班牙的參加自由歐洲是無問題的。

一九五二年二月下旬里斯本大西洋公約會議決定在一九五二年終成立五十師防守西歐；第一線飛機擴充至四千架，其中將有一重要部分是噴氣式飛機。這五十師的分配大約如下：十二師法軍，十二師意軍，七師美軍（增加一師海軍陸戰隊），六師英軍，四師比軍，丹麥、荷蘭、挪威共三師。此項武力較一九五一年四月艾帥就任時大有增加。因爲那時西歐大西洋公約國家的常備軍不及十五師，後備兵雖多，但缺乏裝備；全西歐那時能作戰的飛機不及一千架，且多已陳舊。一九五二年終的五十師中，一半是常備軍，一半是預備師，可在三天至一個月中動員。如果西歐各國按計劃擴軍，到一九五四年夏盟軍總部可能擁有五十五師常備軍，及二十五個預備師，可以宣佈緊急狀態後十五天之內完成動員。此項武力包括歐洲軍四十三師（其中十二師德軍），英美軍十師，丹麥挪威各一師。土耳其、希臘及南斯拉夫的武力尚不在內。到那時西歐的防禦可謂充實，足以抵擋蘇俄的突襲。

民主國家在平時不能維持大規模的常備軍，因爲她們不能降低國民生活水準，以大砲代替奶油。目前西歐整軍的目的在成立相當數量的常備軍，足以抵抗蘇俄的突襲。一旦戰爭爆發，現有的常備軍足以抵抗侵略，然後再動員國民組織大軍以求反攻獲勝。因此西歐各國所擁有的常備軍數量較共產集團的爲少。此外我們應注意的是蘇俄的師較美英的師爲小，尚不及後者的百分六十。其裝備及兵員素質均遠不如英美軍隊。最後我們應記着：自由世界所能動員的人力，與物力在數量上及質量上均遠超過共產國家。

四、假如戰爭在明天爆發

至今仍有不少的人在那裏推測第三次世界大戰會不會爆發，或在何時爆發？實際上我們已處在戰爭的情況中。我們不要再有那種傳統的觀念，認爲戰爭的爆發由宣戰開始。「冷戰」正是一種戰爭形式。時至今日不但冷戰日趨嚴重，而且熱戰早已局部開始。如果明天克里姆林宮的獨裁者直接間接的開闢另一熱戰戰場，那便是三次大戰的正式開始。無論在冷戰及熱戰中，西歐都是重要的戰場，如果蘇俄侵略西歐，那便是世界大戰的正式開端。

在這種情形下，蘇俄的軍事行動如何？據法國已退休的參謀總長馬斯德 (Mast) 將軍的推測，蘇俄可在戰爭開始時動員二百五十師，三月之後可能擁有三百五十師。馬斯德將軍認爲蘇俄可運用此項武力向下列各地區發動攻擊：①在北極圈區域實行海陸空攻擊，企圖佔領阿拉斯加及冰島。在本區可能用兵三師至六師。②在遠東區實行擾亂行動，並指使中共進攻東南亞洲，可能用兵二十師，再加上中共的武力。③在中東實行陸空攻擊，企圖佔領伊朗，伊拉克，阿剌伯半島與蘇彝士運河，可能用兵四十至六十師。④對西歐及北非洲實行陸空進攻，在本區可能用兵數量如下：(甲)北歐區——十五師至十七師；(乙)西歐區——開始時一百二十師，可能增加至一百八九十師；(丙)巴爾幹半島區——三十師，再加上附庸國軍隊。但是紐約時報歐洲分社經理密德爾頓則認爲蘇俄所能動員進攻西歐的軍隊不過七十五師左右。最大的原因便是蘇俄軍隊正在積極的現代化，因此可能動員的師團數量不得不減少。

如果在最近的將來蘇俄向西歐進兵，西歐將怎樣防守？這是西歐人所最關心的問題，因爲西歐要到一九五四年纔有充分的防禦力。本年八九月歐美報紙曾一度熱烈的討論這個問題。九月十五日美國「新聞週刊」(Newsweek) 發表一篇文章討論西歐防禦。據說余安元帥曾擬定一個防守西歐的計劃，他着重於河川防線，如果在最近的將來西歐遭受優勢的蘇俄陸空軍攻擊，盟軍可以河川作防線，必要時可後撤。第一線爲伊塞爾萊茵河線 (Yssel-Rhine)，第二線爲索姆摩斯河線 (Somme-Meuse)，第三線爲羅亞爾羅尼河線 (Loire-Rhône)。萬一這些河川防線必須次第放棄，則美英軍隊不妨由法國波爾多港撤退，法軍則由馬賽退出。及至英國美國及其他盟國動員完成後，盟軍可由西班牙起開始反攻。依余安計劃則德荷比等國均在放棄之列。因此荷蘭報界對此計劃特別反對，認爲是特別保護法國利益的。爲修正余安計劃於是有史配德計劃(Speidel Plan) 的提出。史配德將軍爲西德內閣總理阿德勞的軍事顧問，他根據對蘇俄軍隊作戰的經驗提出一個堅强據點的防守計劃。他不主張死守防線，而主張集中兵力守一些據點區域，以待各自由國家充分動員後實行反攻。他所預擬防守的據點區域爲：①北德袋形陣地區 (Northero German Pocket)，②丹麥袋形陣地區 (Danemark Pocket)，③荷蘭堡壘區 (Fortress of Holland)，④海峽袋形陣地區 (Channel Pocket)，⑤阿登奈剌蝟區 (Ardennes Hedgehog)，⑥阿爾卑斯山根據地區(Alpine réduit)。此計劃並擬以英國作反攻根據地。如果在優勢的蘇俄軍隊攻擊下，美軍及一部分法軍不妨向阿爾卑斯山區撤退，英荷比及一部分法軍可能退守海峽地帶以備他日反攻。史配德計劃較優於余安計劃。它不但可節約兵力，同時蘇俄因側翼有堅强盟軍據點不能長驅直入。第二次世界大戰末期德軍實力已大削弱，但是由於採用堅强據點防守戰，必要時略向後撤，常以一對六抵抗蘇俄軍隊獲得重大戰果。

自本年八月中旬，紐約時報駐德臨時首都波恩記者，發表盟國間對西歐的防守戰略的意見不同的消息後，西歐報界曾一度熱烈討論。因此盟總部發表聲明認為報紙所傳各項計劃祇是代表一些「街談巷議」的看法。至於盟軍防禦西歐戰略計劃則保藏總部的保險箱中，局外人不得而知。接着華盛頓政界指陳大西公約國家的防守計劃包括歐洲各國，不會重此而輕彼。

西歐軍界人士，尤其是英國方面，認為即使蘇俄一旦發動戰爭，也不會長驅直入。在蘇俄軍隊突擊之下，盟軍在初期因劣勢的關係不妨略向後撤，待蘇俄軍隊撲空，立足未穩，再行反攻。在這種情形下，初期西歐防守戰將是蘇俄軍隊跳躍式的進攻。即是說，俄軍在攻佔一定地區後必須停頓整理補充兵員物資，經過相當時期的停頓後再作一次的進攻。因為軍隊愈現代化，所需要的物資數量愈大，離基地愈遠補充愈困難，而停頓的時間愈長。陸上的交通在盟軍的空襲下陷於癱瘓，一旦初期的銳氣消失後即再無進攻的能力。此後便是盟軍反攻的時期。

西歐的防禦經過兩年來的努力已大有成效。盟軍最高統帥部已認盟軍可在萊茵河以東地區抵抗蘇俄軍隊的進攻。這條防線由丹麥半島而南經過 Kasel, Fulda, Wuertzberg, Nuernberg, Regenburg 而抵南德。密德爾頓說：「如果史太林不在一九五三年一月一日以前進攻西歐，他將失去進攻西歐的良機」。由於韓戰的失敗，史太林似已改變戰略，放棄或延緩進攻西歐。同時他積極離間各自由國家，希望再產生一個希特勒，然而歷史是不會重演的。

在結束本文之前作者願將蘇俄軍事上的基本弱點作一結論：①現代戰爭以高度的工業生產為基本制勝條件。但是蘇俄的工業落後，技術水準低落。以工業基本的煤鐵而論，一九五〇年蘇俄生產煤二億五千萬噸，而英美兩國則生產九億噸；一九五一年蘇俄生產鋼鐵二千五百噸，而美國一國即生產九千萬噸。史大林深知弱點之所在，所以不斷叫一些「學者」與「考據家」發表一些「考證」，造出一些假歷史，幾乎將所有的重要發明歸之於俄人，其目的在克服俄人在技術與科學方面的「低劣心理」。②在比較人口與兵員時，我們不能以兩億人口的英美與一百餘種族合湊成的二億人口的蘇俄等量齊觀。蘇俄雖有龐大的常備軍，但是軍隊的現代化程度低，兵士的技術水準低，對於使用新式感覺困難。由於生產的落後，衆多的師團的裝備也是一個大問題，而且在戰爭中如此大量裝備的繼續不斷的供應尤其是困難。如裝備缺乏則兵員雖多也不能發揮力量。③廣大的空間在過去給俄國以安全的後方，在對拿破崙與希特勒兩次戰爭中是空間救了俄國的命。但是在未來的戰爭中蘇俄四面受敵，長距離的戰略轟炸已將空間大加縮小，因此蘇俄在這方面的優勢已日益削弱，同時因空間的限制，交通運輸為戰時最大困難，蘇俄軍隊的機動性減低，而且由各戰場移轉兵力將更困難。④美國在原子能方面佔有極大的優勢。

四一、十二、十一、草於巴黎

（上接第15頁）

法會議上曾說：「以我所了解的黨派，是無數的公民，激於共同的利益，互相結合，以圖不利於其他公民的權益，或社會的集體權益」。美國當時雖多痛恨政黨，但政黨事實上已在開始萌芽。

第二個時期，是放任政黨時期。這時政黨的勢力，不但可以操縱選舉，左右議會，議會的決議等於政黨的決議，議員已不是人民的代表，而是政黨的代表了。這時政府對於政黨，知道反對已無效用，防止已感徒勞，只有與之保持聯絡，希望能幫助政府，但也不予承認。在這個時期，政黨的存在和活動，乃是一種事實，尚沒有一種法制。

第三個時期，是承認政黨時期。這時不但承認政黨的存在，有其必須，且承認政黨政治，為國家的法制，如加拿大及澳洲聯邦議會中，反對黨領袖的薪俸，比較普通議員為多，有如國家的官職一樣。美國各邦亦常用法律規定政黨推舉議員候選人的手續，「初選」本來是他們政黨內部的事，但從一八八五年以後，各邦漸次都以法律規定。政黨原是政府法令以外的團體，此時已變為政府下的一種法定組織，政黨的行為，原為他黨內的事，此時已開始由法律予以規定。在戰前歐洲有些國家，且有規定議員被開除了黨籍，議員資格亦被剝奪，議員脫離了黨籍，同時即失去了議員地位。

基於以上所述，可以了解政黨提名，雖然是「其黨內之事」，但其行為，在法律上予以明文規定，在民主先進國家，是有先例可援。而且是從十九世紀後半期就已開始，當時他們一般的民衆，亦不見得對於政黨政治，有多大的「瞭解」，也沒有感到什麼「不便」。同時，政黨是現代民主政治制度中，一個不可少的中心勢力，他的成長的發展，直接間接都影響到國家的利益和人民的幸福，政府站在積極為人民服務的立場，對於政黨的行為，當不能停留在放任的態度上，因為我們現在是以實行政黨政治為目的，政黨的結合，在憲法上已經是有了合法的地位。換句話說，我們現在已經是進入到承認政黨的時期，既承認了政黨，就必須把政黨政治，列為國家的法制，這是毫無疑義的。

六

依據以上筆者粗淺的看法，可以得到一個簡單的結論：就是我們既承認了我們是一個實行政黨政治的國家，對於政黨的有關活動，就必須由政府在法律上予以規定，最重要的，就是各種公職選舉的候選人的產生，要由政黨提名，政府有了政黨提名的措施，才可促使政黨政治的發展。本文如有疏漏舛誤之處，尚請讀者不吝指正。

（四十一年十二月十七日）

關於政黨提名問題的商榷

柯德厚

一

選舉，在現代任何一個民主國家的施政上，都是一項很重要的工作，大選幾年一次，小選幾乎每年都有，這是誰也不能否認的事實。

選舉工作的第一步，就是產生候選人，使選民投票，有一個比較容易選擇的範圍，不致於無所適從。

候選人的產生方法，依據民主國家的慣例，主要的是政黨提名或人民簽署兩種。在民主憲政制度下的國家，各種選舉的候選人，大部是由政黨提名產生，因爲在民主政治制度下，政黨是必然發生的，不參加政黨的人，無法從事政治活動，因此，由人民簽署產生候選人的辦法，在現在各民主國家的各種選舉中，似乎已少有採用的機會。

至於這兩種辦法，究竟那一種好呢？我們可以簡單的分析一下，所謂簽署，是由願意出來競選的人，拿了規定的簽署書，到處拜托，有些人因爲碍於情面，不得不簽，但心裏却並不一定願意，因此，有些參加競選的人，等到開票的結果，所得的選票，倘沒有簽署的人多，可知爲你簽署的人，將來不一定必須投你的票，卽使是誠意替你簽署，大部份也是基於個人的私誼，並沒有一個客觀的標準，來作依據，因此，由簽署產生候選人的辦法，並不是一個理想的辦法。

政黨提名的辦法，則不是如此，他提什麼人做候選人，一定有一個客觀的標準，根據他的政策，適應環境需要，選擇黨中最優秀的人才出來競選，才可獲得民衆的信仰，他的政策也才能澈底執行。因此，現在在任何一個民主國家中，凡是屬於政黨的公民，要參加公職選舉，一定是由他的政黨提名。在戰前歐陸有許多民主國家，如瑞士等，現在也還有些國家，如南美的委內瑞拉，他們選民的投票，僅是選舉某個政黨，並不選舉某一個政黨的黨員，可見政黨在民主政治制度下的重要性，而政黨提名的辦法，在民主國家的選舉中，更有其必需。

二

國民黨自領導國民革命以來，就是以建立一個主權在民的國家，以實行民主憲政爲目標。自民國三十七年頒佈憲法以後，我們的國家已正式進入一個民主憲政的階段，政黨政治的理想，開始求其實現，但我們的政府，至今還沒有把各種選舉的候選人，應由政黨提名產生，明定於選舉法規中，國民黨黨內雖亦有時採用提名的辦法，以產生本黨候選人，但却沒有建立一個制度。一個政黨，假如他在各種公職選舉時，不運用選舉的機會，選拔一些優秀的同志去從政，以實行政策，爲民服務，這個政黨似已失去他存在的作用。政黨組織的目的，在實行政策，政策的好壞，是與國家利益和人民幸福息息相關的。一個國家，假如允許政黨的存在，而在選舉時，對他的提名與否，毫不過問，似已失去允許政黨存在的意義。尤以欲行政黨政治，政黨在選舉時，不使他堂堂正正的拿出政策來，號召選民，提出優秀黨員，出而從政，推行政策，則有何政黨政治意義之可言。

本省目前正實行第二屆縣市議員選舉，在此數月以前，省府地治法規修改委員會，研擬修改上屆公佈之各種地治法規時，曾經在修正草案中，增列候選人的產生，得由政黨提名的字樣，以後送經省府會議討論時，不知爲什麼仍把政黨提名的字樣刪除了。

最近在中國一週第一三四期中，拜讀了高應篤先生的一篇大文，題目是「政治改造運動的成就」，高先生在這篇文章中，曾提到中央審議臺灣省地方自治法規修改案時，沒有再把政黨提名的問題，提出來研討的原因，有下列三點：「一、中國雖爲政黨政治的國家，但以歷史尙淺，未像英美形成兩黨相爭衡的局勢，若予規定政黨提名，恐易引起友黨的誤解。況在美國，在十九世紀前半期，僅大城市盛行小組會，及黨代表大會提名之制度，而小市之中所舉行之小組會，多無政黨分野，選民因得自由參加。二、中國初行民主，一般人對於政黨政治多不瞭解，如予規定政黨提名，勢將引起誤會，此種情形，卽在美國，亦所難免。美國在十九世紀後半期，因爲政黨代表大會，操縱提名之結果，遂引起社會人士之反對，當時有主張廢除黨代表大會，而代之以直接預選會提名方式，威斯康星州於一九〇三年，首先採行此制，嗣幾蔓延全國。三、政黨提名爲其黨內之事，不便在法規上予以明白規定」。

三

拜讀了高先生以上三點高論後，筆者有一個感想，就是覺得我們確實是一個「雖爲政黨政治的國家，但以歷史尙淺」，同時我們是「初行民主，一般人對於政黨政治，多不瞭解」，不過，「歷史尙淺」及「多不瞭解」，我以爲並不是阻碍推行政黨政治，實行政黨提名的重要因素，祇要我們有總理指示我們的「迎頭趕上」的決心和精神，實不難做到「後來居上」的地步。英國，我們曉得，是一個憲政歷史最悠久的國家，所謂議會政治，政黨政治，也以英國實行爲最早。但美國立國，才一百六七十年，而其實施憲政的成績，推行政黨政治的成效，則已駕乎憲政之母的英國之上。如果說、明知我們實施憲政的「歷史尙淺」，一般人「多不瞭解」甚麼叫「政黨政治」，而我們又不去想辦法來促使他進步，增進他瞭解，則有如一個生來就不識字的兒童，因爲他年輕無知，不給他入校讀書，則這個兒童，恐怕一輩子也不會有知識，永遠也不能「瞭解」。尤其是高先生在上述幾點理由中，兩次提到美國在十九世紀中關於政黨提名的情形，來做論證，似乎我們現在祇能向美國十九世紀的時代學習，至於美國在二十世紀後半期的現在的政黨提名情形，高先生沒有隻字提到，是不是認爲我們現在對於美國二十世紀的進步，還沒有資格去學習，一定要我們一輩子跟在人家後面跑呢？假如是如此的話，譬如在十九世紀時代，歐美各國的選舉，還是實行所謂有限制的選舉，就是要有受過相當教育及有相當財產的人，才能有選舉權。可是到二十世紀以後，各民主國家的選舉，多已先後廢除限制選舉，採用普通選舉。我們的憲法，對於人民的選舉權，也是採用普通選舉的制度。至於各國婦女的參政權，亦可說到二十世紀才有普遍而平等的確立，在十九世紀時代，有許多國家的婦女還沒有選舉權。我們既是「初行民主」，「歷史尚淺」，爲什麼在這一方面，不以十九世紀的歐美各國作榜樣，而採用二十世紀的最進步的制度呢？這是筆者所不能瞭解的第一點。

四

其次，高先生提到「若予規定政黨提名，恐易引起友黨的誤解」一點，筆者認爲這是不必要的杞憂。我們中國現有的合法政黨，除國民黨之外，尚有民社，青年兩黨，他們的黨員人數較少，力量薄弱，不足以與國民黨相抗衡，當是事實。但選舉法令，果能規定用政黨提名的辦法，推薦候選人，凡是合法的政黨，都有推薦候選人出來競選的機會，這是各個政黨公開爭取選民，圖掌政權的一條正當途經，也是各民主國家實行政黨政治的常軌。我們的政府，果欲使我們的政黨眞正形成「像英美形成兩黨相爭衡的局勢」，則我們不妨採用其他適當的措施，如「比例代表選舉制」，使我們的友黨，能日益發展而壯大起來。因此，如果在選舉法上規定政黨提名，並能採用比例代表選舉的制度，則友黨祇有歡迎之不暇，何「誤解」之有？

此外，有一個事實，可以說明這一點，本（十二）月十一日公論報第一版上，有該報記者耿發揚先生所寫「蔣勻田話世局」一文，其中有一段蔣先生的談話。他說：「例如這一次市議員選舉，按照一般民主國家的慣例，議員選舉一定是由政黨提名，可是這一次政府摒棄了這個方式。如果眞正的不允許任何政黨提名，還可以說得過去，別的政黨不可以提名，國民黨倒可以提名，這一點實在令人有點迷惘！」從這一位友黨人士談話中，可以看出，政府「若予規定政黨提名」，絕不致于「引起友黨的誤解」。不過在這裏不得不順便一提的，就是蔣勻田先生所說的，與實際事實，似乎有所不符，蔣先生提到，這次議員選舉，政府摒棄了政黨提名的方式，這是不錯的。但是政府並沒有規定「不允許任何政黨提名」，也沒有規定「國民黨可以提名」。卽使國民黨爲了實現政黨政治的理想，確切執行他的政策，在黨內有提名選舉的事實，這與「別的政黨」並無任何妨害。同時他所提名的黨員，要參加議員競選，一樣的要在政府的選舉法令範圍內，依照法定程序，辦理簽署登記，經審查合格，才可參加，他既沒有侵犯他人參加競選的權利，他的黨員，更沒有因爲國民黨的提名，而有超越法令以外的便利。這些都有事實擺在面前可以證明的，如果蔣先生能再詳細的去考察一下，我想決不會使人有「迷惘」之處。

至於一般人民由於不瞭解政黨政治的眞諦，在選舉法令上規定政黨提名，可能「引起誤會」，在臺灣省實行地方自治，舉辦第一屆縣市議員及縣市長選舉時，有一部份候選人，是由本黨提名的。有一部份人，就誤認爲是「官派」，這是由於臺灣淪爲日本殖民地五十餘年之久，一般人的政治教育太差，究竟甚麼叫做「政黨」和「政黨政治」，他們的確是搞不清的，政黨和政府，也不知從何分別。筆者有一次下鄉視察時，有一個鄉民問我，現在有了中央政府、省政府、縣政府，爲什麼還要有什麼中央黨部，省黨部，縣黨部呢？我想這純粹是一個民衆的政治教育問題。臺灣的國民教育，可以說已相當普遍，一般民衆識字的百分比，總在百分之八十以上，祇要我們一方面加强一般民衆及在校學生的民主政治教育、一方面在每次選舉時、都予以實際的教育機會，我想在數年之後，高先生所顧慮的「勢將引起」的「誤會」，一定可以消除淸淨。如果說因爲怕他「誤會」，我們就不去想辦法，那這種「誤會」，一輩子都會存在。我認爲只要我們承認「政黨政治」是我們的正確理想，只要我們對實行「政黨政治」有決心，所謂「誤會」「誤解」，都是有辦法消除的。

五

其次我們再從政黨政治發展的歷史來看，一般研究政黨政治的學者，大部都認爲政黨政治的發展，從開始到現在，可以分爲三個時期：第一個時期，是厭惡政黨時期。我們曉得政黨政治從十七世紀起，首先在英國發生，但是，這時除了極少數的人以外，一般的學者，多不能理解議會政治必然是政黨政治，更不能理解在民主政治制度下，政黨必然產生的密切關係，認爲有了政黨，人民的意志，卽受了政黨的控制，自由討論和自由表決的作用，亦將全部失去。此時儘管大家反對，可是政黨的發生，及其勢力的成長，總是日盛一日。在美國初有政黨的時候，也有同樣的情形，如美國制憲時，一般憲法會議的代表們，都有一個共同的認識，就是，認爲「政黨是不祥之物」。他們在起草憲法的時候，都着眼於防止政黨的發生，「君子羣而不黨」，是當時憲法會議流行的政治哲學。華盛頓於任滿兩屆總統後，在告別全國人民書中，痛陳政黨的害處，以促起人民警惕。他曾說：「在純粹的民主政府下，政黨是沒有地位的」。美國第四屆總統墨廸生在憲

（下轉第13頁）

監察院之將來（六）

雷震

第八章　監察院之將來

一、設計監察制度應該注意的幾個問題

前面幾章既將我國過去御史制度的性質及其發展的經過，和外國監察制度的由來及其演進的結果，詳細加以說明，並進而對於我國現行監察制度之不妥當，和其運用之欠靈活，不僅不能使實際政治產生良好的影響，甚至可能生出相反的作用等等，亦反覆加以申述，俾大家因而明瞭彈劾制度之用意安在，民主政治下的監察權之作用如何，據此進而推論今後監察院及監察制度之應該如何的改進，使彈劾制度一方面不至等於虛設，可收監督政府的實效；一方面不至失之過濫，阻礙政治的進步。

現在我擬提出改革監察院及彈劾制度的具體意見，作為本文的結論。惟在提出具體辦法之前，我想對一個制度設立之意義及其目的，概括的再說幾句話，用以說明我個人意見的由來。這些話，雖嫌稍涉重複，為使大家易於了解，而不致發生誤會起見，實覺有其必要。

二、政治制度不可疊床架屋

國家對於一件政事，不可同時設置兩個機構來管理，以免利則相爭，害則互諉；有時齊來管，有時都不管。監察院今日所做的工作，在現行政治制度之下，有許多是應該屬於司法機關職權範圍之內的。例如，臺北市三個合作社之倒閉一案，純屬司法機關的職責，照理則非監察院所應過問，可是監察院在事情發生之後，一再派人調查，可能進一步表示意見。其他類似的事件甚多，不遑枚舉。從制度上說，這是重疊；在工作上講，這是浪費。公務員的貪污犯法，本應由司法機關來檢舉法辦，以期整肅綱紀，維護國家與人民的權益，因有監察院的存在，司法機關往往可以不聞不問，而監察院這樣機構究竟不能普遍設立，地方上、尤其是窮鄉僻壤的公務人員的瀆職犯法，可能無人過問。我們整個的法制體系並未規定：『裁判人民的機關屬於法院，裁判官吏的機關屬於監察院』，遂至機構重疊，管轄不明，其結果有許多事情大家來管，有許多事情無人來管。而且關於案件的調查和證據的搜集，在調查方法上，監察院遠不如檢察官之周密細緻，而擔負調查工作之組織，監察院亦不若法院檢察處之具有規模。今後這一部分的工作，應該交與法院的檢察處全權辦理，監察院不必過問，以免制度發生重疊而工作不切實際。像今日這樣做法，監察院也要調查具有司法性質之案件，正如陳之邁氏云：『純粹的使其司法化，他（監察院）便成了一個「總檢察廳」了，這是不妥當的』。如果怕司法機關不能克盡職守，遇到了高官權臣的犯法玩紀而不敢過問、或竟徇情了事，則監察院就可以彈劾司法機關的失職，以加重其責任。監察院的監督威權要在這一方面充分發揮，以表現其威權赫赫，並不是要自己去管些鷄零狗碎的事件。像現在這樣不僅不能完成責任，反而失去自己的權威。此監督機關之必須分層負責和分『職』負責也。

三、人類是有缺點的動物

人總是一個人。人有理智，同時亦有情感。人有是非公道之心，同時亦有利害休戚之念。凡是遇到理智與情感，道義與利害相互衝突的時候，我們不能保證人們不有自私，甚至犧牲公益亦所不顧的事情。因此，我們不能擔保監察委員不因私人利害、或黨派與團體的關係而利用彈劾權，以圖謀個人或團體的利益的事情。何況私利與公益之間均是相對的事情，在某一個人或某一黨派的立場，往往可將私利認為是公益，在其良心上並不感到有自私自利之念，或有圖謀個人利益或團體利益的動機。在一黨內部派系鬬爭激烈的時候，這種現象尤其表現得厲害；從國家立場來講，你可以指責他是圖謀私利；從他的團體來說，他認為全是為了公益。因為個人利益和團體利益均應包括在社會共同利益之內，而民主政治乃是以全民政治為其前提，個人利益或團體利益也是可以公然主張，毋庸避諱的。何況政治本身是具有鬬爭性質的東西，在進行政治鬬爭的時候，往往有利用一切手段，以求貫澈其所欲達成的目的的可能。根據我們過去的經驗，這些事情在政治上是數見不鮮的，故設計監察制度的時候，必須考慮到這些地方。各國議會關於彈劾案的提出、討論和議決的時候，特別提高議事資格，如前章之所述者，就是為了要防止彈劾權被濫用的緣故，也就是要使政治不走向極端的緣故。

在明朝一代，每位大臣的背後都有幾個御史供其驅策，或為其撐腰，遇事尋隙以攻擊對方，而御史本身已成為黨派鬬爭之工具了。依我個人的看法，過去的御史制度有其功亦有其過，在某個時期，其功或不及其過，最多也只能說是功過參半，絕不能認為過去御史制度都是十全十美的。這些毛病都是由於一個御史就可單獨提出彈劾案而產生的。

四、政治是最現實的東西

政治是管理衆人生活的事情，這是最實現不過的東西。因此，一個政治制

度的建立，要顧到他可能獲得的實際效果，不可僅憑一種理想去追求。人類不可無理想，不過理想要有一定的限度。今日的監察制度，由於現實政治的諸種因素，誠然未能發揮其應有之功能，在監察院方面看起來，不能不說是一件憾事。但是，如果監察工作毫無阻碍，任其充分發展，監察委員宵旰勤勞，不論甚麼事情都去干預，這樣，是否就能有助於政治的進步和綱紀之整肅，證於以上的說明，我們實不能不深致懷疑。因爲，像現在這樣的監察制度之實施，可能枝節橫生，使有能力有抱負的人無法施政，而善於應付和投機取巧者倒可一帆風順，而變爲政治上的贅瘤了。

現行主計制度和審計制度之影響實際政治爲如何，凡是稍有主持行政工作的經驗者(包括公營事業)，不難一語道出。我們可以簡單的說一句：今日的主計制度足使各機關的工作發生窒息，減低行政效率；而審計制度則有助長於形式主義與官僚政治的發展。人類的社會制度，包括政治與經濟制度，凡是具有過分管制的性質者，都可以產生這些毛病。我們今後欲使政治進步，上述兩種制度必須迅予改善：務使其重實際而不重形式，重視效果而不重視手續。這裏尙須補充說一句的，今日的主計制度與審計制度，當然有他的長處和功效，不過長短相較，短處確也不少。所謂短處，就是今日的主計制度與審計制度太注重形式而忽略其實際功能，好官動輒得咎，不易發展效能，壞官則隨機應付，諸事大吉。每種制度都有他的長處和短處，我們運用一種制度，必須儘量發揮他的長處，而減少他的短處。

關於我們監察制度可能阻礙政治進步之處，決非我一個人危言聳聽，或誇大其詞。茲引美國政治學者高文教授(Prof. Corvin)之言，可以證明我的話是不錯的。高氏曾來中國研究政治問題，其所提意見書有左列一段：

「若監察的職務，不僅在於彈劾官吏犯法，(而且可以糾彈官吏失職)，(註一)其結果必至常常侵犯各官吏所應有思考之範圍。這裏有兩種弊病：第一、使各部官吏，異常膽小，不敢勇於作事；第二、反使無知識的人裁判有知識的人。因爲監察委員對於各部分的政情，不能盡皆明瞭，各部官吏對於某種事項何以須如此處置，其原因斷非監察院所能洞悉」(註二)。

五、整肅政治紀綱之要件

中國近年來，因爲政治上官常敗壞，貪汚之風甚熾，官吏做事常常不盡責任，行政效能減低得很，大家覺得有厲行監察制度之必要。換一句話說，總想依賴監察制度以促成政治的進步。這種用意當然是好的。殊不知政治上要整飭綱紀，防止貪汚，必須先要做到以下三點，不然的話，恐怕徒勞而無實益。凡事必須正本清源，天下的事未有本不正或源不清而可獲得實效的。

其一、要厲行『法治』主義。使政治走上法治的軌道，事事依照法律去求解決，做到法律之前人人都是平等。這樣，在消極的不僅貪汚可以肅清，而積極的可使政治進步。法治主義誠不免有多少迂緩、繁瑣的地方，然而，這是切實的，公道的，誰也不能享有特權，誰也不能偸機取巧。萬事如能依賴共同遵守之法律，社會上可以安靜和諧，彼此毫無怨言。

其二、政治上要做到『分層負責』，使彼此上下之間，責任分明。分層負責不只是一句口號，不只是籠統的說一句話就算完事，必須在法律上規定那些事情應由長官決定，那些事情部屬可以決定。而部屬之間，又依其職位上下，主管與否，劃分得明明白白(何事應由次長決定，何事應由司長或科長決定)。以後做主管長官的不可遇事干預，不必件件公文署名蓋章；更不必對於未看過的公文，叫一屬員作盲目的打圖章。部屬方面則不必遇事請示，仰承旨意，在其職權範圍以內之事，可以逕行決定(註三)。

其三、要做到公務員的俸給，能够『仰事俯畜』，因而可以『養廉』。誰人不想做好官，誰官不想廉潔奉公，爲生活所迫而陷於貪汚者，頗不乏其人；因爲妻兒啼飢號寒，也是難於忍受的。其次，待遇要『同工同酬』、『公平合理』，然後可使大家安心工作，彼此之間方不致有嫉視怨恨這些事情。今日大家對於國營事業機構的待遇，怨言百出，就是因爲失去公平的緣故。老實說，國營事業機關今日的待遇，若依目前的生活指數來說，並不算得高，更談不到優厚二字。不過公教人員待遇太低，同工而又不能同酬，故社會上怨聲載道。不患寡而患不均，卽此之謂也。

以上所說的這些事情，顯然不是今日監察院可能爲力的。故整飭綱紀與肅淸官常云云，到頭來也不過變爲一句空話罷了。蓋今日監察院的作法，芝蔴菉荳大的事情也要去管一管，天大的事情又往往管不着；碰到了就忙着管一管，碰不到就任其逍遙法外，這樣又如何可以整肅官常，和根絕貪汚呢！

當然，我這些話並不是要把監察院這幾年的功績一股腦兒抹殺淨盡，也不是想對監察委員之苦心孤詣來澆冷水。監察院爲整飭吏治、肅清貪汚，這幾年確實費了不少功夫，也表現不少的功績，並且想從這條路使中國政治日趨進步，不過，從整個政治制度來講，這是捨本逐末的辦法，我的設計是求正本清源的。打蒼蠅的效力，究竟微乎其微，就是這個道理。

六、厲行監察制度不可阻礙政治的進步

政治上整飭綱紀、肅淸貪汚，固然是很重要的事情，同時也要使政治能有建樹，有抱負的人能够做事情，然後才能爲社會謀取福利。不可只求做到消極的，而忽略了積極的一方面；不可爲防止舞弊而阻礙政治的進步。這一點必須兼籌並顧，政治才能希望有建設。陳之邁氏在討論監察院與監察權之後，其結論說得很明白。我特地把他引述如左，以代替我對這一問題的意見的說明：

『我們要根絕貪汚，但同時也不能不考慮到政治的重大設施須要有大才大器的人物，因時因地，隨機應變。我國政治數千年來有一個傳統的惡習，卽所謂「不求有功，但求無過」。政府裏充滿了這種的公務員是沒有進步的。監察權範圍之過於廣濶、過於嚴峻，正足以鼓勵公務員履行這一個傳統做官的哲學，貪汚卽使可以因此而根絕，政治也許便因此而困滯。如何可以在這種矛盾的，或說不同的企望中尋覓一個適當的道路，正是一個最值得考慮研究的問題。純粹的使其司法化，他(監察院)便成了一個「總檢察廳」。這是不妥當的。若賦予他以彈劾一切的大權，並且厲行「事前監察」，政府凡百措施都要他參加監督，又不免要使政治因而蒙受不良的影響。實行了十餘年的監察制度現在仍然在摸索中，目前的經驗正是日後改制的根據』(註四)。

監察院成立迄今已達二十餘年，比陳之邁氏著書時又多了十餘年，我們現在正應該根據這一長期的經驗，來修正我們的監察制度。否則，我們的經驗將變成白費精神了。人類文化是經驗的累積，若果如此，人們又何貴乎過去的寶貴經驗呢？中國傳統做官哲學的形成，是不是受了御史制度之影響，值得我們深加考慮的。

七、設計監察制度要注意政黨的作用

我們今日行的是民主政治。民主政治要靠政黨這種組織來推動；而且民主政治要靠『多黨競賽』來推行，一黨專政是不配說爲民主政治，這兩點在上文已詳言之。故我們談到監察院之將來，卽監察制度應該如何修正的時候，必須考慮到政黨在政治上的重要性，然後我們的設計才會切合實際，而有助於民主政治之推進。因此，今後提出彈劾案時，必須提高議事資格，庶可防止彈劾權之被濫用。這些我在第六章已說明了。

八、監察院之將來

根據以上所論，則今後之監察院及監察制度應該怎樣的改正，我們當可明瞭一切了。我先將有關改正的意見，逐條列舉出來，然後再加若干說明。

一、今後中央民意機關改爲兩院制。

二、監察院立法院名稱仍舊。事實上監察院變爲名符其實的參議院或上議院，立法院變爲衆議院或下議院。

三、監察院除享有糾彈權外，並具有現行憲法第六十三條之職權。

四、彈劾案之審判機關仍舊，立於司法權系統之下。

五、監察院的彈劾對象，僅僅彈劾中央政府的官吏，而且只彈劾行政首長，卽總統、副總統、行政院正副院長、政務委員，行政院秘書長。彈劾只及於違法事件，不彈劾失職問題。失職問題在監察院用質詢權，立法院並可藉憲法第五十七條的規定予以糾正。

六、彈劾案提出的時候，須提高其議事資格，由全體監察委員過半數之決議行之。最少亦應與同意權行使辦法第三條相同，由出席委員過半數之決議行之；在這個場合，並應提高出席人數。

七、因爲不彈劾地方公務人員，故監察行署這類機構無庸設置。關於地方團體之政務，其得失利弊，由省縣議會負監督之責。

八、監察院應與立法院一樣，享有質詢權調查權與接受請願權。

九、行政院『並』有向監察院提出施政方針及施政報告之責(事實上，今日政府各部門均隨時向監察院作施政報告的)。

十、預算案應先提出於立法院，且有議決的優越權。

十一、監察委員仍暫由各省市議會，蒙古西藏地方議會，及華僑團體選舉之。如情勢許可，應由人民直接選舉。監委名額可照舊，但可規定每三年改選一半。

此外尚有四點，應該提出說一說：

十二、現行憲法第五十七條規定的：行政院要如何如何的對立法院負責，這一點仍舊，監察院沒有此項職權。

十三、現行憲法第五十五條之規定仍舊。卽行政院院長由總統提名，仍經立法院同意任命之。監察院沒有此項職權。

十四、現行憲法第一百〇四條之規定仍舊。卽審計長仍由總統提名，經立法院同意任命之。

十五、現行憲法第七十九條及第八十四條之規定仍舊，立法院沒有此項職權。

對於上面的設計，茲擬略加說明。

九、中國是一個大國、立法機關應採兩院制

兩院制與一院制之利弊，學者持論不一，我不擬在此多加解釋。事實上各國有採用兩院制者，亦有採用一院制者，英法美三國均採用兩院制，大多數民主國家均是如此，採用一院制則甚少。像中國這樣地域廣大、人口衆多的國家，立法機關應該採行兩院制，庶可減少成立法律案的草率與粗疏之弊，亦可多多的注意到地方、尤其是邊遠地方的利益。我想過去和現在的立法機關如果是兩院制的話，像「立委三年成法師」的法律案是不會通過的。卽令因一時疏忽而制定了此種法律，但經輿論之指責與呼籲，亦會立加改正，而不至充耳不聞、或熟視無覩的。我國地域旣廣，南北東西情形復相懸殊，除以一院代表人民意見之外，應該有一院代表省區意見。現在監察委員係以省區爲單位而產生的，不論省之大小，一律選出五位監委，其用意是含有代表省區的意思。我們如能更進一步，使省區的代表能夠參預立法的工作，不僅考慮比較周密，而邊區

人民的利害亦可顧慮周到了。像現在這樣，以監委代表省區則不甚合理，因監委僅在消極方面防止官吏爲惡，而不能積極的主張地域利益，故以監委代表省區，則是有名無實，毫不發生代表的作用。

十、監察院立法院名稱仍舊

監察院和立法院名稱不變，仍可保持國父五權憲法之名。若謂此制的精神與國父遺教所示者不相符合，則現行憲法的設計，甚至連五五憲草的設計，亦與國父原意大有出入。此無他，國父所說的，有許多地方不能適合於今日政情的緣故。對於制度的設計，必須適合於現在狀況，且須實行之後而有助於實際政治的進步，若欲勉强牽就，其結果則是有害無益，故不若改弦更張之爲愈。凡是行而不能通的事情，千萬不可勉强牽就或因循敷衍，勉强或因循都是要悞事的。我敢斷言現行監察制度終久必會改正，端視吾人覺悟之遲早耳。

十一、行政院仍對立法院負責

立法院係由人民依人口比例而直接選舉，乃是眞正代表民意的機關，故行政院院長的提名，仍須經過立法院的同意；行政院院長仍對立法院負責；而類似不信任決議之權，如現行憲法第五十七條第二欵之所定，亦只有立法院始有之。日本新憲法，關於內閣總理的提名，乃賦予衆議院對於提名議決的優越權（日本新憲法第六十七條(註五)），同時對於不信任案決議之權，亦只有衆議院單獨有之（同法第六十九條(註六)），在不被解散的參議院是沒有這種權能的。不消說得，日本參議院也是國會的一院，負有監督和批評內閣施政的任務，對於內閣的措施得爲非難的決議。不過，那只有促進內閣的反省，或求得答辯的效果，在法律上要求內閣總辭職的效果是沒有的。我們的監察院如果變成了上議院，我們似可採行日本參議院制度的精神。

十二、立法院有議決預算案的優越權

預算案在各民主國家，均是先提出於下議院，蓋須增加人民之負擔故也。故擬議的憲法修正案，亦擬採用此辦法。至預算案在上下兩院意見不能一致時，亦可採用日本憲法之規定（日本新憲法第六十條）。

十三、日本憲法對於參衆兩院不能協議時之解決辦法

我們的民意機關既欲採用兩院制，尙有一個重要問題，必須有一個『較好辦法』來解決，以免受到兩院制之累。就是關於法律案與預算案在立監兩院討論而意見不能一致時，將用何種辦法以解決之？並且可以迅速解決之？而不致貽悞政務之進行。過去採用兩院制的國家，其解決之法，不外左列兩種：

其一、開兩院聯席會議而取決於出席議員的多數。此制於上院甚爲不利。因爲上院議員的人數，常較下院爲少。

其二、由兩院各推定若干委員組織協議會，以協議的結果提交兩院各自表決之。但是，協議會往往不能獲致結果，因之一個議案可能遷延甚久而仍不能決定，於是兩院之弊害出現了。故主張一院制者，每謂兩院制可使法律案不易成立，其結果便不免妨礙社會的改革與進步。

由於兩院協議困難，遂至曠時廢事。日本新憲法對於這一點的解決辦法，頗有高明可採之處。就是關於法律案、預算案、條約案乃至內閣總理提名案，均予衆議院以議決的優越權。照日本新憲法第五十九條的規定：

『法律案，除憲法中有特別規定者外，經兩院之通過時，即成爲法律。

經衆議院通過，而由參議院作相異議決之法律案，如在衆議院經出席議員三分二以上之多數再行通過時，即成爲法律案。

前項之規定，並不妨礙衆議院依法律之所定，請求召開兩院協議會。

參議院收到衆議院所通過之法律案後，除國會休會期間外，在六十日以內不予議決時，衆議院得認爲參議院已否決其法律案』。

這一條文的規定，不僅給予衆議院以關於法律案議決的優越權，同時亦可解決兩院協議會不能獲致協議的困難問題。依照本條第四項之規定，經過六十日尙未議決，衆議院即視爲參議院已否決其法律案，再由三分二以上的多數通過，雖沒有參議院的決議，也可使法律案確定。不過，這是衆議院的職權，不是義務，經過六十日之後仍待參議院的議決，並無妨礙的。

關於預算案問題，同法第六十條規定：

『預算案應先提出於衆議院。

關於預算案，參議院作與衆議院相異之決議時，雖依法律規定，召開兩院協議會而意見仍不能一致時；又參議院收到衆議院通過之預算案後，除國會休會期間外，在三十日以內不能議決時，即以衆議院之議決爲國會之議決』。

這條更給衆議院以議決的優越權。即預算案在兩院議決而意見不能一致時，衆議院單獨之議決，即視爲國會之議決，預算案因而確定成立。

此外關於締結條約所必要之國會批准，準用憲法第六十條第二項之規定（同法第六十一條）。關於內閣總理之提名，亦採用憲法第六十條第二項之精神，惟將三十日改爲十日，以期新內閣可以早日成立。我們今後如果採用兩院制，似可採用這樣的立法精神，以減少兩院制之弊害。

十四、兩點補充意見

對於監察院這個制度的將來，應該怎樣計劃來求改造，我在上文已經提出了具體的意見，並附加若干簡單的說明，我想大家當可明瞭這個設計的用意。

現在尚有兩點補充的意見，我想特別提出來說一說：

第一、像我國這樣地域廣漠、人口衆多的國家，如果要實行民主政治，以期促成實際政治的進步，獲致人民的康樂，我的意見是：『中央民意機關必須實行兩院制』。這一點，我覺得我的意見絕對正確。至於兩院的權力，應該如何分配；兩院的組織，應該如何規定，方期達成上述的目的，我在上文所提供的意見，僅僅是一個未成熟的意見，這裏面包括問題甚多，希望大家不吝指教。

或者有人要說，這樣的設計還是走着議會政治的老路，還是要實行間接的民權。我承認這個批評是對的。但是，我的意見是要把間接民權行得相當成熟之後，才能談到直接民權，不然，等於唱高調，無補政治實際。尤其在實行間接民權尚有許多阻礙的今日，又欲兼行直接民權，乃是不可想像的事情。像中國這樣地廣人衆的國家，在中央民意機關行使直接民權，恐怕永久是不可能的事情，不管交通工具和通信設備將會有怎樣的發達。

或者有人更進一步的要說：國民大會不就等於行使直接民權麼？這個說法是不對的。國民大會行的仍是間接民權。一縣出一名或二名國大代表(註七)和數縣合併出一名或數名立法委員(註八)，其『代表性』究有多大的差別？兩者之爲間接民權則是一樣的。眞正的直接民權，要在地方政治行之，如在縣以下的鄉村自治裏面。民意機關的任務：『貴乎討論，重在質詢』，其主要任務係對同級政府的政策和其施行而加以討論，施以質詢，以究明政府的責任所在，進而提供自己的意見，這樣的繁重任務，斷非龐大的國民大會可能順利達成的。惟本問題牽涉範圍太廣，當非本文可以討論完備，故暫止於此。

第二、中央民意機關如果採行兩院制，那末，兩院的關係應該怎樣來規定？換一句話說，兩院對於某一問題，如果意見不能一致的時候，應該用甚麼方法來協調雙方的意見，以求問題獲得解決？這是一個值得研討的問題，我在上文不過是提出日本戰後新憲法的辦法作爲參考而已，並不認爲這是最好的辦法。但是，日本憲法關於這一問題的設計，確是別開生面，另闢一條解決兩院衝突的途徑。因爲過去有許多辦法，都是不能美滿的解決這個問題的。世人有不贊成議會採行兩院制度者，也是爲了這個緣故。

於此，有人或者要問：這樣一來，豈不是要使下院的權力高出於上院麼？這個質問，十分正確。我的答覆是：如果採行兩院制，兩院的權力是有高下的，無法使其絕對平等的，這種軒輊之分，無論那一國家的議會也是免不掉的。現在一般稱謂代表總統制的美國和代表內閣制的英國，他們兩院的權力，也是不能平等的。一般說來，美國上院的權力較大，英國則下院的權力較大。

註一　括弧內文字係作者根據原意加入。

註二　高文教授曾來中國研究政治問題，此節引自其所擬的意見書。

註三　參看『自由中國』半月刊四十一年八月一日出版的第七卷第三期社論(一)

註四　參看陳之邁著『中國政府』第二册二五一頁。

註五　日本新憲法第六十七條規定云：『內閣總理大臣，由國會議員中依國會之議決提名之。此項提名應先於其他案件爲之。衆議院與參議院爲相異之提名時，依法律所定，雖開兩院協議會而意見仍不能一致時，或衆議院作提名議決後，除國會休會期間外，十日以內，參議院不作提名議決時，即以衆議院之議決爲國會之議決』。

註六　又同法第六十九條規定爲：『內閣在衆議院通過不信任決議案，或否決信任案決議案時，倘十日內不解散衆議院，即須總辭職』。日本新憲法係民國三十五年十一月三日公布。

註七　依據中華民國憲法第二十六條第一款規定，人口衆多之縣市，可出二名以上之國大代表。

註八　依照立法委員選舉區域之劃分及名額分配表之規定，大約數縣或十數縣合併產生數名立法委員。

中華民國四十一年八月終完稿

曼谷通訊

泰國內政和共產黨活動

斜陽

東南亞各國中，唯一沒有共產黨武裝叛亂的國家，祗有泰國這一地區。泰國在二次世界大戰時沒有受到損失，戰後又沒有共產黨的破壞，因此人民生活與國家經濟俱較東南亞其他各國安定繁榮。可是在共產黨整個亞洲的侵略計劃之下，泰國要能免於赤色的恐怖也不是容易的。這須有賴於泰國當局之提高警惕，堅決的與反共的友邦合作，而且在內政上儘量刷除汚腐，使人民安於生計，使能在國內使共產黨無以誘惑人民參加暴亂，對外可得友邦的援助，抵抗共產黨的侵略。

泰國是中南半島(印度支那半島)上的一個國家，居越南和緬甸之間，馬來半島之北端。其形勢有如人之心臟，越南與緬甸有如人之兩臂，由於越南及緬甸之北部受共產黨之威脅，泰國之地位因此更形重要。泰國面積約五十一萬二千方公里，人口約一千四百五十萬人，其中華僑佔三百五十萬人，首都曼谷七十餘萬人中，華僑佔一半以上人口，有潮州城之稱。

泰國中部及東部爲湄公河及湄南河間之廣大平原，爲中南半島最大產米區之一。去年因爲北部及東北部水災旱災爲患，平均全國米產，祗及往年收成百分之八十五，因之，今年輸出米糧，據泰國當局估計，最多是一百三十五萬噸，較去年出口一百四十五萬噸少了十萬噸。泰國以米產爲主要收入，去年的天災災區遼濶，損失相當重大，如政府賑災及善後處理不得當，則可能予共產黨乘虛而入的機會。

泰國南部馬來半島北部，與英屬馬來亞同樣盛產錫和橡膠，本來多是中國人所經營的財產，現在已有相當部份轉入美國人和泰人合營的手中，錫之產量年約一萬六千噸，佔世界總產量百分之七，爲世界第四位，在馬來半島北端狹頸之克拉地峽，近計劃開鑿運河，如運河開鑿成功，則今後太平洋與印度洋間之海上交通，可縮短一千浬的航程。泰國西北部爲雲南怒江山脈之支系，與越南西北部及緬甸東北部，可稱東南亞的屋脊，雖然是高山森林和野獸雜處僻落的山地區，現在是一個國際爭奪糾紛的所在地。由於泰國成爲東南亞方面西方堅强的反共堡壘，因此，泰國西北部之景海 Chienghai 景邁 Chiengmai 一帶，成爲秘密重要的軍略地區，景邁至猛房至猛色持及景海至宋塞夷至抗魯克至猛來，均有大路通李彌游擊隊之中心根據地猛薩、猛養一帶，爲李彌游擊隊外來援助最主要之交通幹線。

一九五〇年，泰國和美國先後簽訂『經濟技術援助』和『軍事援助』兩個協定，由於『經濟技術援助協定』的扶助，泰國除了米的增產外，橡膠和錫鑛的出產，增加了百分之三十以上，橡膠出產，百分之八十五銷售美國，錫也大量爲美國所採購，許多美國的技術專家，正在爲泰國培植各種國家建設的技術人才，因爲泰國土著——泰族一般文化水準低落，及生活條件簡單的緣故，泰族人學習精神差，科學的進步異常遲緩。有人說，如果泰國不主張排華，使三百五十萬華僑有平等機會共同合作進行泰國之建設，則進步可提早二十年的時間。

泰國名義上是個君主立憲國家，但實際上的權力却在國務院長的身上，尤其是現在的國務院長鑾披汶，更是大權獨攬。過去泰國是在英國的保護下扶植下長大，經濟政治權都在英人的控制下。二次世界大戰——日本南進時，日軍在暹羅僅遇到數小時的抵抗，泰國在鑾披汶領導下投入日本的懷抱。現在一般人仍把當時日軍進佔暹羅影響及整個東南亞的責任加在鑾披汶身上，鑾披汶向日本屈服，是一種錯誤，但暹羅祗有三萬的陸軍，要抵抗日軍的侵略，事實上不可能。據聞在日軍進攻暹羅之前，鑾披汶曾急電邱吉爾求援，但當時英國對馬來亞尚且無辦法，那里能够幫助暹羅呢！

現在，泰國的經濟建設與武裝建軍都依賴美國人的幫助，這一個年青的國家，已經在落後和强國殖民地的環境中進入新的眞正獨立自立的時代，這個轉變，一半是國際局勢使然，一半還得算鑾披汶的才幹。

鑾披汶，現五十六歲，是官費留德學生，專攻軍事，他的名字披汶，姓是頌堪，『鑾』是從前的封號，與子爵相等。一九三二年六月二十四日的政變，結束了君主專制，實行君主立憲，鑾披汶也是當時政變份子之一，但他的執政，却在領導政變的主角披耶拍風國務院長去世之後。日本投降前一年（一九四四年七月）他被迫下台，一九四七年十一月八日，在鑾披汶領導下的軍人又發動政變，迫鑾貪隆下台，親共的乃比里也逃亡國外，鑾披汶被擁爲最高統帥。一九四八年四月，軍人集團又迫乃寬下台，鑾披汶於是正式復出任國務院院長以至於今。由於政變之不時發生，而每次都以他爲主角，於是鑾披汶遂被稱爲政變的製造者，事實上他在披耶拍風去世後，已成爲暹羅政府的中心，被認爲領導泰國走向進步的英雄了。

鑾披汶也是泰國排華的慫恿者和主持者，其保留職業條例，曾使不少華僑失業。不過，站在泰華的立場來說，他這種爲泰族生活所出的辦法，實在也有其苦衷，因爲如以泰族土著的知識水準，要與華僑從事職業競爭，那是絕對談不上的事。卽最簡單的理髮或販賣小食等，泰族土人經政令的維護及政府貸欵的資助，結果仍不能與華僑競爭。過去有一位泰國政府高級人員坦白向記者說，排華的辦法，如保留職業條例，與其說是限制華僑的職業，毋寧說是爲毫無生活技術的泰族人留下一條求生的道路。泰國的排華，實在是華僑的力量，尤其是經濟力量居於絕對控制的地位，排華，不是驅逐華僑離開泰國，退一步說，是泰族要求本身與華僑「經濟地位的平等」。這也許是落後民族實在的困難，大體上觀察，泰族與華僑已經漸漸發生更密切的關係，排華的情調，也不若初時那麼緊張，而證諸近年的事實，鑾披汶對自由中國的態度，是有許多値得稱贊的。

『好事不出門，壞事傳千里』，這一個年青國家在內政上的設施，是一件最令人擔心的現象。泰國人沒有學到英國人的精細確實，也沒有學到日本人的刻苦耐勞，而貪汚腐化之風則十分普遍。泰國出口最大宗的米業，大多數由軍人米業機構所控制。其他糖的大宗入口，也都要經過複雜的意外費用，才能達到貿易的目的。因此，暹羅的糖價，除運輸費用外要比外地高出百分之二十五至百分之三十五以上。泰國本來是個富裕的小國家，戰時沒有損失，戰後也未經破壞，但戰後到現在通貨仍膨脹了一倍，這個責任，應該是主政當局該負責的。泰國領導階層的暴富和窮苦的廣大農民，成了明顯的脫節，這種脫節，假如不趕速設法彌補，則可能導致一種混亂的危機，同時也是阻止國家工業化的主因。

去年十一月十日前後，泰國警察當局在曼谷採取四年來最龐大的反共行動，據泰國當局所得情報，共產黨份子計劃於十一月十日發動叛變，奪取曼谷重要軍事要地，解散國會和逮捕現政府主要人員等，泰警察當局宣佈搜捕了中華公學、啓光學校與大同學校等三所華僑學校及一所共產黨所控制的進出口商安達貿易行，共黨在泰分散宣傳品的中心華僑書局並共產黨所控制之大生印刷廠也査出大批共產黨的宣傳品，在共產黨所辦的全民報與南宸報中，警方發現全民報的無線電女報務員俱係曾在大陸接受中共訓練後返泰工作者。根據泰內次兼警察總監乃炮的報告，這次搜捕的結果是：一、破獲了共產黨組織奪取政權的間諜網。二、拘捕之重要人物中，共黨行動主持人曼谷報界領袖人物古勤西浦拉，古氏曾留學澳洲，爲泰國和平運動領袖。其妻乃曼谷蘇聯公使館之僱員，另一聯絡人物爲泰國空軍隊長賓耶拉塔芬，彼曾留學英國。此外並逮捕最近由英召回之佛朗賚特，並自佛朗賚特之供詞中獲極有價値的情報。另一人係前議員蘇浦生，爲泰國和平運動委會主席、及一華僑金士泰，係主持共產黨活動之財政事宜。三、不但文化界，教育界，在空軍、陸軍、海軍、警察及政府，也都有共產黨的組織滲入。四、除共產黨宣傳品外，並有蘇製藥品（可能是毒藥），無線電發報機及槍枝一箱，爲最新式之蘇聯小型武器，包括自滅聲器之自動手槍。

現在泰國雖尙無共產黨的武裝暴動，但共產黨威脅的危機却日在增長之中，上面破獲共產黨的組織，相信僅是其中的一部份，但規模已經相當可觀。去年年底泰國已有暗殺政府要員的事件發生，在曼谷附近狙擊泰國中央審巡局征剿部警察總巡乃巴差上校的武裝匪徒就有四人以上（事後遁入森林）。研究共產黨在泰國發展組織的原因，可能有如下數項：

一、東南亞共產黨總部本來設在曼谷，其後由於泰國當局的壓力，共產黨總部有搬移仰光的意向，並且傳說附設有在中共駐仰光大使館內，但後來種種迹象證明，緬甸共產黨組織固然得到更大的外援，但共產黨總部仍舊在曼谷，換言之，共產黨並沒有因爲泰國當局加强壓力而撤離泰國，反之爲配合局勢之需要，其活動更爲積極。

二、在馬來亞的共產黨，幾乎佔絕大多數是中國人，但在泰國却有不少主要人物是泰族，且是政府組織中的重要份子，這種現象，比馬來亞共產黨暴徒的活動，來得更爲可怕，且難於發現。

三、傳說流亡的前總理乃比里，已爲共產黨所收買（可能在中國大陸），乃比里在泰政府中，尤其是海軍中的組織，都有不可忽視的關係，現在破獲的共產黨陰謀，在軍隊方面，就供出是乃比里所策動。

四、中共置重兵於越泰緬邊境，除其援助胡志明已收相當成效及援助緬共在緬北臘戍附近山區建立武裝根據地外，由車里至景海，傳聞有不少受中共訓練之土人滲入泰國西北部山區，如泰國當局防範疏忽，則西北山區，是共產黨武裝活動最理想的地區。

五、馬來亞共產黨暴徒，過去不斷自暹羅邊境獲得武器及物資之援助，這一事實，說明馬來亞共產黨在英國當局的圍困下，唯一退路，就是進入泰國南端的森林區，在防守力較馬來亞還要薄弱得多的泰國境內，共產黨的活動，當更順利。

在美國協助之下，泰國陸軍由三萬七千人增加到七萬人，這個數目，維持治安還勉强可應付，要對付共產黨的威脅，事實上恐有不足，觀察家的估計，應付未來東南亞局勢的突變，泰國需要二十萬以上的軍隊，而這些軍隊，在目前就應該未雨綢繆，早爲徵調訓練。泰國是今天東南亞比較安定的地方，但在共產黨積極南侵東南亞的行動之下，它將是次一個放出警耗的地區！

逃出鐵幕的各種妙法

譯自瑞士「週報」(Wochenzeitung) 維也納通信

荃蓀譯

有兩個匈牙利人用了很奇特的掩蔽方法逃到維也納。其事實如下：匈京布達佩斯有一輛火車準備裝載空酒桶，隨同一列貨車運往維也納。這兩位匈牙利人便乘機藏在空酒桶裏，並暗中在車皮上鑽好了可向外窺視的洞眼，火車繼續地往西開行，一直挨到了某一個夜間，纔知道他們已離開了他們的「人民民主」的領域了。事後他們告訴人說：「天很黑，甚麼都看不見。然而，我們是知道到達了西方，因爲站台上穿皮靴的脚步聲，就與穿軟底子鞋的聲音，迥乎不同。」

自從有了「人民民主」政權，就有不少人民硬要逃脫了這種政權。這些逃亡者，想出了種種法門，情願冒着種種危險。所有交通工具，無論是水上、陸地、空中，總得利用它們逃了出來。一整列火車也會闖過了捷奧邊界，許多飛機也飛到了西方，一輛坦克車也會衝出了邊界。多腦河邊，經常有各式各樣的船隻溜過了河。有的在船舷上裝備了上百匹馬力的發動機，驀地一聲，開足馬力，馳到對岸。有的利用笨重的船隻，外面塗黑，槳上包着東西，不聲不響地在黑夜裏滑過河。任何人也比不了這班失望的亡命者們，有這許多的想像力、創造力。這幾年眞有些奇妙的逃亡事實，值得一提。

(一)煤堆裏的神聖家庭：在羅馬尼亞有一列車正在起裝煤炭。一對夫婦帶着兩個孩子，在黑夜裏爬進一輛車上的煤堆裏面，這位先生用了些窄木板兒在煤堆裏支起一個窩篷，不料第二天早晨，起重機又在這輛車上添裝許多煤。就在這窄木板的支撑之下，——上面有十來噸重的壓力，——躲着這神聖的家庭，也一樣地是受不了迫害者的威脅，而踏上了逃亡的路途。因爲行車的震動，連帶着煤堆的沉重，壓斷了一條木板。到了維也納，起卸的工人們纔聽到一絲絲呻吟痛苦的聲音，等到把這一家老小從煤堆裏挖出來，差不多都已窒息死了。這位先生始終挺着脊背，擎持着那一條已斷了的木板，雖然人們都把煤給爬開了，他仍然像扛着千斤擔子似的站着不動。他的脊背簡直是一塊爛肉，甚麼外衣、襯衫、皮膚、磨成一片血肉糢糊。

(二)死在棺材裏：一位卜拉格(捷克京城)的大學生，藏在棺材裏偷過了邊界。卜拉格近郊地方，有一個奧國人的屍身，裝殮在一口棺材裏，外加封焊，準備裝火車運回他的故鄉。這位大學生在夜裏帶了一位助手，把棺材撬開，把屍身移到墳場埋起來，自己爬進棺材裏，助手仍然把它封焊妥當，並且很巧妙地鑽了些使人看不出的透氣孔。大學生把足够的食物，飲料帶在身邊，還有一枝手鎗。等到火車開到了目的地，這位大學生，已經眞的是死人了。人們發現他因心臟血管破裂而致死。據推測結果，大概因爲他在棺材裏聽到過卜拉格還要打開檢査一次，就此嚇死了。

(三)踩着高蹻過界：一位布達佩斯(匈牙利京城)的鋼鐵工人，作了幾個月的詳細研究，曉得細的圓鋼柱，是不會受到彈藥射擊的損害。他有一位朋友，在當地彈藥廠裏作工，邊界上埋的地雷，便是這個廠的出品。這位朋友暗中給他帶來了幾個地雷，他倆共同試驗地雷的爆炸圈，得到確定性的結論：這種地雷只向周圍爆炸，高度從不超過二公尺。這位鋼鐵工人就替自己製造了一副三公尺高的純鋼高蹻。起初先用一副通常爲廣告用途的木頭高蹻來練習。于是乎城裏就出現了一個碩大無朋的巨人幌來幌去，扛着一塊廣告牌，上面寫着請用「××牌牙膏，高于一切。」隨後再踩起三公尺高的鋼高蹻來練習。半年以後，居然能用一隻腿穩站着，能邁大步，能並起兩隻脚前後跳。在一天的深夜裏，他帶着鋼高蹻潛行到邊界上，踩着高蹻走過地雷地帶。因爲黑暗裏根本看不見高蹻柱子，就像是懸在半空中的一個精怪，幌幌悠悠，悄然無聲，又好像是只看見動作，看不見線索的傀儡人，——這根線是牽在人類主宰的手裏——靠上帝保佑，地雷一個也沒有爆發。恰恰在幾個星期前，新埋上一批新的地雷，有往高處爆炸的效力，可是這個幸運的人兒，事前一點也不知道。

自由之歌

上官予

自由，你在那裏？
當我們失去你的時候，
才知道你的寶貴；
才知道你與我們的生命和呼吸，
從來沒有距離。

你在那裏？
你被無情地踐踏——
在布爾希維克的毒燄裏，
在祖國苦難的大地；
我們要把你尋找。

你在那裏？
我們仰望穹蒼，
那深邃的藍天，
包含着如許奧秘；
却緘默無語。
我們遠望大地，
只見廣漠的平原，
綿延的山嶺，
壯闊的海洋，
牠們雖然固在；
却又時時變幻。

你在那裏？
在那瀰瀰的月色之中？
在那閃閃的星辰之旁？
你與黎明俱來，
還是偕黃昏同行？
不啊！
牠們都是為你而降臨。

有若愛情的漸近，
聽我彈奏柔迷的情調；
不然便聽我在絕望時的，
泣血的傷痛的呼號！

有時看見
在綠色林梢，
有你的身影；
在玫瑰笑靨的酒渦，
留下你的唇香；
在浪花的嬉笑裏，
那金燦的閃光，
好像你在蕩漾；
在音樂的旋律裏，
看見你張着銀色翅膀，
在快捷的迴旋而飛揚。

在風雨之夜，
有人匆匆夜行；
在野獸麕集的叢林，
有人奔向你懷抱；
當朦朧的夜夢方酣，
便驀然呼喚你親愛的名字。

我知道你在這裏或那裏，
在我們永生的渴求中，
牢牢的掌握着，
我們的新生和希望；
不管是凡俗的肉體，
那浮沉的靈魂和生命，
部分包含於整個，
人類緊抓着慾望，
你在一切之上。

在有涯的人生和
無涯的歷史的過程中，
你最光輝而偉大；
你使强暴者倒下，
你使輭弱的堅强，
打破奴隸的鐵鏈，
從來和樂優遊的歡暢。

啊！當你與我們同在，
內心便充滿親切和愉快；
你貼近我們，
又瀰漫於日星與河嶽；
你佔據着行動的時間，
又如陽光照遍無限的空間。

啊！為你而歌，
可以消愁；
為你而戰，
弱者也一往無懼；
流血的開遍不凋的花朵，
為你而死，
可以永生。

看啊！
那自四面八方來的
不分國籍與人種的繼續者，
繼續着在血海裏站起來！
自由，自由！
你的名字，
如霹靂的震響，
如火的燃燒；
魔鬼便顫抖着
拋棄了牠的王冠，
從白骨砌成的王座上倒下！
如灰塵的虛無，
如霧的消散。

你在，
人類在；
你在，
眞理在；
你在，
天下一家；
你在，
世界大同。

一個喬治亞的廚子

Robert Spencer Carr 原作
黃沙 譯

喬治亞的廚子並不見得高明，俄國人却自以為了不起。也許是因為史達林是喬治亞人的緣故。巴基茲 Gogo Bakidze 確是一個了不起的喬治亞廚子，那個俄國上校却把他恨如切骨。——

那廚子用一口難聽的俄國話對着鏡子說：

「喂，老史，你今天又不敢露一下你那醜臉了嗎？」

鏡子裏面顯出一付全世界最可怖的魔鬼像，正在向他注視。一個陰險的笑容，隱約地藏在那一撮大鬍子後面。那廚子抹抹鬍子，端詳了半天，不禁格格地笑了起來。一會兒，他又撇着嘴慢吞吞地說：

「你又要叫我做你的替身了嗎？你這醜鴨子呀！那末你做暗示，讓我來發命令吧！」

在他身後，一個秘密警察上校，忿怒地叫了起來：

「快一點吧！你這笨豬。主席團在檢閱臺上等你呢！」

這是一個個兒高大，穿着眩目制服的秘密警察。

那廚子毫不在乎，抹抹鬍子自鳴得意地說：

「上校，你看了心裏不舒服嗎？你想一下看，我剛才說的話，是不是幾百萬人民都有同感呢？」

上校用戰慄的手，從腰裏掏出了一支德製的手槍，帶着沙啞的嗓音吼道：

「我斬了你！」

那廚子似乎沒有聽見，自管慢吞吞地穿上一套比上校還要煥然的制服。悠然地說：

「只怕你不敢吧！我是史達林最後的一個替身——換一句話說，我是全俄國惟一沒有人敢斬我的人。無論我愛怎樣說！」

他那假裝着沒有表情的眼睛，向着鏡子狡猾地笑一下，又說：

「除非有人把那魔鬼本人暗殺了！」

他在胸前掛上一枚一枚的勳章，接着說：

「到了那一天，上校，你的飯碗怕就保不住了！我是一個上等廚子，我可以同喬治亞去，娶我那個美麗的塔瑪拉，在高加索開設一家上等的餐館，——我想，我要開設一家資本主義式的餐館！」

那上校有些忍不住，破口大罵道：

「放你的屁！」

「這不是放屁。」

那廚子不禁笑了起來。這回是標準的喬治亞式的笑聲，夾着刺耳的沉重低音。那上校愈看愈生氣。他狠狠地說：

「你笑什麼？你這刁騙子！」

那廚子望着鏡子幽默地說：

「當然我是笑自己囉！……你在對誰說話？嘿，你敢罵我！你的意思不就是罵他嗎？瞧着吧！上校。我會報告秘密警察總部的！」

那上校不覺一楞，心裏有些心虛。他勉強抑制了自己的氣憤，漲紅了臉。他想：清算的事現在還在進行，該不會輪到我吧。他有些不寒而慄。這廚子真可惡，老是在背後嘮叨。他從來也沒有見人有這樣大的膽子。不過，算了吧！他悻悻地說：

「笨豬！掛上你的佩刀吧。分列式快開始了！」

在那破爛的街道上，一隊軍樂隊正在吹奏着刺耳的國際歌。西伯利亞的寒風吹得每一個人的嘴唇都在發抖。

在那秘密警察總部的門前，突然起了一陣騷動聲，似乎有人在鬪毆。頃刻之間，這聲音被幾聲槍響壓下去了。留下來的，是幾個人的沉重的呻吟，不久也漸漸地遠了。那廚子聽了一會，順手扣上裏面那件「美帝」製的避彈背心，他悄悄地說：

「上校，有幾個我的崇拜者被移到別處去了吧？對嗎？」

上校打了一個寒噤說：

「別再發瘋了！你這傢伙早該被清除了。記着吧，像你這樣的替身，我們還有三個呢！」

那個渺小的廚子驕傲地說：

「你這野蠻的俄國人！你以為你們還有嗎？我告訴你呢，有一個是在宴會中跟幾個倒楣的軍官一起被俄國藥酒毒死了；另一個是因為患糖尿症，被幾個俄國醫生開錯了藥方，送命了；還有一個——他不是喬治亞人——像俄國人那樣的自殺了。」

他像演員出場以前那樣地繼續化粧着。

「……以這次五月節的檢閱來看，我確是最後一個不能被清除的人了。你不是正在找嗎？從黑海的荒島找到裏海，可是你們仍舊找不到一個像我這樣的替身。我對於這一點已經看得夠清楚了。因為這些天來我已幹了這許多夠被清算的事，每一次檢閱都是這樣。」

他掛上了一柄銀鞘鑲滿了珠寶鑽石的佩刀，突然轉身向那困擾的上校罵道：

「你為什麼叫我在主席團中站着，不叫我坐着？我是委員長呢！列寧說過，每一個廚子必須要知道怎樣領導政府。我是一個廚子，一個上等廚子，一個比你高明得多的廚子。我能提出改革意見，非常適合一般普通人民的心理，比史達林自己要強得多！」

那上校抑制着忿怒，悄悄地走到電話機旁，拿起聽筒，斬釘截鐵地說話，似乎是在發命令。

「讓他們稍微等幾分鐘好了！叫軍樂隊繼續奏演，叫主席團的人，帶着興奮愉快的表情，在檢閱臺上來回走動着。傳話出去，我們最親愛的領袖，就要出來了！」

他扔下了聽筒，帶着戰慄走向那玩世不恭的廚子。他對這份差使眞是怨透頂了。他寧願被充軍到西伯利亞去也不幹這個活！

他對那廚子的一番話，不敢表示意見，只是冷冷地說：

「同志，你這樣隨便講話，總有一天會叫你知道利害的！」

那廚子聳了聳肩膀，用白粉撲着他的灰色頭髮，他說：

「哈哈，恐怕你還恫嚇不了一個已經拼了老命的人吧！我也明知道遲早逃不了這一關，我希望就是今天！」

他繞過椅子，突然轉過身來，用手比着手槍，點着那上校叫道：

「砰，砰，砰！哈哈！」

那上校不由自主地把身體閃避了一下，額上急出了滿頭的冷汗，下意識地用手抹了一下，咬牙切齒地罵道：

「你這死豬！快一點吧！儀仗隊早已準備好了！」

那廚子却仍舊慢吞吞地扣着外套說：

「上校，你和他在一起的時候，會不會不小心也罵他作死豬的？」

那上校沒有理他。

他戴上了一頂鑲着鋼甲的軍帽，外面繡着金邊。站了起來，混身上下檢點了一遍。突然又裝腔作勢地說：

「你不是說我要受淸算嗎？好吧。我本來就不愛這份差使，我要回家了。」

那上校無可奈何地說：

「鬍子又不對了！你忘了撲粉。不能每檢閱一次就變一次顏色的。你知道，這裏是有攝影記者的！」

那廚子說：

「唔，對了，鬍子！」

他又坐下來撲粉。忽然鼻孔裏一陣奇癢，他不由自主地打了一個噴嚏，就對鏡子說：

「長命百歲！可是，不是你！不是你！史達林，你該患胃痛和腸熱病！」

一會兒，他又直着嗓子說：

「上校，你本星期內把委員長送到理髮室去，把他的鬍子剃掉了！萬一他不肯，就强迫他！你聽見嗎？一個人要戴這樣難看的鬍子，簡直是侮辱我！」

他爽性把那鬍子亂抓了一陣，抓得稀亂的，那上校見了，氣得閉上了眼睛，幾乎要倒下來的樣子。嘴裏喃喃地說：

「啊，天哪！救救我吧！」

上校是一個神經不健全、體格不强壯的人。他靠着伏特加和藥片在過活。這時他有些惶恐，他匆匆地跑進盥洗室去，倒了一杯鹽開水，吞下了一片藥片。定了一下神，他說：

「我們總有一天能找到另外一個替身的。到了那時候，我非親手來淸除你不可！」

那廚子發現鬍子沒有按正，又按了一下，他接着說：

「我怕你找不到這樣一個好機會。所有的喬治亞人，只要稍微和那傢伙有些相像，都把自己的鼻子割下來餵狗了！」

他發狂地笑着；一面戴上另一排勳章。最後他檢起一枚最大的，按在自己的頭上說：

「你瞧，這一枚圓的，倒活像一個槍靶子。喂，上校，你怎麼不笑？」

這些勳章都是金質的，上面鑲滿了珠寶和鑽石，有些是白金的，閃着西伯利亞的積雪一樣的寒光。那廚子有些不明白，戴上這一大堆垃圾，究竟是什麼意思呢？究竟是誰頒給他的呢？是史達林頒給他的嗎？還是他頒給史達林的？他倒很想把它們都賣掉了，買些烤肉和紅酒來吃！

這時門口忽然傳來一陣沉重的敲門聲，顯然是一個了不起的大官。那上校躡手躡腳地跑過去，揭開門上那個小洞門，無可奈何地强作着笑臉，低聲說了許多道歉的話，又關上了小門，顯出一付惡狠狠的面目，向那廚子大吼道：

「剛才來的是總警察官，如果你在三分鐘以內再不出去，我就打死你！」

他又掏出了那支德製的手槍，打開了保險機，厭惡地說道：

「我一看到你的那付樣子，就討厭了！」

那廚子却又得意地說：

「那是因爲你實際上厭惡我所代表的那個人的緣故。你不敢當面向他表示，才在我的面前發洩！」

他整理一下撲上了粉的鬍子，向着鏡子自言自語地說：

「你是老了吧？史達林！」

他又咯咯地笑了起來，眼睛四周露出了和那魔鬼一模一樣的縐紋。

「喬治亞人並不能長命百歲的！到了那時候，我就可以不幹這一份差使了。我希望那個時候立刻就到。啊，史達林，他們會不會拖住我不放，讓我繼續做你的替身呢？因爲我的樣子太好了，人民對我太熟悉了。這眞是一個大笑話，讓幾百萬大軍向一個喬治亞的廚子致敬！」

他忿怒地抓亂了他的頭髮。啊，那個可惡的大鬍子，簡直是他的催命鬼。假如那一年塔瑪拉不開他的玩笑，叫他種植倒楣的菠菜，那末他的面貌相像的事，就不會被人發現。他也不會被幽禁在這個整天緊張、隨時出亂子的城中一個充滿腥臭的秘密警察總部裏面。否則，他這時也許在底佛利斯大旅館的廚房中，倏閒地生活着，不受人注意，用鐵叉烤着羊腿，聞着醉人的香氣。他會成爲一個衆口交譽的好廚子，只要不多嘴，他就可以逃過那要命的政府。

他歎了一口氣，懶洋洋地站了起來，拖着那一柄珠光閃閃的大佩刀。他的幻想和那些可憐的人民一樣不現實。他除了喫、喝，和悄悄地叫着他的塔瑪拉以外，他從來也不開口，可是他們却仍像對付一個陰謀造反的人一樣地監視他。現在他的確希望能有一個造反的機會！

那廚子向桌上的時鐘瞥了一眼。還有一分鐘！上校的槍正指着他。他想：他一定會打死他的。理由很簡單，如果他不打死他，他自己就會被處死刑了。他想：這樣死法也許比站在檢閱臺上，被那勇敢的青年刺客，當作第一號目標暗殺，要有趣得多！

可是，不行。這樣也不够味。這樣的結局不是標準的喬治亞式的。因為那樣太沒有意義，太不健全，俄國味太重了。

「你愛打在頭頸上呢，還是打在頭上？」

上校突然問他，現在他似乎很高興了。那廚子却站起來嘲笑着說：

「同志，我已經準備好了！」

他想，這批傢伙是沒有一點幽默感的。他們永遠是淒慘的。他說：

「我好像聽見什麼地方有炸彈的聲音！」

「放屁！」

那上校向他全身上下打量了一遍，點點頭，關上了手槍的保險機，順手把手槍裝進了皮袋，不愉快地說：

「可以了。」

「你瞧，我早該休息了。我的好朋友，可以走了吧？也許在今天的羣衆中，會有人請我們兩人一起休息的。哈哈！」

上校開了門，裝着虛偽的口吻說：

「委員長，請！」

他怕外面聽不到，嗓子提得特別響亮。

走廊中排滿了高級的秘密警察。這些人永遠也不會知道，也不允許他們猜測，他們所保護的史達林，究竟是真的呢，還是假的？他們只能向他敬禮。不管是真是假，他們都得負責保護。真和假之間的區別是很小的。

那全付戎裝的廚子通過秘密警察的行列時，只把頭略微點了一下，懶得舉手答禮。他意識到目前應有的那些俗套，就向兩旁的秘密警察說：

「大家歡呼！」

兩列秘密警察頓時發出了一陣驚天動地的呼聲——

「向全體人民的父親歡呼！」

外面起了一陣亂糟糟的吼聲。

走廊的盡頭是洋臺，共產黨的顯要們都站在這裏鵠候。他們是被召來的。可是他們也很躊躇。今天會不會是一個圈套？像過去那些俄國人那樣，莫明其妙地被清算了。同時他們也很懷疑，今天這一個，究竟是不是那魔鬼自己呢？他們偷偷地偷看他的左手，看看是否是萎縮的？可是那廚子帶着白手套。他又像一只兀鷹似的，露着牙齒在向他們微笑。於是那些顯要們就答以東方式的鞠躬禮，接着就都爭先恐後地擠着，想找一個挨近廚子的地位站着。那廚子覺得非常可笑，可是那上校却急白了臉，壓低了嗓音像罵小學生一般說道：

「別亂擠！你們都不知道你們的指定位置嗎？」

大家突然又站定了。就像演戲似的，看齊了步伐，走下洋臺的斜坡，向檢閱臺走去。

在那廣場上，一叢叢的兒童，戰慄地揮舞着手中所拿的紙花和小旗，這時又有一陣低沉的呼聲，從下面吼了起來，好像是喪家的哀嚎。

當那一羣新聞記者，用破舊的照相機對光的時候，那上校不得不離開那廚子的身旁，可是他却歇斯的里地說：

「今天的距離只有二十米，照規定至小要三十五米。是那一個搞錯的？」

那廚子接着低聲說：

「那一個？如果今天他們不跑上來，我就跑到人叢中去，和那些孩子們擁抱。讓他們看一下，我這個人民領袖多麼勇敢！這該是多麼動人的鏡頭呀！」

上校狠狠地說：

「你要找死嗎？」

廚子說：

「死，崇高的死，哲學家蘇格臘底的死！可是哲學家不見得都能當廚子，而所有廚子却都是哲學家！」

「你真不怕丟人。你怎麼不把你的鼻子割掉？」

「因為我對這一幕喬治亞喜劇的終局，很感興趣。每一幕喜劇都有一個終局的，不是嗎？我喜歡那些笑痛肚子的喜劇。」

上校悻悻然地說：

「這裏一點也沒有什麼可笑之處。檢閱臺離開遊行的行列不過二十步。任何一束遊行者所拿的花中，都可能藏着一枚炸彈，還有那些遊行的卡車。我真恨那些卡車！我們每天都破獲一二輛！

廚子說：

「上校，你的憂鬱是怕死。這是因為你從來也沒有被人愛過。你瞧我，我瞭解愛的意義，我瞭解愛和好的烹調，因此，我就不怕死！」

上校突然叫道：

「喂，你站好！攝影記者在照相了。現在別讓那個孩兒面孔的胖子擋在你的面前，如果他擋着你，你就用力踩他的脚！」

那廚子向前走了兩步，站在那些顯要的中央，這時羣衆可以看到他的臉了。這個黝黑的臉，遙遠地夾在一羣劊子手的中間。這一個臉，他們在牆上、報上，不知見到過幾百萬次了，他們覺得，現在是親眼見到他了。

軍樂隊的演奏，逐漸地在加速。分列式開始了。卡車上的電影機鏡頭，從行列轉向檢閱臺。那廚子頓時把手伸出軍服大衣，裝出一付不可一世的姿態，讓他們攝影。世界上的廚子都是能演劇的。今天似乎有一種力量，更使他表演得維妙維肖。他裝着一種假慈悲的表情，向一隊半裸的少女熱烈地揮手，鬍子底下隱約地露出一絲微笑。

那些嘴唇凍得發紫的少女，發出了一陣驚叫似的呼聲。一隊跳舞的少女慢慢地走過來，卡車上的攝影機鏡頭又轉了過去。後面有一隊青年隊伍，打着空軍學校的旗幟，他們「是全世界最快的噴氣機駕駛員」。

在隊伍的前面，有三個美麗的少女，每人都捧着一大束鮮花，裝着微笑向那廚子走來，似乎她們都很愛他。檢閱臺上的共產黨顯要們感到今天的情況有些異樣，因為一切似乎都不是預先安排好了似的。他們不由自主地往後退了兩步。

這時那廚子揮手揮得更有勁了。他露着得意的獰笑，突然大叫道：

「自由和平萬歲！」

那上校嚇了一大跳。可是羣衆却糊裏糊塗地跟着吼了起來。上校走上一步，牽牽他的佩刀上的繩子低聲說：

「再不要這樣亂叫了！」

那空軍學校的行列，顯出一陣紊亂。那三個少女竟向警察的警戒線飛奔過來。她們高捧着鮮花，哀求似的望着那檢閱臺上的大鬍子。那廚子好像烤肉餅烤到了時間一般，直覺地感到他所祈望的時間到了。警察們正在推着打着那三個少女，可是當他們聽到委員長在大叫「讓她們過來！」的時候，就放她們通過了。

那廚子聽到他身後的那些顯要們正在竊竊私語，一個個地向後面退縮。上校抓住廚子的手，也想把他拉回去。可是那三個少女却像飛似的衝過來了。那廚子向前走了兩步，踏上了講臺，軀下身去，預備從那身體最高的少女，接過那最大的一束鮮花。他突然發現那少女正在拉着一根紮花的小繩子。他想，是時候了！他興奮地說道：

「親愛的，謝謝你！」

他接過那一束鮮花，迅速地轉過身去，預備把它交給那個孩兒面孔的胖子，誰知道那胖子一見這情況，就拔脚向後跑了。

那一束紅玫瑰花向兩旁分開，他看到裏面藏着一件小東西。他想：這麼小一枚炸彈，簡直炸不死一半的人。要是他自己做的話，一定會比她們高明一點。這些孩子們製造炸彈簡直不行，該向他學一下。

他聽到那上校從講臺上跌下去的聲音。哼，這傢伙是嚇昏了！回頭他又見那些顯要們急白了臉，正在向兩旁亂擠。他尖聲叫了起來。

「同志們，過來！」

沒有人過來。可是這時這些顯要們却不再亂擠了，大家沉寂了下來。他聽到那束花中發出一陣吱吱的聲音。他迅速地向他們走去，順手把那束鮮花遞到那個孩兒面孔的胖子手中。他說道：

「我們的青年之花所獻的花！」

驀地裏「轟」的一聲，他見他四周那些顯要們的頭顱，像蕃茄一般地一個個的掉在地上。他感到一陣頭暈，眼睛前面一陣美麗的火花在亂飛，鼻子上一陣痛楚，一塊鐵片飛上他的臉，削掉了他的鼻子。

檢閱臺上的人全被炸死了，沒有一個見證可以說出當時的經過情況究竟是怎樣的。當秘密警察苦刑逼供的時候，他會說出一大段動人的喬治亞故事。他說，他的血是替俄國人民流的。他想：這話是一點也不假的。在他暈過去的時候，沾滿血汚的臉上，露出了一絲笑容。

也許他還能活着看到他的塔瑪拉。可是他祇剩下一只眼睛了；而且是在監牢的鐵柵欄中。前途不必想得太多。不過，朋友，誰敢說今後的情況不會迅速地好轉呢？

— 譯自 Post —

徵稿簡則

一、本刊歡迎

(1) 凡能給人以早日恢復自由中國的希望，和鼓勵人以反共勇氣的文章。

(2) 介紹鐵幕後各國和中國鐵幕區極權專制的殘酷事實的通訊和特寫。

(3) 介紹世界各國反共的言論、書籍與事實的文字。

(4) 研究打擊極權主義有效對策的文章。

(5) 提出擊敗共黨後，建立政治民主、經濟平等的理想社會輪廓的文章。

(6) 其他反極權的論文、小說、木刻、照片等。

二、翻譯稿件務請寄附原文。

三、投稿字數，每篇請勿超過四千字。

四、來稿請用稿紙繕寫清楚，並加標點。

五、凡附足郵票的稿件，不刊載即退回。

六、稿件發表後，每千字致稿酬新臺幣四十元至五十元。

七、來稿本刊有刪改權，若不願受此限制，請先說明。

八、惠稿一經登載，版權便為本刊所有，非經同意不得轉載。

九、來稿請寄臺北市金山街一巷二號本社編輯部。

書刊評介

拉斯基教授最後兩本書

程滄波

(1) Refletions on the Constitution by H. J. Laski The Viking Press, New York

(2) The Dilemma of our Times by H. J. Laski Prepared for Press by R. T. Clark, Allen and Unwin, London

拉斯基教授長離人世，忽忽已將三年！當一九五〇年二月，孟徹斯特大學請他去演講。從二月六日開始，他在那裏做了三次公開演講。演講結束後，他因去參加英國大選，忙亂了幾星期。大選是二月二十三日揭曉的，拉斯基教授就在三月二十五日一病不起！現在距他逝世三週年，只差兩月。我和這位曠代學人的公私關係，三年來使我時時回憶這位偉大的政治思想家。尤其使我感慨的，拉斯基教授死後，英國各雜誌，只有新政治家及民族週刊有一篇紀念文章，美國紐約時報有一篇長文紀念。歷史上出類拔萃的人物，在並世不能爲其國人所欣賞，古今中外，事同一例！

「英國政治的檢討」這一本書，就是上面所說拉斯基教授在孟徹斯特大學三次公開的演講稿，我的譯名，與原文不相合。因爲本書的書名，原是別人替他加上的。本書的內容實在是英國的政治的檢討。這一本演講稿，據出版者序文裏說，拉斯基教授並沒有校正過。正如我現在想評述的第二本書——進退兩難的這一時代，同樣是他沒有校定的一本書。而且第二本書，還是沒有寫完之書。拉斯基遺著編輯委員會，經過仔細的考慮，纔把這第二本書印行。他們認爲這本書雖然沒有經過著者寫完或校定，但是本身的價值，和拉斯基對這一時代的整個觀察可以抵過本書未經校定的缺點。這兩本書：第一本書的缺點，僅限在文字，修辭或附註方面的不完備；而第二本書，則全書辭意及其結論，似乎均有斟酌的地方。

「英國政治檢討」是三篇演講稿，這三篇演講的講題是：(一)國會下院；(二)內閣；(三)文官制度。讀了這本書，如果編者不在序文裏說明這是三次公開的演講稿，我們實在難於發現它不是一本精心的著作。譬如這講稿的內容，第一部國會下院，就分成七章。每一章如：(一)現今對國會流行的批評；(二)二十世紀的國會政府；(三)下院的素質；(四)對批評者一個答覆等等。每一章都是一個大問題。每一章都有特別的精采。拉斯基教授的特長，能把制度，歷史，與人物，爛熟而消化於每一論點之中。譬如他論國會素質一章。他舉一段掌故：一九二三年一天在穆勒勛爵 Lord Morley 家中晚餐，坐客除拉氏外尚有波雷耳 Birrell，穆勒勛爵(是格蘭斯頓大傳記的著者) 忽然感慨地說：現在的國會議員，比起格蘭斯頓時代，眞是變成一個影子了！言下不勝江河日下之感。波雷耳先生立刻答覆說：記不記得在十九世紀八十年時代？有一天我們在格蘭斯頓家中吃飯，今天的主人與我都在座中，格相忽然感慨地說：現在的國會議員，比起一八三二年到一八四六年的黃金時代眞是一個影子了。

拉斯基教授用這種活的史料說明他的見解。他認爲英國國會經過兩次大戰，公私方面絕沒有退化。他覺得每一位政客或政治家，總喜歡留戀過去的光榮，而每一位抱負不凡的人，總覺得自已長才未展。如果環境能容許他大展經綸，歷史必可改觀的。這是拉斯基先生的幽默詼諧，而他的過人之處，便在任何幽默詼諧中必能引經據典。他一生是一個尖厲的批評者，而在他最後一本著作中，對英國國會卻完全是一個辯護者。如繆勒姆西 Ramsy Muir，阿姆留 Amery，及韋白 Sidney Webb 等各種批評及建議，他均認爲不必要且行不通。他對國會的觀察最後幾句話：「這半世紀的各種變化，我認爲我們的國會並沒有退化，前途也沒有可慮的危險，……一九四五年以後，公衆對國會的尊敬，比到一九二五年或一九三五年只有增加。正和阿姆留先生所見略同，工黨黨內一切會議中，一如保守黨的各種會議，充滿了國會制度最好的傳統。」

也許因爲拉斯基教授在三十年代參加了工黨的幹部，使他在實際政治方面得了許多接觸。所以他的政論，尤其他晚年的著作，並不完全從書本中得來。他的書本功夫，本來原是並世少見的。學術基礎深厚，見解觀察精絕，原是他的特長。近二十年的實際政治接觸，使他談政治，尤其人物方面，眞是針針見血。這是白芝浩蒲徠士與羅威爾所不及。他論英國內閣的實際情況，如首相力之日益擴大，閣僚地位之低落，不是許多政治名著中所易發見，更非美國大學中所流行教科書中所能讀到。他論張伯倫納維爾，眞是淋漓盡致，而無一字一句沒有來歷根據，決不稍涉嘻笑怒罵。如形容張伯倫的極意結歡墨索里尼，根據齊亞諾（義大利當時外相）的日記；英外相艾登每次與義國駐英大使格蘭第嚴厲交涉後。張伯倫必另請格蘭第談話，請其專電羅馬，不必對艾登的態度過於認眞，以示緩和。在英德開戰以後，拉氏在國會首相休息室最後與張伯倫晤談，張氏回述過去，說在當時的環境中，我不能保證將來不同樣的應付。這許多活材料，是說明英國兩次戰後首相權力的過於龐大，而內閣的性質，無形中受了極大的打擊。他對才能內閣的建議，並不十分贊同，他說一個內閣中，只能一時容納一個路易喬治，或邱吉爾。在前一世紀，一個內閣中也只能一時容納一個格蘭斯頓或狄斯雷利。內閣中不能期望個個是卓越的大才，（如我國民國初年所謂第一流內閣。）一個部長的條件是能執簡馭繁；能領導；能有時間考慮一部的政策；有能力說明他部裏做的什麼；而尤能埋頭苦幹。這幾句話，何等平易近人。拉斯基晚年的作品，如「美國民主政治」The American Democracy 是一部精心結構的鉅著。立論措詞，已到爐火純青。不是當年舌鋒犀利，才華奔放的情態了。

拉斯基教授對美國，有深厚的感情，他自己覺得是最懂美國的人，在「美國民主政治」一部鉅著裏面，處處可以發現他對美國的愛好。「我敢說，沒有那一個人比我深知美國的優美或缺點。我寫這本書的動機，完全是出於對美國深厚的愛好，更盡量使這本書能讓歐洲人尤其是英國人瞭解爲什麼美國能引起我這樣的深厚愛好。」這是他在「美國民主政治」序文中幾句話。我們稍稍查考他的生平：拉氏首次到美國哈佛大學講學，在一九一六年到一九二〇年。他初到哈佛，還只有二十三歲。拉氏成名在倫敦政治經濟學院；而其事業基礎，則在哈佛大學。拉氏對美國的熟悉，幾十年中在美國朝野交遊的廣濶，就在美國本國人裏面也是數一數二的。大法官霍姆斯 Oliver Wendell Holmes 九十壽辰，他在英國發表一篇壽文，二十餘年前某日在倫敦政治經濟學院一個討論班中，他朗誦這篇得意的傑作。他讀完了，我當時對他說「希望先生也活到九十歲」，他很和藹地說感謝好意。拉斯基教授對美國的人物如霍姆斯，如白倫特斯 Louis Brandeis，對美國的科學教育，如麻省理工大學等平時讚不絕口。

我所以泛論上面一段話，就是爲了「進退兩難這一個時代」書中所說，與拉氏平素主張不類，所以我斷定這本書不能完全代表他的最後意見。在這本書中，拉斯基教授對蘇俄還是維護的。第二次大戰後一般人對時局的失望，對蘇俄的厭惡，他在這本書中還是設法解釋。他解釋美國整軍的動機，經濟的原因重於防俄。他對英國國內政治，認爲邱吉爾再上臺，是當前英國反動政治最大的災禍。這本書的語調及論點與「英國政治檢討」一書，氣派觀點，均不可同日而語；所以我認這本書的印行，拉氏遺著編輯人是負了極大的責任。他們不應該把一本沒有寫完而且未經校正的書，爲了書商的要求，而印行出售。拉斯基教授在生前，英國社會中有不少人始終認他爲危險份子。其實這位先生詞鋒儘管犀利，而心地十分純良，待人接物的態度，尤爲溫和而誠懇，這是中外學者共有之優點。

英國近代學者成名之早，無過拉斯基教授。他畢業牛津大學，只有二十一歲。當年即到加拿大麥克琪大學執教。他初到哈佛教書，年僅二十三歲。從二十七歲到倫敦政治經濟學院，三十三歲升任教授。二十五歲時入「費邊社」，任執行委員。四十三歲任工黨執行委員。從一九四五年至一九四六年，任工黨執行委員會主席。他的成名，在於他早年提倡的多元主權論。其一生著作精義，爲獨立與自由。生平稱道不絕口者，一爲英國歷史家愛克敦爵士 Lord Acton；一爲美國大法官霍姆斯 Oliver Wendell Holmes。拉斯基教授前年逝世，年僅五十七歲。在西方正所謂「盛年」。就我記憶所及，英國近代的學人，以白芝浩 Walter Bagehot 享年最短，只活了五十一歲。其次則歷史家傑朋 Edward Gibbon，享年五十七歲，正與拉斯基教授享年相同。其餘如愛克敦勛爵 John E. Edward Acton，享壽六十八歲。蒲徠士 James Bryce，享壽八十四歲。戴雪 E. J. S. Dicey，享壽七十九歲。而韋白 Sidney J. Webb 則享壽八十八歲。羅素於八十生辰自撰訃告，預備活到九十歲。拉斯基教授正當盛年，便結束了他五十七年的學術生活，這是自由世界一個極大的損失。

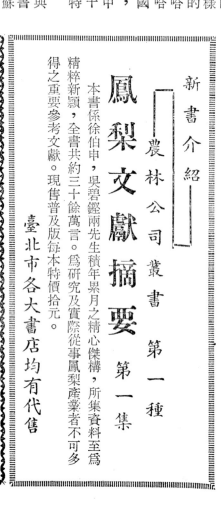

半月大事記

一月十日（星期六）
葉公超外長訪問日首相吉田茂，並否認中日韓三國商訂反共公約的謠傳。

一月十一日（星期日）
日報載稱：俄軍一百萬人將駐遠東領土邊緣，遠東空軍及日本海上的俄海軍實力均大量擴充。
義大利總理訪希臘已告成，並發表談判東南歐及地中海一帶防務的公報。

一月十二日（星期一）
英外部已接護埃及及蘇丹各主要政黨的協定全文，其中將英國主要建議盡行擱置。
埃及總理納奎布宣稱：決將英人驅出運河區。

一月十三日（星期二）
葉公超外長自日返國。
立法院會期再延長以審查耕者有其田草案。
日外務部宣佈，在美機協助下，如有必要將對在北海道侵入領空的外國軍機斷然予以擊落。克拉克總部亦有類似宣佈。
俄報宣佈：逮捕九個「猶太醫生恐怖分子」。
美英法三國再照會俄國，及早訂立對奧和約。

一月十四日（星期三）
空軍總司令王叔銘率機羣飛菲律賓報聘。

一月十五日（星期四）
德境英佔領軍逮捕前納粹六名首腦人物。
法內閣決定郎與西歐各國就建軍公約事進行談判。

一月十六日（星期五）
杜勒斯列席美參院外委會作新外交政策觀念報告，重申其「解放政策」。
埃及總理納奎布稱除非英軍撤離運河區，埃及將不參加中東防務聯盟。
埃及總理宣布，解散埃及所有政黨，並禁止政黨於三年內作任何活動。

一月十七日（星期六）
義大利共黨發動罷工與騷動。
美國正式保證，如日本領空遭受威脅，美將採「有效而適當措施」。
印度對英美邀請巴基斯坦參加中東防務組織的報導，表示嚴重的關切。

一月十八日（星期日）
美海軍巡邏機一架在汕頭附近海面被共軍高射砲火擊落。

一月十九日（星期一）
我訪菲空軍返臺。

一月二十日（星期二）
立院完成「耕者有其田條例草案」的立法程序。
美總統艾森豪副總統尼克森宣誓就職。
美參院各委員會除反對威爾森出任國防部長外，已完全通過艾森豪內閣的其他人選。

一月二十一日（星期三）
日通商產業大臣宣稱：將放寬日本對中共貿易的限制。
共黨揚言已在韓境全線建立「不可攻克的隧道防線」。
西德總理艾德諾保證納粹黨不致再起。

一月二十二日（星期四）
蘇俄及其附庸國已普遍展開排猶運動。東德猶太人被禁止與西德猶太人協會作精神連繫。

一月二十三日（星期五）
美總統艾森豪召集閣員舉行首次會議，美商討國情咨文。
美總統艾森豪於威爾森自動宣佈出賣通用公司股票後正式提名其為國防部長，以待參院批准。

給讀者的報告

本刊自本期起，正式變更發行人。我們這一行動乃是遵照民國四十一年十一月廿八日本刊編輯會議的決議。當時胡適之先生提議辭去本刊發行人的名義，表示願意擔任一個編輯委員；當經全體同人接受。同時並決定在胡先生離臺以後，改由本刊編輯委員會為發行人。胡先生是在上月十七日結束其講學行程離臺的，所以本刊從本期起正式變更發行人。我們為此已在「本刊啓事」中鄭重報告於讀者了。這裏我們須要附帶聲明的是，本刊發行人的名義雖然是變更了，但是本刊編輯方針則仍一本每期所揭櫫的「自由中國的宗旨」，即言論立場與傳統風格，亦將仍舊和過去一樣。因為我們只有一個信念，那便是：反抗共產極權暴政、實現自由民主的理想；我們將始終不渝地為此信念而竭盡我們作為一個國民與輿論一份子的責任。這一點，應該是讀者們能夠深信不疑的。

自由與極權的鬪爭是一個全球性的鬪爭，自由世界任何一部份的禍福安危是彼此密切關聯的。為了對抗並擊敗我們共同的敵人，自由世界現在急切地需要一個全球性的戰略。過去民主集團彼此的力量是分散的，缺少一個明顯的目標與一致的步調，因此在整個戰略形勢上，民主集團始終居於被動的劣勢的形勢。我們要扭轉這種劣勢的形勢，就得確立一個全球性的世界戰略。這個全球性的世界戰略，它的目標是單純而明確的，那就是保障整個自由世界的安全，進而解放所有被奴役的國家，最後鬪助俄國人民推翻暴力的統治。在這樣的正義旗幟之下，民主國家才能團結無間，制勝強敵。我們傾聽美總統艾森豪對文明人類充滿責任感的就職演說，使我們對世界光明的遠景益增其信心。我們這期社論，正是寄望美國制定全球性戰略，以發揮其有力的領導作用。

本期發表的胡適之先生的文章，是胡先生於今年一月三日在新竹的演講，講題是「三百年來世界文化的趨勢與中國應採取的方向」。這篇講詞原文未經報章揭載，我們特刊於此，以堅強我們的信念。但原稿未經胡先生校閱，並此聲明。

在全球性戰略的前提下，我們對世界任何地區的戰略意義均必須予以正確而客觀的秤量，狹窄的地域偏見，對於自由世界全體的安全將是十分危險的。職是之故，我們不但關心亞洲與遠東的防務，也同樣地關心歐洲反共力量的結集。本期龍平甫先生「歐洲的防禦」一文，將提供我們很多有價值的資料。

柯德厚先生對政黨提名問題的意見切合當前的要求，這類問題的商榷對民主政制之建立是十分重要的。雷震先生「監察院之將來」一文連載多期，本期載其最後一篇，也是全文的總結。

本刊售價

一、臺	幣	四元
二、越	幣	八元
三、菲	幣	五元
四、港	幣	一元
五、暹	幣	四銖
六、美	金	二角
七、叻	幣	四角
八、印尼	幣	三盾

自由中國 半月刊　第八卷第三期　總第七十八號

中華民國四十二年二月一日出版

發行人兼主編　『自由中國編輯委員會』

編輯委員（以姓氏筆劃為序）：

毛子水　申思聰　杭立武　金承藝

胡　適　殷海光　夏道平　張佛泉

黃　中　雷　震　戴杜衡　聶華苓

瞿荊洲　羅鴻詔

出版者　自由中國社

社址：臺北市金山街一巷二號

電話：二六八八五號

航空版　香港時報社

經售者

臺灣　中國書報發行所

美國　紐約民氣日報社　舊金山少年中國晨報社　芝加哥中國出版公司

日本　東京京南友堂　東京內山書局

韓國　釜山草梁洞新泰行

馬尼剌　大中華日報社

印尼　椰嘉達星期日報　椰嘉達天聲日報　棉蘭繁華圖書公司

越南　西貢中原文化印刷公司　越南華僑文化事業公司

暹邏　曼谷攀多社十二號

緬甸　仰光振成書報店

印度　孟買梅亞號　加爾各答塔梅學校

澳洲　雪梨瑞田公司

北婆羅洲　馬拉奕坡美芝律聯華公司

新加坡　中興日報社　檳榔嶼、吉打邦均有出售

印刷者　精華印書館

廠址：臺北市長沙街二段六〇號

電話：二三四二九號

本刊經中華郵政登記認為第一類新聞紙類　臺灣郵政管理局新聞紙類登記執照第二〇四號　臺灣郵政劃撥儲金帳戶第八一三九號

自由中國

FREE CHINA

第八卷 第四期

要目

中華民國四十二年二月十六日出版

社址：臺北市金山街一巷二號

半月大事記

一月二十四日（星期六）

美陸軍參謀長柯林斯離美赴韓國視察。

土耳其外長訪南斯拉夫總理狄托，會談希土南三國訂立同盟事。

美已向俄提出照會，如東德及西柏林境內美財產受損害，將唯蘇俄「是問」。英已採同樣行動。

一月二十五日（星期日）

美總統艾森豪與郎將接任韓國美軍第八軍團司令之泰勒中將討論韓國的軍事情勢。

韓境聯軍猛攻西線一重要山嶺。

一月二十六日（星期一）

總統明令公布：（一）實施耕者有其田條例；（二）臺灣省實物土地債券條例；（三）公營事業移轉民營條例。

法議會討論四十億美元的軍事預算，國防部長布立溫呼籲更多美援。

一月二十七日（星期二）

美參院批准威爾森為國防部長。

美新任國務卿杜勒斯宣佈，要求受共產黨統治的人們：「你們可以信賴我們。」

一月二十八日（星期三）

西螺大橋通車。

克拉克總部聲明譴責板門店共方代表策動共俘暴動。

埃及對英國覆文，重申對蘇丹問題態度。

一月二十九日（星期四）

美新任第八軍團司令泰勒在東京與陸軍參謀長柯林斯及遠東盟軍總司令克拉克舉行會商。

農復會對臺灣實施耕者有其田條例補助新臺幣一千萬元。

我海軍五將校赴美考察。

一月三十日（星期五）

美國務卿杜勒斯與共同安全總署長史塔生飛歐訪問七國的首都。

日首相吉田茂對國會演說，再度保證日本將努力加强與自由國家間的連繫。

一月三十一日（星期六）

艾森豪與李海海軍元帥會談，傳係討論解除對中國國軍反攻的約束命令。

美國務卿杜勒斯抵羅馬，呼籲早日實現歐洲聯軍計劃。

二月一日（星期日）

麥克阿瑟元帥贊成解除國軍限制。傳悉：第七艦隊仍留臺灣海峽協防。

美遠東空軍透露：美噴氣機對米格機于本年第一月內已建立二十對一的擊毀比例。

英國與荷蘭海面發生猛烈颶風，兩艘英艦被吹沉。

二月二日（星期一）

美總統艾森豪正式向國會宣佈：美國已開始確定全球性反共新戰略，將下令第七艦隊不再阻我反攻大陸。

英荷比沿海颶風造成嚴重災害。

二月三日（星期二）

蔣總統鄭重聲明：不要求友邦地面部隊協助我國對共匪作戰。

美新任第八軍團司令泰勒飛抵漢城。

法國高級官員對艾森豪解除臺灣中立化的決定表示焦慮。英國已向美國表示其「關切」，艾登並强調此為美國片面政策行動。

襲擊英荷比沿海地區的猛烈颶風已造成一千四百餘人的死亡，為五百年內最嚴重之一次慘劇。

二月四日（星期三）

杜勒斯史塔生抵英倫，與邱吉爾及主要閣員舉行全日會議。

泰勒視察韓前線，聯軍襲擊敵陣，擊斃共軍三百餘人。

二月五日（星期四）

艾森豪已頒發美國第七艦隊廢棄在臺灣海峽從事「中立巡邏」的命令。

英下院舉行對美國解除臺灣中立化新政策的緊急辯論。

二月六日（星期五）

美國防部軍援局長孟斯特少將抵臺訪問。

華府消息：傳艾森豪考慮以海軍封鎖中國大陸。

監察院通過修正監察法案，送立法院完成立法程序。

二月七日（星期六）

臺灣省第二屆第二期縣市議員選舉。

雷德福建議美政府增加我海軍裝備。

南斯拉夫與希臘兩國軍事合作已獲原則性協議。

社論

解除臺灣中立化應該是全球性戰略的第一步

美國艾森豪總統在第一次致國會的咨文中宣布，他將下令第七艦隊解除臺灣中立化，不再限制中國國軍對大陸的行動。此事距筆者草擬本文，相隔已有十天。十天以來，自由中國民意與輿論的反應，充滿熱烈興奮的情緒。這是可喜的。十天以後的今日，我們却應該就各方面的局勢，對此一問題再作一番更爲冷靜，更爲周詳的思考。

艾森豪總統那同一篇咨文又曾强調首尾一貫的全球性政策之重要性，這與我們在上期本刊所呼籲的全球性戰略之建立，意義相同。全球性政策或戰略，縱然迄今尚未完全實現，至少已在漸漸形成。這樣的政策，不會僅僅包含一個單獨的步驟，所以臺灣中立化之解除，祇能是全面政策的起點，決不能是它的止境。我們等待着第二步，以至第三步第四步。我們並且有必要知道這第二第三步的行動或決定，究竟是些什麼。除了純粹軍事性的準備我們不擬詳究之外，其它一切，我們有權追問。因爲，我們的行動，要在時間上、與空間上配合於全面性的政策。我們的行動，不能是一種盲目的衝撞。我們必須知道。而我們現在，却的確知道得不多。

如果說，解除臺灣中立化是全面政策的第一步，則我們敢於坦白指出，這第一步是跨得不遠的；如果對此第一步還要加上種種限制性的解釋，它就更加無法跨得太遠。十天以來，我們沒有聽到美國將給予自由中國以增大的軍事與經濟援助的消息。十天以來，我們也沒有聽到中美當局就此事作具體商洽與佈置的消息。我們所聽到的，祗是英國惶恐，法國不安，諸如此類。僅僅這第一步之邁進，已經是障礙甚多。至於第二步第三步等等，雖然我們堅信其必在美國當局考慮之中，却不得不預期到，它的進度大概是異常的緩慢。誠如此，則我們早熟的行動，又如何能與那個至今尚不可知的未來步驟相配合？如果我們的行動竟成爲孤獨的行動，則豈不是又犯了正如艾森豪總統過去所非難的民主黨政府那種枝枝節節應付的毛病？

我們記得，在不久以前，我們在聯合國的常駐代表蔣廷黻博士，曾經在一次演講中發表過中國國軍可以單獨擔任反攻大陸的觀點。我們不知道蔣氏此一觀點之發表，是否出於我政府的意思，但無論如何，在美國方面，是會把它解釋爲代表我政府的意指。我們不希望艾森豪總統之解除臺灣中立化，是出於有意考驗一下中國國軍實力的動機，因爲這樣的動機，不能符合於全球性政策的需要。

我們也記得，臺灣中立化是前杜魯門總統所堅持的方針，此一方針，曾受到當時尚處於在野地位的共和黨人的批評。我們也不希望艾森豪總統之解除中立化，是出於故意把前政府的方針改變一下的動機，因爲這樣的動機，也不能符合於全球性政策的需要。

我們欽仰艾森豪總統的氣度與魄力，但一部分人的懷疑仍應使之怯除。因此，美國於此一步驟的動機與意指，應作進一步的澄清。澄清的辦法是簡單的，仍不外乎把計劃中的全球性政策的藍圖提供出來。縱令這計劃不是在短期間內就能完全實行，至少方向是應該確定了的。必如此，我們才能知道應如何的使用我們的力量，在什麼時候什麼地點使用我們的力量。

在各方面的情勢尚未完全澄清以前，我國朝野應該特別的沉着而愼重。我們不擬諱言，也不忍諱言，在我們之間，的確流行着一種自我中心的思想，以爲祇要把加諸於我們的行動之束縛除掉，我們就不僅能夠解決我們自己的問題，並且能夠替整個民主世界解決問題。這種思想是危險的。現在，這種思想更逢到了考驗。

我們應該使整個民主世界知道，特別是要使我們自己知道，問題是全球性的，自由中國祗是地球的一部分，因此，自由中國也祗能擔當一部分的任務。當我們行動之時，我們必須要求其它方面的行動與我們相配合；當其它方面有所行動之時，我們也必須願意拿自己的行動與之相配合。我們不退避也不盲幹。我們不自卑也不自大。這樣的分際必須正確的把握住，我們才能自立於不敗之地。

我們不應有表演的心理，這種心理會使我們去作輕率的嘗試；我們的友邦更不應有看我們表演的心理，這種心理會在無形中迫使我們去作輕率的嘗試。我們之間，頗有一些人主張對大陸沿海作零零星星的突擊，這樣的主張，就是很值得考慮的。我們要想到突擊後隨即撤走，對大陸人心將造成一種如何的影響，我們的敵人會拿我們的撤走作如何的宣傳。我們要計算種種情勢：我們要在大陸上保持據點到若干時間，才能希望敵人的後方發生變化？我們要具有如何的力量，才能在大陸上保持據點到必要的時間？我們截至今天爲止的準備，是否已使我們具有了這份力量？我們尚應作如何的努力，才能使我們的準備更加充分？這一聯串問題，我們自己應該想到，我們的友邦也同樣的應該想到。因爲，再重複說一遍，我們的行動應該是全球性政策的一部分，參與這政策的國家，特別是領導這政策的國家，不能中立，不能旁觀，更不用說拿一些步調不一致的行動來抵消我們的行動了。

我們信任美國。我們尤其信任艾森豪總統領導下的美國。但我們在抗日戰爭時曾經有過滇緬路遭封鎖那一類慘痛的經驗，再看到歐洲國家的情況，我們於全球性政策之執行，還是不敢抱持過早的樂觀。希望美國的外交能爲艾森豪總統所提出的崇高原則加緊努力，儘快把全球性政策的障碍掃淸。歸根結蒂，這是一項比解除臺灣中立化遠更重要的工作。

國際政治的理想與現實

張致遠

胡適之先生最近在中國聯合國同志會年會席上的演說眞是具有無限感慨與深摯的意義。他感嘆國際聯盟與聯合國所代表的大同思想終於不能實現的悲慘命運，並且說了一段美國佛羅里達州勞楞斯大學老校長的故事，加上胡先生自己生平的經驗與抱負，實在使人感慟。這就使我連想到廿世紀頭半期國際政治的變遷，雖然由於許多新的經濟與社會的因素，因而更加趨於複雜，但其根本的動機不外乎理想與實際的衝突，眞如一千五百年前聖奥古斯丁在他的「上帝之國」裏所闡述的歷史哲學的眞實內容係上帝與魔鬼，精神與現實的衝突。

弗利曼 (Freeman) 的名言，「歷史是過去的政治，政治是現在的歷史」，還是有它的重要眞理。我總認爲，我們如果要對政治發生合理的興趣，就非具有相當歷史知識不可，若要能有合理的判斷，那就需要更豐富的歷史知識。這裏我想從歷史的觀點來談論國際政治，我所能發現的線索也就是理想與現實之爭。

什麼是國際政治的理想呢？概括地說，它是自由與和平。什麼又是國際政治的現實呢？我們也可以乾脆地說是權勢與利益。這些幾乎是盡人皆知的常識，但如我們仔細分析過去的歷史，就會察覺理想與現實的搏鬪是這樣兇險與猛烈，對於現時國際政治的瞭解確能有很大的幫助。

第一次世界大戰剛結束不久，威爾遜總統不顧美國外交慣例，親自趕往巴黎參加和會。他在喬治華盛頓船上曾經對他的代表團人員發表一次懇切的談話，他說，「我想使歐洲各國政治家明瞭，權力政治和秘密外交已經是過去了」。日後國際政治的行動應該依照他在國會演說裏所提出的十四點 (Fourteen Points)。十四點裏的第一點就是有關國際政治的根本原則，他主張公正的和約，由公開的談判方式達成，國際間再也不應以武力解決糾紛，一切祇能由國際仲裁來處理與調解。威爾遜係當時世界人民所崇拜的人物，經過人類歷史的空前浩劫之後，人們咸把這位挽救第一次大戰危機的美國總統當做命運的救星。他的理想主義彌漫全球，「爲民主世界的安全而戰」，結果眞是民主政治的勝利，不嘗公理戰勝强權。威爾遜自己就以一片純潔動機，滿腔熱情，去領導和會，希望奠定世界和平的基礎。人們對他以及對和會的殷切期望也以爲人類從此可以達到永久和平之域。

可是勞合喬治與克里蒙梭的現實頭腦，協商國家戰時所訂立的秘密條約，戰後英法人民的報復心理，把威爾遜的熱烈想像弄得飄渺無蹤。連把他在戰時所提倡的民族自決的口號，都牽强附會濫於使用。威爾遜祇得忍聲吞氣，一方面對這個惡劣環境表示憤慨，另一方面咬緊牙關，簡直抱病出席，設法通過他所手訂的國聯盟約。人類歷史上第一個國際和平組織——國際聯盟——由於他最後不斷的努力誕生。這也是他在巴黎和會最重要的收穫。國際聯盟的宗旨是要維護各會員國領土和主權的完整，以國際公法爲國際政治的精神原則，從而促進人類和平與世界大同。這是理想的結晶。從名詞來看已經是够動人了。(德文國際聯盟一字 Voelkerbund 係出自康德的「到達永久和平」的名著。)

理想依舊是理想，沒有使其完全實現的可能。第一美國因爲孤立主義的抬頭，參議院不會批准凡爾賽條約，並且公開聲明不參加國際聯盟，不預聞歐洲政治，門羅主義的傳統好像比任何時代都活躍。這給原來先天不足的國際聯盟一個最嚴重的打擊。後來又因爲蘇聯是一個共產主義的國家，不是國聯的會員國，因此國聯就變成英法勢力所支配的集團，不能充分發揮力量。這在東北事變初起就顯而易見。第一次大戰後英美與英法間因戰債問題而引起的裂痕，使國際協調成爲泡影。法國壹意孤行，要求獲得安全的保障，進兵魯爾，壓迫德國賠償天文數字的賠欵，因而造成德國經濟崩潰和德國人民的深刻仇恨心理。這裏有一個値得我們注意的歷史悲劇。不論羅加諾公約短時間的緩和空氣，德國因受凡爾賽條約的束縛以及賠欵的重壓，魏瑪民主共和 (the Weimar Republic) 無法支持這內外交迫風雨飄搖的危機，最後致於夭亡。德國內部形成傾向極端的共產主義和國社主義的擾攘局面，國社黨得到軍人、地主、重工業、與資本家的協助而奪得政權。希特勒上台以後，國際形勢日趨險惡，他之重整軍備，萊茵設防，撕毁凡爾賽與羅加諾條約，併吞奥國，攫取捷克，都是國際無政府狀態的表現。這個自由民主的共和政體的摧毁不能不說是德國民族與世界歷史的不幸，原因甚至可以追溯到俾斯麥的保守主義與强權政策。不顧他一手創造德意志帝國的豐功偉業，却在晚年壓制民族自由黨的政治活動，使議會政治不能在德國擁有根深蒂固的傳統，自由發展的力量。這是一件深可惋惜的事情。不然，兩次世界大戰的悲劇也許就不會產生了。

第二次世界大戰有人認爲是「有」與「無」的國家的衝突。從經濟的立場來說，德義日資源貧乏，英美法蘇都是比較富有的國家。西洋人說，信仰與饑餓係引起革命的主因，我認爲這些也是戰爭與國際無政府狀態的原因。現代社會眞如陶尼 (Tawney) 說的，是一個貪得的社會 (the Acquisitive Society)，層層剝削。現代國際政治是自私和猜疑的結合。從政治的觀點出發，這次戰爭是反侵略對侵略的戰爭，從思想上說，這是民主對法西斯，自由對極權的戰爭。可惜各國政治家不會從歷史獲得教訓，他們總是近視健忘，不能對理想具有堅定的信仰，共同維護。我們不妨再從最近的歷史經過觀察國際政治的實際眞相。

東北事變無疑是第二次世界大戰的開端，也是國聯威聲的嚴重試驗。但當中國政府向國聯正式提出抗議的時候，却由於大英帝國與倫敦商人的利害關係把我們國家的領土和主權出賣了。他們沒有能預想到，這就是將來進攻新加坡和緬甸的先聲。這是自私和短見的明證。阿比西尼亞戰事一起，英國人因爲紅海與地中海的切身問題想借國聯名義實施經濟制裁，却又遇到和墨索里尼訂立法意協定的拉佛爾內閣不予支持。希特勒同英國會經締結海軍協定，所以當他撕毀條約，進兵萊茵的時候，法國遑遑不安，英國却袖手旁觀。張伯倫的綏靖政策直到慕尼黑會議犧牲捷克的醜態，都是一貫的沒有原則，沒有正義的現實勾當。雖然但澤問題引起世界大戰的火花，老實說，英國政治家心裏很明白希特勒次一個要求就是歸還殖民地，英國與其在將來首當其衝，不如此時在歐陸引起均勢戰爭。維持均勢係英國的傳統政策，爲着英倫三島的安全不容有獨霸歐陸的强國存在，在拿破崙時代如此，威廉第二時代如此，希特勒時代亦如此。

最諷刺的是所謂反侵略戰爭的開端，非但沒有蘇聯參加，並且驚動世界人士耳目的，德蘇訂立了互不侵犯協定，赤裸裸地暴露侵略的眞相。英法軍事代表團先里賓特羅甫到達莫斯科，他們談判失敗的原因雖然至今還不能完全確定，但主要是因爲蘇聯要求波羅的海沿岸國家如拉脫維亞、愛沙尼亞、立陶宛的土地，並且還牽及達達尼爾海峽問題。英法究竟是國聯的重要臺柱，不能任意犧牲會員國的生命，至於海峽問題，那就關係不列顚帝國的生命線和法國在近東的利益。所以這是蘇聯的貪得無厭才使反侵略陣線不能完全一致。這樣也就使希特勒的策略成功。希特勒的策略是個別擊破，以其雷霆萬鈞之勢壓倒波蘭，再以閃電戰術踏破馬其諾防線，把法國擊潰，使英國遭遇敦克爾克一敗塗地的狼狽情形。蘇聯的策略是要引起世界資本主義國家本身的大戰，他可以坐收漁翁之利，並且事實上他已獲得瓜分波蘭與獨吞上述波羅的海沿岸國家的權利。

自然希特勒和史達林的携手是迫不得已的。國社主義的德國和共產主義的蘇聯終究不能相容。等到希特勒侵佔希臘與南斯拉夫，氣呑巴爾幹，進逼東歐，發動對蘇的攻擊，才使史達林被迫和英國並肩作戰。蘇聯當時面臨存亡的危機，要求美國大量物資和軍械的援助，亦就承認大西洋憲章。大西洋憲章由羅斯福與邱吉爾共同訂立，爲重建戰後和平的柱石，亦爲聯合國家共同作戰的目的。大西洋憲章保障人類四大自由，並且確切聲明，尊重各國人民有其自由選擇政府的權利。到了二次大戰結束，我們試看歐洲政治地圖的實際情形以及戰後歐亞兩洲的政治演變，眞使我們不寒而慄。蘇俄不僅一手攫奪芬蘭和波羅的海沿岸國家，並且整個控制波蘭、捷克、與匈牙利，巴爾幹除了希臘與南斯拉夫以外都已變成了蘇聯的附庸國家。德國不要說，自然給美、英、法和蘇聯軍隊佔領，他們在東西德勢力的角逐已經到了白熱化的程度。至於亞洲在荷印、緬甸、越南，我們所看到的，是殖民地帝國主義與共產主義的冷戰與熱戰。我們痛心雅爾達會議秘密製成的旅大及東北的情勢，以至外蒙自治和新疆的變化。共產主義的俄國以其思想宣傳與內部滲透，欺騙恫嚇之外還加以武裝干涉，這樣造成世界各地的叛亂，實行帝國主義的侵略。

不幸杜魯門、馬歇爾、艾其遜等人領導下的美國外交政策也是一味現實，毫無原則可言，頭痛醫頭，脚痛醫脚，且與唯利是圖的英國外交政策亦步亦趨。最使人感覺失望的，莫過於中國大陸撤退前後美國政府的袖手旁觀的態度。艾其遜之流的庸懦可恥的現實主義不僅背棄我們政府的友誼，且亦違反美國外交的傳統。這個傳統原有其高尙的原則，不僅自海約翰的門戶開放與維護中國領土完整開始，實際可以追溯到美國開國時代就已確立的自由平等的高尙理想。國務院現實主義的外交政策的苦果是韓戰的大量流血與金錢消耗。經過兩年多的膠着狀態，現在應該可以使民主黨人士獲得一個寶貴的歷史敎訓，領導世界政治不能不有原則、遠見、與剛毅的精神。圍堵政策是消極的，出於淺見與現實利益的。苟延殘喘非但不足以成大事，反而貽誤戎機，甚至犧牲大將榮譽，喪失國家威聲與自由世界的優越地位。這怎麼能和根據克勞齊維茲戰略原理的史達林政策相競爭呢!?

艾森豪之不拘習俗，儼然以總統當選人的資格赴韓視察，以便決定韓戰前途與美國全部反共政策，不僅具有軍人的英雄氣概，且係偉大政治風度的充分表現。輔佐他的新任國務卿杜勒斯是一個有深厚道德基礎與强烈正義感的人物。他所倡導的解放政策有內容，有理想，並且絕對是積極的，決不敷衍塞責，像艾其遜的無聊措辭與行動所表現的。白皮書的政治哲學過去了。現在要大刀闊斧地去幹，眞是要向反共產主義戰爭的途徑上勇往直前地邁進。

從現在的世界戰略與政略的立場來觀察，與其說是共產與非共產之爭，毋寧說是自由民主與極權勢力的生死搏鬪。共產主義的對頭是資本主義，事實上祇有美國够得上資本主義國家的稱號，所以美蘇的經濟制度與經濟政策是水火不相容的。就是如此，史達林還在騙人說，資本主義的美國與共產主義的蘇聯可以並存。其他國家祇能說是被蹂躪，被奴役，或有此種危險的民族。那末老實說，對於他們祇有求自由解放，或保衞自由的一條途徑。這個口號愈喊得響，我們的力量愈大。自由的力量讓牠自由地發揮就是抗共的力量，要比極權的力量大得多。我們個人的生命力量，我們民族的生命力量，全世界愛好自由的力量聯合起來，爭取最後我們所認爲的和平的理想。

政治家與專家

鄒文海

現在是專家政治的時代。政府在各方面擴充其業務以後，不是有專家協助，勢將無法進行。工程的興建，礦產的調查，農作的指導，公共衛生的推進，公營企業的經營，沒有技術人員參與其間，結果怎樣，眞要不堪想像。就是重要政策的決定，以前有議會的討論就可以了，現在因爲它牽涉到無數技術的問題，專家的建議也不可少。尤其是計劃政治，在政策執行之前就得規定詳細的方案，由是必需資料的搜集，客觀環境的分析，以及執行後各種反響的預測，不是內行的專家，當然不能勝任的。爲了這種種關係，近代政府的任何部門，都盡量的在網羅專門人才，以使其本位的工作得以順利發展，這應該說是健全的現象。

但是在借助於專家的時候，必先知專家也不是萬應靈藥。不然，對專家未免就要失望，甚至喪失了對專家應有的信心。專家之所以稱爲專家，因爲他有所專門，如水利專家對水利有特殊的研究，而財政專家對財政有特殊的心得是。嚴格的說，專家的特長還不是這樣籠統的，往往祇是對某一項專門的學識有專門的研究。近代分工愈細，專家所知亦往往愈爲狹窄。我們如但慕某一專家之名而要他擔任他所不能勝任的工作，結果當然與非專家相同，或甚至還不如常人。印尼聘請了德國的財政專家，到底沒有能整理淸印尼混亂的財政，可爲明證。

專家不僅有知識上的限制，而且還有職業上的偏見，這也是任用專家者所不能不知道的。一個裝甲兵專家一定認爲裝甲兵是軍隊中最重要的，而空軍專家又不同意，一定說空軍是最重要的。美國的軍備預算，三軍總是吵鬧很久，無法作合理的分配，就爲這個道理。不僅軍事專家有這樣的缺點，任何種專家，都有這樣偏愛自己職業的傾向。因之，國家的政策如由專家全權決定，則國家的各方面就不能平衡發展。卽使是最富有的國家，其財力不可能把各種事務都發達到理想的程度。政府的困難，乃在以其有限的經濟，權衡輕重的分出緩急，然後再以適當的比例分別進行。平衡發展這個原則看起來很簡單，而執行時却異常複雜，必須了解全盤環境，而後才能作明智的決定。知全是專家所缺少的，政府如不了解這個缺點，一定會發生盡信專家不如無專家的毛病。

一般的國家，都把專家處於咨詢的地位，而不常由他們負決策的責任，原因亦在於此。美英法等國，部長以及政務次長級的官吏，很少是專門人才。艾契遜，艾登，以及許曼，都不是職業外交家，對特殊外交問題的知識，尙遠不如他們屬下的司長或科長。其餘各部，情形亦復類此。這已經是普遍承認的一個原則，處負責地位的應爲富有通識的政治家，而爲之輔佐的方是各種專業的專門人才。專家祇能補通識之不足，而決不能取通識的地位而代之。政治家與專家合作，國家方可以兩全其美，專家而負政治家的責任，政策方面就會發生畸輕畸重的毛病。兵器專家之中有專於B36者，有專於蛟式者，有專於噴氣式者，假使以專長於某一方面的人出長空軍部，則空軍的發展，恐怕就要墮入危險的境地。不如一個通材，他可以接受各個專家的建議，反能把握空軍發展的重點。而其餘的部門，情形亦復類此。

這一點的所以必須予以說明，因爲我們的專家常因屈居下僚而有懷才不遇的感慨。事實上在分工合作的社會中，專家所能盡力者不過爲分工，合作的一點，還有待於通材的努力。分工愈細，則專家的作用愈爲有限，相反的通材的地位却愈顯重要。既爲專家，就應該知道他的貢獻爲何，而不應該在地位方面有所爭擾。不僅如此，專家所提供的建議，通材也不必全部接受，因爲專家的計劃，在專業的立場是高明的，在全盤的政策中亦許是不合理的。專家的建議忠於他的知識，而通材的決定忠於國是，各人立場不同，取捨之間自然亦可不同。

政治家應該是通材。而通材實在是最難得的人才。知識基礎窄的人不能成爲通材，知識基礎廣博而判斷力薄弱的人也不能成爲通材。更重要的，通材還需要道德的修養，器度恢宏和公正無私是通材的重要條件。因此之故，通材決不是不學無術的別名，相反的，應該是有學有術的人的稱呼。通材的責任，在於接受他人的建議，而又能分別緩急的定其取捨。剛復自用而頤指氣使者不會接受專家的建議，胸無經緯而心無主見者不能決定取捨。所以政治家之難，竟尙十倍於專家。

西方國家所以由政治家居決策的地位，尙有其他重要的理由。決策者應該順應輿論，換言之，應該向民意負責。在內閣制國家，部長及政務次長均爲政務官，乃由人民選出的代表兼任，當然知道民意的重要，自然也知道順應輿論的技術。至於總統制的國家，部次長但向總統負責，所以決策權也集中總統一人。不過美國的部次長多數與總統屬於同一政黨，輿論的向背，既與下屆的總統選舉有關，則部次長自然亦會替執政黨設想，不至把輿論視若無覩。講到專家，他們是忠於職業知識的，對常識的判斷，不肯予以鄭重考慮，甚至還會產生敵意。所以專家而負決策的責任，民主精神未免要受影響。最近英美因政府決策過受專家影響而批評此爲僚屬政治 Bureaucracy，可見專家而佔有政治家的地位，反要受到一般人的指摘。

以上說明的各點，無非指出在專家政治的現代，通材並沒有減少其貢獻。政治家依然領導一切，專家不過處咨詢或輔佐的地位而已。現代政治的進步，有賴於政治家與專家的合作，而合作的過程中，政治家應能權衡輕重分別緩急，而專家則應忠於其職業的知識。能做到這一點，方可能謂人盡其才，方可把國家的業務平衡而有效力的推進。

政治家的地位，並不因重用專家之故而顯得降低，這個道理是居政治家地位者都知道的。但爲政治家者，應該進一步了解他們所以能領導專家的理由。對於這個問題如能多作體會，則於政治家與專家合作很有幫助的。政治家的所以能領導羣倫，不因爲他們學有專長，而因爲他們能把握全局，並且有高遠的識見以爲博採羣議的根據。因之，政治家大可不必自充內家而恥於下問。羅斯福總統有智囊團，這是衆所週知的事實，可是羅斯福並不因有智囊團的協助而損失威望。至於一般國家的部次長，決策之前，更是事事垂詢部內的常任文官，部次長也不因這個原因而有大權旁落的危險。長於此者不長於彼，部次長之不宜兼及繁細，正如專家之不宜決策是一樣的。政治家的通材，並不是一通百通的。在專門知識方面，他們實不得不與專家磋商。政治家自以爲一通百通者，不特從此不能得專家的協助，而他們所決定的政策，亦將謬誤百出了。捨己之田而耘人之田是愚昧的事情，而政治家之自以爲一通百通者，未免也是捨己之田而耘專家之田了。

當然，政治家與專家都是人，故政治家與專家的合作，亦是人與人的合作。講到人與人的合作，友誼感情等等因素均可滲雜其間，殊非幾條法則可以盡其妙用。但是兩方面都能知道他們的本分，這總是增進兩者合作關係中的基本原則。

其次，略論培養政治家與專家的方法。

政治家多少靠個人的天稟，不完全是人力所可以培養的。許多人稱政治爲藝術，恐怕就爲這個道理。到現在爲止，世界中還沒有專門訓練政治家的學校。其實這所學校就是設立了，而且還聘請第一流的政治家爲教授，訓練出來的人才也不可能全是政治家。柏拉圖曾說：政治家的素質，即父母亦難於薰陶其子女。學校教育可以爲力的地方，自然更小。話雖如此，教育之於政治家，依舊是十分重要的。劍橋與牛津，爲英國培育政治家者垂百年，可知劍橋與牛津的教育方式，與訓練政治家的原則有吻合之處。大體的說，政治家需要廣博的知識，而不貴有某一方面的專門學問，故其訓練不宜偏重於技藝的傳授，倒是一般性的社會科學與文史等課程，應該廣泛獵涉，以除去狹小見解，而培養開明的頭腦。一般國家以大學教育與專科教育分別設施，其原因亦在於此。教育家均承認：自由教育（即指文史與社會科學的學習）雖無實用，但對於受學者獨立思想的訓練則頗多俾益。而獨立思想的素質，實爲政治家重要的修養之一。

美國西點軍校，因有感於出將者也可入相，故承認單注意軍事學科是不夠的。麥帥艾帥以及馬帥，不但運籌帷幄之內，即對政治決策亦有發言權。軍事大學的責任，似乎還應該培養軍人政治家。西點的課程，乃根據這個原則大事變更。國際政治及資源經濟等課程增設了，並規定必須呈繳論文，以督促學生的獨立研究。（這幾年國際政治的論文題目爲：一、補充第四點計劃；二、擬訂對日和約；三、擬訂處置意屬非洲殖民地方案；四、擬訂對德和約。）而於原來的文史課程，更大爲加重。這一種訓練方式，無非是把大學中訓練通材的功課，搬進軍事學校中去。可見大家對於訓練政治家的重心工作，都已認識清楚了。

政治家除應訓練其通識以外，更應該培養他們容讓的風度。一般人認爲議會是培養這種素質最理想的場所。議會中最不可任性使氣，也不宜標奇立新，議員必須得到多數人諒解，使一人的主張能爲大家所接受。所以在議會中成功的人，一方面要識見過人，一方面也要大德容人。內閣制國家，以國會多數黨的首領入閣，即是以在容讓方面有成就的人擔任政治家的職務。在總統制國家，地方議會中成功者每多當選爲衆議員的機會，老成的衆議員又多有當選爲參議員的機會，一樣使議會中成功的人逐漸得到決策的大權。容讓是合作的重要條件，而政治家的責任，處處得發揮其合作的精神。如此說來，議會的訓練，的確對政治家的修養大有裨益的。

培根曾說：「實際的人藐視學問，普通人崇拜學問，而有智慧的人則利用學問。」能利用學問的一定得自己有學問，不但要有學問，而且還得消化它而使之融會貫通。政治家應該屬第三種人。能知道這個道理，則有志爲政治家者也已找到進德修業的途徑了。

講到專家，我們每有才難之嘆。國家但有新的創建，好像必定物色外國的專家，而後始可以增加成功的把握。其實專家的培育是比較容易的，我們所以有才難之嘆，或因沒有切實羅致人才，或因沒有十分盡培育的力量，而後面的一個理由，亦許是更爲重要的。所謂專家，第一需要知道所研究的問題的眞相，所以材料的搜集，當不厭其詳。第二必需知道問題的癥結，所以得到材料之後，還得統計分析，探究各方面的相關性。這兩項工作，看起來極爲簡單，做起來往往集數十人或數百人之努力，窮年累月之後，方能得到小小的結果。尤其第一項工作，因爲我們的材料都是原始性的，不是親身調查，總得不到可信的報導。因之，所需人力也較一般國家爲大。我們若抱急功好利的態度，責專家以快速的成績，那就不可能培育任何眞正的專家了。還有許多專家的研究，尙需實驗設備，而後始能有有價值的發明。凡此種種，皆非一人之力可以爲功，不是公家予以方便，供以設備，給以資助，實無以作大量的供獻。

專家的培養，不外下述幾個途徑。一、政府機關盡量編纂它所有的資材，使研究者易於搜尋。二、政府機關與有關研究機關取得聯繫，一方面可以利用研究的結果，一方面亦可鼓勵正確的研究方向。三、政府機關應注意「專任使」的原則，使常任文官在經驗的累積中也可成爲專家。四、設立研究機關（專設研究院或在大學附設研究院），以爲培養高級的專門人才之所。這四個方法之中，後面的兩個更爲重要，有稍加申述的必要。

政府機關中基幹的專家組織，就是本機關中久經訓練的常任文官。一般的專家，都是學理與經驗調和而成。常任文官既經考試選拔，自然都受過大學教育的訓練，普通的學理基礎是相當充實的。祇要有計劃的加以訓練，在確定的方向中求發展，經過相當時間，必然成爲這一項的專家。我國從前有關刑名錢穀的幕府都是專家，可見豐富的經驗是培養專家的重要條件。近代國家的外交人才，也都是從「專任使」中培養出來的。例如肯楠以蘇俄問題專家名於時，而他這一方面的造詣，完全從長久與蘇俄接觸中得來。其他各機關所需要的專門人才，都可以用同樣的方法加以培養的。所重要的，公務員一定要長久在固定的岡位上工作，而後方能產生有用的經驗。同時，主管還得對這種有志研究的人加以鼓勵，則公務員研究的風氣必能更爲濃厚。

高級專門人才的培養，有待於專設的或大學中附設的研究院了。我國對於這許多研究機構，原亦有所設置，但有幾點是值得討論。一、研究院的重心，似應着眼社會科學方面，因爲祇有這樣，方可使研究的成績對當前的政治有所貢獻。我們因欲維持學術獨立的標準，反把研究的範圍側重於抽象的學問方面了。後述一種研究，自亦非常重要，但在財力極受限制的環境中，似乎可以暫緩進行。二、研究的經費，應力求其充裕。我國中央研究院，其經費尚不及一個大學，若集中的用在社會研究所，恐怕還不能做出很好的成績。專家的培養固然不很困難，但是極化錢的事情。一個正確數字的獲得，往往就是不少研究員集合努力的結果。在這方面要省錢，那什麼專門人材都不容易產生了。專家對國家是有貢獻的，然而半瓶醋的專家就無異於制議能手，祇會領導我們入於歧途。過於省錢的研究計劃，恐怕是降低專家質地的重要原因。以上兩個缺點如得矯正，則專家的培養不能說是難事。

（上接第25頁）

想：當眞，愛情對於老年人竟也不失爲絕妙的美容術。

她招呼我坐下，親熱的拉着我的手，眼睛裏充滿了喜悅的光芒。我還沒來得及問，她便迫不及待的絮絮向我告訴了：

「呵，孩子，我告訴你，我告訴你，那個人，那個用印有銀色孤亭箋紙寫信的人，又來了信了！啊，三十年過去了，他的心情仍然未變，這，這不是可感的嗎？」說着，她顫抖着那隻蒼白而細長的手，拉開了抽屜，拿出了那封白色的信，——一點也不錯，整整是我四天前投入郵筒的那一封！我正在默默的想着，耳邊又傳來了那顫動的聲音：

「孩子，這不是可感謝的嗎，多麼神聖的感情呵，這種感情，是值得爲它犧牲了青春，犧牲了幸福的，……因爲，它給與的，是超越青春，超越幸福的東西……。」我不敢抬頭望她，只覺眼中轉動着熱淚……。

心地純潔的人是有福的，她可以看見上帝！

註：Gone to Earth 一書中的老僕安諸 Andrew 終日用松柏枝編他的天鵝。

美國立法程序研究（上）

黎　連

一、緒　言

立法程序 (Legislative process) 的命意，乃為依照議會法律 (Parliamentary law) 及議會先例 (Parliamentary precedents)暨議事典則(Rules of procedure) 的種種規範以完成立法工作的進行程式，也可簡稱之為造法(Law-making) 的法式。因此，有人認為立法程序的研究不過是個有關立法技術的法律問題的探討，並沒有什麼深奥的意義值得窮究。然而，這乃是膚淺的表面說法。我們從深一層看，可以曉得立法程序實為民主政治活動的中心。壁爾氏會說：「議會典例，對於國家政治行為影響，常較憲法所發生者為大」，可見其關係之重大了。

立法程序的影響雖與舉國的政治有關，但它所直接羈勒的對象則為國會議員。議員乃為代表選民行使立法權的造法者。他們之上沒有監督的長官，他們之間沒有高低的階級；個個頂天立地，人人獨往獨來。他們已是個代表選民的造法者，又是明法精律的人們，而立法程序則以種種法例來拘束他們，這種法例自非十分合理不可；倘有絲毫的瑕疵，則將被這些造法者攻擊得體無完膚。因此，所以有關立法程序種種法例的制定，須得特別精密，不能有絲毫的掛漏。因此，立法程序的合理化問題，也就特別值得政治家和法學者絞腦汁了。

美國國會自成立迄今已歷時一百六十餘年。當初國會中的立法規例，大體是因襲英國國會的法制，而整套立法程序的規劃，則出自副總統兼參議院主席的哲斐孫 (Thomas Jefferson) 之手。哲氏於一七九六年擔任參院主席後，為着參院議事立法有一定的程式可資遵循起見，特擇取英國國會有關立法程序種種法規的晶華，撰成「議會實務手册」(Jefferson's Manual of parliamentary practice) 一書，以後不惟參院的立法程序依此書而建立，即衆院的種種規例也多係參照此書所啓示的原則而擘劃。所以哲氏的這一手譯不但有裨當時的國會，即迄今也還是一種不朽之作。近年來國會兩院分別刊行的議院則例，總是將哲氏這一作品附刊在內，即為其不朽精神的表現。當然，國會兩院隨着時代的進展而日益完備其議事立法的典制，而這些典制中繁複精細的法條，已引起美國學者精湛的研究。

無可否認的，美國是目前民主政治的領導國家。她在憲政上的種種措施，多是為他國所參考借鏡；她國會兩院中關於立法程序的法制，從一百六十餘年的逐步改進，已臻於相當完備的境地。語曰，他山之石，可以攻玉。當此吾國民主憲政開步走的時會，對於美國的立法程序的法制，實有加以研究的必要。但環顧國內關於這種研究的述作却非常之少，這是因為這一研究的內涵已極繁瑣，而又富於高度的技術性，由是學養高深者已以之為繁瑣，而普通學人又欠缺技術的瞭解，於是對這一問題的研究就少有人執筆了。筆者不敏，謹就目前所能獲致的資料，作一拋磚引玉的嘗試，惟以篇幅有限，茲篇之作，只以美國聯邦國會兩院的立法程序為論究的範圍，至於各邦議會的法制，當俟另文論列。

二、國會組織的透視

無可避免的，要談立法程序，就不能不先將國會組織的體制加以簡約的說明。因為組織是體，程序是用，必先明體，然後才能達用，故先將國會的組織作簡略的說明。

衆所週知，美國國會是採用最純正的兩院制。所謂純正的兩院制，即是參衆兩院的立法權力是完全平等的。英國的上議院對於法律案只有中止的否決權(suspensive veto)，因而立法大權為下議院所專有。美國的參議院則不然，其地位與實權都是和衆議院平等的。固然兩院職務不無特殊的分配，但國會制定法律須以兩院一致之意思為之。固然憲法規定歲入法案(revenue bills)應自衆議院提起，為兩院均得提起法案的唯一例外；但參議院對於衆議院提出的歲入法案可加以廣泛的修正，甚或以完全新的法案以替代之，而最後仍以兩院一致之意思以完成之，可見憲法雖規定歲入法案應自衆院提出，這也並沒有加重了衆院的權力，更沒有損傷參院的權力，所以兩院平等制定法律的權是始終保持着的。關於兩院職權詳細的叙述，這是憲法論上的課題，姑不具論。這裏所要首先認清的一種觀念，即美國的國會是由權力平等的兩院構成的。

其次，我們要理解的，即美國的國會議員都是有黨籍的。因此，在國會兩院中發生重大作用的組織機構，即有兩種不同的體制：一屬政治性質的組織，一為法律性質的組織，當分別叙之：

多年來美國政治已入於民主、共和兩黨制的政治型態。在競選國會議員期間，兩黨各有其「競選委員會」(Compaign Committee) 之設，以策動輔導黨員的競選。及議員選出之後，國會行將集會之時，兩黨為齊一黨內議員行動及策劃指揮立法工作起見，各有其種種組織：

一、黨內全體議員會議：在種種組織之中首先產生的，為由黨的全體議員所組成的會議，這種會議在民主黨稱之為「預議會」(Caucus)，在共和黨稱之為「評議會」(Conference)。具體說來，所有民主黨的衆議員即為在衆院中活動的「民主黨預議會」(Democratic Caucus) 的會員，所有共和黨的衆議員即爲在衆院中活動的「共和黨評議會」(Republican Conference)的會員；而所有民主黨的參議員、所有共和黨參議員卽分別爲在參院中活動的「預議會」、「評議會」的會員。這些會議的主要任務首先爲推選各該會議的主席、秘書等人員，這些人員都是在黨內服務的，並不是議會中的職員。其次則爲推定衆院議長，議院領袖、書記、警衛長、總務長、收發長、牧師及參院臨時主席，(參院主席依憲法規定是由副總統擔任，所以不提這一職位的候選人) 議院領袖、秘書、警衛長、總務長、牧師、多數黨秘書及少數黨秘書等候選人，以便院會集會時分別提出，由議員分別選定之。這些人員候選人的推定，可說是會議中最主要的工作了。假如這些會在開始的時候工作得非常圓滿，而各院中的立法工作又能一帆風順，則這些會議在院會開會期間，不常集會；但一遇立法上有重大問題時，卽隨時召集開會，以應付事變。

二、指導委員會及政策委員會：各黨在兩院中都有「指導委員會」(Steering Committee) 和「政策委員會」(Policy Committee)，這兩種委員會都是各黨爲決定立法計劃及對於每一重大問題決定黨的立場的機關，所以它們都是屬於黨的組織，並不是院裏的機體。這兩種委員會在參院中的較之在衆院中的更爲重要。參院中共和黨的指導委員會由九個議員組織之，其中除議院領袖、黨的督率員，及上述的評議會主席爲當然委員外，其他六人則由評議會選派之。民主黨的指導委員會由十二個參議員組成之，除議院領袖、黨的督率員及預議會秘書爲當然委員外，其餘九人由民主黨領袖指派之。各黨指導委員會的任務都是在研究黨的立法政策和立法問題，並設法使其能有效實施。兩黨在參院議員中又各設有政策委員會，它們與指導委員會的人事上和工作上都有關聯，有時看來，似乎兩者是相似的，但在不同的時候分別開會。在衆院議員中則並沒有政策委員會，但兩黨都各有政治指導委員會，它們雖不是院內的機構，而對於院務的推進却有非常重大的影響。

三、選拔委員會：兩黨在兩院議員中各設一個選舉委員會 (Committee on Committees)，以負推選各該黨參議員、衆議員去分別參加參院中、衆院中的各種常設委員會。選拔委員會也是黨的機構，而非院中的機關，但我們要注意的，就是民主黨在參院，是以該黨的指導委員會行使選拔委員會的職權，在衆院是以該黨參加衆院「籌欵委員會」(Ways and Means Committee) 的議員行使選拔委員會的職權。各黨選拔委員會所擬定的推選名單是要經過各該黨的預議會的核准，由預議會交由各該黨在各院中的議院領袖向院會提出，經過各議員選舉的形式，卽可決定各常設委員會的委員人選。

四、議院領袖：這種議院領袖 (Floor Leader) 是由各黨的預議會選舉出來的，在各院中擔任黨的代表的人物。他依照着黨的立法計劃控制着本黨各院中的議員在各該院爭取立法勝利。每一議案由誰負發言的責任，某一法案要如何來設法通過，都由他來計劃指揮。這雖是黨的任務，不是院中的職位，但各黨選出某議員但任此職後，總是通知各該院的。這種職位的重要性，僅次於衆院的議長，或參院的臨時主席，所以每當議長或臨時主席出缺時，總是由這種人物來接任的，當然要經過議員選舉的形式手續。

五、黨的督率員：這種黨的督率員 (Whip) 或譯爲政黨幹事。在兩院中各黨各有一個督率員，他是由議院領袖指派任用，而每一督率員可自行任用其自己的助手。他是爲黨服務而非爲議院做事；本身也不是議員之一。他要服從議院領袖的命令，執行他的種種計劃，他要與本黨的議員聯繫，明瞭各議員在什麼地方，以便遇有重要案件要表決時可以找到他們回到議場來參加表決。

以上所述爲民主、共和兩黨對於立法工作而設置的機體，這些都不是議院本身依法成立的機關，乃爲議院之外的各黨的政治性的機關；但它們都是爲着貫澈黨的立法政策而在議院中暗中活動，其有裨於立法工作是無需乎多說的。

議院裏政治性的政黨機構雖具有決定性的作用，但它們終究不是法律上的組織，法律上的組織又另有一套，於此當略爲敘述：

在參議院中是以副總統兼任主席，所以參院是沒有由議員選舉出來的議長。參院僅於每屆集會之初選舉一個臨時主席 (President Pro Tempore，亦有譯稱爲副議長者)，這個臨時主席是於副總統繼位總統或因故未能出席時擔任主席職務。這個職位是由多數黨的領袖經議員選舉出來的。衆議院設議長 (Speaker) 一職，由各黨的預議會推定候選人，提出院會由議員選出之，當然是多數黨的領袖當選。議長爲一院的領袖其重要性不言可知。

參院設秘書 (Secretary)、衆院設書記 (Clerk)，其地位與我國立法院的秘書長相當，乃爲各該院的幕僚長。其人選是經各該院的院會由議員選舉的，實際上是由多數黨所提的人當選。

參衆兩院都設有警衛長(Sergeant-at-Arms)，由議員選舉之，其職掌爲負擔各該院的警察職務，經常在院會中維持議場秩序，奉着經主席簽發的命令可以拘傳缺席議員到會，或逮捕其他人員到院訊問。此外，又兼負致送議員歲公費旅費的責任。惟參院於警衛長之外，尚有「副警衛長兼倉庫管監」(Senate Deputy Sergeant at Arms and Storekeeper) 一人，係負責執行警衛長的命令，巡查國內各投票箱，提傳證件或人員，並保管國家撥給參院使用的財產。

兩院均設總務長 (Doorkeeper，亦有譯稱之爲守衛者) 各一人，由議員選舉之。其職責爲接待賓客，看守出入口門路，保管院內圖書、設備及財產，在警衛長或書記不在議場時他要負點名之責。因爲他與議員有這麼樣的關係，所以他是由議員選舉出來的。

收發長是負責處理國會兩院郵件的人，所以也可稱之爲郵務長 (Postmaster)，兩院對於這一人員的產生方法不同，衆院是由議員選舉，參院則由院方僱用。

兩院都置牧師 (Chaplain) 在各該院每日集會之時，負擧行祈禱之責，其人選亦由議員選擧，牧師雖與立法工作無關，但是照常領受院裏的薪水。

兩院都設有立法參事局 (Legislative Counsel) 僱用立法參事、助理參事及行政助手，負責幫同各委員會各議員起草法律條文。

兩院還有議事專家 (Parliamentarian)，這是院中規程先例的專家，每次院會中，在衆院則坐於議長右方，在參院則坐於主席前面，遇到什麼程序或規例問題時，他負馬上答復的責任。這種職位也是出於僱用的。

參院中特設有多數黨的秘書 (Secretary for the Majority) 和少數黨的秘書 (Secretary for the Minority)，這是專供多數黨和少數黨議院領袖驅策的人，這種人員却是由參議員選擧出來的。

此外兩院還有許多僱用的職員，如宣讀人員，紀錄人員，登錄人員，計算人員，管理法案人員等，分別擔任各種事務責任。

至於議員辦公室的職員則由議員自行僱用，每一參議員在一年一萬三千四十元的公費內可僱用職員八人至十二人，每一衆議員在每年九千五百元的公費內可僱用職員五人，這些職員都是專爲議員辦事的，隨議員的進退而進退。

以上所述爲兩院行政組織中的機體及其人員。至於負審查議案的機關，則爲兩院中的各種常設委員會 (Standing Committees)。從前兩院的常設委員會很多，而自實施一九四六年的立法機關改組法 (The Legislative Reorganization Act of 1946) 之後，參院設立十五個委員會，衆院設立十九個委員會。關於委員會的工作及其機構詳情，將於法案審查一節中再爲詳述。

三、新國會之組成

一、衆議院的組成：衆院於每逢奇數之年的一月三日由在臨時名册 (temporary rall) 上有名的衆議員組成之。臨時名册是根據新當選的議員於集會前交與前任衆院書記長的當選證書而編製之。前任書記長對於名册的編製雖有相當的考慮權，但依法例規定，他這一權力是極有限的，即凡當選證書足以表示其當選是合乎法律之規定者，他即應將其人的姓名編入於名册中。而任何當選人員不將當選證書於集會前交與前任書記長者其姓名即不得編入於名册中。而且，證書雖經繳交而不合乎法定的條件者亦不得編入名册中。所以書記長的責任僅將當選證書在形式上內容上都合乎各邦法律及聯邦法律所規定條件的當選人之姓名編入名册內。

臨時名册的作用僅供選擧議長時之用，選擧議長時是以前任書記長爲主席，而新選議員則惟在臨時名册內有名者始能參加選擧。議長一經選出並擧行宣誓之後，他即主持各議員的集體宣誓，從而這些議員的姓名即編成永久的名册，這種永久名册乃所以替代臨時名册。但已編入於新名册內的議員仍可被除名，而凡以議席有糾紛的人經多數可決之後亦可加入於新名册中。這種新名册此後即作爲組織衆院之用。新名册編成後即進行選擧新的書記長、警衛長、總務長、收發長、牧師等；倘當時不能即行選擧，則前任這些人員仍應繼續供職直至接代之人選出爲止。在這些職員業經選出並擧行宣誓之後，而兩院議員亦已達法定人數，於是這一屆新國會的衆院就可視爲已組織成功了。從而新的衆院即須作成五個決議案：第一決議爲授權書記長通知總統，告以本院已選擧某議員爲本屆本院的議長，並選擧某一公民爲書記長。第二決議爲向參院致一咨文，告以本院已足法定人數集會，並經選出某議員爲議長、某公民爲書記長、及本院已準備進行一切工作。第三決議爲本院應由議長指派一個三人委員會連同參院的委員會去拜會總統，並告知兩院法定人數已足，並經集會，準備接受總統所欲提出之任何咨文。第四決議爲決定、前屆國會衆院之一切法規本屆國會本院應採納施行，直至將來另有規定之日爲止。第五決議爲決定、除將來另有規定外，本院每日開會時間爲正午十二點鐘。

二、參議院的組成：在每屆新國會開始之初，參院的組成較之衆院實簡單得多；除有特殊事故發生，或院內政黨勢力大有變化外，平常是沒有什麼特色也沒有什麼意義。因爲在參院中沒有臨時名册的編製問題，也無需乎選擧主席——依憲法規定副總統是參院的當然主席，即臨時主席的選擧也沒有多大的意義。誠以參院是一個繼續不斷的組織體，當新國會集會時有三分之二無需改選的舊參議員都回到院中，這三分之二的原來議員即已足法定人數，所以在每二年改選一次的國會中參院實在沒有顯然可見的裂痕。新的衆院須以決議來採用前屆衆院的法規，而在參院則無此必要。因爲參院實無新舊屆別痕跡之可尋。

當國會集會之日，或在新當選的參議員繳交當選證書之後，各州新選出的參議員即由各該州在院的年長的舊參議員陪至參院，按姓名字母的序列被點名後擧行宣誓(近來宣誓是常在當選證書繳驗之前)，其當選證書則存候原來在院之三分二的參議員審查之。宣誓之後，參院即作成下列三個決議(一)決定指派一個二人委員會連同衆院委員會去拜會總統……(其詳一如衆院的第三決議，玆從略)。(二)授權秘書長通知衆院，本院已足法定人數，並已集會。(三)除另有規定外，本院每日開會時間爲正午十二時。從此之後，該院即須進行選擧臨時主席、秘書長、警衛長、總務長、牧師、多數黨秘書、少數黨秘書等人員。並作成二個決議，將當選臨時主席及秘書長的姓名分別通知總統及衆議院。新的參院從此即告組成。

每屆新國會集會之初兩院分別組成後，即成爲一個新的國會，新的國會一切都從新做起，所以所有以前未議決的法案，都隨舊的國會而俱逝，不復計議；所有向新國會兩院提起的法案都按其提案的類別，從新的番號編號，這就是美國政治用語中「新國會從新做起」(New Congress Starts De Novo) 的作風。新國會組成一個月之內，即須着手進行各種常設委員會的組織，以便從事各種法案的審議工作。在組織委員會的時候，及以後各種立法的進行，各黨政治性的各種組織都在發揮積極性的作用。

四、提案

議院開會以討論提案爲最主要的任務，所以我們在論列開會之前，須先說明議案是怎樣提出來的。大體說來，議案提出院會之後，總是先交各委員會審查，俟各委員會提出審查報告後，再進行討論。因此，我們在研究提案的時候，順便要將提案的審查辦法，一併附論。茲分數項論列如次：

一、有關提案用語的說明：在美國國會立法的用語中，有幾個相關聯的用語，如提案、法案、議決法案、法律、成文法律等，各有它特殊的命意，首先應加以說明：凡一種「提案」(proposal)向院會提出者，稱之爲「法案」(bill)；「提案」經院會通過者，則稱之爲「議決的法案」(act)；而「議決的法案」經過總統簽署並完成一切法定手續者，則變成爲「法律」(law)；凡聯邦政府或各邦政府制定的法律，則稱之爲「成文法律」(statute)，而各市政府制定的法律則稱之爲條例 (ordinance) 或法規 (by-law)。至於所謂「議案」(resolution)，則涵義較爲廣泛，凡一切提議均包括在內，但美國法學家的用語，總是「法案」(bill)與「議案」(resolution) 相提並論的。以上這些區別，在法學家是有其嚴格的意義，但普通人則常難以區別，所以往往雜陳並見，或互爲訓釋。

二、兩院提案權的界限：依照美國憲法的規定：「凡增加歲入的法案應自衆議院提出，但參議院可以如同其他法案一樣提出修正案或即予以同意」；而這裏所謂歲入案已從寬解釋，包括一切撥款法案在內。根據過去事實，參院也有提出歲入案之舉，但參院通過後移到衆院時，衆院必予以拒絕討論，因爲衆院認定這是參院侵犯衆院的特權。所以從法律看、事實，歲入案是衆院才有權提出，參院是不能提出的。惟有應注意者，參院雖不能提出歲入案，但可對衆院提出的歲入案提起修正，這種修正案的提出對於原案的本質自然大有影響了。除歲入案外，其他一切法案兩院均可分別提出。

三、提案人及提案的方式：兩院的職員都有單獨提出法案和議案的權利。衆院每個議員提出的案只須提案人自己一人簽名即可，參院則可由一人簽名，亦可由幾個人共同署名。政府是沒有提案權的，但總統可覓贊同某案的議員提出，更可交由他的同黨議員提出。美國所以允許議員個人可以提案，也是爲便利少數黨的政府易於提出法案。此外，總統的咨文或各行政部門的報告建議等，必要時可由主席授權配受審查的委員會提出法案，所以各委員會也有提案權的。因爲議員個人可以提案，所以國會收到的提案非常之多，據近年統計所示，第七十一屆國會收到提案二五、四三六件（但經委員會審查提出報告的只四、六一〇件，經國會通過的僅一、五二四件）；第七十九屆國會收案一一、六五六件（但經委員會提出報告的只四、六五七件，經國會通過的僅一、六二五件）；第八十屆國會收案一〇、六〇九件（經委員會提出報告的只四、一三三件經國會通過的僅一、三六三件）。因爲提案太多，於是各委員會不能不有「擱置」(pigeonholing) 之權，以扼殺許多提案。至於提案的方式，在衆院是很簡單，提案議員將提案投入議長棹上的漏斗器 (hopper) 中，於是「議事專家」自器中取出，加以詳閱並簽註應交某委員會審查的意見，交由議長席旁的各種職員分別登記後遞交與「法案書記」處，加以編號，付政府印刷所付印。印好後交由文書處分發各議員，並交配受審查的委員會。所以在衆院中的提案，院會起初實不加注意，而議員個人提案如此方便，且可付印，於是不管該案能否通過，姑且提出付印，作爲政治宣傳的手法。至於參院提案，則提案議員於院會早上時間之內，常將提案內容向院會作簡短的演說，以引起院會的注意，但提案人亦可逕將提案送至秘書棹上，不作任何表示，而由書記依次登記付印。此外要注意的兩院議員常可提出一種法案的願望(petion)，不具條文，由配受委員會審查後，由委員會委員去起草條文。

四、提案的限制：兩院議員固然可以自由提案，但亦非絕無限制：第一，立法案與撥款案必須分開。按兩院都禁止在立法案插入撥款案，或於撥款案中插附立法案。必須某一立法案成立通過制成法律後，才能依據這一法律而提出撥款案，這是提案手續上的制限。第二則爲關於內容上的限制。依「一九四六

「自由中國」的宗旨

第一、我們要向全國國民宣傳自由與民主的真實價值，並且要督促政府(各級的政府)，切實改革政治經濟，努力建立自由民主的社會。

第二、我們要支持並督促政府用種種力量抵抗共產黨鐵幕之下剝奪一切自由的極權政治，不讓他擴張他的勢力範圍。

第三、我們要盡我們的努力，援助淪陷區域的同胞，幫助他們早日恢復自由。

第四、我們的最後目標是要使整個中華民國成爲自由的中國。

年立法機關改組法」(Legislative Reorgamation Act of 1946) 規定：參議院或衆議院不應接受或討論下列三種私人法案或議案(1)命令對於財產損害個人傷亡之金錢支付或年金支付的法案；(2)跨越可航河流的橋樑建築法案；(3)修正陸軍或海軍紀錄的法案。誠以這些事件都可由司法機關或行政機關依法辦理，所以兩院議員不能以這些事件提出法案，或因有這些事件個案的發生而提議修改有關的法律，以應付這些事件。

五、提案的分類與編號：所有向兩院分別提出的提案(proposals)，都按其性質，分別予以編號，我們明悉了編號的體制，也就可以瞭解提案的分類了。

衆院的編號分爲左列四種：

(1) H. R. 〇〇：H. R. 是House of Representatives 的簡寫符號，〇〇是表示第幾號，就是表示自衆議院提起的第幾號「法案」(bill) 的意思，使「法案」與「議案」(resolution) 有所區別。這種法案究爲公法抑爲私法要看它的內容而定。

(2) H. J. Res. 〇〇：這是 House Joint Resolution 的簡寫符號，是表示自衆議院提起第幾號的「聯合議案」。所謂「聯合議案」乃爲須由參衆兩院開聯席會議來通過的議案，與後文所說的「衆院議案」不同。這種「聯合議案」經兩院通過並經總統簽署後亦成爲法律，所以「聯合議案」與上述第(1)種的「法案」在理論上固有區別，而事實上則可以區別之處甚微，因而兩者時常混用。

(3) H. Con. Res. 〇〇：這是 House Concurrent Resolution 的簡寫符號，而 Concurrent Resolution 乃爲「同意議案」的意思，故這一符號，是表示自衆議院提出的第幾號「同意議案」。所謂「同意議案」就是說這種議案的生效須得到兩院的同意。這種議案本爲兩院根據國會的權限以表示國會的目的或願望，並非以此來制成法律，所以並沒有法律的效力，兩院常以這種議案來改正法案登錄的錯誤。但最近數年來兩院却常用這一議案來廢止法律。因爲這一議案是無需總統簽署的，即總統對這一議案不能行使「否決權」(veto power)，故常以這種議案的方式來廢止關於授權總統的法案。這種作風是否合宜是美國憲法上的一個問題。

(4) H. Res. 〇〇：這是 House Resolution 簡寫的符號，即爲「衆院議案」第幾號的意思。這種議案爲只關於衆院內部事務的單純議案，無需取得參院的同意，所以與上述第(3)種的「同意議案」不同，這種議案在衆院通過了即已完成最後的手續。這一議案的運用，如關於衆院調查委員會的設立，某種報告的付印等，都是只關衆院一院的事，沒有涉外的關係存在。

由上述衆院提案的四種編號，可知衆院的提案可以分爲「衆院法案」、「聯合議案」、「同意議案」、「衆院議案」四種。

參院的提案編號也分爲四種：

(1) S. 〇〇：這個 S. 是 Senate 的簡寫，表示參院提起第幾號「法案」的意思，使「法案」與「議案」有所區別。

(2) S. J. Res. 〇〇：這是 Senate Joint Resolution 的簡寫符號，即爲自參院提出的第幾號「聯合議案」，其意義可參看衆院編號的第(2)種。

(3) S. Con. Res. 〇〇：此爲 Senate Concurrent Resolution 的簡寫符號即參院提出的第幾號「同意議案」，其作用與衆院第(3)種編號相當。

(4) S. Res. 〇〇：此乃 Senate Resolution 的簡寫，表明「參院議案」第幾號的意思。這一議案的意義以限於參院內部的事務爲限，與衆院第(4)種議案相似。

從而可知，參院的提案是分爲「參院法案」、「聯合議案」、「同意議案」、「參院議案」四種。

六、提案的審查：國會兩院內一切提案提出之後，都須交付各委員會審查。委員會審查提案時須舉行審查會議，衆院規定須有過半數委員出席方得開議，參院則由各委員會自行規定其出席人數，但不得少於委員會名額三分之一。各委員會審查提案時，常經過公開的「聽訊證言」程序。凡證人拒絕出席委員會供述證言或提供證據或雖是出席爲證人，但拒絕答覆正當詢問時，即係犯輕微的罪，應處以一百元以上一千元以下罰金，與一個月以上十二個月以下的普通監禁。聽取證言之後，委員會常即改開秘密的行政會議，以議決提案的處理辦法。如前所述，每屆國會收到的提案都在一萬至二萬件以上，委員會要一一都加以審查並提報院會實在是不可能的事，所以委員會對於提案的處理有四種辦法：一爲將提案擱置不理，二爲向院會報請照原案通過，三爲付具修正案報請院會通過，四爲報請院會將該案打消。因爲委員會有權將提案擱置不理，所以委員會的權力很大，一種提案的命運常爲委員會所決定。所以主席在交付審查的時候，他就有種種用心，如果他希望某案將來予以通過的他就交付到「安全的委員會」(Safo Committee) 中去審查，這一委員會一定能提出同情的報告，使該案在院會中通過。如果主席不希望該案成立的，他就交付到「墳墓或醃桶委員會」(graveyard or pickling vat committee)，到了這種委員會的提案，大都是被埋葬的了。當然各委員會的職掌有定，主席不能隨便交付，但一種提案涉及多方面，或可交由多方面審查時，主席就有自由裁量權，可以發生愛惡的作用了。關於委員會審查提案的手續極爲複雜，限於篇幅，恕未能詳。至於除常設委員會之外，「全院委員會」亦係爲審查要案而設，這是周知的事實，不必具述。

政治力量的分析研究

F. L. Neumann 作
陳克文 譯

　　本文作者牛曼氏（Franz L. Neumann）係哥林比亞大學政治學教授，曾任美國務院德國研究部主任。著有『貝咸慕斯國家社會主義之理論及其實際的研究』，及『孟德斯鳩氏注意的研究』兩書。

　　他這一篇文章從政治思想史、心理學、社會學、財產觀念、政黨制度、工會組織、官僚活動、現代自由民主制度、與共產主義和納粹主義的專制獨裁，將政治權力的根源、特徵、及其運用方式，對人民基本自由的影響等，作極詳盡的分析研究。足爲研究現代世界政治趨勢者極有價值的參考。

　　他分析研究的結果，最可注意的莫如指出蘇俄制度將政治力量經濟力量混合爲一，認社會一切活動都是政治的。此種觀念，實導源於古代柏拉圖和阿里士多得的舊說，乃一種極落後的觀念。他又指出『自由民主並非純以限制政治力量爲能事，尤爲注意的在如何合理運用政治力量的潛存能力』，『現代民主政治問題，對如何維護政治力量其關係甚小，對政治力量如何去作合理的運用，運用民主制度時如何能使羣衆積極參加，其關係甚大』。他認爲寡頭政治之產生，權力集中的傾向，國家管制之增强，政治力量和社會力量有關，但和社會力量有別。均爲現代政治的自然趨勢。

　　他對於政黨的分析說：『政黨之所以能佔居優越地位，最大因素在其民主性質。政黨容納特殊利益的代表，同時又必須容納國家利益的代表。不能有所軒輊。……各種不相同的利益不得不加調整，政治遂因此而成爲更富有民主意義』。

　　最後他對於政治與自由關係的分析，認爲政府取締若干認爲不安全的言論，雖爲勢所不免，但『壓力愈甚，則虛僞亦愈甚』，『歷史上，某一時期最善於說謊的往往成爲大英雄』，此則不啻爲今日的共產黨統治作寫眞了。

　　本文重要節目如下：——政治力量和心理學——關於政治力量的各種態度——政治力量的特性——政治力量的根源——政黨的作用——私有財產權——官僚和政客的興起——認識政治力量之所在——政治力量和自由。

——譯　者

　　關於政治力量的討論，我們欲作別出心裁的新理論頗爲不易，或幾於不可能。因爲政治科學的著作浩如烟海，討論已經很詳。因此本文主要目的並非發展一種新的政治力量理論，僅對這問題作更爲詳細的分析研究而已。

一、政治力量和心理學

　　政治力量這一觀念乃一不易捉摸的觀念。這觀念包含兩項極不相同的關係：即對自然的控制和對人的控制是也。對自然的控制係屬智慧力量，因人類之需要欲達到役使自然的最終目的，則吾人必須了解自然外表法則；此即人類智識的積累，爲社會生產力的基礎所在。這種力是無力（Powerless）之力因爲它並不控制及於他人。

　　政治力量則爲社會力量，集中於國家。政治力量控制及於他人，其目的在左右國家的行動，即左右立法行政以及司法的活動。政治力量因爲控制及於他人（和控制自然外表的力量不同），故其關係常爲雙方面的。人並非僅具外表性質的東西，人係有機體，賦有理性；但時常不能依據理性甚且違反理性而行動。因此掌握政治權力的對於被統治者不得不從情感和理智上做教導勸誘的工夫，使彼等對於統治者的命令能够心悅誠服。統治者如果在情感或理智上得不到被治者的共鳴，强迫行使統治，結果不免發生暴亂，終不免於崩潰。

　　政治力量既有此兩面性質，故政治科學和自然科學迥不相同。政治科學不能採取衡量自然外表行爲的法則來衡量政治力量的關係。政治力量的關係內容至爲複雜，不可以數量計。雖可加以分類與說明，但不能加以物理的衡量。

　　政治力量不能與物理力量作比較，政治科學亦並非純粹屬於力量的事情。政治不是但求成功不問手段和目的的技術。把政治看做實力政治的傾向原係馬基維尼（Machiavelli）的主張，目前且成爲美國政治的顯著特色，或者更可說已成爲大部份現代政治科學的特色。政治已經看成是純粹有關技術的事，於是『價值』（此僅係臨時使用的術語）因人而異，即所謂人存政擧，人亡政息之意。那些能够實心任事的自然生效，否則絕無成效可言。於是歷史亦成爲毫無意義。歷史變成祇是『圈子裏』的人和「圈子外」的人不斷作同樣反覆鬬爭而已。由此歷史只能產生朝代。所謂朝代不過是這種假定資料的檔案紀錄，最多亦不過是馬基維尼所說參加鬬爭者的幸運兒的統治紀錄而已。

　　用這種理論基礎來分析政治和政治科學通常屬於心理學範圍，馬基維尼早已有所研究。這種理論認爲歷史人物大體都是相同的，彼等幾乎無一不具一種固定性格，即無一不玩弄權力，對於權力行使常作無理性的壓迫，絲毫不加限制。根據此種主張於是產生一種似是而非的概念，即厄頓（Lord Acton）名句所說的：『權力趨向貪污，絕對的權力產生絕對的貪污』。

　　然而這不能說心理力量在政治科學上沒有地位之謂。心理力量對政治的影響自然是很顯著的，不過並無決定性作用。心理力量在政治科學上的貢獻有兩方面。第一，可以使人認識悲觀方面的人性理論，但這是錯誤的，人類雖賦有理性，但常常不知道——或不准許他知道——他的眞正利益到底安在。

此種舊時代的眞理在福樓特（Freud）物質心理學中會加以新說明，頗具特殊貢獻。第二，心理學的技術用語可以使吾人對於人性結構係最善發揮權力和忍受權力的觀念作便利具體的說明。不過心理學對政治科學的作用不能超過具體說明，因為它不能對政治力量賦予理論根據。人類行為與形成其個性結構的環境有極密切關係。個性的本身是歷史條件所造成的，時勢造英雄卽此意義。在心理學家看，環境只是個人行動的刺激力；在政治科學家看，環境僅屬全部政治力量中的一種因素。

此外還有可加注意的，卽現時東方心理學者的傾向是也。他們想使心理學成為統治的技術，和保持並加强政治力量關係的技術，亦卽政治領袖操縱羣衆的技術。

研究心理力量的目的自然還有其積極方面作用，因為政治並不單純是權力集團間互相爭奪權力這樣簡單的事情（歷史是如此的）。政治應該是根據某一種理想去改造世界，期在世界上實現某一種觀點的事情。這樣歷史的過程才有其意義。因此吾人應當承認政治不祇為爭奪權力，同時也為實現理想而奮鬪的。

二、關於政治力量的各種態度

研究政治的學者對於政治權力有意無意間各有其特殊態度。此種態度足以決定個人對於政治學上各種問題的好惡和取捨。吾人凡衡量事物價值必須先行確定其大前提，然後分析其目標，始能獲得完滿的結論。因此政治科學家想作澈底研究之前必須將政治理論史所已發表各種不相同的態度加以分類，才不致於勞而無功。以下為各種不同政治態度的分類，但僅為筆者私見，非謂此外更無其他較好的分類之謂。

① 柏拉圖和阿里士多得的意見——他們認為政治力量係和有組織的社會不能脫離關係的一種職能，政治力量和社會是二而一的東西，政治力量卽社會的總力量，僅在技術上和其他社會關係有所分別而已。因此，在這種觀點下國家與社會，經濟與政治，道德與政治，宗教與政治，文化與政治，都是沒有區別的。人與國民也是相等的。社會與其國民的每一行動都是政治性的。國民必須透過政治的活動方能得到福利，亦必須透過政治活動方能成為一個眞正的人。

② 奧古斯丁的主張——與上一意見極端相反的卽為奧古斯丁的主張。奧古斯丁認政治為惡魔，政治力量乃壓迫的力量，自始至終都是邪惡的。以人統治人是違反自然的。祇有到了歷史末日天國降臨時，壓迫力量才有實施的可能。根據此種哲學可以引出兩種極端相反而又互相關連的態度：卽對於政治力量採取完全服從的態度與採取完全反對的態度是也。政治如果眞是惡魔，則應該廢絕的係屬命令，至於政府形式和政治目標都變為無足輕重。若必須通過信仰然後得救，則塵俗生活不過為得救的準備而已。於是最重要的結論卽為大家都應該過寺院的出世生活，無須政治。根據奧古斯丁的理論前提，要求立卽打破政治和同時建立天國是一樣重要的。澈底反對社會則再洗教派（Anabaptist）的運動或者可以成為最有力量的教義宣傳。

③ 湯姆斯的折衷派——奧古斯丁的極端主義自然不切實際，於是湯姆斯（St. Thomas）又提出一種對政治力量採取所謂中庸態度的主張。他認為天使中已經有權力等級關係存在，故權力並不是不自然的。他對於政治權力的態度也並非消極的，他認為政治權力不祇要受許多限制，他並且主張採取若干看來似乎不甚清楚的方法使政治力量服從於精神力量，卽間接透過各種法律原則以求實現這種目的。

④ 限制政治權力的態度——上述論調卽為自由態度開闢其途徑，這種論調所最關心的為對於政治力量設法加以防範，亦卽採取不信任的態度。其目的在於分散權力，使成為法定關係，消滅個人統治因素，而代之以法治。在法治之下，一切政治關係都要成為公平合理，責任分明。自然這確是一種觀念上的重大傾向（常是無意的），這傾向在於防止集中政治力量，而且使實際掌握政治權力的亦處於更為安全的地位，因為政治權力可以不至因受法律的限制而臨於削弱或消失。

⑤ 自由主義的態度——無須置疑，自由主義係依璧鳩派（Epicurean）對政治的態度。自由主義與柏拉圖派及阿里士多得派的觀念是相反的。自由主義認為政治是與社會分離的，與其他一切社會活動都是顯不相同而可加以區別的。但如何組織政治，甚麼人去運用，以及運用之目的何在，則係另一種事情。自由主義認為用以維持社會內部最低限度的秩序，使個人能够獲得和平生活，這樣的政治力量是公平合理的。

⑥ 無政府主義的態度——在心理學的關係上，依璧鳩派有時和無政府主義極相接近。無政府主義認政治力量為邪惡，認社會為良善，因此他們主張組織沒有政治力量的社會。依奧古斯丁派的意見，吾人對政治可以採取遵從主義，（Conformism）或採取自願主義（Putschism）。遵從主義者：卽一個人無須直接參加政治。自願主義者：卽一個人可以隨時建立其所同意的聯合社會。

⑦ 馬克斯派的態度——馬克斯主義含有無政府主義及與古斯丁主義的成份。他們相信政治力量並非出於自然，僅屬歷史現象。馬克斯主義和無政府主義相反和奧古斯丁主義相同的地方，卽馬克斯主義相信歷史現像是必然的需要，不可避免，但這種需要僅限於（與奧古斯丁相反）無階級的社會（沒有政治的社會）還未能建立起來以前，人類必須經過的那一個歷史階段。他們反對政治力量（亦反對無政府主義）的方法，在乎高度集中政治力量，加以巧妙運用以期摧毁政治力量（卽無產階級專政）。因此馬克思主義者對於政治力量的積極態度卽在於建立無階級的社會。

⑧ 盧梭的態度——馬克斯的積極態度和盧梭相接近。盧梭認為政治力量範圍甚為廣泛而又空無所有（並不存在之意）。範圍廣泛者卽無所不包，因

為有組織的社會(即柏拉圖和阿里士多得之說)實包括人類，以及經濟文化，宗教等一切活動在內。空無所有者，因他主張統治者及其統治須取得公意承認，故等於並不存在。吾人對此種政治力量的態度如能認識其正確，則對於羅伯斯比耳(Robespiere)的理論和行動可以得到充分了解。

⑨　自由民主的態度——一切自由民主主義者對於政治力量的積極態度其基本在於認政治力量乃實現理想的合理工具。但他們對於政治仍存恐懼心理，故不願承認所有生活皆應政治化，因此主張政治力量的性質應加以區別。不過自由民主並非純然以限制政治力量為能事，其尤為不斷增加注意的在於如何合理運用政治力量的潛存能力。

凡此種種(或尚有其他)對政治力量所採的科學態度可使吾人對於虛偽的或煽動性的政論發現其盾矛所在，對於權力的研究可以獲得一致結論。一個學者或一個政治家若果在同一時期內既主張參加政治活動又主張政府不應干預私人財產，則其主張便是將兩種態度混合為一，亦即將柏拉圖和盧梭的態度或自由主義的態度混合為一，其為矛盾顯而易見。

這種矛盾態度並不能說是對於政治權力的『新』態度，祇能說是一種宣傳家的論調而已。科學家指出這種態度是矛盾百出，不能自完其說的。小心的學者在評論他人言論之前應將自己思想中這種互相抵牾的地方除去，站穩自己基本立場，此乃極關重要之點。

三、政治力量的特性

經過前述一番檢查，政治力量的顯著特性即可從此發見。歷史從沒有能夠脫離政治力量的社會，自由主義社會如此，極權主義社會亦如此，採取放任的國家如此，採取干涉的國家亦如此。政治科學中最大的誤解莫如說自由國家乃『軟弱』的國家。政治力量的需要隨環境而異其強弱的程度，殖民帝國的建立，工資爭執的解決國內秩序的維持，無一不需要長時期政治力量的運用。

掌握政權者其所使用的方法及其施行的範圍自然各有不同，此在政治科學上乃係一極重要的問題。掌握政權者所採用的方法可由屠殺以至教導，其間距離甚大。掌握權力的統治集團可以採用的基本方法有三，即教導，利誘，與威脅是也。就一時方便說，威脅為最有效方法，若作為維持久遠的主要手段則效力甚微。因為此一手段不免使統治集團(尤其在現代情況下)不得不隨時加强其威脅方法，並擴大其管制範圍。壓力愈大則反抗力亦愈大，實為必然之理。故最有效的方法(亦即最省費的方法)莫如教導。不過各種型式政府對於此三種方法均經常採用，並不純粹限於一端。如何混合使用此三種方法，善為因應，則又成為政治科學上另一大問題。以下將就社會科學的概念以分析其意義。

教導最著效力(社會科學概念之一)——教導方法的產生乃由於社會日趨複雜之故。教導或亦可視為威脅之一種形式，例如法國史家對顯理第八應付英國天主教徒的手段即認為教導是『對靈魂的威迫』。以教導施行統治，統治者可使被治者習慣於服從，幾等於自動性質，即心悅誠服之謂，但教導的成敗要以宣教範圍之廣狹及其技術的優劣如何為斷。用教導行使政治權力比較使用大規模軍警武力遠為省費而有效，實絕無疑義。

寡頭政治非出偶然(社會科學概念二)——社會日趨複雜，統治者對於統治技術的運用不得不逐漸增加其秘密性。爭取權力之目的在於控制國家機構。任何鬪爭其策略的決定必須秘密進行。為保持秘密計，參予勿密的人必須人數無多。因此之故羣衆運動必然產生寡頭政治。韋伯(Max Weber)和麥志尼(Robert Michels)對此現象異常重視，(此外當然還有不少人同此見解)。韋伯並且特別指出少數人對任何統治計劃如能經常保持秘密，即可取得控制大多數的優越地位。故本質原在實行民主的羣衆組織，例如工會及社會民主黨(工黨)，其少數當權者亦即成為特別顯要之人物，比較其他運動的組織更為利害。其理由甚為明顯，因此種運動反對者常係少數，最具勢力者僅屬若干個人。具有權力之少數人因此能夠對於彼等策略或戰略決定保持秘密。羣衆組織處此情勢之下，統治機構的形式自然亦須以秘密為遮藉。貴族式統治於是在社會科學上成為民主運動的必不可缺工具。故羣衆運動中產生寡頭政治並非偶然之事。試一研究德國社會民主黨即可得其例證。

列寧對此種需要的眞實價值曾大加發揮。列寧關於領袖的重要理論很率直的用貴族式統治來替代社會民主的傳統觀念。

權力集中的趨勢(社會科學概念三)——一國工業發展愈高，則其政治力量的集中亦愈甚。所有權的法律觀念如何對於研究此一問題，並無若何關係，因這一問題並非工業單位究應屬於何人的問題。工業單位屬於私人抑屬於公司，屬於國家抑屬於任何其他社會組織，都是一樣的。並且大規模的工業單位是自然屬於合作組織的。每一個以競爭為基礎的社會團體無論如何其組織必須權力分成等級，組織的規模愈大則權力的等級亦愈多。權力分成等級的趨勢必然使權力集中於高級的負責人。社會力量和政治力量之間的關係如何，下文再加分析。

國家管制加强(社會科學概念四)——社會日趨.複雜，工業化程度日高，於是政治力量漸次變成社會力量的趨勢亦日顯，權力集中(在經濟社會，及文化上)亦因之而日甚。政治力量社會化的進行若一經停止，則制度上半自動的使勢力歸於平衡的趨勢即歸破壞。平衡勢力一經打破，則必須經過政治力量的干涉，方能復歸平衡。因此國家管制遂逐漸趨向嚴竣的途徑。

政治力量和社會力量有別(社會科學概念五)——上述的同一趨勢。同時亦使政治力量與社會力量大為有別，此種現象隨後再加討論。

以上各項概念必須加以分辨，此等概念雖不足以包括一切，惟對於研究政治力量已足以指示一正確途徑。此等概念的研究並非易事自在意中。驟視之下，此等概念極難與民主理論相協調。吾人對於民主的了解若果是洛克，盧梭，與古斯丁，湯姆斯諸家學說的混合——即通常稱爲民主理論者——則上述各項概念的實際趨勢與民主理論的協調實不可能。不過吾人現時所討論的並非民主的理論問題，僅爲眞正的民主理論必須涉及此等問題而已。

四、政治力量的根源

研究政治力量根源所在須面對三個問題：即觀念的體系必須建立；制度規章必須分類；制度變遷史，以及歷史上對於政治力量和政治行爲的各種態度必須能够充分了解。古代史家對這些事項是並未發生問題的。政治力量淵源於經濟力量，特別淵源於土地的控制力量。所有權一經改變，新的生產方法隨之出現，因此又產生政治力量的新源泉，衝突亦即隨之而起。現代史家對於現代歷史的處理往往並不猶疑的採取古人說法以複述問題。

我們可以直白說，現代資本主義經濟已經使全部問題發生疑問，必須從新加以檢討。問題雖十分重要，但研究工作會受無意義的禁止以至眞相不明。古代見解或已遺失，或隱晦不淸，已很少能全部公開於世。因此古典的研究方法到現代再由馬克斯的歷史解釋加以複述，（這並非創始於馬克斯本人，亦並非創始於『馬克斯主義者』，這是馬克斯本人所承認的）。但因爲反對馬克斯主義的本體及其支派已成爲一種風氣，以至學者本身對於經濟力量和政治力量之間的關係不能獲得澈底了解。

我們的研究工作必須將這些關係分成若干種類如下：

① 古代觀念——關於此點——以下所述均爲前已說過的——即政治力量的根源雖出於經濟力量，但政治力量乃透過一切社會活動以及透過生活各方面的。經濟力量僅爲政治力量的發動機，故政治力量實包括一切權力關係。

② 封建觀念——此種觀念最典型的思想形式即認爲政治力量並不存在。政治力量不過是經濟力量——即地主——的一種職能。由於這一職能而產生司法，軍事，宗教，立法，以及行政種種權力。

③ 資本主義觀念——此一觀念認爲眞正的問題是到了資本主義時代纔發生的。即認爲政治力量到了資本主義時代纔成爲獨立的力量，不過仍然和經濟力量有密切關係。政治力量係根據一種特殊制度的特殊活動，（理論的結構已由霍布士完成）所謂特殊制度即國家。國家根據特殊制度以獨享强制權力的執行，同時這特殊制度在實施社會服務之時必然與社會互相連結。這種關於政治力量的觀念可將洛克和霍布士的理論連結在一起，又使這兩者的理論與盧梭的理論判然有別。這兩者的理論認爲政治力量和社會力量有別，但和社會力量有關。霍布士相信政治力量必須高度化方能爲社會服務，洛克則主張政治力量必須使其限於最低限度之內然後可以爲社會服務。惟兩者均容許例外存在。依霍布士的理論，政治力量若不能善盡其社會職能，（社會契約所關），必然趨向於崩潰。洛克主張爲公衆福利之需要計，可通過特權制度或聯盟力量使政治力量達於高度化。然而霍布士和洛克所未經明白闡釋的尚有一點，即政治力量和社會力量這兩者之間的關係不僅是職能上的關係而且是根本上的關係——即經濟力量乃政治力量之根源這一點。對這種關係作系統分析的首出於聖西門 (St. Simon) 分析法國大革命，聖西門的研究不久即影響及於英法的史學家和社會學家。

從上述霍布士和洛克的大體觀念做出發點隨之而起的即爲自由社會的觀念，尤其重要的即經濟活動必須能够維持政治的安定秩序的觀念。因此既沒有『單純』的經濟力量，也沒有『單純』的政治力量。經濟之爲政治的工具猶之乎政治之爲經濟的工具，實在是互相爲用的。絕對放任或無爲而治這種神話式的觀念是必歸於幻滅的。

這種概念一經確定，則轉變經濟力量使成爲社會力量，再轉變而成爲政治力量，在政治科學上可以具有決定性的作用。

政黨的作用

轉變社會力量使成爲政治力量惟一重要工具即爲政黨。政黨之所以能佔居優越地位其最大的因素在乎民主性質。政黨容納特殊利益的代表，同時又必須容納國家利益的代表，不能有所軒輊。特殊利益的代表時常不免自私自利，但政黨不能容許特殊利益全部控制國家利益。因此民主政黨的作用是異常含混而涵蓋的。民主制度運用的過程使每一社會集團不得不熱心去尋求羣衆支持。每一集團必須代表其私利但又必須同樣代表國家利益。故民主政治之爭取政治權力比較過去歷史上任何時期更趨於理想化。爭取權力一事在古代及封建制度時代原是簡單易解的事，到了民主時代便成爲隱晦不易明瞭。雖然如此，吾人不應忽略民主過程中其有利部份是很多的。社會上因有所不足而提出迫切要求的集團比較既得利益的集團更爲廣大，於是各種不相同的利益不得不加以調整，政治遂因此而成爲更富有民主意義的政治。

私有財產權

換言之社會力量或出於私有財產或出於反對私有財產。私有財產的法律意義包含兩種極端不同的觀念：即(一)所謂私有財產者乃克服一部份自然界的權力，(或稱爲絕對權)；(二)得自控制他人克服自然力量的權力。政治科學所關心的僅爲後一種私有財產的意義，亦即生產方法的所有權。這一類財產，使勞力市場，商品市場，及國家政治市場，獲得其權力的根據。

這三種財產的權力職能通常用三種組織形態而成爲制度化，(歐洲政治生活與經濟生活的固結程度較美國爲甚，故此種制度在歐洲更爲顯著。)這三種制度的組織形態即爲勞力市場的雇主聯合會；商品市場的卡廸爾 (Cortel——意爲製造家抬價同盟)；和政治市場的地區組織——商會，及職務組織 (Functional Form)——工會聯合會是也。

因反對財產權，工會聯合會(在歐洲)企圖以有組織的集體力量——有時用單一組織有時用多數組織——去控制勞力市場及政治市場。至於消費者和生產者的合作組織在商品市場上對財產權的影響却是無足輕重的。

研究此等組織及其所用之策略，如何將彼等力量轉變為政治力量，這在政治科學家是很重要的工作。研究行使壓力團體之存在的人雖為數不少，但眞正能够從事混合的及比較的分析研究者仍感缺乏。從經濟力量以轉變為政治力量其實際情形各國不同。亦隨歷史時代而有異。研究互相競爭的經濟集團其力量之關係如何，對於分析政治力量的重要實遠過於研究政治制度。有等國家（如英德），其經濟組織的代理人或經理人直接參加議會；有等國家（如美國），其經濟組織對政治的影響力量是很間接的；又有等國家（如英德），其工會之為政治性團體與其為工業性團體是相等的；更有等國家（如法美在某種情況下），其經濟組織自行表示與政治無關。

因此從經濟力量以轉變為政治力量其所用的策略和形式，政治科學家必須小心加以考慮，必須從比較研究的基礎加以銳敏分析，始能辨認其轉變的方式。故政治科學家對於各階層社會問題以及經濟組織問題必須具備高深的智識。

官僚和政客的興起

經濟和政治的舊式關係現在已經改變，政治力量現在似乎已經開始從其經濟的根源自行尋求解放，就實際的趨勢說，政治已成為獵取經濟力量的基礎。大體上，官僚化已表現經理制度的理論有日趨增長之勢，即私人或公衆的經理人已替代了財產所有人及議會。官僚化的趨勢其原因無疑係出於兩種來源：即議會民主轉變為羣衆民主，單一佔優勢的競爭經濟轉變為一個佔優勢的有組織經濟。這種趨勢的出現及其發展在吾人視之並不牽涉到政治力量官僚化這一假定之內。官僚結構之增多與其範圍之擴大祗表示社會權力集團的統治現在需要更多的官僚以適應其政治權力之行使而已。大量官僚之所以能增加其權力，而不能使之保持平衡者，即由於『官僚化』的三個各別問題不能（或不願）嚴格加以區別之故。這三個問題即官僚的行為官僚的結構，與官僚的權力是也。

官僚行為，（此處對日常處理和創制或權變處理，大體上是同等看待的），自然日趨擴展，各項活動範圍幾無可脫離官僚行為者，利害得失這裏不加論列。吾人祗需記取吾人的安適閑逸與辦事便利實大有賴於日常事務之處理。並且官僚的辦事，（公的或私的），若祗限於日常事務之處理也是不可能的。因為許多官僚決定是屬於創制性的，即並無前例或規章之可援，如能出於鄭重審愼，則本質上已具有立法意義。最後，官僚組織係採權力等級制，命令由上而下，責任則由下而上，並不影響於公共生活，這事實也是極明顯的。

因此官僚行為雖日漸增長，官僚結構雖日見加多，成為一種繼續不斷的發展，但並非權力（公的或私的）即由此而轉移於官僚手中。自然吾人不能以空言解釋此事，必須經實際研究始可證明權力轉移是否已在進行中。惜此種實際研究現時尚屬少見耳。

蘇聯不僅政治力量高於一切，即任何經濟力量其地位之存在亦必須以政治力量為根源，此係極端清楚絕不含混的實例。納粹德國則為相反的另一方面實例。德國納粹黨之所以能够當權係出於德國大企業領袖的經濟和政治援助。蓋彼等欲利用該黨以增進彼等私人利益，此乃不可爭的事實。但納粹得勢後，自行擺脫企業家的控制以獨霸政權，更進一步企圖建立其本身的經濟勢力地位。納新政權尋求建立自身經濟基礎，事至明顯，戈林的計劃想把勞動陣線的擴張與國務部長的活動聯合起來，以期收到亞利安化（Aryanization）和德意志化的效果，其主要意義即在於此。因戰爭之故，此種計劃不能成為制度以至終止其進行。假使沒有戰爭或納粹獲得勝利，則蘇俄方式一定可以在德國佔居優勢了。

政治力量的任務不斷增長，其所引起的反應幾乎一定成為仇視。反應之最顯著的即為將此種現象之發生歸咎於民主。這論調原屬正確。吾人已經指出民主對於政治力量的態度是一種積極的態度，但此一說法其意義決不是單純科學的，吾人應知政治應該有一定的格調，必須恰到好處，不能『太過』也不能『不及』。政治力量的增長如就其發動中心說，實在是可怕的，其結果不免會走到專權的制度上。因此現代的批評往往恢復到傳統的批評方法上去，便是不批評政治力量而批評民主。邁斯特里（Maistre）和潘納特（Bonald）的主張因此而復活。這種批評是出於人性本惡的淺薄心理學的。他們假定民主必然轉變為羣衆統治。羣衆統治和現代國家的干涉主義相結合，便自然而然要走到專制主義的極端。補救的方法即為採取某種貴族式的統治。另一種反應，即認為官僚必然妨害自由，他們主張保障民主必須用個人自由以反對國家。

這兩種反應，他們的理論基礎都訴諸西方文化傳統。他們認為西方文化中心是主張在憲法上限制政治力量的，此即對政治力量採取仇視態度的表現。此論雖部份正確，實際是錯誤的。西方文化傳統本極複雜，我們從歷史上分別研究各種政治力量的態度之後，即知其內容殊不簡單。自然，我們可以說盧梭主義在民主政治傳統上佔居極重要地位，遠過於洛克及自然律的主張。後者的理論也是反對個人政治和獨裁政治的。政治力量，（不論其為民主，貴族，或君主），雖屬令人憎惡的力量，但是否利用憲法條文即可發生限制的效果，實屬可疑。現代的民主政治問題，如何去維護政治力量，其關係並不十分重要，最重要的乃對於政治力量如何去作合理的運用，又運用民主制度時如何能够使羣衆積極參加。

五、認識政治力量的所在

蘇聯組織乃政治權力集中操縱的所在，絕無疑義，一九三四年六月以後納粹德國由專權的政黨壟斷一切政治權力也是一樣淺白的事。在自由民主的國家(憲政國家大體均如此)，要認識政治權力之所在是極不容易的。我們應注意的是政治力量的根源出於經濟力量，惟有從經濟力量的結構加以研究，才能分析政治力量之所在。我們說過：『社會力量……導源於私有財產或反對私有財產』。『擁護』與『反對』的演繹結果是大不相同的。因此經驗社會學對於這種關係的分析研究在政治科學上關係極爲重要。

憲法對於這種分析研究雖有補益，但實際作用甚微。政府組織形式有時雖可表示權力的分配，有時不可能；分權理論有時可能表示社會力量和政治力量互相平衡的事實，有時亦不可能，不可能幾已成爲普通定例。憲法僅可規定政治力量運用的方式，並不能指出權力的操縱者應屬何人，亦不能指出權力的職能如何。一切傳統的法律觀念都是消極的，它限制政治的活動但並不規定應如何活動。給予人民以最低限度的保障此卽法律的最重要性質。這種觀念應用於外表主權 (External Sovereignty) 尤爲切當(外表主權是我們力求避免使用的名詞)。外表主權並不指明主權權力的所有者，亦不能指明權力如何使用，它祇將某一區域單位的權力從其他區域單位劃分界限。財產觀念也採取同樣方式，它並不顯示財產的目的，也不顯示其社會的職能。它祇保護個人所控制的一片自然界外表物。其次，憲法祇表明政治力量依法行使的方式。因此上述兩點在憲法上的特徵如何不宜輕加忽略，故實驗社會學研究政治力量之所在，實爲一極關重要的工作。

在突發緊急情勢中往往可以看出政治力量之所在，所謂突發緊急情勢例如戒嚴時期或戒嚴令等是。著名納粹憲法學者史勿特 (Carl Schmitt) 卽持此理由，於納粹時代出現之前說道：『緊急情勢的決定者卽爲主權之所在』。吾人對史勿特的主權理論卽使不能予以接受，但此種緊急情勢的研究可以對於平常時期政治力量到底何在一問題產生有價值的暗示，實屬明顯。一九三四年六月卅日，納粹德國已經到了緊急情勢邊緣，當時政治權力到底單獨寄托於黨，抑或寄托於黨和軍人及實業家等的聯合團體，實成疑問。根據隆姆 (Rohm) 軍人領袖集團的檢討及其他方面說法，無論如何當時納粹黨已經完全壟斷政治權力，則爲非常明顯的事實。

此種研究，人多忽略，納粹措施雖常常以憲法規定爲幌子，但實際上很少符合政治學及社會學的範疇。

六、政治力量和自由

前文已說過，政治力量不能與物理力量作比較，政治力量的觀念亦並非政治科學中全部的觀念。歷史上，舊方式的權力與理想之衝突，亦屬過於抽象。歷史如果係權力集團與理想集團之間的衝突，無疑理想是失敗的。政治實際係權力集團與權力集團之間的衝突，衝突結果非勝卽敗，否則爲和解，和解卽妥協。一個集團當其爭奪權力時其所代表的利益不能限於某一種特殊利益，這樣卽可能代表一種自由觀念，這觀念和政治理論的關係極爲密切。例如我們若分析美國移民立法，所得結論認爲實業家集團希望採自由放任政策以期保證低廉的勞力，則我們在政治科學上確已完成一部份的研究任務，不過祇是一部份而已。因爲研究美國歷史上移民立法的發展，這工作也是同樣重要的。因此政治理論的使命在於決定權力集團應如何超出其特殊利益的範圍，以追求共同的普遍利益（這是黑智爾學派的術語）。

這種決定自然很不容易，實際上把觀念形式與眞理加以分別是非常困難的。困難有些在民主政治的理論性質(前經討論)，但最大困難乃出於政治力量對所謂公衆意見加以重大壓抑的後果。因爲每一種政治制度都是統治集團將其主張對民衆施行壓力的。壓力愈大則虛僞亦愈甚，個人往往設法隱藏於各種虛僞方式之中，以至歷史上某一時期善說謊的卽成爲大英雄。於是虛僞(形式甚多)遂成爲反對宣傳普遍制度以保障個人的方法。因此筆者個人對於各種技術高明的批評態度，卽各種對政治力量的批評態度，其眞正的價值如何發生懷疑，尤其對同時的社會基礎發生挑釁性的批評態度，懷疑更甚。與威爾 (George Orwell) 於一九四八年發表另一種銳敏的觀察，認爲强制力量之所在卽爲政治權力之所存在。

美國名哲學家披亞士 (Charles S. Peirce) 在其『確立信仰』一文中卽極力發揮此點認識，其言如下：

『統治技術不斷的對人羣施行駕馭。凡掌握國家各種有組織權力的人絕不相信有危險性的言論可無需使用某種方法加以鎮壓者。言論自由若果是從嚴密的束縛形式中解放出來，則標準相同的意見應受强制政治力量的保護，自然得到社會尊重，予以全部支持。於是服從統治卽成爲達到和平之路。若干反對意見可以準許存在，若干其他意見（認爲不安全的），則應加禁止。何者應加禁止，何者不應加禁止，將視國家和時代之不同而有異。但不問何時何地，一個人必須知道如果自己確有一種被禁止的信仰，卽可完全確定自身不免要受一種苛刻待遇，最少將被看成豺狼一樣，受多方的偵查。故此人類最偉大的思想貢獻者，從來不敢，現時也不敢把他全部思想盡情吐露出來。因爲顧慮社會安全，故每有主張總不免要先存遲疑態度。一個人的窘迫並不是完全出於外在原因，其所常感痛苦的往往因爲自覺其所提出之主張係自身所厭惡之意見，此寧非怪事乎？因此愛好和平而又有同情心的人往往覺得難於拒絕接受統治者的意見』。

——（完）——

（原文載美國政治科學季刊，一九五〇年六月號）

代郵

上官予先生：請示通訊地址

本刊編輯部

香港通訊

香港電影圈的透視

樊凡夫

說起來，事情也眞令那些所謂「前進同志」們悩喪；一向被控制得極其服貼的香港電影圈，近一年來竟自動的轉了一個一百八十度的大轉灣；難道這眞是受了客觀形勢的影響？客觀形勢的影響力量，還眞的比人强？歸根結底的說來，這還是由于自己的「同志」「領導錯誤」。如果在前年十二月間，不把李麗華逼得退出了「讀書會」，也不要把林黛迫得去自殺，事情也不至于有這麼糟。這還不算，「領導上」最大的一個錯誤，是不該在去年一月間和李祖永「搞鬪爭」，（李爲永華影業公司的老闆）要沒有什麼永華勞資糾紛的事件發生，那司馬文森、馬國亮等一羣「核心幹部」，何至被人家遞解出境？到現在，連「殘餘同志」們的頭都抬不起來了；見人就得隱蔽，不然，就準得要挨上人家一頓白眼。看樣子，這羣殘餘同志們，是很難在香港電影圈裏翻過身來了。

回想過去那一段好光景，也眞夠殘餘同志們憧憬不已！

話還得從一九四八年底說起：

一九四八年十一月間，在香港電影圈內曾突然出現了這麼三位「同志」：夏雲瑚、袁耀鴻、蔡楚生等三人。提起蔡楚生，大概很少的老影迷們不知道他；過去，他在國內電影圈內，亦算是一位名導演，田漢、洪深、巴金等人，都曾「大力」的爲他捧過場。他怎麼能有這麼大的來頭？原因很簡單，因爲他是中共的地下黨員；和袁牧之、陳波兒等人同是奉命在上海搞影運的主要幹部。夏雲瑚和袁耀鴻兩人，在名氣上雖不如蔡楚生，但在中共黨內的地位，却比蔡還要高一點，尤其是夏同志，他曾經一度在上海未「解放」前，擔任過「中共上海市委會」的委員。人們大概還能記得起在抗戰勝利以後，上海的崑崙影業公司吧？這家公司，即是夏某所手創，資本是由中共中央宣傳部撥給的。

這三位同志在這時來到香港，原是因爲中共見到「在國內已逐漸的取到了基本勝利，……對海外的文化宣傳工作需及時的加强開展」（引自南國公司員工文化娛樂委員會特刊上的兩句前言），遂命他們三人，攜帶了一大批金條和美鈔，從上海轉移陣地來到香港，實際參加推動粤語電影前進的工作。

有錢能使鬼推磨。他們口袋裏旣然裝滿了金條和美鈔，那推動工作自然也就很容易的展開。說時遲，那時快；沒出一個來月，他們即把九龍城候王廟的「自由製片廠」租了下來，並糾集起一批「前進影人」，開辦起一家南國影業公司。也許是因當時的環境不大順利，所以他們起初尙只默默的前進；而且把前進的範圍，亦嚴限在粤語影圈內；對一般國語影人，則儘量的開展友誼，以便能乘機輸出點所謂前進思想。

及至一九四九年末，南國公司算已在香港開業有一年多了。在這一年多的期間內，它已把內部的組織，搞得很鞏固。這時，蔡楚生已奉調返回大陸，所遺下的任務，則改由章泯、王爲一、韓北屛等人肩負。次年一月六日，當英國宣佈承認中共爲政權的聲明後，章泯等遂立即公開活動起來；活動的範圍也擴大了，全香港的電影製片廠，均成了他們的工作對象。當時，他們的活動程序是這樣：（一）即在英國甫宣佈過聲明後的第二天，章泯等就策動起一大羣前進和準前進的影人，組織起一個什麼「觀光團」，携上一幅長有數丈的毛澤東油畫像，跑到廣州觀光了一番；並很努力的搶購進一大堆「勝利公債」，表示他們這羣人對「新生祖國」的熱愛。（二）迨觀光團由廣州返回到香港後，章泯等又立即以這羣觀光團團員爲基本羣衆，正式在港成立起什麼「華南電影工作者聯合會」，作爲中共華南文聯設在香港的一個分會。（三）組織南國影業公司員工文化娛樂委員會，作爲他們這羣影特從事進一步團結前進影人的核心組織。

在一九五〇年上半年內，章泯等一羣影特的氣焰，確曾高得了不得；整個的香港電影圈，幾全爲他們所操縱。他們即以南國公司爲基地，控制了全香港的大部份影人；並先後又把長城、大觀兩個製片公司，發展爲他們的附屬基地。永華、南洋、華達等三家自由製片公司裏，時也充滿了他們所派遣的嘍囉。總之，在這一段時期內，凡是不願附和他們的自由影人，莫不遭受到他們的打擊；鑽不出路，拍不成戲，連最低的生活都維持不了。只有白光、周曼華、黃河、王豪、王引、卜萬蒼等幾位已成了名的影人，尙可繼續在自由氣氛裏掙扎，其餘一般名氣稍差的自由影人，亦即全賴他們不時的接濟，暫維生活；其中尤以白光，因其爲人素性慷慨，故一般自由影人，莫不皆叨過她的光。一般影特和前進影人，亦即因此對她展開過數度的總攻擊，然終因海外影迷們的偏愛，終使影特們對她亦無可奈何。

自一九五〇年以後，影特們的陣容，也確實盛極一時，計正牌影特（即時已身爲中共黨員者）有：夏雲瑚、袁耀鴻、章泯、韓北屛、鄧楠、曾昌、張潔、陳殘雲、王爲一、斯蒙、曹進雲、吳天幻、王辛、黎明、蔣銳、汪明、巴鴻、馮喆、戴耘（女）、黃宛蘇（女）、藍谷、王滢、張光如（女）、馬國亮等；副牌影特（即時尙身爲同路人者）有：白沉、譚友六、司馬文森、趙樹泰、齊聞韶、費穆（已死）、盧敦、秦劍、李亨、盧珏、陳風、李敏、李化、姜明、費魯伊等；前進影人（時尙屬尾巴之流）則有：韓雄飛、舒適、劉群、韓非、趙一山、何澤民、袁仰安、慕容婉兒、廸梵、程步高、朱石麟、李萍倩……等數十八；惟內中亦有不少因遭受到裹脅，而不得不强打起一付前進姿態者，如現已自動脫離影特們控制的李麗華、嚴俊、林黛、王元龍……等，及現尙在企圖擺脫開影特們魔手的石慧、夏夢、劉戀等。

在影特們最活躍的時期內，香港電影圈的風水，幾全集中在南國、長城、大觀等三處製片場；前進的影片，一部接一部的出籠；而每天晚上，這三處皆充滿了一片秧歌聲；反觀永華、南洋、華達等三處，則顯得頗爲冷情；尤其是永華，偌大的一個製片場，因遭到影特們的杯葛，遂使幾具獨霸遠東的新型開麥那，蒙上了一層灰塵（永華公司在民國卅九和四十年兩年內，僅拍成一部愛的俘虜）；南洋和華達兩處還比較好點，因一般自由影人，尙時借這兩處爲一些自由獨立製片家拍拍片子。南洋公司因其本身在新加坡尙另有一小型製片場，和十數處電影院，故尙能不時製片，惟終因影特們的騷擾，致製片工作總不太順利。

香港，本是一塊自由的土地。影特們這麼樣的胡搞，香港當局並不是不知道，惟因尙未看出他們有什麼逾越常軌的地方，遂亦對他們不加干涉。及至民國四十年十二月間，林黛自殺的事件發生以後，香港當局方發覺到影特們的陰謀。接着，李麗華、嚴俊等又相繼宣佈正式脫離讀書會，遂使香港當局發現到影特們的秘密組織。適逢這時，影特們又正在搞永華勞資糾紛，企圖配合上一羣文特和工特，在香港掀起一片大工潮（時文特和工特們正在搞什麼電車工潮、巴士工潮、東頭村事件等），香港當局見情形越來越不對，乃立卽採取斷然措置，將一羣主要影特、文特和工特，均予驅逐出境。且行動之速，遠出這羣特務們的意料之外。因此，香港在民國四十一年初不但能免去了一場工潮之難，且使香港電影圈的風氣，也隨之大爲轉向。過去曾橫受影特們欺壓的自由影人，這時均紛告翻身；而一般曾受影特們裹脅的影人亦皆紛紛改趨自由。

近一年來的香港電影圈內，是充沛着自由的空氣，赤色的氣焰，已奄奄將熄。不過，影特們是不是就這樣甘心呢？當然不，看最近的情形，卽知他們又在力圖死灰復燃。

「蜀中無大將，廖化當先鋒」；正牌和副牌的影特們，雖被一批批的驅逐出境，但仍有一些甘心情願爲共匪當尾巴的前進份子，仍舊殘留在香港；這些份子，現且已被共匪大膽的提升爲正牌和副牌影特。據筆者所知，現尙潛伏在香港的正牌影特計有：李化、姜明、李萍倩等，副牌影特有：趙一山、費魯伊、程步高、韓雄飛、何澤民等；負總領導責任的，卽是現尙身爲大公報督印人的費彝民；他現在正隱身在幕後，利用新晚報（共匪的傳聲筒）上的那欄「子暢影話」和大公報上的影評，指導一羣幹部和前進影人們作學習。此外，前曾一度自動消聲匿跡的「世界」電影畫報，現亦大張旗鼓的復活起來，正在向南洋及海外各地的僑報，作大聲疾呼的宣傳。

自香港政府在去年年初，對影特們大施了一番掃蕩後，影特們所據爲主要基地的南國公司，乃亦于無形中自告解體；而長城和大觀兩處，亦因格于形勢，不得不深加檢點，不敢再多拍爲共匪公然張目的片子。不過，據筆者現時所知：長城公司現確已有開始回轉的趨勢；而「大觀片場」，現則已代替了昔日南國公司的地位，成爲一般影特們的重要根基地；該公司製片廠的廠長，現卽李化。惟影特們爲了掩飾別人的耳目，擬邀卜萬蒼把泰山公司設在這個廠內，替他們粉飾門面。

大觀公司製片廠雖已成爲影特們的重要基地，但影特們所主持拍攝的片子，却皆不用該公司的名義，另行巧立出很多的新名稱。筆者現爲使讀者容易明瞭計，特將影特們現在所巧立的一些公司，以及它們的主持人和拍片地址一一列述如下：（一）「龍馬公司」；這個公司是費穆和吳性栽共同組織的；自費穆死後，吳性栽卽另行創立一個門戶，這個公司乃改由費魯伊（費穆之弟）負責；並接收了南國公司的片場進行製片，其最近所拍攝完成的片子，卽什麼「一板之隔」。筆者寫這篇報導時，聞這個公司正擬結束，其所接收的南國公司片場，亦因合約屆滿的關係，卽將交還前自由製片廠。又聞這個公司，現正擬和大地公司合併，仍擬繼續向自由製片廠租用現址拍片；惟邵氏南洋公司，現亦企圖向自由製片廠收購現址，作爲它的一個分廠。結果如何，現尙未見分曉。（二）「大地公司」；主持人卽吳性栽，其近況詳上所述。（三）「鳳凰公司」；主持爲韓雄飛。這個公司的前身，卽什麼五十年代公司；曾以把王爲一所導演的「火鳳凰」一片，售進臺灣，而獲得共匪的獎勉。自香港當局對影特們開始作掃蕩後，五十年代公司遂自動暫停拍片；現則又改頭換面，以鳳凰公司的姿態出現。其所以取名爲「鳳凰」，據說卽是紀念其火鳳凰一片能滲入臺灣的功績。最近，它又假長城公司的製片廠，拍攝成一部「中秋月」，並與某一臺灣片商斟盤，企圖把這部片子再滲進入臺灣。（四）「新世紀公司」；主持人爲李化和趙一山，現正假大觀公司製片廠拍攝一部「有求不應」。聞這部片子，亦將要透過某一臺灣片商的關係，輸進臺灣。（五）「民生公司」，主持人何澤民；何某現正假大觀公司製片廠，拍攝一部「改造太太」，聞其銷售的對象亦爲臺灣。

試一檢查上述幾家前進公司正在（或已完成）拍攝的片子，其內容均不怎麼太前進；這是怎麼一回事？原來這裏面却另有一段文章。因爲這幾家公司，在香港電影圈內，已久負前進之「譽」，若它們本身再一味蠻幹，繼續拍攝前進片子，則不但爭取不到市場，（現南洋各地的片商，已皆一律拒絕購買前進影片）且反有步南國公司後塵的危險。因此，它們遂暫拍攝些「灰色」的影片，圖掩飾一下外人的耳目。可是，它們自己雖不拍前進的片子，但仍在大力的爭取一些獨立製片家，讓這些以「在商言商」爲幌子的有錢佬，掏腰包拍攝一些揭露舊社會黑暗的片子；其爭取的方式，即大力扶助香港電影圈內一羣「陽間不要、陰間不收」的份子（這些人過去是連飯也混不到吃的），命這些份子去游說各獨立製片家來製片，其製片人即由這些份子出面擔充。當然，當一次製片人（即每一部片）可得到一千至兩千元港幣的製片費，那這些份子又何樂不爲？何況在製片時，亦不需多操什麼心，一切皆有這些前進公司的幹部，從旁免費協助（實即操縱）。他們僅等于乾領一筆製片費而已。既是由在商言商的獨立製片家們所製成的片子，那人們就不會懷疑它有什麼政治色彩，不但往南洋，即是往臺灣亦可通行無阻；這樣一來，他們（指影特）的滲透宣傳目的，亦就可以勝利完成了。

說句老實話，大部份獨立製片家亦確是沒有什麼政治色彩，他們僅不過是一羣唯利是圖之徒而已；片子的內容如何，他們是不大過問的，只要能賣得出，能賺回錢就行。影特們也就因爲看透他們這樣一個弱點。同時自由中國當局，在電影審查方面，也暴露給影特們一個可乘之隙，遂使影特們才敢于這麼大膽的施展他們的陰謀。

自由中國當局在電影審查工作有什麼漏隙呢？說起來也確是一件令人可悲的事。筆者爲此，曾專誠向數臺灣片商駐港代理人方面作打探。據云：在自由中國方面迄今仍沒有一個健全的審查機構；目前負責執行審查電影任務的，乃是由內政部、教育部、國防部、總政治部……等七個機關聯合組成的一個委員會，委員會裏的委員，亦即由這七個機關各派出一名代表來充任。參與的機關多了，結果是責無專司，權利則彼此爭逐，責任則互相推諉；於是商人可以乘便其間，弊端由是而生。「火鳳凰」一片之所以能滲進臺灣，甚至影特們現在還敢在打這個主意，亦即因爲自由中國方面，在電影檢查制度上還有這樣的漏洞存在的原故。

筆者書至此，以最沉痛的心情，向我自由中國政府當局作如下的幾點建議：

（一）指派一個專門負責審查的機構，俾使權責有歸。按諸道理，假如行政院新聞局能及時成立，那這項審查責任，理應由該局指派專人承擔；在新聞局尙未成立之前，這項責任，則應由教育部來單獨肩負。其他機關，只能于該部在執行審查發生錯誤時，向行政院或直接向該部提出指責、糾正，而不應直接參予審查工作。因爲審查影片，乃屬于社會教育事業的範圍之內；責有專司，除教育部以外，其他機關並沒有受命領導社會教育事業責任的理由。如若以防止共匪宣傳爲藉口來强行參予，則在道理上亦仍是講不通的；因爲防止共匪宣傳這項責任，今天已不是那一個機關、那一個人的專利，而是每一機關、每一個人都該肩負上一份的義務。即等于「行人靠右走」一樣，乃是每一個人都該遵守而且還須勸導別人來一同遵守的。那些負責維持交通的警察，他們只能在馬路上糾正、防範一些不遵守這項交通規則的行人，他們絕不能以檢查有無人蓄意破壞這項規則爲藉口，干預到每一個行人，每一個機關的正常工作。

（二）審查影片應該厘訂一個客觀而公正的標準，決不能因人事關係而有所差別。就目前的情勢而言，應該儘量鼓勵與反共抗俄有關與宣揚民主自由一類的影片之進入臺灣。

（三）自由中國當局，今後應多方鼓勵正當片商，在香港自行攝製能激發起海內外國民同仇敵愾心的影片。這並不是一件辦不到的事，實際上，在香港的一般製片家，他們現在所投資在每一部影片上的資本，內中即已有一部份是取自于臺灣片商的，個中詳情，詢之于每一位片商即可明悉；這裏因篇幅的限制，不擬再多加敘述。

（四）自由中國的人士，對刻尙在香港繼續工作的一般自由影人，應多多的寄予同情和鼓勵，使他們不至有被遺忘之感，同時，亦可激發起他們自動的爲反共抗俄大業，拍攝些有積極性意義的片子。

最後，筆者更希在自由中國從事文藝工作的作家們，能把自由中國的農村和部隊的現實生活，多多的寫成報導，使刻在香港從事寫作電影劇本的作家們，于寫作時有所借鏡。並希望自由中國當局，能放大膽來邀請在香港的一般自由影人，回到臺灣去觀光，使他們能多多的親身體驗到自由祖國在各方面的進步，這與他們在創製影片時，是有很大的幫助的。

總之，近一年來香港電影圈內的赤色氣焰，已經大見澄清；然而，赤色氣焰消退後，留下的仍只是一片灰色的眞空。如何鼓舞香港電影界，讓她注入自由的新生活力，從而在反極權的鬭爭中發揮出戰鬭的力量？在這一方面，自由中國當局是應該有所作爲的。

（上接第23頁）

些不清白的事件發生。只有一九五一年那次的普選，却爲有選舉以來最爲進步的一次；而保護選票淸白的人便是國防部長馬西西。他以超黨派大公無私的精神來主持公道，雖然事後他爲不少同黨中人士所攻擊，說他是軍人干涉政治，但他這種維護民主的精神還是得到了各方的擁護。現在大選日近，他是否不顧一切惡勢力再來維護民主，尙不可知；不過一般人認爲除非他離開國防部，否則他還是會繼續努力保護選舉淸白的。

劉禮和馬西西雖各屬一黨，但是劉禮在大選前如此對馬西西尊敬推崇，將來大選時馬西西在情在法還是要主持公道的，所以有人說：「劉禮這一政治攻勢是在使馬西西在大選中主持公道，保護選票淸白。」

總之，就目前非國的政治形勢來看，今年的總統大選是「和比戰難」。「聯合陣線」既不歡而散，支持「無黨無派」人士出來又不可能，剩下的便只有一條路：各自分道揚鑣，爭取更多的選民。將來的形勢，將一定是季里諾與劉禮兩人的角逐，我們且看這總統寶座究屬「誰家天下」！

和比戰難

—菲國大選縱橫談之一—

岳文彬

非律賓號稱「東方民主窗樹」，她的憲法制度大部仿效美國，可說是美式民主制度在東方的試金石。非律賓和美國一樣每隔四年，改選總統，同時選出任期屆滿之國會議員。今年—一九五三年又將是這個島國大選年。

非國自一九四六年獨立行憲後，已經擧行過兩次大選。民主政治本非一蹴可幾的；嚴格點說，非國的政治還沒有眞正走上軌道。例如競選時的宣傳之肆無忌憚，跡近潑婦駡街，殊失政治風度；或用其他不正當手段以獲取選票等等。這也許是初步學習民主制度時所難免發生的現象。但從大體上說，非律賓的民主政治還是一天一天在進步中，尤其是一九五一年普選的表現，更爲各國所贊許。

民主政治是政黨政治，政黨活動是民主政治的主要內容。欲建立民主政治必先有健全的民主政黨，從而在平等的基礎上，從事合法的政治競爭。非國原有兩大政黨，從獨立行憲後，自由黨一直得意揚揚，獨握政權。可是自一九五一年普選之後，國民黨一鳴驚人，控制了國會，從此形成一個强有力的反對黨。這對民主政治基礎的建立實在有很重要的意義。今年大選，雙方實力不相上下，頗似半斤八兩，兩黨對於這次總統寶座的角逐都很雄心勃勃，大有非我莫屬之慨。因此競選爭奪戰便提前爆發，從政客之活動，人民之談論，報章之刊載，莫不以此爲第一要題。

一九五一年的普選，使在野的國民黨如注射了一針「興奮劑」，從那時起，國民黨活動異常，不時採取政治攻勢。執政的自由黨在普選慘敗後，也顯得特別小心，步步爲營，亟欲復振往昔的聲譽。雙方對於這次大選，都非常緊張積極。所以今年大選將應列爲非國今年的首要新聞，同時也是非國有史以來最劇烈的一次政治鬪爭。

由於雙方之旗鼓相當，而且現在已漸入短兵相接的時候，不少人士，憶起當年選擧時曾發生的諸種不幸的事情。「自由」「國民」兩黨之中有不少開明進步份子，爲避免此類事實之重演，主張組織「聯合陣線」，以呼聲最高之自由黨總統候選人、現任總統季里諾爲下屆總統候選人，而以可能性最大的國民黨總統候選人劉禮 (Jose P. Laurel) 爲副總統候選人。

這樣理想的總統競選，當然穩掌政權，因爲非律賓除這兩大黨以外，沒有其他的大黨派可與之匹敵。該項建議，理想至佳，本意至善，得到很多遠見人士的贊成，因爲這並不厚自由黨而薄國民黨。如果季里諾再度競選連任，依照非國憲法規定：「總統不得連任過八年」，而季里諾自從一九四八年因正總統羅哈士 (Manuel A. Roxas) 心病急逝，扶正至今，已在位六載；如果競選連任，也只能握政兩年，便要退休；從此副總統掌握政權也至少有兩年的機會。所以依照此一計劃，雙方都得執政兩年，眞是平分秋色、兩得其利。

然而理想到底是理想。由於兩大政黨政治主張與所代表的利益之各有差異，因此很難達到妥協。國民黨一些「頑固派及少壯派」都以爲這樣未免太「長他人志氣，滅自己威風」，況且從政治行情來看，今年大選的形勢對他們顯然有利。另一方面自由黨一些「死硬派」，也以執政六年來「成績斐然」，自認可以得到民衆的繼續擁護。至於上屆普選之慘敗，他們的解釋是，由於選擧時他們自己輕敵，大意失了荆洲而已。因此之故，有些人所主張的「聯合陣線」也就無由建立了，所謂「理想總統」當然也就止于理想而已。這裏記者要借用胡適之先生過去說過的一句話來形容非國今年兩黨大選的形勢，那就是「和比戰難」！

「和議」不成，當然只有「戰」之一途，於是總統寶座爭奪戰便爆發了！國民黨呼聲最高之總統候選人劉禮博士突然於去年聖誕前夕，送給季里諾一夥政治炸彈作禮物，他公開向季氏挑戰說：「我們兩人同時在人民面前，宣佈退出一九五三年大選，而共同來支持一位能眞正爲人民服務之無黨無派人士作總統候選人，這個人便是現任國防部長馬西西 (R. Magsaysag)。」劉禮博士又對人說：「在一個眞正自由誠實而淸白的選擧中，季里諾將完全沒有希望」。他又表示：「我一生之志願在爲人民服務，不是希望做總統，但要打倒季里諾這個政權」。

劉禮這一公開挑戰，無疑的是一顆威力很大的「政治炸彈」，立刻引起了全國的注意，政海爲之興波。劉氏此一戰略其利害處分析起來約有三點：

（一） 挑撥離間自由黨：季里諾和馬西西都屬於自由黨，前者爲該黨之領袖及現任總統，而後者爲現任國防部長，聲譽最隆，爲前途最光明之慧星（這位剿共英雄，記者準備以後另爲專文爲之報導）。可是他們兩人的政治見解，多少有點距離。尤其是最近對於蘇祿毛洛族叛徒領袖甘倫投降事，更爲明顯。劉禮博士不前不後，在這時公開發表此一「建議」，所以自由黨人士反駁說：這是一種極卑鄙的政治脆計來挑撥間離自由黨人。

（二） 爭取更多的選票：劉禮這顆「政治炸彈」，季里諾當然是吞不下的，所以他立刻發表說：「劉禮對我實在太不友善 (Very unkind)」，不管友善不友善，無疑的，劉禮是希望由此而爭得更多的選票，因爲百姓從那篇「挑戰書」中以爲劉禮才是眞正爲國爲民的。

（三） 呼籲保持選擧的公開與淸白，將是對現政府威信的一種挑戰。不能否認的，非國每次的選擧多少有

(下轉第22頁)

舊箋

張秀亞

那是一個可愛的春天的日子，紫色的光影，映動羣山，水鴣鴣不停的低唱着，直把溪水唱得平了橋，我沿着那條通鄉間的長堤走去，腳下泥土是如此濕軟，到處印滿了淺淺足跡。一轉彎，幾朵伶俐的野花，嫣然巧笑，好像同聲向我道晨安，使我無法不微笑。

姑母的住處，是一幢古老的房子，圍墻上，零落的猶披着藤蘿的敗葉，院子裏，昂然的十幾株柏樹，葉片輕飾着日影，枝葉間，露出了圓圓的窗子，垂垂的淺黃色窗帘上，現出了淺紫的花紋，色調非常淡雅，與這充滿了日光、樹蔭的清晨十分諧和，同時，還帶有一種夢寐的色彩。院中除了一條波斯氈般洒滿日光的碎石小徑，其餘的空地，都爲才打苞的雛菊、番紅花佔據了。

姑母着了件黑色的長衣，拿了柄銀亮的剪刀，正在修理柏樹枝，要把它們編成拱門狀，這使人不期然而然的想起了老安諸和他的天鵝(註)。她曲着腰身，扯動着那些杈椏凌亂的枝柯，黑色的衣裳，襯映着她那銀白髮絲，那姿態是非常嫻雅而美妙的，只由過去一代女子的身影，我們才能發現這代表東方美的儀態。

她見了我非常喜悅。日影漸高，樹木、苞芽、花朵與泥土混合成的芳香，在溫暖的空氣裏微微蒸騰着，使人直有溶化其中的感覺。那橘黃色的朝陽，透過扶疏的枝柯，映照着她那蒼白的面容，以及浮漾其上的那一絲淺笑。那唇邊笑影，與她眼中黯淡的表情中，似乎徘徊着憧憬、記憶、歡樂和憂鬱。我最喜歡看到的，是這樣一種笑容，同時，我最怕看到的，也是這一種笑容。這是非常感人的，似乎比秋夕幽咽的夜哭更爲感人。

「姑姑，你的日子過得好嗎？」我問着她。

「呵，孩子，我們的時代已經過去了，過去的歲月，也許還留下一點剩餘，好像杯底一滴玫瑰殘酒一般。」她又在微笑了，似乎還夾雜着一絲嘆息。

我聽說她讀書很多，尤其是駢文、韻文。她也曾寫過不少優美凄咽的詩句，這些詩滋養了她，也侵蝕了她。她生活中幻想的成份似乎更多，這無形中使她的生活具有一種美，却非平常人所能了解或模倣的，因而也形成了一種神秘。

午飯後，我陪她用過茶，她引我到屋前屋後去散步，我當時眞好像置身於一篇古老的故事中，無論是那掛着去年絲瓜絡的靜靜平臺，那園中沉沉的古井，那斜倚牆角的釣桶，或是曝晒日光下的蟲蝕木版古籍，……處處似都有過去的精靈附着，處處都有點耐人尋味，引人入勝的東西……。漸漸的，已近黃昏了，她回到房中，看了看那古老的掛鐘，像是想起了什麼，默默的在廊前悄立片刻，突然拉動了那張紫檀木椅子，在半敞的窗前坐了下來，微暖的風，輕輕掀動簾幕，吹上了古瓶中的半萎松枝。她凝望着我：

「孩子，陪我坐在這兒吧，這在你可憐的姑母，已經成了一種習慣了，每天日影斜過墻頭，我便要守望在這兒，……希望有什麼奇蹟發生。」說到這兒，她又微笑了：「雖然我知道不會再有什麼奇蹟發生了。」

下面，是她講給我聽的：

三十年前，在北方的鄉下，甚至於你所住的小城，風氣是非常閉塞的，即就交通工具一項來說吧，那時最有身份的人，也不過才乘紅呢障的騾車：：。說到讀的書，尤其是女孩子們讀的書，仍只限於一些古書。我自舅父那兒，讀到一兩本康梁的著作，同一本地理書「亞細亞洲」，我的「新知識」，也只限於這一點了，直到近年來，我才讀到一點新出版的文學書籍。我的家庭非常古老，因而也非常固執，對我這唯一的女兒疼愛備至，也管束得很嚴厲。記得我那時是十七歲，長得身材已經很高了，有一頭濃黑的長髮，梳做兩個小鬟，盤在腦後，我那時總喜歡着淺藍色的衣裙，鑲了黑色的花邊也許可以說是「密髮盈鬟，亭亭玉立」吧，我唯一外出的機會，便是村中來了戲班子，得到母親的允許，偶而由傭婦陪着，到那樹下用蓆子搭成的看棚一坐，但是，孩子，封閉住的心靈，當然也像封閉住的花園，會開出最不經見的百合花來的。

一個和暖的三月天，我的父親出遠門了，母親也帶了僕婦出去探親，我一個人獨坐窗前，讀一本杜詩鏡詮。鄉村郵差突然走來，遞給我一封信，上面是由一隻陌生的手，寫出了我的名字！啊，想想吧，寫着我的名字！那是我生平收到的第一封信，你可以想像出我是多麼驚訝。

啊，那是極雅緻的白色信封，裏面是同色的箋紙，……還有，還有，箋紙上印着一座銀色的孤亭，那顏色，孩子，眞同早春的月夜一樣的迷人。我打開來，裏面有着一股淡淡的烟草氣息，混合着沉香的味道……。無疑這箋紙是收藏得很久了，並且，可以斷言這是由一個文人寫來的，在他停筆沉思之際，偶而吸幾口香烟來助他的文思……。

那封信，字迹娟好，類似女子的手筆，但另有一種遒勁的風致。那封信，寫得那麼別致、美妙，簡直我想世界上沒有再空靈清新的東西了。那裏面，有的是幻想、讚頌、和愛情，也許你會說，不相識的人怎麼會愛呢？我告訴你，孩子，有着高遠理想的人，絕不會愛過於認識的東西。……不幸，也可以說是幸運的，那個寫信的人，連同你當年的姑母，便是這樣的一種人呢。

在信中，他讚美着我的智慧、容顏、才學同貞獨……。

信每天來，每天在日影斜過薜荔牆的時刻……。三個月過去了，我這裏已收到了近百封的信。我把它們收藏在一只雕鏤精緻的銀匣裏，每逢靜寂無人的辰光，或是不寐的淸宵，我便悄悄的拿了出來，細讀着它們，啃誦着它們，思味着它們，摩沙着它們，那成了我唯一的快樂與消遣了。你也許說，這一種糢糊的愛情，怎麼會使我傾心呢，我告訴你呵，我，我的心靈是最喜歡這一種飄渺的幻想的，我愛聽不見的音樂，看不見的圖畫，如今，你們怎樣形容像我這樣的人呢，是不是叫「理想主義者」呢？

那些信，爲我織起了許多美妙的幻想，我夢着在玫瑰園中，聽羣星歌唱；我夢着在藍色的海裏搖船，看一彎新月，在銀河邊鼓翼；我夢着在曲折的山澗邊，小口啜飲那淺藍色的微亮的泉水，聽那潺湲的柔聲，好似愛情的回聲一般……。

這愛情，這沒有人影和足音擾亂的沉默愛情，這由美妙文字織成的更美妙的愛情，使我沉酣了，這愛，眞如同我看到的一本新書上說的：「使我憂慮，使我快樂，使我愛黎明，使我愛晚霞，使我流淚，使我愛純潔的白袍……，生活的百合花開了，是白色，純潔，高貴，但却擾人心曲，動人心弦……。」

那些信，由上面的郵戳看來，是自你目前所住的那小城寫來的。從來沒有寫過地址，也沒署過全名，下欵只是一個字：誠。彷彿他知道我家中的古老傳統，古怪環境，他一再囑咐我，也不必爲無法投遞回信而焦慮，只要欣賞他的信，保留他的信，他便感到最大的滿足了。他說愛情除了本身以外無要求……。

每晚，家人都睡去的時刻，我便熄了燈，隔了窗子，任一道射出去的澄黃燈光導引，看螢蟲在林間穿越，我也似看到在銀色的月光下，兩顆諧合無間的心靈，在小徑上，並轡徐馳……。

我的性情變得更柔和，更愉悅，却更沉默了，因爲愛已無聲的來到我的心間。

有一天，我的父親自遠方回來了，而那天，他在門口徘徊的時候，當日那封信便不幸落到他的手中了。

當然，他老人家感到非常的氣惱，因爲在那年月一個女孩子收到陌生人的信，簡直是使人駭異的一件事，既然探訊不到發信人的地址，而信上所署又非全名，我的父親只有關照郵局，以後這種信來的時候，不必再送來，而留到局中由他本人去取。

你可以想像出我那時是多麼痛苦，那是一種椎心的痛苦。從此以後，涓涓的快樂長河，停止了潺湲，生活又恢復了昔日的靜止，板滯，而變成一塘死水。我想那寫信人如果知道這消息該更難過，但是，如果他不知他信的遭遇，而仍不斷的寫來，這事情，則更可悲了。

以後，我雖然看不到信了，但是，那百十封信，已經造成了一個極其詩意的境界，供我純潔的心靈徜徉。我無意再去尋求更美麗更動人的東西。……後來，雖然生活中發生了幾樁很現實的求婚的事，但那個不相識的愛人，却以他的才摯，他的智慧，他文字中表現的溫存、同情、體貼、寬慰，以及諸般柔情，而做了心靈最有力的守衞，直到現在，卅年過去了，我仍然爲這些信而夢着，爲這些信而活着……。

說着，姑母顫動着她那蒼白而細長的手，（由這雙手，人們可以想像出她當年是個多麼惹人愛慕的女子。）打開那深鎖着的花梨木書桌抽屜，拿出了一只雕鏤精緻的燦爛銀匣。裏面是用藍色緞帶紮着的一束信件，箋紙上依稀看出是一座孤亭，仍然閃着淡淡的銀色，那紙色，已因年代久遠而變得發黃，却更富有感人的意味……。……我檢視着，我比量着，小巧的箋紙，也只有手掌那麼大小，封套同樣長，而寬度則窄了一半。

一股無名的惆悵，湧自我的心底，我不禁想起了莫泊桑的話：

「一種無限的哀愁，銳利而不可抗拒的，壓逼着我的心，一個生命已經完了的人，還在記憶裏掙扎着哀愁，這正如深深立在水中一般……。」

「可憐的姑母，可憐的以幻想爲生活的女子……。」老姑母的故事，緊緊的縛住了我的神經，在歸途中，我只反覆着這兩句話。

半年多過去了，天氣漸寒，霜雪開始封裏了大地。我好久不曾去看姑母了，我想，在新年的時候，我該給她點快樂。

正好我認識一個開印製廠的朋友，請他按照我記憶的尺寸，造了一體通白的封箋，上面，同樣的印上一座孤亭。（因爲我略學過繪畫，模倣着描了兩筆，那圖樣，在姑母的昏花目光下，尙可「亂眞」。）當我拿到了這製就的封箋是多麼快樂呵，因爲我也可以帶給不幸者一點快樂了。

當夜我卽以一枝新買來的七紫三羊毫，仿照我在姑母處看到的上下欵稱呼，在上面寫了幾行工筆細字：

「××小姐，

三十年過去了，我仍然不會丟了那個夢。我告訴你，你仍然是我理想中的影子。三十年來，每個黃昏，我不忘對着一天雲霞，默念着我那始終未謀面的愛人的名字，向着晚風，寄上了我的祝福。

相信我，直到我極其衰老了，我仍是不變初衷的愛慕着你，當死的一天到來，我們將彼此互葬在美麗的心墓中，在愛的長夢中睡去，永恒安息。

過年了，你要快樂，當想起了你永恒的愛者。

誠上」

我把這封信小心的封了起來，寫上姑母的地址，在除夕前一日，悄悄的投入郵筒，連同我的祝福。

約摸那信到後第二天，我到姑母那兒去賀年，只見她着了一件鮮潔的藍綢衣裳，配了白色的頸巾，銀白的髮絲，梳成了一個大大的髮髻，如同一綹秋雲，堆於後面頸際，滿面是喜悅的笑容。她似乎顯得年輕了，且恢復了年輕時代的神采，我默默的

（下轉第8頁）

第八卷　第四期　尾崎行雄自傳(中)

尾崎行雄自傳(中)

陳固亭譯

東京市長時代

我脫離了政友會的黨籍，身邊稍得閒暇，正想準備暫時休養，由於老友丸山名政氏(憲政本黨)中鉢美昭氏(政友會)兩人的敦勸而允任東京市長。他們二位是突如其來的和我商量，我本打算辭退，可是他們再三勸駕，並且說：「市政府的實務，我們兩人會處理，你只把印章交來就行，一星期參加兩三次參議會就好了。」我想有那麼多的空暇，且有相當的俸給，眞是再好不過的事，所以答應他們的請求，就任市長了。當時市參議會，幾乎是全體一致替我捧場，這是明治三十六年(一九〇三年)六月末的事。我以很樂觀的心情就任市長，但是到了市政府一看，不僅不能休息，並且有好多雜務都要市長決定，這種情況和起初所說的差得太遠了。可是還沒有做出什麼事情，就馬上引退，又恐鬧成笑話，正在猶預不決彷徨的時候，一部份市議會議員，對我開始排斥了。參事會也要舉行不信任市長的投票。當時參事會的會員，如大岡，江原等都是老友，可是他們不僅不支持我，竟然參加了反對我的陣線，事已至此，更不能引退，只有和老友們作敵，奮鬪到底。於是我就不理參事會的決議，依然就任市長，不料正在緊急關頭，竟有救兵出現，那就是當時在淺草公園開照像館，久和市府有關係的江崎禮二，他爲了我一開始活動，反對派卽時勢衰，而我的立場也轉爲極有利的情勢了。不久日俄風雲告急，終至開戰(一九〇四年四月)，從此市政更加繁忙，我一直這樣的做下去。由就任開始計算起來，先後竟達九年有餘，歷代東京市長中任期最長的算是我了。這大約是因爲我適宜在民間工作，回想過去，充任官吏，最短僅僅三個月，頂多不過二年半，而民間色彩較濃的市長，共做了九年多，純然民間代表的衆議院議員竟當了六十多年，這眞是預料不到的事。我擔任市長以後，對於議會不大活動，所以報紙上常寫「咢堂死了」(咢堂爲尾崎別號——譯者)，但是在我辭去市長之後，投入當時發起的憲政擁護運動，參加桂內閣的攻勢時，各報又一致大出「咢堂復活了，蘇生了。」其實我並沒有死，當然也就沒有蘇生，仍是「依然故我」的咢堂，不過好事的人們，自相驚擾，忽說我死，又說我生，這眞是奇怪的事。我在東京市長任內，多少留有一點成績，但是這和政治問題大部份沒有什麼關係，僅是和議員們出席議會而已。

日俄戰端已開

伊藤博文公爵(註一)，曾三次遠渡海外，研究歐西各國的法律，政治，是日本帝國憲法的起草人，他曾想實現日俄協商，在明治卅七年(一九〇四年)正要訪問莫斯科的途中，桂內閣竟訂結日英同盟，日俄兩國遂於斯年四月正式宣戰。這時議會被解散，三月一日舉行總選，因爲戰爭開始，選舉並不大惹起國民的關心，在野黨也一致收拾起攻擊政府的陣勢，第二十屆議會，是三月十六日召集，那天政友會，和憲政本黨卽分別召開大會，都承認政府對於準備戰爭的各種措施。我原來不相信日本會打勝俄國，所以一向主張應該避免戰爭，以後看戰局對日本有利，我才明白我的看法是不對的，同時也很高興，但是像後面所說的，戰爭只是初期有利，若是戰事一經延長，形勢可能逐漸不利，這證明我的看法，還是有道理，只是那時日本是以世界大國作對手，眞是「帝國興亡，在此一戰」，所以政黨中止政爭，國民也提高警覺，貢獻所有一切，爭取勝利。但是在俄國方面，則輕視日本的渺小，他們的戰鬪意志沒有像日本那樣旺盛，而且國民很不滿意專制政治，趁戰爭的機會，發起革命運動，就是俄皇對於戰事也不大認眞了。其次，這回戰爭，對日本最有利的是歐美各國都對日本表示同情，由於英國是日英同盟的與國，當然同情日本。美國向來鼓吹人道主義，所以也支持弱小的日本。其他在過去三國干涉時和俄國有關係的德法等國，都盼日本能戰勝俄國。由於這種情形，日本的募集外債一舉就成功了。日俄之戰，日本最苦的是軍費籌措的問題，以當時貧弱的國內，是無法供應軍事需要的，於是祇有在增稅和發行公債上想辦法，外債的募集，由日銀副總裁高橋是淸氏(註二)負責，他先渡美，次赴英國，再到德法兩國，分途進行，明治卅七年(一九〇四年)四月，在英募債一千萬磅，次年十一月在法募債五千萬磅，像這樣先後五次，都相當成功。特別是美國對日本非常同情，高橋氏曾敘述當時的狀況說：「一般美人心理，認爲日本對俄國作戰，好像膽大的小孩，向强大的巨人打架，稱讚日本國民的勇敢，他們同情日本的熱烈狀況，使我感到很愉快。」但英美各國，對於日本的勝利都沒有料到，日本軍在開始陸戰海戰中，都收到意外的戰果，國民雖然非常高興，而各國的態度還是冷淡。事實上這是對强俄作戰，爲了把握勝利，在政府和陸海軍各方面，都曾費了很大的苦心的。

軍事當局沒有自信能打勝

日俄戰爭中，日本陸軍方面的司令官是乃木希典，黑木爲楨，奧保鞏，野津道貫，關東軍總司令是大山嚴，參謀總長兒玉源太郎，海軍聯合艦隊司令官東鄉平八郎。有一天，飯野吉三郎來市府訪我，他住在青山穩田，人家稱他做「穩田之行者」，不知爲什麼，在軍人裏邊他有好多知已朋友，並且很尊敬他，遇有重要事情，都找他商量。他對我說：「我現在就要到東三省去」，我問他「爲什麼去？」他說：「因爲兒玉在那裏困惑，我要給他打氣」。由於兒玉大將，兼任當時日本關東軍的指揮官，但是他沒有自信能打勝仗，總是在考慮怎樣快點收拾戰爭局面，只求保住面子。據說他曾向山縣公說：「萬策已盡，只有懇拜太陽。」當時陸軍的作戰計劃，有很大的錯誤，例如預想俄國必須由西伯利亞送軍隊到戰場，這樣運輸的貨車，來往需要很長的時間，大量的武器和兵員，恐怕不容易送到前線。想不到竟有許多軍隊源源而來，覺得很奇怪，經陸軍調查才曉得對方並不把貨車送回去，而是繼續由後方把武器士兵送到戰線。相反的，日本當時正苦兵員不足，徵兵的平均年齡，日漸提高，彈藥也欠充足。有一天我被約參加東京製造鍋釜業者的集會，要請以市長的資格，申述感謝之辭。我問他們「那是什麼意思」？回答說：「因爲他們能製造彈藥，幫助戰爭」。我再問「這些鑄鐵業者，會製造戰爭使用的子彈嗎？」回答說：「不管是否有用，爲了阻止前線士氣的衰落，不能不製造子彈送去，所以要他們幫忙。」當時的山縣公(註三)給桂首相的意見書，對俄國的估計是：「(一)敵人在他本國倘持有强大的兵力，反之日本已用盡所有的兵力。(二)敵軍官佐尙未缺乏，反之日本自開戰以來，已損失多數的官佐，今後實不易補充。」因爲那時情形是這樣，所以政府也希望早日締結和約，正在找尋妥協的機會當兒，幸在明治卅八年(一九〇五年)五月廿七日，日本海大戰，東鄉平八郎海軍大將，統帥的日本聯合艦隊，在對馬海峽，將俄國的波羅的海艦隊全部消滅了。敵人受此大挫，勝敗已成定局，由於當時美國老羅斯福大總統的居中調停，日本派的全權外務大臣村壽太郎，駐美大使高平小五郎，和俄國的全權維茲特於九月一日，在美國的樸茲第斯(Portsmouth)會見，締結媾和條約；(一)俄國承認日本在韓國的優越權，(二)俄國將庫頁北緯五十度以南的地區和西伯利亞沿海的漁業權讓於日本。(三)關東州的租借權，長春以南的鐵路，以及沿線的鑛山採掘權讓與日本。當時俄國不肯割讓領土，賠償損失，多虧英國從中斡旋，才獲得上述的結果。但是國民不知其詳，對媾和條約大不滿意，於是在東京掀起日比谷放火暴動事件(註四)，却也難怪。俄國戰敗，發生內亂，綜計全局，日本還是得到勝利的戰果。自從中日戰爭得勝之後，經過十年，又打勝了俄國，使日本國民的驕傲心理，大爲增加，大家相信日本已一躍而與世界一等國爲伍。由於這樣的陷入錯覺，終於造成以後大不幸的結果了。

桂公得意到絕頂

我脫離政友會不久，伊藤公也辭去總裁，由西園寺公繼任，桂內閣因日俄戰爭，政黨停止政爭，保持了四年七個月的政權。此後政黨的形勢，又轉向攻擊政府，因此桂內閣即行辭職，乃推舉政友會總裁西園寺公爲首相，負責組閣，明治三十九年(一九〇六年)一月，內閣成立。名義雖稱政黨內閣，實則政友會僅松田、原敬、入閣。在政策上亦不過桂內閣之延長而已。因此西園寺公感到不滿，打算到第二十二屆議會完了，迅速準備實行政友會單獨組閣的計劃。想不到當時衆院已經通過的「郡制廢止案」竟在貴族院被否決，於是不得不立即辭職，奏請桂公繼任。這樣產生的第二次桂內閣，是純粹官僚的內閣，因爲政友會變成與黨，所以政局得到小康，二次桂內閣存在了三年半，西園寺公再起組閣，不久因增設師團問題辭職。自日俄戰爭後之桂內閣辭職到西園寺內閣第二次瓦解，可稱爲桂、園、妥協時代，桂公辭職之後，打算自組政黨在政治上運用，爲了一切準備，就約同後藤新平若槻禮次郎二人赴美視察。不料才到俄京就接着明治天皇病重的噩耗，匆遽回國。不久明治天皇逝世，(一九一二年七月卅日)，他就作了內大臣兼侍從長。當他未任總理大臣之前，人們只以爲他是一位伶例的政治家的軍人而已；那知他一掌政權，好似蛟龍入大海，乘濤破浪，大顯神通；他成就日英結盟，戰勝强俄，以至於解決久懸未決的日韓合併問題。因爲這樣功勳卓著，所以很快的凌駕大隈、井上、松方諸前輩而晉封公爵，和伊藤、山縣兩元老比肩而立。當他第一次組閣身兼外務內務，第二次組閣也兼管財政，眞是三頭六臂多藝多才，好像日本帝國全由他一人負責，若是沒有桂太郎就似乎過不了日子，眞可說是勢傾全國了。但第二次西園寺內閣倒台，西園寺公竟破例不推薦後任，開了第一次元老會議也沒有結果，不得已竟又推桂公出馬。人在得意的時候是容易疏忽的，桂公的此次執政是很被國民反對的，而他不管那一套，竟自傲然登場。

與犬養十餘年的交情

桂公作內大臣僅經過四個月，大正元年(一九一二年)十二月十二日又組織第三次桂內閣，這完全是世間沒有預期的事情。大約桂公也怕世間的責難，於是預先請日皇賜以優詔，大意說：「『桂太郎任輔弼天皇重責又轉而執政，全然出自天皇之意』，以便他作爲護身符。但平素對官僚藩閥的陰險政治抱反感的人們，對桂公這種作風愈加憤激。大家齊聲責備他是紊亂宮中府中(政府)的常軌，破壞憲政的行爲。然而桂公不管這些，仍然發表他久經計劃的新黨——同志會成立。先是我於桂內閣成立之前，即明治四十五年(一九一二年)六月廿七日就辭掉東京市長的職務；理由是專以衆議院議員的本分，盡瘁於國事。我對桂公的行動與作風時常感到憤慨，無奈我看政友會並無對桂內閣奮起攻擊的氣慨，所以儘管世論囂然，我則仍守沉默。後來世間攻擊桂內閣日益加甚，政友會也難漠視不理，而黨內反政府的意見也日加强硬。當時犬養氏率領之國民黨，從來就表明反對政府，政友會內的强硬派就主張「捐棄舊怨和國民黨提携」，於是政友會決定了態度。十二月十四日在築地精養軒舉行時局有志懇談會，出席者國民黨有犬養先生等數名，政友會有我和岡崎邦輔着卅多名，其他無所屬議員。新聞記者等五十多名；會場高揭擁護憲政的標語，當日決定十九日假歌舞伎座開憲政擁護大會。是日到會者三千多名，大會決議云：『閥權之横暴已達極點，憲政之危機迫於眉睫；吾人絕不妥協，務期根絕閥權政治，擁護憲政』。我代表政友會，犬養氏代表國民黨，本多精一氏代表新聞記者，都高踞講壇大聲疾呼，氣燄不可一世。我不彈此調已經十幾年了，今日機緣巧合，又得一顯身手，已經自覺興奮。尤其是多年並轡馳驅於政界的老友犬養氏(註五)，和我睽離了十多年之久，又偶然携手奮戰，世人都感覺興奮異常，大家稱讚我們爲『兩尊憲政之神』。

單身繼續擁護憲政

大正二年(一九一三年)二月桂內閣倒後，我們擁護憲政打倒閥族的目的總算達到。所以我們都希望松田正久氏繼續組閣，因爲旣由我們努力奮鬥，桂內閣倒下，就應該有純粹政友會，或是和國民黨聯合等類的政黨內閣出現，才爲合理。乃不料組閣的大命竟降給山本權兵衞，這是桂公推薦西園寺公，他不肯自任而轉薦山本，元老們也都贊成的結果。然而山本伯是薩派的巨頭，就閥族內閣說來，他和桂內閣是魯衞之政；那麼我們奮鬥的效果，就一切付之東流了。因此我仍堅持反對。原來我們的目的，並不在乎推倒一個內閣，乃是絕對排斥沒有政黨基礎的藩閥或官僚內閣，並要求政權之授受須遵循立憲政治的軌道。但可惜松田氏原敬氏等竟高唱軟論，說是只要總理大臣外務陸海軍各大臣外的閣僚都入政友會，就援助山本內閣。他們以這個方針把黨員說服的很多，於是我遂不得不再度退出政友會，這時和我一同退出的同志有二十四名。這樣結果，我當初也會料到，乃不幸而竟成事實。更可嘆的是：不但政友會和閥族妥協，就是率先奮鬥的犬養氏也聲言『桂內閣旣倒，憲政擁護運動也就完了』。於是我和犬養氏就不得不各行其是，而單獨奮鬥了。在這期間，我曾組織一小團體，叫政友俱樂部，旋和亦樂會併合，稱爲中正會，仍然站在反對山本內閣的立場。一方面立憲同志會還沒有舉行結黨式的時候，因爲桂公暴卒(一九一三年十月)，發生內訌，仲小路廉後藤新平二人退出後，大正二年(一九一三年)十二月廿二日才舉行結黨式，加藤高明氏任總理，所屬議員九十二名。山本內閣因和政友會妥協，第卅議會才平穩渡過。可是第卅一議會時發生所謂西門子事件，給了我們攻擊的好材料；我捉住這個題目和昔日的政敵——同志會提携，竭力奮戰。西門子事件的內容是官吏受了德國在日本電機商人的行賄，招得國民對政府極端不信任，恰巧議會內又以不信任的意思，削減添造軍艦費，致預算案不成立，大正三年（一九一四年）三月廿四日山本內閣全體辭職。此後因找不到相當人物，元老們推薦清浦奎吾，但他也因組閣不成，知難而退。元老們一時苦思不得，乃擁立久經退隱年屆八旬的大隈重信侯。但他雖勉强出山，却並未有名稱其實執政的意思，他一切都委同志會的總理加藤高明包辦，但幾經曲折，我和犬養也都被約參與朝政。

參加歐洲大戰爭的經緯

大隈內閣成立了一年多，就遇上改造的機緣，大浦兼武、加藤高明、若槻禮次郎、八代六郎四人辭職後，箕浦勝人、加藤友三郎、石井菊次郎三人由我的推薦入閣。改造後不久，舉行大正天皇登極大典，大臣們都榮膺勳爵，固然可喜可賀，可是我要受了爵位，就得辭却衆議院議員到貴族院去，這在我說實在不妙。所以懇求大隈侯給我設法，結果我只敍了正三位勳一等，這是和衆議院議員的地位沒有甚麼抵觸的。因爲我這樣作，有些人感着困惑，但也無可如何。大隈內閣的改造和改造後諸事依着我的意見而行的很多。當內閣成立不久，一九一四年六月二十八日歐洲戰爭勃發，日本終於加入聯合國對德宣戰，就是我和加藤高明氏的主張。可是關於參戰的方法則甚有波折；當德國侵犯比利時中立，英國參戰時，我就主張：日本是英國的同盟國，所以日本也應參戰。彼時德軍勢如破竹，頗有人主張觀望形勢，尤其陸軍方面多相信德國必勝。後來竟有人主張：參戰就應該參加德國方面。然而在事實上參加聯合國總是順理成章的。至對德宣戰的理由，我主張：『只說依照日英同盟的關係就够了』。加藤氏則主張：『向德方要求把膠州灣先交與日本，將來由日本交還中國；如在一定期間不答覆時，就以此爲名而宣戰』。我說：『日本和膠州灣毫無關係，乃向德國要求交出，實屬無理取鬧。尤其是爲了交還中國，却先要交與日本，不但不合理，而且有對中國市恩之嫌。中國也不會高興。何必那樣作呢？』但加藤氏主管外務，所以閣僚們都贊成他的主張。他又主張：日英是同盟關係，如若參戰，就該和英國商量。我又反對說：這雖合乎外交禮儀，但如英國說不必參戰，日本就可依從還則罷了；否則以不商量爲妙。但閣僚們仍然贊成他這辦法。結果英國果然答覆說：『請暫等待』。這樣使加藤氏爲難了，因爲他全沒預想日本已經完成參戰的準備，無奈何只得通告英國說：『國論沸騰，不能等了。』這樣英國才承認『可以』。八月廿三日終於對德宣戰。加藤氏的這種作風，煞是婉轉而多禮，然而反落得世界上認爲日本是好爲侵略者。

非心願的二十一條簽字

歐洲戰爭，因日本參戰，美國又參戰，遂發展成世界戰爭。日本以至於全世界都受到很大的影響；但受影響更大的是日本對外關係，尤其是對中國關係，由加藤氏提出所謂『廿一條的要求』，也可說是日本參戰的結果。老實說：這件事是大隈內閣最大的失敗。這消息傳出之後，中國就極力宣傳，說日本企圖侵略中國，期得第三國的同情，甚而對全世界暗示日本是侵略國家。我以爲乘着世界大亂，提出這種要求，實在不好，所以根本就不贊成。怎奈加藤氏對閣僚們說：『這不過是討價，任憑中國承認幾條也就行了』。我被這話擾亂了主意，也就簽了贊成的字。事後一想，太不對了；無論他說的如何輕鬆，那樣要求是我根本不贊成的，怎能簽字？所以這確是我的政治生活中一大失敗。爲了證明我後悔自責之意，就宣言決不再入閣執政，後來曾有好幾次入閣的機會，我都拒絕。因此人們說我太固執，其實我却是最馴順易服的。我自幼深知這個缺點，以爲這樣怎有出息，於是努力改正，所以才被人認爲固執。這在後來檢查血型就發見了眞像，醫生以爲我這樣固執的人，必是○型：那知竟是表明馴順的A型。我之簽字於廿一條要求，就是本性偶然發現的結果。這問題的直接責任者當然是加藤氏。他這個人見解多有錯悞，尤其是中國或歐洲問題，大都是我的看法正確。他本是聰明人，無奈他處境太好，沒有訓練腦筋的必要，所以不會善用腦筋。他由大學畢業後，就進三菱公司作事，後來作了股東岩崎家的女婿，由此而受知於大隈侯，從此就一帆風順加官進爵，越發不會吃甚麼苦頭。所以他作事想事，總有些公子型官僚派，結果常常失敗。廿一條問題，雖使中國承認，而中國以之爲國耻，結成深仇；日英兩國的關係也因而惡化，並失去了歐美列强對日本的信用；無形的損失，是難以計算的。

從寺內正毅到原敬

大隈內閣經過了一年有餘，前途有些不大好起來。其原因是：(一)藩閥們眼見政友會的絕對多數已被打破，於是無所顧忌，陰謀再起。(二)加藤高明等辭職的人們欲自組黨。(三)大隈伯不願再作。但我深怕藩閥再起，於是思得一計，就是在大隈內閣存在中，糾合加藤氏的同志會，大隈伯的公友俱樂部和我領導的中正會，組成新的大政黨，推加藤氏爲總裁，使他將來繼承政權。我以此計向大隈伯商量，他也贊成，約定新黨成立後，他再維持一年。於是我們着手組織，果然成就了包含議員一九九名的大政黨——憲政會，推加藤爲總裁，預定大正五年(一九一六年)十月十日舉行結成式。不料十月四日大隈伯忽然辭職，據說重要原因是：加藤氏和舊同志會的人們等待不得種種所致。然而山縣有朋公早就計劃復興藩閥，所以大隈伯雖推薦了加藤氏，而組閣的大命却落在山縣公推薦的寺內正毅（即寺內壽一之父，陸軍長閥中心人物。譯者）的頭上。鬧得同志會的人們哭笑不得，世人也對藩閥的復興和元老的專橫，旣驚且怒。

寺內內閣雖標榜超然主義，實際却向政黨暗中拉攏，終於得到政友會的支援。但大正六年（一九一七年）一月廿五日在卅八議會由國民黨憲政會提出不信任內閣案，贊成者達二四四名占議員的三分之二。當這議案還未表決，我正要登台演說，就下了解散議會詔書。照例說，不信任案成立後，才可解散；所以破例的理由，據說是我攻擊桂公，曾把他氣死，寺內害怕我一張口不得了，所以這樣作的。

這時期日本也受了戰爭的影響，物價日益上漲；尤其在大正七年(一九一八年)爲了加入聯軍，出兵西伯利亞，化了六億多鉅欵，鬧得物價更漲，米價尤甚。當年八月東京、京都、大阪各地起了暴動，寺內內閣負責下台。九月廿九日政會友原敬(註六)組閣，閣員除陸海軍外務大臣外，一概是政友會員；這是我很贊成的，所以就表示好意中立。因此政友會的人們很感謝我，本來我對歷代內閣都是攻擊，這次只是不攻擊就被感謝，却是愛罵人的好收穫了。

這時我想上歐美各國考察一下戰後的情形。大正八年(一九一九年)三月十七日出發，約經過十個月，當年十二月卅一日歸國。在法國看了戰跡，據同行的田川大吉郎說：比中日、日俄戰時破壞的兇得多了(那時他曾從軍)。在旅行中我最感觸的是：日本人所困感的新思想，在歐美並不新奇。因爲他們不甚限制思想言論，倫敦的公園裏，星期日午後，宣教師、無神論者、共和主義者、君主主義者、隨便演說討論，有甚麼意見都可以儘量宣洩；像日本那樣高築堤防，反而要壅塞横決了。我這樣不得發見新思想，雖覺失望，可是日本以爲新奇的社會主義，在此已經常識化，我想這主義將來必然風靡世界，得了這個觀感，總算沒白走一趟。其次我參觀報館社，痛感他們文字簡易，日本用好幾千漢字，實在太吃力。美國日僑的兒童比本國的兒童，知識可以多一年的長進。我想日本縱然不能一時把漢字都廢掉，也總得徹底想辦法才是。

我雖然離國不久，回來一看，情勢大變。物價高漲，生活困難，勞資對立，社會不安。我們政界的人謀預防危難，就起了實行普通選擧（撤廢選擧資格的限制）的運動。幾經曲折，大正九年（一九二〇年）二月三日在四十四議會國民黨和憲政會提出不徹底的普選案；兩案主旨相同，前者已被否決，還要討議後者。我和田川大吉郎說：這是違反憲法上『一事不再議』的規定。議長不聽，我和田川即行退場。因此憲政會說我們紊亂黨紀，把我們革除。革除我到不介意，可是因此大有所感。我想日本人只會造『徒黨』，不會造『政黨』；人們都知道政黨不好，而不知道造政黨的人不好，直接造政黨的就是議員，議員是國民選擧的，彷彿造政黨的人不好就是國民不好。因此我決心不要再造政黨，而要養成會造政黨的人物，所以從此我不再進政黨，而單身奮鬪了。(未完待續)

註一 伊藤博文——一八四一年生於山口縣，爲明治維新元勳，曾任內閣總理大臣先後五次，並任最初之樞密院議長，爲日本舊憲法之制定者，在明治時代政治上曾發揮最高之權威，一九〇五年十月，赴哈爾濱車站被刺逝世，年六十九。

註二　高橋是清——一八五三年生於仙台，美國留學，曾任大阪英語學校校長，一九〇六年爲日本銀行總裁，一九一三年入山本內閣，一九〇八年任原內閣財政大臣，一九二二年任政友會總裁，總理大臣，一九二七年後，連任各內閣財政大臣，先後五次一九三六年，二・二六事變。被叛軍槍殺，時年八十三。

註三　山縣有朋——（一八三八—一九二二）長門藩士，明治初年赴德法考察兵制，制定徵兵法有殊功，曾兩次任總理大臣，日俄戰爭時爲陸軍大將任參謀總長，升公爵，伊藤博文死後，成爲元老首領，獨佔政治舞台，爲長閥陸軍中心領導者。

註四　日比谷暴動事件——日俄戰爭結果，和約內容與國民期望相反，因未得到庫頁全島又無賠償，所謂恥辱外交，一九〇五年九月五日，在日比谷公園開反對和約大會，羣衆示威與警察衝突，焚燒警所百餘處，死十七人爲明治時代空前暴動，東京施行戒嚴並出動軍隊鎭懾。

註五　犬養毅——一八五五年生於岡山，十四歲喪父，苦學奮鬪，入慶應義塾，任報知新聞記者，後入閣爲文部大臣，遞信大臣，領導立憲國民黨，又任政友會總裁，一九三二年任內閣總理大臣，次年五月十五日，被青年將校至官邸槍殺，時年七十八。

註六　原敬——一八五六年生於岩手，曾任新聞記者外交官，議員，一九〇五年爲西園寺內閣內務大臣，連任三次。一九一八年任內閣總理大臣，主張自由平等，在政治改革上影響甚大。一九二一年十一月四日午後三時現駐日大使董顯光先生（當時任密勒斯報記者）赴原首相官邸訪晤，由大阪每日新聞社長原田氏通譯，談一小時，原首相强調日本對中國絕不干涉內政，絕無領土野心，臨別對董氏說：「年靑的人，中日尙待努力，因爲亞洲中日兩國必須密切合作，希望你把你的生命和時間，貢獻給你的國家，」會晤三小時後（當晚七時）原首相即被人暗殺於東京車站，年六十五歲。本年九月廿三日中日文化經濟協會歡送茶會上，董大使致詞中曾述及此事。

書刊評介

傅孟眞先生集

中華民國四十一年十二月出版
傅孟眞先生遺著編輯委員會編輯
國立臺灣大學發行
全六册定價新臺幣壹百元正

毛子水

傅孟眞先生集子的出版，是可以爲我們文化界和敎育界慶幸的事情。

這當然算不得傅孟眞先生的全集，因爲除却信札沒有搜集得完備以外，就是傅先生平日發表過的文章，也還有幾篇似乎是遺漏掉的。但前後三十年中間傅先生論學論事的重要著作，可以說全都在這個集子裏面了。等我們擊潰匪俄，收復大陸國土以後，再把所能收集到信札和論著印成補編，是不會十分困難的。

現在印成的集子，分爲上、中、下三編，一共六册。上編可以說是「靑年時代的傅孟眞」。這是他做學生時代的文字；大部分都是在「新潮」雜誌上發表過的。無論在硏究傅先生本人思想發展上或在測度「五四」前後我國學術水準上，這一編文字都有極大的重要性。我們在大學裏——尤其是在文、史系裏——受敎育的靑年，能得讀這些文章，更可以得着有益的啓發。

中編是傅先生從歐洲回國後所寫的學術論著，包括他在中山大學和北京大學敎書的講義，和他在中央硏究院歷史語言硏究所集刊上所發表的學術論文，以及「性命古訓辨證」一書。我們若僅把傅先生當作一個學人看，這中編三册當然是全部集子的精華所在。

下編則大部分爲傅先生在他最後差不多二十年間所發表的對於時事的評論。這編裏面有許多篇，都是和我們中華民國的國運有關係的。我們要知道傅先生憂時愛國的心懷，正言讜論的風度，當然要讀這一編；我們——或將來硏究國史的人——要明瞭這二十年中間的我國的政敎，這一編亦是最重要的參考資料。

集子的前面，有胡適之先生做的一篇序。胡先生是當今最有資格批評傅先生作品的人，而這篇序是胡先生自以爲很用心寫的，所以牠給予讀者不少的益處。我想，我們要介紹傅先生的著作，最好的方法，莫過於把胡先生在序裏講到傅先生學問的話節抄於後。

「孟眞是人間一個最希有的天才。他的記憶力最强，理解力也最强。……他是最能做學問的學人，同時他又是最能辦事、最有組織才幹的天才領袖人物。……

「孟眞這部遺集裏，最有永久價值的學術論著是在中編的庚組。（按庚組所收的，都是在中硏院史語所集刊所發表的文字。）這二十多篇裏，有許多繼往開來的大文章。……試看他的「新獲卜辭寫本後記跋」：他看了董彥堂先生新得的兩塊卜辭，兩片一共只有五個字，他就能推想到兩個古史大問題——楚之先世，殷周之關係——都可以從這兩片五個殘字上得到重要的證實。這種大文章，眞是「能使用新得材料於遺傳材料之上」的；眞是能「先對於間接材料有一番細工夫」，然後能確切了解新得的直接材料的「意義和位置」的。所以我們承認這一類的文字是繼往開來的大文章。」

胡先生說傅先生在史語所集刊上所發表的學術論著爲最有永久價值：那是不錯的。但我以爲收在中編的論著，除了這二十幾篇以外，如在中山大學和北京大學的各種講義，——不用說「性命古訓辨證」了！——一直到現在還有很大的價值。這些講義裏面所含的義蘊，在這二十餘年以來，非特沒有聽過傅先生的課的人，就是聽過的人，也沒有能够儘量發揮出來。所以我們現在從事文史的人，能得讀傅先生這些講義，甚可在裏面發見許多寶貴的啓示，尤其在方法上的。

在中國文史上面，我們近代的學人，如章太炎、王國維等，都有相當的貢獻；這都可以說是受了新材料，新方法的影響。（章太炎先生似乎是不受外來的影響的；但他的「新方言」和「文始」，方法上總有點西方語學的影響，可能是不自覺的。）傅先生在他們以後，而在北大讀書的最後幾年中，正逢上胡適之先生新從美國回來任敎；後來留學歐洲，又得參稽西方文史大師的工作；從歐洲回國以後，便把他所蘊蓄於胸中的粗枝大葉的發洩出來而成爲那些講義。照我們現在的估量，這些成就，在當時的確可以說是我們文史學上的一個大進步；在大體上，我們到現在還沒有越過他的境界。（胡先生在傅先生逝世兩週年紀念會講詞中亦說：「『中國古代文學史講義』，是一部了不得的著作。我們知道，凡是一個大的思想家，往往撒出許多種子：有些種子落在石頭上，被人踏碎了；有些種子撒在肥沃的土壤上，有了生命，就發生了力量。昨天晚上，我翻讀他的書，想到恐怕有許多朋友都還不能十分了解他的重要性。」的確，這種重要性，並不是很容易看出的！）

總之，這部集子，是我們民族現代一個了不起的人所遺留下來的許多極珍貴的意見的寶藏，是値得我們保守的，値得我們檢點的，是有流傳的價値的。臺灣大學能够把這部集子迅速的印出來，非特對於一個過去的偉大的校長算是盡了相當的義務，卽對於我們民族的文化和國家的學術，亦是一個極有意義的貢獻。

第八卷　第四期　內政部雜誌登記證內警臺誌字第一九號　臺灣省雜誌事業協會會員　一四二

給讀者的報告

自美總統艾森豪的國會咨文發表以後，整個國際局勢爲之豁然開朗；其解除臺灣中立化的決策，尤屬明智果斷之舉。是以消息傳來，自由中國朝野以及亞洲各反共國家，無不同感振奮。本刊上期社論便曾以「全球性戰略與民主世界的團結」爲題，呼籲美國政府從速厘訂一個全球性的世界戰略，以抗禦共產侵略，確保全人類之自由。美共和黨政府向以「解放政策」爲標榜，其反共態度之必趨積極明朗，是世人可以共信的。這次美政府解除臺灣中立化的舉措，自是其解放政策的開端，無論在政略與戰略上俱有積極的意義。此世人之所以同感振奮者也。然而就全球性戰略的觀點而言，這只是其第一步，我們還望美國政府賡續有所行動，以進一步配合中國政府反攻，加速解放中國大陸。因爲這樣才是解決亞洲問題的根本之圖。我們始終堅信：在反極權的鬭爭中，自由世界的任何部份與自由世界的整體，其命運都是不可分的。在全球性戰略的考慮下，明智的美政府當局，我們相信其能繼之以連續的行動。另一方面，由於國際局勢的開展，我們自己的責任將更重大，應該出之以「一則以喜，一則以懼」的心情，努力作反攻大陸的準備；而最要緊的是，我們要謹愼持重，萬不可掉以輕心。因爲我們當前的一舉一動與今後的國運攸關。

「歷史是過去的政治，政治是現在的歷史」，這是弗利曼的名言。凡是從事政治或硏究政治學的人，不能不具備相當的歷史知識。在「國際政治的理想與現實」一文中，張致遠教授以史學的觀點，申論國際政治之治亂。國際政治的理想是自由與和平，國際政治的現實是權勢與利益；從歷史上看，權勢與利益常是導致國際戰爭的主因。遠見的國際政治家應該以理想爲尙。憑着國際政治理想的指引，我們相信人類終必能戰勝極權的挑戰，獲致自由與和平。

鄒文海教授的大文在分析「政治家與專家」兩者間的職分、關係以及其培育的方法。現代社會是高度科學的社會，分工合作是現代社會運行的重要原則。雖然，現代政治已演至專家政治的階段，但政策的決定仍不是專家所能代替的；同樣政治家也無法離開專家。如何使政治關係達到最理想的調協，端有賴於政治家與專家間的充分合作。

立法與行政的制衡是民主制度的精髓。人民代表如何善用其立法的權力，當然是民主政治的重要關鍵。這些方面我們可以以英美先進國家爲借鑑。「美國立法程序的硏究」一文可資我們參考，而有所增益。

香港通訊是一篇投稿，綜析香港電影界的內幕甚詳，篇末對政府的建議亦是很中肯的。

本刊售價

一、臺幣	四元
二、越幣	八元
三、菲幣	五元
四、港幣	一元
五、暹幣	四銖
六、美金	二角
七、叻幣	四角
八、印尼幣	三盾

自由中國　半月刊　第八卷第四期　總第七十九號

中華民國四十二年二月十六日出版

發行人 兼主編　『自由中國編輯委員會』

出版者　自由中國社　社址：臺北市金山街一巷二號　電話：二六八八五號

航空版　香港時報社

經售者

臺灣　中國書報發行所

美國　紐約民氣日報社　舊金山少年中國晨報社　芝加哥中國出版公司

日本　東京南友堂　東京內山書局

韓國　釜山草梁洞新泰行

馬尼剌　大中華日報社

印尼　椰嘉達星期日報　椰嘉達天聲日報　棉蘭繁華圖書公司

越南　西貢中原文化印刷公司　越南華僑文化事業公司

暹邏　曼谷攀多社十二號

緬甸　仰光振成書報店

印度　孟買梅亞號　加爾各答塔梅學校

澳洲　雪梨瑞田公司

北婆羅洲　馬拉奕坡美芝律聯華公司

新加坡　中興日報社

檳榔嶼、吉打邦均有出售

印刷者　精華印書館　廠址：臺北市長沙街二段六〇號　電話：二三四二九號

本刊經中華郵政登記認爲第一類新聞紙類　臺灣郵政管理局新聞紙類登記執照第二〇四號　臺灣郵政劃撥儲金帳戶第八一三九號

自由中國

FREE CHINA

第八卷 第五期

要目

中華民國四十二年三月一日出版

社址:臺北市金山街一巷二號

半月大事記

二月八日(星期日)

法內閣批准有關歐洲軍公約的四項議定書。

新任美第八軍司令泰勒與符立德將軍巡視韓前線。

二月九日(星期一)

美國務卿杜勒斯及共同安全總署署長史塔生自歐洲返國，結束其十一日的歐洲訪問。

美參議員數人提議儘速廢除雅爾達等外交密約。

二月十日(星期二)

美參院外委會主席魏理要求加速運送武器給予中華民國。參議員勃里奇建議使用原子武器，加速韓戰的結束。

美退休的第八軍團司令符立德發表文告向第八軍告別。

英國對美國正在考慮的海軍封鎖大陸問題表示反對。

西歐許滿計劃的最高執行機構正式宣佈西歐六國生產的煤鐵的市場公開，掃除了六國間的經濟限制。

二月十一日(星期三)

美國務卿杜勒斯對參院稱：海軍封鎖中國大陸問題，目前尚無決定。

美參謀首長聯席會議主席布萊德雷告參院，對臺灣軍用物資之輸送在增加中。

二月十二日(星期四)

英國與埃及同意給予蘇丹自治權的協定在開羅簽字。

蘇俄和以色列斷絕邦交。

蔣總統告合衆社記者：我一旦發動全面反攻，大陸民衆將充分支持。

杜勒斯播講訪歐經過，呼籲速建歐洲聯軍。

二月十三日(星期五)

英首相與法總理在倫敦密談，同意兩國應作一切努力避免遠東戰爭的擴大。

二月十四日(星期六)

美國務卿杜勒斯告參院稱：美國如在遠東採取任何增加戰爭冒險的決定，必將先與盟邦磋商。

二月十五日(星期日)

蔣廷黻在美電視訪問中稱：我如獲更多飛機軍艦，可獨力封鎖大陸。

二月十六日(星期一)

美戰鬥機在日本北海道上空與蘇俄機發生衝突，俄機一架被擊傷。

韓境板門店中立區夜間發生戰鬪。

菲總統季里諾已下令早日釋放被捕的無辜華僑。

二月十七日(星期二)

我陸軍五將領飛美考察。

艾森豪在白宮邀集會議，會商討廢除密約問題。

二月十八日(星期三)

艾森豪總統提名藍欽為美國駐中國大使。

艾森豪招待記者會上稱：封鎖中國大陸問題在研究中，並表示不擬全部廢除密約。

美空軍大舉轟炸平壤附近共軍一軍事學校。

美國務卿杜勒斯招待記者，闡釋封鎖禁運及解放被奴役人民等問題。

二月十九日(星期四)

我與西班牙締結友好條約。

美英法在遠東軍事聯繫上已接近協議。

二月二十日(星期五)

立法院三讀通過赦免法和姓名條例。

美安全總署考察團與我軍方舉行會議。

韓境美機猛炸鴨綠江南共軍補給區。

美總統艾森豪請國會與他共同宣佈：二次大戰期間所成立的任何國際協定或諒解，若已被歪曲利用，美國均將拒絕承認。

二月二十一日(星期六)

韓境美空軍再度猛襲共軍，八天空戰中擊毀或擊傷米格機四十九架。

聯軍統帥克拉克再度要求韓共交換傷病戰俘。

二月二十二日(星期日)

美向伊朗提出解決英伊石油糾紛方案。

西德共黨暴動，與警察混戰兩小時。

蘇俄接受包倫為美駐蘇大使。

二月二十三日(星期一)

我政院通過提案，廢止中蘇友好同盟條約。

社論

乘中蘇條約廢除的機會論我國外交的心理基礎

三十四年八月十四日中蘇兩國在莫斯科簽訂的所謂『友好同盟條約』，事實上是一個幾乎從來就沒有眞正生效過的條約。僅僅在條約簽訂以後幾個月，在三十五年年初，蘇聯即違背了停戰後三星期開始從東北撤兵的諾言，同時也違背了以軍需品及其他物資之援助『完全供給中國中央政府卽國民政府』的諾言。蘇軍在東北盤踞不走，並儘量以從日軍繳獲的武器裝備中共軍隊，以爲他日後造亂的資本。如果說，締約一方違反條約的規定，卽足構成他方廢約的理由，則我們在三十五年卽可宣布將中蘇條約廢除了。而事實上，我們是在七年以後的今日，才根據這個七年前卽已成立的理由，來宣布廢約。

當中蘇條約簽訂之時，國內反對的論調，稀少到了極點。中國人民眞的會絕無怨言願吞下這個雅爾達的苦果嗎？不見得！只是當時在抗戰的大帽子下與論受到了不必要的壓制，有話說不出而已。這種現象，實比簽訂條約這件事的本身，更可痛心的。至於政府方面當時爲內外情勢所迫，忍辱簽約，未始沒有作過周詳的考慮，而有其不得不然的苦衷。不管中蘇條約之是否簽訂，將來的事實還是要這樣發展的，把幾年來中國所受的苦難，一併叫中蘇條約來負責，那也是不太公道的看法。未見得當時不訂中蘇條約，大陸就不致淪陷，我們今天就不會退到臺灣來。但當時政府簽訂這樣一個條約而竟在國內未嘗遭逢絲毫阻力，却是一個比簽約這件事本身都更大的一個不幸。這顯示得中國是甘願出此；這把對訂約有關的其它國家的道義責任，輕輕的給解除了。

我國政府的錯誤，不在簽約，而是在簽約之時沒有設法取得與簽約有關國家的保證。誰都知道，蘇軍進入東北，是由美國羅斯福總統邀請來的。而中長路與旅大的特殊權益，正是蘇聯所要求的出兵代價。羅邱史三巨頭在雅爾達會議時，不徵得我國同意，就把這些條件都講好了。他們是拿旣成事實來強迫我國政府接受。蘇聯的軍隊，不是在中蘇條約簽訂以後，而是在簽訂以前，就進入了東北。美國英國希望我們承認這個旣成事實，我們自有權提出要求，使美國英國保證蘇聯所取得的權益，應以條約所規定者爲限，一經軼出範圍，美國英國應負予以阻止的義務。

但我國政府當時竟沒有這樣作。爲什麼不？理由是難解的；一定要找尋理由，似乎僅僅是由於一種古怪的心理因素在那裏作祟。我國當時在國際上已成爲五強之一，而我們正充分陶醉於一種自我滿足之中。一個強國而要另外幾個強國來予以安全保證，那是在面子上看不過去的。中蘇條約之訂立，明明是被動，我們偏要把它說成主動；它明明與雅爾達密約有着不可分離的關係，我們又偏要把這種關係隱瞞。於是，對訂約以後的一切發展，美國英國就顯得絲毫沒有責任了。

從條約訂立起以至大陸整個淪陷爲止的那幾年間，我們的對蘇政策，是非常奇怪的。中共的軍事力量，是因爲獲得了蘇聯的支援而長大，我們却偏要把對共黨的鬭爭稱爲『戡亂』，堅持此爲一純粹的內部問題，並且盡量掩飾其國際背景。蘇聯不遵守條約的事實，我們從來不願向外國發表。我們與中共爲敵，却還要把蘇聯認作『友邦』。我們在聯合國，凡是遇到蘇聯集團與西方國家有顯然歧見的一切問題，表決時總是棄權，以示不願捲入漩渦。我們今天反對若干國家的中立主義，我們時時提醒它們共產主義的威脅之全面性與國際性，我們時時非難它們對內反共而對外還要和共產國家維持關係之不智。可惜僅在四五年以前，却沒有人來對我們這樣的提醒，作這樣的非難。

在那幾年間，蘇聯始終要做出一副對中共的造亂絕無關係的樣子。一直到南京淪陷之時，它的大使館還要裝模作樣的跟隨我政府遷移廣州。這已經是怪事了。而我國政府，也竟仍然與它維持『友好』關係，直到大陸整個丟光，蘇聯無所顧忌的承認了中共僞政權之時爲止。

我們向聯合國提出蘇聯違反中蘇條約的控訴案，已經是三十八年下半年的事了。我們在控訴中所提的證據，件件都千眞萬確，但已經是莫可挽回的歷史陳跡了。這樣的控訴，是應該在三十五年的春天就提出了的，在那時候提出，也許還有希望阻止蘇聯之裝備，並訓練中共軍隊。蘇聯在當時也許還有所顧忌。是年二月二十二日重慶，昆明等地盛大的反蘇民衆運動，會經迫使蘇聯交回長春。而聯合國對伊朗的支持，也曾經迫使蘇聯的軍隊從伊朗國境撤退。我們當時却充未能把握時機，這才鑄成了大錯。

往者已矣，我們本來也不必在此追溯責任。但我們感覺危險的是：這一種『打腫了臉充胖子』的心理錯綜，可能至今仍有殘存。過分的自大與過分的自卑，均無是處。這都會使我們的心理反常，行動反常，因而難以在政策上把握正確的路線。我們過去堅不承認我們的問題爲國際問題的一環，因而吃了大虧。今天，在吃了大虧之後，總應該認識得更加清楚了。今天，我們總不應再作『五強之一』的自我陶醉了。自信是好的。但自信而流於自大，同時沒有健全的輿論來批評和督責，這是却常常會招致危險的後果的。我們政府過去的錯誤就在此，今後當有所警戒了。

讀經與讀經的態度

李經

過去一年間對於讀經問題有過熱烈的討論；討論的焦點顯然集中在經本身的價值上。主張與反對者雙方或從經的哲學內涵尋求它的客觀價值 (Absolute value)，或從反映在歷代政治社會上的影響來估量它的歷史價值 (Historical value)，隱藏在這些論辯方法後面顯然有一個假定：如果經的價值能被明晰地指陳出來，那麼該不該讀經這一問題自然也可以迎刃而解。那就是說，要是我們能夠肯定經的客觀價值，那麼經是「衡諸四海而皆準」「亘萬古而不滅」的靈方，既適用於古代也適用於現代；要是我們能肯定經的歷史價值，而又能指出當前形勢和古代形勢的類似點，那麼經在今日的重要性也可以不言而喻。作者無意再從這一推理方式來探求讀經問題的答案，而僅希望在這裏提供一有助于問題明朗化的新觀點，新角度。

當前學者對於讀經問題興趣的濃厚，至少可以說明兩件事實：(甲)他們並不否認經是某一時空範疇內人類心靈傑出的產物，(乙)他們並不否認經在歷史上所起的重大影響，無論這影響是好或是壞的。從常識上說來，似乎誰都不該讓人類思想的里程碑淹沒蕪穢；而事實上，對於構成某一文化傳統的重要因子的缺點的理解與優點的欣賞實在是修正人類文化，充實人類文化所不可缺少的一步。近年來美國芝加哥大學校長赫敬詩(Hutchins)所提倡的大書運動(Great book Movement) 也就是一種企圖從傳統的理解，吸收，消融，與欣賞裏尋求擴大充實西方文明基礎的讀經運動。在這一意義下讀經似乎是不成爲問題的。讀經之所以成爲問題，實在是由於某種讀經方式與態度所引起的疑懼和憂慮。假使我們瞭解某種讀經方式所能招致的嚴重後果，我們將相信這種疑懼和憂慮並非是多餘的。

因爲經典是歷史上輝煌過一時的傑出的心靈產物，它往往成爲盲目崇拜的對象。對於偉大的事物，人自然有一種傾慕的心情；尤其是當偉大的事物是自己的祖先的創作時。「拜經」幾乎是和經的偉大性聯鎖在一起的。而對於經典的崇拜似乎也不限於中國或任何特定地理區域。但當經典獲得某種政治勢力的支援，而成爲官方酬報祿位的標準時，經受崇拜的機會當然更多了。時日既久，上焉者便以一種武斷的，甚至蠻橫的「衞道」態度來解釋，傳播經典，下焉者由於懶惰，或追求酬報不屑卑躬曲膝奉承顏色孜孜於八股式的闡述和讚嘆。讀經到這一階段，遂無異於神廟裏禮拜儀式的一部份，而經也淪爲八股教條了。教條主義和八股精神往往以兩種方式侵入文化領域而使之萎縮滅亡：(甲)一切知識既可以用武斷和蠻橫的方式肯定而不經理性的批評，知識顯然是世界上最廉價的東西。隨着這種態度而起的是對知識極度的鄙夷，和對知識分子的輕蔑和歧視；(乙)經典神聖化的涵義之一，往往是經典已經解決宇宙一切疑難。「半部論語」既可治天下，知識的追求顯然是浪費精力。最勤勉的學者的工作也不過是訂正訂正版本，歌頌歌頌某某偉大而已。歌頌的結果往往是八股的泛濫與精神領域的日漸空虛。從另一方面看來，經既成爲歌頌的對象，也就失去它對心靈的激發能力而成爲毫無生氣的偶像。橫蠻的教條主義、阿諛的八股精神積極或消極的阻止了心靈追求智識的活動，使整個文化陷入文明的野蠻狀態(Civilized barbarism)，使它停滯，枯萎，絕滅，死亡。教條以野蠻的恫嚇制止心靈對偉大事物作客觀的觀照與嚴肅的批評；八股則使心靈喪失對價值的鑑別力而流于庸俗化。教條反批評，八股不批評。

反批評的教條主義與不批評的八股精神給予人類心靈的桎梏是夠痛楚的。歷史上對於經典的背叛往往不是對於經典本身的背叛，而是對於這種精神桎梏的反叛。近代史初期，歐洲一連串「復興」，「改革」運動實在是人類心靈尋求解放，是心靈活力復甦，批評精神抬頭的結果。文藝復興不是在反抗亞里斯多德，而是反抗經院裏所薰製出來的亞氏；它要摒棄的不是某種哲學而是黏附於中古學者身上的霉爛的經院氣息。同樣地，宗教改革不是要揚棄聖經(Bible)，而是要擊破中古天主教會加於聖經上的武斷，一種虐殺溝通人神之間的心智自由活動的武斷。顯然地，歐洲文藝復興以後各方面飛躍的進步，並非由於文藝復興從希臘聖殿裏取回什麼「古方」，而是由於心智恢復了追求知識，追求價值的能力，知識內容因之大大豐富了，而豐富的知識內容又不斷刺激自由心靈的創造能力使知識更爲豐富深厚。我們自己的歷史上也有過這樣的運動。五四實在是中國心靈擺脫教條八股的束縛的掙扎，是中國批評精神覺醒的徵候，是復活了的價值意識的外現。很多人把五四當作一種不分好歹的破壞傳統運動，這種看法是值得商榷的。五四消極地要打倒「孔家店」(Institutionalized confucianism)，與「孔家店」所代表的反批評，不批評的精神，而積極地以批評精神檢討中國文化傳統。這裏作者要特別指出五四所代表的價值意識的復活與盲目的破壞傳統的區別。五四對於傳統的崇敬，我們可以從胡適之的白話文學史與中國哲學史等著作見到。假使五四是單純的破壞運動，五四的領導者也儘可不要任何「歷史」，任何追溯傳統的著述。胡適的歷史著作說明五四的本質是一種批評意識復活運動，是一種以批評爲手段的確立本土文化運動。單純的破壞和單純的崇拜是不批評及反批評精神的兩面，貌似相異，實則來自同一根源。

某一部份人對于促成五四的動力缺乏理解，提到五四彷彿有些膽怯；認五四爲斬斷傳統的不祥日子，而忽視五四擴大傳統內容的事實，遂輕輕地讓五四落入共產黨宣傳家的手册裏，被它的敵人所曲解。上文已提及教條化八股化如何地使心智喪失價値意識而昏睡死亡，如何使知識內容空虛枯萎。共產黨實在是這一世紀中瘋狂的摧毀價値意識的組織。它將財富集中到黨的掌握中，使人民失去反抗的基礎；然後以暴力灌輸馬列教條，鼓勵馬列八股，而以馬列教條和八股來消滅理性的批評活動。在歷史上，服從教條往往僅是祿位酬報的條件，但在共產政權之下，八股是換取生存的條件。讓共產黨來讚美五四眞是中國近代史上絕大的諷刺，也是自由中國的恥辱。五四精神或批評精神的重振應該是自由中國文化界當前最緊急的課題之一。只有從批評精神的發揚與價値意識的增强入手，我們才能够從根本上來摧毀共產黨的教條八股。

批評只不過是價値意識的外現，不論這價値的內涵是眞，是善，或是美。到今天，仍有人懷疑批評在建立擴大充實文化基礎這一份繁重工作中所佔的重要地位不外由於二個原因：

(甲)由於批評這一詞曾被不審愼的使用着：說起批評，大家就聯想起善意批評，惡意批評，建設性批評，破壞性批評這一類流行詞彙，彷彿愛好批評的人都天生有一副尖酸面孔。事實上，「愛批評」這一詞在日常用語中幾乎和「愛漫罵」差不多含有同樣的意義；說人家「愛批評」常常是一種較爲婉轉的指責。

(乙)由于對批評可能招致的思想界的混亂發生憂懼：這一部份人以爲批評就是冗長的爭論，就是否定一切的懷疑主義，非但不足以幫助一個文化內容的充實，徒然使思想界失却重點，增速信仰的崩潰，造成價値的紛亂局面。如果我們瞭解批評與價値意識之間的聯繫，瞭解它的指導原則和方法，這類憂慮當能烟消霧滅。

簡單地說，懷疑批評不外是由於批評與漫罵，批評與懷疑，信仰與迷信等概念的混淆。我們幾乎可以說：凡是批評都是善意的，都是建設的；批評非但不足以促使思想界的紛亂，更能使思想的重點建立于更穩固的基礎上。

上面已提及批評是價値意識的活動；批評既是對價値的追求，價値的肯定，邏輯上說，不可能是惡意的，破壞的。有時候，肯定也可以用否定來肯定；但因這否認中包含肯定，所以這否定不是以否定爲目的的否定。從動機上說，批評的動力既是人對宇宙萬物的嚴肅的關切，批評不可能是惡意的，破壞的。再從批評的活動方式來看，批評接受理性的指導，通過觀察，分析，比較而獲得結論；它的活動當是超出意氣的，它的結論當是謙虛的研求探索的結果，不受意氣左右的。和批評相對的是漫罵，它既不接受價値意識的指導，也不順從理性的控制，它的動力並非是對人類命運嚴肅的關切，而是某種可恥的慾望的滿足，它的方法不足分析的(Analytical)而是依賴某種情感的激動。本質上，漫罵是反批評的，是對知識的否定，是蠻橫的教條主義的附屬品。「名教罪人」，「反動階級」等等帽子式的詞彙，以拒絕討論問題的優越姿態否定對方的存在，便是「漫罵」顯著的產物。這裏隨便提及教條主義籠罩下的文化的另一特色——口號名詞 (Rhetorical terms) 的充斥與知識內容的空泛。教條的權威既好以漫罵來解決問題，知識必然地成爲叫囂的代名詞，而知識內容也勢將局限于一聯串意義極爲朦朧的口號名詞的反覆排列組合。

其次讓我們嘗試區別批評與懷疑，信仰和迷信。批評活動的第一階段是問題的提出。這問題可能是沒有人討論過的，可能是對已有的答案發生懷疑。在這一階段，懷疑是批評的姿態。但批評的姿態不等於批評，批評家不以消極的懷疑爲滿足，他也不存有先見，覺得自己的結論必須和前人相反。非常可能的，他勤勉地追尋到的結論恰是他所懷疑的結論。不過他的追究已經大大地使這一問題的內容豐富，而使他自己更堅定地信仰。信仰是透視分析問題必然的結果；因爲它的基礎建立在理性的透視上，所以也特別堅强。「智者不惑」；「惑」的或沒有堅定信仰的一定是由于無知。教條主義者不敢正視問題，只有阻遏人對經典作明晰的透視，慫恿人崇拜經典，鼓勵人迷信經典。信仰要求理性的明晰，迷信喜歡躲藏在烏烟瘴氣的神龕裏。信仰要求接近問題，迷信滿足于遠距離的瞻拜。信仰建立在知識上，是批評的結果，只有在眞正的健康的批評空氣裏信仰才能存在。迷信建立在無知和恐懼上，是反批評不批評的結果是教條文化的特徵。近代蘇聯宣傳機關大量製造關于列寧史大林的「神話式的軼事」，以增强他們的「天才性」或「神」性來增强迷信的基礎，便是個例子。

本問題分析至此，讀者也許不難區別二種可能的讀經態度——批評的或不批評的——明白他們在目前爭取自由的鬬爭裏所居的地位與可能發生的作用，而知在二者之間有所取捨。本文第二段曾 提及芝加哥大學 所創導的「大書運動」。其實，批評人類過去的成就一直是近代大學人文學者的主要工作，而批評精神更是近代大學的靈魂。眞正的讀經運動也許應該從增强人文教育，發揚批評精神開始。

四二・一・二九於芝加哥

從公務員待遇談到政治革新

龍運鈞

一段舊話

民國卅二年，正值抗戰相當艱苦的時候，我從桂林去重慶，同車有一個老人，久閱滄桑，語多風趣。旅次無聊，我便常同他閒談解悶。一次他說：「抗戰會獲致最後勝利，是無可懷疑的，只是勝利以後，怕要發生空前的變亂。」我說：「抗戰既獲勝利，國勢自然昌隆，何來變亂？而且經此長期苦戰，人民救死扶傷不暇，更有何人要來倡亂？」他說：「我從當前公教人員的待遇上，便已看出這種機微的情勢。我國歷史上，凡是智識份子沒落的時候，就是大亂將萌或正在大亂的時候。現在以我自己的家庭來說：我有三個兒子，老大從美國得到博士學位回來，在西南聯大做系主任，老二也曾到美國留學，現在某中央機關充任高級職員；只有老三最不成材，從小不肯念書，專喜歡同門房司機玩在一起，現在做了西南公路局的司機領班。我從淪陷區孑身逃到內地，老大老二雖然都有很好的職業，但窮得連家眷孩子也養不起；我只得靠老三過活，老三不僅養活我這個老頭，而且每月還兌錢接濟他兩個哥嫂。自己的生活排場很大，神氣得了不得。在我面前口雖不敢說，意思裏頗有劉季對他父親那種「仲之產業孰與季多」的得意之色。蘇子瞻論養士，以為秦始皇解散遊士，等於驅百萬虎狼於深山，是最大的失智。驅虎狼於深山固然不可，羈係虎狼而饑渴之，也是會出問題的。我國舊社會，以士為四民之首，智識份子一向是社會的自然領導者，這些人都是所謂知勇辯力之流；如果不給他們好好安置，維持正常的生活，而使他們從領導的地位上垮下來，讓另外一些庸妄的人爬上去，這便是冠履倒置。倒下去的知識份子，消沉的便逃避自己的責任，不問天下興亡；狠戾的就會處心積慮，想從變亂中求出路，做這樣想法的人一多，國家自然要大亂了。現在因為大敵當前，大家集中心力於爭取勝利，還可以勉強團結。等到勝利一旦到來，情勢恐怕就要完全改觀了。」

我當時聽了，心中不大以為然。但覺得他從政治觀點談公教人員待遇，議論到也特別，所以那段話始終記在心裏。等到勝利還都，不久戡亂戰事發生，各地的公教人員和民意代表們；除開一部份信心堅定的以外，整批的賣身投靠，甘心做匪共的尾巴。次焉者消極逃避，離職改業，雖不一定有叛降的意思，但想不問興亡，只圖個人的安全却是無可辯解的。前方戰事進行期中，後方議論乖歧，人心浮動；助張匪共氣焰，散亂自己陣營，以致優勢成為劣勢，加速了大陸軍政的崩潰，那個老人的話，都不幸而一一言中，及今想來，真有不勝悵惘之感。

當前公務員待遇問題

政府來到臺灣之後，一切施政，經過切切實實的改造革新，可說都有長足的進展。只有公務員待遇一項以前未曾解決的老問題，現在還仍然存留着。當前公務員待遇之所以成為問題，我們可以從下列各點看出：

一是一般薪給的微薄：現在普通機關公務員待遇，連同本薪、服裝津貼、房租津貼等一切在內，一個中級委任職公務員每月可拿一百七十餘元，一個中級薦任職公務員每月可拿一百九十餘元，一個中級簡任職公務員每月可拿二百餘元，不過薦簡任職公務員如為主管，則每月有職務加給，薦任職可多拿六十元，簡任職可多拿一百元。再加上有眷屬，每一眷屬可加給薪津二十元。照這種正規薪給計算，總計最多的每月不會超過四百元，最低的每月只有一百五十元，而一個鹽工或鑛工，每月至少可拿八九百元，多的則可到數千元；兩相比較，霄壤雲泥，不成比例，這種情形，在古今中外都是少有前例的。

二是薪給標準的不一致：公務人員雖普遍清苦，但公營事業機構人員又較普通機關的人員好一點。使得普通機關的職員大為不平。我有一些朋友，在中央院部會做參事司長主任秘書之類，以相當輝煌的學歷資歷，經數十年的努力才爬到那個位置，每月各項薪津合計，只有三百多元。而他的太太或小姐，在公營事業機構作一個打字員或臨時雇員，每月却可拿到五六百元或八九百元，而且有的還分配房子。丈夫或父親從政半生，反而要用剛出來做事的妻子或女兒的錢同住她的房子。不免相形見拙，自慚形穢。覺得丈夫或父親的面子都維持不下去了。這種歧異不平的待遇，在情理上既然說不過去，在體制上更不成話。雖然若干人明知其不可，但是普通機關加薪既牽涉甚多，不能貿然提出，事業機關減津也說不出，做不到。因為公平地說，事業機關的待遇也不算十分優厚，所以這些不平的現象也就只好暫時讓它不平了。

三是法外薪貼的流行：現在軍公教人員的總數，是秘密的，大概的數目是將接近三十萬。如果每人每月加一百元，每月國庫就要加重三千萬元的負擔，一年就要增加三億六千萬。政府為了顧慮財政困難，對於公務員加薪問題，總是考慮又考慮，醞釀了一年多還沒有想出一個辦法。有些機關為了維持職員生活，用加班費或出差費的名義，每人每月加發八十元一百元二百元不等，視各機關經費情形而定。其有真正因事在辦公時間外趕辦公務的，另發加班費，這些錢為數有限，是機關內部的事。出差費則比較多一點，委任職每天可拿三十元，薦任職每天可拿四十元。大家都找機會出差，爭着出差，芝麻大一點的事，動輒組織考察團，察看一兩個月，使地方機關團體，應接不暇，叫苦連天。到今年一月，因爲加班費秘密的公開，惹起了小糾紛，使最高行政當局赫然震怒，下令取消，可是仍有機關只改動一個字，以加工費照樣列報。這些法外津貼，雖是爲了救濟公務員的生活，但以政府機關來做這種法外的事，究竟是說不通的。而且事實上也解決不了問題。

公務員待遇與政治的關係

在臺灣地方這樣小，公務員這樣多。既不能棄官經商，又不能掛冠歸田。一大羣人守着政府要飯吃，政府自然有政府的困難。但公務員必竟是爲人民做事，雖然「爾俸爾祿，民脂民膏。」可是他們從事的是公務，是以此爲職業，其性質與公司行號的職員並無不同。他們在機關是職員，在社會上憑其知識與經驗，是社會的自然領導者。現在感覺公務員多，一旦反攻大陸開始，收復幾省的時候，就會覺得需要用上去的人不够。這些人是政府的本錢，其生活是必需予以維持的，但目前是到了幾乎不能維持的地步。

孟子以爲無恒產而有恒心者惟士爲能，認爲需要尊爵厚祿，才能建立良好的政治。漢代文景之治，是因爲「爲吏者長子孫。」曾國藩湘軍之所以打勝仗，是創立了「營官五百兩，長夫一百人」的制度。在臺灣談公務員尊爵厚祿，固然是不明時勢，白晝說夢。但使其生活無法維持，也就會發生下列幾種不良的影響。

一是發牢騷：現在有些機關裏貼着「不發牢騷」的標語，從反面看就是有些人在發牢騷了。子產說防民之口甚於防川，在那種待遇旣微薄又不平的情形下，無怪其發牢騷，發發牢騷本來也沒有什麼大關係。不過這種風氣廣泛起來，積牢騷而爲怨誹，就非國家之福了。

二是工作情緒低落：在反共抗俄大業正在進行中，凡是有國家民族意識痛切國仇家恨的人，沒有不以全心全力貢獻於其職務的。但在生活迫人的情形下，也有一部份人的情緒爲之低落，從各機關的辦事效率上大致是可以看得出來的。

三是分心旁騖：公務員因爲一家生活不能解決，不能不將大部份的精力，用在如何解決其生活的事項上面去，對於職務上的正常工作，反而無法專心致力。舉一個例：據說某些警察局的警員，每人的業務都達八十七種之多，有獎金或加班費可拿的，工作就非常積極，沒有獎金拿的，興趣就差得多。有些機關的職員，以爭取出差爲最努力。這些現象，對於整個行政工作的推進，不能說是沒有影響的。

四是影響操守：孟子論古代俸給制度，以爲最低的俸給也要足以「代其耕」，古代一夫授田百畝。「足以代其耕」就是要使他的收入足以抵一百畝田的收入。爲什麼？因爲要這樣才能使他沒有話說，才能責令他廉潔守法。現在政府法嚴令具，貪汚的風氣似乎已經肅清，但不能說完全沒有。嚴格地說：有些機關的暗盤津貼，就是變相貪汚的一種。公務員的待遇過於微薄，禁絕貪汚總是比較困難的。至於其他各式各樣的流弊，我想不必多說了。

革新政治須先安定公務員生活

公務員是推行政令的人，他們在政治機構中的地位太重要了。不僅他們在職務上對於人民有絕大的影響，而且他們的本身在社會上也有很大的影響。政治的好壞，一部份係於決策，一部份係於執行決策的人。現在反攻大陸的序戰，已在密鑼緊鼓聲中，但反攻大陸決不只是一個軍事行動，更重要的是政治進攻；收復大陸不是還原，而是需要重建；因之政治的任務遠較軍事的任務爲艱鉅。

近年來美國的文武大員和議會人士，來臺灣考察觀光的不少，對我們的軍事與生產事業乃至地方的一般情況，大抵多讚美之辭，惟有對於政治則多保持緘默。今年二月六日，東京讀賣新聞有一篇關於臺灣政治的社論要旨，以電訊報導於世界各方，主旨在說明「自由中國的反攻大陸，必須有克服共匪的政治理想，」「今後眞要反攻，「便應準備一足以號召中國人心的政治機構。」這些話我們不妨認爲他山之石。我們當前的政治機構，是不是足以負擔反攻的重任呢？我想是應該加以檢討的。

國民黨中央的總動員會報政治組，幾個月來都是研擬倡導政治新風氣的方案，因爲還沒有宣佈，內容如何不知道，但由此足證我們的政治須加革新。可是政治風氣這個東西，是看不見、摸不着的，但却反映在每個人的心裏，影響到一切的事物，決定一個政權的能否穩定發展或削弱。風氣雖是看不見的東西，影響風氣或被風氣所影響的人却是一個實體，倡導新風氣必需從人着手，捨人而談風氣，就眞的是捕風捉影了。

現在政府機構多缺乏效率，少蓬勃積極表現，以致許多行政首長與「才難」之歎。早在宋子文做行政院長的時候，就沉痛地說：「中國沒有政治人才。」大的政治人才有沒有我不敢說；至於普通的執行人才，我想以中國人的聰明才力，不至於沒有。只是從抗戰後期到現在，「食不飽，力不足，才美不外見。」致行政首長執鞭而臨之曰：「中國無人才。」我不禁要爲千千萬萬的公務人員叫屈。

有些人高呼行新政，用新人；言之成理，持之有故。可是新人如果食不飽，力不足，依然無法展其驥足；何況一個人培養到經驗見識能力都可够用，並不是一件容易的事，所謂十年樹木，百年樹人，新人不一定立刻可以產生。而且反攻復國，人才需要甚多，更不能置現有的人員於不顧，爲使現有的人員安心工作，進而積極發揮其學識能力，以革新政治，展開政治登陸的艱鉅任務，所有的訓練、號召，都不如提高薪給待遇來得切實。因爲來臺的公務人員，大抵是忠貞不二而且從政多年，對所任職務多能勝任，對反共抗俄也早有決心。只以爲生活所迫，雖不致放棄其應有的責任，但也未免爲解決生活而分心，以致影響工作的情緒。如果使他生活安定，勉强無室家之憂，自能以其全部心力貢獻於國家政府了。

去年立法院通過國家總預算時，曾附帶希望政府在三個月內調整公教人員待遇。政府以軍公教人員人數太多，一直到現在還沒有擬出妥善的辦法。可是有些機關以加班費名義之類支出的變相津貼，甚至超過人事經費；而事業機關所用於統一薪津以外的各種津貼，尤遠不只此數，錢是用了，而名不正、言不順。弄得大家不很愉快。孔子說：「不患寡而患不均，不患貧而患不安，蓋均無貧，和無寡，安無傾。」這幾句話用在當前公務員薪給上眞是再確當沒有了。現在有些機關的職員，是不是到了不安的地步了呢？在舊曆年關所表現的大致可以看得出。政府能確下決心，不顧一切似是而非的理由，把現在已經够維持生活的一切事業機構的薪給凍結起來，(減少是辦不到的)而把普通機關職員的薪給提高一點，使每一個職員都可以生活下去，將一切什麼緝私獎金，公營事業盈餘之類一律解繳國庫統籌運用，消除一切黑市津貼，大家束緊腰帶，公平一律。像辛亥起義時的武漢政府，從黎元洪到小職員每人每月大洋二十元，像北伐時的革命政府，大小軍官每人每月五元。(此事曾聽人說過，但是否是此數記不太清楚了)只要均平公允，過同樣刻苦的生活，就誰也不會有怨言，誰也不能發牢騷。革命是打不平，我們必需先把內部的不平打平，才能進而打平大陸，收復失土。

結語

以上所說，卑之無甚高論；但未免也有一些逆耳的話。但看到現在公教人員的情形，想到從前的事實，心有所感，不容不說。尤其目前爲了配合軍事行動，政治機構必需大大加强、加强政治機構，必需先從革新人事入手。革新人事不是要把當前的人一律撤換，因爲在事實上無法撤換。當前的公務員不是不可用，不是不能鼓舞鞭策，而是得先設法讓他們生活安定。古人所謂富而後教，目前談不到富，至少也得使其安。政治風氣非一日所能形成，亦非一言所能改變。與其空談革新，不如從執行政令的人本身上做點切實的改善。

中國的智識份子，一向鄙視物質的享受，重視精神的生活，在這臥薪嘗膽志切復國的時候。大家不會在薪給上有過高的想望，只要調整到勉强可以度日，沒有不平不公的差別待遇，大家自能體念時艱，善盡職責。政治自能革新，風氣自可改變。

公務員薪給問題，在當前各項重要問題中，雖然不是特別顯著的問題，但有形無形的影響是特別值得重視的，爲了建立將來收復大陸重建大陸的良好政治基礎，避免再發生抗戰勝利接收那樣的可痛往事，甚望政府不要專從財政的觀點上看，以致這個問題懸而不決。

(完)

(上接第15頁) 代是完全類似的。我們對外國所持的態度是一種退避的態度：那些外國人本是好好地在他們的國土裏，但我們可能偏偏很驚惶地認爲他們要干預我們的事。於是每個國家堅持有私下進行戰爭的權利。所謂仲裁條約凱洛非戰公約，以及其他類似的東西都不過是一些姿態。誰都知道它們經不起任何嚴厲的緊張局面的試鍊。只要一天國家仍保有它自己的陸海空軍，它受到激動時就會使用它們，那管簽過什麼條約不條約。

現在有些國家倒是能依據一個原則在它國家內部產生安全——這原則便是一切爭執不要讓當事者雙方用自己的力量來解決。解決這爭執所需的力量要出之於一個守中立的權威，而且這權威要按照某些公認的原則。則對事情眞象做過充分的考察以後，才能解決爭執。現在要想整個世界獲致安全，也唯有把這會用於國家內部的偉大原則應用到不同的國家身上去。當全世界的武力都由一個最高權威來控制時，國與國的關係便達到個人與個人在多少年前所達到的境地。只有如此才能獲致世界安全，差一點也不行。

造成國際混亂局面的根本原因是人之易於發生恐懼與仇恨。同時這也是造成經濟爭端的根本原因。固然愛權力也是那些爭端的根源，但一般地說愛權力還不過是恐懼心的一種表現。人希望去控制別人，因爲他怕別人處在控制地位會不公正地做些傷害他的事。同樣的理由可適用於說明性道德方面的情形：法律規定丈夫的權力大於妻子，或者規定妻子的權力大於丈夫，這都是由於怕不能佔有對方。這種辦法的動機是出於消極的嫉妒之情，而非出於積極的相親相愛之情。在教育方面也有同樣的事發生。在教育上促進學習動機的積極感情是好奇心。但在很多方面年青人的好奇心被嚴厲地壓制着——在性，神學以及政治各方面，皆是如此。教育者不鼓勵兒童行自由的探討，而教以某種正統教條。結果，一些生疏的觀念使兒童發生恐懼，並不能引起他們的興趣。所有這一切毛病的產生都是由於人們企求安全——而這種企求是由人的不理性的恐懼心所引起的：在近代的世界中，我只要有勇敢有智慧並把此二者具體表現在社會組織上，就足以產生安全了。因而，從前那些懼怕，已變成不理性的懼怕了。

走向理想國的路很清楚，這一方面要靠政治，一方面要靠各個人的改變。在政治方面，最重要的事就是建立一個國際政府——這個方案我預料要經過美國造成的世界政府而後得以實現。至於個人方面呢？問題在如何使他不再那樣易於恐懼與仇恨。這件事一部份是屬於生理的，一部份屬於心理的。人世間的極多仇恨乃由消化不良以及腺素分泌功能失調所致。而此二者又是在年青時受到壓迫與壓抑的結果。在一個世界裏，如果年青人的健康能給以適當的照應，如果他們生命的衝動能給以最大限度的發洩，而不致傷害他們自己與他們伴侶的健康，則男人與女人必能變得比現在更勇敢，更少惡意。

如果世界上有了這樣的人，再加上一個國際政府，那末確可成爲穩定的和有文明的世界；反之，如果人的心理與政治組織還和現在一樣，則科學知識每有增加，則文明的毀滅便更爲接近。

美國立法程序研究（下）

黎 連

五、議事日程

大體說來，一切法案提出之後總是先交各常設委員會去審查；然後由委員會提報院會討論。凡由委員會提報院會的法案均按其類別及時間先後以表列式編排其標題於册籍中，這種編排的册籍即爲「議事日程」(Calendar)。在議事日程中除列議案的標題外，還要列明法案的號碼，報告的號碼，議程的號碼及標題，報告法案議員姓名，及報告日期等。兩院議事日程都頗爲複雜，當分別叙之。

一、衆院的議事日程：衆院議事日程係在書記長的指導下編印，於開會期間，按日編印，在開會前致送於各議員。衆院所編印的議事日程分爲左列五種：

(1)聯邦議事日程：聯邦議事日程 (Union Calendar) 乃爲「聯邦全院委員會議事日程」(Calendar of the Committee of the Whole House on the State of the Union) 的簡稱。凡有關增加收入法案，總撥欵法案，及直接或間接有關撥欵或財產的公共法案都應編印在這種議事日程中。在全院委員會中凡編印在這種議程的法案總是首先討論的。惟有注意者，即這一議程所排列的事項雖係依各委員會提出報告時間先後的次序編列，但討論時不一定依這種次序的。

(2)院會議事日程：在院會議事日程 (House Calendar) 中編列的法案爲非增加收入法案及直接間接無關撥欵或財產的一切公共法案。議程內各種事項的次序是按報告時間的先後排列，但不必一定依這排列的次序討論，這種議程是備院會討論的，與聯邦議程供全院委會討論者不同。

(3)私人法案議事日程：凡關於私人向政府提出要求的法案及依移民法規而提出關係各個私人的法案等，均編列於「私人法案議事日程」(Private Calendar) 中。這種議程是依向院中報告時間先後的次序編列，並且依照所列的次序討論。

(4)同意議事日程：所謂同意議事日程 (Consent Calendar) 又稱之爲「全體同意議事日程」或「無異議的議事日程」(Unanimous Consent Calendar)。這種議事日程是一九〇九年三月十五日所創制。當時創用這一議程的目的是用來減少要求議長允許討論輕微法案的痲煩手續，即有了這種議程後，無需乎再以全體同意的要求來討論某一議案。這種議程的編製是這樣的：凡已編列於院會議事日程或聯邦議事日程的法案，而這些法案是沒有重大爭議性質的 (noncontroversial bills)，則任何議員可向書記長遞一請求書，說明他希望將這些法案編入於「同意議事日程」中。列入這種議程中的法案惟在每月的第一個星期一及第三個星期一始得討論。在這規定的日期討論這些法案時，議長命令書記長按號宣讀第一法案的標題，議長隨即詢問有無人反對本案的討論，如無反對，書記長乃報告該案。報告之後，沒有異議提出，議長即宣告準備將該案提付三讀，隨即進行三讀，予以通過。倘在書記長宣讀標題時，有一議員反對，則該案不予討論，但仍留於這一議程中以待下次規定的日期到臨時再行提付宣讀；倘在次一規定的日期中提出時有三個以上的議員反對，則該案應剔出於這一議程中，並且在同一會期內不應再編入於這一議程裏。這種從「同意議事日程」中剔出的法案仍然回復它在「院會議事日程」或「聯邦議事日程」的原來編列地位，並不因爲剔出於「同意議事日程」即歸消滅。總之，這種「同意議事日程」的作用，是使輕微而無嚴重爭議的法案自院會或聯邦議程中劃出，並限定於特定的日期加以討論，這樣乃可使院會及全院委員會得以全力討論要案，不以這些輕微的法案而浪費時間。

(5)譴責案的議事日程：這種譴責案的議事日程 (Discharge Calendar) 是「譴責委員會動議的議事日程」(Calendar of Motions to Discharge Committees) 的簡稱。這種議程是相當複雜的，須加以相當的解釋。按衆院規則規定：某種法案經交付某委員會審查經過三十天而不提出報告，或交付於程序委員會辦理的法案經過七天而不爲處理，則任何議員可以向書記長提出譴責該委員會的動議，即請求收回在委員會中的法案；這種動議經二百一十八個議員的簽署，則這一動議應記載於議事錄及國會紀錄 (Congressional Record) 之中，而這一動議則編入於這種特別議事日程裏面。但這種動議在院會討論之前，至少應該於七天之前刊出，以便各該委員會於這七天之內可以提出報告，藉以消除這一譴責案的成立。這七天的時間叫做「尊敬的七天」(Seven days of Grace)，即使委員會在七天之內可以挽回它的面子。經過這個期間各該委員會仍不提出報告，則院會須受理這種動議。這種議事日程的動議案是限定於每月第二個星期一第四個星期一討論。在這規定的日期內，這種議案是具有優先討論的性質，按着編列的次序討論，且應視爲院會未了的案件，必須至處理完畢爲止。如果在院會討論中這一譴責案被否決了，則原來已交付該委員會的法案仍留置於該委會中處理；倘譴責案可決，則原來的法案應自該委員會收回，由院會考慮該案的處理辦法，或將該案改列於「院會議事日程」中。這種制度的目的是在使院會有權可以考慮它所欲考慮的問題，並使各委員會的領袖人物必須注意他們所採取的處理議案的辦法能適合各議員的期望，簡單言之，這是用來制裁委員會首腦人物任意處理議案或積壓議案的辦法。

二、參議院的議事日程：參院的議事程序沒有衆院的那麼複雜，因而參院的議事日程就用不着分成許多種類。不過，參院的議事日程雖只有一種，却將各種待議的案件分爲左列各欵：

(1) 未結案件：凡已經決定其討論的程序而須繼續討論的案件均列入「未結案件」(Unfinished Business) 一欵中；這些案件在每次會議的早上時間有優先討論地位，直至討論完成，或院會另有決定先行討論他案爲止。

(2) 待議案件：凡已經提出的議案或動議而未決定延緩討論（即擱置）或交付審查者均列入「待議案件」(Resolutions and Motions Over Under the Rule) 一欵中，這些案件是待下次開會的早上時間討論。

(3) 普通議程：凡已經各委員會提出審查報告的一切法案和提案均編入「普通議程」(Calendar of General Orders) 一欵中，以待參院決定處理辦法。

(4) 待辦事件：編入於「待辦事件」(Subjects on the Table) 一欵中的事件乃爲應付請求而編入，這些事件視將來情形如何，再行決定即予討論或交付各委員會審查。

(5) 復議動議：編入「復議動議」(Motions for Reconsideration) 一欵中的案件，如何處理，要待院會的多數決定。

(6) 特別議程：編入於「特別議程」(Calendar of Special Orders) 一欵中的，都是不經討論而順序逕付表決的案件。但在開會的早上時間中可以前次的「未結案件」而中止這些案件的表決，因爲「未結案件」是具有優先性的。如果當時沒有「未結案件」即可進行這些「特別議程」中的案件。

(7) 行政議程：編入「行政議程」(Executive Calendar) 一欵中的爲關於用人同意案及條約案，這些案件常於「行政會議」(Executive Session) 中處理之。

六、議事程序

議事程序是合立法程序研究中最主要的部份，也是最複雜最煩瑣的部份，茲爲行文方便起見，分爲一、開會程式；二、發言規則；三、修正提案；四、讀會；五、表決；六、復議；七、紀律諸端，簡述如次：

一、開會程式：國會兩院的開會程式，雖大體相似，但亦不無特殊處。當分別敍之。衆院於集會期間，每日正午十二時開會，議長就位，法定人數已足，即宣告開會，平常開會程序如下：(一)牧師祈禱。(二)宣讀及認證上次議會議事錄。(三)將公共法案交付委員會審查。(四)議長席上事務之處理（所謂議長席上事務是包括下列事務：①總統咨文，不經討論，即付有關委員會審查；②各行政部門之報告函牘、及其他機關向衆院提出之文件，參院向衆院致送之法案、議案及咨文，凡此均不經討論，即付有關委員會審查；③附有參院修正案之衆院法案，無需全院委員會審查，而經動議即須處理者；④參院咨送之法案與衆院委員會提報院會請予通過之法案性質完全相同，並由該委員會動議即予處理者，應即行處置）。(五)未結案件之處理。(六)以「早上時間」檢討各委員提出之法案。(七)開「聯邦全院委員會」之動議。(八)進行議事日程所列議案之討論。以上爲平常每日開會的程序，但這一程序並非是絕對照行的，因爲有許多重要而須優先討論的事項，可以中斷程序中所列事項的進行，所謂優先事項 (privileged matters) 是：①總撥欵及歲入法案，②兩院聯席會議報告事項，③程序委員會提報特別程序案，④兩院提出異議的修正案之討論，⑤任何時候有權提出報告之各種優先法案，⑥各種優先問題(privileged questions)，⑦召開在每月各個禮拜三舉行以討論院會或聯邦議程中法案之委員會案，⑧在每月各個禮拜六和法案事務之議案，⑨譴責各個委員會案，⑩同意議程所列各種法案之討論及停止通常程序之動議，⑪依先決問題 (previous question) 程序而來之昨日法案，⑫總統提出之否決法案。

此外，又還有所謂特別立法日期 (Special Legilative Days) 以討論特種法案：①「議程的禮拜三」(Calendar Wednesday) 是將月中各個禮拜三專門劃定給各委員會討論「聯邦議程」或「院會議程」中的沒有優先性質的事件 (non-privileged business)。②每月的第二及第四禮拜一兩天是專門討論哥倫比亞直屬行政區的案件及「譴責議程」中所列的案件。③每月的第一及第三禮拜一兩天是專門討論「變更程序」(Suspension of Rules) 下的各案及「同意議程」中的法案，④每月的第一及第三禮拜二兩天是專門討論「私法議程」中的法案。

參議院於集會期間除星期六及星期日外，於每日正午十二時開會，其程序如下：(一)主席就位，牧師祈禱，法定人數已足後，即宣告開會，宣讀上次會議議事錄，如有錯誤，即予改正。(二)宣讀議事錄後，主席即將總統咨文，各行政門部經由總統咨送之文件，以及其他方面向參院提出之文電等提報院會。(三)主席接受請願案、建議案、各委員會報告、各種法案議案之提案。以上事宜的處理，雖已在午後之時間，但仍稱爲「早上事務」(morning business)。非到這些事務已畢或到一點鐘後，不能動議處理任何法案、議案、委員會報告，或其他議程上所列事宜，但經全體同意者不在此限。早上事務結束後，乃開始進行法案及議案議事日程的檢討，至二點鐘爲止。此後若無其他特殊案件，即進行「普通議程」中所列案件的討論。在這一議程中所列的案件應依次一一加以討論，但若有臨時動議經出席議員三分之二的同意，則可另行討論其他案件。這些臨時動議的優先次序依下列規定：①動議進行討論撥欵案或歲入案，②動議進行討論議程中所列而無需修正之案件，③動議將未議案件暫置不論，但仍保留其議程上之位次而不加變更，④動議將未議案件移列於議程之末。凡此動議均不經討論，逕付表決。在依照議程討論議案進行中，惟下列三種動議有較高的優先權：①動議散會。②動議進行討論行政事務（指行使用人同意權及條約批准等事務）。③參議院及參議員之特權問題 (questions of privilege)。參院開會雖沒有特別立法日期的制度，但以出席議員三分之二的同意，可使任何案件成爲「特別程序」(special order) 中的案件。當特定的「特別程序」時間到臨時，除有前日未結之案須先討論外，主席即將特別案件提付討論，如在特定時間內不能將該案議畢，除因散會可將該案變成未結案件得於次日會議時討論外，即改列於「特別議程」中，俟將來進行「特別議程」會議日期，再依次討論。

二、發言規則：通常的說法，都說兩院的議員都有要求主席承認他發言的權利，但因政黨政治高度發揮的結果，事實上未必盡然。按之事實，衆院發言的時間，大都爲政黨領袖所佔用。對於某議案討論的進行在事前即已由各委員會主辦該案的顯要議員及政黨領袖安排好一個發言的步驟。大概是將負責出席院會報告的議員安排到有發言的優先機會，他要負責想出種種辦法使議案易於通過。但是，如果委員會的主席根本反對該案，則使委員會中擁護該案的議員先行取得發言權。參院的例規雖規定主席有承認誰先發言的權利，但事實上則每日發言的次序已由政黨先給他一個名單，除特殊情形外，主席通常是依照名單所列要求發言的人順序予以承認。其他單上無名的議員要取得發言的機會，那是例外了。正在某議員發言時，其他議員如欲乘機插一段詢問或說明的話，他可經由主席的轉述向正在發言的議員請求給他一些發言的時間，這種請求應否予以允許，不是主席的權而是正在發言的議員之權，這種例規是兩院相同的。發言時間限制，在衆院全院委員會廣泛討論中，每人以五分鐘爲限，但在衆院院會討論法案時，每人發言可達一小時，但每人對於同一法案的發言，以一次爲限，倘有修正案提出時，得再發言一次。而且發言要與法案有關，不能作題外的話。參院議員對於同一法案於同日中發言不能超過二次，發言的時間及發言的範圍，都沒有衆院那麼樣的嚴格的限制，所以參院以前常有阻擾立法 (Filibustering) 的發言現象。衆院議長站在主席地位對於法案可作簡短說明，對於程序問題可加以說話，亦可參加法案的討論，因爲他也是議員之一，但因黨中已有議院領袖及其他顯要議員主持辯論，用不着他來發言，所以主席參加討論的機會很少。對於有關議長個人利害關係的事，必要發言則須離開主席地位來說話。參院的主席係由副總統擔任，他本身不是議員，所以不能參加討論，但「臨時主席」乃爲議員之一，他在擔任主席時，自然仍可參加討論。

三、修正提案：在衆院院會中對提案經廣泛討論之後，即可對法案提出修正案，提出修正案的議員可得一小時的發言。但在全院委員會中就不同，全院委員會是實行所謂「五分鐘」制的，就是說法案經廣泛討論後，書記應將法案逐節或逐段宣讀，議員對於已經宣讀過的每節或每段條文即可提出修正案，並作五分鐘的說明。提出修正案有幾點要注意的：①應以書面提出（但事實上常多用口頭提出）。②必須親自提出，不能委托代理。③對於標題之修正惟於全案通過後始能提出。④一切修正案必須與原案關切。⑤已經否決之修正案不能再以同一形式提出。⑥已經院會通過之修正案不能即行提議打消。院會及全院委員會都採用「替代修正案」(substitute amendments) 之制，所謂「替代修正案」、即對原案全部加以修正，實際上即以這全面的修正案以替代原案；但對於「替代修正案」亦可提出修正案。修正案的提出以到第二度爲止，不能有第三度。具體言之，對原案提出的修正案爲第一修正案，對於修正案提出的修正案爲第二修正案，再不能有對於修正案之修正案的第三修正案；對原案提出的「替代修正案」爲第一修正案，對「替代修正案」提出的修正案爲第二修正案，此外再不能有修正案了。修正案的處理程序如下：①先討論對修正案提出的修正案，②次討論對替代案的修正案，③討論替代案，④討論對原案的修正案。以上爲衆院關於修正案的辦法，至於參院的亦大同小異，限於篇幅恕未能詳。

四、讀會：依例規定，兩院的法案都要經過三讀程序，但事實上，因提案是由提案議員交到「漏斗器」或逕秘書棹上後，即由職員編號付印並交付各委

「自由中國」的宗旨

第一、我們要向全國國民宣傳自由與民主的真實價值，並且要督促政府（各級的政府），切實改革政治經濟，努力建立自由民主的社會。

第二、我們要支持並督促政府用種種力量抵抗共產黨鐵幕之下剝奪一切自由的極權政治，不讓他擴張他的勢力範圍。

第三、我們要盡我們的努力，援助淪陷區域的同胞，幫助他們早日恢復自由。

第四、我們的最後目標是要使整個中華民國成爲自由的中國。

員會審查，所以第一讀會的程序已經省略了。提案經委員會審查提報院會討論後，即已入第二讀會在第二讀會中要對法案作詳細的討論，並作必要的修正。經過二讀之後，須將法案爲之大寫謄淸（engrossment），再提付第三讀會。在三讀程序中本來只宣讀標題，但任何議員均可要求將謄淸本全文加以宣讀。這是對本院中提出的法案之讀會而言。如果是由他院咨送來的法案，則爲已大寫謄淸的法案，故可於二讀後逕付三讀。

五、表決：一個法案經提出討論，經過修正，復行討論，所費時間已多，所以到相當階段時則可「停止討論」以待表決了。「停止討論」的辦法兩院不同，衆院停止討論的動議即爲一個「先決問題」（previous question），這個「先決問題」不經討論逕付表決，這個問題可決了，即決定停止討論了，法案應即提付表決。或再予以至多四十分鐘的討論，即結束討論，將法案提付表決。否決，則並不停止討論，議案的討論繼續進行。參院的辦法是須有十六個參議員向主席提出「終止討論」（Cloture）的要求，主席須將這一要求即行提報院會，但提報院會之後，討論仍得繼續進行二日，到二日屆滿後之開會時，主席須將這種要求提付表決，如果得到出席議員三分之二的可決，即須終止法案的討論，並將法案提付表決，如果這一要求被否決了，則法案的討論仍繼續進行不能表決。

表決的方法有口頭表決、起立表決、投票表決、點名表決等，可以視事實的需要，分別採用。關於修正案表決的次序須依上述的程序進行表決。

參衆兩院的表決中有一歧點，即參院主席除在可否同數時可由他作決定性的表決外，不能參加普通的表決，因爲他本身不是議員，臨時主席則對於任何表決都可參加。衆院議長對於一切表決均可參加，因爲他本身即爲議員之一，不能因爲擔任議長並爲院會主席即喪失了他原有的表決權。不過在事實上議長參加平常表決的事例並不很多。

六、復議：一種法案或議案經表決通過之後，如國會另有新的意思須重行加以討論，這在立法程序上稱爲復議。關於復議案的處理應分兩點來說，一爲提出復議動議案的處理，一爲對於原法案的進行復議。這裏所要討論爲前一點，後一點是於前一點解決後可照一般討論的方法加以討論。

依照兩院規例，提出復議某案的動議可於通過某案的當日或嗣後兩日會議中提出，提出人數一人即可，但必須限於原來對某案投贊成票的人，原來投反對票者，不能提出復議的動議。這一動議應該即爲處理；但如果某案已送至他院者，則須通過向他院請求退還原案的動議，然後再通過要求復議的動議。這一動議應以過半數的贊成而通過，如被否決則再不能提出同樣的動議。這一動議案提出之後，非經全體同意，不得撤回。凡一種法案已由兩院通過並已經送請總統簽署者，則對這一法案的復議動議之通過，事前應先取得總統的同意。

動議復議某案的提案通過了，即可實際進行復議某案。復議時討論的程序與一般法案同。

七、紀律：國會是個神聖的地方，開會之際，必須有其嚴格的紀律，在美國兩院是「秩序與禮儀」（Order and Decorum）相提並論的，這就是紀律的內容。關於開會時的禮儀，衆院的更嚴於參院。在衆院，當議長提出問題討論或向院會發言時，議員不能離開議場或在議場中走來走去。當某一議員正在發言時，其他議員不能於發言議員與主席臺之距離間行走。開會時議員不能於議場中戴帽。當點名或計算投票時任何議員不能逗留於秘書席旁。議員及其他人等任何時候均不得於議場中抽烟。議員不能帶引在休息場所中人士進入議場。在討論議案的時候，議員發言尤必須遵守秩序並保持禮儀。議員發言對於總統，除有關施政之批評外，不能有關總統身份的言論；也不能對聯邦國家有輕蔑的言論；對於院內各委員會，除正式提報院會外，關於各委員會處理案件的程序不能加以批評。不能有涉及其他議員身份或他院職權的言論。議員凡有違反上述的議場秩序、禮儀或議事規則者，主席或其他議員即可叫他遵守秩序，這時候他必須馬上坐下，非經其他議員提議並經可決准他加以解釋外，不得再起發言，但他本人亦可向院會提起申訴，如申訴得到可決，自可繼續發言。犯規議員不服從上述規定者得由院會議處。

羅素的人生哲學

羅素原作
劉世超譯

羅素這篇關於人生哲學的文章，可以從幾個方面啓示我們。我們在這裏所須着重的是這二個方面：

第一，社會人生問題方面。關于這方面，羅素很明白地提出了他的看法和主張。羅素認爲，人類的敵人，在過去是自然界的災變，而現在的敵人則是人類自己。這話眞是觸目心驚。的確，今日，自然的災變已不足爲文明人類之禍患了，而人類之禍患則是人類本身。現代的極權統治則是人爲的禍患中之最大者。現代極權統治乃人爲禍患之史無前例的組織。這一禍患，堪稱集一切禍患之大成。目前，全世界的自由人士，面臨這一人爲的巨大禍患，無不蹙額疾首。羅素在本文中所提出的解決原則，如加適當的限制，可以用來解決這一巨禍。誠然，羅素在這裏所提出的解決原則不足以「救急」。然而，吾人須知，任何「救急」辦法，如不假定一趨向於「善」或「好」的長遠原則，並依此長遠原則之指導而行之，則此等「救急」辦法的本身，恒難免淪爲禍患之源。凡冷靜觀察世變並且爲自由世界前途着想的人，都將承認羅素所提出的解決原則，在一長遠歷程中，確爲到達人類和平、康樂、進步之大路。如果我們要保持這點認識，那末必須做到如羅素之所言：「知識分子如果在社會中還有些功能，他們的功能就在面對着激情的引誘時仍能保持冷靜與無偏見的判斷」。

第二，關于治學方面。在學問方面，羅素被公認爲現代科學的哲學之先導人物。羅素與其門人維根什坦 (L. Wittgenstein) 對於現代哲學思想的影響可於現代哲學的走向見之。羅素自少及壯，專心致力於純抽象的研究，練就一幅精審絕倫的頭腦。第一次世界戰爭發生以後，彼目擊人類互相殘殺，觸目心傷。彼深覺純抽象的研究不足以滿足愛人之情與匡時濟世之念。彼認定社會人生問題的解決必須在邏輯與數學以外探求之。可見即使思想家如羅素者，也並未以爲邏輯與數學可以代替一切，並且可用以解決社會人生問題。可是，這並不是說，在邏輯與數學不濟時，吾人必須建立一形上學的體系，並由之看世界及以之作爲基礎而推衍倫理命題，等等。在哲學解析之下，此等事業，今後顯然頗有搖搖欲墜之勢。羅素若干年來持「奧康之刀」並本其學識(特別是行爲心理學)以觀察與思考社會人生問題。他的影響之大，爲維多利亞時代以來英國三大人物之一。論者或謂羅素對社會人生之所言，多係「常識」而非深奧之哲理。吾人須知羅素最初亦嘗浸沉於黑格爾之玄思中，後遇穆爾而跳出此「理性論的套子」者。如果所謂深奧之哲理乃形上學的體系，而經得起嚴格分析的形上學體系又建立不起來，那末不如先從「常識」一步一步着手爲佳。維根什坦說：「凡人之所不能言者，人必須默然 (Wovon man nicht sprechen kann, darueber muss man schweigen)。」(Tractatus Logico-Philosophicus，最末一句話) 學人當謹守斯言。

——譯　者

我對這世界的看法，和別人一樣，一部份是由環境，一部份是由自己的氣質形成的。關於宗教信仰方面，那些關心我教育的人或者並未採用最完善的方法以使我毫無疑義地接受正統教義，我的父與母都是自由思想的人，但當我兩歲時，其中一位故世了，我三歲時另一位也故世。他們的意見如何是當我長大以後才知道的。我父親死後，我就同我祖母在一起過活。她原是屬於蘇格蘭長老會的，但她到七十歲時又轉變爲基督教中一神教派的信徒了。我被輪換着這個星期日被帶到教區的教堂，下個星期日又被帶到長老會的教堂。在家裏時我却被教以一神教派的教義。我頂喜歡教區的教堂。因爲在這教堂裏靠近鐘的繩子的地方，有一舒適的家庭座位。當繩子隨着上下移動時，鐘聲便鐺鐺地響個不停，引人入勝。我又喜歡那些懸掛在墻壁上的皇家徽章。還有那教區小吏，他總是在講道一開始時走進來，牧師替他關上門，他再一步步走上講壇。還有，當祈禱式進行時我又好暗中做一些別的玩意，研究計算復活日的計算表，默想「金數」與「星期日信函」的意義，或用九十除一數，略去其剩餘分數，以此爲樂。

但他們並未教我信仰聖經中每件事都是眞的，或相信神蹟，或那死後永墜地獄的說法。我接受了達爾文主義認爲這是當然的。我記得我十一歲時有一位瑞士新教徒的家庭教師，他對我說：「如果你是一個達爾文主義者，我將憐憫你，因爲一個人不能同時既是達爾文主義者又是基督徒，」我在那樣小的年紀自然尙未相信此二者是不能相容的，但當時我已經確定，如果我必得作一選擇，我將願作一達爾文主義者。不過我仍虔誠地繼續信仰一神教派，直到十四歲爲止。在這個期間，我的宗教情緒達到高潮，因之也急於要知道是否有良好的根據來證明宗教是眞的。以後的四年，我大部份的時間都用來秘密地默想這個題目。我所想的從未告人，因怕引起苦痛。我的信仰逐漸消失，且又必需保持緘默，這使我感到極深的痛苦。

我不再相信的第一個教條是關於意志自由的教條。照我看來，物體的一切運動似乎都由動力學的定律所決定，因此人的意志是不能影響它似的；甚至構成人體之一部份的物質，亦不例外。我那時還沒聽說過笛卡爾的學說。其實，我還未聽過任何一套偉大的哲學學說，但是，我的思想很自然地沿着笛卡爾的路線前進。我開始懷疑的第二個教條是關于永生的信仰。但我當時之不相信它，所持的理由是什麼，我已經記不清楚了。我仍繼續信仰上帝，直到十八歲爲止。因爲那時我還覺得「第一原因」這一論據是無可爭辯的。可是，到十八歲這年我看了彌爾的自傳，才見到「第一原因」這一論據的誤謬。我於是確定地放棄基督教的一切教條。而使我吃驚的是，這時我覺得比從前掙扎着想保存某些神學的信仰時，要快樂得多。

我剛一達到這個階段，便進入劍橋大學了。在大學裏我生平第一次遇到一些人，我能和他們談些我所感到興趣的事。我在馬克塔 Mc Taggart 影響下研習哲學，會在一段時期內成爲黑格爾學派的信徒。這一時期延續約三年之久，後來與穆爾((G. E. Moore) 執教劍橋大學，爲現代解析學派領導人物之一。重要著作有 Principia Ethica，及 Philosophical Studies。——譯者)時常討論，才將這一階段結束。我離開劍橋大學以後，曾花費幾年工夫做一些相當零散而無目標的研究。在柏林有兩個冬天，我主要地是研究經濟學。一八九六年我在霍普金大學和柏萊瑪爾講授非歐幾何。我在意大利弗羅倫薩花了許多時光與藝術鑑賞家們爲伍，同時我讀着斐德 (Pater) 福樓拜以及其他十九世紀末葉文化上偉大人物的作品。最後我在英國定居下來，籌劃寫一本關於數學原理的主要著作，這是我自十一歲以來懷抱的最大的雄心。

的確，在十一歲那年，我生活經驗中一件具有決定性的事情發生了。比我大七歲的哥哥開始教我歐幾里德幾何。我眞是高興極了，因爲我曾聽說歐幾里德是要將事物加以證明的，我希望這一下終可以得到一些顚撲不破的知識。但當我發現歐幾里德是從假設的公理出發時，大失所望。此失望之情，使我終生不忘。當我哥哥把第一條假設的公理讀給我聽時，我就說我覺得毫無理由接受這樣的公理。我哥哥答稱，照這樣的情形，則無法講下去了。因爲我急於繼續學習下去也只得暫時承認那些公理。但我從前相信世界上某處總有些堅實知識的信念，却已受到一次重大的打擊。

到三十八歲止，我一切工作的努力都是受着一個願望的鼓舞。這個願望就是要尋得某些眞正確定的知識。數學好像顯然地比其他任何學問更有權被稱爲知識，因此我就致力於數學原理。在三十八歲時我感到我在這方面所能盡的力都已盡到了，雖然這時離任何絕對確定的事物還遠哩。實在說來，我的工作的總結果只不過給算術引來一些前人未曾想到的疑惑。我那時深信，現在亦仍然深信，我所採用的方法比任何其他曾被人採用的方法都更能引人接近知識，但我所採用的方法得來的知識仍只是蓋然的知識，而並非如第一眼看時那樣準確。

於是，我的生活從這時起被分成相當清楚的兩截。我從前致力於一套抽象的研究，竭盡所能而未達到想望的標的。這一套抽象的研究我覺得再無興緻去搞了。我這時的心情很有些像浮士德當魔鬼第一次在他面前出現時的光景。不同的是魔鬼這次並未以毛犬的化身出現，而是以第一次世界大戰的形式出現在我面前。當我與懷德海(Whitehead)博士完成了數學原理 (Principia Mathematica) 的巨構以後，我差不多有三年的時光不知要確定做什麼。我在劍橋教着書，但我總覺得這不是我希望一直幹下去的事。我的心主要還被數理邏輯佔據着，但這全然由於長久從事這門工作所產生的心理慣性。我總覺得——還有一半是沒有意識到的——我希望做一種性質完全不同的工作。

終於大戰到來了。我毫無疑問的知道我必得做什麼。我在這次戰爭中做了和平主義的推進者。我以前此未有的全部熱心來做這事。我從事這件工作時也從未像這樣地毫不躊躇。我也是生平第一次發現一件與我整個天性有關聯的工作。我從前所幹的抽象工作使我的許多人生的興趣空虛着未得滿足。我也曾偶爾給它們一點發洩，那只是靠了作些政治演說和政治論文，而且還是比較注重自由貿易與婦女選擧的問題。十八世紀與十九世紀早期貴族制度的政治傳統，我在兒時浸染甚深，這使我對公衆的事物好像有天生的責任感。我當時強烈父性的本能未能以個人的方式得到滿足，於是轉移到一般的青年人身上。當我看到歐洲青年爲了他們長輩的惡慾而被騙上屠場加以宰割的場面，我眞義憤塡膺。

一個人的知識必須是一致而整合的。我在知識方面的一致與整合使我不可能再接受那些交戰國鼓吹戰爭的那些神話。接受這些胡言的知識份子實在是放棄了自己的職責。有時他們聽信那些神話便覺得已與羣衆合而爲一因此感到快樂；有時亦純粹由於恐懼而出此。這在我心目中是很卑賤的。知識分子如果在社會中還有些功能，他們的功能就在面對着激情的引誘時仍能保持冷靜與無偏見的判斷。然而我發現，除了在平靜的時候以外，大多數知識分子並不相信智力的功用。

再者，在這次戰爭期間流行於一般人中間的情感，特別是最初幾個月的情感，給我在科學研究上提供深切的興味，雖然這種興味也是很苦痛的。首先，我觀察到那些停留在家裏的人大部份都以戰爭爲樂事而欣賞之。這告訴我，在現代教育方法下產生的人民，其心性中存在的仇恨心是如何之重，而彼此相愛的情感又是如何之少。我也看出那些通常的德操如勤，儉，爲公的精神等固然增加了人類活動的精力，但把這些精力用於互相消滅，亦十足加大災難的規模。我怕歐洲的文明將會燬掉。眞的，如果那次戰爭再延長一年，這是很易辦到的。在十九世紀時人們享有安全的感覺。這是十九世紀的特徵之一。但這種安全的感覺在這次戰爭中是毀掉了。不過我並不因此而對於我從前懷抱的理想失去信心。我仍然認爲它們是値得嚮往的。在比較年青的一代人中，有許多已由於失望而變得憤世疾俗。至於我呢，因我從未感到完全的失望。我還能繼續相信人類走向較好境況的路仍然爲我們開着。

在那次戰爭的初期，我心中已產生了一些重要的衝動。我過去十五年中對政治，社會，道德諸多問題所作一切思考就都由這些衝動而起。我很快地相信，從外交的得失方面研究戰爭的根源雖不無用處，但並未眞正追到根底。因爲政府走向戰爭的每一步驟都會得到人民情感上普遍與熱烈的支持。又有一種觀點認爲戰爭之源恒爲經濟的因素，我發現這也是爲我不能接受的。因爲明顯得很，大多數熱心於戰爭的人終將因它而受到金錢的損失。爲什麼熱心戰爭的人不這樣去想呢？這正好證明他們的經濟考慮受到了偏見的歪曲，而引起他們偏見的情感才是他們好戰的眞正原因。認爲戰爭之原因恒爲經濟因素的觀點，除了在某些資本主義冒險事業的情形以外，實在只是一種辯護的藉口：人民希望戰爭，因此千方百計說服自己相信打仗對自己是有利益的。至此我們看出頂重要的問題是一個心理問題——「爲什麼人民希望打仗？」人民希望打仗是一種殘忍心的表現，而殘暴與壓迫何止限於戰爭。於是由戰爭的問題引起一串其他問題。我們要解答這些問題又需要對種種惡意情感的根源加以研究。因此要涉及心理分析及教育的理論。

在對這許多問題作了一番研究以後，我逐漸得到一個人生哲學。我形成這一人生哲學的主旨是希望能發現一些生活方式，使人們照着這些方式生活下去，雖仍然保持天賦的那些特徵，却能於社會中和平相處，而不致以彼此一心一意互相殘害爲能事。從科學的觀點來看，我的社會哲學的要點就在注重心理學，以及我判斷一個制度的優劣時特別着重這制度對人性格的影響。在大戰時期，那會爲一般人所承認的，一個淸醒公民應有的德操，都變成我認爲很壞的用途。人們戒酒是爲了製造更多的炮彈；把工作時間特別加長，這不過要把原來人們覺得還値得做點工作的社會加以破壞。花柳病比平時更被認爲憾事，因爲它妨害殺敵致果的工作。這一切使我深切了悟一件事，即單靠人的行爲規律，不管是什麼樣的，皆不足產生善的結果，除非被追尋之目的是善的。就戰爭期中所見的淸醒，勤儉，自制等德操來說，他們只增加了破壞的可怕。反之，如果把錢用來飲酒，倒能救得許多人的生命。因錢這樣花掉就免得拿去製造高級炸藥了。

旣然作了一個和平主義者，我被迫與社會的整個目的作對，對一切公認的道德規律也難免採取一種全部否定的敵視態度。然而我對道德規律的態度並不眞是敵視的。我的態度與聖保羅在他著名的「仁慈篇」中所表現的在基本上完全一樣。我知道我與這位使徒並非處處意見一致。但在這一點上我的感覺與他恰恰一樣——即是，我覺得服從道德規律並不能替代愛。凡有眞愛存在的地方，如能使之與智慧結合，便足以產生任何我們所需要的道德規律。但「愛」這個字在習用上已損毀不堪，它已經不能十分傳達那正確的意義了。我們可以從另一端入手來討論這問題。我們依照行爲學派的分析，把行動分爲兩類，一類是接近的行動，一類是遠離的行動。舉例言之，在那些最低賤的動物中我們可以把它們分成向光與避光的——這就是說，一類動物見光就來接近，另一類見光就要逃跑。

同樣的區別全然可以適用於整個動物的範圍。當一個新的刺激發生時，我們可以見到一種衝動是接近的，或一種衝動是向後撤退的。這類行動，翻譯成心理學上的名詞，就是說，動物有相吸的情緒或有恐懼的情緒。這兩種情緒對於求生存來說自然都是必需的。但恐懼的情緒在今天文明生活中已遠不如在人類早期或在未成人形的老祖宗時代那樣需要了。在人類沒有合用的武器以前，兇猛的野獸必定非常危及人類的生存。那時的人類要和今日兎子般的膽小是不無理由的。古時還恒有受饑餓而死的危險，但現代交通工具的產生已使這種危險大大的減低了。

現在最兇猛最危險而必需與之搏鬭的動物亦就是人。至於純從物質原因引起的人對人的恐懼却已迅速減少，因此在今天，我們除了與別的人發生關係而外，很少有讓我們害怕的事物。而人與人之間覺得那樣可怕的主要原因之一，乃恐懼之自身在作祟。現在有一個爲大家所公認的格言：「最好的防衞乃是攻擊。」因之，各民族便不斷互相攻擊，而他們攻擊別人的原因就是預計別人要攻擊他們。我們本能的情緒是從一個遠比現在危險的世界遺傳而來的。因此我們本能包含大部分的恐懼，而這一部分比現在應該有的還多。然而這些恐懼之情因在別處找不到適當的出路，於是向社會的周圍宣洩，產生仇恨，嫉妒，不信任，惡意以及一切不仁慈的行爲。我們人類新近獲得了對自然主宰的能力。如果我們將這種主宰自然的能力善於利用以獲得充分的益處，則我們必可養成一種比較莊嚴的心理：不再有奴隸的那種畏縮與激憤的恐怖，而要學着感覺主人的那種平靜的尊嚴。用前面所說「接近的衝動」與「退後的衝動」的詞句來講，就是接近的衝動需予以鼓勵，退後的衝動需加以抑制。這與別的事物一樣，也只有程度的差別。我並不要人用友情去與老虎和蟒蛇親近。我只是說，旣然老的傳統是從一個比較危險的世界中成長起來的，今日世界中需得着人懼怕與退避的場合比傳統使人去想像的要少得多。

人類征服了自然，這才使人類可以用友善與合作態度相處。現在如果人類本其理性互相合作，把科學知識充分利用，他們確能爲全體獲得經濟上的福利——這在早期任何時代裏都是不可能的。在過去人們爲一塊肥沃的土地作生死的競爭，這是一件相當合理的事；然而到現在却變成愚蠢的行爲了。組織國際政府，成立商業組織，並節制生育，便可使這個世界對每個人都舒服。當然我並非說每個人都能像克魯沙（(Croesus) 595—546 B. C. 彼乃 Lydia 最後之王，統治小亞細亞之大部分。彼以多金致富而聞名天下——譯者）一樣的富有。但是每個人都應當有一個有識見的人爲求得幸福所需的那點點財富。當窮困與貧乏的問題取消以後，人們便可以專心致志地從事人類文明中種種建設性的藝術——發展科學，減少疾病，延遲死亡，讓那些造成快樂的衝動盡量解放出來。

爲什麼這樣的想法會令人覺得是烏托邦的空想呢？其理由全在人的心理方面——這倒不是出諸人性中永遠不變的部份，而是由於傳統，教育以及環境的榜樣等等給我們造成的心理。先擧國際政府爲例罷。凡有政治思想能力的人都能明白這個組織的必要。但是民族主義的感情障礙着他們，每一個國家以自己的獨立爲榮，每一個國家願戰至最後一口氣來保存它自己的自由。這當然是一種純粹混亂無秩序的狀況。這種狀況所引起的狀況，與在那些勇敢而蠻橫的諸侯尙未屈服於國王權威以前之封建時

（下轉第8頁）

馬來通訊

馬來亞的人種岐視

李銳華

歧視外僑的苛例

今日的馬來亞，已面臨嚴重的危機。造成危機的重要原因之一，由於人種歧視。近數十年來，馬來亞英政府訂立了許多歧視外僑條例，最顯著者有「外人條例」(The Abens Ordinance)，「驅逐出境條例」(The Bandish Ordinance)，「馬來人土地保留法」(Malay Reservations Enactment) 等。這些條例，表面上似乎是對付一切外僑，但就以往許多事實看，實係針對華僑而發。茲分述如次：

(1)「外僑條例」。馬來亞英當局為鼓勵開發起見，一向歡迎華僑入境。一九二九年金文泰 (Sir Cicil Clementi) 出任海峽殖民地總督後，一反英政府的傳統政策，策動海峽殖民地立法會議，通過一連串的排華條例。「外僑條例」就是其中之一，該條例規定華僑入境和居留，加以嚴格的限制。一九三二年十月十九日海峽殖民地立法會議討論該項條例時，英籍議員們一致認為限制華人新客入境，是為保護僑生華人的利益。僑生華人領袖陳禎祿(註二)當時為立法議員之一，他站在僑生華人的立場，曾慷慨激昂的抗辯說：

『諸君擁護此條例的理由，好像說政府是要維護僑生華人的利益，可是我從各方面來觀察，政府對這般僑生華人，全沒有絲毫同情和鼓勵。海峽殖民地的華僑，有五百多年的歷史，他們多以此地為家鄉，英政府對這般忠誠的僑民，不准他們購買土地，不准他們耕田，但是從蘇門答臘和爪哇來的移民，就有此種權利，僑生華人失業，向行政院提出請求耕田，概遭拒絕。甚至對他們享受英文教育的機會，也予以種種為難，提高學費，規定學齡，以及其他各種限制。至於華文教育，政府是半理不理。不付公款，反說凡欲享受免費教育者，可到馬來學校去，這明明是強人之所不能。政府對於此地生長的華人，完全沒有正確的政策，來爭取和加強他們對當地的忠誠和愛護。他們成為一羣無主的羔羊，徬徨道左，隨時有誤入歧途的危險……我且請問，政府設立此「外僑條例」是何種理由及動機？這一條例，只有使人得到一種結論，即是排華政策，可能的是不信任與懷疑心所造成的政治目的。華人對於此地的忠誠，及多年來不斷的努力而造成今日馬來亞的繁榮，反受到這種的待遇，公道何在？有很多的著作家，關於華人對馬來亞的貢獻，都有明確的敘述。加的斯所著埃及緬甸及馬來亞一書的第五十九頁有一段說：緬甸的繁榮，並非那些遊手好閒的緬甸人造成的，而是得力於無限制的華人移民的勞動和經濟建設，英政府對待在緬華人的態度和馬來亞者如出一轍，馬來亞的華人，在十九世紀的第七十至八十年代間，對馬來聯邦的組成，直接和間接有很大的貢獻。瑞天咸爵士在他所著英屬馬來亞一書的二三一，二三二和三四二各頁裏有以下的記載：「馬來亞的鑛務，完全是華人創始的，他們至今仍在不斷的努力。由他們的努力，造成馬來亞供給全世界半數以上錫的需求。華人孜孜不倦的經營，使馬來亞有今日的地位，所以馬來亞政府和人民對華僑的刻苦耐勞，才幹，和守法應得的待遇，是不容忽視的。他們帶着資本來開墾此土，當時歐洲人尚不敢冒險從事，他們卻早在馬來亞經營商店。最先辦理船務。川行於馬來半島各港口的，也是華人。當此國還在草昧時期，成千成萬的華工郎來此開發。政府的稅收，十分之九是由華人的納稅和消費而來。以此而論，全馬來亞居民應一律平等，土地應盡量發給開墾，並鼓勵移民，特別是從中國和印度來的移民。」以上所引各點，乃係開明的政治家做了馬來亞總督以後憑所得的經驗說出的良心話。自金文泰出任海峽殖民地總督後，英政府開始實行其袒護馬來人

政策，以剝削華人利益。實際上這種袒護馬來人政策，只是保護一部分英人支配下的馬來人頭目，維護其特殊權益。同時造成一條鴻溝，使馬來人自成一陣線，以與華人印人和其他非馬來民族對立，以便分而治之。』

從這一篇演講中，可知英人製訂「外僑條例」的真正用意，為排斥華僑於馬來亞之外。在金文泰一手包辦的立法會議中，陳禎祿孤掌難鳴，退出議事廳，因此該條例卒得通過。

緊接着「外僑條例」的頒佈，當地政府又製訂「管理中國移民船舶章程」(The China Immigrant Ship Rules)。此項條例和章程頒佈後，我僑民入境馬來亞，遂障礙重重，難如上天。例如由中國來馬人數，限制每月不得超過五百，來馬船舶裝載華人，不得超過廿五人，指定停船場所，規定檢疫時間，且遇新曆或舊曆新年，或聖誕節日，華人乘客不准登岸。惡例一開，以後變本加厲。近年更特別劃定星加坡港外的棋樟山(St. John Island) 為華人檢疫站——華人在未准入口前，集中該島，聽候檢疫，宛如集中營——，既准入口後，又徵收五元登岸費，且在當地居留二年，必須向當地政府報告。凡此種種，均為前此所未有。太平洋戰爭後，華僑入口限制，尤為嚴格。華僑請求入境，即使在規定名額之內，亦得移民廳批准。倘非為馬來亞急於需求的技術人才，或與當地華僑有直系親屬關係者，概難獲准入境。反之華僑出境，則手

續簡化，無須經過官方批准，可以自由離去。因此，華僑入境人數逐年減少，出境人數則反增多。一九三七年至一九四六年十年中，入境馬來亞的華僑六萬六千一百五十九人。此十年中，由馬來亞回國人數共七萬八千四百零四人。[註二] 一九四八年入境馬來亞華僑十二萬零八百七十六人，離馬華僑十四萬四千二百九十九人。入境比出境者多出二萬餘人。[註三] 若長此以往，華僑新客將日漸減少，以至消滅，殆無疑義。

(2)「驅逐出境條例」。十九世紀中葉，馬來亞因拘捕洪門會黨徒，雙方曾發生過多次衝突，當時英政府對於該會黨徒，一經捕獲，或處以極刑，或遣回原籍，此爲華僑被驅逐出境的先例。一八八九年海峽殖民地政府正式頒佈驅逐出境條例 (Banishment Ordinance)，規定「爲維護公衆福利及社會安寧計，政府可將任何外僑驅逐出境。」其後在一八九一年又加以補充：「凡驅逐出境案件，一經判決，無論公平與否，法律上不予補救。而被判決驅逐出境的外僑，且不予以詢問及上訴的機會。」[註四] 初期被判決驅逐出境者，大多爲私會黨徒，其後及於一般革命志士和愛國華僑，例如淸末驅逐同盟會員，卽爲顯明的錯誤。一九四一年海峽殖民地的政府又頒佈「驅逐出境修正條例」，規定「政府有權將外僑中任何陰謀份子，其活動可威脅殖民地安寧者驅逐出境。」所謂「陰謀份子」的界說，當地政府並沒有加以確定，所以在實行時往往發生極大的偏差。凡當地政府所不歡迎的外僑，都有被驅逐的可能，不一定是「威脅殖民地安寧」者，一九二〇年前後，許多教員被驅逐出境，卽其例證。欲加之罪，何患無辭。有時完全無辭，亦可加罪。一九三〇年馬來亞工商業凋敝，當地政府配遣大批華工出境。這所謂配遣 (Repatriation)，其實等於驅逐，因爲配遣出境，更沒有法律的根據。

驅逐出境條例，明文規定是對付所有外僑，實際也是針對華僑而且是華僑新客而發，因該條例規定「英籍民」不在被驅逐之列。在太平洋戰爭之前，馬來亞巫人，印人，英國人以及僑生華人等均屬「英籍人」。馬來亞人民，除了這幾種「英籍民」外，其餘幾乎全是華僑新客，其他外僑爲數極少；所以驅逐出境條例，太平洋戰爭之前可以說是完全對付華人。戰後的情形，稍加改變。一九四八年馬來亞英當局頒佈緊急法令後，始將驅逐出境條例執行的對象加以擴大，及於華僑以外的其他各民族僑民。自緊急法令頒佈後兩年內，各民族僑民被驅逐出境者萬餘人，其中大部爲華人。我認爲用驅逐條例來對付愛國華僑，殊屬不當，若用此條例以對付共產黨徒，則覺重犯輕罰，又無補於實際了。

(3)馬來人土地保留法。馬來亞完全爲華僑所開闢，昔日華僑購買土地，英政府曾製訂法律，明文規定不加限制。一八七五年海峽殖民地政府頒佈外人財產法令 (Aliens' Property Ordinance)，允許「居留海峽殖民地任何外僑，享有購買，租賃，繼承，遺贈，保管及變賣任何土地與不動產權利，與出生於當地人民所享權利相同。」這是天公地道的法律。金文泰就任海峽殖民地總督後，高唱馬來人農業生產政策，以排斥華僑於馬來亞農業界之外。於是馬來亞各邦遵照金文泰的意旨，分別訂立許多馬來人土地保留法。例如一九三〇年訂馬來聯邦馬來人土地保留法，同年又訂吉蘭丹馬來人土地保留法。一九三六年有柔佛馬來人土地保留法及吉打馬來人土地保留法，玻璃市馬來人土地保留法等。這些馬來人土地保留法中規定：「除馬來人外，其他任何外僑，不得購買，租賃或處理公地(State Land)。」吉打和玻璃市的馬來人土地保留法，規定除馬來人外，英政府所「認可的暹羅人」(Approved Siamese)，亦得享有土地權。所謂「認可的暹羅人」，卽一九〇一年以前僑居吉打與玻璃市二邦境內的暹羅人及其後裔。因這二邦曾於一八二一年歸屬暹羅管轄。至一九〇一年英暹訂約，始將這二邦劃爲英國的保護國。所以英政府對於一九〇一年以前移入吉打和玻璃市的暹羅人，特別優待。其實華僑移入馬來亞各地，遠在暹羅人之前。可見英政府給予華僑的待遇不及暹羅人遠甚。所謂馬來人土地保留法，不如說是「英政府土地保留法」更爲適當。因爲「公地」一詞，解釋時伸縮性很大。馬來亞任何土地，英政府可劃定或收買爲「公地」，窮苦的馬來人，是無力同它競爭的。

差別待遇

馬來亞英政府給予華僑的待遇，比較給予歐人的待遇，處處要差一等，有時比其他亞洲人也不如。例如前節中所述的土地購買權，華僑不及馬來人和暹羅人。又一九三三年馬來亞工人賠償法令，政府給予印工的待遇頗爲優越，對於華工則漠不關心。又如華僑納稅最多，而華僑學校所得津貼，不及巫校的十分之一，甚至連印校都不如。又馬來亞華僑人口最多，而馬來亞立法會議中，華僑議員名額不及其他民族議員名額多。凡此種種足見英人有意歧視華僑，厚彼薄此，造成馬來亞社會種種的不平現象，造成各民族間的層層隔膜，以達到「分而治之」的目的。

馬來亞英當局，給予歐洲人的待遇，向比給予亞洲人的待遇優越。例如馬來亞政府各機關高級職位，一向爲英人把持，其他各籍人士不能問津。太平洋戰後，馬來亞政局極爲動蕩，英政府爲緩和馬來亞之緊急局面起見，宣佈實行民選自治政府，然而政府中各重要部門，還是英國人竊據上位，亞籍官員，仍然不得高攀。一九四七年七月星加坡諮詢會議時，華僑議員陳才淸對此事曾加以攻擊。陳氏稱：「本殖民地人民曾協助司法、行政及醫藥部門工作，爲時甚久，海峽殖民地行政部及律政部於十年前成立，而海峽殖民地醫藥部遠在一九二七年卽告成立。自此三部成立以來，當地的低級人員，工作成績甚佳，證明彼等勝任各項工作，其成績不比歐籍職員爲稍遜。英政府爲便利英國人享受高級職位起見，曾將上述三部的每部內又分爲二部，高級部分，由英人把持，低級部分，乃專爲當地人士而設，在醫藥部方面，雖則政府亦准許若干醫生被提升至馬來亞醫藥部（高級部分），但當局對他們引用一項新薪率，比同階級的英國醫官爲低，行政部和律政部情形亦復如此。倘某部門內歐籍官員缺之，政府間或委任亞籍官員代理高級官員者；但一旦該部聘得歐籍官員，代理此職的亞籍官員，立即被貶降至下級職位。亞籍職員因不滿這種人種歧視現象，而提出辭職者屢見不鮮，結果致使各該部門之工作效率大爲減低……政府此種人種歧視政策，致使有資格有才能的當地人士，不願參加政府部門工作，除非政府立即統一各部官員之待遇，否則所有自治之諾言，將屬虛僞之空談。本人最後提醒政府一事，即在此時代中緩和或掩飾之伎倆，將不能使吾人滿意。」這一段話，把英國官場的黑幕，暴露無遺，而爲有色人種，發出有力的呼籲了。

不但官場情形如此，其他各界情形亦莫不如此。茲舉數例如下，以明一般：(1)馬來亞各英文學校歐籍教師及亞籍教師待遇相差懸殊。一九四七年七月星加坡英文學校教師公會曾向馬來亞新資調查委員會提供備忘錄稱：「歐籍男性教師之最低月薪爲叻幣四百元，此數比較亞籍教師所獲最高薪資尚多七十元。歐籍女教師的最低月薪爲三百元，而亞籍女教師最高月薪僅二百元。此種不平等待遇，表明一個服務已滿十七年的亞籍教師，其待遇尚不及一個初出茅廬的歐籍教師。」該教師公會要求統一歐亞籍教師待遇，但迄今尚未實現。(2)一九一二年英政府曾頒佈一道「商船法令」，其中規定凡七十五噸以上大船之船長，概由歐人充任。太平洋戰後，此法令仍繼續沿用。(3)戰後星加坡福利部主辦兩個難民收容所。一個設在約克山嶺，專爲收容歐籍及歐亞混種人者。該收容所建築輝煌，環境清幽，有電影院和圖書館等設備；另一個設在監光峇營，專爲收容亞籍人者，內以華人與印人最多，茅屋低矮，破爛不堪，室內的陳設，除最簡單的臥具和膳具外，其餘一無所有。比之約克山嶺收容所，有霄壤之別。(4)歐亞籍囚犯待遇亦不同。以星加坡的漳宜監獄爲例，歐籍囚犯與亞籍囚犯分別監禁。歐籍囚犯監內有運動場，有臥床，監房內還有私室。亞籍囚犯的監房內，除臥床外，別無一有，而且這所謂臥床，是以士敏土作成，狀如棺材，一端略爲凸出，算是睡枕，又沒有墊蓋，身體稍爲衰弱的人，睡在這種床上，一定吃不消了。

以上所述，僅係犖犖大端。英政府這種人種差別待遇政策，若不即時改正，將必自食其報，到時悔禍恐來不及了。

排華事件

馬來亞的排華運動，表現於最積極和最殘酷者，厥爲太平洋戰後兩年的華巫衝突事件。這些衝突事件，最先發於日軍和共產黨的陰謀，厥後因爲英當局制止不力，處置無方，以致滋蔓難圖，演成大禍。太平洋戰爭期間，日軍爲便於控制馬來亞計，師承英人的分裂政策，利用馬來人，壓制華僑，以使鷸蚌相爭，漁人獲利。而共產黨又火上加油，擴大糾紛，意圖造成混亂，渾水撈魚。此足見法西斯與共產黨，名雖不同，實質却無二致呢。

日本勵行南進政策，華僑爲其勁敵，戰前日本商品傾銷與大量移民，圖取華僑之地位而代之，所以日軍佔領馬來半島與星加坡後，大肆屠殺華僑，並用巫人爲偵探，進攻華僑游擊隊；而共產黨所領導的游擊隊，不敢對日軍正面作戰，却對巫人展開反擊，遂造成民族間的仇恨。一九四五年日軍見戰爭形勢不利，乃在各地組織巫人，供給武器，進行反游擊戰爭，並假手巫人，展開排華運動。日軍首先在柔佛南部替巫人組織了一個「伊斯蘭姆黨」，接着又在霹靂各地組織巫人「巴冷隊」(大刀會)。一九四五年三月，柔佛的日本憲兵，挾着巫人數十猛，進入彭加蘭市(Pengerang)搶刼華僑商店，同時各鄉村回教堂擊鼓鳴鐘，動員巫人向各地華僑區域進襲，彭亨，霹靂，吉打各州巫人亦起而響應。頓時全馬來亞鬼哭神號，成爲恐怖世界。日軍投降後，英軍重來之初，不但情形未加改善，局勢更加惡化，幾至不可收拾。於今思之，猶有餘悸。茲將一九四五年至一九四七年兩年間馬來亞各州重大排華事件舉述數例如下，爲華巫二族之警惕：

(1) 柔佛州

峇株巴轄(Batu Bahat)附近山區。地廣人稀，日軍佔領時，常有共產黨游擊隊出沒，附近華僑，予以支持，一九四五年四月巫兵以搜索游擊隊爲名，進擊華僑村落，華僑手無寸鐵，任其宰殺，死傷四百餘人。日軍投降時該地情形益爲混亂，游擊隊槍殺昔日與日軍合作的巫奸數人。巫人乃呼朋引類，襲擊華僑稀少地區，無辜婦孺，傷亡頗衆。英軍重來後，復利用此種巫人偵察游擊隊蹤跡。巫人狐假虎威，肆無忌憚，致演成一而再的大屠殺慘劇。人丁死傷，無從統計。峇株巴轄山區，戰前到處是華僑農園，戰後一遍荒丘，人口已寥寥無幾了。

離峇株巴轄約十一哩處有一小城市叫實勿拉(Semerah)，戰前有華僑一千六百餘人，巫人約三千，並有華僑學校二所，華僑商店二百餘間。一九四五年巫人大舉排華時，實勿拉華僑房屋被燬三百餘間，人口死亡頗衆，其幸存者大都避居峇株巴轄與蔴坡二地。戰後若干年來，實勿拉市內僅有華僑商店十餘間，華僑人口僅約六百人，而巫人人口反比戰前增多。

一九四六年下半年，自峇株巴轄至笨珍一帶，華僑失跡及被暗殺之事，頻頻發生。僻靜地方的華僑，紛紛遷避他處。大笨珍昔日爲華僑聚居的一個繁盛城市。戰後衰落不堪了。

峇株巴轄附近各地的排華案件，至爲繁複，當時的實況，無法知悉。

據峇株巴轄華僑公會調查，峇株巴轄所屬各地華僑，因巫人排華運動遭受的損失，計屋宇被燬一千七百零七所，財產損失共二百三十九萬餘元，人口損失尚無法統計。

一九四六年六月下旬，文律埠(Benut)附近華僑數人因發生誤會以至衝突。旋巫衆數百猛持械携槍，蜂湧而至，當場殺害華僑七人，失踪二人。風聲所傳，情形極為緊張，附近僑衆，紛紛向文律埠及其他城市逃避。幸當地僑領促請巫人領袖拿督翁親往調解，緊張的局勢，才緩和下來。

(2) 霹靂州

霹靂排華運動，最為慘烈。一九四五年十二月卅日，安順北面的蘭波加南 (Lambor Kanan) 巫人數百人持刀負矛，猛攻華僑區域，華僑被迫起而反抗，致發生械鬪，結果華僑被殺二十五人，受傷百餘人。巫人因事先早有準備，且有新式武器，僅死三人，受傷十四人。該地瀕臨霹靂河岸，屍浮河面，英警視若無覩。又安順屬雙溪馬爾區及萬樓港等地，華僑被殺百餘人，燬房屋二百餘間，財物均遭洗刼。

一九四六年一月一日霹靂河下游巫人數千猛，夜襲華僑村落，殺華僑百餘人，該地原有華僑三千餘人，事發後一人不見，所有田園財產，均遭掠佔。同年三月五日下霹靂雙溪汝弄地方一華僑屠商失踪，家人疑為巫人殺害。翌日進入巫人村落尋覓，被巫人百餘人追殺未果。該巫人等乃急敲回教堂大鐘，動員巫人千餘人，向僑村襲擊。華僑聞訊遠遁，不及逃匿者悉遭殺戮。事後調查，發現屍首十二具，一婦重創，數十人失踪。二日後再調查，失踪屍首為巫人抬走掩埋，因圖滅跡。

霹靂江沙區的排華案件，自一九四五年十一月起至翌年三月初，幾乎無日無之。該地華僑大多為廣西人。該地排華詳情，霹靂金保 (Kampar) 廣西會舘曾於一九四七年四月二十七日發表詳細的調查報告。每次排華事件發生後，當地華僑均向警局報案，但均置之不理。當地華僑為自保起見，被迫起而組織防衛力量，於是在一九四六年三月六日在比各村 (Bekor) 發生嚴重衝突，雙方死傷頗多，巫人的回教廟及房屋被華僑搗毀若干所，華僑學校及商店，多為巫人縱火焚燒。此次事件發生，實由於若干巫人首先肇事，英法庭不察事實之眞相，竟判處華僑十八人的絞刑，而對於肇事的巫人，反不加過問，中外輿論，均憤慨不平。英法庭自知理曲，乃改判該華僑十八人無期徒刑，這確是一個大寃獄。

(3) 吉打州

一九四六年一月十六日，華玲 (Baling) 所屬波賴區巫人二十餘猛，手持利器，向華僑區進襲，殺華僑七人，燬房屋七間。事發後當地華僑報警，警局不理。

同年五月二日吉打過港 (Sungei Kedah) 公市巫兇多人手持利器，奔向華人區，殺害華僑六人。旋巫警驅車趕到，不但不予鎮壓，反助同巫兇毆殺華僑，並綑架多人强載而去，經華僑向警局申訴，始將被綑華僑重毆後釋放，而肇事巫兇，逍遙法外。

一九四七年五月二日吉打巴刹一華人與一巫人發生爭執，以至毆鬪。巫人立即召集百餘同類，手持利器，氣勢洶洶，凡遇華僑，一概擊殺。致重傷六人，失踪多人。旋巫警趕至肇事地點，不問情由，又捕捉華僑數十人拖曳而去。巫人氣燄益高，更為猖獗，乃大舉搜搶華僑財物，槍聲殺聲，一片混亂。巫人得手後揚長而去。此案與吉打過港公市排華案情略同。

(4) 其他各州

一九四五年十一月六日，森美蘭的瓜拉比勞近郊巫人四百餘人，猛襲華僑村落，殺四十餘人，死者多屬婦孺。巫人屠村後狂叫而去，英警聞報，置之不問。翌年一月一日晚，馬口 (Makau) 附近又發生排華事件。馬口原有華僑數百人，一夜之間，殺傷殆盡，連嬰兒亦無一幸免。事後華僑提請當局查究，沒有下文。

一九四六年二月十一日，彭亨勞勿的馬都馬林 (Batu Malin) 華僑約一百五十人與巫人約二百人發生衝突。巫人因事先有準備，大刀砍殺，勢不可當，華僑傷數十人，均倒臥血泊中。巫人大呼勝利，狂叫而去。事後英當局對於該案允予調查，但無下文。

以上所舉，僅係幾個比較重大的案件。至於挾嫌仇殺，或破門而入，搶刼財物，華僑因拒絕而致一人或全家被殺者則屢見不鮮，不勝備載。馬來人原是世界上最敦厚的民族，樂天安命，與人無爭。千餘年來和我僑相依相存，毫無芥蒂。一九四五年至一九四七年的排華運動，全係受人煽惑，被人利用之所致，兩族有識之士，莫不引為痛心。吾人須知：馬來亞的繁榮，端賴於華巫兩大民族的合作；任何仇視和排斥，都是走入毀滅的道路。

註一　陳禎祿，馬六甲僑生華僑，一九二三——三四年曾任海峽殖民地立法委員。一九三三——三五年又任海峽殖民地行政委員，同時又任大英帝國軍令總部軍事委員。雖然歷任英政府要職，但其言論總是站在華僑的一邊。太平洋戰後，彼對於英政府的殖民政策，攻擊尤烈，並曾組織汎馬來亞統一行動委員會 (Pan-Malayan Council of Jonit Action)，反對馬來亞聯合邦憲草及星馬分治。一九五一年他和馬來人領袖拿督翁 (Dato Onn bin Ja' afar) 組織馬來亞獨立黨，他是馬來亞民族獨立運動華人的領袖。一九五二年英皇授與爵士頭銜。彼對中國文化，極其愛護，現正努力籌建中國大學。彼專攻法律和歷史，對於古代南洋和我國的關係，研究尤有心得，關於這方面的著述，散見南洋中西文報刊者甚多。戰後著 Malayan Problems 一書，中外極為珍視。

註二　據民國三十六年僑務委員會編僑務十五年。

註三　據一九四九年馬來亞移民廳發表的報告。

註四　見 Roland St. John Braddell, The Law of the Straits Settlement p. 102.

馬德里通訊

解除臺灣中立後西班牙輿論的反響

警雷

自從美總統艾森豪向國會發表咨文，聲明解除臺灣中立以後，到記者執筆署文時，已有一旬了。在這一旬期間，居留西歐的人，如果關心時事，他可以理會在西歐反共的三個大國中的反響之完全迥異。我所說的西歐三個反共大國，指的是英、法、西三國。對美國解除臺灣中立的政策，英法兩國的輿論，說來令人奇怪，竟與莫斯科同一調門，如法國極右的宇宙日報，英國的時事論壇，太晤士，每日快訊，鏡報等，都說艾帥是一位政治白丁，不懂得世界局勢，認爲解除中立臺灣就等於發動第三次大戰。特別是英國很有許多報紙大肆漫罵，而老邱竟也說：「我們應發動英聯輿論以影響美國輿論，使艾森豪總統被迫改變政策。」據此間盛傳艾登外相會以不合作的要脅，要求杜勒斯國務卿改變美政府解除臺灣中立的政策，迫使杜勒斯向艾登保證美國不參與自由中國對大陸反攻。在B.B.C.的的中文廣播裏甚至還會向美國提出承認中共的建議。共喪心病狂莫此爲甚。

然而在西班牙的反響則迥然與英法兩國不同。艾帥被選爲總統之後，許多西國友人都對記者說，艾帥作了總統，對自由中國是最大的勝利與幸運。事實上艾帥之當選總統對於整個自由世界都是一件幸事。等到二月初艾總統的解除臺灣中立之後，見面的西班牙人，都在替我們慶祝。報章雜誌上的輿論對這項消息，都以顯著地位來報導。根據記者所知，西班牙現有日報一〇九家，馬德里八家，巴塞羅納七家，其餘各省九四家，其間共有四十一家係由國家辦理。雜誌共一千五百七十七種，其間討論政治者則不過十餘種，餘皆爲專門雜誌。電台八十餘家。日報與雜誌除去專門者外，對解除自由中國中立，封鎖大陸等政策，都著文詳論，盛讚艾帥政策之明智。現在我們且舉若干例證，西班牙的權威日報要以巴塞羅納的前鋒報爲巨擘，日銷十餘萬份，普通爲八開三十頁左右，在解除中立消息發出之後，十一日來，共計社論八則，通訊三十二件，消息八十餘條。而馬德里民營的過去日報，其國際現況短評評論有關此項新聞者共九則，社論六件，消息八十餘條，通訊二十六件。國營報紙以馬德里的前進日報爲最有權威（內容較過去日報爲好，而聲譽則次之），社論、消息、通訊，也都不減於上述兩報，尤其在消息方面，每日總有五六通來自臺灣的專電，爲此間各報所不及。

至於雜誌方面，我們可以舉宇宙週報作代表。這一份雜誌西班牙人稱之爲西班牙的時代週刊。它在最近的兩期中，除掉每期的社論都在盛稱艾氏新猷與詆斥英法爲莫斯科的同路人外，在消息報導中，幾乎佔了全雜誌的五分之一左右。

此外如對封鎖大陸，因英國的反對而暫緩進行一事，各報都紛紛表示婉惜，對英國的唯利是圖以及落井下石的政策，深致不滿。比如某日過去日報的國際現況短評的標題，開門見山就說：巴黎、倫敦、莫斯科狼狽相謀。還有的則以驚歎號來表示他們的意見。

現在記者不妨引徵幾個大報對解除中立自由中國以及有關封鎖大陸的評論與新聞，使讀者更能加深印象。政府所辦前進日報二月二日社論內有：艾帥新猷：解除對臺封鎖，是世界光明的開始；二月三日新聞大字標題，美總統外交新政策積極明朗：其具體表現解除臺灣反攻的障碍；二月五日的通訊內則有：重使自由中國反攻大陸轟炸滿洲，成立中日韓三國聯軍，這是美國眞正指導世界之開始。過去日報二月一日社論內會說明解除臺灣中立這是最合理而有效的反共政策；同月三日社論內也有：解除臺灣中立化的政策，是最進步的外交政策，並不是干涉主義；這幾句話正是針對着英國輿論而發的。同月五日社論內更有：給予臺灣自由，其結果將使高麗停戰，目前周恩來之籲請重開談判，即是此次政策的效果之一。初步日報在通訊內，則不斷稱譽此一政策爲良好政策。民族晚報九日通訊內對英法反對艾氏新政刺諷畢至，以臺灣再度跳舞爲題，向美國建議不要爲英法的反對而將臺灣作爲政治皮球。前鋒報在二日社論中，其警句有解除臺灣中立，世界光明在望；艾氏新猷，正義合理，實是黑暗中的燈塔。諸如此類，不一而足，可見輿論之一斑。

總之，西班牙是一個富有同情心的民族，充沛了吉訶德的精神，好正義的喜抱不平，過去對我們的國家一切，非常陌生，一方面再加上其他國家的惡意宣傳，弄得中國人在西班牙人的心目中只是小辮小脚吸大烟。然而近年來，中西兩國文化交流的結果，全西班牙的我國學生共有八十八人，散佈在各大都市，與西國人士之多方接觸，西班牙人對中國的觀念，因以爲之一變。在這方面教會的努力已其功績是不可磨滅的。去年五月二十七日于總主教與西外長反覆陳辭，通使之議得以實現，中西邦交重見敦睦。通使之後西班牙朝野對我國更表同情。但我們今後應使西班牙人民對於中國文化有更深一步的瞭解，藉以加深兩國關係。自歷史方面來看，文化交流較之外交更爲重要。而西班牙對中南美各國又有子母關係，情好彌篤。再進而言之，回教各國也惟西班牙之馬首是瞻。那末加深中西文化交流，這實是當務之急。我們希望政府能在西班牙有新聞處之設，加上此地中西同學們的合作，文化瞭解自是不成問題。因而更能促進西班牙對我國的同情，也更能加深兩國的認識，而加強外交的關係！

美國通訊

護理工作在美國

陳雅寧

整有一年了，我沒有給臺灣的報紙雜誌寫過通訊，並不是因為人在美國就把臺灣忘了，相反地，我是多麼想念着祖國和寶島上的每個朋友們。也非我對報導美國生活不再發生興趣，只能以一個「忙」字來解釋我這一年來的沉寂。

很多在臺灣的同學們天天希望能有機會來美國，然而在美國的中國學生却都希望能早日回臺灣去。美國並不是人人想像中的天堂，更不像好萊塢電影內所描繪美國人民的生活都是那麼富裕與舒適。以經驗來說，如果想過安逸閒靜的生活，只有在中國才可以享受到。美國每一個人，無論男女老幼，整天都緊張地以工作來掙錢，錢愈多，愈想要多，物質慾也就因之愈大，故美國每年因生活緊張死于心臟病者，竟達全國死亡率之冠。

自從當了白衣天使以來，我的生活與病人和醫院結了不了緣，每天都在勤苦忙累的情況下實習着，不但把我們平時書本上所學的東西與實際施用治療情形連成一氣，同時也得到許多臨床實習經驗。去年四月間，我結束了在聖．詹姆士醫院各門部的實習工作和同班其他五位同學首批去蒙大拿州立肺病療養院實習了六週。

在一年多的時間裏，我所接觸的病人中，肺病病人是為我所最喜歡的，他們除了容易護理外還容易成為您的朋友，大概因為他們住院久了，心情不好，一點溫暖的安慰都會使他們欣慰與感激。這是一所不到三百病床的醫院，院址在離 Butte 三十二哩遠的一個鄉間，空氣新鮮，環境幽美，實不愧為養肺病的好地方。院長為全美三大名胸腔外科大夫之一，他自己以前生過肺病，曾為此醫院的一個病人，後來病癒後到歐洲維也納專攻胸肺外科，回國後在此醫院作實習醫生，後來慢慢地才升為院長。為了防免學生受傳染的關係，我們一到後，在未正式上班以前每人照X光，長期在那裏工作的人員每六週都照一次，以防萬一，平常我們在病房中工作，完全採用傳染病隔離法，戴口罩和穿特製之外衣。且在我們實習期滿回到母校三日後又照一次X光，可以知道我們是否在實習時期受了傳染。無論美國今日的科學多麼進步，和治肺病特效藥的發明，也未代替了最主要的「休息」與「營養」，病人們每天上下午都有兩小時的午睡時間，不管您睡不睡得着，均要乖乖地躺在床上閉目養神，在此休息時間內是不許讀書報雜誌的。美國患肺病者多為少年和中年，小孩子與老年人也有，不過很少。想起中國青年每年因肺病而致死者，不知多少？恐係因我國連年戰爭，生活不安定，營養不良，教育不普及，科學不發達與公共衞生辦得不好的緣故。

一個人最怕是對「生命」失去了興趣，失去健康的人，尤須重新樹立起對生的希望，拿出勇氣來，有信心地為這暗淡的人生探尋一線曙光。精神與心理治療對患肺病者是很重要的，一絲活潑的甜笑與幾句幽默的話語會帶給他們一天的快樂，有的病人每天可以出去散散步，一週看一次電影，但多數病人是不許出門的，他(她)們以自己的特長，有的從事皮工，作些皮包皮帶等物售賣，女病人們織毛衣、作桌布、刺綉等來打發他們漫長的日月。我對這裏每天死板的工作雖不太感興趣，然而能交到幾個樂觀忠實的病人也足紀念這六週的實習了。

從州立肺病療養院實習完畢後，我們幾人又繼續移到僅離肺病院五哩遠之州立精神病院實習，大家都抱有一顆恐懼的心來到精神病院，因為我們將要與「瘋人」們一起生活三個月，但後來我們的恐懼心被同情心與憐憫心取而代之了。

在這裏，除了專修心理護士學和心理衞生學兩科之外，其餘的時間均在醫院中和可憐的神經病人在一塊兒，這是一個規模很大的州立醫院，擁有病人二千，雇工一千，院址座落在蒙州西南部，由華盛頓州之斯波堪，到蒙州之布提城間之一小鎮叫溫泉的地方，此地雖為鄉下，然因醫院本身之龐大，像醫院各部門之辦公室、病房、農場、牧場、菜園、漿洗房、麵包房、戲院、球場、郵局、雜貨舖、人工湖、溫泉亭、花房、職工娛樂大廈、汽車站和火車站共近三十餘幢的房子把這不為人注意的小地方點綴得儼如一大城市，無所不有，可謂規模相當不小了。

我們一起來實習的學生護士共有六十幾人，除了自蒙州各不同之護校外，還有十幾位同學來自北達克塔州，和我們富源州的同學還相處得不錯，使我們除去熟知來自本校的同學們，又多認識了許多外校的朋友同業們。

這兒的工作和普通醫院截然不同，除了注重醫治病人身體上之不適外，最主要的是醫治病人精神方面的不正常，像失去記憶力，感情上之不平衡，性情不正常地改變和難于使自己適合于社會環境與衆人羣居等等。精神原是抽象的東西，精神上有了毛病，更是難捉摸了。平常我們信口說人是瘋子癲子和白癡，現在我對于這幾個名詞再也不能無知地亂用了，因有三個月的經驗，使我感到精神病人是天下最可憐的人，他(她)們不但被人遺棄，社會對于他們也早就不復存在，他們失去了理智和情感的均衡，不能面對現實，走上自殺和殺人之極端路上。有的病人整個變為呆癡，終日在作白日夢與生活在烏托邦之世界中。精神學家、心理學家、精神分析學家、各種娛樂、職業、工業和社會問題專家們和我們一羣護士與病人之家庭，社會福利機關合作，把病人由失去的人生道路中拉回來，使他們對生活有興趣，有反應，能適應環境回到人臺中去。我們每天和病人在一起，和他們聊天，觀察病人行爲和感情之改變，往往有時坐上一兩個鐘頭，耐心地聽病人講他們的過去失戀史和些滑稽可笑、想入非非不合邏輯的故事。因爲一點小的發現，說不定是醫生們的寶貴資料。我們每天和病人一起出去散步二次，晒太陽、唱歌、打球、作遊戲，使他們有充足的陽光與戶外活動，因平時他們永遠是被關鎖在樓中像坐監獄一樣。我們出入完全靠每人隨身所帶的一串鑰匙。在樓中有無線電、留聲機、鋼琴、樸克牌、跳棋、書報雜誌等物，以供娛樂。另有工作室，在那裏我們要教和幫助病人縫紉、紡織、刺繡、繪畫、作木工、皮工和泥工等等，每禮拜一有全體學唱節目，禮拜二看賽球，禮拜三、四兩夜有舞會，禮拜五電影，禮拜六圖書館開放日，禮拜天宗教節目，總之活動繁多，不勝枚舉。

除了以心理、娛樂和工作等方法治療精神病外，我們還要幫助大夫通電給病人大腦，使病人全身麻木痙攣性之治療法，和注射島胰素打擾身體內之正常新陳代謝作用，而致使精神復原和水浸法等。

不到精神病院工作，眞不知道美國有多少神經病患者，三月來的經歷，可够我寫一本小說的資料，然而苦無時間，只好以此短文來嚮讀者。藉使在臺灣的親友與讀者們知道我去年一年在美生活情形的大概。

（二月十日）

給讀者的報告

上月廿五日政府正式宣佈廢止中蘇條約。連日以來，報章雜誌紛紛著文評論，一致支持政府廢約的立場。當然我們也是一樣的支持政府廢約的立場的。但在這方面我們不擬再復置論；却願乘此機會，從往事的經驗中，指陳我們過去的失誤，以爲未來之殷鑑。我們這期的社論乃是從這個觀點而寫的。回憶卅四年中蘇條約簽訂之時，國內輿論對之噤若寒蟬，未聞有公開反對的呼聲；雖然人民心裏對這個條約十分不滿，雖然明知這個條約是迫不得已而忍辱簽訂的。這完全是由於我們沒有養成言論自由的習慣與環境。反之，如果輿論界能够充分表達人民的意志，政府爲尊重民意，則對當時的情勢或者無不有所影響。任何國家的決策與措施，如能容許公開的討論與批評，一定能受集思廣益之效。這正是我們天天在提倡言論自由的主旨。

過去有一個時期，文化界曾經熱烈討論過讀經問題。當時大家的論點都着重於經的客觀價值之論辨。這一期李經先生在「讀經與讀經的態度」一文中，從另一新的角度來討論此一問題。他指出兩種不同的讀經態度，一是批評的，一是不批評與反批評的。科學的批評精神是擴大充實文化基礎的生命力，而不批評的八股精神與反批評的教條主義則是窒息人類心智的枷鎖。那麼我們是應該選擇那一種讀經的態度呢？讀者們據此是不難獲得確切的結論的了。

龍運鈞先生爲文討論公敎人員待遇問題。從小處近處看，公敎人員待遇只是一部份人的生活問題；但從大處遠處看，這却是一個嚴重的社會與政治問題，足以影響於國家的治亂安危。公敎人員代表大多數知識分子，是社會安定的重要力量，一旦知識分子的生計無以維持的時候，戰亂必隨之而生。這是歷史上屢驗不爽的。自抗日戰爭以還，由於通貨膨脹，薪給階級的生活日趨淸苦；今天在臺灣，公敎人員待遇的問題依然十分嚴重的存在着。一方面是待遇之普遍的菲薄，一方面是過分懸殊與不平。目前談調整公敎人員待遇實有其財政上的困難；然而權之以國家治亂之重，則不容我們長此拖延。退一步言之，如果能够竭力撙節許多不必要的浪費，裁撤東一個西一東的不必要的訓練機構，我們相信問題仍是可以解決一部份的。

羅素的人生哲學是一篇分量很重譯述，該文大意譯者已在篇首扼要說明，茲不贅述。

幸福的病

胡　平

「都是因爲累的。躺下，好好休息休息，我來替你做事。」早晨丈夫對我說，說完就出去了。

我把院門關上，拴好，回到屋裏，照他的話，靜靜地躺在床上。眼淚不知不覺地滑過我的臉。——我是太興奮了，太感激他了。我們結婚已經八九年，這樣美麗的話還是第一次聽到。八九年來，他一直東奔西跑，家裏的事他從沒管過，也沒想管過。我整日整年爲他料理着家，而我辛勤灌溉的每一顆成果，都沒有換來過一句可堪慰藉的話——無論我勞苦成什麼樣子。

今天我確是病了。頭痛、發熱，八九年來，這是我第一次病。可是，這該是多麼幸福的事呢？如果能換得他這樣的體貼，我寧願天天在病的痛苦中。眞的，他這幾句體貼話有如古代將軍所披的水犀之甲，病痛的利鏃再也不能刺入我的心，我平躺在床上，倒有着大病初癒的愉悅。我眞奇怪，我的快樂原來是如此易於獲致的。

「瑞貞，瑞貞！開下兒門。」

聽到丈夫的聲音和扣門聲，我急忙跳下床，跑到院裏爲他開了門。——我對他永遠是這樣「無我」的，何況今天有着這樣愉快的心情呢？也許由于我心情好，我看他的臉色已不像往日那樣冷漠了。

「他是我叫來爲我們修房頂的。妳甭管他，好好休息。」丈夫指着一個泥水匠對我說。

泥水匠扛着梯子進來，上了房。丈夫又走了，我把門關上，拴好，照他的話回房靜靜躺在床上，聽着泥水匠在屋頂上工作的聲音，聲音隨着太陽從東頭向西挪移，將近十點鐘的時候，音響就停止了，泥水匠也下來走了。我又爲他關上門，拴好，回房靜靜地躺下。

「瑞貞，瑞貞！開開門。」

我剛剛躺下，又起來開門。

「廚房的垃圾也讓他給拉走吧！」我說。

「你甭管！我來讓他弄，妳好好休息去。」

照他的話，我又靜靜地躺在床上。

我們院裏本來就沒有多少垃圾，所以三下子、五下子，不到一個鐘頭，丈夫就指揮着把所有的垃圾清除了。

「我在外面吃，午飯甭做了，好好休息休息。」丈夫同倒垃圾的出去的時候對我說。

我爲他關上門，拴好，自己做了點兒飯吃了，又照他的話躺在床上。我的心情是快樂的，但我的身體累了，我漸漸合上眼睛。

「瑞貞，瑞貞！」我睡了約摸有十分鐘，丈夫又把我喚醒：「開門。」

這次他帶來了一個裱糊匠，是爲糊補我們的頂棚的。我們的頂棚，從搬來就沒修理過，上面很多大大小小的破洞，晚上老鼠鬧，常把塵土從破洞揚撒下來，落滿桌椅，實在是早該修補了。可是我一直沒敢向丈夫提過，惟恐他聽了煩厭，誰知道他已注意到這些小事，眞難爲他想得這樣週到。

這件事使我格外興奮，我又參加了不少意見，我告訴裱糊匠修這裏，補那裏。結果丈夫還是不准我多管，他彷彿生氣了，說：

「讓妳好好躺着，怎麼又操起心來了？快休息去，反正哪兒破了就補哪兒，人家裱糊匠自然知道。」丈夫說着又出去了。

我又爲他關上，拴上院門。但我回到房裏却沒照他的話躺下休息。這是我第一次違背他的話，我心裏有些歉然。可是，我怎能照他的話做呢？——裱糊匠已經開始動作！移動了桌椅，架起了梯子，把床、梳妝臺、放着茶具的小几都用布蒙蓋起來，並且一條一塊毫不經心地撕割着頂棚紙。那多年不曾驚動過的厚厚的細塵土，都長了看不見的翅膀，滿屋子飛散，屋裏已經弄得渾天渾地了。

我在屋裏坐也不是、站也不是，出去吧，又怕這裱糊匠手不老實揣走點什麼零碎東西。結果，我只好披一件舊大褂，用包袱皮兒裹上頭，用大手絹兒蒙上鼻子、嘴，坐在窗臺兒上監起工來了。——當時鏡子用布遮着，不然我會看到我的打扮一定像一個小說裏的大俠客。

一者是我們的頂棚太破，二者這裱糊匠也許是個生手兒，所以直到掌燈時候他才修補完工。裱糊匠也是因爲餓了的緣故，他完工後只潦草地掃了幾下子地，便慌慌張張地走了。他走後剩下的「復員」工作都是我的，我又看不得紊亂，於是像新搬的家一樣，整整費了一個多鐘點的時間，才把屋子整理就序。這次我實在是疲乏了，便躺在床上。可是我不能閉上眼，因爲我想到丈夫還沒有吃晚飯。我正考慮「是現在就起來做呢？還是等他回來再做呢？」的時候，可巧他回來了。他一進屋就說：

「看是不是？我說不讓你管，這是對的，你看人家給整理得多乾淨！」

這次他回來沒帶什麼人來，也沒再出去，並且告訴我他已吃過晚飯，不需要再做了，讓我好好休息。他說了不多會兒，便倒在床上睡着了。

我躺下來却沒有即刻睡去。我像負過重擔似的，渾身酸痛，頭沉重極了，閉上眼睛，我愉快的想：

「如果我能每天像今天一樣——每天得個小病兒，天天享受着丈夫的體貼——該是多麼幸福呢？」

蛇卵及其他

梁雲坡

蛇卵

一隻蠢笨的母鷄，
漫步於紅色的山谷，
偶然在石下發現一個光滑的卵，
它驚叫着：
「多可愛的天鵝卵！」

於是它把那卵藏在腹下，
天天吮着、撫摩着，
終於卵殼破了，
喜悅使它顫抖，
它逼視着——
爬出的却是一條小蛇。

小蛇突然變得巨大而兇殘，
母鷄剛要訴說自己的恩惠，
喉嚨已被蛇咬斷了！

蛇舐淨嘴邊的血，
帶着譏諷的笑說：
「我從來不會記得這批投機者！」

哲人與虎

一個西方的哲人，
堅信人性是可以感動獸性的，
於是他養了一隻雛虎在身邊。
他教雛虎怎樣仁慈和唱詩，
並把自己的食物分它一半。

一天，
虎長大了，
他正向虎演講人獸合作，
那虎却饕餮的，
咬掉他一隻手臂！

劇烈的創痛，
使哲人淚流滿面，
但他仍然不失風度的說：
「現在——
我必須着手研究關於——
吃人二字的定義……。」

蝗蟲

一個農夫，
從未見過蝗蟲。
當一片可愛的田疇
剛剛發出新苗時；
漫天的蝗蟲飛來了。
他高呼着：
「啊！天使！土地改革者！」

瞬間蝗蟲把新苗吃光了！
這農夫驚得呆了，
好久好久纔困惑的說：
「這樣的改革太過分咧！……」

（上接第33頁）員。這眞是一針見血之言。爲了要達到這個目的，所以極權統治者從小就藉着「教育」（其實是訓練，像訓練海豹一樣）手段要你接受「主義」，接受了「主義」就會發狂。發狂就爲主義「鬥爭」。爲主義鬥爭就爲主義而死。假如你對於主義厭倦而不感興趣呢？你還得表面贊成。你不能批評。因爲，如果不贊成那些主義而提出批評，就是動搖其權威和不接受其統治底表示。這是絕對不能容許的。所以，爲了防患於未然極權統治者在根本上不許有言論自由；更進而扼殺個體自由。扼殺個體自由乃維持極權統治的根本手段。

這本書精彩的地方還多着哩！除了評者在以上所引的以外，値得細心體味的地方眞是不少。從對于這些地方的體味，我們可以體味到俄式極權統治是什麼滋味兒。而且，除此以外，如譯者在序言中所說的：「作者不單描寫了一九四二年冬天的莫斯科，而且把半世紀以來的俄國歷史也都包括在內了。」誠然，讀這本書之所得，不只於是讀了一本小說而已。

關于譯文，一望而知是出於對英文有相當修養者之手筆。譯者在翻譯的態度方面是謹嚴而認眞的。但是，評者可以看出，譯者於對翻譯所採取的原則與評者底頗不相同。當然，在這一方面，正如在許許多多別的方面一樣，各人有其選擇的自由。可是，無論翻譯選擇那種原則；總不能說在任何一點上都是 alternative 的，即，可以這樣也可以那樣的。如果多少還有標準可求，那末評者不獨可以據之贊同譯者底譯文，並且可以據之反對譯者底譯文。如其不然，贊同或反對，都無從說起。準此，除了對譯文贊同的地方以外，評者也有若干不甚贊同的地方。茲隨意舉個例子吧！譯本一四三頁有一行是：「『胡說，』。我說『昨天夜裏我明明看見一個警察踢一個紅軍士兵。他喝醉了，你們的一個憲兵就把他肚皮上胸口有系統的踢個周遍。』」，「有系統的」一詞，在原文是 systematically（原書一五六頁）。一望而知，這種譯法在中文是很不習慣的。

尾崎行雄自傳（下）

陳固亭譯

軍備限制運動

第一次世界大戰之後，我由歐美考察歸來，着手的第一件事情，就是鼓吹限制軍備運動。我看到歐洲戰後的慘狀，覺得現代武器日新月異，戰爭一起，無論勝敗，都沒有好處的，因此我希望世界上消滅戰爭。過去我的「尚武論」和「主戰論」，曾發表問世，在目前我的信念，發生了很大的變化。這是我開始限制軍備運動的主要動機。當時日本爲了國家的需要，擴展軍備，有海軍八八艦隊計劃，即以戰艦八隻，巡洋艦八隻，作爲基幹，擴充海軍。而我居然提倡限制軍備，給當局很大的打擊，國民也大吃一驚。大正十年（一九二一年）十月第四十四屆議會，我單獨提出了軍縮議案：①帝國海軍軍備，應與英美兩國協定，加以限制。②陸軍軍備，應依據國際聯盟規約，加以整理緊縮。爲了說明理由，我在議會講演了兩小時。大意是從國防上相對的立場和財政的見地，强調軍縮實有必要，最後認爲限制協定，大有可能，當時拍手喝采的很多，但結果記名投票表決，以三十八票對二百八十五票大多數否決了。贊成的只有犬養氏領導的國民黨，政友會和憲政會都是反對的。這個被否決雖是意料中事，而我是基於良心的行動，對於當時多數議員不能依着良心行動的黨人心理，則非常失望。

在議會裏提倡限制軍備的演說，雖然不算詳盡，也算我四十多年議會生活中，最有力的演說之一，結果竟被否決。失望之餘，我決心訴諸輿論，將日本民意測驗贊成與否的投票，公告世界。因此我開始到各地作遊說旅行了。一九二一年六月下旬出發，計行程九千四百哩，聽衆約七萬三千餘人，共歷四十九市，二十三鎭，東京帝大等十三學校，四團體，出席茶話會二十三次。結果總投票數三萬一千五百十九票中，贊成者二萬九千二百五十票，等於全部的百分之九十二點八，這和在衆院表決的時候以卅八票對二百八十五票，反對票佔百分之八十八對照起來，令人有奇異之感。這是說明了衆議院對於軍縮問題，事實上是不能代表國民意見的。

我於全國遊說旅行完畢不久，日本政府卽收到美國邀約參加華盛頓海軍軍縮會議（註二）通知，當時的原內閣就表示欣然參加，答覆了美國，並派了海相加藤友三郎，貴族院議長德川家達，駐美大使幣原喜重郎三人爲全權代表。一九二一年十一月十二日開始擧行軍縮會議，英美與日本協定的結果是五、五、三的比率。日本的八八艦隊計劃，於是停止，從此每年可節省建艦費五億日圓。奇怪的是這個比率協定成立之後，日本的朝野除了喜悅之外，常常說：「國難來了」，五、五、三比率是「國耻」，同時罵我是「國賊」、「非國民」、「美國的雇兵」，而且常有刺客謀殺我。但是我並不怕，同時又著了「國家的幸福到了」一書，公之於世，我認爲軍縮是救了日本，國難就是最大的國福啊。

傾向軍國主義的日本

一九二一年十一月四日，原首相在東京車站被一狂憤無知的少年中岡艮一（十九歲）暗殺去世，由於西園寺公的推薦，高橋是淸氏任內閣總理兼財政大臣，同時政友會擧行最高幹部會議，推選高橋氏爲該會總裁，因爲內閣的意見不一致，結果不得不出於總辭職，政友會也從此分裂了。一九二二年六月二十日，由華盛頓軍縮會議返國的加藤友三郎大將組閣，在第四十六議會閉會不久，不幸加藤首相病死去職，其次組閣的命令，降在因西門子事件引退政界已經十年的山本權兵衞伯爵了（註三）。山本內閣在一九二三年九月二日成立，當時關東發生大震災，在赤坂離宮點着臘燭之下擧行親任式，加藤內閣和山本內閣，沒有政黨的基礎，都是官僚內閣。山本內閣任後藤新平爲內相兼復興院總裁，進行東京震災後的復興計劃。但是內閣成立不到四個月，因第四八議會開幕日（十二月廿七日），在虎之門發生攝政宮被朝鮮人無政府主義者朴烈槍擊事件而辭職了。一九二四年一月一日，樞密院議長淸浦奎五氏奉命組閣，政權又離開政黨了。由於過去連續發生三次的變態內閣，於是當時政友會總裁高橋是淸氏，憲政會總裁加藤高明氏，國民黨總理犬養毅氏三人集會協議，要把政權仍舊拿回政黨手裏，再度以擁護憲政的名義，開始彈劾淸浦內閣運動。我當時屬於革新俱樂部（以期望政界革命爲目標，不是政黨，是有約束的政治團體），對於這種只以大義名分作招牌的運動，沒有參加的意思。三派的老友們不斷的來訪我說：「只要出席就好」。我說：「如果我出席，就要說明平生的信念和護憲的目的」。他們說：「那樣也好」。後來在上野精養軒擧行演說大會，我出席申述：「護憲的目的在於制度的改革，演一幕戲是無用的；」並警告三黨首領，護憲之聖語，愼勿濫用。演說完畢，聽衆都鼓掌喝采，三黨的首領只有苦笑而已。因爲三黨派的團結，使淸浦內閣陷於窮地，將議會解散了。總選擧的結果，野黨三派，佔到優勢，特別是憲政會議席，從一百零三席增到一百五十五席，淸浦內閣辭職，憲政會總裁加藤氏奉命組閣，加藤氏乃請高橋，犬養兩氏入閣，三派聯立內閣組織成功。

大正十三年（一九二四年）十二月，擧行第五十次議會，過去因政友會的反對幾度提出被埋沒了的普選案，貴衆兩院通過了。這是由於原敬氏之死，政友會的分裂，時勢的變化，遂促成普選案的成立。不久政友會起了大變動，打破了三派的提携，將聯立內閣，變爲憲政會的單獨內閣。因爲第一、由於分裂後政友會總裁高橋氏，突然辭任總裁，退出內閣，迎接陸軍大將田中義一繼任總裁。第二、犬養氏聲明由政界引退，革新俱樂部的大半都加入政友會，犬養氏也辭去遞信大臣，同時也辭去議員，以黨員的身份加入政友會了。這樣使世人非常驚訝，實際就性格立場來說，犬養本來是很厚於情誼的人，愛憎之念很强，當時他在政界的勢力，受到政友會與憲政會的壓迫，次第凋落，一籌莫展，厚於情誼的犬養氏，覺得對不起同志，因此放棄了多年的主張，加入政友會了。

一九二八年六月四日發生張作霖炸死事件，當時沒有發表眞相，新聞的報導，只說「某重大事件」。第五十六議會，對這個問題會列入質詢，政府也不加說明，田中內閣因這個事件發生，不久跨臺。七月二日成立濱口雄幸(註二)內閣，田中氏因狹心症於九月廿九日死去，犬養氏被推任總裁。濱口氏是責任感很强的人，是打開危局的適任者，正在期待有作爲的時候，竟被一無名青年狙擊受傷，不能出席議會了。等到五十九議會快完的時候，他才出席，因爲濱口氏衰弱不堪，就人情說也不忍質詢了。這時我突然發高熱患流行感冒性肺炎，入慶應醫院，自念已經七十一歲的老人，深恐性命難保。不料十多天又恢復健康，這時我心機一轉，認爲「人生的舞臺，還在今後」——抱了這個信念，下了決心，無論是五年或六年，祇要生命繼續，我還是要替國家服務的。

在外國聽到犬養被暗殺

一九三一年八月十三日，我乘淺間丸自横濱出發，赴歐美旅行，到了美國就得到發生九一八事變的消息，十月二十一日在紐約的招待會上，四百餘國際人物，聚會一堂，我發表簡短演說，强調國際間互助合作友誼精神的重要，排斥軍國主義和狹隘的國家主義，希望所有國家要以正義爲基礎，尊重條約與國際法，彼此以善隣之道和睦相處，以維持國際和平及安全。十二月十一日，我從紐約出發到英國去，在大西洋航海中，得悉犬養氏繼任總理大臣的消息，當時想馬上發賀電給他，後來詳細考慮，一般世俗認爲這是榮譽，在他是否爲眞的幸福，實在難說，因此就不發賀電了。到英國不久知道前財相井上準之助氏，及三井合名理事團琢磨氏先後被暗殺。九一八事變以來，在日本激起的風波，身在異邦，頗有感慨。後來聽到我多年的摯友犬養氏在首相官邸被慘殺的時候，更令我感慨萬千了。犬養氏是一九三二年五月十五日在首相官邸被三名陸海軍將校暗殺的。從此政黨內閣停止，英國式的立憲主義崩壞，軍部的政治企圖和支配威力則劃時期的增大了。日本既是這樣的情形，我若回去任意發表意見，恐怕也不免要遭暗殺，並不是性命可惜，實在是不願無意義無代價的犧牲。因此利用在英國的時間，執筆屬稿，想把走錯路了的日本，引導至正確的方向。我預備把這個意見書，帶回作我由外國帶來的禮物。昭和八年(一九三三年)一月十三日由倫敦出發返日，二月廿一日到達神戶，聽說右翼團體對我不利，要示威反對，警察當局勸我勿在神戶登陸，一直往横濱去。我只得聽從他們的意見，二月廿五日才回到逗子官邸，携帶的論文，在「改造」發表，以後一部份譯成英文，在倫敦出版。論文的大意是說：「世界的土地和資源都是爲了供給所有的住民而存在，無論歐亞任何國家，要促進自由平等的進步及人民生活的改善，必須力行容忍恕道，信仰國際主義，認淸時代，不可有優越感及偏狹之野心。日本應與世界各國作文化物質的交流，共同促成人類文明之進步，向偉大的正義之道邁進。日本今後的運命是決定於努力的方向，軍國主義的擴展，絕不是應走的光明大道。」

犬養首相被暗殺之後，政黨已經不是政權的主體，僅成爲輔助政務的隨從了。犬養內閣的繼承者是海軍大將齋藤實，在任二年餘(一九三二年五月至一九三四年七月)，繼任內閣是海軍大將岡田啓介氏，這時的政黨，不但不能掌握政權，反而迎合軍國主義的思想，成爲追隨軍部的附屬物了。海陸軍部利用這種潮流，編成龐大的軍事預算，故意張大其詞，宣傳「一九三六年之危機」。認爲華盛頓海軍軍備限制條約，將於一九三六年期滿廢棄，自由建艦的時代快要到臨，我們要擴充軍備，以備萬一。我雖然忠告說：「危險不是由外來而是在內」，但是宣傳的力量遠不及他們。昭和九年(一九三四年)十月，政府派代表到倫敦，參加海軍軍縮預備會議，主張和英美對等的軍備，致使會議決裂。同年十二月杪，又命齋藤駐美大使訪問美國國務卿赫爾，不久宣佈廢棄華盛頓海軍軍備限制條約。我自返國以後，靜觀時勢的推移，經過一年多，我想對於這種狀態沉默，實在有負議員的職責，於是在昭和十年(一九三五年)三月，六十七議會開會時，提出關於國防的質問書。但是政府陸海軍都沒有任何的回答，因爲我的質問理由充足，政府是無法答辯的。

決死的鬭爭

我是從第一次議會連續在職的議員之一，所以我的質問書提到第六十七次議會，全場一致通過，並提出對我表彰的議案，因爲這一年是頒佈憲法五十週年紀念。當時我登臺講演，大意說：「假若今天日本是兩大政黨健全的發展，走上憲政的常軌，兩黨不斷的組織內閣，這樣比表彰我更要高興數倍，由於官尊民卑的風潮，以致政黨的信用江河日下，希望議員及全國國民覺悟、反省。」但是政黨不但不覺醒，氣力更加衰弱，昭和十一年(一九三六年)一月政府竟被軍部的强硬派逼迫着，發表了退去倫敦海軍會議的通告，不久就發生二月二十六日的武裝暴動事件。這天被襲擊對象是首相岡田啓介，齋藤實、高橋是淸、渡邊錠太郎、牧野伸顯、鈴木貫太郎、西園寺公望諸氏，其中齋藤、高橋、渡邊三氏死亡。

原來二・二六事變，就當時軍部嗾使的一部份右翼青年將校發表的「蹶起趣意書」的內容來看，這是五・一五事件（犬養首相被槍殺）的擴大，他們計劃從昭和八年（一九三三年）起，是襲擊現狀維持派的開始之年，他們對於時局的收拾是無條件的一任眞崎大將，並且想統一全國的愛國團體，展開促進「革新運動」。直說明了自九一八事變後，日本狹隘的軍國主義的抬頭，也就是對外侵略擴展計劃的開始。雖然經過當時詔令的鎭壓，十九名幹部處以死刑，這件事情總算告一結束。但是日本軍部違反憲政常道，瘋狂的軍事侵略，却從此飛揚跋扈而至於不可收拾了。二・二六事變之後，繼任岡田內閣是廣田內閣，和德國成立防共協定，意大利加入後更結成三國協定。不久第七十議會休會期間，濱田國松(註四)和寺內陸相所謂「割腹的問答」，因此解散議會和不解散議會的意見，在政府內部對立起來，廣田內閣無法收拾，乃提出辭職。宇垣一成奉命組閣，因陸軍反對作罷。後由陸軍大將林銑十郎組織內閣。我對於軍部這樣的橫暴，實在不耐，決心忠告他們。因爲當時空氣險惡，若是率直的陳述意見，難免被人暗殺，友人也勸說「那樣做是很危險的」。我也意識到講臺上被殺是可能的事，但我決心殉職，不顧一切，二月十七日議會舉行大會時，對於國務大臣演說，我以質疑的形式講演了兩個多鐘頭。結果在臺上沒有被襲擊，不過以後右翼團體來了幾次恐嚇信罷了。當時我的演說大要是：(一)國防費的增大理由，是現在內外情勢的不得已，這個不得已的理由，我實在不了解，國防費今後越是增加，財政經濟將愈困難，國民全體的生活更感不安，這是本席可以保證的。(二)所謂不得已的情勢，是由內面來的呢？還是由外面來的呢？是從陸來的，還是自海來的？我希望詳細答覆。(三)日德協定的結果怎樣，有預定的目標沒有？日德協定對於蘇聯的影響如何？事前有無考慮？(四)最大問題是帝國的方針，究竟如何，就是說日本帝國打算應向那裏走？政府怎樣掌舵？這些我都不明白。

昭和十一年(一九三六年)國際政局開始惡化，三月七日德國軍隊進入萊因非武裝地帶，宣佈廢棄諾加瑙條約，五月意大利聲明將阿比西尼亞編入版圖，在歐洲形成德意對英法蘇的對立關係，已經表示了大戰的開始。一面日德間締結防共協定，一年之後，到了昭和十二年(一九三七年)意大利也參加了。看了這種情勢，焦慮日本的前途，我眞是夜不安枕，講什麼話，政府、軍部、甚至政黨的朋友都不聽，除守沉默外再無辦法了。昭和十三年（一九三七年）春，名古屋的咢堂會總會，請我去講演，警察和憲兵對於聽講的幹部都加以傳訊及斥責，這是我在太平洋戰爭結束前公開的最後演說。關於對華及對歐政策，我大要的意見是：(一)結束中日戰爭，當時國人的多數意見是不以蔣主席爲對手，我認爲這是錯誤的。因爲事實上是和蔣主席作戰，這樣失掉了媾和的機會是很可惜的。(二)歐洲大戰假若擴大起來，美國遲早是要參戰的，日本站在德意一方與英法美爲敵，將來英美海軍聯合作戰，日本要付出最大的犧牲。歐洲大戰發生以後，日本最好是嚴守中立，看守東洋的地盤。這樣德意和英美兩方都要向日本討好，並且需要訂購日本的大量物資，豈不是一舉兩得嗎？

太平洋戰爭之下

昭和十五年(一九四〇年)十月，近衞倡導的大政翼贊會正式成立。這個新黨的醞釀遠在一九三五年歲暮，當時在荻窪的有馬賴寧寓邸開會，參加的有政友會的中島知久平、前田米藏，民政黨的永井柳太郎，昭和會的山崎達之助、陸軍林銑十郎、海軍安保淸種、財界結城豐太郎、官界後藤文夫、小原直氏等，協議樹立新黨，理由是要建立國民活動中心的新體制，完成高度的國防計劃，瓦解既成政黨，擁護近衞爲新黨首領，展開全面的翼贊運動。近衞第一次內閣時，在七十三議會提出國家總動員法案，遭受政、民兩黨强硬的反對，因此痛感新黨樹立的必要。乃加强準備，七十五議會開會，民政黨代表齋藤隆夫氏曾就既成政黨的本質和國家的利害痛切說明，極力反對取消政黨，即遭軍部武藤少將的强烈反駁。後來政友會的久原派率先聲明解黨，民政黨總裁町田氏和政友會總裁中島氏雖曾先後拒絕解散，但在當時軍部的威脅之下，終於屈服了。一九四〇年末我在第七十六議會，擬定質問書，但因多數議員妨害，未能提出。其大要是：(一)現在的大政翼贊會，我想又不是官衙，又不是商社，也不是政事結社，是國家組織以外浮遊的非國民的存在，不知政府以爲然否？(二)明治天皇公佈憲法及文告、詔勅、開創帝國議會，就是爲了大政翼贊，是很明白的。今日的實情，所謂大政翼贊會，有干與、指導、左右帝國議會之嫌，這樣以庶生兒的身份來侵犯嫡生兒，實在是不倫不類有紊亂家族和平之虞，本席不能不焦慮，敢問近衞首相，兩者嫡庶公私之別如何？(三)現在首相與大政翼贊會總裁，都是近衞公一人擔當，依照已往的實例，內閣遲早是要更換的，未來的首相若是和公的意見不同，由那位任總裁呢？假定近衞公辭退首相以後，還要繼任總裁，翼贊會不是就成了政黨嗎？那時以國費來組織政黨，不是欺世紊法的不正行爲嗎？(四)中日事變以後、政府當局開始說「局地解決」，繼說「即戰即決」，又說「短期內即可解決」，現時屆四年，仍渺無解決希望，致使吏僚民間，紛紛偶語，本席心實不安，究竟內情如何，希望當局詳細披瀝。(五)政治有王道霸道之別，希特勒和莫索里尼所行的是霸道，日本所謂皇道就是王道，那麼日德意三國同盟以英美中蘇爲敵，怎樣解釋？

日本締結三同盟，美國對日感情漸趨惡化緊張，昭和十六年(一九四一年)四月，日美當局曾打算交涉成立根本的諒解，因爲親德派松岡外相的策動，致使日軍佔領越南，於是美國對日輿論益趨惡化。近衞首相爲了趕走松岡外相於閣外，曾一度總辭職，組織第三次近衞內閣（一九四一年七月十八日），企圖調整日美關係，十一月十七日在華盛頓舉行日美會議，但是代表軍部的東條陸相，却强烈反對，主張中止日美交涉，從此形成近衞東條尖銳的對立，近衞內閣終於被迫辭職，於是東條軍閥內閣出現。一九四一年十二月八日猛炸珍珠港，獲得意外的戰果，當日發表對英美宣戰詔書，十一日成立對美英戰爭共同行動、單獨不媾和的日德意三國協定簽字。這時候全國人民大多數瘋狂似的高興，我住在新瀉縣樂山莊，得到開戰的消息，對於國民不知底蘊的浮淺的欣喜非常憂慮。十二月廿四日第七十九議會，東條內閣提出 龐大的臨時 軍事費。昭和十七年（一九四二年）四月舉行總選舉，軍部製造翼贊政治體制協議會，凡是由該會推薦的候選人，政府予以支持和便利，否則稱爲非推薦的候選人，官憲加以干涉和壓迫，我馬上寫公開信給東條首相，希望勿違背立憲的本意，立刻改正選舉議員的辦法，並盼取消翼贊協議會。東條內閣認爲我是可憎的「非國家的人物」——而以非推薦候選人對付我了。當時我預料政府對我一定要施壓迫，又想我五十年來連續當選議員，這次如果落選，或者可以引起世人的注意，知道軍閥獨裁的惡行，反而使人心振奮起來，爭取自由，況且這時我已是八十五歲的老人，決心爲了擁憲和普選作最後的努力和奮鬪。於是寫了一封信，題目是「最後的報效國家並告選舉人」，大意說：「寶貴的憲法，竟被獨裁政治者所紊亂，尤其是反對自由主義，更沒有道理，我們過去和自由主義的英國締結同盟條約，明治大帝非常嘉賞，把當時的內閣大臣全部叙爵昇爵。大正天皇又派秩父宮殿下留學自由主義的英國，現在惡罵自由主義，是否成了誹謗明治大帝和大正天皇的行爲呢。立憲政治的衰退，才出現了官選議員，大政翼贊會和翼贊選舉，都是重大的違憲行爲。」這一封信雖被當局加以扣檢和刪除，但是在那時的國民心中，還是有很大的影響的。

使我意想不到的是：我也因爲「不敬罪」而被起訴了。在總選舉期間，我從東京回到三重縣選舉區，作競選講演，選舉戰快要完了的時候，四月廿五日東京檢事局要求我前往出席，說是我的演說詞有問題，以「不敬罪」的罪名對我起訴，到了東京，將我拘留在後來曾經囚禁東條大將的巢鴨拘留所。那時的新聞都是政府的御用機關，像這樣的事竟用極小的標題來報導，但是外國的新聞則反而大字報導。我被拘留一天，即恢復自由，又回到三重縣繼續競選。到了選舉區，就聽到許多謠言，說是給因「不敬罪」被起訴的尾崎投票是無效的，大家心理未免有點動搖，但結果還是當選了。因爲選民在這樣狀態之下，對於我仍是寄以信賴的。對於我的「不敬罪」，裁判的結果是徒刑八個月（緩刑二年），這樣課刑，本沒有實害，但我爲了明辨是非，立即上告了。結果大審院從一九四三年六月開始審理，次年六月廢棄第一審判決，而宣告無罪。

日本投降的前後

總選舉完了不久，召集第八十臨時議會（一九四二年五月廿七日），只開會兩天通過政府提出一九四一年度追加預算及法律案就閉幕了。報紙竟讚揚着說：「實現了舉國一致的體制」，議會遵從政府的意思，從此就成爲定型。這次議會中，因我以「不敬罪」而被起訴爲理由，有一部份議員計劃對我除名，全體議員中有二百多名是舊人，他們在四五年前曾發起要求全會一致，給我建造銅像，並決議對我表彰，現在尚未判明「不敬罪」是否屬實，就輕信提議，贊成將我除名，我想他們不至那樣糊塗，況且議員除名問題，須要出席議員三分之二以上的同意，也不是那麽簡單。雖然這樣想，但在我精神方面，受了很大刺激，不由得憤怒，舊日的神經痛因此復發，每夜失眠。承好友岩波茂雄氏招待至熱海別莊，靜養數日，健康略恢復後，又移居新瀉縣樂山莊，這是女婿佐佐木的別墅，環山面水，風景幽雅，每晨散步山野，頗覺心曠神怡。不久太平洋戰事不利的消息，果然如我所預慮的狀況到了。昭和十九年（一九四四年）戰況更趨惡化，三月砂古賀聯合艦隊司令長官戰死，西太平洋制海權失去，過去政府以虛僞的報導瞞着國民，這時也露出眞相，南太平洋各島的退却，也不得不老實的報導了。六月十五日美軍在塞班島登陸。七月七日該島守軍全被消滅，逼得東條首相也老實說「帝國已站立曠古未有之重大局面了」。七月十八日東條內閣總辭職，產生小磯內閣，未及一年至一九四五年四月一日，美軍登陸冲繩島 小磯內閣總辭職。鈴木貫太郎繼組內閣，這時已經不是要繼續作戰的內閣，而是要如何來收拾事態作結束戰爭的內閣了。

鈴木內閣成立不久，B29大擧轟炸東京，燒燬房屋損失很大，這時同盟德國東西兩面受攻，二十三日蘇軍攻入柏林，五月一日希特勒戰死，五日盛傳德國全軍覆沒而無條件投降。這些消息給國民很大的衝動，而政府還無法結束戰爭，弄得全國都市遍遭空襲，到了廣島、長崎降落原子彈之後，才開始投降了。德國投降以後，我想總還可以繼續半年時間，但是隨着德國的投降，戰爭快要結束，假若從日本發出停戰宣言，總可希望免掉投降的屈辱，這樣考慮的結果，我做了兩篇論文，一個是「休戰宣言與新世界建設之提倡」，一個是「和平的新世界建設之要件」。這兩個都是日本和世界的救治方策，想不到這兩篇論文還沒有發表的中間，日本就投降了。「休戰宣言與新世界建設之提倡」的論文要點是：①日本即刻停止攻守的戰鬪，是非曲直靜候裁判。②日本停止武力對抗，若敵國進攻不止，應訴諸全世界的公道與正義。③假若敵國趁我停止武力，逞其橫暴，我方應絕對忍耐，將事實正確的宣佈世界。④假若敵國認爲日本停戰是事實的投降，中止攻擊，申請開始談判媾和，我方應以道理與事實爲基礎，很高興的交涉，若仍以武力强弱勝敗爲交涉與基礎，應斷然拒絕。⑤敵國以武力爲背景，佔領我要地，並施行各種政治的處置，我方只有基於道義，講對付的方法，決不用暴力，並依此方針，教導民衆。⑥戰爭大概是雙方都有責任，雙方都有損失，而戰敗者損失更大，如美英要求賠償戰費，我方應申述理由拒絕，並努力改正其對於戰敗國之觀念。其次「和平的新世界建設之要件」的論文要點是：①人類與禽類之區別，應切實闡明。②這次世界戰爭之眞因，應明確表示。③戰勝者亦應切實反省。④天地日月星辰爲人類之共有物。⑤實行國際主義之必要。⑥廣攬新世界建設之同志，予以招聘及優遇。

日本投降時，天皇曾向全國廣播，八月十五日鈴木內閣總辭職，東久邇內閣成立，九月二日召集第八十八議會。這時我出席議會，在戰爭中計劃將我除名的議員和輕視我的新聞記者等，像歡迎凱旋將軍的態度接待我了。我教訓他們說：「招致今日戰敗的罪過，你們不是要負大半的責任嗎？」雖然這樣斥責他們，在次日的新聞紙上竟然將我的片言隻字都詳細登載了。在麥帥管制之下，實行大改革，民主主義謳歌之聲，很快的流遍全國。不久接到宮中的通知命我進宮，拜謁天皇陛下，想起三年前說我是「非國家的人物」，經陛下批准以不敬罪起訴，現在宮中又召見我，世態變化，令人感慨萬千。四月十日舉行戰敗後第一次總選舉，我想和五十六年的議員生活告別(註五)，因此辭去候選人，結果由於三重縣學堂會的推荐，代辦候選人手續，以最高票數又當選了。這時樞密院希望我就任顧問官，我堅決辭退。並且將過去做過兩次大臣的正三位勳一等的官銜，也一概辭掉，祇有一介平民的尾崎行雄了。總選舉後召集了第九十議會（一九四六年六月二十日），我在議會主張議員們要改正官尊民卑的思想習慣，尤其是選舉議長必須人格第一，並提倡舉國一致，渡過佔領下的窮困難關，特別是那時候由於共產黨與社會黨鼓動盛行羣衆示威運動，我評論他們是非立憲的行動，我對這個新議會，期待着總比從前能好些。不料社會、共產等民主派輕舉妄動，自由進步等保守派依然故我，實在失望之至。

第九十議會暫時休會後，至六月二十日再開會，首先以勅書依據帝國憲法第七十三條提出憲法改正案，同月二十四日提出衆議院大會，又經過委員會、小委員會詳密研討修正，先後達兩個月，到了八月十七日才由小委員會決定修正案，提出二十四日的大會通過了。修正的部份，除前文字修正之外，刪去第九十七條，增設四個條，又修正十數條，全文計共一百零三條。再經樞密院的諮詢，同年十一月三日正式公佈，經過法定期限六個月，從昭和二十二年(一九四七年)五月三日正式施行了。在衆議院質詢討論的時候，我曾登台發言，我首先表示贊成修正憲法，認爲運用憲法的如何，比憲法的條文還要重大，過去我們的憲法，由於國民沒有充分實行，才招來千古未有的國辱，舊憲法要是正當實行的話，當然遭遇不到像今天這樣的大屈辱。這次制定的新憲法，比較舊憲法好得多了，但是越是好的進步的憲法，在知識道德尙低的日本國民，越應該覺悟到實行起來是很困難的。進步的憲法可以促成國家良好，所以輕率考慮，隨便贊成，都是非常錯誤的，假若憲法能救國家的話，世界上就沒有滅亡的國家了。制定好的憲法容易，但是實行起來是非常困難的。其次我說到立法部與行政部的地位，認爲眞正要實行民主主義，第一應改造議場，廢止大臣席及政府委員席，使他和議員席同樣位置，改正官尊民卑的陋習，最後我又强調現在的黨派，不是眞正的政黨，不過是黨徒而已，所謂黨員被黨議束縛，不問正邪曲直，放棄良心，服從黨議，眞是可恥而令人不解的事。

昭和二十二年(一九四七年)二月一日發生一件最可恥的事件，就是勞動界預定全國舉行所謂「二・一罷工」，由於麥帥的禁止命令沒有實現。我看到戰後勞動者中間，如官吏，教員都有放棄職守，提倡罷工的傾向，深感焦慮。我認爲凡是違反社會公益的罷工，乃是最壞的事。尤是公教人員的工作，都是爲了公衆服務的，在日本鐵路與通訊事業，均屬國營，若果罷工，爲了救濟幾十萬或幾萬的少數勞動者，使全國八千萬人民都感困惑，眞是有害國家的行爲。這也證明國民道德知識，愈趨愈下了。

佔領下的錯覺

議會於一九四七年三月末解散，四月二十五日舉行總選舉，這是在麥帥指導之下進行的。新憲法從五月三日起實行，代替貴族院新設的參議院將要選舉，一向是官派的縣知事或市鎭村長也要公選了。選舉的日期將近，各黨派提出政策競選，新聞也登着「投人不如投黨」的方針告訴選民，我在議會高叫政黨解體論，因此當然主張人物本位，求我推荐而來的候選人，我都表示十個條件，希望他們實行後再答應他們。①恢復獨立權，至國民生活安定爲止，解散黨派，改正對立抗爭態度，互讓共助，爲國家復興而盡瘁。②應認識議員之責任，在於達到選舉人之希望，非候選人向選舉人哀訴請願，可以完成其任務。③就是不能實行上述的原因，務須小心謹愼，以期不與之相背馳。④勿浪費金錢，助長通貨膨脹。⑤爲廢止漢字，改良言語而努力。⑥切忌煙酒嫖賭，力矯社會惡風。⑦當選之後，基於良心之判斷，以正邪曲直及國家之利害得失爲主眼、明是非、張正義。⑧應熟知議會是爲了國家民生而懇談的場所，不是討論會，更不是喧嘩爭論的場所。在議會內外用暴力的，應嚴罰。⑨要修養增加自他幸福的正確言行。⑩要矯正違背良心而屈從黨議或組織之惡習慣。這次選舉，主張人物本位的就是我一個人，因爲日本當時小黨分立，任何政黨，都拿不到政權，因此必須成立聯立內閣，聯立內閣互相牽制妥協，政黨政策綱領無法實施，這是我主張人物本位的理由。

總選的結果：社會黨一百四十三席，其次自由黨一百三十一席，民主黨一百二十四席。從此議會改為國會。第一回國會於五月二十日召集，吉田內閣辭職之後，由於各黨派激烈的鬪爭，議長及次期政權的擔當者，都沒有決定，空白的國會開會第一天過去了。二十一日夜間好容易將議長選出，二十二日次期內閣的首相才決定，議長是社會黨的松岡駒吉氏，副議長是民主黨的田中方逸氏，內閣首相選出片山哲氏，以社會黨與民主黨為中心的聯立內閣於三十一日成立了。我看了這種醜惡的政權爭鬪，不忍默視，曾向全體議員發出警告，題目是「告同僚諸君。」大意說：「希望各黨派互讓互諒，舉國一致，對於國民衣食住的貧乏應先盡力，很多的主義方針要在獨立權恢復以後才適用的，至於由第一黨選出內閣首相，或依據所屬議員的多少決定閣員的數目，這都是要國家復興像春風駘蕩之日，才能談到的」。但是他們對我的警告幾乎不理，各派的醜爭，繼續不斷，因此美英法的駐日記者等都盡量報導日本國會的醜態而加以責難了。第二次國會開會時，片山內閣辭職，經過四週間，蘆田內閣成立，僅僅在任七個月，第三臨時國會開會中，由於昭電疑獄事件(註六)蘆田內閣總辭職，吉田茂氏第二次組閣了。

想不到訪美旅行

昭和二十四年(一九四九年)一月二十三日總選的結果，自由黨二百六十九席，民主黨七十席，社會黨四十八席，第五特別國會在二月十一日召集，議長選舉的結果，自由黨幣原喜重郎當選議長，岩木信行當選副議長，首相指名投票，吉田茂氏以壓倒的多數三百五十票當選，組織第三次吉田內閣。國會開會完畢，我偕禾川博士帶着行輝到廣島去，在沒有保暖裝置的火車內，因受寒傷風生了肺炎，於是住醫院，幸好經過盤尼西林的注射，不久康復。三月下旬，我預定到琦玉縣各地講演，到了川越的宿舍，忽接由逗子風雲閣庽邸轉來電報，說過去曾任駐日大使的格魯氏和加斯魯氏等主辦的日本問題審議會 (American Council on Japan) 邀請我去美參加。當晚我考慮了一宵，決定答應，並請伊佐氏和服部君隨行，後來又加上行輝和雪香，五月十六日，由羽田機場出發，座機途中在威克島及夏威夷島稍停休息，翌晚到達魯斯安塞爾斯，比較前年在廣島旅行的時候，精神快樂多了。

訪美期間四十天之內，在紐約二十天，華盛頓八天，到處都受了很大的歡迎，尤其是在紐約，他們給我豪華廣大的旅館，並舉行盛大的晚餐會招待我，主人格魯氏加斯魯氏及湯川博士等各界名士二百五十名都來參加，我被邀請發表簡單演說。大意是：「日本在一八五三年，由於美使柏里提督的訪問，喚醒了鎖國主義的迷夢，現在的麥帥又教日本從狹隘的國家主義解放到世界的自由民主主義，美日的關係今後將成為不可分的因緣，更為結成精神同盟。第二次大戰發生的原因是世界上犯了三個錯誤：①日本掀起九一八事變。②美國沒有加入國際聯盟。③英國對於日本的侵佔滿洲和意大利的侵入阿比西尼亞沒有取斷然的處置。根本的原因是世界各國以民族與國家為中心的國民教育問題。今天對於這種錯誤應該要糾正的，特別是要放棄狹隘的民族主義與國家主義，走向世界民主自由的立場。」

到了華盛頓，受到美國參衆兩院熱烈的歡迎，並參觀國會圖書館，看見我從前的著作也陳列在那裏，非常高興。六月十五日出發歸國，到檀香山留住一週，受日僑歡迎，二十四日飛抵威克島，因修理機件在該島滯留三十小時，二十七日晨安抵羽田機場，愉快的結束了訪美旅行。(完)

註一　華盛頓海軍軍縮會議——一九二一年在華府舉行，協定要項①今後十年間主力艦停止建造②各國主力艦之保有量的比率是：美英五二五、〇〇〇噸，日本三一五、〇〇〇噸，法意一七五、〇〇〇噸，③航空母艦保有量的比率是：美英一三五、〇〇〇噸，日本八一、〇〇〇噸，法意六〇、〇〇〇噸。

註二　山本權兵衛伯爵——日俄戰爭中之海軍大臣，一九一三年二月曾任內閣總理，在任年餘，為一英雄主義者。

註三　濱口雄幸——一九二七年任民政黨總裁，曾任財相主張金解禁，一九二九年組閣，次年十一月在東京車站被刺，彈中下腹重傷，入帝大病院，由幣原外相代理首相。

註四　濱田國松為政友會議員，在議會作質詢演說，寺內陸相說他話中侮辱國軍，濱田說：你指定是那一句話，我就割腹謝罪，否則你得割腹。

註五　尾崎主張戰後新日本，不要賴外國指示整肅，應負責引咎，自行處理一切，凡舊日政治上指導人物，都應引退，以謝國人，因此提倡議員應總辭職，四年之內，不再競選，但無一贊成者。

註六　昭電疑獄事件——即昭和電工事件，一九四八年十月，由於昭電社長日野原將該社股票以廉價售於當時上層的內閣要人，提供政治資金，數達十七億日元，蘆田內閣因此總辭職。蘆田首相被捕入獄，重要嫌疑犯有西尾、菅原、二宮、栗栖等此事曾轟動日本一時。為戰後最大之疑獄事件。

書刊評介

莫斯科的寒夜

齊文瑜譯
中一出版社出版

殷海光

「莫斯科的寒夜」這個名子似乎是很詩意的。然而，這個詩意裏所隱含的，却是人間無限的悲情。莫斯科的寒夜尙有春來轉暖的時候。然而，莫斯科人民心頭的嚴寒，正不知何年何月轉暖！

人類在洪荒時代的敵對是自然界。那時，毒蛇，猛獸，洪水，旱荒，疾疫，在在都威脅着人類底基本生存。然而，自近三百餘年來，特別自近一百五十餘年來，由於科學昌明和技術發達，使自然界對於人類的這些威脅大爲減少。在世界的文明地區，毒蛇猛獸遠避林澤了，醫藥之進步減少疾疫之害並且延長了人類底平均壽命。文明人類並且知道怎樣「征服自然」，利用天然的資源了。這樣說來，人類應該過度着和平，安樂、和進步的日子。然而，今日人類中的大部分正陷入恐怖，苦悶，和徬徨不安之中。這又是什麼原因呢？

這是因爲人害人！

今日世界不安之總的原因，是，代替自然之危害人的，乃人之危害人。而人害人之根本組織機構，乃極權空間的極權政府。在極權空間，如果一個人不發「配給」，成千成萬的人就會餓死。世界那還有比這更大的人爲災害？舉凡行路，居住，說話，無一不照少數人任意的「規定」行事。天下那還有比這更可惡的事？時至今日，事實很明顯地擺在大家面前，極權空間的極權政府，正是今日世界萬惡之源！此萬惡之源一日不去，世界卽一日不安，人類卽一日籠罩在恐怖氛圍之中，和慢性集體死亡之厄運裏。

什麼叫做極權政府呢？簡略地說，事事要管，人人要過問的最大政府(the greatest government)就是極權政府。蘇俄共產型類底政府乃極權政府底典型。其他小極權政府則是這一政府之完備的或不完備的摹擬。極權空間的極權政府之最大的特徵，是利用羣衆之渴望或飢餓或恐懼或無知，外表披上一層理想主義的或擬似理想主義的外衣，骨子裏高度集中並且運用一切可能集中和可能運用的壞惡勢力，構成層層節制和格格分離的流治機構，統治少數利用此統治機構高踞廣大人衆之上，專斷而無限制地發揮其權力狂慾。在極權統治者眼中，舉凡政治、經濟、軍事、教育、科學，甚至于哲學、文學、歷史、藝術，無一不是權力底手段，只有權力本身才是目的。權力卽一切；因而一切卽權力。在極權統治之下，男女老少僧人娼妓都在編組之列。天上的雲和地上的草，過去的死人和娘肚中的胎兒，飛機舟車之運行以至於個人底思維活動，無一不說成與「政治有關」，因而無一不要套入那政治的「體系」之中。這樣，亘古未有的包天蓋地的極權統治於焉形成。於是，無一人可自外于政治，無一人不受控制，無一人不被縛於蜘蛛網中。於是，慘禍作矣！生民苦矣！世界危矣！在「莫斯科的寒夜」這本小說裏，我們可以約略窺見極權統治的眞面目。而且，這本書反襯出一種理由。這種理由，就是我們爲什麼必須反對共產極權型類的統治之眞實而且正當的理由。

讀一本書而且如果此書有序言，有些人先看序言，有些人後看，有些人也許根本不看。評者之讀這本書，是先讀了譯者序言的。照評者看來，這篇譯者序言是全書底精華；至少，它的價值不下於全書中的任何一章。這篇序言不獨勾勒出全書底結構和着重點之所在，並且將本書所描寫的俄國人民的基本心理情狀刻畫出來。由譯者底刻畫，我們可以得到這樣的一個意象：俄國人民正在寫着一首慘厲而悲壯的大史詩。

譯者說：「……他們的心裏希望和失望交疊着起伏；在巨大的痛苦之中，期待着一點點的安慰；時時刻刻在不可知的——至少是不可抗拒的——命運威脅底下苟延殘生，雖然他們是多麼的愛生命呀！」眞的，在極權統治之下的人民，「雖然他們是多麼的愛生命」，可是誰個又不是「時時刻刻在不可知的——至少是不可抗拒的——命運威脅底下苟延殘生」呢？這是一切極權統治下的人民所共同的命運。

序中又說：「……他是個相信定命論的，（俄國人民族性裏恐怕就有相信定命論的傾向，所以馬克思的那套歷史定命論容易在俄國傳佈，）定命論者當青春的朝氣已經喪失的時候，便會變得悲觀而接受現實，聽任命運的宰割。……」這幾句話是多麼深刻！的確，當着一羣人沒有遠大的眼光而且又沒有深厚的理性基礎作行爲的指針時，在他們憑一時血氣之勇衝殺一陣之後，或造成一陣時尙之後，如果血氣之勇衰退了，他們便只有變得更疲憊。更疲憊的人一定會變得比一般人更悲觀而且更接受現實的擺佈。當着人們更悲觀而且更接受現實的擺佈時，他們只好受比他們品質更低下但却積極行動的人之宰制。依照事實看來，不僅俄國人是宿命觀的，衰老的東方大陸民族多具有這種性格和心情。因而，馬克思得以代替東方正教；馬克思也代替了那失靈的一尊之神！於是形成這個時代的悲劇！

譯者序裏又說：「這本書另一個最大的成功的地方，就是强烈地描繪了這一個對立：集權國家的力量對着個人靈魂的獨立性。道高一尺，魔高一丈，本是算不完的賬，但是假如集權國家的力量不是如此殘忍可怕，怎麼能顯出人性的如此的偉大和可愛呢？看了這本小說，我相信讀者應該對於人類的前途感覺到有希望的。」

在這段話裏，譯者似乎不經意地將「政府」與「國家」混爲一談。俄式極權政府正在有計劃地製造「政府即國家」的意理。旣然「政府即國家」，於是反對政府即是叛國。叛國者人人得而誅之。這是「理論魔術」之一。這種理論魔術之目的，乃在掩護極權政治，讓羣魔們的統治之魔鈎與吸盤永遠釘牢於社會之政治、經濟、教育，……任一層面，和每個角落，使統治者得以永遠刼持着社會的機體，而造成二者牢不可分之局勢。這種狠辣，眞是亘古未有！所以，爲要擊破極權統治，吾人必須首先在觀念上分淸「政府」不是「國家」，國家也並不是政府。美國自弗基谷開國以來，三百年於茲，政府已經換了三十四次，然而美國還只是一個美國。未聞有三十四個美國。英國，法國，以及其他民主國家的情形亦莫不類此。怎麼可以說「政府即國家」呢？

譯者所提極權政府之極權的集體化之力量與個人靈魂之獨立性，二者是對立的。這是今日自由人所面臨的一個性命交關的根本問題。今日共黨型式的極權統治與反共黨型式極權統治二者之衝突歸根到最後，就是集體統治與個體自由之問題。民主政治下的政府管理與組織根本係來自人民，所以它們不與個體自由相尅：不僅不相尅，並且是成全或保障或擴大個體自由。在民主政治之下，管理與組織同個體自由得到適當的調和，或可能得到適當的調和。從輿論看來，很少英美人士對政府管制感到大不舒服，或感到政府之存在乃一千斤重擔的。在極權統治之下則不然。現代極權統治無一不是由少數野心份子藉口革命騷亂而施用陰謀權詐欺騙羣衆所形成的。彼等於利用這些方法奪得政權以後，爲了鞏固奪得的政權，勢必立即制壓情緒昂揚的羣衆。欲制壓情緒昂揚的羣衆，勢必採取較諸昔日更爲苛嚴猛厲的手段。這些手段一行，個體自由當然隨之化爲烏有。極權統治之形成與鞏固，乃建立于個體自由底消滅之上。有極權統治便無個體自由，有個體自由極權統治便無法維持。所以，極權統治簡直先天地是個體自由之死敵。於是，在極權統治之下，『「集體(指被刼持的「國家」，「階級」等等)」永遠與個體自由相衝突：不是集體被利用來消滅個體，便是個體起而驅逐刼持全體的人。這是現代人爲的人與人衝突的基本形式之一。在這一衝突中，譯者提示了樂觀的希望。在如願的想法中，評者願意接受這一提示；可是，如果我們肯正視現代科學技術所加於統治技術的威力已經達到什麼程度，那末我們就可以看出歷史上的解放運動都不足爲憑以推斷將來了。何況即使在歷史上，人類還經過了長期的中古時期呢？如果我們愈肯細心觀察與分析，那末便愈驚異於大多數人底思考力之薄弱與觀察力之遲鈍。現代極權統治不獨控制了個體的身體行爲，並且進而嚴密地控制着個體底觀念活動。一個人底觀念活動大部分是以感覺基料 (sense-data) 或由感覺基料衍出的材料爲基礎。而這一基礎自幼就由極權政府來規定，包辦，供應，又復藉控制電訊交通而與外界隔絕使你自幼耳濡目染無非是那一套，再也沒有別的現象和思想以作比較。這麼一來，除了極少數特出的人以外，誰能跳出此觀念的牢籠？觀念上跳不出牢籠個體，又如何而與「集體」抗爭？這是現代極權統治藉現代科學技術而造成的一個史無前例的局勢。這個局勢大大地增加了極權統治內部個體鬥爭的困難。這是當前反共黨型式的極權統治者底一大難題。談到這裏，評者以爲，我們今日與其在雲裏霧裏高談「歷史精神文化」和「唯物唯心」那些毫不相干 (irrelevant) 的空論，不如把聰明才智用來解決這類相干的問題。(所謂「相干」，這裏有一個嚴格的定義。但茲從略。)

譯序又說：『「當福開森在開羅一聲叫喚的時候，「哦，維妲莉亞，這個世紀是多麼的長呀！」他道出了廿世紀人類的苦悶。凡是遭遇到不幸的人都會有「生不逢辰」之感，可是我們在這個短短的半個世紀中，已經經歷了兩次大戰，個人自由和個人幸福差不多處處碰到前所未有的威脅，這個世紀是不是一個特別不幸的世紀呢？下一個世紀是不是要快樂一點呢？』的確，現在每個有識見和靈性的人都有這種感歎。然而，形成這種感歎的正是集人爲災禍之大成的極權統治。這感歎是因極權統治之形成而發生的，所以還得要從極權統治之潰滅而消失。看情形，至少這一代的人，必須走一段艱險的旅程，長期堅持地硬挺下去，促使極權統治在大地上潰滅，像泡沫在水上幻滅一樣，然後才有好日子過。

在譯者所述的這種規模之下，這本書用各種描寫方法從許多角度來展開它底內容。評者現在將最有興趣的地方提出來品味品味。

在第六章敍述「一個女革命家的幻滅」中有幾句話說：「於是列寧死了：這是一個大打擊，好像他們自己的一部份死去了，變成木乃伊了；但是他們想起了正有人把列寧的屍體用香料煉製，覺得非常討厭，認爲是件荒唐之事，把好好的一個人變做偶像，只有東方的宗教才會這樣做，列寧知道了一定也要反對的。」藉着「革命」而起家的集團，豈但把死人「變做偶像」，而且更把活人也捧成偶像哩！史達林明明是個混世魔王，他却深住宮禁，被人頌爲「太陽」。毛澤東明明是個滔天狂寇，共黨却把他奉若神明，把他底那幅貴相塑成柏拉圖的樣子。眞是混賬已極！他們爲什麼要這樣搞呢？原因很簡單：非此不足以愚衆。其實，這一類的傢伙不過偶然攘竊着權力而已。有了權力，便神乎其神。拆穿了底子看，這些傢伙盡是些險狠刻毒之徒。他們比街上隨便那一個小販都不如囉！

但是，人而有「聖人」之說，却是這套魔術之思想的先導或老底子。民主國家根本沒有這個高貴的傳統，沒有人相信人而有異乎常人的「聖人」。所以即令有人要把國家行政首領捧成「太陽」，總也捧不起來。四年過後，如果大家不選舉他，那末他和大家是一樣的平民。杜魯門底女兒也要叫他一聲「米斯特杜魯門！」父女相顧大笑，天下太平！

第十二章談「權位的爭奪」中，有幾句話頗具代表性：『「好吧，」蘭吉說，「事情是這樣的。那一小羣老布爾什維克黨知道他們快要死了。他們知道，假如他們據理力爭，假如他們吵鬧公堂，那末關于他們的事，就不會被公佈。他們將要就此失踪，什麼記錄都沒有。……」』這是布爾希維克迫害異已的典型手法。鬼只敢在黑夜走路。天下一切壞事都不敢在光天化日之下演出。極權統治底惡行必須藉黑暗來掩護。這說明了在極權空間爲什麼「秘密」如此之多。極權統治者之所作所爲都是經不起推敲分析的。所以，他們如果不能製造歪曲的「理論」來辯護自已底惡行，便索興不許公開進行辯論。又說：「他們知道老頭兒的脾氣，他就頂愛人家坦白。」什麼是「坦白」呢？一言以蔽之，就是讓你自已做你自已底特務。特務對你實行調查，不獨費事，而且總有遺漏之處。一般而論，一個人對于自已底特殊行爲之所知，總比別人淸楚，於是乎自已「坦白」一番好了。結果，你底私事，他們毫不費力地通通知道了。「坦白」，大家公認是一種美德。如不「坦白」那還要得？豈不受「羣衆」制裁？共產類型者玩弄名詞之用意，大抵類此。可不懼哉？

第十七章描寫「莫斯科的寒夜」裏有一段話頗値得注意：「外國人都喜歡莫斯科就是爲的這個：因爲大使館一個頂窮的書記，比起任何俄國人來，吃得好，穿得好，房子又暖，住得也好，權利也多，生活也安全。外國人的安全，他自已是知道得不大淸楚的，因此他總覺得斯拉夫民族很神秘；他看不淸在俄國所特有的恐懼的徵象，他看不淸俄國人的自尊心已經因長時間的生活在恐懼裏而變成痲木了；俄國的官僚政治造成了恐懼，可是外國人就在官僚政治的邊上生活。因爲他的地位特殊，並不覺得恐怖，他反而把這點事實看不淸了。……」這段敍述，可謂相當深刻。但不知自由國家駐外使節或觀光的人幾個能有這樣銳敏的觀察力。在極權空間，人民如有自由，不是上帝賦予的，而是地上的統治機構「給與」的：像配給口糧一樣，給與多少你就享受多少。如果沒有給與你某項自由而你要享受，立招莫測之禍。俄式極權政府對於外國使節，因着外交上的利害關係，常給予他們以較多的便利。但是，如果他們沒有本書著者同等的觀察力，因而以爲水中的魚兒和他們這些水上飛掠的燕子同樣自由快樂，那末他們就是睜起眼睛受騙了。

這一章裏又說：『在這個「死靈魂」的城市裏，精神屈服在農奴制度之下，不論多少人，只是紙上的一個統計數字，在交易的桌子上可以買來賣去，現在當然是在戰爭中可以隨便犧牲掉的了；「靈魂」成了農奴的別名。當然那種沒有靈魂的，沒有感情的，純憑體力見長的人是會起來了。他們根本沒有感情可言，沒有倫理上的顧忌，也不顧一切落伍的道德觀念。他們只是維持自已的肉身。可是肉身外面所包的一層皮是如此的厚。他們的主人的鞭子落下來，他們是不覺得痛的。』這一段話所描寫的眞是深刻極了，讀起來也眞是驚心動魄極了！這就是布爾希維克式的「革命」之果實，也是提倡「辯證唯物論」的果實。由這一段話裏，我們可以知道，極權統治根本不能與民主政治並列。因爲，民主政治固然不免有毛病，但畢竟是人的政治。而極權政治從頭到尾不是人的政治：極權統治不過是管理「人畜 (human cattle)」之一種方式而已。這種統治只要行之稍久，保險所有被治的人之尊嚴，美感，智慧，被剝奪殆盡，都變成畜牲。吾人須知，與商業社會比較起來，農業地區距離極權統治更近。農業地區底生活方式和思想形態，祗差幾步，就可以走上極權統治。因此，農業地區之老底子，最易沾染極權統治，至少蘇俄之一例，可作佐證。據此，吾人可知，鼓起勁來扯住農業地區底思想形態並且誇而大之，如果眞能發生實際影響，則結果如何，不問可知。打强心針的郎中們，別再自我陶醉吧！君不見！史達林滿喜歡俄國舊日的事物，大槪尤其欣賞伊凡第四底玉照。希特勒更誇耀日爾曼過去的光榮和血統。用柏拉圖底術語來說，祗有藉這類底方法，才能「抑止 (arrest)」社會底進步。社會底進步被抑止住了，「哲人王 (philosopher King)」才能穩坐陽台之上。君不見！史達林老仁兄還兼任「哲學大師」哩！

第二十一章有很精彩的對話：

「啊，現在這一批一九四一——四二的青年團，在幾年之內也可以決定大局的，結果是對我們有利或是不利，那時再看吧。」

「替厭倦乾一杯，」我說，把杯擧起。

「當然這個你也知道。這些小東西在十三歲左右，正是腦筋發育的時候，他們就把他們帶走，把馬克思——恩格斯——列寧——黨——無產階級那一套話灌輸進去，把他們變成狂熱的信徒。可是你知道，我總以爲狂熱的信徒一天比一天少了。你瞧，他們聽那一套東西聽得厭倦了，厭倦得厲害。很短時期之內，他們會到各處去找尋新花樣的。」

「爲什麼幾年之前，他們不厭倦，今天他們就厭倦了呢？」

「他們的師傅對于那一套東西，也覺得厭倦了。有其師，必有其徒。今天的情形就是這樣。馬列那一套東西，全是枯燥得要命，而且沒有人再信它了。它變得像教會裏的教義問答一樣，你得把它背熟，可是同現實生活毫不相干。」

「你的結論呢？」

「下一代的人要變得有人性了。」

這一段對話將極權統治之下馬、列，等等「主義」底作用以及若干人民底反應說得頗爲透澈。如果我們說極權統治之下有所謂「計劃教育」，這簡直太客氣了。實在說來，「教育」與「訓練」究竟是兩回事。「教育」是對人的，只有人才需要教育。馬戲班裏的動物只需要訓練而不需要教育。極權統治者史・毛之流根本不把人當人看待，只把人看做牛羣馬羣，還談什麼「教育」呢？有一位外國學者說，在極權統治之下的教育，就是激烈的繼續不斷的動

(下轉第24頁)

第八卷　第五期　內政部雜誌登記證內警臺誌字第一九號　臺灣省雜誌事業協會會員　一七六

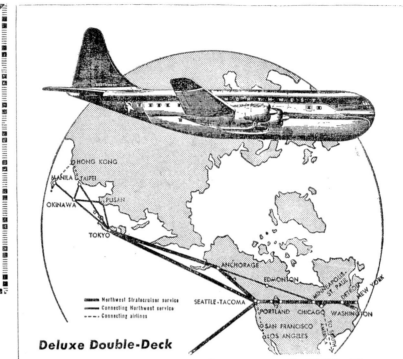

本刊售價

一、	臺幣	四元
二、	越幣	八元
三、	菲幣	五元
四、	港幣	一元
五、	暹幣	四銖
六、	美金	二角
七、	叻幣	四角
八、	印尼幣	三盾
九、	日幣	八十元

自由中國 半月刊 第八卷第五期 總第八十號

中華民國四十二年三月一日出版

發行人兼主編　『自由中國編輯委員會』

出版者　自由中國社
社址：臺北市金山街一巷二號
電話：二六八八五號

航空版經售者　香港時報社

臺灣　中國書報發行所

美國　紐約民氣日報社　舊金山少年中國晨報社　芝加哥中國出版公司

日本　東京僑豐企業公司　東京南友堂　東京內山書局

韓國　釜山草梁洞新泰行　大中華日報社

馬尼剌

印尼　椰嘉達星期日報　椰嘉達天聲日報　棉蘭繁華書公司

越南　西貢中原文化印刷公司　越南華僑文化事業公司

暹邏　曼谷攀多社十二號

緬甸　仰光振成書報店

印度　孟買梅亞號　加爾各答塔梅學校

澳洲　雪梨瑞田公司

北婆羅洲　馬拉奕坡美芝律聯華公司

新加坡　中興日報社

檳榔嶼、吉打邦均有出售

印刷者　精華印書館
廠址：臺北市長沙街二段六〇號
電話：二三四二九號

本刊經中華郵政登記認爲第一類新聞紙類　臺灣郵政管理局新聞紙類登記執照第二〇四號　臺灣郵政劃撥儲金帳戶第八一三九號

自由中國

FREE CHINA

第八卷 第六期

要目

中華民國四十二年三月十六日出版
社址：臺北市金山街一巷二號

半月大事記

二月二十四日（星期二）

立法院通過廢止中蘇條約及其附件，並保留我國人民對於蘇俄違反該約及其附件所受損害向蘇俄提出要求之權。

美總統艾森豪向國會要求譴責共黨奴役政策案，已獲得參衆兩院議員的有力支持。

二月二十五日（星期三）

蔣總統明令廢止中蘇條約及其附件。外交部葉部長並發表正式聲明。

聯大政委會集會，將韓國問題列爲議程中的第一項目。

韓境西線聯軍對共軍堅強工事發動鉗形攻勢。

錫蘭與中共締結貿易合同事，傳美國已予警告。

北大西洋公約盟軍高級將領戴爾透露：美正訓練英比荷軍隊以從事攻擊性及防禦性的原子戰。

二月二十六日（星期四）

美國務卿杜勒斯促請國會通過艾森豪總統關於擯絕造成蘇俄奴役自由人民密約的建議案。

艾森豪招待記者稱，如果爲世界自由的目的有任何成就的機會，並適合美國人民對他們行政元首的期望，他將願意會晤史達林。

西歐六國外長會議結束，六國外長同意促請各本國政府，儘速批准歐洲軍公約。

希臘、土耳其和南斯拉夫三國友好條約初步簽字。

美參院外委會通過譴責蘇俄及其附庸國家迫害猶太人的決議案。

二月二十七日（星期五）

立法院通過各委員會改組法案，同時連帶修正立法院組織法。

英外相艾登，財相白特勒赴美，準備在華府舉行會議。

據日本統計：韓戰中美國在日特別訂貨數達九億零八十萬美元。

美總統艾森豪提名包倫爲美駐俄大使。

二月二十八日（星期六）

希土南三國聯防公約正式簽字。

美國飛機嚴密戒備距上海四十五分鐘噴氣機航程的日本南部地區上空。

三月一日（星期日）

蔣總統發表文告檢討四十一年施政成績及指示四十二年度施政方針。

伊朗擁國王羣衆與莫沙德派發生衝突，政治局勢危急。

三月二日（星期一）

葉外長對國民黨中央紀念週發表演說，闡釋中國對解決韓國問題立場。

伊王與總理莫沙德爭權局勢仍極混亂。共產黨徒乘機發動反美運動。

日首相吉田茂說一國會議員爲「蠢材」，衆院已議決懲誡。

三月三日（星期二）

西班牙外交部長馬丁亞達和來華訪問。

美共同安全總署署長史塔生稱：美發動七點計劃，防止戰略物資輸往鐵幕國家。

日首相吉田茂革除廣川弘禪農林省大臣職，並任名兩個中立派人士爲新閣員。反對黨及自由黨反

對派正圖推翻吉田內閣。

三月四日（星期三）

蘇俄政府宣佈：史達林患癱瘓性中風，命在旦夕。

美總統艾森豪對史達林病篤事稱：他相信俄國人也希望「友好與和平的世界」。

聯軍統帥克拉克飛韓國與戰地各司令官、李承晚總統及美大使布立格斯進行商談。

三月五日（星期四）

美空軍部長陶爾波等一行抵臺訪問。

史達林病況更嚴重，「病人陷於毫不省人事的狀態中」。

美退休之前第八軍團司令符立德在參院作證，謂在韓境攻勢不一定會擴大韓戰。

三月六日（星期五）

史達林死了。死訊宣佈後二十小時內，蘇俄政府完成以下的改組：馬林可夫任蘇俄總理，貝利亞，莫洛托夫，布加寧元帥和卡加諾維區四人爲副總理。

波蘭一飛行員駕米格機逃亡丹麥。

三月七日（星期六）

艾森豪與英外相艾登會談史達林死後的冷戰問題。

英美華府會議，兩國政府已同意加緊關於輸往共黨國家戰略物資的管制。

三月八日（星期日）

聯大政委會結束韓戰辯論，美代表重申對印度建議之支持。

美前第八軍團司令宣稱在韓美軍彈藥缺乏之後，已引起國會議員的紛動。參院多數黨領袖塔虎脫要求調查韓戰的進行情形。

社論

當前管制經濟的措施亟待改進

反攻大陸的準備必須在本年內積極的完成，這是自由中國朝野上下應當同心同德努力以赴的總目標。除了軍事上要有堅强而又週密的部署外，所有政治、外交、文化、經濟，各方面的措施皆須與這個總目標趨於一致。其中經濟一項具有基本的重要性，尤爲大多數人所關切。在這嚴重的關頭，盱衡當前經濟情勢，心所謂危，實有不能已於言者。

一國的經濟，照教科書的編排，約可分爲生產、交易、分配，三個部門，現在且照此以略述當前的經濟概況。

試先就「生產」言之：臺灣經濟的先天的條件不够，可耕地的面積狹小，主要的原料(如鋼鐵、棉花等)缺乏；產業的設備陳舊，技術和經驗都不如人，這不是短期內改變得過來的。近年來因各方面的努力，有許多物品確有相當數量的增產，可算是「差强人意」。不過，其中却包藏着一個很大的缺點，就是生產成本過高。這個「生產成本過高」乃是當前經濟上的一個大毒瘤。詳情容在後面補述。

其次就「交易」言之：我們用「大量觀察」法來看「稅收總額」及「銀行存款總額」等經濟指標，可以看出臺灣經濟上整個交易總量或營業總量已有了鉅額的增加。這除了因人口變動自然增加外，最主要的還是得力於美援和美援的增加；而國民之努力於企業之經營，其功亦不可沒。惟我們在交易的過程中，却看到了臺灣經濟上最不健康之一面，那就是起初只有若干雜項產品的滯銷，現在却臨到了主要產品(如糖及棉布等)的滯銷，這是個惡性的「消化不良」的症象。

再其次就「分配」言之：經濟學上關於分配的項目爲工資、薪金、利息、地租及利潤。臺灣目前的工資與薪金，除了若干特殊的機關和特殊的人員姑存不論外，一般的說來，無論是勞力的或勞心的，所得都很微薄，快要達到難以維持最低生活的程度，充分的表現出在飢餓線上掙扎的戰時景象。利息由於銀行當局數度領導減低，一般市面的利率也已隨之下降。地租因有「三七五」減租的規定，最近復擬實施「耕者有其田」，可以說不成問題。現在所須討論的，只有利潤這一項。在物資嚴格管制及徵稅非常嚴密的現況下，工商企業無利可圖，已是有衆皆知的事實。目前大家所激烈的追逐者，都集中在「進口外匯」上面。蓋國內物價特昂，匯價又屬偏高，只要請得外匯購貨進口卽可獲利。故羣相爭奪，演出「粥少僧多」的「悲劇場面」。每週申請總額竟超過可能核准額之十倍，很够說明這是經濟上之一大病態。

以上「生產成本過高」、「主要產品滯銷」、「及外匯不敷分配」，三者是目前經濟上頗爲嚴重的病症。凡稍具經濟常識而有血性的愛國憂時之士，對此決不會「無動於中」。

目前經濟上的病症既如許嚴重，其病根究在何處，是如何纔招致的呢？我們平心靜氣的仔細檢討一下，就發覺它除了導源於臺灣經濟先天條件不够及戰時經濟本身的困難外，其主要的乃是「管制經濟的措施」在那裏作祟。

何以說管制經濟的措施招致了經濟上的病症呢？這可從「生產成本過高」這一點說起。生產成本過高本來有種種原因，如生產設備陳舊、生產技術落後、管理費用過多、利息負擔太重等皆是；但其最主要的乃是原料進價太貴（因爲粗放的製造比不上精密的製造，其原料進價每佔製品整個成本的大部份。）臺灣自從實行管制經濟的措施以來，有許多重要的工業原料（如羊毛、橡膠、牛油、純鹹等）專由特定的機關承辦。承辦機關往往將購得的原料在其實需的成本總額上加價轉售於廠商用戶，其所加之價竟有超過其實需成本之一倍者。承辦機關由此可獲得一筆盈餘，它本是公營事業之一，其盈餘規定要繳交公庫。就戰時管制經濟的立場看來，如此既能管制物資，又可獲得盈餘，實具有「一舉兩得」的妙用。殊不知廠商用戶轉購得這種加了價的原料，用以製造貨品，其生產成本自因以加高。此時當局復從而予以保護，不許同類的貨品進口(在技術上是不給核准外滙)，因此那些廠商用戶也就甘於承受。可是，此種高成本之存在，却影響到其他一般物價。國內的物價既高，就反映出請得外滙購進洋貨之有利，此係羣相爭奪「進口外滙」之所由來。本省的特產，雖不用外國原料，但其所需的物料器材以及各項繳用在在都受高物價的影響，其成本遂高過國際市價；再加以國際市價跌落，本國滙價偏高，本省主要產品自須遭遇到滯銷的命運。同時，用外國原料製成的貨物，因受到了保護在國內坐享高價，外國同類的貨物，品質既較佳、價格又較廉，反而因管制而不能輸入，國內的消費者重蒙其損害，姑且不論；使貿易的對手國感到不平，就相對的阻碍了主要產品之出口。主要的產品滯銷，外滙的來源受阻；外滙的供給減少，爭奪外滙之風愈熾，而國內生產成本因以更高，互爲因果，輾轉相生，遂形成當前經濟上的病症。

一國的經濟，經緯萬端，此處只能略略一提。我們對於經濟原是主張要有更多的自由企業；但現在是戰時，自由企業往往被誤認爲不能切合國家的需要，因此政府要出來加以管制，第一表示政府「有能」，其次表示政府「負責」，這是在戰時各外國不乏其例的。所以我們對於戰時的經濟管制迄不願多所評議，只默默祝其有成。不意現察覺得管制經濟的措施竟招致了經濟的病症，與政府採行此種措施之本旨不符，且發生了相反的作用。至此，我們遂不得不呼籲：「這樣的管制經濟的措施，亟待加以改進」，尤其是在這必須積極的完成反攻大陸的準備的時候！

作爲工業金融市場的證券交易所之主要業務

——臺灣證券交易所應否緩設之探討——

瞿荊洲

一

臺灣證券交易所會一度盛傳很快的就要成立，幾乎呼之欲出，還有人把它的開幕日期預定爲民國四十二年的元旦。流光如駛，歲月不居，眼看四十二年的元旦已堂堂的過去，陰曆癸巳年的元旦也偷偷的溜走了。而臺灣證券交易所的設立，却是銷聲匿跡，消息渺然。關心時事的人士，未免放心不下，背地裏紛紛議論起來。筆者過去對於臺灣擬設證券交易所一事，會參與末議，就有若干朋友前來問訊。竊以主管當局對於此事既在着手籌劃之中，在籌劃到了如何程度，尚未對外公佈之前，我們似不必多所揣測。就一般的見解言之，僉以證券交易所乃是現代化的國家應有的設備；臺灣近來年在各方面都有進步，够得上是現代化的國家；耕者有其田條例已完成立法程序，即得付諸實施；朝野各方正努力於使農業資本轉化爲工業資本，亟需設立證券交易所作爲工業金融市場——資本市場，以便於資本之靈活流通。上年九月十五日自立晚報社召開證券交易所座談會，出席的人贊同設立證券交易所者，估最多大數，還舉出了許多理由說明證券交易所亟有設立之必要，詳見該報社九月廿一日刊出的座談記錄，此處姑不贅述。惟我們如平心靜氣的對於目前與證券交易所有關的情勢稍作較詳細的探討，即可測知臺灣之設立證券交易所，似乎「尙須有待」；用一句官話來說，就是「應暫緩辦」。其中當局者或有種種苦心，非局外人所能盡知，但我們從「作爲工業金融市場的證券交易所之主要業務」這一點上，即可以找出這個問題的答案來。

二

臺灣證券交易所爲什麼要緩辦？其中必有其困難。臺灣設立證券交易所的困難問題，經大家已提出者，計有：①證券交易所的資本如何籌集，是由公營還是民營？②證券(包括公營事業股票及公債票)之價格如何維持，不能太高，也不宜太低，或是聽其自然？③目前市面的利息太高，是等待它降低以後再開設證券交易所，抑是利用證券交易所以抑低市面利息？④經紀人如何限制，是由幾家銀行及若干大公司先行代辦，還有規定幾個條件，凡是合於這些條件的都可以充當經紀人？⑤如何防止投機，是僅做現貨，還是兼做期貨？除以上列舉者外，當然還有種種難題，不過都是見仁見智的問題，而且多半是屬於技術的，只要主持者努力下些工夫，再加以各方的協力，或不難獲得某種程度的解決，無礙於證券交易所的經營。其中最令人困惑者，乃是關於買賣期貨的問題。買賣期貨是交易所重要業務之一，尤其是要把證券交易所作爲工業金融市場，買賣期貨乃是其主要業務。臺灣設立證券交易所的動機，正是在於調度工業金融。據財政廳周副廳長在上述的座談會中告訴我們，他在參加生產事業管理委員會會議時，大家爲了發展工業需要大量資金，提議設立證券交易所以配合推行，纔請他研擬方案。又據經濟部冉顧問聲稱，政府認爲證券交易所有設立之必要，其原因有三：第一是爲了推行耕者有其田政策，使農業資本轉化爲工業資本。第二是爲了推行工業化計劃。第三是爲了推行公營事業出售民營。由此可見臺灣之所以要設立證券交易所，完全是爲了發展工業。換言之，就是要建立工業金融市場。所成爲問題的乃是作爲工業金融市場的證券交易所，須以買賣期貨爲主要業務；而買賣期貨一事，必爲多數人所不贊同。證券交易所如不買賣期貨，即不易達到調度工業金融之目的，則設立證券交易所與不設立相差無幾。且不做期貨買賣，則證券交易必甚清淡，縱然設立，交易所亦必不易維持下去。因此買賣期貨的問題如不能獲得解決，則臺灣證券交易所之設立，只好停留在「議而不決，決而不行」的階段上了。

三

交易所何以一定要做期貨呢？這是一個理論很淺顯而却易於被人誤解的問題。爲了解答而使人較易明瞭起見，可舉物品交易所爲例。例如花紗布交易所之期貨買賣，對於紡織工業，幾乎是不可或缺的。近代較大規模的紡織工業，多半是股份有限公司組織，由股東遴選董事，由董事聘任經理以主持其事。經理必須對全體股東及董事負責。爲了不辜負全體股東及董事之所託起見，經理主持此一事業，除了購備精良的機器，任用熟練的職工並對工廠爲妥善的管理外，在營業上必須採取穩健的步驟；尤其是對於原料之購進及產品之售出要有確切的把握。棉花及紗布的市價與時俱變，經理先生如何纔能有確切的把握，那只有向交易所買賣期貨。工廠需用的棉花按適當的價格預先訂購，同時照原料的進價再加上工資及各項繳用算出紗布的成本，亦以適當的價格預先拋出。如此買進與賣出均已安排妥貼，盈餘亦可約略估計，然後始能安心的安全工作。在此種情形之下，若無交易所的期貨買賣，則大規模工業之經營勢將陷於盲人瞎馬亂碰亂撞的境地。因偶然的機會，或許可獲意外的利潤；可是，若不湊巧，就要蒙受嚴重的損失，甚至搖動整個事業的基礎。這豈是健全發展工業之道？由此足够說明交易所內買賣期貨之重要性。

以上所舉出的是個極端的例子。近代的工業家對於原料及製品之價格，另有種種調節的辦法，例如設置平衡基金及以高價與低價扯平等等。可是，交易所的期貨買賣，却是促進工業發展的正常而有效的方法。

有人要說：臺灣近年來的紡織工業已有相當的發達，但臺灣並沒有花紗布交易所，更沒有交易所內的期貨買賣呀。誠然，臺灣開工的紡機已由五萬錠增加至十二萬七千餘錠，電力織機由三千餘臺增至八千餘臺，紡織工業可謂有長足的發展。可是，美援的代紡代織却代替了期貨買賣，那種發展是在特殊的狀態下進行的，只好算是個例外。代紡代織不久就要停辦了，到了那時，有正常經驗的工業家，定會感到有買賣期貨之必要。

物品交易所之必須買賣期貨，誠如上述。但臺灣對於物資已另有管制計劃，現在不擬開辦物品交易所，只擬設立證券交易所。試問證券交易所是否也必須買賣期貨？這是這篇論文的主要部份，容於次節作較詳的敍述。

四

作為工業金融市場的證券交易所對於工業金融的流通可分為兩個層次：第一是便於擁有資金的人初次投資於工業。第二是對於已投資於工業的人予以調度資金的便利。因有第一層次的初次投資，遂有第二層次調度資金的需要。因有第二層次調度資金之便利，就更能促進第一層次之投資。二者是相輔而成，相得益彰的。

擁有資金的人欲投資於工業，亦頗不易。因為他本人並不一定有創辦工業的學識和經驗，或者他所有資金不足以單獨的辦一所工廠，他只有以合夥的方式參加別人新辦的工業，或遇有已辦成的工業需要增資時參加投資。新辦的工業並不是常有的，合夥的事業不向一般公開，外人不易獲悉，且其發起人也許不歡迎外人參加。再者，合夥須負無限責任，風險太大。至於參加已辦成的工業，機會更加稀少。因為已辦成的工業不常有增資情事，間有需要增資的，亦多由原有的股東分認。如有新股加入，則會發生資產估值、股份溢價或折價之種種困難。況且營業發達的工業決不會讓新股參加，而經營不善的工業又有誰肯去參加？由此看來，欲投資於工業，簡直是苦無門徑。如有證券交易所之設置，對於上市的工業股票已加以嚴格的審查，各工業之財產狀況及營業實情亦有彰明的公評，擁有資金的人只須向證券交易所選購較優良的工業股票，再向發行股票的公司過戶，即可正式成為該公司之股東。以上所說的種種困難，均可迎刃而解。這是證券交易所作為工業金融市場的資本市場之一項功能。

此處有須附帶說明的，即是如僅為初次投資於工業的人着想，只要有一個能够購買股票的場所就够了，那末，設立證券字號，亦可達到這個目的。財政廳周副廳長在他看出設立證券交易所有種種困難之後，即會考慮到設立證券字號問題，因為證券字號比證券交易所可以少一點刺激性。惟他具有豐富的實際經驗與週密的思維力，經他詳細研究，又認為設立證券字號，仍有許多困難（見自立晚報座談會記錄）。經濟部的冉顧問則認為設立證券字號，於法無據。事實上證券字號所做的全是證券交易，何必不乾脆的設立證券交易所（見同上座談會記錄）？其實，證券字號與證券交易所是頗有差別的。證券交易所拍出的股價，是最公開而又最公平的；證券字號內買賣雙方不能普遍而直接的會合，其所撮合的買價與賣價，難免大有距離，易為仲介人所中飽。證券交易所在同一區域內只准設立一所，證券字號則可能開設多家，易為人所操縱，甚至會發生其他流弊。所以證券字號之設立只不過是「聊勝於無」而已，殊無若何價值可言。

已投資於工業的人，如遇急需資金週轉時，通常只有兩個途徑可循。第一、他惟有將其持有的工業股票設法賣去（他能否即時覓得買主，賣價是否公平，姑且不論），方可獲得現欵。可是，他只不過是短期內需要資金，他對於以前對工業之投資並不願放棄，現竟將該項股票賣去，俟有資金時再想買回，就不知有無那種股票可買。市價變動無定，將來縱然有那種股票可買，又不知要出什麼價錢。這該是何等的不便與不安。為了保存對工業之投資而又能籌得臨時急需的資金起見，則惟採取第二個途徑，即是將股票作為質押品向金融機關借欵。向金融機關押借欵項，如非素有往來的客戶，則其事亦甚煩難。①金融機關是否允予放欵，因為遇到銀根緊迫時，金融機關常常停止放欵。②假定金融機關允予放欵，但須嚴擇對象，它是否肯放給你，又是問題。③再假定它肯放給你，還要經過申請、調查、審核、訂約、對保等手續。如以股票作押，則審查之手續更加麻煩。再加以主辦放欵事務之人稍為顢頇拖延，則借欵到手之日，早已事過境遷矣。此時若有證券交易所之設置，而證券交易所又做期貨買賣，則以上種種困難均可避免。股票持有人只須將其股票以現貨或近期貨賣出，同時購進遠期（一個月或三個月）交貨的同種股票。現貨或近期貨到期時，他僅須將其持有之股票送出交割，即可收進現欵以應急需。過了兩三個月，那遠期貨已成為近期即將到期，在此時如無餘裕的資金，可將近期賣出，同時再買進遠期，俗謂之「轉期」，如有餘資，則可交欵收現，仍然取得那同種的股票。現貨或近期貨與遠期貨之間，股價有個差額，這個差額，即無異於是抵押借欵的利息，根據歷年統計，其利率且較市面的利率略低。將持有的股票，變得現欵，只須負擔較低的利息，到期又可安全的收回同種股票，仍可保持對工業的投資，免去了許多繁難的手續，這實在是現代化的國家之一種進步的制度。

五

前節係就對工業投資者之一方而言，茲更就擬對工業放欵者之一方言之。擁有資金的人除了購進股票對工業投資以收取股息並獲得利潤外，另有一部份人不要對工業投資只擬對工業放欵以按期支取利息。工廠需要資金週轉乃是普通現象，但那幾家工廠急需資金並不為一般人所悉知。因此擁有資金的人欲放欵於工業，也就苦無門徑。資金既放不出去，只有以存欵方式，寄存於普通商號以博取較優厚的存息。存欵不像放欵，沒有押品，一旦發生倒賬，絲毫沒有保障；過去地下錢莊之為害，已是有衆皆知。資金寄存於普通商號既多風險，惟有改存於銀行，再由銀行轉放於工業。目前臺灣銀行的優利存欵，就是為此而設。臺灣銀行因收受新臺幣數億元的優利存欵，每月須支付鉅額的利息。雖曰由此可以安定金融，但終係一種不得已非正常的辦法。若有買賣期貨的證券交易所，則擁有餘資者可買進現貨或近期貨的股票，交割時將現欵交出收得股票。同時將收得的股票，以遠期貨賣出，交割時再將股票交出以收回現欵。購進股票付出欵項時，即是放欵；收得之股票即是押品，賣出遠期，到期收回欵項時，即是收回放欵之本金；現貨或近期貨與遠期貨之間的股票差額，即是放欵之利息。此即俗所謂「套利」交易。如有餘資，可以照此續做。

本節所述擁有餘資者買進現貨或近期貨同時賣出遠期貨，與前節所述急需資金者賣出現貨或近期貨同時買進遠期貨，二者互相配合，恰好促進工業金融之靈活流通，既甚安全確實，又甚簡便迅速。所以說買賣期貨是作為工業金融市場的證券交易所之主要業務。只有在沒有設立交易所又不做期貨買賣的情形下，將現貨賣出後不知將來要用什麼價錢買回來，將現貨買進後不知將來可按什麼價錢賣出去，專靠碰運氣憑僥倖，毫無把握，那纔是跡近投機。

證券交易所做期貨買賣時，有種客戶，並無意於對工業投資，亦無力購進股票，但他却先行買進遠期的股票，在未到期之前，遇股價上漲時，即將原買進的股票以同期賣出，在此一買一賣之間，取其差益。此種客戶對股票看漲，俗謂之「多頭」。反之，有種客戶，未對工業投資，手中並無股票，但他却先行賣出遠期股票，在未到期之前，遇股價跌落時，即買進同期的股票以抵銷。在此一賣一買之間，取其差益，此種客戶，對股票看跌，俗謂之「空頭」。在期貨交易進行期內，有小「多頭」或小「空頭」加碼成為大「多頭」或大「空頭」者，亦有多頭翻為空頭及空頭翻為多頭者，依照各方的觀察及各種情形而變動。此種「多頭」、「空頭」，全是買空賣空，被認為公開的投機。其實交易所的經紀人對於多頭及空頭兩種客戶，均須預收相當數額的保證金，交易所當局對於股價之漲跌，又規定了一個限度，超過了這個限度，即行停拍。客戶買賣之證券，因價格之漲跌虧損達到其保證金之半數時，即須追加，如不補繳，則經紀人即代其了結(代多頭斬去、代空頭補進)，可使股價收到自然調節之效。另外也有做多頭的到期借欵收現，做空頭的到期借票面交割者，既有實欵實貨，自不得謂之買空賣空。

照上所述，買賣期貨不致發生投機風潮，然而過去確有許多投機的事實，這些投機，究係從何而來？考察過去的史實，證券交易所內之投機，多係由於大戶之操縱。大戶之所以能夠操縱市場，則是因其有特殊惡勢力。例如時局變動能事先獲得洩露出來的消息，或因某項關係能調動超過市場所能供給的頭寸等等皆是。如時局清明，社會安定，沒有具有特殊惡勢力的人物或集團，則證券交易所買賣期貨，即不會發生大規模的投機。在證券交易所內買賣期貨的過程中，可能有若干巧合之機會，使人獲得意外的利益，看起來類似投機。但這不會發生「了不起」的影響，其程度不會超過臺灣目前之購買愛國獎券。進一步言之，時局若不清明，社會又欠安定，有一部人具有特殊惡勢力，則當地縱然沒有證券交易所做期貨買賣，在其他方面也可能發生操縱投機的情弊。又抗戰勝利後上海證券交易所復業，股價不斷上漲，一般人多歸咎於該所之做「遞延交割業務」(即期貨交易，詳見本文第七節)；殊不知當時股價之上漲，係由於一般物價之上漲，因股票所代表的就是物資。而物價上漲的原因最主要的是通貨膨脹，實與證券交易所之做期貨買賣沒有直接的關係。

六

照以上各節所述，作為工業金融市場的證券交易所之主要業務就是買賣期貨，所謂「避免操縱投機」又不足以作為反對買賣期貨的理由。相反的，沒有交易所做期貨買賣，倒是跡近投機。現在臺灣社會甚為安定，時局亦頗清明，絕無具有特殊惡勢力的人物或集團，似不會發生操縱投機情事，正好設立證券交易所以作為工業金融市場。何以在本文篇首要說臺灣設立證券交易所「尚須有待」？究竟是等待什麼，為什麼要緩辦？其中原因為大家推想得到的，約可舉出數點：

第一、目前臺灣金融甚為安定，這個安定是由於各方的同心協力，兢兢業業，纔能獲致。自解除臺灣中立化宣佈後，局勢愈趨緊張，我們的負擔更加艱鉅，在此嚴重的時期，實在經不起另外的風浪。證券交易所在理論上固應設立，但事實上總是一個富於刺激性的舉動。為了謹慎省事起見，還是以拖延為上策，免惹麻煩。

第二、目前餘存的外滙僅足敷用，而每週之申請額竟在可能核准額之十倍以上。新臺幣之發行又須竭力拉緊，優利存欵最好能保持現狀，不必多所更張。證券交易所辦起來是很費力的，現在金融上實無餘力來舉辦這樣的大事。

第三、提議設立證券交易所的近因，係由於耕者有其田條例之實施，政府以實物土地債券及公營事業股票償付地價，使臺灣的農業資本轉化為工業資本；爲了使人樂於接受債券及股票起見，故擬設立證券交易所便於債券及股票之流通。如專就資本轉化之一點上着想，則似乎不必急於要設證券交易所，因以地主昔日所擁有者是土地，即所謂農業資本，現既以債券及股票抵償地價，除債券可逐年兌取實物之折價外，地主以後所擁有者是股票，即所謂工業資本，這在將股票交給地主手中時，即已完成了轉化資本的手續，無需冒險犯難的設立證券交易所以便其流通。地主昔日擁有土地時，亦有土地轉讓情事，可是，並沒有什麼「土地交易所」代其服務。

第四、政府對於發給地主的股票，均規定爲記名式，實物土地債券亦擬記名（後經打銷），又某一較大的地主應得大宗股票時，其全數不擬給以某一種股票，而是擬將數種股票各搭付一部份，其用意在於使大地主持有的股票分散，不要集中在某一事業之上，以免某一事業落在少數地主手中，此乃防患於未然的方策。惟既持此種見解，則地主持有的股票最好不要轉讓流通，自更無設立證券交易所之必要。

以上四點，乃臺灣證券交易所緩設的理由，不過這都是一般人揣測之詞，當局者之本意何在，尙不得而知。惟政府現正銳意於工業化，積極的爲工業發展開闢道路，決不會像上面所列舉的那樣完全是一派消極的態度。據經濟部冉顧問報告，關於臺灣設立證券交易所一案，已在主管方面研議之中。凡是對於證券交易所稍有研究的人，均知道交易所必須買賣期貨，尤其是作爲工業金融市場的證券交易所，乃是以買賣期貨爲主要業務。證券交易所如不做期貨，即不能達成工業金融市場的任務。但是如果設立證券交易所而開做期貨買賣，又恐怕爲朝野各方許多人所反對；因爲社會上確有不少的心直口快關懷國是的人士都認爲證券交易所買賣期貨就是買空賣空的投機交易。現在政治已趨於民主化，大家都可發表意見，當局者也未便拂逆輿情，堅持硬幹。在目前緊張的局勢之下，誰能夠保證沒有意外的事情發生；萬一在證券交易所設立之後，因其他偶然的事故而金融上發生風波，則大家必驟矢於證券交易所，責其期貨交易有助於投機，那時當局者雖有百喙，亦將無以置辯了。這實爲臺灣證券交易所緩設的癥結之所在，茲於次節略述抗戰勝利後上海證券交易所之經過以爲此種說法之註腳。

七

證券交易所之被視爲投機的場所，期貨交易之被視爲投機的行爲，原是經濟落後的國家所難免的現象。至於我國朝野大多數的人士也懷有與此相同的成見者，實有種種原因，其中最顯著者，厥有二端：第一、我國有才智之士，老一輩的多喜研究哲理與文藝，近代則偏重格致與工程，對於商業市場之學多不甚注意，尤其是像證券交易所之類，被視爲市井逐利之淵藪，自命清高之流，更不屑加以一顧。故對於交易所之功能，迄未有正確的了解。其次，過去在大陸上如上海等通商大埠的交易所所有的表現，確足令人冷齒。民國八年至十年間的「信交風潮」，且不去提它；王克敏時代的「九六公債」風潮，也鬧得夠糟，民國廿四年統一公債發行之前夕，上海華商證券交易所內確有大戶操縱投機情事，凡稍稍留心我國金融史實者類能言之。因此證券交易所在我國老是扮演着令人沒有好感的反派角色。抗戰勝利還都以後，各業漸漸復員，上海證券交易所由財政經濟兩部指派委員九人籌備復業，於卅五年九月開幕，初期僅做現貨交易，營業甚爲清淡。至同年十一月該所爲發揮證券市場之功能起見，呈准財經兩部試辦「遞延交割交易」（簡稱「遞交」，即「期貨」之別稱），指定八種熱門股票，先行試辦三個月，買賣雙方按成交金額繳納本證據金三成。其中一成爲現金，二成爲代用品由銀行保證。自改做遞交之後，股市甚爲發達，頗著成效。至卅六年二月試辦期滿，奉准展延三個月。同年五月，部令本證據金須全部繳納現金，准續做遞交至六月底止。六月卅日部令再展延三個月，但本證據金須改按交易額繳納現金五成。其後復准展延兩次每次均三個月，且均稱爲試辦。至卅七年一月該所呈准財經兩部轉奉行政院核准改爲正式辦理。同年四月四日晚十時行政院突下訓令，開首即說：

「查上海證券交易所證券遞延交割業務，係屬期貨交易，買進賣出，常同爲一人，殊違提倡投資協助生產事業之本旨。值茲動員戡亂期間，此項投

「自由中國的宗旨」

第一、我們要向全國國民宣傳自由與民主的真實價值，並且要督促政府（各級的政府），切實改革政治經濟，努力建立自由民主的社會。

第二、我們要支持並督促政府用種種力量抵抗共產黨鐵幕之下剝奪一切自由的極權政治，不讓他擴張他的勢力範圍。

第三、我們要盡我們的努力，援助淪陷區域的同胞，幫助他們早日恢復自由。

第四、我們的最後目標是要使整個中華民國成爲自由的中國。

機性質之交易，對於國家經濟政策及社會金融，尤多妨害，自應予以取締。」

接着尚有限於自卅七年四月五日起停做，及以後證交業務以現貨交易爲限，不得再做期貨，並禁止場外交易等數項。這個訓令，可以說是十萬火急，今晚十時令到，明晨即須遵行，一若期貨交易是一種瘟疫或烈火，撲滅刻不容緩。當時行政院及財經兩部內不乏學驗俱優的官員，觀其數度准予證券交易所展延期限試辦遞交，令其增加本證據金額並准其正式辦理遞交，其處理頗爲適當。惟四月四日的一道訓令則顯示主辦人員之學識與常識，兩皆缺乏，尤其是特別指出「買進賣出同爲一人」是投機性的交易，簡直不知交易所爲何物。這或係受了他方面的壓力所逼成，又或者是主管人政務叢脞由無知的低級職員擬稿而造成的笑柄也未可知。那時上海的報紙對於這個訓令曾刊載述評，略謂政府命令中說遞延交割交易買進賣出常同爲一人足以助長投機。這種說法想係指套做而言，在學理上及事實上均無根據。因爲只有信任法幣的人才肯買進現貨賣出遞交，希望保持法幣而得到一點利息。只有有心長期投資的人才肯賣出現貨買進遞交，希望證券不致脫手。惟有要求安全保障的健穩者才要套買套賣。各國穩健的進出口商，穩健經營外滙的銀行及穩健的工業家，不願冒險獲致意外的損益，均做套買套賣交易，凡是具有近代工商業知識者大家都很明瞭。證券套買套賣、事屬平常、並非例外。這一段評述頗足說明當局者對於期貨交易之誤解。現在距卅七年四月已近五年了，政府也由大陸遷到臺灣來了，可是那個誤解似乎並沒有什麼改進。經濟部冉顧問在前述的座談會中報告，政府已擬定了設立證券交易所的六項原則，其第四項有云「欲避免發生流弊，只准買賣現貨，期貨暫不准買賣」。這不啻已將個中的消息明白告訴我們了。證券交易所如不買賣期貨，則不能發揮交易所的功能，尤其是作爲工業金融市場的證券交易所，如不做期貨交易，則是失掉了它的主要業務，勉强設立，名實不符，亦與「緩設」相等。所以在大多數的人士對於期貨交易的誤解未能氷釋之前，臺灣證券交易所必會遭到緩設的運命。然而我們今日是要建設新國家，走上工業化的道路，我們要澄淸誤解，積極的擔負時代的使命。

本文篇首不是曾說到證券交易所是現代化的國家應有的設備麼？現在且用一個簡單的比譬以爲本文的結束。證券交易所的設備之於現代化的國家，猶如無線電收音機之於新式的家庭。無線電收音機可以收聽中外新聞、省市政令、以及音樂講演，對於家庭裏的人之知識及修養，均有助益，猶如證券交易所之有助於一國的工業金融流通一樣。在沒有電流或缺乏無線電器材(如眞空管等)的地方，不能够裝設無線電收音機；在對於期貨交易持有誤解的國家內，證券交易所也只好暫緩設立。窮僻的鄉村裏的家庭不是沒有無線電收音機的設備嗎？我們對於臺灣證券交易所之緩設，亦可作如是觀。(民國四十二年二月二十二日稿)

公私之分

龍運鈞

臺灣今日所表現的政治風氣，較之過去已有不少改進，大體差强人意。可是仍有不少見微知著的人士，感到若干缺點，而高呼革新。其實我國的政治風氣，如果嚴格一點說，從歷史上一直到現在，似乎很少有眞正完全清朗的時候。它的癥結何在？論者動輒歸咎於制度、法令、人事，這些關鍵固然重要，然而只是形式上的問題。其基本上的原因，祇是公私不分的緣故。

我國一般人凛於「水太淸則無魚，人太察則無徒」之訓，多喜歡模稜混沌，卽鄭板橋之所謂難得糊塗也。一切事都含糊籠統，不求甚解，對於公私的分際，誰也不願詳加區別；其表現於政治上的，則爲宮中府中，混爲一體。所謂走內線、跑公舘，以舞會決政事，借觥籌談要公，以公爲私，化私爲公，由來久矣。這種公私混淆的觀念和事實，不僅見之於地下活動的奔競鑽營，而且在若干正式的法令、皇皇的文告中，也將它規定了進去，直接引起不少流弊，間接更是貽害無窮。如果不在這一方面澈底檢討，切實糾正，所謂革新政治風氣，都是捨本逐末，其結果等於捕風捉影、鏡花水月。

對於一般人所指摘的公私不分的事實，用不到再說。現在我想說的是有些人認爲正當、而且加以鼓勵提倡的若干觀念和事實。

一些公認爲正確而其本質是公私不分的觀念

首先要說到的，是所謂「作之君、作之親、作之師」的觀念。這種觀念有時候曾經整個地支持了一些機關首長的思想。認爲我的僚屬或部下，不僅是我的僚屬或部下，而且是我的子弟、我的學生；不僅要監督他的工作，而且要管他的私生活，如不准抽烟，不准賭博，指定讀什麼書，寫什麼心得之類。不僅平常談話訓誡是如此，而且訂了許多員工進修辦法之類，付之實施。說起來這些都是好的，誰能加以反對，但仔細研究起來，問題就很多：

第一：一個機關首長，當然有很多地方可以做他人的表率。但不見得一個個聖如周孔，博如蘇格拉底、亞里士多德，兼備德行政事言語文學。既能作多數人之「君」，又能做多數人之「親」和「師」。

第二：姑認爲一個機關首長萬能，不僅可以做「君」，而且可以做「親」和「師」，但他終究是一個「人」，同樣要穿、吃、運動、休息，有私人的瑣事和麻煩。主管一個機關，公事如麻，已經够他對付了，更何來有精力去做那許多僚屬和部下的「親」和「師」。(訓練機關當別論)

第三：國家有一定的制度和法則，所謂「王子犯法，庶民同罪」，這種法律之前萬人平等的觀念，可見在我國也是流行的。何能因人異法，機關員工如有賭博貪汚，自有法律制裁，何勞在法外另行規定管理辦法，反而顯得與一般人民不同，這是一種無效的徒勞，完全沒有必要。

第四：機關員工是公務員，把他看成首長的「子弟」和「學生」，便是把他當成了首長的私人，這不是化公爲私了嗎？儘管首長把僚屬看成子弟或學生的，不是每個機關如此，但這種觀念多少是有的，他們作了什麼不法的事，治安機關也就認爲他是某機關的人，而徇情礙面，不敢隨便究辦，首長認爲有屬員出事，也等于失了他的面子，不知不覺中予以包庇，都是那種「親」「師」的觀念作怪。

第五：機關員工離開工作位置，下了辦公室以後，他的身份就與一般人無異，有他的自由，只要不違背法令，他可以高興怎樣就怎樣，願意進修的進修，願意勞動的勞動，人心之不同各如其面，首長有何權力指定他讀什麼書寫什麼心得？這種在法令範圍以外干涉人家的私事，嚴格說起來是有欠民主的。

第六：機關對員屬的要求只是工作效能，公務員對機關的責任是盡忠職守，首長不從職守方面來課員屬的責任，不從效能方面來督促僚屬，而要節外生枝，去作他們的「親」「師」，結果不但「親」「師」沒有做好，連長官也無法做好；古人說：「用志不紛，乃凝於神。」現在除開公事之外兼管私事，公私揉雜，一樣都辦不好了。我國行政之缺乏效能，這是最大原因。

第七：首長視僚屬爲「子弟」「學生」，僚屬視首長爲父師，公的關係變成私的關係，政令尙何能推行？公事尙何能具辦？焉得不有派系之分？焉得不爲一朝天子一朝臣？直接間接的流弊，眞是不堪設想。

古代政教不分，(秦人以吏爲師是復古，不是新花樣)到孔子才創辦私立學校，把政教分爲兩事，于是歷史上有所謂帝王的正統和儒家的道統。在春秋以前講作之君、作之親、作之師，不論首長對僚屬或政府對人民，都可以說得通，現在則不論對僚屬對人民，都說不通；政府替百姓辦事是責任，是公僕替主人辦事，不是「如保赤子」，好像父親替兒子辦事。這一點大家大概都會認爲沒有問題，作君作親作師之說自然站不住脚了。首長對僚屬也只有公的關係，沒有做「親」做「師」的權利和義務，沒有而勉强說有，便弄得公私不分，異常尷尬。這種二千年前的觀念，必需及早全部肅淸，才能談到法治、談到民主，政治上才不致有徇情礙面，任人不任法的現象。

其次是所謂機關學校化、機關家庭化的觀念，把機關看成學校，便違反了「未聞以政學者也」的原則，古人所謂學而優則仕，如果到了機關才去學，這個人是不是可以勝任就很值得懷疑了。雖然說一個人不應該滿足，做了公務員仍然應該學，但這是他自己的事，機關管到私人的事，便是前面所說的公私不分。至於家庭化一語，流弊更大，用不到多加解說了。

一些公認爲正確而其本質是公私不分的法令和事實

首先要說到的是各機關的員工福利社或合作社之類。機關爲謀員工的福利，辦一些理髮店、洗衣店、小食店、零售店，或名之曰福利社，或名之曰合作社；都有法令爲之依據。在公務員生活這樣苦的今日，教他們理髮洗衣便宜一兩塊錢，難道還不應該？然而不然，請言其故。

第一：公務員除在辦公室或奉命出外處理公務外，其身份應該和一般人完全相同，不能形成一種特別的階級，爲了日常生活必需品的購置，免被商人從中剝削，應該加入當地的消費合作社或自行組織各種合作社，由機關來辦就是機關管公務員的私事，弄得公私混淆了。

第二：機關裏面設一些合作社，機關不像機關，商店不像商店，派一些秘書科員辦事員之類管合作社，而在編制上面是沒有這種員額的，這不是違法了嗎？一些公務員在辦公時間跑去理髮洗澡買東西，還能談到行政效能麼？

第三：機關合作社或福利社購物品，可以免稅，可以優先。在抗戰時期，聽說有些機關部隊借合作社之名挪用公欵，大做生意，官商不分，流弊之大，盡人皆知；今後是否能够完全消泯這樣現象，不能不令人懷疑。

第四：爲了體諒公務員的艱苦，應該從薪給上調整，何必從這些細微末節上打算，機關合作社的東西便宜幾毛錢或幾塊錢，是因爲免稅，減運費；而稅收和運費收入都是公家的，彼有所損，然後才此有所益，何不乾脆把這種稅收加到薪給上，省得轉灣抹角，反而使機關內爲辦合作社添置人員，增加設備，徒增無謂開銷，實在毫無意義。

第五：機關管到員工的生活瑣事，也就是管到了員工的私事。把機關員工和一般人做不同的看待，這在歐美民主國家是沒有的，不僅是公私不分，而且使一般人有一種不平的感覺，這是不合理的。這些合作社之類的組織，對公務員的好處極小，而對一般意識上和實際上却爲害甚大。

此外我另有一件不了解的事，就是公務員配發實物配給住宅等類事實。英國的配給是對一般人；而我們只限於公教人員，其原因是待遇太低，不如此不足以維持其生活。其實這是一種似是而非的理由，試問配給的實物其本身是不是有價值？是不是可以用貨幣計算？政府買進這些實物是不是需要付出一筆價欵？何不乾脆把這筆錢加到薪給上，實行一條鞭的薪給制，在機關本身省得成立配給委員會之類的機構，在公務員本身，也省得領米領煤的麻煩。在一般的觀念上，也省得公務員像特權階級，除開薪水而外，還享有一般人所無的特權，好像政府只謀屬員生活上的利益，而置普通人民的生活於不顧。政府不從簡單明瞭的方法上給予公教人員應有的待遇，而不憚煩地給油給煤給米給鹽給房子。顧及公教人員衣食住行等私生活，出發點是由於體貼公務員，實際却像以公爲私，把公私的界限完全攪亂了。

結　語

因爲我國的文化太悠久，若干傳統思想深深地支配了人心，現在一方面接受西洋的進步思想，一方面舊傳統又牢不可破。尤其這種公私混淆的觀念，無法澄清，使政治無從清朗，行政無從發揮效能。爲了革新政治，僅高呼幾句口號是沒有用處的，必需正本清源，使公爲公、私爲私，二者厘然劃分，公事絕對不能侵及私事，私事絕對不能滲入公事。怎樣做到這種地步？試提出下列幾種主張：

第一：機關首長只是機關首長，只能對公事發號施令，絕對不能侵及員工的私事，更不能把員工當私人用。作親作師的觀念必需澈底打破。

第二：僚屬對首長只在公事上負責，不能對首長有任何私人的請託干謁，只有公的關係，沒有私的關係。

第三：機關上所流行的以私函接洽公務的習慣必需廢除，公務便是公務，用不到以私函婉轉商談。

第四：機關裏的員工福利社之類的組織須予取消，免得淆亂經濟體制。公務員的待遇需用一條鞭制的方法予以調整，不宜採用特殊措施，使其受益極微，而壞影響甚大。

第五：機關員工在其職務以外的一切行爲，應當與一般人同樣看待，不能有任何差別。要娛樂或進修，就該去普通的娛樂場所或補習學校，不能在機關裏成立什麼劇社之類。

第六：機關新進人員應採公開的競爭考試，原有人員的升遷調補要完全以工作效能爲標準，不能滲雜任何私人關係，或在工作效能以外另立標準。以職位酬庸的辦法必需澈底革除。

第七：機關是公務機關，機關員吏是公務員；除開處理公務以外，不能辦任何私事。機關裏面的各種設備，也絕對不能作任何私用。

拉雜寫來，不覺話長，政治上一切如果能够嚴格劃分公私，制度自然可以建立，法令自然能够推行，效能自然大爲提高。否則一切改革，都是談。

思想上的自由主義與統制主義

羅鴻詔

一

西方所謂自由主義有兩種極不相同的問題，而同在一個名稱之下，故往往引起誤解。穆勒（J.S. Mill）在其「自由論」（嚴譯羣己權界論）開頭特別聲明，他所論的自由並不是哲學上的意志自由，乃是政治上與社會上的自由，便是要避免此二義之混淆。此二義我們中國人也往往糾纏不清，因之引起許多不必要的爭辯，現在略爲分疏一下。自由之意義是限制之不存，所謂「限制」，本來是「他人」的限制。我的行動完全由於我的意志，沒有他人的意志介入於其間，便是自由；反之受了他人的意志的限制便是不自由。比方某甲有危險，我想援救他，這是我的意志，但是必須有行爲然後可實現此目的。忽然有一個某乙出來，用腕力將我捉住，使我不能行動，則我的意志完全受了某乙的限制而不自由了。倘若某乙不用腕力捉住我，而威嚇我道，你如果救他，則你將來必受災害。這時候我要去救他還是可以的，只因我恐懼將來受害而不敢援救，這就叫做「恐怖」，這樣我的意志之改變由於恐懼某乙之加害，也是受了某乙的限制了。凡屬政治上或社會上的權威，都教人某種事可做，某種事不可做，信從者可得嘉許及獎賞，違背者要受到各種的制裁，甚至可喪失生命。如果這些教訓或命令和我的意志相合，自不覺得有甚麼束縛；若和我的意志相反，即是我要做的事，那些教訓或命令則叫我不要做，我不要做的却偏要我做，便覺得强制而不自由了。至於哲學上的自由論則將此人對人的關係推到自己心理內部去，將全部或一部的心理現象客觀化，當作他者，而與自己相對立。比方外來一種誘惑，我的意志雖然覺得不可做，但因誘惑力太强，使我不得不做。這誘惑或叫做衝動，或叫做欲望（具體地說，即中國社會上常說的酒色財氣之類），這時候便可以說衝動（或欲望）壓倒意志，我的意志不是自由的。其實這裏並沒有他人的意志介入於其間，其初覺得不可做的固然是「我的」意志，其次使我去做的誘惑也還是「我的」衝動，「我的」欲望。哲學家却將意志與衝動分開，而以此爲意志不自由，在如此的情形下我們或許可說，我這個「人」是自由的，但是我的「意志」却是不自由的。

意志之自由與否其所關涉者是行爲，我們現在的論題却是思想。但所謂思想自由，哲學上與政治社會上，也是截然不同的兩種問題。比方政府當局諸公有甚麼政治意見，他要向大衆演講，在新聞雜誌上發表，以及散發傳單或小册子都是很自由的，不會遭受任何限制。但是在野的人士如果懷有與當局不同或相反的意見，便往往沒有發表的可能，即使勉强去發表，也要受到嚴厲的制裁。西方則又有教會的權威，如果有人將與教會相反的思想去公然發表，在中世紀時是要受到宗教法庭審判的，輕則下獄，重則處死。故政治上或社會上的思想自由只是思想有沒有發表的自由而已。發表是一種行爲，與思想本身有別，而哲學上的討論則關乎思想本身。各人的思想都由各自的經驗而來，所謂經驗是最廣義的，如做事，讀書、社交、說話等等無不包括在內。大家都以爲我所以有現在這個樣子的思想是我自己經過「自由選擇」而成立的，但是一部分的哲學家却以爲你的思想不是自由的，乃是「被決定」的，其中又有環境決定，人格決定等等說法。現在以大家最熟悉的馬克思爲例，照他說，「不是人的意識決定人的社會存在，乃是人的社會存在決定人的意識」。他所謂「意識」當然將思想包括在內，他所謂「社會存在」即是階級，今專就思想而論，即是說，人的思想是被他的階級決定的。你以爲你所懷有的思想是你自由選擇的嗎？你錯了。因爲你是小資產階級，所以你的思想都是小資產階級的思想，都是被決定的。他所謂「決定」（determine）則較限制（restrain）更强，已被決定當然不自由了。這裏所謂不自由並不是由於「他人」的限制，是很明白的。

這兩種自由的意義之不同，觀上面簡短的說明便可知其概略。故在哲學上主張決定論，謂思想不是自由的人們，在政治及社會上却可以極力爭取思想發表的自由，不但他們自己不覺得有矛盾，旁的人也不能以此責備他們，因爲這完全是兩件事。我們現在不是討論哲學問題，當人們決心選擇某一行爲時，其意志是自由還是受限制（決定），都不去管它，故哲學上的自由論與決定論都不與我們相干。我們所要討論的是政治上或社會上的自由，即是我選擇此一行爲是否受「他人」的限制，如果沒有便是自由，如果有之便是不自由。

二

那麼，政治上及社會上的「自由主義」是怎樣一種東西呢？現在爲使問題單純起見，不但不涉及哲學上的自由論，而且對行爲的自由也撇開不談，只討論思想的自由，即是我心中懷有甚麼思想及在出版物上發表甚麼思想，應不應有自由而不受他人（個體或羣體）的限制呢？

政治上或社會上的權威思想往往要干涉個人，第一、不許他發表與權威思想相反或相異的思想，第二、不許他懷有別種思想。第一例中外的歷史很多記載，可說是常有的。第二例則比較少見，但是今日共產黨支配下的國家莫不如此，且看中共在大陸鬧得亂烘烘的「思想改造」，即是干涉人們心中懷有的思想而逼令他們更換。這便是統制主義。自由主義則與此相反，以爲人們心中懷有甚麼思想及在出版物上發表其思想，均不應受他人的限制。故政府若採用自由主義(現在姑不論社會，只論政治)，則凡屬對政治上或社會上的意見，如政策的當否，執行有無錯誤，乃至各種各樣社會問題，宗教問題，學術上的問題等等都可以自由發表，各是其所是而非其所非。這樣，各種主義均可被容納，故自由主義又可以說是沒有主義的主義。反之，政府若以一種主義相號召，其他主義都不許人們研究與提倡，便是統制主義，故統制主義乃是只許一種主義的主義。但是同爲統制主義也還有程度的差別，如法西斯與納粹都是統制思想的，但對於純粹學術及宗教信仰還有相當程度的寬容，共產黨則干涉得很澈底，統制得很嚴密，不但宗教信仰須服從政治，即純粹學術也要受到干涉了。

統制主義自然是持之有故，言之成理的。第一、他們以爲思想與行爲的關係至爲密切，行爲已不能完全不受束縛，則思想亦必須有所限制。如果任人們在心中胡思亂想，只在行爲上作外的約束，是事倍功半的。倘若根本沒有不正確的思想，則自然不會有不正確的行爲。且那些不正確的思想是有毒素的，若許可它在出版物上發表，則謬種流傳，使社會深中其毒，那還了得嗎？思想是行爲的本源，雖則有如此的思想不一定有如此的行爲，然若本不正而源不清，畢竟是不澈底的。故不但發表誕妄的思想以教導他人，應該絕對禁止，即使心中懷有錯誤的思想，也就有實現錯誤行爲的可能，勢非拔本塞源不可。第二、五花八門，形形色色的思想各是其是而非其非，大有一國三公，吾誰適從之概，豈不是思想上的無政府嗎？理論上的鬪爭是很難獲得結論的，羣言淆亂而無所折衷，人們的行爲能够不受影響嗎？政治上既已必須有政府，則思想上亦必須有權威。那些對權威思想持反對意見的人們，不但對政府的施政要批評指摘，而且對權威思想也要辯論反駁，倘若有一部分人贊同其意見，不會使政府失掉威信嗎？不會使權威思想損失尊嚴嗎？他們縱使不在行爲上反對政府，而敷衍搪塞在所不免，其奉行法令已非出自願意，則表面雖很恭順服從，而行動總是不起勁的，其結果便是效率不高。至於反駁權威思想而使人疑惑，則共同的最高信條往往爲之摧毀，而社會必陷於紊亂無秩序了。故應以權威思想爲絕對之是，不許懷疑，不許批評，必使思想定於一尊，然後能意志集中，力量集中，以收道一風同之效。個個人都有正確的思想，有正確的行爲，則社會國家只蒙其利不見其害了。第三、出版也是一種行爲，行爲已不能漫無限制，則出版也不應完全自由，爲甚麼可當作特別的例外？將不正確的思想去出版，和做一次不好的行爲有何分別？其實一次的行爲影響於他人及社會者尚小，錯誤的思想爲害之大有甚於洪水猛獸，小的尚且應該限制，爲甚麼大的偏要讓它自由？。

自由主義者對於上面三個問題的答覆，約述如下。第一、思想與行爲有相當的關係是不錯的，但並沒有必然連帶的關係，因爲行爲往往由於一時的衝動，或出自深厚的感情，或由於實際的利害，凡此皆與思想無關。比方百年前的中國人，對爲臣當忠，爲子當孝的思想，個個人也毫無異議，而不忠不孝的行爲却是不可勝數，便是明證。今專就思想而論，假定某甲心中的思想是不正確的，自應加以糾正。但是錯誤的思想只應以思想去糾正，不應以思想以外的手段去對付。你可以用口頭去說服他，也可用文字去駁斥他，使他自知其錯誤而改變。錯誤的思想是經不起檢討的，惟有經過從容的討論使他慢慢發現錯誤，才是澈底的糾正。用政治的力量去壓服他，只能獲得表面的服從，不能變更其內心的信念，唯有加强其反感罷了。須知一個人的思想是時間之所積，他所以有如此的思想是經過許多經驗而成的，故要他改變也不是一朝一夕所能成功。進一步講，思想之正確與否憑甚麼標準來判定？某甲的思想何以是謬誤的，權威思想何以是正確的，正是應該討論的問題。過去絕大多數人所信奉的權威思想而今天已證明其爲錯誤者，一查歷史的紀錄便可知其爲數不少，則今日的權威思想又何能保證其必無謬誤。擅定某一思想之絕對正確是最危險不過的事，因爲這一擅定卽是說創立那種思想的是上帝，是神明，而不是一個人了。權威思想已不一定是絕對正確，則某甲的思想也不一定是完全錯誤，這麼一來，更沒有用政治力去逼他改變的理由了。故政府當局不許人們懷有與權威思想相反的思想而逼令改變，其理由是不能成立的。至於思想流毒一點，可與後面的出版行爲一併討論之。

第二、思想之龐然雜陳自可影響到行爲，但行爲並不完全由於思想已如上節所述，故行爲與思想應該分別看待，不可混而同之。我們對於行爲之限制，有法律與社會制度(禮)，違法的行爲應受法律的制裁，無禮的行爲應受道德的制裁，自不消說得。倘若只懷有與禮法相違背的意見(思想)而沒有與禮法相違背的行爲，則不應施以道德的，法律的制裁，而應任其自由懷抱及自由發表，這便是思想自由之眞義。今日中國之大患不在思想之龐雜，而在官民之不守法，社會制度(禮)之不確立。因爲沒有確定的禮，故行爲之是非善惡無從判定，而道德的制裁不能成立，因爲多數人不守法，尤其是不守法的官吏儘可逍遙法外，而法律乃等於具文。一般人最常有的誤解是，我以爲某一條法律是不對的，所以我便無庸遵照那一條法律而行事。其實你儘可懷抱反對某一條法律的意見(思想)，但決不應有違犯該條法律的行爲，在該條法律尚未廢止時，你若違犯它，便應該受罰。他方，你只有反對的意見而沒有違法的行爲，自不應受罰。因爲禮與法也是可能錯誤的，如果眞是錯誤，則必有反對的意見發生，理應遵照反對意見而改正，何來處罰反對意見的理由？

至於批評權威思想及政府的行爲，更是必有而且應有的事體。權威思想如果是正確的，則越加檢討將越發顯露其爲眞理，那怕他人的懷疑與批評？惟有經不起懷疑的才怕人懷疑，抵不住批評的才怕人批評，要禁止人懷疑批評，實表白自己對於權威思想沒有篤信，惟恐其弱點因懷疑批評而暴露罷了。倘若經過任何懷疑批評都還屹立而不搖的話，則必能加强自己的篤信，也能使人心悅而誠服，豈不是更增加其權威嗎？平常所謂政府的行爲有兩方面，一是政府，一是官吏，國人往往將此二者混同，實應辨清。一個或一羣官吏的行爲是不是合法，當然要受批評指摘，不應一律視爲誹謗。如果查明其眞不合法，理應加以刑罰，豈止指摘而已。在今日民主國家裏，人民好比是公司的股東、官吏則是執事人員，不遵守公司章程的執事人員，當然是要處罰的。整個政府的行爲也儘可檢討其是非，如杜魯門的遠東政策，不是有許多美國人駁斥它嗎？反過來說，官吏的行爲若不許人指摘，則不能使官吏養成守法的習慣，而貪汚，瀆職之事必然越來越多。政府的行爲若不許人檢討，則偶有錯誤，將一往而不返，不能有矯正的機會。子產不毀鄉校的故事，豈不是中國二千年前的古訓嗎？

第三、出版也是一種行爲，而行爲自必有限制。在中國則有出版法，條舉出種種限制，在英國並沒有出版法，然對誹謗罪所加的刑罰，却相當嚴厲。至於不正確的思想和不好的行爲則是截然兩判的，我們必須辨清。思想只在人的心中，不改變外界(自然界)的存在，而行爲則必然改變它。違犯民法的行爲雖已改變存在，但其改變者可以恢復原狀，故法官之處罰只至恢復原狀爲止。違犯刑法的行爲所改變者則不能恢復原狀了，故處罰較重。由此義言之，不改變存在的思想，雖有錯誤，自無須乎處罰。若論思想的影響，則問題更加複雜。思想在出版物上發表，作者是完全採取說服的態度，並沒有絲毫的强制性，贊成與反對一任讀者自由選擇，如此的行爲，除誹謗外，當然不能構成犯罪。且思想之有影響乃因有人接受它，試問，不正確的思想何以有人接受？何以人們竟不知其爲錯誤？如果一種思想竟有洪水猛獸的大害，則其爲事必不止於思想，而已進入於行爲，而且信從的必有相當多數人了。須知，凡能使多數人信從的思想決沒有完全錯誤的理由——這是永遠不變的眞理。要矯正它，也就必須承認其中的眞理，而盡量揭發其謬誤，使人們完全知悉其內蘊而後可。換句話說，必須允許其發表，經多數人反覆討論，使眞相大白，則信從者當然會減少了。若以政府的命令加以禁止，或適足以增其兇燄。爲甚麼呢？喜讀禁書是人類的好奇心理使之然，故越禁越於它有利。你去禁它，只表明你沒有理由駁倒它，而又怕它影響及於多數人，唯藉權力以壓服它，就是暴露你的自卑感了。我們以爲，如此的影響才是最壞的。

三

以下再將統制主義與自由主義從各方面比較而辨別之，以明其意義之所在，而甚麼是自由主義，亦將經此比較而更加明白。

第一、統制主義是只許一種主義的主義，就其形式而論，凡主張思想須定於一尊，不許懷疑批評者，不論其內容如何，都是統制主義。比方杜威的思想是很自由的，但若政府當局只許杜威思想之傳播，詳言之，其提出的問題只以杜威所有者爲限，其研究的結論也不能與杜威有別，這便是實行統制主義。若再進一步，以杜威著作中的一字一句都當作至高的典據，不許人們加以反駁，則其爲統制主義更不消說得。中國從前罷黜百家，獨尊孔氏，便是如此。儒家的思想本來是相當自由的，其包容力也很大，但一旦成爲一尊，便有束縛思想發展的形勢。惟其思想本身相當自由，故儒家以外的思想——異端——仍許人去研求而不加禁止。像馬列主義之狹隘，一被政府採用遂致完全剝奪思想之自由，在此一點，史大林實自馬恩列傳承而來，原與沙皇無涉。

自由主義則可以說是沒有主義的主義，百家爭鳴，互爭雄長，認爲可喜的現象，不但不加以禁止，而且鼓勵思想之多歧。自由主義者以爲，完全錯誤的思想是少有的，即使有之，也不會有人相信它。反之絕對正確的思想也是不會有的，既是人類的思想總不能免於錯誤。因此思想之多歧雖各有所短亦可各顯所長，我們取諸家之長而去其短，豈不是達到正確而免於錯誤的確實途徑嗎？如果政府採用自由主義的話，則不論甚麼主義只要成爲主義的主義，都可以任意出版，只要有人相信的主義都可繼續流傳，純取旁觀的態度，任各種思想自生自滅，也就是一種「無爲而治」吧。

第二、統制必須用力，政治的力尤爲有效，國家本有强人服從的權力，可以齊其不齊的。持統制主義者對於異端思想必施以撻伐，如果他們是政府當局，必然出其大力嚴厲禁止，甚至視持別種思想者爲犯罪，竟以刑罰加之。即使他們是在野，也還是以思想不同爲犯罪，惟恨自己沒有權力加以刑罰罷了。荀子以爲，聖王在上，對於當時的「姦言」，可「臨之以勢，禁之以刑，」用不着「辨說」，只因他自己「無勢以臨之，無刑以禁之，故辨說也。」(正名)故統制主義不是政府當局的專有品，乃是一種思想，一種態度。它的信念是，某一思想是絕對正確的，其他思想都是完全錯誤的。這一信念達到最高潮時，則必以行動促其實現。如果他們有團體，則雖屬在野也還要用種種力量(如暗殺、毆打，輿論圍剿之類)去壓迫異端的。據我個人觀察，輓近的中國持有這種思想的人確實不在少數，即在主張自由主義的人們之中，也往往有之。這種人如果置身當局，手握大權，沒有不以刑罰加諸懷抱不同思想者的。清末民初的老頑固多以爲革命黨人是該殺的，輓近則好多新青年亦以老頑固爲該殺，在我們看來，兩方都是統制主義的信徒。只要是持之有故，言之成理的思想，老頑固也罷，新青年也罷，都要任他們去堅持，這才是自由主義者的態度。

可是自由主義者便絲毫不用力嗎？這也未必盡然。如果自由主義者身居當局，固然無須用力，然若在野人士要主張自由主義，則情形完全兩樣。政府若不許人民自由，固然要用力抵抗，社會上的種種壓力也非對付不可。如果不欲貫澈主張則已，苟欲貫澈，則自由主義者亦須出全力以搏鬬。西歐近世初期的自由主義者，對於爭取各種自由無不竭其最大的心力，至美國獨立與法國革命才告成功。說者謂：自由而出於當局的恩惠，則雖獲得而不確實，因爲那個當局隨時可以奪之而去故；惟有力爭而得的自由，才是眞眞把握得住的。由此義言之，自由主義是一種反抗精神，對政治上或社會上的權威敢於反抗，才可貫澈自己的主張。沒有反抗精神的，只是懶散、頹唐、委靡，決不是自由主義者。這麼一來，自由主義也不是沒有主義的主義，自有其不能變更的最高原則了。穆勒在「自由論」中，引自願賣身爲奴隸之例，而主張應該加以干涉，因爲他這一次行動的自由將以後的行動自由全部犧牲掉，是不應該的，故干涉乃所以恢復其自由，並不是剝奪其自由云。「美國憲法增補及修正」第一條規定，限制言論自由或出版自由的法律，議會不得制定之。其用意卽在不應以一次的自由行動否定以後的行動自由。這種理論上的顧慮也有事實上的例證，希特勒當政時，德國議會通過全部授權元首的議案，決議以後不再開會，這不是自願賣身爲奴隸嗎？最近有好多國家宣佈共產黨爲非法，卽因共黨主張剝奪人民的全部自由，如果它一朝執政，則必然違背自由主義之故。總之，若沒有不容變更的最高原則，則自由主義往往出於自殺之一途，實不能成其爲主義。那麼這最高原則是甚麼？消極方面是反對統制主義，積極方面則是發展個性。

第三、統制主義是窒息思想，抹殺個性的。今假定權威思想是完全正確的，但一經定爲一尊而不許人反駁，則活生生的思想必然變爲死板板的教條。因爲人們只將權威思想死記下來，懂得其中說的是甚麼，便已盡思想之能事，而其所以正確的理由，再沒有人願去過問了。我對於某一思想知道其正面以外還須知道其反面，卽是必須知悉其反對者的論據而又能駁倒它，才可成爲我自己的思想，活躍於心中，最後乃能變爲堅固的信念而不可動搖。若竟不知有反對論，更不知其論據之所在，對權威思想也只知其爲正確而不知其所以正確，則畢竟還是他人的思想，與我自己還是兩橛，不能融合爲一，所以是沒有個性的。惟其理有未窮，所以知有未盡，縱使我信從它也決不能成爲堅固的信念。在如此的情形下，一遇到反對論便茫然不知所以答覆，甚則拋棄昔日的所信而改宗反對論，也就無怪其然了。故禁止反對論的發表卽是教人們不要去深思，表面上雖是道一風同，大家有了共信，其實這種共信是靠不住的，很易動搖的。共黨實行統制思想，其所以要深垂鐵幕，隔絕內外，就是自認其所謂共信乃是基礎脆弱，不禁風雨的緣故。

反之，自由主義則是啓發思想，發展個性的。眞理愈辯而愈明，甲論乙駁，反覆致思，而後眞理之所在乃爲人人所共見。人們既已熟悉多種不同的思想，經過審愼的選擇，故對其所擇的思想能篤信而不疑，一切行動皆由此而出。所謂思想變成信仰而發生力量的，卽指此而言，若死記下來的教條，有甚麼力量可言呢？倘若某一個人能超出既成的思想之外，而自出機杼，創立新而有價值的思想，便是進步。在統制主義之下，如此的個人確實甚少。如在共黨鐵幕之內，最大多數人只知馬列思想，對它的理解還不能透澈，對其他各種思想又盲目無知，怎能够創造出新思想來呢？卽使創了新思想也是不許發表的，如果膽敢去發表也是要受罰的。嚴格而論，只許史大林一個人有所創造，至多也不過政治局的十幾個委員可以創造而已。在自由世界則人人都有創造的可能性，只要自己努力而有成就，並沒有任何個人或團體來加以限制。創造者的數量已如此懸殊，其結果自可想見。故思想如果不需要進步則已，苟不欲故步自封，則必許多數人去深思，而各各發表其成就而後可。故自由主義，從其狹義說，允許人人發表其思想而不加以限制，實爲思想進步之必不可缺的條件。我們知道個性發展自與社會全體具有密切關係，但這裏因爲有個體主義與全體主義之對立，其所牽涉的範圍甚廣，要探究的義蘊至深，非這篇短文所能詳細討論，須另作專篇了。但是這裏應該說明一下，全體主義雖往往與統制主義相伴，但其間並沒有必然的聯繫。因爲統制主義必假借全體主義而後名正而言順，但是持全體主義者固可允許人格的獨立與個性的自由，而與全體的和諧不會發生衝突的。

蘇俄內部的反叛運動

焦　木譯

自最近美共和黨政府新任國務卿杜勒斯一再宣佈，此後工作將着重喚起鐵幕後受奴役的人民之覺醒，鼓勵他們對克里姆林宮之反抗，並援助他們從極權統治下獲得解放以來，蘇俄內部的人心向背，遂引起世人的極大注意。本文作者阿德里卡沙(Adile Kasha)今年三十餘歲，是一位澈頭澈尾在克里姆林宮政權下教育出來的青年，兩度服務於紅軍，於一九五二年秋嚮往自由，逃出了鐵幕。以這樣一個史達林認為十足標準的蘇維埃青年，將他耳聞目睹的事實報導出來，總是值得我們相信的。

——譯者

在今日蘇俄內部有積極反抗史達林的運動嗎？這種反抗有組織嗎？這種反抗有一線成功的希望嗎？自我從蘇俄逃出以來，就經常有人提出這些問題來問我。

有的，反抗是有的。但既不是武裝的反抗，亦不是積極或有組織的反抗。

這種反抗是一種潛伏的力量，只要有一天獲得外援總能達到成功。

在今日，這種反抗潛力是埋藏在人民的心裏。目前尚無跡象可尋，認為蘇俄將由內部發生崩潰，或有武裝的力量待機發動。史達林早就注意到，已將這類反抗完全消滅無遺。

另一方面，若認為俄國人民無條件接受共產主義，那也是一項重大的錯誤。他們從不如此。推翻沙皇，是俄國人民自發起來做的，並不是布爾什維克黨人。

布爾什維克黨人是從人民手中竊奪了革命。

二次大戰期中，我在西線親眼看到成千成萬烏克蘭人歡迎納粹侵略者的那些偉大場面。只是因為德國人反以殘忍對待，才使烏克蘭人的解放希望趨於幻滅。

蘇俄人民的本性仍追求自由，因為他們從未享過自由，而一九一七年的革命實際上並未予他們以自由。

在我的家鄉那一省——塔什克斯坦，共產黨整整費了十六年工夫才將『敵黨』完全消滅。我的父親直至一九四七年才被捕，當時他正在深山中協助反叛份子作戰。目前，在我家住的那個城中，至多不過有一兩個四十歲的人是共產黨員而已。

當我離開我的家鄉史達林堡之前，我的一個表兄對我說：『我們決不停止鬭爭。』

他比一般的蘇俄人民敢於說話。但一般的蘇俄人民，都是將他們的不滿隱藏於心裏，以避免秘密警察的注意。很少人敢於冒險公開向別人表示他們的思想，甚至對他們的近親也是如此。

至於我之仇恨史達林的統治，是基於三種主要的原因：牠們破壞了我的宗教，奪去了我父親的土地，以及對我施行奴役。

對我所認識的人，這三種原因都是最主要的，不過僅是程度上的差別而已。我敢說各地蘇俄人民都同具此感。

我的父親常常對我說：『沙皇所未曾想到的暴虐，卻成為共產黨的拿手好戲。切不要讓他們來消滅你，否則，你卽成為一個奴隸。』

像我的父親那種反抗精神，一般人是不易做到的。塔什克斯坦，是反抗份子能長期支持對武力作戰的那幾個省份之一。雖然目前反抗已經停止。

如果要了解今日在蘇俄實際上有沒有反抗一事，首先須記得已有成千成萬人因反對共產主義而喪失生命一點。

自一九一八至一九二一年間這幾年，正是列寧使用殘酷流血的手段，强迫人民接受獨裁制度。在此後這些年內，激烈的反抗始終未曾停止過。

反抗不但以前有，以後仍會常常有。以前格伯烏及政治警察的恐怖，今日二十個師團國家保安隊的恐怖，都無法完全消滅這種反抗。

紅軍每年屠殺無數反叛的領袖，但無法消滅基本的思想。『潛伏地下的民主黨』的領袖們現雖身陷獄中，他們於一九四九年被國家保安隊所捕，但他們的影響力量始終活在人間。

據我所知，列寧格勒是傳統上反抗的根據地，所有計劃都來自該地，小冊子亦由該地發出，告訴人民為自由而鬭爭。

在克里米亞的一個紅軍基地，我曾經在我的床毯下面發現一張印刷粗劣的小條子，上面寫着如下幾個字：『不要沙皇，不要史達林，要的只是民主。』在奧大利的另一個紅軍軍營中，我曾經接到一本小冊子，裏面告訴人家怎樣逃到西歐去的路徑。

在西部烏克蘭，中部捷契諸因格，波羅的海各國，我的家鄉（塔什克斯坦）南部，莫爾但維亞，克里米亞以及中亞細亞各地，有廣大的民族主義者，他們的反抗是完全與政治無關。

在中俄羅斯的一個城市中。我曾經看到一個猶太人團體所印的反抗傳單。

許多人都聽到有關烏克蘭發生激烈反抗的事。在我的部隊中，我曾經聽到烏克蘭的反抗份子和派往清剿的紅軍，發生猛烈的戰鬭。

在蘇俄的統治下，約有二千萬烏克蘭人。我碰到過的烏克蘭人，沒有一個不是準備有機會就願為爭取自由而戰的。烏克蘭內部所潛伏的反抗，也許會是克里姆林宮的致命傷。

但是，農民的反抗，生產限額之不能完成以及日用品產量之不足，並不單是烏克蘭的一種特殊現象。

人民如要和克里姆林宮鬪爭，是不能用武力的，他們盡量採用更巧妙的方法對克里姆林宮怠工破壞。

在蘇俄，並沒有中央組織去指揮反抗蘇維埃的團體，我們可以這樣說，除烏克蘭外，其他許多廣大地區內並沒有武裝的反抗之存在。

我所說的『反抗』，意義是指在人民中間的一種普遍的不安，一種潛伏的反叛：這些人民現在只是『存反對意見的人』，將來一到任何力量推翻史達林與共產主義有成功希望時，必立即變成那些力量的同盟者。

不要責備譏笑蘇俄人民坐待外援。他們已經了解：獨立的反抗是徒勞無功的。有些蘇俄人民却已放棄了一切的希望。

民主主義在蘇俄的最偉大的同盟者，就是人類固有的天性。

追求個人的美滿生活、和平、繁榮與個性自由，是人的一種天性。

共產主義不會給人以這些東西。

在蘇俄內部，我已經發現了一些具體的反抗跡象與原因：

一、疲乏與極端的憤世嫉俗充溢於人民之間。他們懼怕戰爭，他們不能十分斷定史達林會不會引他們走上戰爭之路。如果史達林會，他將得不到全國人民的普遍支持，可是如果蘇俄再度事實上被人侵攻，那情形難免就有不同了。

二、人民仍信仰上帝。縱使史達林能够毀滅上帝，但他不能消滅反對。不論人民所信何教，在他們的心裏總是依舊反對共產主義的。

三、青年就算是共產主義的一種思想完全搞通的力量，但也漸有覺悟。這種最後的覺悟，就是說明爲什麼有人逃離蘇俄，爲什麼『民主黨人』拒絕返蘇。

四、蘇維埃的軍隊不是一支完全可靠的軍隊。甚至連各地的警察也不是完全可靠。在塔什克斯坦，警察有百分之九十是派來的俄羅斯人。

五、蘇維埃農民首先最關心他的土地。工人在戰時勞工立法下積恨甚深，社會主義的『競賽』絲毫不能鼓舞他們的冷淡情緒。

六、科學家、作家、音樂家，甚至無線電廣播劇作家，偶而或可有獨立的思想，但這是眞有勇氣的人才行。

七、不斷的逮捕，事實上已引起全國各地的不安。克里姆林宮確實很怕一種長期的戰爭，恐將使這種不安更有良好的機會，在牠所奴役的人民之間造成了叛變。

但是，在目前的蘇俄要作有效的反抗是困難的。人人都懼怕隔牆有耳，緘默無言。特務份子滲入每個組織團體，領袖被謀殺，集體被遣配。

西歐方面不應過於樂觀。

可是，人民的普遍覺悟漸見增加，蘇俄內部的裂痕漸見擴大。

這種潛伏的反抗能否發展到公開的革命，那就要視史達林此後的動向如何，或要視西歐所能給予的援助如何而定。

蘇俄人民如沒有外援，是無能爲力的。有了外援，反抗將能爆發火花。可是這種火花是需要外來的煽動助威。

最需要告知蘇俄人民的是下面一點：自由世界的人決不要蘇俄人民對史達林的罪惡負責，西方了解蘇俄人民本身正是史達林制度下的第一個被難者。

西德通訊

德意志聯邦建軍計劃

龍平甫

一九五二年五月二十七日在巴黎簽字的歐洲防禦集團條約，規定成立歐洲聯防軍，它的基本戰鬪組織爲部隊（Groupement，卽師的別名，因爲法國反對德國國防軍的復活，因此連師的名稱也避免應用）。各簽字國所應供給歐洲聯防軍的部隊如左：

法國：十四個部隊
德意志聯邦：十二個部隊
意大利：十二個部隊
荷蘭：三個部隊
比利時：三個部隊
盧森堡：一個旅

德意志聯邦所應供給歐洲聯防軍的十二個師中有六個步兵師，四個裝甲師及兩個機械化師。條約並規定德國得成立相當數量的空軍與小量的海軍。歐洲聯防軍德國武力部分的平時實力如下：①陸軍：三十六萬八；②空軍：八萬八；③海軍：一萬八千八。

新計劃成立的德國陸軍與過去德國陸軍頗不相同；其特色如下：①後方勤務獨立，歸歐洲聯防軍聯合勤務負責；②就全部而論，陸軍已摩托化，騎兵時代已經過去；③裝甲部隊的戰車數量較第二次大戰中古德連將軍（Guderian，德國戰車部隊指揮官，在一九四〇年以裝甲部隊突破法軍防線，法國因此崩潰，造成德國西線大捷）的裝甲部隊（Panzerdivision）的實力增加一倍；新軍每裝甲師有戰車二百八十輛；④每新裝甲師有四個步兵營以保障其安全；⑤在可能情形下，每兩個裝甲師加配一個機械化師，以期防守裝甲師所攻佔的陣地；⑥每一步兵師有一個附屬的裝甲單位。

德國行將成立的海軍祇有有限的實力，負擔海岸的防守責任。它的戰艦噸位每艘不得超過一千八百噸。

歐洲聯防軍預定成一個戰術的空軍，全部飛機五千架，其中德國部分爲一千三百架。這些飛機將依左述各「基本單位」而分別編組：

①戰術驅逐轟炸機防禦驅逐機
基本單位：七十五架（分三中隊）
②四季性驅逐機
基本單位：三十六架（分三中隊）
③技術偵察機
基本單位：五十四架（分三中隊）
④輕轟炸機運輸機
基本單位：四十八架（分三中隊）

根據聯防條約的規定，條約應該在一九五三年三月一日以前經各國批准，並自此日起生效。德國的十二個師須在一九五四年秋季組織就緒，交給歐洲聯防軍支配。

德國迄今沒有成立國防部，但是在國務院之下有一個機構負責處理軍事方面的問題，爲便利起見我們可稱它爲保安處。處長是布蘭克（Theo Blank）。他的正式官銜是：「盟軍增强後有關問題處理委員」（Der Beauftragte des Bundeskanzlers für die mit der Vermebrung der alliierten Truppen zusammenhängenden Fragen）。他有一位助理委員，名爲霍爾慈博士（Dr. Holtz）。

保安處（卽委員辦公處）之下分設四司：第一司爲總務，主管人事和行政，司長是魏默博士（Dr. Wirmer）；第二司爲軍事，司長爲退役將軍郝西額（Heusinger，在第二次世界大戰中任德國陸軍作戰部長），該司之下分設軍事行政科與軍事計劃兩科；前者由基爾曼色格（Graf Kielmannsegg）負責，後者由退役上校薄寧（Bonin）主管；第三司爲法制經濟，由巴爾特博士（Barth）負責；第四司爲盟軍增强後有關問題處理司，司長爲羅斯（Loorch）。

布蘭克是木匠出身，自幼加入基督民主黨工會活動，希特勒執政後，他卽退出政治活動，繼續攻讀，畢業中學後入大學深造，旋因戰爭爆發不能卒業卽被征入伍，赴東線作戰。戰爭結束後卽被釋放，再入基督敎民主黨工會活動。一九四九年布蘭被選爲國會議員。阿德勞（Konrad Adenauer）組閣後希望他出任勞工部長，他未允許。但是他在一九五〇年十月却允許出來主管軍事。於是阿德勞於十月二十五日正式發表他爲「盟軍增强後有關問題處理委員」。他的被選任此職由於下述幾個條件：①他是在戰爭中在蘇俄戰場中作戰的軍官，並且獲有勳章；②他是基督敎民主黨工會的重要角色，在勞工方面有强力的支持；③他是阿德勞的擁護者及其政策的支持者；④他是一個成功的政治人物。布蘭克現年四十八歲。他在一九五〇年夏季率領德國代表團到巴黎談判歐洲聯防條約。德國國防部成立後，他有希望作第一任國防部部長。

德國新軍的組織計劃已經編製完竣，祇待歐洲聯防條約的批准卽可付諸實施，依照新軍組織計劃，德新軍軍官數量如左：

一、將官四十員
二、上校二百五十員
三、中校九百員
四、少校二千員
五、上尉六千三百員
六、中尉與少尉一萬二千三百員

上述軍官的選擇將取決於十二人至十五人所組織的委員會。這些委員應有不可非議的人格，不受外界影響的獨立精神，愛好民主，並且獲得國民的信任。德國政府組織這個委員會審查軍官任命的目的，在防止納粹的殘餘及其反民主的份子混進軍隊

（下轉第24頁）

馬德里通訊

患難朋友西班牙

在馬德里舉行的中國週

陳賢友

西班牙有句俗語說：「在你患難的時候去尋找你眞正的朋友」，這正如我們中國話所說的「友貴患難」的格言同其意義。數年以來，我們中國因反共軍事的失利，遭受到了多少「舊友」的白眼。眞正能够「雪裏送炭」的就數患難的朋友西班牙了。——她給予我們難得的溫馨的友情。

中西恢復邦交以後，接着便是中西友好條約的訂立。而在訂立這條約的同時，馬德里正進行着深受讚賞的介紹祖國文化的「中國週」，使我們在溫暖的感覺中得到了更多的安慰。

我們只看中西友好條約之中對中國人在西班牙可自由進出境的條欵，這給在國際間受盡「閉門羮」的苦惱的中國人該是多麼可貴的友情。過去我們爲了要來西班牙，千辛萬苦地想盡辦法，把護照寄來歐洲，經過多少日子以後，才從這裏寄到亞洲去；我們爲了簽證過境的手續，僅僅幾天的道經法國，便得等待他們政府的批准，結果所就擱的時間比原來要去的國家還要長。嘗試到了別人的吝嗇的待遇，使我們對於西班牙人的這種優異的慷慨，倍感滿足。

的確，這次「中國週」的舉行，在馬德里外交界，眞是一件空前盛事。西班牙人對「中國週」盛會的熱情與喝采，直使英美人士都爲之驚異；因爲在馬德里，英美兩國外交界舉辦的任何集會，常是「門可雀羅」，比之這次中國週「水息不通」的盛況，眞是天壤有別。無怪美聯社與路透社的記者都會以玩笑的口吻對我說「我們很嫉妬」！幾位南美記者也連讚偉大 Magnifico 不止。西班牙民衆報 Pueblo 上這樣說：中國人拿什麼去宣傳呢？——人們對中國週的熱烈的贊揚便是最好的說明。

這一次中國週，特地還從意大利請來伍伯就、周靜波夫婦兩人來演奏。伍先生的高喉震醒了「如在夢中」的西方人；周靜波女士的女高音，淸婉瑰麗，眞是轟動了整個馬德里。

舉行「中國週」的地點，是借用馬德里國立 Ateneo 大圖書館裏的大會堂。從二月十七日那天起至廿一日星期六止，接連五天日程；第一天（十七日）的節目是"La pintura China"「中國繪畫」，先由黃瑪賽女士講述中國畫的歷史，繼用幻燈放映介紹唐、宋間所遺留的有名古畫，黃女士並一一解釋。第二天十八日介紹"La musica China"「中國音樂」。先經黃女士說明，然後由伍周兩位先生演唱。同時並由黃小姐一一解釋，翻譯每首課詞。第一首是"Gran muralla"「長城謠」。西班牙人都曉得中國有一座「萬里長城」，所以一聽到這名字大家都很熟悉的笑了。翻譯的歌詞甚博聽衆贊賞，裏面「四萬萬同胞一顆心」這一句且被「民衆報」的女記者引在報紙上，看來是够動人心弦的。第三天星期四，因爲是中西友好條約簽訂之日，使館歡讌外賓，于俊吉大使和桂宗堯代辦（于大使是兼任駐意大使，當他離開西班牙時一切館務交由桂代辦處理。）及代辦夫人盧希微女士仍然趕來參加。當天仍由伍、周兩位演唱，並加新曲六支。這一天場面的熱烈，差不多要把樓上的闌干都擠塌了。許多許多的人進不得會堂，站在外面側耳竊聽，更有許多人連堂外也不能容身，徘徊街頭不忍離去。第五天的節目是"La vida China"「中國生活」，由西班牙傳教士包天樂神父講述中國人的文化、道德風俗等。他說：「當舉世尙居於未開化的野蠻時代時，中國文化已早進入文明時期了」。——由外國人口中去宣揚中國，是更能博得人們相信的。廿一日星期六是最後的一天，放映臺灣軍事電影，以後加映由于大使私人花錢買來的蔣總統閱兵七彩電影，當蔣總統出現時，國旗飄揚，場裏掌聲吞沒了一切。最後一天原預備由西班牙教育部長致閉幕詞，臨時因事未到。場裏來了兩位「黃臉貴賓」，一老一少，老者老而醜，少者「滿臉秋風」，後來才知道是日本大使和他的「貴公子」，父子兩人和于大使並肩交談，俄而便匆匆離去。以後又是伍、周兩位賢夫婦的表演唱歌，末了，彈鋼琴的人——一位西班牙太太輕指弄出了西班牙的國歌和中國國歌，羣衆肅立。當彈完的一刹那，黃瑪賽女士代表全中國人民感謝西班牙政府和人民。

現在我要介紹這次參與籌劃「中國週」的幾位熱心的人士。第一位是那年青精誠的西班牙人，他是一位記者，名叫 Carlos Mignezans 小名叫做 Miky，這位仁兄簡直對中國害着了「相思病」，他忍受了許多勞苦，在中國人的公私方面，以至無論那一次的盛會，不知「盡瘁」了多少功勛。人家向他致謝意，他根本不願意聽，只冷然的說一句「爲了中國呀」。眞令人且愧且感。Miky 出了這個主意之後，便商同某神父去晉見桂宗堯代辦，（當時于大使在阿根廷開會未回。）桂代辦喜其有助於國家聲譽，乃慨然允諾，並呈請于大使批准，與黃瑪賽女士合作。黃女士是混血的中國後裔，父親黃履和先生是淸廷駐外的欽差大臣，母親是比利時人，她少時去過中國，也稍識中國書，能說中國話，因和西班牙人結婚而入了西籍。

「中國週」是熱烈而順利的過去了，這是中西邦交上一件可喜可賀的大事。然而這並不是說中西兩國文化交流的工作已經成功。西班牙人對中國的認識，現在只是開始而已，還須我們繼續努力。過去西班牙流行着的「中國故事」的傳說，都是很怪蕩無稽的

（下轉第20頁）

雪梨通訊

王載博士譽滿澳洲

孫宏偉

一個穩健的身材，加上一副慈祥而紅潤的面龐，灰白的頭髮和一對明亮的眼睛，使人一望而知是一位修養甚深、信道甚篤、宅心仁慈的一個忠厚長者，這人就是現在揚名於澳洲的王載博士。王博士是一位畢生從事於傳教事業的牧師，先後在中國及南洋歐美各地佈道凡三十有二年，西至西藏，北至滿洲蒙古，南至荷印馬來婆羅洲。中國全境他是走遍了用不着說；就是巴力士坦和回教的約但王國人所罕到的地方王博士也曾隻身冒險的走過。他走遍了廿三個國家，拿的是一本普通的護照，沒有憑藉任何力量，但他的行李都從沒有被人搜查過，其原因很簡單，因爲只要人家和王博士一接觸，就會馬上相信他是一位誠懇眞摯的基督使者，即使是慣以翻籠倒匧爲能事的海關人員遇見了像王博士這樣的一個人，也會受良心責備一般的自然而然的將王博士放行。多年前王博士在加拿大佈道，感動了一位加政府的移民部部長，自後這位部長就關照美加邊境各關卡，遇有王某進入加境的時候應立即予以放行，王博士就是憑着這一點人家對他的信任和尊重，他走遍了全世界沒有遇到任何困難。

王博士告訴筆者，只有一次他到阿刺伯人的約但王國時候，他是眞正的遇到了困難，當時他身上沒有入境的護照，也沒有任何介紹的文件，只有聽海關人員暫時把他留住，正在這危急的時候，忽然王博士想起了一句阿刺伯的諺語：「進了阿刺伯人的屋宇，你卽獲得安全。」王博士當卽問阿刺伯的海關人員：「你們阿刺伯人不是有這麼一句俗話嗎？」

「是的」，海關人員答道。

「那麼我不是已經獲到了安全嗎？」王博士緊接的問。就這樣的王博士獲准進入了約但王國，而且備受約但王國前王的接待，約但國王還同他合拍了一張照片。

從美國到臺灣，王博士代表美國大學帶了一個榮譽學位贈給蔣總統。從臺灣到澳洲，王博士帶來的，則是他對於自由中國無比的信念和他個人堅强的反共決心。人家問他爲什麼中國人選擇了共產主義？王博士斬截的答覆是：「共產主義選擇了中國，並不是中國選擇了共產主義。」自上年十二月十七日王博士到達澳洲，到現在約近兩個月的時間內，他先後在雪梨美爾鉢各地佈道和演講不下一百次，多的時候，每天可以佈道五六次，僅是本年正月他就已佈道過五十二次，連澳總理孟齊斯也不禁讚歎，他對王博士說：「你比我們政客們還演講得多些！」

的確，王博士自來到澳洲後，鎭日都忙着演講和佈道，一個城市才講完，就接着另一個城市，差不多沒有一刻空閑過，在雪梨他每天上午九點十五分在 2CH 電臺廣播，之後就一個節目緊接一個節目的連續到晚上。雪梨結束了，他就要到布利士彬去；布利士彬結束了，他又要回到美爾鉢去；等到他澳洲行程全部結束後，紐西蘭方面的日程又要接着開始。就這樣的王博士一天天的佈講下去，一個國家一個國家的把它走遍，一直到全世界的人民都相信了基督的眞理和中共的殘賊不仁爲止。

王博士說：「我歡喜佈道，我隨時都願意佈道，我喜歡佈講「關於基督的眞理」，但我却不太喜歡講「關於中國的眞理」。「因爲，王博士說，他是一個以傳播上帝福音爲榮的傳教士，而不是一個外交家，更不是一個中國政府的公務員。

喜歡也罷，不喜歡也罷，王博士終究還是於本年二月八日的星期日廣播中，以「中國的眞象」(Truth about China) 爲題向澳洲人民演說，他一開始播講的時候，他就向澳洲聽衆說明，這一個題目不是一個愉快的題目，但他接着說，愉快也罷不愉快也罷，憑着上帝的庇護，我必須把它一講，並且盡量以我所知道的告訴你們。他惋惜在竹幕後的億萬中國人民，關閉在黑暗裏，看不見一線的陽光，聽不到上帝的福音。他認爲共產主義和基督教是彼此絕不能相容的，有了共產主義基督教就無法存在。共產主義不畏懼上帝也不尊重人權，它本身是一種宗教，不過，它的傳道師們所散播的是恨而不是愛，是爭端和疑忌的種子而不是對上帝的信仰；他們把希望寄託於馬克思和列寧的理論上，對於上帝的箴言則置若罔聞。

王博士說，一世紀來輸入中國的東西，要以共產主義的輸入中國，爲害生民最烈。共產主義憑其巧妙的宣傳、和共武力奪取政權的錯誤思想，使全世界的人類若痴若狂，把破壞當作建設，終極必至陷全世界人民於浩刼。

所貴於人者爲信仰的自由，可是在竹幕後的今日中國大陸，早已沒有任何自由可言。大陸的基督徒現在殉道、失蹤和被監視的已經有驚人的數字，共產黨徒們現在正想創造一個國教做他們的工具，連宗教他們也要把它隸屬於共產政權之下。

王博士說，也許有人以爲共黨統治下的中國，街道比較乾淨，火車開駛準時些，新街道也較多些，這些人我倒要他們一看馬太福音第十二章四十三節至四十五節內中所說的幾句話：

『當鬼魔離開一個人的時候，他便向乾淨的地方走。……但不久他又想回到原來住的房屋子裏，……見到裏面空無所有，……他又帶了七個比他自己更壞的魔鬼一同進去住。……這下他的情形要比頭一次住在那屋子時候的情形，更要壞得許多……。』

「就是房子再好看些，再充實些，

誰又願意同七個魔鬼一起住呢！不住在這房子裏面還好些。即使有開駛準時的火車，但假如裏面有鬼，誰又願意乘坐這火車旅行呢！我寧可走路不坐火車。我相信解除共產主義桎梏的一天不久即會到臨。」

本年正月三日在美爾鉢郊外的基督教各宗派聯合大會中，王博士會慨然把最近教會被中共驅逐出中國一件事，列為中國近五十年來最重要的大事之一，其意義不下於原子彈的使用，儘管是這樣重要的事情，一般人可以說都很少注意到，如果不是王博士在數千聽衆的基督教大集會中，提出這一事情的重要性，又有幾個外國人，甚至中國人，能領會得到這事情在中國近代史上的地位呢？

王博士不久就要離開澳洲了，他在澳洲的成就和他在這裏各方面活動的詳情，決不是筆者簡短的報導，可以表達於萬一的。在結束這一篇的報導之前，筆者願意再述一件關於王博士親身經歷的事情，以見王博士觀察人物的精微和他的特具慧眼。

據王博士告筆者，某年他在美國的時候，他會到某醫院中訪問已故投共未成的馮煥章將軍。王博士當時已風聞這位馬二先生將有遠行，一心想對這位以投機取巧，欺世盜名著稱的馮將軍，作他行前最後一次的規勸。不料王博士一進門，馬二先生便刺刺不休的大罵政府一番，使得王牧師毫無說話的機會，他僅僅有機會說這麼一句話：「馮將軍你說的話我都了解，不過我願意奉告你，一個人最大的敵人往往不是別人而是自己，我看，馮將軍，你的最大敵人恐怕還是你自己吧！」馬二先生終不省悟，最後竟自焚身於黑海船上。

一九五三年二月十七日於雪梨

(上接第18頁)

神話，他們稱奇異的東西為「中國柑」，其實中國柑和別國柑又有什麼不同的地方呢？「中國」這個字樣給予西班牙人便是「好奇」的代名詞罷了。比之日本人的柔術之流行於西班牙，人家對於日本的認識是比對咱們好得多了。因此，在中西文化交流的工作上我們須要努力的實在還很多。現在我們國家正是窮窘的時候，我們外交經費都不是可以白花的。前方的將士底槍口對着大陸在怒吼，反攻靠着他們。我們這些偷安的人，只有向宣揚祖國的文化上努力。自由中國不但要爭取大陸而且爭取全球人民的心。就中西兩國文化交流的工作言，我們期望在駐西大使館下有一個新聞處的設立，特地介紹祖國的文化，那是比「空頭支票」式的外交更實際而有效。最近風聞西班牙教育部長讚助興辦「漢學研究院」，搜羅各種文字之有關於研究漢學的書籍，以供研究中國問題的西班牙作家學者的參考研究，並擬定每年撥給廿萬元西幣的欵子以供津貼。人家對中國文化尚且如此熱心，我們自己將應該怎樣努力呢！

一九五三年二月廿一夜稿於馬德里

鐵幕笑話數則

荃蓀編譯

一、羅馬尼亞有一個公民，拿着配售證去買麵包，排隊很久，終于空手回家，氣冲冲地拿起一把刀子出去。妻子問他：「你這是幹甚麼去？」他說：「我要去殺死共黨的頭子安娜·鮑克！」過一會兒，他仍然垂頭喪氣地回家了。「你殺死鮑克沒有？」妻又問他。他答道：「她的門口，排的隊更長了！」

二、伊凡和伊格兩人並排在莫斯科街上走路。伊格吐一口痰，隨着伊凡也吐一口痰。「千萬別再吐痰！秘密警察會懷疑到我們在發表政治意見！」伊格警告伊凡。

三、盲目羅夫是一個瞎了雙眼的蘇俄共黨黨員，有一天，一位共黨要員去訪問他，對他說：「偉大的史達林同志已經指定你作全蘇聯美術審查委員會的主席！」「我兩眼看不見，怎麼審查美術？」盲目羅夫這樣問。「誰說審查美術要用眼睛」！那位要員如此回答。

四、渾且斯基和泡泡夫是兩個在上海長大的白俄僑民。二次大戰結束，蘇俄使領館竭力誘勸俄僑回國，宣傳蘇俄的一切等于天堂。渾和泡受了宣傳的影響，想回國，又害怕上當，他們倆私下商定一個辦法：先由渾且斯基回國試一試看，如果一切情形真好，渾就寄一張站着拍的照像給泡，假使情形很壞，回國上了當，就寄一張坐着照的像。渾于是回國了，泡不久接到他寄來一張照片。既不是站着，也不是坐着，而是爬着照的。

五、上海黃浦灘上的深夜裏出現了兩個鬼。一個胖鬼，一個瘦鬼。瘦鬼向胖鬼發問：「閣下甚麼時候來到陰間？」胖鬼回答：「洪揚之亂就來了！老兄是甚麼時候來的？」瘦鬼說：「五反運動來到的！」正說話間，遠處又出現一個比瘦鬼更瘦的鬼，踉蹌而來。「喂，您是甚麼時候作鬼的，怎麼這樣瘦？」胖鬼向新來的發問。「你纔是鬼咧！也不睜開眼看看，我是勞動英雄！」新來的瘦鬼回答。

六、北韓共軍部隊裏有一名「志願軍」，綽號叫「糊塗」，「糊塗」的思想老是「搞不通」，頗使指導員傷腦筋。有一次，指導員拿「糊塗」開心，問他：「喂，糊塗！你能辨得出我的兩隻眼珠，那一隻是真的，那一隻是假的？」因為指導員有一隻眼是瞎了的，裝着假眼珠。「那很容易！」糊塗回答。「您右面一隻是假的！」指導員說「嚇，糊塗不糊塗啦，你怎麼猜着的？」糊塗說：「那很簡單！您右面一隻玻璃眼珠還多少有點人味兒！」

(五、六兩節記錄「聯合國軍之聲」的廣播)

七、共匪慶祝「中蘇友好月」，一批一批的蘇俄代表來到中國大陸，莫斯科動物園裏有一隻鼃也被史達林派來參加訪問。這隻鼃代表爬到了中國鄉下，看見牠的一羣同類排着隊，個個都是撐起兩隻後脚爪，挺胸昂頭，向前立着走路。這隻外賓感覺奇怪，向前招呼：「同志們，這是幹甚麼？」「我們遵從毛主席同志的訓話，向蘇聯老大哥們看齊！」一羣聲音同答。

我掙脫了魔掌

謝健友

一

晚飯後，大家都在屋子裏圍着火爐談天。塞外的冬天是太冷了，晚上尤其冷不可當。舊曆年關，正是冷的當口，穿着兩寸長羊毛的皮大衣都不能抵禦寒氣的侵襲。所以大家吃過飯後都呆在屋子裏，那裏也不去了。除了上級的命令以外，我看再不會有什麼力量能使人們離開這屋子。

住在這裏的人心裏都十分苦悶，誰也沒有談天的心情，但是沉默叫人更加難受，說說話總可以舒暢一下，獲得片刻的解脫。

雖然大家在談天，說話的人也還是存有戒心。我們是不相信周圍任何一個人的，天知道誰是「組織」——中共語言，按指主管負責人——的耳目；多少喪心病狂的傢伙，因爲自己能够向上爬一點；或者可以得到一點小利益，就把和他同一命運的人出賣了。這眞是可怕的場合，稍一疏忽痛苦就把你抓住了。

這太沒有聊天的情調了，既不和諧，又不輕鬆，誰都在想一想說一說。在讀者看來也許會覺得很離奇，但是我們却已經習慣了。其實我們又何嘗願意這樣？雖然我們是百分之一百的不願意呆在這種場合裏，但是恐怖的壓力逼迫着我們和可疑的人們在一起，於是我們就逐漸地習慣於處處提防了。這就是在共產黨控制下的「組織生活」！

我們正在談着，忽然房門被推開了，從外面走進來了一個「小鬼」——招待所的通訊員。他拖着一雙底都爛穿了的破布鞋，臉上像炭一般的黑，用他底兩個眼珠向房裏的人掃了一轉，然後向着我問：

「張玉祥呢？」

「有什麼事？」躺在炕上的張玉祥爬起來了。

「所長叫你們兩人去！」

「去幹什麼？」我問他。

「不知道。」說着他就拉開門走了。張玉祥正坐在炕上穿衣服。

「你不用起來了，外面太冷。」我說。

「不要緊吧？」

「怎麼不要緊？外面冷得很，你受不了的。讓我一個人去好了，有什麼事我回來告訴你。」說完，我扣好大衣的領扣就走了。剛出門就禁不住打了兩個寒噤，眞冷！外面一片白色，使我的眼睛感受到强烈的刺激，好久不能完全睜開來。這場雪下來快兩個禮拜，一點也沒有溶化。這地方是太冷了，想到我南方的家鄉，那裏該是多麼溫暖！但是我却回不去；我必須留在這裏，這是「組織」的決定！我已經不顧一切的提出離開的要求了；不管發生什麼樣的後果我都要離開！但是我的要求被擱置着；我自從提出離開的要求以後，已經被派在招待所裏住了兩個多月，一點消息也沒有。閒，對人是一個極大的威脅；尤其是年青人，特別不能閒着，因此有不少人，在這裏還沒有住上一個月就改變了主意，放棄了自己的決定——離開或變換工作，「志願」聽「組織」分配。我以最大的忍耐力來抵抗這一個可怕的無形壓力，閒得再難受也不改變離開的主意。我曾經到政治部去打聽過許多次，每次的回答都是一樣——不知道！而且每次同我談話的人都黨八股式地勸我一番，希望我決定留在這裏「爲人民服務」！現在招待所的所長又找我和張玉祥，難道他也是預備說服我們，勸我們留在這裏「爲人民服務」嗎？如果是這樣，那他就要碰釘子了。但我又想，他不會找我們談這些，因爲這不是他分內的事情，那麼他找我們幹什麼呢？平常我們和他又沒有來往，我想不透。我到達的時候，他在和一個幹部模樣的人談話，看見我來了，他問：

「張玉祥同志呢？」

「他不舒服。有什麼事情？」

「你去叫他，你們兩個人一道來。」他很和氣，然而却在堅決地命令我。

「他底病就是因爲受了凍起的，現在外面那麼冷，怎麼能讓他出來？有什麼事和我說好了，我回去告訴他。」所長聽我這樣說，似乎沒有主意了，於是把眼睛移向剛才和他談話的那人。

「還是叫他們兩個人一起來！」坐在桌子旁邊的那個人開口了，完全是命令的口吻，不知道他的臉色是什麼時候起的變化，非常難看，似乎對我懷有敵意，我馬上不由自主地緊張起來。

我望望所長，他也正在望我，完全不能作主的樣子，我只好退出來。剛剛走出招待所的大門，就發現有人跟隨着我，我回過頭去一看，是一個警衛！一種油然而生的恐怖之感立刻佔據了我底整個心房，這時候我的腦海裏忽然出現了一個念頭——逃跑！怎麼逃跑法呢？稍稍停了一會，我就感到逃跑是不可能的。以共產黨的狡猾、毒辣，我還有逃跑的可能嗎？於是我就像一個强盜的俘虜一樣，心裏充滿了恐怖、憤恨，沿着牆走着。

「怎麼回事!?」張玉祥已經起來了，非常憂愁的望着我，顯然是我的態度驚動了他。這時候我才知道自己已經回到了宿舍裏。

「他們要我們一道去！」

「去幹什麼？」

「只有我一個人他們不肯講。」

二

上級的命令比身體的健康更重要，這次到招待所去的是兩個人。沉重的步伐表露出我們內心的疑慮，張玉祥比我更加不安。

「該不要緊吧？」

我沒有回答他。他問我這個問題已經是無數次了，以前我總是向他說沒有問題，現在我却不敢再這樣說了。本來嘛，我們離開應該是沒有危險的，現在共產黨的政策是爭取知識份子，對於我們的合理要求它是不好拒絕的。這並不是說共產黨是講理的，而是說在利害關係這一點上它明白怎樣取捨。對於我們的措施，就是對待知識份子的一個榜樣，在目前共產黨還沒有完全控制住知識份子的時候，它是不能不在手段上表現得講理一點的。在另一方面說，我們也不過是才到部隊裏來，對軍隊的內幕知道得並不多，我們走開了並不能說出什麼來，因此我對於離開此地是滿有把握的；並且認為這是千載一時的機會，這時候不走，以後就永遠脫離不了共產黨的魔掌了。但是今天所發生的事情使我迷惑起來，坐在所長房裏的那個傢伙是幹什麼的呢？他此刻顯然是主宰我們命運的人。他對我們是那樣的仇視，這就使得我不能再像以前那樣去答覆張玉祥的問題了。共產黨本來就是反覆無常的，幾乎是每一個負責的共黨幹部都有一付毒狠的心腸，我越想越不安，簡直不知道怎麼好。張玉祥看我不回答，顯得非常驚慌，這時候我們兩個人都被恐怖統治着，以束手就擒的心情走進了所長的房間。

「哦……請坐。這位是韓同志。」所長在替我們介紹了：「他是組織科派來同你們兩位談談的。」

那傢伙還是坐在桌子旁邊，只把他的頭微微的動了動，不加保留地表示他是「上級」。我和張玉祥都坐下來了，面對着那位「韓同志」，等待着他向我們「談話」。

馬上，「韓同志」裝出一付嚴肅的面孔，用他那含有敵意的眼睛向我們打量了一番，一陣恐怖的暗影直射到我心裏。之後，他從口袋裏摸出來了一張紙條，望着那上面說：

「黨現在決定讓你們回去，這是你們自己的意思。本來像你們這樣的身體，也不適於軍隊工作，因此你們只能算是被淸刷掉了，不能享受退伍的待遇。你們馬上走，今天晚上就離開這裏！」我看他底眼睛幾乎要蹦出來了。

「有一點你們必需遵守，就是不准把你們離開的消息告訴這裏的人們，你們知道這會有什麼影響。假如你們違反了這一點，雖說你們回去了，黨一樣地可以把你們找回來處理的，這一點先向你們講明白，知道了嗎？」一對令人憎惡的眼睛緊逼着我們，我心裏非常憤懣，但張玉祥和我却不約而同的點了點頭。

「好！現在你們去收拾東西，馬上來這裏，我們派一個通訊員送你們到車站。」

照說現在我的心情應該愉快，爲我離開共產黨的魔掌而興奮；事實上我心裏却充滿了疑慮、恐怖，我不能斷定這是眞是假，一年來對於共產黨的體驗使我對一切失去了信心。

回到住所，我們匆忙地收拾自己的東西，大家都奇怪。

「喂！你們上那兒？」

「到所長那兒。」

「幹什麼？」

「還不知道。」

一會兒我們背好了自己的東西，又回到所長室裏，在路上我向張玉祥說：

「喂！我們等一會要爭取一張路條。我們穿的軍服，這對於我們在旅途中是很有用的。」

「這他們當然會給。」他好像很有把握。

「不過也要準備他們不給。」

「你太顧慮了！」

我望望他，心裏在想：他竟然還不了解共產黨！

我們到達的時候，所長和那個「韓同志」在閒聊，看見我們之後，立刻改變了態度，那個「韓同志」向我們瞪着兩個眼睛說：

「你們把大衣、帽子留下來！軍服讓你們穿回去，這是上級體諒你們；還有，這裏是兩天的糧票，車票由送你們的人代你們買。好！你們現在就走！」

這樣冷的天氣把大衣、帽子都脫下來？張玉祥和我不禁愕然地互相交換了一瞥，然後他說：

「韓同志！大衣我們留下，帽子暫時借給我們用用好不好？幾個月來我們一直沒有脫過這厚棉軍帽，這裏的天氣太冷了；又是晚上，沒有帽子實在吃不消，到了北平我們就不需要它了，那時候我們一定寄回來。」

「這是上級的命令！」那個「韓同志」顯得非常不耐煩，他轉過去向所長說：「他們用的公家底東西除了身上的一套軍服以外，叫他們都留在你這裏，連帽子在內！」說完，他就站起身來走了。這場面使張玉祥很難堪，他很生氣地把大衣、帽子都脫下來了，向所長底炕上一扔，回過頭來對我說：「給他！」

這時候我並沒有去脫大衣、摘帽子，我很快地走過去擋住了那個「韓同志」的去路，對他說：

「韓同志！我們的車票買到那裏？」

「北京！」

「但是我們的家在南方」

「哦！我回去問問看。」他走了以後，我們誰也沒有說話，那位胖所長優閒地吸着他底官長香煙，不時向我們兩人望望。不久那個「韓同志」來了，他向我說：

「車票只能夠買到北京。這樣組織上就已經對你們很不錯了，你們自己也想一點辦法吧。」

「我們走應該帶一張路條。」他旣這樣說，我也就轉換了話題。

「不用了！」

「我們穿的軍服，又沒有戴帽子，沒有路條，警備人員一定會給我們許多麻煩的。」

「不會的，沒有人問你們。」

這時候張玉祥非常奇怪的望着我。我抑住憤怒，用和平的語氣說：

「韓同志，現在部隊正嚴格地要求正規化，就是在我們這裏，只要有一個鈕扣沒有扣好，就一定要接受巡察隊的干涉；北京、天津一帶尤其要求得嚴格，這在報紙上我們不止一次看到過。先前我們的便衣因爲不讓帶都扔了，這套軍服我們在路上無法換，我們明明知道，沒有路條在旅途中是一定會招惹麻煩的，假如你不給我們一張證明文件的話，那麼我們就只好硬着頭皮去承受未來的不幸了。」

「不會的，有問題你們再寫信來好了。」他長揚而去。

二

夜間的風眞厲害，我們兩個人被吹得混身發抖：尤其是頭上，彷彿頂了一塊大冰磚，已經凍麻木了。我們用一條洗臉的毛巾把頭抱了起來，結果一點作用都沒有。張玉祥好像在跑步一樣，我也同樣地跟着他跑，那個通訊員在後面不斷地叫：「同志！慢點！」顯然他是被皮大衣裹住了。張玉祥不斷的向兩旁和後面張望，我們又加速了脚步。充滿了恐怖。我們不說一句話，像賽跑似的向前直衝，很快地就越過了一段空曠田野，到達了車站。

一停下來人就疲乏了，我們找到了一個背風的地方坐下來休息。這裏像死一般的沉靜，除了我們兩個人以外，沒有任何人；也沒有任何聲音。

「剛才我眞怕他們派人打我們的黑槍，她媽的！那個在後面送我們的通訊員就背着一枝槍！」忽然張玉祥忿忿地說。

「你爲什麼這樣想?」

「他媽的!他們簡直沒有人性，共產黨和狼一樣，又狠又狡猾，誰知道他們存的是什麼心!?」

張玉祥對共產黨是眞恨了。

過了一陣子，那個通訊員氣喘地走來了，他對我們望了望，並沒有停留就到票房裏去了，出來的時候交給我兩張半票。我問張玉祥說。

「喂!是兩張半票。」

「管它什麼票!」

「穿着軍服，沒有證明文件；又不戴軍帽，查票的看見我們拿着半票會不找麻煩嗎?」

「那怎麼辦!?」顯然他又慌了。

「讓我去票房裏打聽一下看。」我問那個通訊員：「你現在回去不回去?」

「我還有一點事，等一下才回去。」

「那麼你等我一下好了。」說完我就進了票房，走到一個職員身邊問道：

「請問：軍人服裝不整齊，半票乘車有沒有問題?」

「當然有問題!」他率直地回答了我。「不過有證明文件也許行。」他又補上了這麼一句。

「我沒有證明文件。」

「沒有證明文件我們根本就不賣半票給你。」

「但是車票現在已經買好了。」

他奇怪地望着我，從我手裏拿過去了那兩張半票：「哦!這是剛才買去的，證明文件已經在這裏登記過了。」他把票交給我之後，就低下頭烤火去了。這時候我心裏非常懷疑，有證明文件爲什麼不給我們?去找那個通訊員去!我回轉身來看見張玉祥和他已經走了進來，於是我問他：

「通訊員同志!我們的證明文件在你手裏嗎?」

「嗯!」

「給我們看看!」

他對我望着，猶豫了一下，從口袋裏掏出來了一張鉛印的文件給我，是一張通行證，上面塡好了張玉祥和我的姓名。於是我說：

「這讓我們帶去好了。」

「不行!」他直望着那張通行證，好像怕我藏起來似的。

「爲什麼不行?」

「所長囑咐過的，一定要帶回去!」

我們的對話使這票房裏的人奇怪了起來，大家都望着我們。那個通訊員的兩個眼睛直盯着揑在我手裏的通行證，這樣我只好還給了他。然後我對他說：

「同志!我們拿着半票沒有證明文件是不行的，請你打個電話給所長，把這種情況向他報告一下，看他願不願意發給我們一張通行證。」

「或者買整票也行。」一位票房裏的工作人員作了這樣的補充。

通訊員打電話去了，票房裏的人們都來問我們究竟是怎麼一回事。我們告以實情，他們臉上都現不平之色，但沒有一個人說話。

通訊員打完電話來了，他說通行證一定要帶回去。買整票可以，他手裏沒有錢，需要到附近供給部(相當於軍需處)去借。

通訊員借錢去了，車站的人們都在閒着：他們對我們的遭遇很同情，所以我們的談話就自然地繼續下去了。當我們談到軍中的生活時，他們好像在聽神話一樣，十分驚異。雖說部隊距離他們很近，有的部分像供給部就和他們住在一塊，但他們對軍隊生活還是完全不了解。共產黨對人們的管制該是多麼厲害!在共產黨政權下，人們互相了解簡直是不可能的。

已經要開始賣票了，通訊員還沒有回來，我們十分焦灼是怎麼回事呢?不能再呆等了，我決定去找他。這裏我只來過一次，晚上辨不清楚供給部在那一間屋裏，人們又都睡了，好在這一排不過上十家人家，於是我挨戶叫門問。問到第四家，裏面的人告訴我正是供給部。門開了，我剛走進去，張玉祥也跟着進來了。我問他：

「東西呢?」

「誰要我們那點東西?我等得着急，所以來了。」

進了大門以後就是一片廣場，廣場裏堆滿了木料、煤、大車，好像是一個大車店：或者棧房。左上角的房裏有燈光，開門的人告訴我們那裏就是供給部。我們走近那間房門口的時候，發現那個通訊員正站在房裏面。張玉祥和我幾乎是同時在說：

「通訊員同志！怎麼搞這麼久？車快到了！」

「什麼久不久!?現在還早得很！到外面去等！」這種突然來的呵責聲使我摸不着頭腦。說話的是一個幹部，原來是坐着的，現在已經站起來了。滿臉的怒氣，兇惡地盯着我們我。怒不可遏，於是我也不客氣了：

「在院子裏站一下有什麼關係!?」

「不准站在這裏！站到外面去！」說着他在枕頭下摸出來了一枝手槍，一陣恐怖的氣氛登時瀰漫了空間，張玉祥拉着我的手說：「我們到外面去等好了。」

抑制住滿腹的憤怒，我們離開了那地方。這傢伙的態度引起了我極大的不安，共產黨打算怎樣對付我們？我們迅速地走過煤堆，走到木料前面，藉它們的掩護穿過廣場，走出了大門。在外面我們還時時回過頭去望，看那個傢伙是否追來，到了票房我們才鬆了一口氣。票房裏的人看見我們神色倉惶地走進去，禁不住問了：

「什麼事？」

「沒有什麼。」我們搖搖頭。

「找到了沒有？」

「找到了。」

看到我們沮喪的表情，他們也就不再問什麼了。

四

已經開始賣票了，我們兩個人還是呆坐在票房裏等待。通訊員一直沒有來，我們心裏慌得很，好像熱鍋上的螞蟻一樣。我不禁想：是不是他們又決定不讓我們走了呢？這樣地反反覆覆在共產黨是常事，如果眞是這樣，那我們的命運就悲慘了。到現在那個通訊員還沒有來，事情可能是有了變化；剛才那傢伙那麼兇，這預示着我們的事情已經不妥了。那傢伙是幹什麼的呢？是不是我們現在的命運操在他手裏呢!?愈想愈糟，一切跡象都在告訴我們不幸就要到來了，失望和恐怖統治了我們，我們是難於鎮靜了；無論怎樣都抑制不住心裏的不安。我們底焦急連票房裏的人們都察覺到了，不時，他們在工作的間息中，向我們投射關注的一瞥。

通訊員到底還是來了，他交給我們的依然是原來的兩張半票。我問他：

「沒有借到錢嗎？」

「指導員說半票行，不必再買票。」

「那個指導員？」

「就是剛才和你們講話的那位指導員。」

我與張玉祥互相望了望，通訊員立刻就拉開門走了。這時候車已經到站，我們怎麼辦呢？要是這一班車搭不上的話，那以後的日子眞不堪設想；就拿着一張半票上車走嗎？這樣，途中的軍事檢查機構一定會把我們關起來的。一種失望、痛苦、憤怒交織起來的感情佔有了我們兩個人。

「你們就自己拿錢買票好了！」坐在那裏辦公的一位青年放下了筆，很關心地向我們建議。

「我們現在那裏有錢？」

「你們走，他們不發給你們薪水的？」

「供給制那裏有薪水？自己帶來的錢早就用光了，連行李都賣得差不多了。」

「好！我借給你們好了。」

我幾乎不相信自己的聽覺，隨口說道：

「這怎麼好呢？」

「這有什麼關係？誰不出門？你們有困難我應該幫助。你們兩位都有便衣嗎？」

「我們有一套。」

「我借給你們一套好了。」過了一會他又說：「最多不過把我押起來！我不怕！」我感動得幾乎淚眼欲滴。雖是短短數語，却道出了在共黨極權統治下的人民胸中的憤恨，共產黨今天攫取了政權，而且非常善於利用政權來壓迫人民，但人們心裏的正義感却是無法被它撲滅的。

我們匆忙地換了兩張整票，穿好了便衣，便和他們熱烈地握手告別。我終於掙脫了魔掌！但不知那位幫助我們的善良的朋友是否仍然無恙!?

~~~~~~~~~~~~~~~~

(上接第17頁)

中去，同時也爲避免外國輿論所可能發生的指責。這個委員會的權限是相當大的，祗是上校以上軍官的任命，須得內閣會議的通過。

計劃規定新軍的召募與訓練的要點如下：①關於士兵的來源將先行採用募兵制，最初將召募八萬至十萬志願兵（至去年已有兩萬五千人未經要求先期申請入伍），十萬人中的大部分須有參戰經驗，以爲新軍的幹部；其中一小部分則求之於二十歲以下的青年，以身强力壯而熱誠者爲主。②志願兵的召募在條約生效後實施，志願兵參加軍隊時須宣誓効忠民主制度，從軍後仍享有選擧權。從軍期間須學會一種職業，俾他日退伍後有謀生之道。③士兵犯罪的審判將由職業法官組織超然性的法庭處理。軍官與士兵在法律之前一律平等。士兵對於判決有抗辯權。④關於軍隊的訓練，取消制式教練與閱兵操演，注重體格的鍛煉與士氣的養成。訓練士兵着重於使用新式武器與各兵種間的合作，例如空軍，炮兵與裝甲部隊間的配合作戰問題。

條約生效後，布蘭克的保安處將改組而分裂爲二，其一半將歸屬於中歐區參謀本部的德籍全權委員（換言之卽德軍的參謀總長）。全權委員須在十八個月之內遵照條約的規定完成德軍的編組，劃分防區（Wehrbereicbe），全權委員將有五千行政人員與技術專家。另外一半將改組爲國防部，國防部的任務爲：①歐洲防禦集團的德國代表，處理軍事政策方面的問題；②國防法令的頒佈與德國內部軍事行政的推行；③人事行政與徵兵。

中歐區參謀本部的德籍全權委員僅在特定事項（如總動員計劃）方面接受德國國防部的訓令。
~~~~~~~~~~~~~~~~

文學批評中的「美」

李　經

朱光潛著文藝心理學在當代中國文學批評史上的地位是不容忽視的。文藝心理學的重要性不在於他介紹了克羅齊 (Benedetto Croce) 的美學理論，也不在於它的論點的富于創造性。在美學原論 (Estetica Come Scienza dell' Expressione e Linguistica Generale, 1902) 裏，克氏區別心靈 (The Spirit) 最基本的三種活動能力 (faculty)，說明他們的活動方式、材料、產物；以肯定直覺知識在心靈中的獨立地位爲手段，而達到他廓淸若干因道德、藝術、歷史、邏輯等知識的混淆而引起的論辯。他底方法是形上學的，析理的。與文藝心理學底實證的、心理學的探索方式顯然有基本的差異。事實上文藝心理學論及美感經驗中的肌肉反應時，幾乎已經變成文藝生理學了。在認美爲一種客觀的屬性，以生理活動解釋美感經驗，與壯美優美的劃分等方面，文藝心理學也許更接近於艾德蒙、柏克 (Edmund Burke) 著的論壯美與優美 (A Philosophical Inguiry into the Origin of Our Ideas of the Sublime and Beautiful, 1957)。然而，文藝心理學仍不失爲近代中國文學批評的重要著作；它代表了一個重要的批評傳統，一種認「美」爲文學作品唯一軌範 (criterion) 的批評傳統。本文目的在作一辯證的分析，闡明這一類批評傳統對中國文學發展已有的及可能的影響，無意節外生枝，對這一傳統作歷史性的記述，追溯他的流派的繁衍，和每一流派的特徵；描寫這一傳統如何在古典批評中和另一傳統對立，如何在十八世紀末葉漸漸抬頭，如何在十九世紀獨佔了批評界，如何通過了朱光潛的文藝心理學和中國傳統批評「陽剛陰柔」「雄健綺麗」之說滙聚成一股洪大的力量，支配了若干批評家的思考，影響了若干作家的創作方向。但是，我們必須認識文藝心理學的流行是由於中國傳統批評已經給它奠下堅實的基礎這一事實。

綜合地說，文藝心理學所代表的批評傳統以美爲文學作品最終價值，以美爲衡量作品唯一的標準。由於這一基本假定，文學的批評程序必然地包括下列幾個步驟：(一) 確定美的屬性，(二) 在作品裏尋出這些屬性，(三)孤立作品中擁有這些屬性的片段作爲示範。從它認美爲唯一批評標準這一點說，我們可以稱這一批評傳統爲單元批評 (Monistic criticism)；從它底批評程序來說，我們可以稱它爲定性批評 (Qualitative criticism)；從它底應用方式來看，我們更可以稱它爲警句批評 (Quotation-hunting criticism)。如果我們要追究單元批評對近代中國文學已有的或可能的影響，我們不妨通過對這一傳統理論上及應用上的困難的分析而達到我們的結論。讓我們分幾個小題目來分析：

(甲)單元批評假定 (Hypothesis) 上的困難：單元批評以美爲文學作品最終價值的假定先天地包含了不可解決的困難。如果我們分析美這一觀念的意義，兩種結果擺在面前：

①美是一個絕對觀念，雖然他反映在千變萬化的物相中，但他的本身却是不可分裂的，絕對的。這一意義的美顯然不是單元批評家所能接受的。與作品實際接觸的經驗告訴他們，他們必須分裂美的觀念才能較爲充分地解釋個別作品。柏克與文藝心理學將美分爲壯美及優美；中國傳統批評家將美分爲雄健綺麗便是這一困難的證明。

②美是一個可分裂的觀念，它本身是若干次一等級的觀念的混合的總和。這一意義的美，同樣地有它的困難。(A)如果美的分裂性是無窮盡的，那麼美的觀念是一沒有意義的觀念，無所不包同時也無所包。美甚至可以說等於醜。一個沒有意義的觀念當然不能成爲有意義的標準。(B)如果美的分裂性是有窮盡的，那麼它應該停止在那一階段呢？譬如說中國若干傳統批評家將美先分爲陽剛與陰柔兩類，然而再將陰柔的美分爲綺麗、艶麗、高雅、淸越等等。要充分解釋個別作品，這些觀念似乎必須再被分裂。例如說，可笑的這一觀念應屬于那一等級的美呢？劉老老這個鄉下老太婆闖進了大觀園，鬧了一些不甚「美」的故事。吃飯時丟鴿蛋，喝醉酒亂吐亂瀉。但我們似乎無法否認劉老老進大觀園是紅樓夢裏成功的事故 (episode) 之一。邏輯上說，這一觀念有限的分裂似乎無法解釋再現無限的人生經驗的作品。

(乙)單元批評在應用上的困難：讓我們退一步，承認美是一個充分的批評標準，在應用上，我們可以發現若干等級的困難：

①所謂美究竟是指作品中那一元素呢？

(A)它可能是指素材或題材的美，柏克例舉了若干人工與自然的美。文藝心理學顯然地也承認「長河落日圓」、「大漠孤烟直」、「微雨燕雙飛」、「寶廉閒掛小銀鈎」等句裏的長河、落日、大漠、孤烟、微雨、燕子、寶廉、小銀鈎本身都是美的。這裏暫且不論素材與作品之間的關係；單就素材的選擇而論，美的觀念區分了可以「入詩」與「不可入詩」的素材，大大地限制了詩的豐富性和多樣性，使詩在繁複豐富的人生經驗前撤退下來，蒼白無力。從中國詩詞的發展來看，二三流詩詞作家題材的貧乏，情感領域的狹窄，不能說不是由於他們堅持選用美的素材的結果。五四運動要打倒所謂宮庭文學，山林文學可以說是對於限制文學作品題材的抗議。類似的例子可以在十九世紀後期英國的唯美運動 (Aesthetic movement) 裏找到。十九世紀末葉自然主義作家專從人世醜惡黑暗的一面獵取題材，也無非是一種擴大作品題材的嘗試而已。我們似乎無法否認自然主義的作家曾經留給我們若干偉大的作品。在這裏讓我們引幾行艾略特(T.S. Eliot)的詩，也許可以幫助我們瞭解醜惡的事物如何可以化成有力的詩篇。當然要充分領略這幾行詩的力量，非將它們安放回原來的詩篇裏不可。在普魯弗洛的戀歌裏他說：

「黃昏橫躺在天邊
　像手術臺上被麻醉了的病人」

在序曲裏他說：

「星球旋轉如衰老的婦人
　在空場上收拾燃料」

在不朽的絮語裏他說地下的屍體

「向後靠，帶着無唇的露齒笑」

艾略特的詩裏充滿動物性的醜惡恐怖與神性的寧靜幸福之間的衝突。而强化人性死亡後追隨慾望而來的醜惡可怖的空虛成為他早期詩篇的力量主要來源之一。

(B)它可能是指文字的美。在批評的應用上單元批評認美可以是文字聲音，文字形態的組合，或文字所代表的觀念的屬性。這一應用的延展，同樣地限制了詩的豐富性。更嚴重的是：詩人或作家着眼於文字的音樂，形象及觀念的美以後，根本忽視了文字在創造作品的感動力(emotional power)或情感效果(emotional effect)時所負的責任，斤斤於美的辭藻的蒐集，詩遂成為「七寶樓臺，拆開不成片段」，失去它存在的憑藉。這裏我們不想追究喋喋不休堅持詩的音樂美，形象美或觀念美的流派的興衰分合。但文學史指示我們，歷次大的文學運動都是對這一趨向的抗議。五四便是個例子。從這一角度來看，五四是文字的解放運動，使詩擺脫了「美的文字」的桎梏。

一個文學作品存在的最後依據是它激動情感或喚起情感共鳴的力量(emotional power 下文簡稱「力」)；單就詩來說，詩是一幅高度複雜的情感的構圖，以相反相成，對比平行等等多種方式將部份的情感力綜合成全面的力量 (final or over-all effect)，成為一個有力的組織 (Structure)，作為這複雜的組織的一個原素，作為一種表現的工具，文字的功能在於充份地雕塑這些情感，使它最完整，最明晰的出現。脫離了這情感，文字也就失去它的力量的憑藉，與指導的原則。在荒原 (The Waste Land) 裏艾略特這樣地描寫人類文明走入了一個枯乾的絕境時所感到的焦灼苦悶：

「假如有水　　If there were water
而無岩石　　And no rock
假如有岩石　　If there were rock
又有水　　And also water
水　　And water
一泓山泉　　A spring
一片池塘在岩石中間　　A pool among the rock
假如只有水的聲音　　If there were the sound of water only
不是知了的　　Not the cicada
和枯草的歌唱　　And dry grass singing
而是水流過岩石的聲音　　But sound of water over a rock
那裏隱士鶇在松間歌唱　　Where the hermit-thrush sing in the pine trees
滴嗒滴嗒嗒嗒嗒　　Drip drop drip drop drop drop drop
但還是沒有水」　　But there is no water

在這裏，枯躁單調的字彙暗示了沙礫地帶的荒涼乾旱；水、岩石、岩石、水、等字艱難的反覆交替暗示希望在絕境裏輾轉掙扎的痛苦。而首四行試探性的旋律與充滿決斷旋律的交替，敘述了希望的隱現，經過第五行短促的疑慮，第六行以後自由流動，甚至歡躍的旋律提示在絕望裏自我欺騙所造成的美麗的幻境，這幻境在最後第二行達到它的飽和狀態，以狐步舞似的音調出現，而終於破滅在最後一行沉重的宣告裏。在這十四行詩裏，字彙的選擇，意象的安排與音節的調配完全受一個原則的支配——那就是喚起對荒原裏的絕望的恐懼。要是艾略特在這裏草率地聽從了單元批評家的勸告，不分好歹地選用了美麗的詞藻，這一段詩的命運是不難想像的。認美是文字的客觀屬性，而不從文字與作品的「力」的關係上去探求指導選擇文字的原則，顯然是一種不幸的冒險。

②它可能是指綜合諸元的作品本身的美。以美為最高標準的批評的目的既在探求作品所包含的美的屬性；在探求過程中自然會發生質量問題，而將美區分為若干等級 (hierarchy)，譬如說，美的，更美的，最美的。很明白地，一個作品不能全部都是最美的，單元批評家勢必只好在部份裏尋求美。他們的注意力既集中於部份所擁有的客觀的美，自然承認了部分的獨立性，忽視了作品中部份與部份的關係，部份與整體的關係；忽視了作品的組織與組織的「力」。單元批評家所能指摘和讚揚的也就只限於片段中可見到的幾種特性。他們在有意無意之間已將作品有機的整體性 (wholeness) 降為機械的總和性 (totality)；認作品是若干數量的片段偶然的聚合。他們的批評論文常常僅陳列幾個屬性，(或為「壯美」或為「優美」) 其餘的，便是證明這些屬性的「警句」了。使我們覺得所有文學作品都是一串串混着魚目的珠項鍊；或者，更妥當點，是夾雜有幾顆珍珠的魚目項鍊！

忽視文學作品複雜的組織性，整體性，忽視構成個別作品諸元素綜合後所產生的特殊的情感形態 (emotional form) 或「力」，更進一步地導引單元的，定性的批評家抹殺文學作品的類型 (species)。美既是客觀屬性當然可以在抒情詩裏找到，也可以在劇詩裏找到，也可以在史詩裏找到；可以在詩裏找到，也可以在戲劇裏找到；可以在喜劇裏找到，也可以在悲劇裏找到。批評家既熱心致力於普遍性的美的獵取，遂忘掉而甚至故意忽視，各類型所擁有的特殊原素，以不同的方式綜合成的特有的「力」。單元或定性批評的術語因此往往是普遍的，浮泛的，非但可以應用於所有類型的文學作品，也可以應用於圖畫、音樂、雕刻；非但可應用於藝術的創作，也可以應用於自然界的諸相。但是，讓我追問一句，一個嚴肅的戲劇批評家會因在劇本裏找出幾行美的警句而滿足嗎？一個小說批評家能因在某篇小說裏發現文筆「淸麗」這一特性而覺得自己是嚴肅的小說批評家嗎？

以美為最高軌範的單元的，定性的批評固然使批評家收集了不少美的樣品，但它却阻撓批評家更進一步地認識作品的整體性，組織性；辨別各種類型的作品，與各類作品特有諸元的特殊結合法則；追究它們特殊的「力」的形態，與它們給讀者的特殊的快樂。單元批評使批評停留在文學的邊緣上。同時，這一批評傳統更大大地約束了作家選擇題材的範圍，使他們局促於一個角落裏和繁複豐富的人生經驗漸漸脫節；限定了作家對文字的選擇；使文字脫離了支配作品諸元結合的「力」而無法達成它應盡的責任。我們不能不說，無論是新是舊的惡俗淺薄的風花雪月作品都是在這一批評傳統裏長大繁殖的。要建立一個豐富深厚的新的文學傳統，我們似乎需要一種新的批評，一種多元的 (pluralistic)，分析的 (Analytic)，辨別類型的 (Specific) 文學批評。而這新批評的基礎必須建立在對：(一)知識的可分析性，(二)人生經驗的豐富性，(三)作品類型的多樣性，(四)構成各類型作品特殊情感形態的諸元的可分析性的認識上。

作者書簡

雷先生：

謝謝先生二月十一日的信，及信中關于讀經問題最近的發展的消息。一個文化底成長勢必脫離不開時空二範疇；主張全盤西化的，似乎忽略了時間範疇，而提倡讀經的，似乎忽略了空間範疇。今天自由民主與共產主義的鬪爭本質上是兩種文化的鬪爭。提倡讀經者固然意識到以文化對文化的重要性，可是將經從它的政治經濟社會背景中孤立出來，加以「提倡」，未免太忽視構成文化的諸因素之間的複雜關係。其次，以學校考試及高考强制讀經，無異以孔孟的經代馬列的「經」，這方式大大有商榷餘地。拙作消極地强調「以某種酬報為手段，以强制性的接受經典教訓為目的底讀經」之不足取，積極地指出只有融合人類過去最好的傳統的文化才足與共產主義抗衡，而那一種文化只有在批評精神高度發揚的自由社會裏才能建立起來。

有人或許會以「緩不濟急」相責。急的固然極度重要，「緩」的同樣重要。而「緩」的也是些較為基本的問題。以抗戰為例，我們只着眼於一些「抗」「反」「第一」緊急的問題，結果當「第一」緊急的問題因勝利而解決時，舉國上下的意志因為沒有較為深厚的「緩」的基礎也隨之整個崩潰。這一崩潰的嚴重後果現在是大家有目共睹的。人類歷史發展到這一階段，要想求一帖可于朝夕之間治好痼疾的「單方」，未免把事情看得太容易。附上的「文學批評中的美」一文似乎也是屬于「緩」的。以後寫好的也當遵囑源源奉上，請先生指教。處身異域，對國內情形倍增關切。以前在友人處零零碎碎見到幾期自由中國，對貴刊態度的嚴肅、目標的積極，極為欽佩。先生說今後將按期賜寄一本，十分感謝。專覆肅頌

撰安

李經上　二月廿二夜

書刊評介

美國去來

吳魯芹著

殷海光

『鮑魚之肆，竟聞芝蘭之香！』

評者在朋友處偶然看到這本書，展閱之下，不禁脫口而出。

現在，街上有成堆成碼的出版物應市。這固然大有助於印刷業之振興，但也大有助於知識之荒蕪與情感之枯燥（黃色貨品例外）。在旱海中行脚的寂寞旅人，意外地看到一片綠意思，使人聯想到大地或有回春之時，寧不驚喜！

這本書共計十二節。節節都是可讀之作。內容輕鬆而不失莊嚴，雋永而意味深厚，富於幽默感但却不失於憤世疾俗。在一筆一畫之間都深藏着耐人體味和够人追求的道理，却毫無說教氣氛。作者遊美不及百日，而能將所見所聞，如此輕巧而又深刻地勾畫出來，使我們依稀想到美國立國眞實心理要素之所在。由此足見作者觀察力銳利，感應力靜敏。不知作者是否爲一記者。如爲記者就記者應該具備的素質言，當爲世界第一流記者。

我們且從第二節開始，看裏面說些什麼。『有一天，我有意去聯邦調查局參觀，依我的臆測，這地方總得由官方介紹了。於是我就去請教國務院一位辦理聯絡事宜的人。他說用不着介紹的，走進去就是。他們每隔半小時，就有一位嚮導人員帶路到各部門去參觀。這次我是同十多個互不相識的人，週遊了聯邦調查局的大厦。我這位姓名身份不詳的人，還不甘緘默，隨時隨地提出問題，提一些杞人憂天的問題。例如「聯邦調查局日益强大，會不會於不自覺中，傷害了民主政治中最寶貴的個人自由」？我說杞人憂天，並非毫無理由。因爲我已逐漸體味到在美國，凡有損於民主精神，有悖於民主原則的事，不會聽其成長的。我當時的用意，祇不過是給他一個題目做做。此人甚擅詞令，妙語橫生，我不免想難他一下。他的答復，現在回憶起來，已甚模糊，似乎是聯邦調查局，祇是法律的耳目，聽命於法律，受司法機構指揮的。……』

聯邦調查局是負有特殊任務的機構。這種機構而可任人參觀，寧非不可想像之事？世人好稱某些國家爲『鐵幕國家』。實則這個名詞還不够表達眞相。『鐵幕』係就其對外而言。其實在鐵幕以內，極權統治者又把整個國家分隔成許許多多小格子。這一個格子裏的人民與那一個格子裏的人民都不能自由交通。至於「政府機關」，那怕小如芝蔴，都是不能自由進去的。至於負有特殊任務的機構，那就更不用說了。在以蘇俄爲範型的國家，到處都是『秘密』。秘密，乃構成權力之一大要素。在這類國家，負有特殊任務的機構，才是國家最後的統治權力。司法，不過是掩飾此一權力的面紗而已。這與美國之以聯邦調查局爲司法的工具，成何等尖銳的對照！

作者在記述他華府與白宮之遊裏說：『我在華盛頓時間不久，見聞不廣，但似乎未會見到「閒人免進」的字樣。大約華府的公私建築物，都無拒絕人內的意思。……白宮每星期有幾個上午是開放的。我走進去同我走回我寄宿的旅舍一樣的毫無困難。値勤的警員，同我互道一聲「您早」，如此而已。』又說：『這一天逛白宮的人頗不少。大家極其悠然自得。有的在草坪上逗松鼠，有的在綠廳，藍廳，紅廳中看擺設，鑑賞歷任總統的畫像；有的與値勤警員聊天。（他可能在批評總統的不對之處，警員也祇有微笑不置答而已，決無加罪之意。）……』

這是何等令人心嚮往之的境界啊！然而，在另一方面，史達林走的路老百姓都不許走哩！其他的空間，類似的人物（毛澤東爲其中之一）所到之處，莫不戒備森嚴，令人望而却步。同在一個地球之上，爲什麼二者相去若是之遠呢？無他，一個民主，一個極權而已。民主國家的人之心性，是公開的心性（open minded）因而民主的社會是公開的社會（open society）。恰恰相反，非民主空間專愛管人的人之心性是封閉的心性（close minded）（封閉的心性者，見不得人的心性之謂也。）因而他們只有藉暴力，組織，和宣傳的力量將他們控制之下的社會造成一個秘密社會（secret society）。秘密社會一旦建成，人人便處於恐怖戒懼之中。所以，在民主的公開社會裏，人人天眞活潑，坦白眞誠。而在極權勢力籠照之下的社會，則處處是陰鬱，沉默，猜忌，冷酷，處處是在做作，處處在勉强之下行事。俄共算是把這一點做到堪供『示範』的地步。

第五節論政治。這種論法，很値得望雲霓而色喜的人注意：『我對兩黨的政治競賽，有一粗淺而極基本的印象，覺得那簡直像兩個買賣人爭顧主，兩個孩子在父母前爭寵愛。

『主顧何人？父母何人？老百姓也。』

聊聊數語，道盡了民主政治底基本要素。

極權政治與民主政治幾乎是事事相反的。在極權統治之下，主顧何人？父母何人？曰，統治階層而已矣！在極權空間，人民想苟活殘生，除了把頭削尖一點往上爬以外，不甘者只有乖乖順順規規矩矩，照嚴格規定的路子擧止動靜。至於『競選』，確有那麼回事，但不過做做樣子，『競擧』而已。

作者說得很眞實：『我幼時讀書，讀到稱地方官爲父母官，後來又在公民教科書上讀到官吏是人民的公僕，心中甚爲茫然，因爲他們兩者都不像。名士如袁枚作縣知事時，猶說「此地蒼生尙感恩」，儼然民之父母。以官爲生者，當尤甚焉。看美國的政治活動，覺得「民爲貴，社稷次之，君爲輕」的原則，簡直是不折不扣。玩政治的手段，有可訾議之處。但大家看得清楚，老百姓是本錢，談得天花亂墜沒有用。必得老百姓相信而後可，因爲那張票在他手裏。艾森豪威爾將軍，可能不懂政治，但他有一點本領能贏得人心，那就是誠懇。在七月四日美國國慶那一天，他的火車經過我逗留的愛和華州棲得賴城，在車站發表十五分鐘的演說。大家的印象是此人誠摯，直率，可靠。這一類形容詞加諸叱咤風雲的人物如艾帥身上，未免平淡無奇，分量太輕。但是今年初多，他若是能成爲白宮主人，依我看來，就得力於這幾個似甚平淡的因素。……』

搞『政治』而要『誠懇』，在咱們東方人看來簡直是不可思議的事。咱們東方人搞政治的定律與美國人底可剛好相反。在咱們東方，歷來搞政治愈是詐欺愈能成功。詐欺發展至極，就把至多跟你我相像的人烘托成天神天帝。而東方的倫理形式主義和超人的聖人觀所產生的心理效應，則又大有助于這種烘托之成功。在東方而搞政治，就怕的是欺騙不倒。老子騙倒你，老子就跳到你肩頭上。你聽信了謊言而上了當，你活該。如果艾森豪的『誠懇』搬到東方來，保險他一敗塗地，還要落得個『大傻爪』的美名！

東西『文化』不同故也！

又說：『儘管大家十分熱心於政治，大家並不十分羨慕總統這份差事。某一次一位朋友要我猜在美國最挨罵的是誰。我怎麼也沒有猜中是總統。經他一點破，我才恍然。總統日理萬幾，忙中的擧措有時不免有小錯。忙中的情緒，也不免開罪於人。這些當然都招來不滿，挨罵了事。未被開罪的人，也還是要罵的。大約凡有不滿，最理想的去處，是往總統頭上一堆。罵得理直氣壯，或者不無理由的固然有。更多的是潑婦罵街。據說某次報上竟發現相等於我們罵人『狗養的』字眼，加諸杜魯門身上，結果居然彼此泰然相安無事。……』這種情形，在我們東方人聽來，簡直像在講天方夜譚的故事。

第六節談的是『民爲貴』。咱們東方許多人，除了顚沛流離，憂役勞形之外，又加上恐怖迫害，這樣限制那樣限制，弄得早已忘記了眞正的『人』是個什麼樣子的東西了。要想作個人，或者體味體味人的生活是怎麼回事，不可不細讀這一節。爲了引起讀者底興趣，評者茲將其中最精采的地方徵引出來：

『「民爲貴」這種精神，同時也直接幫助了民主政治中最關緊要的個人尊嚴這一大原則的建立。我在美國旅行了兩個多月之後，漸漸體悟到一件似乎不可捉摸，而又似乎鐫在每一個美國人臉上的一個記號，那記號若必須用文字來概括其涵義，大約應該是「我和你一樣的好」。在財富上我可以不如你；在學識的廣博上，我可以不如你；在才能上我可以不如你；但作爲一個人，我絲毫不比你差什麼。擦皮鞋的也好，報販的也好，一副怡然自得的神情，覺得自己的工作，同樣是爲公共服務的一部門，與貴爲卿相的人，在職責上有差別，是性質上的，其中並無高貴微賤等不通的意思。他們面對着高官巨商，談笑風生，毫無自卑感。本來什麼叫做高尙職業，低能的人自卑感作祟，想以頭銜身份來彌補的一種辦法而已。我看到擦皮鞋的與顧客互相說些俏皮話，彼此大笑不已；聽到飯館裏隣座向侍者要一樣什麼東西，先說對不起，再則連聲道謝的情景，總覺得那是我們東方人彬彬有禮的傳統，何以在東方反要漸漸失傳了。』這才是人的生活！

禮貌在東方漸漸失傳，即使殘餘一點，也只空有形式，毫無眞情實意。之所以如此，原因之一，是東方人不懂科學；不講民主(『民本』並非民主。請弄歷史和談玄學的人別胡扯！澳洲的牧人有羊羣作爲財富之本，是謂『羊本』。但不能說是『羊主』啊！以紫亂朱，是最可惡的行徑。一國底文化，即使眞是『世界最優美的』，也不見得無所不包囉！)不講民主生活，禮貌不是屈服的象徵，便流於虛套。不懂科學，便不知怎樣『利用厚生』。不知怎樣『利用厚生』，久而久之，社會底生活基礎和內容枯竭甚至於傾倒下去(有事實爲證)。於是，禮貌等等，根本維持不了。『衣食足而後禮義興』。『人窮志短』是也(此處並非唯物之論)。這種道理本極淺近，可惜在半天雲裏高談『歷史精神文化』和『唯心論』及『理想主義』的人立脚點太高，高到忘記了。不食人間煙火，不知人是什麼者，雖力竭聲嘶，何補於時艱哉？

作者在前一節底末尾就談：『「民爲貴」這種氣氛，特別使一個鄉下人如我者歡欣。我初到紐約時，一位新聞記者來訪我，問我對美國的印象如何。我說，如果有誰要我爲百餘年前那位法國政治家堵哥所說的，「美國是人類最後的希望」作注解，我第一就得說，民爲貴這種精神，在美國發揚光大到如此地步，可以給嚮往民主自由而獨在徐徐學步階段的其他民族一種提示。一切事在人爲。在另一方面，又可給正在地獄邊沿上與極權掙扎的人們一種鼓舞。人不必一定要壓迫其他的人，才能顯示其優越與高貴；也無需欺負別人，才能生活愉快。擧世之人，何以視納粹，法西斯以及共產主義等極權集團如洪水猛獸，主要是他們不把人當人。芸芸衆生，不懂什麼主義；但是一旦有誰要把芸芸衆生當成機器上的零件，小螺絲，而不把他當做人，結果是「予與汝偕亡」。歷史上的例子有的是。凡不把人當人的，最後必如夏天的蛾子，撲向燈火，倒下了事。』

納粹，法西斯，以及共黨類型者，莫不以壓迫欺侮大家爲優越。此所以刼數連天也！他們底政權取之不以其道——連騙帶搶搞到手的，並且建立於不義之上。人心當然不服。人心不服，而彼輩爲欲鞏固其政權，於是必須壓迫大家，欺侮大家，行之既久，就形成了第二天性：壓迫大家，他們才生活愉快。這正像張獻忠底令堂大人一樣，不聞人血腥味，夜不安寢！

評者還是繼續徵引第六節裏精采之處吧！作者說：『不以頭銜，身份，財富，自絕於人，自然朋友也就多了。有人批評美國人交朋友，一見如故，親熱非凡，但沒有深度，不見得很能持久。這一觀察不無理由。但他們那種交朋友的習慣，頗叫人喜歡，見面不久，距離就沒有了，就不再用某某先生某太太之類的拘束稱呼。不論年齡上差異多大，或地位如何懸殊，大家都直呼其名，甚至互喚小名，稱兄道弟，偶爾聽到一聲某先生就覺得刺耳。拿我訪問過的栖得賴城爲例。我到的那天，去拜訪市長，所謂禮貌上的拜訪是也。我當然稱他市長先生。寒暄一番之後，相安無事。當晚商會會長請我吃飯，市長是陪客，在我的隣座。我仍舊照例稱他「市長先生」，我實在沒有想到這有什麼不妥的地方。但他立即提出相反的意見了。「老兄，够了够了。你若再不直截了當叫我的名字，還這樣市長先生市長先生下去，就不是朋友了。」他又接下去加以解釋：「每當有人不直呼我的名字時，我就得起一點戒心，我想他一定是對市政不滿，來提出抗議的；再不然，就是代表什麼團體向我募捐的吧。凡直呼我的名字的，我就可以坦然了。」』

這是何等新鮮可愛的風氣！喊『市長先生』，反而覺得也許是市政辦得不好，或不够朋友，直呼其名才够朋友，這也許又是與咱們底『歷史精神文化』不同之處吧！在咱們東方，一個『白丁』如果不稱呼一個做『部長』的人作『部長先生』，或直呼某市長爲『老兄』，那才是自觸霉頭，你底事辦得通才怪哩！評者有幸，寄寓的地方可巧左隣右舍不是『長』就是『官』。矮矮的牆頭之外，常有人問路：『某某主任是那一家？』起初，我很大驚小怪：爲什麼人沒有名字，只有『官銜』？我就直截了當問他：『那個人姓甚名誰』？該問路的人等竟不置答，從來沒有一個例外。這好像人一作了『官』，姓名是不可說，說了便犯諱似的。我底本意，是想提醒這些過路君子：人底名字比官銜更香，更大方，更永久。但是，人是可根據歸納法而理解經驗的動物。經過的這種例子既多，我發現了一個通則：原來這樣稱呼，是經過現在的生活環境和訓練所形成的一個新風氣。這種新風氣，才眞正象徵着實質上的進步。自有此重大發現以來，我就放棄了提醒別人之無益的努力。

妙的還在這裏：『另一晚，我們到荷姆士泰鎭一處俱樂部去晚餐。我發現廚司對市長也是直呼其名，稱兄道弟的。（東方的「歷史精神文化」則是「君子遠庖廚」——評者）他給我介紹那位名廚時，說他不僅做得一手好菜，而且有政治頭腦，有行政的才幹。「下次我競選時，要請他出馬當總幹事的」。大家相與大笑。此種毫無階級觀念作祟，才見出人的眞價値』。這才表徵出貨眞價實的民主。民主不是一塊招牌，而是人所應享的生活方式。

又說：『個人尊嚴，不是單行道交通，大人在上，臣罪當誅。這祇是在做戲，席終人散，誰的尊嚴都不存在了。』這幾句話說得輕鬆極了，但也莊嚴極了。這幾句話，道盡了古往今來一切奸雄，獨裁者，和極權者底後果。你看那希特勒與莫索里尼之流，生前何等神氣，何等威風。他們底玉照要到處高掛。他們底話要人奉若金科玉律。他們要被劫持的人民跟着他們一樣想，一聲令下，誰敢不從？誰敢不恭維他們？表面看來，他們底戲做得眞是够熱鬧了。然而，曾幾何時，『席終人散』，他們底尊嚴那裏去了？他們底玉照那裏去了？誰再記得他們？一根草也沒有了！只落得史家諷刺幾筆罷了。惟有耶穌、釋迦牟尼、蘇格拉底這些人，生前受盡冷落或迫害，但死後却給人類留下無窮的惠愛，受到萬世的景仰。說到這裏，我聯想起今日的史達林和毛澤東這一路的貨色。他們深住宮禁，『一言天下令』，指頭一撥，舉世騷然，桌子一拍，千萬人身首異處。得意是得意極了，『尊嚴』也尊嚴極了。但是，可惜有一點美中不足：就是他們底得意和尊嚴是要靠子彈來維持。子彈達不到之處，就是他們底尊嚴掃地之處，嗚呼哀哉！

第七節論『美國人』。作者說：『美國人天性愛動，愛羣體生活。可是有一點特別易使人注意的，是他們在羣衆中不失掉他的個性。他們好羣，但不受羣衆的情緒左右。第一次大戰期間，主持英國海外宣傳事務的一位布祥君，在描述美國人民的性格時，有兩句名言。他說在美國，某種熱浪，可能一下子就波及全國，轟動一時，但不久就敵不過根深蒂固的個人主義，而趨於平靜。他的結論是，美國人可以受領導，但是供驅使就辦不到。「民可使由之」，祇是歷史上的陳跡。這說法，在現代世界上，祇有在極權國家找立足之地了。』

『可以受領導』但『不能供驅使』這話底分寸拿得多麼穩。『受領導』與『供驅使』底分界在那裏呢？二者之分別，猶黑與白之不同，絲毫不能蒙混。受領導者，乃各個個別的人基於自由意志之所向及對某一情勢之理性的了解，爲要實現某項目標，自動並自願推擧大家公認爲對某項目標之實現最富能力的一個人或一團體底人，在其指引之下，向此目標趨進。羅斯福之於新政乃是領導而不是驅使。五十年前若干人之對於參加辛亥革命者是領導而不是驅使。華盛頓之對待爲脫離英國之覊絆而作戰的美國人民，是領導而不是驅使。反之，一大團亂糟糟的人，失去自由意志，對於某某情勢又無理性的了解，更茫茫然不知此身將欲何之，亦更不確知誰最有能力救大家出於苦海，少數或一團奸雄乘機而起，先之以煽動，繼之以組織與部勒，强使大家走向自己所規定之『路線』，或滿足自己之狂想，甚或滿足其個人情感之好惡，這便是驅使。秦始皇叫人築萬里長城，是驅使而不是領導。埃及金字塔是驅使數十萬人底遺跡。修阿房宮的人是被驅使的。毛澤東之聚集數十百萬人『治淮』是驅使而不是領導。……領導與驅使之不同，若涇渭之分明，絲毫不能混淆。民主國家即使發生集體行動，都是受領導而行的。極權地區底集體行動是被驅使而行的。『驅使』

，乃現代最大的人爲罪惡。

『美國人對自己」的批評，十分苛刻。而且我覺得他們比我們東方人批許。小自市區內某一條下水道失修，大至國家的外交政策，他們都要鉅細無遺地痛加抨擊。美國人通常不喜歡官辦的事業；討厭政府用一批冗員。我到華盛頓不久，碰到一位商人，他聽說我是國務院的客人，就問我可知道國務院用了多少人，在華府有幾座大樓。我說不很淸楚。他說，他也不淸楚究竟用了多少人；但是他知道一共有二十六座大樓，裝得滿滿的。「老兄！不是我吹毛求疵，我是一個納稅人，我得打我的算盤。他們用那麽多人，是必要的嗎？」他們對官辦的事業，也從不讚美。這大約有兩種原因：第一官辦事業，多少妨害了個人發展的機會。在美國謀個人的發展高於一切。第二，官辦事業，聲勢浩大，很容易把私人企業的功績，淹沒乾淨。……他們說國務院總是愛給遠道來的人看看TVA的偉大處，嘆爲觀止。事實上，若以美國比做壁上的那座掛鐘，使這鐘擺的嗒作聲的，不是一個TVA。「而且，你若是懂得技術上的盈虧」，他接着說：「我可以告訴你，TVA是年年虧本的。」

這裏告訴我們，民主國家經濟的內容是什麽。在眞正的民主國家，個人經濟之自由發展是高於一切的。官辦的企業，是不受人歡迎的東西。如果官辦的企業，在美國尙且年年虧本，何況在其他地方？美國許多人不喜歡華府那一座座裝滿大批「冗員」的大樓。這種感覺，正是民主的感覺。假若一個地方，凡屬高樓大厦，幾乎都爲官家機關佔用。交通工具，幾乎全部爲官方控制。滿街直衝橫撞的幾乎都是公家車輛。工廠與資源又莫不是公營。這就像一匹牛，頭長得特別大，角長得異常長，而身子却瘦小得可憐。你想，這頭牛還能眞正健全發展麽？

第十一節「劄記」字少，但輕靈可喜。其中幽默的話頗多，例如：「有人說華盛頓的進口貨物以紙爲大宗。華盛頓運出去大約以廢紙爲大宗。——那一面有字了。』華盛頓尙且製造廢紙，非華盛頓之處更不用問了。的確，有些人天一亮就往外面跑，忙着把大堆大堆的白紙變黑。這固然有益於造紙工業，但何有於「國計民生」？芝蔴大點小事，表格塡不完，似乎嚴重得很，像煞有介事的樣子。豈不浪費生命？我建議多設立幾個圖書館。

這本書，只有短短六十頁。但評者覺得它比許許多多六百頁的書所包含的還多。它裏面所包含的，不獨有美國生活方式底基本原則，而且有很健康的教育意義。我們之所以反共，最基本而且顚撲不破的理由，分析到最後，就是要作個像人的人。共產黨不許我們作人，他們要驅策我們作政治權力底工具，所以我們反共。這點最起碼的低調，至少應該能適用到教育上。如果從事教育者尙把年靑的一代看作是人而不是政治工具，並且希望他們發展成一個正常的人，那末就應該讓他們讀些有益於心身的書。像吳魯芹先生這本著作，就是其中之一。評者認爲這本書最適合於作中大學生底課外讀物。

這本書底字句錯落不少。標點符號尤未注意。這是美中不足之處。希望作者能於再版時着意修正一番。

本刊徵求中篇文藝小說

一、本刊徵求中篇文藝小說，文長以六萬字至八萬字爲限。
二、情意須雋永，文字須輕鬆，故事須生動。八股、口號恕不歡迎。
三、入選稿件，將分五期或六期在本刊連載，登載後並由本刊發單行本，版權爲本刊所有。
四、入選稿件，每千字酬稿費四十至五十元。
五、暫定五月十五日爲截止收稿日期。
六、來稿請用稿紙繕寫，字跡須淸晰。
七、來稿請寄本刊編輯部。

給讀者的報告

隨着國際局勢的開展，反攻的準備工作應該積極完成。除了軍事須作周密佈署以外，所有文化、政治、外交、經濟各方面也都應配合這一目標。在這個前提之下，我們深感當前管制經濟的措施之亟待改進，故爲社論呼籲之。目前我們經濟上表現的病症在生產成本過高，因而使產品滯銷、外滙不敷，這些病症之所以發生的原因固然很多，而經濟管制的措施實爲其首。旰衡大局，這應是在經濟政策上改絃更張的時候了。

臺灣證券交易所在一度盛傳卽將設立之後，現在又復消息杳然，看情形大概是要置之「應暫緩辦」之列了。對於此事的發展，很多人都甚關切；輿論忖測紛紜。本期瞿荊洲先生從理論與實際兩方面討論此一問題，敷陳正反兩面的理由，以探索臺灣證券交易所之應否緩設。證券交易所是現代國家應有的設備，功能在於作爲工業金融市場，其主要業務爲期貨買賣。很多人由於對交易所期貨買賣的業務之存有誤解，故對交易所的設立乃持保留的態度，這似爲問題癥結之所在。然則瞿先生此文對此問題之合理的解決，已提供了極有價值的意見。

上期我們曾發表龍運鈞先生的「從公務員待遇談到政治革新」一文，深得各方之共鳴。這期又承龍先生以「公私之分」一文見貽，亦是一篇切中時弊的論著。公私不分是我們政治上一大嚴重的病症，爲害至深且鉅。本文縷述一般人認爲是合理而實際是公私不分的觀念與事實，誠足發人深省。公私不分的觀念與事實乃淵源於我們歷史上家天下的政治思想。在學步民主的過程之中，這些絆脚石如果不予清除，我們就很難達到建立民主社會的理想。因此，明是非、辨公私，實是我們政治革新的起點，希望政治當局能在這方面有以昭信於國人。

很多人之反對自由主義，係出於對自由之誤解，這現象是很值得惋惜的。實際上自由與自由主義均有其明確之意義與內涵，本刊在這方面曾不斷有所闡釋，冀以澄淸思想上的混亂。本期羅鴻詔先生再爲文申論「思想上的自由主義與統制主義」。在本文中，作者指陳哲學上的自由主義與政治及社會的自由主義，其涵義之各有區別；更反覆說明自由主義與統制主義間的分野。自由主義所嚮往的是「百家爭鳴」的境界，統制主義惟求其「定於一尊」；前者鼓勵個性發展，促進文化新生，後者則抹殺個性，桎梏思想。兩者之間涇渭判然，何去何從，不辨自明。

「美國去來」一書文字雋永，膾炙人口，作者觀察入微，從諸多平淡的事物，描繪出自由民主社會精神之所在。本期殷海光先生爲之評介，這篇書評與原書本身同樣是值得特別推薦的。

又本刊徵求中篇文藝小說（辦法見封底裏面），歡迎讀者賜稿。

本刊售價

一、	臺幣	四元
二、	越幣	八元
三、	菲幣	五元
四、	港幣	一元
五、	暹幣	四元
六、	美金	二角
七、	叻幣	四角
八、	印尼盾	三元
九、	日幣	八十元

自由中國　半月刊　第八卷第六期　總第八十一號

中華民國四十二年三月十六日出版

發行人／主編　『自由中國編輯委員會』

出版者　自由中國社　社址：臺北市金山街一巷二號　電話：二六八八五

航空版　香港時報社

經售者
臺灣　自由中國發行部　中國書報發行所
美國　紐約民氣日報社　舊金山少年中國晨報社　芝加哥中國出版公司
日本　東京僑豐企業公司　東京南友堂　東京內山書局
韓國　釜山草梁洞新泰行
馬尼剌　大中華日報社
印尼　椰嘉達星期日報社　椰嘉達天聲日報　棉蘭繁華圖書公司
越南　西貢中原文化印刷公司　越南華僑文化事業公司
暹邏　曼谷攀多社十二號
緬甸　仰光振成書報店
印度　孟買梅亞號　加爾各答塔梅學校
澳洲　雪梨瑞田公司
北婆羅洲　馬拉奕坡美芝律聯華公司
新加坡　中興日報社
檳榔嶼、吉打邦均有出售

印刷者　精華印書館　廠址：臺北市長沙街二段六〇號　電話：二三四二九

本刊經中華郵政登記認爲第一類新聞紙類　臺灣郵政管理局新聞紙類登記執照第二〇四號　臺灣郵政劃撥儲金帳戶第八一三九號

自由中國

FREE CHINA

第八卷 第七期

要目

中華民國四十二年四月一日出版
社址：臺北市金山街一巷二號

半月大事記

三月九日(星期一)

大西洋公約國高級軍事領袖在巴黎擧行戰略會議。

日首相吉田茂稱：日可能接受美國的再武裝建議。並稱：日將把握每一機會，收回南庫頁島及千島羣島。

史達林遺骸下葬，歐亞兩洲的共黨頭目均往參加。

三月十日(星期二)

美國務卿杜勒斯聲明：五月間將訪問近東和東南亞洲各國。

美海軍部透露：現有若干封存中的艦隻隨時可撥交中國海軍應用。該封存艦隻總數在一千艘以上。

土耳其總理孟德爾斯偕外長在巴黎與法政府會商中東防務及政治經濟問題。

三月十一日(星期三)

行政院檢討會議閉幕。

由捷克境內起飛的俄製米格機兩架在西德擊落美戰鬥機一架。美已向捷提出強硬抗議。

三月十二日(星期四)

西德英區上空英機一架被俄機擊落。

日反對黨派聯合決議對吉田內閣提出不信任案。

三月十三日(星期五)

俄機擊毀英機事，英向俄提出強硬抗議。但俄駐德高級委員朱可夫却說英機越境，竟向英提出抗議。

美空軍發言人稱：巡邏鐵幕邊緣的美國飛機如在美佔領區內遭遇襲擊，將立即還擊。

美再照會捷克，要求正式道歉及賠償，並保證類似事件不再重演。

四月十四日(星期六)

日議會通過不信任案，吉田立即宣佈解散議會。

英法美三國駐德高級委員聯合向蘇俄就英機被襲事提出强硬照會。

三月十五日(星期日)

我駐日大使董顯光返國述職。

蘇俄最高蘇維埃會議通過馬倫可夫爲已故俄總理史達林之繼承人。

日本政界領袖鳩山宣佈組織新自由黨。

日衆院議長大野伴睦於衆院宣讀日皇解散衆院之勅書。

美聯社不倫瑞克電：蘇俄傘兵三師八旅突調東西德邊境。

三月十六日(星期一)

西德英國空軍在鐵幕邊緣擧行大規模的爲期一週的演習。

南歐盟軍擧行二次大戰後規模最大的空防演習。

美軍刀噴氣機一批由英抵德增防。

日自由黨正式分裂，反吉田派三十四人被開除黨籍。鳩山正籌組新黨。

三月十七日(星期二)

英頒令防止戰略物資輸入共區。

遠東盟軍克拉克飛馬尼拉，將轉道飛西貢。

美國本年第一顆原子彈爆炸演習。

三月十八日(星期三)

堪察加以東公海上空，美氣象測候機被俄機襲擊，美已向俄提强有力抗議。

英下院通過鋼鐵恢復民營案。

三月十九日(星期四)

聯軍統帥克拉克在菲提出警告：遠東今日局勢極爲嚴重，隨處均可發生類似韓國與越南的情況。

土耳其西部發生强烈地震，受震地區在一萬方哩以上，可能已有五百人死亡。

我政府邀美國務卿杜勒斯訪臺。

三月二十日(星期五)

美民主黨領袖史蒂文生抵臺訪問。

俄拒絕英美法三國抗議，却建議英俄會商避免「不愉快的空中事件」。

西德衆議院批准西歐六國軍公約。

狄托與英國的外交談判已協議：南國參與歐洲防務。南國已獲英國非正式保證，如南國被侵，即加援助。

土耳其地震已死亡一千一百餘人，兩千餘人受傷。

三月二十一日(星期六)

史蒂文生招待記者，盛讚我在臺成就。

三月二十二日(星期日)

聯大政委會否決蘇俄裁軍建議。

北大西洋公約國聯軍副統帥蒙哥馬利赴美將與艾森豪會談。

聯軍統帥克拉克抵河內視察。

三月二十三日(星期一)

立法院外委會通過中西友好條約。

聯軍統帥克拉克將軍自越抵港。

自中共匪區釋歸之日俘首批四千名抵日。

社論

希望政府切實實行陳院長在檢討會的指陳

這次行政院檢討會議，於上月中旬舉行。陳院長和與會的各單位的正副首長，對各項問題都能坦率發言，使這次會議得着較預期更佳的結果。這固然是我們所引以爲快慰的事情，但我們以爲給我們更大的希望的，是陳院長在會議閉幕時所提出的總結論。

這個總結論的全文，旬日前的日報已大致載出了，還有未登載的重要檢討，各位首長當已聽得很明白，所以用不着我們再在這裏複述。我們只指出其中較重要的幾點，以引起我們全國上下的注意。

（一）陳院長引述總統在三十九年所强調的「自助人助」、「自力更生」的原則，並且說，「這個原則，是絕對正確的。」我們以爲總統和陳院長這個意思，是値得大家牢記的。陳院長說，『今後一切本着「反求諸己」的精神，研究我們自己做的對不對，够不够。』果能這樣，定可達到總統所謂「自助人助」的目標！

對不對，够不够，有什麼標準？我們細審陳院長前後的說話，可爲舉出二端。一是我們反攻大陸和建設臺灣的需要；一是國際間對我們的了解和同情。對這二端有益的，便是對，便是够；否則便是不對，便是不够。我們可以說，三年以來，我們的政府已向這個方向邁進了。

我們在這裏如果可以貢獻一點芻蕘的意見，那就是强調孔子所說的「政者，正也」的主張。老實說，我們中國從國民黨執政以來，就大體講，是够得上「正」字的賓語的；這是社會賢達和異黨的明智人士所以永不棄絕國民黨的大原因。（共匪所以最後定必失敗，就是因爲「不正」！）但一個國家在困難的時候，關心國事的人，往往想走一條捷徑以致國家於富强。這種捷徑，亦未嘗沒有一時外表的功效。但就國家百年的大計講，恐怕還是利少而害多。尤其是在敎育方面！現在有些人總想貪圖功利，在正常敎育之外，另闢捷徑，冀收速效，而以「正」爲迂濶。其結果反妨礙了正常敎育的正常發展。這個現象是極可憂慮的。

舉例來講。我們如果能够切切實實的遵守聯合國憲章和我們的憲法，仔仔細細的奉行世界人權宣言，而以公正的手段處理國內和國際間一切事情，那就是「正」，那就是一種好政治。我們如果能够做到這層，則反攻和建設都有堅固的基礎，亦自然而然會得着國際間的了解和同情。我們以爲這層並不難做到。

（二）陳院長以爲「我們的目的，不僅是要收復大陸，解救同胞，同時更要建設一個現代化的國家。」「現代化」三字，實在可以爲總統「確立建國的基礎」一語的最好的解釋。

什麼叫做現代化呢？以現代的知識來生活，以現代的知識來談政治，以現代的知識來講建設。什麼叫做現代知識呢？現代的科學，無論是自然科學或人文科學，都是我們所不能忽視的。我們在物質建設上，當然要以現代科學爲圭臬；我們不能在自然科學和應用科學的途徑以外有什麼驚人的發明。至於政治制度和道德問題，亦應以現代的心理學和倫理學爲基礎，我們固有道德中優美良善的，必和現代心理學和倫理學所得的結論相應；不然便不能算是優美的道德。我們如果沒有合於現代標準的道德，我們便應該斟酌現代的心理學和倫理學來創造新道德。這樣，我們才可有現代的生活，有現代的道德。有現代生活和道德，便可以慢慢有現代的政治了。

物質的現代化，易於精神的現代化。物質的現代化，就是最愚笨的人也可了解，也可贊同。精神的現代化，則不是眞有智慧的人實難做到。這種情形，有一個極明顯的理由。物質的現代化，事事使人舒服；精神的現代化，差不多事事使人不舒服。一個向不守法的人，你要叫他守法，他當然會覺得拘束；一個隨便說話的人，你要叫他不要瞎講，他當然會覺得不痛快；一個武斷的人，你要叫他從善服義，他當然會覺得「不自由」！

但我們需要精神的現代化更切於物質的現代化。沒有眞正的精神的現代化，則物質的現代化便可以說沒有什麼價値。現代的武器，在不「正」的人手中則助紂爲虐，在「正」的人手中則可以禁暴止亂。

其實，精神上的現代化，驟然間雖似使人不舒服，等到「習慣成自然」的時候，當然有「至樂存焉」。一個謙卑自牧的君子，比起一個作威作福的小人來，自然可以顯出一是日進於光明而一是日沉於黑暗。個人的行爲這樣，國家的政治亦是這樣。國家的現代化雖然不能够立刻完全做到，但能做到幾分便有幾分的好處。陳院長說，「我們在政策上、在制度上、在計劃上都要注意到時間的連續性和效果的累積」。又說，「即使不能完全在我們手中完成，也可以爲後來人留下很好的根基。」這幾句話，是値得我們全國上下以爲格言的。

（三）上面所講的「正」和「現代化」，和本節所要講的「守法」是三位一體的。明瞭守法的重要，便明瞭陳院長的「我們要發揚負責和守法的精神」一語的重要了。我們希望陳院長能够把這句話推廣到各階層、各角落去。就國家的法律而論，我們以爲軍法和司法須嚴格而公正的劃分，法律的執行，不可有絲毫偏頗，法律之前，要能够人人平等，尤其要各級領導者從自己做起。

守法大是難事，是需要極長的累積的功夫的。但守法是民主政治的骨榦，亦是「自由」的保障。守法、自由、民主政治，是三位一體的。有些人士以自由和法治對舉，未免誤解自由和法治。

當國家艱危的時候，人民的自由自然比太平時代的差得多。不過這種差別，亦可以法律訂成。我們以爲，一個有法律的國家，只要這個法律是經過民意機關制定的，便可以說是有自由的國家；沒有法律的國家，無論有多大的自由也是「亂邦」。自由、民主固然是一個現代化的國家的條件，文明的法律和公正的守法更是一個現代化的國家的條件。

總之，爲達成反共抗俄的任務，爲建立國家堅固的基礎，我們必須自力更生！必須現代化！必須守法！我們希望各級政府切實奉行。

今後的日本政局

徐逸樵

一、新試驗的開始

日本離獨立已快一年了。獨立就是自主，在日本人看來，獨立後對於被管期間的一切應該要清算。這清算的開始應該是獨立後接着的行動，而其初步應該是去年此時解散國會以問民意。那又是日八本一般的看法。

然而去年此時並沒有解散國會，獨立前的吉田第三任內閣依舊拖到去年深秋。等到受內外夾擊無可再支持了，吉田纔用不很光明的手段閃擊式解散衆院。這解散事實上等於乘敵之虛以逆襲，大觸了在野黨和自由黨不平者之怒。因之，在任何人的眼光看來，那一次重選的結果，吉田縱使能够勉强取得超半數的議席，他的政權之不會長壽乃是不必深究的。

果然，這政權不到半年，由於吉田「馬鹿野郎」一語的發展（註一），又很快地垮台了。論情理，「馬鹿野郎」一語眞足以致內閣的死命？瓜已熟了，沒有風，還是要跌下的。

剛纔說到過，日本人認爲獨立以後要清算的問題很多。憲法是否要改訂，軍備是否要重整，從管制期間拖下尾巴到現在的那許多政策和制度是否要徹底「改正」，獨立以後跟着日美軍事關係的發展而簽訂的協定是否要調整甚至廢除……。這一些，牽涉的範圍非常廣，從這一端到那一端的論點非常多。看發展的情形如何，甚至可以和盤推翻現有的體制，成爲完全不同的東西的。當然囉，這種種，在吉田看來，至少從第四任內閣成立起，問題已經有了着落了，那就是應該一任於其本人所主宰的「大自由黨」。可是從在野黨乃至自由黨的反吉田分子看，吉田第三任內閣當然是管制下的政權的延長，決不是日本自主的政權；第四任內閣呢，那是陰謀和非民主的產物，也還是管制下的政權的延長，也不是日本自主的政權。從這些觀點出發，他們認爲要淸算的還沒有淸算過。

這些在野黨和自由黨反吉田分子的說法是否合邏輯的或是出於由衷的，那不是本文想說的範圍，可是他們持此以宣傳和攻擊吉田，那是衆所周知的事實。那末現在呢？衆院又被解散了，內閣又垮台了，自由黨的反吉田分子另起爐灶了，美國對於吉田的支持似近於放手了。簡言之，情勢和上次選舉時已經大變，一切自有利於反吉田者。論情理，如果要淸算，這應該是時候了。所以日本政局之在現階段應該是眞正試驗的開始。

二、各黨勢力的消長

要看新試驗，應該先看各黨派的新分量。現在先從吉田自由黨開始。

a.　吉田自由黨：吉田自由黨就是最近廣川宏禪和民主化同盟派的大部分脫離自由黨以後的自由黨。這黨的現任衆議院議席究竟有多少，到現在還不能確定，因爲在這一個月中間，這二派間的進進出出還要繼續發生的。大旨說起來，等到局面粗定，最多不會超出二百席，一八〇席左右略近之。袒吉田者說，吉田的整肅是有利的，因爲一整肅，陣營就堅定，選舉也乾脆，不至於拖泥帶水了，因之仍有重握政權的可能。這些看法顯然是極勉强的。第一、吉田的全盛期早過去了。這一年來所以勉强能維持，完全靠盛時的餘威和勉强地東補西綴，實情是尷尬的。第二、吉田第四任內閣所以勉强成功，美國支持的力量不失爲重要的因素。看吉田最近頹衰的情形，美國是懂得另求出路的。第三、上次選舉財界的援助對象以自由黨爲主，他們看得淸，所以放得穩。這次呢，他們無把握，因之無熱情。總之吉田自由黨已非他們唯一的寵兒了（註二）。第四、老百姓也有些看厭了，洩氣了，過去之捧自由黨者有許多會轉捧他黨。總之說，吉田所代表的時代已經過去了。好花是不會常開的，要開也得到乙陽復生再度春來的時候。然而那時候的花決不會是現在的花了。

b.　鳩山自由黨：鳩山自由黨就是自由黨中的民主化同盟和廣川派脫離自由黨而成的黨。這個黨的黨名大概會是「日本自由黨」，以自別於吉田所領導的自由黨。這個黨在本文執筆的時候還沒有成形，不過以後的情形大致是可以預料到的。第一、他是二大家系合倂的新黨，一個是廣川的家系，一個是鳩山的家系。廣川是極現實的一位戰後派的黨棍子。從他過去的表現看，他是不會很安分的，從他目前的窮無所歸看，他是至少可以和鳩山相處一時的。鳩山呢，是日本政界中最有名的「大親分」（註三），他和本系的許多人都是三十年以上的老主從。在最近自由黨的吵架戲中，他不知和多少老同志洒了幾多老淚過。第二、這個黨在我執筆的時候國會議員的人數還不到三十。可是鳩山招牌老，關係多，極有可能繼續吸進的。第三、這個黨人才並不少，在產業界和銀行界的地盤並不弱，選舉資金是不會感到大困難的。第四、這個黨的主張與氣味和改進黨的蘆田系接近；由於蘆田系的橋樑，很有可能和改進黨合作。這一些是現在可以看出的情形。至於他在下一個月的大選中將會有多少收穫，當然還要看一個月內的發展如何。

c.　改進黨：改進黨是目前僅次於自由黨的大黨。最近由於自由黨的分裂和吉田聲望的低落，他的存在無形中增大了一些，對他的期許也無形中提高了一些。同時由於過去所受的創傷太大，黨內的派別又多，而總裁重光葵又是媳婦先到婆後到的存在，因之在這緊張的關頭，他的動靜更受一般人的注意。這個黨大致可以分爲三大派，一個是蘆田均派，主張重振軍備（註四）和改訂憲法；一個是革新派，以三木武夫北村德太郎爲主，主張比較前進些；一個是大麻唯男派，是追放被解除後去年被選爲議員的一些戰前民政黨人的集團。這裏面，蘆田派和鳩山派相接近，而大麻派和吉田派相接近。值得注意的是，大麻派的比重實際要大些，而革新派則和蘆田派靠攏些。

d. 社會黨右派：社會黨右派係舊「社民」和「日勞」二黨分子的混合體，他從正式和左派分裂以後，領導權操在現在的委員長河上丈太郎所屬的日勞系的手裏。他在去年十月的總選舉中，取得了衆議院席五十七，成了日本的第三黨。這原因，由於去秋以來日本選民對於保守政黨已經露出了厭倦的顏色，結果顯出了有利於社會黨的趨向（註五）。這一次，自由黨的不爭氣更加重了，選民對於保守政黨不足大信的感覺更增大了，於是社會黨的自信自然更强了。今天（十七）社會黨右派舉行選舉對策討論會，決定了這樣引人注意的競選標語和關於自衛力的主張，很可以看出他關於下一個月競選抱負之一般。關於競選標語之可注意者有「改訂不平等條約，求日本的完全獨立」，「重整軍備應該位於經濟自立和國民生活的安定」，「守護平和憲法和民主主義」，「打倒反動的和倒行逆施的吉田內閣」等。關於自衛力的主張者，他在「爲什麼要現實地反對重整軍備呢？」一本新出的小冊子中，淸淸楚楚地提出了「自衛力的具體形式是保安隊，人數是七萬五千，裝備是過去的保安隊的程度，預算的界限是四百八十億」（等於美金一億三千萬）。這明明是否定了今天的保安隊和明天的再擴充。這明明比他過去的主張更明白些而似更接近於左派了些。這所說明的將是什麼呢？

e. 社會黨左派：社會黨左派在國會的現有勢力雖然比較右派差一點，然而他的團結比右派結實，組織比右派嚴密，對於工會的掌握比右派堅强，去年十月總選舉後的增大率也比右派高。他擁有最大工會的日本勞動組合總評會，受其指揮的組織工人無慮四百萬。他的選舉資金出自工人的捐輸，平均一人二十元已很可觀了，又何況他的基本選民乃是有組織的工人和中小學教職員呢？最近吉田內閣提出了一連串的禁止罷工，教職員公務員化和義務教育經費由國庫負擔等的法案。這些法案雖然還沒有完全通過，然而因此而觸動了工人和全國教職員的反對，釀成了請願和絕食的抵抗運動，那是衆目共見的事實。這些事實之有利於社會黨的競選，特別是有利於其左派的競選，那也是很明白的。下月選舉之將特別有利於社會黨的左派，連鳩山的替身三木武吉都在各黨座談會上公開承認過，這是很可注意的局勢（註六）。

三、逐鹿的瞻望

談到了這裏，有些人必然會追問：下月選舉的透視如何呢？未來的政權又誰屬呢？

關於這問題，怕誰也無法答覆；答案只能請教於現實的發展。

關於第一個問題，各黨都在大吹牛。吹得最大的却是如意算盤的算準率必然是最小的那些黨，這是我的近於斷言的預言。

前天（本月十五日）讀賣新聞社舉行了一個各黨代表的座談會，出席代表都是書記長或同級人物。在這談話中，他們答覆該社編輯局長三宅有把握當選的數字很有趣，錄之以供讀者的參考。

吉田自由黨——三百至三百五十（幹事長佐籐榮作說）

改進黨——三百至三百五十（幹事長清瀨一郎說）

社會黨右派——一百二十到一百五十（書記長淺沼稻次郎說）

社會黨左派——確實數百名（書記長野溝勝說）

鳩山自由黨——至少三百名（代表三木武吉說）

從我看，野溝的估計最近情理，淺沼的答覆還算客氣，自由黨（吉田）怕難超過一百五十之數，改進黨當然比較現在要進展些，然而一下子何能猛漲到那麼多呢？那未免太自負了。鳩山新黨呢，那無從估計，因其尚未完全成形也。不知三木是否有惡於他黨之過吹而不順眼，於是故意說出那樣的大話。

關於第二個問題——次期政權又誰屬呢？這也無法看清。不過有幾點是可以預言的。

「自由中國」的宗旨

第一、我們要向全國國民宣傳自由與民主的真實價值，並且要督促政府（各級的政府），切實改革政治經濟，努力建立自由民主的社會。

第二、我們要支持並督促政府用種種力量抵抗共產黨鐵幕之下剝奪一切自由的極權政治，不讓他擴張他的勢力範圍。

第三、我們要盡我們的努力，援助淪陷區域的同胞，幫助他們早日恢復自由。

第四、我們的最後目標是要使整個中華民國成爲自由的中國。

(一)大家既無超過全額之半的可能(衆院議席全額之之半爲二三三)，那末歸結只有聯合內閣的一途。

(二)各黨既以打倒吉田政權爲一向的口號，那末照理不應和吉田聯合組閣。

(三)如果吉田自由黨的當選議員不能超過一百五六十，看吉田的痺氣和歷史，自以在野靜觀的成分較大。

(四)吉田自由黨的當選議員不能超過一百五六十的場合，也許會抄襲其片山組閣時的老調——簽訂政策協定，謝絕參加組閣，然而這情形，如果有社會黨參加在內，那又是不可能的。

四、日本之禍乎？日本之福乎？

現在離選舉還遠，離組閣更遠，然而爲期究不過一個多月。我們論日本此後的政局至此，不能不直視這一點：小黨分立已成定局，政局不安無可避免。這結果當然不但影響到整個日本，同時影響到世界全體。我們論日本此後的政局至此，更不能不看淸這一點：日本幾年來表面上是向美一邊倒，而其底層的洪流却是中立的追求。這中立的追求之表現於左翼、工人、青年和學人者原無足怪，可怪的是表現於極右翼(註七)，更可怪的是表現於日本的精神中樞。

表現於日本精神中樞！也許有人會詫異。讓我說出究竟來，作爲本文的壓軸。

日本學者安倍能成，應洛克財團之邀，上月廿八遊美歸來。他一下機，向着包圍的記者們說出這樣一段富有含蓄性的話：

「……美國人對於日本人的態度是政治的，因之如果聽到對日感情變好了就高興起來，那該成爲怎麼一回事呢？關於日本再軍備的問題是承多方面問起過我了的。我所見到的都是些學者和學生，我的答覆是，要日本做東洋的管門狗日本人是反對的。」(註八) 讀者該知道，安倍是倡導日本中立的權威雜誌名叫「世界」的主角之一，他做過一高的校長，做過被管期間的文部大臣，而現在則爲學習院的院長。學習院是日本唯一的貴族的最高學府，是教育歷代皇太子、皇族、貴族和上層階級的子弟的最高學府，現在的皇太子當然在內。日本天皇是不涖凡境的，這個學習院乃是例外，開學和畢業例必「臨幸」。安倍能成就是這樣一個日本精神中樞的院長。

英國的伊東學校是輪不到貝文 (Anevrin Bevan) 做校長的。如果貝文而長伊東，那伊東就變質了嗎？

日本因這一次的政變是否會發展到新試驗眞正的開始呢？且看下一個月的下文如何吧。

三月十七日於東京

(註一) 「馬鹿野郎」可以勉強譯爲「莫名其妙」或「混帳的東西」之類。二月廿八那一天，吉田在衆議院預算委員會上，因爲改進黨的議員西村榮一譏諷他關於國際危機的答辯，近於邱吉爾調子的抄譯，有失一國首相的風格，於是怒不可遏，脫口駡他「馬鹿野郎」。吉田因此受野黨的彈劾，懲罰動議跟着通過。

(註二) 日本財界巨頭今天(十七)閉會討論對選舉的態度，大家對於自由黨無把握，澁於資金的援助。上次財界大量集中援助自由黨，這一次大概靠各人的自願，不會有集中投資的表現。詳閱今天的朝日新聞第一版。

(註三) 日本人對於主從、部屬、師徒一類的關係，每好用「親分子分」一語來替代。「分」是輩或身份，因之「親分」就是「主子」，而「子分」意卽僕從或部下，是一種極富封建色彩的稱謂。

(註四) 日本重整軍的論調近來愈弄愈灰色。其中最積極的主張者，到了最近，且只用「自衞軍」云云的字眼，蘆田均等就是如此。

(註五) 去年十月的選舉，社會黨左派的衆議員從一六席跳到五四席，右派從三〇席跳到五七席，而自由黨則自二八五席跌到二四〇席。

(註六) 三木繼各黨代表表示其本黨的選擧成算前，特別提到社會黨右派將有躍進。閱讀賣新聞本月十七日晚報。

(註七) 例如東亞聯盟同志會是最大的右翼，他的綱領的首條就是「自衞中立」。

(註八) 閱二月十八日朝日新聞。

青年節應當改期

夏道平

我們現在面臨的問題，是戡亂，是對共黨征討，不是甚麼「革命」。……成仁可貴，成功更可貴；成仁是不得已，成功是我們迫切的要求。我們爲甚麼不強調要求，而要特別標榜不得已呢？……我建議青年節改期，改到立春這一天。

多年來我總覺得，把青年節定在三月二十九日這一天，不妥當，要不得！記不清有過多少次了，和朋友們談到這個問題；也記不清這些朋友當中，青年人多還是中年人多。總之，青年、中年、乃至老年人都有。看法，大多數和我的相同，也有的和我相反。由於相反的意見，我的看法更堅定了。何以故？反對者提出的理由（贊成三二九青年節的理由），無非一張時令膏藥而已。青年問題的遠大處，他們沒有想到；國家現代化的全面需要，他們沒有概念；健康的人文主義的教育，他們也不知道爲何物！

三月二十九日，大家都知道是四十二年前黃花崗七十二烈士殉難的一天。這一天，在中華民國開國史上是値得大書特書的。殉難的七十二烈士，都是中華民族有骨頭、有血氣的好漢子。他們把個人的生死置之度外，爲着民族，也爲着民權，向滿淸統治階層衝鋒。憑他們轟轟烈烈的死，激動起全國的革命高潮，愛新覺羅氏的江山變色了，中華民國接着誕生。我們這些在中華民國這個國號下做國民的人，對於這些烈士，當然永懷敬意。在他們殉難的這一天，紀念他們，祭祀他們，默念他們；默念他們爲何而死，反省我們如何在生。應該，絕對的應該。尤其是中華民國開國以來的政府當局，更應該在這個紀念日內，齋戒沐浴，誠誠懇懇地致祭於七十二烈士的靈前，並以至少三點鐘的時間來默念，默念烈士當中林覺民先生訣妻書中最沉痛的一段——

「吾自遇汝以來，常願天下有情人都成眷屬，然徧地腥雲，滿街狼犬，稱心快意，幾家能彀？……語云『仁者老吾老以及人之老，幼吾幼以及人之幼。』吾充愛汝之心，助天下人愛其所愛，所以敢先汝而死，不顧汝也。」

同時想想擺在眼前的事實，想想自己的一切打算和作爲——過去的，和現在的，莫自欺、要反省、自我策勵、自我奮勉，藉以告慰烈士們在天之靈，讓他們覺得「我們沒有白死。」

這樣的紀念，應該、絕對的應該！

三二九應該紀念，但把三二九定爲青年節，卻大有問題。爲甚麼？

七十二烈士的殉難，催生了中華民國。凡是中華民國的國民，都得在他們殉難的日子紀念他們。青年人如此，中年人、老年人尤應如此。因爲中年人老年人是從一個專制皇室的臣奴蒼生地位，昇格到一個主權在民的民國國民。即令民國國民應有的一切權利，他們一點也沒有享受到，至少至少一想到「主權在民」這句話，也可以自我陶醉一番。他們紀念三二九這個日子，很自然、也很應該。既然如此，我們爲甚麼要把三二九這個紀念日加以局限，而定名爲青年節呢？

有人說：「定三月二十九日爲青年節，並不是把這個紀念日局限於青年，普遍性的紀念並沒有取銷。定爲青年節，爲的是特別給青年們以示範的意義。你沒有聽到一個常喊的口號嗎？『我們踏着先烈的血跡前進！』」是的，這也許正是民國三十二年青年團第一次全國代表大會決定三二九爲青年節的用意所在。也正因爲這個用意，我們有話要說。

（一）以示範的意義定節日，是可以贊同的。六六工程師節，十三（原爲八二九）教師節，都有很好的示範意義。六月六日，據考證是大禹的生日，大禹是一位偉大的工程師。照司馬遷的記載，大禹「爲人敏給克勤，其德不違、其仁可親、其言可信，……亹亹穆穆，爲綱爲紀。」這種品德的人，在受命治水的時候，辛辛苦苦地爬山涉水，一會兒也不休息，經過自己的家門，也不敢化一點時間到家裏去看看。這種急於征服自然，急於爲人羣謀福利的精神，確是工程師的模範。工程師節定在大禹的生日——六月六日，有道理！十月三日，據最近的考證是孔子的生期。孔子終身從事教育事業，「有教無類」，「誨人不倦」，而又有因材施教的教授法；同時有是非心，有正義感，他敢於寫春秋，毫不客氣地褒貶權貴，決不阿其所好寫本小冊子或編本集子以逢迎取寵。這種人格教育更難得。這樣一位教師，儘管沒有經過當時政府的檢定，他終不失爲「萬世師表」。把他的生日定爲教師節，給教師們示範，有道理！

（二）黃花崗七十二烈士，我在上面已說過，都是中華民族有骨頭有血氣的好漢子，就這一點講，當然可以示範。但是我們應該注意的，示範必有其示範的對象。示範，合不合式？好不好？必須從示範和其對象這兩方面來想。大禹是工程師的好模範，但不好給教師示範，更不好籠籠統統給自由職業者示範。同樣理由，孔子是教師的好模範，但不好給工程師示範，更不好籠籠統統給自由職業者示範。「青年」，是一個籠籠統統的名稱。照一般的說法，有所謂社會青年和學校青年之分。社會青年分散在各行各業，學校青年現在所學的有各科各系之不同，將來畢業離校，也要分散到各種各類的事業上去。以這樣一個籠籠統統的青年羣，要想從歷史人物中找出某一個人或某一典型的幾個人，作爲他們的共同模範，這種想法，不通情，也不合理。

（三） 黃花崗七十二烈士的事蹟，確是震天地、泣鬼神。我們望望他們的遺像，讀讀他們的遺文，而不深深感動的，恐怕絕無僅有。但是我們也得理智地想想，我們對於當代青年，是不是希望他們個個都以烈士自許，個個都以做烈士爲榮呢？如果不是，示範的意義作何解？如果是的，請試想想，我們這個分工聯立的社會關係，將何以維持現在？又將何以延續將來？

（四） 有人說，「黃花崗七十二烈士，是革命精神的象徵。革命精神爲一般青年們應該取法的。青年節定在三二九，是要青年們取法烈士們的革命精神，並非希望他們個個做烈士。」這種話——所謂「革命精神」這種話，到處叫得震天價響；不求甚解的聽者，也可能聽得很起勁。其實，名詞的使用，大大的有問題。關於這一點，說來話長，只好請讀者參閱本刊第五卷第一期羅鴻詔先生「談革命」一文。這裏，我只簡單指出，「革命」一詞的本義，就是「用武力推翻既存的政權」；引伸的意義，也止於「激烈的改革」。無論如何，我們無法把「革命」看作「至善」或「至高無上」的同義詞；從而「革命精神」並不必然地等於「至高無上的好精神」。時論的錯誤不能改變字典的註釋。弄清白了這一點，大家就可知道，政府或執政黨時時以革命精神期望於一般青年，是一大錯。

（五） 烈士的事功，究竟爲非常時期非常人士所做出的非常行爲。歷史是有非常時期的，非常人士在非常時期做出的非常事功，自然是有價値的。但這只能期之於非常人士而不能期之於一般青年；而且最重要的一點，大家要知道的，即非常人士得以做出非常事功，也要靠深厚的正常的根基。正同園藝家要做出特異的盆景，不能專從植物的枝葉花朶上用工夫，正常的根本上的培養，仍最重要。多年來青年運動的領導者，每每忽視這一點，忽視青年正常教育的重要。觀念上、方法上、處處都要給青年們以非常的啓示或模型，以致正常的學校教育，其功效常被抵銷。青年節定在三月二十九日，就是這種事例的一個。

（六） 是的，我們國家現在是處在一個非常時期。反共抗俄的大業，艱鉅而不平常。我們正需要非常人士建立非常的事功。可是我們也得知道，今日的非常與四十二年前的非常，不完全一樣。四十二年前，我們的敵人是一個統治我們的皇室。我們是處在二百六十多年的積威之下，是處在被壓迫者的地位；我們要否定既存的法統，向壓迫我們的統治者革命，在那樣一個非常時期，我們需要革命黨人，我們需要有烈士精神的革命黨人。現在呢？情形兩樣。我們所面對的敵人，不是一個甚麽既存的法統，而是一個匪黨。我們這邊有合法的政府，有人心所寄託所矚望的政府。我們今天的問題，是戡亂，是征討，而不是甚麽「革命」。今天，如果爲着激發非常人士建立非常事功而要有所標榜的話，爲甚麽要特別標榜殉難的烈士，而不標榜平定安史之亂的郭子儀、李光弼呢？郭、李是成功的，黃花崗烈士是成仁的。成仁可貴，成功更可貴；成仁是不得已，成功是我們的迫切要求。我們爲甚麽不着重「要求」，而偏要標榜「不得已」呢？

以上我已說明青年節定在三二九之不妥當，要不得。最後我要提出一個建議，建議青年節改期。

在民國三十二年以前，青年節是五月四日。五四運動的功罪，百年後的歷史自有定評。但在現在，無論你、我、他的看法，相差得如何遠，想大家總可同意一點，即五四運動是個現代化運動。「現代化」是貫徹五四運動的一個顯著的精神。就這一點講，青年節定在五四這一天，比定在三二九，意義要深遠得多。可是，事到如今，「五四」正走壞運；；把青年節恢復到五月四日，自不可能。我也不想作如此建議。

那末，青年節最好定在那一天呢？

這裏，我想先說說一個原則：青年節日期的確定，要使其有很好的很適切的意義，同時要使它一經確定以後可以永垂久遠，則不宜從歷史人物方面去想，也不必從歷史事件方面去想。因爲歷史上的人物和事件，儘管有歷史上客觀的評價，但歷史評價有時會被現實政治暫時歪曲一下的。這種事例很多。就拿儒家尊爲亞聖的孟子來說吧，他自西漢以後，跟着孔子的後面走過幾千年的紅運，但是到了朱元璋做皇帝的時候，禍從天上來，大大地吃了一次癟。因爲皇帝讀到這位亞聖「民爲貴，社稷次之，君爲輕。」這幾句話，一怒之下，張開弓箭，對準孟子掛像，把他的眼睛射瞎了。皇帝對他震怒，朝臣也就「勇」於做打手。亞聖在洪武朝就倒楣了！再拿近事來說，曾國藩是淸代的中興名臣，民國初年曾被罵爲異族走狗，江西剿匪以後，才又漸漸吃香起來。淸末，白蓮敎徒奉着洪鈞老祖，還拳術符咒，盲目排外，給國家惹來滔天大禍，這一羣傢伙，外人稱之爲拳匪，本不過份；但自我們民族革命以來，義和團的名稱已代替了「拳匪」。據說這是我們民族自尊心的表現！由以上隨便想起的這個事例，可見歷史的評價是常依現實政治爲轉移的。如果向今日大陸去找事例，更是多的是。所以我說青年節日期的確定，不宜從歷史人物方面去想，也不必從歷史事件方面去想。

青年是我們人羣中生氣最蓬勃的一小羣；青年時期，是我們每個人生活歷程中欣欣向榮的一個階段。時令一天一天地推移，青年一代一代地聯續下去。我們人羣中之有青年，正同時令中之有春。青年節如果定在立春這一天（二月四日或五日），不是很有意義，很適切嗎？

我建議，青年節改期；改期到二月四日或五日立春的那一天。

民國四十二年三月十七日於臺北。

有感於大學課程

邁雲

首先我須聲明的，我沒有資格談大學課程的問題，我只不過說一說我的感想。

一個理想的大學，無問題的是在能養成學術研究的風氣。如果大多數的學生，都能在教授的指導下，作正常的研究工作，而且在他們畢業以後，仍能不變初衷的繼續的研究，那麼這就是辦大學的成功。第一流大學與次等大學的分野，就在這裏。

但是怎樣才能養成學術研究的風氣呢？這當然與教授的聘請、圖書的設置、經費的充足與否，有密切的關係。然而課程訂定的恰當與否，似更有決定性的影響。如果課程的本身，發生了問題，課程的訂定，犯了嚴重的錯誤，那麼對於學術的研究，實有莫大的阻礙。縱然教授高明、圖書充沛、經費充足，也不過祇能作部份的彌補，而無補於整個的研究風氣。

今日大學的課程，訂定得是否理想？這是一個問題！

我們都知道今日自由中國的大學教育，遠較以往爲進步。尤其是環境的安定，考試的嚴格，功課的加緊進行，更爲以往所罕見。這是值得我們欣慰的地方。但是在課程的訂定方面，則犯了影響學術研究的嚴重錯誤。這是莫大的隱憂！這是深值考慮、深值研究的問題！所以筆者不揣冒昧，抒感於此，以資就正於教育當局。

今日大學的課程，值得考慮的地方，大約如下：

一、必修科太多

今日的大學課程，最大的缺陷，就是必修科太多。理工學院的課程不用說，幾乎沒有選課的自由。就是文法學院的課程，也是必修科佔了壟斷的地位。在修滿一百三十二學分卽可畢業的規定下，必修科幾乎每系都在一百二十學分以上（就現在臺大的課程規定計算，中文系必修科四年共一百二十二學分，外文系一百二十四學分，哲學系一百一十學分，考古系一百一十八學分。歷史系的必修科最少，共七十二學分，但歷史系的必選科則較多），試問這樣還有什麼選課的自由？所謂自由研究，又在那裏？一進大學門，不用說最初兩年得不到選課的允許，就是三四年級，那一學期的必修科學分，不在十個以上？而學校又規定每學期所修不得超過二十一學分。如此，能夠隨自己的興趣，就自己的所長，選自己所願選的課程的機會，實在太少了！小學六年中學六年辛辛苦苦的讀完了硬性規定的課程，而在注重自由研究的大學裏，又來了十之八九的硬性規定課程，能不令人感慨萬千!?何況最重要的還是影響了自由發展的原則。

二、必選科的限制太嚴

必修科以外，尚有必選科。就是在某些選科當中，必須選修一科。有的就某幾種性質相近的科目，讓你任意的選擇；有的把所有選修科，分爲若干組，每組兩科，二者必選其一。於是選修科一變而爲變相的必修科。其實既然有必修科，就不必有必選科。卽是不得已有必選科，也不應當採「二者必選其一」的選修方式。這樣實在是失去了選修科的意義。

三、系與系之間課程的壁壘太深

系與系之間，有很多的課程，是必須相通的，不應當把所有的課程，都分得清清楚楚的這是這一系的課，那是那一系的課。尤其是選修科，更應當堂堂皇皇的擺出來讓大家共同去選。系與系之間，不應有壁壘的存在，院與院的距離，也應當儘量使之接近。現在則不但院與院之間，老死不相往來，就是系與系之間，也是壁壘森嚴，風馬牛不相及。外文系的學生，不許選中文系的課；中文系的學生，不許選外文系的課。選了，也不算學分（當然有的系也例外，但係絕對少數。）於是讀歷史的可以不讀文學作品，讀中文的可以不讀歷史作品；讀外文的可以不讀中文，讀中文的也可以不讀外文。各自獨立，互不相涉，陷于分崩支離的狀態，無復相因之義。

四、課程的科目太繁

按臺大現在的規定，四年須修滿一百三十二學分始得畢業，每學期最少修十四學分，最多修二十一學分，以科目計算，每學期總在六科七科以上，四年所修，總數則在五十科以上，以四年的光陰，修五十餘種不同的課程，如何能精!?一知半解，恐亦困難！所以大學的課程，在科目的規定上，實在是犯了太繁的弊病，失去了專精的意義。徒足眩人，毫無實效！

五、課程講授的時數太多

大學的課程，不應當再專門注重課堂上的講授，而應當著重於課堂下的研讀。現在則每天課堂上講授的時數，幾乎與自修的時數相等。聽講是要事，研究是陪襯。人人只有聽講的被動能力，而無獨自研究的自發精神。久而久之，課堂上講授的內容，完全變成了背誦的對象。失去了研究的意義。

六、課程的講授太形式化　缺乏講座制度的精神

現在大學課程的講授，似乎太形式化了。先生在上面講，學生在下面記，先生可以不問學生，學生也可以不理先生。考試時，先生考堂上所講的，學生答堂上所記的。講授變成了機械的灌輸，聽講變成了考試的準備，講座制度的啓發精神和研究精神，完全喪失。這眞是一個令人言之痛心的現象!!大學教育，是國家的最高教育，大學課程的講授，尚不能富有啓發精神，指導學生研究的方向，而仍

停頓在機械的灌輸上，那麼大學與中學不同的地方在那裏？大學又怎能稱爲學術研究的重地？顧名思實，良可浩歎！

以上是犖犖大者。由此發生的影響有七：

一、學生們在必修科的重壓下，失去了主動的精神，只能以全副精力，應付必修科，而不能選自己願意選的課，學習陷於被動。失去了自由發展的教育功能。

二、由於必選科的限制，選修科變成了必修科，碩果僅存的一點選課自由，也已喪失殆盡。學生們已完全沒有自由研究的機會。

三、學生們僅能在本系裏兜圈子，而不能向外發展，學問失去了外圍，形成了「抱殘守缺」的孤立狀態。

四、既不能向外發展，而內部的課程，又復五花八門，眩人耳目，找不着課程的重心所在。於是博既不可，精亦不能。

五、筆記變成惟一的法寶，上堂記筆記，考試背筆記，筆記以外，一切可以不置聞問。學問已盡爲筆記之天下！

六、最有價值的書籍，已無人過問，縱然有的課程，是講原書，但所講亦復寥寥。「博通古今，淹貫中西」，已不可能。

七、學生們讀書不多，找不到自己的興趣和方向，畢業以後，很難繼續的研究。於是大學畢業之年，卽學問研究壽終正寢之日，大學已不能造就偉大的學者。

一個號稱學術機關的大學，到不能自由研究，不能產生偉大學者的時候，已與中學的教育無異，已與專科學校的教育無異。大學的獨立精神，大學的偉大性，已不復存在。這是何等發人深省、令人浩歎的現象。我們每欣羡於歐洲科學家哲學家文學家的輩出，以爲他們像得天獨厚似的。但我們却忽略了他們大學裏面自由研究的講座制度。他們的講座制度，實在是他們大學裏面能够造就科學家哲學家文學家的主要原因所在。我們毋厚非於中國以前冬烘式的教育，以爲不合科學精神，不合時代潮流。是的，冬烘式的教育，與現在的大學教育，實在是不能互相比擬。但是冬烘式的教育，能够就中國最有價值的書籍，讓每人盡個人的才智，自由去讀，才高者可以多讀，才低者可以少讀。於是高才捷足之士，都能盡量發揮其天才，通儒碩士，遂代不乏人。至於由書院造就出來的人材，更不用說了。是中國以前的冬烘教育，尚寓有自由發展的精神。中國現在還有很多的學者，是得力於幼年冬烘式的教育的。現在的大學教育，固然富有科學的精神，然而機械的灌輸，已代替了自由的發展，高才捷足之士，也僅能在灌輸的知識裏兜圈子，而不能衝出重圍，一有所爲。而且五花八門的講授，使你知道的花樣誠然是不少，談起來津津有味，吹起來滔滔不窮。不過，「眼高手低」，提起筆來，就茫然不知所措了！大學生當中，不能作文通字順的文章者，在現在已不是罕見的現象。

所以今日的大學課程制度，已到了非變不可的時候。如果不變，數十年以後，中國的學術文化界，將凋零蕭條到不堪想像的地步。變的方向，當然是向講座制度的方向變去。不過由于多方面的關係，立刻實行講座制度，似乎還不可能。只有以講座制度的精神，蘊藏於課程的訂定與課程的講授之中，以期漸幾於講座制度的理想。筆者願提供幾點辦法如下：

一、減少必修科：必修科應儘量減少。最好必修科的科目，不要超過所有科目約三分之一以上。如能於幾門必須要的深具工具性的科目（如中文系的音韻學訓詁學等）以外，所有的都是選修科，則更爲理想。（理工醫農四學院較有困難）

二、使選修科名符其實：選修科當中，要讓學生眞正憑著自己的心願去選，不要設什麼必選科，二者必選其一的必選科，更是要不得。選修科的名符其實，才是選課制度的眞諦所在。

三、擴大選課的範圍：選課時要打通年級的界限，要打通系與系之間的界限。必要時也可以打通院與院之間的界限。

四、科目要少，內容要充實：科目萬不可多，但每一科目的分量要重，內容要充實，輕描淡寫，斷乎不可。

五、不必要的課程不要開，每一課程，都要顧及它實際上的價值；一個課程，更不要開出幾個名目來，巧立名目，牽就教授，不是一個大學應有的現象。要以課程的標準，來聘請教授，不要以教授的標準，來規定課程。

六、減少講授時數，多使學生看書。

七、課程的講授，要着重啓發性，不要徒作套版式的灌輸。

傅故校長孟眞先生在「臺灣大學選課制度之商榷」一文中說：

『文法兩學院三四年級充分採用選課制度。這個辦法如下：

（一）部定必修科目表中之必修科，在一二年級未習完者，均列入此兩年級。

（二）部定本系必修科學分之最小限度，自當採用。但並不分別學年學期，將必修課之年級打通。在此等必修科目之外，一憑學生自由選擇，如得系主任同意，可以選到別系別院去。科目儘量使其依學期爲單位。

（三）每學期之選課，有最小限度，否則四年畢不了業；亦有最大限度，否則三個學期用兩個學期來學，一定學得荒唐，這是要規定的。至於要讀什麼，只要不違部章之總數，到不必限制。

（四）每一學生，在每一學期或學年中，學習的課目不可多，而每一課目的分量要重，要充實。斷乎不可輕描淡寫，便成一課。

（五）繁多的考試，在此階段可以減少。但學期考試。決不能減。

（下轉第13頁）

美國是否走向另一經濟恐慌？

Sumner Slichter作
楊志希譯

美國自艾森豪總統上台以後，除外交政策有所轉變外，在經濟方面的趨向，約有二端：一為平衡政府預算，二為着重企業自由競爭。目前有一個為世人（尤其是美國人）所警惕的問題，就是「美國是否走向另一經濟恐慌？」哈佛大學教授兼美國經濟發展委員會研究員史里特（Sumner Slichter）氏，曾撰文研討此問題，原文載本年二月號哈布月刊（Harper's Magazine），他的結論是經濟不景氣的確行將到臨；如果行政當局以及企業界能及早採取適當步驟，加以預防，不難弭患於無形。謹將原文選譯，俾有助于國人關心美國經濟者的參考。

——譯者。

一

在當前的美國經濟中，國防支出的行將削減，確屬一件大事。不過此項支出的削減，並非立即見諸實施，因而現在的企業繁榮，至少還可以繼續一年。依照目前的計劃，從今年夏天直到一九五四年底或稍遲，這段期間每年國防支出額，將從現有的五百億元增至六百億元，此後，國防支出每年至少將減低五十億元，直到年額減為四百五十億元為止。這個最後估計額，難免粗略，但展望將來的國際形勢，決不容許吾人作更低的估計。當國防支出減少的日子愈是接近，社會對此愈感不安，認為削減一旦見諸實施，必然引起經濟萎縮（Recession），國際間對吾人龐大的國防支出，亦時有所譏評，例如英國的貝芬（Aneurin Bevan 按為工黨左派領袖）會聲言，美國不敢削減國防支出，恐怕使其經濟陷入不可自拔的局面，換言之，美國已將它自己變為國防擴充的俘擄。蘇俄更進一步地說，美國從事擴張軍備，並非因為韓戰爆發，而是為了避免經濟崩潰。史大林近來會一再重彈此調。

從長期趨勢着眼，一個國家專靠軍備擴張，顯然不能遏止慢性的失業。就美國而言，根本的出路，還是在多多生產消費物資，同時提高生活水準，使產出的消費物資銷路暢旺，這樣，才能維持長期經濟繁榮。話又說回來，我們決不可低估一種危險，那就是暫時性的經濟萎縮，可能因國防支出的削減，甚至預期的削減而加劇。處在目前的世界大局當中，即使是暫時性的經濟萎縮，亦不容許其在美國發生。新政府的重要任務，除掉實行令人滿意的外交政策而外，就是如何防止因國防支出削減後而產生的經濟不景氣，所幸商務部以及其他團體，如經濟發展委員會，業已開始研究這個問題。現在讓我們將這個問題的本質和範圍，一加檢討並提供政府以及企業本身所應採取的預防步驟。

二

首先要問，為什麼經濟不景氣的危機如此迫切呢？一個普通的原因，就是現在的經濟繁榮，和一般的繁榮比較，已經持續過久。以歷史為證，在過去六十三年當中，美國經濟擴張的時期佔五分之四，緊縮的時期佔五分之一。有九個繁榮期和八個緊縮期彼此相互隔着。那九個繁榮期，有的持續三年，有的五年，有的六年，也有的九年。目前的經濟繁榮，業已持續六年之久，除在一九四九年間稍形呆滯外，其間沒有間斷，經驗告訴我們，即使國防支出不被削減，經濟萎縮的時期，也行將來臨。這裏並有若干特殊理由，足以說明這個不景氣的危機。第一是六年來本國以非常快的速率增進工廠和添置設備；第二是營造房屋的速率太高；第三是全國的公司和私人所負的債務太多。茲分別加以闡述。

一、目前在增建工廠和添置設備方面的繁榮，其規模之大，歷時之久，以往鮮有其匹。從一九四五年終起到一九五二年六月底為止，在這方面的支出，包括農業及非農業的工業在內，其數約為一九四五年底全部投資（除去折舊）的百分之七十。為了避免物價上漲的影響，這個統計，是以一九五二年美元購買力為基礎的，這筆費用，約有五分之三用在換置陳舊過時的建築物和機器，因此現有的工廠和設備，和一九四五年底比較，實際超過百分之三十。如果以這個純投資額的增加，來衡量美國的物質生產量的增長，難免粗率。不過，我們如偶以一九五二年九個月期間（那時期的失業數比一九四六年低）私營工業的生產量和一九四六年比較，前者也超出後者的百分之二十四，可見上面的那個統計，並非完全不確。本國的工業設備擴張雖速，若與人口和勞動力作一比較，其量亦不甚大。實際上今日每人攤得的工業設備量，還比一九二九年略少。那即是說，在過去六年半當中的大量購置工廠和設備，恰為前次經濟恐慌和第二次大戰期間的小量購置所抵銷。因為在那次恐慌和大戰期內，工廠設備的換置率，遠不及其損耗率之速。吾人甚難盼望本國私營工業的物質量，以每六年百分之三十的速率繼續增長，相反地吾人有理由相信在一二年內，如此大量的工廠和設備支出，必呈遞減趨勢。而且此項支出的減少，必始于國防支出減少之前。並可能加深國防支出減少後所發生的影響。

二、第二個危機便是房屋添造率過速，在過去六年間，全國住宅數增加六百萬單位以上，但新成立的家庭，只有四百三十萬單位。一九五二年一年當中，住宅的添造數便超過家庭增加數百分之五十。如此高速率的住宅添造，當然可以彌補戰爭和恐慌時期的營造不足，但過去六年間的造屋，已能供應以往的積存需要而有餘。尤有進者，目前的結婚率，正呈下降，此項下降趨勢，尚可繼續若干年。而住屋的添建並無激劇的減少在望，各城市當不致再有嚴重的房荒現象發生。吾人相信未來住屋的添造，每年必將減少九十萬至一百萬單位——低過一九五一年的百分之十至百分之二十，但其數仍將超過家庭增加數的百分之二十五到百分之四十。

三、第三個經濟萎縮的危機，便是全國私人的債務增加過速。這個事實，未能普遍被人洞察。一九四五年底，聯邦政府的公債，比全國公司債和私人債務的總和多出一千五百億元，可是今天的私人債務，業已超過聯邦政府的公債額了。在過去六年當中，聯邦債反而減少二百億元，實出一般人意料之外。私債逐年增加，一九五〇年增加三百一十億元，一九五一年增加三百六十億元以上。一九五二年中的私債額，比一九四五年底加了一倍。在這段期間，國民生產量（指貨幣價值）僅增加百分之六十，未能與私債的增加率並駕齊驅。當然，吾人不能期望全國私人和企業公司每年以三百億元的速率無限期地借債，一旦經濟不景氣發生，更不願借債，結果必將減少貨物的需要，從而加深經濟緊縮，現有的私債，一旦開始清償，問題便隨而發生。債主因大量舊債的償還，所有巨額資金，不能迅即獲得再投資的機會，或用以購買消費貨物，結果加速消費貨物需要的減少。這個問題，遇到分期償付的短期債務，情形特別嚴重，此項債務的清償，每年已達八十億元以上，在經濟緊縮的年頭，再要國人負起八十億元的新債去購置汽車，電視器，或修飾住宅以及改良家庭設備等，殊非易事，因此，這項短期債務的償還，具有很大的緊縮作用。

三

以上所舉各項事實，對于經濟萎縮，都具有敏感作用。但在我們經濟裏，還有些强而有力的因素，未可忽視。譬如說，整個企業的金融週轉情況，非常良好，不致因經濟不景氣而被迫大量賤價拋售貨物；政府採取支持農產品售價的政策，使農民的收入獲得保障，不致遭逢厄運；私人手頭所持現金，銀行存欵以及政府債券等，均較從前充裕，即令收入減少，仍可維持經常開支，不致捉襟見肘；去年各業存貨已見減少，目前存量亦不甚大；許多公共工程，如學校公路，醫院等均亟待興建；由于工業研究而得到新發明，致產品日新月異，頗能刺激貨物的需要。雖然有上述種種良好因素，如果我們事先不妥籌對策，預防經濟不景氣的發生，或阻止其蔓延，仍屬不智。而且所籌對策內容必須精賅，範圍要廣泛。依管見所及，約有下列八項步驟。

①國防支出的減少，以不妨害國家安全為限——國防支出的年額，如能保持五百五十億元，而不採用六百億元的數字，則其最後的減少，時間必可稍緩，數額亦可稍小，因而較易調節。若再低于此數，便不易維持。譬如說，在未和平解決以前，韓戰必須繼續支持，使吾人在和談時所處地位，日臻有利；歐洲軍援，亦不容削減；最後，美蘇間的軍備競爭，方興未艾，蘇俄現在五年計劃的野心，要在一九五一年到一九五五年 間增加生產貨物 (producer's goods) 百分之八十以上。當今總統，是一位幹練的將軍，國防部長，是一位生產能手，如將國防計劃詳加審核，銳意改進，必能以同額的費用，獲得更多的安全。即使韓戰轉劇，歐援及其他外援增加，他們仍可將國防支出的年額，減到五百五十億元的限度。

②活用失業補助金和養老金計劃——當失業增加時，為防止收入減少起見，失業補助金和養老金的積存，應儘量予以提高，以不妨害工作意志為限度，尤其在收入豐厚的工作者當中，此兩項利益金，頗有提高的餘地。

③在未來的數年內應儘可能防止公司和私人的債務再行增加——目前因為大量的公司揶借業已形成，故下年度的公司債，勢必繼續增加，私人方面，因經營不動產關係，借貸亦在所難免。但無論如何，此項債務的增加，應使用緊縮信用或改良租稅政策予以抵制。此種政策，足以防止或大大減低公司靠借債來週轉的偏好，不幸國會拒絕恢復聯邦準備銀控制消費信用的權力，此項權力，仍應予以恢復，在未恢復以前，抑制消費借貸的責任，落在企業本身。無疑地，下年度不應鼓勵消費者再借重債。

④採用換發短期債劵和發行股票的方法，代替企業債務，藉以減低其每年償還額——當企業公司償債年額減低時，可使企業界紅利增加，從而提高股票持有人的購買力。如果在下兩年內逐漸減輕企業界清償債務的負擔，那麼全國公司便能在最好的一年——一九五五年提高他們的紅利了。

⑤計劃大規模的取費公路 (Tall roads) 制度，從一九五五年開始修築——當擴張工業和興建住宅方面的支出減少時，必須藉其他方面支出的增加予以抵補。一個抵補的方法，便是增加公共學校、醫院、水源供應以及築路等項的支出。當這些支出無法避免時，便只有加重當地納稅人的負擔，常使他們面有難色。有一個不致增加地方租稅的方法，便是實行取費公路制度。的確，公路發達，可以刺激工業，促使經濟發展，無形發生減稅的作用，因而感到免費公路需要迫切。但在過去二十年間，國家為促進免費公路所花的錢，等于白費，地方交通車輛，逐漸成為公路的主要使用者，如果築路財源來自取費制度，而非來自稅收，則免費公路的需要，可以轉變為一個很可觀的投資機會，因此，新政府應該把握時間，計劃實行大規模的取費公路制度。

⑥提倡工業研究——工業研究，可以促進發明，提供新式產品，因而刺激消費需要。它又能創造開設新廠和添置新設備的機會，足使投資額維持不

墜。以往三十年當中，工業研究的成績輝煌，近年來却因技術人員的短缺而受到限制。因此企業本身應大量吸收技術人才，並設法增進其工作效率。所有專科學校，應鼓勵青年男女學習應用科學。又有大量的工程師和技術人員，被征調服兵役，以致無法利用他們的技能，吾人似應多與軍方合作，將這個現象予以調整。

⑦減稅——假如私人或企業公司在政府削減國防支出時期，儘量增加他們購買貨物的用費，則消費貨物的需要不致減少，從而經濟不景氣也不會發生。政府可用減稅的方式幫助他們做到這一步，因此減輕租稅和削減國防支出同時進行，非常重要。

⑧計劃提高個人稅後收入用在消費方面的比例，從現有的百分之九十二點七增至百分之九十五——在上次經濟大恐慌的前夕，如一九二九年，消費支出和稅後收入的比率爲百分之九十五點三；在第二次大戰以前，如一九三九年，此項比率爲百分之九十四點五；一九四〇年爲百分之九十五點一。如能將現有的比率恢復到百分之九十五，則每年消費貨物的需要量可以增加五十億元。當國防支出仍舊上升時，自無須提高這個比率，一旦國防、增置工廠設備等項支出減少，人民的消費支出便顯得重要。如何引誘他們增加消費支出，單靠企業本身，如果廉價物美，消費者自然樂于多購。目前企業界對刺激消費，處在非常有利的地位。因爲六年來美國人民購買消費品的數量，幾乎呈現靜止狀態。一九五二年秋天，每人消費品的購買量，與一九四六年比較，超過不及百分之二。在一個動態的社會如美國者，六年是一段很長的時間。人民沒有多購消費貨物，並非由于缺少購買力，而是因爲儲蓄太多。大量儲蓄固然是受時局動盪的影響，而企業本身，未能提供廉價的物品，亦爲原因之一，這個解釋，可以用聯邦準備銀行董事會的每年實際調查作證明，在被接見的消費者，十個當中有六個認爲今年是不宜于多購貨物的時候。有一件事我們必須牢記，即消費支出的增加，不見得使個人及企業的儲蓄量作相對的減少，收入增加，促使絕對儲蓄量同時增加；爲着防止失業，人民也得限制消費他們既存的儲蓄。

四

根據以上關于經濟萎縮危機的檢討，顯示國家必須予以調節者，厥有三端，即國防支出的削減，添設工廠及其設備開支的下降，和住宅修建的減少。假若這三項支出的減少能被他種支出的增加予以抵補，則經濟不景氣的危機，可以消弭於無形。不然的話，三者同時發作，彼此相激相盪，可能產生相當嚴重的後果。

具體而言，下列各項數字便足以抵補行將減少的國防、工廠和住宅興建的支出。（一）各級地方政府對于公共工程（包括取費公路）每年增加二十至三十億元；（二）私人支出因聯邦租稅的減輕，可能增加五十億至一百億元；人民稅後收入增加，其消費支出與稅後收入的比例可能提高，由此增加支出五十億元。我們沒有理由相信上述各項支出的增加不能實現；問題在政府必須採取迅速而有效的措施，以促其成。在美蘇冷戰中，美國經濟唯一可走的路便是鼓勵擴張，冷戰期間，軍備與牛油二者必須兼而有之。有了軍備，可以阻止侵略；有了牛油，可使人民對我們現有的經濟制度表示更大的滿意。爲對付蘇俄普遍製造不滿的技倆，牛油的重要性，決不亞于軍備。欲求軍備與牛油二者均不感匱乏，必須加速增加生產。自第二次大戰結束以來，本國增加生產的成績不算太好，舉例而言，今年政府和私營工業的物質生產量，將比一九四六年增加百分之二十四；但今天人口每月的平均增加率超過一九四六年的百分之十一。所有的產物，除掉供應國防需要，和產品七分之一用以補充工廠設備等方面的損耗外，實際上一般人所消費的物量，並不比一九四六年爲多。因此生產增加率亟須予以提高，爲增加生產所需的資金融通，應採取較過去六年更穩健的辦法。私人債務的增加率（特別是短期債務），必須大大予以減低。如果我們因生產不足，或因可能防止的經濟不景氣，而危及冷戰的勝利，那將是美國的悲劇。（一九五三年二月于美國洛山磯）

（上接第10頁）

理由：這樣的辦法，乃是眞正的大學辦法。現在的辦法，實在是不像中學不像大學的辦法。學生在受基礎訓練時，他沒有選課的自由，這個地方如果有選擇，是在選擇教師上，這是系主任的責任。至于基礎訓練以外的科目，可以聽憑學生選。因爲若果總是勉强他聽他不要聽的課，是得不到太多好處的。有人問：這樣辦法，一定有好多先生沒人選他的課，怎麼辦？我答：沒有人選課，並不證明這個先生不行，他還可以研究。要是若果既無人選課，又不能研究，那才眞不行。又問：這樣辦法，必有不行的教員，用寬記分數的辦法，招攬學生來聽他的課。我想，這是不會的。如其有之，到是一個嚴重的問題。』

傅故校長這篇文章，是在卅八年八月十五日發表的。哲人之言，偶乎遠哉!!

綜合報導

大陸上大學教育的毀滅

劉書傳

今日中國大陸上的一切，正在毀滅的途中。這種毀滅的工作，以表現於大學教育者最爲深刻。中共對大學教育採取了「一變再變、眞身不見」的策略，而進行它所謂教育的民主改革。它把大學制度改變爲兩個不同的體系：一個是「思想鬭爭式」的綜合大學、單科大學和專門學院，一個是「羣衆學習式的」人民大學、革命大學和軍政大學。前者爲舊有大學的改制，後者爲新型的赤色幹部製造所。在共區辦大學教育的人，須歸依着中共的三昧——一個是「革命觀點」，一個是「階級立場」，另一個是「組織要求」。剝去這三昧的外衣，便是「蘇化」，「黨化」和「奴化」。它那「共同綱領」中所謂：「民族的、科學的、大衆的文化教育」，完全是一句騙人的謊言。蘇俄的教育制度，非僅成爲中共改革大學的藍圖，抑且大學用書由蘇俄直接代爲編印。自蘇俄進口的中文書籍，其數字之驚人，已可概見於「一九五〇年出版總署工作報告」中。一般大學非僅爲政治宣傳工具，更進一步的成爲殺人武器，而完成它所謂「思想鬭爭的最高形態」。如果說大學教育是民族精神的一面鏡子，從這面鏡子裏我們可以發現一個全新的事實：就是許多教授學生們被囚禁在馬恩列史主義的大學集中營內，去改造思想，去僞造歷史，去實行民族自殺！

大學既然完全服從於中共的極權政治目的？爲鞏固它的黨化教育、奴化思想和蘇化體制而努力。故不問校院科系，一律增加了「馬列主義」、「毛澤東思想」、「辯證唯物論」、「歷史唯物論」（包括「社會發展史」）等公共必修科的「政治大課」，藉以「搞通」思想。將學術思想定於一尊，教育工作者只是一個典型的知識奴隸。過去中共所高聲叫囂的「學術獨立、研究自由、黨團退出學校」一類的口號，早經自動收起而不准再提。「學術獨立」變成了中共政治的獨行生意。「研究自由」變成了半文不值的「宣傳小册子」滿天飛現象。大學圖書館原有百分之九十的圖書，也被加上一頂「反動封建」的帽子，不是向指定地方集中，便是就地封存焚毀。教授講課，即是有關歷史的材料，也得先來一個類似「反動的資本主義學者是這樣說的」的聲明。如不交代清楚，就有請君入甕之虞。靠攏而一度任浙大校長的馬寅初，祇講了一句「馬克斯經濟理論也有一些是從亞丹斯密、李嘉圖學說引發出來的」話，便引起了一場風波，不久也就掛冠而去。黨團非但沒有退出學校，學校壓根兒成了黨團世界。歷史唯物論者，本來是由條件、時間、空間來決定其行動的。「過去的是過去，現在的是現在」。

大學課程方面：首先廢除了所謂「政治上的反動課程」，而代以所謂「新民主主義的革命的政治課程」。其次刪改了所謂「那些重複的和不必需的課程和內容，並力求各種學科的相互聯系和銜接」。於是中文系祇剩了六項基本課程：「馬列主義的文藝理論」（亦稱文藝學）、「中國語文」、「寫作實習」、「中國文學名著選讀」、「中國文學史」及以蘇聯爲主體的「世界文學史」。外文系僅餘了「語音學」、「文藝學」、「作文與翻譯」、「世界名著選讀」（限於「現代進步作品」）、「世界文學史」及「國別文學史」（即蘇聯文學史）。哲學系的目的在「培養中等學校教授邏輯的師資」，其基本課程除公共必修科「辯證唯物論」、「歷史唯物論」外，爲着重於五四以後的「社會思想史」，着重於階級道德的「倫理學」，着重於馬克斯主義哲學與中國革命實踐之結合過程的「中國哲學史」及着重於唯物論與唯心論之鬭爭史的「西洋哲學史」。教育系的基本課程是：「新民主義教育概論」、「教學方法」、「教育行政」、「中國近代教育史」、「西洋近代教育史」、「教育測驗與統計」、「教育心理學」、「現代教育學說研究」、「職業教育概論」及「政治經濟名著選讀」。經濟系的基本課程是：「新民主主義經濟建設」、「蘇聯經濟建設研究」、「政治經濟學」、「近代經濟學說」、「中國近代經濟史」、「現代國際經濟」、「財政學」、「貨幣銀行學」、「普通統計學」、「會計學」、「中國土地問題與土地革命」（亦稱土地改革問題）及「經濟地理與社會經濟調查」。政治系的基本課程是：「中國革命史」、「中國革命基本問題」、「政治學概論」（內容應爲馬列主義的階級論、國家論、民族論等）、「近代世界革命史」、「現代世界政治」（即國際政治）、「行政工作概論」及「政治名著選讀」（內容應爲共產黨宣言、帝國主義論、列寧主義問題、馬克斯主義與民族問題、聯共黨史等）。法律系的基本課程是：「馬列主義法律理論」（主要內容爲階級論、國家論及社會觀、法律觀），「蘇聯法律研究」、「司法工作概論」、「國家法」及「法律名著選讀」（包括共產黨宣言、家族私有財產及國家之起源、論一元論、歷史觀的發展、國家與革命、論國家、史達林關於蘇俄憲法的報告、新民主主義論、論聯合政府、論人民民主專政等）。另有「民法原理」、「刑法原理」、「憲法原理」、「國際公法」、「國際私法」、「商事法原理」、「刑事政策」、「犯罪學」等，都列爲法律系的選修科目。歷史學的基本課程是：「中國通史」、「西洋通史」、「中國近世史」、「西洋近世史」、「中國斷代史」、「西洋斷代史」、「國別史」（即蘇俄史）及「歷史方法論」。一切院系課程，除普通增加了馬恩列史毛那一套外，醫農大體仍舊，文法面目全非，理工實行「精簡」，師商部分增刪。至於如何增刪與精簡，中共初令各校院遵照原則指示，自行擬定，於呈送「年度教學計劃」時，由僞中央教育部分別審查。其後正式公佈「大學院系課程暫行標準」時，有進一步之惡變。

大學四年制，經改爲三年至五年的「制宜」制。師範學院仍取四年制，五年制的醫學院有縮短爲三年者，每學期的「實際」授課時間，以滿十七週爲原則。學生每週「實際」的學習時間，包括自習及實驗，以四十四小時爲標準，最多不得超過五十小時。課外活動時間，每週以不超過六小時爲原則（見一九五〇年偽中央教育部發佈的「關於實施高等學校課程改革之決定」）。事實上，有的校院學習時間每週在六十時以上，而課外活動尚未計算在內。有的校院索性減正式上課時間，讓師生們在社會活動、黨務工作上表現學習成績（見偽中央教育部發佈的「全國高等學校一九五〇年度教學計劃審查總結」）。「勞動創造世界」的鋤土種菜、搬運糧食等等，固爲大學分內之事，而援朝抗美、鎭壓反革命等等，更是大學應盡的責任。大學在中共廉價傾銷的「政治思想教育」之後，它所謂「培養通曉基本理論並能實際運用的專門人才：如工程師、教師、農業技師、財政經濟幹部、語文和藝術工作者」（見一九五〇年八月十四日偽中央教育部發佈的「高等學校暫行規程」第二條）的理想，早已落了一個空。當毛澤東進入北平之初，曾對各大學作了一個學術自由」和「尊重教師」的保證，但時未經年，原有大學體制即全盤解體。教授們不僅感到學術自由的悲哀和個人尊嚴的喪失，連生活生命都陷於窒息恐怖的包圍圈中。各大學先後經過軍事代表的接管，經過黨團組織的鬪爭，中共認爲條件、時間、空間均已成熟，於是改革大學教育的飛刀，紛向大學頭上砍來。

首先是校院存廢和科系增併的問題。中共的公開方針：對公立大學，「先行維持、逐步調整」；對私立大學，「加强領導、逐步改造」。公私立大學的不同，只是「直接接管」與「間接接管」之分而已（見「一九四九年全國高等教育改革計劃」）。改組私立大學校董會，停止政府津貼，廢除教會大學的宗教科目和宗教活動，而代以政治科目和政治活動。這是接管私立大學的第一步。清理私立大學的資金、資產、校地、校舍和一切設備，並實行凍結，嚴禁爲物權之轉移。這是接管私立大學的第二步。明定私立大學的行政權、財政權及財產所有權均應由中共掌握。這是接管私立大學的第三步（見一九五〇年八月十四日偽中央教育部發佈的「私立高等學校管理暫行辦法」）。有此三步曲，私立大學一律喪失其原有的存在。舉凡接受外國津貼及外資經營的公私立大學，除應向中共主管教育機關進行「一般登記」外，並須向當地省(市)人民政府進行「專門登記」（見一九五〇年十二月廿九日偽政務院第六十五次會議通過的「接受外國津貼及外資經營之文化教育救濟機關及宗教團體登記條例」及一九五一年二月政務院文化教育委員會發佈的同條例「實施辦法」）。有此重重登記，教會大學首先成爲事實上的關門。

以「反動」之名而被先後停辦的：國立有政治大學、英士大學、暨南大學、長春大學、長白師範學院等校院；省立有海南大學、克强學院、江蘇學院、山東政治學院等校院；私立有中法大學、輔仁大學、燕京大學、齊魯大學、金陵大學、滬江大學、聖約翰大學、震旦大學、東吳大學、嶺南大學、珠海大學、江南大學、東北中正大學、成華大學、大同大學、中國大學、武昌中華大學、金陵女子文理學院、震旦女子文理學院、建國法商學院、鄉村建設學院、湘輝文法學院、輔成法學院、銘賢學院、正陽學院、朝陽學院、華北文法學院等校院。

以「合併」之名而被間接撤銷的：國立成都理學院合併於國立四川大學，廣東省立法商學院合併於中山大學，上海市立師專合併於國立中央大學，私立焦作工學院合併於天津中國礦業學院，國立湖南師範學院與私立民國學院合併於國立湖南大學，國立南寧師範學院與廣西省立兩江學院合併於國立廣西大學，國立女子師範學院與省立四川教育學院合併而成國立西南師範學院，國立社會教育學院與省立江蘇教育學院合併而成省立蘇南文化教育學院，國立北洋大學南開文學院與河北省立工學院合併而成國立天津大學，天津私立達仁商學院、私立工商學院與國立唐山工學院合併而成公立津沽大學，私立福建協和大學、福建學院與華南女子文理學院合併而成公立福州大學，私立大夏大學、光華大學與東亞體專合併而成公立華東師範學院，國立交通大學紡織系，上海私立中國紡織工學院、誠孚紡織專校、上海紡織專校與上海市立工專紡織系合併而成公立華東紡織工學院，廣東省立藝專與廣州市立藝專合併而成華南文藝學院，廣東省立文理學院與嶺南大學教育系合併而成國立華南師範學院，私立南通學院農科、江南大學農藝系與江蘇省立教育學院農事教育系合併而成公立蘇北農學院，國立中正大學採礦系、武漢大學礦冶工程系、湖南大學礦冶系與廣西大學礦冶系合係而成中南礦冶學院，國立中央大學工學院、私立金陵大學電機工程系化學工程系與之江文理學院建築系合併而成國立南京工學院，國立中山大學工學院、私立嶺南大學工程方面的系科、廣東省立工業專校與華南聯合大學的工學院合併而成公立華南工學院。私立華南聯合大學由私立廣州大學、國民大學、文化大學、與廣州法學院四校合併而成，其後又被撤銷。私立之江文理學院的土木系、機械系合併於國立浙江大學，浙江大學的文學院合併於之江文理學院改爲公立，其後之江文理學院又被撤銷。上海私立法政學院、法學院、誠明文學院、新中國法商學院、光夏商業專校合併而成立上海學院，其後又被撤銷。湖南省立農專、工專、商專、音專等校，合併於國立湖南大學。江西省立農專、工專與體育師範專校，合併於國立中正大學。江西省立醫專與獸醫專校，合併於國立中正醫學院。山西省立川至醫專與私立長沿醫專，合併於國立山西大學。陝西省立醫專、商專與師範專校，合併於國立西北大學。私立華西協合大學的文學院、理學院與農業專修科，合併於國立四川大學，改華西大學為一純醫科性質的學校。校名撤銷後的私立輔仁大學文、理、教育三學院，與國立北平師範學院合併，改為一試驗性的北京師範大學。校名撤銷後的私立燕京大學有關工科各系與國立北京大學的工學院，合併於國立清華大學，清華大學的文理法三學院合併於北京大學，改清華大學為「多科性的工業高等學校」。

以「調整」之名而被強力支解的：國立中央大學改名為南京大學，其工學院與他校合併而為南京工學院，農學院與金大農學院合併而為南京農學院，並另設南京林學院。國立中正大學改為南昌大學，國立中正醫學院改為中南醫學院。國立北平鐵道管理學院改名為北京鐵道學院。國立瀋陽醫學院改為中國醫科大學。國立唐山工學院改設唐山鐵道學院。國立上海商學院改設上海財經學院。汕頭私立華南學院改設公立南華財經專科學院。私立北平協和醫學院與中法大學醫學院合併而改設國立中國醫學院。廣州私立廣東光華醫學院改設公立華南醫學院。上海私立同德醫學院與東南醫學院合併而設公立上海第二醫學院(係對國立上海醫學院而言)。省立新疆學院改設新疆民族學院，河北省立女子師範學院改設河北省立師範學院。津沽大學工學院因歸併天津大學而後又撤銷津沽大學。國立南開大學因思想問題，亦將歸併於天津大學。上海市立體專改設華東體育學院。國立貴州大學農學院獨立而另設國立西南農學院。國立東北大學改為東北人民大學，另於瀋陽設立東北師範學院、東北農學院、東北林學院與東北地質學院。東北農學院由哈爾濱農學院(即偽滿時期的哈爾濱農業大學)與瀋陽農學院(即偽滿時期的奉天農業大學)合併而成，復旦大學農學院亦併入該院。北京大學農學院獨立而成中國農業大學，另設北京工業學院、北京鋼鐵工業學院、北京航空工業學院、北京地質學院、北京法政學院、北京林學院、北京機械農業學院、中央財經學院、中央新聞學院、中央稅務學校與北京俄文專修學校。國立武漢大學水利系、中正大學水利系與廣西大學土木工程系的水利組，合併而成水利學院，仍附設於武漢大學。國立浙江大學與中央大學兩個航空工程系，合併而成交通大學航空工程學院，其後獨立為華東航空工業學院。國立長春大學取消後，另設有長春醫學院與長春工學院。哈爾濱工業大學為俄化教育試驗學校，全由俄人主持。山東省立師範專校升為山東省立師範學院，另設山東農學院與山東工學院。停辦後的齊魯大學醫學院，併入於山東大學。東北區以東北人民大學為綜合性的大學，以哈爾濱工業大學為多科性的高等工業學校，新設有東北航海學院、東北行政學院、哈爾濱醫科大學、哈爾濱鐵道學院。華北區以北京大學，南開大學為綜合性的大學，以清華大學、天津大學為多科性的高等工業學校，新設有歸綏獸醫學院、開封黃河水利專校、山西省立農學院(太原)、平原農學院及師範學院。華東區以復旦大學、南京大學、山東大學為綜合性的大學、以浙江大學、南京工學院為多科性的高等工業學校，新設有華東水利學院、華東化學工學院。中南區以中山大學為綜合性的大學，以武漢大學為多科性的高等工業學校。西南區以四川大學為綜合性的大學，以重慶大學為多科性的高等工業學校，新設有重慶土木建築工程學院、四川化學工業學院、西南財經學院等校。西北區以蘭州大學為綜合性的大學，新設有新疆八一農學院。

以「工農教育」之名而新設立的：東北區有東北工人政治大學(瀋陽)、東北軍政學校(齊齊哈爾)、東北人民大學(瀋陽)、延邊大學(專為朝鮮人所設、校址在延吉)、魯迅文藝學院(瀋陽)等校院。華北區有北京中國人民大學(此為試驗性的人民大學，一切人民大學、革命大學、軍政大學、工人大學均以此校為示範，規模最大)、華北軍政大學(北平)、華北人民革命大學(天津)、中央民族學院(北平)、中央音樂學院(天津)、中央戲劇學院(北平)、中央美術學院(北平)、中央文學研究所(北平)等校院所。華東區有華東軍政大學(南京)、華東工人政治大學(上海)、華東人民革命大學(蘇州)、中央音樂學院上海分院、中央美術學院華東分院(上海)等校院。中南區有中南軍政大學(漢口)、華中人民革命大學(漢口)、中原大學與中原女子大學(漢口)、南方大學(廣州)、國際共產大學(海南島)、華南人民文學藝術學院(廣州)、中原大學文藝學院、桂林人民革命大學等校院。西南區有西南人民革命大學(重慶)、西南人民藝術學院(重慶)、並由西南人民革命大學籌設西南法政學院、俄文專科學校等。西北區有西北人民大學(西安)、西北軍政大學(西安)、西北人民藝術學院(西安) 等校院。這許多赤色幹都訓練機構，有的屬偽文化部主管，有的屬偽教育部主管，都是利用被停辦的原有專科以上學校的校舍和設備而成。

照中共的預定計劃：私立學校一律不許存在。在「教育必須為國家建設服務，學校必須為工農開門」的總方針下，舊有專科以上學校必須儘量淘汰。專科以上學校統稱為「高等學校」。以各大學現有師範學院、教育學院、教育系及個別的文理學院為基礎，加以調整，以一大行政區辦理一所師範學院為原則。各大學、各師範學院、各高等工業學校、各人民革命大學以哈爾濱工業大學，北京師範大學與中國人民大學為試驗性的三個代表大學，「並及時總結，推廣其經驗」(以上見一九五一年五月十八日偽政務院第八十五次政務會議關於一九五〇年全國教育工作總結和一九五一年全國教育工作的方針和任務的報告」)。一九五一年秋會從各高等學校選調有關財經、理工科的教師各一百名，分別送入哈爾濱工業大學和中國人民大學受訓。同年各高等學校並在畢業生中選拔赤色助教三百五十名，加强培植黨人師資。中國人民大學創辦於一九五〇年，分設本科與專修科，並置「夜大學」，謂為「採用蘇聯經驗和中國實際情況結合的方法，培養工農高等知識分子」。除在北平設立中央民族學院外，並於西北、西南、中南各區設立中央民族學院分院。民族學院本科分政治系和語文系，修業期限爲兩年。原設立之國立專科學校，大都已不復存在。同一地區之校院科系，須實行「具體的分工」。各大行政區以一所或二所綜合性的大學，爲辦理的中心。醫學院及附屬醫院爲應戰時需要，尙在擴充增加中。文學院多稱文藝學院，理學院有改稱化學院者。有以財經學院代替商學院，有以政治學院或法政學院代替法學院者。社會學系及體育系的童子軍科，一律取消。家政系初改爲保育系，最後取消。音樂系、藝術系除師範學院特准設置者外，一律劃規爲中央文化部統一辦理。石油、合作、地質、鐵道管理、土木建築工程等系，有所增加。外語系以俄文爲主，英語系的舊生，大都調至韓戰場參軍。

其次是行政改革的問題。中共對大學雖以爲中央教育部統一領導爲原則，但各大行政區教育部或文化部根據總的方針政策，有領導本區大學的責任，且各省政府亦有就近領導的實權。在軍事接管期間，全由佔領軍及地方黨團來領導（見一九五〇年七月十八日僞政務院第四十三次政務會議通過「關於高等學校領導關係的決定」）。三年來高等學校領導關係雖幾經變遷，要在實現其「政府領導、依靠羣衆組織、各方面配合」的目的。關於大學行政組織：最初設立各校院校務委員會，以主任委員代替校長，副主任委員通由軍事代表擔任，亦有以軍事代表爲主任委員，而以原任校長爲副主任委員者。其後經過學校接管普遍完成，或改正副主任委員爲正副校長，或另派校長副校長。校長如非黨人，例由副校長掌握實權。第一步是利用專家學者爲傀儡校長，第二步是換上中共自己的文化教育工作者。中共解釋這第一步爲「民主制」，故校長多有責而無權。第二步改行「負責制」，加重了校長的權力。大學校長下，仍設教務長和總務長，但取消了公開的「訓導制度」，而代以秘密的「特務制度」。學校裏面的黨團組織，便是執行學校訓導的機構，而黨團員分子，便是執行教育特務的基幹。教務長得設副職，圖書館館長對教務長負責，由校長聘任。校長今日已明定爲校務委員會的當然主席，除教務長、總務長、圖書館長、各院院長、各系主任爲教務委員外，另由學校工會代表四人至六人及學生會代表二人，參加校務會議。學校的職員、辦事員和工友，算爲「工人階級」，爲學校工會組成分子。關於教授的任用，早已取消了所設「自由職業者」的身份，而代以「統一調動、統一分配」的制度。在每次統一調動分配之前，例須進行思想鬪爭，克服其自由思想。不服從者，輕則解聘，重則鎭壓。經解聘教授，無法另行就職；蓋學校不能自由聘請教授，教授亦不能自由應聘。大學教職員工薪金，例須組織「評薪會議」來公開決定。評薪標準的第一項是「革命年資」，第二項是「階級出身」，第三項是「生活情況」，第四項是「個人才德」。所謂「才」，是聯繫得够不够？坦白得多不多？能不能「奴化」？够不够「蘇化」？所謂「德」，是能不能保密？肯不肯鬪爭？態度是否積極？言行是否服從？有無子女參軍？有無捐薪輸財？遊行掉不掉隊？集會遲不遲到？凡此才德，平時稍不留心，就成了評薪會議上的鬪爭資料。

大陸上已普遍掀起學習蘇俄先進經驗的熱潮，北大、淸華均舉行過「學習蘇俄教學制度心得交流大會」。這種大學蘇化的現象，最先開始於東北。東北教育有「三多」——即「教授俄籍多、學生團員多、職工特務多」。根據了蘇俄經驗，大學由一種課目或性質相近的幾種課目之全體教師，包括教授、副教授、講師、助教四級，組成一個「教學研究指導組」，簡稱爲「教研組」。這是大學教學的基本組織。各教研組設主任一人，由校長就教授中聘任，並報僞教育部備案。其職責規定爲：領導本組的全體教師，制定本組課目的教學計劃與教學大綱，檢查本組的教學工作與研究工作，主持本組學生的自習、實習與實驗。大學行政的會議增多；有校長領導下的教務會議，教務長領導下的教務會議，總務長領導下的總務會議。除各教研組會議外，尙有若干教研組主任的聯席會議；各系務會議外，尙有若干系主任的聯席會議。原有所設「教授會議」，一律取消。大學一面受教育行政機關的控制，一面受黨團組織的控制。在此雙重控制下，永無「風潮」之事。過去的公費生和獎學金，均已取消，只有黨團學生始可以享受「人民助學金」的政治津貼。自一九五〇年暑期起，即實行全面性的「統一招生」，按地區按學校按院系作硬性的分配。已在校求學而未結束的學生，不得再參加新生考試。學生無選擇學校的自由，學校無選擇學生的自由。同年起，大專學校畢業生，亦實行「統一分配」的就業制，只强調官方的任務和要求，而毫不考慮個人的志願、興趣、體力及生活環境問題。唯有無條件地放棄對工作選擇的自由，始有就業的可能。自由就業既不許可，自由留學更不可能。僞政務院爲貫澈其高等教育目的，復於一九五二年的下半年，增設高等教育部，專管一般高等教育行政。

關於「教學改革」，是隨着「課程改革」而作。「教學的計劃性」和「課程的精簡原則」，是中共毀滅大學教育鋒刄的兩面。在精簡課程方面，既要重「系統」，又要重「重點」。在計劃教學方面，既要重「實際」，又要重「理論」。三年來的大學課程，一變再變，教學方法一亂再亂。最初讓各大學自己調整課程，自行提出新的教學方法。其後由中共命令調整大學課程，規定統一教學方法。翻譯了蘇俄大專學校的課程標準和教學計劃大綱，强令各學校一體遵行。且不斷抽調一批御用的教師，分別到前述試驗性的哈爾濱工業大學、北京師範大學和中國人民大學等校學習。俄文不僅是學生的必修科，也是教授的補習課。每逢寒暑假期，都組織「俄文速成班」，並須提供學習經驗，普遍宣傳。

辯證唯物論與歷史唯物論爲第一級的公共必修

科，不及格者非僅不能繼續在學，抑且成爲嚴重性的思想問題。俄人米丁的「辯證法唯物論」，首被列爲經典教本。艾思奇之流的文化癟三，因此竟一變爲權威教授。政治經濟學方面，非僅亞丹斯密、李嘉圖、凱因斯、盧梭等人的學說和「三權分立」、「議會政治」等歐美思想不能見容，就連英國費邊社代表人拉斯基和馬克斯著作整理人考茨基的思想，亦不能立足。起而代之的是列寧主義的國家論、階級論、法律論一類黨八股。哲學系教授在教材教法全部改造的命令下，弄得焦頭爛額。舊有課本講義無一可用，祗好成天捧着史達林的「辯證唯物論」與「歷史唯物論」、毛澤東的「實踐論」與「矛盾論」，實行師生共同學習。一九五〇年十一月僞中央教育部召集了平津各校哲學系主任討論哲學課程，責備他們學習領導的成績太差。彼時清華哲學系主任金岳霖會當衆宣誓似的說：「我個人從頭學起，保證十年內，教好唯物辯證法！」這「十年」二字，何等沉痛！教授「歷史」這門課的，最易遭到反動、頑固、封建、落伍、美帝走狗、法西斯信徒等濫言。因此，重慶大學歷史教授吳某，發明了一條「負號定律」：凡是歷史上所稱頌的好人善事，一律加以「反動封建」的罪名，歷史上所貶責的壞人惡事，一律加以「革命前進」的讚語。如此顚倒，居然叫座」。有些無法再開的功課，大都改爲「集體學習」。西南師範學院教授周拔夫，當抗美援朝運動如火如荼時，則以另一方式拒講「美洲地理」。他說：「我講美洲好，違反了國策；我講美洲壞，同學們又要問：既然壞，爲什麼還開這門課？」

自然科學、應用科學的教授，苦痛更多。第一、不能再用英文原本教學，第二、專門名詞一律要譯成中文，第三、要聯繫實際，第四、常被臨時徵調服務。雖說是實科教學，必須兼及政治思想。馬列主義觀點不可不知，蘇俄建設事業不可不曉。要迎合中共心理，要配合思想要求。否則，被指爲自由主義者，被責爲「純技術觀點」。處此情況下，於是生物學遺傳學教授搬出米丘林、李森科的「辯證生物學」，物理學教授權以居里的物理學爲課本；心理學教授側重於巴甫洛夫的交替反射機能學說；化學教授以一八六一年波特列諸夫的化學構造理論爲主體；醫學教授則宣傳巴甫洛夫等的組織療法和無痛分娩。文學系教授不待說完全倒在高爾基、奧斯特洛夫斯基、馬雅可夫斯基和魯迅的一邊，成爲階級文學的喇叭。「因爲詩歌戲劇是起源於勞動，而是屬於人民和馬克斯主義的」，這就是袁水柏所譯「詩歌與馬克斯主義」的指定課本。「文心雕龍」一門課，中文系不准開設，因劉勰有代表封建反動思想之嫌。外文系教授要在講堂上謾罵英美，要配合着「世界以蘇俄爲第一」的那一套。先生跟着學生跑，這是「民主教學」。學校跟着中共跑，這是「教育爲人民服務」。中共扼殺下的大學教育，教授們的「學有專長」尙在其次，主在如何運用「嘴尖皮厚肚中空」的法寶，以求適合下面兩個御用公式：「一切導源於馬恩列史」，再加上「勞動創造一切」。從調整院系到調整課程，師生間會引起了劇烈的鬭爭。從課程改革到教學改革，師生間的鬭爭便無法終止。「學習」只是大學教育的外衣，「鬭爭」才是大學教育的本質。

大學師生包辦了中共的「一切紅白喜事」。搖旗吶喊，忍飢受寒，還不免「受批評，挨檢討」。即以一九五〇年秋始業爲例。各大學十月開學，註冊後，「校委會」和「教研組」同時發出「搞好正課爲本學期中心環節」的號召，但到了十月下旬，抗美援朝運動掀起，改提出「正課服從時事學習」的口號，減少正課學習時間。十一月中旬，發動赴朝參軍運動，再提出「展開愛國主義的學習」口號，實行停課討論，一直鬧到寒假。總計全學期不滿十七週，上式正課未逾一月。考試採取「民主評定」制，把時事學習成績當爲學期成績。中共反對「塡鴨式」的教學，規定各年級學分，一律減到十八個以下。以學生課外活動實況而論，在政治包袱未減輕以前，縱令學分限爲八個以下，依然無法負擔。中共復於理工農醫各校院試行「政治輔導員制度」，指派專人主持政治學習思想改造工作（見一九五一年十一月三十日馬叙倫在僞政務院第一百十三次政務會議上「關於全國工學院調整方案的報告」）。

再次是思想改造和人事整肅的問題。中共將大學人事整肅問題寓於思想改造運動中。思想改造運動在大學分兩個階段進行：第一階段是從一九四九年十月起至一九五一年十月止，可稱爲自我改造或局部改造時期。第二階段是從一九五一年十月起直至現在止，又謂爲强迫改造或全面改造時期。局部改造是以一學校爲單位，對一部分教師的改造。全面改造是以一地區爲單位，對全體教師的改造。像清華的馮友蘭、華羅庚、梁思成、金岳霖、吳達元，北大的楊振聲、樊弘、錢端升、費孝通、朱光潛、馮炳文、樓邦彥，中大的高一涵、胡煥庸、邵鶴亭、錢鍾韓、朱偰、李旭旦、孫本文、繆鳳林，武大的周鯁生、袁昌英、燕樹棠，復旦的章益、邵世森，同濟的顧頡剛，湖大的楊卓新，南開的丁洪範，師大的黎錦熙，重大的鄭思虞，雲大的劉文典等等，都是第一階段被思想改造的人物。改造的感想，據某校長事後的妙語：「上嘔下瀉，半個死人！」

一九五一年十月至一九五二年一月，是第二階段思想改造運動，以華北區平津各校院爲重點的試行時期。到了一九五二年二月起，開始向華東、中南、西南、西北幾個大行政區推進。毛澤東在一九五一年十月廿三日僞政協第三次會議說：「思想改造，首先是各種知識分子的思想改造，是我們在各方面徹底實現民主改革的重要條件之一」。於是平津大專學校教授的思想改造工作，從此普遍而嚴格的展開了。當由僞中央教育部主持成立一個「京津高等學校教師改造學習委員會」，天津設立總分會，各大學設立分會。北平總會由馬叙倫、錢俊瑞分任正副主任委員。天津（包括沽口）總分會由黃松齡爲主任委員。並由學習委員會出版一種「教師學習」的

（下轉第26頁）

美國通訊

萬里風浪

留美萍痕之一

郭友梅

「乘長風破萬里浪」，在承平年代，也許是人生的一種享受，特別是對於讀書人；常會激越無限遐想，擴展心靈境界，使「書破萬卷，神交古人」之餘，猶有機會親身經歷世界上的許多事事物物，從而輝映過去人類的生活經驗——寶貴的知識，所以太史公勉勵讀書人要「行千里路，讀萬卷書」，想來也無非是這個道理。然而當物質文明(?)進入原子時代的今天，從某些方面說，「乘長風破萬里浪」恐已不是人生的一種享受，而是極其平凡的生活了。何況是顛沛流離，久經跋涉的中國人？在另一方面，正因爲這些年來，苦難和拆磨陪伴着我們，狹隘的生活方式圍繞着我們，個人生活好像一泓秋水，一切都在絕望中被肯定，因此生活上的任何一種「變」，無疑地都可使心靈暫時得到舒展。所以在遠行的想望中增加一些新奇的感觸，於我總算幸運。

獨上高樓　望盡天涯路

住在臺北的人，的確很安適，要是沒有雨天，老像生活在春天裏一樣。一月八日又是個大好的晴天，去香港的飛機九點鐘在松山機場起飛，我同送行的友人們趕到機場時，已八點多鐘了，便忙着送行李去檢查，好在行李簡單，也沒有多餘的黃金美鈔，檢查起來十分方便，不過半點鐘就算完了，可是飛機已嗡嗡作響，女招待員又在催促客人入座，一陣心慌，匆匆地同送行朋友擺擺手就鑽進飛機去了。飛機往跑道上慢慢移動，我從窗口探望送行友人，當我祇看見一羣模糊的影子時，纔驚恐於離別在即，苦難中結識的友羣，何時何地我們能再把敘？

飛機起飛前，一位男招待員，大聲向旅客講述航行三小時的情況，和旅客應該注意的事項。這也許是吸引旅客注意力，免得飛機上昇時大家感到不好受的一種方法，其實這點顧慮對於我似乎已是多餘的了，因爲飛機上昇我照例是輕飄、愉快的。但是當我發覺飛機離開我曾踏過三年多的土地而騰空數千呎時，却有一種莫明的茫然和悵惘；我凝視着窗外旋轉的綠色發呆，我懷疑我是否又在追逐一個美麗的夢，在夢境裏編織些美麗的謊言，讓生命在夢中退色？記得三年半前，我離開生長的地方，撫育我的家庭時，雖不敢自認「心雄萬夫」「銳氣如虹」，至少我是把「自由」看得比生命更重要的。所以逃到臺灣後，我曾不斷去信告慰家人和關懷我的師友，希望他們暫時忍耐，我說：「我願在三年後看見你們重獲自由的剎那快樂地死去。……」但是，三年時光早已無情地溜走，我抖掉一個美夢，像抖落一身露珠，誰來串起？用什麼來填補生活的空白？而今我又束起行囊向遠方走去！窗外盡是飄擧的雲和一片碧藍的海，天涯海角，眞不知何處是生命的歸處。我眞怕愧對那些熟悉了三年多的面孔如我愧對三年半前那些可愛的影子一樣，但是誰能知道明天是個什麼季節？

輕扣大陸之門

待思想平靜時，飛機已越過臺灣海峽，盤旋於香港上空了。遙望那些帶着紅色的山巒，仍與三年半前逃亡南國時一樣的平靜，可愛。可是人們的心已在不同的觀念下有了不同的估價了。我眞不知今日的山與舊日的山有些甚麼仇恨？或今日的河與舊日的河誰欺騙了誰？爲甚麼一樣的河山就不能容忍一樣的人羣啊？幾千年來，也許滄海變作了桑田，難道人類的智慧就祇能用在互相殘害上去較量高低麼？

香港——這微妙的地方，我佩服英國人的智慧；不但百年來，她曾把這塊祖國的土地徹底殖民地化了之後，利用它來漁利我們，且譽爲英王皇冠上一顆亮睜睜的寶石，而今英國人更在承認中共僞政權的騎牆政策下，統一了香港存在的矛盾，不啻在火山邊緣建立自己的樂園，不知那些「新中國」的主人們對於這個微妙的現象，有甚麼漂亮的說詞？

在香港住了五天，我瀏覽過許多中共的書刊，沒有想到會如此貧乏；除千篇一律的公報和幼稚得可笑的歌功頌德文字而外，實在談不到文化了。在另一方面，許多反共的書報，無論質與量都極精彩，許多東西都是富有歷史價值的。我曾拜訪了幾個文化工作的朋友，纔知道這些爲眞理自由而嘔心吐血的文化戰士，其堅苦奮鬬的精神的確令人感動；其中許多人都是來自匪區，他們不但犧牲了自己的家和一切，而且早已把生死置之度外。自由的哨兵啊！你們纔是自由中國眞正的無名英雄呢！願你們這支無比的反共力量在奮進下開花！

同是天涯淪落人

克利夫蘭總統號輪一月十三日離開香港，我擔心二十天海上生活的煎熬和孤寂。沒有想到三等艙的三等票（三等艙的票價分三等），依然有舖位，除三十人住一房間外，三等艙的旅客待遇全是一樣。來自臺灣的中國同學都分在同一艙裏，大家很快就熟悉起來了，從此旅途生活也不會感到寂寞了。

克利夫蘭輪是美國總統輪船公司航行遠東各國最好的一隻客船，設備極其講究，特別是頭等艙的設備可與美國最現代化的飯店媲美，然而遠東各國的旅客，很少人有享受的能力，絕大多數都祗能訂座三等艙，這次同船的三百多個三等艙旅客中，除兩個自東德逃亡美國的太太而外，其餘全是東南亞人，其間中國人約佔三分之二，中國人中二十個是學生（八位來自臺灣，十二位來自港澳），其餘幾乎全是從南洋港澳去加拿大開懇的。許多人都攜家帶眷。我常和他們聊天，談到祖國的苦難和希望時，他們都有無盡感傷。看見他們堅苦的情形，不禁聯想起全世界一千多萬華僑的情景，實際上每個華僑都會有過一段辛酸史，他們多半是在困惑中離開了祖國，在陌生的地方建立起他們的家和他們的事業，他們用血汗繁榮了別人的社會，增加了祖國的聲威，然而祖國又給了他們甚麼呢？他們會不斷地用行動來表示過他們對祖國的熱愛，可是他們依然是漂流海外寄人籬下的孤兒，今天在紅色中國的敲詐下，他們走上了史無前例的厄運。

巡禮日本

十七日晨船抵日本神戶，我參加了「京都觀光團」，由操着流俐英語的兩個日本人導遊，九時半先從神戶碼頭乘日本旅行社的觀光專車到神戶車站，再乘火車去京都，約須時一點二十分鐘，途中經過有名的工業區大阪。沿途全是綿延不斷的建築物，很少看見農田，人口過剩的日本，從這兒似乎可以得到一些證印。日本人的建築都極小巧，但甚草率，特別是些私人的住宅，看起來眞小得可憐。大阪工業區則烟囱林立，煤烟繚繞，戰後日本，工業的復興又指引他們走向一條新路。

十一時許到達京都車站，京都是日本維新前的國都，給人的印象是從容、安靜。許多建築仍保持着中國的古風。我們曾參觀了幾個有名的寺院和舊日皇宮，這些建築全是北平建築的翻版，祗是氣魄遠不及北平罷了。

每到一個地方參觀，都有專人爲我們解說，解說到最後照例宣揚日本文化一番，說日本文化在東方如何重要，如何悠遠，許多西洋人，特別是美國人聽起來，都感到無限欽慕，但是給咱們中國人聽起來，就有些毛骨竦然了。記得參觀皇宮時，一位專門導遊皇宮的日本人，得意忘形的描述皇宮建築的歷史和偉大，於是我問他去過北平沒有，他冷不提妨的說他去過，然後我再問他京都的皇宮比起北平的皇城如何？他呆住了。沉思了好一陣，他承認北平的皇城是更偉大的。中國偉大的地方還多着呢！可是五千年文化橫遭摧殘的今天，我們還有甚麼更多的話說？何況別人一切都顯示着有計劃，一切都是爲國家，這種精神是值得佩服，值得學習的。

十八日午後四時船抵橫濱，幾位在盟總工作和東京大學讀書的朋友，自東京來迎，因得有二十四小時遊覽東京的機會。東京却是夠繁華，我曾遊過皇宮，動物園、博物院……皇宮建築也是中國式，蒼松古柏，猶令人憶起中國的舊都北平，可是而今已遠了，遠了！

談到建設和交通，東京都不失爲現代都市，尤其是公路和地下鐵道四通八達，電車、汽車更是極平凡的交通工具。新聞事業和出版事業已作到普及而迅速的地步，不過房屋建築似乎還遠不如上海，最大的一座建築物也不過八層樓而已，比起上海的百老滙大厦和國際飯店是非常遜色的，這也許是鄰近富士火山的緣故吧。

走馬觀花，二十四小時的遊覽，還要除去幾小時的睡眠和吃飯，實在無法對日本了解得更深刻。憑直覺，我以爲日本在邁向復興的道途上問題還很多。表現得最赤裸的莫過於社會風氣的糜爛和一般人情緒的不穩定。銀座是東京最繁華的區域之一，可是十家有七八家商店都是酒吧間，舞廳。到處都是舞女，妓女已成了女人最普遍的職業。至於東京的夜市，遍街都是成羣結隊搔頭弄姿，咿咿唔唔强着拉人的野鷄（美國人稱爲 pick up girl），據說日本政府每年利用這些人的收入來彌補兩億美元的赤字預算，然而道德的墮落又用甚麼來彌補呢？

在東京無論乘電車、汽車、或火車，都可看見許多日本人在閱讀報刊，可是絕大多數都是黃色讀物。無疑地，這說明今天日本一般人的心理仍不安定。就衣着生活而論，美化風氣極盛。據說知識分子對美國人的好惡參半，這是盟總管制日本的另一問題。問題依然不少的日本，在國際風雲緊急的今天，究竟將走向何處？

祖國、煩憂

廿七日晨到達火奴魯魯（Honolulu），初次接觸到美國文化的邊緣，一切都新奇。這兒的確是個世外桃園，要不是珍珠港事件（珍珠港頻臨火奴魯魯北面），眞是太平洋中的太平島了。這兒不但自然景色迷人，人工建設尤屬巧妙，和祥，美感的氣氛使來自戰亂不息的東方人，莫不感到無限欽慕。從臺灣來的八位同學，組成臨時旅行隊，雇了出租汽車，環遊火奴魯魯一週，然後參觀有名的水族舘和海濱浴場，翠綠碧波，流連忘返，怪不得許多美國大亨每年要到這兒來度假呢！

船過火奴魯魯後，二十位中國同學已由相熟而產生了友誼，有時大伙兒到甲板上集體遊戲或運動，有時相聚在一塊兒聊天，從個人的生活環境，喜好，興趣談到國家大事，世界局勢和自已未來的抱負，年輕人相聚在一起，眞够坦白熱忱；大家對於國家都熱愛不已，對於國家的現實處境，則感到無限煩憂，特別是看到別人的國家自由進步的時候。老實說，這些年來國家搞成這個樣子，曾負國家重任的人們（中年以上的人）都應該反躬自省，都應該向年輕的一代抱愧，不必板着面孔來訓別人。說到這裏，最遺憾的，是我們辦理出國手續的紛擾，各人談起來都會有過「一本難念的經」；特別是來自臺灣的同學，沒有一個人不是辦理半年或一年以上的。學生出國讀書，無論從甚麼角度來看，總不是件壞事。固然這些年來，有些人出國的目的極不正確，但是我們試想那些是甚麼人呢？還不是政府要員的子女麼？又何必因噎廢食？要是國內眞有幾個好大學和研究院，誰又願意離鄉背井，跑到國外受洋罪？據筆者所知，許多年輕人爲了達到深造的願望不知忍受了多了折磨，傷透了多少腦筋，犧牲了多少幸福。獎學金拿到手，還得學會强作笑顏，然後才準備到各級「公僕」處去接受訓罵和無理的非難，說得不對，任何一道手續給你拖上一月兩月，那是極平凡的事。提起這些，大家心裏猶有餘悸。希望這些衷心的陳詞，沒有大逆不道的罪過，自由中國就萬幸了。

離開祖國的人，最易感受的，是「打腫臉來充胖子」，試想誰不希望有個像樣的國家？

記得廿八日晨，頭等艙有個演講會，由美國普渡大學（Purdue University）的一位教授 Dr. Sheuer 主講「臺灣觀感」，他是普渡大學當局派到臺灣與臺南工學院討論合作，並保送臺南工學院師生到該校研究的主持人，他會在臺灣停留過六個星期，參觀臺灣許多東西。在演講前，他聽說我們幾人來自臺灣，便把我們請到主席臺上坐着，待他演講後，以備聽衆咨詢。他演講的內容對臺灣極有利；他先從臺灣的政治、經濟、文化、軍事、交通的進步情形來證實臺灣的安定繁榮，然後說到臺灣未來的建設和發展，然後解說一九五三年美國援臺建設經費五千多萬的分配情形，他認爲按臺灣目前的需要，這個數目是不够的。他說從今年秋起，臺南工學院的師生卽有機會到普渡大學研究，最後他呼籲聽衆向臺灣捐獻圖書和大學教科書。

他講完以後，聽衆紛紛提出許多問題，Dr. Sheuer 分別要我們解答，其間有些問題頗令人啼笑皆非，譬如：「臺灣人過去與中國人有無關係？」「臺灣人與中國人通婚了沒有？」「臺灣人是否有好的教育機會？」……其實許多聽衆都是美國東南亞的工作人員，可見一般美國人對自由中國的了解如何。我們都不約而同的爲自由中國作正確的答辯之後，乘機宣揚自由中國幾年來壯大振作的情形。Dr. Sheuer 也不斷爲我們證實。會後，許多人都熱情地把我們圍住，問長問短，我們遺憾都沒有自由中國的實際資料，祇好概而言之。

自由、和平的花果

近二十天的海程，使來自祖國的學生結成了友誼的環。到達舊金山前，我們決定擧行一個惜別會，但因爲時已晚，船上也有晚會，地址不易借到，大家祇好不拘形式，在 Dolphin room 隨便談談，想到明天上岸後就要各自東西，都有依依之感。

三十一日午到達舊金山，船入金山灣時，首先使人觸目驚心的，是 Golden gate bridge 和 Oakane bridge 的橫跨金門灣。橋上有兩重車道，電車、火車、汽車同時並進，晝夜川流不息。橋下可通行任何海輪，眞是洋洋大觀，氣魄宏偉。晚上駕車行過橋上，海天閃爍，尤屬奇景。這種成就，絕非偶然，美國自南北戰爭後，百餘年間國內一片祥和，在平等自由的氣氛下，個人被尊重，個人自由意志產生的創造力，造福於自由的人羣，建立起「人」的社會，這是美國文明的精神，這是自由和平產生的花果。

登岸時，多數同學都有友人來迎接，可是舊金山教會的海外學生招待處，派了一位 Mr. Lindman 來歡迎中國學生，他看見同學們都有友人來迎接，感到很失望，我們怕「却之不恭」--纔商定次日應他招待。晚上加州大學的中國之家 China House 也有歡迎會，興奮之餘，忘却不少疲乏。可惜各人都因趕往學校不能久留金山，匆匆分手，未免有些悵惘。

我到了紐約

二月三日晨，我同兩位女同學乘火車東行，由於 Mr. Lindman 的建議，我們訂購了西太平洋公司的快車，這個公司的車子設備極現代化，每輛車箱上都有望風景的玻璃車箱，我們雖然坐的三等車，享受遠勝過於臺灣的頭等車，暖氣和一切衞生設備都很齊全，每個座位到了晚上，都變成舒服的沙發床。初到美國的旅客還可享受八折優待。車經西部山區時，看見三年多來沒有見過的雪景，令人興奮不已。電影裏常見到的西部大牧場，沿途不時出現，可惜缺少盤馬彎弓的牧人。

車行兩天到支加哥，我們三人最後告別，第二天（六日）我到了紐約，下車之後，眞像劉佬佬進了大觀園；感到最麻煩的，是龐大高聳的建築物中不易找到出口，你以爲登了幾度電梯麼，也許你還在地下。問了幾次路纔走出車站。看見到處是地下火車、電車、汽車，爲了減少麻煩，我還是叫了一部出租汽車直到住處。

美國一般大學，都沒有寒假，上期結束後，下期接着就開學，我到時，學校已上課一週多，辦好註册手續，馬上就趕功課，連休息的機會都沒有。不過學校一到星期六就沒有課了，實際上一星期有兩天休息。

紐約的中國同學極多，大多集中在哥侖比亞大學和紐約大學。經常有晚會擧行，全屬交誼性質，于斌總主教主持的中美聯誼社，在六十七街有辦公處，每週星期五晚上是學生會員聚會期，初來的人屆時到這兒，可以認識許多新舊朋友。

舊曆年那天，中國同學在 International House 擧行盛大的晚會慶祝，並有獨幕劇演出，劇名是「一隻馬蜂」，結果非常精彩，國際來賓對此尤感興趣。會後中外來賓大多趕到中國城 China town 去吃中國飯，到了中國城像在國內過年一樣，遍街都是鞭炮花，舘子生意特別好，身臨其景，眞不相信這就是紐約。

兩週來，接觸了不少中國同學，許多都已完成學業得到博士學位，在這兒作事了，收入都很好；特別是學工的，但是大家仍苦悶不已。學成後不能爲建設自己的國家而貢獻一分力量，怎不感到苦悶呢？不過，有件令人安慰的事，共產黨已被中國留學生摒棄了。然而學成之後寄人籬下，不但個人感到苦悶，也是國家一大損失，希望這個問題能被我們政府重視。

香港通訊

冷眼看「新婚姻法」

劉剛

今年三月，是中共的「貫澈婚姻法運動月。」是中共向中國婦女發動的一次總攻擊，屆時鑼鼓喧天，必有一番盛況，可是，在這一片擾嚷聲中，又將產生多少血和淚的悲劇呵！

要想一窺中共「新婚姻法」的廬山眞面目，我們有冷靜，深入透視的必要。

卅八年冬，在北京演出的新政協會上，共同綱領的第十七條通過：「廢除國民黨反動政府一切壓迫人民的法律，法令和司法制度。」準此乃於次年五月一日，轟轟烈烈地頒佈了第一部開元大法——「中華人民共和國婚姻法。」開章明義就說道：「廢除包辦强迫，男尊女卑，漠視子女利益的封建主義婚姻制度。實行男女婚姻自由，一夫一妻，男女權利平等，保護婦女和子女合法利益的新民主主義婚姻制度。」光看文章，能不大力擁護!?事實不然，這不過又是中共向中國婦女開了一次極卑劣的玩笑而已。共產黨賴以成功的欺騙手段，在維持極權統制的過程中，也必然不能予以廢棄。在實質上講，共產黨是不需要法律的，「朕即法律」。所謂新婚法，土地改革法，工會法，以及什麼人民法院，法庭……等等也者，祇不過是想附會於「法治精神」的障眼術吧！不然「人民政府」還有什麼可愛呢？

我們試看：有中共憲法之尊的「政協綱領，不是把什麼「自由」，「民主」……」也者，說得天花亂墜嗎？事實怎樣？

這篇「新婚姻法」，本不配稱之爲什麼法律，祇能說是一個宣傳廣告，或是一道離婚命令罷了，在形式上，它旣是一個沒有基本民法爲前導的「私生子」，事實上也是僉自他所要打倒的「僞法統」，所不同的，他已注入了毒素和掛一陋百罷了。

撇開法律本身不談，我們倒要看看，在貫澈婚姻法運動中，中共怎樣廢除了「包辦」，「强迫」，和封建的婚姻，又怎樣實行了婚姻自由？又怎樣保護了婦女和子女的合法利益？

讓我們先從正面的事實來看

「婚姻法的公佈，使遭受封建婚姻制度迫害的婦女，敢於起來向不合理的婚姻制度作鬭爭，據中南軍政委員會司法部的不完全統計，自一九五一年一月至五月，全區各級司法部門，共受理婚姻案件三萬二千八百八十一件，佔全民事的百分之六十以上，在這些婚姻案件中，離婚案件達二萬五千九百七十二件。」（一九五一，九、十九僞人民日報。）

這是中南區在短短的五個月中，所製造的婚姻案件的「優良成績」。再看看華東區的報道：「中央人民政府一九五〇年五月份頒佈婚姻法後，各省縣級以上人民政府，在統一領導下，進行了一般的傳達和學習，各級法院也處理了不少的婚姻案件，自一九五〇年五月到一九五一年七月止，全華東地區共處理十三萬七千二百四十件。」（第一期華東政報載：「華東區婚姻法執行情況檢查的總報告。」）

其他如東北區，一年中也有七萬七千三百三十六件，其中女方提出的離婚案爲數最多。這都是中共自己的報導。

驚人的數字，是說明了一幕翻天覆地的時代大悲劇，正在全國每一個角落裏上演着，用共產黨人的話說：「這是中國婦女從封建，壓迫下得到解放，新社會的曙光，已照臨在䌊們身上了。」

要知道是不是這麼囘事，我們應該來挖一挖埋在地下的苦根。

離婚案件爲什麼這樣多？

計有下列幾個因素：

一、土改和新婚姻法的血肉關係——中共當局一再强調，婚姻法的貫澈執行，一定要和土改鬭爭密切的接合起來，於是在土改鬭爭最激烈的地區，事實上是婚姻案件最多的地方，而在婚姻案件中，離婚案件又必然佔了最大多數。看一看僞羣衆日報一九五一年十一月十八日的報導，可以得到明證：「一九五一年一至六月份共受理民事案件三萬三千一百〇五件，其中婚姻案，九千七百九十九件，佔民事百分之廿九强，而陝西省，以陝北和關中地區，已進行了土地改革，故婚姻案佔民事百分之四十七點一，新疆省是多民族區，又未進行土地改革，婚姻案只佔民事的百分之十七點七，婚姻案中，以離婚案爲最多，約佔百分之八十以上。」這是必然的現象。土改後，地主，富農，被澈底鬭爭後，已家破人亡，家中的妻女，一旦失去了原來的經濟基礎，生活無依，爲了要活下去，就在被迫的情況下，一批一批地走進共產黨預佈的圈套——離婚和嫁人。這正表現了共產黨所忌諱的「嫁漢嫁漢，穿衣吃飯。」然而，嫁給誰呢？這就要問，誰能給飯吃，給衣穿了。下面的引文，或許能給你一個較滿意的具體答覆：「魯山縣今年十月份召開的「貫澈婚姻法，模範代表大會」，就有九十九對模範夫妻，十一戶模範家庭，其中絕大部份是自由結婚的夫妻（不知還有否不自由的），從參加大會的模範夫妻總人數一百八十七人的統計；青年團員一百三十三個，黨員九個。這說明黨，團員在創造幸福的家庭生活中，也做了榜樣。」（一九五二年十二月號新中國婦女雜誌，第七頁。）豈不也說明了，黨團員在婦女們「幸福的新家庭」中，是多麼不可或缺的因素嗎!?

二、參軍的慘劇——農村的凋疲，使勞碌終年，不得半飽，尤其是普遍土改後，舊的經濟基礎垮了，新的經濟基礎，在苛捐暴斂下，無以建立，呈現着「老弱轉乎溝壑，壯者散而至四方。」的悽涼景象。同時，新的侵略戰爭，需要無窮盡的兵源，於是，少壯的耕農，都不期然地又走進了中共的手掌——參軍去了。一去音訊杳無，「可憐無定河邊骨，猶是春閨夢裏人。」給自己的妻子，留下了最悲慘的命運，任共產黨恣意地作弄了。偽解放日報，一九五二年，一月廿一日，就有一個尙活着的革命軍人，吳成義向南通人民法院控告，不經本人同意，遽斷與妻子離婚的事件發生。

三、「反革命份子」，「流亡戶」的家屬和僑眷的被迫害——「反革命份子」和「流亡戶」，都是共產黨不能饒恕的人物，留下的眷屬，也就受盡了共產黨的折磨，僑眷也同樣被脅迫和利誘，迫嫁必然要臨到頭上的，於是這一羣手無寸鐵的弱女子，終於忍辱含垢地和自己的父兄，丈夫宣佈脫離關係。

四、新婚姻法的挑撥，道德倫常的敗壞——自婚姻法公佈後，各地都大張旗鼓地展開宣傳，並由「民主婦聯」，「青年團」，「人民法庭」，「區鄉公所」組織「宣傳組」，「對導組」，和「巡迴審判組」，四出挑撥，利誘，和脅迫，置倫常於不顧，將道德於罔聞，各地民夜校，速成班，也盡量大力「教育」(?)婦女，小學教員，為人義務書寫離婚狀，這樣的瘋狂，卻不知拆散了多少鴛鴦。

五、新婚姻法的簡陋，幹部的輕率和專橫——上面說過，新婚姻法就是一道離婚的命令，對不能「恆守婦道」的，固屬方便，不願離婚的自由卻沒有了，執行幹部可以憑空斷定你們的姻緣，任何一個簡便的理由，能夠使恩愛夫妻生離死別。一九五一年十月十日，偽東北日報有這樣一段：「有五對曾經被法院判決離婚夫婦，現在又要求恢復夫婦關係，如范玉英（女）說：「我倆感情並不壞，就是因為生活小事，有時好急，一時氣憤跑到法院去離婚，但離婚後，孩子想爸爸，爸爸也經常想孩子，因此，我們又同居了。」多麼動人心弦的話呀！我們可以看出在新婚姻法的招牌下，共產黨在犯着怎樣滔天的罪孽！

這就是婚姻自由，就是廢除了包辦、強迫、封建的婚姻嗎？

從上面的種種事實看來，有幾個是眞正願意離婚的呢？共產黨所用的種種卑劣手段，所製造出來的離婚案，除了對婦女是亙古未有的侮辱，欺騙，和蹂躪外，不是變本加厲的包辦和強迫了婚姻嗎？婚姻自由在那裏？那種惡意識地破壞倫常、道德所造成的男女間紛亂的關係，以及煽動寡婦嫁人，尼姑還俗的醜劇，就是打倒封建婚姻的明證嗎？（一九五一年十一月十六日，大公報載，有五個寡婦集體結婚，得到狂烈地歡呼。一九五二年十一月十一日，該報又載有惠安九區蕭厝鄉，在宣傳婚姻法後，有廿多個尼姑還俗結婚，得到讚揚。）我們再拿前面的離婚比例數和世界上各國的比例數做一個對照（包括婚姻最自由的美國，和很封建的日本），我們會驚訝，共產黨在做着什麼好事。

每百件婚姻案中離婚數比較：

中共：	七〇・八〇	美國：	十六・三
奧國：	十四・四	德國：	八・三
紐西蘭：	七・五	日本：	一〇・一
法國：	六・六	瑞士：	九・四
南非：	六・四	丹麥：	八・六
荷蘭：	五・二	芬蘭：	四・九
捷克：	三・九	巨哥斯拉夫：	四・七
葡萄牙：	一・八	挪威：	四・四
加拿大：	一・四	比國：	四・〇
英國：	一・三	澳國：	三・九

（上例諸離婚案中，兩願離婚者，比判決離婚者佔絕大多數。）——採本文著社會問題第一冊一〇三頁。

婦女和子女的合法利益得到什麼保護？

在新的包辦，強迫，和封建的婚姻下，必有匹夫和烈女起來反抗，這不但不是什麼舊社會的餘毒，相反地，正是向世界宣佈了祂們和他們對眞正婚姻自由的強烈要求。

讓我們再看看共產黨口裏吐出來的數字：「各地婦女因婚姻不能自主，受家庭虐待而自殺，和他殺的，中南區一年來，有一萬多人，山東省一年有一千二百四十五人，蘇北淮陰專區九個縣，在一九五〇年五月到八月間，有一百一十九人，這些數字必須引起各級人民政府嚴重的警惕，各級人民政府，對此嚴重情形絕不應容忍。」（一九五一九月廿六日，偽政務院關於檢查婚姻法執行情況的指示。）

共產黨自己都認為情況的嚴重。不過，他們不夠坦白的地方：是他們一貫地把罪過推到「舊社會」身上去。我們不否認，在這些自殺和他殺的案件中，難免沒有夫憤而殺妻，翁憤而殺媳的事，但今天有幾個敢拿生命開玩笑呢？不庸懷疑，今天大陸上，成千成萬的婦女是被共產黨逼死的啊！祂們將含冤九泉，永不瞑目。

難道這就是共產黨所說的：「保護婦女合法的利益」嗎？同樣，道德和倫常觀念被破壞所造成的社會紊亂，也無法保護子女的合法利益。廣西日報於一九五二年十一月三日登載廣西省「民主婦女聯合會」向「省人民政府」反映：「自新婚姻法」頒佈後，至本年六月底止，兩年間百色專區所屬各縣溺嬰之多、為從來所未有。據不完全的統計，被溺殺嬰孩，約有六千四百廿五名，僅果德縣，即有九百多個溺嬰事件，尤以土改區，最為普遍。這說明了淫亂的社會風氣，所引起的嚴重社會問題。同時，也是很重要地對中共區離婚數字和結婚數字的懸殊，供給了一個露骨的註腳。

共產黨為什麼要煽動離婚？

我們可以用列寧和馬倫柯夫的話，來分別說明這問題兩面本質的所在。

列寧說：「事實上，離婚自由並不是破壞家庭關係，相反的，是文明社會內，在唯一可能和隱固的民主基礎上，鞏固家庭關係。」對今天大陸情形說，這話祇可能有一種意義，就是：「離婚不是破壞家庭關係，而祇是拆散反革命份子，和非革命份子的夫婦結合而已。」

馬倫柯夫說：「一個熱愛祖國，熱愛人民和自己事業的人，絕不會成為一個墮落的人，也不會把女人看成只是發洩性慾的機器。」這豈不是說：「你們要全心全意地愛共產黨呀！難道你們不知道，家庭溫情主義是黨所不能容忍的嗎？」他祇不過把夫妻的恩愛，歪曲成獸慾罷了。

約　會

師　範

沉悶了好幾天，終於下起雨來了。

人們對這必然的結果都處之泰然。有的人預感特强，早把雨衣夾在手上；有的人根本無所謂：臺灣的天氣就是這個樣子，沒有什麼稀奇。

公共汽車站旁這時擠滿了許多人。從那個售票的小窗戶口拿到了那一張小紙片以後，大家都退到走廊裏來，再伸長着脖子向左面張望着：看有沒有黃車身的車子過來，好早點跳上去。

田彬在人羣中間，比其他的人還要焦急。他眞希望自己一到站就立刻過來一輛車子，坐上去以後就立刻開動，沿途不再停靠，一直到他要下來的那個站才停下來。他要在約定的時間以前，趕到約定的地方，去看他心愛的德亞。他將會一下車就看見她佇立在對面的街角望着他，而使他三步併作兩步的奔過馬路去緊握住她的手，好像遲一秒鐘就會失去她一樣的久久不放鬆開來。然後，他們將在互相期待的目光下，笑着向要走的地方走去。

他向自己笑了。這個姿色雖然平庸但內心却無限優美的女孩子使他感到非常的幸福。——說這句話也許顯得太武斷一點。但憑他經驗的判斷，當也不致於太錯誤的。雖然他們中間從未會過面，但她曾暗示給他是這樣的。因爲有一次她的來信說：「還是不要見面吧，因爲這樣你或尙能保留一個美好的印象。如果見了面，你將會大失所望的。」這是在他們書面的認識不久以後，他寫信表示希望他們見見面而得來的答覆。

事實上他們已經結識很久了。她是一個播音員，而他則是一個聽衆。當每天下班回來，他總要扭開收音機，撥到這個廣播電台，來聽一段有生命力的交響曲或是其他的古典樂曲。他總是一邊解開領帶，一邊伸手去倒一杯茶，然後把身子扔在那張陳舊的沙發上。每次，他都會聽到她在樂曲的前面作一個內容的介紹。這使他感到不快。於是有一天，他終於把這些累積的厭煩不耐而神經質似的寫了一封信給電台，要他們轉給這位播音小姐。他用着很諷刺而禮貌的語句向她說，如果是電台安排節目的人要她這樣做，那麼他實在替她可惜那麼好的嗓子用錯了地方；如果是她自己想出來的「爲聽衆而服務」的花樣，那麼這個電台將因她的擅作主張而減少聽衆，她自己則多此一舉。他告訴她說，因爲能欣賞音樂的人根本就不需要她那令人心煩的介紹，不懂的人在聽了一大堆術語以後還是不懂。他勸她取銷這個「自以爲是」。她的回信來了，出乎意外的是，她不但不像一個店員招徠顧客似的表示接受或考慮他的建議，或者謝謝他的批評，却反而把他大罵一頓。她說他自己才「自以爲是」，叫他不要以自己來忖度別人。她說她知道他的音樂修養很高（她從他的去信裏看得出來），但這種理由實在是似是而非的。因爲音樂不是供給少數有閒階級、士大夫階級、或是貴族階級們消遣的專利品。音樂的目的在陶冶人們的性情，提高人們的修養，與人格，而「人們」却包括着更多更廣的人民羣衆。中下層階級在公(工)餘之暇，他們既也有權利來享受音樂，則他們必需先了解音樂，懂得此一樂曲之所指。她說想不到受過高等教育者如他，竟也有這種荒謬而自私的觀念，並且拿自己的優越感來衡量別人，她爲國家寃枉的培植一嘆。她在信末簽了個名，並且用她漂亮的字跡毫不潦草地寫上她在電台的所屬部分，說她願意接受他更有力的理由，如果他心有不甘的話。

起初他是很不樂意的。但仔細一想，實在是自己不好。因此他到底寄了第二封信，但不是抬槓，而是誠懇地接受她的搶白。這封信去了以後，她的來信也非常客氣起來，並且說請他指教，——他在信裏看出了她的和顏悅色。「你是很能服輸的人，是不是？如果這樣，到跟我的性情極爲相近。這可不容易，在這個世界上，許多人都明知自己的錯誤而不肯服輸呢！好，」她在信末加上一行說：「不打不相識，咱們拉拉手，講個和怎麼樣？」

就這樣，他們中間開始了通信上的認識。他向她開玩笑說，她的第一封信罵得雖然痛快，但她實在弄錯了。因爲他不但不是一個貴族階級，或者傳統的所謂士大夫階級，更不是有閒階級，而不過是一個小公務員，在一個技術機構裏當一名助理工程師。他說他一天到晚忙得要命，祇有晚上才是他自己的時間。有時機器開動了，他連晚上也沒有得空的，不像她一天到晚祇有幾個鐘點的工作，舒服而愜意。下班了，丈夫（或男友）在門口等着，過着其樂無窮的生活。她沒有就這個問題討論下去，祇問他閒來作何消遣？就聽聽收音機嗎？還是帶太太小孩子出去逛逛大街，看看電影？他幽默的回答她說，他的孩子尙在天上向下界搜索誰是他的母親呢！「不胡扯了，找些題目或問題來談談吧，」他說：「如果你對音樂有興趣的話，我們就從這裏談起。」他明知她愛好音樂。

漫長的筆談從此開始。從勃拉姆斯到美國現代音樂，從莎芙克里斯到奧涅爾，從伊里奧特到紅樓夢，從拉斐爾，米開朗琪羅到披加索，從電影到話劇，從宗教到人生哲學。……這是永遠談不完的。他說他應該找一個時間去看看她，同時也可以當面談談這些問題，可是白天自己辦公，晚上則她上班，很少有雙方都方便的時間。他間接的向她徵求意見說，他們是否能見見面？他想這個祇聞其聲，不見其人的女郎，究竟是個什麼樣的人？

他沒有能如願以償。雖然她心底很佩服這個男人對一切事物的卓越的見解，豐富的學識，但她在考慮了一下以後，終於婉拒了這一次太早的見面。「還她想她有一天或會與他見面的，但不要現在。「還是不要見面吧，因爲這樣你或尚能保留一個美好的印象。如果見了面，你將大失所望的。」因此她才這樣囘信給他。其實，她在寫這封信的時候，心情也是很複雜的。儘管王爾德「男女之間是沒有友情的」這句話被一般的人們譏笑，打擊，但事實是這樣：除非雙方都已厭倦愛情或者都是超人，否則不可否認地，男女之間將是互相具有吸引力的。在她，實在應有一個很好的男友(或丈夫)來配她。因爲她有足夠的條件獲得一個好男人。在與這個未會見面的他認識以前，她曾被那班有貌無才的，或是有財無才的臭男人們包圍着。他們愈是靠得她近，也愈使她感到討厭：她絕不重視一般少女虛榮的享受慾，所以對於有財而無才的人她無動于衷。她也不希罕那些油頭粉面的小伙子們，那種粗俗的對女人卑賤的奉承祗有使她更加卑視他們。她的見聞所及，以及教育與智慧告訴她，一個男人的外表是不足重視的。誠然，女孩子會喜歡一些漂亮的男孩子，但女人所要嫁給他的，或者說所需要他的，祗有一個字：誠。其他都是不成問題的問題。但如果什麼都具備而缺乏了誠，則一切都成了問題。因此當她接到了他那第一封諷刺而有禮貌的信時，在覆信時她除了表明自己的看法以外，並且也有意試探一下：這個陌生的男人是否能幫助她？（她有這個希望）果然，她從他那裏知道了很多他的事情：他是一個致力於工作的技術人員，並且還是一個單身——跟一個有夫之婦結交，是一件不可思議的事情——她也從他那裏得到了更多的，她前所未知的東西：書本上的，以及無形的。她會笑他說爲什麼懂得這麼多，還不能得到上司女兒的青睞？他囘信也諷刺的說，假如因爲知道他這永遠趕公共汽車的命，是太高攀了她，那麼請她不必再給他寫信了，不必那麼瞧不起人，人家也許瞧不起他，他到也要看看別人是否配他看得起哩！「我？」她囘信裏半眞半假的說：「我倒願意見你哩，豈止寫信？」可是等他眞的說要見她時，她却又躊躇了。

這樣又過了很久。他們中間繼續寫着信。這種笑謔，率直，善意的埋怨與相互的發表見解，把他們造成像是一對多年的老朋友似的。他們永遠有新的事情要討論，也永遠討論不完。這個過于戇直的男人不再提起想見她的事了。他深恐這種恬靜的情誼將因自己的冒昧而失去。如果他再魯莽一次，他可能將再受一次難堪，甚至便失去這個久已圍繞着他底心靈的人，何況自尊心也是必需維持的。並且，也許正如她所說，這樣反而好一點。要是眞的見面了，以後是不是再能這樣無拘無束，自由自在的寫信，說那些心底要說的話呢？但如果她因爲外貌平庸而有自卑感，那是大可不必。當然，他是一個不難看的男人，或者可以說他是一個相當優美的男人。但這對他不足驕傲，也從未想過這而引起自己的驕傲。他要的是內在的美，這種美是遠甚於外表的美的。——說明白一點，一年多以來的書面認識，已使他愛上了這個播音的她。他眞想率直的告訴她說，他已愛上了她，不要以爲自己的面貌平庸而拒絕與他見面。但這樣寫既俗氣又冒風險：萬一她翻臉呢？

這個矛盾在他的心裏漸漸擴大。他又不能明言。難道永遠的不能見一次自己心愛的她麼？

但正在這時候，她給他來了一封信。她說最近電台上要她去南部一個分台工作，幾天以後就要起程。如果他願意，她希望在禮拜天看到他，她給了時間與地點。但她在附言上輕描淡寫地說如果他沒有空就算了，她將在到南部以後給他寫信。

這是他一年多以來常常所希冀的事。別說禮拜天，就是平常，他如有機會能見到她的話，他也會設法去看她的。於是他立刻寫信給她，告訴了他的喜悅與必然的踐約。

今天，不，要不了一會兒他便會見着她了。

車子還沒有來。他是乘了另一路公共汽車到達這裏的，再等這一路的車去。雖然時間還不晚，但他顯得有點焦燥與不安，而不時的看着錶。錶上的針告訴他，離約會的時間還有二十分鐘，看樣子會剛剛趕上。於是他又暫時的安心了，輕輕的收斂了剛才想她種種時的笑容。

走廊裏的人越來越多。他眞就心他等一下擠不上去。原來排好的隊形亂了，每一個人都是第一名，也都是最後一名。他一心祗想着德亞，沒有注意別人的擠動，而隨遇而安的被擠到後面去了。等他感到脚底下有點什麼東西時，抬起頭來他才發現自己踩着了一個小姐的脚。他本能地立刻的向她道歉，並且看了看四週的人羣，用無言來解釋自己不是故意踩的。她點了點頭示意寬恕，並且順便掃了他一眼。

他本來到沒有看她。卽使是向她道歉，他實在也沒有存心看看任何人的臉龐；他不要看，二十分鐘以後，他要看到他一年多以來日夜縈念的她了，他何必要看其他的人？但現在，他却不得不看她了！人們常在別人看他時，卽使他在注意別的事物，他們的第六感自能感到別人在看他的。於是，他也看了她一眼。

可是就這一眼，他已被她吸引住了。人們對於美醜的感覺總是特別靈敏的，愛美又是人的天性，並且下意識會讓人們憑直覺而可能做出一些傻事。她有着一對烏黑的大眼，高高的額角上輕覆着一些微亂的雲鬢。這個希臘古典式的鼻樑跟維納斯女神沒有兩樣，長長的睫毛對襯着她那張甜甜的小嘴。這是什麼？是上帝遺留在人間未返的天使，還是那個海倫的轉世？感謝雨天！它讓藝術品完整得白玉無暇：淡綠色的雨衣披在她的身上要比披在別的任何一個其他的女孩子身上更合適，或者說這種淡綠色的雨衣如果披在任何別的女孩子身上都將糟塌了它的光彩。她祗穿了一雙平底的皮鞋，光着的小腿像是畫家設計的理想曲線的底稿一樣，使人迷惑於這種巧奪天工的傑作，——不，這原是上帝替她造的，單獨的賦予她的，又何必說是巧奪天工！

下意識使他盯視着她。她被看得有點不好意思而低下頭來了。嚇！她剛才沒有低下頭。爲什麼低下頭對她顯得那樣適稱？他現在才想起許多雕刻家爲什麼都讓模特兒低頭的原因：這種恬靜神采多美！他簡直有點心跳起來了。幾秒鐘以前，他還在掛念着他那心愛的德亞，但現在他被面前的美神佔有了。一個衝動的聲音在他的心裏叫了起來。如果德亞也能有這麼美的話，……。

還沒有想完，車子已經來了。他意識到必需快點上車。人羣在向車門移動，他也跟着走過去。不守秩序的男女們雜亂地衝上車子，把他扔到後面去了。他很想也來一次衝鋒，但與其說他的教養使他不能這樣做，倒不如說是那個美麗的女神使他不願孟浪，因爲他立刻又想到了她在後面。於是他等那羣人漸擁了上去以後，才跟在後面走了上去。

天下有的是巧事。謙恭與禮貌也將得好報應：他上車時，竟還有僅有的一個位子在等着他。聽從直覺的指揮，他便毫不猶豫地轉身坐了下來。但等他坐定了抬起頭來時，那個女神却正向他坐的地方走了過來。看樣子她將站定在他的面前了，因爲她的手已伸出來拉住那枝吊桿了。

他站了起來。即使不是一個男士對於女人應有這樣的禮貌，憑他那份抱歉(他踩了她的脚)與愛美的喜悅也該讓座。他向她擺了一個手勢，她在略微猶豫了一下以後，就向他微笑了一下表示謝意而坐了下去。

她的臉對着他。他可以看得更清楚更自然了。她的儀表，她的豐度，以及她拉拉雨衣的領子呀，輕掠一下雲鬢呀，那些更令人喜歡的小動作，使他有一種迷亂的感覺，——雖然她並沒有挑逗他或誘惑他。

就在這時候，她手上的東西忽然滑跌了下來。「拍」的一聲，把他的眼睛帶向地下注視。同時他正應該彎身下去效勞一下的。可是等他的眼睛接觸到那掉下來的東西時，他却忽然給呆住了。

這把他那有下沉趨勢的心挽住了，並且帶回淨界裏來：這是一本聖經！哦！她也是一個基督徒！看樣子她剛從教堂裏做禮拜回來。對了：今天是禮拜天。自己怎麼忘了去呢？那被德亞的來信所撩起的興奮與喜悅冲昏了他！他竟愧對了主！並且，他今天又犯了罪：對着面前的她，雖然他的心裏沒有什麼塵垢，祇爲愛美而愛美，但作爲一個主的信徒來說，即使是這種天性的本能也是不該的。人們有時候不能依本性行事。既然是人，就該守人們已有的道德觀念。何況他馬上就要去見他心愛的德亞，就拿這份有罪嫌的心去看她麼？這顯得多麼卑鄙，多麼無恥！

他立即愧恨起來。拉住車上的吊桿，他閉起眼睛，在心底禱告萬能的主，請求他赦免他那一時的邪思，——假如這是邪思的話。他在心裏向主懺悔，向德亞懺悔，也向面前的她懺悔：懺悔自己喜歡她那美色的犯罪心理，——假如喜歡別人就算犯罪的話。

他一直沒敢再睜開眼，怕魔鬼再鑽進他的心。車子一站一站過去，大概快要到他下來的那一站了，他才睜開眼來。但實在還沒有到，離他下車還有幾站。他想了一想，忽然想到了爲什麼不換個地方站站？背對着她，不是什麼都沒有問題了麼？縱然這是一種駝鳥蒙頭自欺欺人的作法，但這不失爲一個在魔鬼的影子未會全去以前的一種比較好的辦法。於是，他轉了過去，背對着她站着，向馬路的這一邊看着。

好，這一下可好了！這邊過來了一隊基督徒聚會處的天使們。白衣紅字觸目驚心的衣服，向他移動了過來。他一眼就看見了那領頭的一個人的身上，寫着幾個大字：罪的工價就是死！是的，犯罪不悔改是要以死爲工價的。

魔鬼完全沒有了，他完全解脫了自己。他感到一陣從心底發出的舒適與安心。車子停了，他安心地讓人們先走，到最後他才慢吞吞跟着走下車來。

現在他什麼人都不需要注意了，德亞已完全的回到了他的心裏。他看看錶，正好是約會的時間。於是他抬起頭來向對面的街角走去。德亞已在等着他了。她披了一件淡綠色的雨衣，手上正拿着那本使他重回淨界的聖經。（完）

(上接第18頁)

報刊，作爲領導學習、傳導經驗、推動改造的工具。這次參加平津地區改造的大學凡二十個校院，受改造的教師達六千一百八十八人。改造的方法：是讀「文件」，聽「報告」，查「出身」，查「生活」，然後進行批評與自我批評。所謂「批評」，是要「破情面」，「追到底」，「打破與人無爭的妥協思想」，「攻擊和檢舉他人」。所謂「自我批評」，是要打破「自尊心」和「優越感」，暴露自己的階級成份，掘挖自己的祖宗八代，自我侮辱得乾淨利落。中共並在學校中組織「核心會」，製造「積極分子」，同在農村中清算鬥爭所佈置的手法一樣。被改造的教師們，輕則坦白自悔，受羣衆奚落；重則改受勞動改造，從此失蹤。這「思想改造」是中共給與大學教授們永遠學習不完的課題，其身心所受的磨折，非身受者所能領略的。

大學教育如此，整個的大陸教育亦可想見。本文的材料，是根據三年來各方面的文字報導和直接與大陸上逃亡人士談話的結果，並以中共自己的原始法令來作引證。此外還有許許多多的傳聞資料，一概沒有採用。作者希望大家來注視大陸教育問題，這篇報導只算是一個「引子」而已。

柴却羅夫上校

Stephen Kelen 原作
陶冬心 譯

護士先生諸頓把一個新的病人帶進了蘇羅保夫的診所裏。

「醫生，這是一個很特殊的病人。」他指着站在他身旁的一個人說着。

「我知道了」，蘇羅保夫長嘆了一聲，接着，他全身起了一陣冷慄，他很怕看見那個站立他面前憔悴而瘦削的病人。

「這個病人」，諸頓繼續地說着，「不大會說英語，這是他自己對我說的，但是，他却想能隨便地跟你在一塊談談，可以嗎？」

「可以，當然可以」，蘇羅保夫憂鬱地同意了。「他爲什麼不可以很隨便地和我在一起呢？」

這個新病人起先很嚴肅地站着，漸漸地却開始戰慄起來，並且窘迫而慢慢地舉起左手掩蓋住他的臉，蘇羅保夫被他那可怕的姿勢震驚了。

「我不必再害怕他」，蘇羅保夫堅定地對着他自己說着。「他目下對我已不能有所損害了，現在我是在澳洲……在澳洲。」于是他很困難地提高了嗓子轉向着諸頓說：

「你到外面去吧！讓我和他單獨地在一起，如果有事需要你的話，我會打鈴叫你的。」

「是的，醫生，我想他的病況並不十分危險，但是，我猜他一定在害怕什麼，我從來就沒有看見過比他再膽小的人。」

諸頓離開了房間之後，蘇羅保夫立刻就後悔起來，他感到恐懼，手顫抖着爲自己倒了一杯水，然後轉向站在他桌子前面的病人，用保加利亞的語言說着：

「請你坐下來，你在這裏可以不必害怕什麼了，我是你的醫生，我唯一的目的是幫助你。」

病人衰弱地倒在桌旁的椅子上，聽到了他自己國家的言語後，他逐漸地鎮靜了下來，斜着身體靠向着蘇羅保夫，低聲地說着：「我非常地高興，在這裏能聽到保加利亞話，你……你說話的發音完全跟我們一樣，你在什麼地方學到的？」

「在蘇非亞，」蘇羅保夫醫生回答着，他現在覺得安定了一點。「你知道嗎？我也是保加利亞人呢！」

「感謝上帝，」病人鬆了一口氣，「我可以自由地和你說話了。」

「當然，」蘇羅保夫儘量地想使他安心。

「他們跟蹤我，醫生！他們要殺……害我，我無法入睡，我吃不下東西，他們會把毒藥下在我食物中的，我知道，他們會派了一個人，昨天就跟了我一整天，我怎麼辦呢？蘇羅保夫醫生，請……不要讓他們殺死我。」

「這怎麼會呢？我想不會有任何的人要殺害你。」他壓制了情感，冷靜地說。

「不，他們會的，」病人堅持地說着。「我知道他們會的。」

現在是機會了，乘着這個機會，爲什麼不去問他一些關于自己從前還不大十分明白的問題呢？蘇羅保夫想着想着，不免脫口而出地問這個病人：「他們究竟是誰呢？」

「當然是猶太人，不妨告訴你吧！我是柴却羅夫上校，蘇非亞集中營的主管，他們知道我，他們要報仇，要報仇，因爲我做了許多我當時職務上所應該做的事。」

「是嗎？柴却羅夫上校，別想得那麼多了，他們不會傷害你，我想你不會受到傷害的！」蘇羅保夫吃力地把說話的聲音提得很高、很大，接着他打了一下鈴。

「謝謝你，謝謝你！」柴却羅夫上校現出極其感激的樣子。

諸頓進來，把病人帶了出去。

這突然而來的遭遇擾亂了蘇羅保夫平靜的心情，他頹然地坐了下來，不禁回憶起在集中營中遭受到的許多可怖的事情，他和他無數的同胞們在那裏曾捱受過一段漫長的苦難日子。

不知不覺，他開始啜泣了起來……

房門開了，哥頓醫生走了進來，逕自坐到幾分鐘前柴却羅夫上校坐過的那張椅上。

「喂！你的眼圈有點紅而且還濕着。」哥頓醫生友善地說着：「這間房間的光線太壞了，我看你最好還是換一付深一點的眼鏡。」

「我的眼睛並沒有什麼毛病，」蘇羅保夫悵惘地說着：「那是我剛才哭過的。」

「哭了？我說你最好還是能有一個比較長的假期來休息一下，老年人！你的神經一定需要鬆弛一下，假使你願意的話，我可以向院長去說說。」

「謝謝你，哥頓，謝謝你。」一陣親切的溫暖浮上了蘇羅保夫的心頭，他現在感覺得舒適得多了「請你相信我，我的神經很正常，我不需要休假，只是剛才我遇見了我過去的一個可怕的魔鬼。」

「你過去的一個魔鬼？」

「是的，幾分鐘之前他們把柴却羅夫上校帶了進來，在保加利亞他是一個專門虐待猶太人的罪惡昭著的人，幾千個猶太人的死亡他是要負全部責任的，我的整個家庭也犧牲在他的手中，我是他的囚犯之一，但現在他已不認識我了，他在怕猶太人會向他報復。」

「蘇羅保夫，我向你非常抱歉，他們不應該把他帶來給你，交給我好了，或者把他送到其他地方去，你看怎麼樣？」

「我想這是不可能的。」蘇羅保夫苦笑了一下，溫順地說：「你知道，他不會說英語，我們這裏的醫生可以說各種不同的語言，但是柴却羅夫上校却不然，他是個偏見很深的人，除了他本國語言之外他拒絕學習任何一國的語言。」

「那麼怎樣處置他呢？」

「我？我沒有選擇，我是醫生，我必得先忠于我的職務。」

「這樣也好，你是對的。」哥頓明朗地說：「我所能說的，就是我完全欽佩你偉大的態度。」

這一天晚上，蘇羅保夫做了一個奇怪的夢：他疲倦地沿着一條似乎有盡頭的路上艱困地走着，在走着時候，透過那朦朧的光線，他遠遠地看到了山頂有三個十字架的影子，他感到了一陣可怕的疲倦，只想休息，永遠的休息。可是正當他要在路旁坐下來的時候，一個溫柔的聲音在他耳邊輕輕地響了起來：「我的朋友，你一定要完成這段路程，勇敢地去發現眞理，追求眞理。」……，最後他終于到達了山頂，他看見他的愛妻和兒子已被釘在兩個十字架上，他不禁絕望地叫了起來。要衝過去把她們放下來，正在這時，病院裏的男護士諾頓帶着被枷鎖着的柴却羅夫上校走到了他的面前。「原諒我，醫生，」諾頓對着他說：「前面中間的那個十字架，就是你看到的那個十字架，仍然是空着的，你來決定吧！是動手把他釘到上面去，或者是你自己把自己釘上去，你有全權選擇……」

蘇羅保夫大聲地哭醒了，窗外的天空正現着魚肚白色，他瘋狂地坐了起來，下意識地希望立刻見到柴却羅夫上校，「上帝已經把他交付到我的手中，」他喃喃地自語着，走到藥箱旁找到了一瓶皮下注射針……。

「哐」的一聲，是門響的聲音，回過身來，他看到諾頓忽忽地奔了過來，舉動是那麼緊張。

「蘇羅保夫醫生！」諾頓期期吱吱地說着：「那個保加利亞人……，當我送他到他房間的時候，我對他說可能他在集中營裏受了痛苦，和你一樣的痛苦，他完全懂得了我的說話，因為他連忙問我說：蘇羅保夫醫生也會在蘇非亞的集中營住過？我回答他說：是的，因為蘇羅保夫是猶太人，所以保加利亞的納粹黨人將他送入集中營！」

「後來呢？」蘇羅保夫切斷了諾頓的話，急急地問着他。

「今天早晨，在我進房的時候，我去看他……，看見他倒在血泊中，他割開了他的血管，在他的桌上有一張字條。」諾頓隨手遞過了一個字條，「就是這張，我看不懂。」

蘇羅保夫搶過字條，神經緊張而急切地讀着，字條上寫着的是保加利亞文字：

「願上帝饒恕那些對人類有罪惡的人！」

「你有沒有馬上找到值班醫生替他急治一下？」蘇羅保夫一面暗暗地責備着自己剛才的那些概念，「我們一定要用任何代價來拯救他，我們不能見死不救地讓他死掉。」

「太遲了」，諾頓說：「他早已斷氣了。」

罪惡的人，在陽光與眞理的面前，他始終逃不出他所應得的刼數，無論怎樣，他一定會倒下去，一個接着一個的倒下去！

譯自英國出版 "Courier" 雜誌之第十九卷第二期。

本刊徵求中篇文藝小說

一、本刊徵求中篇文藝小說，文長以六萬字至八萬字為限。

二、情意須雋永，文字須輕鬆，故事須生動。八股、口號恕不歡迎。

三、入選稿件，將分五期或六期在本刊連載，登載後並由本刊發行單行本，版權為本刊所有。

四、入選稿件每千字酬稿費四十至五十元。

五、暫定五月十五日為截止收稿日期。

六、來稿請用稿紙繕寫，字跡須清晰。

七、來稿請寄本刊編輯部。

書刊評介

國父與歐美之友好

羅香林著　中央文物供應社出版

陸漸

鴉片戰爭已有百年以上了，在這百年來多難的中國內，受够了苦難的民衆無不希望「眞命天子」早日來臨，「燒餅歌」和「推背圖」之類的豫言遂致不脛而走，卽智識分子也多數希望「英雄」出世以旋乾轉坤，救國救民。可是國難越來越深，人民越來越苦，不但能副衆望的英雄始終沒有出現，而且偉大的人物亦爲數無多。在此多難的時代中，求其瑕不掩瑜，堪稱偉大而無媿者，恐怕中山先生一人外沒有其他吧。關於中山先生的事迹，二十年來中外人士所傳述的也不算少數，但是描摹其人格的偉大處都不能盡滿人意，我們始終待望有一篇權威的傳記出來，而等了二十多年至今還沒有見到。最近羅香林先生編著「國父與歐美之友好」，採用側面的寫法，以窺見中山先生的人格。羅先生曾著「國父家世源流考」及「國父之大學時代」，以精審見稱於採哲生先生，這篇所錄是從檀島讀書以至辛亥之間從事革命時期的事蹟，其謹嚴精當允稱信史。「子謂子賤，君子哉若人！魯無君子者，斯焉取斯？」(論語、公冶長)一個人做到成德的君子，一定要有許多君子和他做朋友才可成功。從他方面說，要看一個人格怎樣，從他的朋友方面很可以看出一個輪廓來，我所以說，羅先生這篇是用側面去看中山先生的人格，卽以此故。我們希望羅先生繼續努力，寫出一篇權威的「中山先生傳」來，以副吾人多年的待望吧。

本書內容分十二篇1章禮士主教；2喜嘉禮牧師；3康德黎博士；4翟理斯教授；5加爾根先生；6卜力總督；7咸馬里將軍；8韜美總督；9格利門梳總理；10林百克先生；11摩根先生；12威廉博士。其中3，4，7三篇材料尤爲難得，叙述亦精警，不可不讀。今將其內容要略介紹如下。

康德黎博士 (Dr. James Camtlie) 是 國父在倫敦蒙難時盡力營救的摯友，又是「孫逸仙與新中國」英文原本的作者，因此之故，國人知道他的名字的自不在少數。但這位熱心的教育家，謹嚴的科學家，手術高明的外科醫生，對於 國父的學問與人格都有其極大的貢獻，則知道其詳情的到底爲數無多。 國父在香港西醫書院肄業，由一八八七至一八九二的五年之間，康博士是教師兼任教務長，爲當時同學們最敬愛的師長，故 國父的大學時代受康博士的感召至深且大。至於康博士的人格則讀了他在一八九二年西醫書院第一屆畢業典禮的演說（本書三八至四五頁）以後，其淵博的學識，懇摯的態度，必能獲得很深刻的印像。這篇演辭，在今日讀起來，還是如聞其聲，如見其人，令人嚮往不已的。

漢學專家翟理斯教授 (Prof. Herbert Allen Giles) 不但是 國父的朋友，實在是中國人的朋友，而一般的中國人多不能舉其名者。他幾乎以畢生的精力盡瘁於中國語文的研究，而又有九十歲的高齡，故他繙繹或介紹中國的典籍，以及描寫中國人情風物的著書特別豐富，西方人士之了解中國，在思想上十七世紀已有德法及大陸諸國的學者做了許多工作，而在社會上的理解，則以翟教授之功爲多。他和國父的交遊是經康德黎博士介紹的，他倆之互相敬重自不消多說，觀翟氏編著「中國人名辭典」時特將 國父編入概可想見。

咸馬里先生 (Homer Lea) 是一位軍事學的怪傑，其眼光獨到之處曾使列寧爲之心折，使德國大將西克脫欽佩，因之德國軍事學家多受其影響，但是在他生前則不但外國人不知道，連他的祖國——美國——也沒有人看重他，其生平知已唯有 國父一人而已。在他所著「無知的勇氣」（一九〇九年出版）中，曾預料美日兩國必有戰爭，而且日本將佔領菲律賓、香港，及星架坡等地，這些先見之明不够驚人嗎？他對於歐洲的形勢也預料到第一次大戰，且謂：「如果英國失敗，一戰就可了局；如果英國獲勝，戰爭還可層出不窮。」由四十年後的今日觀之，眞是料事如神了。可惜他竟於民國元年死去，不能襄助 國父平定中國，這是中國的不幸，也是全世界的不幸吧。

其他各篇亦各有精彩。如1及2兩篇叙述 國父接受西方文化及基督教思想，而逐漸發生改造中國的決心，而從事於救世救民的革命事業。尤其重要的，辛亥革命的成功並沒有用甚麼武力，究其要素，一方面是國內的人心，他方面是外交的形勢。盡庚子以後，中國之不亡有賴於列强均勢之局，中國的問題就是世界的問題，要在中國成功，外交實在是最重大的因素。 國父在外交上的成功，本書也有明白的指示，如7，10，12三篇可見他如何爭取美國人士的同情，9及10兩篇可見他如何獲得法國人士的協助。但當時最重要的還是英國，3，5，6，11四篇對於轉變英國的態度也很能看出其大概情形。最後則原來幫助淸庭的德國，也因其駐漢口的領事羅氏景仰 國父之故，而採取嚴守中立的態度(第九篇)，日本一國遂致無能爲力，而中華民國乃宣告成立了。遠溯太平天國的失敗，外交也是重大的因素，如果洋將戈登等輩不助淸庭而助洪氏，勝敗不會倒過來嗎？最近的戡亂之敗，不是中共的巧妙宣傳轉移了英美的態度，而使我政府孤立無援嗎？今後的中國問題，依然是世界的問題，有責者必須認明方向，以內政配合外交才有成功的把握，企予望之！

書刊評介

晚清宮庭實紀

吳相湘著　正中書局印行

張白汀

晚清約一百年間，國內的和國際的形勢，誠如李鴻章所說，乃中國「三千餘年一大變局。」可惜在這一個大的變動的時代，中國所得到的，對外是一連串的喪權辱國的可恥的紀錄，對內是太平軍亂，捻匪亂，回亂，拳亂，交相起伏的慘重的禍變，結果呢？大清帝國是瓦解了，幾千年的專制政體也結束了！但是它給予現代中國所留下的災難，却還沒有終止；同時，聯帶着使每一個研讀中國近代史的人，也正如「晚清宮庭實紀」的著者吳相湘先生所說：「每一讀到百年來國恥重重的史實，都不免垂頭喪氣，興趣索然！」因之，他才想到應用一般人對於滿清宮庭故事軼聞的特殊興趣，「以正確的宮庭史料，再參合百年主要史實，」寫成晚清宮庭實紀一書。這本書也就是著者計劃中編著的趣味化的中國近代史，好引起「讀者對近代史的研讀興趣。」

據著者在這本書前言裏說：本書計劃，一共分爲三輯，現在第一輯約十六萬言，已經由正中書局出版。著者現在臺灣大學任敎，過去在故宮博物院擔任研究工作很久，所以能發見更能利用許多的宮中的，軍機處的，和內務府的檔案，給近代史學的研究者，提供不少的寶貴的原始資料，自然更給這本書增加很大的價值；同時著者是專研中國近代史的，所以能獨具隻眼，不僅有許多地方能發前人之所未發，而且有許多地方，還能糾正前人記述的錯失，和一般人對宮庭事故的誤解。

本書第一輯，共有四篇，而以咸豐辛酉政變——慈禧和肅順的政治鬬爭——開端，這不能不認爲著者的獨到之見，因爲辛酉政變的史實是一般國人最不明悉的，而這政變的重要性和牠的前因後果，則以著者的記述爲特詳；實在這次政變，正是變更滿清祖制，由母后垂簾，演成女主擅權的一個關鍵。照既成的事實說，也就是滿清覆亡的一個關鍵，而這關鍵，恰好被著者抓到了！

恭親王奕訢，在晚清歷史的重要地位，常爲一般史家所忽略，一般人當然更少注意了！本書第二篇特以「身繫安危的恭親王」爲題，可謂深得晚清史實的眞相。同治四年，恭王與慈禧的齟齬，更是許多史家所未曾注意到的，本書根據外間未曾發見的摺包原件，原原本本的叙述出來，也是本書的一大特點。第三篇「憂讒畏譏的曾國藩，」對於國藩與肅順奕訢及宮庭的關係，很有深到的分析，使讀者可以更清楚的瞭解這一歷史人物的苦心。

本書著者雖以趣味化的近代史爲理想，但是全書並不是僅僅注意到宮闈的趣味，而忽略主要的史實，却是在重要史實的叙述裏，不使讀者感到枯寂無味，這樣，也不是摭拾無根傳聞，稍有傅會，却是有源有本，根據着正確史料；這一點著者是相當成功的！尤其是第四篇「同治帝與圓明園」一篇，無一字無根據，却無一字無趣味，無一字不引人入勝，可謂恰到好處。

本書附錄史料考異一篇，是駁正王湘綺「錄祺祥故事」的，在這篇考異裏面，從著者所引的史料來看，再對照本書第一篇咸豐辛酉政變紀要的叙述，我們有理由相信，著者的論斷的精確！可是以王湘綺那樣的文名，而且和辛酉政變的主角肅順，有那樣的交誼，還把首倡「事貴從權，理宜守經」，第一個請求「皇太后暫時權理朝政」的御史董元醇的大名弄錯了，可見記事寫實之不易！至於御膳規例的攷訂，以至於一杯盤之細，一印章之微，著者都不惜旁徵博引，以辨誤存眞，這種謹嚴愼重的態度，特別值得推許。在臺灣，目前還有不少喜談禁宮故事的文章，這些文章的作者，去湘綺之時更遠，較湘綺之學之才，並無過之，那麼，他們所談的一切，是否都信而有徵，也就可以想像得到了。

本書以晚清宮庭實紀爲名，但不是以宮闈瑣事爲主眼，著者在前言裏已經說過，是「以正確的宮庭史料，再參合百年來重要史實」來寫的，所以這不是一本談掌故的書，却正是一種信史。由於書裏引用了不少的外間未曾發見的詔諭和奏疏，這些詔諭和奏疏則是著者「十年以來南北奔走，努力搜求」的收穫，這些資料，可以增加讀者對本書閱讀的興趣，可以使讀者清楚的了解事實的本原，更可以使史家作有利和有力的研究參攷。所以說這不僅是一本雅俗共賞的書，更是一本有內容有分量的近代史研究的書。

專就晚清宮庭實紀的題名來說，這本書也不是毫無瑕疵的，例如第一篇叙述英法聯軍之事，夾述俄人東侵一段，這正是當時中國國際環境的實況，然而在這裏寫來，則不免有使讀者把注意力分散的缺點，這段叙述，自然是重要而有價値的，但如果另起一節，加詳描寫，或者要好一些。

總之，無論從任何方面說：這一「晚清宮庭實紀」在近幾年來自由中國出版物中都是値得向一般讀者推薦的。

服務東方的
CAT
民航空運隊
台北
香港
曼谷
馬尼剌
沖繩
岩國
東京
釜山
客運迅速
貨運敏捷
包機便利
台北營業處
重慶南路一段十一號 電話：22340，27331
民航空運隊

第八卷　第七期　內政部雜誌登記證內警臺誌字第一九號　臺灣省雜誌事業協會會員　一四〇

給讀者的報告

最近行政院舉行政務檢討會議，對庶政得失切實提出檢討，其態度之認眞，洵爲以往所罕見。尤其陳院長在每項工作檢討結束時，所作之結論，瀝陳政治之錯失，痛下針砭。這實是政治上樹立新風氣的開始，値得我們贊揚的。我們於聆讀陳院長的指陳之餘，感觸殊多，爰在本期社論中，就陳院長的結論，從「正」、「現代化」和「守法」三點加以引申，並希望政府今後能够切實實行陳院長的指陳。陳院長在這次檢討會上，力言建立制度之必要。一個國家的建立，必須從建立制度做起，制度建立之後，卽普通人才執政，亦可蕭規曹隨，按步前進，不致有人存政舉、人去政廢的流弊了。

日首相吉田茂於衆院通過不信任案後，立卽宣佈解散議會，實行總選。鳩山、吉田自此亦分道揚鑣。現日本各政黨正忙於參加總選，結果如何，固難逆料；但總選後之日本衆院無一黨可獲半數以上之席次，殆爲勢所必然。是以今後日本之政局恐將難趨安定，此世人之所引爲憂慮也。本期徐逸樵先生爲文分析「今後日本政局」，俾使吾人對日本總選前途有進一步之瞭解。

三月廿九日是黃花岡七十二烈士殉國紀念日，這是歷史上一個可歌可泣的日子。但是用來定爲青年節，則大有値得商榷的餘地。所以夏道平先生建議「靑年節應當改期」。他所提出的論點，涵義是十分深遠的。

大學是研究學術的機關，其功能主要在培養自由研究的風氣。這與教授的聘請、圖書的設備、及經費的充足與否，自然都有密切的關係，而課程的訂定尤爲重要。然而現在大學課程的訂定，其缺點實在很多，爲大學的學術前途計，這些缺點都是急須加以糾正的。邁雲先生在「有感於大學課程」一文中，提供很多寶貴的意見，尤其强調建立講座制度之重要。希望這些建議能得到教育當局的重視。

本期幾篇通訊都値得特別推薦。「大陸上大學教育的毁滅」是一篇綜合性的報導，本文對中共在大陸上如何扼殺文化教育的情形，前前後後，巨細不遺地作了一次有系統的叙述。這是最近數年來我們所見到的，對中共統治下大學教育眞相的報導中，最完整最詳盡的一篇。從這篇報導裏，我們可以看到共產黨毁滅文化的用心，秦始皇的焚書坑儒比之於毛澤東實在太相形見絀了。

「萬里風浪」是作者夫美留學的第一篇通訊，讀這篇文字，不但可以神遊重洋，更使我們了解到：年青一代在這連年戰亂中身心所感受到的是什麼？

今年三月是中共的「貫徹婚姻法運動月」。這個所謂「新婚姻法」不知製造了多少人間悲劇，「冷眼看新婚姻法」一文暴露了中共這方面的醜惡面目。

此外，師範先生的「約會」文藝稿，與楊志希先生的翻譯，也都是同樣値得推薦的。尤其楊先生遠居海外，關心國事，不時爲我們賜稿，尤使我們感激。

本刊售價

一、臺幣四元
二、越幣八元
三、菲幣五元
四、港幣一元
五、暹幣四銖
六、美金二角
七、叻幣四角
八、印尼幣三盾
九、日幣八十元

自由中國 半月刊 第八卷第七期 總第八十二號

中華民國四十二年四月一日出版

發行人兼主編：『自由中國編輯委員會』

出版者：自由中國社
社址：臺北市金山街一巷二號
電話：二六八八五號

航空版經售者：香港時報社

臺灣：自由中國發行部
美國：中國書報發行所、紐約民氣日報社、舊金山少年中國晨報社、芝加哥中國出版公司
日本：東京僑豐企業公司、東京南友堂、東京內山書局
韓國：釜山草梁洞新泰行
馬尼刺：大中華日報社
印尼：椰嘉達星期日報、椰嘉達天聲日報、棉蘭繁華圖書公司
越南：西貢中原文化印刷公司、越南華僑文化事業公司
暹邏：曼谷攀多社十二號
緬甸：仰光振成書報店
印度：孟買梅亞號、加爾各答塔梅學校
澳洲：雪梨瑞田公司
北婆羅洲：馬拉奕坡美芝律瑞華公司
新加坡：中興日報社、檳榔嶼、吉打邦均有出售

印刷者：精華印書館
廠址：臺北市長沙街二段六〇號
電話：二三四二九號

本刊經中華郵政登記認爲第一類新聞紙類　臺灣郵政管理局新聞紙類登記執照第二〇四號　臺灣郵政劃撥儲金帳戶第八一三九號

自由中國

FREE CHINA

第八卷 第八期

要目

中華民國四十二年四月十六日出版

社址：臺北市和平東路二段十八巷一號

半月大事記

三月二十四日（星期二）
美爆炸「原子裝置」，距爆炸點二英里半戰壕中的一千三百名軍隊無恙。
一捷克客機載二十五名乘客逃往西德。
韓境西線激戰又起，老禿頭山在大砲轟擊下，不知究爲何方佔領。

三月二十五日（星期三）
聯合國在韓部隊統率克拉克將軍及其夫人訪臺。
新加坡、錫蘭、香港，均對禁運戰略物資輸共區事採取行動。
英太皇太后瑪麗病逝。
法總理梅葉飛華府，與美高級官員會晤。
西德總理艾德諾呼籲蘇俄同意統一德國，並釋放德俘，以試探蘇俄和平誠意。據合衆社電：艾森豪與邱吉爾正在對此事作密切商議。

三月二十六日（星期四）
克拉克將軍再謁蔣總統長談，並參觀國軍戰鬪演習，招待中外記者。
莫斯科電臺再對美發和平呼籲，並建議英蘇在商務上「和平合作，友好競爭。」
法總理梅葉偕外長及財長與美總統艾森豪及高級官員會談。
韓境美軍奮戰四天後，放棄老禿山陣地。
緬甸向聯大控訴我國支持滇緬邊境游擊隊。

三月二十七日（星期五）
立院通過中西友好條約。
歐洲聯軍副統帥蒙哥馬利抵美。
韓境西線美軍採攻勢，奪回維加斯山陣地。

三月二十八日（星期六）
中共接受聯軍統帥部所提交換傷病戰俘的建議，並建議立卽恢復停戰談判。
美法高級會談結束，兩國對部分問題已獲協議。
教部已核准基督教在臺設立大學的申請。

三月二十九日（星期日）
自由中國第十屆青年節大會，蔣總統親臨致訓。
美國務院聲明，交換病傷戰俘，須本自願原則，且無需由雙方恢復停戰談判。
法總理梅葉抵加拿大，開始與加政府作非正式會談。
利比亞王國加入阿拉伯聯盟。

三月三十日（星期一）
臺灣海峽上空發現不明機數架，本省中北部發警報。
希臘政府已同意禁止該國船隻出入共黨國家。

三月三十一日（星期二）
克拉克函覆共方，一俟交換病傷戰俘安排完成，卽可有條件的恢復停戰談判。
緬甸宣布終止美援計劃，因「美國正在支持緬甸東北邊界上的中國游擊隊。」
我代表蔣廷黻氏在聯大聲明，嚴正指斥緬甸對我之控訴。

四月一日（星期三）
安全理事會通過提名瑞典外次哈瑪紹爲聯合國新任秘書長。
蘇俄駐德高級專員朱可夫要求召開新四强會議，商討統一德國問題。

四月二日（星期四）
美新任駐華大使藍欽呈遞國書。
聯軍談判人員同意四月六日在板門店開會商討交換病傷戰俘問題。
蘇俄和平攻勢再次展開，蘇俄代表團在聯大同意接受西方國家裁軍議案中的主要部分。

四月三日（星期五）
美總統對蘇俄和平攻勢稱：在任何共黨和平姿態被證明爲不誠實和無價値之前，美政府應該看着牠的表面價値。
北大西洋公約國統率李奇威及秘書長伊斯邁警告稱：勿因俄國甜言密語，輕意放鬆軍事戒備。
美國務卿杜勒斯說：蘇俄具有的三種特質造成世界的嚴重威脅，但東西雙方的若干協議，現在或者可能實現。

四月四日（星期六）
美本土空軍司令詹森訪臺。
蘇俄和平攻勢新姿態：釋放被捕猶太醫生，並逮捕有關保安人員。放棄干擾美廣播。
艾森豪警告西歐，勿鬆懈防衛努力。

四月五日（星期日）
克拉克要求共方提出解決整個戰俘問題的詳細建議。
俄建議召開四强會議，討論德境空中安全問題。美已同意參加。

四月六日（星期一）
板門店換俘聯絡會議無協議。聯軍提九項建議。
西德總理艾德諾抵美，將在華府舉行政治會談。
美本年度第四次舉行原子爆炸。

四月七日（星期二）
臺灣全省舉行防空演習。
本省工礦公司南勢角工廠山後廢彈庫爆炸，死傷三百餘人，損失在新臺幣一千萬元以上。
板門店聯絡會議共方完全接受聯軍所提九項建議。破曉時分中共釋回一聯軍傷俘。
英、法、澳、紐、美五國在珍珠港舉行秘密軍事會議。

四月八日（星期三）
板門店聯絡會議中，聯軍代表反對共方提出之換俘數目，並要求其重作估計。
艾森豪與西德總理艾德諾在白宮初步會談。
聯合國大會通過任命哈瑪紹爲聯合國秘書長。

社論

對共產集團和平攻勢應有的瞭解與對策

史大林死後一聯串的發展，會引起世人種種揣測。我們對這一聯串的發展，無時無刻不在密切注意之中。但我們曾經謹愼着，不作過早的判斷。我們認爲，在未有明確瞭解之前作輕率的判斷，是一種虛妄，不是一個客觀的觀察者所應取的態度。

到今日，我們相信事態的展開，已漸見明朗；幾種基本的看法，亦漸得到事實的佐證。在此時把我們的瞭解與主張發表，應不致增加世人的迷惘。

我們的瞭解，基於整個事態的分析，而並非基於零星消息的綜合。我們祇能指出方向，不能預言細節。我們確認，今後的數年，將是共產集團在策略上退轉的期間。至於這退轉會達到某種程度，這期間會長到某種程度，則仍非我們所能知。

對共產集團的一切，首先應瞭解其目的之單純性與手段之多樣性。詳言之，(一)它無論如何要做到把整個世界轉化爲共產主義的世界，而置之於一個統一的組織之下；把這目的稱爲『侵略』或稱爲『革命』，不過是同一事物之兩個不同的名字而已。(二)它決不用一二種固定的手段來達到這個目的，它的手段，不一定是戰爭，更不一定是全面戰爭；它時常會周密的審察情勢，採取最有效的手段，而避免採取那足以破壞其目的的手段。

共產主義者，一方面是極度狂妄的理想主義者，另一方面又是極度冷酷的現實主義者。這並不矛盾：前一特性，表現於他的目的；後一特性，則表現於他的手段。他們不打無把握之仗。他們更要避免打必敗之仗。他們完全瞭解，在此時與民主世界進行全面戰爭，適足以召致共產世界的全面敗亡。他們要避免全面戰爭，從來就是誠意的。

當他們相信次於全面戰爭的戰爭，如局部戰爭與『內戰』之類，一方面尙不致引起全面戰爭，而另一方面又不失爲達成他們最後目的之最有效手段的時候，他們就採用這些手段。韓戰之挑動，即基於這樣的瞭解。但，那一次他們是估計錯了。韓戰沒有使他們達到目的。相反的。韓戰使民主世界，特別是使美國强硬起來。因此在韓戰爆發以後，共產集團乃不得不考慮新的策略。

他們過去聽任韓戰拖延，是由於杜魯門明明白白的給予了他們以不擴大韓戰的保證。他們現在之所以急於要結束韓戰，是由於艾森豪已經把杜魯門所給予的保證取消。到今日，共產集團已不僅要避免全面戰爭，而且要避免採取一切足以挑動全面戰爭的其它手段。過去局部戰爭並無危險，現在，連局部戰爭也變得危險了。共產集團最近的和平攻勢，就出於這樣的動機。

共產集團的和平攻勢，是民主世界强硬的結果，與史大林之死，並無直接關係。可以說，史大林不死，他亦仍遲早要走上這條道路。祇是，史大林之死，多少便利了共產集團，可以把今日的和平攻勢，運用得更爲靈便巧妙而已。

共產集團究竟有沒有和平誠意？這問題縱非愚蠢，至少是多餘的。如果和平爲沒有全面戰爭之謂，他們當然誠意；如果和平爲消弭雙方敵意永久和睦相處之謂，他們當然沒有誠意。不把和平之廣狹二義辨明而空洞的作此發問，那是毫無意義的。

無論如何，退轉總是一種劣勢的戰略，非萬不得已之時，誰也不願輕易採取。一般觀察家指出：共產集團之轉退，目的在離間民主世界的團結，鬆懈民主世界努力。我們完全同意，共產集團的和平攻勢，可能發生這一類的作用，却不相信這是他們的原始動機。如果有這些目的，也祇是在避免戰爭的大前提之下派生出來的目的。他們是在退却的大原則決定以後，才想出了這些運用，以圖減輕退却所必然會招致的損失。

基於上述的瞭解，我們可以進而討論民主世界應作如何的對策了。民主世界需要和平，不錯。但我們仍要追問：民主世界所需要的，是那一種和平？是永久意義的和平，抑僅爲一時的苟安之謂？如目的僅在後者，照眼前的情勢一定能够達到；如目的在前者，就不必寄託希望於共產集團的誠意，而且也不必考驗其誠意，唯一的對策，祇有乘敵人的退却而追擊。

當然，這不是一種軍事的追擊，而是一種政略的追擊。追擊的具體方法是：明白的提出解決世界問題的條件，迫使對方接受，而不是消極的等待對方提出條件。民主世界儘可以振振有詞。韓國難道不應該統一嗎？德國難道不應該統一嗎？東歐國家以至中國大陸，難道不應該舉行自由選舉嗎？鐵幕難道不應該開放嗎？民主世界縱不能把這些條件一下子就同時提出，至少也應該擇其尤要者而堅持不放，迫使共產集團把戰後收取的贓物吐出一部分來。

我們不應追問：這樣的辦法會不會引起全面戰爭。坦白說，正是全面戰爭的威脅才可能迫使共產集團讓步；而且也正是全面戰爭的威脅，才使它今日採取退轉的策略，自動提出和平。如果再像杜魯門當時一樣，向敵人提供決不訴諸戰爭的保證，共產集團就絲毫也不肯作實質的讓步了。一定要追究會不會引起全面戰爭的問題，無異是迫使民主世界把底牌攤出，這樣還有講價的能力嗎？

民主世界應該決心不辭一戰。沒有這決心，充其量祇能得到一時的苟安，

(下轉第26頁)

馬林可夫政權與狄托主義

蔣勻田

三月三日史達林病危之消息傳出後，艾森豪總統立即向蘇俄人民廣播，表示美國人民對蘇俄人民的友誼與善意。這種舉動，不可諱言的是：白宮方面認爲克里姆林宮的統制權，將因史魔的死亡，而有動搖之可能。及史魔死後四十八小時，馬林可夫即繼承史魔而爲蘇俄的獨裁者，白宮方面，又生一種想像：即史魔控制其附庸國的威望，必非馬魔所能繼承；於是乃如意想望毛澤東可能脫離馬魔的控制，而走向獨立的途徑，杜勒斯國務卿且公開發表此類談話，認爲毛、馬之間，可能發生衝突。而英國朝野，這種希望，更爲熾烈。因爲有了這類希望，竟不惜變更艾森豪總統主動應付冷戰的戰略，不主張對蘇俄的新統制者施以任何壓力。艾森豪總統在新聞記者招待會中且再三聲言：願迎至中途與蘇俄的新統制者相會，以謀和平解決東西的歧見。自史魔病危至馬魔迅即繼承克里姆林宮的統制權，白宮這一連串的心理反應，可能有其情報的根據，同時也表露白宮方面求和心理的殷切，自然未可厚非。不過我們從外表觀察，馬魔在埋葬史魔時的演詞說：「我們對於內部與外來的敵人，必定不留情的和堅定的予以打擊」云云。馬魔則不否認內部可能有敵人，引起了很多人的興奮。但是這種對內部敵人的防備，在極權國家中，是隨時而有的。即在史魔的三十年統制時期，亦所在多有。這乃是共產黨以矛盾求統一的歷史法則，是獨裁政權份內應有之事。不是因外來的壓力小了，便可促其內部分裂。所以避免對蘇俄使用壓力，靜觀其內部變化的辦法，我總覺得未免失之於天眞。須知這種天眞的想法，不但在冷戰中喪失了主動，同時還有被敵人引入陷阱的危險，這實在是不應掉以輕心的問題。

美國一般社會對蘇俄新統制權的看法，有三種意見流行：(一)馬林可夫一人統制，(二)馬林可夫、皮里亞、莫洛托夫三人共同統制（Triumuirate），(三)一羣人共同統制（Directorate）。對於第一種統制的可能性，美國政論家多持懷疑態度，以爲馬林可夫不可能一步登天，即統攬史達林所掌之大權。一則以馬魔既無史魔之威望，二則馬魔在其黨的主席團中乃後來居上之人，三則此次分配職權，秘密警察則操於其政敵皮里亞之手，軍權則操於其政敵加里寧之手，足證馬魔不可能大權獨攬，一人獨裁了。第二種與第三種統制，雖在統制者有人數多寡之不同，但據美國政論家的推測，其結果必爲不穩定的政權。因爲他們都是史達林的徒弟，都懂得史魔當年搶得政權的法術，也都瞭解除非一人獨裁，絕不能安定。故終必互相傾軋。

我不反對現在流行於美國的對蘇俄新統權的看法，不過我要强調的是：蘇俄內部政權的鬭爭，乃共三十年來習見的故常。不是在其每一鬭爭過程中，都有棋逢敵手，導致全局分裂的可能。根據史魔與托洛茨基的鬭爭過程，史魔與卜哈林的鬭爭過程，及史魔清除其他俄共首領的過程，似乎祇有一勝一敗，而且勝者始終是掌握黨權之人，並沒有將共黨政權分成不可收拾的局面。所以我們不應看他們內部的鬭爭太嚴重。須知共產黨就是在矛盾中過生活的，凡事皆以鬭爭淸算方式，求得某一段落的統一。統一後再矛盾，由矛盾再統一。在他們看來，鬭爭乃生活的常態，乃進步的過程。我們更不應當在他們鬭爭過程中有什麼重大的希冀；尤其不可以守株待兎的方式，等待馬林可夫或者皮里亞任何一造的成敗。任何一造成功，任何一造失敗，民主國家都檢不到什麼便宜。充其量，也不過在他們內部鬭爭劇烈的時候，因急於先除內部敵人，不得不對外裝一副假意和平的面孔，甜言蜜語以玩弄西方國家的當局，免除外來的侵襲，弄得內外煎逼，內部敵人與外部敵人勾結，無法集中力量，以削平內在的敵人。這是史達林過去對托洛茨基作戰時所用的故技。民主國家不應忘記這段俄國的歷史。假使當時民主國家乘史達林與托洛茨基鬭爭最劇之時，從旁加以壓力，援托氏一手，或者托氏可以戰勝，也未可知。但是這不過是托洛茨基代替史達林統制蘇俄，其爲信奉馬列主義的國家如故。馬列主義本身就是侵略主義，就是必然的向外發展主義，由史達林或由托洛茨基執行的世界革命，結果皆足以威脅世界和平與人類自由文化，不會有什麼差別的。

說到這個地方，有兩個不同的問題，我們必須分別清楚。(一)我們現在反對蘇俄，是反對蘇俄赤裸裸的擴張主義呢？抑是反對蘇俄共產主義的世界革命呢？(二)反對共產主義向外發展的世界革命呢？抑反對共產主義必然是世界革命而與人類文化不能相容呢？我認爲必須分清了這些問題，然後民主國家始能有一致反共的戰略與態度。這個一致的戰略與態度，是民主國家贏得反共冷戰或熱戰的必要條件。

兩百年來的俄國外交史，是一部向東西兩面的侵略擴張史，帝俄時代與史達林統制的蘇俄時代，從這一點看並沒有什麼不同。不過帝俄時代的土地擴張是手段，也是目的。同時帝俄時代土地擴張的目的可以說有方面性的限度。沿波羅的海的東岸領土，確係其必然侵佔的範圍。沿黑海南向，則達達尼爾海峽的佔有慾，確始終未曾放棄。東方擴張的野心，則久欲囊括遼東半島，而深入溫水的領海。在這些方面是帝俄侵略的目的，也可以說是它侵略的限度。史達林所統制的蘇俄則完全不同了。它的土地擴張不但不能視爲它的目的，而且也絕無方面性的限度。它的目的是世界革命，所以它的土地擴張，僅是得寸進尺的暫時手段。波羅的海東岸的三個小國被它併吞了，進而又想侵佔芬蘭。波蘭被它攫取了，於是又乘機囊括了東德、匈、奧與捷克。老實說，整個的歐洲，都是它所欲得之地。對於亞洲，佔領了日本北部千島南庫頁島及北韓，又進據遼東半島，更深入中國大陸。同時南韓、越南又爲它所豢養的武裝部隊所侵襲。至於它的地下武裝與第五縱隊，不但佈滿了西歐與北歐任何國家，就是隔着英倫海峽的英國，也有它的支部人馬在那裏公開活動。日本及東南亞任何地區，到處都有它的地下武裝與第五縱隊，在那裏暴動、搗亂、殺人與放火。就是遠隔重洋的南北美，也免不了蘇俄的分支部隊在那裏伺機圖逞。不動一兵、不血一刄，蘇俄已可使全世界騷然不寧了。所以今日蘇俄侵略的目的，不僅僅是領土的擴張，而是要改變人類生活方式，與毀滅人類傳統文化。這是共產主義的本質。它侵略的範圍，也絕沒有方面的限度，而是全世界的革命。這是共產黨的野心。至於它所用的侵略工具，不是蘇俄的鐵蹄，而是其所培植的與俄人不同面孔的馬列主義信徒。祇要變成它的信徒，就是它的工具。若存反悔之心，必然死無葬身之地。這種以人爲工具的作風，祇有不講人權的共產主義才能充分利用。這是共產主義與人類傳統文化及自由生活方式，絕對不可調和之點。也是我們應當深切了解之一點。共產主義的信仰者，不論他的國籍，也不論他的種族，只要他眞的信仰馬列式的共產主義，他就不能不否定人權，不能不否定人類傳統文化和自由生活方式。若不否定這一切，共產黨殘暴的統制權固無由建立，卽是共產主義哲學的基礎，也立卽動搖了。所以史達林每遇到困難局面時，所發表的共產世界與民主世界可以並存的言論，並不是眞正違背馬列世界革命的遺敎，而是欺騙世人的詐術。可惜却有許多人被他矇過了。現在馬林可夫又在玩弄這套戲法，不知又有許多人要被他玩弄哩！

經過上一段的分析，我們可以斷言：共產主義本身卽富有十足的爆炸性與排他性。經過共產主義訓練的人物，必然是鬬爭性特强的。凡是有助於戰勝敵人的任何方法，必定毫無顧忌的盡量運用。同時「爲目的不擇手段」這句話，祇適合於共產黨。更重要的是：「爲目的不擇手段」這句話，可適合於任何國籍與任何種別的(指形式言)共產黨。我們若僅認定史達林是侵略的魔王，而存絲毫的希冀心於馬林可夫，我們是犯了嚴重的錯誤。我們若認定僅有克里姆林宮的主人是侵略者，而其他國家的共產政權，則本身就沒有侵略性，我們更犯了嚴重的錯誤。須知蘇俄以外的其他共產國家，今日所以無一國向外侵略者，實因除蘇俄外，無一國有足够的力量，足爲共統制者執行世界革命主義的力量。請看今日毛澤東之參加韓戰，固然是受命蘇俄，不得不然；然假使他未能控制四億以上的人力，足以供其犧牲，他也不能如此覇頑從事。所以共黨的統制者，不論國籍與種別，祇要有一點力量，未有不直接或間接向外侵略的。南斯拉夫過去不會援助過希臘的共產地下軍，向希臘政府進攻嗎？那時南國的統制者狄托與今日的狄托，在外交路線上固然大異其趣，試問他在內政措施上的獨裁，不許反對黨的存在，不許人民有自由批評政府的權力，與從前有什麼差別？與蘇俄又有什麼不同？最近南國參加世界運動會的七位選手，便不願回國，而到加拿大度其流浪生活了。可知南國人民受極權政治的荼毒，與蘇俄及其他 共產國家的人民 所受的痛苦，並無兩樣。

假使我們今日反共，爲維護人類文化傳統，爲維護自由生活方式，爲維護民主制度與人權主義，則我們不但不能對克里姆林宮統制者的更替，存什麼幻想；同時我們也不能以拆散蘇俄對其附庸國家的關係爲目標。我們今日應下個決心，要澈底的肅清共產黨與消滅共產主義爲終極目標。分析到此，可以答覆以上所設的問題了：就是現在民主國家反對蘇俄，(一)不僅限於反對蘇俄擴張主義，而是反對蘇俄共產主義的世界革命；(二)不僅反對共黨主義向外發所領導的世界革命，而是反對共產主義的內涵與人類文化不能相容。總而言之，我們所反對者就是共產主義與共產黨。假使世界民主國家對這一問題，有個澈底的認識，除開一時戰略關係外，就不應當對於狄托主義存什麼奢望。對於毛澤東與馬林可夫能否破裂，存什麼非分的希冀。因爲地中海濱產生個狄托，從一時戰略講，解除了希臘受赤化的威脅，對於英國在地中海上利益的保護，確有甚大的貢獻。所以英國工黨政府也希望毛澤東搖身一變而爲東方狄托，因而提早承認了毛政權。欲在與中共僞政權外交關係中策劃產生東方狄托。可謂用心良苦。但我願提醒英國人，究竟狄托與史達林之反目，英國政府曾從中作了什麼工夫？老實說，英國之欲與中共僞政權來往，不但不能收離間毛澤東與克里姆林宮的效果，反促使克里姆林宮加緊對毛澤東之覊絆。英國政府果眞爲現實計，欲變毛澤東爲狄托，第一要着，卽要撤銷對北平僞政權的承認，同時勸說英聯國家相繼撤銷承認，先去蘇俄對北平僞政權與西方國家來往之疑慮，或者東方能產生一個狄托，亦未可知。可是時間已過了。

至此願一談狄托主義。狄托與莫斯科之分離，主要的因原是經濟關係。一九四六年五月狄托到莫斯科洽商貿易協定，對蘇俄自居共產國際的經濟中心之辦法，使南斯拉夫完全與西方脫離經濟關係，而專靠蘇俄，不能接受。而多腦河航運權的管理，更使狄托隱怨蘇俄之武斷。一九四七年六月，英、美、法三國召開經濟重建會議於巴黎，莫洛托夫中途退席，而狄托以南斯拉夫位於地中海中部，不能不與西方建立經濟關係，以維持國內農產品的市場，是狄托與莫斯科破裂之主因，已經確立。一九四七年九月，九國共黨領袖在波蘭開會，商定以共產情報局代替共產國際 ，以加强對各國共產黨的控制，此會目的專爲對付狄托， 用意至顯。及會中討論蘇俄提出之「軍事措施議定書」，狄托乃命其代表卡德基拒絕簽字。其後史達林據日丹諾夫之報告，謂祇要一經公開譴責，狄托的政權卽可崩潰。史達林信以爲眞，乃公開宣告狄托的罪狀。這些措置，雖逼使狄托背離蘇俄，都祇能解釋爲經濟關係的增上緣。我在拙著「民主與社會主義」第七章第三節有一段話：「史達林深悉憑力量控制的關係，絕不能持久，所以他更着眼到經濟的利害一致發展。他同每一個附庸國家都訂了各種關於經濟的條約。這些條約，千篇一律，是以蘇俄爲一經濟集團的中心的。它變更了各附庸國原有的經濟地位，摧毀了其原有的內在經濟困難，固不必言，更擧其原有國際的經濟關係，亦摧毀無餘，使之完全依附於蘇俄。這種經濟依從關係，固不克建立於崇朝之間，但曠日持久之後，日集月累，自然形成。及其依從的關係形成之後，雖欲不依附蘇俄，而另立門戶，必有勢所不能之苦。到這樣階段，因經濟上利害一致之發展，啓發出民族休戚相同之感覺，更加重政治一面倒之趨勢」。我所以節錄這一段話，意在說明克里姆林宮控制衞星國的韁索，不僅有政治、軍事與特務，尙有更重要的經濟關係。狄托僅承認莫斯科爲共產國際的政治中心，而不承認莫斯科爲共產國際的經濟中心，所以絕不能見容於史達林。狄托經被公開譴責後，猶多方從政治關係屈求史魔之諒解，亦足說明狄托並無意背離共產主義與共產國際關係，祇想保持南斯拉夫在經濟上的獨立利益而已。史達林重視經濟上依從關係，亦可於其對狄托之處置而揭穿。然世人多不知重視這一點，祇從政治問題以說明狄托，僅此一問題失之於眞，爲害尙小；然進而以爲史達林死後，克里姆林宮已成「無神之殿」，則所有附庸國家，將因神化的史魔不在人間而渙散，而個個變成狄托，未免忽視克里姆林宮控馭衞星國的經濟韁索。我以爲它最根本的控馭力，實在於經濟連鎖性的建立。所以史達林雖死，在馬林可夫政權下祇要能維持其龐大的生產力，足以調濟附庸國的經濟，我們不應單憑「無神殿」的想像，卽認馬林可夫威望不高之故，將爲共產國際渙散之因。這種看法，未免太不實在。

狄托與史達林破裂的原因，卽在求南斯拉夫經濟上的獨立利益，而不是因爲對共產主義的信仰不同，則狄托之不許人權主義存在與史達林根本無別。所以南斯拉夫國內人民之無自由與蘇俄亦無差別。假使所有蘇俄附庸國家，都如南斯拉夫脫離莫斯科的控制，但他們內政上依舊爲迫害、屠殺、奴役、饑餓的極權政治，則去艾森豪總統解放鐵幕後人民，恢復其生活自由的理想甚遠。不能說暫時遏止了蘇俄的擴張，卽是反共產主義成功了。

經過邱吉爾首相的千請萬邀，最近狄托乃至英倫一行。對於民主國家有何貢獻，現在尙難論斷。不過狄托返國之時，亦會聲言擬更增加國內人民的自由權利，俾南斯拉夫更易爲西方所接受。就自由主義言，不能不說是個好消息。究竟能作到什麼具體的程度，尙須待事實的證明。但是我可斷言，假使狄托不能拋棄馬列主義的立場，必將無法容許人民有自由的。凡是了解馬列主義的人，都知道自由與馬列主義絕對不能並存。我不相信狄托會有什麼奇蹟，可以調和這兩個根本不相容的主義。因爲假使容許人民有自由，則第一步人民可以不信仰馬列主義，有了這種矛盾現象，馬列主義者將以何種方式統一這個矛盾呢？淸算呢？還是選擧呢？淸算則無自由可言，選擧則馬列主義未必爲多數人民所選擇。狄托若不願拋棄馬列主義，將無法調和獨裁與自由之間。在狄托個人，「吾行吾素」，本無所謂。在西方國家爲保持自由而反共的立場，容留西方狄托並盼望東方狄托，未免太不澈底了。老實講，多容留一個狄托，卽多保留一個共產黨在大風雨時安身所。大風雨過去，立可繁殖。共產主義將永爲自由主義之威脅。假使狄托掩有整個巴爾幹半島，則共產黨專政的南斯拉夫，必立刻可爲歐洲和平與自由的威脅，這是無人可以否認的假定。

因此我可以斷定英國人所希望的東方狄托，有其絕大的危險性。英國人所以希望毛澤東變爲東方狄托者，因大陸上有十億鎊以上的投資，所以懇切的盼望毛匪變成狄托，俾得在大陸上恢復貿易。須知蘇俄對附庸國的控馭，經濟關係爲重要韁索之一。我不擬從政治與軍事上辯明毛匪現在已不能變成狄托；但我願請問英國政府在經濟上將如何滿足毛匪政權的要求？以打破毛、俄現在所建立的經濟依從關係。假使英國現在無力滿足毛匪的慾望，縱使蘇俄對毛匪在政治上、軍事上無何覊絆，單就大陸上破壞的經濟需要，毛匪亦將無法擺脫蘇俄的枷鎖。假使英國要請美國共同予毛匪以經濟的滿足，則請英國政府不要忘記：毛匪現在控制有四億以上的人力，有豐富的資源，其潛在力的雄厚，絕非南斯拉夫可比。在共產政權控制下任何强國，都可隨時向外侵略，不止蘇俄爲然。縱使毛匪與蘇俄反目，變成狄托；但它一旦强大足以向外侵略，毛匪本人或其繼承人，都可與蘇俄隨時謂和。一向東南亞發動侵略戰；一向西歐發動侵略戰。同時也可唆使狄托或其繼承人在巴爾幹南端響應。三角聯盟，以發動世界革命戰爭，有何不可。希特勒尙可與史達林訂立密約，東西狄托與馬林可夫既都係馬列信徒，有何不可利用形勢言歸於好之理呢？這些假設，雖云暫時無實據的證明，然徵諸史達林當時爲目的不擇手段，西啖希特勒發動大戰，東和日本縱其南侵。卽可說明極權政治人物之轉變性固然甚大，而其轉變後的危險性則更大。所以東方假使產生狄托，亦係將來大難的開端，不是和平祥瑞之兆。我深切盼望英、美兩國政府，不要幸存苟安一時的心理，而忘却過去歷史的敎訓。

現在周匪恩來甫自俄京返回北平，旣向聯合國發出和平的建議，眞假姑置不論，這證明北平僞政權，不但未因史達林之死而離貳，且進一步與馬林可夫來玩弄西方國家了。周匪的和平攻勢，剛自北平發出，莫洛托夫卽在莫斯科響應，足以說明他們是聲氣相通的。我願望美、英兩國政府應當放棄毛匪可以脫離馬魔的幻想，而立定澈底肅淸共產主義的立場，加强準備，以求贏得對共產國家的冷熱戰爭，而確保人類的自由文化。

美國積極外交的面面觀

朱伴耘

小引——美國外交政策的中心

在一月十六日的本刊上，我曾根據艾森豪及杜勒斯二氏的平日言論及競選演說，寫了一篇「美國外交政策的新展望」。我推斷新的外交政策，決不會在承認蘇俄既得利益的前提下與蘇俄謀妥協；在爭取友邦言，也決不會再像以前的舊辦法用金錢來買西歐的友誼。此外，在論艾森豪氏的解放政策中，我也提到美國應高樹自由的旗幟來團結失去自由的人士，向國際共產獨裁者作殊死的鬬爭。艾氏就職爲期已二月，如將他一月二十日的就職演詞及二月二日向國會宣讀的國情咨文作一分析，其主要內容，與作者所預期者相差無幾。他的就職演詞，無異是一篇團結全人類「用自由對抗奴役，光明對抗黑暗」的宣言。而在這一個偉大的爭取自由運動中，他已勇敢地將領導世界的責任，加之每一個美國國民的肩上。從此世人會得到一個新的啓示，那便是「反共」有了具體的內容——爭取自由。有了艾氏的這一篇「自由宣言」，才可將美國傳統爲維護自由而努力的國策聯繫起來。自獨立戰爭而南北戰爭，而參加兩次大戰，無一不是爲了人類的自由。否則，昔日之反納粹的德國、今日之反共產的蘇俄，都無法向世人作一有力的號召。也因此，他在列舉美人應遵守的第四項原則中，特別說明「美國要尊重世界每個國家的立國精神和傳統。我們永遠不使用我們所珍視的政治及經濟制度，設法加於其他國家的人民」。將領導世界與統治世界作一顯明的區分。他這一強有力的聲明，當使世界上的弱小民族及飽受帝國主義者壓迫的人民，對美國的疑懼減輕，而加強他們對美國的向心力。

此外，我們更要注意的是在現實的強權鬬爭中，空洞的口號，決不是使一個國家採取行動的動力。艾氏不是一個理想主義者，他之高舉自由義旗團結世界愛好自由人士反共反俄，是爲了事實上的需要，解決世界、尤其是美國的經濟問題。所以他坦白指出：「我們與所有自由人士的團結，不僅賴於一項崇高的理想，並且賴於一個單純的需要，任何自由人民，都無法在經濟孤立下，長期保持任何特權及享受任何安全。儘管我們擁有物資上的力量，我們仍需要世界上的市場，以銷售我們農場及工廠的剩餘物資；同樣我們也需要遙遠地區上的農產品工業品，主要的原料與製成品。這種相依爲命的基本原則，在和平貿易中固是昭然若揭，在戰爭期間更有千百萬倍的重要性」。這一段話的意味是極其深長的。它不僅給爭取自由的口號以充分的含義，說明美國要挺身而出反共反俄的目的，而且它也吐露出現在美國的領袖們已明白何以蘇俄是他們的敵人，以及敵人所用以摧毀美國的陰謀。也就是我以前指出的，美蘇的鬬爭是基於兩國基本經濟原則的衝突。美國是將她國內的經濟繁榮，建築於繁榮其他各國經濟的基礎上，而蘇俄却將其政治的擴張建築於其他各國貧困的基礎上。如今蘇俄已使全世界三分之一以上的人口與美國作經濟的隔離，美國自然要採取對策，可是要美國的經濟國策予以實現，必先助被奴役的國家得到政治的自主，不讓他們作爲蘇俄推行國策的工具。所以在自由的口號下，消極方面美國固用種種方法使現存的自由世界不再縮小，而積極方面，却在援助已被奴役的國家再度解放，以擴張自由世界的範圍。也只有在自由世界擴大以後，美國經濟的繁榮才能進入常態。

從艾氏的就職宣言，我們很淸楚地看出：新的政府是很勇敢地接受了蘇俄共產主義者對他們的挑釁。今日的世局對美國的經濟發展言是一種變態。這種變態如再行惡化固然會危及美國的國運，而長期維持下去，美國也無法支持。美國要解決本身的問題，就必須要使世局囘復常態。而以「自由對抗奴役」，是恢復世局常態光明正大的口號。當歐亞被奴役的國家，能重獲自由不再受蘇俄控制、作蘇俄推行國策工具的時候，美國本身的問題，也自然而然地解決了。是以從艾氏的坦白言論中，我們敢斷言，凡是有決心爭取自由不作蘇俄工具的國家，必然會獲得美國的支援。

美助自助者——給西歐一個警告

在史太林眼中看來，美國本身就是他統治世界的大敵，不論民主黨執政也好，共和黨上臺也好，他們都是華爾街大資本家的走狗，是新帝國主義者，是戰爭販子。可是戰後民主黨的當政者，却以爲蘇俄是戰後的大强國，二强之間或有協調餘地，是以對於蘇俄的逐步擴張，老是採局部應付的辦法，將最大的本錢投在西歐，以爲西歐能抵住蘇俄的侵略，美國也可高枕無慮了。以後鑒於蘇俄擴張是有計劃的、無止境的，於是他們的紙上防禦也只做到美澳紐三國聯防爲止。艾氏接收這一份國際的濫帳，當然要對過去的加以淸結與補充。

在艾氏向國會闡述新政府積極外交的意義的時候，他特別提出這一政策是全面性的，他認爲美國人所維護及保禦在美歐二洲的自由與在亞洲已遭受迫害的自由並無二致。這句話有兩層涵義，一方面是表示美國不會再像過去一樣坐視亞洲被蘇俄共產黨徒的蹂躪。美國的眼光也掃向了亞洲；同時是暗示西歐，在美國的全面反共政策中，美國人不能再以人力物力投向一個地區以收買他們的同情和支持。艾氏所稱「共同安全即是有效的共同合作，就美國言，爲了國家的利益，我們將援助那些自身也在努力盡其所能以達到共同反共目的的國家，任何財富的援助都不足以補償精神上的貧乏；自由國家的精力，必須誠實地用之於保衛自身的獨立與安全。」這段話是對西歐客氣的說法，如譯成直截了當的說法，那便是美國願意援助有反共決心的國家，要西歐也拿出決心來，不要浪費美國的人力物力。

期望太切結果是失望太大，這便是美國目下對西歐所感到的苦悶。艾氏在國情咨文中的說法是含蓄的，而國務卿杜勒斯氏的論調則極表焦灼。他在訪問歐洲之前，於一月廿七日向全國廣播世界大局的時候，便直率指出西歐團結自衛對於共同反蘇的重要，以及美國目下所感到的失望。他說美國對西歐投了很大一筆資本，認爲西歐可以團結起來。二次大戰後美國對外援助曾耗去四百億美元，而其中三百億是用之於西歐。如果西歐不能作有效的團結的話，如果英法西德仍各行其是的話，美國便不得不重行考慮美國對西歐外交政策。此外杜氏接事數日，尙未將家務理一個頭緒，並匆匆同共同安全總署署長史達生飛歐訪問，便表示美國新政府對於西歐團結，尤其是西歐聯軍的成立之關切。十日的訪問帶回的結論，是西歐團結計劃並未死，只是在睡覺。雖然他與西歐首腦會談內容不得而知，但從上面的結論，表示尙有挽救的餘地。據說，他盼西歐各國對於聯防協定批准及將建軍計劃見之行動一點，於四月中前能有具體表示，以便國會撥欵支持。換句話說，如西歐對於自身團結，再事因循敷衍，美國當局自然不得不另求補救之道。

何以艾氏上臺，外交上有如此的轉變？對於西歐聯軍成立，盼望如此之切？照我的想法，美國首腦當局至少已認爲攤牌之期已在不遠，誠如艾氏在競選期中所說，要減除美國的威脅，惟一的辦法是將蘇俄的勢力推回其本土。可是這一目的，豈是圍堵政策所能奏效的？如今外交政策是進入新的階段，是全球性的、解放性的、積極的。但是積極外交，必要有事實上的表現才能使蘇俄畏懼，西歐是直攻蘇俄心臟的基地，不僅能守住，而且還要能進攻，才可擊潰蘇俄。在這個原則下，美國當然焦灼地要西歐早日表明態度。他們果決心反共，美國自會送上裝備與給養，相反的，如他們再想拖下去，以爲拖下去一方面能得着美援，同時只是紙上談兵，使蘇俄無眞正的威脅存在，或可藉此延緩蘇俄的主動攻勢，就美國的利益言，自不能不早作打算。甚至逕行裝備西德，促德國之統一，亦不無可能。借用杜勒斯氏一句話，「開明的自利，才是美國外交的指針」，美國再不能糊裏糊塗用錢，而不問結果了。

否認既成事實與根絕秘密外交

在艾氏的國情咨文中，曾提到他將要求國會通過一決議案：聲明美國絕不承認過去與外國政府所訂秘密協定中，有關奴役他國人民的承諾；並要世界深信：美國絕不以奴役他國人民來購買美國自身的利益。這一措施就目前講，是無多大意義的。如從遠處着眼來看它的影響，其意義却極重大；也可以說這是美國準備長期冷戰爭取主動的一種精神武器。

甚麼是艾氏所指的秘密協定？他未明白說出。國會議員也分兩派意見來補充其意義，激烈的共和黨議員主張用强硬的明確的「否認羅斯福杜魯門與蘇俄在雅爾達、德黑蘭、波茨坦等秘密協定」；而穩重的議員却主張用較和緩的字樣，即譴責蘇俄曲解條約奴役人民。經旬日的辯論，最後由積極外交政策的主持者杜勒斯解釋，方使此一措施的用意得着明確的解答。他於二月二十六日向國會下院外交委員會，說明此項宣言意義，着重三點：第一，美國決不同意蘇俄違反條約及曲解條約，致使許多戰後被佔領地人民淪爲奴役，此一結果美國人民絕未想及，也決不接受。第二，美國決不爲國際交易的一方，指責蘇俄對於其在歐亞人民所施的暴政。第三，美國和平政策目的之一，即在支助歐亞被奴役的人民重獲得其獨立，他認爲這是刺激自由精神不可分割的第一步驟。結果，該會是尊重行政當局的意見通過一決議案，譴責蘇俄曲解第二次大戰時所訂秘密協定，而將許多自由人民淪爲奴役。同時由於蘇俄排猶，俄猶斷絕邦交，國會對此項暴行，亦併加以譴責。

試問美國單方一紙宣言，就能推翻蘇俄所造成的事實嗎？是以就目下的階段言，它是無多大意義的。可是我們要知道，新政府剛上臺，所謂積極外交尙在佈署階段，如本此宣言來推斷出來「積極」到什麼程度，它的含意却至爲廣泛。第一，這是美國官方戰後正式對蘇俄的一個警告。本着以「自由對抗奴役」的原則，它暗示着這是美國新不承認主義的開端。它不僅給各地正在爭取自由的人民以精神上的鼓勵，同時也給鐵幕後，甚至蘇俄境內不願受專制壓迫的人莫大的希望。所以杜勒斯預卜此一措施，可激起被奴役的人民渴望自由，最後終能推翻蘇俄的獨裁。其次它是正式迫使蘇俄對其下一行動早日攤牌。因爲就自由世界的團結言，蘇俄行動愈積極明朗化，自由世界尤其美國，與英法之間的歧見也愈易消除，而走上存亡與共的道路。再次，它是向世人聲明美國不會再上秘密外交的當，犧牲旁人權益以與蘇俄妥協。是以目下儘管艾氏宣稱願與蘇俄領袖會談，杜勒斯一再向議員保證即令會議成功，艾氏也決不會有違背譴責蘇俄曲解約文宣言的決定。換句話說，即令會談成功，其目的是艾氏探聽蘇俄的實際行情以公諸世界，而決不是出價錢以買得蘇俄的合作。事實上，就雙方交手到現在的地步言，除非美國自認失敗，實在沒有任何方法與蘇俄謀取共存之道。再其次，就個人的看法，是美蘇交惡達於頂點的正式宣告。蘇俄是秘密外交的能手，美國如由失敗主義者主政，主張與蘇俄密談一番，再來一個雅爾達式的平分秋色，正式承認八億人口的蘇俄大帝國，國際局勢或能稍加緩和，苟安一時。現在，美國的宣告是暗示美國決不接受蘇俄所造的既成事實，而蘇俄又無理由自動放棄已造成的事實。雙方國策是南轅北轍，其關係在最近的將來，只有日形惡化，決無交歡之理。最後而又最實際的一點，作者認為這是暗示美國東西兩大幫手——德國及日本的合作代價。美國對德、日期盼之切，並不下於北大西洋公約組織。但是要這兩國賣命僅給以「爭取自由」的空號，是不會發生多大效力的，他們要問參加美方能得到什麽？現在美國已出了代價，德日可以自蘇俄收回在秘密協定中的領土。這是為了應付未來國際變化的理論根據。

遠東採取攻勢外交的佈署——臺灣中立令的解除

美國對於西歐之缺乏反共熱忱固感焦灼，而對於遠東逆勢如何挽回，尤為新政府當局朝夕所考慮的問題。艾氏稱朝鮮戰爭對美國人而言，是共產全面侵略最痛苦的一階段。這是共產國際蓄意侵略越南，馬來亞臺灣的一部，任何對韓戰軍事解決的方案，無疑地將影響上述各地區，於是他決定繼續支援朝鮮外，並下令解除臺灣的中立。從這一段言論，美國已認淸遠東問題的解決才是韓戰的根本解決，而中國問題的解決，又是遠東問題解決的先決條件。要想在遠東爭取主動嗎，勢必對中國問題作一番考慮，現在僅就個人的看法分析一下美國對臺灣中立令解除的意義。

個人的意見是：目下美國解除對臺中立令，政治意義多於軍事意義，重點在為將來的措施作一準備，而不是期望目前有什麽成果。甚麽是政治的意義多於軍事的意義呢？簡括一句話，是美國擬將「對臺政策」變為「對華政策」的初步。一九五〇年六月杜魯門總統的中立臺灣令，站在一個中國人的立場，我深深有受辱之感，再比較美國宣佈此令前後對臺的措施，當時的政策，根本未視自由中國為「國」，而成為艾其森耍外交的一着棋子。是以在兩年前，我開始為「自由中國」寫文的時候，卽一再請政府自立更生，促進美國將對臺政策轉變為對華政策。如今這一理想已初步實現，自由中國已是獨立自主的自由中國，再不是旁人玩弄的棋子了。今後我們政府是攻、是守、是觀望？都不會有任何約束，尤其不會被人視之為美國的保護地。那麽今後美國對臺有什麽措施，無論在精神上、實質上是對一個有全國性的政府，而不是對一個「地區」。最近美國已將藍欽公使正式升任為大使，從這一措施看，都是美國新政府有意將「在臺灣的國民政府」變成為「自由中國的國民政府」。提高臺灣的政治地位，成為美國的友邦。假定臺灣朝野對此解除中立令感到欣慰的話，我認為應從這一方面着眼。

這一重要措施的第二個政治意義，便是給中共政權一個最後警告，現在美國已不再將臺灣作為謀取妥協的禮物了。臺灣之於美國亦將同大陸之於蘇俄一樣，就現階段的國際地位言，如大陸是俄蘇支助的中國的話，那麽臺灣也是美國撐腰的中國。這是美國形成統一對華政策最有效的具體措施，我可解釋為這是美國迫使北京考慮國策的最後機會，也可解釋美國有意迫北京進一步地向莫斯科靠攏。因為只有當敵我正式分淸的時候，才是美國擬定統一對華政策的時候，現在美國是正待北京的反應。雖然周恩來宣佈美如助臺灣攻大陸，北京將援中蘇同盟條約請俄軍來協守。但美國似乎要等更具體的行動。

就對臺灣言，美國此一措施的第三個、也是最重要的一個政治意義，便是艾氏的宣佈給美國人及國際世界帶來了兩個中國。無論在國際間，及在美國人心目中，過去都未很嚴重地視臺灣為一「自由中國」。是以美國人所焦灼的，是如何找一個形成對華政策的對象。如專以大陸為對手，美國人只有走上蘇俄的圈套，與中國在大陸兵戎相見，這在美國人是不可思議的事。而就自由世界言，大家各以利害不同，都着重消極的「狄托夢想」，都以為美之消極使臺灣不淪入共方之手，只是權宜之計，而非根本之圖。現在美國一反以前的愚昧，將臺灣的政治地位明朗化，這無異正式告訴意見分歧的美國人民及其盟邦，敵與友的問題已擺在前面，各有其選擇的對象。美國人如不願與中國為敵，也有為友的對象可擇。當選定為友的對象後，美國只有積極援助友邦恢復自由以打擊敵人之一途。其他有關本身利害的各國，也可在此明白的界限下，作一最後的選擇。這是一種對臺灣國際地位澄淸的作用，當盟邦尤其美國人民已認淸對華問題無他路可走的時候，政府的積極援華，也就較易着手了。事實上對於共黨在遠東擴張深感苦惱的固是美國，英法也各有其隱憂，但是美英法三國各以其利害及重點不同，始終無法形成一個一致的遠東政略及戰略。現在美國已說明美國對遠東問題的態度，英法如認為必須將各自的問題——馬來亞及越南受威脅的問題——變成自由世界的集體問題方易解決，對於美國這一態度，當會給以鄭重的考慮。當友敵澈底認淸的時候，英法也不得不修正其現行的政略。如想追隨美國以中國為友，自然也有可通的門徑，這一個看法我希望政府當局不要忽視。

根據上面三點分析，美國解除臺灣中立令，無疑地與其我們講是美國對遠東政策的第一步，勿寧說是美國形成對華政策的第一步。目下是逐漸提高臺灣的國際地位使之成為美國形成對華政策的對象。對內言是期待國人的合作性的反應，尤其是期待民主黨人士的竭誠合作。對其盟邦言，是讓他們——尤其是英法，能了解美國的立場同時並讓他們深明利害之所在之後，再行澈底與美國合作，在遠東採取平行行動。而最重要的是看看北京在美國此項政策下所作言論及行動上的反應。等待時機成熟之時，卽是北京與莫斯科形體合一之時，敵友正式公曉之時，美國的不承認主義法寶又會拿出來，那就是美國拿出對華政策的時候，臺灣已成了唯一的對象。而英法為了本身利益計，不作澈底打算則已，如作澈底打算，也唯有跟着美國走之一途了。我們如明白這一點，當知道美國對華的第二步第三步，不是一下就能拿出來的，她仍得等待最有利最適當的時機才會拿出來。

積極政策的目前障礙

如細讀艾氏的國會咨文，我們發現他對外交政策的一段，是很費了一番心血所寫的；許多緊要關鍵，艾氏都是以「讓敵人去猜」的姿態寫出。譬如就要求國會通過一決議案譴責蘇俄違反戰時秘密協定奴役自由人民言，是指何約呢？指何地呢？在文字上找不出答案。又就下令第七艦隊不再限制臺灣行動而保護與聯合國作戰的共產中國言，是否連臺灣也不保了呢？這些地方，乍看起來都令人感到空泛，如果我們細想美國的處境，尤其新政府的處境，在整個外交政策轉變的階段，勢必要一段時間來默察國內外的反應。而這種反應，是擬定具體措施必要的條件。是以在「積極外交，全面外交」的空架子下，一切充實空架子的內容，都不是馬上能拿出來的。尤其積極外交的口號，是以「自由對抗奴役」，其目的是在解放鐵幕後的國家。要有進一步的辦法，那便是不顧戰爭的危險，馬上大動起來，試問這豈是在目前美國國內外環境下所能立即促成的麼？在這種種的顧慮下，艾氏的外交方針自然只能有一個輪廓。而且這個輪廓的伸縮性是很大的。如何去充實，就得等國內外的反應。

一個多月來，國內方面，意見頗爲紛歧。尤其對於臺灣中立令的解除，更惶恐新政府會將美國捲入大戰的漩渦。有的共和黨議員，爲了擁護艾氏的政策，甚至憤慨地高叫着，美國如不願將自己捲入混亂世局的漩渦，那麽索性將駐在歐洲的軍隊也撤回來。這個强烈的比照，都反應着艾氏的政策在目前尙未得着舉國一致的支持。歐洲方面的反響，是冷淡反對者多，而熱烈響應者少，大家都以爲艾氏會減少對歐援助，而將大部分力量移之於遠東。一向對世局樂觀的邱吉爾氏，也認爲戰爭的危機日漸增大，暗示艾氏不可輕動，不可忽視了歐洲。歐洲的臺柱，除了英外相艾登等一行也來美打聽美國的動向外，法德的首腦人物也不日訪問白宮。這種種跡象，都表示國際局勢在美國正式宣佈改變政策後，已造成了不平凡的局面。

歐洲對於艾氏的積極外交，尤其對於臺灣中立令的解除，大都表示着冷淡或反對。他們尤其是英法，不僅怕美國捲入了戰爭漩渦而忽視了歐洲，不僅怕美國在遠東逼緊了，以引起蘇俄在歐洲的報復，以及中共對馬來亞及越南加緊進攻。最主要的是：英法國內一股中立夢想的勢力，他們想藉美國的援助，使自己的防務到適當階段後，看美蘇兩國直接衝突，他們好從中有一個投機的機會，使崩潰的帝國再度復活。照這些中立主義者的想法，蘇聯未受到眞正威脅時，是不會被迫在歐洲冒險動手的，要使蘇俄無恐懼之心，惟一的辦法，是西歐聯軍計劃老是談下去而不見諸實行。在這種用心下，他們自然不會積極，自然歡迎過去民主黨的外交政策，對西歐大量送錢送軍火，對東方打一個不求勝利的戰爭。如今換了一個新政府，高唱什麽積極外交、解放外交，要西歐聯軍在四月中前有一個具體的答復，這自然不合他們的味口。不僅西歐如此，亞洲方面的反應，尤其對於艾氏擬在遠東採取積極行動的反應，同情支持者亦不太多；其中印度的態度，尼赫魯氏對艾氏的公開譏評，美國皆惶惶不安。因爲一個民主國，總不願太忽視世界的輿情；講人口，印度又有三億五千萬，美國豈能讓她的政策失去這多人的同情？

除了上述種種原因，延遲了美國的進一步的措施外，又遇着了史太林的死。本來積極外交戰略之一，是要爭取主動，尤其心理戰上要克姆林宮猜美國的下一行動，現在猜的人死了，反而又令美國猜了起來；當莫斯科宣佈史太林已病況嚴重的時候，美國人猜他是否早就死了；當莫斯科正式宣佈史太林的死訊後，美國又猜誰是他的繼承人。於今繼承人已明定馬林可夫，他們一方面承認他對西歐美國更爲仇視，同時又在猜他下一行動究竟如何？蘇俄國內是否會因爭奪領袖地位而起內鬨？本來美國擬在此次聯大中對韓戰要爭取一個有利地位，以便積極對韓戰早日決定政略及戰略，這一計劃也因蘇俄政府之改組及維辛斯基之去職而告流產。而在此期間，英國又抓住了一個良好機會，與美國完成了一項合乎英國理想的買賣，那便是杜勒斯艾登三月七日會談結果的公報。據已公佈的內容，英國方面是向美國保證不再由英國船隻及港口運送戰略物資給中共，美國在取得英國同意的條件下，可以使用在英基地，兩國努力使歐洲聯軍早日實現，二國設法解決中東問題，以及美國支持英國在伊朗油田的權益。就從上面已公佈的幾點看，美國面子上似乎有所獲，實際上是英國又把美國抓緊了一步，要美國支持英國在中東、近東的帝國主義的行爲。除此之外，報傳艾登向美國當局代達邱吉爾的機要建議，請美國在此時對東方不要採取任何行動，以等待中國狄托的出現。美國似乎已予同意。尤其就三月九日杜氏向記者詳論史太林之死有助於和平時，他說他將於五月訪問近東及南亞，惟此行並無意促成一個亞洲的軍事公約，言語之間，無形中已接受了「靜以觀變」的哲學。我敢斷言，在馬林可夫未有具體行動表示以前，美國所領導的自由世界，所企圖早日組成的歐洲聯軍，以及所擬早日在朝鮮採取一個決定性的行動等等，都會在等待敵人內部分裂的幻夢下，暫時鬆懈下來，雖然美國言論界有一部份人，主張美國目下趁蘇俄換朝之時，是採取積極行動最好的良機，引導蘇俄內部及附庸國家內部變亂以收裏應外合之效，但多數人却主張不要採過激行動以加强蘇俄內部的團結。最好讓馬林可夫、莫洛托夫之流自相殘殺，以減少共產主義對國際和平的威脅。新政府在上述種種因素下，是無法期待其有驚人表現的。積極外交之初衷是在爭取主動，是要敵人猜自由世界領導者美國的下一行動，是要加速歐洲聯軍的實現，是要早日對韓戰採取決定性的行動。如今由於史太林之死，無形中又把美國放在被動的地位。這一方面固然美國決策者受了英國的影響，而美國輿論界的反應，也大半是主張美國應在此微妙階段，一切謹愼從事。在歐洲他們誇張鐵幕後的不安，大有明日東歐各共產政府都會爲其人民推翻之勢。對遠東，他們以爲在國際共產黨齡中，毛澤東是馬林可夫的前輩，絕不會再聽命於莫斯科，雖然北京官方報紙宣稱中國將熱烈接受馬林可夫的領導。他們仍認爲目下爲中共採取獨立行動，與莫斯科分裂的最好時機，暗示政府不要與中共關閉談判之門。現階段下美國的決策趨向如此，不到馬林可夫現出眞面目的時候，美國是不會再度緊張的，雖然一部份官方人士及報紙警告自由世界不要因史太林之死而鬆懈，實際上大家已有了鬆一口氣的心理，在這種心理上是不會抓住時機有所作爲的。

我們應變的態度——代結論

就國際關係言，當前正是一段變幻莫測的時間，艾氏上臺宣佈積極外交政策，這是一大變，而史太林之死，使自由世界無法決定下一行動，及使美國又多添一種如意想法的機會，這又是一大變，而一切的變，無不直接或間接影響自由中國的前途。本着愛國心的驅使，我想貢獻幾點個人粗淺的看法，以爲政府把握變局的參考。

誰都不會否認任何國家外交的決策，都是把他們本國利益放在第一位，這是毫無問題的。美國自亦不能例外。就美國的利益言，她的決策是要使太平洋彼岸有一個安定而又對其友好的中國。是以在一切國際情況中，美國的政策總是朝這個方向走。今日大陸中國是與美國利益處於相反的地位，在不得已的情況下，美國只有與自由中國往來以自慰。明乎此，美國的援臺不是目的，援臺只是想使大陸中國能與美國「友好」的手段。至於如何能使大陸中國與美國友好呢？就我們政府的想法，以及若干美國人的主張，自然是給臺灣大量經援與軍援使之一擧而完成反攻大陸的計劃，最爲直截了當。可是美國多數人却認爲這是不得已的最下策，不到最後關頭是決不會採用的，所以每到緊要變局，美國總想試試有無其他便宜的辦法把中國拉在自已的一邊，也因爲此心未死，所以一個多月前新總統發表積極外交政策後，大家紛紛的主張轟炸東北基地，助國府封鎖大陸口岸等等，都因史太林之死而烟消雲散。這就是要等東方狄托出來與美國友好的原因。這也是我們對美國對華外交政策出發點的應有的認識。

其次，臺灣何以自一九四九年黑漆一片的時光而達到了今日漸入康莊的境地呢？我個人有個特別的看法，其原因與其說是美國的明助不如說是克里姆林宮的暗助。許多人或者認爲我這種說法是荒謬。可是我們如靜心想想，將臺灣及大陸，化成一個整個的中國來看，再看看俄日帝國主義者對於中國傳統的陰謀，則我的「與其說是美國的明助，不如說是克里姆林宮的暗助」，再解釋明白點，與其說是英國不願將臺灣陷於中共之手，不如說是克里姆林宮不願讓中共奪取臺灣，不無理由。因爲在蘇俄的眼光中，她是不願見中國完全統一的。因爲她如怕中國狄托出現，惟一辦法就要爲中共留一個死敵，臺灣獨立存在一日，中共就一日感到不安，而中共也就不得不依附蘇俄，而在此時機，蘇俄的魔掌才可逐漸滿佈全中國，使中共無法自由行動。試想假如中共於一九四八——四九年之間，攻下了臺灣，解除了內部最大的威脅，中共會那麽死心蹋地參加韓戰嗎？即令表面上會對蘇俄應付，而實際上也可以怠工姿態出現，斯時莫斯科自然對北京無可奈何。可是讓臺灣操在中共敵人之手，使中共對她有所求，則情形完全兩樣。死了的史太林會說：「老毛，要我幫你進攻臺灣嗎？可以的，你先助北韓把南韓拿到手再說。」中共是聽命呢還是抗命呢？於是聽命的結果，與美國愈弄愈僵變成了敵人，蘇俄的特務也各據其位，試問中國如何可以變成南斯拉夫？再反看美國三年以前的措施，何處不是明的或暗的向北京示意，只要你能與我友好，臺灣是會到你手中的，我的政策只是不讓臺灣落入不友好的政府之手而已。假定這個分析有幾分理由的話，很明顯的美蘇今日在遠東之爭，是整個的中國問題。美國要在太平洋彼岸有一個友好的中國，而蘇俄爲了自已勢力的强大，却要一個完全受其控制的中國。一九四八年以後的結果，是蘇俄得到了中國的大陸，而美國却僅享有區區臺灣一地的友誼，是以遠東的均勢失去了平衡。而蘇俄對大陸的控制愈加强，美國對臺灣的援助也不得不愈積極。有了這一個認識，方了解美國援臺何以會不澈底不積極到底。大家口中要求國際道義，就是表示國際間是無道義的。如以利害關係來判測一國外交政策的動向，那便是當蘇俄完全控制了大陸的時候，也是美國毫不斟酌地援臺反攻的時候。

除上述二點應有的認識外，就是對於現實國際政治中「力」的認識。我們今天所以能在遠東屹然存在，但另一方面又不能使美國全力助我完成反攻大業，都是「力」的關係。在我們撤守臺灣孤立無援的時候，美國仍與我們若斷若續，那是我們的「虛力」發生了最大的效用。因爲美國未看淸北京動向前，一方面固然不能斷然承認北京政府，同時也不能斷然與中國完全斷絕關係。在這段眞空期間內，美國只有與國府往來，以繼續百年來的中美友誼。這也就是美國告訴蘇俄以及中國人，克里姆林宮的暴君固然與你們做朋友，我山姆叔也是你們的朋友。美政府在開始援臺後，一再申明美國目下只有透過臺灣，以表示美國對中國的友誼，其主要作用卽在此。因爲對中國老百姓說起來，美國仍是中國人的朋友。待中共態度漸明後，由於美國的援助，我們除了「虛力」之外，尙有了「實力」。撤至臺灣器械不良的三軍，今已成了遠東最强大的隊伍，政治的措施使昔日搖頭不已的人已開始點頭讚美幾句，於今不論美國輿論及官方，一談到對付蘇俄侵略時，誰也未忘記將臺灣的五十萬大軍包括在內。這都足以證明，我們不僅有「虛力」，也有「實力」。不過，話說回來，我們雖然有力，可是不够强大，自艾氏宣佈解除臺灣中立令後，雖有不少人主張積極助國府反攻大陸，可是除了英國的影響外，美國大多數人仍躭心我們「力」的問題。我們政府固相信只要我們一旦反攻，大陸共軍卽會反正歸來，而實事求是的美國人確不敢如此樂觀。大家都向政府警告，萬一完全表明態度援助國府全面反攻，如國軍無法打上大陸，或者上陸後又被推回來，美國在這種情況下將何以自處？這一問題自然是政府當局無法圓滿答復的。今日的當政者，在競選期間，固然多有主張美應在遠東採取積極行動，如助國軍封鎖大陸，轟炸東北，反攻大陸等，而上臺後，大家反而謹慎了。這可見在朝與在野畢竟不同，在野多唱點高調是可以的，上臺以後自己便得負責任，自然不能輕擧妄動。而他們之所以猶豫不決，便是對我們的「力」，還不能十分放心。

由於上述三點的認識，我們應變之道極爲簡單。就第一點言，我們目下站在民主集團中，這一政策是絕對正確的。我們的利益與美國的利益是一致的。爲了美國的利益，她之重視我們當毫無疑義。我們的表現愈佳，也愈增加美國對我們的重視。對於第二點，本是操之在人，但事實上，美國遲早會死心踏地斷絕一切狄托的幻想。不錯，今天史太林一死，大家都認爲是狄托出現最好的良機，英國也好，美國的輿論也好，都要美政府當局採觀望態度以待毛馬相打，不要將北京逼得與莫斯科太不能分開。實際上蘇俄今天何以如此强大，不是得了中國大陸嗎？這已得到的勝利，史太林在也好，死也好，爲了加强蘇俄的地位及與美國對抗的力量，誰也不能把中國輕易放過。北京之於莫斯科，決不因爲史太林是共產黨的導師便絕對服從，馬林可夫是後輩可以倒戈，實際上這是一種「力的」控制問題。以蘇俄歷來的陰毒，豈有輕易讓北京倒戈之理。再就北京的態度言，除了咽喉已爲人緊握外，就理論講，他與蘇俄今日的關係已使自己成了東亞的大强，未來世局逆轉，美蘇戰爭爆發，鹿死誰手也很難預料，今日如同蘇俄翻臉自己首先吃虧，美國遠隔重洋，誰能保證美國必出力援助，誰又能保證美國不趁蘇俄與中共火拼到精疲力竭時再轉頭來收拾中共。在這種種的猜忌下，我是很難相信美國的期待有所成就的。美國是不到黃河心不死，我們如爲美國着想，她目下也只能做到這一步以待全面的大變。可是我們自身却得加倍努力，以促成有利於我們的機會早日降臨。這便是求我們「力」的充實。我們的「力」不僅表現在臺灣一隅，尙應表現在海外，尤其要緊的，我們要在大陸上生根。假定我們做到昔日中共對待我們的，我們今天也同樣對付他們，破壞交通也好，擾亂金融也好，煽動工潮也好使大陸秩序無法安定。有了這種表現，美國對我們所稱「大陸人民歡迎我們囘去」，才不認爲是口頭上的宣傳。假定進一步能做到使若干中共部隊願意豎起青天白日的旗幟，願在國府領導下反共，那麼美國若干人士希望中共內部變化再作打算的，也會改變態度，將主張全力援助國府早日反攻。所以在「力」的充實這一點上我們得特別着重，一方面以事實替美國減少顧慮，同時也使他們的注意力完全集中到這反攻復國的寶島上。上述目標說出來很輕便，做起來似乎很難。實際上如決策者視中國爲每一反共中國人士的中國，視臺灣爲每一反共中國人士的聚集力量的中心地，「力」的充實與擴張是毫無問題的。我們是認清共方今天是一個大的集體力量，是以我們也必須有集體的大力量才能與之對抗。

總而言之，美國目下的政策，是對我們有利的。但所謂爭取主動在現階段尙看不出跡象。馬林可夫不給以顏色，西方便不能實心團結；美國與西歐未能精誠團結，美國在東方便不能有更積極的表現。譬如最近捷蘇飛機擊落美英飛機，他們又馬上緊張起來，便充分表明了這種趨勢。所以在這種變局下，我們不僅要考慮美蘇是否會在短期內衝突的問題，同時也得考慮在目前局勢下如何將美國注意全部集中到臺灣來，使反攻早日實現的問題。因反攻遲一日實現，不僅大陸上老百姓多受一日痛苦，同時中共多一天佈署也多增一分我們的困難。雖然這一點美國也極爲關懷，而實際上對我們的影響最大，這是我們不能忽視的。

四十二年三月廿六日於西雅圖華盛頓大學

作者書簡

傲寰先生：

日前讀貴刊社論：「解除臺灣中立爲全球性戰略的第一步」一文，內中所持謹愼態度，至令人讚佩。臺灣有如此老成持重之言論，實爲自由中國之福。有感於此，特草「美國積極外交的面面觀」一文，以爲該論之補充。目下吾人尙不能對美希望太大，自我努力仍爲最重要的國策措施也。杜勒斯不久有亞洲之行。其是否來臺，爲其顯明政策是否早日實現之先聲，值得重視也。

報載臺灣有擧行反共團結會議之說，不卜確否。在此期間似應多爲未來國基做功夫。政府昔日之敗，是以一人而對全體共黨作戰，今後如求勝，不僅應以黨對黨，尤應以全體反共人士對抗共黨，才能發生力量。先生對此點必有同感也。

專此並祝

撰安

朱伴耘上　四十二年三月廿六日

公教得其養

黃鐘

本年全國上下均努力實現耕者有其田的計劃。在大衆心目中當然以爲今日的佃農是全省最辛苦，而佔最大多數的階層。我們爲求社會的安寧，經濟的繁榮，應該使他們的生活得到安定，那是很應該的。這個政策不特得到全國的擁護，同時博得全世各友邦的喝彩。在原則和辦法上，這政策是無可非議的。可是實際上，現在臺灣最受痛苦的最大階層，並不是佃農，乃是設計執行耕者有其田政策來救濟佃農的公教人員，下面列舉的數字可作這個論據的明證。

本省在民國廿六年日據時代，全省特、簡、薦、委任公教員之平均薪給爲五十九元。民國四十一年全國特簡、薦、委任公教員之薪給包括統一薪俸、職務加給、實物代金、差額補助、眷屬及房租津貼，平均爲三百二十六元新臺幣。可是這個三百二十六元以公務員生活指數折算，祇值民國廿六年之二十二元。換句話說，現在公教員的平均薪給，僅值民國廿六年公教員平均薪給百分之三十八。再詳細分析一下：廿六年公教員之平均薪給特簡任爲五百三十九元，薦任爲二百六十九元，委任爲五十五元。現在公教員特簡任薪給平均爲五百六十六元折合廿六年僅值三十九元，現在薦任公教員之平均薪給爲四百廿一元，折合廿六年僅值二十九元，現在委任薪給平均爲二百八十二元，折值民廿六年僅值十九元。換句話說現在特簡任僅得到廿六年特簡任平均薪給百份之七點二，現在薦任僅得到廿六年薦任平均薪給百份之十點八，現在委任僅得到廿六年委任平均薪給百份之三十五點三(參閱附表一)。(上表係用加權平均算出)

現在讓我們來檢討一下本省佃農的生活情形。根據日據時代的記載，民國廿六年佃農每戶每月的平均收入爲一百九十八元。據現在農林廳所發表的「農家經濟調查報告號」：民四十年佃農每戶每月收入爲一千二百四十五新臺幣，若折值合廿六年的通貨爲八十六元四角四分。照這樣折算，那麼現在佃農的收入，尙有民廿六年佃農收入之百份四十三點五(參閱附表二)，較之現在公教員之平均收入與民廿六年之比例，多百份之五，較之現任特簡任公教員，多百份之三十六，較現任薦任公教員多百份之三十三，較現任的委任公教員，多百份之八。再根據上項報告書（第五十四頁），佃農不特不負債，總計佃戶一年中之家用收支，尙有經常剩餘一千一百五十二元之多。這樣讓寅食卯糧，借當度日的公教員，實不勝羨慕之至。在人數上比較，現在作實施耕者有其田對象的佃農，爲廿八萬戶。現在向糧食局領糧的公教員，不計家屬，有十一萬人。連同六十萬軍人，總數在七十萬以上。如將家屬一起計算，則現在公教員的數量，最少多出佃農百份之廿。至若軍人其實也包括在公務人員之內，他們的生活，因爲軍事機密的關係，此處未便詳列數字，但是其辛苦也是很顯明的。

以上的數字，足證現在的公教員生活，確比佃農辛苦，人數也比較衆多。可是在佃農與公教員中間，還有一種更深刻的關聯，爲許多人忽略了的。這次實施耕者有其田的地主對象中，很多數是公教員。他們有的是自日據時代，有的在光復後就幹起公教生活的。他們趕上時代的進化，由農而仕，而教，是很自然的。但是他們因爲公教的工作忙不過來，老早就把田租給人耕種了。這些人在日據時代是舒服的，因爲那時的公教員不特吃得飽，還有多少剩餘，同時還有田租的收入。現在臺灣同胞爲政府擔任公教員的智識分子，多半是屬這階層。光復之後雖然靠公教員的薪給不够維持生活，可是還有田租作補貼，現在實行耕者有田，靠田租補貼就要不行了，可是靠公教薪給，又過活不了。據我個人在各方面的考察，認爲這些以公教爲生的小地主階層，是實施耕者有其田中，生活最感不安的。他們分散全省各縣鄉鎮，佔公教員的成數很大，同時也是小地主階層的中堅。所以如政府期望耕者有田的政策實施後，能够切實改善人民的生活的話，唯有同時調整公教員的生活，才能使他們生活趨於安定，那麼耕者有其田的政策，才能切實達到預期的效果，不致發生偏頗的毛病。

上面所舉事實，乃說明實施耕者有其田，同時要設法使公教得其養，其中不能偏廢的關鍵所在。可是，我現在也要代政府辯白一下：首先我要指出：所謂佃農爲最辛苦，最多數的階層，乃是一般人的看法。政府此次實施耕者有其田，仍另有其他經濟與政治的原因。其最重要的用意，在使反攻大陸時，能作有力的號召。其次關於公教生活的改善，薪給的調整，據我所知，政府也曾下了最大的努力，祇因問題牽涉甚大，並不是一方的努力能解決的。同時，現在國民所得對政府的負擔，已到了飽和點，籌措財源也是不容易的事。現在政府當局這種苦心是值得諒解的，可是現在局勢已變，美國共和黨已當政，反攻大陸已在目前，作者以爲這問題此刻有從新估量，速謀解決之必要了。現僅就管見所及，提供一些淺見，以供朝野賢達的參考。

一、我覺得中國士大夫應該再度檢討一下君子固窮的心理。現在公教員在飢餓線上掙扎，可是我們從沒有向外人露骨的表示乞憐求援過。所以我們非常的驚奇，何以從來美國來自由中國考察的貴賓們，從他們公開的言談中，就很少談到我政府公教失養的嚴重性？這一點，可能是客卿們的客氣態度，可是，或者我們沒有充份把我們公教失養的嚴重和其後果，向友邦表達，也許不無原因。固然，家醜不必外揚，可是現在時機已經轉變，這時實在不必再諱病忌醫了。再說公教員的貧窮，也並不是國家的恥辱。

二、自艾總統宣佈取消臺灣中立化後，在法義上美國已承認中國軍爲併肩向共黨作戰的盟軍了。我們似有理由，請美國負擔我們全部的軍費，最低限度，在合理調整軍人薪給的預算內，超出我們原來預算的數目，應請美援全部負擔。現在美國國會正在審核外援預算中，我們的努力正其時矣。如果調整軍人薪給的部份能由美援負擔，則其餘十一萬公教員薪給的調整，自易於進行了。

三、本年各公營企業，除預計在實施耕者有其田出售的公司不計外，尚有七千九百多萬元之盈餘，未列入預算。又照往例，省府預算約有三千至五千萬元之歲計剩餘，上計有一億多元，可供調整公教薪給之用。

四、都市土地增益，為不勞而獲的利潤。現在急待實施的都市土地整理，應可獲一筆大收入，供調整公教薪給之用。

五、過去調整公教薪給沒有一個科學標準，所以爭議不決，阻礙實施。作者以為欲求一個「够」與「平」的薪給標準，行政院與省府應組一較永久性的公教生活小組。第一步以能生存為目的，將各種家屬負擔不同的公教員每日應需的熱量為基準分別釐定標準，同時根本上應作公教員的家計調查為設施的根據。近代的公教員已長成了一個龐大的社會階層，他們的生活管理和福利事業已成為一種專門智識與社團化了。我們似乎太沒有充分注意到這個問題了。

總之公教得其養，乃是立國的基本條件，不然的話，就談不上行政效率。現在讓我們作個小小的比方，假如美援大樓的同仁之薪給也和我們一樣的話，那麼就作算再增加美援的數量，恐怕其行政效率也會減低的。這是很顯而易見的事實。同時，如果長此公教失調下去，就作算反攻大陸勝利了，可能仍蹈民三十四、五年「餓虎扨收」的覆轍。這悲劇假如再度重演的話，那麼中華民族的前途就再不堪設想了。所以在反攻大陸的前夕，我們應該好好的把這個問題解決。現在一切政治經濟都較日據時代進步了，可是，獨有公教生活水準，還在日據時代百份六十至九十之下，這固然可表現我公教員克難的偉績，可是這裏面，却藏着不可想像的黑影和危機！這個問題確是值得全國上下，和熱心援助我們的友邦，深思警惕的。

本省公教人員現行待遇與二十六年比較（附表一）

	總平均	特簡任（以特簡任及簡任一、四、八級平均）	薦任（包括聘任）（以一、五、十級平均）	委任（包括雇用）（以一、八、十六級平均）
二十六年人數百分比	一〇〇·〇〇	〇·一〇	一·五七	九八·三三
戰前（民國二十六年）平均薪給（二十六年臺幣元）	五九·三三	五三九·二六	二六九·四一	五五·五四
四十年人數百分比	一〇〇·〇〇	一·八九	二七·八三	七〇·二八
現在平均薪給（民國四十年五月起）包括統一薪俸、職務加給、實物代金、差額補助、眷屬及房租津貼（新臺幣元）	三二六·八〇	五六六·四九	四三一·七一	二八二·七七
以四十一年十二月份公務員生活費指數一四、四一倍折合二十六年臺幣元	二二·六九	三九·三一	二九·二七	一九·六二
眞實所得（指數　民國二十六年＝一〇〇）	三八·二三	七·二九	一〇·八六	三五·三三

附註：戰前平均薪給包括加俸在內。
材料來源：二十六年資料係根據前臺灣總督府第四十一統計書（昭和十二年）五三四—五三九頁編製。

本省公教人員與農民收入比較（附表二）（平均每月每戶收入）

單位：臺幣元

	公教人員			農民：自耕農			農民：半自耕農			農民：佃農		
	民國二十六年	民國四十年五月起至現在：新臺幣	民國四十年五月起至現在：按四十一年十二月份公務員生活費指數折合二十六年臺幣	民國廿五年八月至廿六年七月	民國卅九年三月至四十年二月：新臺幣	民國卅九年三月至四十年二月：按四十年二月份公務員生活費指數折合二十六年臺幣	民國廿五年八月至廿六年七月	民國卅九年三月至四十年二月：新臺幣	民國卅九年三月至四十年二月：按四十年二月份公務員生活費指數折合二十六年臺幣	民國廿五年八月至廿六年七月	民國卅九年三月至四十年二月：新臺幣	民國卅九年三月至四十年二月：按四十年二月份公務員生活費指數折合二十六年臺幣
實收數	五九·三三	三二六·八〇	二二·六九	一九一·一九	一，四一七·八三	一三五·六四	—	一，三九六·二五	一三三·五七	一九八·三八	一，二四五·一七	八六·四四
百分比	一〇〇	—	三八·五九	一〇〇	—	七七·九五	—	—	—	一〇〇	—	四三·五七

材料來源：「農家」實收數字係根據前日據時代臺灣總督府編印之「農家經濟調查（第三十七種）」報告書及省農林廳編印之「農家經濟調查報告書（四十年三月出版）」資料計算。

未來八十年

羅　素（B. Russell）著
葉　雨　皋譯

> 我們的熱情、慾望、恐懼，依然和原始時代的人相同，然而，今天我們用以實現我們願望的力量却根本是一個新東西（指科學界的發明——註）。人類過去能生存到現在，因爲人全然不瞭解如何實現願望；今天人類已經知道運用這種力量去實現願望了，人必須對本身的願望有所修正，否則全人類都將趨于毀滅。
>
> ——羅素

我的一生八十年是世界史上最多事之秋。除了君士坦丁大帝改宗基督教至羅馬帝國分裂期間，以及謨罕默德出走後之八十年期間，此外沒有任何時代的變動可以與當前這八十年相比。

我所能記憶的童年時代的大事爲一八七六——七八年的俄土戰爭，結果是英國的干預挽救了土耳其，並取得塞浦魯斯島作爲報酬。當時的世界是令人無法置信地和今天的世界截然不同的。使德意志凌駕法國之上的普法戰爭結束之年，我恰巧出生。英國强迫教育的立法在我出生前兩年通過，不過在我少年時代，絕大部份的新工人員却依然是文盲。農業勞工賺十先令一星期，養活一大家人也還過得去。維多利亞女王在首相第斯雷里（Disraeli）輔弼之下，開始恢復在十八世紀六十年代中所失去的威望。當時奧皇是她的外孫，而俄國沙皇則和她的孫女結了婚。她以祖母式的威嚴控制了整個歐洲。英國海軍所向無敵。大英帝國的財富飛躍地增加，舉世都嫉羨英國的安定，英國人也毫無疑問地指望着在這種情況下走向逐漸進步的未來世界。

然而世事的轉變並不全然符合維多利亞女王暨她的大臣們的預料。不僅政治方面如此，而且社會方面也發生了事前沒有料到的重大變革。在各種社會轉變之中，或許最顯著而最令人驚異的就是婦女的解放了。就英國而言，婦女運動大約在我出生的時期開始，最先被認爲是少數婦女知識份子的荒誕舉動。有一個長時間，婦女運動一直沒有超脫這種範圍。突然，在本世紀之初，婦女平等運動從激進的知識份子進而獲得廣大的婦女職工底熱烈擁護。到一次大戰結束，婦女運動在英美兩國立法上獲得勝利。其他諸國也迅即紛紛效法。就人種學的觀點看，這件事的突然轉變眞是令人驚嘆。本來預計或許要花上五個世紀來推動的一個有力運動，竟然在廿年內便完成了。

婦女平等地位之獲得被認爲當代整個巨大運動中的一部份——對于人，以政治經濟地位來劃分，而不依生物學上的關係來劃分。除了美國以外，一向子承父職的世襲傳統在各國皆逐漸喪失了優勢。一個一個國家都相繼由君主國變爲共和國。巴西，中國，德國以及俄國是其中最顯著的例子。我已經無法回憶在我少年時代巴西是否還有皇帝。中國一有歷史便有皇帝，然而皇帝的權力終於證明無法抗拒革命的潮流。凡是君主專制國家所發生的變動，在貴族專制的國家中也同樣發生了。俄國貴族被革命所驅逐。長期控制普魯士政策的普魯士貴族黨人也在納粹之前屈服了。匈牙利、波蘭、羅馬尼亞的貴族在鐵幕後受着壓迫。英國貴族的地位也逐漸由于死亡稅辦法而被剝奪——死亡稅辦法保證：一個擁有大量土地的貴族死亡時，他的後裔不可能再擁有大量土地。現代獨裁者不像以往的專制帝王，不再設法使其兒子繼承其位。甚至在中國，兩千年來構成儒家學說骨幹的孝道與家庭制度也在共產黨仇恨宣傳之下起了變化。在世界上每一角落，個人逐漸感到：他不只是家庭之一員，而且更是社會的一員。

× × ×

自然，這種轉變是有明顯的經濟理由的。有一小塊土地的農人，和他的老婆孩子一起耕種，因此這個家庭就是一個生產單位。可是，現代科學化的農業生產工具需要較大的土地，而非一個家庭所能做到。同樣地，從手工業到工廠生產的轉變情形也是如此。在一個較高的經濟水準，由許多股東組合的大公司就代替了舊式的家庭企業，另一方面，家庭又被學校制度所削弱。美國的移民子女對于他們學校的忠誠常遠超過于對他們的父母。在俄國，這種情形更出之于强迫的悲慘形式。俄國的老農恨共產黨教育他們的子女鄙視父母，使子女只尊敬由國家所一手培養起來的純然不同的另外事物。

我個人以爲在整個社會中這種人與人之間生物學上關係的削弱，可能將成爲現代世界的定型。過去家庭的力量是因爲子女不能獨立，必需倚賴父母保護。在現代社會中，國家逐漸執行了以往屬于父親的職責。母親依然有其地位，只是父親却漸漸變成黯淡的角色了。

另外，就生物學的關係言，還有一個需要考慮的重要問題——種族問題。納粹把種族問題視爲超乎一切問題之上；依照他們的反動理論，他們毀滅了數以百萬計的猶太人，而且揑造出荒謬的人種學。現在納粹已經被推翻了，可是種族歧視的觀念仍然支配着南非聯邦與美國南部。這種觀念依然支配着白人與亞洲人及黑人的關係。然而，由于白種人自相戰爭而削弱了白人的力量，目前白人在亞洲之盛氣凌人的態度正在逐漸低落之中。至于對待黑人，我想白人的態度不久也得改變；因爲白人如不改變態度，全非洲都將會起而革命。所以就種族問題而言，從生物學的觀點看，社會關係不久也將失去效力。

父親、家庭、部落的地位全由國家代替了，國家成了這些沒落的權威之法定繼承人。我並不歡迎這種改變，對國家我並無所偏愛。一個社會在國家的權力無限制地統治下，一多半會變得枯燥無味，千篇一律，而且愛挑動戰爭。不過無論如何，在世界沒有達到一個「世界國」統治之前，戰爭總會有的。不論是好是壞；我所說的這種趨勢似乎無法避免；除非戰爭的結果使現代工業全部崩潰而回復到原始經濟，自然，這是可能發生的。羅馬帝國是一個相當高度的經濟單位。所有商品沿東地中海而聚集于當時的英倫。從波斯、土耳其到英國既方便又迅速。可是一到羅馬帝國衰亡，以往各部份相爲依附的交通便中斷了。道路不通，商業也因盜匪而停頓。每一地區得自製一切必需品。要是世界戰爭再發生，同樣情形將會重現于現代世界；而我前面所說的歷史進展的趨勢，也將逆轉。不過，就全局而言，這種可能性似乎不大。我想，比較可能的將會是：未來戰爭將在一個大國或是某些大國同盟的勝利中結束，而不是在全世界的災難中結束。倘若戰爭不在災難中結束，則過去八十年所發生的社會變動多半會延續下去，而且將依循過去方向繼續發生變化。

× × ×

我前半生消磨在十九世紀的樂觀氣氛中，而後半生則消磨在世界大戰之中，從遠處看，世界大戰乃是工業國家競爭的必然結果。財富與軍備兩者都倚賴工業發展，可是倘使各國的工業生產都過于發達，生產超過了消費，就引起彼此傾軋的競爭——這種競爭不是用舊式的經濟方法，而是用戰爭方法。假如要世界恢復穩定，則工業發展與生產必須國際管制，因爲在一個國家經濟不受限制之自由發展的世界將必然導致毀滅性的世界大戰——這已經成爲本世紀不幸的特徵。

我個人是自由的愛好者，可是在現代科學世界中自由需要一定的限制，而這種限制爲以往所不需要。特別在經濟領域中自由需要限制。在這一點上，我發覺我的意見和許多自認爲自由的愛好者之意見不同。我相信在思想方面應有自由，但是在經濟生產上「要完全自由而不發生災難的後果」已是不再可能。我所謂的其他愛好自由者恰巧持着與我相反的見解。他們的意見以爲生產應該自由，而思想卻應侷限在某種權威的正統教義之狹隘範圍之內。要是這種見解盛行，我想我們將不能避免一連串的未來大戰，而每次戰爭都要較上一次更具毀滅性。只有國際合作可以使大戰終止，也惟有在國際合作有效時可以達成物資的國際管制與用途分配。雖然我們距離這一目標尙屬遙遠，可是當我想到在過去八十年有如此重大變化，我沒有理由懷疑在未來八十年中沒有同樣的驚人事件發生。

倘若科學技術不被利用來製造戰爭武器以致於破壞科學技術的本身，則在未來八十年中我們可以預期科學將有更大更多的發展。我毫不懷疑人將能到月球去旅行；不過由于月球沒有氣層，人得隨身攜帶空氣不能久住。到金星或火星上去是一件更重大的事件。火星像月球一樣沒有氣層或者是非常稀少。金星有氣層，可是科學家說金星的氣層有毒。水星太熱，而其餘太陽系的行星則太冷。所以若是地球上人口過剩，其他行星不可能對地球有什麼幫助。然而迄至現在爲止，人並不知道地面的用途有何限制。假設現在的沙漠統統可以改成肥沃的土地，遍佈人口，則澳洲中部將立即成爲庶足的天堂。俄國人已經計劃把葉尼塞河的河水引到西伯利亞，並在北部築起高山隔斷寒風，以改造西伯利亞。加拿大東海岸目前苦于寒流的侵襲，不過科學家說，要是自海邊一個適當地點建起一道綿延廿哩的圍牆直入海中，就可以阻斷寒流，使牆內的海水像英倫的海水同樣溫暖。我不能保證這種說法一定就對，不過，縱使無效，或許也很近似。另一個可能性要予以重視的是：以化學方法製造食品。我似乎看不出有什麼理由我們要繼續在土壤上用勞力生產食物，並且要倚賴陽光雨水。爲什麼不在工廠裏製造牛排？爲什麼不在工廠裏製造麵粉？我不敢說這樣製成的食物味道會很鮮美，不過不久人們也就會習慣了，而且少量天然食物仍然可以生產，供給婚禮以及國家首長們宴會之用。少數富有的人可能會不時發出請柬，在請柬一角上註明「請佩帶勳章」，另一角上註明「有天然豌豆」。由于這一轉變使在事實上不再有農民的存在，而將在政治與社會兩方面發生深長的後果。每一個人會既有理性而又歇斯底里亞，如此

『自由中國的宗旨』

第一、我們要向全國國民宣傳自由與民主的真實價值，並且要督促政府（各級的政府），切實改革政治經濟，努力建立自由民主的社會。

第二、我們要支持並督促政府用種種力量抵抗共產黨鐵幕之下剝奪一切自由的極權政治，不讓他擴張他的勢力範圍。

第三、我們要盡我們的努力，援助淪陷區域的同胞，幫助他們早日恢復自由。

第四、我們的最後目標是要使整個中華民國成爲自由的中國。

對于政客們來說，豈不是造成一個天堂！

× × ×

另外還有一個可能性要是實現了的話，甚至會發生更革命性的後果。現在一般由人做的事可能由「機器人」來做。機器頭腦現在正迅速地日趨完善，並且有希望在不久的將來只有專家才能鑒別眞人與機器人的差異。如果我們相信韋納博士 (Dr. Norbert Weiner) 的話，則我們至遲在五十年內一定可以見到一個備配完全的工廠只需一個人撥動機扭便能操縱，至於其餘工作可以一概由機器人擔任。在股東會議席上誰也無法辨別坐在鄰位的人是一個眞人還是一個機器人。這樣一來，經理工作將會大簡便，而且在機器人可以被訓練投票時，民主就更會順利地推動了。或許，這種說法有點幻想，可是就工業革命以來之勞工運動必然的有一個結束而言，這種說法實在就非幻想了。所有勞工羣衆願意勞作時間減少，休息時間延長，在生活費用上升時要求增加薪給；這些人在將來都會不再需要。他們之中百分之九十九可能被徵入軍隊——不過這也只是暫時措施，因爲機器人既不懼死亡，眞人就無法與之相匹。我們一向有一種想法——從自任爲衞道者的觀點着想——認爲人必須有用，並且在工作上表現效用。可是，要是人的工作不再需要，那麽我們原有的倫理體系將會全部瓦解，我們似乎也將不再能假定娛樂爲一件壞事了。衞道者可能會被迫着再發明一些新的使人不快的「勛功偉業」以阻碍全人類都能享受快樂——對于這一點，我們站在眞誠的人的立場，不禁同聲一嘆。依我推想，戰爭可能是他們所採用的推行「這種新事業」的手段。

只要人類繼續分裂成爲兩半邊，每一半都認爲另一半爲壞人，人就可能維持一種似是而非的見解：人的義務引起人的痛苦（指這一半人有糾正另一半人錯誤的義務——註）。倘若這種見解不再流行，則人類未來的道德將必然變得較過去爲仁愛，並且我們將不會再在「世界是苦痛的」之想像中去尋求快樂。在我個人比較感到光明面的時候，我聽任自己希望：當一切人都不受物質要求的壓迫時，仁愛與快樂將可獲得普遍之發展——使人能以寧靜的心情去看待他人的快樂，因爲這時人人自己的快樂都是有保障的了。如此世界或許不久就將實現。然而當我感到黑暗面的時候，我又爲人的仇恨、惡意、嫉妒心、與金錢、權力的慾望所交織成之一片混沌所苦惱，我不知道人究竟能不能容許自己享受眞正的快樂——這種快樂是可以用人的智慧達到的。

我們生活在一個奇怪的矛盾底時代。人類自歷史啓蒙以來，人的「心」從沒有變化，可是人類征服自然的能力却完全改變了。我們的熱情、慾望、恐懼、依然和原始的人相同，然而，今天我們用以實現我們願望的力量却根本是一個新東西。人類過去能生存到現在，因爲人全然不瞭解如何實現願望；今天人類已經知道運用這種力量去實現願望了，人必須對本身的願望有所修正，否則全人類都將趨于毁滅。當我在幼年時，有人和我講「魔術師贈給人三個願望」的神話。在神話中願望這種贈與能兌現的人總是愚蠢的，而他們所願望的東西總是荒謬的。這種情形恰恰是當今一般人的寫照。凱利苟拉 (Caligula 一位被暗殺的羅馬皇帝) 願望他的敵人只長一個頭，他可以一下就把敵人的頭割掉；但是敵人却繼續長許多頭，于是他終于失敗了。我們現代的凱利苟拉製造了原子彈，只是尙未失敗而已。如果人想和已經獲得的新能力並存，人必須成長得更成熟——人的「思想」與人的「心」兩者都需成長。人必須面對一個苦痛的眞理：他所仇恨的鄰人遭遇的災難並不會帶給他所愛護的他自身以快樂。全世界人在技術上日趨統一，而心理上却日趨分裂。我想，如果教育能善爲引導的話，則應可在這方面大有補救。我們可以教育在校兒童：不同的團體之各別利益呈現衝突，衝突的原因係由于人的無用與愚蠢的情緒使人誤信「一個人的成功必是另一人的失敗」。不幸的事是：由國家操縱的一切學校將一切統治者們自以爲有用的信念灌輸兒童。如果我們要教育統治者們實非易事。我知道有一位心理治療專家，他說只要有十次就可以治好希特勒的神經病，可是不幸得很，希特勒並無意就醫。我希望有一個方法可以把所有國家的統治者皆綁票到一個由哲人所管理的療養院裏去。然而，縱使這種做法可以成功，這個問題依然會有疑問，我不過僅僅希望這樣可能有愉快的後果而已。

——譯自美國「星期六評論」週報

日本總選擧前各黨政見之剖視

東京通訊

陳之道

一　前言

日本這次的政變，由於在野黨與自由黨分裂派合作而通過吉田內閣之不信任案，吉田政府乃下令解散議會。接着的總選擧，衆議院將於本月十九日擧行，參議院的議員半數改選，定於本月二十四日擧行(註一)。

他們這次爭論的焦點究竟在那裏？我想與日本痛癢相關的自由中國，對於他們各黨的政策政綱，都是很想知道的。現在特地根據他們最近所發表的政見，和各黨重要人物的演說，將其要點，條分縷析，列表比較，俾大家一目可以瞭然，而便於互相參證。

二　鳩山吉田之互訟

日本人民，在一般的講來，他們是喜歡看悲劇的。所以有人說：鳩山派在今日的日本自由黨裏是悲劇的主人翁，或許在意想不到的情勢之下，他會得到日本人民支持的。誰都知道自由黨在目前成了『雙包案』，不論吉田自由黨也好，鳩山自由黨也好，他們的政策不過是大同小異，因此一般人的興緻，都集中在吉田和鳩山兩個一吹一唱的對臺戲上面。

鳩山最初的臺詞，當然把『目空一切』(one man)的吉田痛痛快快的駡了一頓。我們把他的三月二十二日在神田共立會堂的演說，來分析一下就可明白了。他擧出左列四點，指摘吉田政府的背信行爲：

(一)吉田自由黨對於民主政治之培育及發展，從來沒有加以考慮過。

(二)吉田的外交，完全保守秘密，不給國民知道。在國際關係這樣緊張的時候，把一國的外交掌在自己一人手裏，或自已圈內幾個人的手裏，那是萬分危險的。

(三)自己的國土應由自己來防守，這是當然的事。可是也有人認爲有了日美安全條約，日本的安全可以依賴美國來防守，要知道日本是獨立國家，自國的防衛，當然要自己來防衛的。至于重整自衛軍，國民羣衆裏面常存着一種不安的心理，但是本人想設置適應國力的自衛軍，祗是防衛自已國土而並不必派往海外作侵略之用是需要的。萬一日本沒有自衛軍而共產軍侵入時，什麼辦呢？所以我們一定要有一個準備和一個對策，這也不過是「先天下之憂而憂，後天下之樂而樂」的教訓而已。吉田內閣始終把保安隊稱爲非軍隊，這是完全欺騙了日本國民。

(四)吉田內閣對於國家財政，從不採取積極政策，因此，已崩潰之國力亦無法從生產方面來恢復。吉田內閣完全喪失了勇氣。

鳩山根據上述四點理由，說出他和吉田之所以分裂的原因。他說他在去年十月裏，當提出自由黨領袖出長內閣的時候，爲避免黨內分裂起見，他是提出黨內民主化四個原則。吉田在當時完全接受，並且誓言實行。所以他當時毅然投票贊成吉田爲自由黨領袖而出任內閣總理。豈知無恥的吉田上臺以後，非但不守信用，而且變本加厲，把他的願望付諸流水。這種食言自肥的失信行爲，迫使本人不得不採取將自由黨分裂而自組新黨的途徑。

自鳩山言，這是自由黨之所以成爲雙包案的經過情形。至於吉田呢！他雖然對於鳩山沒有出於正面的攻擊，可是在政治言論中不免帶着極端的諷刺。我把他在報端上所發表的來引證一下：

(一)競選演說，不論東西南北都要去。南北方面多走沒有甚麼害處，可是東西方面如走得太遠，又會掉在海裏去的（暗示鳩山派活動地區）。

(二)黨內狐狸精太多了。老的火燒着尾巴都走了(指廣川弘禪)，新的也許可能再產生的。

(三)對於處罰老狐狸(指三木武吉)之所以遲遲未郎實現者，因預算沒有通過的緣故。

(四)本人對於內閣，不用說是第五次，就是六次，十次都是要幹下去的(註二)。

(五)在本人掌握政權的時期內，他們（指分裂派）是沒有出息的，當然更不能希望會志同道合。尤其是他們遇事就要錢，因爲有了金錢慾，故常和一班不規矩的人混在一起。他們都是落伍者，落伍者都跑到那邊(指分裂派)去了。

(六)聯合政府是要不得的，倒不如做野黨好，毫無責任，還可以隨時『無的放矢』呀！

(七)與他黨聯合更不行了。如果重光擧起白旗向我投降的話，我還要看看他的投降條件如何而定。

(八)鳩山是很可憐的，也是很可惜的。這位幽默而詼諧的過去首相，有着天朗氣淸的口調，發出得意洋洋的談吐，不時更發出哈哈大笑之聲。想起他在議會中大聲駡出『馬鹿野郎』的場面，是一個很好的對照。這是雙包案自由黨的開場對臺詞！

至於各黨的政見如何，以下對其要點摘列成表，以供關心日本政局人士之參考。

三 日本各黨政見剖視表

政綱	憲法改正	重整軍備	外交方針	治安問題	產業貿易	教育對策
自由黨(吉田派)	尊重和平憲法的精神，修正問題應由國民輿論決定之。	適應獨立自衞的精神，充實人民力量，採用逐漸增加自衞力之方針，以達到安全之保障。	增進自由民主國家之合作，與東南亞各國提攜，以展開國民經濟外交局面。對日美行政協定，希望依據北大西洋公約，從速交涉改訂。	防止有組織的破壞活動及不法外人的治安擾亂，加強警察機關，使其成為有力量的機構。	擴大經濟活動，實行企業合理化，振興貿易，以放寬資金貸款助成之。	發揚道義教育，充實義務教育，由國庫負擔經費，以增強歷史地理修身為目的。
自由黨(鳩山派)	適應本國國情，實行修正，設立有權威之調查委員會以主持其事。	為防止戰禍，在國力允許的範圍內，組織經濟的強有力的自衞軍。	與聯合國合作，反對秘密外交，在日英美協調的政策下，恢復東南亞及韓國等的友好關係。一掃延長占領行政的臭味，依照獨立國而改訂日美協定。	改正警察之指揮命令，實行統一化制度。	以基幹產業為中心，採取生產第一主義，以投資及貸款辦法，由財政援助企業。	充實六三制，增加育英資金，振興私立學校。
改進黨	創立自衞軍，如多數國民持有疑義時，隨時可以修正。	改訂為對等地位的安全條約，促成外國軍隊撤退，完成獨立。適應民力，創立民主的自衞軍。	早日加入聯合國，增進自由各國之友好，早日解決東南亞賠償問題，要求釋放戰犯。檢討日美行政協定實施情形，以期正常化。努力與中共蘇俄親善，與韓國締結條約以樹立親善關係。	廢止公安委員會，將國警自衞警改編為都道府縣自治團體的警察。	樹立五年計劃，實施減稅，設立總合的國土開發計劃，增進貿易。	保障教職員生活，扶助私立學校，增進科學教育。義務教育費由國庫負擔。
右派社會黨	擁護現行憲法，反對加以修改。	求生活之安定比整軍備更重要。為保持獨立國的自衞權及治安的關係，可組織占預算總額五%之軍備。	透過聯合國，促進世界一體化，實現軍縮，並締結各國平等的通商航海條約。在國聯協定的範圍內，振興「中」蘇貿易，解決對韓國的糾紛。對日美行政協定，依照北大西洋條約而改訂，裁判權屬地主義，採取間接調達方式，改訂屈辱條款。	以安定民生為本，以自治警為原則，實行公安委員會之公選制度。	實施經濟五年計劃，召開國民經濟會議，促進電力煤炭鋼鐵肥料等生產之社會化。	實施全國的六三制。義務教育，由國庫負擔。擴大學校供膳，扶助育英事業資金制度。
左派社會黨	擁護和平憲法，制定違憲訴訟法。	絕對反對重整軍備。	反對追隨美國的秘密外交，樹立自主中立外交，改訂媾和條約，解決賠償問題。締結與中共蘇俄之漁業協定和通商條約，廢棄日美保安條約及行政協定，中止與國聯軍事協定之交涉。	廢止國警，以自治警為原則，公安委員會執行人事權，實施公選制度。	反對出血特需（指美國向日本定購軍火之事），禁止兵器生產，開放「中」蘇貿易，推行重工業之國家管理。	教育費由國庫負擔，取消PTA負擔，制定學校供膳，擴大育英制度，保證學問自由。
勞農黨	反對修正規定放棄軍備的憲法第九條，擁護和平憲法。	反對重整軍備，因其引導日本捲入戰禍，破壞國民生活。	廢棄和平與保安兩條約，另締全面媾和條約，促進與「中」蘇友好及亞洲各民族友好關係，解決韓戰。	取消保安隊，縮小警察機關，自治警在財政許可範圍以內，予以保存。	廢止軍需生產，擴大和平生產，積極促進「中」蘇貿易。	發揚民族精神，增加文教預算，義務教育費全由國家負擔。
共產黨	反對鼓勵「亞洲同志戰爭」之美國政策的翻版的徵兵制度。	反對為美國備兵之重整軍備，解散所有的保安隊。	反對追隨美國的外交，速與蘇俄締結同盟，與中共締結和平條約，與其他自主國家敦睦邦交。與韓國李政權斷絕外交關係。廢棄行政協定，確保完全獨立，速令美軍撤退。	由公選決定公安委員，執行警官任免，禁止警察攜帶及使用武器。	禁止兵器生產，擴大和平產業，積極促進「中」蘇貿易。	義務教育費，由國家負擔。排除殖民地教育，確立民族教育。
綠風會	憲法應慎重研究。	為使與聯合國合作，必須順應國力，強化自衞力，贊成純粹的自衞軍備。	努力於蘇俄中共外交關係之建立，強化鄰邦韓國之外交關係。	警察機構，應迅速改善，以提高效力，在民主的前題之下，應予維持。	適應國際競爭，將生產費減低，強化貿易商社；改善貿易資金關係。	確立道義教育，振興產業教育，充實科學技術研究，提高教職員的資質。

糧食政策	勞工政策	中小企業對策	社會保險制度	戰時殘傷救濟	稅則改革	駐軍關係	政局收拾策
以十年計劃達成糧食自給自足，漸以米麥一千六百萬石，家畜一百萬隻，爲增產目的。	擴大企業規模，俾能增加雇用人員，使有能力的人可獲高額俸給。	設立中小企業金融金庫，確保長期資金，强化協同組合，實現減稅政策。	加强各種社會保險制度，充實或改善母子保護及授產設施。	調整遺族撫恤金，恢復軍人年金和補助金，促成日俘返國。	實現減稅一千億圓，改正或廢止防害資本積蓄和貯蓄之稅則。	由於接收耕地或指定漁場危險區而生之損害，由國家以換地或補償其費用。	如不得國民絕對多數之支持，決定下野。
安定農產物價格，提高糧食自給制度，設立米價調整機構，糧食自由販賣。	謀積極建設政策之樹立，俾勞工可以完全雇用。創設失業救濟金庫，勞工立法合理化，限制罷工行爲。	開闢貸款途徑，供給長期貸款，並使其合理化。	改善和充實生活保護法及國民健康保險法。	救濟遺族及傷殘軍人，排除募款方法，恢復軍人年金。	減輕法人稅，以促進資本之蓄積。恢復附加價格稅，改革地方稅，減輕低級所得者之負擔。	農地和漁場爲糧食自給自足上最重要的，對於徵收及指定，加以拒絕及取消。	組織聯合政府，以期安定政局。
確立糧食自給政策，米麥九年自給計劃，實行米價二重價格制度，對肥料飼料、農藥，實行國家規定價格制。	支持民主的勞工組合運動，尊重仲裁意見，限制共同事業及重要產業之政治性的罷工。	由於大企業的壓迫日趨萎縮的中小企業，實施協同化以改善經營方式。以組織金融爲中心，俾能獲得長期金融之便利。	建設大量平民住宅，增進母子福祉政策，普及移民計劃，實施產兒計劃。	改正職業軍人偏向之舊法，補助應召戰死者之遺族、未復員者之家族、傷病者及老年軍人等之生活。	減輕所得稅及法人稅，徹底減免貯金之利息稅，爲獎勵輸出，調整稅則，加增徵收奢侈品消費稅。	將日美行政協定改成類似北大西洋公約。聯合國軍事協定及治外法權均不得加強。	實現重光內閣，凡贊成本黨五政綱者歡迎加入。
實行糧食五年計劃，以九千億爲增產三千二百萬石食米，實施其他糧食生產十年計劃，免除配售米麥之課稅。	確立最低工資制度，未納入組織之勞工，使其組織化，調正勞工階級和國民之利害關係，組織民主的勞工統一戰線。	通過協同組合的組織，加强中小企業，由國家補助以促成設備近代化，並强化金融機關。	國家保險，健康保險均由國家補助。創設國民年金制度，建設母子老人房屋及容納六十萬戶平民住宅。	對於戰傷軍人及戰死遺族用年金制度，以保障戰事犧牲者之生活。	每月所得二萬圓者免稅，捐助金、超過勤勞俸給及社會保險津貼均免稅，新設法人稅率爲三五%。	反對美國演習佔領農地及限制漁場使用。	對抗保守反動勢力，建立新社會主義政府爲目的，與左派社會黨緊密提攜。
由國家投資改良農地，土地開拓肥料由國家管理，國家補助無牲畜之農家。	實行八千圓最低工資制度，廢止緊急調整，廢止勞工法及公務員法，制定已備勞工之健康保險法。	推行與中共及東南亞貿易，以振興中小企業，促進中小企業現代化，實行長期低利貸款。	由國庫負擔國家保險及健康保險之半數。實施老人寡婦孤兒等之年金制度，建設公營住宅三百萬戶。	由國家補助遣返之戰俘、遺族及戰傷病者，保證身體殘廢者之職業。	每月所得二萬圓者免稅，減低所得稅及事業稅，減輕中小企業法人稅及物品稅。	撤消軍事基地，沒收軍事演習地，反對限制使用漁業海面。	反對參加聯合政府，組織新社會黨政府，確保三分之一議席，打倒吉田內閣、粉碎鳩山、重光重整軍備之內閣。
樹立以糧食自給體制爲目標，自主農業總合計劃，推進糧食自給自足的政策。	反對罷工規制案，擁護勞工基本人權。防止失業，確立社會保險制度。	指導協同組合，由政府貸與長期資金，以達成保育之目的。	依照社會保險制度審議會之腹案，確立社會保險制度。	以社會保險制度，對於戰爭犧牲者全面保障其生活。	全面減輕大衆課稅，强化高額所得者之累進稅法。	以和平保安兩條約爲基本，具備改善『基地之子』等環境。	如得不到過半數，仍主張在野，以期組成民主民族聯合戰線的政府爲目的。
開放山林原野，徹底改革農地，確立自主配售制度，改正生產價格，減低消費價格。	確立十八歲獨身者一萬圓最低工資制度，開放勞工政治活動，罷工自由。失業保險由國庫負擔。	豐富供給國家資金，取消戰時重稅，保障資材、資金市場，免除遲繳稅金。	確立社會保險由國家及資本家全額負擔之制度，廢除軍事費。	反對恢復軍人年金，應由新社會保險制度保障其生活。	廢止大衆課稅，確立高度累進稅，所得五十萬圓爲免稅起點。廢止美國人特權。	廢棄侵奪農地漁場之日美行政協定，收回基地，撤退美軍，要求賠款，嚴懲犯罪者。	反對追隨美國的政策，擊破準備戰爭之勢力，集合愛國和平自由民主的力量，組成國民的政府。
制定合於生產費的生產價格，減低消費者的價格，使糧食可以自主的配售。	減低生活必需品價格，安定物價，提高工資以保障生活。使有能力的人得獲高工資，限制罷工。	促進協同化，設立專門金融機關，以財政投資供給長期週轉資金。	擴充住宅金融公庫，增建公營住宅，獎勵給與住宅，保障社會安定，設立社會保險制度。	加强廣範圍的生活保險及援助，促進遣返戰俘，調整遺族的救濟。	減輕薪俸階級負擔之稅，減低法人稅，使其公平化。中央和地方實行統一稅則。	認清聯合軍和駐留軍之分別，刑事裁判權應改爲屬地主義，減輕因駐留軍之設施而發生的生活制約。	在大乘的立場上，社會黨保守黨均應大聯合，以實現安定政局爲目的。

四 結論

根據上述各黨的政見，自由黨鳩山派的主張，很明白表示出他對於憲法的修正，自衞軍的設立及創設超黨派的外交政策等，都是表現對於吉田派的政策，立在絕對反對的立場。鳩山的經濟政策「以石橋財政」（第三次吉田內閣的財政部長）爲基礎，建立生產第一主義的積極財政政策。主張確立「勞動有能力者給以工作，勞動無能力者與以保護」的社會保險制度。其政策重點有二：

①以自由主義精神爲基礎，確立內政、外交全面的民主主義體制，積極阻止共產主義及右翼全體主義之發展。

②實行「勞動有能力者給以工作、勞動無能力者加以保獲」之社會保險積極政策。

在這一點上和改進黨的所謂「牛油也要、大砲也要」的主張極爲接近。爲着選舉以後和改進黨成立聯合政府起見，所以在政策方面也不得不有着提携的氣象。至于改進黨的政策如何呢？它有着五大政綱，九項政策。政策旣在上列表上說明不再贅述，茲將其五大政綱加以說明：

（一）擁護民主主義，建設獨立新日本。

（二）凡阻止建設獨立新日本和破壞民主主義之共產勢力，都爲本黨所反對。

（三）在建設獨立新日本的基礎上，與國際作緊密的合作，外交以國家的見地，實行超黨派的政策。

（四）主張獨立自主的國家，應建立相當的自衞軍。

（五）經長期的計劃，重建日本經濟，實施社會保險政策，安定民生，以謀生活水準之提高。

它對政局的主張，以實現重光單獨政府爲主眼，然而如果其他政黨能贊同該黨的五大政綱者，不妨與其合作，令其參加該黨政府。

由此觀之，鳩山之與重光的提携，在他們的政見裏處處可以看到，所以也有人說：萬一他們兩人合作，會使吉田派受着劇烈的打擊，不過在總選舉以前尙難預測，總之要看保守黨（鳩山派自由黨）和進步黨（重光的改進黨）之如何妥協而定的。

無論如何，這次日本的黨爭，和歷來的有所不同。過去都在政策上面有所爭執，目前完全走了樣，由於個人的問題，而發生憎惡的鬪爭。俗語說得好：『肉親之爭較他人之爭猶烈』，在世俗人情中，這是再醜惡也沒有了。日本的政黨，這次的演出，完全是醜劇。雙包案自由黨之間的互相憎惡，較之改進黨和社會黨更劇烈。而右、左兩個社會黨中間也在鬧拑蹩，互相逐鹿。譬如右派社會黨曾經對左派社會黨提出了一個妥協的辦法，即『兩黨在此次選舉中，不要感情用事，互相混奪地盤，以致他黨乘隙而入』。可是左派方面非但置之不理，而且好像埋怨右派的口氣說：「這些問題用不着多嘴」。至于政策方面，「反對重整軍備和樹立自主的中立外交重要政策」等問題，也始終堅持自已主張不肯退讓一步。反而宣傳着，「右派社會黨，應該遵守社會主義階級的主張」，好像右派社會黨在有意無意想奪取左派社會黨所屬勞工組合的選舉票數，所以步步警戒着。在明瞭兩社會黨的內情的人士說：「他們並不是爭取政治的立場，而在感情的鬪爭」。

但是，我們普通一般人的眼光看來，他們的性格、政策、相去的距離並不遠，眞好像雙生孿兒一樣，面貌也相像，心情也差不多，就是他們所說的並沒有不同的地方。在政界的立場上講，日本的政黨，祇有「保守黨和進步黨」及「資本主義政黨和社會主義政黨」兩大陣營，那一陣營能够團結一致，就能執政而施行政策。保守政黨方面正在七分八裂的當兒，在改革政黨方面眞可說是千載難逢的好機會，可是也是一樣亂糟糟的！日本的政界正在這個歷史大時代的邊緣上，如果一不留意則後患無窮了。

註一、依日本憲法第四十六條之規定，參議院議員任期六年，三年改選半數。

註二、吉田現在是第四次內閣了。四二、四、九日於選舉氣氛瀰漫的東京都

西歐通訊

史大林之死與西歐輿論

龍平甫

獨裁魔王史大林之生病與其死亡的消息是轟動世界的新聞。當莫斯科電臺於三月四日清晨廣播史大林患中風的消息後，西歐各國的早報多來不及發表，當日晚報多用特號字標題：「史大林病勢沉重，神志不清」。因爲患腦溢血病的人不死也要成半身不遂，於是上自政府首要下至里巷庶民都以此驚人消息作爲討論題材：由史大林的可能去職(如果不死)及其死後的繼承人問題，討論到今後的世界局勢。新聞記者也紛紛去找那些政府首要、國會議員、以及曾作過駐俄大使的外交官，請他們發表意見；政論家也各就其所見，發表評論。有人說史大林之死是「地震」(巴基斯坦外交部長語)(然乎?!否乎?)；震波傳到了巴黎，法國政府便因下半旗事遭受國會議員的抗議；震波傳到了窮鄉僻壤引起鎮長和神父的衝突。一位左派的藝術家更因「拍馬」不當而受「無妄」之咎。其間經過形形色色爲冷戰平空添了一幅生動的畫面。

自古以來的獨裁者所最怕的便是「死」。不是要求神仙以長生，便是怕醫生治死了他。前者如秦始皇帝，後者如史大林。本年一月莫斯科宣佈醫生陰謀殺人案，控訴醫生以醫術殺人。這個案子充分代表史大林死前的心理。當他以千萬人的死建立他與他的帝國的「光榮」之後，他所最怕的便是死神的召命，在疑神疑鬼中自然不會相信醫生的。多年以來史大林的健康便成爲國家機密，於是關於他的健康便謠言四起。因此一旦宣佈史大林患病，大家便認爲他可能已死。有一家英國報紙 (Daily Sketch) 甚至發表一段「秘聞」！「二月十八日印度駐俄大使梅農 (Menon) 所見的史大林是 Kurdyukov 或 Andize 所表演，眞史大林已臥病在床」。這件新聞的眞實性很成問題，但是莫斯科官方所發表史大林生病與其死亡的程序使人懷疑他患病與死亡時日的可靠性。

西歐各國對史大林生病消息公佈後的首次反應便是認爲歷史已達到一個轉捩點，因而對於前途發生茫然之感；此外有不少的人忘記了正在進行的冷戰，突然發現史大林也是和平的擁護者，認爲史大林也有其德性。這種言論是不是違心之論的僞君子態度？有一個雜誌說：這種現象好比兩夫妻不合，打鬧了一輩子，一旦配偶的一方死亡，「未亡人突然感覺難過，甚至爲他的死而哭」。我要再加上一句：「未亡人的哭死者還有一個說不出的原因：洩氣與打架的對象沒有了」。有些人可能感覺到大家終有一日要死的，今日對史大林之死倘不筆下留情，他日自己也會輪到的；更有些人恐怕不願意被人指責爲「幸災樂禍」者，因此當說十分的祇說三分。自然還有人是眞正的僞君子。政論家阿倫 (Raymond Aron) 在法國大報 Figaro (三月五日) 著論警告那些僞君子：「如果我們今日以不同的態度論史大林則爲不可忍受的僞君子」。英報 Daily Sketch 報說：「他是「反基督」的代表，沒有任何一個誠摯的人於多年抵抗罪惡之餘而對他的死亡表示遺憾」。英國每日鏡報 (Daily Mirror) 對於西方各國政治家所洒的鱷魚之淚 (相當我國諺語，貓哭老鼠)表示不滿。它說：「史大林之死應爲取消汽油配售後的最好消息」。對每日鏡報言論加以證實的便是倫敦與紐約所發生的現象；在紐約的股票市場中，帝俄與蘇俄附庸國所發行的公債及其他有價證券漲價。最著者爲愛沙尼亞的債劵漲至百分之六，波蘭的漲百分之八，帝俄的漲百分之六·五；倫敦的股票市場也發生類似現象，例如波羅的海各國，波蘭、羅馬尼亞、匈牙利與中共所發行公債與股票漲價。商人和投機家對時事的反應是敏感的，上述股票與公債的漲價可以說明他們對時事的看法。

政治家與外交官的言行當然不會如此率眞。他們對史大林的「蓋棺」之論雖見仁見智各有不同，但有其參考價值：舉幾個例子來說吧！

(一)一九四四年至一九四八年法國駐蘇俄大使賈德魯(Catroux)將軍於三月四日發表談話：他對史大林個人的印象爲：「一個不可測度的智慮深沉的人，一個善於做作的僞君子，一個能幹的政客」。他又說：「史大林使布爾雪維克共產主義變成一種宗教，以之向外發展從事征服世界。有人認爲史大林一死國內將內亂分裂，而不致向外發展，這是不會的，因爲俄國共產黨與其幹部已深受史大林思想的灌輸，成年的一代自幼即在此種思想下陶冶而成，軍隊忠於黨，國家則受黨的控制」。

(二)前法國內閣總理佛爾 (Edgar Faure) 承認史大林有其過人之才，但是俄國則將其才幹宣傳得過火使人生反感。他平生至少作了一件大錯事：即簽訂蘇德互不侵犯協定。如果沒有這個協定，蘇俄大部領土是可以免於摧毀蹂躪的。他又說史大林是近世獨裁者之唯一善終者。

(三)一九四一年法國駐俄大使貝爾熱 (Gustav Bergey) 說：「我們固然對有關方面阿腴史大林的言論發生厭惡，我們固然對史大林消滅其國民與其隣人以建立其「國家光榮」表示憤慨，但是我們不能忘記史大林的作事法則：他的思想是「辯證的，貫澈的」。換言之，他在下決心之前，要愼思熟慮，他的決定是衡量各種錯綜複雜而矛盾的事象的結果，方針一旦採取則堅決的去執行，不過執行的法則並不是一成不變的，在執行的過程中常因未預料到的事象而修正其方法。他不因成功而驕傲失常：這是獨裁者所應注意的；他雖利用宣傳，但他不以宣傳爲決定政策的動機：這是民主國家爲生存競爭所應注意的。有許多西方重要政治人物認爲史大林是共產黨中的「緩和份子」，但是一九三九年波蘭的瓜分，以及南韓的被侵略，使人想到他是一個特種的緩和份子：使他人自相攻擊者。實際上史大林隨現實情勢而緩和事態或鼓動事態，如果對戰爭的結果沒有相當的把握，他不會因一怒而發動戰爭的，因此他是一個策謀者。「貝爾熱最後又說：「史大林與其神話在短期中是不可替償的」。

此外更有人說：史大林的對外政策是：當他以左手打你一拳時，便馬上伸出右手和你握手。換言之，史大林滿口和平，却繼續其冷戰，並且發動局部的熱戰。

西歐的報紙對史大林紛紛評論，因立場的不同而持論不一，但是以「春秋之筆」寫他的人倒也不少。法國「世界報」評論史大林使俄國與革命調和，產生蘇俄的擴張主義，使俄國革命反動化。史大林之死爲蘇俄不可補償的損失，(其他各報亦作同一結論）因此俄國的對外擴張要有一時期的停頓。於是該報的結論認爲冷戰要停頓一時。社會黨的大衆報 (Populaire) 發表 Guy Mollet 的言論：他說：「歷史將有一天告訴我們是史大林的邪說而造無限惡果於國際工人運動。他使工人運動分裂，他强姦人心，他在實際行動中背叛社會主義的理想」。「狙擊兵」報 (Franc-tireur) 發表政論家 Charles Ron Sard 的言論：「史大林不僅是一位簡單的獨裁者，一個超級沙皇，一個暴君，他並且是一個統治廣大帝國的『活上帝』。『活上帝』死了，他的帝國是否仍舊是史大林式的？」該報後來又刊載 Georges Altman 的文章：「史大林是不仁道的古埃及王型。使「左派」最難堪的是發現理想與希望被不人道的專制主義所竊據，於是社會進步、正義、平等、博愛、尊嚴、成爲有史以來最悲劇性的神秘化者(史)的犧牲者。這是由於史大林而實現古埃及農奴式的社會主義。在這樣的社會中人是沒有地位的，在這樣的「偉大」中是沒有進步的：任所欲爲，不受限制，不受控制，不顧一切，以處分向其低首的羣衆；不顧其犧牲受難以羣衆爲「試驗」，以其血祭神化其個人與其統治」。英國大報太晤士 (Times) 說：「史大林是一個較羅伯斯卑爾 (Robespierre)（註二）更厲害的暴虐革命者。在近代史上沒有其他人會如他一般的改變世界均衡。我們懷疑馬林可夫之流是否有他那樣的氣魄，運用力與直覺，在戰爭與和平之邊際玩着可怕的玩意（玩火）」。南斯拉夫新聞社則認爲史大林葬送了十月革命的成果，並且建立侵略集團，成爲危脅世界和平的象徵。

史大林死後是否因繼承問題而發生內亂清黨等殘殺局面？各報的回答殊不一致。英國保守黨的每日電訊報 (Daily Telegraph) 認俄國在最近的將來不致因繼承問題而發生內亂。西班牙長槍會的報紙 Pueblo 說：「不要以爲史大林一死，蘇俄政權會因內亂而崩潰，蘇俄政權之推翻僅在軍事失敗之後」。西班牙的 Arriba 報說：「紅沙皇之死對於我們並沒有什麼意義，如果西方國家繼續其卑劣行爲而違背正義，則史大林、莫洛托夫、馬林可夫之輩方顯其價值」。也有人說內爭與清黨要隨繼承問題而起，例如 Boris Souvarine 在 Figaro 上寫着：「當心『不見經傳的人物』！(hommes sans biographie 沒有傳記的人物)：誰預料到史大林繼承列寧之後大殺其同僚同志？此次焉能沒有類似的結果」？漢堡的「時代」(Die Zeit) 週刊分析各種蘇俄潛在的危機說：人民教育水準提高後要求自由的意志更强，各民族的獨立的趨勢亦爲教育水準後的必然結果。軍隊漸成獨立體系不受黨的控制。

事實上，以暴力建立的大帝國往往在暴力的象徵者死亡後土崩瓦解，歷史不乏先例，如秦帝國，亞歷山大帝國，阿提拉(Attila)的匈奴帝國，因此不少人要問史大林帝國會不會走上同一命運？

史大林之死是否預示蘇俄獨裁政權的終止或蘇俄國際地位的削弱？各報對前者的答覆是否定的，對後者是肯定的。倫敦每日鏡報認爲史大林之死預示東歐各附庸國將謀脫離蘇俄的羈絆。荷蘭的 De Tidj（天主教報紙）認爲史大林之死並不預示俄國共產黨政權的終止。Nieuwe Rotterdamsche Courant 報認爲蘇俄各附庸國將設法掙脫其控制。南斯拉夫的 Politika 報說：史大林之死將引起蘇俄內部官僚體系的解體，削弱其對共產國際各國的控制力。

各報與各國要人對史大林死後的國際局勢的演變看法也不同。英國新聞紀事報 (News Chronicle) 以爲一二青年急激份子繼承史大林會使蘇俄的對外政策更富於冒險性，更富於侵略性。西班牙天主教報紙寫着：「這個戲劇性的新聞，對於外部所發生的影響較對內部爲大。華盛頓的政客決定政策的估計根據爲史大林不會作孤注一擲的。現在華盛頓的計劃已不中用，至少已成問題」。荷蘭的「萬國新聞」(Algemeen Dagblad) 報認爲：「俄國的對外政策將一貫其舊，因此必須繼續整軍，如整軍鬆懈則可能發生戰爭」。挪威的 Arbeidebladet 認爲：「史大林雖死，要使蘇俄政權民主化而對外溫和。在原則上是不可能的。最大的希望是一切照舊，獨裁與冷戰繼續演着，要使獨裁自行解體而與西方合作是不可能的」。芬蘭的 Helsingin Sonamat 報說：史大林之死爲蘇俄政權不可補償的損失，蘇俄今後將愈行其閉關政策。德國阿德勞內閣總理認爲史大林之死不能延緩歐洲的統一運動的實現，不能延緩聯防條約的批准。西柏林市長路透(Reuter) 教授說：史大林之死爲一大變化的開始，此爲西方世界所應利用的良機。他又說：「這將是一個與西方有利的政治局面的開始。西方應該發動新的外交攻勢，決定新的策略以解決在德國、在奧國、在高麗以及在遠東其他地區的世界性問題。」

史大林是一個鞋匠的兒子，他在青年時作修道院的修士，因爲倡革命而被逐出。共產黨是反宗教的，但是在第二次世界大戰期間史大林和俄國東正教妥協。但與東正教爲敵對的天主教始終被當作最大敵人。因此一般人很想知道梵蒂岡教廷對史大林最後一刻的看法。三月四日某記者訪教廷某要人，他得到的回答是：「我們可能達到一個歷史的轉捩點。不論天主教在共產黨政權下所受的迫害爲何，史大林本人並非梵蒂岡直接抨擊的對象。天主教饒恕所有的人，甚至教會最頑固的敵人於將離此世向上帝報賬以待最後審判時，教會也會饒恕的」。因爲教宗聽到史大林病重的消息後，立即爲俄國人民祈禱，於是記者又問道：「教宗是否也會爲史大林祈禱」？「是的，他爲史大林的皈依宗教而祈禱」。次日梵蒂岡電臺廣播，希望天主教徒認史大林爲一個被救贖的靈魂，應以基督徒的仁慈心腸爲他懇求上帝的大慈大悲 (Miséricorde)。最後電臺說道，教宗已爲史大林作懺悔祈禱，爲蘇俄人民前途祝福。

史大林死後西方國家政府去電吊唁，在莫斯科的外交團參加葬禮，這是外交上的禮節，因爲兩個世界雖在冷戰並且在局部熱戰，但是外交關係沒有斷絕，外交禮節就要維持。不過法國政府作得多餘一點：它下令在史大林死後兩日及出殯之日下半旗。此事引起一場不大不小的風波：法國政府的舉動立即引起兩次大戰參戰軍人與越南參戰軍人整隊到凱旋門無名英雄墓作示威抗議。另外法國國會議員 Mercier, Lafay, de Leotard, Denais, Dronne 提出抗議。例如 Lafay 說：政府作這件事是一件僞君子作風。史大林之參加盟方作戰是由於他被他的盟友德國出賣的結果。如果法國政府要着重他在戰爭後期所表演的脚色，那麽對他戰後所玩的一切將作何解釋，使歐洲破產的冷戰，在安南、在高麗進行的熱戰不是他導演的嗎？因此政府此舉使安南參戰軍人非常驚愕。國會議員 Frederic-Dupont 與 de Benouville 要求以下半旗事質詢政府。法國政府希望不要將此事擴大，勸議員不要質詢。後來 Fred ric-Dupont 雖然在國會中提出質詢，但是內閣總理馬耶 (René Mayer) 回答：「政府之下令下半旗僅爲表示敬意於戰時爲共同勝利有貢獻的盟軍統帥而已」。他接着說：「政府很瞭解一般受到蘇俄帝國主義侵害的人所發生的反應，但是下半旗祗是對往事追憶的象徵儀式與國際間的傳統成規」，他又申述政府保障民主的決心。對法政府下半旗事，一九五二年諾貝爾文學獎金得者摩利亞克(Francois Mauriac) 在 Figaro 報上批評道：「爲史大林下半旗是我國政策受時勢左右矛盾而不能自主的表徵」。德國的 Frankfurter Allgemeine 報說：「此事表示法國仍認德國爲敵人」。史大林死之次日法國衆議院 (即國民大會)開會，由議長赫里歐倡議爲「史大林致敬以追念他在第二次世界大戰中爲法國的解放所貢獻的勞績」。他說：「此時此地評判史大林的爲人是不合適的」。幾天之後，法國參議院開會，某共黨參議員提議「照衆議院一樣的爲史大林敬禮」。參議長回答說：「現在因爲下半旗事引起風潮，各方抗議，因此參議院不能有此舉動以激動人心。而且史大林之參加盟方作戰乃是被希特勒出賣推至盟方的結果。自他參加盟方之日起，各國政府與國會對於蘇俄軍隊與其當局對共同勝利的强大援助時在敬佩中」。

法國下半旗事尚有一段小插曲：本月二十日報載法國東部 Marcilly-Sur-Tille 的共產黨鎭長 Marcel Maniel 於史大林出殯之日，在鎭公所掛半旗，該教區的主持司鐸 Ligier Belair 聞訊，即打電話到州政府抗議，他說該鎭中已有幾位居民在安南作戰陣亡。次晨鎭長發現鎭公所的國旗已被取下，代之的是一隻掃帚懸着一塊雨傘布。鎭長大怒，立即向法院控訴「不知姓名者」，「偷竊國旗侮辱國徽」。他又掛起一面旗。次日該鎭共產黨發散傳單攻擊主持司鐸，說他「挑釁」。十九日夜間該鎭共產黨召開大會，到會的有二十四人，鎭長宣佈事態嚴重。然而事態止於此，未再發生其他事故。散會時他宣佈次日停止下半旗。這件事差不多是近年流行的著名小說「咯米略司鐸的小世界」(Mondo Piccolo "Dom Carmillo")(註二) 兩位主角的逼眞出現。因爲這位法國共產黨鎭長的兩個兒子也受過洗禮，祗是他和司鐸沒有打架。

這篇文章寫到此處，尚未提到西歐共產黨報及共「尾巴」報紙對史大林之死所發表的言論，共實用不着寫，那是千篇一律的歌功頌德的文章。不過頌揚不一定會得到誇獎，有時會因爲拍馬不當會倒楣的。共產黨的「法國文學」(Les Lettres Françaises)便是一例。「法國文學」於上週刊印了一幅西班牙籍住在法國的左派著名畫家皮咯索(Picasso)所畫的史大林像。法國共產黨負責方面對於這幅畫很不滿意，說「它使法國的共產黨與非共產黨勞工在情感上受到損傷」。「人道報」(法共機關報)刊文指責。於是「法國文學」主編 Aragon (係共產黨詩人)於最近一期的「法國文學」對「人道報」的指責表示「感謝」。並且作了一番自我批評。這件事一發生，新聞記者立去找皮咯索，他那時尚不知共產黨方面的不滿意；他說：「如果我畫的使人不喜歡，活該！」後來他改轉話頭不承認曾發表此言。他向一位新聞記者解釋：「你瞧，這幅像不是代表作者的敬愛嗎？有人要我畫一幅史大林的像，我就隨心所感畫了一幅，如此而已」。曼徹斯德導報 (Manchester Guardian) 說這件事與其說是蘇俄大使館與法共秘書處對皮咯索的指責毋寧說是對 Aragon 言論更强化的控制。皮咯索是共產黨捧上天的畫家，當年史大林大唱「和平運動」時，皮咯索的那隻口噙橄欖樹枝的「鴿子」滿天飛，給蘇俄盡了不少的汗馬功勞。而今皮咯索捧主子未如意反觸霉頭。於是有人很感慨地在報紙上寫道：「畫象徵符式容易，而畫宗教聖像難。皮咯索沒有畫出史大林的「標準像」而受譴責。他如身在莫斯科不作「自我批判」時便難保首領，那能如今日悠遊自在的在地中海旁欣賞春光?」

四十二年三月廿二日寫完

(註一) Robespierre 是十八世紀末期法國大革命中的主要份子，以屠殺著名，後被判處死刑。

(註二) 此書爲意大利新聞記者 Giovanni Guareschi 所著，描寫意大利天主教與共產間的冷戰。小說中二主角，一爲村鎭共產黨頭子 Peppone，一爲村教堂司鐸 Camillo。小說文筆簡練，體裁幽默，成爲近年來最流行小說，已翻譯成各國文字，銷數達一百餘萬冊。

西歐通訊・三月廿四日

從狄托訪英說起

安　道

三月十六日下午，鐵幕在霧氣瀰漫中，籠罩了泰晤士河兩岸。泰晤士河的所有的橋梁斷絕了交通，一切車馬行人一概禁止通行。在頭一天，泰晤士河所有的船隻和橋梁，都經警察細細的查看過，以防藏有爆炸性的東西，艾丁堡公爵、邱吉爾首相、艾登外相等都在西明斯德碼頭鵠立恭候。這好似在迎接什麼偉人貴賓。原來倫敦是在空前地歡迎南斯拉夫的大獨裁者，世界上第二號共產黨領袖狄托元帥。

英國爲保護狄托的安全，遠遠超過了他們保守原子彈的秘密。當狄托所乘的軍艦到達馬爾他島時，就有兩隻皇家海軍的驅逐艦加入護送。當狄托的坐艦經過直布羅陀海峽時，又有兩艘驅逐艦加入護送的行列；同時起飛大批的飛機，以示歡迎，但不幸竟有三架飛機爲歡迎狄托而失事了。

當狄托所乘的軍艦進入泰晤士河時，有四隻巡邏艦在恭候，接替了那四艘驅逐艦護送的職務。這四隻巡邏艇一直護送到西明斯德碼頭。那裏佈滿了蘇格蘭裝的警察，觀衆都被拒于五十公尺以外。狄托下船後，會用英文廣播說他這次訪英，是經首相邱吉爾的邀請，而非公式訪問，他希望今後兩國更能密切合作，互相瞭解。西明斯德碼頭歡迎禮儀完畢之後，狄托乘坐特爲他預備的銅板車，在每邊有八個磨托車護送之下，同邱吉爾共赴南國大使館。門前守護的警察竟超過了好奇的觀衆。

首相邱吉爾把狄托訪英五天的節目，使當局皆嚴守秘密。當然這是在預防馬賽事件的重演（南前國王亞歷山大 Alesander 于一九三四年訪法時在馬賽被刺殺）。所以連狄托下榻何處都無人知曉，待他由南國大使館驅車市外時，大家才知道他的行趾。但是在狄托下榻之地却無人敢越雷池一步，因爲四圍佈滿了秘密警察和警犬。這儼然成了倫敦的克里姆林宮了。

如果英國人不太健忘的話，他們當仍會記得狄托當年的仇英行動，一九四八年狄托會擊落了一架英國皇家空軍的飛機，並將駕駛員予以殺害。此後狄托又會威脅過遊弋亞得利亞海的皇家海軍。狄托的這些仇英行爲，英國人當仍會記憶猶新的。但是去年秋天英外相艾登緊接工黨叛徒貝萬訪南之後，也訪問了一次狄托。並且邀請狄托訪英。當時會遭到了天主教徒和一些愛護自由人士的反對，狄托會表示過，如英國有百分之五十以上的人反對他赴英國，他將打消此行。但狄托訪英現在既已成爲事實，足見反對狄托的英國人不到百分之五十了!?，天主教徒在英國才有二百八十餘萬人，雖具有影響力，但爲數終嫌太少。大家都還記得一九四六年邱吉爾所說的話：「我最大的錯誤就是我信任了狄托」。但是這幾天狄托却成了邱吉爾的上賓，邱吉爾還要與他談密切合作呢！

狄托本名若石步勞斯 Joseph Broz，小時玩皮不馴，一次他的母親給了他幾個 Dinars，囑他交給教堂的神父，他的母親告戒他說：「如果你吃了糖果，上帝一定打死你」。但是到晚上若石回來了，手中只拿着一塊糖果。他向母親說：「你看！上帝並沒有打死我」。狄托是不怕任何神或人的。Tito 這個名字有三種解釋。第一說是：狄托很是果敢決斷。當事情弄得很糟，無法收指的時候，他的同事往往向他討主意，他會給他的同事用 Serbo-Croat 話說：「你作這個，你作那個」。第二種說法是：Tito 一字是四個字的第一個字母湊成的，這四字是：Third International Terrorism Organisation 翻出來就是：第三國際恐怖組織。第三種說法是：俄文 Terrorist International Secret Organization 國際秘密恐怖組織的第一個字母拼成的。聞其名，而知其人，這就是 Tito 一字的來歷。

一九三六至一九三九年，西班牙內戰時，狄托會在巴黎主持組織國際軍，並一度同他的外交部長 Popovich 在西班牙指揮國際共產黨軍，向佛郎哥作戰，但終爲佛郎哥擊敗。西班牙內戰結束後，他潛回南斯拉夫，組織共產黨地下活動，製造內戰，擬推翻當時之國王彼德。二次大戰時，狄托和毛澤東一樣，一面對抗入侵的德軍，另一面也打擊南斯拉夫政府軍。一九四六年狄托朝見史達林，酒過三尋，史達林很感興奮，爲表示他還不衰老，會把狄托用兩手抱起三次。他也向狄托一再的說明，他想利用南斯拉夫來影響大英帝國。二次大戰時狄托的遊擊隊皆用紅星旗爲號，他對狄托說：「你爲什麼要用紅星呢！紅星會嚇倒英國人的。形式並不重要」。他向狄托建議，由倫敦請回南斯拉夫的國王彼德，他說：「把他請回去，在合適的時候，把他殺掉」。

一九四七年狄托同他的朋友馬林可夫及其他十六個共產黨領袖在南斯拉夫京城伯爾格來德，創立了國際共產黨情報局。一九四八年六年狄托與史達林分裂，成爲英美所擁護而同情的狄托。他之所以要脫離史達林的懷抱，是因爲史達林不使南斯拉夫工業化，剝削南斯拉夫的經濟，狄托會這樣說過：「我們的主義和信仰仍同莫斯科一樣，但是爲了政治和經濟上的關係，我們不得不向西方看齊」。後來他爲博取英美對他的信任，有時也對莫斯科說幾句不客氣的話。他說莫斯科的共產主義，已經走了樣，不是馬克斯的嫡系，只有南斯拉夫的共產主義才是馬克斯共產主義的衣鉢眞傳呢！

然而任何一種類型的共產政權都

與自由不能相容的。狄托的獨裁政治，以及對宗教的迫害等等，都與蘇聯沒有兩樣。南斯拉夫仍是一個鐵幕。

狄托眞的脫離了蘇聯嗎？到現在許多人認為還是一個謎，許多南斯拉夫人和蘇聯人，都不相信狄托會脫離了蘇聯。經驗告訴我們：哄騙世界，是共產黨的拿手好戲，共產主義是世界革命為最後目標的，它不會局限於一個國家之內。狄托的眞面目世人還難認清，但下列一些事實則是令人懷疑的：

第一件事，是過去幾年來，狄托曾大事聲張，說史達林怎樣扶植了保加利亞、羅馬尼亞與匈牙利的軍事力量，如果西方集團國家不以經濟和軍事援助南斯拉夫，是不能與以抗衡的。他又宣傳說，在南國邊境上，常有保羅匈的軍隊侵入，邊境上常有戰鬪的事情發生。但是有一位美國記者 Henry Taylor，在南國邊境上走了一千多英哩，據他的觀察，事實與狄托的宣傳完全兩樣。他並沒有看出來保羅匈的軍隊，有入侵南斯拉夫的跡象，邊境上也沒有什麼戰鬪，三年來邊境上所發生的事故還不到十次，而且皆出自一些散兵遊勇的瘋狂行為。狄托為什麼要作這樣虛無的宣傳呢？無疑的是在騙取西方的經援與軍援，兩年來美國對南斯拉夫的經援，已到了二億五千六百萬美元，在軍援方面狄托曾得到了五百輛坦克車和三百架戰鬪機。同時，英國允許狄托今年夏天將有一批噴射機援助南斯拉夫。

第二件事情，是許多西歐人都知道的，一九五一年春天捷克大淸黨，前捷克外交部長克里孟蒂斯 Clementis 已越過奧意邊境，而逃到南斯拉夫，但不幸狄托竟把他送回去了，他已于今年一月受了絞刑。

第三件事情，我們可以從聯合國看出來，每逢聯合國會議要議決一件事情，狄托的代表往往會與蘇俄集團站在一方面，事情的分裂很顯明的時候，他就以棄權來表示他的立場。

第四件事情，是史達林絕不能容忍共產黨裏頭有叛徒的，他能用一個西班牙的共產黨，把遠在墨西哥的托洛斯基殺害，豈不能使一個南斯拉夫的國際派共產黨刺殺狄托？。

在英國住了五天，看了許多軍事基地開了一些秘密會議，Bristol 噴射機製造廠，Horwel 原子彈工廠，狄托都參觀過。邱吉爾並且請狄托欣賞了一次噴射機大表演，也許因為駕駛員過分的興奮，或者駕駛員要在狄托面前賣弄技巧，當場竟有兩架噴射機互衝而遭焚燬，兩個駕駛員亦為狄托而喪失了性命。連同在直布羅陀失事的三架飛機，邱吉爾為歡迎狄托竟損失了五架飛機。而邱吉爾之所得，却是更密切合作的一篇空談。

但是邱吉爾在狄托訪英的時候却作了一件善事，他為窮苦無依的前南斯拉夫國王彼德請求了每年的生活費，這個請求經狄托慷慨應允了，但却附有兩個條件，第一他應當離開英國倫敦，第二他應當寫封公開信道謝南國共產政府。

狄托訪英短短五天已過去了。反共抗俄的自由世界對此將作什麼感想呢？邱吉爾為請狄托訪英，已失掉了意大利的友誼，使的港問題更難解決，使狄托迫害宗教更變本加厲。

南斯拉夫的共產報紙 Republika 和 Borba 論狄托訪英說：「狄托元帥訪英，證明了兩個制度不同的國家也能彼此的密切合作，共存共榮。蘇聯從前徒說空話，但却沒有實行」。狄托訪英之後，發表談話說：「如果美國請我，我也一樣要去訪美」。

二次大戰時，英美鑄了一個大錯，那就是扶植蘇俄成為世界上最强大的國家，以至現在威脅世界和平。現在民主國家豈可再踏一次覆轍？有一位意大利的教授說得好，狄托出賣了南斯拉夫國王，出賣了史達林，他還要出賣第三個，這第三個是誰呢？可能就是英美集團國家吧！我們熱誠希望，反共抗俄的自由世界，對此要特別提高警覺！　三月二十四日

(上接第3頁)

目前，也祇能以共產集團所願出的任何低廉代價為滿足。一時的苟安，正足以召至精神的解體，使共產集團得以退却而無所損失，得以保持實力而另找新的機會。唯有不辭一戰的決心，才能使政略的追擊獲得充分的成效。

這樣的對策，可能召致兩種不同的後果：第一是共產集團被迫而應戰。這種可能性不大，因為共產集團的現實觀點不允許他們打最後必敗之仗。第二是共產集團因第一個退却而不得不連續的退却。這兩種不同的後果，是可以由民主世界的運用來左右的。運用得恰到好處，正可以不戰而屈人之兵。

在民主世界，為對付共產集團的和平攻勢，伴以作戰決心的政略追擊，那是上策。誠然，這裏面多少帶一點冒險的成分。但我們要指出：一切鬪爭都是冒險，要絕不冒險，就祇有自甘失敗。不伴以作戰決心的政略追擊，那是中策。其結果一定是雙方在條件上相持不下，談判永無了期，形成一個世界性的板門店。以對方任何形式的讓步為滿足，為一時苟安而以退却對退却，那是下策。其結果一定是為將來播下無窮禍患的種子。

全人類的命運，現正繫於民主世界在此一緊要關頭的抉擇。

菲島通訊

馬西西——菲律濱的艾森豪

——菲國大選縱橫談之二

岳文彬

四月的菲島，正是揮汗如雨的盛暑；但是大選熱潮比天氣更炎熱。這幾天，全菲各地的政要，紛紛集中到馬尼剌來參加各黨總統候選人的提名大會。

國民黨代表大會訂於四月十二日舉行。該黨是現在參議院的多數黨，而且又是一般人推測在今年大選中獲勝可能性最大的；當這篇報導在自由中國刊出時，正是該黨總統候選人提名的時候，所以我在這篇通訊中要來簡單談些國民黨的事情。

該黨的總統候選人原以「天字第一號」參議員扶西．劉禮博士 Dr. Jose Laurel 呼聲最高，但是劉禮曾在日本佔領菲島時出任「總統」，且被認為「反美的老頑固」，於是在一九四九年大選時，劉禮被季里諾擊敗了。這些「弱點」，劉禮本人知道很清楚，於是遂有一幕戲劇性的「馬西西倒戈」演出。

馬西西 Ramon Magsaysay 原是自由黨的衆議員，一九五〇年季里諾看中了他，邀他出任國防部長；那時候，菲國內有虎克黨之亂，政治又是貪汚無能，國外正是中國大陸變色後，赤色氣焰得勢一時，更加上美國不斷地指責，遂使這個島國進入最暗淡的境界；馬西西出任艱鉅，以苦幹、實幹、硬幹來清剿虎克黨，進而由被動變為主動，由防共變為剿共，因此聲名大著。到了一九五一年普選時，他更不顧一切，遣派軍隊，維護選舉的清白廉正。從此之後，美國與論界對他大加贊揚，稱他為「菲律濱的艾森豪」。

馬西西在政治上的主張，許多地方與他的老上司——季里諾總統不同。姑不論這些政見誰是誰非，但這一點却被劉禮參議員看上了。於是劉禮聯合國民黨的有力參議員雷道，及公民黨黨魁陳迎拉參議員等，開始向馬西西遊說，結果馬西西憤辭國防部長，倒戈加入國民黨，進而與他的老上司分庭抗禮，出來競選總統寶座。

劉禮博士一面向馬西西遊說，另一面却在去年聖誕節對季里諾擲投「政治炸彈」，要季里諾與他兩人公開宣佈共同退出此屆之競選。季里諾對此，顯然輸了一步，不但沒有「政治反攻」，而且天天舉行什麽「效忠宣誓」這類把戲。結果參加效忠宣誓的馬西西，却在三月初旬正式變成他的政敵，這應該給季里諾一大諷刺與教訓。

國民黨總統候選人提名大會訂於四月十二日舉行，過去在該黨呼聲最高的候選人如劉禮、雷道等均正式宣佈退出，擁護支持馬西西。然而馬西西能否得到提名，也並不太樂觀。

與馬氏競選國民黨總統候選人者為參議員胡西亞 C. OSIAS。胡是國民黨的元老，在該黨有四十年的歷史，一生為黨努力，從黨中關係來說，「政治移民」的馬西西當然比不上胡老，不過有三大潛力，馬氏却可以壓倒胡西亞的：

(一)馬西西的擁護者，不止一些國民黨員，却還有許多自由黨員。當馬西西倒戈向國民黨後，不少的自由黨員也紛紛向他看齊，其中影響最大者為前任參議長邱英哥及其屬下「進步系」的嘩變。進步系在非島南部握有很大的勢力，此舉對於自由黨的士氣影響很大。

(二)馬西西是位反共死硬派。二年來他的鐵腕剿共，引起全國愛好自由反共人民的擁護。這是他最大的本錢。

(三)對於美國的關係。這也是選舉中一大關鍵，雖然美國駐非大使館再三否認並勸告美國僑民不要介入此次選舉之漩渦，但是馬西西却被人認為百分之百的「美國標誌人物」。

為了此事，季里諾總統於三月廿八日公開指責美國駐非大使館牽涉非國內政，暗中支持國民黨；同時非衆議院自由黨屬的議員已決定電請白宮，召回美國駐非大使史布魯安斯。

事情的經過是這樣：美民主黨黨魁史蒂文生於廿六日來非，美駐非大使館特地設宴歡迎，並邀國民黨、自由黨雙方政要各三人作陪，結果自由黨除外長伊利沙地出席外，餘皆籍故避宴。於是美駐非大使館中變成美國要員與非國民黨政要會晤之所在，席間，史蒂芬生更為國民黨要員所包圍，伊外長單槍西馬，敬陪末座，因此引起自由黨人大為不滿。

同時，由美駐非大使館之牽線，史氏會與國民黨政要劉禮，馬西西等人個別會談，因此更引起季里諾等之咆哮了。

姑勿論此事之後果如何，且說馬西西有了這些潛力與優勢，比之胡西亞當然得到很多的便宜。因此，馬氏的政敵——自由黨與季里諾等，顯然比較怕馬氏在國民黨大會中當選。

這幾天，各地國民黨員正在忙着推選代表，但却發現大批的冒牌代表及非正式代表。據國民黨的發言人指責：「這些代表是準備混入總統提名大會來選舉胡西亞的。他們每名且受季里諾二千元非幣(合一千美金)的資助，因為季里諾認為胡西亞比馬西西在將來對抗中比較容易擊倒」。此事到底是否實在，我們不知道，不過國民黨代表資格審查委員會已正式下令將宿務市的四十名代表重新審查。

胡西亞及其擁護者對於「重審代表」一事，顯然不滿；他更憤慨地說：「如果在總統提名候選人競選中失敗，我決永息政壇」。

胡西亞與馬西西兩人的競選活動完全不同，前者以一教育家的姿態，大駡馬西西的倒戈行為，譏之為「政治移民」。

馬西西對於胡氏這些指責，却一笑置之。他說：「我不願與同黨的人互相攻擊而影響到黨的團結」。他在競選巡迴演講中，完全集中火力攻擊季里諾。

或許有讀者要問，誰是國民黨的總統候選人？依筆者個人從目前情形來推測：馬西西中選機會有百分之六十，胡西亞佔百分之四十。不信嗎？此文刊出時，正是國民黨總統提名揭曉之時，事實將是最好的答覆。

龍娃和玉梅子

楊文璞

月光洒落在羅瑪嶺上，淸輝照澈了金家寨。山隈水涯，一對戀人在追逐。一個箭步，龍娃一把抓住了正要逃去的玉梅子。玉梅子沒有掙開，兩個人便滾落在草坪上。

「罵了人還想跑？」他用手在她脅下亂抓。

她笑得喘不過氣來，嘴裏只是求饒。「不敢了，放我起來，我再從新唱一個。」

絃子重新在樹下彈奏起來，一個羞媚的歌聲在空中蕩漾。

「星兒離不開月喲，
花兒離不開葉！
若要情長久喲，
永遠不分別！」

龍娃是金土司的三少爺，玉梅子是費曼媽媽的獨生女兒。費曼媽媽有一個勇敢的丈夫，在一次對外戰爭裏死了，費曼媽媽却因此成了族人們尊敬喜愛的對象。然而最令費曼媽媽驕傲的，還是她這個花朵般的女兒。

太平安定的日子並不久長，赤色的魔流開始在整個大陸上泛濫。和平、自由、人道、倫常、愛情、善良……全被這狂流淹沒。這狂流激蕩中的一滴水沫，濺落在金家寨。——大家都在驚疑的傳語：「失踪了十年的黑保，今天回來了！」

回來的已不是十年前的黑保了。他多了一張甜蜜蜜的嘴，一付惡辣辣的心，一肚皮陰謀詭計。

他有說不盡的故事，而這些故事都離不了歌頌兩個沒有誰知道的人物。一個是什麼死元帥，一個是什麼貓主席。他也就以這些人們不了解的故事，騙得一些人來聽。聽雖然有人來聽，可是却沒有一個人相信，他們當作了神話故事，由他瞎扯。尤其是一般老人，他們了解黑保遠超過黑保講的那些故事。

起先，黑保還是一個新鮮人物，漸漸的也就失去了人們興趣。當大家發覺他常躲在僻靜的角落裏對玉梅子說些荒唐故事的時候，大家對黑保又恢復了十年前的厭惡。

靜靜的夜，被費曼媽媽一聲尖叫撕破了。龍娃第一個衝到費曼媽媽的門口，迎面正撞着由裏面跑出來的黑保。一把沒有捉住，黑保溜入了黑暗。龍娃顧不得許多，直闖進了玉梅子的閨房。費曼媽媽正抱着女兒在哭喊：「這賊娃子蹧蹋了我的女兒！」玉梅子披着一件衣服坐在床頭，低着頭一語不發。

第二天，黑保失了蹤。當天晚上玉梅子也一去不返。費曼媽媽哭得死去活來，非要走遍天涯地角找回女兒來不可。好容易大家把她勸住，答應替她四處尋找。龍娃咬着牙根恨恨的說：「不殺盡這羣死貓的匪徒，誓不爲人！」金土司一隻黏着鷄毛的火急文件傳到羅瑪嶺十八家寨子，十八家寨子立卽結成了一道銅壁鐵墻，不讓那些死貓的匪徒越過雷池。

一年，兩年，三年。玉梅子的幻景早已破滅。離開羅瑪嶺不到兩個月，黑保就把她轉了手，接着就是一連串的欺騙，蹂躪，這朵羅瑪嶺上的花萎謝了，墜落在慰勞營的泥溷中。

又是一個春暖花開的季節，她奉命隨軍遠「征」西南邊疆。一步一步走近家鄉。羅瑪嶺上的月夜，又在她回憶中出現，燃起了將燼的情燄。大兵進了縣城，她知道縣城西側二十五里的山那邊，就是她溫享過十五年的小屋。街上滿是紮包巾穿多耳麻鞋的人，充耳俱是熟稔的鄉音。她仔細偷看每一個行人，想看見一個她熟悉的面孔。最後，她拖着飽經摧殘的身體，決心溜出了營房。第二天隊伍開走了，她又重獲得了自由。她一心急於回家，回到連年渴望一見的地方，再聽一聲媽媽蒼老的咳嗽。

她重換上舊日裝束。當她拿起鏡子照照看時，她完全呆在那兒了。三年前一朵嬌艷的玫瑰，現在却成了一瓣枯萎蒼白的落花。「我怎麼能這樣的回去？」她的勇氣消失了，捧着鏡子，淚珠像雨一般的洒下。

在夜的街道上，她漫無目的的走，她不知怎麼來決定自已的方向。一陣夜風，拂臉而過，她打了一個寒噤。忽然一個可怕的念頭襲上心來。她想到了——死。

「是的，死！」她在想。「這是大神給我最公平的懲罰。死，都贖不盡我的罪過。」

她倚在一根燈柱下，昏黃的街燈散射着黯淡的光。她感到一陣疲乏，一個長途競賽的人到了終點而且是失敗者的那種疲乏，她想就地倒下去，就這樣終結了自己。她用手扶住燈柱，這是現在她唯一可以抓住的東西，她想抱着這燈柱痛哭一場，可是，她却哭不出來。一張顏色已經敗落了的招貼，風吹得唰唰唰的響。她看見了，不禁一聲輕喟。「唉，同我一樣的命運！」她順手撕下來，不經意的一看，她幾乎驚叫起來。在晦澀的燈光下，她依稀認得出那糢糊的字跡。

「玉梅子：屋門永遠爲你開着，什麼時候都可回來。——媽媽。」

捧着這久經風雨剝蝕的殘紙，她不由的跪落下去。淚珠點點的滴落下來了，心裏一息生機漸漸泛濫成潮。她猛的站起來，忘記了疲乏，忘記了黑夜，她不停的跑，跑，出了縣城西門，直跑向綿亘廻環高與天齊的羅瑪嶺去。

黎明了，她不敢再動，潛隱在山脚草叢裏，掬一捧清水喝過，便被疲乏牽入酣眠。夜又來了，她

（下轉第30頁）

金七公公的期待

歐陽賓

祇要活過冬天，金七公公就是八十歲了。

雖然，金七公公活着與死去已差不了多少；他祇能算半個活着的人了，他的雙目完全失明，聽覺也不十分靈敏。走起路來的時候，必須要借重他的枴杖，不然的話，他就會兩條腿子直抖，像孩子學步一樣。

他在這多難的歲月裏是衰老得如此厲害，使得村人在提到他的時候，都禁不住歎息起世變來說：「金七公公眞是活受罪，與其這樣活着，倒不如死去還享福些。」

眞的，人們怎麼能忘記呢，在幾年以前，金七公公還能走三十里旱路到縣城裏去，還能在田裏作些輕便的農事。他被譽爲老年多福的人，人們在見着他的時候，都要說一聲「金七公公，你怎麼愈長愈健康了。」金七公公在聽到這些誇獎的時候，總是挺直着腰，放聲地笑上幾聲。

× × × ×

金七公公是這個村子中的偶像人物，是這個村子中的靈魂。他之所以這樣被人重視，並不是因爲他有了百來畝田，也不是因爲他兒孫滿堂。而是因爲他是一個勤儉的榜樣，他自十五歲開始，就從他父親那裏接過一所茅棚和幾分旱田。以後，他幫工，他挑脚，他燒瓦窰，他賣草鞋，才掙得了這副家當。

因此，當村人在教訓他們年青的一代的時候，總是以金七公公作爲例子，把他的歷史背給他們聽：說金七公公如何在挑遠路擔子時病倒在路上，如何在荒年中餓得半死。

村子中的長者，差不多都知道金七公公是怎樣站起來的，人們不會忘記他的被桑林重重包圍的幾分旱地，也不會忘記他那副藉以成家立業的扁擔和撑柱。人們在提到這兩樣東西的時候，正像提到聖跡一樣。實在說起來，在這個村子中，除了金七公公的幾分旱地和他的扁挑與撑柱以外，也沒有更値得提及的事物了。

× × × ×

金七公公對於改朝換代並不感到興趣，因爲他委實活得太長久了。在他的一生中，遭逢過好多次改朝換代的事，然而鄉村並無多大改變。金七公公因而也常常對那些小伙子們說：「我們莊稼人祇有一樣東西變不了——拿鋤頭。」

日子過着，世態變着。民國三十八年這個年頭很快地就到了金七公公的跟前。

那些日子，金七公公已經被他的兩個兒子阻止下田了，但他還是做些輕便的工作，到長堤外去放放牛，或者在黑黝黝的木格窗下整整農具。雖然，他連做這些事都沒有什麼必要了，可是他總覺得幹活要比閒着更對得起日子一些。

這是「解放」以後的一些日子，鄉村依然靜得像一股死水，除了偶而有幾個武裝的士兵到鄉間來打聽打聽情況，因而引起一點微波以外，鄉村看上去還是屬於農民的。

直到秋征開始的時候，整個村子才開始騷動起來，人們千方百計地籌糧。而金七公公，他是一個地主，他所要繳的糧要比他今年田裏所產的多出三分之一。

金七公公要去與征糧幹部論理，他的兒子們拖住他，跪下來求情，說一些不利的消息給他聽。然而金七公公像發瘋一樣，要把房子燒去，要把田裏的作業毀壞。最後，他被勸阻，然而他狠狠地弄斷了自己的一隻手指。

金七公公活在人間不再幸福了，他染上了氣喘病，臉上的紅光不見了，終日自言自語，說：「勤儉幹什麼？我金七提得上誰呢？誰都比我好些。」

× × × ×

日子在金七公公嘆息聲中溜走，在胡蜂作巢的木窗下溜走，一年又過去了。

土改快要開始的時候，村子中流傳着農會裏傳出來的消息，說金七公公快要被清算鬭爭了。

村子裏是顯得那樣陰暗，土地嘆息着，莊稼漢們緬懷着他們往日所效優的金七公公，帶着一種恐懼心理所引起的頹唐，懶洋洋地走在田隴上，捉摸不定世界要往何處去。

金七公公被傳令扣押起來的日子，村人都感到一種無可明言的悽戚。他的兩個年近半百的兒子去求幹部，願意代父親抵罪，並且願把一切財產供獻給農會。

請求沒有被接受，他的兒子們祇好求神問卜。每天給父親送飯去的時候，照例要求看一看他們的父親，然而沒有效。並且碗裏的菜被丟在地上，說他已經不配吃好的了。

大概有一週之久，什麼人都見不着金七公公的面，祇有在幾個深夜，住在附近的人曾經聽見金七公公發狂地在房裏叫喊，然後是槍托打在人身上的聲音，直等到喊聲因疲乏而微弱下去。

金七公公是那樣堅强，不相信他將看不見另一次興替。他聲言他要活過三個冬天，要看一看一個政權倒下去。

在鬭爭大會佈置就緒之前，金七公公已經雙目失明了。因爲金七公公向那些共幹表示，他要活着看一看他們的政權倒下去。但這話使得那些共幹憤怒，用石灰弄瞎了他的眼睛，讓他永遠不能看見世事的變化。

這件事在村子裏引起很大的反響，使幹部們感到處境不利，遂答應在鬭爭會上祇做做樣，以取得農民的部份合作。

× × × ×

金七公公在被放出來的時候，活着已經沒有什麼意義了；他的雙目全盲，兩顆灰白色的眼珠可怖地幌動着，永遠朝着一個方向。他的雪白的頭髮和鬍子長在沒有肌肉的臉上，令人想到生命的悽愴。

他終日坐在固定的地方，一言不發，凝神在自己的小天地裏思索着。有時，聽着從遠處行近的足音，他的頭就轉到那個方向去，帶着微弱的聲音問道：「你是誰呀？」人們把名字告訴他以後，他就會跟着問道：「現在是什麼日子呀？要過年了嗎？」於是感嘆着說：「日子過得眞慢！」

他的兒子們現在已經想到這枝風燭的身後事了，他們請了兩個木匠來給他做棺木。在那幾天裏，斧頭劈着木料的聲音從不遠處傳入了他的耳朵，他便朝着那個聲音發出的方向問道：「你是阿堯嗎？」

「是的，金七公公，我吵擾你了。」那個同村的木匠說。

「你在幹什麼呀？」

「不瞞你說，金七公公，人老歸山，你已經這麼一大把年紀，不能沒有壽木了。」

金七公公不高興，他的癟嘴在鬍子堆裏動着，動着。

「阿堯，你想我肯不看看他們的下場就死去嗎？」

× × × ×

在第三個冬天來到的時候，金七公公是愈來愈不成了，他坐在那裏，身子一天比一天更彎曲了，也更不想說話了，終日握着柱在胸前的枴杖，把一隻手放在另一隻手的背上，頭俯着，朝着地面。

一直要到黃昏到來的時候，他的兒子才去扶携他說：「爸爸，天色晚了，你還是進房去吧！」

在入冬的時候，金七公公病了，病得下不了床，全村的人都說金七公公不成了，活不過這個冬天。然而金七公公依然很清醒，堅持說他不會死去的，他說他一定要活到下一個春天，看一看共產黨的下場，摸一摸他的在反共行列裏的小孫子的手。「祇要待到春天，我就能夠看得見，讓我瞎子也看見呀！」他說。

大概在臘月快要過盡的幾天，金七公公忽然從床上起來了，祇是較以前更衰老了一些，腰也更彎了一些。他重又坐到原來的地方去，聖神得像一個蠟像一樣，等待着他所預言的日子。

「金七公公快要成仙了。」人們說。

日子過着，春的足跡，在慢慢地邁向苦難的金七公公的跟前。

（上接第28頁）

遶着最僻也是最熟悉的小路走進了金家寨。她知道什麼地方有人把守，什麼地方沒人走過。望見自己的家門，她停了下來。站在一棵樹後面，她聽得清清楚楚自己的心咚咚在跳。一閃到了門口，用手一推，門竟然沒有關鎖。院子靜悄悄的，自己屋子裏有微弱的燈火。在窗縫中却看見並沒有一個人影，母親的鼾聲正從隔壁一間房裏出來。她大着膽推開廳房的門，溜進了自己的屋。

三年了，却一點沒有改變。那夜走時，沒有摺疊的被子還是依樣擺在那裏；枕頭邊還放着她最愛看的一本小書；桌上有她晚上愛吃的麪餅；一杯開水還有餘溫。再也忍不住了，伏在床上失聲暢哭。漸漸的沉入夢境。

「孩子，上床好好的睡，這樣會着涼的！」

有人輕拍她的肩膀，她驚醒過來，母親正站在她的身旁。

又是一個月夜。

「龍娃，我不打算再看見你的。」玉梅子望着身邊的人說。

「可是你終於回來了！」

「我知道你恨我，我也沒有臉再見你！」

「今天以後，不再是這種情形了。你終於回來而且見到了我！」

「黑保，將是我終生難忘的仇人！」

「不必再恨他了。他在去年帶領一批土匪來打金家寨，却被我活捉了。」

「什麼？」她幾乎不相信她的耳朵。

「活捉了。我剖取了他的心，還留給你來復仇。」

龍娃從懷裏掏出一個木盒。

「你怎麼知道我會回來？」

「會回來的。因為你始終沒有走出我的心房。」

羅瑪嶺上的月亮是依樣輝煌。龍娃又重理起塵封已久的絃琴歌唱。不過，現在在他們身畔，却多了一隻維護生活自由和平的步槍。

書刊評介

胡適言論集甲編

自由中國社編輯　華國出版社印行

張　敬

胡適之先生去年應聘回國講學，在臺灣兩月之間，除了臺大師院的定約之外，陸陸續續被邀請在其他公私團體作過多次的講演及座談。看那四十一年十一月十九日松山機場歡迎人士之盛以及每次講演場所擁擠的情形，我們不難知道自由中國文化學術各界的飢渴。這種空前的現象，決不是偶然的。所以可以說：這兩個月來的講演，對於自由中國猶如向死沉的水面投下無數的石子，激起若干大小迴旋不已的波紋，漸漸蕩開那淤塞的泥藻，露出了雲影天光，却是值得珍重的事實。

自由中國編輯委員會將所有的講稿，搜集起來，整理付印，分爲甲乙兩編：凡關於學術的屬甲編，凡關於時事的屬乙編。對於讀者實有許多的方便。儘管在這復興的根據地的文化學術界，有多少人士繼月積年探史窮經；有多少人士別關蹊徑出奇制勝；有多少人士拼命著述，汗牛充棟；然而對於一般學人的要求來說，大家總覺得散漫、紛亂、悶氣、乾涸，大家總嫌不够。此番適之先生以遊子歸來的身分，給我們若干指示、提倡、啓發和鼓勵，有志振作革新的學者，若能繼續推動，努力進取，總有一天，大小有個像樣的成果貢獻出來，學術界或不至於太多的不滿足了。

本書甲編講詞十二篇：一、治學方法。二、禪宗史的一個新看法。三、水經注考。四、傳記文學。五、三百年來世界文化的趨勢與中國應採取的方向。六、杜威哲學。七、傅孟眞先生的思想。八、工程師的人生觀。九、文藝協會歡迎會上講詞。十、文藝協會座談會上答問。十一、臺灣省文獻委員會歡迎會上講詞。十二、中學生的修養與擇業。

治學方法三講，佔全書頁數四分之一，也可以說是全書最重要的關目。這裏面啓發後學，精闢之論甚多。他提示給我們做學問的方法，有兩句扼要的話：「大膽的假設，小心的求證。」這是研究學問，解決研究困難的惟一的科學方法。這是說，眞正的治學，是脚踏實地的工夫，不是懸空的口號；是步步爲營，不是躐等求進；是有根據而證實的，是歸納的演繹的，是貫串而不是拼湊的。

胡先生自己做學問，一向如此。他寫紅樓夢考證如此，他寫禪宗史是如此，作水經注考如此，作一切學問亦莫不如此。這多半是受了杜威博士科學的實驗主義的影響。比如他「認定曹雪芹寫紅樓夢並不是什麼微言大義，祇是一部平淡無奇的自傳。」在三十年前，大家對紅樓夢的看法，簡直是一團烏烟瘴氣。似這種撥雲霧而見靑天的斷案，作者不是輕易得來的。當然，有如哥侖布發現新大陸一樣，在他未發現之先，大家沒有發現；等他發現之後，大家也許不以爲奇。可是要知道：我們的儒先做考據工夫的，不論是訓詁校勘或那一方面，明淸大家如顧炎武、錢大昕、閻若璩、王念孫諸人的成就，有許多地方，可說是鬼斧神工。然而繡出鴛鴦，不傳金鍼，他們從無一人具體的指示後學一條明路。後代的人讀書遇到困難或懷疑，眞不知從何解决。要不是糊里糊塗的放過去，再不是想找出路而苦無門徑。現在由適之先生舉出十個字的指路碑，在治學的迷途上有了航行的舵手，學者受用無窮，這是非常有價值的。這十個字之中，他尤其注意「小心的求證。」如果證據不够，就不能妄下斷語，要再去找新材料。有新材料，「才可以使你研究有成績，有結果，有進步。」所以他引了傅孟眞先生的口號「上窮碧落下黃泉，動手動脚找東西」以爲註脚。

他考證紅樓夢用了三十年的工夫；考證一百萬字的醒世姻緣用了五年的工夫；考證水經注前後至今九年尚未發表一篇完全的文章。處處都證明他治學態度的謹嚴。在治學方法二講所提出的「勤謹和緩」四個字，這是他希望治學的人要養成的好習慣。他說：有了好習慣，當然有好的方法，好的結果。勤是不躲懶，不偸懶。謹是認眞不苟且。和是不固執成見，不動火氣。緩是不著急。「凡證據不充分或不滿意的時候，姑且懸而不斷，再去找新材料，新證據。」緩字原來是前三字的綱領，也可以說是前三字的總結。所以他說「如果不能緩，也就不肯勤、不肯謹、不肯和了」。這四個字會經引起一些人的非難，他們以爲這「緩」字似乎有違「新速實簡」中的「速」字。不知速字的註脚是不拖延，不推諉。正與「勤」「謹」二字相同。而緩字則是做到實字的必需步驟。適之先生指示大家的治學方法，在大膽的假設之後，以勤愼和緩的工夫去小心求證，這些都是十分精闢懇切的話。

他嫌我們提倡白話文不够努力。他說「我們的文學應該從活的語言下手，應該從白話文下手。」「應該想法子在各地方言裏找活材料。」他要文學家放膽的用國語做文學。

他提倡傳記文學，他以爲論語是一部傳眞的孔子言行錄，是一部用白話把孔子的一言一行完全寫下來的好傳記。

他推崇傅孟眞先生是人間最難得最稀有的天才，集許多人世難得的才性於一身。這許多才性使其到處成爲一個有力量的人。這個評論，洵爲中肯。

適之先生口才勝人，每次講演雖未擬稿，有如風行水面，自成文理。也可以說「咳唾落九天，隨風生珠玉。」記錄人的本領，很不錯，幾個錯字，可原諒。

第八卷　第八期　內政部雜誌登記證內警臺誌字第一九號　臺灣省雜誌事業協會會員　一七二

給讀者的報告

獨裁魔王史大林之死，曾激起世人諸多揣測；最近繼承史魔之馬林可夫更發動一連串的和平攻勢。於是國際間苟安的氣氛甚囂塵上。局勢的發展是很令人擔心的。本期我們編輯的重點正是針對當前此種局勢，澄淸世人的困惑與迷惘。除社論之外，還有兩篇專論與一篇通訊，均係討論與此有關的問題。在社論裏，我們提醒民主國家，要對共產集團的和平攻勢有一正確之瞭解，從而作有效之對策。民主世界絕不能放棄的最低原則是，韓國與德國的統一，以及鐵幕之消除。否則如果只是無條件的但求苟安，則「和平」的代價將必是全人類的奴役而已。在兩篇專論之中，蔣勻田先生指出經濟的控制是蘇俄統制附庸國家的重要手段；那些企望毛澤東於史大林死後變成托狄的想法，該是多麼幼稚可笑。朱件耘先生的大文剖析美國政府的積極外交政策，更着重於史大林死後對美國外交發生的影響，正如作者所云：「我們的利益與美國的利益是一致的，美國之重視我們當毫無疑義」。然而「目下吾人尙不能對美希望太大，自我努力仍爲最重要的國策措施也」。

對公教人員待遇問題，本刊前此曾經多次爲文呼籲。本期黃鐘先生的大文，更提出具體的統計數字，以說明現在公教人員俸給菲薄，生活淸苦之嚴重性。無論從社會的或政治的觀點來看，調整待遇，使「公教得其養」，現在已是刻不容緩的時候了。

本期通訊除「史大林之死與西歐輿論」外，其餘三篇通訊亦均與時事報導有關。東京通訊報導郎將舉行的日本總選，剖視總選中各黨所揭櫫的政見，本文有實際的資料與透闢的分析，可助吾人對日本政情之瞭解。日本前途關係東亞安危，日本政局的趨變自爲我們所關切。與日本總選同時進行的，是我們另一個鄰邦——菲律賓的大選，現在正是鑼鼓方酣。本期菲島通訊介紹菲國民黨競選人馬西西其人。菲國總統制是美國制度的仿版，這次菲總統選擧中的馬西西，在形勢上頗似美總統艾森豪昔日之競選；然則菲律賓這幕選擧劇也是値得我們「欣賞」的。另一篇西歐通訊則是報導最近狄托之訪英，本文提供一個很重要的觀點，卽任何型式的共產政權，其與自由之不相容性是無法調和的。這意見適可與「馬林可夫與狄托主義」一文相呼應。

「金七公的期待」與「龍娃和玉梅子」兩篇短篇文藝稿都是十分精粹的。「龍」文作者楊文璞先生以寫邊疆風土見長，凡讀過中央日報副刊「邊城散記」的人，沒有不稱讚的。

又本社社址於本(四)月廿五日遷至和平東路二段十八巷一號，讀者如有函件或其他事務接洽，請郵寄或移玉本社新址爲荷。

本刊售價

一、	臺幣	四元
二、	越幣	八元
三、	菲幣	五角
四、	港幣	一元
五、	暹幣	四銖
六、	美金	二角
七、	叻幣	四角
八、	印尼幣	三盾
九、	日幣	八十元

自由中國 半月刊 第八卷第八期 總第八十三號

中華民國四十二年四月十六日出版

發行人兼主編　『自由中國編輯委員會』

出版者　自由中國社
社址：臺北市和平東路二段十八巷一號
電話：裝置中

航空版　香港時報社

經售者

臺灣	自由中國發行部、中國書報發行所
美國	紐約民氣日報社、舊金山少年中國晨報社、芝加哥中國出版公司
日本	東京僑豐企業公司、東京南友堂、東京內山書局
韓國	釜山草梁洞新泰行
馬尼剌	大中華日報社
印尼	椰嘉達星期日報、椰嘉達天聲日報、棉蘭繁華圖書公司
越南	西貢中原文化印刷公司、越南華僑文化事業公司
暹邏	曼谷攀多社十二號
緬甸	仰光振成書報店
印度	孟買梅亞號、加爾各答塔梅學校
澳洲	雪梨瑞田公司
北婆羅洲	馬拉奕坡美芝律聯華公司
新加坡	中興日報社
	檳榔嶼、吉打邦均有出售

印刷者　精華印書館
廠址：臺北市長沙街二段六〇號
電話：二三四二九號

本刊經中華郵政登記認爲第一類新聞紙類　臺灣郵政管理局新聞紙類登記執照第二〇四號　臺灣郵政劃撥儲金帳戶第八一三九號

自由中國

FREE CHINA

第八卷　第九期

要目

中華民國四十二年五月一日出版
社址：臺北市和平東路二段十八巷一號

半月大事記

四月九日（星期四）

聯合國大會通過西方國家所提之裁軍計劃，同時並否決蘇俄所提之修正案。

聯大政委會通過指派五國委員會實地調查共黨所提之細菌戰指控。

波蘭在聯合國提出一套和平建議，並要求全面恢復韓戰和談。

四月十日（星期五）

臺灣省政府主席吳國楨辭職獲准，俞鴻鈞繼任。

美政府否認紐約時報記者所報導的分劃韓國託管臺灣的消息，謂其全無事實根據。

美向西德總理艾德諾保證，一俟西歐六國軍公約批准後，美將立即協助西德建軍。

四月十一日（星期六）

總統咨請立法院立委行使立法權期限再延一年。

韓境交換傷病戰俘協議簽字。

蘇俄代表在四國對奧管制會議中表示俄對奧政策不變。

美今年第五次原子彈爆炸。

四月十二日（星期日）

聯軍與共軍決定自四月二十日起交換傷病戰俘。

越共軍約三萬人集結於老撾邊境，惟尚未與守軍發生遭遇。

四月十三日（星期一）

越盟共軍包圍下，法軍撤出老撾北部的桑怒。

美原子能委員會宣佈：准許兩家私人公司研究原子能在工業方面的用途。

四月十四日（星期二）

立法院會議通過總統咨請立法委員任期再延長一年案。

桑怒撤退的法軍與老撾軍已和越盟共軍發生戰鬪。

四月十五日（星期三）

總統任命臺灣省政府全體委員。

老撾王國向聯合國呼籲確定越盟為侵略者。

四月十六日（星期四）

美總統艾森豪發表政策演說，提出統一韓德及停止侵略問題，促蘇俄以實際行動表明和平誠意。

波蘭在聯大政委會撤回其「和平」提案。

越共軍大量侵入老撾，法軍及老撾軍繼續後撤。法軍以空投方式獲得補給。

聯大政委會通過巴西提案，決定韓戰和談限在板門店舉行。

四月十七日（星期五）

聯軍向共方提出遣俘條件，同意恢復停戰談判。

侵入老撾共軍，迅向川壙推進，圖截斷自桑怒撤退之法軍退路。法軍在越共猛攻下，損失甚重。

聯大政委會辯論緬甸對我之控訴案，蔣廷黻發言駁斥。

四月十八日（星期六）

越共軍向老撾京城鑾巴剌邦推進中。美國務院發表聲明，謂「密切注意」老撾局勢之發展。

美國爆炸一項最秘密的巨型原子設計。

美國務卿杜勒斯發表外交政策演說。

四月十九日（星期日）

日本舉行衆院總選投票。

韓境聯軍統帥克拉克命令兩師新韓軍參加服役。

四月二十日（星期一）

日衆院議員總選揭曉：吉田自由黨在四六六席中獲一九九席。與上屆議會比較，此次總選顯示所有保守黨席次之銳減，及左傾勢力席次之突增。自由黨之鳩山派僅獲三十五席。

韓戰傷病戰俘開始交換。

四月二十一日（星期二）

越共軍第三路侵入老撾。

葉外長發表聲明，謂緬甸控訴案毫無根據。阿根廷對該案提出一項折衷建議。

美國務卿杜勒斯與共同安全總署長史塔生飛歐，參加北大西洋公約理事會。

四月二十二日（星期三）

菲律賓宣佈駐華公使代辦艾德瓦昇任公使。

越盟共軍進攻老撾之心臟地帶壺形平原。法軍放棄川壙，決心保衛鑾巴拉邦。

四月二十三日（星期四）

聯大政委會通過墨西哥建議，要求緬境中國游擊隊離開緬境。並請美國居間調度中緬談判的繼續進行。

北大西洋公約理事會在巴黎開會。

老撾在越共進攻下，已向泰國呼籲援助。

社論

日本大選與今後的政局

日本此次大選業經結束，就大勢而論和上屆議會所差無幾，似乎可以說是多此一舉，但其政局表現之不安，觀察家多半以為日本前途的隱憂，人事與制度皆有待於改善者。我們是鄰邦，不能不關心日本政局，願指陳其得失，期有補於將來。

最近日本的政黨名目繁多，卽以衆議院有議席的為限已有七個，再加上參議院的各黨派恐怕要超過十個了。但由我們旁觀者看起來，只有兩大派罷了。自由黨的吉田派與鳩山派原來是一家人，卽改進黨的人物和主張也和自由黨沒有多大的區別，這些都屬於保守(或改良)的一派，卽是肯定現社會的基礎，而謀漸進的改良。共產黨則和各國一樣，和克里姆林宮一鼻孔出氣，勞農黨也甚為接近，左翼社會黨則信奉馬克斯正統派(卽考茨基一派)的理論，主張合法的運動(不用暴力)以達成社會民主主義，但其最後的目標仍和共產黨相同，這些都屬於革命的一派，要把現社會的制度完全改造，使它變為他們理想中的社會——無階級的社會。惟右翼社會黨似乎站在中間，他們的理論和作風都接近英國的工黨，理應不是革命的，但是此次大選却提議和左翼社會黨安協而被左翼拒絕，我們實不易將它歸類。

照上面的分析，保守派所佔衆院的議席，本屆比上屆雖少了幾席，仍擁有三百名以上，實在是壓倒的多數(日本衆院議席共計四百六十六)，由此可見，日本的社會基礎還是相當鞏固，尙非革命勢力所能撼動，其政局理應是安定的。可是此次解散議會和上屆內閣成立相距不過五月餘，似此半年更迭的內閣，其壽命自不可謂為長久。吉田的自由黨雖仍擁有二百席，但已不是過半數，今後縱使再組第五次內閣，能够維持多久尙在未定之天，其推行政令的力量已較從前為弱，乃是無可爭辯的事實了。脫離佔領不久的日本，站在保守派的立場而謀其社會的進步，最要緊的條件便是政局的安定，但是吉田氏去年的閃電解散議會，似乎根本不求政局安定的樣子，是不是老成謀國者應有的舉措呢？若謂以解散議會而訴諸國民的信任，吉田自已認為兩次都已獲得，然由我們看來，則上屆由二百八十席降至二百四十席，此次又降至二百乃至二百零幾席，則國民的信任已逐漸降低了，今後自不應因仍舊貫，固步自封，必須改變作風，一新耳目，使國民的信任繼長增高，才是大政治家應有的風度吧。

獨立後的日本政局，過去的事實已表現其不安，將來的趨勢也只有更加不安，並無重歸於安定的跡象。那麼，日本會不會鬧成法國的樣子呢？這是許多人要提出的問題。我們以為如能及時挽救，從制度與人事着手，是不會的。不信任投票制度，在英國行之多年，卓著成效，而在法國則因小黨林立之故，成為內閣更迭頻繁的主要因素，可見制度亦有因地制宜的必要。如果法國施行美國式的總制統，一經獲選必有四年期間以實現其抱負，則雖小黨林立仍不會政策時常變更，而且無力推行，以致危及其國本。因為黨派衆多，則議會的不信任投票往往因微末細故而施行，使國民的信任投票無從表現。比方這次吉田茂只因一聲「馬鹿野郎」的失言而招致議會通過不信任案，吉田乃解散議會以待國民的公判。一票在手的國民應作何判定呢？如果反對派專就一個或幾個政策來和吉田爭論，則贊成反對將各依其主張而投票，國民的判定是容易表現的。只因一句失言的問題，國民卽使判定他是失言，但仍可說他不應因此一失言而去職吧。故如果小黨林立為必不可免的趨勢，則議會不信任投票制度實須改正，以避免政局之不安。(我們中國的憲法沒有解散立監院的條文，亦自有長處)

其實照我們上面所分析，日本若有大政治家出而領導，則小黨林立並不是不可避免的。今日的世界政治只有共黨與非共黨的鬬爭才是最重大的問題。共產黨人的實踐信條是：非友卽敵，其間並無中立的可能。你雖自命為中立者，共黨依然要認你為敵人，自非把你消滅不可。故不但代表資本主義的政黨是正面的敵人，卽今日英國的工黨，從前德國的社會民主黨(考茨基派)也無一不是敵人。如果對這一點澈底認淸，則日本今日的衆議院除共黨一席及勞農黨五席外，全部均應大同團結了。卽退一步言，將主張社會主義的一律除開，僅僅自由黨兩派及改進黨便有壓倒的大多數，為甚麼不能團結一致，以對付共同的敵人呢？是不是吉田氏的氣度褊小，領導無方呢？其實多數政治家也沒有認淸現在的局勢，只着重於私人的情感和利害，並不從遠處大處着想，乃使政局日增紛擾。撇開國際政治不說，專就日本內政而論，現在的社會應不應革命，卽是應不應以暴力推翻現狀而改變之，乃是政治主張的分歧點。日本的共黨在短期內固不能奪取政權，卽左右兩翼的社會黨也怕沒有掌握政權的希望，但是戰敗後的日本現狀多半不能令人滿意，自屬事實。如果改良派只從事政權的紛爭而沒有很好的成績表現，則予共黨可乘之機，它的勢力便可潛滋暗長，而為將來的大患，乃可斷言者。故多一次的紛爭卽危機也增大一次，這一點必須牢牢記住。我們希望鄰國的政治家放大眼光，擴大胸襟，共謀團結以消滅前途的隱憂，尤其希望居領導地位的吉田，以一身為天下先，集衆志以成城，而奠國家於磐石之安。

自由與國際和平

張佛泉

一　人類最大的威脅何在？

人類最大的威脅就是戰爭。活在二十世紀中葉的人，普偏嘗着焦慮的滋味（註一）。十九世紀的樂觀，在今天的人們看來，實覺有些天眞。英國劍橋大學巴克教授在「英國政治思想，一八四八——一九一四」一書的一九四六年的新序中，認爲二次大戰已是又一次的「三十年戰爭」的開始（註二）。除了蘇俄鐵幕內的渾渾噩噩的「百姓」「子民」，全世人所感覺的，惟一就是對未來的憂慮，憂慮到睡不安枕，食不甘味。新被關入鐵幕的人，身經種種迫害，則更多一層驚懼。

戰爭是甚麼人所發動的呢？戰爭的威脅是甚麼人所賜與的呢？無問題地是那般不受它本國人民控制的獨裁者或獨裁集團所發動所賜與的。換言之，到了二十世紀已令人看得再明白沒有，就是不講基本自由與人權的國家，它的獨裁者除了在本國可以蹂躪人權之外，並可以任意發動侵略戰爭，傷害其他國家的人民。獨裁者給人的威脅一向是雙層的。

已故拉斯基教授在他的晚期思想中，特別認爲近若干年來人類的痛苦都是英美式的資本主義所帶來的。他尤其以爲美國的「個人資本主義」最要不得，且已驅使人類到了萬丈深淵的邊沿。人類唯一的解救却祗有求諸蘇俄的方向。他認爲蘇俄是新文明的開始，是人類的新希望之所繫（註三）。這個觀點恰好用不着我們駁辯，而由事實再一次出來作證，證明拉氏的說法完全是錯誤的。日本投降後，中共匪幫的大規模與兵作亂，加給中國人民史無前例的痛苦，固無論矣。就在拉斯基氏新版「現代國家中之自由」出版後不久（註四），對蘇俄的頌詞墨瀋未乾之際，史太林已命令他的走狗金日成，無警告地侵入了南韓（可惜拉氏早死了三個月，竟未得見）。在韓國的國際戰爭一拖便已將近三年。這纔叫作「事實勝於雄辯」。戰爭的直接威脅來自那裏？來自不受人民控制的獨裁者。拉斯基不論戰爭之直接的和赤裸的威脅，却祗講那些間接的和背後的成份，正所謂能察秋毫之末，却不能見輿薪。可見純以經濟觀點解釋歷史是絕對不够的。可見不談政治的控制，不談獨裁者的瘋狂心理，都不足以解釋戰爭的直接起因。尤可見基本自由與人權不祗是每個國家的內部問題，而是一個國際問題。一個國家內部沒有基本自由與人權的保障，不但它的人民要繼續在專制之下呻吟，這個國家如果是相當大的或是十分衝要的，一定還會對世界和平構成直接的威脅。這正證明康德所說，永久和平的第一個確定條欵，必須各國內部爲「共和」政體（註五）的話，有何等遠見。這也是聯合國憲章在序言中劈頭便將避免將來戰爭與尊重基本人權一併提出的道理，這尤其是「人權普偏宣言」（卽舊譯「世界人權宣言」）（註六）的序言中第一句便說破普偏尊重人權不但是自由與正義並是世界和平之基礎的道理（註七）。

二　自由亟需一個定義

自由在今日世界中的重要，已如前節所言矣。然則「自由」一詞究作何解呢？原來自由這個名詞在西方早就成了爭辯的大題目。我們至少在洛克的「論政府兩編」中已看到他和費洛穆爾辯論到自由的問題（註八）。法儒孟德斯鳩在「法意」一書中，卽曾說道：『沒有一個字像「自由」似的被加給更複雜的意義，和能在人心中引起更複雜的情緒』。『某民族（指俄人）很久卽認爲自由應包括留長鬍子的特權』（孟德斯鳩在此處的原註說：俄人不能蓄長鬚，如蓄長鬚則彼得沙皇卽下令將鬚割下）（註九）。英儒保守大師柏克在「對於法國大革命之感想」一書中曾謂：『自由如離開智慧與道德，是甚麼呢？它是一切可能的罪惡中之最大的；因爲那正是愚蠢、咎戾、瘋狂，離開了監督或約束』（註十）。美國總統林肯於內戰時（一八六四年四月十八日）在包爾鐵莫爾城講演道（後人卽稱爲 Baltimore Address）：『世人永也沒有給「自由」一詞下過一個好的定義，而美國人在當前就亟需一個好的定義。我們全宣稱爲自由，但用同一名詞時所指却全非同一事物。在某些人所謂自由，係指每人得就自身及其工作之結果隨意處置（按林肯暗指此係北方美國人所持之信念）；在另外些人所謂自由卽指某些人得就他人及其工作之結果任意而爲（按此係指南方美國蓄黑奴而言）。這就是對兩件不惟不同且不相容的事物稱之以同名——自由』（註十一）。據曾讀過兩萬本書的英國歷史學大師艾克頓伯爵（Lord Acton）說，關于自由這一個觀念，共有「兩百個定義」，由於對它解釋的不同，除了神學（theology）之外，比任何其他學說使人類流了更多的血』（註十二）。五十多年前，關于自由已有二百個定義，到了現在又增加了多少呢？近年來因爲經濟制度與國際關係起了絕大變化，所以自由更成爲人們所熱烈討論的題目。最常被人提到的有經濟自由，社會及文化等自由。也有人用過「生理自由」（physiological freedom）或「心理自由」（psychological freedom）。所以近幾十年來，自由的定義就有二百好幾十個了。並且近年來關于「經濟自由」「種族自由」等之爭辯與奮鬪之激烈，比起過去對「政治自由」之爭，尤恐有過之而無不及。

那麼，西洋人夙來講自由的尙且有求不到自由定義的迷亂情形，若依我們東方一向不講它的人說來，自由又應當是個甚麼呢？無疑地它更會使我們大惑不解了。嚴復在譯穆勒「羣己權界論」的序言中就說過：『……十稔之間，吾國考西政者日益衆，於是自繇之說，常聞於士大夫。顧竺舊者旣驚怖其言，目爲洪水猛獸之邪說。喜新者又恣肆泛濫，蕩然不得其義之所歸……』[註十三]。半世紀後東方人對自由惶惑不解的情形，又有多少改善呢？無怪有人在大家失望之餘，乃轉倡自由非「大衆哲學」之說了。

三　自由果無定義乎？

自由果然沒有確定的意義麼？回答這個問題是本書的主要任務。現在先指出欲求這個問題的回答，却不能朝着什麼方向去尋。要想解答這個問題，却不能向那一方面去尋呢？就是：不能乞靈於「本質主義」(essentialism)。這意思卽是說，我們不能問：『自由是什麼』，或『自由的本質究竟是什麼』？這樣窮究下去，可以是永無底止的。『這是什麼』，『後一什麼又是什麼』？這就是邏輯家所謂無窮的退後(infinite regress)。這樣窮追是不會有結果的。所以科學家向不用此法[註十四]。

並且本質主義者的方法不僅是得不到結果而已。如僅限於此，還是無妨的。更壞的就是他們追尋得來的結果時常是原問題的否定。他們爲回答自由是什麼，結論却得到：自由就是「必然」。這就正是黑格爾和馬克思的結論。依黑格爾的辯證：凡是自由的就是「合理的」，凡是合理的就是「現實的」，而法律與普魯士王便是理性的「客觀化」或其代表。所以服從國王命令之絕對性和法律之必然性就是自由。如此這般，Freiheit 就等于 Notwendigkeit (必然)了。(這種思想路數，倒轉過來，是完全一樣的。必然的也是自由的)[註十五]。馬克思便十分羡慕這個學說。因爲依他的說法，由唯物的必然環境方產生自由的觀念。這樣的自由論偏偏是極有勢力的。極權主義者的御用理論完全是這一套。中國以前的理學家由講「存天理，去人欲」，而崇拜那些吃人的禮敎，正是現代「同路人」的大老前輩。在美國居住很多年的西班牙老哲學家桑塔雅那在臨死之前一年也還出一本巨著「據治與權力」，高談「心」(psyche)經過山石草木禽獸人類的「演化」[註十六]；高談什麼「在物的心中有精神種子的存在」乃是自明的道理；小兒出世就是「自由之降生」，他的第一聲哭就是「他第一次確切行使自由」；「童年乃人之第一次必然的奴役」(因爲幼童須處處服從)；「人生完全爲强迫性的犧牲所限制」，但這却可以視之爲自由，「因與必然取得和諧能予吾人以自由之感，且此乃吾人所有唯一的自由」等等。桑氏這種自由本質論，可謂是集無意識 (non-sense) 與危險學說之大成。

自由本質論者所用的方法，正是叔本華在攻擊那些神秘主義者時，所痛罵的「揚沙子」迷人眼睛的方法[註十七]，也就是我們中國常說的障眼法。我們還可以指出，他們用這種方法就是爲達到馬列史毛法那一大類的「魘論」("Daemonology")[註十八]。自由就是必然，這不是「魘論」，不是活見鬼，却是什麼？

所以本質主義者的方法恰恰與科學的方法是相反的。以科學的態度，欲尋出自由的涵義，就不要再問：『自由的本質究竟是什麼』？却祗要問：『自由都包括些什麼』，或『民主國家的人所講的自由都指些什麼而言』？這樣就大不同了。這樣就可以找出個道理來了。

這就是說，我們研究自由的問題，不能從虛玄處、整個處、高遠處講起。而要從具體處、低微處、切近處講起[註十九]。我們在這裏不談「自由意志」的問題。我們祗縮限 (delimit) 於政治經濟的範圍，祗縮限於人的某些表面生活。這乃不想窮追本質，不妄想拿一句話來回答天大的問題，所必採的態度。

這樣我們便可以將「自由」(liberty) 分解爲「諸自由」(liberties)。我們並可以進而證明諸自由也就是「諸權利」(rights)。換言之，諸權利也就正是「基本的諸自由」(fundamental freedoms)。這一點便是本書的主要論題。

四　新的迫切需要

基本自由的問題，如第一節所指出，已經不是某一國的問題，全球性的基本自由實際最需要建立起來。祗有這樣纔能使每個政府都受人民的控制，纔能避掉大獨裁者得隨意隨時發動侵略戰爭，祗有這樣纔能得到永久和平。但問題却正在這裏。自由的光竟無法射進黑暗王國。世界是分成了兩個，極危險的分成了兩個。林肯在一八五八年六月十六日在春田 (Springfield) 講演時，所說的『一個內部對立的家庭是站不住的。我相信 我們這個政府不能長此繼續下去，這樣一半奴隸，一半自由。……它不變成完全自由就必要變成完全奴隸』，聽起來倒像是十分奇特而巧妙地預言着今日的世界。因爲林肯當時以「奴役」形容南部美國，已難免過甚其詞之嫌[註二十]。他的「家庭分裂」講演若應用在今日世界的局面，反比用在一百年前的美國，還要恰當的多[註二十一]。今日共產集團奴役人民的情形，遠比當年美國南方地主奴使黑人時爲慘；共產集團加給民主集團的威脅，也遠比當時美國南方加給北方的威脅爲强！

危險還不止此，還不止於世界兩個壁壘之對立。另一個嚴重問題就是：自稱爲民主集團的國家究有多少是自由的，自由到什麼程度。不錯，這些國家都是「非共產的」(non-communist)，但「非」共產國家，却「是」什麼國家呢？任何稍有常識的人也可以明白：非共產國家却未必「卽」是民主自由的。事實上民主集團內的份子，不僅是參差不齊，並且幾乎是反映着一片混亂。有多少人正望着黑暗王國生羡，有多少人正對着民主自由滋疑！這樣加給國際民主(international democracy)的阻礙及由此所生的危險，實在並不下於共產集團所發出的威脅。

對於黑暗王國固已莫可奈何，但是我們反共非共集團國家，特別是政治經驗原不成熟的國家，難道就沒有方法可以促進自由了麼？

我看是有的。

我以為民主集團促進自由的方法可以分為兩部。甲、各國須在本國內負責加强人權之保障，如人身保護狀的採用等。乙、有關國際和平與安全的方面，則應共求一個最低必需的標準；例如人民經選舉對政府的更換權，非軍人的長官對武裝部隊的控制權，及一切思想表現權，均屬之。這意思就是說，在這部份所需的不是一個「國際的人權淸單」(an international bill of rights)[註二十二]，而是一個「超國界的人權淸單」(a supranational bill of rights)[註二十三]。

換言之，民主集團促進自由的步驟，應分為制訂個別的與總的兩個「人權淸單」。在個別的人權淸單中，亦即民族的人權淸單中 (national bill of rights)，應該在可能範圍內極力保持各民族的傳統。譬如各信自己宗教的權利，祇要這宗教與其他宗教能並容，而非不並容，依民主自由原則，各國政府以及國際就都必須予以承認。在這種人權範圍內，絕不能以另一國或另一文化的規範或尺度相强。相强不惟沒有必要，並且很少有成功可能。這樣做也就是最愚蠢，最無意識的[註二十四]。各民族對本國傳統思想與典章制度的改造，除了有關國際共同生存部份，當然祇能由各該民族自己負責解決。這樣，個人乃得始終保持獨特的價值，以及一切內心的，直覺的美善生活。各民族本身認為特殊的文化，歷史的遺傳，都可以保留在這境界之內。不僅好的可以保留。就是壞的（從他人或其他民族眼光看），一樣可以維繫。因為在這境界內，價值(values)，與理範 (norms) 根本是相對的 (relative)，任何人或民族都沒有資格可以自稱他所推崇的價值為最高，他所信持的理範是「至善」。「獨此……別無……」("nothing but")[註二十五]的態度是最壞的。取此態度就等于立刻否認了自己的「獨此……別無……」，因為他人也正可取此態度。

所以在保持「民族的人權淸單」和承認「超國界的人權淸單」大原則下，個人以及各民族在個性方面並無所犧牲或損失。這與個人原來祇受國法(municipal law) 支配的情形是相似的。國法所干涉到的祇應是個人「生活的表面」(external aspects of life)[註二十六]，而不許攪擾到道德生活心靈生活。這樣，個人的內心生活不但未因之減少，反可得到保障。同樣，「超國界的人權淸單」就祇在確定國際民主社會中個人或民族的有關彼此安全的「表面生活」的條件。確定這樣的「淸單」與謀求它的保障是各國的人民所絕對歡迎和迫切需要的。

這個超國界人權淸單所包括的，應有：

甲　思想、言論、寫作、發表等自由。這是非常重要的。這個道理在本書中將有幾處論到。在這裏我們祇須提出一個理由，就是，任何國家關入黑暗當中都足以構成國際社會的威脅，或至少足以阻撓或破壞國際社會的眞正合作。

乙　人民對政府的控制權。所謂控制權，即指人民運用選擧更換政府決策人員而言。

丙　人民透過向人民負責的政府，對武裝部隊的控制權。乙丙兩種權利的超國界性已在本文第一節中論及。獨裁政治制度和獨裁者對軍隊的掌握，對它本國人民和對國際安全的威脅是一樣的。

丁　人民對重要經濟資源及重要生產工具的直接或間接的控制權。一國人民的經濟生活完全控制在幾個人的手中，無論是在放任的資本主義形式下還是在集體主義的形式下，對各該國人民和國際安全的威脅也是一樣的。

以上所擧幾點，不過是示例。著者主要的意思即在指出，欲求解決今日世界中眞正嚴重問題，在某幾樣權利方面一定要打破國界。這幾樣權利的保證，不僅對民族生活是必需的，對國際和平而言也是必需的。

這種想法有幾點特質：(A)它打破了天下大一統與世界無政府間的矛盾。天下大一統是不可能的，世界無政府的混亂是不可忍受的。這種想法立即可以當做解決國際民主社會當前問題的重要指導原則。依着這個原則不僅可以促成民主國際的團結，並且可用共同努力的方式促成各較後國家的基本自由，因而大大加强了民主國際的基礎。(B)因為是超國界的原故，所以這幾種權利必須祇限於最少而又必要的範圍。唯有與國際安全有緊要關係的，方列入這個「淸單」之內。與此無緊要關係的，絕不列入。這樣，或祇能有十種以下的權利，可列入這個「淸單」。這正是對的。太多反難免擾及無關國際和平宏旨的民族生活了。(C)這樣的權利觀念，一經脫口便已超出了傳統權利的範疇，而將以新的科學，新的自然哲學，新的人性哲學為基礎[註二十七]。它將不以任何已有的傳統觀念為依據，特別要超出美國以洛克哲學為本的權利思想。(D)這種將「民族的人權淸單」和「超國界的人權淸單」劃分為二的辦法，已與聯合國的人權普徧宣言有許多不同。現在普徧宣言中第十九、二十、二十一、二十七、二十八等條即將移入超國界的人權淸單內，作為一部分內容。而其他所有各條，則皆可留與各國自定去留。特別像第十八條「改變宗教或信仰之自由」一類的條欵，就根本沒有機會再成為新的問題，而迫使回教國家如 Saudi Arabia 感覺不安且拒絕簽字了[註二十八]。

今日民主國際需要一個超國界的人權淸單，與美國在一七八七年聯邦憲草制訂以後，各邦輿論要求一個「聯邦人權淸單」(即在一七八九年第一屆國會所補加的十二項憲法修正條欵，後經各邦前後批准十項)時的情形相彷彿。當時美國各邦都已有「人權淸單」。然而聯邦人權條欵的補加却成了許多邦批准聯邦憲法的條件。當時各邦所持理由與後來十項修正案的內容，自然與我們現在擬議「超國界人權淸單」的理由及其內容各有許多不同。

要之，今日世界局勢的客觀要求是極爲明顯與迫切的。以自由民主爲理想的諸國必須在幾項基本自由的觀念上和幾項重要但祇限於表面的生活中取得協調，以謀世界和平的保障。這就需要「超國界的人權淸單」的制訂。不從這裏着手，國際間祇限於物質與技巧的援助必終將證明是盲目的，軍事聯盟及任何國際秩序之建立亦必不可能，即使形式上可能亦必終將證明是無效果的。

五　人權「意理」之建立（註二十九）

或謂在當今全世思想混亂的局勢中，確定自由之意義（如第二及三節所言），終究有何可能呢？尤其欲求確立一個「超國界的人權淸單」（如第一及第四節所言）不更近似癡人說夢麼？

我同答說，不然，這都是做得到的。並且唯一入手處，即祇在思想！除了徹底澄淸思想，建立新的人權意理之外，別無他途可尋。

羅素在「自由與組織，一八一四——一九一四」一書中，論斷十九世紀雖然增加了大量財富，知識與快樂，但終難免以悲慘局面而結束，其主要原因即在政治理論之落後。生產技術之發達早已要求國際組織之創立，但當時的政治思想却只屬於工業前期或早期工業主義階段（註三十）。挪蘇僕教授在二次大戰後則尤力言思想改造之必要。他對希臘、中世紀、以及近代思想加以精微分析之後，確定最高的科學（如數學物理等科）及科學之哲學(philosophy of science)有變化後，自然哲學，人性哲學乃隨之而變，社會思想及制度亦即應之而變。即宗教，藝術(如詩與畫)，亦無不相應而變。他說，今吾人已入二十世紀，科學已至愛因斯坦 (Einstein) 和蒲郎克 (Planck) 時代，而自然、人性、政治經濟等理論，則均仍以蓋利略 (Galilei) 及牛頓 (Newton) 之物理學爲基礎。如此又焉能避免混亂與悲劇？故當前唯一急務，即在依二十世紀科學以求得二十世紀之自然、人性、政治經濟等哲學，並滙合東方直覺美的文化之長，建立新的世界意理與秩序（註三十一）。

其他不論，試想近半世紀的空前戰禍，是怎樣發生的呢？是獨裁者所直接發動的。獨裁者又以什麼學說爲憑藉呢？他們幾乎沒有例外都是黑格爾或馬克斯的信徒。所以霍布浩斯 (L. T. Hobhouse) 在第一次大戰尚未結束的時候，就指摘黑格爾和包三揆(Bernard Bosanquet)的哲學是戰爭的發動力（註三十二）。義大利法西斯及德國納粹之興起，無疑地更是受了黑格爾的影響。至於今日共產極權乃馬列主義的產物，尤屬盡人皆知之事。黑格爾的「歷史神學」(theology of history)（因爲它實稱不起是歷史哲學）（註三十三），雖仍然暗中在若干人腦中作怪，但至今仍能到處騙人的却莫過於馬克思的「科學」。其實馬克思對當時的經濟學並非沒有若干「科學的」的貢獻。但後人所信的却不在此。現在人所最信的乃是他的「定命主義」(determinism)，他的辯證法，他爲人類歷史的預言，爲歷史的「算命打卦」(fortune-telling)。馬克思在一百年前相信定命主義，實不足怪，因爲當時的科學家幾乎無不信此。但在今天還信定命主義就未免太落伍了。在今天凡是講邏輯的，講科學方法的，講「科學之哲學」的，莫不異口同聲地說，物理學已不需假設「定命主義」並至某種限度與它相矛盾了（註三十四）。布立直曼(哈佛大學數學及自然哲學教授)則謂在量子世界 (quantum world) 同一性 (identity) 和重現性 (repeatability) 已均不見。他並謂量子世界中的所有意義必終能以吾人日常生活的名詞表現之（註三十五）。挪蘇僕則指出辯證法中「正」後之「反」可能有若干個，「反」後之「合」又可能有若干個（註三十六），如此焉能機械地預定爲某「反」某「合」？辯證法在黑格爾與馬克思本爲一切演變中的「一般定律」(a general law)（註三十七），而膚淺的共黨信徒們竟將之當作「方法」，豈非可笑之至。畢德尼說，科學家即使爲自然現象假設「定命主義」，亦未嘗否認他們須運用自由思想試以各種學說解釋自然；今所謂社會科學家者不唯爲其研究對象設下「定命主義」，並同樣爲思想設了定命主義，祇能受「規定」而不能有創新，實在較舊式科學家尤爲過火（註三十八）。畢君的話實在對極。這種所謂「社會科學家」纔堪稱是「東施效顰」呢。

但是試想這一套陳舊的方法，陳舊的自然哲學、人性論、以及那「科學的社會主義」，已爲人類闖了多大的禍患？如應付不當，全人類因此毀滅，或全被陷入黑暗王國，亦正未可知呢！

這種空前的慘局適足證明什麼呢？適足證明意理對於行爲的重要，適足證明正確的方法論與正確的思想對解救當前混沌世局的迫切性！以當代科學爲基礎，重建新的世界秩序之意理基礎，不但是迫切的，同時是很可能的。

時人喜談革命，其實眞正的「革命」乃在思想。而人類在思想上是常有「革命」的，時常有後說推翻前說，而此後說又被另一新說推翻或大加修正之事。而政治改革的根本即在於思想革命。政治改革能否成功，能否爲衆人謀幸福，亦全視其所根據之思想是否爲正確，爲正大。如所依據之思想根本爲混亂的，實際行動亦必呈混亂現象，其政治改革或革命將永無成功可能。如所依據之思想根本爲「魔論」，爲邪說，其結果亦唯有爲世人召致禍災。故言改造，適如航海，出發之前，必先確定方向，啓程之後，且行且須校對之。不然，差以毫髮，謬以千里矣。

由此還可見近數十年來流行的實驗主義，至今日原子時代已立即變爲陳腐。實驗主義無疑頗能適合十九世紀末二十世紀初之美國社會。個人在廣汎的人權保證下，試作各種的冒險及創新，成功固善，不成功亦對人類無致命傷。今當原子時代，若仍從實驗主義者所說，須待一事之「結果」(end-products)方能證驗其爲眞假爲善惡，則原子彈如雨落於世人頭上，早已民無噍類矣，尙有何實驗可言？

故人類當此大難臨頭之際，必須鄭重運用思想，分析問題，先求出一個正確指導理論，然後再用種種方法，使之化爲人人共所必從而最不可或缺的意理或「具支配性的理念」(operative ideals)(註三十九)，如此方可望超越今日世界之意理衝突 (ideological conflicts)，達到人類行爲之基本協調，因而得避免最後的毀滅。

或疑人類文化之不協調，根深蒂固，決非短時期內人爲努力所能改善。其實有不然者，今吾人所求者並非各文化之融化爲一，祇爲幾項基本信念（如自然哲學，人性哲學等）之協和，而此等信念無不能以科學方法極明確地加以證明(註四十)。此共同基本信念，所表現於制度者亦不過如上節所舉「超國界的人權淸單」之制訂等，不過祇限於人之某些表面行爲之確定而已。此與欲以一文化壓服其他文化之糊塗企圖，完全不可同日而語。且另有一義，最爲人文「科學家」所忽略者，卽「理範」(norms) 與事實 (facts) 之不同。理範與事實不唯不能完全相同，且正不宜於完全相同。如二者果爲完全相同，則一切進步與改進，乃立卽成爲不可能。黑格爾一派卽以事實同證於理範，結果以辯證律出發之演化哲學，竟達到完美無缺的普魯士而歸於靜止。現代許多倫理學家及文化人類學家亦多犯此病，以爲凡是傳統的及實在的，莫不有其道理。此種以事實同證於理範，卽正犯了所謂「文化主義的錯誤」(the culturalistic fallacy)(註四十一)。故每當改造的時代，以一套可行的理範爲鵠的，以促進實際情況，乃爲必不可少之事。此際理範與事實之差，適足以成爲改造的動力，何得反譏以與事實不符？

所以依前面吾人之論證，自由民主國際之基本理想及意理之形成，不僅爲目前之迫切需要，其可能性且極大，形成後如付之實際運動，其效果亦必可立而待。

六　結　語

總之，今日的迫切工作卽在澄淸「歷史神學」及假冒的科學，依正確方法求得對自由之瞭解及權利意理之建立。如此方能望以後吾人得享自由和平的生活。關于國際秩序及現代的自由觀念，已有全世的思想家及政治家在極熱烈地探討中。我們的問題則較先進民主國家更多一層困難，因爲我們在過去並沒有像他們那樣的自由理念與制度。所以我們必須先了解他們一向所謂自由實包括些什麼，然後由這裏再確定它的現代意義。我們的問題，必須我們自己解決。

「自縊之說」，早已「常聞於士大夫」矣，年來在反共抗俄鬪爭中，自由的呼聲更高入雲表。這是有一定的道理的，大的趨勢唯有如此。唯其如此，自由的意義就必須進一步懂得淸淸楚楚。因爲誤解或知其一而不知其二，都是有害而無益的。又適如林肯所說，一個國家不能是一半奴隸一半自由，我們更可隨着說，一個世界也不能是一半奴隸一半自由，而一個人尤不能是一半奴隸一半自由(註四十二)。

註一：閱 Arthur M. Schlesinger, Jr., The Vital Center, The Politics of Freedom (1949). 他以 "anxious man" 一詞來形容二十世紀中葉的人，眞是恰當無比。同時參閱 Harold D. Lasswell, National Security and Individual Freedom (1950), p. 2. Lasswell 稱「危機感覺」是極其普徧的。

註二：見 Ernest Barker, Political Thought in England 1848-1914 第十四次複印的新序文。同時閱 Lasswell 前書同頁。

註三：參閱 Harold J. Laski, Reflections on the Revolution of Our Time (1943); The American Democracy (1948); Liberty in the Modern State (1949) 等書。

註四：Harold J. Laski, Liberty in the Modern State 原書出版于一九三〇，拉斯基新作較長 Introduction 加于篇首，出版于一九四九。新加導論遠不如原書爲妥。

註五：康德在一七九五年出版的「永久和平」(Zum ewigen Frieden) 一書中，有如此規定："Erster Definitivartikel zum ewigen Frieden: Die bürgliche Verfassung in jedem Staate soll republikanisch sein." 載康德全集 Immanuel Kants Werke, hrsg. von Ernst Cassirer, (1914), 册六，頁四三四。康德所謂「共和」，大體卽今日我們所謂民主。此共和憲法應以三原則爲基礎：(甲) 人人皆有自由；(乙) 國民皆服從同一立法；(丙) 公民均一律平等。他還說，如果一國之國民不是公民（此國也就不是共和政體），那末發動戰爭就是世上最容易的事。一國元首旣非國民夥伴 (Staatsgenosse) 而爲該「國之據有人」(Staatseigentümer)，他便會藉口任何細故，發動戰爭爲樂，而一樣不耽誤他的宮堡宴會及遊獵。見同書，頁四三四至四三六。

註六：聯合國大會在一九四八年十二月十日通過的 Universal Declaration of Human Rights, 現在均譯爲「世界人權宣言」。我覺得以譯作「人權普徧宣言」爲較妥。因英文本 universal 一字與「世界」的意義不同（法文本待查），中文本何以必單獨用「世界」一詞，此其一。所謂普徧宣言者係就聯合國大會通過的普徧意義而言，並非就全世界地域而言，因蘇俄集團並未參加簽字也，此其二。此宣言雖有包括全世人之基本權利之義，但聯合國憲章根本承認各國主權，又此宣言中人權之具體器用化 (implementation) 亦必經過公約 (covenant) 方式，由簽約國在本國內實施，故尙談不到「世界人權」，此其三。此種人權宣言，係仿法國「人及公民權宣言」及稍後美國若干邦憲中之 Declaration of Rights（維吉尼亞邦在一七七六年六月十二日所發佈之人權宣言，及麻薩諸撒斯邦於一七八〇年附加於憲法之權利條欵雖較早於法國宣言，學者則均遵英國先例，祇稱之爲 Bill of Rights，唯有後來若干邦憲中方正式有人權「宣言」)，不過前面再冠以「普偏」一詞而已；因之此宣言在中文亦可稱爲『普偏「人權宣言」』，雖有普偏人權涵義，然不可逕正式稱之爲「普偏人權」也，此其四。有此四理由，所以我主張此宣言應稱爲人權普偏宣言，或普偏「人權宣言」。此點對本宣言之瞭解頗有關係，故有上面之解析。

註七：參閱 A. M. Schlesinger Jr., op. cit., pp. 235-236, 他指出在蘇俄一天得不到由人民控制的政府，美國便一天休想與她和平相處。

註八：John Locke, Two Treatises of Government, 一六九〇年出版。第一編專以駁 Sir Robert Filmer 的「父權政制」Patriarcha (一六八〇年出版) 爲主，現已很少有人讀它。在第二編中，洛克提出正面主張，間有駁費洛穆爾的自由即放任之說。閱 Everyman's Library ed. 第二十一節。

註九：Montesquieu, L'Esprit des Lois, 一七四八年出版，法文本此間得不到，請閱 E. M. Sait, ed., Masters of Political Thought, Vol. II, by W. T. Jones, pp. 227-228, 論自由部分見「法意」原書第十一卷二至四章。

註十：Edmund Burke, Reflections on the Revolution in France, 一七九〇年出版。節錄見 W. T. Jones 前書第三五八頁。

註十一：見 Frank Monaghan, Heritage of Freedom, The History and Significance of the Basic Documents of American Liberty (1947), p. 82. 林肯此次演講在今日讀起來恰巧非常有趣，他所指「北方」可比民主集團國家，所指「南方」可比共產集團國家。

註十二：見 Acton, Essays on Freedom and Power, selected by Gertrude Himmelfarb (1948) p. 14. 原論文爲一八九五年六月十一日就劍橋大學歷史教授席時 Inaugural Lecture on the Study of History。艾克頓曾讀書兩萬册之說，是 Herman Finer 在本文集的序言中所估計。艾氏謂自由有二百個定義，Himmelfarb 女士則稱艾氏集有自由定義一百個 (見 Introduction 第三十八頁)。關于自由意義之混亂，並可看 Acton 在本集中 History of Freedom 長文的開端語。

註十三：嚴幾道譯 John Stuart Mill, On Liberty 時，爲前清光緒二十九年，即公曆一九〇三年，到今年恰爲半個世紀。

註十四：關于對「本質主義」痛快淋漓的批評，請閱 K. R. Popper, The Open Society and Its Enemies, (1st ed., 1945; 2nd revised ed., 1952) esp. Vol. II, pp. 10-12.

註十五：關于黑格爾的自由觀念，閱 Hegel 的全集 Sämtliche Werke, neu hrsg. von Hermann Glockner, (1927 ff), Bd. VII, (1928), 黑氏的「法律(或權利)哲學」，即 Grundlinien der Philosophie des Rechts oder Naturrecht und Staatswissenschaft im Grundrisse. 他在 § 33, c 節中說 "……so dass die Freiheit als die Substanz, ebenso sehr als Wirklichkeit und Nothwendigkeit existirt, wie als subjektiver Wille;……" 他在 § 145 中說 "……Es ist auf diese Weise die Freiheit oder der an und für sich seyende Wille als das objektive, Kreis der Nothwendigkeit,……" 在 § 265 中他說在憲法諸制度中實涵蓄着「自由與必然的合一」(die Vereinigung der Freiheit und Nothwendigkeit)。黑氏這部 Philosophice des Rechts 完稿於一八二〇年，翌年出版。

註十六：George Santayena, Dominations and Powers (1951), 文中所引各語分見頁四六五；頁十；頁三五；頁六一；頁六六。桑塔雅那却有許多「一針見血」的快論或意味雋永的妙語，是我們不可抹殺的。

註十七：Schopenhauer 此語見 Popper 前書，頁二九九註五三。帕波爾引叔本華 Grundprobleme (4th ed., 1890), p. 147.

註十八：「魘論」或「魔鬼論」(Daemonology) 一詞的意義借自 Thomas Hobbes, 見 Leviathan (1651), 第四四章。A. M. Schlesinger Jr. 在前引書頁十二曾逕稱共產主義爲「馬克思主義者的魘論」(Marxist demonology)。浩布斯在第四四章，還用了 The Kingdome of Darknesse 一個名詞，若借來形容極權國，比「鐵幕」二字恰當的多。我們就稱這些極權國爲「黑暗王國」吧。請閱 Leviathan, Everyman's Library ed., pp. 331-332.

註十九：一位國立墨西哥大學的歷史哲學教授 Leopoldo Zea 在一篇文章內引 Telesforo Garcia 的話曾說道：『英國美國的實際且爲實證主義的人民知道如何愛護他們的諸自由，而那些好玄學的民族如日爾曼、法蘭西、西班牙等，以玄學方法講論自由，乃使自由成爲不可能』。語見 F. S. C. Northrop, ed., Ideological Differences and World Order (1949) p. 170. 葛西亞的話極足發吾人深思，因爲墨西哥在尋求現代化的過程中，已是備嘗痛苦的。

註二十：當時美國南方遠比今日共產集團國家爲民主。南部當時的政治可謂是希臘式的民主。閱 V. L. Parrington, Main Currents in American Thought 1620-1920, Vol. II, ch. 3, The Dream of A Greek Democracy 並閱 The Constitution of the Confederate States of America, March 11, 1861, Art. I, section 9. 中一二兩分欵，這兩分欵中規定禁止從任何其他外邦輸入非洲黑人，並規定由國會立法禁止由任何外邦引入奴隸：當時用意主要在禁止有新奴再進入南方諸邦。南方聯盟憲法原文見 H. S. Commager, Documents of American History, Vol. I, pp. 376-384.

註二十一：Judge Learned Hand 在一九四五年五月二十日的一篇講演中，已提出『如果我們的國家本身不能於一半奴隸一半自由中存在，我們敢確定它能於一個半奴隸半自由的世界中存在麼』？他說此話時，德國方降。文見 The Spirit of Liberty, Papers and Addresses of Leanel Hand (1952) p. 153.

註二十二：Bill of rights 的 bill 一字很難譯得恰當。據大英百科全書，bill 原意爲寫好並蓋印的文件。從 Early English bille 及臘丁文 bulla 變來，兩字在中世紀的意義均爲 "seal" 即用印或封妥蓋印之謂。至於 bill of rights 的晚近意義，實爲人權之列舉，如數家珍。所以我乃就這個通俗意義，譯爲「清單」。Harold Lasswell 在 National Security and Individual Freedom 一書中，歷數美國人所享人權後，即指此 Bill 爲 "inventory" (p. 68), inventory 就是財產清册。

註二十三：閱 F. S. C. Northrop, The Logic of the Sciences and the Humanities (1947), ch. 19, "Toward A Bill of Rights for the United Nations" 一文所擧「兩個基本保證」見 p. 310。我現在逕將此兩保證分爲兩個「清單」。同時參閱

Gray L. Dorsey, "The Necessity of Authority to Freedom", 載 Freedom and Authority in Our Time (1953). 陶遂分 "National and Supranational Freedom (p. 324). 我現在就稱我所說的兩個「清單」爲「民族的」及「超國界的」或「超民族的」。

註二十四：參閱 George Santayana, op. cit., pp. 227; 246-247; 460; 462; 466 等頁。

註二十五：見 F.S.C. Northrop, op. cit., pp. 297-98. 及他的 The Meeting of East and West (1946), pp. 473, 477.

註二十六：英國唯心主義者 T. H. Green 和 Bernard Bosanquet 却能提出這樣的說法。這就是英國人之所以始終爲英國人處。參看 Green, Lectures on the Principles of Political Obligation (1880), 和 Bosanquet, The Philosophical Theory of the State (1899; 3rd ed., 1920), 並閱 Ernest Barker, op. cit., pp. 46-47. 巴克認爲格林分人之行動爲外表與內心是對的，而 J.S. Mill 所分 self-regarding 及 otherregarding 兩種行動是錯的。

註二十七：F.S.C. Northrop 對於創立適用於新世界秩序的哲學，已有極大的貢獻。可惜在本處，因行文的關係，不宜於詳述。關于他對美國的政治與權利等思想的深刻批評，讀 The Meeting of East and West, ch. III, The Free Culture of the United States.

註二十八：關於八個國家不肯批准普徧宣言的理由，請閱 Trygve Lie and others, Peace on Earth (1949) 一書中 Eleanor Roosevelt 論 Human Rights 一文。

註二十九：「意理」(idiology) 是經濟理論家周德偉氏新定的譯名，較原來流行的「意識形態」，不知要高過多少，請閱周氏近著「人的行爲與文化的動力」。

註三十：見 Bertrand Russell, Freedom and Organization, 1814-1914 (一九三四年出版)。

註三十一：關于 F.S.C. Northrop 在這方面的理論，請閱上舉諸氏三書。拙文此處所述，自然過於簡略。

註三十二：閱 L. T. Hobhouse, The Metaphysical Theory of the State.

註三十三：Hans Kelsen 稱黑格爾的歷史哲學爲歷史神學，見他的 The Political Theory of Bolshevism, a Critical Analysis (1949), pp. 14-19, Dialectical Method and Hegel's Theology of History. K. R. Popper 所用 historicism 主要亦是指黑格爾的一套什麼「世界精神」「歷史使命」等等鬼話而言。但此字甚難譯。帕氏所用 Historicism 和 Historism 並不同。

註三十四：近幾年來從「方法論」痛駁馬克思主義的，恐莫過於 K. R. Popper，請閱他的「公開社會及其敵人」下册，定命主義在物理學中已無必要之說，見同書 p. 85. 帕波爾是倫敦大學的邏輯與科學方法教授。

註三十五：Perey Williams Bridgman, "The Potential Intelligent Society" 載 Ideological Differencen and World Order (F.S.C. Northrop, ed.)，文中所引的話，見 p. 242.

註三十六：關于 F.S.C. Northrop 論馬克思之「否定」，閱 The Meeting of East and West, p. 216 及 p. 249 等處；駁「定命主義」閱同書 p. 250 及 The Logic of the Sciences and the Humanities, p. 262 等處。

註三十七：我在二十年前讀俄國共產黨理論家曾有此說，此類書現在未能借到，出處容後補。

註三十八：David Bidney (曾在耶魯大學任教哲學)，"Meta-anthropology" 一文，載 Northrop, ed, Ideological Differences. 我現在所述畢君話的大意，見 p. 349.

註三十九：operative ideals 借自 A. D. Lindsay, The Modern Democratic States (1943).

註四十：近幾年來，生理學及神經學的進展，如 Warren S. McCulloch 及 Norbert Wiener 等氏的試驗，實足驚人。比起 William James, Edward Titchener, William McDougall, 的心理學，已成兩個時代。關于這種新發展的意義，閱 Northrop, ed., Ideological Differences and WorldOrder, ch. 19, 挪蘇僕自己所寫的 "Ideological Man in His Relation to Scientifically Known Natural Man."

註四十一：關于理範與事實的區別及對「文化主義的錯誤」之批評，可閱 Northrop 教授諸著作。所講「文化主義的錯誤」，如 Pitirim A. Sorokin 之研究自由即可視爲一例。閱他的 Society, Culture, and Personality: Their Structure and Dynamic (1947), pp. 469-478 特別是一、二、五、各節。

註四十二：Learned Hand，一位「法官和哲學家」(美國前總統杜魯門於韓德退休時致謝函中的用語)說得最好：『……你不能把人腦分爲水洩不通的兩個房間；你不能製造一個國家使其中的每人都是一半奴隸一半自由，正如同你不能使一個國家內的一半人民是全奴隸一半是全自由，而仍能使它立國』。見他的 Spirit of Liberty, p. 153.

『自由中國』的宗旨

第一、我們要向全國國民宣傳自由與民主的真實價值，並且要督促政府(各級的政府)，切實改革政治經濟，努力建立自由民主的社會。

第二、我們要支持並督促政府用種種力量抵抗共產黨鐵幕之下剝奪一切自由的極權政治，不讓他擴張他的勢力範圍。

第三、我們要盡我們的努力，援助淪陷區域的同胞，幫助他們早日恢復自由。

第四、我們的最後目標是要使整個中華民國成爲自由的中國。

臺灣經濟革新芻議

陳式銳

我們現在退守臺灣，無疑地負有雙重底歷史任務：(1)强化新臺灣，(2)復興中華民國；前者求立足，後者爲進取。而當前自由中國的國策：是「反共抗俄」，以與民主國家並肩對蘇俄侵略集團作戰。我們要達到消滅朱毛黨徒以至世亂禍首蘇俄帝國主義，我們一方面要加速發展自身力量，一方面仍須與其他民主國家結成一個陣容。國際政治，是二十世紀五十年代明朗化底時代性，亦即我們立國應有底認識。我們有權利接受「美援」，乃至我們與其他民主國家取得密切聯繫，互助進步，其意義也在此。

在經濟方面，當然不能離開這一範疇。臺灣經濟，若作史底檢討（光復以後），可以劃出：接收至卅八年上半年爲「紛亂時期」，卅八年六月十五（改幣）以來爲「整飭時期」。今日底機構林立，制度未建，政策不定，以至於波濤起伏，乃係在積習相沿與人事錯雜底狀態下掙扎出來底現象：朝野雙方，同受其苦！依我之見，應當再劃出一個時期——「革新時期」。所謂革新，就是舊底路不能再走，我們應該打出另一個局面。

一、經濟民主制度　民主政治的經濟制度爲自由經濟。不過「自由」的意義，爲人的自由行動，惟須不損害他人。自由主義實行之後，只做到自由行動，而弱者顚沛流離，所以社會就發生矛盾，亨利喬治（Henry George）的名著「進步與貧困」Progress and Poverty，早已言之甚爲深刻。所以政府對經濟事業的干涉——尤其在二次大戰以後——已爲現代經濟學家所公認；只不過，因干涉程度的深淺，而有下列諸型：

1. 共產主義（Communism）；
2. 法西斯主義（Fascism）；
3. 社會主義（Socialism）；
4. 社會民主主義（Social Democracy）。

今日底自由主義，已經沒有原來底面目；而共產主義與法西斯主義，俱爲舊時代文化的殘餘勢力，合理底傾向，乃是由社會主義而轉變底社會民主主義；所以經濟民主（Democratic Economy），乃成爲最新底經濟制度。它的意義，仍不失「自由而不損人」底原則；它的目標，乃在促進全民的福利；換言之，努力於最高底生產而使其適當地分配於人民，以提高生活水準。是以政府的干涉，並不是取私人經濟事業（Private economic enterprise）而代之，或與之競爭；反之，乃在促使它公平地發展。再具體言之：

（一）政府須「制民恆產」——如現行底「耕者有其田」——且使人民有同等發展的機會。

（二）政府須取諸幸運者，而幫助貧弱人民——如今日美國的所得稅制度。

（三）政府對經濟界的責任，不但不得加以阻碍，反而隨時加以扶持。

（四）政府對經濟界居於合作與指導——而非敵對——地位，它要揚棄舊時代底統治意識。

二、組織經濟體系　經濟的目的在消費，它所以表示公私的生活程度；而消費由購買力實現，購買力由充分就業而來，所以近代經濟學者都重視國民的就業問題。美國自「一九四五年充分就業法」（Full Employment Act, 1945）成立以來，聯邦政府就負起「經濟民主」的責任，主要在維持「永恆底充分就業」（Continuing full employment）。在這一法案中，有四個主要項目：（一）政策的宣佈，（二）全國生產與就業預算（簡稱全國預算），（三）全國預算的準備，（四）全國預算審議聯合委員會。「政策的宣佈」一項，尤有重要底意義，它所宣佈的政策，就是現在美國的經濟政策：

1. 鼓勵自由競爭企業（Free competative enterprise），以開發美國的天然資源。
2. 承認有工作志願及能力底美國人對於「有用、獲利、正常、及全工底就業」的「權利」。
3. 經常保證充分就業機會的存在，使所有美國人得以自由行使上項「權利」。

美國總統每年於國會常會開始時致送「全國生產與就業預算」，它的內容包括：（一）當年度全體勞動力（包括農工業自行工作部份）的估計數量，（二）當年度需要以供給上項勞動力充分就業底私人企業、消費者、地方及州政府與聯邦政府的投資及用度底估計總容量，（三）當年度將實際提供就業的上述各部門的投資及用度底估計容量，（四）需要與實際投資及用度的差額。若以估定勞動力爲X，需要僱用上項勞動力底投資及用度爲Y，實際投資及用度爲Z；那末爲維持X的就業，當年度的可能底經濟狀況有如下面三種之一：

（一）Z等於Y——平衡（Balance）
（二）Z小於Y——蕭條（Depression）
（三）Z大於Y——膨脹（Inflation）

平衡爲理想，蕭條與膨脹，都是政府策劃避免的對象。可見今日錯綜底經濟現象，殊非盲目底自由行動所可能獲得天衣無縫底適應；譬如黃河的水流，有主流與支流，固然它們自由向前流去，可能某些時候沒有問題，但也隨時可能氾濫。政府的對經濟干涉，也就像對河流的看顧；若是涓涓無波，那就不要去管它，若要氾濫時，則須事先加以疏導，甚至大者加以改道。臺灣雖然沒有精確底X的統計數字，我們可以感覺Z小於Y而是蕭條。那末增加Z，則有賴於(1)引游資入於實業界，(2)吸收僑資及外資，(3)增加美援等途徑；但是要達到這一目的，財政（包括租稅）政策問題、銀行（包括利息）政策問題、貿易(包括外滙)政策問題等等，非先妥予解決不可。現行營利事業所得稅，根據所得額徵收，並不考慮經營的性質及投資額。譬如一百萬元資本底工廠，年得利二十萬元，須繳稅十二萬元。淨利八萬元，爲資本的八%；再說一十萬元資本底商店，年亦得利二十萬元，亦繳稅十二萬元，淨利亦八萬元，則爲資本的八〇%，其不平可見，誰還願意來臺灣投資工業！現在臺灣銀行優利存款月息二分，年息二十四%，臺灣工業困難底不言，最有利者的利潤也不過一〇%，兩相比較，游資自然捨工、業而投入臺灣銀行，而年息二十四%的貸款，又非工業界所能接受，那臺銀不是經常坐受其害嗎？至於對外貿易政策的得失且不說，單看外滙的利於入口而不利於出口一項，就可以使有意於臺灣工業者望而卻步。這都是必要改變，以造成有利於投資底經濟環境。

就上面底情形看來，臺灣經濟有問題已可想而知，它的程度，單就國際收支觀之，四十一年度入超達八千四百餘萬美元，大部靠美援（小數自備外滙）彌補；粗略言之，入口物資約值二億美元，而我們的出口最多只有一億美元，那不是不足一半而要靠人家支持嗎？所以要臺灣經濟革新，務須先要有個新認識：零星處置底舊路已經走不通了，應該要全盤打算；而今日底經濟社會，屬於全球性，它的有機質，尤較從前深刻。譬如要草擬一個「全國生產與就業預算」，我們不能不先瞭解：

(一)全體勞動力，及它的類別與素質；

(二)農、工、商、金融、交通、以至公務機關的實際容量；

(三)可能開發底經濟事業，尤其可以出口底生產；

(四)經濟運行(包括吸收資本)的障碍及消除的辦法；

(五)國際市場的行情，以作生產配合貿易政策的依據；

(六)在民主盟國中應享底權利及應負底義務。

這樣，全盤而有機體底經濟措施，才可以下手：這一「經濟民主」底制度，該由什麼機構負責主持(現在係雜亂而主賓不分，下另詳)，政策也可據以釐訂；自由經濟可，計劃經濟可，統制或保護政策也未嘗不可，均得兼採並用。要之，它是一個有組織底有機體系，有些事業應該讓其自由發展，有些應該有計劃地促進，有些須予以適當地統制或保護，因時因事制宜罷了。

三、國省機構統一化　臺灣經濟經過過去兩個時期，或以事用人，或以人設事，演變至現在，機構林立，找不到一個中心；或國營，或省營，或國省合營，亦沒有一個劃分的標準，這都是接收日產以來爲官僚政治所種下底惡因。我常常說：臺灣經濟有如都市下水道系統被壅塞而失效用一樣。東區郭家水不通了，郭戶主拼命清理而徒呼奈何；南區李家水也不通了，李戶主也拼命清理，同樣無能爲力。試想一想：若沒有一個統一底水道局出來作整個地疏濬，郭家李家有什麼方法可以辦得通？臺灣經濟主管機構有正規系統，有臨時底組會，有如正妻不得寵，小妾一個又一個地娶進來，事權當然隨之落到她們的手裏，中央與省並無二致；那末口多言雜，那能不各自爲政而互相矛盾與抵銷？

再具體言之；行政院的經濟部，依法是管理全國經濟行政與經濟建設，對各地方最高行政長官執行經濟事務，有指揮監督之權責，顯然爲全國最高底主管機構；在省一層，當然是各省的建設廳及農林廳之類。可是，現在臺灣在正規底系統之外，尙有臨時機構如行政院的財政經濟小組委員會、美援運用委員會、經濟部的漁業增產委員會、鹽業整理委員會；還有臺灣區生產事業管理委員會、鼓勵僑資舉辦生產事業審核小組、產金小組、進出口貨物管制審核小組；更有委員會裏面的衆多小組，暨中信局及物資局兩個畸形機構等等，舉不勝數。而這些旁枝組織，其勢炙手可熱，眞使正統失色；論者以它們作爲「檢討策劃」底「幕僚機構」可，今直使充作「執行機構」，未免變正規系統爲「有責無權」，乃造成「喧賓奪主」之局。尤其臺灣區生產事業管理委員會，原於中央未遷臺之前，授權臺灣省政府管理在臺生產事業而組織，中央遷臺後，該項機構仍舊存在，繼續執行管理臺灣一切生產事業，有如脫韁之馬，已非經濟部所能駕馭了！這樣沒有體系底經濟措施，儘管有些生產事業確實有了改善與進步，演變的結果，仍不能不爲矛盾所抵銷。

我們在草擬經濟改革方案時，不能忘記那「雙重底任務」，那末戰時平時經濟不能不兼籌並顧。但是沒有「有機底組織」，以作有計劃地統率，必然是「一妻不作主，小妾亂紛紛」了！我對此，一向主張設立一個「臺灣經濟局」，以統一國省經濟機構。臺灣雖有中央的公營事業，有省的公營事業，還有國省共有底公營事業，這都是接收敵產所造成底不自然局面，此時也無須再作彼此之爭，最合理底是依其性質儘量改歸民營，無論是出售或出租；而根本上，臺灣經濟應視爲一個整體。我們簡化方案如下：

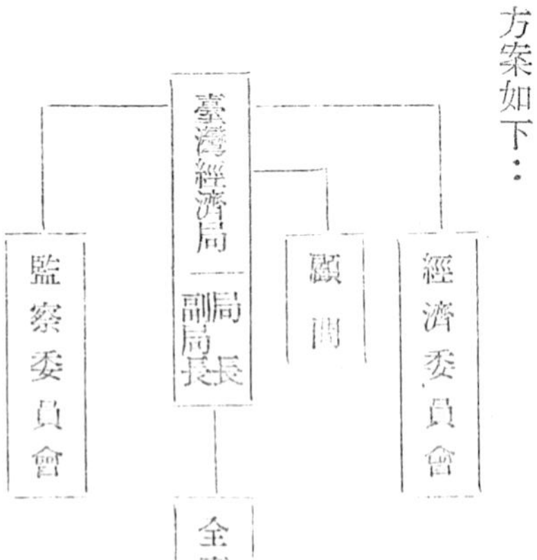

這一個辦法，或有人要說，仍是在正規組織之外再立個機構，與原來局面並無基本上底差異。我要指出：這一組織，係化衆多爲一個，而且要把這一個放在正規系統之下，並且實際上做到一體。經濟局的局長由經濟部長兼任，副局長由臺灣省主席

(或他的代表)兼任；內設一經濟委員會，以局長為主席，除正副局長為當然委員外，由經濟部及臺灣省政府各調派有關部門的高級人員五人，並各聘派專家三人為委員；該會議定政策、計劃，重要人事，由局長執行。另由局延聘中外顧問若干人，負責研究、計劃工作、並備諮詢（此處顧問，應以實際專家擔任，摒棄人情底安置）。且由經濟部及臺灣省政府各就中央及省民意代表中，各延聘有專門學識及經驗者三人，組織監察委員會，以副局長為主席，監督本局及所屬的工作，側重於政策的執行及效果的檢查，其權責的行使，由會議議決後送主席執行。這一機構成立，其他駢枝機關即取銷調整；做到這一層，那才談得上整體底經濟政策與執行了。

美國自一九二九年不景氣來臨，經濟發生破綻，社會陷於不安，美國政權因由共和黨而轉移民主黨。羅斯福氏於一九三三年就第一任總統時，就設立「國家復興行政部」(National Recovery Administration)，實行全國一貫底「新政」(New Deal)，美國經濟因以復興，民主黨也就以此為基石而獲得二十年底政權。我們看自己的臺灣，我們的困難與處境遠甚於當時底美國，我們怎能不從速改弦更轍？我憧憬於美國的進步與繁榮，無時無刻不希望「臺灣經濟局」的實現，像美國的「國家復興行政部」的應運而生，來改革臺灣的經濟。

四、學術配合政治　「民主」異於「官主」，前者也優於後者；那末要換「官主」為「民主」，自然是這一變革的前提。美國的現行制度，無疑地是屬於「經濟民主」底一型。美國的「全國生產與就業預算」，係在總統指導與監督之下，由主管人員與內閣各部會暨其他有關首長諮商草擬，並且時常由總統延攬專家組織「諮詢委員會」(Advisory Boards)輔助之。「諮詢委員會」的重要性，尤較諮詢各部為最，因為美國總統為人民直接投票選出，他或他的政黨為顧及下屆繼續獲得政權，必須處處為人民着想以求取擁戴，且根據「旁觀者清」之義，政府以外底專家及實業家，的確可以供給客觀底重要意見，以使「全國預算」成為一個完備底法案。美國人重視它，正因為它以科學底研究(Scientific research)及科學底方法(Scientific method)，應用於立法(Legislation)。

過去政府的經濟措施，在缺乏制度與政策底狀態下，無論着眼在解決政府或民間的經濟問題，完全以官吏自己的意見為主，輿論固無能為力，則實業界與學者也沒有插言餘地，結果每次「閉門造車」，拿出來自然多是行不通。我的改革意見，在制度、體系、機構之外，我們還要提倡一種風氣。三民主義為中華民國的立國原則，但民生主義除「耕者有其田」甫經立法正待實行之外，到今日何處有實際底表現？這因為歷來沒有監督，輿論不被重視，人民利益無形中也就被忽略，那還談得到什麼主義！目前底行政院頗有革新底意向，但我覺得尚要有一種配合，方足以完成革新工作。譬如當前底「四年計劃」，是否經過科學底研究，實成問題。所謂「科學底研究」，應該是學理配合事實；第一步，搜集、分類、與解釋經濟實況，第二步，推論它的變動與趨勢，第三步，才能夠根據立國原則以制定政策與計劃。「四年計劃」至今未見公佈，內容無從討論，但它完全由舊制度的「官」訂，可為定論；那末既乏專家的研究，又沒有企業界的參與，勢難獲得完整性，將來實現性也屬有問題。美國為一高度底民主國家，她的官吏或為專家或為實業鉅子（如現任國防部長威爾遜氏為大企業家），美國政府尚且重視顧問的集體意見，隨時有諮詢機構的設立；我們的情況不如人，自不待言，那末顧問性的機構，尤為不可少了。

三年來，對臺灣經濟底意見，在野與在朝有顯然底距離，這於報紙、雜誌、及各種座談會裏面，可以充份地體會到。若說其間存在着某種底歧見，由我個人的體驗，凡是經過公開討論者，偏見必不容存在；經得起辯論底意見，必有它的存在價值及支持力，那末也就值得重視，行政院如果要採行「經濟民主制度」，以科學底研究及科學底方法應用於經濟改革，那末對在野底——尤其學者的——意見，應該要有容納的雅量。這一容納，同時也是一種配合；政府與學者合作的安全性，遠高於與政客及官僚為伍。前面所提底「全國預算」，在中國責在行政院院長，所以我最後底一個建議，行政院在進入「革新時期」之前，先成立一個「經濟問題研究組」，從事於全盤經濟問題的研究；我的這一個芻議，當然也在研究之列，以供行政院長的採擇。它的組織份子，我的意思是：

一、經濟學者五人——未擔任政府工作者；

二、政府人員五人——經濟部二人，財政部一人，省政府二人；

三、實業界五人——國營事業一人，省營事業一人，民營事業三人。

這是學術研究配合實際政治底一種風氣，日本統治臺灣時已有之，臺灣大學則以此意義而設立；今日事物複雜甚於當時，且我們的政治為民主制度，所以我根據實際的需要擬議如上。

(上接第19頁)

推薦，成立皇族內閣，請東久邇宮為總理，以近衛輔佐，企圖渡過終戰危急的難關。十七日東久邇內閣正式就職，閣員名單如下：內閣總理東久邇宮稔彥王、外長重光葵、吉田茂(繼任)，內務山崎巖、財政津島壽一、陸軍稔彥王(兼任)、下村定(繼任)、海軍米內光政(留任)、司法岩田宙造、教育松村謙三、前田多門(繼任)、農商千石興太郎(後改為農林省)、軍需(後改為商工)中島知久平、運輸小日山直登(留任)、厚生松村謙三、國務近衛文麿、小畑敏四郎、內閣秘書長緒方竹虎。這時麥帥已被任命為聯合國最高司令官，司令部在馬尼拉，與日本政府及大本營開始無線電聯絡。八月十九日河邊全權一行飛往馬尼拉，接受聯合國最高司令部的指令，廿一日返東京。八月廿八日，聯合國先遣隊飛抵厚木機場，三十日麥帥到達，聯合國軍隊即開始進駐日本本土，九月二日在東京灣美國軍艦密蘇里號上，麥帥最高司令官及聯合國各國代表與日本方面重光及梅津全權，正式舉行投降文書簽字了。

日本戰敗秘史

——「終戰史錄」摘要——

陳固亭

最近讀到日本外交部一九五一年十一月編印的「終戰史錄」上下二卷。該書主要內容，是叙述日本自一九四一年十二月八日，偸襲珍珠港，對美英宣戰之日起，至一九四五年九月二日東京灣美艦米蘇里號，簽定投降文書之日止，先後計三年另九個月。這是日本軍閥導演太平洋戰爭失敗悲劇的秘史。從這許多資料中，很明晰的可以知曉當時軍部的橫暴與愚蠢，憲政的衰微及沒落，元老重臣的憂慮和苦心，日皇的宿願及主張。乃至和戰兩派暗鬬的曲折，收拾戰局的經緯。尤其是對中美英戰力估計的錯誤，以及對蘇俄外交失敗的悲慘，令人深感日本所以招致有史以來空前的敗降，固然是軍閥誤國，而缺乏具備智慧遠見魄力的偉大政治領導人物，也是主要原因之一吧？

這部「終戰史錄」，內容豐富，網羅詳盡，卷首有外交部秘書處文書科長三宅喜二郎的序言，叙述編纂的經過及蒐集資料的來源和人物。上卷計三十五篇，從「戰爭的指導方針」到「波茨坦宣言發表」。下卷二十五篇，「由接受波茨坦宣言的經緯」到「麥帥抵達東京」。最後增加有「史料追補」。附錄資料有(一)關於戰爭資料：①對議會結束戰爭報告書(外交部)；②開戰以來空襲被害概況(內政部)；③戰爭時之勤勞狀況(厚生部)；④戰時海運概況（運輸部)；⑤鐵路及陸上運輸被害概況（運輸部)；⑥準備長期戰爭的食糧需給概要(農林部)；⑦戰時重要財政金融資料(財政部)；⑧陸軍死傷統計表（陸軍部)；⑨海軍死傷統計表（海軍部)；⑩軍需生產資料(工商部)。(二)關於資料來源：①外交部記錄及調查報告；②遠東國際軍事裁判口供記錄；③筆記、備忘錄、口叙及其他有關文獻；④聯合國要人之備忘錄、回憶錄等（日文六十六種，英、法、德文五十三種，均註明著者姓名、書名及出版年月、地址、發行書店名稱)。(三) 太平洋戰爭日曆，自一九四一年十二月八日至一九四五年九月二日，將日本及外國大事，提要列入。卷首，卷末附有有關人物，和戰況照片五十餘幅。

以上是「終戰史錄」的鳥瞰，下面是分段摘要的節譯，因資料太多，祇能摘要概述，尚祈讀者指正。

序文簡述

日本在太平洋戰爭的史料，照道理應該竭力蒐集整理，而開戰和結束戰爭的經緯，不僅重要且爲日本歷史空前大事，也可視爲「現代日本」的珍貴資料。就史的專門研究及價值，姑置勿論，關於結束戰爭時的日本外交，與當時的國內政治運動等，都應正確記錄，詳密總括，有系統的加以整理，這種浩繁的工作，外交部應該負責的。

自戰事結束以來，許多有關人士，發表「筆記」「回憶錄」等文獻，雖然都是貴重的史料，但其範圍有限，內容亦未必盡屬正確，因此除本部記錄外(其實被燒毁或隱密未能記者甚多)，乃廣爲蒐集有關終戰人士的著述或筆記，加以綜合研究，彙類編纂，初稿既成，除由負責人(外交部秘書處文書科長三宅喜二郎)詳閱潤色外，並請直接與終戰有關及通曉終戰經緯諸人（松平康昌——內大臣秘書長，迫水久常——內閣秘書長，鈴木一——內閣總理的秘書，松平俊一——外交次長，岡本季正——駐瑞典公使，安東義良——外交部政務局長，——澁澤信一——外交部條約局長，加瀨俊一——外交部秘書，曾稱一——外交部政務局第一科長，太田三郎——外交部調查局第三科長，松谷城——陸軍部秘書，高木惣吉——海軍少將，大井篤——海軍上校，大野勝巳——大使舘參事）加以檢閱，並參照他們的補充資料，和其他人士惠給的各種文獻，詳細推敲，完成此編。

開戰時對戰爭終了的預測與戰爭指導方針

一九四一年十二月八日，日本海軍猛襲珍珠港，當天陸軍登陸馬來，即日發佈對英美宣戰詔書。十一日簽訂日德意三國協定，聲明對英美一致作戰，且不得單獨媾和。當時日本軍事的最高指導方針，知道靠戰爭逼英美屈服，實無自信。因此預定最初以閃擊戰速佔南洋諸要地，一面與德國對英作戰相呼應，先制服英國，則美必喪失戰意（預期美國人民將起厭戰思想，並對美國軍力評價太低)，預期若能實現，戰爭狀態即可終止。這是以參謀本部一部分人士爲中心的陸軍方面的見解。海軍方面認爲初戰可能勝利，長期戰實無自信。至於外相內大臣、元老、重臣等都憂慮戰爭延長，對日本將招致不利。

開戰的翌年(一九四二年)二月，日皇即命東條，勿失終戰機會，不知東條是否即根據此意，從二月到三月，連續舉行「大本營政府連絡會議」，判斷世界情勢，討論今後戰爭指導方針。但由於將初戰的戰果評價過大，結果決定以長期戰體制向前推進，關於結束戰爭，則不加考慮。當時決定的戰爭指導方針八項如次：

一、美、英絕對迫使日本屈服，故無法妥協；

二、斷定美英以先擊敗德國爲方針；

三、以初戰勝利爲基礎，確立長期不敗體制；
四、與德意提攜，先迫英國屈服，藉使美國喪失戰意；
五、避免對蘇參戰；
六、離間蘇與英美；
七、遇機促成德蘇和平，使蘇俄加入日德意方面。
八、迫使中國屈服。

東鄉茂德(東條內閣和鈴木內閣任外長)深知美英戰力，及其國民性，所以不重視初戰成功，認爲若準備長期戰爭，將消耗太甚，決難維持五六年之久，且「無法屈服敵人」，因此主張日本在有利的立場時，應提早結束戰爭。東鄉這種見解始終如一，在開戰時因迫於內外情勢，不得已而同意開戰，後因東條獨裁一切，認爲能確立長期不敗體制，所以無從實現他的意見。一九四二年八月，東條擬設大東亞省，東鄉不贊成，二人遂開始衝突。東鄉會謀更換內閣，因宮中認爲對時局不利，乃單獨辭職。這種態度造成以後加入鈴木內閣的機會，並和鈴木總理，米內海長，互相提攜，終至實現結束戰爭的目的。

重臣之活動，重光葵之登臺及東條辭職與小磯內閣之成立

自一九四一年至一九四五年，當太平洋戰爭期間，日本軍部握有指導權，不容別人置喙，這樣就註定了太平洋戰爭的惡運，也造成了終戰工作的困難。久任輔弼日皇的木戶幸一內大臣，很曉得這種情況，對於戰爭前途的觀測，雖然悲觀，但不如東鄉茂德、重光葵的深刻；在戰爭初期曾對日皇談到應及早結束戰爭，但對東條、東鄉等當局者，總是抱着愼重態度而不輕易發表意見。高松宮對於戰局非常關心，對結束戰爭，特別努力。近衞文麿對戰事前途，深抱悲觀，常和木戶內大臣及岡田啓介等重臣及軍部民間一部人士連絡，努力於戰爭的終結。自一九四二年六月至一九四四年六月，日本的戰局及軸心國的情勢，顯然日趨不利，如斯太林格勒德軍之大敗(一九四三，二)意國的投降(一九四三，九)，歐洲盟軍諾曼地登陸(一九四四，六)，太平洋方面塞班島美軍登陸(年月同上)，都是比較顯著的例證。東條爲應付非常局勢，乃罷免谷正之，以重光葵爲外長，但重光的外交方針及對戰爭觀測，和東鄉外相見解相同，所以常與素有交誼的木戶內大臣從事結束戰爭工作。他們的計劃是俟機會到來，二人卽負責上奏日皇，乞請英斷，協助這個工作的，還有松平、加瀨、松谷、高木惣吉等。這種暗中進行的和平運動，在日本終戰史上是可以令人注意的。

其次反對日美戰爭主張抑制陸軍的，尙有岡田、近衞、平沼、若槻及米內光政等。自一九四三年夏，戰局漸見不利，岡田等迭次會商，計劃結束戰爭的方針，認爲東條不去，絕對不能實現終戰。一九四四年六月塞班島失陷後，各方面反對東條的意見，漸成表面化。但東條還想改造內閣，挽救危局，乃請求木戶內大臣援助。木戶當時提出三個條件：(1)東條不兼任參謀總長，(2)更換過於追隨東條的嶋田海長，(3)起用重臣確立擧國內閣。東條當卽遵行，打算以野村直邦大將爲海長，梅津大將爲參總，並請米內、阿部、廣田入閣。由於邀請入閣之重臣米內嚴詞拒絕，並且七月十七日夜，岡田等會商決議，希望東條內閣辭職，用書面交木戶內大臣，次晨東條得到消息，卽憤而辭職。繼任爲小磯內閣，於七月二十二日成立，米內爲海長，杉山爲陸長，重光留任外長，緒方竹虎任政務委員，新內閣的人事配備，漸有趨向和平運動之勢。當時主要問題，是陸海軍意見對立，米內入閣海軍固無問題，但陸軍方面東條雖編入預備役，而一切人事仍由他把持，對新閣政策，則橫加阻撓。

外交問題重光小磯的對立，米內海長終戰工作的開始，天皇聽取重臣意見

一九四四年八月八日，日皇爲了政務與統帥之協調，發佈敕令，成立最高戰爭指導會議，廢止舊有之大本營和政府的聯絡會議。九月五日第十一次會議，杉山陸長提出陸軍方面的和平意見：(1)對英蘇和平工作；(2)對重慶和平工作；(3)對英和平工作。細察內容，雖不切實際，但陸軍公開談和平問題，却令人注目。不久盛傳陸軍將派松岡洋右使蘇，重光也擬派廣田赴歐，促進德蘇和平工作，同時託駐日德大使斯塔馬，蘇大使馬立克向各該國聯絡。又電訓日本駐蘇德大使就近努力和平工作，結果都是失望。這時小磯、東久邇宮、緒方等策劃請久原房之助使俄，因重光反對，更加蘇聯態度冷淡，未能實現。當時對蘇擬作最大讓步，以後廣田馬立克的會談，就是有計劃的步驟。

一九四四年十一月五日，重光葵在外交部發表一小册子，題爲「我們的外交」，並秘密分送給木戶及其他重臣等少數人士。該書主要的意思是說明：「戰時外交的經過，對德蘇和平斡旋的努力，並鑑於英蘇利害對立的必然性，暗示在對美英關係上，日本利用蘇俄的可能性，但由於蘇俄的赤化世界政策，日本究應警戒」。從這裏可以窺知當時重光於外交政策之意見。十一月七日蘇俄革命紀念日，史大林聲言德日同爲侵略國，大政翼贊會的人物和日本政界大譁，紛紛質問重光，認爲對蘇外交失敗了。

一九四五年一月，日軍在雷伊泰大敗，美軍遂向呂宋進擊，另一方面美機由馬利阿那起飛向日本各地轟炸日烈，更加豐橋大地震，致軍需生產受了很大的打擊，社會經濟組織，從此日趨混亂。這時陸軍力倡本土決戰論，因爲雷伊泰大敗之後，他們想把美軍誘至本土，使其受大損害，企圖發現結束戰爭機會，意在稍挽頹勢，選擇比較有利條件而終戰。當時日皇面對嚴重局勢，非常焦慮，再三向木戶說，願聽重臣們關於收拾戰局的意見。木戶爲避免軍部之反對，乃竊謀重臣的單獨謁見，至二月間

各重臣都先後分別謁見日皇條陳意見。大多數似未盡所言，唯近衞痛言敗戰必至，力主肅清陸軍，收拾戰局，並持上奏文剴切陳辭。岡田大將所述亦較多，東條則仍持强硬態度，大放厥詞。

小磯內閣之隱退，鈴木內閣之成立，蘇俄廢棄日蘇中立條約之通告

小磯內閣成立不久，關於外交問題即與重光外長對立，形成該內閣內外衝突之暗流。一九四五年三月，小磯由上海邀繆斌來日策劃和平工作，時兩者對立達於頂點。這事與小磯歸現役而兼陸長被陸軍拒絕一事，成爲後來倒閣的主因。繆斌工作係緒方竹虎等人士所主張，經小磯贊成而實現者。繆斌到東京，先見久邇宮，頗得贊許，他的和平方案是取消南京政府，停戰，約定撤兵，但重光則認爲繆不可信，加以反對。杉山、梅津、米內、木戶等都同一論調，因此四月三日日皇遂命小磯將繆斌遣回。四月四日小磯內閣辭職，理由是：(1)關於繆斌工作閣內意見不一致；(2)總理復歸現役，兼攝陸長。五日舉行重臣會議，推選鈴木貫太郎組閣。鈴木爲求陸軍協力，乃於六日先往見杉山前陸長，請推薦陸長，陸軍方面即提名阿南大將，並要求(1)澈底完成戰爭；(2)陸海軍一體化；(3)爲本土決戰必勝，須對陸軍所計劃諸政策，從速實行。其他閣僚則米內留任，豐田貞次郎大將、左近司中將均入閣，下村海南任政務委員(情報局總裁)，迫水久常(岡田女婿)任內閣秘書長，內閣的人事配備，頗有傾向和平終戰之意。

雅爾達密約，於一九四五年二月四日至十一日由羅斯福、邱吉爾、斯大林在俄境克里米亞協議成立(一九四六年二月十一日始行公佈)，當時日方雖毫無所聞，但會後蘇方逐日向西伯利亞增兵，則頗露天端倪。陸軍方面自三國同盟時，即欲引誘蘇俄加入軸心集團，尤其是準備和英美在本土決戰時，更有阻止蘇俄參戰的必要。因此對彼方的動靜，非常關心，不料四月五日莫洛托夫外長，在莫斯科面召佐藤大使，交付「廢棄日蘇中立條約」的照會，原文是：「日蘇中立條約，係德蘇戰爭及日本對英美戰爭發生前一九四一年四月十二日簽訂，邇來情況根本變更，日本援助其同盟國德國對蘇戰爭，且與蘇俄之同盟國英美交戰，在這種情況之下，日蘇中立條約，已失意義，其存續實屬不可能。依該條約第三條之規定，蘇俄政府茲宣言日蘇中立條約，明年四月期滿後不再延長。」這個宣告，是蘇俄政府實行雅爾達密約參戰的第一步，日本當時却仍懵然不知，就法理言，該約條即使預告廢止，但至一九四六年四月廿四日，依然有效。

東鄉外長入閣的決心，軍部之本土決戰要綱，及德國投降對日本的影響

鈴木組閣時，木戶推薦閣僚五人，其中有重光留任，但遭小磯反對，遂懇東鄉出馬。東鄉鑑於東條內閣的經驗，深感欲成就其和平宿願，必先與總理意見完全一致，於是晤見鈴木即詳述自己對戰局判斷，力言戰局既非常惡化，故非速謀和平不可。原旋詢總理的意見，答以戰爭尚可維持二、三年，原因是：(1)尚未詳悉戰局的實態；(2)顧慮和陸軍約定的三條件；(3)自己眞意尚未到發表時期。因此東鄉拒絕入閣，後經岡田、廣田、松平、迫水等敦勸，九日他又見鈴木陳述他自己的抱負，鈴木大體同意，遂允繼任外長，並說：「我入閣之目的惟在終戰」，可知他的決心。更可注意的是，從來大本營和政府聯絡會議或最高戰爭指導會議的決定事項，在東條、小磯內閣時期，僅由總理上奏日皇，鈴木內閣凡是總理上奏的事項，外長還要再詳細的上奏。

一九四五年三月下旬，開始砲擊琉球南岸的美軍，四月一日登陸該島。海軍方面曾擬「冲繩決戰」，若得勝利，即有終戰機會，但四月下旬以後，戰局日趨惡化，不久冲繩失陷，日軍潰滅。陸軍方面，即準備「本土決戰計劃」，內容大略如下：(一)作戰要綱：(1)在本土要域邀擊美軍，主戰面爲太平洋及東中國海正面，在關東地方九州地方，保持戰備重點，並警備日本海沿岸要點，以防衞敵人之策動。(2)壓制敵機，以掩護帝都生產，交通及作戰準備。(3)努力在海洋破敵，對上陸之敵，從速擊敗。(二)兵站準備要綱：(1)將國土從速轉變爲戰場態勢，一九四五年六月，完成後方準備。(2)短期內完成防衞，生產，作戰訓練。(3)促成萬物戰力化，由大陸抽調戰力，轉用於本土。(4)促進糧食及燃料增產(一九四五年四月八日擬定)。

由於冲繩戰敗，大勢已去，四月廿八日，舊金山廣播說德國對英美無條件投降。這個消息，對於日本則是致命的打擊。當時東鄉即進宮詳奏日皇，力言「空襲是德國失敗的最大原因，日本亦因空襲激增，今後應戰當難繼續，應妥籌善後辦法」。日皇表示希望早日結束戰爭。五月三日鈴木總理發表鼓舞國民的談話，東鄉對記者聲明，德國既對英美單獨媾和，日本已不受三國同盟之約束，並有新觀點之行動自由。八日杜魯門宣佈勸日投降，强調日本軍隊的無條件投降，並非使日本亡國或奴隸化。當時德國的崩潰，確爲促成日本走向終戰的轉機，木戶、近衞、米內等對終戰決意，更加堅固，並促使政府軍部成立終止戰爭指導會議。閣議中東鄉說明「戰爭已不能再繼續」，全場肅然，可以證明首腦部心情的緊張了。

對蘇外交政策失敗的經過

爲了便於結束戰爭，東鄉外長主張設立「最高戰爭指導會議構成員會」。這個構成員會，是由總理、外長、陸長、海長、參謀總長、海軍軍令部總長等六人組成，是最高層的決策機構，對外絕對保密。鈴木總理等五人，都表示贊成，五月十一日舉行第一次會，主要的決定是對蘇政策：(1)防止蘇俄參戰；(2)誘導蘇俄友善的態度；(3)促使蘇俄對於結

東戰爭，作有益的斡旋。第三項雖經決定，由於阿南陸長米內海長的反對，於是議決先以第一二項為目標，進行工作。六月九日至十三日舉行第八十七次臨時議會，通過義勇兵役法，戰時措置法，但議論沸騰，會場混亂，幾乎不可收拾。臨時議會閉會後，六月十八日構成員六人會議，決定進行對蘇工作第三項，十九日東鄉面託前總理廣田，以請蘇俄斡旋和談為目的和駐日蘇大使馬立克洽商。五月中旬，廣田曾以防止蘇俄參戰，强化日蘇關係，向馬立克接洽，當時馬問：過去日本受外國影響，對蘇國交情形不佳，現在怎樣？廣田說：決非如此，日政府和國民都願日蘇成立長期的和平關係。馬說：容我研究以後再答覆。但一星期後，迄無下文。六月三日，廣田卿命再與馬立克商洽，請託蘇俄斡旋和談，先是馬在二十四日會見時，要求日方提出具體方案，二十八日東鄉將該案交廣田，催促從速進行。原案要領是為求長期維持東亞和平，互相支持，及互不侵犯締結協定起見，即使「滿洲」中立化並解除漁業權，亦所不惜；且附言凡蘇方希望的條件，都可提出商談，意在廣開交涉之門。馬立克允將該案傳達本國政府，俟有回文，再行會面。以後即渺無消息，廣田雖再三訪馬，馬却托病不見，很顯明的是無有希望了。

在另一方面，木戶內大臣，看到六月八日御前會議的各種報告，非常憂慮，想出收拾危局的辦法，內容是「乞日皇英斷，親派特使赴蘇，並帶御筆信件，託蘇俄政府斡旋，結束戰事」。七月十二日，鈴木總理請木戶奏日皇，直接派近衛文麿為赴蘇特使，當日午後近衛即入宮受命。近衛在筆記上，曾敘述此事說：「這時我奏請天皇准用非常手段，即到蘇後由會談地直接將協定事項，電奏天皇，請裁可後，即簽字，天皇許可」。當晚即由外交部電佐藤駐蘇大使向蘇政府洽商派遣特使，十三日佐藤開始交涉，從這天起到蘇俄參戰，眞是日本終戰外交的極峯。這中間東鄉和佐藤電報往復，其緊張自不待言，無奈時勢已非，蘇方故意延宕，時推莫洛托夫不在，時詢特使使命，到了日方答以特使的眞正目的是請蘇俄對美英斡旋和平並商議日蘇親善事項，電報到達的第二天(一九四五年七月廿六日)，波茨坦宣言就發表了。又隔數日，蘇外交部始延見佐藤，但不是派遣特使的回答，而是通告對日宣戰，於是日本派近衛為特使赴蘇之一幕，竟以悲劇之表現而終局。

鈴木總理拒絕接受波茨坦宣言招來原子炸彈

一九四五年七月廿六日，中、美、英、三國領袖聯名，對日發表波茨坦宣言，具體提出日本投降的條件，廿七日東鄉外長即報告日皇，當日連續舉行戰爭最高指導會議及內閣會議，決定對於這個宣言，不要重視，暫守沉默。廿八日東京各報竟用小字標題，登出這條新聞，並且斷章取義，不登原文，只說政府對此不加重視。鈴木總理和米內海長認為這樣有緩衝的餘地，表示樂觀，東鄉外長則非常憂慮，恐怕這樣作法，可能招致美國使用原子炸彈，並成為利用蘇俄參戰的口實。以後果然在東鄉筆記裏一段說：「杜魯門總統關於使用原子炸彈的解釋及蘇俄參戰的聲明中，以日本對於波茨坦宣言的沉默為理由了。」

八月六日上午八時，美B29携帶了新型原子彈一枚，在廣島投下了，傳說這一彈幾乎將廣島市全部毀滅。七日晨美國廣播杜魯門總統聲明說：「六日在廣島投下的原子彈，在戰爭上是革命的變化，日本如不投降，更要在別的地方投下」。當天舉行內閣會議，由東鄉外長詳細報告，陸軍方面對於原子彈尚存輕視心理，主張先行調查損害情況。八日東鄉外長即謁日皇報告以上經過，日皇說：「新武器原子彈出現，繼續戰爭是不可能的事，速轉告總理，趕快準備結束戰爭的辦法。」當日下村情報局總裁曾上奏日皇，請以廣播代替號令，告知全國軍民，停止戰爭，東鄉外長和阿南陸長也作長時的終戰研究。阿南此時竟也贊成東鄉之「敗戰為時間問題」之說。

蘇俄對日的宣戰佈告

一九四五年八月八日，佐藤駐蘇大使在莫斯科訪晤外長莫洛托夫，莫對佐藤說，蘇俄已決定對日參戰了，理由是①由於日本拒絕波茨坦宣言，已失去蘇俄調停的基礎；②蘇俄基於聯合國的要求，為促進終戰，故決定對日參戰。九日晨，莫斯科突然廣播參戰文告，關東軍也急電報告蘇軍侵入的事態，當天馬立克大使要求面晤東鄉外長，曾被拒絕，至十日才延見。這時候已將接受波茨坦宣言的第一電，分別發給在瑞士的加瀨公使和在瑞典的岡本公使、請駐在國的政府轉給聯合國了。

原子炸彈投下以後，接着蘇俄參戰，從八月九日起到十五日止一週間，眞是日本存亡的岐路，這時候日皇、高松宮、木戶內府、鈴木總理、東鄉外長、米內海長、近衛、重光等要人，整天開會商議接受波茨坦宣言的辦法，當時都主張只要國體問題能保留，其他均可接受，領土問題那是其次了。

最高戰爭指導會議與臨時閣議

九日舉行六巨頭會議，當時國內尙有未參加戰爭的軍隊一百萬，國外有二百萬軍隊，陸軍方面力主本土決戰，東鄉外長主張除保留國體條件外，其他條件不必提出，阿南陸長、梅津、豐田兩總長則謂要接受波茨坦宣言，更須附帶三個條件，即保障佔領(限於小範圍，小兵力，短時間)，解除武裝(自動放棄武裝)，處置戰犯（設定公平方法)。因此在會場上起了激烈的辯論。會議未完，又得報告，說原子彈又投在長崎了。午後二時開始舉行內閣會議，關於接受波茨坦宣言的問題又展開了激辯，主要還是阿南陸長對東鄉外長，米內海長關於戰爭前途的看法與陸長對立，並也支持東鄉維護國體的論調，其他閣僚大部份都支持外長主張，但是意見還不能一致。午後六時再開臨時閣議，依據七月廿六日的波茨坦宣言，討論應付的辦法。其結論是①天皇地位的保障；②希望佔領軍不在本土登陸；③在外軍隊的武裝解除，希望由日本自主的撤兵復員；④如何處置戰犯，雖未明言，希望由日本自行處置。這樣的意見，仍不一致，只有奏請日皇決定了。

御前會議日皇決定接受波茨坦宣言

鈴木總理偕東鄉外長，於九日夜晋謁日皇，詳細說明閣議意見不一致的經過，當晚十一時在宮中防空壕內召開御前會議，提出關於接受波茨坦宣言的條件問題。東鄉外長和阿南陸長，又形成對立的爭論，外長的主張是甲案，陸長的主張是乙案。米內海長，平沼樞長贊成甲案，梅津參謀總長，豐田軍令部總長支持乙案，爭論到十日午前二時尚未決定，鈴木總理即請日皇裁決。日皇說：「鑒於日本的現狀及國際的情勢，若再要繼續戰爭，不僅我日本民族滅亡，也將使世界人類陷於更大的不幸，自己不忍再繼續戰爭，徒使無辜國民受苦，希望迅速結束戰爭。自開戰以來，軍方所言與事實對照，距離甚遠，現在軍方又說本土決戰，但是九十九里濱(地名)的防禦，不是都不可能嗎？」因此就決定採用外長的主張。當日午前三時舉行第三次臨時閣議，即遵照日皇指示，一致通過只以國體問題爲條件而接收波茨坦宣言了。十日午前六時分別給在瑞士加瀨公使，在瑞典岡本公使發電，主要的意思是「日本政府對於七月廿六日美、英、中三國元首發表的以及蘇俄政府參加對日共同宣言條件中，在不包含要求變更天皇的國家統治大權的了解之下，日本政府接受這個宣言。」並請瑞士政府轉達美國政府及中華民國政府，瑞典政府轉達英國政府及蘇俄政府。

接受波茨坦宣言以後的曲折

對於接受波茨坦宣言，保留國體問題的措施，在當時是絕對機密事項，十日午後由宮中召集重臣會議，鈴木總理說明經過。嗣後又舉行閣議，討論接受波茨坦宣言的公佈問題。當時下村情報局總裁說：「今天眞到了國家最惡狀態的時候，爲了維護嚴正的國體，保持民族的名譽，堅守最後的一線，政府已繼續作最善的努力，希望一億的國民，爲了維護國體實行克服國難」。同時陸長出示佈告(據說事前陸長並不知道)，告全體將士：「蘇俄已進攻皇國，不管表面如何粉飾，侵略制霸大東亞的野心，則昭然若揭，事已至此，夫復何言，只有堅決維護神州，繼續聖戰之一途。」(下略)這兩個文件在十一日各報，同時登載，情報局總裁談話是「國體維持論」陸長佈告是「本土決戰論」，略曉政情的人都感到政府與陸軍最後的對立，感到憂慮。上述的新聞，當時雖未向外國報導，而接受波茨坦宣言的消息，爲了給美國答覆，特別是要使聯合國軍隊知曉，松本次長與陸軍吉積局長一再洽商，才決由同盟通訊社向海外廣播。二時後全世界都知道了，各國的廣播電台又重復播送，陸海軍的强硬份子聽到以後，曾質問長谷川局長，聽說是松本外務次長和迫水秘書長的意見，乃又向他們質問。他們回答說：這事在閣議時候由部長回答罷。才算無事。同時爲了安定國民複雜微妙興奮的心理，木戶內府、石渡宮相、下村情報局總裁等商議於十一日午後請日皇親自廣播終戰的詔勅，也得到許可而實現了。

天皇制問題四國回答文到後的經緯

十二日午前二時，日本外交部從收音機中收到美國方面關於天皇制問題的四國回答文，原文是：關於波茨坦宣言的條件，日本政府的通報，願在不包含要求變更天皇的國家統治大權了解之下，予以接受，對於這個問題的回答，我們的立場如左：

「①從投降時起，天皇及日本政府之國家統制權限，應在聯合軍最高司令官限制之下。②天皇對於日本政府及帝國大本營，爲了實施波茨坦宣言的條件，准許有簽名於投降條欵的權限，並應予以保證。③天皇命令一切日本陸海空軍官憲，不論在任何區域應令其所指揮之軍隊，終止戰鬪行爲，交出武器，並爲實施投降條件，基於最高司令官之要求，應發佈命令服從。日本政府投降後對於俘虜及被拘押者，應迅速釋放，向安全地域移送，而便其搭乘聯合國船艦。④最後的日本國政府之形態，應遵波茨坦宣言，由日本國民自由表明意志而決定之。⑤聯合國軍隊，爲完成波茨坦宣言所揭之目的爲止，留駐日本國內。」

上述的回答文到達之後，所謂抗戰派及國體論者，又即時興奮起來，當天午前八時梅津、豐田兩總長偕同進入皇宮，報告聯合國的回答文，並申述對於第一項第四項的反對意見，米內海長從九日參加各會議以來，與東鄉外長步調完全一致，因此對於梅津、豐田進宮表示意見，深感不滿，曾前往質問。東鄉當日亦入宮向日皇報告經過，頗受贊許，囑速予接受。午後三時的閣僚懇談會上，阿南陸長和東鄉外長的意見，又對立起來，陸長對聯合國廣播的回答文，很不滿意，認爲應再提照會，安倍內長，松阪法長也表示贊同。鈴木總理說：這個回答文，沒有明確承認維護國體，解除武裝全由對方處理，軍人實在不能忍受，應再提照會，假若對方不聽，就是繼續戰爭，也是不得已的。東鄉外長因此感到非常困難，由於日皇指示，迅速接受，自己遵照方針進行，以後鈴木、阿南、平沼，唱議反對，總理入宮報告，日皇又說好好詳細研究。這樣一來，東鄉外長只有出於辭職之一途，旋經松本次長勸諫，才肯作罷，後來木戶內府傳達日皇贊成東鄉外長的意見，總理也同意了。

八月十三日午前爲了研討四國回答文，會再開最高戰爭指導會議（六人），阿南陸長提出文學博士平泉澄氏的國體危險論反問，會場上外長，總理，海長，對陸長與陸海兩總長，前三者主張接受，後三者主張再提照會，激辯甚烈，無法解決。當天午後又續開閣議，出席的有鈴木總理、東鄉外長、米內海長、阿南陸長、岡田厚長生及松阪法長等十二閣員，一再討論，阿南又提條件論，故會議仍無結果。最後祇有御前會議解決之一途了。

御前會議再舉行，日皇揮淚訴苦衷

從十三日夜起至十四日，內外局勢，極度緊張，國家意思的決定，不容稍事遲延。十四日晨鈴木總理入宮請求召集御前會議，即蒙許可。被邀參加的有鈴木總理及全體閣僚，梅津、豐田兩總長、平沼樞長、迫水秘書長、池田綜合計劃局長官、吉積陸軍、保科海軍兩軍務軍長，十時御前會議開始，先由總理申述前日閣議及最高戰爭指導會議經過概要，並請日皇令反對無條件接受波茨坦宣言者發表意見後，再下決定。次由梅津、豐田兩總長及阿南陸長說明再提照會的必要，阿南言時聲淚俱下，豐田總長的論旨比較和緩。三人發表意見後，日皇開始講話，原詞如下：

「假若沒有別的意見發表，我要申述自己的感懷：

反對論的意見，我已分別聽過了。我的想法和過去仍是一樣的。我詳細檢討世界的現狀與國內的事情，所得的結果是：再繼續戰爭，實在是不可能的。就國體問題來說，雖然有各種疑義，我對於這個回答文的看法，應該解釋對方具存着相當好意的。要緊的是我國民全體之信念與覺悟的問題，這時接受對方的回答我想是好的。並且也希望你們這樣想。陸海軍將士武裝的解除和保障佔領，眞是難堪的事，那種心情我是很明白的。並且將我倚重的臣子作爲戰爭罪犯，情尤難忍（言時舉手拭淚）。但是自己的希望是要救助萬民的生命，戰爭繼續的結果，將使我國全成焦土，陷萬民於痛苦，實在不忍看到，也對不住祖宗在天之靈。講求和平的手段，對於對方的辦法要全部信賴當然是很難的，但是比較全然沒有日本的結果，只要留下一點種子，將來的復興光明仍是可以想像的。我想明治大帝在三國干涉當時的苦衷，眞是飲淚忍耐，這時難耐的要耐，難忍的要忍，一致努力希望將來很快的回復。今日爲止，在戰場陣亡的、殉職的、死於非命的，每想到他們的遺族，悲慟不堪。還有負傷者、蒙戰害者、失家失業者，他們的生活我都很掛念。此時凡我應該作的絕不煩厭，爲了喚起國民，我隨時都準備站在講台之前。因爲一般國民現在還不曉得，聽到突然的決定，勢必發生動搖，尤其是陸海將士的動搖恐怕更大，這種心情要安撫他們是相當困難的。希望陸海軍部長要了解我的心情共同努力，必要時我親自說話亦可，這時需要詔書，盼政府早爲起草。」

日皇講話時，聲淚俱下，當時參加御前會議的各員，都垂頭嗚咽感泣，這種情景，正是終戰史的頂點。鈴木總理即答以遵命迅速草擬詔書，謝罪退下，歷史的御前會議至此終了。時爲正午十二時。

軍部動向與八•一五事件

十日至十二日晨，因憤怒聯合國回答文，軍部中堅層的强硬派，逼迫阿南陸長、梅津參謀總長、豐田軍令部總長很强硬的主張本土決戰。十三日午後三時，在陸長、參謀總長都不曉得的中間，大本營忽發表文件，從陸軍方面送到各新聞社，迫水秘書長知道之後，馬上與陸長連絡，旋經陸長下令停止發表。那種傳單內容主旨說：「皇軍現奉新的敕命，對美、英、中、蘇聯合軍，全面作戰開始了」。十四日陸軍部，參謀本部的中堅幹部與近衛師團的一部商議，以近衛師爲中心，掀起叛亂，主謀者是畑中、井田、椎崎、古賀等中少校階級。十四日夜十一時，直接面晤森近衛師長，强迫同意，森師長認爲近衛師，責任重大，應明理知義，對於他們强迫，斷然駁斥，畑中等即時將森師長殺死，發表僞師長命令，用僞命令指揮一部近衛聯隊，闖入宮城，恰値日皇廣播錄音完畢後，與由宮城退出的下村情報局總裁等在途中遭遇，下村即被拘捕監禁於二重橋畔的衛兵盤查所，沼武官長也被軟禁，木戶內府、石渡宮長，均奔至地下金庫室避難，一部將校等搜查廣播錄音盤，又向下村總裁、廣播局的矢部理事德川侍從等調查錄音盤所在，這樣還沒有發現錄音盤時，已是十五日黎明，經田中東部軍司令官說服叛軍，叛亂之局於是告終。這就是世間所謂的「八•一五事件」。森師長的殉職與田中軍司令官的忠勇，在終戰史上是可以特出的。十五日天尙未明，總理官邸，鈴木總理、木戶內府、平沼男私邸，都受到別動隊的襲擊，鈴木總理、平沼男都隱藏逃難了。同時厚木、木更津等的海軍航空隊有不穩行動，民間强硬派發生愛岩山事件。當天上午，又傳出阿南陸長，大西軍令部次長，割腹自殺，也是當時發生的大事。日皇鑑於國內外軍心動搖，特於八月十七日，對陸海軍人頒賜敕語，嚴明軍人的出處進退，並要忍人之所不能忍，以期貫澈停戰大命。二十二日又派遣代表分赴戰地各軍司令官，計朝香宮鳩彥王赴中國派遣軍，竹田宮恆憲王赴關東軍，閑院宮春仁王赴南方軍。（本節爲日本終戰史極重要部份——譯者附誌）。

鈴木內閣總辭職，東久邇內閣成立

八月十五日樞密院會議開會，由東鄉外長報告接受波茨坦宣言經過，請求批准，當天日皇親臨並對國內外廣播，同時內閣亦正式告諭全國國民，忍受困難，「承詔必謹，刻苦奮勵」，培育復興精神。鈴木內閣即於是日總辭職。鑑於當時特殊的情勢，爲了安穩的處理終戰措施，統帥盲動的軍隊並與聯合國建立良好的關係，由於木戶內府及平沼樞長的

（下轉第13頁）

西歐通訊

鐵幕下的東德

龍平甫

第二次世界大戰後的德國領土已成四分五裂的局面。東普魯士被蘇俄合併；與德河(Oder)與納斯河(Neiss)之線之東的地區被波蘭佔領，以補償蘇俄佔據她東部領土的損失，（眞是所謂『失之東隅收之桑榆！』）薩爾區(Saor)在經濟上與法國聯繫，形成一個半獨立的國家。其餘的德國領土由英美法蘇四國佔領。由於蘇俄一意孤行，德國問題不能解決，於是英美法不能不設法局部的暫時解決德國問題。於是有英美法佔領區於一九四八年舉行選舉進行組織政府。次年德意志聯邦政府先後經自由世界各國承認。同年蘇俄在其佔領區扶植共產黨政權，未經選舉而組織所謂「德意志民主共和國」。這個政權一般人稱之爲東德。如包括戰前德國領土，這個區域可稱爲「中德」。東德面積共十萬七千方公里，人口一千八百萬，共分五邦：梅克棱堡(Mecklenburg)，布蘭登堡(Brandenburg)，薩克森安哈爾(Sachsen-Anhalt)，薩克森(Sachsen)，土林根(Thüringen)。爲了吸引西德人心並且在世界輿論作宣傳，東德政權却要點綴民主。本來共產黨在德國的勢力很小，因此它拉攏東區的社會民主黨(S.P.D.)成立所謂社會主義統一黨(S.E.D.)，以求造成政治上的控制勢力，並逐將該黨共產化。另一方面社會主義拉攏一些小黨作配角，例如東區的自由民主黨(L.D.P.)與基督教民主黨(C.D.U.)。一九四九年十月自行召集的「人民議會」，選舉德共老角色皮克(Wilhelm Pieck)爲「德意志民主國總統」。由出身社會民主黨的葛絡德佛爾(Otto Grotewohl)爲內閣總理，副總理由社會主義統一黨，基督教民主黨，及自由民主黨各出一人擔任。事實上政治的實權操在社會主義統一黨秘書長烏爾布理希特(Walter Ulbricht 共產黨員)手中，十八部長中社會主義統一黨佔十一人，其他小黨佔七人。這是當時的概況。

註：1)　柏林
2)　Pantow 東德政權所在地
3)　Karshorst 蘇俄管制委員會
4)　波茨坦宮 (Potsdam)

幾年來東德政權的實驗可謂完全失敗。最大的失敗是在經濟上。東德的經濟危機，一天比一天嚴重。經濟的致命傷便是蘇俄的佔領政策。蘇俄佔領該區之後便開始大量的搬運物資。不但工廠機器被拆卸搬走，甚至連家俱也在搬運之列。不能運走的工廠，便掛上一塊蘇德合營企業的召牌，替蘇俄生產。出口物資百分之八十也被運到俄國作賠償。這些行動的唯一藉口便是戰爭賠償，究竟蘇俄搬走多少億馬克的物資，局外人不得而知。

東德本是一個糧產豐富的區域，現在却鬧着糧荒。農產品以馬鈴薯爲主，去年官方擬生產一千六百萬噸，實際上的生產量尙不及一千一百萬噸。而且本年冬（一九五二年至一九五三年）有百分之十的馬鈴薯因地凍沒有掘出，使當局動員人民去掘馬鈴薯。肉食品則牛猪的生產量大減，一九五一年冬季因飼料缺乏，在年關前後屠殺了大批未養肥的猪，去年終因馬鈴薯收穫不佳，又殺了大批未養肥的猪，於是東德的肉食供應在本年冬春兩季發生嚴重危機。據東德當局自行承認的數字已很可觀；其不足的數字爲：一九五三年第一季（一月至三月）肉兩萬噸，脂肪四千噸，麵粉九萬噸，糧食九萬八千噸，馬鈴薯十九萬五千噸，蔬菜四十二萬五千噸。東德當局已實行食物配售制，然而配售劵上所列的食物往往買不到。東德商業已不許私營，市民排隊在政府商店(H.O.)購物，等待許久的結果，往往是祇能買一些「代用品」，例如以香腸代替奶油，以猪血腸代替猪肉，有時甚至祇能買到幾公斤馬鈴薯。糖與Margarine(一種脂肪)固然不易買到，奶油與猪肉也是奇缺。共產黨最大的號召力便是自稱在經濟上能創造奇蹟，然而東德的經濟却一天比一天的壞下去。

經濟現狀雖如此嚴重，共產當局仍要推行其「發展生產的五年計劃」，實行「蘇俄式的集體農場」實行强迫勞動，積極建立「人民軍」(Volksarmee)，這都是一些擾民的舉動。五年計劃實行的局部成績並不佳，尤以煤的生產未能達到預期的數字，冬天發生煤荒。獨裁式的集體農場受到農民的强烈反對，要實行農業機械化，農業機器却有限，東德六百萬公頃的耕地祇有一萬八千架曳引機（西德一千四百萬公頃耕地却有二十五萬曳引機）。去年東接到蘇俄供給的一百五十架農業機器，大肆宣傳，稱之爲「無價的協助」。在軍營中訓練的東德「人民警察」（實卽軍隊）約爲十九萬餘人，建軍的結果使通貨膨脹。東德馬克大跌。因此更增强經濟危機的嚴重。

東德當局爲應付目前的經濟危機，於是採取更嚴厲的政治統治。本年二月東德社會主義統一黨發表宣言，要求人民遵守「經濟紀律」。次日葛絡德佛爾向「人民議會」提出一九五三年度預算，再度要求人民遵守「經濟紀律」，並宣稱當局將嚴厲制裁那些不遵守的人。社會主義統一黨在宣言中要求工人農人與機關社團雇員制止「浪費」，減低生產費，增加生產量，制止逃工，利用當地原料。此外並攻擊各負責高級官吏祇知發號施令不問工作是否執行，結果煤礦無人指揮，工人逃工的佔百分之三十。由此數端可以反映經濟危機的嚴重。換言之，卽原料缺乏，生產成本高，工人因工作時間增加，待遇不好而採取各種方式的逃工辦法。葛絡德佛爾雖承認經濟危機的嚴重，却稱之爲「經濟擴張過程中的現象」及「發展過程中局部調整的小錯誤」。這是欺人之談。東德當局更要求人民「節省一文錢，一分鐘時間，一厘物資！」事實上老百姓不知如何能節約起，大家祇有一再降低生活需要而已。

隨着經濟危機的嚴重是政治蘇俄化的加强。最顯著的是：(一)思想控制的加强。共產黨是製造名詞和符咒式標語的專家。東德當局不會例外，它正在厲行思想的整肅。下列三十五個主義和思想在東德被認爲大罪而必須清除的：托洛次基主義、猶太復國主義、客觀主義、特殊主義、官僚主義、聯合主義、偏岐主義、形象主義、帝國主義、狄托主義、和平主義、調和主義、派系主義、實際主義、相對主義、中立主義、批判主義、黷武主義、極端國家主義、社會民主主義、機會主義、作官主義、平等主義、理論主義、形式主義、自然主義、合作主義、黨內民主反對者，資產階級態度，富農態度，缺乏警覺心，無階級意識，無批判態度等。思想的統制已使居民動輒得咎。(二)自由的剝奪：東德人心緊張之因，不僅如上述，而且是對居民自由的限制與剝奪。不但俄人與德人間禁止往還，而同城市的人民彼此普通訪問也要在門房登記，以備警察局的調查。鄉村中組織農村保安隊，農民生產未達指定數字，便被認爲怠工，而有判幾年徒刑的危險。富農的地位更無保障，農民無法生活祇有抛棄家園出走一途。(三)清除異己：這是共產黨的拿手好戲。他們的步驟是：(A)在共產黨勢力不强，不能獨佔政權時，拉攏其他黨派來點綴民主。(B)肅清同路人，造成清一色的政權。(C)共產黨內部的鬪爭，莫斯科嫡系清除其他派系。去年終烏爾布理希特在社會主義統一黨中央執行委員會宣佈下列的人是「國賊」：(a)「間諜」，(b)猶太復國主義者，(c)中立客觀主義者。他使黨通過一個決議案：「布拉格史南施基 (Slansky)等人陰謀案之教訓」，主張將被囚的德共要員 Müller 與 Merker 的過去活動作明白的調查。當時所宣佈的幾位「主要陰謀者」爲：(一) Kurt Müller（在一九五〇年被捕前是西德共黨頭子 Max Reimann 的右臂）；(二)Fritz Sperling (Müller 被捕後繼其職務，於一九五一年在東德以失踪聞)；(三) Paul Merker（在一九五〇年八月以前爲東德國務委員兼社會主義統一黨政治局委員）。這個消息發表後東德官員個個揑把冷汗，大家預料未來將有一個表演性的審判 (Schanprozes)。

近幾個月來在東德被捕的高級官員很多，或爲共產黨員，或爲同路人。此外被免職或開除黨籍的人也很多，被捕的「同路人」有兩位著名的：(一) Karl Hamann，東德自由黨領袖之一，任糧食部長，於去年十二月十日被捕，他被捕後該黨卽宣佈與之脫離關係。(二)Georg Dertinger 東德外交部長，兼東德基督教民主黨的秘書長，今年一月十五日在辦公室捕去。該黨黨魁 Nuschke 已沒有當年在普魯士邦議會對抗納粹的勇氣。於 Nuschke 再事後發表宣言說「基督教民主黨決不容許奸人混跡其間」。Dertinger 於是被開除。這兩個要角的被捕，是共產黨清除「同路人」的先聲，有人認爲下一步驟將爲解散東德的自由民主黨與基督教民主黨。與 Dertinger 同時被捕的尙有他部中幾位要員，祇有他的女秘書兼西方報界聯絡員逃到西柏林。

在前面所說的 Merker，是烏爾布理希特二十五年來在黨內的對手。德國共產黨於一九三三年希特勒執政後紛紛逃亡，Merker 一般人逃到巴黎，輾轉逃到墨西哥。皮克與烏爾布理希特則輾轉逃到蘇俄，一九四一年德軍進逼莫斯科，他們又逃到烏發 (Ufa)，在第三國際下的「第三〇一號科學院」工作。大戰結束莫斯科系回國掌握東德黨政要津，由墨西哥回來的共黨份子受到岐視，Merker 和他的幾個朋友終於被捕。另有一名 Franz Dahlem 的共黨要角也被捕，他曾在法國流亡過。這些逮捕案件可以說明莫斯科系要解決曾經流亡到西方國家的共產黨員，以造成黨內的清一色。

在鐵幕內不能生活的人祇有向外逃亡。自蘇俄佔領東德後，經常不斷的有難民逃向西德。由逃亡者的身份可以反映蘇俄在佔領區政策的演變：(一)一九四五年至一九四七年逃亡的多爲資產被沒收的地主，工業家以及前國防軍軍官；(二)一九四八年難民中出現不少小資本生產者，輕工業雇員，這是「國家管制局」長 Fritz Lange 宣佈將資產階級由紡織界趕出的結果；(三)一九四九年建立大規模國營商店 (H.O.) 之後，大商店主人及零售商人紛紛逃走；(四)一九五〇年共產黨嚇走不少佔領區的非共產黨的行政官員，邦議會代表，市長等；

(五)一九五一年至一九五二年醫生，藥劑師，電影院主人也加入難民隊。至一九五二年終開始大量農民與工人的逃亡。一九五二年七月東德社會主義統一黨決定：「消除農業生產中資本主義生產方式，淸除農民中資本主義份子，建立農民的集體經濟」。但是農民拒絕參加這種「新式的」蘇俄集體農場，於是紛紛拋棄田產房屋出走，至本年一月已有一萬六千農民逃亡，拋棄三十萬公頃的耕地（佔東德耕地百分之五）。拋棄的耕地中已有四萬公頃由集體農場經營，其餘的尙被荒棄。然而東德當局所最傷腦筋的尙不是農民的逃亡，而是大量的小本生產工人與技術工人的出走，因爲這些人以及那些不能接受共產黨教育與宣傳的青年的逃亡是表示東德當局所誇耀的「建立社會主義的保障」已經動搖。據柏林市議會發表的白皮書：「難民淹沒柏林孤島」(Flüchtlinge überfluten die Insel Berlin)，去年十二月難民中男性青年（十四歲到二十四歲）的比例已增至百分之三七．五；體力壯健的中年人（二十五歲至四十歲）增至百分之三一．六，本年一月西柏林難民營的難民社會結構爲：(一)產業工人佔百分之五三．二；(二)農民佔百分之一三．四；(三)公務員與企業雇員佔百分之二〇．七；(四)雇農佔百分之六．三；(五)其他佔百分之六．五。西柏林共設了七十七處難民營，以收容難民。柏林是鐵幕留下的唯一缺口，這個缺口何時堵塞恐怕祇有東德「內部保安處」長 Kurt Weichelt 知道。據說盟方當局已獲得情報，東德擬將西柏林四週三公里地帶的居民遷移，由「人民警察」塡住，以防止技術工人的逃亡。本年初逃到西柏林的難民達空前紀錄，數達二萬五千人，二月份更增至三萬人，三月份開始三天到達西柏林的難民達九千人，平均每日到一千至一千五百人。逃到的難民經登記後分爲政治難民與普通難民，政治難民有權優先乘飛機到西德。一九五一年逃到西柏林的十五萬難民中有七萬五千人被承認爲政治難民；一九五二年的十六萬六千難民中，有十一萬三千人被承認爲政治難民，被送到西德。近二十二萬五千難民則被留在西柏林難民營。西柏林因難民增加，失業者達三十萬，工作發生了黑市。此外尙有不少的「非法難民」滯留在西柏林，其數量如何，無法確知，可能有二十萬左右。

爲運輸大量難民到西德，英美法飛機參加運輸，形成了柏林封鎖解除後的第二次「空橋」。大量難民蜂湧到西德，是足以危脅西德經濟安定的。自第二次大戰結束已有八百二十一萬五千難民自東普魯士及奧得河與納斯河以東地區逃到西德。近八年由蘇俄東德佔領區逃來的難民近二百萬人。因此西德境內的難民已超過一千萬。大量難民的出走使有些人懷疑這是東德的政策，甚至有人謠傳這是俄人要以蒙古人及中國人移殖到東德的政策。這是不可靠的，因爲東德當局正在努力宣傳叫老百姓不要逃亡。前東德「宣傳處長」Gerhard Eisler 正奔走於各城鎭間勸居民留住。德國聯邦政府也感覺無法安插難民，因此阿德勞總理在本年初再度向東德廣播，希望居民非至生命受威脅不要逃走。

難民逃亡羣中常挾雜些「人民警察」。自一九四九年夏季開始，東德的「人民警察」個別或成羣的向西德逃亡，平均每天有十八人左右。由一九四九年至一九五二年終逃到西柏林的「人民警察」共有六千人。而一九五二年一年中便有二千二百五十八人（其中一千四百四十八人是自軍營中逃出來的）。世界上沒有其他軍隊或警察勢力在平時發生這樣大規模而持久的逃亡現象。這些所謂「無產階級戰士」向西德逃走原因爲：(一)警士發現建警不過是建軍的準備；(二)當局諾言未能兌現；(三)個人自由之被剝奪。逃亡的「人民警察」分爲下述各類：(一)前德國國防軍軍官，東德共產當局利用他們的軍事特長，但不予以信任；(二)前軍士與兵士；(三)「自由德意志青年」(F. D. J.)(即德共青年團)，他們加入警察或爲謀生路，或爲共產黨宣傳所引誘，或爲避免將來從軍。逃到西柏林的「人民警察」並不都被承認其法律地位。在過去二年中有六十名「人民警察」未被「承認」，因爲是犯了普通罪逃來的，祇有在西柏林繼續坐牢。事實上東西德警察與法院間有一些聯繫可以調查出逃警的來歷。被承認的「人民警察」被遲送到西德設法安插，但是沒有再被派到警察方面去工作的。有人懷疑大量「人民警察」的逃亡是否可能在西德構成第五縱隊，然而調查逃警的專家則認爲這個危險是不存在的。同時東德規定嚴刑峻法防止警士的逃走，凡是在逃亡途中捉到的「人民警士」至少要被判處十年徒刑，這些逃警將以「出賣機密」、「造謠」與「偷竊人民資產」論罪。

今日東德大量工農「人民警察」與青年的逃亡，可以說明東德政權的基礎已發生動搖。爲了平息老百姓的憤怒，東德當局要找幾個人開刀，於是幾個靠攏的政客與黨內的對手便被捕捉，同時更強化政治的控制與獨裁，以鎭壓人心的不滿。儘管民怨如何，東德駐着四十萬俄軍，二十萬「人民警察」在目前足以鎭壓革命，於是大家祇有逃走一途。然而在西德的千餘萬難民祇找到一個臨時避難所，他們在等機會重回老家再理舊業。

（註）：本文材料除採自報紙外並根據下述各期雜誌：Die Weltwoche, Nr. 1005, (1953); Der Spiegel, Nr. 3, Nr. 8, (1953); Der Monat, Nr. 53, (1953).

從澳紐看「太平洋公約」

紐西蘭通訊．四月六日

伍聞非

第二次世界大戰期間，澳洲與紐西蘭本土沒有遭受到任何敵人的摧殘，實因美國予以有力的軍事援助所致。澳紐是美國在太平洋戰爭中一個重要的基地與轉運樞紐。當時英國不能予該二自治領以任何援助，因爲她本身已是一尊「泥菩薩」，自身難保，對應付納粹德國的軍事威脅已感吃力，那還有餘力去幫助澳紐？雖然她們是一向忠于「大英帝國」，英國也只好呈現那種愛莫能助的神態。故澳紐人一提起戰爭，就聯想到眞正能够幫助她們的不是英國而是美國；因爲英國已成了一隻失去爪牙的雄獅。一旦戰爭再發，實無力派兵協同防禦敵人。故根據已往的經驗，澳紐與美國訂立共同防守協定是一件極其自然的事。不過話又得說回來，澳紐與英國有深厚的血統關係，很多有關國家的大事，英國對她們仍有決定性的影響。這裏待我先分析一下美紐澳安全協定的起源：當對日和約草本公佈時，澳紐一般民衆認爲戰勝國對日本未免太過寬大，寬大到日本不像是一個戰敗的國家。她們軍隊在太平洋島嶼戰爭中，體驗到日本軍隊的暴行，遭受過日本人的迫害，到今日還念念不忘。故對這個空泛的和約，老百姓甚表不滿是必然的。雖然政府一直保持緘默，但間接仍表示對日本軍國主義的復起與和約之全無方案抑止，甚表不安。覺日本的再興，對太平洋是一種威脅。當時報章社論對和約的批評更爲厲害，認爲這種和約如果簽定，日本不到五年，又可重整武裝南下太平洋了。並批評美國對日本的看法未免幼稚得令人可笑，太昧於日本人的詭計。還抓苦美國人，說他們是被東京女郎的迷魂湯迷住了，以至連珍珠港、威克、塞班島流的血與創痛都忘得一乾二淨。如果和約沒有限制日本武裝與適當的賠償，他們籲請政府不要簽訂。這點當時在澳洲鬧得比紐西蘭更厲害。而商人對和約簽訂後日貨會大量入口賤價傾銷，也起了一種恐懼，故認和約應嚴格規定日本工商業之發展。但各方面對自由中國之被擯棄于舊金山和約會議則未有確定的表示；澳紐政府雖然暗地認爲這是一件不太合情理的事，但對老祖宗英國的主張又不敢說個「不」字。反正這是別人的事，還是自己利益重要。所以自始至終，一直爲自己打算盤。這也難怪別人，各國的外交，何嘗不以本國利益爲前提呢？假使自由民主國家能重義明是非的話，中國何至有今日的局面？世界又怎會像今天這樣紛亂？說句老實話，自由民主國家都太自私了！心裏討厭共產黨，但行動起來，又重新打起自私的算盤，抵消了反共的力量。

在杜勒斯(John F. Dulles)奔走于華盛頓東京的時候，我國朝野寄望杜氏會堅持正義邀請我國參加對日和約。照理說來，這是不會成問題的，中國是第一個反抗日本侵略的國家，犧牲與供獻最大。可是事實告訴我們，當杜氏於倫敦會議之後，這個不成問題的問題成了問題。因爲英國表示，假如自由中國參加簽約，英國決定退出和約。杜氏的確很費了一番心血想說服英國，但杜氏的主張終敵不過一向以利益爲前提出賣朋友在所不惜的英國外交政策，此行之後，自由中國之被剔除于和約之外已成定論。

杜氏明瞭澳紐對日的顧忌，同時也了解他們在戰爭發生時對美援之需要，故當他訪問澳紐時，會對症下藥地提出了美澳紐太平洋安全協定。澳紐人士有此「定心丸」，都一致稱譽杜氏爲今世之大政治家，再也不提日本軍國主義復興的可畏。澳紐外長還公開讚揚杜氏之睿智，這不能不說是杜氏的外交成功。當時，筆者在一個集會中，與一位美國友人談起自由中國之不被邀請參加和約之事，這位朋友也深表不平，他覺得這太對不起中國的人民，並幽默地對我說：「可惜我不是艾契遜，不然不會發生這樣荒唐的事」。我回答他道：「如果我是杜魯門總統，國務卿一職一定勞駕你擔任」。相視哈哈大笑。我相信假如將這問題在美國以公開投票的方式決定的話，中國之能參加和約簽定當必無問題。

多折磨的舊金山對日和約經過杜氏的一番高明手腕終至順利地簽訂了。唯一欠缺的地方是沒有我國代表參加，這是中國外交史上一個恥辱，也充分說明英國的功利義主還在繼續發生作用，而美國還不够堅强拿出道德責任與正義感來領導自由世界。當時與該和約同時發生效力的，還有美日安全協定與美澳紐安全協定，看來後者爲對日本軍國主義復興而簽訂的。可是美日間又訂了類似的協定，豈不是說澳紐心中的敵人反而變成間接的盟友？這不能不說杜氏外交手法的高明。此後澳紐對日本的恐懼程度已大大的打了折扣。

然而澳紐對共同的敵人共產武力侵略在亞洲的伸展又作如何打算呢？毫無疑問，澳紐二國都是極端反共的國家。但因她們是忠于英國的自治領，英國一向不熱心太平洋公約的訂立，間接也影響了澳紐的態度，認爲公約一旦完成對她們本身弊多于利。其最簡單的理由，她們以爲犯不着去支持亞洲的戰爭，如韓國統一、自由中國之反攻、消滅越共等。大戰眞的要發生，澳紐認爲不値得犧牲自己的力量去維護亞洲的安全。如訂了公約，便受拘束，這祇有損而無利。進一步來說，今日戰場，離澳紐還很遠；同時還加上種族主義在作祟，有色人種的戰事，與她們無關。其冷淡程度，可以想見。這都表明自由民主國家間的團結力量實遠不敵共產極權主義之强

(下轉第25頁)

地中海防務與美西基地使用協定

西歐通訊・四月二日

黃　廣

地中海的地理形勢

地中海是歐亞非三大洲的共同沐浴處。歐洲在三大洲中不過是一個半島，歐洲半島雖然並不怎樣大，然而它具有綿延萬里的海岸線，在戰略形勢上有左右兩翼控制海面的作用。但是它也暴露出內在的弱點。在第二次世界大戰中，當德國控制了全部歐陸（除西班牙之外），邱吉爾會在 Casablanca 會議時說：「北非的佔領就是歐洲腹部之下的地中海沿岸的軍事基地的建立」。這也就是說，這些海岸線是易受側擊的危險的。

多瑙河伸入歐陸中部，它雖然不是屬於地中海的河道，然而却是黑海的進口處，且極度靠近蘇俄控制範圍的中心，這在戰略上講，是很危險的一種形勢。但是由於狄托與共黨國際（莫斯科）破裂之後，南斯拉夫之黑海港口，可能挽回這一頹勢。這正是西方國家與南斯拉夫委曲求全的理由之所在。它可能在西方危急之際，給予進入多瑙河而假道地中海的便利。

反過來說，由於東歐諸國的赤化，已經使東歐地中海沿岸被關進了鐵幕。設想假使能由亞得利亞海（Adriatico）出口的話，這就與古代奧匈帝國在地中海的形勢相類似。由於這些形勢的關係，我們可以說希臘政府軍的勝利也就是西方集團的勝利。因為，假使共黨在希臘叛亂陰謀成功，則今日之地中海局面將全部改觀。再假想從特里斯得一直到達達尼爾海峽（Hellesponto）都被鐵幕掩蓋的話，則情勢更不堪設想。這便是西方集團為什麼要悉力爭取希臘與南斯拉夫的理由了。

在亞洲的地中海區域，小亞細亞又是另外的一個半島。他的地位與歐洲有着極緊密的聯繫。小亞細亞扼歐亞非三洲的要衝，具有軍事戰略的重要性。此外，中東一帶的豐富石油，更是戰爭中雙方必須爭奪的目標。加之近東阿刺伯國家的經濟落後，政治之極不穩定，所以這一地帶實是地中海防務中最脆弱的一環。對於這些落後的國家，首須在政治上予以合理的疏導，不能固執過去殖民地主義的貪婪自私。否則，這些國家都會倒入蘇俄的懷抱。

至論到非洲，它形成了地中海南方的海岸線，當然它的海岸線的發展是不夠條件的。北非是一個特殊性質的地區，北部面海，固定的海峽限制了它的北疆，南方則沙漠橫亘。整個非洲，都可以毫無阻礙的從東到西，或從西到東，也就是說，可以從海上在東西兩面自由登陸。

黑海與亞速海（Azof）是地中海道的皮囊，在蘇俄的控制之下，駐有重兵，它隨時可以放出毒膿破壞地中海的交通。同時，這兩個海道所構成的河流，形成了蘇俄運輸的動脈，具有强大工業經濟的潛力，如蘇俄要發動攻擊，東歐諸附庸國可能立即在黑海區域聚積軍事物資以備供應。假定如此，我們便可設想這是整個近東的一個絕大危機。

地中海是歐亞非三洲通往大西洋的主要航線，而直布羅陀海峽與蘇彝士運河則是這條航線的兩把鎖鑰。蘇彝士運河雖然在經濟上是非常的重要，但比起直布羅陀海峽，却又顯得較次，即使沒有蘇彝士運河，也可以利用繞好望角的一條航線來代替這運河。

未來衝突的研究

這純是一個設證。就是：假使蘇俄發動全面戰爭的話，西方國家在地中海的防禦究竟要如何措置的問題。當然，照目前的形勢看，其所有利於西方國家的，便是地中海的軍事前進基地的建立，根據最近的戰爭理論，欲擊敗敵人，必須基於戰略轟炸的實施。空軍的深入以及摧毀軍事設備和駐軍基地，而有效的配合地面部隊的進展和切斷敵方的軍事供應線，尤其是原子爆炸更使戰略轟炸獲得極大的效果。

假定全面戰爭爆發，西方國家為了爭取勝利，是不能不採取這一步驟的。但在這種措施的過程裏，可能採取不同的作戰方式，一是從美國本土直接飛到蘇俄的工業中心施以轟炸，這當然需要特種性能的飛機。為要達到此項任務，其飛行半徑是極大的，一方面要防禦敵方的驅逐機，同時還要有裝備極强的火力，它的載重，如若投擲原子彈的話，至少要有十噸以上。這種飛機已經產生了，如B．36便具有這種性能。第二種作戰方式，是在靠近蘇俄勢力範圍的地方，廣設軍事基地。而地中海便具有建立這種軍事基地的優越條件。要達到敵人力量的中心，不需特別性能的飛機，不需中途飛行供應站，不致受到敵人空軍之侵襲，而且供應亦非常便利。這些條件，北非、西班牙及英國完全具有。假若將這些條件放置在法比諸國，則是一極愚蠢的想法，尤其是最近武器的進步及法國政治思想道德的式微，歐洲的平原是不能抗禦赤色的侵略的。在易北（El Elba）曼加(Mancha)運河與比利牛斯山等處，設若有新式武器的供給，可能有利於地中海之防禦。

西班牙與地中海

歷史告訴我們，地中海區域內凡是强大國家的租借地實際上亦即是該強國的侵略根據點。在十六世紀時，西班牙曾一度稱霸於地中海，法國繼之。當直布羅陀海峽易手，蘇彝士運河完成之時，英國便代替了法國在地中海的勢力。倘若今日依照英國人自私的眼光來看，美國之第六艦隊何嘗不是繼承着大英帝國在地中海的「遺產」？今日之第六艦隊，其控制的範圍在歷史上是空前未有的。雖然如此，美國之在地中海的艦隊力量雖是雄厚，但直到如今，它還沒有一塊眞正屬於自已的基地。

目前西班牙在地中海的威望雖然遠不如前。但由於目前戰略的關係，第二道防線被劃在比利牛斯山的天然屛障上，因此西班牙在未來的戰爭裏仍佔了一個非常重要的地位。美國之所以在一年來花費時間精力與西班牙談判，企求的不外是：一、基地的使用；二、日後防禦轉進的便利。也正因爲如此，在雙方談判的過程中，遭到了英、法等國無情與激烈的抨擊。他們之所以堅決反對美、西成立一個在地中海沿岸攻守相倚的雙邊協定的理由，也不外是：一、責美國之忽視大西洋公約之規定，而認爲此談判爲美國之大不智。二、一旦美西談判成功他們怕失去他們在地中海固有的勢力，尤其是害怕美國，會藉西班牙基地而增强美國在地中海之力量。根據大西洋公約之規定，由於英法基地之控制權，將不會使美國海軍勢力增强。因爲，大凡海軍的力量是固定在基地與艦隊的兩個主要因素上的。至今英、法兩國在地中海的基地仍然不敷應用，當然要阻撓美國使用西班牙基地的計劃。

西班牙軍事權威者論著云：「如美西談判成功，美國之使用西國基地，較美國之使用其他盟約國家基地更爲獨立與自由。而且，如美國一旦能獲得在西班牙地中海基地的使用權，在未來的戰爭裏即使不靠英法兩國，也能完全控制地中海。」至於西班牙加入大西洋公約的問題，弗朗哥在一九五二年元旦曾對此事發表談話說：「大西洋公約自生下時，即是一畸形的跛子。然而，跛子也得要生存下去」。(弗朗哥趣語)馬德里ABC報也曾論到這一點說：「如英法兩國不反對的話，西班牙國可能加入此一公約，彌補它先天的畸形發展，但是西班牙基地的使用亦將根據此公約的規定，倘若如此，美國可能遭到單獨、自由使用西班牙基地的困難。」

照目前的情形看，西班牙並不想加入大西洋公約；而英法亦不願西班牙參加，怕是西班牙一旦加入，會分去他們已感不足的美援。

美西談判

美西基地使用的談判，便在上述情形中促成的。自一九四九年五角大廈的研究如何談判爲始，直到一九五一年夏 Sherman 將軍與弗朗哥元帥密談爲止，其中便有一年多的準備和計劃。不幸是 Sherman 在折返 Napoles 後不久便告病亡，以致雙方的正式談判遲到一九五二年四月十四日才開始。

談判的經過是秘密的，談判的時間也拖得相當長，因而引起華盛頓各大報紙的揣測與抨擊。而西班牙的報紙社論亦在捕風捉影的引用「主權」、「法理」之類的名詞替自己辯護，認爲一年來之微妙的談判，應由外國報紙之造謠記者負責。一直到一九五二年九月在弗朗哥的一篇聲明裏(曾載於九月七日 Washintong Post)才廓清一部份人的偏見。

至於雙方談判的負責人，在西班牙，是由外長 Martin Artajo 爲代表；在美國，軍事方面是由空軍參謀長 Jams V. Spry，經濟方面是由紐約 Siraensa 大學教授 Sydney C. Suffrin 爲代表。

好在雙方談判已成定局，美國國會也已在一九五一年通過了以一億二千五百萬美元援助西班牙；雙方的雙邊協定亦於一九五三年年初獲得兩國政府核准；這樣一來，美國在地中海防禦的能力行將漸次增强。西班牙是一反共頗有經驗的國家，以百萬雄師的軍力，比利牛斯山的天險，再加上新式的美國武器，對自由世界的防衛而言，將會有一個新的攻防策略的供獻。由此我們可以判定，根據美西今日談判的成功，歐洲的防禦將設於比利牛斯山而不設於易北河 (Elba) 地區。實際上，西班牙在未來地中海的衝突裏，由於它本身所具備的許多條件，必爲今日之自由世界帶來不少的安全因素。

(上接第23頁)

大，雖然後者的團結是用恐懼壓力造成的。但自由國家爲了共存，就不能犧牲自已的一點利益嗎？這是值得我們彼此警惕的。時間不讓我們一錯再錯，假如共產主義眞的能夠囊吞亞洲的話，世界的悲慘命運，誰也可以預料得到。澳紐實不應太自私，因太平洋任何一角都直接間接影響他們的安全。

澳紐除了爲着本身目前利益對太平洋公約不發生興趣外，還有一個同樣的因素，是受美國對這公約冷淡的影響。領導者既如此，澳紐的不熱心自然也是必然的了。艾契遜的「等待塵埃停下來再說」的著名遁詞，竟喪失了中國大陸。其實，共產黨是永遠不會讓世界安寧的，塵埃那裏會停得下來？有些人對太平洋公約目前正喊出同樣響亮的遁詞：如什麽「時機尙未成熟」，什麽「主動必須來自亞洲各有關的國家」等等。我希望所謂時機成熟與主動來自亞洲國家不即是整個亞洲需要赤化變爲蘇聯附庸後才算。希望美國將領導責任擔負起來，毅然出來主持太平洋公約，這樣遠東形勢會立刻改觀的。如果亞洲自由國家在共同的目標下團結一起，韓國、越南與馬來亞的戰事都迅速獲得有利的解決。澳紐雖然爲目前利益不願這公約的完成，但事實上正如美參議員畢列者斯(Styles Bridges)所說：「我們現在已開始第三次大戰。其實這第三次大戰在第二次大戰還未結束前即已開始」。澳紐若能同樣了解這是自由與極權鬪爭過程的話，牠們也必然加入公約，英法也會自動要來的。

總之，在太平洋兩岸的國家能夠領導實現太平洋公約的還是美國。不過目前只是美國還未肯首肩負這個責任而已。

紅裙

胡平

風軟軟的，陽光暖暖的，多麼好的天氣！就像那澄靜的溫泉水，浸浴得後園的海棠開了滿樹花。花開得那樣嬌美，一朵、一朵的，都濃裝艷抹地在春風中招展着、舞動着、欵擺着、洋溢着青春和美麗。

老姑母讓她的姪女兒珮珮搬來一把大籐椅，坐在死樹下。珮珮嬌柔地倚在姑母身邊，姑母撫摩着珮珮的手，緩緩地說：

『剛才誰來的信哪？』

『還是那個尹先生——討厭鬼！我不理他。』

『噫！怎麼能那麼說，妳喜不喜歡他呢？』

珮珮沒有回答，臉一紅，旋舞起花裙，像小蝴蝶一樣輕巧地飛去了。老姑母目送那俏麗的身影繞過小池塘，隱沒在綠樹叢裏。

『唉！年青的孩子啊！』老姑母躺在籐椅裏，眺視着悠悠滑過海棠梢頭的白色雲朵，默默地，以心底的聲音訴說着：

× × ×

二十年前，我也是一樣的年青啊！——我的臉頰也像花瓣兒一般嬌嫩，腰枝也像柔梢一樣婀娜，我那條緋色長裙，比什麼顏色都鮮艷美麗。

那時候，我也有一個男友——不，只能說是認識了一個男孩子——那是在我二十歲那年的春天裏認識的。

那年春天和今年一樣的暖和，尤其姥姥做壽那天，天氣格外好。媽媽帶了我，坐着三匹馬的轎車去為姥姥祝壽。那三匹馬都是小烏嘴兒，肥肥胖胖的，長着一身黑茸茸的毛，走起來快得很，覺得出門不大會兒，就到了城裏。我已忘記怎麼走的那段路，怎麼渡的河，怎麼進的大城門了。

姥姥家是很濶氣的。她家的門洞兒比城門小不了多少，地都是長方形大石板墊的，車經過時，車輪咚咚響，馬脖子上的十里鐘兒也叮叮噹噹。佣人們聽到鈴聲趕忙跑來牽住馬，我們的車就停在前面的廣大院子裏。

小表弟正在院裏抖空鐘，一大羣男客們圍着看。我下車時，我的緋紅色長裙即刻引得他們都回頭看我。我靦覥地看看他們，偶然和一個男孩子的眼睛碰上了，他正在凝視我。我從沒有被人這樣看過。我害羞了，臉一紅，便低下頭急忙攙着媽媽進了二門兒。

快晌午的時候，客人差不多都到齊了。姥姥讓我搬了一把太師椅，坐在正房的廊下。她老人家最歡喜我這個外孫女兒，就叫我陪在她身邊。廊前，方磚砌的地上鋪了席和栽絨墊子，客人們便開始拜壽了。舊派的磕頭、新派的鞠躬，一個一個直拜到晌午。我守在姥姥身邊，應該也隨着大舅舅、舅母一起向客人陪禮的，可是我沒有，因為我覺得廊前所有的人都是在我下車時注視我的人，我不敢看，——不是害怕，是害羞。其實我倒很希望看到那個在我下車時和我眼光相碰的男孩子。

午飯開在兩處，男賓在外面客廳坐席，女賓在姥姥房裏吃，所以我沒有看到那個男孩子。下午，男賓在客廳下棋、打麻將，女賓在姥姥房裏摸紙牌，所以我也沒有看到他。可是我一直想着他，想着那異樣的眼光，還有他的衣服。他的那件土黃色鹿皮衣和小舅舅那件相彷彿。我想：他大概是小舅舅的同學吧。在小舅舅寫給我的信裏，曾經提到過他有一個很要好的同學。

下午四點鐘，客人們陸陸續續地走了。到晚上只剩下媽媽、姨母、他和我四個客人，所以不分男女都在姥姥房裏吃飯，大家滿滿地坐了一桌。小舅舅似乎有意地把我和「他」安排在一起，並且為我們介紹了一下。當時我看「他」很想跟我搭訕說話兒，但我只還了他一個點頭，便把臉轉開了，他見我轉了頭，也就把話收斂了起來。席間，我和他一句話也沒說，只在他為我酌酒的時候，我紅着臉說了聲「謝謝您」，但那聲音很低，我不曉得他是否聽到。

晚飯後，天氣涼爽得可愛。我跟媽媽要了錢，要小舅舅陪我去街下買東西。「他」就在旁邊，我臆想着「他」會跟我們一起去的——這是我所希望的。可是「他」却問我：「我也陪妳去好嗎？」我說：「不要了。」他又問了一句，我又沒有答應。於是他就沒同我們一起去，他總是這樣有禮貌的，但這足以使我羞窘。當時我想：「他為什麼這麼傻氣？他不問，便跟我們去不是就很好嗎！」

他沒有去，我感覺很失望，因為這違背了我上街去的本意。所以雖有着和軟的晚風、閃耀滿天的星子和那樣美好的夜色，却沒有使我快樂。小舅舅彷彿也不高興，一路上沒跟我說幾句話。我低着頭默默地走去，又低着頭默默地走回。到家時，他正等候在門口，他笑着向我點點頭，還說了些什麼，可是我正難過，我沒聽淸他的話，只還了他一個不太自然的微笑，便快步走進姥姥的房裏。

走進屋子，我即刻後悔了。我覺得應該在他面前停一會兒，和他說話兒。可是既然進來了，又怎麼好意思再出去？於是我就坐在姥姥身邊。姥姥握了我的手，揉摸着，一邊和媽媽、姨母談着小舅舅在學校的事兒。談着談着便談到「他」身上了：

『志剛的這個同學才好呢，誠誠實實，大大方方，學問兒也不錯。』姥姥慢慢騰騰地說。

『就是啊！安安穩穩的，怪討人喜歡的。』媽媽說。

『不錯，模樣兒長得也不錯，乾乾淨淨的——』

姨母說到這裏，看了看我，嚥下一口茶。我知道她是要對我說什麼了，我覺得羞得不得了，便把手從姥姥手裏抽出來，跑到外屋去了。

外屋和裏間只隔一層布門帘兒，他們的談話仍然可以聽得淸淸楚楚。

『我看他和外甥女兒倒滿相配的。』這是姨母的聲音。

『是呀！很合適的一對兒。我看可是……你看怎麼樣呢？』姥姥問媽媽。

『我看倒也不錯，可是我不做主兒，那死妮子的脾氣挺怪的，你看她今天那個樣子，好像不大高興似的……咱又不懂什麼「文明」「自由」兒的，依她怎麼做吧！反正他們都是念過洋書的新派人物……』

這個話題她們斷斷續續地談了好久好久，談得我腦子亂焦焦，這一夜我都沒有睡好。——我一直想着她們的話，尤其媽媽的話使我難過，我怎麼不高興呢？什麼一定要我把高興表現在外面呢？雖然如此，第二天早晨當媽媽問我是不是回家的時候，我又毫不猶豫地答應了。——我能怎麼說呢？我寧可失去與他相聚的機會，也不能在衆人面前說出使人羞窘的話，「再住兩天吧」這話是多麼難以出口呀！

吃過早飯，姨母攙姥姥送我們上車；大舅舅、舅母和小表弟送我們到門口，他和小舅舅騎着車送我們出了城，又走了很遠一段路，直送到河邊。小舅舅還要送我們過河到南岸，結果被媽媽攔住了。

我們和我們的車、馬一起上了大渡船，即刻解纜起行。他們站在岸上笑着向我們揮手，這回我不知怎麼也勇敢地揚起手來，我們就這樣揮手離開了。大渡船平穩地飄行在河中，北岸在我們面前緩緩地退去，岸上的人影越退越模糊。在模糊裏，我望見他依然屹立在岸上，他那條白色軟綢巾像我的紅裙一樣悵然地趁風飄舞。

車行在官道上，馬跑得飛快，我拉開右邊的小布帘，在顛仆中看風景。扁方形小窗子做了鏡框，窗外的山、樹、麥田聯合着塗成了一幅幅的山水畫，變幻着從眼前一張一張地飄過去。我不免想起了許多離奇的、愉快的夢：我想他是喜歡我的，我想他一定很聰明，我想……。

我想得對了，他確是個聰明人。我到家的第六天，便接到了他的信——這是我第一次接到的男孩子的信。在信裏，他敘說着對我的愛慕，誇讚着我美麗的紅裙——他說他想不出再有什麼人能配得上那樣艷麗的服色。並且還有這樣一段話：

『……回到學校，一切都依舊。只是我的心情改變了——變得愉快了。這愉快都是妳給予我的，希望妳能給予我到永遠。……寫信給我吧。告訴我，妳是不是也像我一樣愉快？……』

快樂、興奮得使我就想即刻寫信告訴他我比他還快活。可是，我沒有寫——我不好意思寫。我覺得一個女孩子這麼急忙地回了男友追求的信，是會被人視為輕浮的。還是稍等等吧，等他再來信的時候再寫。

等了七八天，他的第二封信來了。寫得比第一信還親切。開始他這樣寫着：

『昨夜在夢裏我又看見妳，看見妳站在渡船上向我招手，看見妳和那天一樣美麗，紅色的輕裙在河上迎風飄舞。幾時我能再看見妳再穿起它？……』

「等着吧！有一天我會再穿上它，微笑着與你同行。」看完他的信，我默默地想着。我本想把這心裏的聲音，婉轉地寫在信裏寄給他，但我發現在他的這封信裏並沒有提到讓我寫信給他，所以我又沒有好意思回信。我想他會再寫信催我的，那時，我一定回他一封甜甜的信。

果然如我所預料，一個禮拜之後他又來信了。這封信寫得不像前兩信那樣長，其中一大半是催促我寫信的話。他說：

『我天天盼望着妳的信，可是到今天我還沒有看到。為什麼總不肯寫信給我呢？是忙嗎？我想總應該有一點點寫信的時間吧？……給我來信吧！妳知道我是如何地期待着，那怕是很短很短的幾句話、幾個字，都將是我喜悅的泉源……』

這次我知道我應該給他回信了，可是我眞該死，我竟沒有寫。沒寫的原因是我的姑母來了，還帶來三個小孩子，我的小屋也被他們佔領了，使我找不出寫信的時間，也找不出寫信的地方；家中攪擾得亂鬨鬨的，那裏能讓我靜下來寫一封情緻纏綿的信？何況又是寫這種信，萬一要被人看見了呢？

二十多天以後，姑母走了，我又覺得他的信快要來了。我想像他的第四封信一定更委婉多情的哀懇我給他去信那時我再回信，是最好不過了。因此，我又繼續等待下去。

可是，郵差像是死去了，一天、兩天過去，一個禮拜又一個禮拜地過去了，總也沒來扣敲我家的門環。我不禁焦急起來，我想：萬一他要永遠不來信了怎麼辦呢？他給我來了三封信，我竟一封也沒有回他，他也許完全失望了，他也許生氣了，我不該讓他過於失望……我很後悔，於是我決計給他寫一封信。在一天晚上，我費了半夜的時間寫好了一封信——這是我第一次寫情書。我抄了兩遍，改了又改，直到躺在床上之後，我還反覆地看了好幾回。

第二天，我醒得很早。從窗帘孔洞處，可以看到橫亘長空的彩霞。庭院裏寂靜得沒有一點兒聲息，麻雀喳喳的叫聲歷歷地傳進屋中。在被窩裏，我幻想着這封信到他手中時，他該多喜悅……從此，我們的友情將與日俱增……我偎依在他的懷裏，春天是我們的……。我陶醉在幸福的夢裏。

當老媽子進屋掃地的時候，她把剛寄來一封信遞給我。又是他的筆跡，我的興奮是難以形容的。他竟終於又給我來信了！我以迎接幸福的緊張心情，顫抖着拆開了它。裏面是這樣寫的：

『原宥我對妳的攪擾，原宥我在這樣美麗的春天裏又寄給妳這封信。但願它在妳的心湖裏，仍然像前幾信一樣不會揚起波紋。

我應該謝謝妳給了我這麼多日子的興奮和愉快，我已經很滿足了。不是嗎？一個人的青春才有幾千百個日子？在最應該享受快樂的時候，我享受了夢一般的快樂，爲什麼還不滿足呢？

的確，這些天氣，我一直在興奮、快樂裏希望着。每天都像迎接銀翼的天使一般地等待着妳的信。每個早晨，郵差來時，我總以爲在他綠色袋子裏幾百封信中會有一封是妳寫給我的，然而所迎接到的却盡是失望。失望也並沒有消滅我的快樂，每當失望時候，我都要勸慰自己、責備自己，我怕我沒有耐性。可是，這麼些天過去了，依然沒得到些微回響。妳想，卽是最愚鈍的人，也應該醒悟、察覺了。我深信我所想的並沒有差錯。

現在，我已經再三地想過了，我是不能使妳歡喜的。妳——那樣高潔、美麗的人，只不過是我幻夢中的幻象。幻象不能抓住，應該是必然的。如今我要承認我的荒唐了——妳也一定認爲我是個荒唐的人。這連我自己也覺得奇異。妳竟使我的優越與驕傲降到了最低層。其實，我和妳是一樣的——我在我的男友中和妳在妳的女友中一樣有着最高的自尊心。我從沒有主動地追求過任何一個女孩子。對妳，這還是第一次。但我保證這是僅有的，也是最末的一次。

這封信是昨晚寫的，寫得很長，我原想把我要說的話完全全告訴妳。結果在今天早晨我又把不必要的刪掉了，我怕會引起妳更多的煩厭。本來嗎，還說什麼呢？什麼都將是徒然的！過去的就任它過去吧！惋惜只能給人以惆悵，回憶却永遠新鮮美麗。以後，我將專心於我的寫作，把狂展的心之翼收斂起來，我只要我的文章開一樹好花。

昨天黃昏，同志剛去遊河邊，他給了我很多慰藉。可是，當他邀我暑假去他家玩的時候，我毅然謝絕了。我不願重去那回憶裏的地方，那裏不是地球的一部份，它應該是夢裏的危樓華閣，那鮮艷的紅裙，那修美的，高潔的身影，也只能在我的夢境中飄舞浮現。要抓取是不可能的。

我想在這一生中，永遠不會再遇到妳了。我怨恨妳的無情……』

破滅了！幸福的破滅像深淵裏伸出的大手，猛烈地把我從高崖抓落，沉跌入悲慘的黑暗裏。知覺已離我去當它再轉來時，慘痛却緊緊扼住我。可怕呀！一種比死亡還要恐怖的心情，使我渾身變得如同冰一般地冷却了。

信箋早已顫落在地上，我再以顫抖得可憐的手，將枕邊預備寄出的那封信撕成了粉碎。我凝視散在地上的碎紙片，覺得一切幸福快樂的希望也像那些紙片一樣地破碎了！

『是妳拒絕了我！是妳拒絕了我！』我俯在枕上含糊地說着、痛哭着。

從此我便走入黑夜裏，沒有人知道我是怎樣地渡過了那些昏暗的日子。直到小舅舅告訴我「他」已經結了婚、婚後生活不如意的消息時，我才像臨死的病人一樣，忽然變得清醒了。我才覺察我是怎樣地鑄成了大錯，怎樣地刺傷了他的心！我由恨他轉而痛恨自己了。

我恨我糊塗，我恨我那頑强的自尊心和過分的驕傲。——爲什麼？爲什麼在接到那第四封信之後，我就不回他一封信！那時，我只需草草地給他幾個字，就可以像一把小小的金鑰匙一樣地把他封禁起感情之門的大鎖撥開，就可以把他的失望、頹喪和悲痛消除——救出他、也救出我自己。可是，當時就是那自尊心——那頑强的少女的自尊心阻止了我，給我留下了終生不可彌補的遺憾！使我寧願犧牲了上帝賜予每個人的一切應得的幸福！

唉！多可怕，多可怕的錯誤！我能對誰去說？只有夜夜對空幻向他懺訴：

『……來世吧！來世我要轉生爲一個勇敢的姑娘，就生在你的鄰舍。我要在我會說三個字的時候就告訴你：「我愛你。」……』

於今，二十年過去了！

二十年來，我那條紅裙一直深鎖在箱底，我一直沒有出過家門，沒有交過一個男友，沒有爲自己的幸福打算過。因爲，充滿我心的，是無量數的、終生不可懺釋的歉疚啊！

× × ×

說到這裏，老姑母的眼圈兒紅了。但她沒有哭，却毫不遲疑地欠身起來。以少有的矍鑠，獨自拄着拐杖向前院走去，一面含糊地說着：

『趕快！趕快給人家回信。珮珮——這小妮子，可不能再那麼傻氣了！可不能再那麼傻氣了！』

暮春漫筆

張秀亞

一

打開窗子，透過嫩綠的枝葉，依然是一片灰藍色的天空。這似乎和十年前的黃昏沒有兩樣，兩樣的却是我。

十年前，一個陽光燦爛的早晨，一束人工的紙製玫瑰，自窗外遞了進來，……接着是教堂裏莊嚴的鐘聲，祭壇前誓語，孩子的啼喚……十年過去了，一切都成了回憶，只有天空還是灰藍的，和十年前一樣。

我枯坐在沒有陽光的房裏，生活有如一片多皺的黑紗，生活有如一陣愁人的秋雨。生活板着面孔向我說：「交付出你的一切吧，那才是生命意義的實踐！」於是，我交付出了一切：時間，精力，健康，以及情感。換回來的，是空，是靜，是無限的空，無邊的靜……。日日在這幽靜，暗藍的古池裏，我以銀亮的筆尖，劃着亮圓的圈兒，冰涼的池水，沁透了我的指尖，我感到一陣凛寒。

我常常坐下來，關上窗子，我還有滿架的書，同一腦子幻想。一枝筆，卸脫了銀色的筆帽，筆尖上滴着透明的，蔚藍色的墨水，好像心中的幻想，掙扎着要到稿紙上留下痕迹……。我起立，打開窗子，是週末，一輛輛的車子過去了，上面載着夫婦兒女，車輛留下了兩行軌迹，路上飛揚起白色的車塵，我重新坐下來，挨近窗邊，又有一對男女挽着臂過去了，不知明年今日這雙手臂是不是還是挽着的？

窗子爲風吹得大開，番紅花，大麗花的香氣充滿了我的房，我探首窗外，一片葉子落了，一朵花謝了，我自語着：

「一片葉子落了，一朵花謝了。」

一隻白色的鳥，落了一片白色的羽毛，我拾了起來，插在襟際。

窗外又是一陣清脆的車鈴，那些夫婦兒女們，從外面回來了，又經過這一道深巷，他們光緻的柔髮，華麗的衣衫上，多了一層塵土，一片夕陽，什麼也沒有，只是一層塵土，一片夕陽，與夕陽般疲憊的身心，我嘆息，我回過頭來，我似模糊的聽到：

「這個女子，不知靠了什麼活着？」

我笑笑，一個人不單是靠麵包與愛情活着：……。

溫溦西夫人的話又在我的耳邊響動了：

「對着幾個朋友和你自己憂鬱的歌唱吧，讓你的居處相當黑暗，你就該知道滿足了。」

一片白色的羽毛，落到地上，我撿拾它起來，插在襟際。

二

打開日記本，我寫下了這樣的句子：

「精神上的溫度，又降到冰點零度以下，我再也寫不出什麼來。生活眞是個荒謬絕倫的藝術家，瞬間在心靈的畫布上，塗滿了斑斑的色彩，忽然又一筆勾消，完全塗去，只餘在畫布上一抹蒼灰，我惋惜它失去了往昔的潔白。」……我想起法國現代畫家盧奧的話。

「如果我曾消耗我的生命去圖繪薄暮，

我就應該有權力描畫黎明。」

我試着自己拿起畫筆去摹描窗外清曉的藍光，我要的是黎明，但是，只發現了黃昏……。

我闔上日記本，頹然的倒了下來。

朋友們都說：「恐怕你病了。」

我却一味的否認：「不，我滿健康的。」就在這否認中，我突感到寒熱大作，心跳亢進，多少個不眠的夜晚，只有昏黃的燈光爲伴。我的病日益沉重，我希望長睡不醒，我迷茫的想，如果這世界是好的，我活過也滿足了，如果這世界是壞的，我又何必留戀它？

這麼昏昏沉沉的不知經過了多久……。

一天早晨，窗外啁啾的鳴喚聲，使我醒來了，拉起窗幃，疏籬上幾隻小鳥，落葉似的在風中。我走了出去，腳是那般鬆軟無力，好像踏入雲堆，天色是那般碧藍，宛如一隻翠鐲，我又向着天空呼喚，我又活了過來。人生有苦難，却也有它的美麗，苦難是用來做陪襯的，好像我們寫生一瓶春花時在瓶後面懸着一塊暗色的布幔。造物安排上這幅布幔，目的是要你欣賞花的顏色！

短短的幾天，我病了又復甦了，感謝陽光，藍天，鳥鳴，把我的生活之燭，又點上了火。

我回到房中，打開多日未動的日記簿，又添了兩行：

「我想起了王湘綺的兩個文句：『春花滿庭，間復弦歌。』我覺得心情恬適而快樂。以前，我似乎忘記了世界，世界也似忘記了我，如今，我已漸漸的記起了這世界，世界也似乎漸漸的記起了我。「

書刊評介

西洋通史

張致遠編　中央文化出版事業委員會出版

陸漸

本書分上中下三册，上册由遠古至東羅馬帝國的滅亡，卽平常所謂古代史及中世史。中册由文藝復興時代起至美國獨立止，卽是近代史初期。下册由法國革命起至第二次世界大戰前夕止，卽是近代史後期。全書共約八十萬字，另附地圖四十三張。

據張先生說：「本書根據斐雪歐洲史 (H. A. L. Fisher A History of Europe) 改編。原書在一九三六年出版，曾經風行一時，現在還是西洋通史中最精彩的著作。」(編者序)上册業經出版，中下兩册仍在印刷中，最近卽可以問世了。我們通讀一遍之後，提出三點讀後感，以作本書的評介吧。

第一、歷史是不是進步的？是不是後勝於前？著者的答案是否定的。他說：「比我更聰明更有學問的人，曾經在歷史上找出一個計劃，一種韻律，一個預定的模型。這些調和對我是隱匿起來了。我祇能看見突發的變化，後浪推前浪地陸續產生，有一件事實很明顯的，那就是不能有普遍的推論，歷史家唯一可靠的守則是：他得承認人類命運發展裏的偶然與未知的因素。這不是諷刺與失望。進步的事實已經簡單明瞭地寫在歷史上；但進步不是自然定律。一代所奠定的基礎，下一代就會失去的，人類的思想會趨向覆亡與野蠻的途徑。」(斐雪原序) 原來進步是價值的評衡，所謂後來居上，也就是說後代較之前代更有價值。然若用某一種價值尺度來衡量，則歷史的推移大抵是有進步也有退步，決不是沿着一條線路而直往的。惟說者却以退步的事實爲進步所必經的階段，用迂曲的邏輯以自圓其說，這又何苦來呢？且價值尺度也不是人人相同的，尼采的價值顚倒，卽是在基督教的價值尺度下所謂善的，有價值的行爲，在尼采看來都是惡的，沒有價值的。最近中共對於歷史人物的評價，大家都知道了。聽說大陸上某歷史教授發見一個通則：「凡從前說他好的現在都應說他壞，凡從前說他壞的現在都應說他好」，簡單一句話卽是價值顚倒罷了。價值所以會顚倒過來，便是因爲標準不同，從前中國人用的是傳統的儒家標準，現在中共用的是蘇維埃的標準，故對於同一事實，而評價乃完全相反。進步也是一種評價，但是不論用那一種標準，六千年來時代的轉變也不會只有進步而無退步的。中國近來知識分子習慣了唯物史觀的宣傳，以進步爲歷史的必然，以爲新的就是有價值的，不但宗奉唯物史觀的人們滔滔皆是，卽反駁它的大多仍落於其圈套中，不能超越於其外。讀了斐雪先生的話，「進步不是自然定律」，歷史是有

「偶然與未知的因素」，「人類的思想會趨向於覆亡與野蠻的途徑」，不知起怎樣的反應。須知，這些話並不是隨便說出來的。至謂歷史的發展有一個計劃，有一個預定的模型，則唯有假定有一個創造世界的上帝才可以說得通，走到歷史的神學去了。歷史必然進步說，卽是不用其他價值標準論進步，而以爲歷史本身便是進步的學說，在我看總帶有宗教的神學的意味，卽無神論的唯物史觀都未能免此。須知歷史之最主要的工作是認定事實，不論作家與讀者都是一樣，其他都是次要的。

第二、歷史中有沒有定律也是常常提起的問題。照斐雪的意見，「不能有普遍的推論」，「有偶然與未知的因素」，則定律也怕不能建立起來了。近世自然科學(物理科學)發展甚大，其定律在相當程度內是確切不移的，高級的定律都可用數學方程式表示之。在此影響下，人們也想在歷史中去發見定律。但是自然的現象儘可重演，而歷史的現象不能再見，這只有一次沒有兩次的歷史事實，怎能求得精密的定律呢？我們以爲像高級的自然科學一樣，能以數學方程式表示的定律，在歷史學上是沒有的。這一點當可獲得多數人的同意。但是並不十分精密的定律究竟有沒有呢？我們改換一個觀點，不以歷史學爲自然科學，而在歷史事實中領取教訓，却是論事的人所常用的，卽徵引古事以證今事便是。「殷鑑不遠，在夏后之世」，「前事不忘，後事之師」，不但從來的中國人以這些爲極好的格言，卽在今天也還有許多人引用。但是「以古例今」是不能嚴格比照的，只能取其相似。換句話說，古事和今事並不是一一對應，訢合無間，而只有一部分相同，其他部分則是不同的。我們僅取其相同的部分對照而比較之，以觀其得失的傾向，以爲行動的指針，便是在史事中領取教訓的態度，用得洽當是判斷事勢的好方法。司馬光作「資治通鑑」，照標題所示，其宗旨卽在歷史中領取政治設施的教訓。本書作者並沒有標明此旨，然其全書中字裏行間在在都含着教訓的意味，這恐怕是歷史作家無法避免的。人類的知識只能憑過去以判斷將來，研究過去的史事，在應用上便是以過去爲鏡子，使自己將來的行動有比較可靠的指針，也就是經驗之擴大罷了。本書上册第卅四章俄托曼帝國一章，叙述土耳其人侵略歐洲的經過，極富有教訓的意味，玆引一段如下。「新兵係由基督教的孩子組成，很多從他們家鄉强迫徵集，在回教的學院裏輔養成人，設法把他們早年的感情生活磨滅殆盡，使他們成爲俄托曼帝國的

絕對服從的工具，其中有一部分充任宮廷侍從或公務員，大部分却進入步兵營。他們盡忠職守，勇敢無比，土耳其軍隊自有新兵參加以後，在戰場上無不建立功績。他們幾乎就是奴隸，人生的甜蜜，思想的旨趣，意志與理想完全被磨滅，祇知道服從一個鐵的紀律，沒有過去與將來。強迫教他們忘了父母兄弟姊妹，永遠不能有妻子，營盤是他們的家，戰爭爲他們的職業，可蘭係他們的信仰，以一宗教徒狂熱的心理，勇往直前，斬殺同教主與先知的敵人。」(本書上册四四二—四四三頁)讀了這一段，共產黨的訓練所恍惚如在目前，這裏我們找到了列寧史大林的師父了(遠溯古代當然有斯巴達，但斯巴達還沒有有系統的宗教思想)。且俄托曼兵力之所到，統治之所及，無不要求其人民絕對屈服，也和共黨一樣。土耳其人在六百年前以此起家，最後建立橫跨歐亞的俄托曼帝國，其威震東歐的勢力維持了幾百年，尤其是遭受了蒙古人帖木兒擊敗，君主成爲俘虜，亞洲的根據地全部滅亡以後，還能以攻取不久的安特里諾普爾爲據點，慢慢恢復其勢力，五十年後卒能攻破君士坦丁堡，滅亡了東羅馬帝國。我們如果「引古證今」，則謂共黨政權將自行崩潰，不必加以有力打擊的，實太不能領取歷史的教訓了。劉向批評秦孝公說，「捐禮讓而貴戰爭，棄仁義而用詐譎，苟以取強而已矣。」(戰國策序)俄托曼和列寧也是一樣。從價值上看，我們也和劉向一樣，認定這種方法是惡的，沒有價值的。但是秦國之強垂百年，卒能統一中國，俄托曼帝國也維持了幾百年的強大，這種事實是不能抹殺的。且俄托曼以亞洲的回教國家而插足於歐洲，而歐洲的基督教國家竟不能聯合一致去剿滅它，唯有將基督教的兒童供其利用，作者似有無限的餘痛。他說：「這個軍事制度必須由基督教兒童補充，沒有經常的補充，軍隊就無法維持。因此俄托曼帝國不僅爲俄斯曼民族，且由信基督教的父母所生的斯拉夫兒童所創建與維持的。他們在新兵訓練所學習軍事服務的心理與回教的信仰。俄托曼帝國很多著稱的人物係由基督教家庭出身，經過這種制度造成的。」(本書上册四四三頁)如果當時歐洲基督教諸國能夠通力合作，乘其衰敗之時加以強大的打擊，則以後幾百年的東歐歷史必可改觀。我們今天的局勢，自由國家是否令共黨坐大，而養癰貽患呢？

第三、著者以法國革命以後的歷史爲「自由的試驗」。他說：「當我把這廣義的自由認爲是試驗的，這並不因爲我有意蔑視自由，祇想指出在十九世紀已經有了基礎的自由潮流，現在驟然在大部分歐洲向後退了。可是奴役的蔓延，不顧他對於一方如何有利益，決不是可以慶幸的事。一個健全的人是不需要麻醉劑的。祇有當一國人民的精神脊骨折斷了，巴黎膏藥才有其必要。」(原序)這裏著者的意旨是很明白的：就價值而論，自由是有價值的，奴役是沒有價值的；但就事實而論，則自由的政治制度和社會制度，在二十世紀已經有反對者出現，而且其力量相當強大，大有足以傾覆自由之勢。二次大戰後德意日雖然倒下，共黨則猛然抬頭，其威脅自由更甚，在共產黨人的心目中，自由一辭將來應由辭典中除去，如果其「世界革命」的目標一旦實現，所有自由的制度不是要成爲歷史的陳迹嗎？我們就事實而觀察，則政治上社會上的自由制度，確正在試驗中，將來是否站得住仍待事實的證明。故如何擊敗共黨集團確實是當前最嚴重的問題，自由制度之存亡只視此一次的鬥爭而定。十月革命以來經過了三十餘年，共黨的力量實有增而無減，事實上的勝利往往使人向慕，不但思想上有許多信徒，在實踐上供其驅策的人們也到處都有，即使衷心不贊成其主義者仍不免懾服於其威力之下，而不敢正面抵抗。故自由之試驗實不能太過樂觀，從歷史的紀錄看，有價值的並不是永能保存而不會失去的。

但是我們有評價的自由，並不受事實的束縛，思想健全的人，不應懾服於強力者的勝利之下，而應堅持他自己的評價標準而不變。中國被共黨佔領之前，不但青年學子如醉如癡，以宗教性的熱狂去歡迎它，而且頗有學養的知識分子而衷心向慕它的亦復不少，是不是中國「人民的精神脊骨折斷了」，碰到了賣「巴黎膏藥」的人，便信他爲活神仙呢？共黨的評價標準植根於其鬥爭思想之中，鬥爭而獲得勝利便是一切行動的最後而且最高的目標，也就是眞，美，善，此外絕不承認有任何評價標準。但是他們又要高唱和平，而且永久和平就是其世界革命的目標，則鬥爭的目的正在最後的息爭，鬥爭本身只是手段，並不能認爲目的了。他們天天強調「解放」，要建設「無階級」的社會，其實解放即是「自由」，無階級即是「平等」，依然是法國革命以來的口號，這不是價值標準嗎？「自由」的生命能否死而復生，絕而復續呢？爲甚麼要它生則必須先死呢？蘇俄當局因爲革命三十餘年而人民的自由平等始終不能實現，乃將共產主義社會與社會主義社會分開，即是說，現在還是社會主義社會，人民的自由平等必須犧牲，待到共產主義社會實現時，則個個人都是自由而平等的了。但是既已以自由平等爲目標，唯有一步一步謀其實現，現在比從前更自由些，更平等些，則謂將來可得完全的自由平等乃合理而可信。爲甚麼要實現將來的自由平等，而使現在比從前更不自由，更不平等呢？若謂唯有經過不自由不平等的階段始能達到眞自由眞平等，那不過以美麗的遠景當作騙人的口號罷了。所以共黨過去的成功不能改變其行爲的價值，我們深信這種奴役人類的政治是惡的，沒有價值的。

最後，歷史有沒有線索呢？歐洲的古代史因爲頭緒太多，很難求得貫穿的線索，但是只有東一堆，西一束的片斷事實，又似乎不像歷史。在我們從小讀慣左傳，綱鑑的人看來，以時間爲經，一線相承，有條不紊，則片斷的事實也就組織起來了，但是聽說西洋古代史又是無法編年的。我個人每次讀古代西洋通史，都有洋海茫茫，無從把握之感。本書也誠如著者所說，「祇能看見突發的變化，後浪推前浪地陸續產生」，我不知道有沒有別的方法足資補救。張先生是西洋史的專家，願他作進一步的努力以嘉惠後學吧。書中誤植頗多，尤其是人名和地名的外國文是不能有錯的，而錯誤亦竟不少。爲使初學者免於迷惑起見，應作一張勘誤表附於書末，這是非迅速辦到不可的。

第八卷　第九期　內政部雜誌登記證內警臺誌字第一九號　臺灣省雜誌事業協會會員

給讀者的報告

日本大選揭曉，吉田自由黨領先，然得票不及衆院總額之半，吉田今後組閣之困難勢必甚多。從此次大選之趨勢觀之，日本社會基礎尚稱穩定，蓋各保守黨派得票總和仍佔絕對多數，左翼政黨無由得勢。然日本小黨林立之局面，實為政潮頻起之主因，其勢頗有類於法國。日本政治家如不放大眼界、濶展胸襟，以國家利益為重，則今後政潮起伏必更頻繁，而致社會不安，予共黨以可乘之機。日本前途繫東亞安危，與我們休戚相關，實不勝其殷望。此本期社論之所由作也。

本期專論首篇是張佛泉先生的「自由與國際和平」，本文是作者撰寫中的「自由與人權」一書之導論。以後可能有「自由之確鑿意義」，「自由觀念之演進」（此兩章亦可能併為一章），與「權利之性質」等章，隨着寫出，均將在本刊陸續發表。在闡釋自由思想的論著之中，這將是極具價值的文獻。本文對自由之眞確涵義有精闢之發揮，並指出自由為世界和平之必要條件，「一半自由、一半奴隸」的社會是不可能生存下去的。作者提出「民族的自由清單」與「超國界的自由清單」，其陳義至為深遠也。本文註解甚多，半為引證，半為解釋，註解中亦頗有精義，可與原文相表裏，讀者祈勿輕易放過。

另一篇長文「日本戰敗秘史」是日本外務省編印的「終戰史錄」一書之摘要。這是一部記載日本發動戰爭至戰敗投降之最完備的史料，有俾於吾人對第二次世界大戰史的研究。因原書甚長，陳固亭先生為之摘要翻譯。從本文中，我們清楚的看出軍人干政之禍國，幾至使日本亡國滅種，令人為之慨然也。

陳式銳先生所作「臺灣經濟革新芻議」，瀝陳當前臺灣經濟之危機，探究其根源，並提出切實可行之具體的革新方案。臺灣經濟病態甚多，前途堪虞，最近輿論界對經濟政策之改進，不斷呼籲，希望能由此促使政府之實行。

此外，「鐵幕下的東德」對共黨統治下的東德近況，報導甚詳。「從澳紐看太平洋公約」搔着了亞洲自由國家間之所以不能團結的痛處。從「地中海防務」一文可以看到西班牙在西歐抗俄形勢中的重要。是均有助於吾人對時局之研究。

本刊售價

一、臺	幣	四元
二、越	幣	八元
三、菲	幣	五角
四、港	幣	一元
五、暹	幣	四銖
六、美	金	二角
七、叻	幣	四角
八、印尼	幣	三盾
九、日	幣	八十圓

自由中國 半月刊 第八卷第九期 總第八十四號

中華民國四十二年五月一日出版

發行人兼主編　『自由中國編輯委員會』

出版者　自由中國社

社址：臺北市和平東路二段十八巷一號

電話：二八五七〇

航空版　香港時報社

經售者

臺灣　自由中國發行部

美國　中國書報發行所

紐約民氣日報社

舊金山少年中國晨報社

芝加哥中國出版公司

日本　東京僑豐企業公司

東京南友堂

東京內山書局

韓國　釜山草梁洞新泰行

馬尼剌　大中華日報社

印尼　椰嘉達星期日報

椰嘉達天聲日報

棉蘭繁華圖書公司

越南　西貢中原文化印刷公司

越南華僑文化事業公司

暹邏　曼谷攀多社十二號

緬甸　仰光振成書報店

印度　孟買梅亞號

加爾各答塔梅學校

澳洲　雪梨瑞田公司

北婆羅洲　馬拉奕坡美芝律聯華公司

新加坡　中興日報社

檳榔嶼、吉打邦均有出售

印刷者　精華印書館

廠址：臺北市長沙街二段六〇號

電話：二三四二九號

本刊經中華郵政登記認為第一類新聞紙類　臺灣郵政管理局新聞紙類登記執照第二〇四號　臺灣郵政劃撥儲金帳戶第八一三九號

自由中國

FREE CHINA

第八卷 第十期

要目

中華民國四十二年五月十六日出版

社址：臺北市和平東路二段十八巷一號

半月大事記

四月二十四日　（星期五）

北大西洋公約理事會一致通過美國建議，敦促有關各國從速批准歐洲集體防衛公約。

臺灣省府公佈實行「耕者有其田條例臺灣省施行細則」。

四月二十五日　（星期六）

蘇俄表示願與西方國家直接談判世界和平的重大爭執，但率直拒絕艾森豪總統所提出的若干條件。

侵入老撾之越共軍已迫近距鑾巴拉邦六十哩之蒙內，該城已告陷落。

美國內華達州沙漠又舉行原子爆炸。

韓中線共軍猛攻，美步兵以「刺刀和拳頭」擊退其攻擊。

四月二十六日　（星期日）

韓境停戰談判重開。共方不同意聯軍所提停戰「整個辦法」。

共方宣佈聯軍傷病戰俘遣送完畢。

漢城民衆示威反對不統一韓國之停戰。

老撾政府宣佈撤離永珍，決心奮鬪到底。共軍兩路迫近鑾巴拉邦。

四月二十七日　（星期一）

板門店談判聯軍拒絕共方停戰建議，遣俘問題亦陷僵局。

日本九州阿蘇活火山突爆發，溶岩上冲達五百公尺。

英埃重開談判運河區撤軍問題的會議。

四月二十八日　（星期二）

蘇俄副總理兼外長莫洛托夫稱：蘇俄將願意參與導致一項「五强和平公約」的談判。

菲律賓政府宣佈，將去年逮捕華僑三百零九人中之一百八十七人放逐。

侵入老撾越共已迫近首府之十二英里處，外國法軍奉令堅守。

美艦一百二十艘駛入太平洋作原子演習。

四月二十九日　（星期三）

美國務院指責蘇俄的五强公約建議僅是宣傳的行動。

板門店談判共方表示願提一亞洲中立國看管不願遣返之戰俘。

四月三十日　（星期四）

美國防部長威爾森視察地中海防務。

侵老撾越共攻陷鑾巴拉邦之法軍前哨猛宋。

由於老撾被侵，泰國正加緊準備與越南接壤的全部邊境防務。

美國將盡一切可能方法（除派作戰人員）加强法國在中南半島的防務。杜勒斯對國會說，越共侵入老撾「已產生了一個困惱所有愛好和平人民的新的嚴重問題」。

五月一日　（星期五）

美國軍事援華顧問團成立兩週年紀念。

韓境停戰談判爲提名監護戰俘中立國問題而陷入停頓狀態。

法軍加緊空援鑾巴拉邦，該城保衞戰在醞釀中。

五月二日　（星期六）

政府發言人聲明：凡進入我國自由區的任何商輪，必須保證于卸貨後六十天內決不駛往匪區；違者永遠不准再來我國。

板門店談判共方提印度、印尼、緬甸和巴基斯坦爲監護戰俘中立國。

泰國政府下令封鎖與老撾接壤的邊境。

五月三日　（星期日）

美國務卿杜勒斯發表聲明，譴責越共侵略老撾。

韓西線戰事又趨激烈。美機大舉出炸北韓目標。

五月四日　（星期一）

聯軍提名巴基斯坦爲監護戰俘中立國。

蘇俄特務停止對柏林東區西方軍事代表團人員的監視。

日政府已同意將有十一萬國家保安部隊再予加强，以換取美安全署的援助。

五月五日　（星期二）

中國國民黨二中全會開幕。

侵老撾越共先頭隊伍南趨泰國邊境，鑾巴拉邦戰局緩和。

巴基斯坦表示同意被提名爲監護韓戰不願遣返戰俘之中立國。

五月六日　（星期三）

美國務卿透露：美正與法國、老撾、泰國、越南商議可能的聯合行動以阻止越共的侵略。

聯軍提出釋放全部韓俘及將反共之中共戰俘交由中立國看管辦法遭共方拒絕。

菲律賓海軍訪華團抵高雄。

五月七日　（星期四）

美國務卿杜勒斯主張，聯合國應譴責越共之侵略老撾，但法國反對將老撾被侵問題提聯合國。

板門店談判共方提八點遣俘建議，聯軍允予研究。

五月八日　（星期五）

美總統艾森豪重申反對强迫遣俘立場。

八個阿拉伯聯盟國家外長集會開羅，商共同外交政策。

侵老撾之越共軍後撤。

五月九日　（星期六）

艾森豪與訪問華府的加拿大總理勞倫特發表聯合公報：懷疑蘇俄和平願望；認越共侵老撾爲新的侵略行爲。

美以六千萬元助法越軍抵抗越共。

美國務卿杜勒斯及安全署長史塔生啓程訪近東和南亞的十二個國家。

我駐聯合國代表蔣廷黻氏返臺。

社論

論米價

月來本省的米價暴漲，聯帶引起麵粉等糧食價格之一併上升。一般對此，頗感焦慮，而尤以都市居民為然。五月八日，米價達到前所未有的高峯，此後稍見低落，是否能從此趨於平穩，則尚未可預知。我們希望漲風已成過去。但縱或風波已成過去，却仍然值得我們檢討。我們必須抉發病源，才能防止類此事件之再度發生。

米糧初期之缺乏，一般都歸源於價格的限制。這幾年來米糧的限價政策，硬生生的把價格限制在自然價格以下的水準，求漲之勢，可說早經潛伏，不過在等待一個爆發的機會而已。及至米糧完全絕市，政府無法供應，被迫放棄限價政策，准許米價找尋其自然水準，初期的漲價，原在意料之中，不僅不足為怪，亦且不足為病。值得奇怪的是，限價取消以後，價格之上漲，一時竟似漫無止境，直到價格已顯然超過自然水準，還是不能把大家所認為必然存在的民間存糧吸引出來，這又是什麼緣故呢？不錯，可以這樣解釋：限價取消以後，價格之超過自然水準，由於價格的彈性作用，存戶望漲，一時不肯拋出，缺乏的現象，仍不能立刻補救過來。但彈性有一個限度，它祇能愈變愈弱，終至消失，而五月八日以前的情形，價格顯然是愈漲愈快。對當前現象，彈性作用祇是一個不完全的解釋。

也有人說這是由於青黃不接，是一種季節性的波動。此說更加不足置信。如果僅僅是季節性的波動，為什麼往年不出現這種猛漲的情形，而獨獨在今年出現？充其量祇能說，季節性的波動，剛好湊上了其它更為根本的原因，致使漲風更為猛烈，而根本原因，仍別有所在。

也有人把米價問題與一般物價問題聯繫起來，判斷這是由於通貨數量之增加。此說我們亦未敢苟同。此次米價之上漲，僅聯帶引起米的代用品之價格上漲，大體的說，並未波及一般物價。如果是通貨的原因，為什麼它獨獨在糧食上顯出其影響？通貨數量縱有若干作用，無論如何對目前的現象，總是極不重要的，而重要原因，仍應別有所在。

剩下來還有一個糧商操縱的理由，而且，這也是一個最為普遍流行的解釋。我們完全承認，當價格非由於通貨的原因而發生劇烈波動之時，必隨伴着操縱現象。這幾乎是不可避免的。而有人從中操縱，價格之上漲，也當然更形加劇。但，我們必須鄭重指出的是：一切價格操縱，本身都不是原因，而祇是其它原因的結果。所謂投機，必有可乘的機會，而投機者自身並不能創造這個機會；所謂居奇，亦必先有奇貨，而居奇者自身並不能創造這個奇貨。即以米價而論；試檢查過去的記錄，祇在歉收之年，才有操縱；歉收是一個機會，祇有歉收才能使米糧成為奇貨。歸根結蒂，價格操縱是由於缺乏。一有缺乏，價格操縱就成為不可避免；沒有缺乏，價格操縱即無所依存。

所以照我們的看法，此次米價之劇烈波動，其根本的主要的原因，祇能到米糧本身的供求關係中去尋找。其他一切都是派生的枝節，我們不要讓表面的現象掩蓋了事實的本質。

但一說到米糧的供求問題，大家的觀念是：本省為產米之區，米糧不會缺乏，也是不應該缺乏的。如果竟感缺乏，那簡直是不可思議。為什麼定要到這個不可思議中去找尋漲價的原因？說是輸出太多了，大家可以拿出統計數字來：生產多少，消費多少，存儲多少，都可以充份說明這一點的輸出，決不至於影響供給到如此的程度。缺乏究竟又從何而起呢？

於此，我們實被迫不得不懷疑到那些統計數字的眞確性。先說生產量。據我們所知，生產數字，是根據農民在申聲配給肥料時所填具的數量來計算的；農民為爭取多量的肥料配額，通常把預計產量提高。這可能是統計不正確的原因之一。又各鄉擔任農情調查的人員，人數已經太少，而經費尤感困難，據說每月領得旅費，僅敷一星期之用，他們對災歉之類的報告，無法周詳。這可能也是統計不正確的原因之一。總之，我們所估計的生產，似乎失之過高。

再說到消費數字，那就更加不容易正確。人口在變動，這應該是考慮到了的。而個人需求量在增加，這就比較的難以捉摸了。本省自推行減租運動以來，農民負擔減輕，生活提高，過去以雜糧為主食者，改為食米。此其一。年來把米價硬生生壓低的限價政策，使農民感覺售米無利，轉以餵豬，所以不但人的消費增加，連豬也來參加食米。此其二。如果這些因素未能估計在內，則我們所得到的消費數字，又不得不失之過低。

最後說到存儲量，特別是政府所能控制的存儲量。這本來是不成問題的。照理，存量可以清點，不必出於估計。但事實上，要把散布各地所有米倉的存量清點一次，亦大非容易。我們絕不懷疑糧政當局的操守，但下層人員是否都能够得上一定的水準，却就人言不一。我們不願在此引用道聽途說之談。甚至那些都是企圖操縱價格者有意放送的謠言，亦未可知。我們總希望一切不好的傳聞都不是事實。但既有了不好的傳聞，政府最好能拿出眞正的事實來塞住衆人悠悠之口。

如果生產量的估計失之過高，消費量的估計失之過低，萬一存儲量又有若干名實不符之處，那麼那個不可思議的缺乏，也就變得毫不足怪了。我們研究問題，如果一切都能尋根究底，應該沒有不可思議的事情。

健全的對策，必須基於正確的瞭解。我們希望眼前的漲風已成過去，再稍待時日，大批新穀登場，問題也自然而然的解決了。如果漲風尚未成為過去，而我們的瞭解又是正確的，則唯一的對策，祇有設法以更多的供應來填補缺乏，直到新的生產能接上需求之時為止。對付投機的最佳辦法，算過於反投機；而反投機的最佳辦法，算過於消滅投機的機會。除此之外，並無捷徑。

我們最後尚擬對較遠的將來說幾句話。一般管制經濟之難以收效，其原因往往在於：(一)統計之不易正確；(二)執行人員之效率與操守之難以保證。我們的米糧，過去祇是局部的管制，而非全面的管制。所以，到管制失效的時候，還可以藉高價把民間的存儲吸收出來，尚不致陷於長期絕市的慘境；如果當初是全面的管制，則類此的失誤竟可能鬧到顆粒無存的地步，那才更要手足無措了。我們於此，暫不擬對管制經濟與自由經濟之利弊作理論的探討，我們僅僅基於經驗的教訓，也不得不於此强調指出：要談價格管制，至少先要做到統計之正確，與執行機構之健全這兩點，否則計劃是錯的，而執行又復錯上加錯，結果還堪設想嗎？米的問題如此，其它一切的問題也莫不如此。

國民大會要走到那裏去？(上)

——說明現制國民大會立法之意義，兼釋行政與立法之關係——

雷震

楔子

修改憲法的聲浪，又甚囂塵上，說者持論不一，詳情則不得而知。溯自前年(四十年)十二月二十五日，國大憲法研究會發表修正草案初稿後，民主憲政半月刊乃於去年(四十一年)三月，特出『憲法修正問題』專號，反對此時修改憲法及討論修憲之事。他們認爲在與共黨作殊死鬭爭之際，討論修憲的工作，殊有動搖國本，自壞長城之虞。而民力雜誌又復對此加以反駁，認爲此時此地應該研究和討論修憲，而且拋磚可以引玉的。爾後討論修憲的文章，或舉行座談會以討論修憲之事，則時有出現了。

近來聽說要在下次國大開會（國民黨二中全會已決定依法召開）中討論修憲，故世間又紛紛以此事爲話題了。本來，像現制這樣辦法，國大既賦有修憲之權，每逢國大開會的時候，凡對憲法有不滿意或對憲法懷有不同意見的代表們，都可能提出修改的動議，儘管憲法在將來的某一天，可能已修改到比較完善的地步，儘管憲法可能已照着修正草案初稿的擬議，眞正賦與了國大以創制、複決、選舉立監考試等委員和大法官、議決預算、通過條約、聽取施政報告及質詢政府政策……等等之權。可是在那個時候，最少，在不同意擴大國大職權的代表們，他們又會唱議修改的。所以，我們的憲法只要有一天是立於現行制度之下，即國民大會享有修改憲法之權的一天，這部憲法是常常處於『不安定』(instability) 的狀態之中，我想，這是無人敢加以否認的。誠然，社會是進步的，社會現象是日新月異，猶如川流之不息，法律乃是規律社會秩序的東西，應該隨着時代的進展而迎合上去的。但是，憲法常常立於不安定的狀態之下——自理論言，最少六年可修改一次，事實也可能如此演變的——，當非國家之福，亦非建國之道。

我是不贊成此時此地修改憲法的。這不是甚麼動搖國本的問題，蓋國本也不是修改憲法就可動搖的。如果恐怕有動搖國本的問題，那就是有現成憲法而不誠意去努力實行，纔會有那樣的結果到來的。民主政治大都是在艱難困苦的環境中經奮鬭而生根成長的，我們不要動輒以『安全』爲辭，而放棄了實行民主自由的責任。因爲安全是相對的，是無止境的。我的意見是：這部憲法是全國人民、包括大陸同胞在內，交給我們實行的，我們如欲加以修改的話，必須等到打回大陸之後，那時纔能說得上是集合全國人民的意思。最好是讓下一屆國民大會去修改，纔能說得上是『更爲接近民意』的了。不過，我贊成現在可以討論修憲，而且應該從長研討的。我並不是甚麼折衷或調和派。我以爲『憲法是關係於全國人民的生活，就是說關係於全國人民的權利義務，修憲工作若經過長期間的討論，俾得從容研討，反復辯難，庶可多多發現這部憲法的優點和缺點，以備他日實際修憲時之參考。

國大憲法研究會諸公，似乎只注意到擴大國民大會的職權，以爲這樣纔能如願以償，以爲這樣纔可以適合遺敎，但並未深切瞭解現制的優點，和考慮擴大了職權之後的國民大會又將如何來運用。憲法所規定的是政治的制度，政治乃是管理衆人日常生活的事情，是故制度貴能實行，憲法上之一字一句，要能切切實實的能够做到，且要行之而有助於民主政治之建立，而有助於人民生活之臻進。因此，憲法這個東西，不可僅憑理想去追求的。

憲法中最重要的部分是『民意機關的構成，和行政部與民意機關的關係』。現在這部憲法，關於後者有其不可採殺的優點在，似被大家尤其是被國大代表諸公所忽視了。這是一件很可惜的事情。

其次，國民大會這個制度，有其『不可救治的』缺點在，絕對不可把他的權力擴充到與外國議會的職權相等，或超過議會職權以上的地步。那是無法圓滿運用的，也就無法建立一個很好的政府。這是大家、尤其是國大代表諸公應該深思熟慮的。

在行憲首次國大開會的時候，我看到當時會議的混亂情形，心中深感不安。我知道有若干代表是不會瞭解這部憲法的來龍去脈和其優點所在，特就上述兩點的立法原意草寫一文，題目叫做『國民大會要走到那裏去？』想說明當日制憲會議爲甚麼要把國大的職權局限到這樣的地步，這並不是要薄於國大而厚於立法院；並從而釋明行政部與立法部在現制上之關係，是一種比較可使政局安定的辦法，希望大家不要忽略，大家不要迷信五五憲草。無如在國大開會的時候，因代表退讓問題，副總統選舉問題，終日疲於奔命，迨文章草成之後，而國民大會已臨到閉幕的階段，乃匆匆印成小冊子分贈各位代表，冀圖稍有補救。可是，事實上已來不及了。此次看到憲法研究會的修正草案之後，又傳聞將於下次國民大會中提議修改憲法，深感現行憲法這二部分，仍未能爲大家深切認識而殊覺可惜，於是又引起了我的回憶，乃將那篇文章找出來重讀一邊，覺得其中所說的道理，在今日仍舊可以適用。現在特地把他加以整理和補充而發表出來，我想對於研究這部憲法，和主張修改這部憲法之人士，或不無多少的幫助吧！

我現在無意來批評國大憲法研究會的修正草案，這不是短短的前文可以容納進去的。惟在這段前文之中，我不能不對該項草案略說一二句話，以表示我個人的意見。我的意見很率直的，但是很誠懇的。

國大代表之主張修改憲法者，感認國大職權太小，會期太少，而立法院的職權則龐大無比，沒有一個機構可以與之制衡，因爲行政院未賦有解散立法院之權。職是之故，行政院是變爲軟弱無能而一籌莫展了。其次，他們最不喜歡的是『議會制度』或『議會政治』，以爲議會制度或議會政治乃是民主政制中最惡劣的方式，而行政院要對立法院負責一事，就是議會政治的表現。今後中國的政治制度，萬萬不可蹈襲這條路線，儘管這種制度，在美英各國行之多年而有很好的榜樣，也曾在兩度世界大戰中打敗了極權主義的國家。但是，修正草案擬欲賦給國大之職權，不僅要將外國議會所具有之權力，如：『議決法律、通過預算、決定宣戰媾和，審議國際條約，以及聽取施政報告，質詢政府政策，接受人民請願、和接受監察院提出之彈劾案，等等，均已包括無遺；且有選舉和罷免總統、副總統、立法、行政、司法、考試、監察等院院長和副院長(對於行政院院長和副院長不用選舉而用同意字樣，兩者在實質上是一樣的。請看立監兩院行使同意權的時候，不是用投票的方式來決定的麽？)，立法委員、監察委員、考試委員及大法官之權。這豈是三權憲法政治制度之下、英國之巴力門或美國之康格萊所能望其項背的？這是超過了各國三權憲法上議會所有之權力。此時的行政院還能說是握有很大的權力麽？我想這個行政院眞是軟弱無力而一籌莫展了。

現行憲法上，立法院對於行政院移送覆議之案件，必須有出席立法委員三分之二維持原決議時，行政院長始接受該決議，或辭職以讓賢能。如果認爲在這個條件之下，對立法院負責的行政院，還是軟弱無能的話，那末，在國大修正草案第五十三條第四欵(註一)之下負責的行政院，又豈能變爲一個『萬能政府』麽？姑不論萬能政府是不是一個很好的制度。明白的說，立於這樣狀態之下的行政院，其爲無能也，無力也，實較現制猶有過之。這是一望而知之事，用不着我們剖析爭辯的。蓋依照該欵的擬議，行政院對於國民大會決議案移請覆議時，如國民大會仍舊維持原決議，行政院院長應即接受該決議或辭職，這裏並未要求國民大會須有出席代表三分之二的絕對多數來維持原決議，此時行政院之地位如何，實不言而喻了。憲法研究會在思想上之自相矛盾，於此可見一斑。

其次，該修正草案賦予國大之職權，除選舉與罷免之外，完全等於外國的議會，而且行政院要對國民大會負責，不過政府方面仍是沒有解散權罷了。這裏不過是把立法院改爲國民大會罷了，究與外國的議會制度與議會政治又有何種區別？我們實在無法瞭解的。

我國近年來很有人不喜歡議會制度或議會政治。但是，議會制度或議會政治的涵義是甚麽？怎樣的作法就是議會制度或議會政治？大家對此是不是眞正的瞭解了？

『議會制度』或『議會政治』云者，即指一國之行政部門，當其制定政策或執行政策時，要對人民代表的民意機關(通稱爲議會或國會)負責。換一句話說，行政部的一切工作，如：『頒佈的法律，須經民意機關之議決；經費之收支(預算、決算)，須經民意機關之審議；宣戰媾和及與外國所訂之條約，須經民意機關之同意。此外，行政部之施政方針要向民意機關提出報告，而民意機關對行政部的政策或其施行有疑問發生時，可以提出質詢，要求予以答覆，而且可以更進一步，要求予以『圓滿』的答覆。所謂議會制度或議會政治也者，如是如是而已。凡是代表人民的民意機關而具有此項權力者，都叫做『議會制度』、或『議會政治』的政制，不問這個民意機關『叫做』議會也好，叫做『立法院』也好，或叫做『國民大會』也好。在實質上是一樣的東西，不能勉強加以區別的。勉強區別，不僅無實際利益可言，徒增不必要之爭辯與無謂之糾紛罷了。這裏所說的議會制度或議會政治，當然是指着廣義而言的，就是包含了議會內閣制與總統制二者。

覩於上文的分析，可見國大憲法研究會的憲法修正草案，其欲擴充的國民大會的職權，是包括了外國三權憲法的議會制度之下的民意機關所具有之一切職權，和五權憲法的建國大綱所擬賦予國民大會的職權。所以，這個民意機關職權之龐大無比，眞是前未聞與前所未見了。

國大憲法研究會雖不是一個『權力機關』，但其組成分子均是國大代表，國大代表講話在政治上應該是有分量的。何況這次修正草案，儘管是初稿，而是用集體名義發表出來的，當然是代表了國大代表一部分人的意見，難怪民主憲政編輯諸公及社會人士羣起責難呀！

以下是三十七年首屆行憲國民大會時所發表的原稿而加以修正整理者。

一　一部分代表厭惡這部憲法

在這一次國民大會開會之前，早就聽說有許多代表在紛紛集議，要在這次大會當中，提出關於修改憲法的動議，儘管他們對於這部尚未完全付諸實施——只能說是，正在逐步開始實施，如總統尙未產生，立監兩院尙未成立等等——的憲法，沒有一點實施的經驗可言。這是由於他們對這部將在開始實施而無實際經驗的憲法，懷有强烈的成見，懷有不信任與仇視的成見，而不顧意與其共存共榮的。揆其主要原因，大致不外下列二點：

第一 他們由於過去十餘年間受了『五五憲草』宣傳的陶醉與影響，而深信根據國父遺教，尤其是根據建國大綱作成的五五憲草——其實，五五憲草並不完全是根據國父遺教作成的——的設計，將是世界上一部完美無疵的憲法，不獨可以行之大有裨於中國民主憲政的建設，並且可能將今後中國民主政治另闢一條與外國議會政治不同的新的途徑。換一句話說，要實行所謂『直接民權(?)』與『五權憲法』的政治，纔是使中國進入民主政治的一條康莊大道，議會政治或類似議會政治的制度，絕對不能適合於中國民主政治的建設。

第二 他們最不滿意的、甚至可說不能忍受的成見，認爲這部憲法規定的國民大會的職權太小，會期太少。這樣的國民大會，對於實際政治的運行，除了選舉總統和副總統之外，簡直是無足輕重可言。這是一個徒具空名而無實際權力的機關，同時也就是一個毫無實際作用的機關，好像是『如在其上』的供着高高在上的一塊牌位。這個國民大會，除了修改憲法得召集臨時會之外，六年中只有大會一次。做了一任堂堂的代表，六年中只能參加一次正式會議，這是不能滿足他們政治欲望的，當然也是無法忍受的。

上述兩點，是他們——誠然是一部分代表，在數量上則是很多的——在理智上覺得現在這個國民大會有違國父遺教之指示，在情感上覺得現在這個國民大會在政治上已成爲『無足輕重』之物了。不特此也，有許多代表們，當制憲國民大會通過這部憲法的時候，係迫於當時的政治環境，而在無可奈何之中，方纔勉强接受的。換一句話說，他們不是正心誠意而是被逼接受這部憲法的。故對這部憲法常存敵視之心，一旦遇有可以推翻或修改的機會，他們必然而毫無遲疑的就提出修改的主張，而且不肯放鬆任何可以修改的機會。也可以說是，他們在通過這部憲法的時候，即已抱定要在行憲首次大會就提出修改的決心。因此，這部憲法在他們心理上，從未植下一點根基，他們對於這部憲法是沒有任何信心的。他們深覺這部憲法關於國民大會的職權、和行政院與立法院之關係的規定，是很不妥當的：有的認爲崇高無比的國民大會已變爲毫不足道的多餘的機構；有的認爲今後行政部門是無法對抗立法部門的——行政院無解散立法院之權；有的認爲我們今後的政治制度仍要循着民主國家議會政治的老路；有的認爲這部憲法是混淆了國父遺教關於權能區分的理論。總之，他們認爲這部憲法是很不妥當而必須立即加以修改，決不能讓他維持現狀的實行下去，那樣，對於國家一定是有害無益的。但是，他們似未深思熟慮：如果這部憲法完全照着他們的意思加以修改，則修改後的憲法又將如何來運用？根據上次制憲大會和這次行憲大會的經驗，國大制度運用如果不得其法，是不是比在現制之下的情形更壞呢！對於這一連串的問題，我們實不能不抱着很大的憂慮。

二 籍議事規則來擴充國大的職權

因有以上的憤滿情緒深植於若干代表的心中，故這次國民大會的召開，正是他們等待很久的機會降臨了，也正是他們抑制很久的情感亟待發洩了。加之，這次國大代表的選舉，糾紛重重，以及對時局的煩悶，更助長了他們對於憲法的不滿情緒之激增。故於第一次大會討論大會議事規則的階段中，就充分的反映出了這種心理的發展。大會議事規則原草所擬議的：『提案範圍，以有關憲法第二十七條之規定者爲限』，乃是遵照憲法賦予國大職權的規定而草擬的，應是天經地義的提案範圍，國大代表應該十分明白的。可是在討論這條議事規則的時候，偏偏波瀾時現，爭論激烈，好像這條條文是剝奪了國大的職權似的。經過數日爭論的結果，這條議事規則終被推翻了，而代之以設者乃是以『國民大會開會時，得聽取政府施政報告，檢討國是，並得提出質詢或建議(第一屆國民大會議事規則第五條)』的條文。這顯然是擴充了憲法第二十七條所賦予國民大會的職權，任何人也是無法否認的。行憲首次大會的議事規則，竟創出了這樣的『惡例』，不能不說是代表們有計劃的要變更和擴展國民大會的職權了。我之所謂惡例者，就是不經過法定手續而任意搠造的。

在國民大會正式會議的進展中，跟着就有政府各部門的施政報告，包括國府主席的一般施政報告，和軍事、外交、內政、財政、教育、經濟、交通、糧政、救濟各部門的施政報告。然後由國大代表們，針對各項的施政報告，提出廣泛的檢討與許許多多的質詢。接着就是報告各項施政的各部門的長官，對於這些檢討和質詢的答復，有的是口頭的，有的是書面的。不用說得，這一連串的議事進行，當然是根據上述的搠造的議事規則而發展出來的。

其次，關於設置提案審查委員會事項，亦復根據議事規則第五條所規定之建議權，於憲法提案審查委員會之外，設置了國防、外交、國民經濟、社會安定、教育文化及邊疆地區等六個提案審查委員會。代表們並針對此項新擴充的權利，除去關於修改憲法有不少的提案之外，復對於國防、外交、國民經濟等六個部門，提出了內容繁複各式各樣的提案；其數目竟達八百件以上；大焉者如戡亂建國，小焉者如振災修路，形形色色，巨細無遺，廣及於政府各部門的施政工作，猶之如國民參政會、中國國民黨代表大會、或全體中央會議開會時一樣。

上述這一連串行動的表現，顯然是國民大會欲在議事規則的掩護之下，換一句話說，在尙未達到修改憲法的階段之下，很具體的，很明顯的擴充了他在憲法上所賦予的職權，姑無論這部將要開始實施的憲法，此時應不應加以修改；姑無論國民大會的職權，應不應這樣偸天換日的加以擴充；姑無論這許多莫明其妙的提案，經過國民大會議決後又將如何來處置，在憲法未經正式修改以前，我眞不瞭解這是怎麼一回事！其次，這些建議案是不是都要交給政府去執行？政府接受以後，如果置之不理，我們又將如何去追究責任？（責任政治就是每件事情要有一個水落石出的）國民大會這樣做，又算不算是違憲呢？國大誠有修改憲法之權，但修憲手續在憲法上規定得很明白（憲法第一百七十四條），凡違反此項規定的行爲，都應包括在違憲的範圍之內。這一大堆的問題，代表們是不是經過了深思和熟慮。

聽說當議事規則第五條通過於大會的時候，民青兩黨代表們曾經提出抗議，認爲這是『違憲的』行爲而要求提出復議。時爲王世杰代表任主席，允於下次大會宣讀會議紀錄後，徵求有無異議時，由民青兩黨代表聲明異議而請求加以復議。此時我心中至感欣慰，以爲如此可以免去大會的汚點。不料次日大會讀完紀錄後，未見民青兩黨代表有何動靜，亦不見那一個代表聲明異議，不但令人失望之至，好像整個大會之中，竟無一人懷疑這一條議事規則有無違憲之處，會不會因此而產生不良的後果。以享有政權之國民大會，以產生一國元首之國民大會，他在政治上的地位該是如何的莊嚴重要，他在國民心理上該是如何的偉大崇高！今竟離開固有的職權，而瑣瑣碎碎、拉拉雜雜的通過這些不大不小、可有可無的提案，國民大會究竟是擴充了他的職權呢？抑是降低了他的地位呀！我個人在此次大會，雖未提一案與未簽一名，然國民大會竟弄到這步田地，我眞不能不爲之痛心疾首啊！

唉！國民大會究竟打算走向那裏去？國民黨的中央主持人，究竟打算如何以善其後？

『自由中國』的宗旨

第一、我們要向全國國民宣傳自由與民主的真實價值，並且要督促政府(各級的政府)，切實改革政治經濟，努力建立自由民主的社會。

第二、我們要支持並督促政府用種種力量抵抗共產黨鐵幕之下剝奪一切自由的極權政治，不讓他擴張他的勢力範圍。

第三、我們要盡我們的努力，援助淪陷區域的同胞，幫助他們早日恢復自由。

第四、我們的最後目標是要使整個中華民國成爲自由的中國。

三　略述代表們對修改憲法之幾種態度

關於修改憲法一事，在這次國民大會之中，可以說是有四種不同的意見：

第一　一部分代表們是堅決主張要在這次大會中修改憲法的。最少也應該把憲法第二十七條和第二十九條加以修改的。即國民大會的職權必須擴充，國大集會的次數必須增加。換一句話說，國民大會必須具有創制及複決之權；大會會議除臨時會之外，在六年內必須增加正式集會的次數，如每年一次，或兩年一次。代表這一部分人士的意見的，如張知本代表等六百八十九位之提案是。他們認爲憲法第二十七條的規定，至不妥當，違背遺教殊甚，必須立予糾正，毋須再經過若干時間的實行與試驗。因爲政治上的一切措施，均係以衆人之事爲對象，絕對不可隨意試驗的。

第二　這一部分代表們對於現行憲法的看法，大致與第一派人士的意見相同，即認爲（一）國民大會的職權橫遭限制，而立法院之權力則無限制的擴大。因此，（二）總統乃至行政院的權力太小，行憲後之政府，將爲一毫無權力之政府，亦即爲一個無能力的政府，這樣有失遺教所示『萬能政府』的意思。不過，他們却不主張於此時修改憲法，因爲目前戡亂重於一切，且時間短促，考慮容有未週，倉卒修改是不可以的，但這次大會必須通過一個決議；要在這二年之內，舉行修改憲法之臨時會議，俾爲專事討論修改憲法的提案。

第三　他們認爲在這次大會中，不宜亦不應提出修改憲法的提案。其理由是：現在這部憲法，固有若干可以訾議之處，但這是任何成文憲法或法律所不能避免的。不過在未將全部憲法付諸實施以前，其缺點安在，不可僅憑想像或成見去批評他。假定這部憲法必須加以修改的話，那末，究應怎樣的修改，我們必須憑着將來實施的實際經驗，方可據以修正。故這部憲法之修改，應俟其實施了若干年之後，纔能說得上應不應修改，以及應該怎樣的來修改。

第四　還有一部分代表，認爲這部憲法，他日縱要修改的時候，（一）對於國民大會的職權，亦萬萬不可輕易擴充。（二）國大的職權，既不可擴充，則國大的會期，自無增加之必要，蓋臨時會可因事實之需要而隨時召集之。屬於這一派的人士，儘管未曾發言，但其人數當不在少，國民黨一部分代表，和民青兩黨代表均屬之。

我個人是堅決反對在這次大會中修改憲法的。尤其是反對擴充國民大會的職權，或增加國民大會的會期。其理由是甚麽？讓我稍稍說明現行憲法關於這幾章設計的理由之後，這部憲法此時應不應加以修改，國大的職權今後應不應加以擴充，和國大的會期應不應再予增加，我想統統都可明白了。（未完）

進展中的日本選民意識

徐逸樵

一、值得特書的現象

日本繼去秋的衆院總選又來了一次總選，結果於本月廿一日業已判明。以下是這次總選後衆院議席的分野。我們對於這個分野和其在選舉中值得注意的若干大事不能不一談。

衆議院新分野

	新		再	元	比率%	投票前	解散前
自由	199(1)	12	139(1)	48	42.7	205(2)	222
改進	76(1)	6	52(1)	18	16.3	88(1)	88
左社	72(3)	14(2)	53(1)	5	15.4	56(1)	56
右社	66(4)	9	49(4)	8	14.2	60(5)	60
自鳩	35	1	27	7	7.5	41	22
勞農	5	1	3	1	1.1	4	4
共產	1	0	0	1	0.2	0	0
其他各派	1	0	1	0	0.2	1	1
無所屬	11	4	5	2	2.4	11	13
計	466(9)	47(2)	329(7)	90	—	466(9)	—
比率%	—	10.1	70.6	19.3	—	—	—

註：括弧內係婦女數。

我們驟看這個簡表，似乎看不出分野上有什麼劇變和本質上有什麼新奇，然而縱觀選舉的進行，顯然地，不能不承認日本選民的政治意識確實在長足的進步。

第一點值得提出的是，保守和革新二大陣營明朗化的促成。這裏面的自由黨（所謂自由黨就是吉田派的自由黨，下仿此），改進黨和鳩山自由黨是保守派，其餘除掉「無所屬」和「其他各派」中的少數人以外都是革新派。在保守派中，改進黨和鳩山自由黨勢力大跌，離選舉前合計少了十六席；自由黨雖然也跌，然而依舊是日本的最大黨，超過次多數的改進黨多到一百席以上。這情形所說明的是什麼呢？就是日本選民不歡迎幾個保守黨同時並存。因之時間也許會證明，幾個保守黨應該會有合併或融合的日子。其次，這裏面的革新派主要的是社會黨左右二派。這二派都有進展，而進展得更速的乃是左派。在這次總選以前，日本許多國民預料到社會黨必然要進展，同時要求保守革新二大陣營的淨化也相當迫切，於是社會黨右派的主幹們便一再向左派提議合作。這提議雖然還沒有積極的反應，然而合作已經成爲一個相當濃厚的傾向，要爲不可否定的事實。這樣看起，保守和革新二大陣營的淨化，由於這次總選的結果，不是逐漸明朗化了嗎？

第二點值得提出的是，新陳代謝的激烈表現。日本是封建意識和傳統觀念極重的社會。對於選舉，往往看重既成勢力而忽視新進人物。可是這些要不得的因襲，由於這一次的總選，總算大量被清算了。例如尾崎行雄，是日本「憲政之神」，落選了。他現年九十四。他接連被選爲衆議員至廿五次之多，未嘗中斷。他在最近幾次選舉中，例由其子行輝和其他信徒，提其競選意見的灌音片，向其老競選區三重縣一走，便而當選，則其因襲的分量之重不難想知。可是這一次却不行了。不行的理由在那裏呢？當地的青年說：「對於一天也不出席的老頭子是沒有給他議席的必要的。」例如前田米藏，日人一向尊他爲「選舉的能手」；他的資歷和在自由黨中地位之重可以不必說，也落選了。例如廣川宏禪，會爲吉田派的重鎭，對於他的競選區，自名爲「不落的金城湯池」，也落選了。例如久原房之助（無所屬），松岡駒吉（右社），大久保留次郎（自由黨），平塚常次郎（鳩山自由黨），楢橋渡（改進黨），清瀨一郎（改進黨幹事長），北村從太郎（改進黨）……，無一而非當選多次的老手，並無一而非各該黨一方的重鎭而爲日人尊稱爲「大物」者，都落選了。落選的結果必然是新進的上台。這些所說明的是什麼呢？就時代演進說，是新陳代謝的表現，就政治感覺說，是日本民主的進步。我曾經在本刊第八卷第七期一文說過；這一次的選舉必然是日本政治新試驗的開始。

第三點值得提出的是，「公平選舉」的顯然進展。日本過去的競選，視三 ban 如何以爲斷。第一是 chiban（地盤），傳統勢力也，第二是 kanban（看板——照牌），聲望也，第三是 kaban（革鞄——皮包），金錢也。這些都是罪惡之藪。在過去，買賣賄賂幾於公開爲之，酒色之誘可以不必說，因之過去每一次選舉，被檢舉而入罪者不知凡幾。就去秋的總選說，前田米藏、大久保留次郎和現在的外長岡崎等都被檢舉過，前二人且至於入獄，被檢舉者竟多至四萬。這一次呢？到投票那一天共計不過一千人而已，而有名人且無聞焉。這些所說明的是什麼呢？選民懂得多了，對於民主的眞義了解得多了。受賄者少，則賄之者自然退縮。這不是日本民主化的大進步嗎？

第四點值得提出的是，投機分子大量被肅清。日本的政黨尤其是屬於保守方面的，向有「官僚政黨」的惡名。官僚的特徵是爲攫取政權而不顧操守和主張；朝秦暮楚，陰謀詭譎，視離合集散爲當然，視投機取巧爲分內。這是日本過去政黨政治不上軌道的主因，也是爲軍閥所脅誘的主因。這一次呢，情形好多了。例如自由黨內的戀棧分子（註一），除掉安藤正純和倉石忠雄以外，其餘如牧野良三、砂田重政、大石武一、松岡松平、大久保留次郎等都被選民一一肅清，無一倖免；自由黨內的廿日會（前田米藏系[註二]）會員如前田米藏、太田正孝、木暮武大夫等也一一落選；鳩山自由黨中廣川宏禪系[註三]的廣川宏禪、江崎眞澄、栗山長次郎、松浦東介等都無法倖免，都是顯著的例子。這一些所說明的是什麼呢？選民需要當選者有 fair play 的風度，痛惡陰譎不明朗的作風。他們認爲這些人如果再當選，一定會把次期政局搞得更烏煙瘴氣。這又是日本政治新試驗的開始的例證。

這一次總選中值得特書的事還多着哩，現在且止於此。顯然地，這些都是值得特書的現象。

二、值得重視的傾向

我們看了以上的情形，對於日本當前的幾件大事——重整軍備的問題，改訂憲法的問題，革新勢力的進出和其與保守勢力的「力」的關係的問題，必然已經有了若干透視的根據。

這透視應該是怎樣呢？

第一、重整軍備和改訂憲法的呼聲將會消縮。關於這一問題的說明，應該先看各黨關於這一問題的主張。他們的主張大概是這樣：

自由黨：自衞力應該是漸增的，目前不配也不必重整軍備；因之和平憲法在目前不必改訂；

改進黨：應該創設自衞軍（舌根下就是要重整軍備），因之和平憲法應該改訂；

鳩山自由黨：大旨和改進黨相同；

社會黨右派：軍備最多只能止於現狀，和平憲法不必改訂；

社會黨左派：取消現在的陸上保安隊和海上警備隊，堅持和平憲法，完全循「中立」「和平」之線以復興日本。

他們的主張儘管各有其是處，然而分析這一次總選的結果，却有幾點是很值得注意：（一）對於重整軍備和改訂憲法愈叫得起勁的當選率也愈差，愈反對的或少主張的當選率却愈大。關於這，只要看鳩山自由黨的當選率是百分之三十九，改進黨是百分之四十四，社會黨右派是百分之五十六，自由黨是百分之六十二，而社會黨左派却是百分之六十七，就可以明白。這裏面需要說明的是，社會黨右派所以比自由黨差，乃是由於右派中如西尾末廣一系者，對於這二個主張，實際上比自由黨還叫得起勁些，而自由黨的候選人總是牢守「漸增」的愼重論而不妄動。（二）對於整軍和改訂憲法愈叫得起勁的，不是落選，便是票數大縮。例如改進黨的清瀨一郎[註四]、山本粂吉、宮澤胤男、楢橋渡和鳩山自由黨的許多人都因此而落選，而蘆田均、大麻唯男、重光葵等的票數，和去秋總選時相較，也因此而減少到一萬至二萬之間。（三）右翼中之競選者毫無起色，舊軍人中之競選者也多落空。這只要看他們的競選者，如辻政信（無所屬，前上校），只野直三郎（日本人民黨黨魁），眞崎勝次（前陸軍大將眞崎甚三郎之弟，前海軍少將），湯川康平（無所屬，二二六事件中主角之一），永田正義（無所屬，前東方會青年隊長），三田村武夫（前東方會幹部），工藤忠雄（日本人民黨幹部），齋藤晃（前立憲養正會支部長），赤尾敏（大日本愛國黨黨魁）等等，數目實在不少，而當選者只有辻政信和只野直三郎二人，其餘票數最多無出二萬以上者，可謂極慘。他們儘管有陸軍方面的偕行社海軍方面的水交會作後盾，而在鄉軍人會復活了的地方也不少，可是「時不利兮」，徒呼奈何而已。

這些事實所說明的是什麼呢？不問也會明白。因之看情形，不管次期政權屬於誰，總之關於重整軍備和改訂憲法的主張，過去之反對者或持愼重論者固然會牢守其向日的主張，而過去之輕率叫囂以圖投機者恐也將度德量力不敢妄動。

第二、保守和革新二大陣營的純化和其對立期將拉近。關於這一問題的說明，又不能不再提各黨勢力的消長和其發展如何的可能。（一）改進黨和鳩山自由黨不但慘敗了，而且如果不小心，大有被自由支解以去的可能，這被支解的可能乃是基因於其內在的弱點，同時支解工作而實現，則其主要儈子手必然是大麻唯男和安藤正純。事實上，吉田所以放言吉田第五次內閣而無戒色，他的根據無非看到了支解的可能性。因爲吉田派早已決意，如果改進和鳩山自由黨而不受招呼，必然用支解法；同時認爲如果支解而順手，至少有四十名左右可以帶走。（二）社會黨左右二派合計雖然只有一三八席，然而其爲勢力的躍進乃是不容否認的事實。看社會黨左右二派的歷史，愈和保守政黨疏遠，愈受選民垂青。這是鐵的事實，也是血的教訓。他們受教訓太多了，所以在這次擧選的前夜，右派便一再提議二派合作以與保守勢力抗衡。這樣的提議，雖因左派旗幟鮮明而愼於反應，但是到了選擧一揭曉，他們的接近便加速的增大。這原因在那裏呢？無非由於自信的增强和急於合作以抗保守勢力的必要。看情形，合作而珠聯璧合是困難的，政策協定以共鬪於國會是至少可以實現的。

基於以上的分析，不管保守黨派的離合集散將採如何的方法或方式，也不管社會黨左右二派的合作或協定將採如何的途徑或形態，總之保守和革新二大陣營的純化乃至對立期是拉近了。

當然囉，這次選擧以後政權是不至於落到革新陣營的手中的，社會黨左右二派的合作也是極費周折和氣力的，可是有幾點可以預言是：（一）他們如果能合作，則下一次的總選擧必然有大成，包不定會成爲日本第一黨；（二）右派如果和保守勢力勾結，不管是部分地或整個地，必然是死路一條。然而這死路，如果右派不忘勾結會經垂斃的歷史，是決不會再走的；（三）左派如果堅持頻年的旗幟和其潔白，同時斟酌現實而略採柔性，他在下一次的選中必然會大成。

（下轉第28頁）

自由之確鑿意義

張佛泉

一、英文中之兩個「自由」

英文「列教題」liberty 一字係自拉丁文 Libertas 演變而來，普通釋爲「自束縛中解放」。「列教題」與另一字「伏瑞當」(freedom) 爲同義字。嚴復譯穆洛「羣己權界論」時，謂「伏利當者，無罣礙也」。兩字普通雖謂同義，然不盡相同。桑塔雅那氏就兩字字原論，列教題來自拉丁，伏瑞當則來自條頓語(註一)。德文至今無「列教題」一字，而唯有「伏雷黑特」(Freiheit)，足爲桑氏註腳。（法文則祗有 liberté 而無「伏瑞當」）。就意義言，有謂『伏瑞當爲絕對的，列教題爲相對的；伏瑞當爲無束無縛，列教題乃除去或躲避束縛之謂』，『伏瑞當爲較高貴 (nobler) 之字』(註二)。裴瑞教授謂伏瑞當更涵有『較富的感情提示』(註三)，蓋指美國「自由之鐘」上所銘 Let Freedom Ring 而言。伏瑞當且每有較抽象之意義，如謂意志自由 (freedom of the will) 必用伏瑞當而不能用列教題。然而兩字間高下、抽象與具體、及積極與消極之分，又每每不如適纔所說那樣淸楚。譬如用於「免於」之義，如羅斯福「四自由」中之「免於匱乏」及「免於恐懼」，卽祗能用 "freedom from" 而不能用列教題。而「免於」之義卽可謂較消極。故兩字依用語習慣亦未盡能互調着用。

嚴復在「羣己權界論」之「譯凡例」中謂：『西名東譯，失者固多，獨此天成，殆無以易』，係指「列教題」祇應譯爲「自繇」，而不應譯爲「公道」而言。若就「列教題」與「伏瑞當」兩字皆譯爲自由而言，立卽可見並非天成，而實出於不得已也。

不但如此，「列教題」與「伏瑞當」兩字用法，尙有「自由」一個譯名決無法表達者。例如此兩字在英文中可以並舉(註四)，此時若均以自由譯之，則成爲「自由，自由」「或自由與自由」矣。尤其困難的是，在英文中有時竟遇到以「伏瑞」一形容詞冠於「列教題」之前而爲 "free liberty"(註五)，若仍然均以自由一詞譯之，卽爲「自由的自由」，豈不更屬可笑？

此外，「列教題」及「伏瑞當」兩字均可用作多數。「列教題」用爲多數，最爲普通。「伏瑞當」用爲多數時較稀，然近年來，特別自羅斯福提出「四自由」(four freedoms) 口號後，「伏瑞當」以多數用，反成爲常事。此兩字用爲多數時，必具體有所指，與用於抽象之意義時逈然不同。

以上並非爲咬文嚼字。鄙意乃在首先指出中文自由一詞很不能表達英美人所用 liberty 和 freedom 二字繁複的意義。並且我們也還想不出有什麼更好的譯名，也加不出另一名詞來分別代表原文中二字。這對了解英美人所謂自由，本無太大關係，但我們在討論此問題時，自己却首須加以「警戒」。

二、自由乃一近代觀念

現代人所持的自由觀念，主要乃近代之產物。在希臘時固可謂已有簡單的自由觀念，譬如裴瑞寇斯 (Pericles) 在公元前四三一年所發表的「葬儀演說」(Funeral Oration) 中，他不但誇稱雅典乃一民主國，並說它的生活也是自由的。他說：『……我們在政府中所享自由，擴及我們的日常生活。在此日常生活中彼此絕無嫉妬的監視，鄰人若依他自己所喜的去作，我們並不覺有發怒的必要……』(註六)。劍橋歷史教授畢瑞 (Bury) 在「思想自由史」中稱希臘羅馬時代爲「理智在自由中」(第二章的標題爲 Reason Free)，謂希臘人爲『思想自由及討論自由之創始者』，並謂蘇格拉底的「辯護詞」(Apology) 爲『思想自由之最早的「道理說明」(justification)』(註七)。但是恰在裴瑞寇斯有名的演說及蘇氏動人的辯護詞之後，蘇氏終於以蠱惑青年的罪名被判飮酖而死了（時在紀元前三九九年）。約翰穆勒曾謂此乃人類最應切記的一件事(註八)。所以卽使我們撇開希臘的奴隸制度不談，我們也應切記希臘的概括一切活動的城邦生活，是不很鼓勵個人自由的。

Liberty 一字係來自拉丁文 Libertas，但羅馬人所謂列教塔斯與中世紀及近代之自由，意義甚不相同。據西班牙學者格塞 (Ortega Y Gasset) 所指出：『列教塔斯一字在政治意義中，在西塞羅 (Cicero) 或任何一位羅馬人看來，具有一極確鑿的（雖完全爲消極的）意義，卽：「不要國王的公共生活」』。其正面涵義卽爲「依共和羅馬傳統制度的公共生活」。羅馬公共生活特點則爲國先於個人。個人無所謂自由。羅馬不知有信仰自由，個人與神之交往由一有司專負其責。羅馬亦不知有言論自由。西塞羅及泰伯瑞斯 (Tiberius) 固均曾呼籲言論自由，但彼輩所指乃官長及參議員之言論自由，非謂常人應有向衆人隨意發言之自由。羅馬家庭制度中亦無個人私自之自由。卽中世紀時所謂特權 (privi-lege) 之自由，羅馬亦無之。Privilegium 有「專對某些人之法律」之義，而與羅馬普徧尊重法律之精神適相反。故在羅馬時代，人人均遵守法律，不要國王，卽爲自由。此觀念貫徹若干世紀，直至羅馬末日(註九)。

卡萊洛 (R. W. Carlyle) 及麥克洛溫兩氏 以斯多伊噶 (Stoics) 派之重理性，重平等，與羅馬天下一家的制度相得益彰，因而謂西塞羅時代已蘊育了近代政治精神，甚至謂已開洛克哲學與法國革命三大原則之先河(註十)。卽使此說不差，然吾人亦不能忘記，此時距洛克尙有一千餘年。

現代的以個人為主體的自由觀念，應從英儒約翰洛克算起，大體上是無可疑的。拉斯基及美國康乃爾大學教授克什曼均有如此說法(註十一)。繼洛克之後又經法之盧騷(盧氏政治思想中之半可惜具有極權趨勢)及美國革命「聖人」翟佛生乃益得發揚光大。奔走呼號於美法兩大革命之中的英人佩因 (Thomas Paine) 對于自由觀念之通俗化，亦與有大力。至於現代自由觀念見之於典章制度的，自應以下列各文件為代表：英國光榮革命時的「人權清單」(The Bill of Rights, 1689)；美國獨立宣言 (Declaration of Independence, 1776)、聯邦憲法 (1787) 及修正條欵 (1791 及以後)、各邦人權清單及憲法；以及法國的「人權及公民權宣言」(La Déclaration des droits de l'homme et du citoyen, 1789) 及以後的多次憲法(註十二)。英國具有極大歷史意義的爭自由的文件，普通應追溯到一二一五年的「大憲章」(Magna Carta)。但那時所謂「自由」與近代的自由觀念，很有不同（本書以後將屢有論及）。那時所謂自由祇限於某些人的特權。至於「每人」都具有「原始權利」(native rights)，尤其是平等權利的觀念，首次見於正式宣言的，恐須推「清教徒革命」時的「人民公約」(An Agreement of the People, 1647)(註十三)。但可惜這次的革命並未成功，「人民公約」也因之減去許多重要性。所以近代自由觀念見之於正式典章的要從英國一六八九年十二月十六日維廉與瑪麗所正式頒布的「人權清單」算起。這個清單與以前的憲章倘有一不同之處，卽它已不是出於屬民的恭謹的「請願」(petition)，也不是出自國王的「特許」(grant)，而主要地係發自議會在一六八八年的「宣言」。威廉與瑪利 (William and Mary，此時尙稱 Prince and Princess of Orange)當時(二月十三日)均在議場，等於在承認宣言中的條件後方被立為王及后。至於美法革命的自由觀念的宣告，則有如晴天霹靂，更稱得起是劃時代的文件了。

所以我們現在所信持的自由觀念，無論就大思想家的理論，或就典章制度而言，都祇能說它是近代的產物。

三、「自由」所指卽為「權利」

如第一章(自由與國際和平)中所指出，何謂自由一問題之解答，不能乞靈於「本質主義」，而祇能求之於「自由都包括些什麼」的分析。唯有這樣纔可以得到答案。這也正是講求自由的民族，主要地自然是英美人，幾百年來實際中的講法。他們所謂自由，具體言之，或祇就政治與法律意義言，實確鑿有所指：卽權利是也。

事實上，英文「列教題」一字，在政治性文件中所採用的意義，最初祇是那極具體的，卽專指權利而言。在十三世紀初的「大憲章」中，這個用法已是十分確定。自由成為一個抽象的概念，成為一個政治哲學的問題，反是較後的，而大體上應從約翰洛克時算起。但在此階段中，那具體的意義仍然是被保留着。及至最近，更有强調這種具體意義的趨勢。所以當拉斯基說『自由可以鎔解為諸自由』(註十四)時，很明顯地他未算入「大憲章」中及以後一個長時期中的用法。

關于自由及權利觀念的演變，在下一章內將有較詳的敘述。我現在要廣泛地指出的，就是在英美人長久政治傳統中，所謂自由實卽權利。

這裏讓我引幾位教授的話當為佐證：牛津大學白流學院院長 (Master of Balliol) 林德賽 (A. D. Lindsay，晚年被封為 Lord，去年新故) 博士卽曾說：『……諸權利就是諸自由……』，又謂『諸權利卽被保障的諸自由』(註十五)。繆瑞 (J. C. Murray) 說：『……自由，以法理名詞出之，卽諸人權』(註十六)。普林斯頓大學憲法學教授寇爾溫 (Edward S. Corwin) 謂『今日，在最高法院的理論中，「自由」實代表了一個國民所享受的一切普通權利』(註十七)。美國康乃爾大學政治學教授克什曼 (Robert E. Cushman) 在一次說：『人民自由 (civil liberty) 一名詞並不在吾人開國祖先的普通用語之中。他們喜用「人之權利」(rights of man)、「自然權利」或「不可剝奪的權利」、或有時用「英國人的權利」(the rights of Englishmen)……我們現在不再說「人之權利」或「自然權利」；我們用「人民自由」一詞，但所指乃同一的諸權利與諸自由，為吾輩祖先爭取得來而納入人權清單者……』(註十八)。

美國故總統羅斯福在一九四一年一月六日致國會的咨文中首倡「四自由」(four freedoms) 之說。大陸會議在一七七四年十月二十六日致魁北克居民的信中却曾提到過「五大權利」(five great rights)(註十九)。這恰好為前面克什曼教授所說，十八世紀的人喜用權利，現代人則喜用自由的話，作為註腳。十八世紀的人喜以「權利」代表自由的確鑿意義，並非偶然的。因為在這個階段，「自由」同時流行着一種極為抽象的意義。為避開這個意義，所以他們喜歡用「權利」一詞。

自由與人權視同一事的最好例證，實莫過於聯合國憲章和它的其他重要文件。聯合國憲章中將「人權」(human rights) 和「基本自由」(fundamental freedoms) 幾乎永是並舉。憲章中共有七次提及人權，除了「前言」(preamble) 用過「基本人權」(fundamental human rights) 一個辭句，及第六十八條祇言及人權而外，其餘五次全將「人權」和「基本自由」並提(註二十)。聯合國教育科學文化組織 (UNESCO) 的憲法 (Constitution) 中祇有一次提及人權，此次亦將「人權」與「基本自由」聯用在一起。人權普徧宣言中更有十次聯用「人權」與「基本自由」，或逕簡稱「權利」與「自由」(rights and freedoms) (本書取名「自由與人權」卽以此為根據)。

這幾個重要文件中將「人權」和「基本自由」聯用，絕不是沒有意義的。

其意義且非常之大。這就是當人類歷史轉入世界秩序的階段，世人已決定將「人權」視為「基本自由!」

聯合國各重要文件中將「人權」與「基本自由」並舉，多半是受了羅斯福的影響。卡爾 (E. H. Carr) 曾說：聯合國憲章的起草人們將「人權」與「基本自由」並列，定是由於他們心中想到羅斯福的「四自由」……(註二十一)。羅斯福在「四自由」的咨文中卽曾解說道：『自由 (freedoms) 卽等於「人權」在各處均取得至高的地位』。聯合國文件中每提及「人權」，幾乎必隨着舉出「基本自由」，更加强了羅斯福的「自由卽人權取得至高地位」的意見，而極明確極堅定地將人權與基本自由視為一事，且不可分。

至此我們可以看到，講求自由的人們所謂自由都包括什麼東西在內了。所謂自由卽指人權。拉斯基在「政治典範」中所說，『沒有諸權利就沒有自由』，『自由與諸權利是不可分的』等語，大體上都是對的。但當他說『自由是諸權利的產品』(註二十二)，就又有多一半是錯了。自由（更正確地說諸自由）就是諸權利，豈祇是權利的產品！拉斯基生在權利已受到相當充分保證的社會中（當然依他的說法，英美的社會恰巧都是保證極不够的，特別是經濟自由最差），他的注目點早已轉向，所以他未能堅定地握住權利就是自由的意義。我們要知道，諸權利就是最起碼的自由。否認這些權利就立刻等于否定了自由。這在專制時代是如此，在二十世紀極權國家中尤其是如此。有了權利的保障，卽使你不利用它，譬如你有言論的權利，但你一時不言不論，你一樣會覺得是自由的。沒有權利的保障，譬如沒有言論權利，卽使你想歌功頌德，都會怕歌頌得不工巧；又如沒有安全的保障，卽使你在睡夢，也會疑心將有吏來夜捉。有權利與無權利的保障，直是一全部空氣的區別！所以在最低調的意義之下，你不能說權利是自由的條件，或自由乃權利的結果。權利就是自由，最基本的自由！凡是從高處着眼的，開口便講「最優自我」(the best self) 之實現的（拉斯基在早年就很喜歡講這類的話）(註二十三)，必定會忽略這些最起碼的自由。但是他如能將納粹和共產黨的無限制的暴行切記在心中時，他應該立卽發現起碼的自由的價值。很明顯地聯合國憲章的起草人們是由於受了法西斯、納粹、和日本軍閥的狂野行為的深刻刺激，纔空前堅定而明確地將人權與基本自由聯繫在一起(註二十四)!

固然你可以說，任何權利必充分享用它，纔會得到充分的自由。譬如宗教信仰權，你如不信宗教，此權豈非等於虛設?當然，權利必經人享用，纔有意義，事實上，權利之制訂，正為的是由人享用。但如何享用權利，是每一個人內心的事，自發的事。這絕非政治法律所再能過問的。政治法律所能過問的範圍祇限於人之表面生活。政治法律除了保障人之某些重要外表生活外，實卽無權利無自由可言。譬如依人身自由，政府官員不得非法逮捕人民，此並非祇謂當我犯法時，政府須依法予以逮捕，主要還在指我未犯法時得不受任意的逮捕而言。必有此一類最低而不可少的保障，我方敢放膽去作某些事，方能事前確知此項動作必定不受干擾，不然則欲行而不敢前，欲言而不敢開口，一切均處於「無定」(contingent) 氣氛之中，甚且一切墮入恐懼深淵，終日不知手足之所措矣。這就是民主國家之所以必有憲法，憲法之前必立一「人權淸單」的道理。這些權利便是自由。除去這些權利，特別就政治法律範圍而論，再無自由可言。

所以權利便正是民主國家幾百年來所講的自由。到了聯合國的時代，這個意思就更被加重，更被確定了。

並且權利項目的增加或更改，並不影響「權利卽自由」的方程式。英國的工黨，美國羅斯福的新政和他所提的第二個(卽經濟的)人權淸單(註二十五)，聯合國的經濟社會理事會，目的均在謀求人之最低經濟生活保障。經濟權利一樣將成為自由中之一類。舊的人權淸單將因經濟自由之加入而須受若干修正（譬如財產觀念之修正）固屬難免，但「權利卽自由」之傳統，並未因此減弱，反可謂將因此而加强(註二十六)。

另有一點尙須指出的，卽當將權利視為自由時，在英文中兩字普通皆加 s 用作多數。卽用作少數時亦係確指一項權利，一項自由而言。聯合國文件中特別喜用 human rights（人之諸權利）及 fundamental freedoms（基本的諸自由）。其中亦頗存有深意。「伏瑞當」一字涵義較為抽象，舊日用作多數時甚少。近日流行用為多數，可謂亦自羅斯福之「四自由」始。莫小看一個字母之差，這可以是神秘主義與平易道理之差。林德賽曾謂：『法律所保障者，與其謂為自由，不如謂為諸自由。此種改變之重要性，表現於一個字母。依舊觀點，國家應實施「自然權利」(natural right)；依新觀點，國之目的則在維護諸權利 (rights)。政治理論中之「自然狀態之法理」(law of nature) 乃被「天然的諸權利」(natural rights) 取而代之』(註二十七)。林氏的話是大有道理的。今日當聯合國的開端，世人竟能很堅定而有意地聯用「人之諸權利」與「基本的諸自由」，自此必將為自由觀念開一新紀元，乃是無可置疑的。

在本節未結束之前，尙須對「人民自由」(civil liberties) 及「人民權利」(civil rights) 兩個名詞略加解釋。這兩個名詞乃美國人所喜用。「人民自由」一詞之意義，可以包括很多。裴瑞教授謂美國人用此名詞時可以包括五樣範圍不同的自由(註二十八)。但「人民自由」一詞在政治及法律方面仍然有其確定及公共承認的用法。克什曼 (Robert E. Cushman) 教授在「社會科學詞典」(Encyclopedia of the Social Sciences) 中釋「人民自由」一條中說，此名詞主要係指個人免于政府干擾的權利而言。律師鈕曼說得最為具體，他說美國人所謂「人民自由」卽專指憲法中的「人權淸單」(卽自一七九一年十二月十五日生效的前十項修正條欵）及第十四修正條欵（一八六八年七月二十八日生效）中的權利而言（註二十九）。人身自由，言論自由，信仰自由等等均屬此範圍。這些自由乃聯邦政府及各邦政府所必須承認的。

「人民權利」一詞，依鈕曼的說法，乃專指保障個人不受其他個人侵害的一類權利而言，這些權利明白規定于聯邦憲法中之第十三、第十四、及第十五修正條欵內。奴役，私刑等制之禁止，投票權之順利行使等，均屬此範圍（註三十）。各邦且另有此類權利的保障。法理學家迭更生 (John Dickinson) 在「社會科學詞典」釋「人民權利」一條中說，這個名詞在內戰前及以後，常用作專門狹窄的意義，即指解放了的黑人的合法權利而言。

美國人對「人民自由」與「人民權利」的分稱，乃不過爲求分類上的方便，並未涵「自由」與「權利」在意義上有何根本差別。相反地，這適足證明，就較廣的意義言，諸自由即是諸權利，諸權利亦即諸自由（註三十一）。

由上面我們已經可以看到，以講求自由著名的民族所謂自由，都包括什麼意義了。就政治及法律方面言，自由永是確鑿有所指的。自由就是權利。諸自由就是諸權利。除去權利，就政治、法律、以及經濟而言，就無所謂自由。凡是超出人之某些表面生活之確定，及人生某些必不可少的最低保證之外，再談自由，便已越出基本的社會生活的範圍，而入了道德、內心、自發的 (spontaneous) 生活範圍，而這範圍便不是政治力（指較廣義的 public power）所應過問，也不是它所能過問的。所以說，除去權利，就政治方面言，便無自由可言。這也就正是民主國的人多年所講求的意義。現在並且有許多明顯跡象，這還將成爲國際民主社會所共同採用的意義。

四、自由之「器用化」

自由就是權利，並非徒託空言。民主國依着這個觀念，還有爲求得自由與權利之「器用化」(implementation) 的辦法。

我們立即須先於此辨別的，就是此處所謂「器用化」逈非黑格爾一派所謂「實現了的自由」或「具體自由」（註三十二）。這一套的神學，因爲尋求自由的本質，所以纔講自由乃理智的具體化及實現化於國及法律之中，因而把自由講成「必然」。

我們這裏祇說基本自由既經確定爲人權，就還必須求得它們的「器用化」，使權利在我們的生活中發出實際的作用來。這即是說，欲求基本自由，並非開一個「人權清單」就算了事的。確定「基本自由即爲權利」，並制訂一個「人權清單」，祇是第一步工作。如果祇這樣便能得到基本自由，那倒應該是一件比較容易的事，愛自由的人民的長期奮鬪（至今未稍歇）也就都成了庸人自擾。

講求自由與權利的國家，無不發明若干制度來維護並促進基本的自由。他們有視如至寶的「人權清單」，有永矢咸遵的憲法，有代表民意的議會，有對人民負責的政府，有公正而尊嚴的法官，有傳統優美的陪審制度 (trial by jury)，有窮年矻矻的法學家，有英才濟濟的法學院，有無數以辯護爲業的律師，有成百的以促進自由爲職志的社團，有舉國終年贊騰的言論，有與當局旗鼓相當的反對政黨（註三十三），有用以更換政府決策人的普選……所有這些制度、組織、以及個人、交織發出作用，構成強大無比的力量，經常確保着古老的自由，並促成新的必不可少的權利。

經常享用權利，纔是自由生活的實際特色。經常利用權利纔是保障權利和促進權利的最有效的方法。

愛好自由的民族之所以能建起享用權利的傳統，乃是由他們積年累月，一代又一代的人灑血流汗爭取來的。這種爭取並是不斷的從新的努力。『永久的警戒就是自由的工價』（註三十四）。『自由如同愛情，我們必須每日重新征服』（註三十五）。這種日新又日新的贏取的精神，正是自由生活的最後動力。

五、譯名並不關係重要

我們應已可以見到，愛好自由的人民所謂自由實在並非茫無所指的。逼到最低最具體處，他們所謂自由便是權利。說到權利，每件又均有專指。權利並可以列舉（列舉人權眞堪稱：如數家珍）。列舉得到一定數目，大約二十至三十條，普通便可滿意（註三十六）。故自由一經確定爲權利，它不僅立刻成爲可了解的觀念，並成了一可行的制度。

自由即權利，且爲權利制度的生活：這就是自由的確鑿意義。

在中文傳譯「自由」與「權利」都是非常困難的。這是由於我們夙來既未講過低調的自由，又沒有過權利 (right) 的觀念（註三十七）。

我國自由二字以在詩詞中較爲常見，而始終不成爲綱常中之名詞，如孝弟等。古聖賢的思想中有與西人所謂自由相似的，亦是與「伏瑞當」的玄奧意義相近。如孔子所謂『克己復禮爲仁……爲仁由己，而由人乎哉』（論語顏淵第十二），「由己」即是自由，可謂頗有「伏瑞當」奧義。又如孔子所說『七十而從心所欲不踰矩』（論語爲政第二），中庸所謂『君子無入而不自得焉』，『不勉而中，不思而得，從容中道，聖人也』，或所謂率性盡性，亦可說與西哲所講「意志自由」相類。但謂其相似最多亦不過是「比附」而已。

嚴復謂大學「絜矩」之道（即『所惡於上，毋以使下；所惡於下，毋以事上。所惡於前，毋以先後；所惡於後，毋以從前。所惡於右，毋以交於左；所惡於左，毋以交於右。』）頗與西人所講自由相近，蓋指法國（一七八九年）人權宣言第四條所提的著名原則「自由乃在不侵害他人限度內任意而爲之權力」而言。法國人權宣言中更有將倫理原則列入者，如一七九三年（即革命日曆之元年）之共和憲法前之「人及公民權利宣言」中之第六條謂『自由乃在不侵害他人限度內任意而爲之權力……其道德限度係在此格言中：己所不欲，勿施於人』(註三十八)，此格言與孔子所講恕道實完全一致。惟忖乎倫理原則與人權間之區別甚大，以此入於「人權清單」中不但無益且有淆混之弊，此義早有韓米爾頓言之在先(註三十九)。故在我國實從來未有低調而具體的自由觀念。最多亦不過可謂與西人「伏瑞當」真義或十八世紀之某些人權宣言中之倫理原則有相近處。但此二義皆非政治上所謂自由。(佛經中所謂自由自在與西人之自由最不相干，尤無法以二者相比)。

吾人在求了解「自由卽權利」說時，所遇第二困難，卽爲我國夙無「權利」觀念。我國社會史蓋似英儒梅因 (Maine) 所謂祗發展至「身份」(status) 階段，而未至「契約」(contract) 階段(註四十)，祗重尊卑主從關係而很少個人平等。故在倫常關係中祗言「人義」而不談權利。禮運篇中所舉「父慈、子孝、兄良、弟弟、夫義、婦聽、長惠、幼順、君仁、臣忠」的「十義」卽爲最好證據。這種「修十義——向辭讓去爭奪」的禮治精神與個人權利觀念完全是屬於兩個時代的，眞所謂不可同日語。加以近年來以「權利」譯 right，又極不能表達原意(說詳本書第四章)。因之更使許多不讀西書的人，見着「爭權」之「權」與「奪利」之「利」聯在一起，輒不由爲之縐眉。

從以上我們可以看到，以自由譯 liberty 失之於陳義過高，而以權利譯 right 則又失之於氣味過痰。嚴復譯自由時，凡「由」字皆代以「繇」，並解說道：『由繇二字，古今相叚。今此譯遇自繇字，皆作自繇，不作自由者，非以爲古也。視其字依西文規例，本一乎名，非虛乃實，寫爲自繇，欲略示區別而已』。他所說『其字依西文規例，本一乎名，非虛乃實』等語實甚有出處。卽洛克亦視之 liberty 或 liberties 自中世紀以來直至最近，均具體有所指。敦克且稱之爲「永恆的遺產」(entailed inheritance) 爲「財產」(property)，或「產業」(estate)(註四十一)，嚴先生說它是「非虛乃實」，可謂恰當之至。可惜他並未能專以此義爲主題而加以發揮，反而還是將「自繇」視作抽象觀念(「羣己權界論」的「譯凡例」就是嚴復的自由論)。

不過譯名並不關係重要。在第一節中我們已看到英文「列敎題」與「伏瑞當」兩字豐富及複雜的涵義，遠非其他文字所能及。在本節中我們又剛見到我國在文字及制度中實沒有西人所謂自由與權利。我們須知這些都無關重要。大凡一事一物如欲求其本質，我們立刻就要發現，它乃是不能以文字盡述的 (ineffable)。但是一件東西或一個名詞如能指定 (designate) 給它一個固定的意義系統，則任何高深的思想無不可順利推進了(註四十二)。自由亦復如此。不僅自由的本質是尋求不到的，就是甲民族所講自由，若就其整個(混然一體的)意義言，也是不能爲乙民族盡道的。因爲除非這乙民族能從頭演過甲民族的歷史，從頭產生甲民族的文化及情緒，不然祗截取它的任何一制度，依此說法，都是不可能的(註四十三)。至於不能以一國的文字譯另一國的文化色彩極濃的名詞猶其餘事。但是這類說法有無必要呢？我看是沒有必要的。因爲那正是歷史主義 (historism)。正是本質主義應用到了歷史。例如講自由，最要的卽在確定它的某幾個意義。能這樣作，同時等於揭穿了文化與文化間的神秘。自由不但立卽成爲可了解的，並且已成爲可公開學習的。譯名的問題則尤屬次要。叫它做列敎題也可，叫它做自由也可，甚至叫它作 x 亦無不可。問題全在稱它時指定給它什麽意義。

我們爲自由確定了什麽意義呢？我們說它就是權利。權利是可以列舉的，並可以使它器用化。這就是追求自由的民族幾百年來的通常講法，這個講法並已有被世人普徧採用的趨勢。

註一：閱 George Santayana, Dominations and Powers (1951), p. 58.

註二：見 Funk and Wagnalls, New Standard Dictionary of English Language 釋 liberty 一字。

註三：見 R. B. Perry, Puritanism and Democracy (1944), p. 509.

註四：John Dickinson 在他的 "Declaration of the Causes and Necessity for Taking up Arms" 的草稿中曾將「伏瑞當」及「列敎題」兩字並舉 "……basely to surrender that Freedom, Liberty and Happiness which we received from our gallant ancestors,……" 此稿附載於 J. P. Boyd, ed., The Papers of Thomas Jefferson, (1950 ff) Vol. I, p. 211. 此宣言爲美國革命史中極重文件之一，爲一七七五年七月六日在費洛德洛斐亞城所舉行的大陸會議所通過。宣言爲迭更遜與翟佛生所共草 (閱同書第一九〇頁，編者按語)。但通過之宣言，並未採前面所引迭更遜的詞句。

又據牛津英文字典，釋 liberty 一字，引十五世紀時 Caxton 的話道："Fredome and lyberte is better than ony gold or syluer." 在釋 freedom 一字時，引 Holland (大約生卒在十六七世紀之間) 的話道："They died for the Libertie and Free-dome of their Citie."

註五：Free Liberty 兩字聯用並非罕見。譬如在一五八四年三月二十五日英女王伊麗沙白 (Queen Elizabeth) 給若雷 (Sir Walter Ralegh) 的特許狀 (charter) 中卽有此用法。"We give and grant to our trustie and well-beloved servant Walter Ralegh……free libertie……to……" 文載 H. S. Commager, Documents of American History (1949), Vol. I. 翟佛生一七七六年六月所草維吉尼亞邦憲 (The Virginia Constitution) 之第一、二、三、三次草稿中 (見 Papers, Vol. I, pp. 344, 353, 363.) 及同年六月二十九日維邦制憲會議所通過的憲法中 (見 S. K. Padover, ed., Complete Jefferson (1943), p. 109)，均有下引詞句："All persons shall have full and free liberty of religious opinion……" (按普林斯頓大學所計劃出版之「翟佛生文件」The Papers of Th. Jefferson，凡翟佛生自寫及與彼合作或往還之函件等均包括在內，出齊將有五十二册。此間現在所能見到的祗有三册，時間包括自一七六〇年至一七八〇年。拙著凡有關翟佛生之徵引，在一七八〇年以

前，皆以「文件」為準，在此年後，所引則多散見各書。Padover 所編之「全集」共採入六十萬字，成一原册，距「完全」甚遠)。

Free liberty 之 liberty 另有一專指的意義，即「行動自由」之謂。例如翟佛生在某宣言稿中即有如此用法 "……the said inhabitants should have free liberty to depart out of the said town……" (見 Papers, Vol. I, p. 201.) 又美國在一七八三年九月三日與英國所訂和平條約中亦有 "……persons……shall have free liberty to go to…；" (見 Commager, op. cit., Vol. I, p. 119.)

註六：閱 Thucydides, History of the Peloponnesian War (tr. by R. Crawley in 1876), Everyman's Library ed. (1910), Bk. II, ch. 6. 文中所引語見 p. 122.

註七：閱 J. B. Bury, A History of Freedom of Thought (1928), pp. 22, 34.

註八：閱 John Stuart Mill, On Liberty, Everyman's Library ed., p. 86.

註九：閱 Ortega Y Gasset, Concord and Liberty (1946), pp. 27-32.

註十：閱 C. H. McIlwain, The Growth of Political Thought in the West, (1932) ch. IV, Rome. Carlyle 和麥克洛溫氏論斯多伊噶的貢獻，見麥氏本書第一一五頁。

註十一：參閱 Harold J. Laski 論 Liberty (此文係在一九三一年稍後寫)，Robert E. Cushman 論 Civil Liberties. 兩氏文均載 Encyclopedia of the Social Sciences.

註十二：這裏祇舉十七世紀的英國和十九世紀的美法革命，並非否認其他國家的人權運動歷史。歐洲的自由運動是有很長而複雜的背景的。關于自西羅馬帝國的混亂中演化出來的諸國，如意大利、法蘭西、西班牙、日爾曼、荷蘭、英格蘭、蘇格蘭之在中世紀的自由奮鬥史，閱 James Mackinnon, A History of Modern Liberty, Vol. I. (1906). 關于文藝復興，特別是宗教改革 (The Reformation) 對于各國政治自由運動之影響，閱同書 Vol. II (1906)。英美的自由運動比較能構成一個連續的歷史，所以學者多半都特別着重它。

註十三：閱 R. M. MacIver, ed., Great Expressions of Human Rights (1950), pp. 127-133, 249-251.

註十四：拉斯基此語見 op. cit. 及 Liberty in the Modern State (1949), p. 46.

註十五：A. D. Lindsay, The Modern Democratic State (1943), pp. 89, 247.

註十六：John C. Murray, "The Natural Law" 一文載 R. M. MacIver, ed., Great Expressions of Human Rights (1950), 所引語見第八八頁。

註十七：寇爾溫此語，見他的 The Constitution and What It Means To-day (1938, 6th. ed.), 釋 "Liberty, Property, and Due Process of Law" 一節。寇氏在同書的一九四八年版(即第十版。第六同第十，是我在此地所能見到的兩版)却將文中所引的一句取消。在這一節內新加入的意思中，有一句說，大約在一九二五年左右，最高法院將第十四條修正條欵中「自由」一詞的涵義擴及於某些「基本」權利，言論及出版自由即包括在內。

註十八：見 Safeguarding Civil Liberty To-day (The Bernays Lectures of 1944), p. 81.

註十九：「五大權利」一詞見美國最高法院首席推事 Charles E. Hughes 在 Near v. Minnesota, 1931. 案判詞中所徵引。所引原函此間查不到。

註二十：聯合國憲章中將人權與基本自由並舉的五條為：Art. 1 (3); Art. 13 (1b); Art. 55 (c); Art. 62 (2); Art. 76 (c), 第十三條之 freedom 獨被用為單數，似乎並無理由。

註二十一：見 E. H. Carr, "The Rights of Man" 載 Human Rights, Comments and Interpretations (1949). 此書為經濟社會理事會所編，著者共三十二人。所引卡爾的話，見第十九頁。

註二十二：各見 Harold J. Laski, A Grammar of Politics (1925), pp. 142, 144, 142.

註二十三：Ibid., pp. 91, 142. 拉斯基此時頗似一「格林派」(Greenite)。閱 Margaret Spahr, Readings in Recent Political Philosophy (1935), p. 528. 但 T. H. Green 為一哲學家，講「最優自我」一類的話，係發自道德哲學的觀點。若拉斯基氏以政治學立場，有無談此之必要，則更成問題了。

註二十四：比閱 Covenant of the League of Nations. 就人權與自由的觀點看，它與聯合國的憲章，可謂完全屬於兩個時代。國際聯盟的 Covenant 中祇有第二十二條(託管制度)對信仰自由及禁止買賣奴隸，及第二十三條(社會及其他活動)對男女工人及童工之人道待遇，曾有輕描淡寫之外，其餘若干條均無片語道及人權。閱 Colonel Stephen Bonsal, Unfinished Business (1944).

從 Human Rights 與 Fundamental Freedoms 兩名詞聯用的「發展史」中，可尋出一很有趣並極有意義的線索來。羅斯福在這時的意見，影響力特別大，乃是無疑的。「聯合國」這個名稱，根本就是他首先提出的 (見 Yearbook of the United Nations for 1946-47, p. 1.)。羅氏著名的「四自由」首次見於一九四一年一月六日的致國會咨文。其次在同年八月十四日「大西洋憲章」(The Atlantic Charter) 第六條內有「免於恐懼與匱乏之自由」一語 "……freedom from fear and want;……" (前引年鑑第二頁)。再次在一九四二年一月一日「聯合各國宣言」(Declaration by United Nations 此處所謂聯合各國即對軸心作戰諸國) 中曾分別提到「宗教自由」(religious freedom) 與「人權」(human rights)。又二年後(一九四四年夏秋之間)在登巴頓橡樹會議中通過的「登巴頓橡樹建議案」(The Dumbarton Oaks Proposals) 第九章內我們第一次見到「人權與基本自由」(human rights and fundamental freedoms) 一個詞句的使用 (見前引年鑑第八頁)。又一年 (一九四五年四月二十五日) 聯合國籌備會議開幕於舊金山。會中中美英蘇四發起國提出一「登巴頓橡樹建議修正案」(Amendments to the Dumbarton Oaks Proposals)。在此「修正案」中，共有五次提及「人權」，分見於：ch. I, 3; ch. V, B. 6; ch. IX, A, 1; ch. IX, C, 1; ch. IX, D, 1. 其中除 ch. IX, D. 1. 內祇言「人權」未言基本自由，及 ch. V, B. 6. 內用 "human rights and basic freedoms"，其餘三次均用「人權與基本自由」(human rights and fundamental freedoms) 一詞 (「修正案」見前引年鑑第一四至一七頁。關於「修正案」較詳記載，閱 The United Nations Conference on International Organization, San Francisco, April 25-June 26, 1945. U. S. Government Printing Office (1946)。第九十二至一一五頁)。所以「人權與基本自由」的聯用，雖始於「登巴頓橡樹建議案」，實定於舊金山四國之「修正案」。這樣一個詞句在使用上的發展有甚麼意義呢？我看最少有兩個：一、有藉此紀念新故羅斯福總統的意味，因他在最後幾年中曾再次强調自由與人權的重要；二、德日等國肆意蹂躪人權的情形漸漸大白於世，已引起世人對於人權的密切注意。

由於以上的情形，再加上近幾年來蘇俄這位聯合國中的「格外民主的同志」"an ultra-democratic comrade"是桑塔雅那加給蘇俄的絕妙稱呼，見他的 Dominations and Powers (1951), p. 246.）和他的附庸國之盡情奴役國民，使我們相信，聯合國自籌備始，至於如今愈益强調人權與自由，決不是無病呻吟，而是由於受了空前的刺激，纔發出的大聲疾呼。

註三十五：羅斯福自稱為："Second Bill of Rights"的，即他於一九四四年一月十一日致國會咨文，載 H.S. Commager, ed., Documents of American History, Vol. II.

註三十六：關于必不可少的經濟生活保障，閱 A.D. Lindsay, The Modern Democratic State (1943), Vol. I, pp. 247-48. 林氏認為權利的保障應包括經濟生活在內，乃為原有的權利原理之「當然的擴張」(logical extension)。並閱 K.R. Popper, The Open Society and Its Enemies (1952), Vol. II, pp. 125 ff.

註三十七：A.D. Lindsay, op. cit., p. 83. 林氏所指出的一個字母之差，可謂不僅是權利學說之內容上的改變，實構成了方法 (methodology) 上的改變。

註三十八：見 R.B. Perry, op. cit., p. 527.

註三十九：閱 Edwin S. Newman, The Law of Civil Rights and Civil Liberties (1949), p. 1.

註三十：Ibid., pp. 73-74. 另外參看 A.M. Schlesinger, Jr., The Vital Center, pp. 189-190.

註三十一：參閱 Osmond K. Fraenkel, Our Civil Liberties (1944). 費瑞克洛雖亦稱美國「人權清單」中之權利可分為兩類，但他並未重視「人民自由」與「人民權利」的區別。費氏書與鈕曼之書均為通俗之作，對于一般讀者甚有用。

註三十二：見 Hegel 的 Philosophie d. Rechts, §4 及 §260. 第四節有曰"……und das Rechtssystem das Reich der verwirklichten Freiheit, die Welt des Geistes aus ihm selbst hervorgebracht, als eine zweite Natur, ist." 第二六〇節有曰"Der staat ist die Wirklichkeit der Konkreten Freiheit;……" Sämtliche Werke, neu hrsg. von H. Glockner, Bd. VII (1928).

包三癸 (Bernard Bosanquet) 類似的話，見他的 The Philosophical Theory of the State (1st ed. 1899; 3rd ed. 1920), pp. 188-193.

註三十三：兩黨政治對于自由是有極大貢獻的，這一點許多人都不注意。請讀：Robert E. Cushman, "Civil Liberty and Public Opinion"載 Safeguarding Civil Liberty To-day (1945), esp. pp. 87-88. Arthur N. Holcombe, Human Rights in the Modern World (1948), pp. 114-115. 詹寧士 (W. Ivor Jennings) 教授在「英國憲法」一書中曾說：『自由的象徵，就是英王陛下的反對黨』。見 The British Constitution (1941), p. 226. 並讀 Sir Cecil Carr「英國之人權與基本自由」載聯合國所出版之人權年鑑 Yearbook on Human Rights for 1946, esp. p. 318.

註三十四：語見 Harold J. Laski, Liberty in the Modern State (1949), p. 61.

註三十五：Henry W. Nevinson 的話，原見他的 Essays in Freedom, p. XVI. 拉斯基引錄在他的「政治典範」的卷首。閱拉氏所說類似的話，見 Liberty in the Modern State, p. 172.

註三十六：F.A. Ogg and P.O. Ray 在 Introduction to American Government (1951) 一書中謂人權並不能數盡 (pp. 126-127)，實為一膚淺之說。其實一時所舉不出的權利，儘可作一種保留，如美國聯邦憲法及邦憲中均有此類保留條欵。關係重要的乃在需要列舉者究為何等條欵。而這些條欵却沒有不可以列舉的。

註三十七：關于 right 之意義，詳解見本書第四章「權利之性質」。

註三十八：法文資料，此間不可得。兩「宣言」英譯見 R.M. MacIver, ed., 前引書之附錄。前清華大學政治哲學教授浦薛鳳氏關于此點另有一段極有趣的述評。閱浦著「西洋近代政治思潮」第五章第一二三節。浦逖生教授引一七九五年法國憲法中所謂人民之義務係以兩大原則為本：『己所不欲，勿施於人（佛泉按：此語在一七九三年憲法之人權宣言之第六條中作為權利之限制）。欲人施己，已先施人』（義務第二條）。浦氏謂『是直以孔子與耶穌之道德格言列入宣言條文之內！而第四條，『惟為良好人子，良好人父，良好兄弟，良好友朋，良好人夫者，始為良好國民』云云，恐令今日讀者啞然失笑。倡議及採納此類條文者，其志固可嘉，其情更可憫，然其愚亦正不可及。一七九五年訂憲諸公對於祗談權利而不談義務之有流弊似已覺悟，但對於空洞口號紙上具文之無補於實，似未能領略；否則，格言箴訓式之條文豈當列入憲法』。

註三十九：Alexander Hamilton 反對以「格言」列入「人權清單」如美之數邦所為，他以為格言應載入倫理學著作中，而不宜於列入憲法中。見"Federalist" no. 84. 韓氏此文寫於 1788.

註四十：Sir Henry Maine, Ancient Law (1861) ch. V.

註四十一：John Locke 所用 property 一字包括 life, liberty, health, limb, goods, estate 在內。見他的「論政府兩編」的下編第六及第八十七等節。Edmund Burke 的說法，詳於 Reflections on the Revolution in France. 文中所引「遺產」等字見於 W.T. Jones, Masters of Political Thought, Vol. II, (1947), p. 348. 節錄。

註四十二：這種說法，乃科學方法論共同所講。可閱 F.S.C. Northrop, The Meeting of the East and West, An Inquiry concerning World Understang (1st ed. 1946; 8th printing 1952); The Logic of the Sciences and the Humanities (1949).

註四十三：閱 Ortega Y Gasset, Concord and Liberty (1946), p. 47. 格塞特在這方面的意見就是最好的代表。他說：『制度是不能移植的 (untransferable)』。他說：『假設我們將制度拔出本土，我們從那裏砍它下來？』任何一制度的起點和終點都沒有清楚的界線。『如想將一制度由一民族移到另一民族，就必須將前一民族實實在在的完全帶過去』。這當然是 Burke, Maine等人的舊調新彈。他們的眞正錯處在錯述了問題。我們根本未曾需要「移植」制度。

韓國通訊

韓國濟州島戰俘營生活素描

——一個反共的中共戰俘寄自南韓濟州島(道)慕瑟浦聯合國戰俘營的一篇真實報導——

向自由

如今板門店又恢復了冗長而得不到結果的和平談判。沒有問題的，遣俘問題將是成功或失敗的關鍵。無論如何，我們現在濟州島的一萬五千名愛國反共青年必以決死之心，堅決地要求回到自由祖國臺灣來。我們也知道，到自由祖國的路是非常遙遠而困難；我們在戰俘營裏已經呆上了兩個年頭，我們都準備再以相當的時間忍耐和奮鬥，來達成我們這一個願望。

自從我們脫離匪軍陣營來到自由世界兩年以來，我們這一些愛國青年曾經用種種方法，向自由祖國表達我們的意願。我們看到了自由祖國報章雜誌對我們的同情慰問，以及天主教會紐約主教史蓓爾曼參觀我們戰俘營之後，把我們的消息帶給自由祖國，而寫給我們的慰問書函，都使我們感激淚下。所以我們願藉着這個機會，請貴刊(自由中國)將我們的生活情況，以及照片刊出，以便自由祖國能夠給予我們更多、更寶貴精神上的鼓勵。

我們是怎樣來到濟州島的

巨濟島聯合國戰俘營裏面約兩萬名中國籍的戰俘，除了數百名匪幹，及一二千名被脅迫的可憐蟲，還有一些因在戰場上受傷而也願意在無可奈何的心情之下回到共匪盤踞的中國大陸

去的戰俘，總計不過五千人之外，我們一萬五千八，不計未來困難和生死，終於在一九五二年初的「審查」之後，聯軍戰俘營司令官布特納准將 (Brig. Gen. Boather) 便下令把我們這一萬五千名 (編者按：精確數為一萬四千三百六十九名) 反共的戰俘運到濟州來，以便和那些頑固的共匪分開。

我們在濟州島的生活狀況

我們這一萬五千八是在「審查」之後，從巨濟島乘坐美軍運輸艦分幾批來到濟州島的。離開巨濟島前，我們因為懼怕聯軍把我們送回匪區，曾一度拒絕移動，後來經過美軍官員、在我們戰俘營佈道的牧師以及來自臺灣之老師們的勸說、解釋，我們才敢上船來濟州島；可是，我們之中大多數的同伴都準備好了小刀，我們決心在必要時和出賣我們的任何人們同歸於盡。事實上我們的顧慮是多餘的，可是在我們，這是極其自然的事。因為脫離共匪魔掌之後，我們的心情，一直是有餘悸的。去年為要從大鐵絲網遷到小鐵絲網，我們和聯軍方面又幾乎發生很大的不愉快。聯軍戰俘營管理當局，為了管理方便起見，準備把我們從範圍較大的戰俘營，遷往較小的戰俘營，這在聯軍當局認為是極其

合理的事。而我們則認為，聯軍不應把我們和共匪頑固份子一樣看待。至少，在精神上我們應當從聯軍方面得到些鼓勵。後來，雖然我們還是遵守命令，遷往小鐵絲網去。可是此事在我們中間多少留下一些不良印象。

濟州島是韓國最南方之一大島。氣候較韓國大陸溫暖，物產也豐富，據美軍官員告訴我們說，要我們到此處來是要我們在這個島上種田開墾，以改善我們漫長歲月的戰俘生活。事實上我們自到濟州後，除了在去年九十月間，曾在戰俘營裏面種了些菜蔬之外，其他許多計劃皆因種種關係，未能實現。

我們這許多戰俘同伴們最早的是在黃草嶺之役中就投向聯軍，而大多數是在五次戰役中投過來的（例如匪軍的一八三師，即在此役中全部瓦解，我們戰俘也以匪軍一八三師的人為最多），最近一年來，因前線無大接觸，匪軍也無機會投降，所以過來的人不多；但一年半以來，也陸續有幾百人過來，來得最遲的便是去年六月的一批。一年半以來，我們戰俘營的生活，除了由巨濟島遷往濟州島是一件大事而外，其他一切都非常平靜。

巨濟島戰俘營最早成立於民國四十年五月。一直到同年八月，我們的同伴，才慢慢地自前線轉移到巨濟島

濟州島戰俘營大門前牌坊。牌坊右邊所書者為"一顆心回臺灣"，左邊為"一條命滅共匪"。鐵線網外守衛者為美國憲兵，網內守衛者為戰俘。牌坊上所懸之旗，中為聯合國旗，右為中國國旗，左為美國國旗。

來。這時東京的盟總民教處，也正式成立，來推進教育我們民主課程的工作。從八月到十月底這一段時期，因爲臺灣的老師們還沒有來，故課程都由我們自己裏面教育水準較高的人任教，而由民教處在韓國僱用懂得中文的韓國平民僱員擔任紀錄，以考核我們的見解是否有悖聯合國對我們所實施的教育原則。在這一段時期，我們戰俘們，用最大的努力，來分析朱毛匪黨的出賣中華民族利益的行爲，說明自由祖國臺灣的力量在日漸增長，以加强我們必能得到自由、與回到臺灣的信念。我們更互相勉勵，我們要不負聯合國對我們學習民主的期望。我們擔任課程的戰俘同件們，頗獲得在東京民教處與斯彭 (Osborne) 先生及戰地工作組主任奧勃郎 (O'brien) 中校的信任和讚賞。

濟州島戰俘營慶祝四十一年國慶日所紮之牌坊。其上爲國旗及國父與總統像。

到四十年十一月初，我們的老師們來了。這眞使我們高興以極。我們從老師的口裏，不但得知自由祖國的消息，給我們在精神上以莫大鼓舞，給我們帶來以無比的信念——使我們相信一定能夠恢復自由，一定能夠回到臺灣。記得一位老師曾經在他第一次給我們上『中國簡史』課的時候，勉勵我們說：『諸位同學：中國歷史是研究我們的祖先怎樣在困苦中創造中華民族的光輝紀錄，諸位破除萬難，來到韓國，我們何幸能在此時此地一同研究我們祖先的活動紀錄。……我們知道中華民族愈是在困苦之中，愈是能夠堅忍不拔的站起來，這在歷史上，可以找到多少例子來作證。……我們在東京時，便聽說諸位在此堅忍不拔地在工作在學習。諸位不要以爲自己是戰俘而小看自己的責任。要知道諸位每一個人都在爲我們自由祖國辦理國民外交，諸位在此良好行爲的表現，及學習工作的努力，都可以促使諸位的早日恢復自由。諸位已經表現得很好，我們願與諸位共勉，在此保持我們大國民的風度。……』老師的話說完以後，我們同組的一千五百餘同伴們，便掀起了歷時數分鐘不斷的掌聲，有的同伴竟感動得淚下。自此以後，我們便開始我們第二階段的民主學習，一直到濟州島爲止。在這一段時期，因爲老師們的諄諄教導，使我們更進一步認識了民主的眞諦。

我們到濟州島後，因爲一切都要從頭作起，首先我們要把自己的生活安頓下來。一個月之後，即開始第三期教育。在巨濟島，我們注重理論，在濟州島便注意實習。我們去年九月間，便實習了如何進行選舉。我們的選舉，是以美國總統競選爲楷模，例如提名、發表競選演說、以及秘密投票等方式。在戰俘營進行假選舉，這種民主生活體驗中，我們得到了不少寶貴的智識。因爲我們到濟州島來的戰俘，都是反共的，所以聯合國對待我們較之在巨濟島時期，自由得多。上課老師們因爲不夠分派，一部份改由我們自己擔任。紀錄的人也取消了。不過進度方面，因爲要修造房屋及改善環境等，工作忙碌，沒有在巨濟島時進行得快。但我們對于學習的情緒仍然不減。

我們到濟州島以後，最大成績便是文盲學習的飛快進步。根據在巨濟島的調查，我們同伴當中共有文盲三千五百餘人。在巨濟島因爲時間所限，故未能進行文盲教育，到濟州島後，因爲書本——在東京編的平民千字課——已經運到，所以很快地開始教育文盲的工作。文盲教育自去年五月開始，現在進度快的，已念完了第六冊，慢的也進行到第四冊。這些文盲們的學習精神，眞是令人感動。因爲聯合國無法供應大批紙張和鉛筆，所以我們設法用別的東西代替。濟州島的美軍不少，本來紙張鉛筆都不成問題，而且民教處也有得發，可是數量太少。所以我們也只有自己設法。譬如，民教處發給我們的鉛筆，我們把牠分成三段，分三個人來用。紙張每個人一月也分不到一張，我們就用草紙、包洋灰的牛皮紙、包香烟的紙、及一切可以利用的紙，來釘成本子抄課文(我們六個人才有一本書)。物質條件愈是困難，我們愈是感覺到學習的可貴。我們都知道，將來打回大陸以後，每個人都要負起建國的責任來。現在我們三千五百人當中，有三千人已經不再是文盲，多數的人已能寫簡單的信，並且能閱讀報紙。有三百人學習成績不佳。有二百人因種種關係

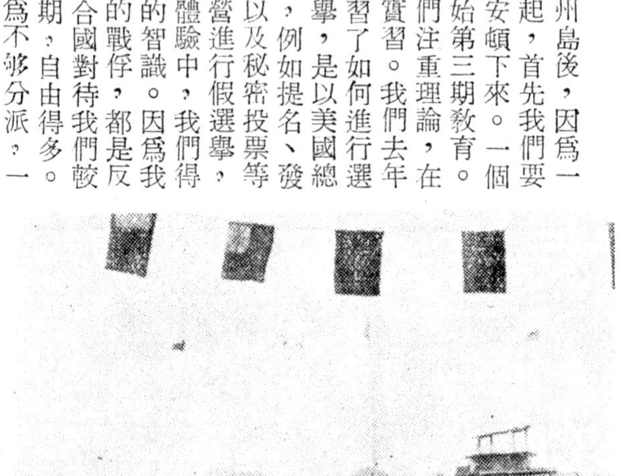
濟州島戰俘營慶祝四十一年國慶日之歡樂情景，圖爲化裝高蹺表演。

，而根本無法學習。

除此項教育之外，民教處還為我們準備了其他教育的課程，例如農業教育及生活就業教育（包括鐵工、白鐵工、縫紉、理髮等實習）。

這些生活就業教育，都是採取自由方式任我們參加的，聯合國主旨是要使我們每個人都能有機會參加每一種教育的機會。

農業教育在去年九月開始的，我們三個聯隊種植白菠菜及青椒等蔬菜，此不僅解決我們一部副食問題，而且還使幾百個戰俘同伴學得了種菜的智識。去年十月間，我們三個聯隊收穫的菜蔬，總共不下十萬斤。

鐵工、白鐵工、縫紉、理髮等工作，因為設備不全及生產材料所限，我們僅能有少數的人實習。我們利用廢物生產我們自己的用具，去年我們呈獻給蔣總統的壽禮，便是利用罐頭盒子作成的。

我們反共戰俘營中，亦有少年學校的設立。我們共有少年戰俘三百八，年齡自十五歲起到十八歲止。他們正和我們一樣，是被共匪逼迫出來參軍的。少年教育開始於前年十二月間（在巨濟島時）。目前最高班是小學六年級。他們的進步非常快。最困難的是教科書。前年我國駐韓大使館會以百餘冊教科書相贈，但目前已付缺如，尤其缺乏高中各項及童軍教科書。亟盼自由祖國，能設法經東京民教處送一些給我們。

聯合國戰俘營管理當局，是不許我們作軍事性質的體操的。但我們一萬五千名反共愛國青年，深深地知道，我們有一天，一定要回到臺灣來的，一定有機會拿起武器去向共匪復仇；所以我們每天早晨要作四十分鐘的體操，我們作制式教練，復興體操。去年雙十節，我們戰俘營舉行盛大慶祝，戰俘營最高階級上校司令官會到我們每一個聯隊，向我們講話，要我們遵守聯合國戰俘管理條例，服從聯合國官員命令。我們並進行分列式，給他們看看我們的體格及精神的表現。

我們的娛樂

戰俘營的生活白天是整天的忙碌，到晚上應當有些娛樂，以調劑精神上的疲勞。

我們在巨濟島時，有教育電影看。我們最愛看的是新聞片，尤其是喜歡臺灣新聞報導，可惜臺灣新聞太少了，使我們有不能滿足之感。我們每看到臺灣的新聞報導，便更加思念臺灣。到濟州島後，已好久未看電影了。

我們在巨濟島和濟州島都有民教處的上課教室。晚上，我們經常作話劇及平劇的演出。話劇都是我們自己根據在匪區的慘痛經驗而編出來的劇本，詞句、結構雖屬不够水準，但是因為事實逼眞，所以非常動人，同伴們都百看不厭。我們每聯隊都有京劇團，每週差不多都有演出。欣賞京戲的人特別多，可惜唱旦角的人太少，所以戲目是非常受限制的。

我們戰俘營又有廣播電臺——所謂廣播電臺也者，便是在每一個戰俘營裝十幾具擴音器而已。廣播節目以教育性的為多，但也有娛樂節目。最初的娛樂節目只有西樂，後來便有了平劇唱片，使大家都非常高興。而且我們京劇團，也可以設法排演新的戲目。

總之，聯合國是在使我們儘量愉快地渡過這一段漫長的歲月的。

我們的目標

我們在慕瑟浦的一萬五千名反共愛國青年，絕大部份是自動向聯軍投誠的。我們投奔自由世界的目的，絕不是要到戰俘營來吃白米飯和穿美軍呢子制服。我們不甘為共匪作炮灰，要到自由中國去。我們一心只要能到臺灣，把再生之身，獻給國家。

我們以為到聯軍陣營以後，即可回到臺灣，而今天還被拘留在戰俘營中。戰俘營中生活不能算壞，可是除了自由對我們有其最大意義而外，我們還需要甚麼呢？從我們作戰俘起，便聽到和談的消息，我們始終怕被遣返匪區。每一次和談消息，都給我們帶來大的恐懼。自從前年十一月臺灣來的老師到戰俘營以後，我們便經常地從老師們那裏得到最大的鼓勵。老師們常勸勉我們說：「您們的自由，已經得到了一半，另外的一半，仍要您們用忍耐、奮鬪、甚至犧牲去爭取」。這也正如去年我們為了反對遷往小鐵絲網時上書給克拉克將軍的話一樣：『……我們這一羣從火海中得到生命和自由的人，並不是坐在沙發上，來空談自由民主，……我們的生命也不像一般人想像得那樣寶貴，在必要時，我們會以我們的鮮血來爭取我們的自由，正像我們不怕共匪屠殺而逃向自由世界一樣。』

馬來亞華僑統計

李銳華

華僑是馬來亞的主力

馬來亞華僑，現爲馬來亞人口最多的民族，約二百八十萬，馬來人反居第二位，約二百七十萬，印度人亦有六十萬，其他各民族，共約數萬人而已。據近二十年來馬來亞英政府歷年發表之統計，各族人口演進情形如下表：

	一九三一年	一九四七年	一九四九年	一九五〇年
華僑	一,七〇四,四五二	二,六一五,〇〇〇	二,七五六,一〇四	二,八〇一,〇〇〇
馬來人	一,九二九,〇四四	二,五四四,〇〇〇	二,六七二,八五三	二,七〇五,〇〇〇
印度人	六二一,八四七	六〇〇,〇〇〇	六三一,五九〇	六三七,〇〇〇
歐籍人	一〇三,四七一	一九,〇〇〇	三三,四八〇	三三,〇〇〇
混種人	一五,九九九	一九,〇〇〇	二〇,六五九	二一,〇〇〇
其他	五七,六七六	五二,〇〇〇	五五,五〇六	五八,〇〇〇
總計	四,三四七,七〇四	五,八四九,〇〇〇	六,一六〇,一九一	六,二五五,〇〇〇

自一九三一年至一九四七年的十五年間，華僑增加之速，遠非其他民族所能及。一九三一年時馬來人原多於華僑，今則華僑後來居上了。在一九四七年至一九五〇年的三年中，當地政府雖嚴格限制華僑入境，但各民族之增加率，馬來人爲百分之六點三，印度人爲百分之六點二，華僑爲百分之七點二，仍居首位。足見人口的增加，乃是自然的趨勢，不是人力所能抑制的。

在上表所列各民族中，除華僑爲一個單純的民族外，其他各民族派系雜陳，共有五十餘單位，從最開化民族，到原始民族，應有盡有，故馬來亞有『民族博覽會』的稱號。在馬來亞的馬來人，包括馬來西亞（Malaysia）各部族，以務農捕魚爲主要職業，性疏惰，無進取心，故在各種事業上的成就，不及其他各民族。印度人包括印度人，巴基斯坦人（合稱印巴人）及錫蘭人等。印巴人富者多經營寶石商及布疋商，貧者多居膠園中，受人雇用，從事割膠工作。他如清理公私花園，掃除公路街道，以及駕駛汽車等，亦爲印巴人的行業。錫蘭人大都任政府的書記職務，其業商者亦不少。在馬來亞的歐籍人，以英國人較多，除軍人不計外，共約二萬人。他們是馬來亞的殖民者，大多任政府首長及高級職員，各大膠園及礦場主人，及各大公司經理等。其次荷蘭人，在馬來亞約有千餘人，他們在馬來亞金融界也很有地位。在星加坡，荷蘭人設有貿易會，荷蘭商業銀行及鹿德丹公司。工業方面，荷蘭人設有釀酒廠製冰廠等。荷蘭人在星加坡經營之KPM輪船公司及KLM航空公司，業務也很發達。美國在馬來亞僑民亦有千餘人，所營各種企業，最著名的有美孚油公司，德士古公司，花旗銀行，美國總統輪船公司等。在馬來亞內地，還有許多原始民族，他們的種類很多，最大者有沙蓋族（Sakai）西麗族(Semangs)惹昆族(Jakuns)及矮黑人（Negritoes）等。這些原始民族，才是馬來亞的眞正土著民族，馬來人侵入後，他們被驅入山中，茹毛飲血，華僑稱他們爲山蕃。據一九四七年英當局統計，山蕃約有三萬五千人，以沙蓋人最多，矮黑人次之，惹昆人又次之，西麗人最少。以地區言，則以彭亨最多，霹靂次之，吉蘭丹，雪蘭莪又次之，其他各州，均有少許。山蕃又分熟蕃與生蕃，近數十年來，熟蕃常與華僑接觸，交易往來，頗能融洽，且富合作精神。在馬來亞北部，還有一種半開化民族叫做暹暹人（Samsams），散居吉打內地。北起古邦巴蘇(Kubang Pasu) 巴東德勒（Padang Trap），西下至華玲（Baling）及高烏（Kroh）一帶以內之地，爲暹暹人繁衍地區。相傳古代吉打暹羅兩國發生戰爭時，一部分暹羅人被擄至吉打，和馬來人結合，後裔即爲暹暹人（見一九四五年十二月一日檳榔嶼公報(Pinang Gazette)。所以暹暹人的語言，爲暹羅與馬來混合語，外貌頗似馬來人，但與馬來人的生活信仰又不同。馬來人信回教，暹暹人信佛教，馬來人行一夫一妻制，暹暹人行多妻制，女子地位很低，被視爲貨財，落後社會，大都如此。

以上這些民族，都不是馬來亞的主要成分，他們對於馬來亞，也沒有什麼特殊貢獻，只有華僑，才是建設馬來亞的主要力量。馬來亞的一切重要社會事業，無一非華僑所創辦。華僑是馬來亞的開發主力，華僑是馬來亞的生產主力；沒有華僑，馬來亞就沒有繁榮。前海峽殖民地總督瑞天咸（Sir Frank Swittenham 一九〇一——一九〇四年）在他所著的英屬馬來亞（British Malaya）一書中載稱：

『馬來亞諸邦之收入，大部靠錫鑛，開始錫鑛事業者，厥爲華僑。他們繼往開來的努力，所產錫鑛佔全世界產量一半以上。他們的能力和經營，使馬來亞成爲今日之馬來亞。馬來亞政府及人民所受華僑恩惠之大，誠非言語所能形容。他們都刻苦耐勞，精幹守法。在白種人未到馬來亞之前，他們早已是鑛業主人，及商人，有時又是種植人，有時又是漁夫。

『曩者馬來亞建築公路及其他公共事業，均爲華僑出資創辦，政府方面之開支，亦由華僑負擔。昔日華僑固爲開礦先驅，今猶如昔。他們深入草莽，開發森林，披荊斬棘，不顧危險，常因氣候惡劣，致罹疾病，華僑非但是礦業人士，亦爲樵夫，木匠及泥水匠。政府的建築，幾全爲華僑所包辦；公路、橋樑、鐵路、水廠，亦泰半出自華僑手。當歐人懾於冒險時，華僑擕其全部資本，經營商業；由於華僑之汽船，使海峽殖民地與馬來諸邦間之交通，得以溝通。華僑又帶入大批勞工，開發富源。政府歲收，十分之九，取自華僑之工作及稅捐。讀者當可即時瞭解，華僑勞工及其經營，對於馬來亞發展之功績。』

這兩段話，把華僑對於馬來亞的貢獻，叙述已夠清楚了。

馬來亞華僑分佈概況

（一）星加坡——星加坡爲三州府（星加坡、檳榔嶼、馬六甲）之首邑。十九世紀初年原爲一荒島，島上居民僅二百餘人，其中華僑約三十人。一八一九年萊佛士 (Stamford Raffles) 抵星後，重用華僑開闢此島，華僑斬荆棘，闢草萊，百餘年間，星加坡已成爲南洋第一大埠，人口增至百餘萬，爲馬來亞人口最稠密之區。茲據星加坡英政府先後發表的統計，星加坡各族人口增進情形如下表：

	一九二一年	一九三一年	一九四七年	一九五〇年
華僑	三一七、四九一	四一九、五六四	七五七、三三三	八〇一、五九四
馬來人	五八、五二〇	六六、一七三	一一九、九七一	一二六、五四三
歐籍人	六、二三一	八、一二五	一〇、二三〇	一二、三〇四
混種人	四、四二一	六、九〇三	九、五四四	一〇、二七二
印度人	三二、四五六	五〇、八六〇	七〇、三九七	七四、四七七
其他	五、七六三	八、三三三	七、七六九	九、三五四
合計	四二五、九一二	五五九、九四六	九七五、一一三	一、〇三四、八四四

星加坡居民，華僑佔絕對大多數，馬來人現僅及華僑七分之一，印度人不及華僑十分之一，其他各族人口與華僑相比，則更微不足道了。

（二）檳榔嶼與威利士——檳榔嶼爲英國在馬來亞最早殖民地，十九世紀中葉，已爲一繁盛城市，人口約六萬。一八六七年海峽殖民地交由英政府直轄後，三州府因獎勵開發之故，人口激增。檳威人口，本世紀初年，已達二十餘萬人，現則增至四十餘萬人，華僑幾佔一半。詳細統計見左表（註二）

	一九二一年	一九三一年	一九四一年	一九五〇年
華僑	一三五、二八八	一七六、五一八	二三〇、六七九	二六三、〇〇〇
馬來人	一〇三、三八二	一一六、八三二	一一九、九一三	一四四、〇〇〇
印度人	五三、三三九	五八、〇二〇	六〇、五〇三	五九、〇〇〇
其他	五、三二六	六、四八一	七、九五二	七、〇〇〇
合計	二九七、三三五	三五七、八五一	四一九、〇四七	四七三、〇〇〇

檳威二十餘萬華僑，散居城鄉各地，檳城約有十五萬，巴力浮羅 (Balik Pulau) 約一萬五千，北海 (Butterworth) 約二萬四千，大山脚 (Bukit Mertajam) 約二萬七千，高淵 (Nibong Tebal) 約一萬七千。這是檳威華僑較多的幾個區域。在檳榔嶼島上，華僑多於馬來人，但在威利士方面，馬來人却多於華僑。

（三）馬六甲——馬六甲爲歐人在東方最早的殖民地，葡萄牙荷蘭統治時代，因治理不善，衰微不振。英人接治後，獎勵開發，情形逐漸好轉，人口亦漸增多。太平洋戰爭期間，馬來亞各地動蕩不安，獨馬六甲因地位偏僻，且米糧充足，各地居民，紛紛遷來馬六甲避難，從事耕種。故在太平洋戰爭期間，馬六甲人口激增。本世紀初年，馬六甲人口僅十萬人，一九二一年英政府統計爲十三萬五千餘人，一九三一年統計爲十八萬六千餘人，一九四七年統計，增至二十三萬九千餘人，現則增至二十六萬，其中華僑約十萬，馬來人約十四萬，印度人約二萬，其他各族不過千餘人而已。十萬華僑中，大部分散居在下面幾個區域：馬六甲市區約有四萬人，亞羅牙惹(Alor Gajah)約有二萬人，野新(Jasin)約一萬七千人，中部各鄉鎮共有二萬餘人。這裏的華僑，居留的年代最久，許多地方，保存着祖國古代的遺風。

（四）雪蘭莪、森美蘭、彭亨、霹靂——雪蘭莪、森美蘭、彭亨、霹靂爲舊馬來聯邦 (The Federated Malay States)，華僑稱爲四州府，此四州自古爲華僑採礦區，各礦場附近之地，華僑早已聚居成市，例如怡保、太平、安順、芙蓉、金寶、吉隆坡等均因錫礦而繁榮。因爲錫礦業發達的關係，其他各業亦平行向上發展，一切重要企業，幾乎全爲華僑操持。所以在此四州中，華僑亦佔最重要地位，與三州府情形相彷彿。據一九四七年馬來亞英政府統計：四州府華僑共一百零八萬九千餘人，居首位，馬來人共八十五萬一千餘人，印度人共三十六萬五千餘人，其他各族共約三萬四千人而已。四州府的華僑，又以霹靂爲最多，有四十七萬四千餘人，雪蘭莪有三十八萬八千餘人，森美蘭有十二萬三千餘人，彭亨有十萬四千餘人。四州府華僑一萬人以上的城市，有下列各處：

雪蘭莪		（包括市郊）
	吉隆坡(Kuala Lumpur)	一四九、三五四人
	瓜拉雪蘭莪(Kuala Selaugor)	四一、五〇九人
	瓜拉冷吉(Kuala Langat)	三四、六六九人
	巴生(Port Swittenham)	四四、一一〇人
霹靂		
	怡保(Ipoh)	一〇五、〇九一人
	太平(Taiping)	二四、五五八人
	金寶(Kampar)	四一、一三七人
	江沙(Kuala Kangsar)	三八、六八七人
	馬都牙也(Batu Gajah)	四四、七〇一人
森美蘭		
	芙蓉(Seremban)	五一、八一五人
	瓜拉比勝(Kuala Pilah)	二五、〇三八人
	波德申(Port Dickson)	一五、九三八人
彭亨		
	文冬(Bentong)	二〇、七七〇人
	勞勿(Raub)	一六、三〇九人
	淡馬魯(Tembeling)	二一、二一六人
	關丹(Kuatan)	一八、七九八人
	立卑(Kuala Lipis)	一二、四六五人

（五）柔佛——柔佛地近星加坡，交通便利，商民往來頻繁，一九五〇年英政府統計有人口八十萬，華僑佔三十七萬九千餘人，居首位；馬來人有三十五萬四千餘人，其他各族僅數萬。華僑一萬人以上的城市有下列各處：

新山(Johore Bahru)	三八、七〇三人
蔴坡(Muar)	六六、四五〇人
峇株巴轄(Batu Bahat)	五八、八七二人
昔加末(Segamat)	三九、〇八五人
哥打丁宜(Kota Tinggi)	一九、三三五人
笨珍(Pontian)	二八、二二五人

（六）北馬四州——吉打、玻璃市、吉蘭丹、丁加奴四州，是華僑最稀的地區，却是馬來人最密的地區，這和馬來半島西南各州的情形完全相反。據

一九五〇年英當局的統計，此四州各族人口比例如下：

	華僑	馬來人	印度人	其他
吉打	一三四,〇〇〇	四〇〇,〇〇〇	五四,〇〇〇	一〇,四九〇
吉蘭丹	二四,〇〇〇	四二七,〇〇〇	五,〇〇〇	六,一六〇
丁加奴	一六,〇〇〇	二二四,〇〇〇	二,〇〇〇	五二〇
玻璃市	一三,〇〇〇	五七,〇〇〇	二,〇〇〇	二,一六〇

在北馬四州中，華僑幾乎全部集中在幾個城市上，鄉間全是馬來人的天下，卽使是在城市上，華僑人口也比馬來人少。華僑一萬人左右的城市，在吉打有亞羅士打 (Alor Star)，双溪大年 (Sungei Patani)，瓜拉勿打(Kuala Muda)，居林 (Kulin)，吉蘭丹之哥打峇魯 (Kota Bahru)，丁加奴之瓜拉丁加奴(Kuala Trengganu)等。玻璃市華僑最少，大多聚居加央(Kangar)及巴東勿剎(PadangBesar)二地。北馬的華僑，大都經營樹膠、米餃、油餃、碩莪粉廠。近年來因各項產品，銷路停滯，華僑工商業大受影響。

華僑的祖國籍貫

南洋華僑，大都來自閩粵桂三省。三省華僑中，又分閩南人(以厦門爲中心)，廣府人、客家人、潮州人、海南人、福州人、福清人、興化人、及廣西人九大系。近若干年來，三江（閩廣以外各省，華僑概稱三江）人士南渡從事教育和文化工作者亦多，但比較閩廣華僑人數及其在經濟上之地位，就微不足道了。

馬來亞各系華僑歷年人口比較(註二)

	一九二一年	一九三一年	一九四七年
閩南人	三七九,〇二八	五三八,八五三	八二七,四一一
廣府人	三三一,七五七	四一七,五一六	六四一,九四五
客家人	二一七,六九七	三一七,五〇六	四三七,四〇七
潮州人	一三〇,〇三六	二〇八,六八一	三六四,三三三
海南人	六八,三〇〇	九七,五六八	一五七,六四九
廣西人	九九八	四六,〇九五	七一,八五〇
福州人	一三,八三一	三一,九〇八	四八,〇九四
福清人	四,〇五八	一五,三〇一	一三,七五四
興化人	一,六五九	—	一七,〇六五
其他	二四,四九六	三一,〇三五	三六,二六〇
總計	一,一七一,七四〇	一,七五四,四五三	二,六一四,六六七

各系華僑聚居地區，在三州府以閩南人歷史最久，人數最多，超過廣府人與客家人。柔佛因接近星加坡，往來便利，亦以閩南人首屈一指。福州人大多聚居天定州 (Dinding)，其次是馬六甲。潮州人散居三州府及北馬各地，而吉打以潮僑爲最多。海南人大多在丁加奴和柔佛，廣西人大多在霹靂之江沙與陵岡 (Lenggong) 及彭亨之文冬三處，廣府人及客人散居星加坡，檳榔嶼及四州府各城鄉。以職業論閩南人多從事商業，因此聚居市鎭，據一九四七年統計，星加坡華僑七十三萬人口中，閩南人佔二十九萬，在檳榔嶼和馬六甲二地，閩南人佔全僑三分之一以上。在霹靂、雪蘭莪和柔佛，也有許多閩南人從事農業。廣府人機警，善於應變，適應各種環境，所以鄉間城市，都有他們的人，鐵匠木匠鞋匠都是他們的行業，在四州府，他們在林業和礦業上尤有成就。客家人亦散居四州府各地，從事農業和礦業，近打 (Kinta) 錫礦區，客家人礦工佔百分之八十以上。海南人之在丁加奴和柔佛者，以從事樹膠業居多，在沿海各地者，多從事漁業，在城市者，多爲歐人之僕役，還有小部分經營零售商。廣西人概從事耕種，潮州人與廣州人頗相似，職業範圍較廣，大體說來，以從事樹膠業和工業者居多。潮州人在吉打，人數居首位，因吉打鄰近暹羅，暹羅多潮僑的緣故。

男女比差

昔日華僑出洋，概不帶眷屬。一方面因爲我國自古遠遊的人，沒有帶眷屬的風氣，另一方面是因爲初來南洋的人，在經濟基礎沒有打穩之前，不願有所繫累妨礙事業的發展。還有一個最大的原因，我國官方自古嚴禁婦女出洋，直到十九世紀時，海南的婦女，還是不准離開國門一步。『飲食男女，人之大欲存焉。』尤其是中國人的『不孝有三，無後爲大』的觀念，迫使華僑不能不與當地土人婦女結褵，所以昔日華僑的子嗣，幾乎全是混血種。閩都記云：『明永樂時，福州商人赴麻喇國（卽馬六甲）者，有姓阮、芮、樸、樊、郝等，住麻喇國多年，娶番婦生子，率之返國，形容甚古怪，改姓爲遠、飄、哮、盆、裔等。福州巡按使慮其狀貌甚異，足驚幼孩，且恐爲人所加害，特鎖之於福州城內法海寺第一巷，稱爲番鬼巷。淸代沿之。至民國改爲宦貴巷……』。國內的人，對於混血種是少見多怪，但在南洋的人就多見不怪了。這是因爲華僑婦女缺少，所以造成這種現象。

馬六甲華僑婦女荒問題，到十九世紀時仍未稍解決。一八二三年馬六甲華僑男二九五六人，女僅三六一人(註三)。此三六一人，都是馬來人及華僑與馬來人雜交的混血種。這些婦女，來自鄰近的賓塘島 (Bintang)，還不是馬六甲當地人。

華僑婦女荒，不僅馬六甲如此，星加坡檳榔嶼亦復如此。星加坡開埠之初年，華僑男女之比，約爲一百比十三，但富裕的華僑，娶妻又娶妾，貧乏的華僑，只好抱獨身主義了。十九世紀中葉，國內婦女出國者雖日漸增多，但兩性的比差仍相距甚遠。據統計：一八五〇年星加坡男女之比爲十二比一。一八五一年檳榔嶼華僑男女之比爲四比一。一八五二年馬六甲華僑男女之比爲三比一(註四)。可見當時星加坡華僑婦女荒問題最爲嚴重。巳克里(Buckley)於一八三七年在他所著的趣史(Anecdotal History)中說：『到現在，我沒有看見婦女從中國來，只見報紙上登載有兩個小脚婦女在星加坡出見。』成爲華僑史上的佳話。

經過百餘年的演進，馬來亞華僑男女比差，漸趨平衡。但各地方的情形，殊不一致：三州府華僑男女比差最小，丁加奴比差最大，因爲丁加奴多海南人的緣故。海南人男女比差，近若干年來亦趨好轉，一九三一年馬來亞海南女子僅及男子百分之五，一九四七年增至百分之五十五。廣府女子最多，在星加坡和檳榔嶼，廣府女子多於男子百分之二十

(下轉第26頁)

羅馬通訊

意大利普選前夕

方及

意大利在西歐國家裏，可說是一個政黨最多的國家，而共產黨又佔着相當雄厚的勢力。一九四八年的大選，曾引起了世人很大的注意。現在第二次大選即將於六月七日舉行，競選熱潮現已如火如荼的普遍展開。未來結果，不但為意國人民所關切；亦且是整個自由世界所注意的大事。因為一旦左派競選勝利，不但是政府執政黨的改絃更張，而且簡直是政體的改變，也就是共產黨在西南歐得逞所欲了。

原來意國的政黨雖多，而最佔優勢的則僅是現在執政的基督教民主黨和在野的共產黨。基督教民主黨是站在極右的保皇黨、新法西斯黨和極左的共產黨的中間的。民主黨為要得到並保持這次選舉的勝利，實在沒有確定把握，因此絞盡了他們政治家法律家的腦汁，才想出一個新法案，這就是在最近經過三晝夜連續不斷的辯論，始為國會通過的新選舉法。其間共產黨曾極力反對，並稱之為「騙子手」法案。這法案的要點乃是：第一：打破普通以每黨為單位的計票法，而實行友黨聯合計算。如此一來，基督教民主黨即可聯合共和、社會民主和自由等黨，而掌握住以多數決勝的左券；但共產黨和保皇黨、新法西斯黨却無法聯合為一。加之共和、自由等黨，如果單獨競選，入閣的希望眞是微乎其微，毫無把握；然如果與基督教民主黨聯合競選，不但可以確保政府黨的勝利，同時在勝利之後，還可以分得本法案所給予的一杯「殘羹」。第二：聯合黨或某一黨如取得半數多一票，將保證其在五百零九席的國會裏，佔得最低限度的三百八十席，其餘則歸各少數黨比例分配。這也就保證了執政黨的絕對優勢。而且三百八十席只是最低限度，實際上還可超過此數。如此，在國會裏可不再發愁有敵黨作祟，而能放手做事，為所欲為。那麼讀者恐怕要問，如果共產黨勝利，豈不糟糕？不然。因為如上所說，共產黨在理論主張方面既無法與極右的新法西斯黨合作，一黨勢力無法敵得多黨，基督教民主黨的勝利自在預卜之中，毫無可疑。所以這個法案的通過，也就說明了基督教民主黨的勝利。

在免强通過這新法案之後，上議院即提前與下議院同時解散，（按憲法規定，上議院任期五年，下議院任期四年，故上議院明年始期滿。）上議院所以提前一年解散的原因，是為了避免一連二年競選，勞民傷財，諸多不便，同時為了上下兩院都欲一試新選舉法，而使得兩院同時都按照新選舉法實行總選。意國政府上下兩院的「民主」作風，早已斐聲國際，揚名海外。各議員由惡言相罵，甚至大打出手，已是屢見不鮮，而成為意國議會的惟一特色了。

意大利政黨之多，多到使人難以相信。據最近內政部的統計，登記參加競選的政黨或團體已有七十三個單位了，這其間有許多為人民完全是陌生的，他們彼此各有名目，自有主張，因此形成極度的混亂，使人涇渭難分，碔玉莫辨。如果不注意候選人的名字，將會把神聖的一票投給和自己主張完全相反的人，而且越是敵對黨，越模仿的相似，為此，大家都在喊着：「謹防假冒」。

根據最近的統計，將有三千零四十一萬三千二百四十七人去投票選舉下議院代表，其中百分之五十二強是女性，這些人將於六月七日分別在四萬八千七百四十三個選舉所投票，每處平均有六百二十四個選民。但是選舉上議院代表的選民只有兩千八百萬，等於下議院選民的百分之八十八，這是因為下議院的選民只須有二十一歲，而上議院的選民却須到二十五歲才有選舉權。

現在各地的競選運動已熱烈的展開，候選人隨處皆是，總數已超過八千多人；而其出身職業更是花樣翻新，無奇不有。自然各大政黨在每一選區都推出自己的候選人，但是基督教民主黨在此緊要關頭，却有十五位下議員和二十位上議員以私人特殊問題而放棄競選，這却弄得黨部方面非常尷尬；於是情急生智，不管個人政治興趣如何，只要有聲望，只要是擁有羣衆的人物，便推了出來做候選人。於是乎像斐聲國際的男高音知理(Beniamino Gigli)，大畫家加祿加拉 (Carlo Carrà)，自行車賽冠軍賓達(Alfredo Binda)，拿坡利電影名星蒂安納 (Tiana de Felipo)，彫刻家法茲尼，大作家巴哲利尼等人都是基督教民主黨下議院候選人。雖然這些名人的政治能力很成問題，但是他們的名字在意大利羣衆間却有無限的影響。比如知理的一支曲可以迷住千萬聽衆，賓達的名字是人人欽佩的，至於蒂安納更是沁人心肺，使衆入迷。

基督教民主黨的這套錦囊妙計是有經驗根據的。不久以前羅馬市參議會選舉時，他們提名一位在國際足球賽馳名的運動員為候選人，這位足球員從未曾注意過政治問題，但是因為他在最近一次和英國對賽中會踢進俱有決定性的一球，使他贏得無比的聲譽，成為競選的資本，吸住了無數的選票，結果自然一舉勝利。

以上種種，最初看來似乎非常滑稽，但這却是意大利民主的特色；尤其面對着共產黨的危脅，一切民主競選方式都應該加以考慮、加以應用。不過我們擔心的是共產黨會否選出一位鬥拳大王。若然，則將來議會中全武行的表演，必將更為逼眞，而議會議員也就不免要作「力下雌伏」了，會不會呢？這一切我們只有等着瞧了！

五月一日於羅馬

綠藤

聶華苓

不知爲什麼，我愛上了窗前這一片綠藤。我知道它滿山遍野，不足爲貴。我也知道它不如蔦蘿細緻優美。但我旣已愛它，世界上再也沒有什麼比它更高貴、更綺麗了！約翰遜 (Samuel Johnson) 貧困潦倒時，海利、赫菲 (Harry Hervey) 對他十分眷顧，許多年以後，約翰遜說：『海利、赫菲是一個壞人；但他對我很好。倘若你們稱一個狗爲赫菲，我也愛它。』世界上已有如此固執的愛，那麼，我之愛綠藤，當不足爲怪了。更何況我這綠藤本身淸新可喜，它綠了我的天地，它使『我之迷惘，我之努力，我之煩惱，我之生存，都是我這花園中的一些花朵。』

不知是藤葉的綠溜進了我心頭，還是我冥冥中爲藤葉抹上了一層綠!?自有這一片藤葉，我便從絕望的邊緣漸漸立起，我便忘掉了憂患的鞭笞，我又愛上了久被我遺棄的悠然的流雲，逗人入夢的花朵，飄零的落葉，疾風中的勁草，一泓春水，一潭秋波：……愛這可憐的生命，愛這殘酷的世界。啊！我明白了！這一抹綠是造物者爲我染上的。那萬物的主宰旣賜給人一連串的憂患，那麼，每當你被憂患折磨得將失去自己時，他又賜給你一點力，將你從憂傷之谷喚醒，替你揉揉惺忪的眼，在你的花上勾出一個淺笑；給你簷前的漏滴配上美妙的音響；在你的露珠裏坎進一個幻麗的世界，在你的葉上抹上一層翠，……終而又將你喚回這個血和淚的世界！

但是，這一切，我都不管。我旣已歸來，便要享受造物者此時爲我染上的這一抹綠！——

記得也是暮春時節，小弟弟吹着口哨在窗前搭起了藤架，我和妹妹在薄暮的田野摘回藤苗種下。藤蘿本富於繁殖力，可自生自長。但母親仍等得心急，天天披着朝陽施肥。看見母親在曉光中閃灼的銀髮，老年似乎也可愛了！藤枝出來了，她又忙於將那一根根嫩枝攀在架上，使它蔓延均勻。遠方的路也就念着綠藤，他來信問我：『藤枝是否已攀在架上？我不能和你們一塊搭架、摘藤、澆水，但我知道綠藤在你們的愛中自會繁茂。』漸漸的，藤葉綠滿窗前，母親說：『看見這綠藤，我的煩惱全消了！』一路在海的那邊遙遙的說：『當我和你們在一塊談笑於藤前時，才是我快樂的時候。』小弟弟說：『我們的生活已離不了這些綠意的小東西！』妹妹說：『我們的生活若離開這綠藤將更俗！』甚至於兩歲的小薇也指着那一片新綠說：『好美！』

淸晨，藤葉在藍光中綠得透亮，襯着窗外的碧天，好似一面玉盤托着一片片的翠。曉風吹動翠葉，爲我奏出淸悠的晨頌。我輕輕挽起珠紗帳，昨夜夢，已遺落，帶着一顆爲綠浸透的心，我迎接今朝。書案上的一束鮮花襯着那一盤翠葉顯得更柔美了！一朵朵的，在陽光中淸麗的微笑。當我俯身吻着床上剛醒的孩子時，我幾不能分辨，那是我的花，還是我孩子的笑臉!?

猶未梳洗，便聽見報童將報紙由矮矮牆頭扔下，那『嚓』的一聲常觸動我心弦。不知又是誰家苦兒在愛的絕望中爲那天際若隱若現的一顆曉星掙扎!?我常撥開綠藤，看那倔强的身影在晨曦中馳去。那帶有血腥味的報紙也常給我們這沙漠中的旅人送來一滴甘露：九歲女孩因夢雪花飛揚，一曲成名；老翁將一棟美好的住屋竟遺留給『咪子』牡貓。我這平凡人只願做一個自由的藝術愛好者，不嚮往女孩的成名；我這亂世人更不敢妄想有那牡貓的福份，但我衷却心喜歡那種浪漫情調。晴光暖翠，我似看見了一個綠意盎然的世界。

我最愛由屋頂垂拂階前的那幾枝紫花藤，沒有藤架的羈絆，瀟洒的隨風飄舞。我常立在階前讓花枝爲我拂去身上的塵垢，我却沉湎於那一園甜蜜的勻靜。園中的花，撩人心魂，一朵朵的，如癡如慕。花叢下，洒着片片花瓣，誘人入幻境。牆外，一朵小紅花探過牆頭，在春輝中閃耀，牆角一支修竹傲然獨立，不管狂風暴雨它永遠那樣孤高挺拔！友人殷在園中修剪花枝的聲音，輕投我澄碧的心湖，泛起了淸涼、恬靜的綠漪，他若隨手摘一朵他手植的白蘭贈我，我便將花藏在髮間，讓幽香泌過髮絲。

每當我由外歸來，遠遠的，窗前那一片溫暖的綠便溢滿了我心窩。矮牆外，我可看見母親在藤下候我。推開門，孩子拿着飄落的紫花向我衷心歡叫：『媽媽回來了！』當我吻過她們，抬頭看見母親站在紫花藤前祥和的笑時，我幾忘記這就是我那個半生坎坷的可憐的母親！她看着世界變，看着親愛的人殘酷的撒手而去。一個希望幻滅了，又燃起一個希望。她曾付出多大的心力來適應世事的幻變！但在這幻麗的紫花藤前，我已找不着她笑裏常飄浮着的那黯淡雲影了！

雨中的綠多淸翠！假若這兒冗長濕暗的雨天使我還保住了心靈的淸新，那應該感謝窗前這一片淸綠。在那雨水洗淨的翠葉前，我便覺我的靈魂多渾濁！我低下頭默默懺悔我的自私、貪婪、和狹隘：：。雨打翠葉，一滴滴，在我心中敲出淸亮的音響。我抬起了頭，雲靄似已消散，一線天光透過翠葉照着我。藤上的小紫花沐着淸雨聖潔的笑，雨顆在翠葉上閃耀！

每逢夜歸，我必呆立門前，被那一抹神秘的夜綠懾住了！室內的淡藍燈光由葉間透出，洒在紫花藤上，紫花却依着綠葉做着它浪漫的夢。那晶瑩燈光坎在靜靜的綠藤中，好似翠葉叢中一顆神奇的明珠！一襲綴着紫花的綠氈沉沉蓋着屋頂，綠綫在簷前微微飄拂。我拾起階前飄落的花瓣，輕輕踏上石階，溜進了那夢中的小屋！

月夜，銀輝篩過翠葉，瀉滿一房，風也不吹，花也不舞，葉也聽止了它的低訴，一切都被那涓涓月色魅惑住了！唯獨我這個不甘寂寞的塵身，披着那一襲綴着葉影的月白紗衣，戰抖着抬起了貪婪的雙手，摘下一片翠葉，簪在鬢邊。幸運的，我從翠葉間，窺見了外面沉迷在珠霧中的世界，我又愛上了戶外的月，我跑了出去，任那一襲月白紗衣洒落地上。我跑到階前，緩緩坐下，銀風悠悠地吹，花笑着起舞，花影也醒來，輕弄淺草，草却靜靜無語。牆角的竹枝隨風輕撫牆頭，披着月霧的竹，分外透逸、恬淡。窗前的翠葉也開始在銀風中微抖，翠音嘹耳。一切都沉酣於無邊的幸福中，我的心也被幸福沉透。縱令我也受過造物者的玩弄，縱令我也受過命運的奚落，縱令我也知世界上無永恆的快樂，我仍禁不住要隨維特歡唱：『但願此身化為蝴蝶，徜徉於這芬芳的大海！』

碰上好陽光，我們愛坐在藤下的石階上閒談，綠葉閃着碧光，這該是世界上最美麗的翠！推車小販路過，買一堆小橘，倒在石階上。我們一面嚼着甜軟的橘瓣，一面談昔日的趣事，談上一代的和平與富足，談人生，談美……連年戰亂，人好像已忘記了活着為什麼？尤其是生於戰亂的人，他以為生命就應該是苛刑，一切咬着牙根忍了！人的精神的『我』似已死去，只剩下動物的『我』，與苦難肉搏。倘若不是這一片暖翠常吸引我們閒坐階前，以致從母親或年長友人的回憶中捕捉一點昔日可愛的光影，我幾不相信曾經有另一個『人』的世界。提起那快樂的往時，就好像有一隻無形的，有魔力的手彈動了母親記憶的琴鍵，靈巧的奏出一曲曲諧美的音樂：『……有一次，我坐小轎由城裏回到鄉下，沿途田野如黛。碎石路的兩旁，全是密茂的梅林。樹上掛着的梅子，翠裏透紅，可愛極了。你們可還記得兒時祖父由鄉下為你們送來一簍簍的大梅子!?記得我從那梅林經過時，正碰上一個薄紫衣衫的小女孩坐在一株梅樹上，她隨手摘下一個梅子，在衣襟上擦擦，便瞪着那雙黑溜溜的眼，使勁兒咬了一口。她嚼梅的神情，旁若無人，好像甚至於輕視這世界。後來轎夫告我，這一帶的田莊和梅林都是我們家的。我想起了你們曾祖父的一生辛勞。據說，他生平的癖好除了讀書，買田，就是幫助人。遠近的人都稱他為『善人』。但他自己十分刻苦，一件棉襖，補了又補，補成八斤半重……』『……榮華富貴，正如過眼煙雲，到現在，最令我留戀的，還是那一段淡泊的鄉居生活，充滿了人情味。我最喜歡曾經寄寓過的坪鎮。那時你們都已遠離我在外求學。記得我的住所正在桃花溪畔，溪的兩旁鑲着桃樹，花落時節，落花映水，幻美無比。對岸是一座小山，山上長滿了栗樹，常有些梳着小辮的女孩，穿着花布衫，背着背簍，拿着竹枝打栗。那些可愛的女孩常使我對山那邊的人家神往。一個傍晚，我涉水過溪，爬上了那小山，順着碎石小徑走去。竹林深處，露出紅屋一角，走近時，一個老婦正在穀場上打穀，她笑臉迎我，告訴我她女兒兒媳在山上打栗，兒子到鎮上購物去了。我嚼着她遞我的栗子，一面問她田裏收成。她探聽我的來處。當她發現我這個不速之客却是她的姨姪女時，她立刻親切的拉着我的手，淚眼欲滴，訊問我的情況。想不到你們外祖母就是她的遠房堂姐！現在我猶記得她站在山頂目送我過溪的神情。後來，她便常來我們家，和我談坪地滄桑，每次必帶來一些土產送我，否則便要她兒子送來一簍蕃薯，或是要她女兒提來一籃橙子。記得有一次，我猶未起床，她將一袋落花生放在門外，不告而去。當老僕打開大門，發現門口的東西時，驚喜跑來告我。現在的世界，人情肖薄，眞冰冷得令我心寒！我好似生活在沙漠中，連我自己也磨得沒一點人情味了……』她常一面談着、回憶着，一面輕撫着伏在她膝上的小薇的柔髮。有時，不知小薇是故意賣弄她從成人談話中聽來的幾個字眼，還是眞有所感，拉起外婆的手指向天邊說：『那天好美！』她也可能當我們正浸潤於雋永的寧靜中時，忽大煞風景，指着我和抱着的藍藍蹦着唱：『一隻老火鷄，一隻小火鷄，一隻老火鷄，一隻小火鷄……』

自從綠藤長滿窗前，幽居山中的一位友人便未曾來過。我們也未曾去信告他，為的是等他再來時，給他一個意外的驚喜。一天，一頂草帽出現在矮矮牆頭，打開門，那人臉上的汗珠正滴落肩頭的行包上，想不到那人就是分別已久的那位山中友人！他驚喜如狂：『綠藤遮住了這小屋，我走來走去，怎麼也找不着你們的住所。這一片綠藤吸住我在這兒徘徊，沒想到在這囂雜的鬧市中，還有這一片明淨的綠！誰知令我神往的這一片綠藤的後面就是你們！』

我愛僻靜，綠藤知我，濃濃密密，綴滿窗前，為我隔住了塵音，護着我和我的夢，能入我耳的只有賣花人的叫喚。對賣花人，我從心底敬慕。不管世人的紛爭，他永遠孜孜不倦的為人送來美麗的鮮花，使憂役勞形的人們在生活的煎熬中還能看到一點美的象徵。我們的世界多陰沉！人們滿臉風霜，遍體鱗傷，但賣花人使你又憶起人間愛。那嫩黃、粉紫、淺藍、嫣紅、純白的花朵，佩着綠葉，在藍中向你微笑，也許那就是伊人離別時淒麗的一笑，也許那就是你夢中所見到的飄忽的一笑，也許那就是你躺在湖邊，看白雲舒捲時，桃樹上一個明麗的小女孩突然撥開花枝，向你嫣然的一笑。當我撥開綠藤，由賣花人手中接過那一束絢縵的花朵時，我常揉揉眼喃喃自語：『我眞在這地球上麼？』

窗前綠藤為我遮住了塵音，也使我這支黛綠筆保持了它的明淨。多少次，我曾鼓着勇氣將它拿起，欲傾瀉我的愛和恨，但在這淨麗的翠葉前，我又每次無言將它輕輕放下，為的是我不敢使這枝聖潔而美麗的筆沾上了妄誕的罪名，而冒犯了眷顧它的繆斯女神，汚瀆了我的窗前翠。我寧可讓它寂寞的躺在綠窗下，聽約翰遜鋒利的智慧談吐，聽濟慈吟誦『夜鶯曲』，聽雪萊高唱『雲』歌，或是隨歌德吟哦：

你知道，
詩人的詞句
飄搖在天堂的門前，
輕輕的叩着
請求永久的生存。

我常幻想深居在綠蔭覆蔽的古堡內讀荷馬的樂趣，或依古堡小窗傾聽夜歸人的豎琴。但夢醒時，我仍必須在這矮牆淺屋內受世事的紛擾。自有這綠藤，我精神上似多了一層屏障，綠藤隔住了世界和我，我看不見世界舞臺上形形色色的丑角粉墨登場：他們之中有的頂着一個空腦袋，裹着一身鈍肉，本能的聽任身體各部肌肉活動；有的身上滿蓋灰塵，人的一點靈氣都給遮沒了，他寧可犧牲生命中眞正雋永的快樂，拾去那任人遨遊的精神天地，偏去追求充滿詐譎和衝突的名利世界；有的披着一張光彩奪目的蛇皮，懷着一肚子毒水，獰笑着高踞在人的頸上，他却自稱是上帝的兒子，到這世界上來愛人的。……在這翠簾裏，我這充滿痛苦呻吟的雙耳也可得到片刻的寧靜：爲了窮困的逼迫，兩捆甘蔗葉也可誘人死於非命；媽媽無力迎接腹內的小生命，寧可走上偷竊的路，終而身繫囹圄；一個工友，終日辛勞不得一飽，自縊而死；一位教授，收入微薄，一家人面帶菜色，躺在床上與腹內飢蟲掙扎。……這一切會使我繁弱的心弦激盪。只有在這綠窗前，我的感情復歸平衡，我的心靈復歸恬靜。

綠藤既留給我許多美麗的記憶，綠藤既護着我未曾失去自已，我不懂那葉間的綠風爲何常吹來淡淡的一抹愁雲!? 我永也忘不了路穿着一件褪色毛衣提着一條光亮的大鯉魚在階前候我時那樸實的笑：『這條魚是爲你買的!』那笑，那語聲曾支持着我在絕望中立起。他穿的那件舊毛衣，還是婚前母親送他的，雖已褪色，但在我眼中却比綿繡龍袍還高貴！多少年來，我們曾一同哭，一同笑，一同做夢，一同幻滅，一同立起。人生，就是含着淚與笑的追求，不得有片刻停留。我們拉着手在風雪中跑北極閣的日子已經溜走。如今，雖有這可愛的一片綠，我們却不能共享，他必須遠離我而去。我們有過多少共同的緋色記憶：嘉陵江畔，坐在浪花拍擊的岩石上，他對我講拿破崙軼事；倚着月下的黃桷樹，我爲他背誦一段雪萊的『雲雀頌』；艷陽天，挾着沾有野草香的書本，我們由殘斷的古城頭歸來，趁老教授低頭唸『哈姆雷特』的當兒，躡脚走進教室，溜到最後的一排椅上，按住那顆狂野的心；月夜，我們帶着孩子漫步田間，孩子指着天空那一輪皓月說：『爸爸，月亮好美！』週末，我們並肩騎車馳騁於郊外的柏油路上，他搭着我的肩說：『但願與你長相伴！』……但在這一抹翠葉前，他給我的記憶只是那片片箋紙！銀箋雖如花絮般飄舞在我們之間，豈能傳盡離情!? 我只能遙隔大海，獨自在這翠簾裏，傾耳諦聽他喁喁的說：『我若能同來在綠窗前和你廝守片刻，就是一小時，我也滿足了！』我只能輕撫着他寄我的那片楓葉，望風懷想他拾起楓葉時的低語：『你愛楓葉，看見這滿山楓葉，我就想起了你。我檢起一片最美麗的，連同我的吻，一起寄你。』綠藤惠我已厚，獨不能慰我離情！不知何日，這一片藤葉才變成世界上眞正最完美、最神妙、最奇麗、最清明的翠！

(上接第22頁)

二。就各系華僑平均數而言，現時全馬來亞華僑男女總比差，已相去不遠了。

馬來亞華僑女子對男子百分比率演進表(註五)

一九一一年	一九二一年	一九三一年	一九四七年
二四·七	三八·四	五一·三	八三·三

此足見華僑男女比差，已漸趨於平衡了。

僑生華僑

由於男女比差逐漸平衡，僑生華僑逐日漸增多。「僑生華僑」一詞，係對「新客」而言。凡由中國移入者稱華僑新客，在僑居地出生者稱僑生。依據中國國籍法，凡中國人所生子女，無論出生在何國，原則上概屬中國人。這是採用血統主義。許多外國國籍法，採用出生地主義，即不問父母爲何國人，其在該國出生的子女，原則上概屬該國人。由於這兩種主義的衝突，僑生華僑，具有雙重國籍但亦有若干新客，因爲財產或其他關係，請准加入居留國國籍者，是爲歸化民；此等歸化民，倘未請准脫離中國國籍，亦具有雙重國籍。在馬來亞，此種情形，甚屬少見。馬來亞雙重國籍華僑，幾乎全部是僑生，僑生數額，與年俱增。據歷年英政府統計，一九二一年共約二十五萬八千餘人，佔全僑百分之二十二，一九三一年共約五十三萬三千餘人，佔全僑百分之三十一點二；一九四七年則達一百六十三萬三千餘人，佔全僑百分之六十二點五，二十年前，新客多於僑生，現則新客少於僑生。今後的情形，新客更將逐年減少，僑生的百分比將繼續增高，殆無疑義。這許多的僑生華僑，當地政府視爲當地籍民，不予我國政府外交上的保護權利，但我國政府，亦不放棄此項權利，雙方堅持至今，成爲懸案。南洋其他各國的情形，亦復如此。其實，問題的癥結，絕不在此，而在當地政府給予僑華的待遇是否平等。倘當地政府給予華僑與其他各民族各方面之同等地位，問題就非常容易解決了。

註一：本表根據一九五一年星加坡出版之南洋年鑑癸五八頁至五九頁及癸七〇頁二表編成。

註二：見 The Chinese In South East Asia By Victor Purcell p. 270 該書附註美國某觀察家批評：一九四七年馬來亞華僑不只二百六十萬，可能在三百一十萬以上。

註三：見 Braddel, T., Statistics Of The British Possesions In The Straits Of Malacca (Penang, 1861)

註四：同註三。

註五：本表根據 The Chinese In South East Asia By Victor Purcell pp. 274—280 各表編成。

憶烏尤

「綠影一堆流不去，推窗三面看烏尤。」

——張船山

虞敏平

時光已流過了十年，流不去我心頭的綠影。烏尤太美了！

烏尤生長在川西岷江的旁邊，與上游的樂山（原名嘉定）縣城斜斜相對。她的丰姿，配合在遠景峨眉、近景凌雲、以及岷江與大渡河汹汹湧湧的會合處，更顯得嫻靜、玲瓏、巧小。她小，雖未小到長江中的小姑那樣，但周身青翠，而又稍稍露出丹崖，水漲時那種宛在水中央的綽約仙姿，不是小姑比得上的。彭玉麟將軍曾以「彭郎奪得小姑回」而驕傲，我想、烏尤如有情人，她的情人大可以在彭郎面前，昂昂頭、聳聳肩，叫他羞愧得臉紅。

從樂山去烏尤，有兩條路徑。一是出水西門，渡岷江，上凌雲山、逛逛凌雲寺及臨江的石刻大佛，再向前下坡，過小澗(註一)，從烏尤的背面上去。一是出安瀾門，從岷江與大渡河的會合處僱舟，順急流而下，直抵烏尤的正面。

民國二十七年春我從樂山第一次游烏尤，走的是第一條路。橫渡岷江、船抵凌雲山脚，從右邊拾級而上，百來級、兩個彎，就走上了一條坡度很小的石砌大路。路、長約一公里，寬丈餘。是由矗直的山崖鑿築成功的。懸崖在路的右邊，左邊是絕壁。壁上橫刻七個大字：「東坡載酒來游處」。這是有根據的，東坡寫過一首詩：「身不願封萬戶侯，亦不願識韓荊州，但願身爲嘉州守，日日載酒凌雲游。」

大路靠着懸崖的一邊，長着密叢叢的灌木和雜草。草木遮住了懸崖的險峭，也遮住了崖下的滾滾江流；倒是路旁短短的石欄，提起了游人的警覺：別掉下去！

在這路上逗留一會兒，住在小城中的一股悶氣，可以宣洩得乾乾淨淨。遠處看，有縹縹忽忽的峨眉山峰，稍近、有一塊一塊綠油油的桑田，分佈在青衣江沿岸村落與村落之間。三角形的樂山縣城，從這裏正好來一個空中的全景拍照。最使你看得出神的，是岷江與大渡河的會合處。這兩股水一清一濁，分得那麼顯明，牠們的交界線，好像是神工劃就的，風浪也不能攪混牠。這一邊是岷江的清流，那一邊是大渡河的濁流。盡你的目力望下游看，看不出這條交界線的盡頭。這個時候，當你看得出神的時候，一陣風、帶來渡口船夫的呼聲「一塊，再來一塊！」(註二)，你才會蘇醒過來。

走完了這條崖壁間的大路，就攏了凌雲寺。寺基是就山腰開闢的。建築規模雖不算太小，但與一般的佛寺比較，沒有甚麼特點可說。寺門有八個大字的對聯，「大江東去，佛法西來」，寺前右邊那座崖石大佛，眞可嚇呆了初來的游人。

大佛的全身就崖石鑿成，高三十六丈，鎭坐在岷江之濱，水漲時他可以臨流洗脚。頭部露在山腰的路面上，其直徑應該有三丈多。腦後圍以土墻，我們從墻上爬到佛頭，大家齊叫一聲「唉！好大啊！」我們大步向前，走到他的額部站着，從從容容地俯瞰江流；儘管江流吼吼有聲，我們一點也不害怕。同游的太太小姐們膽小些，都蜷坐在頭頂中央，連身子也不敢直起來，還時時叫我們小心點，我們都滿不在乎。這時路旁茶亭內有一個促挾鬼，怪叫一聲，「當心大佛點頭啊！」這一下、倒給我嚇壞了，本能地蹲下身子，心驚膽顫，向後面爬。稍緩，我發覺大家和我一樣，爬在一堆，臉色都有點異樣。這時、太太小姐們反向我們取笑了。

從佛頭回到路上，向前走，抬頭右望山頸上那座白塔、那高與塔齊的瘦長古樹、和那背景的天際白雲，不禁有超逸出塵之感。過蘇子樓，上樓巡禮一番，除了一張東坡畫像以外，空空如也。據說這是東坡和他弟弟子由的讀書處。樓前有何紹基寫作的一幅對聯，全聯已記不淸，其中有一句，「問坡顯而還，天下讀書人幾箇？」何子貞這種口氣，十足代表了讀書人的酸味，我們相視而笑。

下坡、坡的中途有個小亭。趙熙寫的橫額一塊，「君且住，爲佳爾」。從烏尤來游的人，經過這裏，是上坡；藉此休息一下倒不錯。我們是下坡，用不着在這裏小住，幾根手杖的丁丁嗒嗒聲很快把我們帶到山谷間的小澗旁邊。澗，既淺且窄，脫下鞋襪可以涉水而過；平底小船，只要撐牠七八篙，聽到船底幾陣擦擦聲，就行了。過小澗、就是烏尤的背面。

烏尤從背面上去，坡度不陡。路、是游人的足跡踏成的，沒有經過甚麼修整。沿路樹密草繁，紅紅白白的小花兒，點綴在萬綠叢中。鳥聲也多了，牠代替了接近市廛的囂雜。從凌雲來到這裏，使你感覺到自然的氣息特別濃厚。

兩里多向上彎去的路，把我們彎到了山前的烏尤寺。寺的方向，同凌雲寺一樣，面對江流；但比凌雲寺小得多。如果說凌雲寺比烏尤寺來得莊嚴，倒不如說烏尤寺比凌雲寺來得雅樸。寺如此，山亦如此。

烏尤的樹木，比凌雲叢密得多。最使我難忘的是楠樹和竹子，尤其是寺前那棵大楠樹，樹幹長得那麼高、那麼直，那麼粗壯，看樣子牠的年齡應該在百年左右了，但牠那細小、密聚、而嫩綠的葉子，襯托在黝綠的竹葉當中，却顯得牠格外年輕。竹子、在烏尤山上的，似乎有牠的特殊風韻。我們常見的竹子，長高了總不免垂頭喪氣，或者說是搔首弄姿；而烏尤的竹子，大都是亭亭玉立。牠不向人故逗憐愛，但會心人總會凝望得入迷。

烏尤寺的右邊，相去百來丈，有一小屋、名爾雅臺，東晉郭璞注爾雅的地方。爾雅臺崖下那塊江潭，為樂山名產墨魚的繁殖處。據說、郭景純在這裏注爾雅的時候，常常把未用完的墨水從崖上潑到江中，墨水就化成了墨魚。關於這一類附着於山川名勝的神話，也有牠的用處，啓發我們思古之幽情。

這是我第一次游烏尤所得的印象，烏尤的美妙處，還待我第二次游覽時去發覺。

第二次我去烏尤，從樂山安瀾門出發。安瀾門是大渡河折入岷江的處所。河流與礁石相擊，洶湧湧的激流，大有萬馬奔騰之勢；其聲響、二三里外也可聽到。我們僱一渡船，壯起膽子跳上船去，船夫把竹篙一撐，撐到激流中間，拿起篙子，把舵柄向右邊用力一拐，船頭向着烏尤，船身前後顛簸，水珠濺在我們身上。嘩、嘩、嘩，一下子烏尤就在咫尺間了。這時、我倒有點迷惘，是我們的船衝近了烏尤呢，還是烏尤走攏來迎我？

從驚心動魄的激流中，浮泛在碧澄澄靜悄悄的岷江江面，心情已有說不出的輕鬆愉快了。一堆綠影，在水面上，也在水裏面。牠不像一座山；山、應該是斜斜的，而牠却矗直。牠也不是一堆大崖石；崖石、當不會生長林木，而烏尤的正面，上上下下却是一片密叢叢的綠林，密得比牠背面的還密，只有下臨岷江的那一線，露出了赭色的石崖。石崖的凸凹處恰像塗抹了唇膏的口唇。岷水流到這裏，輕輕地、緩緩地、一拍一拍地觸溜過去，留下三五成羣的小泡沫，在水面上打圈兒。我們叫船夫停止划槳，在這裏逗留復逗留，捨不得靠岸。這時、有人提議大家聯句湊一首詩，輪到我的時候，回顧那邊的滾滾濁流、和眼前這邊的情景，我補足了最後兩句：「綠影肯隨波上下，丹崖只願吻清流。」烏尤的丹崖，在我心版上刻下的印象太深了！民國三十一年我從洛陽回樂山再游烏尤時，又寫下四句：

「岷銅合注分清濁，伊洛游歸慨古今，縹緲烏尤應識我，丹崖仍是去時心。」

船在石崖上靠岸。上岸、一塊小小的土坪。右邊是三百多級連續不斷的石階，其寬度僅可容兩人並肩走。階石也和崖石一樣，赭色。長得兩丈多高的翠竹，密密地排在兩旁，一直排到石階的盡頭。天空只有一線。太陽光給竹葉割碎了，零零落落地灑在地上。這裏、沒有塵囂、也沒有濃膩的花香味，在輕淡淡的初春的氣息中，我們徘徊、我們佇立，似乎一切色相都沒有了。如果要勉強說有甚麼，有的只是「淨」和「靜」。石階上偶爾看見一兩片落葉，林子裏偶爾傳出一兩下清脆的鳥聲，更顯得這「淨」和「靜」的極致。這裏、是烏尤的心靈深處；這時、分不清我與烏尤，烏尤與我。

石階走完了，第一次來游時見到的烏尤寺、寺前的楠樹、寺右的爾雅臺，又出現了。我愛烏尤！但我所特別偏愛的，不在那些，而在牠的丹崖和竹徑。

「天下山水在蜀，蜀之山水在嘉州。」凌雲寺前石碑上有這麼兩句。如果這兩句碑文，不算過份的話，我想、應該再補足一句，「嘉州山水在烏尤。」我很奇怪，像東坡先生那樣的風雅人物，為甚麼喜游凌雲而不特愛烏尤？後來、我在東坡全集中讀到他那篇「豬肉頌」，才恍然大悟，東坡居士原是一位愛吃大塊肥肉的人！

(註一)這個小潤，水漲時就成了大河。烏尤被水隔絕，所以也叫做「離堆」。

(註二)四川土語，把「一個人」叫成「一塊人」。

民國四十二年五月於臺北

(上接第9頁)

簡言之，二大政黨實現的機運在萌動，保守和革新二大陣營的對立期在拉近。在這政治新試驗的過程中，改進和鳩山自由黨其將步英國二大政黨夾擊中日益萎縮的自由黨之後塵乎？

三、選民尚須繼續努力

日本的問題很多，對內對外許多大問題都待澄清。這澄清決不能寄托於小黨分立的局面。現在離二大陣營的淨化期已經近了，大問題的澄清該不至太遠。當然囉，完全淨化一時是不可能的，留下了無足輕重的幾個小會派並不害事。這一淨化傾向的形成，顯然地，得力於這次選民的努力，而這一傾向的發展，顯然地，更有待於選民意識的更發展。

一九五三・四・二十一・於日本舊江戶

註一：鳩山派於去秋總選前，成立「民主化同盟」，以與吉田派抗衡，加入者凡四十餘人。其後該盟蛻化為鳩山自由黨，其中若干意志不定者又回至吉田派，安藤正純等為其中之著者。此輩日人名為「殘留組」，戀棧分子之意也。

註二：前田米藏有「陰險人」之稱，戰時曾與大麻唯男同為翼贊政治會之主角。追放解除後，前田大麻分別入自由黨和改進黨。識之者謂二人所以分道揚鑣，實際是殊途同歸的陰謀。

註三：廣川宏禪和吉田反目後即與鳩山合作。吉田恨之刺骨。這次選舉，吉田在廣川競選區中另提一安井大吉者與之對抗，並竭全力扶植之。結果安井膺選而廣川落空。

註四：清瀨一郎在東京戰犯審判中為東條英機之辯護人，重光長改進黨後清瀨任該黨幹事長。現任幹事長而落選者為日本政黨史上之創例。

書刊評介

新蘇維埃帝國

大衛・達林著　趙盾譯

今日世界叢書之三　今日世界社出版

殷海光

凡從知識上反共制俄的人，都應該知道大衛、達林其人。達林擁有相當豐富的對俄知識。一談到知識，特別是這一類底知識，今日有許多人便以爲所指似乎就是一堆一堆底素樸材料。這樣的材料誠然必不可無，但還不能算是知識。如僅有一堆一堆底素樸材料，對于我們有什麼充足的作用呢？建築一座宮殿，誠然不可沒有磚瓦木石，但僅有磚瓦木石，而其他條件不備，根本不能成爲宮殿。要能成爲宮殿，必須有安排磚瓦木石底辦法。安排磚瓦木石底辦法，我們叫做工程設計。顯然，工程設計，較之製造磚瓦木石是高一層次的事。做一個良好工程師必須有相當長時期的訓練。同樣，在學問上，無論如何，尋找材料是初級工作，而安排材料則是高級工作。安排材料，我們在思想中必須有一個章法。這個章法，雖然必須扣緊所得材料來說明材料，但不自材料所生，而是靠構思、觀見、解析、或綜合、諸運作而來。一談到這些運作，許多過分謹愼的學人便如操小舟者之初入大海，見驚濤駭浪，不辨東西，莫知所措，便害怕起來，以爲在材料之上而談安排之章法，就毫無『準頭』可言。因而，智力不願延伸到這一層次。所以若干年來，在尋找材料上或有成績，但未嘗有太多的觀見出現。而若干號稱有『見』者流，又多屬未做必須的基層找『料』工作。彼等立論，多屬天馬行空，放言無忌，浮泛無根。於是，近若干年來，在中國知識界之一部份，形成了一種特殊現象：找『料』與創『見』脫節。找『料』者自找『料』；創『見』者自創『見』。於是，創『見』者成無源之水，愈流愈乾，愈懸愈空，愈創愈浮。而找『料』者因乏靈感之刺激，與觀見之誘導，於是愈找益愈沉埋。於是而聲嗅息焉，於是而不能形成學術思想之大流焉，於是而陰謀作亂者之妄說乘虛而入焉。

嚴格說來，一個合格的找『料』者，如果是有目標與有範圍地找『料』，而不是亂抓一堆，他必須在找『料』之先對『料』有一選擇或取捨。既有一選擇或取捨，便是有一預定 (prescription)。特時人多將此預定取用於未經意之間 (take for granted)，而極少自覺地提出來加以形造，多憑一自然的心理狀態於未自覺之中運而用之。一旦『料』既到手，便是學問終了之時。這是在半途停住。亦若製磚瓦者將磚瓦運出，撒手而去者然。直接就對學術思想貢獻言，間接就對社會人生負責言，必須再基於所找之『料』以創眞『見』，學問底目標才算達到。

從上面的解析看來，學問之道，實始於『見』亦終於『見』。但此『見』不能以自然的心理運行爲之，必須經過長期的理論訓練，增進觀見與思想能力，使這類能力從自然階段更精進一層，到達思想階段。這樣，對『料』之安排會有準頭。於是，『料』與『見』才能密切配合形成知識，產生輝煌的成果，影響社會人生。像達林之研究蘇俄問題，似乎多少合於這個要求。所以，他關于蘇俄問題的著作，較之一般要高出一格。這本小册便是其中之一。

第一章論蘇維埃帝國的成長。達林說，蘇俄新帝國底擴張主義比帝俄更深入，更具野心：

『新的擴張主義，與帝俄的觀點和方法都不同：第一、新的擴張主義，比帝俄時的範圍更廣，野心更大。當年帝俄只覬覦波蘭，土耳其及中國領土的一部分吧了。現在新的目標是吞併全球。相形之下，帝俄實在比較蘇俄容易滿足，比較容易和平相處得多。』這是開門見山，一針見血之論。

又說：『第二、傳統的帝國是憑藉武力，駐軍於被征服及被吞併的區域來建立的，而蘇維埃帝國則建立於羣衆運動之上。所謂「第五縱隊」，在理論上，就成爲武裝佔領的代用品了。

『第三、與帝俄大不相同的，蘇維埃政府至今迄未將衞星國家的領土收歸爲蘇俄版圖所有。它仍舊保持衞星國名存實亡的主權，並且絕口否認有剝削衞星國以自肥的企圖。』

列寧翟認爲『資本主義國家』自十九世紀以來『攫取和瓜分』世界殖民地。這些國家離開殖民地就無以爲生。但是，殖民地之『瓜分』已至盡頭。所以，爲了維持各自底生存，勢非訴諸戰爭不可。這種戰爭，就叫做『帝國主義戰爭』。若干年來，共產黨人據此『理論』廣事宣傳。吾人需知，人不能在任何時候對任何言論設防警戒。這種宣傳一多，甚至許多非共人士也中其毒，信以爲眞。其實，自第一次世界大戰以來，特別自第二次世界大戰以來，這一形勢根本反過來了。時至今日，所謂『資本主義國家』逐漸放棄殖民地，而代之以起劫掠殖民地的，則是蘇俄。不過蘇俄劫掠殖民地之方式較新而已。蘇俄之劫掠殖民地，是藉組織各國內部『革命』而進行的。這樣一來，被劫掠的國家，在名義上無不獨立存在，但在政治、經濟、軍事，甚至於思想和文化上，卻被蘇俄掏空了。這像吃西瓜一樣，整個西瓜皮還是好好的，而瓜瓤則全空。其狠其毒，千古未有！達林說：『過去十年來事實的演變，證明這種帝國主義論點是錯誤的。這個被「瓜分」的世界——一個帝國主義國家不停地戰爭以從事爭奪殖民地及屬國的世界——已經產生過不少擺脫了隸屬關係的新國家；「被領屬的」世界已經愈縮愈小了。大不列顚放棄印度、緬甸、錫蘭和巴勒斯坦；荷蘭失去了印尼；法國失去了叙利亞和黎巴嫩；日本吐出朝鮮、臺灣和東北；意大利至少喪失了里比亞及阿比西尼亞；美國放棄了在菲律賓的權利。不列顚帝國的自治領——舊日的殖民地——也不再是皇室的「財產」或被剝削的國家了。』至少自第二次世界大戰末期以來的事實擺在大家眼前，蘇俄積極企圖奪取這些被『帝國主義國家』放棄了的『殖民地』。這是第二次世界大戰以後世界不安最基本的因素。

蘇俄是信仰『唯物史觀的國家。』她開拓殖民地之方法少不了經濟侵略手段。而它底經濟侵略手段，遠較舊式『帝國主義國家』廣泛，深入，而且澈底。照達林底解析，蘇俄對殖民地實行經濟侵略的方式一共有八種之多。而其中最値得我們注意的，是第八種：『第八種經濟上的剝削，要算是歷史上最別開生面的了——蘇俄竟要求衞星國家償付三十年來共產國際墊付給他們活動的「津貼」。莫斯科向保加利亞索償一千萬美元，以結淸蘇俄以往給予保加利亞共產黨的財政援助及共領袖居留蘇俄時所耗的生活費用：保加利亞的共產黨既然已經達到了控制國家的目的，當然必須淸償以往的債務。假如其他的歐洲衞星國——包括德國在內——也在同樣情形和原則之下償付，這筆欠共產國際的老債，總額可能相當可觀。此外遠東的新衞星國家也將同樣地被索償。蘇俄又有新的生財之道了。』

這眞是千古未有之奇聞！蘇俄幫助叛亂者覆人之國。覆人之國的目標既達，還要叛亂者償淸費用，納手術費。此眞所謂『鐵算盤打穿了底』也。但不悉叛亂者底利益何在。這個奇聞，在其結構上，等於這樣的故事：一個人有家財一百萬元。鄰人覬之，慫恿此人之子曰：『若能殺父，可盡得其財，供汝享受。』其子信以爲眞。但是，其子說：『我沒有刀啊！』鄰人說：『那很簡單，我有，你拿去用吧！』這個兒子果眞拿這柄刀回家去把他父親砍了。鄰人看見他父親已死，就對他兒子說：『好！你把你父親殺了，你得還刀錢來。我這柄刀價値一百萬元。』結果，除了一雙血手以外，這個孝子賢孫一無所有！

共產黨頭兒盡是這樣的孝子賢孫。毛澤東則爲其尤者。我替這些共黨頭兒設想，辛苦一世，眞是太不値得了。就拿毛澤東來說吧！他打了三十年血仗，在『二萬五千里長征』之中被攆得雞飛狗跳，好不容易搶到地盤。搶到地盤以後，在一方面天天殺人，恨不得把非共產黨人都滅光；在另一方面把千千萬萬人民胼手胝足辛勞得來的物資不捨晝夜地送往蘇俄，償還造反之債，而聽任中國人餓死。這個樣子的『革命』，不知是爲了什麼？不管什麼『主義』不『主義』的，仔細想來，這些人一概都是瘋子。

我們只有一項假設可以解釋這等人底行徑，就是：這樣做，可以洩忿，又可以滿足權力欲。我們覺得抽鴉片煙很無聊。但有等人不抽鴉片煙便不能過癮。抽鴉片煙者，其勢非抽到精血枯乾，皮包骨頭，到死不止。醫治這等人物，百藥罔效，只有讓他看看紅樓夢裏的『太虛幻境』，或者，讓我佛如來點化點化。

第二章論權力和威信。從這一章裏，我們可以看出達林對於蘇俄的了解，是如何之深入。他說：『莫斯科的事實一再表現，說明了在某種情形之下，在有限的時間之內，政治上的權力仍然是歷史上的主要因素，而經濟現象反而是政治的產物和支流。這個表現，是違反莫斯科的官方理論的；馬克思的著名公式已經倒轉：政治是「基礎」，經濟反而成了「上層建築」』。又說：『政治權力是蘇維埃國家的基礎；……』又說：『……斯大林認爲只要在這些「人民民主國家」中保持他的政治機器（例如秘密警察顧問等），這些衞星國的政權是不會發生危險的。……他認爲只有政治力量才是社會制度的創造者。』凡此等等論據，俱足以表示在俄國的『實踐』與共產黨人所宣傳的『經濟決定一切』的『理論』是怎樣相反。由此，我們知所以破除『唯物史觀』的迷信。

達林更進一層分析權力和威信道：『政治上的權力在心理方面很是重要。變成了心理現象之後，政治權力可以產生更多的權力；而且由於權力本身性質使然，在某種限度之內，權力是會伸展其影響的——它有一種永遠動的性能。不管標榜甚麼性質，甚麼哲學，甚麼目標，一個已經達到相當高度的政府，在相當時期內，可以因權力增加而繼續更高度的發展。

『在俄國，蘇維埃制度之所以能够維持，主要歸功於心理狀態的推波助瀾。蘇維埃法律與秩序的基礎，建築在一種「尊敬」之上——尊敬無可抗拒的國家權力。只有極少數人才談得上眞心信仰共產主義。一般人心理上也不是天生就憤世的。在大多數人心目中，共產主義的社會和政治制度已成鋼鐵般的事實：「他們」已經非常强大；抵抗「他們」已經成爲無意義之舉。爲了要熬過這段日子，大家情願逼不得已地在思想上適應環境。當然，總難免有少數人要坐牢；有些人也難免在殺一儆百的情形上被懲誡，至於其餘的人都還可以逆來順受地捱過剝奪了自由的歲月。』這段話眞是道出了極權統治下一般人民底生活狀態和心理的底裏。他們是這樣慴伏着。他們是這樣直接或間接地被逼着調整自己思想底角度，甚至抽換自己思想底內容，以求適應藉政治强力所織成的人爲思想周遭。在純種的極權制度之下是如此，在變種的極權制度之下亦復如是。極權制度者，生人之死敵也！

又說：『斯大林就是利用這種羣衆的情緒，取得了崇高的地位。他受人尊敬，就是因爲他有「無比的權力」。這種尊敬，不是出自對一個可愛的人格關懷的那種感情。甚至黨員們，親信們對斯大林的感情，也遠不如他們對列寧或布哈林的感情。斯大林很少在公共場合露臉……人民不了解他，他也沒有眞正的朋友。……』這段話說得再眞切也沒有了。

又說：『對統治者敬畏，是從統治者權力產生的必然結果。龐大的權力使被統治者產生深切的尊敬。那麽許多年來，蘇俄一直在老百姓心中培植這種畏懼，不如說是敬畏的心理。……』的確，蘇俄型式底訓練目標之一，就是培養被訓者對施訓者的敬畏之心理。其實，這種訓練底基本原則，動物園裏的訓練師是最淸楚不過的，並不深高，也不必高談什麽『形上學的基礎』啊！

從第六章『蘇維埃的名流和第二代』裏，我們可以看出一個所謂『社會主義的國家』，在實際上，是一個階級距離更大和貧富更爲懸殊的國家。在蘇俄，家庭是要分等級的。而『每個家庭的等級劃分都要根據部長會議的命令。』同時，『更具代表性的還有「名流」中的效忠者與不忠者之間的强烈對比：效忠分子得到高度享受，而且被鼓勵去享受；不忠者呢，階級地位，銜頭名號，藍色快車的車票、別墅、著名的私家醫生，甚至個人本身的自由立刻都被剝奪得精光。』極目大地，一切極權統治者之對待『效忠分子』，無不如此，只有顯明與不顯明之分而已。也許有人覺得，極權統治者對待『效忠者』是要好一點。如果他以爲如此，那末我們請他到動物園去上一課。在動物園裏，猴子如果表演得不中意，訓練師就打牠幾棒，或餓牠一頓。獅子表演得妙時，訓練師馬上喂牠一隻死兎。極權統治者對待『效忠者』之『好』就是這樣『好』法的。他並沒有把他們當人看待，只是豢養豢養而已。他用得着他們時，就把他們養得肥肥胖胖的；他用不着他們時，就把他們扔在一邊——不殺掉他們，已算『宅心仁厚』了。他們表演得好，他就鼓掌嘉奬；他們表演得不好，他便痛打幾棍。這與猴把戲有何分別？極權統治根本就是獸畜統治。所以，不說別的，就是單單爲了作個人，我們要反對共產極權主義及其一切方法。

第七章論戰後的共產黨。達林說斯大林所用的人，沒有一個不屬斯大林派。否則，不會任用。『他們的高陞都是由於斯大林的選拔，他們的政治前途也全繫於斯大林一人的恩寵。』因而：『蘇俄的領袖們，有意和無意中，總是在舉止上，言語上，甚至衣着上模仿斯大林。而且他們之間的相似也不僅在於外形。和這個獨裁者一樣，他們中間沒有一個是有傑出的學識或個性的。政治局簡直沒有一個有創造性的思想家，出色的理論家或有才能的作家；政治局的最末一個出色人物是日丹諾夫，但他在一九四八年死了。斯大林不能容忍任何一個幕僚在才智上超過他，或者能引起別人的注意，或博得大衆的景仰。在一個知識平庸的人之下，全體都只好是知識平庸的人。斯大林的主要幹部只是些行動者，苦幹者，優良的組織者，行政人才，和無情的工頭。自由世界曾經有機會仔細地觀察過他們中的一員——莫洛托夫。莫洛托夫的許多特點——沒有頭腦，政治手法上的固執，冷酷無情，但孜孜不息苦幹——這些特點同時也就刻劃出來蘇俄當代領袖的典型。』

達林之所言，可謂鞭辟入裏。時至今日，種無分純雜，只要是共產類型底極權統治，情形無不如此。如果『他們的高陞都是由於斯大林的選拔，他們的政治前途也全繫於斯大林一人的恩寵』，那末求昇官發財的唯一道路，自然是設法使極權者寵信了。當今之世，極權者底品種固然繁多，但有共同的特徵，即是，他們無不自以爲是高於一切的『全智全能的父上帝』。既然如此，彼等無不認爲言足爲無窮則，行足爲天下法。既然如此，於是衍產出一種『上帝按照自己的形像造人』的心理狀態。這種心理狀態到了激化的程度，就要通過手握之權力，具體化而成一種『領導方式』。

常常聽到人說，『某某人不講氣節』，或『某某人不伸大義於天下』，這一類底話。當然，至少從某種意義來說，『氣節』和『大義』都是應須提倡的。不過，如果我們要拿這些話來責人，那末在當今之世，就得特別審愼。人『應不應該』把『氣節』和『大義』放在第一是一回事；人『能不能』把『氣節』和『大義』放在第一是另一回事。如果『應該』等於『能』，那末不僅『氣節』和『大義』不必提倡，這一類底『規範法則(norms)』與『自然法則』之間的界線也就沒有了。人是多方面的存在之一複合。人除了倫理的存在，理想的存在，或精神的存在以外，尙有政治的存在，經濟的存在，生理的存在，以至於物理的存在，等等。在這些存在之中，究竟那一種存在最具決定作用或支配力量，這要視主客二者所構成的情境複結而定。在平常的情形之下，這些方面的存在各以適當的比例發生作用，而構成我們正常的生活。當然，在特殊的情境中，這些存在中之一種可能特別突出，對我們特別發生支配力量。例如，『大義不屈』，『見危受命』，『餓死於首陽之山』，等等。在這些情形之下，倫理或理想或精神的存在居於主導的決定地位，而生理或經濟等方面的存在居於從屬地位。但此乃非常態的事跡，不能責諸一般的人。

在過去的時代，沒有有效的統治技術，統治者底權力欲不能盡量發揮。因而，個人表現其自由意志之可能較大。時至今日，統治者即掌握現代統治技術之總工程師。彼掌握了億兆人衆底衣、食、住、行，各方面。掌握了這些方面，就是掌握了大家底生命線。掌握了大家底生命線，他就不難按照他底意志甚或個人好惡來選擇和懲奬你了。極權者所看重的有而且祇有權力，斯大林等口中所說的『國家』，『光榮』，『主義』，等等，皆不過掩飾權力的表面幌子而已。既然如此，他所選擇的人，當然是無條件對他個人絕對忠誠的人。只要滿足了這個條件，能力是次要的，知識學問可有可無，人品操行更不在考慮之列。

這種『領導方式』行之稍久，便無可避免地發生下列結果：有理想，有抱負，有知識，有氣節者，都不接受這種領導方式。不接受這種領導方式，則生活底資據日益減少，且發展底可能範圍愈益縮小。這種現象，便是在受淘汰之中。這一類底人受淘汰，意即社會上的優秀分子受淘汰。而接受這一套『領導方式』的，多屬無理想，無抱負，少知識，無骨氣的人。於是，這一類底人成了『上帝底選民』。這一類底人『成了選民』，於是生活底資據日益增加，發展底範圍日益擴大，因而愈來愈浮現於衆人肩頭之上。這一類底人被選擇，意即社會上的遜色分子被選擇優秀分子被淘汰，而遜色分子被選擇，是之謂『反淘汰』。

如果一個社會發展的基本原理是『反淘汰』作用，那末這個社會底生機決不能正常發展，充其量只能呈現一時表面的穩定現象。沒有理想，沒有抱負，知識缺之，和無骨氣的人，固然不能有所作爲，但替其顧主在各部門把持樞紐藉以阻塞社會新生機之活動與成長則綽綽有餘。這樣一來，阻塞力量與新生機，二者不是相激相盪，便是互相對消。如果是二者相激相盪，便形成社會大動亂，或走向大崩潰之途。如果是互相對消，那末便是在統治者方面把全力用來制壓社會自己底發展；在社會方面則曲曲折折竭盡全力來應付此一制壓力量，或想盡種種方法與之周旋以求自存。這樣，二種力量便是在相互抵消之中。二種力量每天在抵消之中，社會未有不漸趨於萎縮的。這就像患肺病的人，拖乾了爲止。就在這一斲喪而尙未完全耗竭的時分，社會上可能出現表面穩定的現象。

所以，無可避免地，共黨型類底極權統治，在看起來極其堅硬的外殼以內潛含着自我毀滅的因素。

第九章論眞和假。在這一章底開頭，達林說：

『三十多年來，蘇俄的發展似乎有着一個不變的趨勢：國家權力範圍不斷逐漸擴張；而在社會與私人生活的各方面，個人却不斷縮小。我們所看見的其實就是一個極權國家的長成。個人的權限一點一點地失去，被併吞到國家的統轄底下去。這個過程首先在政治上發生，然後擴展到經濟，最後又波及到教育和思想上去。組織和統制日益澈底和嚴密，蘇維埃警察國家於是興。』的確，一切純種或變種的極權統治底建立，在基本上，莫不循達林所說的章法着手。極權統治是一種『不全則無』的統治。這種統治決不能『網開一面』。如網開一面，則面面俱漏。所以，在蘇式極權統治底下，除了政治和軍事不成問題地必須嚴予控制以外，經濟必須『統制』，教育必須『計劃』，文化必須『改造』。面面俱到。

在第十章論及蘇俄的強點與弱點裏，達林下結論說：『這些很明顯地就是今天蘇俄的情形，也就是大家所能看到的情形。不過，假如只從表面的價值來估量它，那也會犯錯誤的。

『僅僅在表面之下一吋，共產國家從中心腐爛起的情形就已經開始。在表面之下還有平民，他們是三十年專制政治下首當其衝的犧牲者。他們疲憊，沮喪而且緘默。他們的疑惑已經硬化成爲一種生活方式了；外表上，他們好像聽天由命，他們口頭上順從着領袖們的滿口自稱爲人類救星的理論，因爲他們必須這樣做。他們是很聰明的，誰也騙不了他們。……經過幾十年的動亂和壓迫，人民別無他求，主要的是安息。人類的尊嚴的敏銳感覺一直天天被侵犯着，以致整個民族都在渴求着正義與人權。常態的生活——普通人(不是國家英雄或超人)的正常生活——已經變成俄國人可貴的目標。』這些話，刻畫出蘇式極權統治之下人民生活底一般現況，並且傳達出他們共同的心聲。這種生活現況和心聲，無疑是一切蘇式極權統治之下的人民無可避免的共同生活現況和同有的心聲。假若有一天這種心聲能轉化而爲具體的力量，那末便是苦難的人們眞正得到解救的一天。

現在大家的時間這樣寶貴，要讀書就要讀好書。所謂好書之好，至少必須滿足兩個條件。一、內容正確或豐富；二、只爲眞理而眞理寫作的。當然，這樣的寫作，其所發生的結果，可以有益于人生。像達林這本書，是滿足了這兩個條件的。全書只有短短二十頁，共分十章。但是，我們讀過之後，一點也不覺得它薄弱。恰恰相反，我們只覺得章章內容充實，取材扼要，而且處處現出他對于蘇俄有比較成熟的知識，和比較透澈的觀見。我們從這本書可以知道一個現代極權統治國家底全般型模。我們更應該由此知道，即使是英美這樣的國家，如果採取蘇俄底方法，遲早也一定會變成極權國家的。到那時，英美如標榜『反共』，便失去眞實的內容了。

本書封裏刊有新蘇維埃帝國版圖在一九三九年以前的狀況和一九三九年以來的擴充之比較圖。書末有『建造「新蘇維埃帝國」的「英雄」們』圖片三幅。看蘇俄統治者對待一般人民之殘酷與兇暴光景，眞是令人觸心動魄。

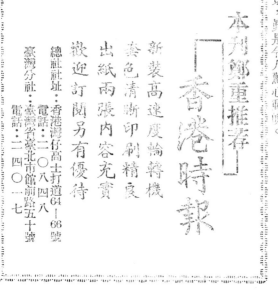

給讀者的報告

邇來臺省糧價暴漲，影響人民生活至鉅，一般人無不爲之極感憂慮。爲抉發病源，防止類此事件之重演，乃在本期爲社論申論之。我們依據事實，縝密分析米價暴漲之諸種可能的因素，如限價解除後之彈性作用、季節性波動、一般物價上漲、以及糧商操縱等等，似均不能解釋爲此次風波發生之主因。根本的原因仍然在於供求關係之中。我們從諸多資料之中，發現食米生產估計量失之過高，消費估計量失之過低，與儲存量之名實不符。這使我們連想到一切管制經濟的措施，往往流於統計不易正確，與執行人員效率操守難以保證之二大弊端。基於此項對當前米價暴漲之正確瞭解，挽救之道，惟有以更多的供應來塡補一時的缺乏。亦惟有這樣，一切不好的傳聞才能爲之冰釋。

此次國民黨二中全會決定依法召開國民大會，於是修改憲法的聲浪，一時又復甚囂塵上。根據國大憲政研究會前年發表的修正草案初稿，主張修改憲法以擴大國民大會的職權。在現行制度之下，國民大會固然是有權修改憲法的。然而憲法乃國家之根本大法，尤其在尚未全部實施以前，不宜遽言修改。國民大會代表應以其所代表的人民之利益爲重，既不應拘泥於遺教之一字一句，尤不應逞一時一己之快意，而影響立國之大計。卽使現行憲法之有未臻理想而必須修改者，亦應以國家前途爲前提，使趨適於時代潮流。本期雷震先生在「國民大會要走到那裏去」一文裏，坦率表示其意見，不贊成此時此地修改憲法，對擴大國大職權之建議，尤期期以爲不可。雷震先生曾實際參與憲法制定工作，本文反覆說明現制中國大立法之意義。其公忠謀國之誠，直使人感動。我們希望本文發表以後，對將來國大開會時，能够有所影響，則國家幸甚。

徐逸樵先生的大文在分析這次日本總選結果，指出總選中所表現的一些可稱道的現象與趨勢。從這裏，我們可以看到日本民主政治是有遠大前途的。

張佛泉先生的「自由之確鑿意義」一文，是上期「自由與國際和平」之續篇，亦卽作者撰寫中「自由與人權」一書之第二章。「就政治及法律方面言，自由永是確鑿有所指的。自由就是權利。諸自由就是諸權利。除去權利，就政治、法律、以及經濟而言，就無所謂自由。」我們中國到現在對近代自由觀念仍很陌生，常聽有些人對自由加以曲解並從而詛咒之。實迫切需要像「自由與人權」之類的論著，以指引國人思想之迷津。

韓國通訊是一位反共的中共戰俘從濟州島寄來的，從本文中，我們可以窺見他們響往祖國的心情。爲應作者的請求，我們不能用他的原名。「向自由」這個名字，只是我們代他取的筆名而已。

本刊售價

地區	幣別	每册價目
臺灣	臺幣	4.00
香港	港幣	1.00
日本	日圓	100.00
美國	美金	.20
菲律賓	呂宋幣	.50
馬來亞	叻幣	.40
暹羅	暹幣	4.00
越南	越幣	8.00
印尼	新荷盾	3.00

自由中國 半月刊 總第八十五號 第八卷第十期

中華民國四十二年五月十六日出版

發行人 兼主編 『自由中國編輯委員會』

出版者 自由中國社

社址：臺北市和平東路二段十八巷一號

電話：二八五七〇

航空版 香港時報社

經售者

臺灣　自由中國發行部

　　　中國書報發行所

美國　紐約民氣日報社

　　　舊金山少年中國晨報社

　　　芝加哥中國出版公司

日本　東京僑豐企業公司

　　　東京南友堂

　　　東京內山書局

韓國　釜山草梁洞新泰行

馬尼剌　大中華日報社

印尼　椰嘉達星期日報

　　　椰嘉達天聲日報

　　　棉蘭繁華圖書公司

越南　西貢中原文化印刷公司

　　　越南華僑文化事業公司

暹邏　曼谷攀多社十二號

緬甸　仰光振成書報店

印度　孟買梅亞號

　　　加爾各答塔梅學校

澳洲　雪梨瑞田公司

北婆羅洲　馬拉奕坡美芝律聯華公司

新加坡　中興日報社

　　　檳榔嶼、吉打邦均有出售

印刷者 精華印書館

廠址：臺北市長沙街二段六〇號

電話：二三四二九

本刊經中華郵政登記認爲第一類新聞紙類　臺灣郵政管理局新聞紙類登記執照第二〇四號　臺灣郵政劃撥儲金帳戶第八一三九號

自由中國

FREE CHINA

第八卷 第十一期

要目

中華民國四十二年六月一日出版
社址：臺北市和平東路二段十八巷一號

半月大事記

五月十日（星期日）
板門店談判共方代表堅持對不願遣返戰俘，應交由停戰生效後所召開的政治會談上決定處理。
法國與柬埔塞王國宣佈議定書，給予柬埔塞以司法經濟及財政的「完全主權」。
埃及和阿剌伯聯盟警告英國撤離蘇彝士運河區。

五月十一日（星期一）
美國務卿杜勒斯及共同安全署長史塔生抵開羅訪問。
美文武職官員在珍珠港舉行會議，討論太平洋安全問題。
越共兩師撤離老撾。

五月十二日（星期二）
邱吉爾在下院演說，建議召開一次强國最高層會議。
美總統艾森豪宣佈提名雷德福上將爲參謀首長聯席會議主席。
北大西洋公約組織通過任命葛倫瑟繼李奇威爲歐洲盟軍統帥。

五月十三日（星期三）
運河區關係緊張後，英地中海艦隻駛往增援，以抵抗可能之埃及襲擊。
聯軍代表提出十一點韓境停戰對案，立遭共方拒絕。

五月十四日（星期四）
葉外長在立院重申我對韓戰立場。
我政府對美國所提韓境停戰對案有若干點反對，已由美使館轉致美政府。
英埃關係緊張，埃政府已下令對運河區英軍實施經濟封鎖。
美國務院聲明，對邱吉爾召開强國高層會議建議，認爲俄國須先以行動表示其誠意。艾森豪總統在記者招待會上說，迄未見俄國有何誠意的證據。

五月十五日（星期五）
西德議會批准歐洲軍公約。
越共侵入紅河三角洲主要產米區，逼近河內十六英里。

五月十六日（星期六）
美國務院發表聲明，堅持志願遣俘立場。
板門店談判休會三天。

五月十七日（星期日）
韓境中西線聯軍一日內斃傷共軍一千餘人。
聯軍停戰談判代表莫里遜飛赴東京與克拉克會談。
日首相吉田茂中止與改進黨領袖重光葵會晤之計劃，自由黨決獨力組閣。
美陸軍計劃在下一財政年度削減駐歐亞兵力百分之十。陸軍部已奉令再裝備南韓軍六師。

五月十八日（星期一）
日衆院選出改進黨之堤康次郎爲議長，左翼社會黨之原彪爲副議長。四反對黨已控制衆院。
韓境上空空戰，毀米格機十二架。

法越聯軍在紅河三角洲擊退越盟猛烈攻勢，獲得重大勝利。

五月十九日（星期二）
日本新國會重選吉田茂爲首相。參議院綠風會河井彌八當選議長。
韓境停戰談判繼續停開五天。
美本年內第九次原子爆炸。
立法院通過民用航空法。

五月二十日（星期三）
日首相吉田茂與改進黨領袖重光葵會晤，重光拒加入保守性聯合內閣。
又一波蘭米格機飛往丹麥降落。

五月二十一日（星期四）
美總統艾森豪宣佈，將與英首相邱吉爾、法總理梅葉在百慕達島舉行會議。
日新閣在皇宮宣誓就職。
美總統艾森豪向國會提出特別咨文，要求維持現有租稅數額。

五月二十二日（星期五）
法梅葉內閣倒臺。
立法院通過修正印花稅法及涉外民事適用法。

五月二十三日（星期六）
美政府已答覆我國照會，將堅持韓境自願遣俘原則。
葉公超外長再度表示反對巨頭會議。

五月二十四日（星期日）
美國務院聲明，不以承認中共爲換取韓境和平之條件。
非自由黨提名李里諾爲本屆總統候選人。

社論

當前國際形勢與反共聯合戰線

史大林逝世後的一聯串發展，如馬林可夫之和平攻勢，韓境停戰談判之重開，歐洲國家對美國牽制力之加强，綏靖主義影響之普遍蔓延，以至最近在百慕達島舉行三巨頭會議的決定等等；造成一種國際情勢的低氣壓，使呼吸爲之窒息。我們憂慮。我們惶惑。我們憤懣。難道今日的民主世界，又將走到第二個慕尼黑、第二個雅爾達的邊緣上麼？如果不是，那麼這一切又表示着如何的意義呢？

這是一個需要冷靜觀察、冷靜分析的問題。我們不要衝動。我們不要感情用事。也許，我們今日的悲觀，正是過去過分樂觀的結果。也許，世界情勢在本質上並無變化，而發生變化的，倒是我們自己的情緒反應。我們願在此提出些與一般不同的看法。這看法可能並不成熟，但可能由此引起新的發現，與新的瞭解，並因而導向新的作法。

我們首先要請大家對一個問題多費一番思索，找尋一個正確的答案。這問題是：爲什麼美國無論在杜魯門時代，或是在艾森豪時代，都同樣的不願意擴大韓戰？此一問題誠能正確解答，可謂思過半矣；如不能正確解答，則我們恐怕永遠要在錯誤的路線上發展。

我們常常說：韓戰之所以不能贏得勝利，是由於戰略考慮受到了政略考慮的牽制。這話祇是部分的正確。戰略受到政略牽制是事實，但我們又安見得那一個牽制了局部的、一時的戰略考慮的政略，一定不是基於另一個更爲永久的、更爲全面的戰略考慮呢？克勞塞維茨說：軍事是政治的延長。這話不一定在所有場合都正確。常常有這樣的情形：到戰事已成爲事實或成爲非常迫近的威脅之時，戰略的考慮，往往反過來處了第一的地位，政略則退爲次要；人們並不常常是拿軍事來濟政治之窮，而是反過來，有時是拿政治來濟軍事之窮。美國的全面戰略考慮，很明白的是以蘇俄爲對手，而決不會以中共爲對手。韓戰之爆發是一個偶然，而這個偶然，却正是由於爲政略考慮而犧牲了戰略。但這所謂「犧牲」，在美國決策者的心目中，其解釋可能恰巧與我們的解釋相反。我們的想法是：韓戰理應全力以赴，現在竟不能全力以赴，那是受了政略的拖累；而美國決策者的想法是：韓戰根本就不該打起來，而居然打起來，並且美國也居然介入了，那才眞是受了政略的拖累。我們雖不能斷言，美國有那些人作如上的想法。但至少，在中共參戰以後，杜魯門是這樣想，所以他堅持要把韓戰局部化；至少，今天艾森豪也這樣想，所以他一再强調不擬在韓國增加兵力，並且一再表示願意及早光榮的結束韓戰。

韓戰之所以既經爆發而又不願使之擴大，甚至不求戰爭的勝利，這是由於美國當局從政略考慮，又回到一種更爲永久的更爲全面的戰略考慮上來的緣故。

美國的全面戰略，既是以蘇俄爲對象，而非以中共爲對象，所以它想像中的決戰場，當然是在歐洲而不在亞洲。在歐洲，美國是攻勢的；在亞洲，它是守勢的。在歐洲，問題至不得已時終必由軍事來解決；在亞洲，則美國始終未能忘情於作政治的解決。所謂美國政策中的重歐輕亞，應該由這個戰略的角度去瞭解；所謂歐洲國家對美國政策的牽制，也應該從這個角度去瞭解。總之，在美國的全面戰略中，不會有在亞洲發動大戰的那麼一個節目；如果事態有向這一方面發展的趨勢，美國一定要挽回這種趨勢，而不是去推動它。這樣的戰略觀念，不管我們反對或贊成，它是一個事實，而且可能是一個早就確定了的事實，祇是我們沒有發現，或者沒有勇氣去發現而已。

美國要結束韓戰，不一定如它口頭所宣說的那樣是爲了和平，至少，它同樣是爲了戰略的考慮；而且，戰爭的威脅愈是迫近，它愈要脫出韓戰，把力量集中到在它認爲遠更重要的處所去。亞洲的問題，它要藉政治解決來儘可能把它敷衍着。美國很少有在亞洲方面打開新局面的意圖。這個基本路線，恐怕即令到戰爭已經爆發之時，都不會有重大的修改。

對美國政策，我們由上文的分析，得到一個簡單而明確的瞭解，它對歐洲，軍事的安排重於政治；它對亞洲，正因爲在軍事上無法兼顧，而不得不以政治濟軍事之窮，所以政治的安排可能重於軍事。基於此種瞭解，我們可以推想到未來一切可能發生的變化。

美國對中共，可說從頭就不作軍事解決之想。我們自己的計劃，理應從頭就拿這個瞭解爲前提。因此我們不能不想起，我們過去的努力，未免太無視於此種複雜的情形，而忽略了一個重要的方面。我們儲備了軍事的力量，而沒有去積極儲備政治的力量。所謂政治力量的儲備，質言之，就是海內外反共人士的精誠團結。這是一項應該做到而過去沒有用力去做的工作，現在回想起來，已有稍失時機之感。但是，照目前的趨勢，國際局面的變化是緩慢而非急驟的。未來的演變縱有種種可能，但此種演變，仍會替我們留下一個及時準備應付的機會。截至今日，時間還沒有背叛我們。

國民黨二中全會決議：將建議政府召開反共救國會議，建立反共救國聯合戰線，藉以團結海內外同胞，共同爲救國復國而奮鬭。這是一個令人興奮的消息。我們希望這是一個新的開始，眞正能夠將所有海內外的反共份子聯合起來，這是政治反攻的利器。可是五月十日政府發言人的談話，又引起許多不必要的誤解。反共是共同的目標，基本的國策，如果不反共的人當然不要他來參加。但是同爲反共，而方法途徑却有好幾種主張，未能盡同，也是目前的事實。我們以爲：「反共救國會議」，便是要將各種反共的方法都提出來共同討論，使不同的主張歸於一是，然後能精誠團結而不致分道揚鑣；「反共救國聯合戰線」，便是將幾種「戰線」「聯合」起來，然後能加强力量而不致各自爲戰。如果只有與政府的反共方法相同的人前來參加，還有甚麼重要議案足供討論？還有甚麼戰線可聯合？還有甚麼力量來增强？我們希望「自由中國之門，對一切愛國反共人士都是敞開的」。

春風綠來話和平

——艾氏和平方案的分析——

朱伴耘

一 和平也成了武器

當艾氏就職發表積極外交政策未幾，本待逐步實行其「以自由對抗奴役」的計劃時，忽然遭逢着史太林之死，於是英法高叫美國要愼重將事不可操之過激，美國人自已也忠告政府稍加觀望，以等待「蘇俄境內爭權全武行」的演出。這一等待的結果，失去了史太林的克里姆林宮却向世界播出了「和平之音」，主唱者馬林可夫不僅於三月九日埋葬史太林後彈出「和平共存」的舊調，並且還以種種行動來表示其愛好和平的熱忱。蘇俄是正式承認由於英美的協助而獲得二次大戰的勝利，八位美國記者於戰後第一次獲得簽證訪問莫斯科，中共也表示接受聯合國方面提出雙方交換病傷戰俘，並提議恢復和談及交換戰俘的計劃。不僅此也，大至自由四強會商對德和約，小至昔日命令英美駐莫斯科大使館的館址應行遷出，如今也收回成命，請他們繼續留用，都無一不表示出和平友好的姿態。至於在聯合國方面，蘇俄代表也儘量表現出協調的精神，聯大的祕書長也在這種協調姿態下於以產生。四月十六日，共方集團更首次在聯大政治委員會中贊同西方國家所提的和平方案。在這一連串「和平行動」看來，尤其是針對西方所堅持的蘇俄如有意和平必須先在「朝鮮戰場」表現的要求一點言，當然弄得舉世不得不向大奏和平之曲的馬林可夫看齊。

六週以來，美國輿論也好，官方也好，無一不對「什麼是蘇俄發動和平攻勢的動機」這一問題作文章。有人說馬林可夫集團爲了鞏固其本身的力量，要集中力量對內，對外不得不暫時緩和，有人說蘇俄意圖分化西方盟國，鬆懈他們整軍的努力。這可能都是原因，但我個人以爲還有幾個不易看出而極重要的原因，願在此提供出來，以補充「什麼是蘇俄發動和平攻勢的動機」這一問題的解答。

1.以和平攻勢來打擊「解放政策」：美國新政府上臺，是以解放政策爲其外交行動的指導原則。這一原則並不是拿着當口號喊的。昔日的「圍堵政策」既以馬歇爾計劃、北大西洋公約組織、西歐聯軍、美澳紐聯防等行動來支持該政策的推動，同樣的今日的解放政策，也必會有一串積極行動來求該政策的實現。這些未來的行動，艾氏本有意讓蘇俄猜的。蘇俄爲了應付這一積極政策，要就是短兵相接打起來，要就作適當的撤退。戰與退史太林活着也得作一選擇，如今馬林可夫上臺，更要表現出應付嚴重局面的態度。在這樣的情況下，克里姆林宮所計劃的和平攻勢於是發動，同時蘇方也深知韓戰如繼續是美國鼓勵西方團結推動積極外交唯一的藉口，所以在和平攻勢中，特別強調願對韓戰和解多作努力。在伸手不打笑臉人的情況下，美國自然無法積極起來弄個戰爭販子的惡名。至少在這個和平攻勢期間，延遲了美國新政府支持其「積極外交政策」的行動，蘇俄就多了一段時間來作安定內外的佈署。

2.測驗美國「積極」的程度：新政府在競選之初，即承認美國在「冷戰」中已處處被動吃了敗仗，大聲疾呼要爭取主動，要將蘇俄的勢力推回其本土，要以積極行動來打擊蘇俄的擴張。如今上臺，自然要逐步將口號兌現，在這場國際大賭博中，輸家既下了如此的決心要搬本，暫時得手的蘇俄當然要設法了解輸家到底要搬回本錢多少才算滿足，是決心全部搬回呢？還是只搬回一部，即已滿足？雙方必要了解清楚，這場博才可以繼續賭下去。艾氏在上臺之前，已說明要全部搬回來——就是將蘇俄的勢力推回其本土。蘇方所了解的「全部搬回來」是出之在野之身的艾氏之口，當時的話是不足以爲最後依據的；蘇方要了解艾氏以美國總統身份所作的決定，才可作爲蘇俄應付的參考。於是探取美國積極程度的唯一辦法，就是提出具體問題靜待美國解答的態度。譬如說結束韓戰，美國怎樣才認爲滿意？同時，蘇俄知道，蘇俄也知道美國知道，東方問題的癥結在中國。假定韓戰結束，蘇俄的勢力是否也自中國撤退？此一和平攻勢的目的，不僅於談判進行期間，蘇方可以測知美國積極的程度，同時還可利用美國及盟邦對大陸政策的歧見，促成美國與盟邦更大的分裂。此外，對於德統一問題、裁軍問題，無一不可作此原則的運用。

3.打擊美國的經濟：蘇俄是一向認爲資本主義的經濟制度，其恐慌是有週期性的，馬林可夫氏似乎對此特有信心。一九四九年，美國經濟是有萎縮現象，失業者日漸增加，於是他抓住此機會發表講演，認爲美國經濟恐慌業已開始，共產主義是最優良的經濟制度，在去年十月五日他給蘇俄共產黨第十九屆大會的報告中，其有關經濟比較部份更一再強調美國戰後是困難重重，目下是靠備戰以維持經濟的繁榮，如非蘇俄爲和平的支柱，美國早已發動大戰以維持其經濟的生命。這篇報告中，固然有不少宣傳成份，而美國由於市場減小而發生的經濟困難也是事實，根據馬氏這篇報告，我們說馬氏趁美國無法將經濟恢復常態時，發動此一和平攻勢以觀反應。果然，和平攻勢發出後紐約證券市場即起了騷動，有關軍事生產證券下跌，弄得美國輿論界也大罵華爾街的大亨們不識大體，讓蘇俄，尤其是其他世界各國，認為美國非靠戰爭不足以安定國內的經濟，美國的制度，受不起「和平的威脅」。工會領袖們也趕緊向政府建議早作將戰時工業回復平時工業的準備，這種經濟的不安，無疑的正是馬氏所樂於見到的，他是否會繼續以和平攻勢的手段作為促成美國內部經濟早日崩潰的武器，暫時尚不易看出。但就美國的反應看來，他已收到宣傳的效果，同時也可窺出美國安定國內經濟的外交政策的目的。

從上面的分析看來，蘇俄此刻的有計劃的和平攻勢，對美國言，是非常陰毒的一着，他利用美國人厭戰的心理，利用西歐畏戰的心理，在艾氏正要克里姆林宮猜測美國下一行動的時候，他們提出一個使美國措手不及的和平攻勢，不僅無形中使美國的積極政策暫為延擱，並使世人知道和戰主動都操諸蘇俄之手，美國仍然居於應付的地位。尤其對於韓戰願意和解及允許美記者訪問莫斯科二點，更是要使世人知道蘇俄是和平天使，鐵幕並無其事，將種種惡名一古腦兒加諸美國的身上，迫使艾氏由「要克里姆林宮猜」而「不得不提出世局和平的方案來」。用「和平」來作武器以打擊西方的威望，分裂西方的團結，測驗美國的企圖，不能說不是共產國際的新發明。

二 艾氏的和平答案

當兩個互稱死敵的人正磨拳擦掌準備一決雌雄的時候，一個敵人突然投給另一敵人的不是一把利劍，不是一顆鐵彈，卻是一盒糖菓，受到這盒糖菓的人，當然不得不猜測一下這究是糖菓抑是毒藥。目下美國對於蘇俄的和平攻勢，就是此種心理。政府一方面分告盟友不可鬆懈，同時也警告國人加意警覺。其莫知所措的情況如翻閱各大報紙的社論，莫不昭然若揭。其對和平方案的提供也琳瑯滿目。可見美國是將蘇俄和平攻勢作為對美國世界政策的一種考驗。艾氏與其閣僚及國會領袖經過六週的考慮，終於在四月十六日於美國新聞編者協會席上發表了世所週知的「世界和平方案」講演。

這篇講詞，是要蘇俄拿出結束冷戰的證據來。要大家努力解除世界的武裝，以擴軍的費用來作加惠人類的工作。否則世界所遭遇的便是原子戰爭。為了答復馬氏的美蘇共存論，艾氏也申言「東西兩方沒有問題是不可以解決的，只要決心尊重一切國家的權益。」誰都知道裁軍是和平的先決條件，現在美國所領導的民主集團正在加緊武裝，在蘇俄和平攻勢下，自易被認為罪魁禍首。艾氏為了澄清國際視聽，也提出了五點裁軍計劃：(1)協定限制各國軍事及保安武力的人數；(2)各國保證限制軍用及戰略物資的生產；(3)國際管制和平使用原子能並禁用原子武器；(4)限制或禁用其他具有重大毀滅性的武器；(5)在聯合國的監督下，促成上述各種協定的實施。不過，這五點裁軍計劃什麼時候才開始討論呢，美國必先要蘇俄拿出求和的證據來。根據艾氏的演詞，蘇俄如有和平誠意，必須辦到美國提出的五項節目：(1)朝鮮光榮停戰，繼之以政治方式討論使朝鮮以自由選舉方式而得到統一；(2)共方不得再向越南及馬來亞發動侵略；(3)締結對奧和約；(4)統一德國；(5)允許其他國家包括東歐各國選擇他們自己政府的形式，並自由與其他各國交往。

艾氏這篇講詞，是就職後第一次，闡述美國外交政策具體內容的節目，其對主要世界問題，自韓戰和解至全面冷戰結束，無一不包括在內。而尤其值得注意的，是這篇講詞包括無限言外之意的外交原則。現在個人僅就研究艾氏昔日外交言論，將其言外之意作左列的分析：

第一點　我要指出的，艾氏這篇講詞，除已答復蘇俄的和平攻勢外，他還未忘記昔日所說的外交應當積極主動的原則。史太林之死，美國之觀望，馬氏便趁機發動了有計劃的和平攻勢，以表示蘇俄是和平愛好者，並針對西方國家的要求，以促進韓戰的和平解決，作為其言行一致的證據。艾氏看清這一點，於是提出廣泛的整個和平方案。換句話說，民主國家所要的，是冷戰的結束，是全面的和平。你蘇俄主張和平嗎，韓戰只是問題的一小部份，要解決應作全面的解決。要想證明你是愛好和平，除了韓戰結束、韓國統一，是盟邦必爭的起碼條件。此外，德奧問題，東歐問題，都得要拿出事實的證明來。然後方談得上盟方的裁軍方案，否則，盟方的武裝行動，絕不因韓戰的部份解決而鬆懈而停頓的。在這種分析下，艾氏的講詞不僅為西方的武裝行動先作了周詳的辯護，並將和平攻勢的主動抓到盟國的手中。因為根據這篇講詞，西方的一切行動，全是蘇俄的侵略行為逼出來的。要談和平，就是全面和平，要講全面和平，蘇俄必須做到艾氏所提的方案，以證明其和平誠意後，才能談裁軍等問題。這樣一來，蘇俄如再發動和平宣傳，要西方解散北太西洋公約組織，毀滅原子武器等以明西方和平誠意時，為時已晚，再不復有宣傳的大效果了。

第二點　我要指出的，就是艾氏昔日所稱不承認蘇俄現存勢力範圍的原則。易言之，蘇俄如誠意求和平，就得把自己的勢力範圍縮回到本土。他特別指出的就是東歐各國，應本民族自決的精神，以決定其政府的形式及國策，不能作蘇俄的附庸。這一要求，無異於大西洋憲章的復活。美國已把今日的蘇俄，當了昔日的納粹。美國很清楚的知道，承認今日蘇俄所造成的既存事實，而與之言和，是自認失敗。美國也考慮到蘇俄可能畏懼西方的逐日强大及美國的決心，暫時以少的讓步而保存昔日的所得，與美國暫時妥協一下，再俟機而動。是以艾氏不讓蘇俄有此取巧的機會，必要將蘇俄的勢力逼回到其本土後，再談整個和平的解決。蘇俄能做到，美國當然很清楚，這是由於美國武力强大的結果，在這樣的情況下，美國無威脅之可言，自然可以言和。反之蘇俄如不能做到，美國即認為威脅繼續存在，也即是冷戰繼續存在，則艾氏的解放政策，自然照舊推行。至於對東方，他已說明的是朝鮮的統一，越南及馬來亞不再受侵犯，而未言明的，則其「尊重各民族自由選擇其政府的原則」，可作機動的解釋。

除了上述的二大原則外，第三點　我要說明的，就是外交上「力」的測驗與表演。我在第一節中已講述，由於蘇俄和平攻勢來得突然，美國對其動機會作無數的分析，但有一點大家同意的，蘇俄最多是政略的改變，而不是根本放棄了孤立美國赤化世界的企圖(見後文杜勒斯意見)。美國為了澈底的安全，就不得不迫使蘇俄作政策的改變。如將艾氏講詞及所要蘇俄完成的條件作仔細的研究，很明顯的，艾氏是假定蘇俄試探美國新政府外交政策積極的程度，及在何種代價下，可以獲得與美國暫時緩和的機會。美國務卿杜勒斯氏，尤持這種見解，他說：「我們現在還不能說和平攻勢是代表根本政策的改變，抑只是戰略的修正。在目前我們應慎重假定我們是在證明 蘇俄共產主義慣用的戰略的變動。」艾氏抓住了這一點，他所提的和平方案以及要蘇俄實際履行的條件以作誠意求和的表示，無異答復蘇俄，你問我積極的程度嗎，可以從我的條件中求解答。你想問我暫時緩和國際局勢所出的代價嗎，今天應出代價的，是蘇俄而不是美國。美國的決心是無付出局部妥協的代價之可言。相反的，美國却開出了全局永久和平時蘇俄應出的代價。事實上今天兩大集團各種力的總和，已到了快要決鬬的階段。這種決鬬要想避免，只有兩種可能：一種是杜魯門式的「圍堵主義」。這種主義就我看，是與蘇俄平分天下。最多只能得到暫時的苟安。另一種便是艾森豪式的解放主義，以强大的力量作後盾，迫使蘇俄將其龐大帝國縮小，以求世界永久而公正的和平。現在便是正式看蘇俄反應的時候，艾氏主張和平的精義在此，其政策之積極也在此。

三　「艾森豪威爾主義」外交理論及實際的分析

美國輿論界自艾氏競選時發表其解放政策的外交，以及於就職後給國會咨文中所揭擧以自由對抗奴役的原則後，美國今後的外交原則，即稱之為「艾森豪威爾主義」。這是用以區別昔日主張對蘇圍堵的杜魯門主義的。這個主義的主要理論，便是以自由對抗奴役，主張民族自決。在這面反共反暴政的大旗幟下，美國一切外交及軍事上的佈署，便有了理論的根據，蘇俄如再要罵美國是戰爭販子，美國也有反攻的利器——讓一切鐵幕後的國家，獲得獨立自主，不為蘇俄的工具後，我們再談世界的和平問題。是以不論今後蘇俄的和平攻勢如何猛烈，美國在未獲得事實證明的前提下，仍將繼續武裝盟國，武裝本身。有了這個中心理論，一切的積極原則，就由此產生。如不承認東歐被奴役的人民是永遠的命運，那就是不承認今日的蘇俄帝國，也就是將和平的威脅根本消除。

在這個理論下，就對蘇俄而言，是沒有妥協成份的。但用什麼方法來完成這個以自由為外交中心的理論的實現呢？那就是長期的「力」的表現。蘇俄如誠意言和平共存嗎？那麼，蘇俄得有事實的表現。反之，如僅為暫時戰略的改變呢，那麼美國也有長期對付的辦法。美國深知在蘇俄龐大帝國存在的前提下，與蘇俄談和平共存，那是自欺欺人。要使蘇俄在「力」的壓迫下就範，就必完成西歐的團結，尤其着重的就是武裝西德的早日實現。這一點，在西德總理阿德諾訪美期間兩國政府所表友誼之情，即可見美國用心之所在。德國人是不會允許德國永久分裂的。美國以在自由選擧的原則下，求其統一，是美國要把德國拉在美國一邊最有力的對蘇挑釁。在眞正和平實現的情況下，德國與美國的友好關係，是防止蘇俄東山再起最有力的保障，相反的，如冷戰繼續，西德的强大也是蘇俄的最大威脅。是以這是美國對蘇和與戰的王牌，必要抓在手上才是根本的解決。這一問題如沒有對美國有利的解決，冷戰依然是冷戰，而熱戰也有隨時發生的可能。其他的各種冷戰的問題，亦必俟這個問題作根本的解決後，才能正式決定。是以目下儘管和平攻勢甚猛，美國的措施照舊，杜勒斯趕到巴黎出席北大西洋公約國家會議，也無非是促進歐洲聯防的實現及軍力的加强，並促使法國早日批准對西德和約，使西德武裝的法律化。這就美國的戰略看來，就是擒賊擒王，要攻擊敵人，就得攻其要害。莫斯科是世界共產主義的心臟，以自由主義對抗共產主義的戰爭，能將神經中樞擊潰，其他各地對於自由主義的實現，也就容易着手。

至於就對東方言，由於「中國」的複雜問題在內，目下是以朝鮮的統一及東南亞的確保為其政策實施的目標。所以艾氏僅提到朝鮮的解決問題，並警告如朝鮮休戰後，越南及馬來亞再受攻擊，那便是和平的破裂。骨子裏面，日本是美國在東方的王牌。照我們看來，這並不是一張最好的王牌。但今日的事實是，今天的國府不像在重慶，尚擁有西南半壁河山的人力物力，同時又不是俄國毛子攻下了大陸而組織北京政府。在這樣的情況下，美國的政策既以擒賊擒王為主，當然是暫時故意不提到解決中國問題的辦法，就美國看，果然蘇俄屈於美國的壓力下實踐艾氏所提的步驟，那便證明世界和平是由於美國之强，蘇俄之弱而解決了。世局既因蘇俄之弱而得到和平，中國的問題屆時亦有解決之道。反之，和平如僅為高調，東方也有一個日本可以作幫手。這也就是美國人常說不以美國第一等的兵力對付共產世界第二等的兵力作戰的用意之所在。共和黨在這一點何以採取了民主黨的戰略呢？這也是「事實」問題。

歸納起來說，在艾氏的自由十字軍的大政方針下，目標所指的是蘇俄。美國目下只重行動不尚空談，蘇俄如有事實的表現，全面和談才會開始，現階段的和平攻勢中，美國仍持穩重態度從加强攻擊敵人心臟的佈署着手。在東方，自由主義實施的原則，那是世局根本解決以後的事。目下仍以保守東南亞為其目標。

四 朝鮮和談的面面觀

結束韓戰是艾氏競選時向選民提出的支票之一，但當他自韓視察歸來時，已了解韓戰無萬靈藥可以解決的時候，他很明白這紙支票要兌現不是太容易的事情。結果仍走上了從根本上求解答的道路。所謂韓戰問題的根源是中國問題，而中國問題的根源，是蘇俄問題。是以就全面和平的大原則看起來，韓戰之拖延是無關大旨的。可是冷戰期中韓戰是一個熱的「小戰」，既然言和平，已經作戰的地區，當得先行解決。於是就民主國言，這是一個可以難住蘇俄的題目——蘇俄總不能一方面送飛機大砲至北韓作戰，一方面又維護和平。而就蘇俄言，爲了使美國人對韓戰有一線和平希望而鬆懈其鬪志，爲了使新政府想到自己出的支票有兌現的機會，進而可能爲了把握此機會而出一點代價，更爲了美國在韓戰拖延下而迫使參戰盟國，尤其是英法對東方採更積極的行動，於是放出了韓戰可以和解的攻勢，第一步先行交換病傷戰俘，第二步恢復和談。

據艾氏的和平方案中，很明顯的他是想解決一個在包括中國問題在內的東方的問題，他不僅要韓戰能和解，從而馬來亞及越南也得和平解決。如果我們要使這個方案能自圓其說，那就是說艾氏主要的用意在測探共方的志及力。事實上今天誰都知道，中國問題不解決，東方問題是無法解決的。相反的，蘇俄的韓戰和平解決的用心，却在試探美國在東方的喊價，及爲美國在未明蘇方用心前，即暴露出對各種問題的態度。譬如說，從停戰到和談尙是一段漫長的艱苦道路，首先就發生了一個在朝鮮要怎樣的和平的問題。在艾氏講詞未發表前，官方即透露美國願以現在戰線以北約九十英哩蜂腰地帶爲南北交界線。這樣南韓不僅有險可守，而且多添了一片富庶之土。這樣的要求，就美國看來，如李普曼氏的見解，已無異於是要共方無條件投降了。可是，南韓的反應却出美國意料之外，南韓駐美大使對此項消息大加抨擊，認爲美國及聯合國在韓出兵之擧，毫無原則之可言。他們所要求的是韓國的統一。在南韓更有羣衆在美大使館門前遊行示威之擧。反應如此，官方始加以否認，而艾氏講詞中也提到自由選擧統一韓國是和平的目標。現在姑無論北韓的態度如何，僅就南韓的態度言，就是美國當局一個頭痛的問題，停戰協定在什麼界線下簽字呢？在使南韓不滿意的情況下簽了字，而於正式和談期間，假定南韓爲了完成統一而有所行動，斯時，美國是再度捲入漩渦呢？還是擺脫不管呢？這一切都是現在已使美國內部不一致的問題。而蘇俄在韓戰和決未得結果以前，已明白了美國對韓的最低企圖，他可以以此爲進攻退守的一切張本。

其次是假定和談成功後的臺灣問題。不久以前，臺灣托管及獨立之說甚囂塵上，但經官方否認了，而艾氏講詞中也避而不提中國問題，使得維辛斯基說講詞不明確，使得蘇方報紙質問艾氏爲什麼不提中國問題。這一問題不僅引起國內的意見分歧，同時也使盟國對美各持不同的態度。盟國方面是採承認既成事實主義，大家認爲中國已爲共黨所有，且爲歐亞多數國家承認，臺灣之代表中國，僅爲目下權宜之擧，美國既有心對亞洲謀求和平，自然只有以此法解決中國問題。可是此擧對艾氏及美國言，是一個原則問題。艾氏所求的是公正的和平，全面的和平，是基於各民族能自由選其政府的條件下而實現的和平。只有在這個大原則下，美國可以理直氣壯的要蘇俄將其勢力縮回其本土，也只有蘇俄勢力縮回本土後的世界，才是艾氏所力求的。在艾氏的民族自決大原則下，會特別提及東歐問題，如艾氏在東歐致力其原則的實現，在亞洲又故使與其原則相違之事實產生，那麼美國人在亞洲人眼中還談什麼領導地位？

是以在停戰能否得到成功而和談更是遙遙無期的時候，蘇俄的和平攻勢已爲美國造成兩個難以解決的問題：美國本想以韓戰問題來試探蘇俄的和平誠意，殊不知蘇俄也抓住此機會試探美國是否以在亞洲對中國問題的讓步而換取蘇俄可能在歐洲的讓步。遠東局勢演變到今天的結果，艾氏除非走上遠東慕尼黑的道路，他不能得圓滿的解決。同時遠東的慕尼黑的眞正意義是什麼？是美國的力弱，是美國將昔日援助的盟友——南韓及臺灣——又變成自己的敵人。這樣的下策任何美國人都不能採用，何況是提倡自由十字軍的艾氏，但是美國既以言明在先，以韓戰問題爲試驗蘇俄和平誠意的第一步驟，蘇俄在其和平攻勢的戰略中，又表明願意談判，爲了讓世界上的人都知道誰要和平，於是只有談下去。在談的期中，至少美國的積極行動又無法一時拿出來，而共方又多了一段時間作其他的準備。此時和談，就我看，是大不了能得一停戰協定的結果。共方如爲了暫時的戰略關係，想多換取一點時間來解決其內外的問題。這一停戰協定，只爲美國帶來了問題，爲盟國內部加多了分裂，是得不償失的。相反的，如停戰協定尙不能得到，那只是朝鮮戰史上多一個笑話而已。李普曼有鑒及此，主張朝鮮和談要等，要等待對歐洲尤其德奧問題解決之後再談。這是美國人近來少有的聰明看法。不與莫斯科攤牌，是什麼問題都無法根本解決的。

五 和平有望嗎？

永久而基於正義的和平會在雙方的「和平攻勢」下實現嗎？那眞正是奇蹟。我不能預言何時發生大戰，但我決不相信在蘇俄實力不可侮，而美國又堅持蘇俄必將其勢力縮回在本土範圍之內的條件下，可以謀求世界的和平。今日世局之所以拖，一是由於美國的最高戰略計劃，無法預期達到目的——西歐聯軍之遲遲進行，西德武裝之阻礙多端，蘇俄並未受到眞正的威脅，或知難而退，或挺而走險。西歐不被侵，談不上反共的意志，西歐在畏戰及第三勢力的影響下，不欲作積極的表示，美國自不會單獨挺身而出。其次便是由於原子彈的可怕。美國不錯是擁有大量原子彈，但誰也不能肯定蘇俄沒有。在美國空防未到百分之百的有效情況下，卽令美蘇原子彈的數量是十與一之比，美國也不敢冒險動手。因工業集中全國電化的美國，蘇機敢死隊闖入擲彈的結果，其情況是不堪想像的。因之局勢只有拖下去，美國也只有慢慢的將其國內防空及西歐聯軍計劃，促其實現後再說。

再將艾氏的和平方案分析一下：一切支配他所訂條件的原則，是行動而不是空談。譬如說，朝鮮的停戰是第一個試驗，停戰談妥，再進行選舉及統一問題。對奧和約是另一試驗，必簽了字後再談其他。在德國，必須自由選舉、完成德國之統一後，爲又一試驗。美國得了過去的教訓是，空談誤時。新的辦法是做了，要蘇俄做了，再來會談。不錯，美國鑒於過去無條件投降原則的錯誤，如今是開了可以談判之門，並無根本否認共產制度存在之意，只是要蘇俄的勢力範圍自動縮小而已。他不是打倒蘇俄的共產主義，而是打倒蘇俄共產式的帝國主義。然而就蘇俄共產式的擴張政策言，要蘇俄接受這些條件，不是要蘇俄無條件投降是什麼？要蘇俄簽字於對奧和約，就是要蘇軍自保匈撤退；同意東德的自由選舉，無異讓西德統一東德。韓戰終止，自由選舉統一朝鮮，共產勢力是否再有機會把握朝鮮。這一切的一切，都表明了艾氏的和平條件，主要的是對蘇俄「力」的試探，馬林可夫會接受嗎？接受便是示弱，靠武力建立的共產帝國在今天能示弱嗎？示弱便是全部的崩潰。那麼今天蘇俄高叫和平用意何在呢？同樣的他是試探美國究竟積極到什麼程度。他需要一段時間作內部的調整，及整個共產帝國在蘇俄換頭目下的新佈署。從朝鮮和談尙在熱冷無常之際，而印度支那半島的老撾又已告緊，無異是共方給艾氏條件「事實」的答復。蘇俄報紙已表示蘇方可與美國作「生意式」的談判，同時蘇方也有條件提出，果爾，和平攻勢只是攻勢而已，緊張的世局依然緊張。

美國今天的政策，是以積極助人爭自由爲其光明正大的目標。我們至盼決策者不要忘記以力量以行動來支持其原則的方針。對付共產主義，除了以力量以行動外，空談是無補於大局的。共產世界與民主集團，在朝鮮是裝模裝樣，談判拖延，而他們在越南却大軍進攻，朝鮮和談未成，自由土地又失去了一片，這不又是自墮陷阱是什麼？民主國家在美國領導之下，既以將蘇俄勢力推回到其本土爲最後目的，那麼也當在可能發動攻勢的地方一片片的將失地拿回來，是以應當效法共產黨的戰略，在甲地言和平，在乙地加强攻勢，擴大地盤，收回地盤。不僅援助盟邦能守，更要援助他們能攻。只有積極的攻勢，才可使共方畏難而言和平。朝鮮和談配合以對老撾的攻勢，明知美國不願意接受暗示以印度爲中立國，以加深印度對美的厭惡，以及亞洲人對美帝的仇視，無一不是陷阱，要美國中計。美國不以實際行動迫得共方不得不要和平，而僅期待共方以行動表示和平的誠意，未免又是「被動」而白耗時間。綜上所述，我以爲艾氏所擬和平方案，原則上是積極的，但美國得更進一步，以積極的行動向共方發動反攻，使之不得不向美國積極的原則就範。否則是非常容易中敵人「拖延」的陰謀。尤其在目下的東方，若不以積極行動來阻止共方的蠶食，及進一步的縮少共方的勢力圈，那麼，東南亞及整個亞洲都會墜入鐵幕。美國的目的因要擒賊擒王，但他們要知道目下共產世界不僅有大王，也有二王。官方是應當多多考慮麥克阿塞將軍的意見，盡力之所能，解決一個是一個。蘇俄是否會因爲解決她的衞星國，而與美國直接衝突，全由於她有無最後勝利的把握而決定。顧慮太多，拖延太久，就整個自由世界言，並不是絕對有利的。尤其美國擁有原子武器的優勢，更會在等待拖延中而逐漸消逝！

六　美國推行積極外交政策中我們應採的主動——代結論

在企圖解決東西冷戰各項問題的艾氏講詞中，竟未提到中國問題，豈不是一件奇蹟。但是，我們如細想美國的處境，就知道艾氏對中國問題之解決，避而不談，是煞費苦心的。因爲要提到中國問題的解決，美國只有兩個選擇，一

『自由中國的宗旨』

第一、我們要向全國國民宣傳自由與民主的真實價值，並且要督促政府（各級的政府），切實改革政治經濟，努力建立自由民主的社會。

第二、我們要支持並督促政府用種種力量抵抗共產黨鐵幕之下剝奪一切自由的極權政治，不讓他擴張他的勢力範圍。

第三、我們要盡我們的努力，援助淪陷區域的同胞，幫助他們早日恢復自由。

第四、我們的最後目標是要使整個中華民國成爲自由的中國。

個是澈底與中共爲敵，另一個是澈底與中共爲友。就前者言，就得明白宣佈美國不承認以暴力造成的政權，只承認臺灣合法代表中國的地位。進一步就支持這個政府收回大陸上的主權。就後者言，就得承認中共了。可是美國在今天，一樣也不能選擇。選擇前者，一方面是國際環境不允許，同時也恐怕中了蘇俄的圈套。在錯誤的時間在東方打錯誤的敵人。選擇後者嗎？昔日由美國協助而與美國爲友的四强之一的中國，今天變成了由蘇俄協助與蘇俄爲友的五强之一的中國(中共)，如今是無法與中國爲友、而只有正式承認蘇俄在中國的優越地位。這不僅理論上美國無法做到，而事實上又動搖了臺灣對美國的信念，使其在東方的威信更加掃地。是以只有暫時不談。不過這個問題，在朝鮮和談未有結果之前，在遠東所謂「和平」未有眉目之前，美國是有理由拖延不談的。萬一蘇俄進一步的和平陰謀，以朝鮮停戰爲分裂西歐及美國的手段時，在西歐的壓迫下，美國是否不談中國問題，或談時採有利於國府的態度，那就得我們主動的努力。

臺灣之於美國，除了軍略的意義外，尙有政略的意義。所謂政略的意義，一是表示美國還在透過臺灣與中國人爲友。其二，便待大局眞惡化時，也有一個代表中國的政府與美國在遠東並肩作戰。但就後者政略的意義言，如果我們留心美國的各派輿論，以及英國輿論所持以攻擊美國現行的政策，他們便認爲美國現在幫助以臺灣所代表的中國，而忽視大陸的中國是愚笨。美國說，自由中國是代表一全國民意的中國，美英一部份輿論便叫着拿證據出來看。相反的，他們大叫目前臺灣與大陸之爭，只是政權之爭，美國不應捲入這個漩渦與中國人爲敵。我們爲了針對着這一點惡意的宣傳，很可以用事實來表示我們政府確是代表各方意見，爲了反共救國而努力。在美政府高叫以自由對抗奴役的口號下，他們扶助一個民意所向的政府作復國的工作，當可援用過去的例子，積極援助臺灣——美國過去對流亡政府在民族自決的原則下尙願支持，今天我們的政府何況尙有一片復國的基地？當我們有了這一步事實的表現後，美國許多支持我們的友人，更振振有詞高叫着助人復國是美國傳統的政策了，而惡意宣傳的人也不會再說我們只是政權之爭了。

要做到這一步，須要主政者今天認定我們是在「革命」，是以「無」變「有」，必要放開眼界集中各方的力量在大陸上生根。政府當局常稱，今日對共方革命，比對滿淸革命要艱難萬倍。旣然面對着如此强大的敵人，那麼我們更得集中能力勝過以前革命先烈十倍的志士仁人，來作全民的反共鬪爭。我之所謂集中，是集中一切反共的人士，與他們的意見，在救國的大旗幟下，作一致的反共行動。今天甲也反共，乙也反共，而臺灣之於甲乙，及甲乙之於臺灣，又採不合作的態度，在外國人眼中固覺可笑，以爲我們爭權重於愛國，我們如捫心自問，也當認爲這是痛心的現象。此外我之所謂集中，不僅是人，而且是「能人」。反共不是唱高調，共產黨把國府打到臺灣，不是口號高調所奏的效。他們有我們不可忽視的「能」，同樣的，今天我們要復國也不是在臺灣或海外高叫幾聲「打倒」就行的。今天臺灣是一切反共救國人士能力所應集中的地方，救國旣人人有責，人人應獻其能。我認爲主政者最好有雅量與一切反共人士先消除不必要的歧見或誤會，實行「賢者在位能者在職」的老話，給每一有勇氣自命爲「能」者發揮其能的機會。譬如甲說，我有「能力」領導西南的游擊隊，使小股力量集成大股力量，好的就給以其「位」。乙說我能指揮東北的義勇軍，使之能成爲足以威脅敵人主力的心腹之患，同樣的也給以其職。可是有能的甲同乙絕不是在臺灣作遙領主席的高官，而必是實地能達成任務的英雄。這樣一來，有能者自然就得負重任，無能者當再也不會說政府不給以發揮「能」的機會了。萬一在這樣的情況下，甲乙發揮其特殊的「能」竟將共產黨打垮，我們也得有「成功不必在我」的雅量。政府這樣一作，方能集中天下之精英於救國的大旗幟下，早日光復大陸。我們今天如不作主動努力來改變國際環境，而在變幻莫測的國際環境中，提心吊膽過生活，這樣對民心士氣都有莫大影響的。時乎不再，等到中共有了裝備完善的千萬大軍，那時誰也不敢輕易與他作敵了。我的結論是在配合美國採取主動的外交政策下，我們也得加倍作主動的努力。我們要以事實左右國際環境，不可坐待國際環境左右我們！

四二年五月十二日於華盛頓大學

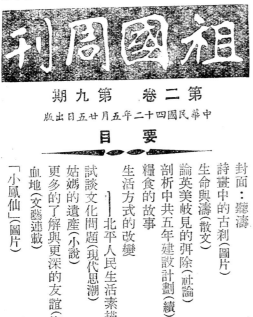

臺灣省實施地方自治的檢討

阮毅成

臺灣省自民國三十九年四月，開始實施地方自治，迄今已滿三載。回憶民國三十八年八月，臺灣省政府爲籌備實施地方自治，設立地方自治研究會，審議調整縣市行政區域的方案，草擬臺灣省各縣市實施地方自治綱要，本人曾參預其事。三年以來，目覩臺灣省的地方自治工作，日趨進步，因此尤感欣慰。茲願就個人平時觀察所及，分自治組織、自治財政、自治人員、自治事業四點，作一簡要的檢討，以供各位先生研究本問題的參考。至公職候選人考試問題，本亦爲應行檢討的要項，但因薩孟武先生，另有專題報告，不再複述。

(一)自治組織　臺灣省在實施地方自治之初，同時先調整縣市行政區域，是爲一大優點。蓋地方自治團體的區域範圍究宜擴大抑宜縮小，各方面因觀點的不同，而有相反的意見。就政治的觀點言，欲使人民能直接參預政治，發揮民主效能，則區域宜小。就經濟的觀點言，欲使地方建設的財源有著，而人民的負擔又不致增高，則區域宜大。臺灣省當時調整的原則，則爲折衷式的中縣制，即每一縣市平均以三十萬人口爲準。惟臺省因光復不久，原行政區域，因係沿襲日治時代之舊，人民咸表不滿，故於實施自治之時，先行調整，深符民間的希望。至若大陸省份，各縣人口面積相差甚遠，即同在一省之中，亦可分爲若干等級。爲使自治事業得以平均發展計，最好也能先行調整。但因地方情況，相異過甚，且縣治疆域，又多沿用已久。欲調整省區，已屬非易，如欲調整縣市區域，恐尤爲困難。

就臺灣省自治組織言，尚有二事，遠較新縣制爲進步的：即㈠鄉鎮區域的劃分，不採保甲的十進制，而由縣市政府依人口分佈，自然環境，經濟狀況，生活習慣，及交通情形劃分之。十進制的原則，係平均以十保編一鄉鎮，就面積及人口說，均不免太小，不足以達成地方自治團體的任務。就地方的實際情況說，則在縣城或交通便利工商薈萃的地方，人口較爲集中，假如有一百保的住民，依照十進制，即平均要編設十個鎮公所。不僅不便於自治，抑且浪費了許多人力物力。且十進制係以戶爲單位，十戶爲甲，十甲爲保，十保爲鄉鎮。戶的設立，多由於人民生活上的需要，或分散，或集中，或常住，或流動(如漁民及船戶)。一律用十進的方法編組，實不合理。且鄉與鎮既係兩個名稱，實質上應有區別，而乃用同一的編組標準，也有欠允當。臺灣省的辦法，係以人口等五項條件爲劃分標準，實與地方自治的原則相適合。㈢縣轄市制度的保留，亦爲一大進步。新縣制以縣爲主體，多少年來，並無新市制的頒行。臺灣的縣轄市，行之已有成效，且於人口集中、交通便利、工商發達的地區，或日後可以成爲新設縣治的地方，先行設立縣轄市，以偏重於都市的建設，實更能符合民主政治先從城市中發達的歷史軌跡，並與臺灣的工業化趨勢相配合。

至言四權的行使，依照臺灣省綱要所規定的，公民現在尚只行使選擧罷免兩權，創制複決兩權的行使尚須有待。去年各村里民開始擧行動員月會，簽訂動員公約，可以解釋爲創制權的初步行使。至於選擧權的行使方面，臺灣省選民表現的優點甚多，如一人一票權，秘密投票制，公開檢查選擧的結果，均已確實做到。較之歐美民主國家，並無遜色。而選民投票率之高，更爲以往大陸省份所不及。據內政部的統計，第一屆縣市議員的選擧時，爲百分之八〇・七三，縣市長選擧時爲百分之八〇・二七，第二屆縣市議員選擧時爲百分之七九・九二。

若就臺灣省地方自治三年來所表現的缺點言，則在自治組織方面最顯著者有四：㈠縣市政府與鄉鎮公所的組織過於龐大，並且繁複。臺省縣市政府科室單位之多，人員之衆，幾可與大陸時代之省市政府相比擬。鄉鎮公所又幾超過大陸時代之縣市政府。就臺灣省的縣市政府言，尚不能完全保持體系的完整，省政府各單位仍不免直接指揮縣市政府內的各單位。至鄉鎮一級，雖亦爲法人，而警察分駐所、或派出所、衛生所、國民學校、及各人民團體如農會、水利委員會、漁會、合作社等，都不受鄉鎮長的監督，更缺少工作上的聯繫。因此鄉鎮公所只成爲管的機關，教養衛均各自爲政，各自直接秉承其上級的指揮監督，形成與鄉鎮公所並立的情形。但其事業經濟，均列入鄉鎮預算，需由鄉鎮公所負擔。除此之外，鄉鎮尚有國民兵隊部，自成系統，亦與鄉鎮公所並立，時生不必要的糾紛。隊長既由鄉鎮長兼任，所謂隊部，只設有隊附一人，事務員一人，實不如併入鄉鎮公所，設立兵役課之爲愈。又民防業務，日趨重要，亦可由兵役課兼管。故統一事權，簡化組織，實爲今日臺灣省地方自治組織方面，急待改進的要項。㈢村里組織過於空虛。縣市政府暨鄉鎮公所人員雖多，而最基層的村里辦公處，則空虛異常。依照規定，本有每一村里設置幹事戶籍員各一人的規定。但縣市因限於財力，迄未普遍設置。有的鄉鎮每村里設有幹事一人，有的每二三村里設一人，有的完全未設。據臺灣省民政廳的統計，全省二十二縣市局，共有六、五五二村里，內山地鄉一九一村，平地各鄉鎮計六、三六一村里，現有的專任村里幹事只有一、八〇九人，與每村里一人的目標相差太遠。補救之道，則在使縣市政府與鄉鎭公所過剩人員下鄉，保留原資原薪，擔任村里工作。此事在技術上或尙有困難，但並非不可克復。又在警察系統方面，據臺灣省警務處的統計，全省共有四、九五八警勤區。如能使警勤區與村里區域合一，則各項業務的推行，自更可便利。況在民防隊的組織系統上，規定村里工程隊由村里幹事負責，村里義警、防護、消防等隊，由警員負責。如村里之中，根本沒有幹事，或村里與警勤區的區域並不一致，則各項職責，又將如何負起？㈢選舉頻繁，而間接選舉制尤滋流弊。臺灣省在實施地方自治之初，本規定各縣市議會議員選舉，分六期辦理。因之主管機關，幾乎終日忙於選舉。最近改選第二屆議員，只分爲兩期，已大爲簡化，此後如能改爲一次，或與縣市長選舉同時辦理，尤可便捷。餘如鄉鎭民代表，縣轄市代表會代表，鄉鎭縣轄市村里鄰長的選舉，一年之中，均有多次，選民每覺不勝其煩。亦宜加以研討，期於民主之中，仍具便民之意。至各級民意機關中，只對於婦女及山胞當選名額特加保障，而於農工生產份子，並無保障的規定，致甚難獲選，似宜設法補救。又省臨時議會議員由間接選舉產生，本係臨時辦法，試行的結果證明易有流弊，本年冬季任滿改選，最好能改採用直接選舉，以符合國父的遺敎，與臺省民衆的希望。㈣省縣市議會成立以來，對於表達民意，協助政府，已多能盡到責任。但在去私秉公，貫澈法令方面，似乎尙須加强，以期蔚成政治上的優良風氣，而使各級自治人員，也隨同進步。

(二)自治財政　臺灣省綱要在起草的時候，保留了臺灣原有的戶稅制度，並規定了縣市歲出預算，對於教育文化、經濟建設、衞生保健、社會救濟各項費用，不得低於百分之六十，是爲兩大特點。一、係使自治財政有合法而固定的來源，一反大陸時代的專恃攤派爲挹注的作風。二、係使自治財政有合理而利民的支出，一反大陸時代的行政經費占去大半的覆轍。但細察三年以來的情形，臺省自治財政的基礎雖已步上軌道，仍不免有兩種缺點：一是一部份縣市鄉鎭，仍恃省庫補助，不能自給自足，補救之道，在重劃稅目，以平均財源，並由上級放寬控制的尺度，以便地方能舉辦因地制宜的捐稅。使眞能達到自給自治的目的。二是綱要所規定的事業費百分比，有些縣市鄉鎭未能遵辦。補救之道，在縣市議會或鄉鎭民代表會審查預算的時候，要充分注意支出的分配，勿使應作爲事業費的欵項，轉化爲行政的費用。

(三)自治人員　臺灣省自治人員，在量的方面已不爲少，所成問題者：一爲素質的問題，一爲取得公務員資格的問題。先說素質問題，據臺灣省民政廳的統計，全省鄉鎭區縣轄市公所職員計一五、九一三人，其中國民學校畢業者佔百分之五一．五八，初中畢業者佔百分之一六．五三，高中畢業者佔百分之六．四七，專科以上學校畢業者僅佔百分之一．八七。因以極大多數人員均因學識過差，以致於辦事能力低落。以一萬餘人之衆，而欲由省統一訓練，勢不可能。且其基礎太低，亦非短期訓練所能奏效。地方自治幹部人員，多爲中年人士，換言之，係日據時代出生成長的公民，對於祖國文化、國父遺敎、政府政策、現行法令等，缺乏了解的機會。故宜一面由省立行政專科學校特予設班敎導，打破目前只招高中畢業學生予以二年專科敎育的辦法。一面由省府訂定進修競賽的辦法，倣照軍中會考的制度，每年定期會考，及格者准其銓叙，優良者予以提升。本人所曾經接觸到的鄉鎭自治人員，都願意進修，惜無人主持提倡。最近中國地方自治函授學校入學者達三千人，其中現任自治人員佔多數，即可證明我言的不謬。

次言銓叙問題。現在臺灣省各縣市政府公務人員，可以銓叙送審，而鄉鎭以下人員則名之曰自治人員，不得銓叙。此乃中央銓叙法規的限制，但與事實太不相合。以往縣市長雖係上級任命，縣市政府雖係行政機關，但縣市鄉鎭人員所服者固同爲公務，且遇有刑事責任時，亦咸照公務員身份辦理。而獨不許鄉鎭以下人員有銓叙機會，得公務員資格，本已不甚可通。茲臺灣既已實施地方自治三年，縣市長與鄉鎭長已同爲由民選產生，縣市政府與鄉鎭公所同又已皆爲地方自治團體的執行機關，乃對於其所屬工作人員，待遇仍如此歧異，實爲極不公平與極不合理之事。希望中央銓叙法規，能予修正。使鄉鎭人員，也取得公務員的資格。在未修正以前，省政府不妨先用單行法令，使鄉鎭以下工作人員作資格登記，並用類似考績的方法，紀錄其服務成績，予以獎勉。必須如此，才能使自治人員安心服務。而原已銓叙合格的人員如到鄉鎭公所及其以下的單位工作，也要按照其原資，支給其原薪，才能使人才下鄉，基層充實。這兩件事如不能做到，則所謂金字塔式的地方政治，就沒有實現的可能。

(四)自治事業　地方自治的事業，不外管敎養衞四大項目。臺灣省的敎養衞三方面事業，都具有基礎。只要使鄉鎭公所能統一監督，預算中能依法編列經費，即可循序漸進，達成目的。但臺灣今日又爲反共抗俄的基地，實施地方自治的意義，在於能增强動員的力量。臺灣省各縣市對於這一點的了解似尙不够充分。地方自治團體中的人民係有組織的羣體，並非各個的團體。要團結人心，糾合羣力，須從社會建設入手。而民權初步，實爲社會建設的重心。現在的村里民大會，出席人數過多，鄉間又往往無適當的開會地點，以致開會的情形或流於形式，或難獲結果。必須另行設立鄰長會議及戶長會議，方有成效可覩。至於人力動員，尤當以民衆組訓爲基礎，必須納民衆組訓於地方自治系統之內，則自衞的力量才可以充實，動員的要求才能達成，故今日臺灣省的地方自治事業，有與平時不同的地方，尙須加以推進。

總之，臺灣省實施地方自治的成效，已經能對共匪暴政，號召大陸人心，增進地方建設，獲得國際重視，並爲大陸收復後的模範。但國父所主張的地方自治，條理明細，意義深長，本非短時間內所可完全做到。端在羣策羣力，隨時檢討，隨時改進。本人亦係臺省的公民一份子，平素見聞有限，觀感無多，拉雜陳述，未必有當，尙請各位先生，予以敎正是幸。

四十二年五月十日
在中國政治學會第四屆會員大會講

國民大會要走到那裏去？(下)

——說明現制國民大會立法之意義，兼釋行政與立法之關係——

雷 震

四 現行憲法對於國民大會和立法院兩個民意機關之安排

為使讀者便於了解起見，擬先略略釋明現代民主政治之要義。現代民主政治，除蘇俄的及抄襲蘇俄的方式外，必須具備以下三個條件：

第一 要有一個由人民直接選舉的『民意機關』，代表人民來監督政府。

第二 要有一個『負責的政府』，對這個民意機關負責（廣義的）。至少，這個政府的行動，要受這個民意機關的牽制，政府不能離開這個民意機關而獨行其是。

第三 這個民意機關的運用，要以民主的方式，即一切問題的決定，均須經過『公開辯論』與『多數表決』。故其組成分子不宜過多，要能適合於討論與爭辯的狀態。

上述這個民意機關，在外國通稱為『議會』或『國會』(Parliament, Congress, Reichstag)，在我國要根據國父遺教而設計的政治制度之下，究應相當於國民大會？抑應相當於立法院呢？在國父遺教上，關於人民的權力機關，一面有一個國民大會，另外又有一個立法院（在遺教上把立法院比作外國議會的地方很多很多），而訓政時期的立法院，其組織與職權，又復規定得和外國的議會或國會這類民意機關差不多。五五憲草的設計者，一面拘泥於遺教之一字一句，一面又超脫不了三權憲法上議會制度和制衡作用的精神，故欲將這兩個民意機關一齊容納進去，使之並存而不相悖。蓋五五憲草的起草人，顯欲以國父遺教所提示的『政權與治權』的區分的理論，和外國的現實政治中、民意機關在民主政制上所應具之權力，來作立論的根據，以建立這兩個機關在我國政治制度上的地位與作用。

政治協商會議的憲草初稿，是把國民大會改為『無形』，以『全國選民行使四權名之曰國民大會』。另外規定在未實行總統普選制以前，於六年一次之總統選舉時期，由當時之立法委員和省縣議員合組選舉機關充任總統之選舉人。而以立法院為代表人民監督政府之民意機關，其職權相當於各民主國家之議會。旋經國民黨二中全會之反對，復經各黨協商結果，遂將國民大會改為今日這樣的國民大會，同時並將立法院之不信任決議權與行政院之解散權取銷，而將行政院對立法院的負責辦法，改為今日以覆議來代替的制度。

拉薩爾 (Ferdinand Lassalle) 說：『憲法的本質便是包含在「各種社會力量的相互關係之中」』。現在這部憲法，本是調和與折衷之產物，正與美國制憲時聯邦派與邦聯派的妥協差不多。當制憲國民大會討論憲草的時候，國民黨的代表們，總想把國父遺教的精神，儘量採納進去，最好是一字不差，故大多數代表均主張以五五憲草為藍本。至五五憲草是不是完全根據了遺教，是不是能夠運用合宜以建設民主政治，他們似未詳加考慮。其他黨派人士則相信議會政治的制度(廣義的議會政治應包括總統制與內閣制)，欲根據政協憲草以立法院控制行政院，使行政與立法之間有制衡的作用，蓋欲取法英美之政治制度也。他們的意見以為必須此如，纔是眞正的民主政治，亦惟有如此，社會纔能獲致進步，人權與自由纔可獲得保障。

兩派爭論甚烈，最後，彼此協商與折衷的結果，乃採取兼容並蓄的辦法，以立法院之權能，相當於外國之議會——代表人民，監督政府；而以國民大會為總統副總統選舉人大會，並使其擔負修改憲法的責任。至對創制和複決兩權，國民黨代表認為遵照國父遺教，國民大會應有此項職權，國民黨以外之代表(國民黨代表也有一部分抱此意見)，則期期以為不可；他們認為既以立法院行使國會的職權，其具體工作，就是議決法律、通過預算、審核決算、和聽取施政報告與質詢政府政策等等，如果國民大會同時復具有創制和複決二權，可以創制立法原則，可以複決法律，必然演至使行政與立法二院皆感無所適從了。因為『立法原則』與『具體立法』之間，很難有絕對劃一的界線。其次，中央民意機關之間，也不能有上下兩級存在。幾經磋商的結果，國民大會對於創制和複決二權，目前暫不行使，俟全國有過半數之縣市會經行使創制與複決兩項政權時，再由國民大會制定辦法並行使之(憲法第二十七條第二項)，蓋欲使我國憲政經過若干年的實施之後，俾經驗累積，而優劣判明，然後再由間接民權而擴充到直接民權，庶不至中途跛蹶，貽悞憲政之推進。其實，也就是想把國民大會行使直接民權一事，暫時延緩下去。他們認為國民大會行使的所謂直接民權，仍舊是間接民權，儘管國父遺教稱之為直接民權。

我們在這裏必須鄭重說明的，而國民黨的同志們亦必須平心靜氣的加以深切省察的，就是區分政權與治權的假設，在概念上或理論上，容或說得過去，在實行上兩者很難絕對的加以區分的。舉目前的實例言之，這次國民大會所通過的龐大的建議案，到底是行使政權呢？抑是行使治權呢？我想沒有一個人能作明確肯定的答復的。在實際政治運行上，那些事應屬於政權？那些事應屬於治權？亦難加以區分的。

政治是現實的，他所管理的是衆人生活的事情。因此，關於憲法的設計，要能合乎現實的要求，要能顧及實際的運用，不可僅憑理想去追求，亦不可拘泥於理論的假設。假定我國的政治制度，欲以國民大會來行使外國議會所應具之職權，即行使代表人民、監督政府之權，那末，國民大會之構成，必須重新考慮，另外來一套新的設計，務必使其眞能肩負這個「重任」——代表人民、監督政府——而不致落空，自亦不能如五五憲草或現行憲法所規定的那樣龐大。同時，對立法院的職權，亦必須大大的縮減，即五五憲草所定的職權，仍嫌過大，最多亦不過是政府所屬的一個『法制局』耳。這個理由很簡單：試問以數達三千以上之代表，怎能集合一堂以討論國家大事呢？不論是創制立法原則，抑或複決現行法律。以會期一年一次，或數年一次的集會，又怎能以舉監督政府之實呢？不論是聽取政府的施政報告，抑或質詢政府的政策和其施行。總之，目前這樣龐大的國民大會，是不能行使政權的，是不能達成監督政府的任務的。國民大會既然不能擔負這個機關的使命，即代表人民、監督政府的使命，那末，我們只有求之於立法院來肩負這個責任了。這是很明白不過的道理，實在用不着爭論了。何況在訓政時期的立法院，其組織與職權都規定得和外國的議會、尤其是與下議院的差不多，儘管沒有認眞執行過。職是之故，現行憲法關於民意機關(包括國民大會與立法院，冀在妥協調和之中，求能並存而不悖)的設計，有他匠心獨運之處，並不是不合理的，亦非隨便遷就而成的。至對國父遺教之指示，當然有若干的修正。這也是顧及現實環境而不得不這樣作的。

爲甚麼說龐大的國民大會不能擔負這個責任呢？這是很明顯的。在代表的人數超過三千的會議當中，是無法進行『自由討論』和『互相辯難』的。在這樣的場合，代表們很容易暴露『羣衆心理』(Psychology of Crowd) 的情緒，由於判斷力遲鈍，推理力減退，想像力昂進諸種關係，對於問題的考慮，每每不能加以詳察細思，很容易受到外界之影響與刺激，而感情立時興奮起來。因意志力特別薄弱，很容易聽信傳說和謠言，其結果所致，對於事情的判斷，多出於一時感情的衝動，而缺乏責任之感。在這次大會當中，我們可以隨時看到這樣情形的爆發。別的且不說了，如打救國日報一事，就是這種心理的表現。故在這樣龐大的大會中，倘各黨對其代表的控制力特別堅强，像蘇俄一樣有所謂鐵的紀律存在，則開會時只有坐聽報告，起立歡呼；討論時只有舉手表決，奉命行事，絕對沒有爭辯磋商之餘地了。如各黨失去强有力的控制，或控制力不够堅强，則大會可能變爲『暴民政治』，而亦無法進行其正常討論的。這次大會劉代表宧上臺講話，竟被一部份代表噓得不能發言，就是一個很明顯的例證。所以說，如果國民大會要來擔負行使政權、監督政府的責任，則國大代表的人數必須大大的縮減，要縮減到與外國下議院或與我國立法院（其實，現制立法委員的人數仍嫌過多。政協草案原定立法委員總數不到五百人，以後由於擴充職業代表制，就大量增加了。）的人數差不多纔好，大約以五百代表左右爲最適宜。這又與建國大綱所提示的『一縣產生一個國大代表』之辦法不相符合，也就與國父遺教所說的『直接民權』之精神相違背了。不過話又要說回來。制憲國大代表及現在國大代表中均有職業代表參加，而國父遺教並未要求國大代表之產生必須兼採職業代表制，而且明明說明每縣只出一個代表，可見對於國父遺教，只能從其大者遠者，而無法一字一句遵守的。可是，今日同志們對於遺教之態度，往往只取其有利的一面遵守罷了。就是說，對於我們有利的，不問合不合於現狀，動輒以遺教爲招牌，强人勉强接受；對於我們不利的一方面(當然是依據各人的標準)，則棄之如敝屣，不管遺教不遺教。從嚴格來說，這也不能算是遵守遺教之道了。因此，我們今後考慮問題時，要能就事論事，順應這一時代的大方向。

其次，講到政黨控制所屬代表一事，在民主國家的政黨，無論就其組織來講，或就其立場來講，是無法做到絕對的控制的。因爲政黨之組成，是以參與國家政務爲目的的一種『志同道合』的政治結合，一個人對某個問題的意見既不能永久不變，而同志們對所有問題的意見，決不會、也不可能都是常常一致的。如某一同志對某一問題的意見不能與大衆的意見一致的時候，自不能絕對的强其從同，這不僅是關係於某同志之獨立人格，也就是民主國家之所以爲民主國家之道了。故民主國家政黨之紀律，只有在某種程度內，纔能拘束其黨員，超過了這個限度，黨員可以自由脫黨的。在民主國家的政黨，一個黨員要求脫黨應是一件很平常、很容易的事情，既沒有甚麼罪惡在內，也沒有甚麼不道德。我們從事於民主政黨工作的人，要絕對放棄蘇俄式的政黨觀念：如脫黨等於叛變；開除黨籍等於宣告死刑。

五　現行制度中『行政與立法之關係』之優點

現行憲法的設計的用意，已如上文所述，而主張修改憲法的人，不論是要在現在立即加以修改的，抑欲留待行憲一二年之後再行修改的，他們對於這部憲法，均懷有二點疑慮，也可以說是有二點最不滿意的地方。茲特歸納於左：

其一　他們認爲今後的行政部門(包括總統與行政院)是軟弱無能，一籌莫展。

其二　立法院的職權是龐大無比，沒有一個機關可以與之制衡，因爲行政院沒有解散立法院之權。

對於上述二點疑慮，茲擬加以申說，以闡明這些疑慮是否正確，抑屬誤解，藉明現在憲法所規定的行政與立法的關係，有其不可抹殺的優點存在。

這裏首先應該提出研究的，就是在制憲的時候，對於我國今後採用的憲政制度，關於行政部門的組織，究應採行總統制？抑應採用內閣制？換句話說，以中國今日的政治情勢而論，到底那一種制度最爲合宜？此爲起草憲法當時討論最久而最傷腦筋之問題。

大體言之，國民黨人士多主張採行總統制。他們以爲主持行政的人，必須像美國總統一樣，不受議會的干涉，國家大事纔能放手做去，建國工作纔能順利達成。國民黨以外之人士，大都贊成採用內閣制或責任政府制。他們認爲行政院必須對立法院負責，纔能建立民主政治的政制。因爲有了負責的政府，他做得好，議會擁護他；他做得不好，議會可以質問他的責任。

這裏尙須補充說明一句的，這兩種制度都是以人民代表的議會爲政治制度之骨幹，不過前者（總統制）以行政部門與立法部門立於對等的地位，而後者（內閣制）則以立法部門爲政治上之重心，行政部門僅其一個派生的機關耳。

兩派爭論的結果，最後決定採用現在的辦法，既非美國之總統制，亦非完全之內閣制，而是一種折衷的具有兩者優點的獨創制度。

主張採行美國之總統制者，以爲我國正當建國時期，百廢待擧，非總統握有廣大的權力，殊不足以應付艱困的環境，渡過目前的難關。尤其是怕小黨林立，閣潮迭起，弄到政府不能辦事，像戰前法國政局一樣，故贊成憲法上關於行政部門的組織應採行總統制。

此不過僅就表面來觀察罷了。美國的總統在表面上看起來，誠然是權力很大，在非常時期能有作爲，但從實際上考察之，美國總統的權力，則處處受制於國會：法律須由國會制定，預算須經國會通過，條約要國會批准（須參議員三分之二之同意），宣戰和媾和要國會核定。尤其是國會的撥欵委員會，其權力更大，非經他的批准，總統是無法支用一文錢的。而用人行政則受制於國會之處更大，內閣各部首長須經參議院之同意，固不用說了，連各部的次長，駐外大使、公使、領事、法院法官、和軍事方面將官級人員之任用，均須徵得參議院之同意。以羅斯福總統的威望及其政治手腕，對於當時的中立法案，尙且費了不少的心思，經過了多年的呼籲，纔能達到先前僅是修正、最後終於廢止的目的。第一次大戰後之國際聯盟，係根據威爾遜總統的創議而設立，儘管立卽獲得以英法爲首的世界大大小小國家的支持並從而參加之，惟因參議院沒有批准這個條約，美國却始終不能參加這個機構。誠然在這個期間，美國政府也有數度派遣『觀察員』這些名稱的人員，協助世界和平的工作。可見美國總統之權力，並不比一般人所想像的那樣大，那麼能有作爲了。

返觀我國現在憲法對這一部分規定爲如何？總統的權力是不是比美國總統的來得小？

第一　先就『用人行政』來說吧！以行政部門而言，我國憲法規定，總統只須提出行政院院長一人，徵求立法院之同意卽可，其餘的政務委員（包括各部部長）可以自由任用，不受立法機關之牽制，更毋須提出整個閣員名單，徵詢立法院之意見了。惟憲法上既規定爲行政院應對立法院負責，故政務委員之任用，總統必須獲得行政院長之同意，或須由行政院長提名請求總統核定者，乃當然的事情，用不着多加說明了。故我國總統之用人權，比總統制之美國總統則自由得多，而內閣制之英王與法國總統簡直無法與之比擬。這些地方起草人考慮至爲週詳，因用人行政在中國政治社會，很容易鬧糾紛，尤歡喜以個人愛憎來判斷人之善惡良否，故未將行政院之全體政務委員，置於立法院之同意之條件下。這是有鑒於北京政府時代，因總統提名閣員未被國會通過，致造出許多亂源和糾紛，而阻碍了民主政治的建立的緣故。

第二　再就『行政部門的職權』來說吧！現行憲法規定，行政院對立法院移請變更政策的決議，和立法院通過的法律案、預算案和條約案，如認爲有窒礙難行時，經總統的核可，均得移請立法院去覆議。而且在覆議的時候，必須有出席立法委員三分之二維持原案時，行政院長始接受其決議，或辭職以讓賢能。換一句話說，立法院之大部份決議，總統和行政院長認爲不能執行時，均可移送立法院，請其從新加以考慮。此時出席立法委員如不能達到三分之二維持原決議案，立法院對於行政院不能迫以任何的作爲。就是說，立法委員中只要有比三分之一的人數、多出一名立法委員站在支持行政院的立場這一邊，行政院長的地位，就可安如泰山，就可爲所欲爲，而不會引起任何政潮了。這個樣子的政府，還能說他是『軟弱無能』的政府麼？這種辦法，不信任決議制決不能與之比擬，因爲在後者，政府必需要有出席議員過半數之支持，政府纔能站得安穩。故在現行制度之下，政府究較安定，而工作自然易於推行了。

其次，我們再從反面來說一說。行政院移請立法院覆議之案件，如不能達到有出席立法委員三分之一多出一人推翻原決議案，此時行政院長如認爲原決議案與自己的政策不相符合，而不願意接受實行的話，則只有出於挂冠而去之一途。這可以說是『天公地道』的辦法。無論就事實言，或從理論言，行政院既不能獲得比出席立法委員三分之一、多出一人來支持自己的意見或政策的時候，他除掉犧牲自己意見來接受民意機關的意見以實行之外，只有下臺了事，此外再也找不到其他較好的辦法來解決這場紛爭了。不信任決議的制度，也不過是一種解決紛爭的辦法，用以判定那一個是和那一個非，使是者繼續留任，非者和平下臺。

第三　現行憲法對於行政院的責任問題，沒有採用議會內閣制所通行的『聯帶責任制』的辦法。

聯帶責任制乃是『責任內閣制』中最重要的一點。所謂聯帶責任者，就是內閣各部的重要政策，須由內閣全體共同負責，進則同進，退則同退。甲閣員所作的事情，雖與乙閣員毫無關係，但甲閣員之錯誤，可能影響於乙閣員之進退。英國政治家兼學者摩勒氏 (Morley 1838-1923) 論內閣聯帶責任制度有云：

『就原則說，內閣各部的重要政策，由全體內閣共同負責，進則同進，退則同退。外交部一件失敗的公事，可以把財政部長拖下臺來；一個愚蠢的陸軍部長的錯誤，又可以把一個良好的內政部長趕走。因為內閣對君主或議會說，是一個單位，內閣的意見提到君主與國會前，如同一個人的政見一樣。他們提出他們的政見，在君主面前，或在貴族院衆議院面前，都好像是一個單獨的全體 (a single whole)。內閣的特徵，就是聯合而不可分的責任。』

我們現在的憲法，並未採用這種聯帶責任的辦法，故行政院毋須為了某一部長施政的錯誤而連帶的發生總辭職問題；甲部長亦毋須因乙部長的措施不當而須負共同責任。此於行政院的安定性，關係極大。我們可以說，在現行制度下面，行政院是比較安定的。

第四　就行政院要對立法院負責一點來說一說。關於行政部門的組織，不採用總統制，而採用近乎內閣制的制度的另一原因，乃是為了萬一行政部門與立法部門發生衝突的時候（這是在民主政制下面常有的事情，並沒有甚麼大不了的可慮之處。民主政治的長處就在此，可以和平無事的移交政權），讓行政院去抵擋頭一陣，而不致馬上累及總統本身，如美國之總統制一樣。如果雙方僵持不下的時候，總統還可以居間調停，或用改組行政院的辦法，以結束這場政爭。這樣，使總統的地位比較超然，總統的威望可予保持。在建國時期，尤其在政局動蕩不安的情勢中，造成一種比較安定的力量，自屬必要之圖。

總之，現行制度如運用得法，可以保有總統制和內閣制的長處，而減少其短處。我之謂為折衷的獨創制者以此。

六　現行制度之下，是不是立法院的權力過大

以上係說明現行的憲政制度，總統和行政院的權力，絕對沒有比美國總統制的總統來得小，亦不似內閣制之易起政潮。現在擬闡明今日立法院所有的權力，是不是如張知本代表等在提議修改憲法案中所云：『在我國憲法上，立法院職權之龐大，非各國三權憲法上之議會所可比擬，因別無類似解散議會之規定』；或如潘公展代表當行憲國大代表開會期間在中央日報上發表之談話所云：『立法院之權力，則無限制的擴大』。

兩位代表所持之理由，大致可析之如左：

其一　憲法上只有立法院迫使行政院長接受原決議或總辭職的規定，而行政院長則無解散立法院的權力，這是不平等的，對行政院是不利的，是片面的加重了行政院的責任。

其二　現行憲法對立法機關採行『一院制』，別無他院以為制衡，故立法院之決議，易流為一意孤行之獨斷。

先來討論「解散權」吧！

行政部門之握有解散權，與立法部門之握有不信任決議權，乃是相輔而並存的辦法，決不能有片面的規定，如只規定行政院有解散權，或只規定立法院有不信任決議權之類。我國憲法為求政局的安定計，對於行政院對立法院之負責辦法，特未採用提不信任案的制度，良以這種制度乃是議會控制行政部門最有力的武器。因為不信任案提出之後，只要出席議員過半數之支持，不信任案即可成立，此時行政部門如不解散議會，即須總辭職。這個辦法，很容易造成政局的不安定，尤以在小黨林立的局面之下為然。其詳容後再論。在另一方面，起草人鑒於中國地域廣漠，交通極不方便，教育又未普及，辦理選舉工作，確非一件易事，為求社會安定計，亦未賦予行政部門以解散立法機關的權力。其調和折衷的辦法，係使行政院對立法院之某某決議事項，可以提請覆議，而覆議時必須有出席立法委員三分之二的大多數維持原決議案時，原決議案始能成立，而行政部門必須接受或辭職。覆議時如無出席立委三分之一支持原決議案時，行政院就可置之不理了。此於行政院方面絕對的有利，毋寧謂為減少立法院之權力。

復次，若謂立法院採用一院制，其決議事項易流為一意孤行之獨斷，此言確具相當的理由。惟在現行制度之下，行政院尚握有對立法院已決議事項之覆議權，當可矯正若干獨斷之弊病。退一步來講，假定行政院的覆議權仍不能矯正立法院之一意孤行，即令國民大會握有複決之權，亦難完全矯正這些毛病的。其結果恐怕是徒滋紛擾，使政局愈趨不安定罷了。其詳當於再次節詳論。這個毛病我們如想設法加以補救，則只有求之於採行『二院制』的辦法，把監察院變為名符其實的上議院就可了(註二)。

此外，現行憲法第七十九條規定：『立法院對於行政院所提預算案，不得為增加支出之提議』。就是財政上的發動權，亦只能屬之於政府。故立法院之權力，不獨比英國巴力門為小，比美國國會亦不如，更談不到說是龐大與專斷了。

根據上文所述，可見張潘二代表所云立法院職權之龐大，究不免是誇大其辭，絕非正確的論斷。

七　內閣制的弱點

這裏想說一說內閣制的缺點的一面，更可證明行現辦法的長處：內閣制的弱點，在戰前法國表現得特別顯著。就是運用政治的政黨，有許多個存在，那一黨一派都不能在議會（指下院）內獲得過半數的議席，每遇組織政府的問題發生，必須數個政黨聯合起來，然後纔可獲得過半數的議席的支持，纔能組成政府。通常稱謂這種政府爲『聯合政府』。假定共同組織政府之各黨派間，對於某個問題的意見，一旦發生了歧異的時候，聯合內閣必定趨於崩潰，而代之以起者，又是另外幾個黨派（原來也有加入者）聯合組成的聯合政府。這種政府的基礎，始終是不會穩固的。在英國則不然，大體上乃是兩大政黨對峙的局面，多數黨在朝執政，少數黨在野居於批評和監督的地位，兩黨交相執政，政局始終保持在安定的狀態之中。故內閣制之不適宜於小黨林立之國家，乃是研究政治的人一致之意見。

英美兩國之所以造成兩大政黨之交相執政，小黨不易成長起來，實有其歷史上之淵源及其社會之背景，其他國家的政黨發展過程，很不容易循着這個途徑以進行。我們這部憲法在起草的時候，原已想到今後中國政黨發展的前途。誠然，大家很希望現存政黨能夠保持下去，並且能夠壯大起來，而不至走向小黨林立的地步，但也無人敢予以保證。今日憲法特不採行不信任決議制度者，蓋恐我們今後政黨的發展，或者步入法國的後塵，致陷政府於時有更動的危險。照現在這樣辦法，縱令政黨多有幾個存在，而政局仍可使其比較安定。行政院長須要獲得立法委員三分之一强的支持，究較須要獲得過半數之支持爲易也。

八　國民大會能夠擔負解決行政與立法的衝突麽？

國大代表之中，有一部份人士很想『以國民大會爲解決行政部門與立法部門發生爭執的機關』。馬成驥代表等所提的參考案（附在張知本代表提案內），就是這個主張。他們的意見想把憲法第五十七條修改如左：

行政院依左列規定，對立法院及『國民大會』負責：

一　行政院有向立法院提出施政方針及施政報告之責。立法委員在開會時，有向行政院院長及各部會首長質詢之權。

二　立法院對於行政院重要政策不贊同時，得以決議移請行政院變更之。行政院對於立法院之決議，得經總統之核可，移請立法院覆議。覆議時，如經出席立法委員三分之二維持原決議，行政院應即總辭職，『或附具理由，經總統核可，於一個月內，由總統召集國民大會複決』。

三　行政院對立法院決議之法律案、預算案、條約案，如認爲該決議案有窒碍難行時，得經總統之核可，於該決議案送達行政院十日內，移請立法院覆議。覆議時，如經出席立法委員三分之二維持原案，行政院應即總辭職，『或附具理由，經總統核可，於一個月內，由總統召集國民大會複決』。

四　以上二、三兩欵複決結果：如國民大會支持立法院之意見時，行政院應即總辭職。如國民大會支持行政院之意見時，即解散立法院。如在同一總統任內，基於二、三兩欵複決之原因，連續兩次行政院總辭職之結果時，總統應即負連帶責任，與第二次應行總辭職之行政院，一同辭職。

五　總統對行政院移請立法院覆議之法案，如予以核可，則對同一法案，基於同一理由，移請國民大會複決時，亦必須予以核可。

以國民大會作爲解決行政部門與立法部門發生爭執的機關，在政治協商會議憲法起草小組起草的時候，也曾一再作過這樣的企圖，國民黨的代表也曾一再提出這個主張；並想採用這個辦法來增加國大之職權，以强化其在政治上的地位，而滿足國大代表之要求。旋經多次研究之後，深覺國民大會是不適宜於作爲解決行政部門與立法部門發生衝突的機關，不僅在事實上擔負不了這個責任，在邏輯上尤難自圓其說。玆擬說明其理由如左：

第一　行政部門與立法部門發生爭執的現象，乃是經常必有的事情，而國民大會則不能常常召集；如果要靠國大來解決兩部門的紛爭，必致貽悞國政之進行。

第二　國民大會現在這樣的組織，是不可能解決糾紛的。試想以三千以上之代表（第一屆國大代表爲三千零四十五人），集合於一堂來開會，眞不是一件很容易的事情。從事實說，國大開會只能對某個問題作『可否』之決定，而不適宜於討論和爭辯，這樣又如何能夠擔負解決紛爭的責任呢？

第三　如以人民之意志爲依歸，只有舉行重新選舉，以爲雙方爭議之最後裁判，又何須經過國民大會一度裁判之後，再循着總辭職或重新選舉（即解散立法院）的路線呢？現在這部憲法，爲使政局安定計，特不採取不信任決議制與夫解散立法院制，而以移請覆議的辦法來解決兩個部門的紛爭。倘若經過覆議的案件，而有出席立法委員三分之二維持原決議案時，行政院復可附具理由，經總統核可，於一個月內召集國民大會以複決之，這樣一來，立法院這個民意機關，在政治上毫無地位可言，又何能令其肩負監督政府這個責任呢？何況國民大會複決之後，若非行政院總辭職，就是解散立法院，那末，到不如直截了當的採行不信任決議制與解散立法院制之爲愈了。政務須時刻推進，以國民大會來複決政治問題，必然曠時廢事，試問政務又如何能推進呢？我們不能把複決政治問題與複決憲法問題作同等看待的。

至第四欵擬使總統須與行政院長負連帶責任而同時辭職一事，則更陷政治於不安的境地。這是一種想入非非的辦法，此處不擬加以詳細討論。

第四 國大代表係六年改選一次，而立法委員則是三年改選一次，從理論上來說，立法委員比國大代表更能接近民意，更能代表民意，今欲以國民大會作爲解決行政部門與立法部門發生衝突的裁判機關，在邏輯上未免說不過去。

九 以國民大會來制衡立法院

另外還有若干代表，想把國民大會作爲『制衡立法院』的機關，潘公展代表論憲法修改問題有云：

『現制立法院之權力，絕無任何機關可以與之制衡，吾人必須使國民大會對中央法律有創制複決之權，而後立法院不致爲一意孤行之機關。』

對於潘代表的立論，除以上述第四點（立委較國大更能接近民意）作爲答復之外，尙有一點更重要理由可以駁倒他。就是國大代表與立法委員同屬人民選舉，同爲人民代表，何以國民大會能握最後的裁判權呢？蓋國民大會所行使之創制與複決兩權，究屬間接民權而非直接民權呀！請問一縣選出一個國大代表與數縣合併選出一名立法委員，其爲『間接性』的地方，兩者究有多大的區別？照我個人的看法，無論從理論講，或從事實講，兩者之爲間接民權則一也，我們實無法加以强制的區別。

其次，如以兩院制爲根據，想用國民大會來制衡立法院的專斷，而防止立法院之一意孤行。論者殊未深思外國立法機關之二院制，如兩院對某一問題的見解不能一致時，或開兩院聯席會議；或各推若干委員組織協議會，以求兩院意見之趨於一致，決非某一院之權力高出於另一院，而可作最後之裁判。民意機關不能有兩層樓的。地方民意機關也是獨立自主的：省的民意機關決不能干涉到縣的民意機關的。

十 結論

最後我想補充幾句話，以結束我這篇文章。

國民大會這個制度，其本身有很大的缺陷存在，這種缺陷而且不易彌補，也可以說是先天性的缺陷而是無法彌補的。就是代表的數目過於龐大，對於某個問題，不適宜於討論與爭辯，只能作『可否』之表決。有人說：『如果參加國民大會的各黨各派，能有嚴密的組織，能有鐵一般的紀律，其運用必可做到如身之使臂，如臂之使指，像今日國大這樣亂糟糟的局面，當然可以避免』此言僅從表面上來觀察的，其結果恐僅程度上之差異，實無絕對的補救的好方法。如果國大代表一切行動，絕對的要受政黨的控制，則國民大會亦不過是變成蘇俄之最高會議的中央聯席會議，那裏只有聽取報告，舉手表決和高呼萬歲的照令行事，別無自由討論與互相辯難之餘地了。眞理愈辯而愈明，是非益研而益曉，民主政治之可貴，貴乎討論，吹毛求疵，務求眞理，不至人云亦云，不會跟着叫好，儘管黨有紀律，各人仍可憑着自己的良心來作主張，所謂服從黨紀云云，要在不違背自己良心之範圍內以求行動之一致耳。

職是之故，國民大會的職權，此時絕對不可擴充，以我們現在的經驗實在無法運用。如果要擴充，只有等待行憲工作經過若干年之後，俟我們對於民主政治之實施，獲有豐富之經驗，對於這個制度的運用，達到純熟靈活的階段，那時再來研討擴充的問題，尙不爲晚。總之，我們目前的任務，須以臨深履薄的心情，小心謹愼的態度，忠誠堅定的意志，以全力來推行這部憲法，而且要照憲法條文的規定，規規矩矩，一步一步的向前推動，切不可稍有幻想，或另生枝節，致貽憲政前途以無窮的禍患。

我們已有兩次國大開會的經驗，我們做代表的人們，應該深切反省，我們是怎樣的在制憲？我們又怎樣的在行憲？我們要使這個制度不要受到些微的損害，我們要使人們不要懷疑這個制度的不良。

國民大會重要任務之一的選舉工作，進行到了選舉副總統的階段，就發生了嚴重的糾紛，而產生了政治上的裂痕，如果照建國大綱的要求，再把立法院七百餘名之立法委員，和監察院二百餘名之監察委員，均由國民大會選舉，如五五憲草所規定者，則此次大會之緊張與混亂的情形，必十倍百倍於今日了。間接選舉制之爲各國所摒棄者，就是這個制度容易發生毛病，容易爲競選者所操縱與行賄。因此我們要斷然放棄這種主張，而將立法委員和監察委員改爲今日憲法所規定的辦法了。其實，監察委員的選舉，今後應該更進一步，改爲直接民選纔好。

至於在現制下，行政與立法兩院之權力，決非如反對者之所誇張：行政院是軟弱無能，立法院則職權龐大，已如前文所述，我們今後如能根據這部憲法，一心一德的做去，現行的辦法，也許會變成一個很好的制度。無論那種政治制度，其本身總不免有多少的缺陷，端賴行此制度的人們，要如何的竭盡智謀來運用，俾能發揮其長處而減少其缺陷。

美國現在這部憲法，漏洞之處甚多，爲何行之迄今，不僅未曾發生若何流弊，反能建設今日這樣富强的國家？此無他，以其開國元勳，忠實推行憲法，養成很好的傳統：如華盛頓辭去第三次總統候選人提名之類。以後歷代政治領袖，率皆兢兢業業，根據憲法以行事，而不敢稍有疏忽，逐漸使美國人民都相信他們這部憲法是天下第一部好憲法，大家都熱誠來擁護和實行這部憲法。試舉美國憲法的缺點言之：美國總統的選舉，名爲間接選舉，實則等於直接選舉，惟因運用得宜，實際情形十分良好，第一流人才也能够常常當選爲總統。又如行政部門與立法部門之間，往往因總統與立法部門的多數派，不是屬於同一政黨而發生衝突(註三)，但亦未能釀成大害者，因爲這種缺點，不僅可能在短期內予以補救，而政治領袖都能開誠相見，胥皆以國事爲重。我們再進一步言之，同是爲着一個國際和平機構，威爾遜總統受制於國會，終其任而未獲通過，而羅斯福總統則毫不費力的通過於國會，可見政治上之利害得失，不完全在於制度之本身，而在運用此制度的人們，能不能殫精竭思的來運用啊！

我們今日唯一的任務，要眞誠相信這部憲法，要切實擁護這部憲法，要正心誠意努力實行這部憲法，這部憲法自然會開出燦爛光輝之花，與結出茁壯堅實之果。如果大家不能戒愼恐懼，而天天望着民國三十九年國大臨時會修改憲法的機會的降臨，則行憲的前途，正是不容樂觀的。蓋在行憲的工作上，一旦遇有困難或阻礙發生，儘管此種困難或阻礙之發生，是由於外來的原因，而不在憲法的本身，大家亦會將一切罪惡，統統歸咎於憲法設計之不當，更可藉口提早修改憲法。於是這部憲法，不僅不能在國民心坎中生根結果，而且時時在動搖不安的狀態中。我之所以特別躭憂者在此，我之匆匆草此一文者亦在此。

註一：國民大會憲法研究會修正草案對國民大會之職權，除依國父遺敎加以擴充外，並將現代民主國家議會之職權，均已囊括無遺。茲將該草案有關條文列舉如左，以供參考。

修正草案第三十九條　國民大會之職權如左：

一　選舉總統、副總統、立法、司法、考試、監察各院院長、副院長、立法委員、大法官、考試委員、監察委員。
二　罷免前款人員及行政院院長、副院長。
三　修改憲法，創制中央官制，最高法律及立法原則。
四　複決立法院限制國民自由權利、增加國民負擔之法律案。立法院議決之其他法律案，及司法院關於憲法之解釋，經總統提請或由國民大會代表總額二十分之一提議複決者。
五　議決預算案、宣戰案、媾和案、條約案。
六　五院施政方針之審議。
七　五院施政報告之聽取及質詢。
八　本憲法賦與之其他憲法。

修正草案第四十四條　國民大會休會期內，設置駐會代表會議，其職權如左：

一　監督憲法之遵守。
二　代行國民大會同意權；擬任人員，經同意時應先任命署理。
三　代行國民大會複決權及審議權。
四　行使質詢權並聽取報告。
五　受理監察院依法提出之彈劾案。
對於總統副總統之彈劾案，經駐會代表會議審查合於本憲法第一〇七條（卽監察院決議向國民大會提出之總統副總統之彈劾案）規定程序者，應卽召集國民大會臨時會爲罷免與否之決定。
對於五院院長、副院長、立法委員、大法官、考試委員、監察委員、行政委員（卽政務委員）及五院直屬機關首長之彈劾案，經駐會代表會議駐會代表總額三分之二之出席，出席駐會代表三分之二之通過時，被彈劾人應卽去職。
六　籌備次屆常會及召集臨時會。
七　接受國民請願。
八　監督國民大會秘書處。
九　國民大會委託之其他職權。

修正草案第五十三條　總統及行政、立法、司法、考試、監察五院院長，應各就所掌事項，依左列規定，直接對國民大會負其責任。

一　各院院長，應各就其所掌事項，向國民大會提出施政方針及施政報告。原提方針如有變更或新定政策，應隨時提出報告。
二　國民大會對於各院所提施政方針及施政報告，有審議權及質詢權。
三　國民大會對於各院施政方針之重要政策不贊同時，得以決議移送關係院變更之。
四　各院對於國民大會之決議，除法律案、預算案、條約案，本憲法有特別規定外（該草案另於第一百六十九條規定法律案，條約案覆議手續，其辦法與本條相同），得附具理由書，呈請總統於各該院收到該決議案十日內，咨請國民大會覆議，覆議時如仍維持原決議，關係院長應卽接受該決議或辭職。

修正草案第七十三條　行政院院長、副院長，由總統提名經國民大會同意任命之。國民大會休會期間，行政院院長出缺或辭職時，由行政院副院長代理其職務。行政院院長、副院長均出缺或辭職時，由總統指定內政部部長或其他部部長兼代其職務；但總統須於二十日內提出繼任人選，咨請國民大會駐會代表會議同意任命署理。

註二：參看拙著：『監察院之將來』。

註三：美國憲法規定總統任期爲四年，衆議員任期爲二年，參議員任期爲六年，每二年改選三分之一。因此，總統可能與衆議院或參議院之多數派不一致，其結果所致，可使總統之政策，往往不能在國會內貫澈。如威爾遜總統第二任之後二年，因國會多數派轉變爲共和黨，故威爾遜總統首創之國際聯盟一案，始終未獲參議院之通過。

中華民國三十七年四月二十五日草於南京，
四十二年五月八日修正於臺北木柵寓所。

西歐通訊

由西歐看蘇俄的「和平」運用

龍平甫

一、莫洛托夫的「和平」運用

馬林可夫 (Malenkov) 繼承了史大林的寶座不久，便發生捷克「米格式」驅逐機侵入德國領空打落美國軍用機一架的事件。三月十二日英國林肯式轟炸機一架在東德「空中走廊」被蘇俄「米格式」驅逐機擊落，飛行人員全部死亡。這種攻擊表示克里姆林宮的頭目在政權交替時代的緊張心理。史大林死後的蘇俄，聲威大落，不能再繼續强化的冷戰，因此必須暫時和緩國際局勢，然而在和緩國際局勢之前必須裝模作樣表示强大，於是表演這幕侵略行爲。接着馬林可夫在三月十四日發表演說：「蘇俄和其他國家間的各種問題沒有不可和解的，對美的關係也是如此」。於是蘇俄外交手段的運用作了一百八十度的轉向。在莫洛托夫導演下的蘇俄外交作出種種「退讓」姿勢，西方各國報紙多稱之爲新的「和平」攻勢，而美國國務卿杜勒斯則稱之爲「和平的防禦」。事實上，與其說蘇俄的「和平」運用是一種攻勢，毋寧說是一種挽救蘇俄政權以至共產集團的一種守勢的防禦；同時企圖分化瓦解自由世界的團結，所以最近幾週來蘇俄所表演的「退讓」姿態是一種外交手段的運用。

蘇俄所表演的「退讓」姿態是多方面的。我們在這裏舉一些重要的事實：(一)莫洛托夫爲對英法表示好感，向英法駐莫斯科大使說，願意儘力「向北韓當局交涉」釋放被拘禁的英法外交官與平民，以誇耀「調停」之功，而這些人已在返國途中。(二)莫斯科電臺自第二次世界大戰結束後，即不斷宣傳是蘇俄獨力打跨希特勒的，並誣控西方國家在戰時暗中幫助希特勒。現在莫斯科電臺改變口調，供稱第二次世界大戰的勝利是由「盟方的合作無間」而獲致的。(三)在東德的蘇軍統帥朱可夫 (Chuikov) 爲英機被擊落事件，於抗議之後向英國道歉，同時蘇方使人散佈流言，說英國轟炸機是被東德「人民警察」所駕駛的飛機擊落的。另外朱可夫邀請英美法三國代表開航空安全會議。(四)英國王太后馬麗死後，朱可夫下令東德蘇軍下半旗誌哀，同時以親筆信致英駐德高級委員基爾巴特力克 (Ivone Kirpatrick) 表示吊唁（英王喬治第六死後，朱可夫祇在柏林盟軍管制委員會吊唁紀念册上簽名而已）。(五)莫洛托夫於瑞典公使 Sohlman 返國述職前，向其宣稱，「蘇俄衷誠的同情瑞典」。不久維辛斯基在聯合國安全理事會接受瑞典外交部次長哈馬斯久德 (Dag Hammarkjoeld) 爲聯合國秘書長的提議，打開了聯合國秘書長問題的僵局；哈氏爲瑞典外交政策——不加入聯盟而傾向西方——的主要起草人之一，過去頗受莫斯科的攻擊。(六)希臘與蘇俄的關係自希臘叛軍失敗以來極爲惡劣，但是近來希臘國慶，蘇俄駐雅典代辦致函希臘外交部道賀；同時莫斯科蘇俄外交部派代表前往希臘大使館出席國慶招待會。(七)維辛斯基在聯合國一反從前踞傲作風，換了一幅謙恭的面孔；他甚至向拒絕和他握手的美國代表洛奇 (Lodge) 鼓掌。(八)一羣遊覽中東地區的美國幾家小報記者被蘇俄邀請參觀莫斯科；莫斯科出版的諷刺畫刊「鱷魚」經常的刊載反美漫畫，最近出版的一期却沒有一幅反美漫畫。(九)蘇軍事當局取消或放寬德國區域間的交通貿易限制，在奧國的盟軍管制機構內蘇俄代表也作一點局部讓步。(十)莫斯科的西方外交官發現近來蘇俄官員對他們的態度改變得非常有禮貌；美國大使館的新址由蘇俄工程師督率工人日夜加工建修。過去蘇俄政府故意搗亂，要求英美大使館遷讓，現在蘇俄外交部通知他們放棄遷讓要求，但是美國大使館函覆：「決定遷移」。(十一)中共頭子周恩來廣播接受印度關於處理戰俘的建議，並要求重開韓戰休戰談判。(十二)三月二十三日東德「副總統」魯失克 (Nuschke) 宣佈東德正在製定法律俾將「人民警察」改組爲「國防軍」，此法律可在復活節以後由「人民議會」通過；同月二十六日東德方面否認曾有此意圖。

二、西歐輿論的反響

上述許多事實及其他許多細節，再加上若干蘇俄政權在內政上的措施(見第三節)，在西歐輿論上發生了相當的影響。不少的人認爲這是蘇俄政策的基本改變而爲世界和平的曙光。代表這種心理的便是英國坎特伯里(Cantebury)大主教，他在復活節的宣教演講中說：「在艱苦的歷史過程中，幾線光明衝破了沉沉的黑影，但願這幾線光明成爲安定的火炬」。英國上議院議員加爾維萊 (Lord Calverley) 甚至說：「如果馬林可夫能將他的言論付諸實施，則應推薦他領受諾貝爾和平獎金」。英國新聞界中也有相似的反響，例如「雷諾新聞」(Reynolds News)（工黨）說：「自戰爭以來的和平機會沒有如目前的良好。維辛斯基到紐約後可爲艾森豪與馬林可夫的會晤作準備」。每日快報 (Daily Express) 說：「自有復活節以來沒有此次復活節之令人興奮」。星期快報 (Sunday Express)（獨立保守黨色彩）在社論上說：「如果爲了和平應無所猶豫；如果因此召開三巨頭會議，則不應在時間與地點問題上發生威望的爭執；但是我們應獲得保證，證明蘇俄最近所表現的不是手段的運用，同時我們應加强對美國的聯繫，充實英國的國防」。在另一社論中，星期快報說：「金日成致克拉克將軍之信可以說明馬林可夫願意和西方解決一切問題，因此西方應該採取鼓勵態度，而不應讓蘇俄對和平採取主動」。

對上述報紙的樂觀態度持相反意見的則有下述報紙：觀察週報(Observer)：「蘇俄政府須有較長的時期始能鞏固其政權，因此它將在此時期內從事各種讓步，但是希望克里姆林改變政策則是無謂之談。如果我們就全部局勢作長遠的觀察，蘇俄頭子要對非共產世界作長期的戰爭。所謂和平的並存(Co-existence)，在最好的情形下祇是冷戰的暫時休戰；在壞的情形下是冷戰的無期限的延長」。新聞記事報(News Chronicle)說：「蘇俄停止韓戰的目的在企圖使中共入聯合國。莫洛托夫希望因此使英美對中共與自由中國的政策發生衝突，設有此一日，則爲戰爭以來最大事件」。每日電訊報 (Daily Telegraph)(四月一日) 社論說：「亞洲問題的普遍和平解決似甚遙遠。和平解決之實現祇在蘇俄與中共停止支持越南與馬來亞的叛黨；不再向緬甸及泰國施行壓力之後。然而我們不知道中共是否肯這樣作。他們的意圖可能祇是轉移軍事及政治力量至其他一地區，並希望加入聯合國；蘇俄的另一目標當然是在緩和東西間的緊張局勢，而阻撓自由世界的整軍的進行與政治的一元化，尤其是西德的地位問題是未來雙方鈎心鬪角的主要目標」。權威的經濟學者報(Economist)著論警告世人，不要對蘇俄的「和平」運用存着幻想：「我們不厭其煩的再三申述：我們不知道馬林可夫、莫洛托夫之輩自何時起始處理德與問題。如果我們要對目前幾件新事象加以臆測，則應以過去的事實爲根據。然而我們並沒有發現任何證據以證明蘇俄的目標——共產主義世界霸權的建立——曾經改變；我們祇發現一件事實：手段的改變與工作進度表的修改而已。五十二歲的馬林可夫對事情的看法自然較七十三歲的史大林看得長遠，他的主要顧慮在爭取時間。因此西方不應放鬆，而應決定在何種情況下始能談判和平解決時局的辦法，並應估計須有何種力量始能使西方的立場被對方尊重」。

法國的一般平民對蘇俄的「和平」運用也感受到相當的誘惑。不少的人對時局是這樣的看法：「如果有人要打我們，我們一定要抵抗；但是侵略者要罷戰言和，我們是不拒絕的」。韓戰發生以來有些通俗性的法國大報紙，如法蘭西晚報(France-Soir)不時放出一些和平空氣或和平謠言，這是可以反映許多法國人的心理的。如果有人向他們說：「蘇俄的『和平』祇是手段的運用，她要喘一口氣然後再大舉和自由世界作各種方式的戰鬪」。他們可以回答：「我們也要喘一口氣，整頓並充實自己的力量」。法國報紙一開始便對莫斯科的「和平」運用予以注意，甚至有時爲它作鼓勵的言論。法國大報「世界報」(Le Monde)是一般人認爲反映法國外交部意見的半官方性報紙，將北平頭子周恩來關於要求重開韓戰休止談判的演說詞以四分之三的版幅全部登載，三月三十日該報著論主張不應拒絕談判。巴黎早報中最大的 Figaro 報對此事作社論：「和平的冒險」謂「如果此事在兩月前發生，我們將認爲是北平佈置的陷井，然而兩月來發生了許多事件，雖不能使我們對前途過分樂觀，但是使人對中共的建議予以最大的考慮。由華盛頓傳來的消息說：在可能危險而騙局性的國際鬆弛遠景下，艾森豪可能爲和平而冒險」。三月三十一日「世界報」社論標題：「休戰乎？和平乎？」它認爲高麗可能休戰，然而休戰並不是和平。休戰後雙方軍隊是否不時在非武裝地帶發生衝突？是否一方或他方想趁此解決亞洲全部問題？是否莫斯科與北平有意在德與越南、馬來亞、高麗等地區維持一種「得過且過」(Modus Vivendi)的局面？莫斯科似已了解它的政策使其敵人更加團結，然而了解的未免太晚了。許多問題(如德國中立化問題，西方整軍的緩和，中共的加入聯合國等等)在幾年前比現在容易解決得多。何以北平與莫斯科突然發現和平的重要？是不是史大林一人作祟使它不實現？抑是大頭子死了，他們對於前途失去信心？」法國地方報紙中有一個名叫Le Petit bleu des côtes du Nord的，政論頗有影響力，因爲該報的政論主持人是前任內閣總理現任國防部長布立溫(René Pleven)。該報在四月中旬的一期分析蘇俄的和平運用，打破一般人對廉價和平的空想，要求大家不要放棄警覺：這篇社論大意謂：「由蘇俄共產黨徒的歷史、主義，與其政治哲學的研究，可得這樣的結論：他們在推行計劃遭受有力抵抗時，並不企圖以正面衝突達到目的，反之，他們要暫時退却以待有利時機繞越障礙。例如希臘戰事自西方勝利後，馬可斯(Markos)便消逝無蹤，柏林空橋成功後，封鎖之舉即未再導演，現在朝鮮的情形依然如此。在北大西洋政策開始收效的今日，是否因此可以放鬆自由國家的努力？蘇俄是否會將一兵一卒復員？它是否會將一個軍火工廠改裝爲平時工廠？西方雖已有不少的進步，但是仍感到嚴重的勢力不平衡的威脅。不要延緩北大西洋公約國家的防禦努力，不要離棄西歐統一政策，並不是說我們要封閉與蘇俄及中共和談之門。二者並行不悖纔是成功之道。一個衰弱的西方世界，一個沒有組織的西歐，是不能和蘇俄談判的。法國政府一再宣佈它的政策願與東方求諒解；然而在眞正問題沒有得到答案之前，西方是不能冒危險而放棄整軍的」。

法國輿論一方面希望高麗戰爭停止免得擴大，同時却擔心停戰後的越南三國的安全問題。因爲目前的越南戰局已使法國政府大傷腦筋，如果中共利用韓戰休止所不用的一部份兵力移轉到越南戰場，那麼局勢將更危險。這是法國所顧慮的休戰後果。因此法國人認爲遠東的和平是與戰爭一樣的不可分割，越南與朝鮮問題是相關聯的。有些人希望：如果莫斯科誠意言和，應該放棄對越盟的援助，在鼓勵蘇俄作「和平」之舞的一些人對「越盟」在最近大舉進攻老撾(或稱寮國 Laos) 難以自圓其說，例如法蘭西晚報的星期版對「越盟」此舉作如下的解釋：「巴黎有關方面認爲此舉是在史大林死前決定的」。此說是否有根據姑且不論，我們祇問：「是不是史大林的幽靈在那裏督促計劃的執行」？

蘇俄的「和平」運用在德意志聯邦也發生了相當的影響。有些非共產黨報紙竟也贊揚共產黨在上次大戰中是自由奮鬥者（!?）。因此漢堡的「時代」週刊（Die Zeit）（四月九日）警告說：「如果認爲史大林是唯一的壞蛋，史大林一死，許多壞事隨他進了坟墓，那是太幼稚的看法。固然一個暴君的死亡可使一國的政策由一個方向轉至另一方向，但是這個對外政策的基本原則是不會變更的。蘇俄的外交是內政的延續，然而西方對於蘇俄內政所得的消息太少了，例如馬林可夫的『大赦』，究竟釋放了多少人？降低物價究至何種程度（因爲去年會三度降低物價）？我們應了解馬林可夫、貝利亞、莫洛托夫並不要作永久的和平天使，也不要和其他國家訂立永昭信守的條約，更不是要與其他國家合作，以實行裁軍，將軍隊撤回本國，莫斯科並未提出一個新的政策，而是一個不變政策的新的『方面』而已。它追隨列寧史大林訂立的目標。我們這種看法可由共產黨史，蘇俄史，以及目前在莫斯科當權或爲權力而奮鬪者的傳記中得到充分的證明」。「時代」週刊接着警告西方國家不應爲莫斯科暫時改變手段而放棄既定目標。它更顧慮蘇俄壓力之放鬆可能使西方國家陣營動作不靈，甚至解體。如果因蘇俄的新企圖而對蘇俄放鬆，對國內的共產黨停止抵抗，結果增强共產集體的勢力。該報繼續謂蘇俄的緩和政策對西方的利害實難估計，韓戰之結束固爲一件大事而爲舉世所歡迎的，然而韓戰結束後中共與北韓進聯合國問題又將如何解決？是不是因此將使美國放棄其基本政策之原則？如果蘇俄提出德國統一問題，答應統一後的德國不與西方密切聯盟，是否因此使美國最心愛的歐洲統一計劃趨於流產？該報主張西方應繼續整軍，實現歐洲聯防軍，以積極手段應付西歐各國共產黨第五縱隊。該報結論說：「總之，今後幾個月中西方政治家的責任並不輕易，他們必須在受蘇俄改變策略影響的西方輿論之前自行辯護，他們必須仔細分析時局而加以應付處理之道。他們不應成爲蘇俄政策的目標，尤其不應讓蘇俄採取主動」。

馬德里的 Ya 報與西班牙的外交部有相當關係，它的觀點也可以反映西班牙外交部的意見。它對蘇俄「和平」姿態的意見是：「莫斯科的緩和政策是西方各國在美國鼓舞之下進行統一陣線的結果。蘇俄國發現有史以來空前大聯盟來對付她，因此希望及早獲得諒解，以免事態急轉直下而有在一年之內完全被包圍的危險」。另外一個名叫 Arriba 的報紙警告西方不要輕信莫斯科的和平濫調。它說：「根據列寧的言論，莫斯科所能締結的協定，所能給的諾言都不過是一些掩耳盜鈴欺騙資產階級世界（即西方世界）的」。

瑞士著名週刊——「世界週刊」（Die Weltwoche）也發表相同的論調。它說共產黨是不能改變的，因此警告一般人不要中了他們的詭計。

在蘇俄「和平」運用之前，西歐的朝野名流的反響頗不一致，不過大多持審慎而懷疑的態度。英首相邱吉爾在下議院在很早以前對蘇俄的「和平」運用作外交式的答覆：「英政府將愉快地接受蘇俄任何和平建議而予以嚴重的考慮」。但是艾登廣播說：「如果英人願意和俄人在『中道』相會，英人決不放鬆自衞準備，決不容許北大西洋集團分裂」。北大西洋公約的組織秘書長伊思默（Lord Ismay）（英籍）說：「如果因蘇俄當局最近的言論而放棄整軍，那是愚蠢的舉動」。英國工黨左派首領貝萬（Aneurin Bevan）最近在巴黎出席「社會主義國際」大會，他向記者發表談話說：「吾人不應僅限於研究蘇俄的和平攻勢是策略的運用，抑爲政策的改變，吾人應趨迎接，以幫助實現國際局勢的和緩。如果這種和平攻勢祗是一種手段的運用，我們將很快的在德國問題上發現到，吾人應使德人在不受外界干涉下自行決定其命運」。

法國內閣總理馬耶（Renś Mayer）對蘇俄的「和平」攻勢評論道：「蘇俄集團所採取的各項主動並不能離間法美之間的和諧關係」（四月九日）。四月一日法國外交部長畢道（Georges Bidault）（中國報紙多稱之爲皮杜爾）在紐約發表演說，其大要爲：「我們所面臨的是眞正的政策的改變，抑爲執行政策的手段的改變？在未將主要因素分析明白之前，我們不要被希望所迷惑，我們今日之有此情況正是我們努力的結果。在未充分了解並證實對方行動之前，我們不能放鬆整軍，因爲偶爾天晴而仍撐着雨傘並不能認爲冒犯太陽。此外高麗與越南的戰事又是互相關連的，這也是我們需要保持警覺的原因」。四月十三日畢道又發表演說，他說：「解決時局緊張的唯一方法是實現裁軍的檢查，如果俄國接收，任何問題都可以解決，否則目前的局勢是不會改變的」。法國人民共和黨要人塔特根（Teitgen）評論俄國的「和平」運用，說道：「花言巧語並不足爲憑，我們等待事實的表現，例如亞洲戰事的停止，對奧地利和平條約的簽訂，眞正的受檢查的裁軍的接受」。法國人民聯盟要員巴勒甫基（Palewski）（戴高樂將軍的代言人）說：「如果史大林之死並未絲毫改變俄國外交攻勢的任何綱領，這個外交攻勢却反映內政上的迫切需要。因此盟國面臨一個時機而應予以利用，因爲它可能很快的消逝的」。他接着說：「在批准歐洲聯防條約之前應召開四國會議將德國問題作最後一次討論」。他最後說：「我們不願受共產黨的騙，我們勸告維辛斯基收藏起他那件廢棄北大西洋公約的提案」。法國社會主義黨（現爲在野的反對黨）對蘇俄「和平」運用的反響可由該秘書長格莫來（Guy Mollet）的言論見之；格氏說：「如果蘇俄的和平攻勢是善意的，是代表一種新的政策，則全世界的社會主義將爲之欣喜，並繼續努力以求良好社會的實現。如果僅是一種策略的運用，則時間選擇得很恰當，因爲法國的整軍對她的經濟是一個很重的負擔，尤其是負擔的分配不均。我們歡迎解決目前問題以達到國際局勢弛緩的努力，同時我們堅持普遍的與受檢查的裁軍。在此目的達到之前我們不能放鬆警覺並繼續歐洲統一運動」。

德國基督民主黨黨魁兼內閣總理阿德勞（Adenauer）批評蘇俄的「和平」運用說道：「我並沒有發現任何蘇俄對外政策的改變」。他並强調西德是抵抗蘇俄共產主義的堅强堡壘（上述言論是阿德勞在訪華盛頓前後所發表的）。德國的反對黨社會民主黨首領奥能豪（Eric Ollenhauer）說：「現在我們尚不能證明蘇俄的和平攻勢是否出自誠意。就我們的立場而論，我們需要具體事實，我們極端希望全部德國自由選舉與德國統一的實現。同時我們支持任何實現四國會議解決德國問題的企圖」。

三、蘇俄爲什麼要發動「和平」運用？

蘇俄發動「和平」運用有內在的與外在的兩種原因：

內政的原因是馬林可夫政權的不穩固，他需要一個喘息的機會。史大林死了不久馬林可夫便正式宣佈登了寶座，西方國家頗驚訝於共產帝國繼承問題的迅速解決。經過一月多各方面觀察的結果，很多人懷疑蘇俄政權的繼承問題得到澈底解決，相信派系的衝突日趨劇烈。

蘇俄政權派系是些什麼？第一是蘇俄共產黨，以馬林可夫派爲首，但是馬林可夫派並沒有獨佔的能力；第二是軍隊，自對芬蘭戰役及對德初期戰爭失敗後，軍事體制改組，軍隊已成獨立體系。大戰勝利後，軍隊在人民心目中的威望超過於黨；第三是秘密警察；這些派別在史大林當權時早已養成。史大林利用各派系的衝突與矛盾以維持個人的獨裁，駕御羣雄的史大林一死，自然造成心理的眞空，引起各派系的爭雄逐鹿。

爭權的現象在史大林死前已很顯著。例如蘇俄共產黨中央政治局改組爲主席團，人員由十二人增至二十五人，這就是說由於各派系爭權而不得不擴充名額，馬林可夫上台後將主席團縮小爲九人。然而馬林可夫派的敵人安得利耶夫（Andreiev）（他在兩年前被排斥出政府與黨部）竟不久又被選入主席團。可見馬林可夫不能控制黨。他不能控制黨的另外一件事實便是三月二十日莫斯科廣播馬林可夫辭去蘇俄共產黨中央執行委員秘書處首席秘書之職（去年十月蘇俄共產黨第十九屆全國代表大會取消秘書長制，改爲秘書處，由秘書五人組織之，以名次排列的先後而決定其地位的高低），遺職由庫魯失車夫（Khrushtshev）繼任。史大林以黨秘書長起家握獨裁大權，對於這個職務非常重視；現在馬林可夫放棄黨的首席秘書職務當非自願。而且這個局部改組決定在三月十四日，至二十日始公佈，其中必有文章。

蘇俄政府最高權力機關爲部長會議主席團，共有五人，馬林可夫之外尚有四人，即莫洛托夫，貝利亞（Beria），布爾加寧（Bulganin），加嘉諾維區（Kaganovitch）爲副主席。事實上馬林可夫並未能建立獨裁政權，是一種十頭（黨）與五頭（政）的聯合統治，是黨的少壯派（馬），元老派（莫），特務（貝）與軍隊（布）的暫時諒解。

這個諒解是不堅固的，現已有兩件大事表示貝利亞向馬林可夫進攻。第一件大事是「醫生謀殺案」的昭雪。一九五二年（或本年初）貝利亞的親信公安部長阿巴古莫夫（Abakumov）被捕，公安部長一職由馬林可夫的親信伊業替耶夫（S. Ignatiev）繼任。及至「醫生謀殺案」的「發現」，貝利亞一系的特務組織受「眞理報」（Pravda）的攻擊，說他們疏於職守。貝利亞在史大林死後將公安部合併到內政部，重新控制特務組織。四月四日莫斯科公佈「醫生謀殺案」是冤獄，說他們的口供是用苦刑拷打出來的，文件是僞造的。於是釋放被捕醫生十五人，誣告人蒂馬書（Lydia Timasuk）被褫奪列寧勳章（誣告人是一位女醫生，她當然奉命控告的，不然何以有如此輕的處罰？）。四月六日公報前公安部副部長李吾敏（Riumin）以此案被捕，七日公報免除前公安部長現任共黨中執會秘書處秘書伊業替業夫的職務。說他「政治上的盲目」。第二件大事是蘇俄喬治亞「共和國」政府的改組，捕了三個黨政要員，釋放了三個黨政要員，並使其佔據更高的政府位置。喬治亞是史大林與貝利亞的故鄉，現在「眞理報」說那些被捕的人是「罪大惡極的冒險家」，顯然和「醫生陰謀殺人案」同樣替史大林出醜。同時當權者也自己口供承認了史大林治下的黑暗殘暴。貝利亞不惜暴露史大林政權的黑暗，自然有其用意。他的用意可能是：第一，洗刷自己在史大林時代作特務頭子的責任；第二，清除他自己地盤內的馬林可夫派系；第三，打擊馬林可夫，因爲馬林可夫是史大林多年的機要秘書，史大林的右臂，史大林的作爲他要負責任的。馬林可夫對貝利亞毫無辦法，甚至不得不犧牲自己的親信。馬林可夫自三月中旬以後即未再發表任何演說，未簽署任何法令，他的名字也沒有在俄國重要報紙中提到。因爲馬林可夫地位不穩固，所以波蘭共產黨頭子比魯特（Bierut）在波蘭共產黨中執會紀念史大林會上說：「蘇俄的領袖們將繼續着史大林的事業」。他不提馬林可夫是值得回味的。四月十七日「眞理報」發表評論說共產黨的領導是「集體責任」，反對一人獨裁。二十五日「眞理報」與「消息報」公佈蘇俄方面對艾森豪演說詞的答覆，照理這篇答覆應由馬林可夫出名的，現在却沒有任何人出名。

由現在的趨勢看，貝利亞似有推翻馬林可夫的傾向。然而貝利亞作史大林第二是不容易的，因爲特務頭子的名字是叫不響的。目前蘇俄政府大赦五年徒刑以下的普通犯人，自然是貝利亞想討好人民的一着。我們不知獲得自由的人究有多少，恐爲數不甚多。因爲被囚的主要是政治犯，而政治犯起碼判五年以上的徒刑。

各派系之外尚有兩種潛在的力量不能爲爭權者

所忽視：卽知識份子和非俄羅斯民族。知識份子之成爲一大潛勢力可由馬林可夫的演說詞見之：他要求工農與知識份子支持政權，從前蘇俄當局一貫的認爲工農是政權的支持者。蘇俄民族問題相當複雜，非俄羅斯民族的獨立運動自所難免。近來「眞理報」著論抨擊蘇俄境內民族仇恨的製造可以證明。前面所述的喬治亞案件也說被捕的人挑撥民族情感。

如果所推測的各派系爭雄是正確的話，則眞正獨裁者未產生之前，蘇俄必須表演一些「和平」的運用以求緩和國際局勢於一時。然而這不是說蘇俄政權會淸算史大林的帝國主義政策，會消除世界局勢緊張的基本因素。因爲根據共產黨的理論，兩個世界是不能並存的。如果目前蘇俄政權眞有意作局部退却，也不過爲了鞏固實力，至有利時機捲土重來。如果馬林可夫政權眞有動搖的危險，則他不見得願意和緩國際局勢，因爲他可以利用對外關係的緊張來緩和國內的派系鬬爭，來維持中共及附庸國的向心力。一旦馬林可夫或他人獲得眞正獨裁權力，國際局勢將更緊張，因爲獨裁者爲避免內部衝突必須轉移視線於國外。

外在的原因：蘇俄的「和平」運用在阻撓歐洲軍的實現，離間英法對美國的關係，企圖折散北大西洋公約集團。爲了阻撓歐洲軍的實現，除「和平」運用外，據說蘇俄願意在德國問題上予以相當的讓步。英國星期時報(Sunday Times)(四月十九日)發表一段消息說：莫斯科向東德當局發出長達十八頁的新訓令，說明俄國對德新政策；其要點爲：㈠國際監視下全德國自由選擧：㈡統一後的德國須承認奧得河 (Order) 與納斯河 (Neisse) 的疆界；㈢統一後的德國不參加任何集團。迄今爲止，沒有官方公報證實此文件之存在，但是它的存在並不是不可能的，如果此項條件眞正存在，當係用來引誘法國使歐洲軍流產。

四月十五日漢堡「鏡報」(Der Spiegel) 刊載一段幕後新聞，大意爲：法國駐蘇大使若克斯 (Louis Joxe) 於不久之前向法國外交部報告其與蘇俄當局接觸的印象及蘇俄內情；其要點爲：㈠蘇俄無意進攻西歐；㈡如果蘇俄在東歐被迫始有向西歐開闢戰場的可能；㈢歐洲區蘇俄軍隊參謀部並沒有計劃佔領西歐，必要時僅向西歐作「掃蕩戰」；㈣軍事武官報告俄國軍隊由俄國的歐洲部份向蘇俄北方及遠東區調移(在史大林死前已開始)；㈤如果美蘇在歐洲以外地區開戰，蘇俄很可能不在歐洲開闢戰場；㈥大使說根據他的印象，如果美蘇開戰，英法不參加，卽使美機由北非機場起飛轟炸俄國，蘇俄也不會因此視爲與英法「開戰之端」。這段消息恐怕有相當可靠性。因爲前幾天「世界報」曾在一段新聞報導中間接地提到它，並未加以承認或否認。

最近法國外交部長畢道在北大西洋公約組織十一屆會議上發表演說，對於蘇俄的企圖予以答覆。他說要進行歐洲統一運動，德國應參加此種歐洲，主張德國統一，但反對德國中立說。四月二十四日北大西洋公約會議中，法荷比盧意五國外長重申通過歐洲聯防條約的決心。荷蘭外交部長甚至認爲到本年十月此條約可爲各國完全批准。

莫斯科所說的「和平」手段大約是在歐洲取守勢，必要時作局部退却，而將主要注意力集中在亞洲，越盟在最近進攻老撾便是一個證明。所以莫斯科的「和平」祗是一種手段的運用。如果它作局部的戰略上的撤退也要準備捲土重來的。茲引蘇俄官方言論作證明：三月二十六日柏林蘇俄管制委員會官報「每日評論」(Taeglich Rundschau) 發表評論紀念一九一八年三月三日俄德二國簽訂的布勒斯妥立多夫斯克 (Brest-Litowsk) 條約。這篇文章大意爲：「列寧告訴我們說：如果暫時退却是有用的話，則應不猶豫的去作。列寧不顧一切犧牲向德國講和，正是證明他是一個馬克思主義者。敵人勢力强大之時應該實行詐術暫時退却，以重整實力，如此始可佈署新的攻擊獲致勝利，爲人民的未來的幸福開闢坦途」。

西方世界中那些渴望消除冷戰奠定持久國際和平的人們應該將這篇文章再三硏究，同時應參證三十五年來的蘇俄史，如此他們不會對未來的世界想像成一幅沒有共產極權威脅的桃色遠景。

四、艾森豪的和平攻勢

漢堡「時代」週刊四月十六日出版的一期刊載一幅漫畫，標題爲「克里姆林」宮的管樂隊：畫着馬林可夫、貝利亞、莫洛托夫以機關鎗當蕭笛演奏，使聽衆(英、法、美)眉飛色舞。這正是最近時局的最好寫照。儘管西方朝野名流警告一般人民對未來的局勢不要過分樂觀，不要上了俄國「和平」運用的當，然而民間的反應證明蘇俄的手段發生了相當的作用。爲了澄淸國際輿論的混亂局勢，美國及英國認爲有發動和平攻勢的必要，藉此可使蘇俄攤出她的「和平」牌。如果她不攤出「和平」牌，或是攤出的「和平」牌並不足以保證世界和平，那麼西方世界不致分裂，並可放手繼續整軍。這是四月十六日艾森豪總統演說的由來。

艾森豪「和平攻勢」演說發表後，西歐各國政府及輿論一致贊揚。認爲這是一九四七年三月杜魯門發表援助土耳其希臘政策後的畫時代的演說。艾氏發表這篇演說之前曾與有關國交換意見，甚至有人說他曾將演說稿修改過十七次之多。演說發表後，美國駐蘇俄大使將底稿一份送給莫洛托夫。同時美國政府動員所有的外交人員，駐各國新聞處人員以及「美國之聲」以四十國語言向全世界播送艾森豪講詞。事實上艾森豪的演說是一件外交文件的傑作。反共陣營中各種意見不同的人，都可因他的演說而獲得滿足。

爲了使美國的友人不致誤解艾氏的演說詞，國務卿杜勒斯發表一篇演說爲艾氏的演說作註解。他的演說的要點：㈠加强整軍；㈡對亞洲自由國家優先援助；㈢所謂國際局勢的和平解決決不是「現狀的維持」，而是要解放在蘇俄宰割下的幾萬萬人民。

艾森豪總統的演說詞讀者當早已在報紙上讀過了，用不着我在這裏覆述，我現在要說的是蘇俄對艾氏演說詞的反響。艾氏演說詞發表幾小時之後，蘇俄官方通訊社「塔斯社」發表一篇演詞摘要。我們且看「塔斯社」怎樣給俄國人民報導艾氏的講演詞：「美國總統艾森豪首先說：在各民族間建立合理和平是當務之急，他以相當長的篇幅解說美國的外交政策，解釋軍備競賽及北大西洋同盟的起因。他說目前的局勢緊張責任在蘇俄，然而他沒有提出事實作證據。艾森豪總統要求所有的政府表明其意圖。他並且向蘇俄當局說，如果有尊重其他國家的意旨存在，則任何大小問題沒有不可和解的。美國願意在這方面負其自己部份的責任。然而他在演說詞中沒有提到中國(指中共)及其權利的再建立(？)，也沒有提到根據波茨坦協定建立德國的統一問題。依艾森豪總統的意見，普遍信心增強之後，各國可以從事軍事負擔的限制，在此情形下美國可以訂立的莊嚴的協定以從事於：㈠依國際接受的比例限制軍備；㈡比例的限制戰略軍事的生產；㈢原子能的國際控制，㈣限制或禁止其他大規模破壞武器的生產；㈤不違背安全情況下，上述限制或禁止的實施（包括聯合國的檢查制）。「塔斯社」最後說：「美國總統說了許多限制軍備的原則上的話，他說裁減軍備計劃的內容複雜而繁多」。

塔斯社將艾森豪總統演詞中所要求於蘇俄停止冷戰及局部熱戰的條件一概未提：㈠高麗停戰並自由選舉建立統一的高麗民主國；㈡越南馬來亞叛亂的停止；㈢對奧和約的簽訂；㈣實現德國統一並加入歐洲聯防同盟；㈤東歐各國的解放，人民與思想的自由交通；㈥眞正縮軍的實現，並以所節省的金錢復興世界，向貧窮作總決戰。塔斯社不提這幾點正是表示蘇俄拒絕接受牠們。關於縮軍五項原則，塔斯社將第五項加以塗改，加上「不違背安全情況下」，換句說，蘇俄可以保障「國家安全」爲藉口使國際檢查制度不能生效。在那樣情況下的裁軍與國際共管原子能是無意義的。

恐怕是美國的宣傳在鐵幕後發生了作用，蘇俄當局經過八天的考慮，在四月二十五日將艾森豪的演說詞刊登在「眞理報」與「消息報」，並在第一版上以五千字的評論答覆艾森豪的講演詞。「眞理報」評論的大要爲：㈠蘇俄不怕原子彈戰爭的威脅；㈡根據波茨坦協定解決德國問題；㈢蘇俄不能干涉東歐各國內政；㈣中共入聯合國；㈤支持高麗停戰，但拒絕阻撓亞洲民族「解放運動」；㈥裁軍之後的經濟援助，不能附帶政治條件。換言之，蘇俄拒絕了艾森豪的和平原則。蘇俄的「和平牌」是：㈠高麗問題僅限於停戰；㈡繼續東南亞的戰爭；㈢維持蘇俄在東歐各國控制地位；㈣拒絕在國際監視下自由選舉建立統一的德國；㈤在不改變鐵幕國家政治情況下接受裁軍後的經濟援助；㈥拒絕簽訂對奧地利和約（「眞理報」對此事一字未提）。一言以蔽之，蘇俄並未放棄它最後所推行的帝國主義擴張政策，蘇俄並未改變它的對外政策，在這樣情形下的高麗休戰是毫無意義的。即使萬一休戰實現，朝鮮問題的合理解決——全韓自由選舉，建立自由民主的統一高麗——是不會實現的；共產集團將利用休戰將兵力轉移到東南亞地區使該地的共禍鬧得不可收拾。因此僅僅是高麗停戰不但不能有利於世界和平，反而嚴重的威脅自由世界的保衛和平力。有人說蘇俄雖然拒絕了西方的和平方案，但它仍保留着一個談判之門，西方未嘗不可以和它談判；要回答這種意見，可以引前法國外交部長許曼的話（評論艾森豪的演說）：「召集那些看不出結果的和平會議是一種錯誤的辦法」。

四月二十七日完

葡萄牙近事

（里斯本通訊）

警雷

伊伯利半島上，有兩個姐妹國，一是西班牙，一是葡萄牙。兩國政治的形式不同，西班牙是元首當政，葡萄牙則是內閣制。然而在實質上，葡萄牙與西班牙並沒有兩樣，都是有限度的獨裁制。這兩個國家沒有遭到二次大戰的兵禍浩劫，所以人民生活均甚安定。葡西兩國家同是反共國家，將共產黨置之法外。還有一個同點，就是葡西兩國都是天主教勢力最大的國家。關於西班牙情形，國內報章雜誌報導的已經很多，但是有關葡國的通訊，恐怕還是鳳毛麟角。本來嗎，這個平如止水的國家，除了在這裏開過幾次歐洲會議，幾位美國高級官員的訪問以外，一向是沒有什麼事件發生的。然爲使國內讀者們知道平靜的葡萄牙的情況，我願在此報導一些葡國最近發生的一些事體。

第一是現任內閣薩拉撒博士的從政二十五週年紀念。二十五年前的四月二十七日是薩氏放下教鞭開始政治生涯的日子。薩氏在歐洲當代史上是一位有能力的行政人才。當一九二八年他出任財長之時，葡國經濟正走向崩潰，他就任以後，力事改革，不久，情形就爲之改觀。這是薩氏行政能力之首次表現。從此爲葡國財政經濟立下了永久的規範。之後，薩氏出任內閣總理，在西班牙內戰以及第二次大戰期間，運籌帷幄，使國家免於災禍，造成了葡萄牙國勢的日益增强。葡萄牙八百萬民衆，對薩氏備至愛戴，這可從薩氏從政二十五週年日里斯本京城熱烈慶祝的場面，可以窺見。

四月廿七日這天，里斯本城煦日當空，萬里無雲。各式各樣的大小船隻，滿飾着鮮花旗幟，載來從遠方前來祝賀薩氏的葡人。大街上，到處擠滿了人潮，如果您想在人行道上逆流而過，那簡直是不可能的。無數的農民，風塵僕僕從遠方趕來，爲了輸送他們的赤誠。

下午三點半鐘，國會召開特別會議，向薩氏致賀，議長與總統均各一一致詞，對薩氏工作辛勞備極贊賀。講詞均向全國播送，街上的行人，都恭立靜聽，每當提起薩氏的大名時，議場內外，都是歡聲掌聲，轟然雷動。

第二件事是關於葡美軍火製造的協定。葡萄牙的人民是反共的。美國政府遠在北大西洋反共公約成立以前，就單獨與葡萄牙國成立了反共軍事協定。雙方簽定攻守同盟，如果葡萄牙人不是一個堅決的反共分子，一個撮爾之邦，人不過八百萬，地不過八萬方里，美國又何必如此。薩氏銀慶的後一日，里斯本報紙透露薩氏與美國協商若干新的協定，特別是軍火製造的協定，協定的內容大致是這樣的：美國先向葡萄牙軍事工廠投資美金三千萬。以便能在這些工廠內製造作戰物資。關於這項消息，里斯本的世紀報發表較詳，並說明關於協商軍火製造條約問題，已到最後階段。葡萄牙在西歐對抗蘇俄侵略的形勢中，同意作爲西方國家的軍火庫。並且葡美兩國的合作今後且將日益加强，除在軍事合作以外，即在關稅與財政上，兩國亦將進一步密切合作。

軍火協定的談判開始於四月月初，四月十五、十六兩日分別簽訂兩個協定，第一次簽訂地是桑多番(Sandhophen)，簽訂人則爲華府代表以及布拉達地方布拉各兵工廠代表；第二次簽訂地爲華府。規定布拉達地方布拉各兵工廠專門製造供給砲兵輜重的軍火，同時美國並借葡萄牙造船廠製造戰艦，其所製造的砲彈與軍艦將由美國付欵，而交與北大西洋聯軍使用。這對葡國的經濟，將有促進其發展的良好影響，所以世紀報說：「從經濟與社會的觀點看，這些協定的實現，將發生有效的復興能力，同時也使我們的工業走上眞正而近代化的水準。」美國的輿論界早就主張在歐洲尋覓若干地方，建設或加强兵工廠，以便在戰時足够供給大陸作戰之用。美國深知如果美國本國一旦遭受攻擊，軍事生產可能會立刻陷於癱瘓，蘇俄將會以神話式的方法，破壞美國的軍事工廠，一如過去日本人之破壞珍珠港者然。因此美國不能不預爲分散其軍火工廠，設法在歐洲各國製造軍火。而葡萄牙自然是最理想的地點。

現在美國採取的步驟，還不足以達到實際的需要，然而總較過去連這些也沒有作的時候强得多了。里斯本的美國外交官員，目前正努力向美國呼籲，不特只要求政府努力來重建葡萄牙的軍事工廠；而且還要求美國政府鼓勵私人來葡投資。在美國這種官方資方雙管齊下的政策下，葡國軍火工業未來的前途正是未可限量呢！

最後，我們願談談葡萄牙的軍隊。葡萄牙的常備兵一九四九年時不過一師左右。可是他們對軍隊的作戰能力却很自負，以爲只要有五千名士兵，佔據着里斯本北邊的要地，就有「陳利兵而誰何」的形勢了。我們也許記得葡國外長在一九四九年對澳門的談話吧，他說：「如果要我們丟下澳門，那只有血流成河」。其實他們後來派到澳門的軍隊也只不過二千人左右，不過他們的士氣是一向就很高的。從那次以後，葡萄牙便加緊訓練他的後備兵，增加常備兵額，延長後備兵服役年齡。克雷夢那總統逝世後，軍事專家，參謀軍校校長克拉維．洛伯就任總統，對軍事銳意革新。在美國軍火援助與美國技術人員訓練之下，葡國的士兵已由英雄主義騎士的豪放熱情變成了鐵的紀律。北大西洋公約中規定，葡萄牙供給聯軍的兩師軍隊，葡國早已交卷了；而葡國現已訓練好了陸軍四五十萬人，海空方面也都成了現代化的軍隊。

最近我們又探得美國海軍已經與葡國海軍成立工程協定，專門爲聯軍製造驅逐艦運輸艦與捕雷艇。美國投資七百五十萬美元。而空軍方面也將有新的協定。據此間葡國高級官員表示，美國有意使葡國作爲西方作戰供應的兵站，從各方面來看，這種說法並不是誇大的，而且一旦有事，我們相信可以看見葡萄牙的士兵，將會馳騁在西歐平原來與蘇俄相角逐的。

屠狗者

公孫嬿

「隊長，您怎麼一天到晚也不出營房的門呢！其實下了操，也沒有什麼事啦，您可以到外邊看看，玩玩什麼的，不是嗎？隊長！」

我坐在籐椅上，享受片刻的休息。下操後才吃過飯，而我身邊的這個以痲利著稱的勤務兵，却在爲我舖牀、疊被了。也許他看出了我的寂寞，正找到一些不必要的話，誘導我開口，我明白他的用意，他的目的想使我的精神輕鬆一下；在他自然是爲了對我的忠忱。說實在，這個失去了爹娘的孤雛，依靠我的身邊，五年來我倆生命的若干部份，確已融合了，但在職稱上，他不過是我貼身的勤務兵，在我們的生活圈子裏，尙需要我保持一種矜持；所以我任他自言自語的說着，沒有答理他，只是張眼望着他，點了一點頭。

「隊長，家裏有値星官招呼着，您不是也可以散散步嗎？有緊要的事情我去找您！」

我遲遲站起身，似爲他的話所打動。朝着桌前的那塊玻璃窗望出去，一帶圓石壘成的牆堞，好像我記憶裏的某些地方，專爲歷史下註脚的邊城。牆外是漠漠的平野，這時季節已入冬，叢生的草莽變成土色。極目向落霞滿佈的天邊瞧去，蜿蜒的紫黑山影，正像出於人工的剪貼，使此時暮靄氣氛，不知加了多少悽愴。我也像是受了什麼感染，隨手執起了桌上的玻杯，呷了一口涼水。我心裏想——「這眞是個奇怪的地方！」

夜色逐漸充塞了這間屋子，天幕上的星斗已熠熠閃光，我聽到遠方有人打起了單調的號音。那種生疏而吃力的音符，確實和送喪的嗚咽不相上下。我如傾圯的古塔一樣，又跌落入陳舊的籐椅中，如果將那種聲音比作風暴，無疑地我是被吹得零散而倒塌了。

小兵推了電門的總開關，燈亮了。那些霎那間令我惆悵的心情與景色，也都隨着驟來的光明而遠颺了。

我深深歎了一口氣，無意中把心底的話自語出來：

「這眞是個奇怪地方！」

我的勤務兵已爲我舖好了被子，正把那杯冷水倒掉，打開暖水瓶，爲我斟滿了開水；把我剛才脫口而出的那一句話，極自然的接了過去：

「這個地方奇怪，可不是麼？隊長，您不曉得呢？這裏的小飯舘子，專門賣狗肉，那才奇怪哩！」

「什麼？」

「狗肉！」

「公開的賣？」

「可不！公開的殺，公開的賣，生意還非常的好！」

「你吃過？」

「我……我，報告隊長，我吃過！」

「吃過又有什麼關係！我就愛吃狗肉！」

後面這句話是實在的，一點安慰他的意思都沒有。

「是的，我記得隊長愛吃狗肉，所以我才對您說哩！」

「你什麼時候記到的？」

「哦，隊長忘了，那時在舟山，我們打獐子，打狍子和大雁，您不是還讓我們打過狗吃嗎？」

這是實事，在軍隊中生活過久了，無論在精神上和食慾上，都需要一種新奇，正如我們搬到這塊風沙之區，對於那樣狂風，明明在嘴裏罵着，但它不失爲一種新的刺激，在一段時期之後，這塊地方變爲我們「過去」的一部分時，我們依然會衷心嚮往的。我接着問：

「煮的好不好，味道怎麼樣？」

「他們是專門賣狗肉的，那些廣東佬——全是客家人，燒狗肉時加的香料才多呢？味道也就大不同了。」

「吃的人多不？」

「多，一塊五毛錢一碗。狗肉補人，弟兄們搶着去吃，一天每家起馬得殺四五條狗，生意眞是興隆！」

想到狗肉的滋味，加上了幾分新奇，我把聲音壓低了，和身前的小兵用商量的口吻說：

「小鬼，你想吃狗肉不？我請你吃，我們一道去。」

「隊長，現在不行，弟兄們很多都到外面洗澡去了，去吃狗肉的人也不少，等一等他們集合了，我伴隊長一同去吧。」

我想到三十八年在廣州，滿街上貼了紅紙條，上面寫了「掛羊頭」的屠戶們，用一種含蓄的幽默方式，出賣狗肉的笑話，萬不料在這島上也有這麼一個所在，我心中有點兒感想，也有點兒眷戀。我再度點點頭，用手指輕叩着木桌。

他輕輕退出門外了。我照例打開呈閱的卷宗，一件件的批着例行公文。

直到八點半過後，這個善解人意的孤雛，躡手躡脚的走進我屋中，立在我的身後說：

「報告隊長，現在時間差不多了，我們走吧！」

我披上了夾克，從枕頭下取出了手電筒，隨着他出了營房，我們沒有言語，只默默地走着。

天上一輪皓月，夜涼如水，這一座遼濶的營房，似乎已安謐的入睡了，沒有一點兒風，我們由草地間穿過時，會聽到蟋蟀的低鳴。

大地也全入夢了，那一小片翁鬱的林子，那塊無涯的稻田，那四望無垠的荒野，還有那條兩旁缺少人家的石砌路，全罩在銀色的月光下，我們踽踽而行，極自然的就忘却了自身的存在。

走了多遠，我記不清了，當過了一座木橋，向左手轉入一條小巷，旁邊有一座泥砌的小屋，門雖閉了，由門縫中洩露出慘淡的燈光。這個勤務兵說：

「到了，就是這家，燒狗肉燒得最好！」接着他又用客家話向門縫裏說：

「老闆，睡了嗎？我們來吃狗肉啦！」

門慢慢地拉開了，我低頭鑽了進去，見了屋中光景，心裏登感楞然。

那幾間屋子，是用竹竿撐起的，竹竿上懸了一盞昏黃的油燈。屋中正面有一座小灶，另外有四五張竹製桌子，和亂七八糟的竹椅。我用手電照了照，地上除了骨頭，花生皮之外，在竹樑上且拴了三隻毛色不同、大小不一的狗。這個稱爲老闆、穿着黑短褂的男子漢，有一頭長長的亂髮，正踞在一張桌旁的竹椅上，飲着酒。面前擺着幾碗分辨不清的菜餚。開門忙着招待我們的，是個赤了脚的女人，她呲着牙說：

「來喫狗肉嗎？唉，剛才還有很多人要來吃哩！我都回說沒有了，留下的幾碗沒有動，燒得才爛哩！」

「老闆娘，謝謝妳，妳眞好！」

小兵用了一口流利的客家話，半開玩笑的說着。由這孩子說話的姿態，那派滑頭的氣勢，若不論年齡，這小子已儼然是個老兵油子了。但他的聰明却頗使我折服，他生長在舟山，隨隊伍撤退來臺後，我們住在臺灣中北部一段時間內，他居然學會了當地的客話。

我將帽沿壓低到眉頭，把外衣的領子拉起來，避免讓這一對夫婦倆看出我是個「官」，我找到一張櫈子坐下，看着壁頭上薰黃的油燈；在這陌生的地方，我到要看看他如何安排這個小小節目。

「來兩杯米酒，要甜的！」——我的勤務兵也半蹲在竹櫈上，朝着已喝得醉了的老闆調侃的說。

「吃紅露和五加皮吧，甜米酒有什麼勁！」

「各愛一道，各走一工，老闆！你請請同鄉嗎？」

「嘿，那裏話。我請你喝酒，可不請你吃狗肉！」

這個人酒是有點喝多了，猛然從竹椅上跳下來，執了酒瓶子，踉蹌的蹭到我們桌邊，拴在竹柱上的幾隻狗，彷彿害怕了，垂下尾巴悄悄的閃開一邊了。

這個人原來還是個跛子，他隨手從另一張桌子上取過三只茶碗，三杯酒倒滿了，瓶子也空了。他拉過竹櫈，坐在我的下邊，再由懷中掏出一包新樂園的香煙，似乎猜出了我的身份，把一支香煙用雙手遞給我。小兵介紹似的說：

「這是我們隊長！」

我用眼睛瞪了他一下，笑着把煙接過來，燃點了吸着。

「喲，是隊長，我敬你佬一杯酒，這是淸酒，乾了吧！」

他一舉杯，一揚頭就飲乾了。在這個場合下，我曉得應該怎麼作，我硬着頭皮，也一舉杯，勉强的喝乾了。

「喂，快把狗肉端兩碗來，帶瓶酒，一瓶！聽到沒有！」

這個屠戶說話如此氣粗聲大，我不覺一驚。對他臉部一端相，那實在是怕人的面孔。菜青色泛着黃綠，兩只眼睛像掛了兩盞燈籠，顴骨突出來，嘴癟進去，滿頭蓬亂的長髮，給這削瘦的人更添上了幾分頹唐神氣。他的酒也許喝多了，眼圈上泛起了點紅色。我急忙阻止說：

「老闆，謝謝妳，我是不能多喝酒的！」

「那裏，我請隊長喝酒，你瞧不起我這殺狗的嗎？」

「客氣客氣，你說的是那裏話，朋友還嫌多嗎？你殺你的狗，我幹我的軍人。咱們是四海之內皆兄弟！」

「隊長，不瞞你說，我也在部隊混過，大小也弄上一個官兒，腿一瘸英雄就不能再提當年勇了。」

「既然都吃過糧子上的飯，我更不會客氣了。實在是我不能多喝酒！」

「頭一次，是個敬意！來，我再給你老斟上一杯！」

三杯酒下肚，我的頭也有點重了，這時那個女人已將狗肉端上來。兩只小圓碗，冒着熱氣，顏色黑黑的，每人面前並放了一個小碟子，添滿了醬油和鮮紅的辣椒。我把筷子拿起，忽然間由桌上飄過了一陣肉香。但香味和豬牛羊的不同，一種沒法形容的味道，我嚥下一口唾液，趕緊挾了一塊肉，塡進嘴吧，在這種陰暗的環境裏，我感到眼睛的吃力，年齡是不饒人的，我感慨的說：

「眞是老了，不止頭髮變白，連眼光都糢糊了。」

「喂，快點隻蠟燭來！隊長，再乾一盅吧！」

女人一聲不響地把蠟燭點燃了，放在桌上。窗縫正吹進一陣陣的風，燭光搖曳，配着這個黑衣漢子的一頭長髮，我不曉得若有一個局外人，向內張望時，瞧見深夜中的這三張不同的面孔，在同一閃動的光芒下，將發出何種感覺。因爲再也找不出適當的話，我只低頭吃着狗肉，而我的勤務兵似乎比我的興趣還大，這孩子已早把一碗狗肉吃光了，低聲問我：

「隊長，你還吃嗎？」

「小鬼，分明是你還想吃，你到先問我，我們每人再來一碗吧！」

我用筷子撥弄着碗底，下面剩下了多塊的生薑和橘皮，還有幾塊我認爲不能下嚥的。我對面的跛脚漢子，正好抬起頭，看到了我的動作，問着我：

「隊長，這是狗肝、狗心哩，吃吧，最有味道，是好東西。狗只有肺不能吃，狼心狗肺，你不明白！」

「這一塊黑黑的，又是什麼！」

「哎，這是皮。狗皮一剝，肉也就不好吃了，狗是刮毛吃的！」

「這狗肉味道眞好。老闆，你燒得有經驗，手藝不壞！」

「若說經驗，我們廣東人個個愛吃狗肉是眞的，只是隊長，我也不是賣狗肉出身的呀！」

「老闆，你言重了，我曉得你當過兵，也作過官，不是嗎？」——我一邊吃着新裝滿的一碗狗肉，一邊回答着。

「可不是，少尉排長幹過三年，從出關那年起，升了官就沒有交到好運，四平街一戰，連腿也報銷了。」

「你的腿也是和共匪拼瘸的？」

「可不是，身上還有三處槍眼，兩處刺刀疤！丟他媽，不是毛澤東我還不會賣狗肉呢！」

「等着馬上反攻了，還可以再幹一次的！」

「幹什麼？幹共產黨的祖宗。腿瘸了也只好賣狗肉，把你的弟兄們補得壯壯的，再替我報仇！」

「你腿瘸了，怎麼從四平撤退的呢！」

「唉，四平街那一戰，是我當兵以來，二十年間最厲害慘烈的一次了。我的腿，中了砲彈破片，從前線撤退下來，送到天津去養傷，傷沒有好，幸虧這隻腿沒有被鋸掉，我乘着鬧和平的時候，就溜到了上海，找到了老同事，就來到臺灣。傷好了，腿也瘸了，沒辦法。我想再當兵打共匪，可是四肢不全，也沒人要了，從隊伍裏退下來，就在這附近賣狗肉！」

「生意不壞吧！連老婆都討了。」

「這種年頭，反攻不了大陸，什麼都是扯蛋。對付對付罷了，我也不想發財，發財留給誰？你老也聽說過，仗着賣狗肉可以發財的嗎？」

「這也難說，行行出狀元！」

「哈！哈！我等着中狗肉狀元吧！」

他連忙把半杯酒灌下了喉嚨，用啞澀的聲音，慘笑起來，我把眼睛睜大了，看着他。我想，差不多了，這個漢子可眞的醉了。

「隊長，你問這個女人嗎？她是苦命人。她原先的丈夫，我們是老同事，一塊兒當兵也掛了彩，在東北和共匪打掛的。我們在上海碰了頭。他比不上我，他還拖了這麼一個累贅貨——這個女人。而且他的傷太重，傷在腰部，活不了，臨咽氣時候，流着眼淚和我說：『我們一起混了上十年，我沒有別的掛心，只是這個老婆——人老實，能吃苦，瞧著傻里傻氣的，心倒不壞。我一死，她早晚就要餓死，請你修修好，養活她。』乾脆一句話，讓我接收她當老婆。隊長，你想那怎麼能行，朋友妻不可欺。我還要活在世上做人呵。我不答應，絕對不能答應。我搖頭，他躺在那裏就儘翻白眼，咽不了氣，唉！那種痛苦的樣子，實在不能再讓我忍受了，我點點頭。他微微笑了一笑撒手走了，臨末了告訴我，讓我多殺幾個共匪報仇。我就千辛萬苦，說盡了好話，磕盡了頭，把這個女人硬拖到臺灣。天曉得，三年中我沒有蹬過她一下，隊長，你說——我能討她嗎？」

「你可眞是個怪人。這又有什麼不得了，死的我們沒辦法把他拉活回來，只有不能再使活着的痛苦，並且：是他丈夫囑咐你的呵，怎麼「朋友妻不可欺」？你這麼固執，不是成了爲朋友而不忠了嗎？我勸你還是看開一點，何必使雙方面都痛苦！」

「這三年來，人人都當她叫作我的老婆，我也糊裏糊塗的答應着，我既沒有挨過她，也沒有碰過她。而她到是我的好幫手，替我洗衣補襪，我殺狗，她煮狗肉。我答應了她，等到反攻大陸，把她送回去，送回她的家！」

「這個女人有多大歲數，哪裏人？有孩子沒有？」

「三十二了，東北人。沒生過孩子！」

「唉，你們全是三十歲以上的人了，趕快結婚——生個孩子，也有點寄託。說添丁進口，也是一大喜事。何況，你們雙方都有這個需要！」

「結婚是文明辭，鑽進一個被窩睡覺是眞的！我只想，仇沒有報，共匪沒有打倒，朋友的囑咐反到增加了我的煩悶。我不碰這女人，在良心上才說得過去。其實快四十歲的人了，早不就應該有個老婆嗎？」

「對，今天晚上就結婚，明年這時候抱個娃娃！」

這漢子臉上的陰雲，好像被撥開——我看到春天的脚步是怎麼遲遲邁進這間屋子的，我靈機一動，喊着：

「老闆娘，老闆娘！來呵！」

沒有人睬我，我示意給勤務兵。這小鬼極機靈的推開了那間小屋子的門，把女人連推帶拉地弄了出來：

「老闆娘，妳假裝睡覺，妳却偷着聽話哩！今天晚上，我們隊長給你們作媒，我得喝杯喜酒呵！」

女人的臉也紅了。我斟滿了一杯酒，送到她的嘴邊，我調侃地說：

「這是杯喜酒，我敬妳的。慶賀妳新生命開始！」

女人堅持不喝，到是我身邊的小鬼主意多，把酒杯放在她的嘴邊，趁她低頭不語，若有所思的當兒，舉手一推她一揚頭，酒就極自然的半喝半灌的乾了。

我顯然成全了一件在他倆人中間無法完成的事。此後，這個僵持的場面打開了，他們倆又回敬了我一杯。事實上，那一夜，除了先開的一瓶酒外，我們又乾了兩瓶，不止老闆醉了，女人也支持不住了，我和我的勤務兵也都有了七分的酒意。

看看錶已經十一點半鐘，我不便再削短別人苦短的春宵，我支撐起身子說：

「老闆，今天晚上你們作個好夢吧。我叨擾了你們的喜酒，請你算一算賬，讓我付錢！」

「呵，隊長，你太看不起人了，你老說是喜酒，正是我請的客。那有請客還要客人破費錢的！」

「你作的是生意，酒我領情了，狗肉錢是要給的！」

「下次你來照顧，我依價要錢好了，今天是不能要你佬錢的。不能收，萬萬不能！」

「隊長，我們請客啦！」——女人用那種與年齡並不調和的羞慚聲音，慢慢的和我說。

「呵呀，原來是老闆娘說了話，我們就謝謝了。」

我立起身，我聽到一陣猪玀的哼哼聲，和一股猪圈裏才有的腐酸氣味，合着夜風由窗縫中衝進我的鼻子來。

「老闆，你們還養猪賣！」

「是的，養了一口猪，殺猪拔毛！外面一個毛澤東，屋子裏面還拴了這麼三個毛澤東！」

「什麼？」

「這三隻狗雜種，我是把它當作毛澤東殺的，我恨共匪，腿瘸了，殘廢了，也只好每天拿共匪的替身出出氣！」

「你說是殺狗！老闆！」

「我不是殺狗，每天我殺的就是弄瘸了我的腿的共產黨，我得殺，得報仇，得喝它們的血，賣它們的肉！」

他把眼瞪大，一臉的春光被掃跑了。我估計得出這個人胸中淤積的仇恨。我不能再使他憤怒，使他改變目前這個春天的顏色。何況，他已經不折不扣的醉了。

我扶着勤務兵的肩膀，邁出了竹子編成的籬門，外面颼的掠過一陣風，像潑了一桶涼水，我清醒多了。

那漢子還殷勤地拖著跛腿，要送我幾步。

「隊長，今夜你吃了那麼多狗肉，看怎麼睡的熟！」

「你呢？過去那些夜晚你是怎麼睡的？」

「我是咬牙切齒，按住一肚子火，罵着毛澤東睡的！」

在他粗魯的笑聲裏，我聽到女人溫存的聲音：

「外面風大，小心着了涼。你醉了，快回來吧！」

他丈夫果然停住了腳。

我走了幾步，湊趣地回過頭說：

「老闆，你太太不放你的心，快回去休息吧！明天好殺毛澤東，好讓我們再來吃狗肉！」

勤務兵用手電照着路，我閉上眼，扶着他的肩膀，高一脚，低一脚，走着那條不平整的路。我慢慢的問：

「小鬼，今天吃得過癮嗎？」

「沒有比笑話看得過癮！」

「你這小鬼，眞不是東西！」

「這種怪地方，才眞不是東西，能有這種怪人！」

哦，小鬼，我記得他那間小舖子的牆壁，貼了些紅紙，忘了看上面寫些什麼？

「我全都背下了，高的是——『大家快來吃毛澤東的肉，』還有『食了狗肉，不可食荼豆！』」

「這是什麼意思？」

「凡吃了狗肉再一食荼豆，就會變成毒藥，把人脹死了。」

「這不是鬼話嗎？」

「是眞話，別以爲從我小鬼嘴中說出的，就成了鬼話！」

至於那一夜，也只有眞正吃過狗肉的人，才能清楚那種滋味。我是如何輾轉反側，聽到了破曉的起床號，方在晨風中一點點把剩餘下的熱力給吹散了。

我的操課雖忙，但我始終沒有輕易忘掉在這怪地方才能遇到的怪事，和這個怪人！

某一天的黃昏，隊伍打野外，我隨着隊伍的後面，最末走回來。恰恰路過那家屠狗者的門外，我正看到他們夫妻倆，滿有精神的在殺狗。男人和女人都似乎胖了，臉上氣色也好多了。一條狗正掛在他們門前土崗的小樹上，用鐵絲吊着頸子勒死的。男的蹲在地上，旁邊是一盆熱水，一把刀，和一灘血。他正用另一把刀在刮着狗毛，聚精會神的，嘴中像念咒一樣地喃喃叨唸着。我猜到這必然是屬於屠戶們的慣例，以免除手下被宰的生命，對他報復，也解脫掉冥冥中的懲罰。我心中想；殺這麼幾條狗，還若有其事的在小題大做，我吆喚：

「老闆，你又殺狗了。殺狗，嘴中還要念往生咒嗎？」

「喲，隊長，你老忙呵，好久不來吃狗肉了。哼，我念的是什麼往生咒！我是在罵街，我罵——我宰殺這毛澤東狗雜種，我要拔它的毛，剜它的腸，我要報仇！」

「你罵的是這狗——毛澤東呵！」

「可不，我不止殺它，我還要賣毛澤東的肉哩！」——屠狗者笑着又補充了一句。

歌頌咖啡的人

李雅韻

太陽依戀的從山頭隱去，留下滿天神奇的晚霞，在人們的心裏塗抹上生命的誘惑。寂寞的黃昏總是撩人愁思的。雪文和夏玲躲在冷清的宿舍裏，無聊的挨度從晚飯到睡眠之間的時間。

雪文躲在床上看雜誌，夏玲對着鏡子化裝，把眉目畫成許多變化不同的式樣，看那一種最適合自己，最後把眉梢微弔，在眼下圖了深深的一層黑暈。她似乎滿意了，嘆了一口氣，把身子摔在床上。少女的情緒任何高明的心理學家也捉摸不透。假如說夏玲是需要一個男友，追求她的人很多，她却不去理會；假如說她孤僻冷漠，又那裏來的這麼許多寂寞？

雪文放下書，調侃的說：「喂！化了半天裝給枕頭看嗎？我以爲妳有約會呢！」

「約會倒是不少，就是不想去！」

「悶在宿舍裏妳又唉聲嘆氣的，還不如出去玩玩呢！」

「和誰去玩？妳曉得我的脾氣。我寧可挨餓，也不願意吃不合口味的東西。」

「妳是說追求妳的人都不合妳的理想？王凌雲怎麼樣？」

「像個小開，滿頭生髮油，香的討厭！」

「張雲生也好像對妳很有意。」

「管他有意無意，我才不理他呢！死板的像一塊木頭，瞧他那兩步走路樣兒，多難看！」

「方自忠不是也給妳寫過信嗎？」

「別提他！男生女相，那一笑，眞肉麻！」

「林更生看起來倒還機警。」

「像一條狗似的，嚇死了。有一天在王太太家，他脫了鞋走上塌塌米，好！那一雙臭脚，比毒瓦斯還厲害！」

「聽說宋文江學問還不錯！」

「我不信有學問的人那麼沒禮貌，他若一吃東西，比貓吃食還要響。」

「唉呀！我的小姐，我看妳的條件也太苛了！這個笑的不好聽，那個走路不好看；這個頭髮太香，那個脚爪子太臭。再沒有甚麼可挑剔的，就該說人家十個手指頭長的不一樣齊了！」

「我自然有我的道理，只要大前題相合，小節倒可以不計較！」

「妳的大前題是甚麼？」

「一見傾心！」

「對甚麼樣的人才能够一見傾心？」

「很難說！」

夏玲站了起來，表示不願意把談話繼續下去；雪文又拿起她的雜誌，聚精會神的一行行看下去。

夏玲用火柴燃着了煤油爐，用白瓷罐煮了兩杯咖啡，煎得很濃，加了許多糖，遞給雪文一杯，然後慢慢的說：

「妳嚐嚐看，我就是需要一杯濃咖啡！」

雪文端起杯子啜了一口說：「很甜！」又啜了一口說：「太濃了，有點苦！」

「過一會兒，妳會感到精神很振作，因爲咖啡富有刺激性！」夏玲用一個哲學家的口吻說。

「呵，我明白了，妳要選擇的對象是又甜又苦又够刺激！」

夏玲像咀嚼甚麼似地點了點頭。

「一對愛人應該甜甜的！當然沒有問題。至於苦，我就不會解釋了！」

「我希望能够碰到一個人，他有一種力量，使我愛得發狂，想得發瘋，瘋狂的思念中就有一種可愛的苦味。我記得有一首詩上說：『繫念中的悲哀，是最大的歡樂，枕上的淚珠，蘊蓄着希望的情熱。』這詩意的苦味是熾熱的情感的表現，是值得歌頌的！」

「妙！妳再解釋解釋咖啡的刺激性！」

「我最怕那些一見面就給妳上萬言書的人，囉嗦乏味。一個人應該有神秘的吸引力，一瞥眼波，一個手勢，一舉步，一啓齒，都能蕩人魂魄，使人有一種迷亂的感覺。這點神妙的迷亂，便是戀愛的最高享受。對方能够使妳迷亂，才够刺激！」

「這我可不敢贊成，我記得從前有一句格言說：『嫁給愛妳的人比嫁給妳愛的人更幸福。』所以我認爲一個女孩子應該使別人迷亂，假使自己先迷亂起來，那一定是失敗的戀愛。」

「陳腐，陳腐，十九世紀的想法！」

也許我太保守，我覺得感情應該像淸澄的泉水，潺湲而流，平靜而久長，才能保持永恒的美。」

「我喜歡懸在山頭的瀑布，用整個的生命換取剎那的滿足！」

「好大的犧牲精神！趕快尋覓妳咖啡似的愛情罷！我等着聽一個美麗的故事！」

不久，夏玲眞的以獨具的慧眼賞識了一位咖啡人物。故事雖然够刺激，可是並不美麗。

一天傍晚，夏玲在熱鬧的街市散步，太陽的位置被燈光所奪取，五彩的光虹統治了世界。燈光往往比太陽更能爲人所擁戴，因爲它寬大的包容了一切罪惡。夏玲正站在一個輝煌綺麗的玻璃橱前欣賞一件衣料的時候，忽然聽到有人叫聲「小姐」，隨着聲音，一位體面的紳士走過來，手裏拿着一條美麗而放散着香水氣味的手帕，對夏玲說：「小姐；您的手帕掉了！」夏玲莫明其妙的看看手帕說：「不是我的！」

「不是您的？」他似乎不肯相信，低聲自言自語的說：「除了這位小姐，誰配有這麼漂亮的手帕！」

他仰着頭四面尋覓，好像絲毫不理會夏玲還站在旁邊。

夏玲覺得這個人太面熟了，像誰呢？像小說裏的人物，像亂世佳人裏的白瑞德？像虎魄裏的賈柏魯？像電影明星埃洛弗林？不！是像一個影子，一個時常出現在夢寐中的影子。當夏玲再舉目向他注視的時候，他回答了一個甜美而有涵蓄的笑。那一雙眼睛啊！狂野而充滿了熱情，夏玲忽然感到一陣迷亂。

刹那間，夢中的影子有了靈魂和肉體。她幾乎毫未思考的便決定了這是她所渴求着的咖啡人物。因此，當他荒唐的伴她散步時，她不但不覺得他太冒失，反而從心底漾溢着甜蜜的戀情。

他送她到宿舍門口，俏皮的說：「明天下午六點請您在×處吃飯，如果您不去，我就餓着等，一直等到世界的末日！」

這是一句多麼動人魂魄的誓言！

那一夜，她聽到了鐘聲和雨聲，也聽到了犬吠和鷄鳴。

從此，她每天穿紅掛綠，把自己打扮得像咖啡壺下的火燄。從此，她每天遊樂到更深，像一隻饑餓已久，忽然發現米倉的小老鼠。

夏玲每次見了這位在馬路上結識的愛人，便像喝了濃咖啡，立刻精神百倍，她變得活潑而乖巧。她常常自己對自己說：「他開啓了我的智慧之門。」

他們一同吃飯，一同遊玩，一同跳舞。他愛喝陳年白蘭地，愛賭博，愛跳狂野的吉利巴。他的嗜好，立刻變成了她的。他帶着她在舞場中，轉啊，轉啊，轉得她頭腦發昏，可是她很愉快，因爲這樣才像咖啡，才够刺激。

他眞漂亮，具有男性美：寬寬的肩膀，高高的個子，眉目間動人的表情，嘴角上常掛着玩世不恭的神氣。夏玲迷醉了！迷醉於他翩翩的風采中。

有一天，已經午夜三點鐘了，雪文在燈下耽心的等着夏玲，夏玲拖着滿身疲倦和一臉神秘的惶惑與滿足歸來，一進屋就鑽進被窩裏，把帳子放下。

「夏玲我早就想和妳談一談，我願意知道你們的感情現在到了甚麼程度？」雪文正經的說。

「今天不談好不好？我睏死了，明天是星期日，我們可以談一整天？」

雪文平靜的入夢了。夏玲在床上輾轉反側，她有許多心事要想，有許多甜蜜的鏡頭要回味，她願意把自己擲在感情的火裏燃燒，像剛才在旅館裏那一幕……。一個少女陷在戀愛中的時候，往往願意獨自在幽暗中沉思，默默的讓感情的浪潮在心海裏起伏。世界上的一切都變得渺小不足道，只有愛人的影子擴張到無限大，像一個人以一寸的距離欣賞一幅五丈見方的壁畫，會把烏鴉看成鵬鳥，麻雀看成鳳凰，對整個的畫面絕不會有淸楚的輪廓。

雪文是個腦筋淸楚而心腸火熱的人，她和夏玲已經相處兩年，像親姐妹一樣無話不談。夏玲自從有了愛人，常常不上班，所以大家對她的批評很壞，雪文想勸勸她。

第二天，夏玲十一點才起床，雪文知道她一定不會放過晴朗的星期日，所以當她還沒有洗完臉的時候，就開始了談話。

「今天出去玩嗎？」雪文柔和的問。

夏玲一面梳頭髮一面唱茶花女飲酒歌：「這是個東方色彩的老晴天，大家及時行樂罷！……」她似乎不願意停止歌唱，只用點頭微笑來答復雪文的話。

「我希望妳能稍微注意一點輿論，免得別人說閒話！」

夏玲熱情的唱着：「你們愛怎麼說就怎麼說，我們愛怎麼作就怎麼作！」梳子像打拍子一樣在頭髮上梳動。

「別唱了！我有話跟妳說。」雪文有點着急了。

夏玲坐在椅子上，睜着兩隻美麗的大眼睛，作出乖乖聽話的樣子說：「有甚麼事？快說罷！」

「夏玲」，雪文一本正經的說：「我贊成妳交男友，可不贊成妳現在的作風，對一個不知根底的人如此鍾情！」

「我覺得這用不着我解釋，因爲妳是深知我性格的人。」

「那妳也不應該連班都不上，同事們都說妳的閒話，把妳的行蹤當路透社的新聞一樣注意呢！」

「隨他們，我行我素！」

「妳不怕有甚麼不好的後果嗎？譬如說常常去跳舞……」

雪文，妳越來越頑固了！跳舞有甚麼不好？跳舞是一種高尙的藝術，它能使人的情感昇華，能使人的靈魂溶化在幽美的旋律中，能使一對愛人越發相愛。

「問題就在這裏，假使是兩個不該相愛的人跳舞跳得相愛了，怎麼辦呢？」

「那有甚麼不好辦？愛就是愛！」

「我不這樣想，我覺得愛應該愛得有理智，妳不能太注意外形的美，而忽略了對方心靈的價值，應該以淸明的眼光去觀察他是否値得妳愛，別讓愛情的火燒瞎了眼！」

「够了！我的好姐姐，妳眞矛盾死了，從前怪我條件太苛，現在又怪我太隨便，妳到底讓我怎樣好啊？」

「過猶不及，反正妳走的不是一條正常的路。」

「一個平庸的人才走正常的路呢！妳的話說完了罷？我要出去了！」

「晚上又去跳舞嗎？」

「妳知道我不能像妳一樣，用一本雜誌便能換來平靜與滿足，各人有各人的愛好，我願意沉迷在音樂的熱潮中。」

「如果妳喜歡音樂，可以靜靜的欣賞一支名曲；如果妳喜歡運動，可以去打球；爲甚麼一定要跳舞？我反對跳舞，跳舞的人都是去尋求異性的刺激，用藝術來粉飾情慾。愛跳舞的人絕不肯承認我的話，因爲我的話是眞的。妳看舞場中有許多人跳來跳去就把面孔貼在一起了，天下有幾個柳下惠？所

下轉第33頁

書刊評介

中國歷史參考圖譜

毛子水

主編者：田培林。編輯者：高良佐，嚴一萍，趙榮琅。
全套共十二大幅，內印文物圖片四百八十餘幀。
臺北南陽街二十號藝文印書館印行。
中華民國四十二年出版。實價九十六元。

本文筆者回憶十二三歲時(清光緒三十二年正月間)，因投考浙江衢郡中學堂，在衢縣(那時的衢州府)城內一書舖買得一部「繪圖白話中國史」，是杭州(或上海)彪蒙書室(?)印行的。由筆者記憶力所及的而言，這是筆者生平出自自己主張而買的第一部書。這件事情，到現在想起來還是很有趣。第一，這是我們中國第一部用白話寫的歷史教科書。我們有許多用白話寫的歷史演義(如三國志演義、隋唐演義等)，但只能算是小說，算不得歷史教科書。第二，這是一部「新式」繪圖歷史書。繪圖的歷史書，在我國算不得稀奇。世傳宋刻帶圖列女傳的圖，起源於顧虎頭。如果是事實，則在晉世已有帶圖的史書了。至於專爲考證文物而作圖的書，發生更早。宋聶崇義以前的「三禮圖」，前人以爲有鄭玄、阮諶、夏侯伏朗、張鎰、梁正諸人的撰本，又有開皇官撰本。(這些三禮圖都已亡佚，只有聶書還在。)但顧氏列女傳圖，若如後世所描繪的，不過將書中記載變成圖畫，使讀者得到一個更深刻的印象罷了。至聶氏三禮圖，則在宋世已有人罵爲疏舛了；他以前的人的工作，諒必更壞。在現代歷史教科書裏，顧式的插畫，自然不需要；但有關名物考證的圖像，則非有不可。筆者當年買到的白話史，所附圖像雖不能十分準確，然似是都屬於後一類的。

四十餘年以來，我國所出的歷史的教科書，除却大學所用的以外，沒有不附圖的。而自民國九年以後，教科書漸漸改用白話文寫；到了現在，差不多都是這樣了。

筆者現在心中理想的歷史教科書，在外表上講，有兩個必需的條件：一是文字不多於圖畫，一是純粹用標準的國語寫成。讀者不要誤會筆者在這裏提倡「連環圖畫」！實在，如果連環圖畫的取材能用現代史學的眼光，牠當然會是一種最好的通俗歷史讀物。

本文所評的「中國歷史參考圖譜」，如就圖譜這一方面講，亦就可以稱做理想的了。不過所用的文字是文言文，未免使人覺到美中不足。編者所以沒有用白話文，大概有兩個理由。一是篇幅有限，文言文所用的字數較少。一是參考的人，多半是教師，所以文言文並不見得難懂。這兩個理由，可以說是實在的情形。但文字究竟以明白爲貴，不以簡省爲貴。一部好書，與其供少數教師的參考，何如使所有的大、中學生都能自己閱讀！所以筆者希望將來有再版的機會時，須把文言易爲白話。(在這裏筆者須說句公平話：這個圖譜裏所用的文言文，大體都很乾淨可喜。)

概括講起來，這個圖譜裏面，圖片的豐富，材料的新穎，解說的詳賅，印刷的精美，都是值得我們稱讚的。以前的歷史教科書所附的圖，非因板幅太小，即因紙張太劣，多半看不清楚。現在有了這個圖譜張挂於教室中，則凡我們歷史教科書所同有的缺點都可以補救了。

筆者想起許多人家堂堂的四壁，每懸貼着庸俗的字畫：這非特對大人沒有好處，對小孩更沒有好處。筆者的意見，如不得名手的作品，倒不如沒有。現在有這個圖譜出版，那些庸俗的字畫大可不要了。這個圖譜，應當與地理挂圖並重；他們都是家庭中重要的教育工具。實在，這圖譜所載的圖片和解說，一部分是二三十年來我們歷史學和考古學所得的新成績，而不見於普通歷史書的。有許多做父母的，二十年前在中學或大學所讀的歷史，照現在學術的標準看起來，已陳腐不堪了。這些做父母的，如果要避免見笑於兒女，應當把自己歷史的知識加以刷新。而最簡單的刷新歷史知識的方法，就是把這個圖譜仔細流覽幾遍。

當然，我們不能說這個圖譜的製出已是盡善盡美了。從學校教室挂圖的觀點講，這個圖譜的幅度至少縱橫都應當加一倍。但這樣一來，定價至少要加二倍：這非特普通人士力所不及，就是學校也必覺到困難。至於校對方面，大概可以說很好；但排印的錯誤還是有。如第五幅大事年表中「齊桓公會諸侯於葵丘」，「葵」誤爲「蔡」是。不過這樣的錯誤是很難掃清的。

總之，一部歷史書要做得好，除却內容準確外，有兩個方法。一是文字流暢，一是插圖適當而豐富。這個圖譜，雖說是爲「參考」用的，但若能將解說的文字改爲標準的白話，便是一部極好的簡明中國歷史讀本了。當然，這件事須等再版時方可做到。

又，這個圖譜，只編到清代末年；而自民國以來四十餘年，非特中國史上有空前的大變動，即世界史上亦是這樣。筆者的意見，以爲入民國後到了現在，應當繼編兩幅，使這四十餘年中我們中國政治制度的變遷(從君主——軍閥——以至民主！)，學術文化的進步，一起呈現於這兩幅上，使覽者更容易覺到我們現在反共抗俄的戰爭，乃是繼承我們祖宗爲民族、爲人道、爲人類文化而努力的事業，決不可稍存退縮的心理的！

最後，我們可以說，這個圖譜的出版，非特教國史、讀國史的人可以得到很寶貴的參考資料，就是將來要製「國史影片」爲通俗教育用的，亦可以用這個圖譜爲藍本。

（上接第31頁）

以我勸妳不要常跳舞。我大哥對我說過，男人在舞場裏多半抱着吃豆腐的心理，越親近妳，越輕視妳。」

「那要看舞伴是誰，我告訴妳罷！我們要正式結婚了？」夏玲把後半句話珍重的從唇中拼出，說得非常甜蜜。

「正式結婚？難道妳們已經非正式結婚了嗎？」

「拿一把鎬去好不好？刨根問底！」夏玲露出嬌羞的笑容。

「夏玲，小心一點，妳應該和他保持相當的距離！」

「屁呀！甚麼距離不距離？」夏玲撒嬌似的說：「妳怎麼像八十歲的老太婆？這樣囉嗦！再見罷！我眞該走了！」

夏玲像彩蝶一樣飛去，留下一聲嬌媚的笑。雪文佇立在窗口，悵望着那美麗的影子，長長的嘆了一口氣。

☆　☆　☆　☆

三個月的戀愛生活，不算長也不算短。可是在夏玲的心中一秒鐘也等於一世紀。青天上一聲霹靂，她的愛人竟不告而別。像一隻闖入羊羣的老虎，來得突兀，走得突兀，沒有人曉得他來自何方，隱向何處，只曉得他已離開臺灣。他沒有留下片紙隻字，更沒有一句叮嚀囑咐。夏玲開始飲啜沒有加糖的濃咖啡。

外界的批評並沒有因爲夏玲的悲苦而好轉，尤其是同事們，更不諒解她的行爲，把她曠職及行爲不檢的簽呈已經呈給主管了。這一切本已給了她很大的刺激，但最使她惶惑的是身體的變化，胸部漲痛，疲倦無力，不愛動也不愛吃飯，最奇怪的是不吃飯也想嘔吐。另外還有一種不可告人病象，使她不得不厚着臉皮到醫院去檢查，她在病歷上乖覺的塡上「已婚」字樣。

醫生給她道喜，說她已經有孕了。她苦笑了一下，似乎麻木了。這雖然是使人驚駭的消息，她却能平靜的承受。但當醫生告訴她，她患有梅毒症的時候，她嚇得目瞪口呆，心幕上僅存的一點美麗的影像也被撕碎了。醫生告訴她要連續醫治，否則恐怕貽害胎兒，並且和氣的說：「讓妳的先生也趕快治罷！只一個人治好了是沒有用的。」

她拿着診斷書走出醫院，迷茫的一步步走下高高的臺階，看見雪文着急的從對面跑來，手裏拿着一張紙，氣喘喘的說：「妳看，多氣人！他們竟眞的把妳免職了！」

夏玲能說甚麼呢？她已經用整個的生命換取了剎那的滿足，應該沒有甚麼遺憾了。可是夢幻與事實是有不可量度的距離的。薄倖的愛人哪！他大口的吞飲了咖啡，殘忍的砸破了盛咖啡的杯子，然後冷酷的掉頭而去。破裂了的東西是永遠沒有法子重新完整起來的：……她的心，……她的身體……。

她一手拿着免職令，一手拿着診斷書，呆呆的看着白雲飄浮的天空，用無力的脚步走向茫茫的人海。

給讀者的報告

自從馬林可夫發動一聯串的和平攻勢以來，國際間綏靖主義的氣氛，一時竟又死灰復燃。局勢的發展，實令人有無限之憂惑。在這一「和平」的挑戰下，民主國家所表現的是，意見分歧，步調紊亂；蘇俄在第一回合中，顯然已佔盡了便宜。現在韓境停戰談判業已重開，傳聞且謂將使中共進入聯合國，以爲換取韓戰停戰之條件。邱吉爾的四巨頭會議之建議，美國對之反應雖甚冷淡，然百慕達三巨頭會議的舉行，則已事成定局。美國政府是否會因西歐各國的牽制，尤其是在英國的重大壓力下，修改其既定的外交政策，殊爲一般人所憂慮。而對當前此種國際情勢，我們須要作一番全面的觀察與冷靜的分析，從而發現所以自處之道。這乃是我們本期編輯的重點。在這個觀點之下，讀者們不妨首先看通訊欄的「由西歐看蘇俄的和平運用」一文，然後一讀專論首篇「春風綠來話和平」，最後再看社論「當前國際形勢與反共聯合戰線」。因爲這樣的閱讀次序，將更有助於我們對問題的瞭解。從龍平甫先生的通訊裏，我們可以知道西歐各國朝野對於蘇俄和平攻勢的反應，而這些反應對美國的決策是不會沒有影響的。朱件耘先生的大文，則縱論美國政府對蘇俄和平攻勢所採取的對策，闡析艾森豪總統和平方案的要點，文末更呼籲國人團結，以應付任何國際變化。至於本期的社論，則可視作以上二文之總結。團結本是反共最有效的途徑，尤其在當前國際局勢的趨變中，團結尤有必要，而且急不容緩。團結所有反共的力量，使滙成洪流，以負起救國復國之重任；這乃是本刊一貫的立場與主張。茲值「反共救國會議」倡議之際，盱衡國際局勢之幻變，實不勝殷切寄望。我們深盼一個眞正能够將所有海內外反共份子聯合起來的「反共聯合戰線」，能及早組織起來。這樣，我們便可以宣示於世人：「自由中國之門，對一切愛國反共的人士都是敞開的。」

臺灣實行地方自治，迄今三載，頗著成績。然白璧瑕疵，在所難免。阮毅成先生據以提出切實之檢討，陳述臺省地方自治實施的得失之所在，可爲今後改進之參考。本文係作者在第四屆中國政治學會會員大會席上之演講詞，以其所言切要，且有關臺灣今後民治前途，故爲刊布於此。

雷震先生「國民大會要走到那裏去？」一文之上篇於上期發表以後，其意見深得各方之共鳴。原文篇幅甚長，原擬分三期載完，茲以甚多讀者以能早讀全文爲快，故從其請，在本期一次續完。

本期因爲長稿較多，致佳作多篇，未能刊出，容後陸續發表，順向作者致歉。

本刊售價

地區	幣別	每册價目
臺灣	臺幣	4.00
香港	港幣	1.00
日本	日圓	100.00
美國	美金	.20
菲律賓	呂宋幣	.50
馬來亞	叻幣	.40
暹羅	暹幣	4.00
越南	越幣	8.00
印尼	新荷盾	3.00

自由中國 半月刊 第八卷第十一期 總第八十六號

中華民國四十二年六月一日出版

發行人兼主編　『自由中國編輯委員會』

出版者　自由中國社

社址：臺北市和平東路二段十八巷一〇號

電話：二八五七〇

航空版　香港時報社

經售者

臺灣	自由中國發行部
	中國書報發行所
美國	紐約民氣日報社
	舊金山少年中國晨報社
	芝加哥中國出版公司
日本	東京僑豐企業公司
	東京南友堂
	東京內山書局
韓國	釜山草梁洞新泰行
馬尼剌	大中華日報社
印尼	椰嘉達星期日報
	椰嘉達天聲日報
	棉蘭繁華圖書公司
越南	西貢中原文化印刷公司
	越南華僑文化事業公司
暹邏	曼谷攀多社十二號
緬甸	仰光振成書報店
印度	孟買梅亞號
	加爾各答塔梅學校
澳洲	雪梨瑞田公司
北婆羅洲	馬拉奕坡美芝律聯華公司
新加坡	中興日報社
	檳榔嶼、吉打邦均有出售

印刷者　精華印書館

廠址：臺北市長沙街二段六〇號

電話：二三四二九

本刊經中華郵政登記認爲第一類新聞紙類　臺灣郵政管理局新聞紙類登記執照第二〇四號　臺灣郵政劃撥儲金帳戶第八一三九號

自由中國

FREE CHINA

第八卷 第十二期

要目

中華民國四十二年六月十六日出版

社址：臺北市和平東路二段十八巷一號

半月大事記

五月二十五日（星期一）

韓境停戰談判復會後，舉行秘密會議，又宣佈休會六天。南韓代表因不滿新方案，未與會。

聯合國統率克拉克將軍飛韓向李承晚總統提出聯合國停戰新計劃，並舉行秘密會談。

我監察院決電美國會，呼籲支持韓戰志願遣俘的原則。

五月二十六日（星期二）

蘇俄拒絕西方國家所發出重開對奧和約談判的邀請。

李承晚召開特別閣議，將對聯合國韓境停戰新方案採抵制態度。

美試放原子炮成功。

韓境發生空戰，美機擊落米格機十二架。

法國雷諾接受歐禮和總統邀請，組織新政府。

五月二十七日（星期三）

艾森豪發表聲明，聯合國反對强迫遣俘原則不致改變。

韓總統李承晚三次召開緊急內閣會議，研究韓境停戰問題。韓駐美大使梁裕燦告美代理國務卿史密斯說，韓國對聯軍停戰新方案完全不滿意。

美參院多數黨領袖塔虎脫發表外交政策演說，謂美國可以不顧聯合國而處理韓戰。

五月二十八日（星期四）

立法委員一九五人電美國會請促美政府堅持韓境志願遣俘原則。

韓國正式將其反對聯合國停戰新建議的意見交聯軍代表哈里遜中將。

美參院撥欵委員會通過，如中共加入聯合國，則美國將撤回其對聯合國的財政支持。

韓境中共軍在東西線發動猛攻。

法雷諾組閣失敗，蒙德法朗斯繼起試組新政府。

蘇俄宣佈派一文人高級駐德委員，以接替管制委員會主任崔可夫將軍之職。

五月二十九日（星期五）

韓政府正式通知聯合國統率部，決心抵制停戰談判。

美總統艾森豪親電韓總統李承晚，勸其改變態度，並贊同聯軍停戰新建議。

韓境戰爭激烈，共軍以一萬餘人投入東西線作戰爲去年十月以來的最大戰役。

美參議員公佈香港英國公司兩船舶曾在中國大陸沿海爲共黨運兵。

五月三十日（星期六）

韓外務部長卞榮春宣稱，將以武力阻擋任何外國軍隊進入南韓監俘。

韓西線聯軍自漢城以北三處山頭陣地撤退。

美國務卿訪問中東國家返美後，發表此行的聲明。

美總統艾森豪與高級決策官員會議，討論韓國問題。

五月三十一日（星期日）

板門店停戰會議再延至六月四日重開。

六月一日（星期一）

韓境中線聯軍擊退共軍，西線趨平靜。

韓代理總理卞榮春稱：如依最近聯軍建議達成停戰協議，韓政府決定單獨作戰。

美總統艾森豪召集國家安全委員會特別會議，聽取杜勒斯報告中東之行，並討論韓國拒絕聯軍停戰建議所引起之危機。

六月二日（星期二）

即將出任美國參謀首長聯席會議主席之美太平洋艦隊總司令雷德福將軍夫婦抵臺。

立院通過警察法。

英女王伊麗莎白二世加冕。

六月三日（星期三）

艾森豪與共和黨國會領袖會議，一致同意中共不應加入聯合國。此建議案已列入國會紀錄。

雷德福在臺邀美官員舉行會議。

邱吉爾在首相官邸與蘇俄駐英大使馬立克長談。

六月四日（星期四）

美參院一致通過中共不應加入聯合國的建議案

美作第三十二次原子彈爆炸試驗。

有軍隊在韓作戰各國外交官在華府研究共黨對聯軍停戰建議案的覆案。

六月五日（星期五）

雷德福在臺招待中外記者，重申美國對臺灣地位立場。

聯軍統率克拉克抵漢城晤李承晚。

六月六日（星期六）

法孟德法朗士組閣又失敗，總統邀皮杜爾組閣。

韓總統宣佈其對韓境停戰的反建議。

雷德福離臺飛日本。

艾森豪向西德總理艾德諾保證，在未來國際會議中，未與西德磋商前，不作有關德國的更大決議。此一政策並適應于中韓。

六月七日（星期日）

艾森豪致函李承晚，停戰協定簽字後，立即與韓商訂共同防禦協定。

六月八日（星期一）

聯軍與共軍代表簽訂換俘協定。停戰協定似無重大歧見。惟李承晚仍決定繼續獨力作戰。

韓特別閣議決定，請李承晚赴美與艾森豪面談韓國問題。

共機炸漢城。

六月九日（星期二）

板門店停戰談判，商最後停戰線。南韓各地作大規模反對妥協停戰示威。

瑞士照會美國，如非韓國接受停戰協定，瑞士不願參加遣俘委員會。印度官方亦有相同意見。

韓國會通過決議，請政府拒絕即將實現的停戰協議。

六月十日（星期三）

板門店談判無定期休會，由參謀人員會議行政工作。

韓政府宣稱：不許印軍出現於韓領土。

不列顛國協各總理會議，支持邱吉爾的高階層會議計劃。

社論

韓國停戰就是實行「解放政策」的第一步麼？

——姑息養奸是不能解決問題的——

美國政府居然在英國印度這些國家的壓力之下，不顧大韓民國朝野一致的堅決反對，而指令其參加韓國板門店談判的聯軍代表，於本月八日與共方代表簽訂了換俘協定。我們獲知是項消息，眞感覺到萬分沉痛。我們不反對韓國和平。我們對西方國家急於要結束韓戰的動機，也能由衷的諒解。但，我們却決不願見處於民主世界領導地位的美國，竟離開了它一再聲明的正義立場，來謀取這樣一個毫不足恃的暫時的武裝休戰。

第一、此番成立的換俘協定，雖然表面上沒有放棄志願遣俘的原則，但那一套複雜離奇的辦法，却會在事實上達到强迫遣俘的結果。所選定的中立國多數在本質上並不中立。拒遣戰俘要交由媚共唯恐不力的印度看管，而聯合國軍隊反要離開戰俘營，不能再對他們盡監護之責。不僅如此，中韓共黨却可以派遣大批洗腦人員，進入戰俘營，向拒遣戰俘從事『說服』工作，達三個月之久！在這樣長的期間之內，又誰能保證那些並不中立的中立國人員，一定不會與共方人員上下其手，來向拒遣戰俘施以各種各樣的威脅與迫害。難怪北韓代表在好久以前卽滿有把握的說，他不相信拒遣戰俘在聽了他們的『解釋』以後，還會堅持其拒遣的立場。他們是早就準備好一套擔保可以生效的『說服』辦法了。聯軍同意這九十天的說服期間，事實上無異是默許共方以種種暴力手段來達成其强迫遣俘的目的。

第二、大韓民國不僅是韓國糾紛的當事國，而且是韓國戰爭的主要參加者。前線的三分之二，是由大韓民國的軍隊駐防；戰爭進行期間的傷亡，也以大韓民國的軍隊爲最大。現在，那些僅僅派遣象徵性部隊參加的國家，甚至根本沒有派遣部隊參加的國家，都處於有力的發言地位，而獨獨大韓民國的意志，却竟被蔑視到這樣可悲的程度。最近舉行的板門店秘密會議，沒有韓國代表出席；換俘協定不僅沒有徵得韓國同意，而且正在韓國反對的聲浪最爲激昂的時期忽忽忙忙的簽訂了下來。僅在數日以前美國白宮發言人卽曾聲明：美國決不在未來的任何政治性會議中作任何片面的決定，並且特別指明，凡有關西德、南韓、與中華民國的任何處置，都必須徵得各該國的同意。曾幾何時，在美國政府節制下的聯軍代表，卽在一個爲韓國所堅決反對的文件上簽字。美國或者可以解釋：板門店是軍事性的，而非政治性的會議。但誰能相信如此重大的軍事性會議，會沒有一點政治性的後果？譬如行將進行的劃定停戰線的談判，難道不就是一個割裂韓國的初步安排？這也可以不徵得韓國的同意嗎？

艾森豪總統所領導的美國政府中人在未執政以前，曾經對過去民主黨政府的圍堵政策提出辛辣的批評，而鼓吹以『解放政策』來替代它。艾森豪總統就任以後，也曾經以一聯串的政策演說，引起了全世界愛好自由崇尙正義人士的無限興奮。大家滿心以爲今日的美國，必較過去的美國更爲堅强而積極，它所領導偉大的反共十字軍，不僅能抑制侵略者的兇燄，並且還能進一步拯救數億被奴役的人民於水深火熱之中。誰又能想到在史大林死後，這一股昂揚的熱情，居然會被馬林可夫等輩的和平音樂所催眠。解放政策似在短短的幾個月之間卽成爲歷史上的名詞。不僅如此，甚至連退一步的圍堵都不能辦到。歐洲的建軍，至今未能如計劃的推行；太平洋上的聯防，好像已經少有人感覺興趣。越南戰事緊急，而韓國的和談依舊；美國雖明明知道越南與韓國，實爲同一戰場之兩翼，却唯恐不及的聲言不擬派遣地面部隊支援越南。說美國果眞相信了蘇俄共產集團的「和平」誠意嗎？也不像。對共產政權的本質，恐怕再沒有人比美國國務卿杜勒斯先生瞭解得那樣淸楚。他完全知道共產主義的侵略性，是無法改變的。然則此一切又如何能解釋呢？

我們在上期本刊的社論中曾經指出：美國在亞洲，可能是打算以政治濟軍事之窮。換言之，它在亞洲，似已抱定了一切問題都經由政治途徑來解決的宗旨。證以艾森豪總統致韓國李承晚總統的函件，我們的觀察自信不致有大的差誤。在那個函件上艾森豪表示他並不放棄使韓國達成統一的願望，並且準備在未來的政治會議中努力爭取。我們當然相信美國這些願望之眞實，因爲截至今日爲止，至少它還沒有公開表示在此一願望或與之類似的願望上作顯明的讓步。但，我們仍不能不進一步指出：這些願望，事實上是無法在任何政治性的安排上達到的。李承晚總統有一次對一位美國客人說：『如果你在用武力的戰場上不能取勝，你怎樣能用說服的方法在會議場上獲勝呢？』他把那位客人說得赧然而去。這眞是一針見血之論，已無需我們加添更多的解釋。所以，美國如抱定亞洲問題政治解決的宗旨，則祗有兩個可能的發展：(一)美國逐漸放棄那些基本願望而屈從共方的意旨；(二)美國終將一無所得而聽任問題無限期的僵持下去。至於對整個民主世界或對某一獨特的自由人民有利的政治解決，那是無可奢望的奇跡。

美國會不會走屈從共方意旨的路，恕我們坦白說，我們至今仍在將信將疑之中。板門店談判所表現的那些情形，使我們憂慮。但另一方面，艾森豪致李

（下轉第16頁）

百慕達會議應有的認識

蔣匀田

六月六日華盛頓京城美聯社電訊謂：艾森豪總統正亟請邱吉爾首相接受有關百慕達會議的兩項建議：(一)排定百慕達會議的議程；(二)三巨頭會議所討論的問題之公告，同時擬多携專家參與。同一電訊又謂邱吉爾則認爲會議旣以人的關係爲基礎，無須多數專家參與，議程之排定固無需要，會談終結，更無需發佈公告。

上述電訊，果眞屬實，則不但說明了艾、邱兩氏領導民主國家對蘇冷戰方式之互異；也證實了邱吉爾未能接受二次大戰末期與史達林一連串會商慘敗之教訓；同時根據上述兩種方式，可以預測百慕達會議後對於冷戰局面之利鈍。

一九四四年冬，歐戰勝敗之形勢初定，邱吉爾忽然飛往莫斯科與史達林秘密會商，劃分東歐爲英蘇兩國的勢力範圍。保加利亞、羅馬尼亞、波蘭、及波羅的海沿岸屬於蘇俄之勢力範圍。南斯拉夫、阿爾巴尼亞、及希臘則屬於英國勢力範圍。及歐戰將告結束，羅斯福總統與邱、史兩氏，會商東歐國家重建問題。史達林胸中早已識透美國對東歐無關切之利益，英國已與彼暗中早定管轄之疆界，乃有所恃而無恐，千方百計，必置保、羅、匈、波等國爲附庸。其後英國所允許蘇俄之勢力範圍，固盡爲蘇俄所有；乃蘇俄所允許英國的勢力範圍，如南斯拉夫，如阿爾巴尼亞，亦爲蘇共之第五縱隊政權所佔有。且進而援助希臘的蘇共第五縱隊，以攫取希臘政權。假使美國若不急起援助希臘，則史達林所允許邱吉爾之勢力範圍，皆成一片紅色世界矣。

從這一段秘史，我們深信邱氏雖係雄才大略，實屬十九世紀縱横捭闔的人物，而非二十世紀與共產主義鬪爭的政治家，不認識史達林能利用嚴格的共產國際組織，鉗制了其內部各民族不同的發展而强之於同，更透過國際情報局對於各國共產黨的控制，而施展鉗制的作用於其附庸國家。各附庸國統制政權的共產黨對其國內人民言，則爲人民民主政府，則爲民族解放政權的建立。向其敵對的各民主國家言，則儼然爲主權完整的獨立國家。然自共產黨之國際組織關係言之，則任何國家的共產黨，皆莫斯科共黨總部之分支。不但不容許國家主權觀念存在，卽民族思想亦不許萌蘖，如何能讓其淪爲其他國家的勢力範圍呢？勢力範圍的觀念，完全係十九世紀的陳跡。共產黨要謀世界革命，統制全世界的人類，就是英國的本土，它還想滲透，還能與它劃分勢力範圍嗎？邱吉爾竟然以十九世紀的老辦法，與史達林談勢力範圍，眞可謂不識時代與不知對象了。

舉出上一段秘史及其演變的結果，說明了共產黨可以多種方法，破壞其所簽的條約及所作的諾言；所以它也隨時隨地可與其敵人會議及簽約。這種不守信義的用心，也可以說明共產黨對外交涉，好爲嚴格神秘的道理。因愈神秘則世人知其底蘊者愈少，自圓其說的方法愈多，變更其諸言也愈易。羅、邱、史三人在第二次大戰期間，所爲多次秘密會議，事後發生解釋不同之爭執，直使局外人無法辨其眞僞，斷送了東歐國家的獨立生命，就是巨頭秘密會議的結果。

邱吉爾可謂已飽嘗蘇俄共黨領袖的詭詐了，究竟邱氏憑其三寸不爛之舌，與史達林會晤多次，會經解決了什麼問題？邱氏應當平心靜氣回憶一下。美國領袖也應回憶一下，自其租借法案停止後，其對蘇俄的影響力如何的銳減？一九四五年美國與英國責令蘇俄自伊朗如約撤兵，蘇俄是如何狡猾？當時杜魯門總統若非恃其尚留歐洲之百萬兵力，以最後通牒式壓迫蘇俄，則伊朗已早成蘇俄之附庸國。與共產黨解決問題，祗有力量是最有效的辦法。單憑協商，是不能解決問題的。與之訂立秘約，劃分勢力範圍，則正中共產黨之詭計罷了。

劃分勢力範圍的陳腐觀念，純粹是十九世紀的遺產，已無法憑之以與世界革命的共黨分疆劃界了。十九世紀有兩個觀念支配了强國的政治人物：一爲民族國家觀念，一爲殖民主義。民族國家觀念的形成，對內則以民族全體空洞的觀念，建築於犧牲個人價值的基礎上；對外則以發展自己民族的利益，而任意犧牲其他弱小民族的利益。殖民主義的發達，富强的國家，爲保持己身經濟利益與特權，恆以落後地區人民之生命線，爲建築自已經濟繁榮之基礎。有時竟不惜强迫全國人民喪生戰場，以打開少數資本家開發殖民地之血路。民族國家觀念與殖民主義打成一片，乃變成馬克思所要打倒的帝國資本主義。而整個十九世紀的政治領導人物，所以實現其民族國家主義與殖民主義之妙訣，卽爲大國之相互秘密會議，以支配小國之命運，以瓜分落後之地區。支配不公，瓜分不均，終則出之以戰，而葬送人民生命財產於火窖。乃造成國內大多數貧苦羣衆，不啻爲淵驅魚，使之盡成爲馬克思主義之信徒。可說今日共產主義之威脅，皆係十九世紀政治領導人物之貽誤。

邱吉爾對於百慕達三巨頭會議之安排，不主張排定議程，不主張多讓專家參與，亦不主張公告會議的結果。這一套作法，酷似邱氏在一九四五年忽然飛往莫斯科與史達林密晤劃分勢力範圍之舉，僅憑個人之聰明與意念，希圖一時幻想的快慰，必授共黨敵人以可乘之機。這完全係十九世紀縱横捭闔外交的老調，絕對不能應付共產黨。現在世界的問題，無論發生於任何角落，皆有其全球性的關係，更有極細密的脈理。單憑個人的機智見識，必無法以照其全。單憑個人的雄才大略，亦無法以燭其微。一著之失，全局皆非。一字不明，全約成廢。雅爾達與德赫蘭兩次巨頭會議，卽由於羅斯福與邱吉爾兩氏事前準備之不足，研擬之不精，斷送了東歐，更斷送了滿洲，造成了蘇俄今日席捲歐亞之勢。羅氏已以東歐問題的傷神，賚恨以終；而邱氏以七十八歲的老成人物，何以絲毫不憬悟過去的慘敗，而接受歷史的教訓呢？

憶第二次大戰，盟軍擬登歐陸計劃之初，邱翁曾力主自巴爾幹登陸。目的未始不欲使盟軍先佔東歐，以擯蘇俄大兵之深入。當時馬歇爾參謀總長以戰略理論，反對甚力，致使邱氏主張，未能實現。余不懂軍事，然以今日之形勢觀之，邱氏主張未能實現，確屬可惜。卽此一段史事，邱氏未始不認識蘇俄之野心，然何以對共產黨之本質，漫不經心，竟以爲史達林旣死，馬林可夫掌政，遂卽疑爲另成一個蘇俄麼？蘇俄政權的領導者，無論變爲何人，祇要他是列寧的信徒，他必然是世界革命的領導者。這個本質，這個野心，是不會有絲毫變更的。能夠變更的，不過是完成這野心的方法與外貌而已。

我相信邱氏深知馬林可夫不會放棄世界革命，亦必深解蘇俄今日排演和平攻勢之作用；不過邱氏仍以十九世紀的觀念，以與蘇俄相週旋，其結果不能不令人懷疑。我以爲與共產黨交涉，背後固須有强大的力量，亦須有堅定的立場，不變的原則，與鮮明的態度。具備了這三個不可動搖的條件，才能試探共產黨對和平需要程度的深淺。切記祇能測看他需要談判的程度，根本說不上誠僞。共產黨的字典中，根本無『誠』字。假使他確需要和平，不管我們的態度如何嚴正，他都會來遷就的。他的需要若不嚴重，無論我們如何誠意的遷就他，亦萬無苟安一時的可能。旣以需要爲前題，一旦環境不變，需要不同，則前此所簽之和平條約，卽立刻失效。史達林於希特勒發動侵略之初，一方置法、蘇之條約於不理，更背叛其所唱之集體安全立場，突然與德國訂立互不侵犯條約，使英法派往蘇京之軍事協商代表，嗒然而返。一方又因德國之介，與日本訂立互不侵犯條約。德蘇互不侵犯條約之撕破，固由希特勒爲之；然當日本投降之先，日本曾要求蘇聯向盟國轉達求和之意，史達林竟置若罔聞。若是則友國之義務安在？及美國的原子彈相繼落於廣島、長崎，而所謂日蘇之互不侵犯條約，亦被原子彈所毀滅。蘇俄乃突然出兵，進佔滿洲、北韓、及日本北部的島嶼。一九四五年中蘇友好條約，墨瀋未乾，約內所指以物質及精神援助中國中央政府，並特書卽國民政府者，已變爲其暗中所欲推翻之對象。試問與蘇俄簽訂條約，除正中其殷切的暫時需要外，尚有何價值？杜魯門曾說：『與蘇俄訂約之價值，尚不及簽約所用的紙張價值之大。』誠係名言。杜魯門這種認識，邱吉爾又何嘗沒有呢？實則可說現在領導民主國家的幾個巨頭，沒有一個會高估蘇俄領袖人物遵守條約的信用，而仍願尋覓機會與蘇俄領袖會談者，因其內心亦欲假藉時機以求暫時緩和全面之惡化。此卽英聯集團現在之心理。法國及西歐諸小國，亦極同情這種設想。美國政府及人民根據民主國家多數的心理，亦祇有隨和多數心理之趨勢。此美、英、法三國領袖所以有百慕達會議之約定。

老實說，百慕達會議，卽係尋覓與蘇俄頭目馬林可夫會晤的預備會議。不然，三國當局本可隨時會晤，不必如此特約會商。旣係預備與馬林可夫會晤，理應第一、三人共同商定與馬林可夫要解決的問題，如何可以不排定議程呢？第二、所涉及的問題，離開權謀，必具有政治的、經濟的、地緣的及軍事的專門性，焉可不讓各項專家們參與呢？第三、旣然否棄勢力範圍的舊夢，涉及弱小國家的問題，應商決於所涉及的國家，所以會後應有公告的發佈。須知公告的價值，卽在以鮮明的態度，不變的原則與堅定的立場，昭告於世界，昭告於蘇俄。一方可以號召自由人類的擁護；一方可以杜絕蘇俄挑撥離間的陰謀。從消極方面說，由三巨頭百慕達的會商，建立起冷戰戰略統一的參謀本部。從積極方面說，由三巨頭百慕達的會商，推及問題涉及的國家，建立一個民主國際，草擬一個民主國際具體的憲章，組織起民主國家，肩負起全球性的政略，以號召受極權荼毒人民的奮起，與民主國際的人民，聲應氣求，向極權政府進攻。這乃是百慕達會議應有的認識。

民主國際商訂全球性政略的先決條件，必須要認識共產國家與民主國家絕對不能並存的道理。無論史達林與馬林可夫如何高唱民主國家與共產國家可以並存，這全係一時騙人的謊話。凡是一種武斷主義(Dogmatism)，就是武斷否定任何與它對立存在的；所以旣不許人們以理智來辯論，也不許人們以事實來比較。容許公開辯論與事實比較之後，其本身的存在就會發生問題。馬列主義演變到史達林主義，可謂集武斷主義的大成了。共產國家深閉人民於鐵幕之後，不使他們聞問外界事務，最足說明這個道理。所以眞正共黨信徒與領導共產國家的頭目，必不能放心大膽的捨棄世界革命。所謂世界革命，卽係以武力、暴力、陰謀等等，推翻人類世界的舊秩序，而代之以共產黨的統制，强迫全人類盡成共產黨的信徒，這乃是共黨必然的邏輯。所謂民主國家與共產國家可以並存的話，是它的力量與外在形勢，不能讓它一時達到統制全世界的目標，不得不拉長時間，容緩圖之。此乃方法之改變，並非目的的放棄。共產黨之不能放棄世界革命的目的，同天主教之不能放棄統一世界宗教一樣。天主教的原文是 Catholic Church，"Catholic" 卽係世界的意思。經過近千年的宗教戰爭，雖然打出了容忍異教的原則，不過僅能延長了天主教統一世界宗教的時間；但是眞正天主教徒絕不會放棄統一世界宗教的願望。我們從宗教鬥爭中，可以看出一個原則，卽是宗教宣傳的對象，完全是個人，搶救個人信教，絲毫不肯聽令其淪爲異教教徒。這種絕對的精神，實爲各派教義所以維持不墜的道理。天主教固欲統一世界宗教，然宗教的動機是愛，而共產黨統制世界的動機則是恨。以愛爲出發點的教派雖對搶救一個信徒都不退卻，畢竟能打出宗教上的容忍。以恨爲出發點的共產主義，對民主主義，無論將來維持多久的冷戰與熱戰，祇有你死我活之一途，絕對打不出共產黨對其敵人的容忍。所以民主國際對共產黨的鬭爭，也必須以爭取每個人爲對象。雖一人寸土，都不應隨便送到共產黨手裏。這次韓國自由遣俘原則的爭取，就是以承認個人爲對象。這乃是新人權觀念的開始，也就是宗教搶救個人的意義。今後與共產黨鬭爭的政略，應擴大自願遣俘原則的應用，不應再援用十九世紀主權國家的觀念，某種民族不問其個人的自由意志，都應歸某一國家統制。現在遵循聯合憲章，應尊重個人的獨立志願，不應以空洞集體觀念，來犧牲個人的尊嚴。經過百慕達會議的公告，揭櫫這個新人權觀念。惟有這樣改變國家的主權觀念與國際公法的解釋，始能鼓勵陷落鐵幕後的人民，奮起掙脫極權的枷鎖。我以爲這乃是艾森豪總統解放主義的銓釋。這應爲百慕達會議第二個認識。

根據以上兩種認識，我們可以知道邱吉爾劃分勢力範圍的故計，固不能減免共產黨的滲透與侵略；就是艾森豪國情咨文所標榜的第三點原則：「任何國家選擇其政體及經濟制度之權，不容分割。」第四點原則：「任何國家意圖以其政體強聒其他國家，是不可原恕的。」仍未離開國際公法的老觀念，不足以限制共產黨的侵略。因爲共產黨雖有國籍的差別；但任何國籍的共產黨都受命於莫斯科，實際就是莫斯科的支部。譬如史達林在東歐幾個小國內，建立了共產黨政權，根本就沒顧及到這些國內人民的自由意志；但是利用這幾國的共產黨主政，也可勉強說是幾國人民自由選擇的政體。當維辛斯基逼羅馬尼亞國王取銷羅德斯克（Radescu）內閣，而要求以羅國共黨領袖克羅薩（Groza）繼任時的顢頇行爲，何嘗顧及羅國人民的意志；不過他提出羅共領袖克羅薩繼任內閣，終於趕走國王，變羅馬尼亞爲共產國家。這能說是人民自由的選擇嗎？若以艾森豪所標榜的第三第四兩點原則以責蘇俄，亦必振振有詞，而變爲一個不決的爭論問題。老實說，北韓的共產政權，就連北京的共產政權，都是因時乘變，更由蘇俄之資助而成功的。都不應解釋爲兩國現已淪入鐵幕的人民的自由選擇。我們與共產黨鬭爭，如同與肺病菌鬭爭，應當有宗教家搶救人的精神，不能看受肺病傳染的人，爲其自由意志的選擇。人類以愛爲中心；而共產主義確以恨爲出發。此與人類以繁榮爲目的；而肺病菌確以消滅人的生機爲功能，有何不同？所以我們今日對共產黨統制下的人民，祇有搶救他們脫離恨的威脅，不能看他們還有什麼自由選擇。這是百慕達會議應有的第三個認識。

有了以上三個認識，應用到英、美兩國發生歧見的幾個實際問題上，應當很容易的將歧見泯合。譬如韓戰自由遣俘原則的堅持，不能遷就共產黨所提的方法，變更了這項原則。同時對於韓國的統一問題，是聯合國出兵援韓時的目的與諾言，也不應遷就停戰的要求，而放棄這個目的與諾言。須知民主國際建立的基礎，不能是共產國際的情報局，完全以暴力來鉗制附庸；而須以信義與公道爲合作的基礎。隨便放棄相互的諾言，則民主國家合作的基礎即不存在了。這正是蘇俄和平攻勢所欲達成的任務。尤不可遷就韓國停戰問題，而輕許北京共產政權加入聯合國。關於這個問題，美、英間的歧見最大。最大的原因：一係英國在中國大陸上投資甚巨，二係英帝集團一部份國家與中國大陸毗連，三係英國迷戀毛澤東變爲東方狄托的心理最切。第一和第二原因，都脫不了勢力範圍的氣味。第三個原因之不應有，我已於『馬林可夫政權與狄托主義』一文中詳論之，讀者可以參閱。（見自由中國第八卷第八期）有了上述三項認識後，縱使毛澤東變爲狄托，則共產主義的肺病菌作用，依然如故，絲毫不能減除。馬林可夫上臺後表示願與南斯拉夫緩和的消息，我想對於迷戀狄托主義的人，是個很大的刺激。假使邱吉爾及英倫一般國會領袖，具了上述三項認識，對於中共政權進入聯合國問題，應當很容易的與美國銷除歧見。最近在倫敦的英聯首相會議，據聞一致認爲韓戰停止後，英國即全力支持中共進入聯合國。他們這種說法，將更加深英、美對這個問題的歧見。加入聯合國的中共代表，其追隨蘇俄代表之後，將與波蘭及捷克的聯合國代表一樣，祇有銷沉中國人反抗共產政權的勇氣，不能憑之解決任何問題的。我可以預先奉告英人。同時英國在埃及與近東，不願放棄勢力範圍的舊觀念，與美國亦有相當的距離。我亦願懇勸英倫領袖，應當放棄十九世紀的遺產，接受美國對伊朗及對埃及的調停建議，速讓這些國家自主的與美、英合作建立起民主聯合反共陣容。反共祇有研究反共有效的辦法，不應中途犧牲共同反共的友人，以向共黨討好的方法，來緩和自身所遭遇急迫的形勢。如英國集團始終欲携中共代表進入聯合國，就是討好共黨的辦法，祇有犧牲美國在聯合國的地位，並不能緩和東西緊張局面。

艾森豪對西德總理艾諸德說：關於德國問題，定先謀取西德的充分商與，同樣原則，亦適用於南韓及自由中國。這是光明而負責的態度。希望這種精神，能支配百慕達會議，然後始可鋪好一條穩安之路，讓馬林可夫參加。惟有先築好廣大的民主國際基礎，然後與馬林可夫會面，縱無收穫，也不會遭遇危險。

一九五三、六、九。

向美國政府進一言

——寫在行將舉行的三强會議前——

朱伴耘

一 前言

正當美上議員麥加塞與英前首相阿特里隔着大西洋互相舌戰，英、美關係再度惡化的時候，艾森豪威爾總統突於五月二十一日發表聲明稱他擬與英、法首長舉行非正式的會談。此次會談主要目的，在於與友邦對於達到世界和平各種必須合作解決的問題，尋求共同的觀點。而巴黎倫敦亦同時發表公報謂：三國領袖將於六月中旬後舉行會商，地點可能在百慕達島 (Bermuda) 等語。現在我們站在東方人的立場，站在愛好自由的中國人的立場，同時並持着只有美國才是自由世界的眞正領導者的態度，願在此會談行將舉行之際，向美國行政當局貢獻一點認識敵人、擴大團結、發揮美國所稱自由十字軍精神的意見。

二 正視敵人的長處

我常引以爲憂的是：每當美國輿論與蘇俄比較强弱的時候，總常引雙方原子彈的數量、兵力的多寡，以及資源的豐缺等爲依據，而忽視了蘇俄領導下共產國際有機體的無窮潛力。就自由世界與共產世界兩大集團的總力比較起來，蘇俄有機體的潛力是自由世界所缺乏的。共產世界有一個共同的主義，所謂馬恩列史的共產主義，同時也有一個團結、並指揮共產世界的中心莫斯科。無論被民主國家稱爲附庸國也好，以及在鐵幕外各國內的共產黨也好，他們都信奉同一的主義，有同一的目的，在蘇俄的指揮下作赤化世界的工作。莫斯科政治局指揮其附庸國及各國共產黨，如臂之使掌，運用自如。是以只要莫斯科有了決策，各黨員就奉命做去，他們內部最多只有技術性的調整，很少有意見上的南轅北轍。舉例拿韓戰來分析，可能蘇俄在一九五〇年看見美國正弱之時，想出其不意拿到南韓，誰知遇着杜魯門氏突然來一次還擊，於是改變策略將韓戰化爲對美的消耗戰。北韓兵力不裕，就以中共抵住。當他的軍事上需要時間來加强準備的時候，一九五一年七月馬力克便高唱和談。自始至終，他們有既定的目標，操和戰的主動。此次馬林可夫和平攻勢後恢復的朝鮮停戰談判，同樣的是共產世界得心應手，民主國家則莫知所措。相反的，民主國家由於內部一盤散沙，只知枝節的應付，絲毫沒有反蘇的決策，美國領導韓戰三年，根本不知是爲什麼要打這一次莫名其妙的戰爭。統一韓國本是聯合國通過的目標，既然和平統一無法實現，而北韓又發動以武力統一南韓，那應支持南韓以武力統一北韓，自是最合邏輯的辦法。可是三年以來，由於無確定的政策，軍事上也只求敷衍，一旦敵人發動和平攻勢，於是三八線爲界之說，以及現行戰線以北的蜂腰地帶爲界之說，似乎都成了朝鮮命中注定應當分裂爲二的國界。對於表面上妨害和談進行的換俘問題，也是如此。盟軍方面提了無數的最後修正案，結果只要共方表示拒絕，聯合國方面馬上可以再來一個『最後的修正』——也就是將原則再度犧牲，再作讓步。

我以朝鮮問題來比較兩大集團的潛力，只是其中小而現實的一例。就兩大集團的鬪爭言，民主國家無一不是頭痛醫頭脚痛醫脚，應付一時是一時，毫無目的，毫無決策。何以民主國家如此軟弱無力，何以非共產的國家不能向華盛頓看齊，何以盟國之間竟如此意見分歧？主要的是美國拿不出一套反共的所以然的主義來，美國自己都不知道究竟是反共或是反蘇，美國自己都不知道反共反蘇到什麼程度才算滿足。在這樣的情況下，誰不願意做到隨風轉舵的第三勢力坐以觀變呢？美國在理論上沒有反對『共產主義』的主義，沒有全面反共的具體辦法，自然她的所謂盟邦也者，爲了金元，隨聲附和叫一聲反共而已，而一切緊要問題到了決定的關頭，由於本身不知道下一步的措施，結果是互相爭執、修正、讓步，再靜待敵人的慈悲。假定美國在數年前看淸蘇俄的意圖，即發表一篇反共目的宣言，擬定反共的步驟，以此宣言以此步驟來團結一切反共的國家，給各國反共力量以建議及支持，一如莫斯科指導其附庸國然，蘇俄勢力絕不會膨脹如此之速，而世界戰機也不會如今日之嚴重！自然而然的，主動也就操在華盛頓之手了，因爲只有對一切問題準備好了下一行動的集團，才有把握主動的可能。今天民主國家的下一行動，要等待莫斯科有了表現之後，才開始來討論，試問有什麼主動可言？

不錯，許多美國人以爲到了必要時，原子武器可能是決定勝負的主要因素之一。但是大家也想像到原子戰爭後的世界，並不是世界問題的解決。我們一方面要使原子戰爭不致發生，同時又使民主世界逐步擴大，這需要有遠見有魄力的領袖，拿出團結非共產國家的辦法來。而在今天美國的態度下，非共產國家要向華盛頓看齊，似乎是很難實現。因爲華盛頓尙未提出爲何反共，如何反共，反到什麼程度爲止的答案來。世界上有一個共產主義，這個實現共產主義的中心莫斯科，可以使相隔數萬里的甲乙兩國的共產黨員互稱同志，互相合作，爲莫斯科定下的目標而努力。這種龐大的潛力，是不能輕視的。大家既云反共，就得正視敵人的這種長處迎頭趕上，否則高呼反共，團結，只有充分暴露自己的弱點而已。

三　美國吃了誰的虧？

美國的國際聲威在今天已是一落千丈，到處送錢送禮，所買的只是冷淡與仇視，而不是誠摯的友誼。可見得金元並不是萬能。何以美國今天出錢不討好，原因是她所忽視的所謂落後地區及殖民地區的時代趨勢，這是她的敵人蘇俄所充分予以利用的趨勢。就殖民地區言，政治獨立，民生改善，是當地人們唯一的要求。而國家的獨立自主以擺脫帝國主義者的枷鎖，尤重於生活的改善。因爲有了獨立，擺脫了帝國主義者壓榨，生活水準的提高自會隨之而來。就任何一國的民族自尊心而言，也只有自己獨立以平等地位與美國合作，才不會將『開發落後地區的第四點計劃』視爲經濟剝削。蘇俄看清了這一點，就利用穿上民族主義外衣的共產黨，首先設法排走西方力量；繼之由共產黨取得的政權，而發生直接的聯繫，可以說無處不得心應手。在殖民地人士的眼光中，由於共產黨的宣傳，幾乎視美國爲帝國主義者的幫兇。美國如不了解這一點，如何能得着廣大殖民地區人士的同情？

美國不能放棄西歐，美國不能不抓住英法，這是美國人自己可以了解的。但是對號稱維護自由、尊重他國獨立自主、提倡民族自決的美國，當今蘇俄以其爲最後目標之時，而不對賴其援助度日的英法施以壓力，迫使其放棄帝國主義的行徑，而對殖民地區的獨立運動予以道義的聲援，這是殖民地區人士所不能諒解的。柬埔寨國王訪美，發表談話稱：如果法國不明確表示允許他們獨立，共產黨侵入時，他是無法號召人民予以抵抗的。法國當局竟禁止他再發議論，以剝奪其王位爲威脅。美國對此視若無睹，如何能要這些人反共？杜勒斯僕僕風塵，訪問中東近東，以期奠立美國與此地區的友誼，結果每到一地必要軍警保護。當地人士也引用艾森豪總統氏的一句話，他們要事實而不要空言。這豈不又值得美國決策者深切的反省？何以美國被人如此誤解？她忘了她所依依不捨的兩大盟友英、法，是人所痛恨的帝國主義者。美國爲英伊、英埃的糾紛會煞費苦心，結果大家叫一聲『美國人滾回去』。世界上那有比這還痛心的事？

今天美國一部份輿論已紛紛表示憎恨英法，認爲他們只知自私，成事不足，敗事有餘，美國與他們緊緊聯在一起吃了大虧。可是當局尚未有擺脫英法的跡象。在這種情況下，美國是堅決反共反蘇，英法是爲了保持帝國主義的利益，爲了向美國要錢而叫反共反蘇。眞正要反共反蘇的，見了美國與英法的緊緊握手，由於不願隨着美國走而漸漸變成反帝而又何必反蘇？試問美國如何團結自由世界？尤有進者，號稱所謂美國領導的自由世界，竟可允許一部份受帝國主義桎梏的地區存在，而要這些地區的人帶着枷鎖去反共，世界上那有如此的邏輯？美國今天如不作自由世界的領導者則已，如決心領導自由世界反共反蘇，就得正視敵人的長處，就得認淸蘇俄如何把握住了殖民地人士的心理，就得壓迫英法，一如一九四九年壓迫荷蘭一樣，主持正義向殖民地區人士提出獨立自主的保證。如其不然，而再長此因循，反共前途是不可樂觀的。

四　團結自由世界的基本認識

美國口口聲聲高呼自由世界的團結，這就正反映出今日自由世界的分裂。美國今日的最高國策是反共反蘇，所以團結自由世界的目的，也是在反共反蘇，可是鐵幕以外的地區，如不針對各地的情況對症施藥，空空洞洞的名曰自由世界，而要將情況不同，需要不同，對共產主義及蘇俄政策反應不同的各國一古腦兒拉在一起，自然無法達到團結的目的。美國過去七年已犯了一個政策上及心理上的嚴重錯誤。最先以爲只要本國不共產，西半球不共產就行了。所以最初完成的，是一紙與南美各國的互助公約。日後情況漸壞，於是範圍擴大，只要血緣較近的白種人不共產，其他有色人士、落後地區，讓他們實現蘇俄式的共產主義也無所謂。所謂北大西洋公約，美澳紐聯防公約，都是這種政策及心理的表現。及待發現美國無法在現世界中孤立繁榮，亞非東歐失去，美國也並不安全。便進一步走上今日所謂的全面反共政策。而在全面反共政策中，又不明輕重緩急，是以口號雖響亮而效果毫無。

就今日自由世界對蘇的反應言，可以概括爲三大類：一種是已感受蘇俄殘害及共產主義實施痛苦的國家。這就是亞洲、東歐已在鐵幕高懸下的國家。這些國家的人民如反共，他們已身受其苦，自然是意志堅決的。美國的反共政策，如同他們國家民族的利益一致，自然容易將他們團結起來。第二類是中東近東，北非及亞洲如越南等。這些國家有的以宗教關係，如回教國家；有的以感受蘇俄威脅，如伊朗是。原則上他們是反共反蘇的，可是他們目前又身受帝國主義壓迫的痛苦，自身的獨立運動尙被英法帝國主義者所阻碍，反蘇反共固爲其志，而反帝以求獨立自主，尤爲當前的急務。爲了當前急務的完成，他們尙可能借重蘇俄的存在，將帝國主義早日趕走。這些國家不僅在地理上居於重要的軍略地位，而石油之富，也是自由世界所不可缺。這是蘇俄用盡心機的地方，也是美國必須拿出決心來表示維護他們民族利益的地方。美國空口宣傳蘇俄及共產主義將奴役他們，這是不能打動他們的。因爲他們目前感到的痛苦，是英法帝國主義者的欺凌，而美國之重視英法，遠重於關切他們的獨立運動，他們自然目美國爲帝國主義者的黨兇。第三類卽是西歐，尤其是英法。他們在美國眼光中，是血緣最近的國家，願意送無數的金錢去買他們反蘇反共，他們本身對於反蘇反共是無所謂興趣與決心的，他們明白了美國的弱點，於是在美蘇的爭霸戰中，能投機取巧便投機取巧，一談到損害自己帝國主義的利益時，便馬上牽制美國，高叫美國要愼重，不要觸犯蘇俄。

根據上列的分析，美國旣要談反共反蘇，就得對自由世界中情況不同、需要不同的各地區，施以不同的政策。對於第一類地區，就得施用艾氏的所謂解放政策，自由是鮮血同頭顱換來的。假定他們有決心求各自國家的解放，美國應充分予以道義及物質的支援。對第二類地區，反帝先於反蘇的各國，美國旣宣稱主張民族自主，就得明白支持他們的獨立運動，表示自己無意站在英法一邊，對他們獨立運動採取冷淡的態度。也只有如此，美國才能獲得第二類地區人士的同情。進一步把這些國家以盟邦的地位，拉進自己的陣營。對於第三類地區，美國對於他們旣認爲是文化高的民主國家，美國對於他們的反共意志，實無以金錢收買的必要。他們旣然文化高，對於自由主義及共產主義自會拾取。他們旣然民主，則他們反共與否，老百姓自有決定。他們如選擇自由，老百姓如不需共產，美國用不着花錢，他們自動會組織起來。等他們自動的表現後，美國再送槍炮去也不爲遲。反之，他們對於反共與否採無所謂的態度，雖然美國再多送點錢，也無法買得他們的同情。老實講，西歐不被攻擊，誰也不會團結起來與美國採取一致的步驟的。直到今天爲止，美國尙缺乏上述的認識，本末倒置，不知緩急，對於已受迫害的地區不予解救，對於正受威脅的地區，不知主持正義抓取同情，對於玩弄美蘇衝突的地區，拼命送錢送軍火。結果正中蘇俄之計：凡是美國忽視的地區她便捷足先得，逐步擴張，而對美國注視的地方，她暫按兵不動，表示和平。這樣的反共反蘇，豈不幼稚，無怪乎近年來美國愈高叫自由世界要團結，自由世界反而自身更分裂了。

五　美國有反共的決心嗎？

一個國家是否反共反蘇，全是以本身利害爲出發點的。今日美國以感受蘇俄擴張的威脅，高叫反共反蘇要旁人拿出決心來，其他各國除了已受痛苦而決心反共反蘇的國家外，今天也得問問這個領導自由世界的美國有無反共反蘇的決心。因爲美國自已無決心，而要旁人有決心，實在是不幸之事。那末，美國有無決心呢？這是一個大爲値得討論的問題。如我們以言行積極與否作爲決心有無的表現的話，那末，我們可以說，過去七年是無決心的。杜魯門時代，可以說只要蘇俄讓美國能有經濟的出路，鐵幕後的國家是不論爲牛爲馬槪與美國無關。艾氏就職轉瞬半載，言論上似乎有決心，而行動上有無決心，尙待事實的證明。

美國有無決心反共，爲什麼理想而反共，對於今後的世局及人類的前途是有莫大影響的。從過去七年的美國措施看，美國似乎缺乏高尙的反共理想，只是爲着自私而反共。在這樣的情況下，卽令在鐵幕以後或鐵幕邊緣受着威脅的人，他們有心自求解放也不敢對美國抱很大的期望，把美國當做可靠的朋友。因爲只是爲了自私爲了便利而毫無理想的反共，她一達到自私的目的，是隨時可以犧牲朋友的。鐵幕內外的反共人士，如對美國沒有信心，自然也就各行其是，誰願做玩弄他人的犧牲者。不僅此也，如美國無理想無決心，她不但無法領導自由世界，並且容易招致敵人。試以對韓戰和談爲例，美國不顧南韓的反對，提出對共方投降式的停戰建議，便充分暴露了美國對反共無理想無決心，以及由於無理想決心所引起的惡果，韓國分裂爲二，本是强權政治犧牲弱小的結果。韓戰發生，美國打着聯合國的旗幟，援助南韓，如其有理想有決心，就得助南韓復國，至於是否會引起大戰，最初就應加以考慮。如今美國因有死傷，而受戰傷最烈的仍爲韓國人民，結果仍以投降了之；並且不待南韓同意卽提出妥協條件，同時申言如南韓決心收回失土，卽以斷絕援助爲恐嚇。試問美國這種作風，在東方人眼光中尙有什麼威望可言？如共產世界藉此宣傳，謂美國之加入韓戰前倨後恭爲自私自利的帝國主義行爲，僅藉韓戰爲解決國內經濟的一步措施，此目的初達，一旦共方暗示可以彼此貿易的時候，美國卽作一百八十度的轉變不顧南韓當事人的發言權而越俎代庖，美國也就無法洗淸。因爲美國今日如作妥協，事實上就是玩弄弱小，美國是無法辯淸的。南韓對於美國這種態度，可能有兩種應付的辦法，第一種是請美國人回國去，南韓本身自謀解放，戰至一兵一卒而後已；另一種報復的辦法，就根本自己加入共產的集團，讓亞洲人自決其命運。假定局勢演到這種地步，美國還談什麼反共？同樣的美國援助其他國家，如中途撤退，所有其他國家看見美國的對韓政策，只是自私自利，毫無理想，都可作一百八十度的轉變另謀出路，不必跟着無理想無決心的領導者作無謂的犧牲損害自己國家的元氣。

自艾氏發表自由宣言，發表對蘇商談的先決條件，言論上似乎有了理想，有了決心，但行動上能否支持其言論，就看其對韓戰對東方政策的表示。如此次措施失常，共產世界的勢力自然擴大，而美國在亞洲要作全部的撤退，美國得熟思利害而後行。不僅此也，鐵幕後的東歐人士，也眼睜睜地望着美國處理東方問題的態度與決心。如果美國言行一致，以自由對奴役，以民主對暴政，以解放對枷鎖，朝鮮是一個最好的試驗場，美國大可以趁機收回一片自由世界的失地，而給鐵幕後人士一種事實上的鼓勵，鐵幕後及邊緣上愛好自由的人士，才相信美國之音所播的自由福音，不是毫無意義的心理上的宣傳，也因此他們才能有決心動起來。反之，美國在遠東對第二號的敵人，尙不能貫澈其決心，那麼在東歐更不用說了。東歐任何國家都不會在外無援助內有暴君的情況下自求解放的，因爲人情上，無論何人不會做毫無希望的事情。

六　對美國在三强會議中的希望

很明顯的，此次會議召開之起因，是由於英美對遠東政策分道揚鑣、關係惡化的緣故，主動的是美總統艾氏，而艾氏這一舉動，從其國務卿杜勒斯氏翌日（五月廿二日）在印度新德里招待新聞記者的談話看來，不僅事前國務院不知道，而且總統的措施並不爲國務卿所贊同。他說當共產集團仍在越南侵略，蘇俄仍不參加對奧和約簽字恢復奧國獨立及撤退駐軍時，任何包括蘇俄在內的高級會議都不會有重大的結果。換句話說，杜氏就認爲，美總統既於四月十六日的和平方案中列舉蘇俄必須完成的項目，爲東西談判永久和平的先決條件，就得貫澈這個宗旨，否則，言行不符，實際上即等於示弱。而示弱的結果，等於給蘇俄一個再行擴張而不會遇到抵抗的暗示。就美國積極外交政策的前途言，這是極爲危險的。站在愛好自由的立場，站在了解目下美國所遭遇困難的立場，我們願意向美國出席此次會議的首長說出我們的希望：

第一、我們希望此次會議的目的，只是爲了讓英法澈底了解美國所持的立場及所負的歷史使命，百慕達會議將不再是雅爾達會議，也不可能再成爲雅爾達會議以出賣友邦爲達到妥協的目的。今日世界的前途，不是美英法三國所能決定的，美英法所討論的是如何以團結的力量對付他們眞正的强敵。我們如說自由世界已面臨最嚴重的危機的話，這危機絕不是單純的軍事實力問題，而是美英法三國所謂自由世界的臺柱本身也不知道採取一種共同的策略以對付蘇俄的策略的問題。老實講，今天法國是反對德國復興重整軍備重於反共，假定她不是在越南吃了大虧，假定蘇俄暗示她可以騎在北非人民的頭上，恐怕她早已就同馬林可夫打交道了。英國情形亦復如此。她只要香港能守，馬來亞風平浪靜，能維持在埃及的地位，能代替美國的地位保持東亞的市場，她也早已出賣了美國，美國新總統既發表了世所週知的自由宣言，又以積極政策爲完成協助他人獨立自主的武器，就得在這次會議中堅定其立場，建立以正義爲基礎的世界新秩序。美國同兩個帝國主義的盟邦會商，如不堅定正義的立場，飽受帝國主義痛苦而拜讀自由宣言的亞非人士，都會對美國失望，以爲白種人又在陰謀玩弄他們，而迫使他們走向與自由世界相反的道路。

第二、我們希望美國對現實與理想作最後的選擇。反共如無理想，僅憑現實的利害作依據，是不會有前途的。美國反共是以自由作號召，其他許多欲反共的國家，也是爲了獨立與自由而奮鬬，在這樣的情況下，美國如堅持此原則以協助他人獲得自由與獨立爲施政骨幹，美國在亞洲，在歐洲，在非洲，都可獲得可靠的友邦。不錯，誠如李普曼所言，蘇俄的軍事威脅在歐洲，而美國反攻蘇俄心臟的基地在歐洲，是以美國不能單純行動，必要拉住英法。我們並不主張美國放棄英法，不過，假定反共對於英法並無多大意義，只是利害的應付，相反的，只要蘇俄對英法帝國主義者的行爲稍示予以保持的可能，英法親蘇尚不暇，還談什麼反共反蘇，那麼，美國又如何能運用歐洲的基地。美國之所以怕蘇俄離間美國與英法的關係，其主要原因，不就是理想不同僅憑利害相交之不可靠嗎？美國能聯合英法及其他反共國家共同努力，自是上策，假定美國表明立場而失歡英法，換得其他國家的眞誠的友誼，或得着英法利害的暫時結合，而失去其他國家的友誼，美國就得對此二途，愼作選擇。杜勒斯中東近東之行，發現當地人士反美，認爲美國忽視當地的民族運動而幫助英法推行殖民地政策，是很值得警惕的。

第三、我說過共產世界之長處，他們是有理想有步驟的。因其有理想步驟，所以他們的組織堅固，地無分東西，人無分黃白，凡屬黨員，皆稱同志，是以莫斯科的運用自如，也因此他們始終把握了主動，自由世界如欲反對這一世界性的組織，是否也得有新的理想、新的號召來對付此强大的敵人？是以我希望美國能在此次會議中，說服英法，會後向世人宣告光明正大的反共理想，並對一切爲自由鬬爭的國家或人民作協助重獲自由的諾言，使反共人士也一樣的，地無分東西、人無分黃白的一樣稱同志而互助合作。另以華盛頓爲中心成立反共大同盟，一如共產世界有他們的國際情報局一樣，爭取全面性的有組織的主動。我相信這比目前支離破碎、貌合神離的東一北大西洋公約組織，西一美澳紐聯防公約要有力得多，以主義對主義，以武力對武力，以組織對組織，這是惟一致勝之道。

美國所負的歷史使命太大了。今天是艾森豪的時代嗎？是美國把握主動嗎？是美國在領導自由世界作全面反蘇的鬬爭嗎？全世界的人士都在靜待百慕達會議的結果。我們希望美國當局不要重視目前的現實而拋去反共的理想，尤其不能拋棄四月十六日所立的原則向一切壓力低頭。妥協與退讓便是示弱，美國愈示弱而戰機也就愈大。

四二、六、二於西雅圖華盛頓大學

治亂底關鍵

——『中國的治道』讀後——

殷海光

民主評論第四卷第九期載有徐佛觀先生所寫『中國的治道』一文。我（以下簡稱『讀者』）讀了這篇文章以後，立刻覺得它是不平凡的人之不平凡的作品。時人爲文，根據口號與幻覺者多，根據學理與經驗者少。雖然，作者底主要構思方式大非讀者所敢苟同，可是作者對于自己所提出的問題確會依照自己底構思方式苦思了一番，而且立言着意深遠。此時此地而能看到這種文章，眞是空谷足音。無論作者在該文中所提論據是否確切不移，他在結論中所指出的中國政治問題底根本解決原則，至少在讀者看來，是鐵定如山的原則。從這一方面着眼，這篇文章已經够說是有價値的文章之一。一篇有價値的文章之有價値處，常在它能引起人底思緒。這篇文章引起了讀者許多思緒。讀者現在將這些思緒寫出若干，以作這篇文章底補苴。

作者在這篇文章裏所說的是『中國的治道』，但讀者因這篇文章而想起的，却不限於中國及其往昔，亦不限於某一特殊的空間或某段時間裏的這種問題；而是想將作者所指出的道理加以普遍化。因爲這樣，更可以顯現作者所言之重要。

作者開宗明義地說：『專制時代的「權原」在皇帝，政治意見，應該向皇帝開陳。民主時代的「權原」在人民，政治意見則應該向社會申訴。所以專制時代的諍臣，即民主時代的政論家。……』這幾句話把專制與民主底區別分劃出來：劃分得多麼一刀兩斷（clear-cut）。「權原」一詞，新創得十分達意。作者說『專制時代的「權原」在皇帝』，讀者簡直可以將這個語句作個位換（conversion）：『「權原」在皇帝卽專制時代』。在這裏，『時代』之時間因素是不相干的因素；『皇帝』底不同稱謂及其形成的背景，也是不相干的因素。這裏所指『時代』，不必須是，上古，中古，和近代這些段代劃分；而是指着專制時代中所有的那些特色或性質。依此，古代所有的專制特色，如果遺留到近代，那末我們同樣地可以說近代是處於專制時代。所以，在此『時代』一詞之所指乃一實際的內容。這一內容，與物理的時間當然毫不相干。復次，我們在此所指政治首領之是否爲一『皇帝』，也是一種實際的性質或作用，與此『皇帝』之如何產生也毫不相干，與在名義上是否叫做『皇帝』也毫不相干。在古代，由武力征伐或世襲得來政權者，君臨萬方，政出一人，這固然是『皇帝』；在近代，除此原因以外，藉口『革命』而攫取政權者，也可以形成事實上的『皇帝』。依此標準，遠之拿破倫是藉法國大革命之形勢而起家的『皇帝』；近者史達林之流也是藉十月革命等等『革命』而起家的『新沙皇』。所以，讀者將『專制時代的「權原」在皇帝』這個語句簡簡單單地位換爲『「權原」在皇帝卽專制時代』。我們必須這樣了解作者這話底意義，作者這話才具有眞實存在的普遍性（existential universality）。作者這話具有眞實存在的普遍性，才可以普遍地應用。既然如此，於是在任何空間與任何時間，你對於有關大家的事覺得有『上條陳』或『上萬言書』之必要，你就是在事實上處於專制統治之下；反之，你對於有關大家的事，可以公開發表，公開討論，那末你就是在事實上處於民主政治之下。在民主政治之下，卽使你要『上條陳』，『上萬言書』，還找不到對象哩！

在第二節裏，作者說：『中國的政治思想，除法家外，都可說是民本主義；卽認定民是政治的主體。但中國幾千年來的實際政治，却是專制政治。政治權力的根源，係來自君而非來自民；於是在事實上，君才是眞正的政治主體。因此，中國聖賢，一追溯到政治的根本問題，便首先不能不把作爲「權原」的人君加以合理的安頓；而中國過去所談的治道，歸根到底便是君道。這等於今日的民主政治，「權原」在民，所以今日一談到治道，歸根到底，卽是民意。可是，在中國過去，政治中存有一個基本的矛盾問題。政治的理念，民才是主體；而政治的現實，則君又是主體。這種二重的主體性，便是無可調和的對立。對立程度表現的大小，卽形成歷史上的治亂興衰。於是中國的政治思想，總是想解消人君在政治中的主體性，以凸顯出天下的主體性，因而消解上述的對立。人君顯示其主體性的工具是其個人的好惡與才智。好惡乃人所同有，才智也是人生中可寶貴的東西。但因爲人君是政治最高權力之所在，於是它的好惡與才智常挾其政治的最高權力以表達出來，以構成其政治的主體性。這便會抑壓了天下的好惡與才智，卽抑壓了天下的政治主體性。雖然在中國歷史中，天下（亦卽人民）的政治主體性的自覺並不够，可是天下乃是一種客觀的偉大存在，人君對於它的抑壓，只有增加上述的基本對立。其極，便是橫決變亂。……』中國底政治思想，是否除了法家以外，都可說是民本主義，讀者現在不能斷定。而作者對於『君權』與『民權』對立之所見，則確乎道着了要害。不過，我們對於這個問題，還可作進一步的觀察。在古代，『君權』與『民權』底這種對立，已够慘厲，已够中國人民長期陷於君權底威脅之中。而時至今日，以蘇俄爲例，君權與民權底這種對立，較之過去尖銳化不止千百倍。這是什麼原因呢？基本的原因，就是現代的君權握有現代統治技術。吾人置身現代而談政治問題，對於現代統治技術這一重要因素千萬不可忽而不論。時至今日，政治、經濟、教育、交通，在極權國家都被編組爲統治機器。比起現代統治技術來，古代統治技術，不過草繩一根而已；而現代統治技術，則爲一把萬人鎖。一旦套入這把鎖中，誰都休想動一動。持木棍行刼者與持手槍行刼者，其行刼之『心』雖無二致，但效率則大不相同，因而所造成的結果也大不相同。從前的國君，那怕再暴戾，他最多不過『焚書坑儒』，和『收天下兵器』，他還不知道控制言論，控制腸胃，控制行路，控制居住。漏洞既然如此之多，所以『話說天下大勢，合久必分』。暴政弄到大家忍無可忍，機會來臨，尚可揭竿而起，鬧他個天翻地覆，出一口惡氣，換出一個局面，再回家種田。今日的暴君則不然。如史達林之流所例示者，今日的暴君手握現代統治技術，其所實行的統治是密而不漏，面面俱到的全面統治。現代的暴君，不獨手握政治與軍事大權，而且在思想信仰上是大教主，在工業上是總工程師，他又是糧食倉庫底總庫長（藉此控制着千萬人底腸胃），他是陸海空交通底總指揮，鈔票印刷所底所長——製鈔大王。總而言之，現代統治技術所造成的極權統治，不獨統治着你底政治活動，而且深入你底食道；不獨統治着你底身體活動，而且統治着你底神經活動；不獨到達你底商店工廠，而且隨時惠臨你底寢室。這種統治演變所極，可能鑽入你生活底每一層面，干涉到私人生活底每一節目，如何得了！由史達林死後的種種情形看來，現代統治技術可能發展到一個地步，只要是一隻猴子有機會控制着統治底總樞紐，再有多大有才有智的人也只好俯首聽命，而莫可如何。現代的暴君既然居於現代統治技術底總樞紐，如果藉此發揮其惡，其效能豈不千百萬倍於往昔？人民所受之害，豈不千百萬倍於往昔？這種現代統治技術，對於任何個體，永遠維持着絕對優勢的地位。在這種技術所形成的網羅之下生息的人，遲鈍者根本感覺不到危機日漸加深；少數思力銳敏者即有所覺，亦莫可奈何。所以，這種統治技術，作了權力意欲之發揮工具以後，可以將『天下』這『一種客觀偉大的存在』根本翻造。這個問題，是現代研究政治者所必須正視的。

關于『政論家』底問題，作者底希望至少在目前是會落空的。殘存的餘燼可以不論了。一個政論家之培養，該需要多少方面的客觀基礎。而且，即使有了政論家，在一切發表意見的工具被直接或間接或全面或部分控制住了的環境之內，政論何能自由表達？權力意欲一與現代統治技術結合，便成了對個性、智慧、和天才的毀滅之爐。在所有的人衆被迫納入一個型模而塑造的環境之內，怎會出現政論家？蘇俄有政論家嗎？他們不過是政府統治之下的政治寫字機而已。今日，祇有民主自由的環境才會產生眞正的政論家。

在這一節裏，作者又一再着重一點，即人君治天下的基本原則，是『簡易』，是『無爲』。這樣，才可以『使君以不直接發生政治作用爲其所盡的政治作用。』在君主時代，若無敵國外患，出現一個不好有爲的人君，讓天下有爲，各自發展，各遂其生，這便是『太平之治』。可是，這種强調『無爲精神』的話，向許多人來說，剛好是『南轅而北轍』。爲什麼呢？這有四大原因：一、實現『理想』；二、舊觀念的影響；三、甜蜜的麻醉；四、緊急事態。

一、實現『理想』 在咱們中國，近半個世紀以來，『搞政治』之事，有一個主流，就是搞政治者常挾着一大袍袱的『理想』或主義。我來搞政治，就是爲了實現『我底理想』。既然如此，一旦政權到手，豈有不作爲而且大作爲之理？對於這類底人談『無爲』，豈不等於叫商人莫賺錢？不獨此也，現代搞政治的，總是裹着一大堆人。這一大堆人，叫做什麼名稱，實在無關緊要。反正，至少其中一部分天眞而老誠的分子，確乎是聽信號召爲實行『理想』而相從的。爲頭的人一旦政權到手，豈能叫這一大堆人終日靜坐『無爲』？當然，他勢必叫他們實行『理想』。一實行『理想』，就大有爲而特有爲起來。既是爲『實行理想』而大有爲，於是觀念化而名之曰『實現歷史使命』。既是爲『實現歷史使命』而『有爲』，於是理直氣壯，於是『責無旁貸』，於是振振有詞。在這樣的心理狀態之中的人們，你還能叫他們『無爲』嗎？你叫他們『無爲』，就是阻撓他們『實現歷史使命』。阻撓他們『實現歷史使命』，罪莫大焉！不獨此也，既然一大堆人在一人號令之下爲『實現歷史使命』而『有爲』，而且這堆人又是掌握着政權的人，於是他們自然會透過政治機構來『實現歷史使命』。一透過政治機構來『實現歷史使命』，於是『實現歷史使命』便制度化或組織化。一旦『實現歷史使命』制度化或組織化，就形成一個『面的有爲』。一形成了『面的有爲』，就不是一個人之『點的有爲』了。一到了『面的有爲』，問題就不像一人之『點的有爲』那樣簡單了。因而，也就更難轉變了。所以，在從前，設法使一個人君『無爲』，或者比較容易着手。在今日，要請與一大堆『有爲』的人牽連黏合在一起的首腦『休息五分鐘』，其事之難，有如清理葛藤。

二、舊觀念的影響 舊觀念常易在新外形之內復活。過去被稱爲『聖明天子』者，常『日理萬幾』，常『事必躬親』。這些觀念，最易與『肯負責任』和『不信任人』等觀念化合，並且進而認爲不『事必躬親』乃致敗之由。所以，演變所及，認爲愈是責任重大者愈必須『有爲』。流行的心理狀態如此，『無爲』之說怎聽得進耳？

三、甜蜜的麻醉 權力是一種甜蜜的麻醉劑，愈吃愈上癮，愈上癮愈愛吃，因果相尋，了無已時。君不見，白麵客，幾人不身死，幾人不家亡！幾人能中途自動戒除？權力之愛好，在人性中深植其根。權力之行使，可以使人得到一種特別滿足。而權力之行使，必須藉着『有爲』來實現。『有爲』愈多，則滿足愈多。這正猶之乎白麵吸的愈多則愈好過。說句笑話，這是一『運作的眞理 (operational truth)』。如果你請現代掌握權力者『無爲』，這好像要有吸白麵癮者少吸，甚至停吸。他底癮怎熬得過？何況大大小小的癮君子一連串的如此之多？更何況現代有了權力便有了經濟，而經濟利益是一大的誘惑？

四、緊急事態　『緊急事態』又使有爲者找到一個似乎强有力的『有爲』藉口。無論何處的大有爲者之附和者都會說，『事態』這麼『緊急』，當然應該由最有能力的人起來『領導』，應付危難。在這種關頭，你還勸人『淸靜無爲』，豈不等于勸人消極？豈不等于勸人推卸責任？其何以可？

這一類底話，乍聽起來，似乎有理；可惜經不起分析。在危難臨頭的時候，如果有現成的具有精神團聚力的人物起而領導，當然比沒有精神團聚力的人好。不過，這還要看領導底方式怎樣。就事論事，在危難時候所需要的領導方式，更須是『無爲』的領導方式。所謂無爲的領導方式，是原則性的領導，不是技術性的領導；是目標性的領導，不是利害結合的領導；是着眼於讓社會得以自發其生機的領導，不是摧毀社會生機以實現主觀喜欲的表面整齊劃一之領導。在危難之時，領導者如太有爲，便妨害了大家有爲。領導者無爲，讓大家有機會有爲，賢明 (wise) 的人君，都應該領悟此理。便是最大最高而且最眞實的『有爲』。大家都可有爲，才能合全力應付危難。這好比救火一樣。如果消防隊長自逞能幹，拿着一條水龍堵在一條路口，隊員便都不敢上前了。結果，恐怕只有他一人救火。聰明的隊長應該是讓出一條路來，自己站在適當的地點，鼓舞大家協力救火。如果不是如此，那末便不是爲公。希特勒、史達林之流無一不是藉口『緊急事態』來大有爲而特有爲的。結果，緊急事態是否應付過去在尙不可知之時，到是先建立了個人的極權獨裁地位。而且，這樣的『有爲』，固然可以滿足一種現實感，但結果常不見佳。希特勒非常喜歡『有爲』，連德國軍隊都要親自指揮。結果何如？

、基於上列四條理由，作者所提對於古代人君尙且十有九行不通的『無爲』要求，拿到現代對於許多人來說，一定是十有十行不通的。時移世變，奈何！

第三節中作者說：『陸氏所以能把中國治道的根荄發掘出來，具有三個條件：一是他個人的學識人格。二是德宗對他非常底親信。三是德宗自己很能幹，但逃到奉天後，又流露出一種痛悔的深切情感。此三條件缺一不可。「能幹」是臣道。人君的能幹，係通過其政治最高權力以表達出來的，自然變成由權威所支持的誇誕品。此時其臣下如也有能幹，立刻會與這種誇誕品相抵觸而迸得頭破血流。所以從中外的歷史上看，凡是自己逞能幹的人君，其臣下必定是一羣「聰明底奴才」。不聰明，人君看不上眼；不奴才，它卽無法立足。人君造成此批聰明底奴才站在它脚底下之後，其內心遂常以天下的人才皆在於此，而實際都趕不上他，乃益以增加對自己才智之自信。』作者之所言，可謂鞭辟入裏。這可以說明一種現象，卽是：古往今來，獨裁政權之形成與鞏固過程中，開國人才爲何被淸算，消滅，或至少任其凋謝，以及爲何要培養一批新的奴才。開國人才大都是有膽有識，放蕩不羈，打破現狀，不拘格律，富於理想，和朝氣蓬勃的人物。打天下，是要靠這個類型人物的。但是，這個類型底人物，旣能構成前一個政權的威脅，何嘗不能構成後一個政權底威脅。所以，漢高祖得到天下以後，第一件大事就是收拾功臣。韓信就是這一意念之下的犧牲品。蘇俄自一九三五年至一九三八年之間一連串的肅淸行動，固然係以淸黨底形式進行，然而就骨子裏說，還是史達林爲了鞏固一己權力而淸除一般老布爾希維克。這與漢高祖之大殺功臣，在作用上，並無二致。老一輩的『從龍之衆』殺光了，自然需要一批人來塡補『行政的空虛』。隱然的政敵旣去，於是可以爲所欲爲，放開手來『訓練』一批了。旣談訓練，當然照着自己底意思來訓練。特別是近代的獨裁者，無不相信訓練萬能。於是，他們以爲要訓出怎樣的鷹犬就可訓出怎樣的鷹犬。蘇俄獨裁者痛惡各人有其獨立的見解，獨立的目標。他們對人衆只估量其『工具價値』。他喜歡你少出意見，多出辦法。你向這個方向發展，不難衣錦食肉。『領導方式』如此，於是一個社會裏的人，都變成有手有脚而無頭的人。所以，這類底人，以蘇俄外交官爲例，看起來未嘗不聰明能幹，可是你與他談起來，他總是『差點竅』：對於較根本，較深遠的問題，總是抓不着要領。這都是『聰明底奴才』之特色，假若我們有機會進入鐵幕，諒必遍地都是這種人物。這種辦法，在無敵國外患時，還現不出太大的毛病。一有敵國外患，而要眞人才拿出眞本領來應付時，便破綻百出，敗像畢露了。

作者又回溯歷史的往事，說：『自任才智的人必然會自逞好惡。人君以一己才智之小，面對天下之大，好像一個單人拿着火把進入於一大原始森林之中，必因內心的疑懼而流於猜忌。猜忌者不敢任人，尤不敢任將。』這話眞是對於獨夫如德宗之流者心情絕妙的描寫。讀達林所著新蘇維埃帝國一書，得知史達林底心情原來也是如此。旣然如此，自然得到下列結果：『陸氏檢討德宗任將取敗的情形說：「今陛下命帥，先求易制者。多其部，使力分。輕其任，使力弱。由是分閫責成之義廢，死綏任咎之志衰。一則聽命，二亦聽命。爽於軍情亦聽命。乖於事宜亦聽命。將帥旣幸於總制在朝，不憂於罪累。陛下又以爲大權由己，不究事情。」……德宗不僅猜忌武臣，並且也猜忌一切官吏。朝廷要用一人，都須經過他親自考核，弄得以後朝列空虛，無人可用。陸氏批評他「升降任情，首末異趣。使人不量其器，與人不由其視。以一言稱愜(合意)爲能，而不核虛實。以一事違忤爲咎，而不考忠邪。其稱愜則付任逾恆，不思其所不及。其違忤，則責望過當，不恕其所不能。是以職司之內無成功，君臣之際無定分。……」由自任才智而猜忌，由猜忌而陷於孤立，乃一條線的發展。所以陸氏說，德宗「……憤習俗以妨理，任削平而在躬。以明威照臨，以嚴法制斷。流弊日久，浚恆太深。遠者驚疑而阻命，近者畏懾而偷容。君臣意乖，上下情隔。……人人隱情，以言爲諱。……」於是『媚道大行』。這眞是『事有必至，理有固然』囉！自然律之齊一性早爲人所共見。人爲律（Artificial laws）之齊一性則一直遠不若是之顯著。但是，到了現代，現代統治技術大顯威靈，個體之差異日漸消亡，在政治方面的人爲律之齊一性不難辦到。這種現象，在極權地區莫不皆然，而蘇俄則最彰明較著。『物競天擇，適者生存』底公例，如加推廣，也可應用於政治現象。如果大家在理想面前碰壁以後，發現『媚道』乃適於生存之道，當然『媚道大行』。不過，一個國家或社會，到了這個地步，已經沒有它自己生存與發展之原理與價值可言：它只不過成爲此一極權獨裁者使行權力意志之對象，全國家或社會乃爲此一人之存在而存在罷了。傷哉！極權幕中之民也！

第四節作者說，要解救德宗底孤立，必須『欲惡與天下同』。『用現在的話說，多數人的同意，卽是政治的客觀標準。倘把抽象底名詞或主義，硬性規定爲政治上最高無上的原則，以壓倒人民現實的「欲惡」，美其名曰爲了達到理想的將來，故不得不強人民以犧牲現在的「欲惡」。結果，抽象名詞或主義的自身不能向人民顯現，更不能向人民作強力的要求；而顯現此名詞此主義，以強力要求實現此名詞此主義者，實爲站在統治地位的少數人；於是少數人便將個人的「欲惡」，神化爲抽象的名詞或主義，以壓倒天下的欲惡；鞭策天下以現實其個人的欲惡，但彼猶可怛然無愧曰：「我是爲了實現……理想」。以共產黨爲首的極權政治，便是這樣形成的。……』

這一番話，簡直說得中肯極了！作者在此顯露出一個道理：政治是服務衆人之事，而不是由少數人強迫衆人來實現其『理想』之工具的事。既然如此，當然必須『欲惡與天下同』。如果不此之圖，強迫天下信奉什麽『理想』，便是強『天下與我之欲惡同』。這就是太陽從西方出了。如果我們是湖南人，我們僱一名廚子，希望他燒辣子給我們吃，那末這位廚子先生就得照着我們底嗜好去做。他無權說：『辣子咔多打胃痛，要不得囉』！因爲，『辣子咔多打』是否『胃痛』根本就大成問題，而是否好吃辣子，這是一好惡，這是一價值選擇。好惡之決定，價值之選擇，完全是我們主人底權利，你廚子根本管不着。我們請你來做辣子，你就做辣子好了，別的事請你不要管。如果這位廚子，還要大談其『主義』，說吃辣子如何有害，吃甜東西怎樣好，我主人不高興，他就與舉起現成的菜刀，威脅我們：如果我們不『實行』其『吃甜東西主義』，便是不識好歹。不識好歹者，便不配生存，應割其頭。我們想想，這是什麽光景啊！可是現在，強人實行其『主義』者，如共黨類型者，都是這位廚子先生底好朋友。吾人須知，是否強人『實行主義』，乃極權與民主底界線。在民主國家，人民是主體，大家有其自己底意向、是非標準、和價值判斷。政府是客體，數年一換。它是爲人民底意向、是非、與價值判斷而服務的一工具。那裏有政府首腦規定一個什麽『理想』強制大家奉行之事呢？極權地區，如蘇俄等，則是人民大家絕對不能有其自身之『欲惡』、意向、是非、與價值判斷；而由政府頭目代爲規定一個啥子『主義』，強制大家『學習』，閱讀。這是民主與極權底界線之一。民主與極權底這一界線，眞是再淸楚沒有了，決不容混淆的。其實，認眞說來，極權地區底頭目之於『主義』，不過是強迫羣衆『學習』與『奉行』而已。彼輩之所以如此，乃爲麻醉並欺騙羣衆，以建立、鞏固、並行使其政權而已。在蘇俄等地，你如果『學習』並『奉行』了其『主義』，就表示了你對其權威屈伏，他還讓你苟延殘生。而他們自己呢？他們自己信那些『主義』才怪哩！如果他們眞心信奉其『主義』，何以一再因應實際政治利益而修改呢？或者，何以行起事來便把『主義』抛到九霄雲外呢！

在第五節裏，作者說：『按推誠，改過，納諫，爲最大的君德。……納諫卽所謂接受反對的意見。人君是政治最高領袖，人君之接受反對意見，對人君自身而言，含有三種意義。第一、其承認自己所幹的政治是「公」的。許多人不願人發表反對意見，因爲它認爲自己所幹的政治是「私」的；私人的東西，當然不願旁人干涉。……像史達林、希特勒之徒，天下之對於他，祇幻成爲專演頌揚讚美節目的劇場，怎麽可以許旁人說掃興的話。……』作者此言，就德宗所處的時代情形而言是對的。因爲，那時『天子』一人赤顆顆地高出衆黎之上，君權絕對，他一人對天下負責，是非功過比較分明，沒有什麽東西可資掩蔽。今日的極權獨裁者則不然，今日史達林這類人物，他們底實際地位至少相當於『天子』，但又有一個『黨』（如共產黨、納粹黨，等等）來掩蔽其『私』。這類底『黨』自己沒有意志，本是史達林等私人權力底工具。然而，有了這樣的『黨』之掩蔽，他們底『私』圖可以『黨化』，藉黨底形式表現出來。對於一般人衆而言，有此類之『黨』存在，便可造成『黨務』乃『公事』之錯覺，而不復易察其爲『私』。這樣一來，對於他們自己，可以爲其『私』找到辯護或藉口。彼等高踞於其黨之上，有功屬己；有過屬黨，於是乎躲在這一掩蔽之後坦然無懼地以遂其『私』。所以，當今史達林這類底人，一方面有從前天子底絕對權力，另一方面有從前天子所沒有的掩蔽便利。這樣一來，如要他們不『私』天下，比從前的天子更困難萬倍了。既然如此，何能望其納天下之言？

最後一節說：『當天下大亂的時候，政治沒有紀綱，社會沒有秩序，各個人也很容易失掉常態。這種罪過，可以說是由「集體災禍」而來的「集體罪過」。集體的領導者是人君，造成集體災禍的根源是人君，所以陸氏認爲人君對於集體的災禍應該「罪己」；而對於集體的罪過應該「含垢」。「丕大君含垢之德」，（收河中後請罷石狀）這是作爲人君的分內之事，當然之事。再從現實上說，集體底罪過，站在政府的立場，祇有把它集體的忘掉，始能轉變社會舊底風氣，鼓舞社會新底生機。假定要一一計較追究，則應當從造成集體災禍的領導者層追究起；即是首先要追問原來朝庭的負責層。所以原來朝廷的負責層，於情於理，沒有追究社會集體罪過的資格。若是原來朝廷的負責人，覺得自己還可以從頭幹起，則社會更有何人不可以從頭幹起，而要追算循環糾結，根本無法算清的舊賬？況且朝廷追算舊賬，祇能追算到朝廷力量可以控制得到的人與地方，亦即是與朝廷較爲接近的人與地方。與朝廷較爲接近的人與地方尙且要去追算，則尙在敵人手下的，豈不是要斬盡殺盡？這是平定大亂的想法作法嗎？……』

這一段話，說得可謂合情合理之至；只可惜也許對於古代的君王有點益處。這話底效準，是有其時間與空間裏的客觀特殊條件限制的。所以，作者底這番話，祇爲歷史的回顧則可，如視爲通則便不可。既然如此，這番話底效準，如相對於不同的時空裏的不同的特殊條件，可能等於零。顯然得很，這番話對於近代的極權獨裁者是一點用處也沒有的。就拿第二次世界大戰時的德國爲例吧！德國之所以遭到毁滅，誰都明白希特勒要負最大的責任。我們關心現代史便可明白，或者，我們看一部電影『隆美爾傳』，也可以想象得到。但是，假如希特勒還活着的話，他肯承認錯誤嗎？最可印證的假定，是他不肯承認錯誤。爲什麼呢？第一、凡成功的極權獨裁者，一定是長年生活呼吸於歌功頌德的空氣之中。無論怎樣英明蓋世的人，他底知識多少不能不建立於知識素材之上。他長年無時無日不聽到謳頌之詞。由於潛移默化，這類言詞構成他底知識底一部分：所見者都說他是天生異人，所聽者都稱他是神聖明武。久而久之，他就會自以爲我果眞是不錯。這類底近代奇人，不能與我們凡人等量齊觀。從知識論的觀點來觀察，他們是生活在一個知識上的『封閉世界 (closed world)』裏。我們怎麼能拿人間的正常道理和他們打交道？希特勒底大作『我底奮鬪』開頭便說：『天生予於茵河之畔，予良以爲幸』哩！第二、極權獨裁者往往以爲過去的成功乃將來成功之保證。雖然這話毫無嚴格科學的根據，尤其在人事方面是如此。但這類天生異人卻常對此深信不疑。希特勒進兵萊茵大爲成功，你能說他不行嗎？他怎麼聽得進別人反面的話？更怎麼會知過愧悔？第三、現代統治技術固然害死了廣大人衆，但同時也未嘗不麻痺了極權獨裁者底心靈。吾人觀察近代幾個實例，可知近代的極權獨裁者底心理皆有變態。近代的宣傳技術乃現代統治技術之重要的一面。在極權地區底宣傳技術中，『領袖無失論』，正如『領袖萬能論』（史達林無所不知，無所不能，所以任何事項都需他來指導），同爲宣傳底重要節目。既然如此，自然不能承認領袖有錯誤。有錯誤根本不承認，怎麼『罪己』呢？第四、正如作者已在別處指出的，極權統治乃一全面統治。在此全面統治之下，不可有一面漏網。因如有一面漏網，很可能招致面面俱漏之後果。『首領之威望』，乃極權統治最重要的資本。所以，在極權統治地區如蘇俄者，許許多多措施（包括教育）皆以鞏固並提高其首領一人之威望爲基本着眼點。既然如此，他們自然絕對不能承認有錯，以保持其『完全合理』之存在。於是，彼輩縱有滔天大罪，不是歸咎於托洛斯基，就是誣稱『帝國主義者包圍』；不是往『猶太人』身上一推，就是向『叛國者』頭上一賴。抵賴，也是這些人底特長之一。

在結尾的地方，作者說：『……作皇帝最難的莫過於不能有其自己的好惡。其所以不能有其自己的好惡，因爲人君是「權原」。人君的好惡一與其「權原」相結合，便衝垮了天下人的好惡而成爲大惡。但一個人要「格」去其好惡，眞是一件難事。在民主政治之下，政治領導者的好惡，與「權原」是分開的，其好惡自然有一客觀的限制而不敢闖下亂子，於是其心之「非」不格而自格了。其次，則把虛己，改過，納諫等等的君德，客觀化爲議會政治，結社言論自由等的客觀制度。一個政治領袖人物，儘可以不是聖人，但不能不做聖人之事，它不能不服從選舉的結果，他不能不聽議會的論難。……美國一個新聞業者可以反罵杜魯門是「罪大惡極的謊言者」。這在專制時代，假使人君對此而能寬容下去，它便是聖君；寬容不下去，它便要做出一樁大罪惡而成爲暴君。但在今日，不管杜魯門心裏怎樣，此只有無可如何，付之不問。這種付之不問，既不表現他是聖人，同時也表現他不能不接受這種聖人的客觀格式。於是中國聖賢千辛萬苦所要求的聖君，千辛萬苦所要求

『自由中國』的宗旨

第一、我們要向全國國民宣傳自由與民主的真實價值，並且要督促政府（各級的政府），切實改革政治經濟，努力建立自由民主的社會。

第二、我們要支持並督促政府用種種力量抵抗共產黨鐵幕之下剝奪一切自由的極權政治，不讓他擴張他的勢力範圍。

第三、我們要盡我們的努力，援助淪陷區域的同胞，幫助他們早日恢復自由。

第四、我們的最後目標是要使整個中華民國成爲自由的中國。

的治道，在今日民主政治之下，一切都經常化，平凡化了。……所以中國歷史中的政治矛盾，及由此矛盾所形成的歷史悲劇，只有落在民主政治上才能得到自然而然的解決。……』

這一段話，對於全文而言，可謂畫龍點睛。作者也承認制度化（institutionalization）底重要。民主之從制度上解除中國政治上君民對立的『二重主體性的矛盾』，較之『從「君心」方面去解除』，要具體而着實得多了。

老實說，讀者對於『聖人』一詞底內含不大清楚。所謂『聖人』一詞究竟有否一定的意謂，讀者非常懷疑。至於自古至今，無論中外，究竟有多少『聖王』，尤其令人懷疑。老實說來，人之未太作惡，除了文化教育以外，還是由於受到許許多多客觀的限制而然。如果一個人可以不受到任何限制而行動，那末總是一件危險的事。實在說來，咱們中國歷史上的皇帝，恐怕除了極少數以外，有許許多多是極難『侍候』的龍爺。代代相傳，『侍候』龍爺一事，似乎成了一種專門的學問和技術。爲了『侍候』一個龍爺，舉國上下，常常弄得惶惶恐恐，疲困欲絕；而且常常一搞就是幾十年一小亂，幾百年一大亂。幾乎每次改朝換姓，總是弄得殺人盈野，血流漂杵。這實在太浪費了，也太痛苦了。說到這裏，使我聯想到五十年前提倡共和的人。他們認爲中國要結束這種治亂循環的局面，要打開歷史的死結，只有一勞永逸，讓四萬萬人都做主人，政府做公僕。這個想法是根本正確的。本文作者則從『中國的治道』，體悟出中國必須走上民主之路，才能結束傳統的『君民對立』之『矛盾』，而使政治上『二重主體性』所演出的悲劇結束，並『把作爲「權原」的人君加以合理的安頓』。這可說是作者最重要的貢獻。

讀者再重述一遍：在現代而思究政治問題，無論如何不能忽略現代統治技術。我們知道，在戰爭中，一件新武器底發明往往結束一個舊時代而開創一個新時代。火器之發明結束了戈矛時代。原子彈之發明開創了兵器上的新紀元。同樣，現代統治技術之應用，使政治上引出許多前所未有的新因素。現代統治技術具有高度的效能。這把利器如果握在柏拉圖所謂的『哲人王』手裏固然可以做點福國利民的事；但是，如果一旦握在尼羅王手裏，便可使整個國家化爲灰燼。有了現代統治技術，現代暴君發揮其惡，十百倍於往昔暴君。但在專制或極權政體之下，有什麼方法能够保險個個國君都『哲人王』啊！這太危險了！因此，面對現代統治技術所造成的新形勢，我們更緊急地需要一個政治上的安全辦法。這種安全辦法是什麼呢？現代人類底智慧和經驗所能提出的，有而且祇有民主政治。有了民主政治，我們就不必躭心出現尼羅王這類底人物了。復次，有了民主政治，則對政治首領『無爲』的要求問題，自然隨之解決。因爲，在民主政治之下，政治首領所能做的事項是那些，在憲法上可以明文規定得清清楚楚，並且有合法的反對黨在野監視着。這樣，憲法規定他只做那幾項事，他想多做一項，便是違憲便是越權；他一違憲越權，天天紛紛，十目所視，十手所指，他立刻陷於孤立，還能容身於天地之間嗎？

所以，作者在這篇文章裏所提出的結論，對於希望步入民主政治的苦難人民，尤其顯得重要。

（完）

（上接第3頁）
承晚的函件，以及最近美國參議院阻止中共進入聯合國的決議，則使我們安心。或者這樣的推測比較穩當：美國可能作若干微小的讓步，而在若干影響未來情勢，以至戰略地位的大問題上，不會完全放鬆。誠如此，則我們敢於斷言：這些微小的讓步，不會使共產集團滿足，祇徒然引起他們的『得隴望蜀』之想，一步進一步的來作無饜的要求而已。誠如此，則所謂政治解決，恐怕祇剩下永遠不解決之一途。所以我們說，美國在板門店談判中的委曲忍讓，充其量祇能換取暫時的武裝休戰。問題仍將懸空在那裏，猶如一個永不收口的毒瘡，而且隨時有蔓延惡化的危險。戰事再度爆發的可能，眞可說是時時存在，處處潛伏。美國爲一時的幻景所欺騙，竟致離開正義立場，究竟是否值得，委實是令人懷疑的。

要補救，也許還來得及。美國是一個富於妥協性的國家，對與韓國問題痛癢無關的英國與印度，它可以妥協，爲什麼獨獨對爲自己的生死存亡而提出正當要求的大韓民國，就不能妥協呢？爲美國計，它儘可藉對付韓國之棘手爲理由，轉向英國等進行說服，至少叫它們少打一些姑息養奸的主意。不然的話，僅僅換俘的執行，就可以在韓國引起不易收拾的騷亂。到那時候，美國眞能夠對大韓民國施以武力的壓迫或竟掉首不顧嗎？我們想，恐怕是辦不到的。換俘協定之輕率簽字，已經是錯誤了。美國不能一誤再誤，即從極端現實的觀點，也必須審慮周詳，考察各種的情勢，預計各種的變化，來決定它的次一步驟。

最後，我們想忠告艾森豪總統一句話，就是不要使民主國家、尤其是亞洲自由民主國家對你今後的領導過份失望！

公職候選人的考試問題

薩孟武

公職候選人要不要考試，狹義一點說，就是民意機關的代表要不要考試。這個問題由人民方面看來，就是人民要取得被選舉權要不要經過考試。所以問題應分爲兩部份來討論：一是人民的被選舉權要不要限制，二是限制的方法是否可用考試。

先就人民的被選舉權要不要限制言之，在民主政治初期，卽在一七八九年（法國大革命）以後，一直到一八四八年（法國二月革命）以前，各國選舉法限制人民的被選舉權常比較其限制選舉權嚴厲。比方法國一七八九年的選舉權：(1)選舉人須年納普通一天工資三倍以上的直接稅，(2)初選當選人須年納普通一天工資十倍以上的直接稅，(3)當選爲議員的人須年納二四五公分以上的銀的直接稅。一八三〇年七月革命之後，其翌年的選舉法還是限制被選舉權比較限制選舉權嚴格，其他各國無不如是，其以教育爲取得被選舉權之條件者亦不少。同年比利時修改選舉法，選舉人雖然必須納稅，而被選舉權則不以納稅爲條件。一八四八年法國發生二月革命，也撤廢被選舉權的納稅條件。自是以後，各國才漸次模倣比利時之制。卽限制被選舉權不似限制選舉權那樣嚴厲。質言之，選舉權雖然受限制，被選舉權決不受限制，何以故呢？各國的學者或政治家都認爲被選舉權本身已經含有「限制」之意。因爲凡人要想當選，須能得到多數人的投票。而要得到多數人的投票，不是他的學問道德受人欽仰，乃是不可能的事。（所以列國關於總統候選人，除年齡外，更不限制其資格）這種見解是否妥當，現在姑且不談。如果有人以爲一般人民未必都有「選賢與能」的能力。那末，問題所在似宜改變，卽不是應限制被選舉權，而是應限制選舉權，一方施行普通選舉，個個成年男女都有選舉權，他方又謂他們沒有選舉的能力，根據之理由爲何，似有充分說明之必要。

次就限制的方法是否可用考試言之。考試之制創始於吾國，最初考試是同國父所說：「以濟選舉之窮」，並沒有把它看做舉士的唯一方法。國家取士，可分三種，一是取其賢，二是取其能，三是取其智。西漢之世，甄別賢不不賢用選舉，絕不叅以考試，如郡國貢舉孝廉是。甄別能不能，用考績，也不用考試，卽依上計之法，考課百官功績，奏行賞罰。縱是郡縣小吏，也得以次遷補，或至二千石，入爲公卿（也許現今，關于「能不能」有方法考試）。甄別智不智，則用考試制度，以濟選舉之窮（先選舉而後再加考試），所謂射策與對策是也。現在民意機關的代表是需要那一種人物呢？擔任那一種職務，便需要那一種人物，所需要的人物，要和所擔任的職務相適應。議員擔任那一種職務呢？擔任「代表民意」的職務，卽把人民的意思表現於政治之上，使政治能够合於民意。這樣，問題就發生了，誰能够代表民意，用考試方法是否可以測驗出來。若眞有方法測驗，吾人不勝歡迎，但須記得，吾國人口有四萬萬五千萬之多！

也許有人說，議員代表民意，而議員能不能代表民意又有兩個前提，一是議員有代表民意的品德，這是不能考試的。二是議員有代表民意的能力，這是可以考試的，但是所謂「能力」是指那一種能力呢？今日民意機關都是立法機關，這樣一來所謂「能力」似宜局限於「立法能力」了，立法能力若以法律知識爲標準，則被選舉權又宜局限於法學院畢業生。若以普通常識爲標準，則如前所言，被選舉權本身已經含有限制「常識人方有當選希望」之意，那又何必再用考試。

固然今日立法工作極其複雜，有經濟立法，有文化立法，有軍事立法，有衞生立法，所以議員宜包羅各方面專家。因之，經過考試之後，認定某人有某種專門學識者，都有被選舉權，固不限於法學院畢業生。這話很對，但尙有三種問題值得注意。一是民意機關表決一種法案，是由全體議員表決，不是由某一種專家表決。全體議員縱令都是各方面專家，但他們除其專攻的學問之外，對於其他的學問也不過只有常識。二是今日各國重要法案均由政府起草。民意機關不過對這政府提出的法案，依普通常識，判斷其是非善惡，而表示贊成或反對之意。三是今日政治是政黨政治，議員候選人由政黨提名，當選之後，其在議會內的發言及表決又惟政黨的命令是從，情形如斯，則被選舉權已經受了政黨的限制。健全的政黨例如吾國國民黨何至推薦沒有常識的人爲候選人，我們似不必擔心。

總之，這個問題不是簡單的問題，也不是單單「被選舉權」的問題，民意機關之性質如何？民意機關之議事程序如何？考試之方法如何？政黨政治之實際情況如何？……均與本問題有很大的關係，專就「公職候選人要不要考試」，提出討論，恐未必能够得到良好的結論。

（四十二年五月在中國政治學會第四屆會員大會演講）

俄國與西方的對壘

湯比教授著
葉雨皋譯

一

西方國家與世界其他各國的對壘已延續了四五百年之久，時至今日，從此種對壘局勢中獲得了重要經驗的不是西方國家，而是世界各國。而且在過去，受到打擊的也非西方，却是世界各國受到西方的打擊。

一個西方人，如果要把握這個問題，首先必須離開西方人的立場，以非西方的絕大多數人觀點，來觀察世界與西方的對壘。世界各處人民儘管在種族、語言、文化以及宗教上各有差異，但倘若一個西方人問他們對于西方人的觀感，則俄國人（按歐美人士一向認俄國屬于東方，和中國人把俄國視爲西方者有別——譯者）、印度人、中國人、日本人、回回以及其他各種民族所給予的回答將是千篇一律的。他們將會說：西方人是現代最先的侵略者，並且他們將會道出遭受西方侵略之個別不同的經驗，而對西方表示仇視。俄國人會提醒西方人：俄國在一九四一、一九一五、一八一二、一七〇九以及一六一〇遭受西方軍隊侵入俄國本土；非洲和亞洲人將會提醒西方人：在同一期間，西方人佔據了地球上最後幾塊人口稀疏的土地，如美洲、澳洲、新西蘭、東非和南非。非洲人將會提醒西方人：他們被西方人奴役，被西方人販運至大西洋彼岸，作爲歐洲移民在美洲的謀生工具，以滿足歐洲人的發財貪慾。在北美洲的原有居民（按指印第安人——譯者）將會提醒西方人：他們的祖先遭受掃蕩，被迫把土地讓予歐洲的侵入者以及追隨他們的非洲奴隸。

這種控訴將會使今日的大多數西方人驚愕、震動、傷感，或者甚至憤怒。自一九四五以來，荷蘭人自覺地撤離印尼，而英國人則撤離了印度，巴基斯坦、緬甸與錫蘭。自一八九九南非戰爭以後，英國人未再有意進行武裝侵略，而美國人在一八九八的美西戰爭以後，也未再有意進行武裝侵略。我們西方人儘管很容易忘記：在第一第二兩次世界大戰中侵略鄰人的德國人是西方人，但亞洲人、俄國人、非洲人對于「法蘭克人」（Franks 西方人的統稱）却不分彼此地一律認爲他們都是西方人。拉丁語有一句名言：「當世界對于是非作裁判時，必定是强詞奪理的。」然而無疑問地，世界對于西方的裁判，在一九四五以前的四百五十年間，的確是公道的。在這一期間全世界的經驗皆是：西方是侵略者。不過，就今日之俄國及中共與西方的關係而言，這却又是歷史嶄新的一頁，其開始係在二次大戰結束之後。俄國與中共所加諸于西方的侵略行動，西方的震驚與憤怒表明了：西方正受到由世界加于西方之痛苦的新奇經驗，正與過去幾世紀來西方所加于世界各國的相同。

二

那麼，什麼是世界各國從西方獲取的經驗呢？讓我們看看俄國的經驗好了。儘管俄國人過去有許多是基督徒，目前依然有許多是基督徒，然而他們從來不是西方基督徒的基督徒。俄國人所皈依的基督教係由君士坦丁堡傳去（即東羅馬正教），不像英國人所信奉的基督教係從羅馬傳去（即西羅馬正教）。基督教東西兩派雖有共同的淵源，可是一向却互不相容，而且彼此敵視。今天俄國和西方之互不相容，說者可能會認爲這是兩者的歷史在宗教方面所延續發展的表現。

大體以言，俄國和西方的關係固然是一個不愉快的故事，不過最初也曾有過一段愉快的階段。在中世紀初期，俄國與西方的生活方式儘管有差別，可是彼此却相處得很和諧。雙方人民相互通商，皇室彼此聯姻。例如英國國王哈羅德的女兒嫁給俄國王子。在十三世紀俄國被韃靼人征服以後，俄國與西方開始齟齬。韃靼人統治俄國僅有一個短期，因爲韃靼人是遊牧民族，無法久留于俄國本土之上。基于韃靼的短期統治俄國，使俄國蒙受長久損失的倒不是韃靼人，而是她的西方鄰人；因爲她的西方鄰人乘俄國削弱之際，向俄國進展，想把俄國合併于西方基督教體系之內，西方勢力伸展至白俄羅斯以及烏克蘭的西部。一直到一九四五年，俄國才收復她在十三四世紀中喪失給西方列强的最後一塊領土。

西方列强在中世紀征服俄國，對于俄國內部生活以及她與西方侵略者的關係上，都發生了嚴重影響。西方國家加諸俄國的壓迫不僅使俄國疏遠了西方，而且也由于俄國人嘗到這一困苦，使俄國人就範于在莫斯科所樹立的本國政權，其代價爲俄國人屈服于專制政體之下，因爲俄國人覺得，如果俄國要生存，她就必須在政治上統一。俄國之新型的專制集權政府，其必然崛起于莫斯科，絕非偶然，因爲莫斯科的位置恰恰在由西方侵入俄國的孔道上。一六一〇波蘭人侵入俄國，一八一二法國侵入俄國，一九四一德國進攻俄國，全採取這一路線長驅直入。自十四世紀初期以來，專制與中央集權就一直是俄國政權的主調。這種俄羅斯的政治傳統，或許俄國人本身對它的厭惡，正和西方鄰人對之不感興趣與驚懼相彷彿；可是不幸得很，俄國人已學會了安于這種專制，這可能一半由于習慣，但是毫無疑問，另外也因爲他們感覺：這是他們避免被西方鄰人征服之不得已的辦法。

俄國人對于專制傳統的馴服態度，在今天自是西方人所難于瞭解的一個主要問題，因爲大部份西方人覺得，獨裁是叫人無法忍受的社會禍害。我們西方人以驚人的巨大代價，打倒了在西方冒出頭來的法西斯和國家社會主義的獨裁形式，對于俄國式的獨裁——不論叫做沙皇主義或是叫做共產主義——我們同樣地感覺深惡痛絕而疑懼。我們不願這種俄國式的獨裁傳佈，特別使我們關切的是，西方人的自由理想所遭遇到的危機；爲了這個緣故，我們現在全力作歷史上「自土耳其人第二次于一六八二—八三圍困維也納以後」之第一次的保衞戰。目前對于二次大戰以後西方受到俄國之威脅的焦慮，我們相信是有充份理由的。同時，我們也必須警惕到：不要使一九四五以後之俄國與西方的關係，再反過來使俄國重受西方的侵略，以致重蹈以往的覆轍。當我們以歷史學家而不以新聞記者的觀點審視俄國與西方的抗衡局勢，應該記取一九四五以前幾百年的教訓——俄國當時有同樣理由憎恨西方，正如今日西方之憎恨俄國。

自十三世紀到一九四五年間，俄國經常處于西方威脅之下，在西方工業革命發生以後，此種威脅更日見其嚴重。（這種工業革命的狂潮一直延續到現在，並且尙無任何減退的跡象。）

當西方應用槍炮時，俄國效法西方，並在十六世紀應用這種西方傳去的武器在烏爾加山谷戰勝了韃靼人，在西伯利亞及烏拉爾區域戰勝了較原始的民族。但在一六一〇年，當日西方軍火優勢使波蘭人佔領了莫斯科達兩年之久，同時瑞典人也藉軍火優勢使俄國在芬蘭灣被剝奪了出口。俄國對于十七世紀中這種西方侵略行動的答復是：全盤模倣西方工業技術，並模倣與西方工業技術不可分的西方生活方式。

在十七世紀進入十八世紀之年代間，由一個偉大天才人物——彼得大帝以命令方式加諸俄國的從上到下的工業改革以及與之相輔而行的社會改革，成爲俄國政府專制集權的特色。就整個世界與西方關係言，彼得大帝不僅是俄國關鍵性的人物，而且是其他一切國家關鍵性的人物，因爲彼得是一位專制的西方化的改良者之典型人物；在過去兩個半世紀中，他以强制的辦法鍛鍊西方以外的世界，用西方武器抵抗西方侵略，從西方控制全世界的局勢中，將世界挽救了出來。土耳其的蘇丹三世、謨罕默德二世暨凱末耳總統，埃及的莫哈莫特、阿里，以及在十八世紀六十年代使日本西方化的元老重臣們，全是有意或無意地踏着大彼得的足跡。

彼得所發動的俄國與西方之工業競賽，現在依然正在進行。俄國在這一競賽中一直無法喘息，因爲西方在不斷地作嶄新的衝刺。例如，彼得以及他的繼承者能在當日使俄國與西方並駕齊驅之程度，只不過僅能在一七〇九年擊敗她的瑞典侵入者，一八一二年擊退法國的侵入者；但十九世紀的西方工業革命再度將俄國拋在後面，因此在一次世界大戰中，俄國像早年被波蘭人與瑞典人所擊敗一樣，又被德國擊敗。現在俄國共產政權的建立乃是一九一四—一七沙皇帝國被西方工業技術擊敗之結果。自一九二八至一九四一，共產政府一切從新做起，又執行彼得大帝早在二百卅年前所執行的措施。

就俄國近代史說，目前的獨裁統治者係第二度用强制的方法，努力追趕第二度較她佔先的西方工業，而斯大林獨裁式的技術西方化之計劃，在二次大戰的考驗中，終于證明了它的正確性。俄國共產政府的技術改革在二次大戰中擊敗了德國侵略者，正如大彼得的技術改革在一七〇九擊敗了瑞典侵入者，與一八一二擊敗了法國侵入者。當一九四五俄國從德國佔領下完成俄國本土之解放後幾個月，當時的俄國西方盟邦—美國—在日本投下原子彈，這件事宣佈了西方第三次工業革命的發生。所以在今天俄國人第三度作强制的努力，企圖追趕第三度將俄國拋在後面的西方工業。俄國與西方間這樣永遠互相追逐的競爭，其結果尙有待于未來才能揭曉，但目前擺明 的事實則是：這一技術競賽使前此分屬兩種基督敎的集團底關係，今天又陷于嚴重困擾之中。

三

所謂現代的工業技術，就字源說，不過是古希臘人給予一包工具的名稱而已，可是我們得問問我們自己：在這一競賽中作爲攫取權力之用的工具，又將是些什麼工具呢？顯然，一個發動機，或是一桿槍、一架飛機，或是一顆原子彈都同樣是這一目的的工具。但一切工具不全是物質的，另外還有精神的工具呵。而這些精神工具是人類所造成最有威力的工具。例如，一種信條可以作爲工具。在俄國與西方自一九一七年開始之新的競賽中，俄國人將他們的信條投入比重，以對抗西方競賽的物質工具，其情形正如羅馬人從高盧人獲得解放的故事相彷彿。

所以，共產主義是一種工具，而這種工具也像槍炮、飛機、原子彈一樣，發源來自西方。要不是由「生長于萊茵河而度過其大部份生活于倫敦以及曼徹斯特的馬克斯與恩格斯」兩位發明了共產主義，共產主義絕不會成爲俄國現在的官方思想信仰。在俄國人的傳統中絕沒有引致俄國人爲他們本身發明共產主義的東西。如果不是西方有了「現成貨」的共產主義，他們連做夢也想不到共產主義，更談不到加以應用並發動一九一七年的革命了。

俄國除了從西方傳去工業技術，又假借西方的思想意識，作爲對抗西方的工具。從一九一七年以後，布爾什維克使俄國在歷史上有了一嶄新重大的改變，這就是俄國第一次從西方借用思想信條，而且特別因爲這一信條恰好適合俄國，用作反對西方之精神戰爭的武器。西方是共產主義發源的地方，但這一新信條被視爲邪說異端。對于西方社會，共產主義可以算是一種批判；因爲號稱基督敎社會的西方不能在經濟與社會生活方面遵照基督敎教義而生活，於是共產主義對西方生活方式加以控訴。自然，作爲西方之敵對者的俄國就正好利用這一精神武器，以之反擊西方了。

俄國有此一精神武器在手，她就可能用精神飛機將戰爭帶至西方國土之內。由于共產主義本是西方不安心理的產物，則當俄國以宣傳手法將之幅射回到西方世界之內時，它就能對西方人的不安心理發生號召作用。因此，就西方世界的歷史言，目前是西方自第十七世紀來受到回教潮流之冲襲後，又一次發見在內部受到精神分化的威脅，其情形正與從外在受到的威脅相同。共產主義在西方本土削弱西方文明根基的威脅，已證明了較諸一切可能的反西方的物質武器，更爲有效。

另外，共產主義將一部份中國人以及其他若干地區的大部份人也帶進了俄國範圍之內（這些人既不屬于俄國，也不屬于西方）。我們明白：爭取這些中立份子之鬪爭的結果如何，可能對于俄國與西方全部鬪爭的結果有決定性作用，因爲這些既非俄國也非西方的大部份人，在俄國與西方爭取世界霸權的競選中，將證明具有決定性的選票。對于遭受壓抑的亞洲人、非洲人以及拉丁美洲的農民，今天共產主義可以作雙倍的號召，而這些人所接受的共產主義，却實在是俄國指使下的宣傳。

俄國代言人可以首先對亞洲農民說：「如果你們倣效俄國，共產主義將給予你們站起來反抗西方的力量，像共產俄國今天已經站起來反抗西方一樣。」共產主義對于亞洲農民的第二個號召爲：私有企業家們既不能，縱然可能也將不會，消除在亞洲國家中富有少數與赤貧多數間之極端不平等，惟有共產黨才能做到。而且共產黨宣傳說：他們能在自我毀滅的原子世紀中貢獻人類以惟一的出路，可以達到人類的團結一致。所以共產主義不僅對于不滿現實的亞洲人具有號召作用，並且對全人類都起號召作用，確是不足爲怪的。

就表面上說，在俄國與西方的對壘中，西方人以爲俄國在精神方面的主動作用（縱使不是技術上的領導）在目前已成過去，然而西方人還是不應忽略這一問題，因爲俄國所採用的這一源自西方的異教——共產主義，是一種偏狹、指導錯誤、引起災害的主義與生活方式。神學家應認爲：這位旁門左道的大師——馬克斯——已經造成了文化上邪說的錯誤，並且摧殘了道德傳統。馬克斯僅僅看到傳統有改革的必要，他却沒有顧計一切其他方面的考慮，因此，他所配製的改進藥方却比疾病本身還要更壞。

俄國從西方採取了異端邪說的所謂共產主義，並且用一服反西方的瘴氣將它再幅射到全世界，目前雖獲有操縱主動的成功，但這並不表示共產主義終久必然盛行。在非馬克斯主義者看來，馬克斯的眼光似乎過于狹隘而歪曲，實不足以證明能永遠滿足人類的心靈。同樣地，共產主義目下的成功似乎已預定了它的凶兆。共產主義所告訴我們的不過僅僅是：西方與世界現在正從技術對抗的階段走向精神對抗的階段而已。

（譯自美國一九五二年三月份 Harpers 雜誌，本篇原題爲 Russia And The West）。

徵稿簡則

一、本刊歡迎

(1) 凡能給人以早日恢復自由中國的希望，和鼓勵人以反共勇氣的文章。

(2) 介紹鐵幕後各國和中國鐵幕區極權專制的殘酷事實的通訊和特寫。

(3) 介紹世界各國反共的言論、書籍與事實的文字。

(4) 研究打擊極權主義有效對策的文章。

(5) 提出擊敗共黨後，建立政治民主、經濟平等的理想社會輪廓的文章。

(6) 其他反極權的論文、純文藝的小說、雋永小品、木刻、照片等。

二、翻譯稿件務請寄附原文。

三、投稿字數，每篇請勿超過四千字。

四、來稿請用稿紙繕寫清楚，並加標點。

五、凡附足郵票的稿件，不刊載卽退囘。

六、稿件發表後，每千字致稿酬新臺幣四十元至五十元。

七、來稿本刊有刪改權，若不願受此限制，請先說明。

八、惠稿一經登載，版權便爲本刊所有，非經同意不得轉載。

九、來稿請寄臺北市和平東路二段十八巷一號本社編輯部。

西班牙的政經狀況及其戰略價值

Andre Visson 作
熊 望 權 譯

美國現在有了一個新的軍事同盟國——西班牙，她正在走向參加大西洋的防衛之途。美國可以運用她的海空軍基地，而以擴充對她的軍事和經濟的援助作爲酬報。

這不是表示佛朗哥將軍統治下的西班牙是在變成一個民主的國家，也不是表示美國人在贊同她的集權政體。這祇是顯露着：在這個世界上，有一種强大的、恣意的侵略力量，現在正威脅着一切其他不同於他們政治體制的國家——如自由競爭的美國，社會主義的挪威，極權的西班牙，和共產的南斯拉夫。美國和西班牙，已經認識了他們共同的重大的利害關聯。

西班牙處在一個特殊的位置。巍然高聳的比利牛斯山，把她和歐洲其餘的部份分開了。西班牙的歷史，也有助於加重這種隔離。

西班牙是僅有的一個在亞拉伯人統治之下幾乎經過了八個世紀的國家。她是第一個發現廣大的新大陸的國家，並統治一個「日不沒」帝國過了三百年。她是倖存在一個瓦解的帝國後的第一個近代化的國家。在歐洲各國宗教改革的風暴裏，她又是唯一的一個未被波及的國家。她是西方各國中最後經歷工業革命的國家之一，現在她只有輕工業。同時，她還有一個悲慘的特點，就是：她是在她國土上的一場近代最殘酷的內戰之中，第一個經驗到蘇俄武力干涉的西方國家。

這種獨特的歷史，產生了一個以勇敢的士兵、好戰的僧侶、尊榮的貴族、和勤勞的農夫來誇耀的國家。作爲每一個民主政體核心的中產階級，現在在西班牙雖然正在安穩的成長之中，但在她二千八百萬人口之中，仍舊只構成一個少數。

這種特殊的社會構造，對西班牙現行的政體，說明了大部份的理由。在這個政體之中，佛朗哥將軍擁有至高無上的權力。內戰之後，在一九三九年，軍隊取得了領導的地位，得到了大部份教會的支持，得到了在中產階級中那些被納粹和法西斯政體所影響的分子所支持。他們相信：以一種組成在極權主義之上的新的合作的社會，以代替任何地區的民主政治的時候，業已到臨。

在西班牙內戰最後的一年，蘇俄的代表和他們共產主義的同路人，在西班牙境內，從贊成共和政體論者那裏，接收了很多發號施令的場所。這時，很多自由主義者，相信可能和共產主義合作。但是，依照後來在捷克所發生的情形看來，我們可以想像西班牙如與共黨合作會產生怎樣的結果？在地中海畔的歐洲，竟有一個共產主義的西班牙，那種後果如何，是不難想見的。所以我們說：佛朗哥將軍的勝利，在西方防衛共產主義上具有貢獻，將不是誇飾之詞。

十四年來，佛朗哥政府已經忍受了很多艱苦的試驗：第一件，在世界大戰中，她的精神上的同盟國失敗了。第二件，大戰時，西方民主國家，都和她斷絕了邦交。第三件，連續幾年鬧災荒，農作物歉收。但是她都一一的熬過去了。

這，大部份是由於佛朗哥將軍巧妙的政治手腕。在第二次世界大戰之際，他沒有隱藏他對於軸心國家的同情，派遣了他的志願軍到德國的東線協同德國去攻打蘇俄。但是，無論納粹如何壓迫他，他堅決的保持了西班牙的中立，這樣，無形中使得美國人很容易的登陸北非。

在國內，佛朗哥將軍恢復了在一九三一年已隨短命的共和政體而去的君主政體，而使王位虛懸。同時，在他的政府的三種主要的支持者——軍隊、教會、法藍赫黨——之間，操持着一個維持均勢的權柄。

軍隊已經成爲政府的支柱，不管待遇如何低微，——一個將官每月收入九十美元，一個士兵全年收入只有五美元。——却仍舊是忠心耿耿。同時，教會和法藍赫黨，却又能預防牠使不致變成一個唯一的力量的泉源。

法藍赫黨，在內戰不久以前成立，現在是政府的先鋒和主要的政治上的支持者。牠是意大利的法西斯黨和德國國家社會黨的翻版，他組織了並繼續掌握着西班牙的工人聯盟。西班牙的地方首長，在他各別的省區之內，有充分的權力，他們都是從法藍赫黨中選拔出來的。不過，這個黨的地位，却沒有從前法西斯和納粹在意德兩國那樣堅强。而且法藍赫黨，在今天已經比十年前更爲軟弱了。牠現在的作用，是權力的手段多於權力的來源。

教會，是在西班牙最早建立的一種勢力。西班牙人民大多數都信奉天主教。他們沒有忘却在內戰之時所發生的焚燒教堂和暗殺僧侶等事。他們感激佛朗哥政府，把被共和政府所剝奪的自昔相沿的教會特權，逐漸重新建立起來。當教會和政府密切合作的時候，常堅持着牠的特權。甚至毫不猶豫的和法藍赫黨爭論西班牙的青年教育，並公開向社會的裁判求援。

西班牙人是一向關心他們的自主的。有時，佛朗哥還以行動向外界誇示這個特點，在西班牙和希特勒德國合作的時候，佛朗哥政府曾經調停過那些生活在法國和其他被納粹佔領國家內的西班牙世系的千萬個猶太人的利益。

西班牙從前曾和阿拉伯國家有過猛烈的長期的戰爭，但是，現在他們的關係是和協的。事實上，她將變成阿拉伯國家的擁護者。很多西班牙人，在回憶到西班牙的柯爾多達、格那拉達和托勒多三地曾經是阿拉伯文化的大中心時，都感到驕傲。

西班牙人是富於熱情的個人主義者。在西班牙，詢及關於在野黨的時候，佛朗哥內閣的宣傳部長，詼諧的回答說：「有二百八十萬政黨和政見在西班牙」。實在的，西班牙有各種各樣的在野黨，從立君主義者到急進份子，無不具備。他們猛烈的反對政治、經濟和社會的措施。但是，除了共產黨以外，他們都一致的不希望看見西班牙經過另外的一次內戰。就是因為恐懼內戰，纔使得大多數意見不同的西班牙人統一了。

西班牙的「在野黨」，不能藉印刷或廣播發表他們的意見，不過，在他們的家庭或公共場所之內他們可以並實行表示他們的批評。在西班牙的旅行者除了遇見一個守口如瓶的人之外，他會驚奇的聽到自由表示的政見。

佛朗哥將軍的政府很有自信心，認為不必作任何的努力，來把西班牙隱藏在任何的「幃幕」之中。隨便那個美國人，想到西班牙去旅行，不管他是去觀賞風景和藝術的珍藏也好，或者去研究她的政治和經濟的情況也好，都會很容易的如願以償。美國人，無論他對西班牙政體的意見如何，沒有一個不為大多數的西班牙人的善良的品格、友好的態度和對美國人親善的情緒所深切感動的。

現在，我們能期待着西班牙人對大西洋防衛有什麼貢獻呢？她對我們的要求又是些什麼呢？

一看地圖，便充分的顯示出西班牙有如進入北非之橋和進入地中海之門一般的極大的戰略價值。在大西洋畔的加迪斯城，可以改成一個頭等的海軍基地。在地中海畔的加爾他赫拉港的用處，也可以予以擴張。同時，西班牙又可貢獻最優良的空軍基地。這些地方，和現有的北非的基地，以及將在法德二國建立的基地，將是一個自然的環節。事實上，有三個較優和幾個次等的空軍基地，正在西班牙計劃建立。由此，我們可以看出，美國陸軍參謀長柯林士為什麼說西班牙在西方防衛計畫之中有着重要的關鍵了。

西班牙作為一個軍事同盟者的價值，並不限於在地理上的地位。西班牙全部可用的人力，大概是二百萬人。她擁有一枝四十萬戰士和二萬五千個受過優良訓練的現職和非現職軍官的大軍。西班牙的軍隊，是以勇敢著名的。但是，她需要現代化的武器和裝備，尤其是需要重武器。

她的海軍，有二萬四千名官兵，配置在六艘巡洋艦之上，大概有三十艘驅逐艦，六艘水雷敷設艦，和八艘潛水艇。大部份艦艇都是陳舊的。但是西班牙有良好的海軍工場，假如她可以獲得更多的鋼鐵的話，她就可予以運用並建造新艦艇了。

西班牙的空軍軍力，大概有四萬名官兵。但是，九百架飛機中，大部份也都是陳舊的，靠近色維列城，有一個飛機工廠，假如給予充分的器材，每年可能生產出一千架飛機。

此外，西班牙可以供給戰略原料。她是世界上水銀的出產量最多國之一。她有很豐富的鎢鐵鑛石，是製鎢的原料，而鎢可用以硬化鋼鐵合金。除此之外，她還有銅，有鐵，有琉黃。

內戰遺留給西班牙一千五百萬人的傷亡，和鉅大的經濟損失，第二次世界大戰，使她難以向國外購買對她復原所不可缺少的物品。數載的天乾和歉收，加劇了她經濟的慘狀。不過，在近十年來，她已有相當的進步，雖然農作物生產的指數仍舊很低，但是，她的工業生產，已經提高了百分之六十一。十萬零四百處公共場所和私人房屋，已在一九四五到一九五零年間建築起來了。現在，比在一九四零年時，多了一萬四千所小學。

西班牙要解決她的經濟問題，仍有一段漫長的路程。對她而言，極盡樸素，並不是大戰時的現象。可以說：自從西班牙帝國消失之後，大多數的西班牙人，便生活在黑暗之中。她的內戰，只不過是加甚了古舊的情形而已。

西班牙最迫切的需要之一，是為人民生產足夠的麥子。曾有十年之久，她每年增產六十萬噸的計畫，都沒有成功。不過，去年的收穫，却是空前的豐盛，不但足夠，而且有剩餘；現在，她正從事擴大灌溉的計畫，企圖增進她農業的收穫。這是一個代價很高的設計，要經過多年纔得成功。美國牽引機車和機械農業方式，科學肥料和除蟲粉，可以助她實現，直到新的灌溉工作完成。

西班牙也需要更多的電力，以擴張她的陳舊的工業，並建立一個新的生產體系。農工業的擴展，會大大的加強西班牙的中產階級。過去十年中，中產階級，已經有了長足的進展。

佛朗哥將軍是一個行伍出身的精明的政治家，同時，對經濟因素的重要性，他又是一個極其敏感的人。在靠近聖色巴斯顛的他那個避暑的地方，我和他作了二小時的談話，那次談話中，這位西班牙的元首，談論經濟的時間，和談論軍事的時間一樣多。他說：

「整個世界，歐洲也和亞洲一樣正在經歷巨大的變動。大戰和現在世界上的緊張局勢，是變動的結果，而不是變動的原因。根本的原因，是全世界的人，都希望改良生活狀況。在美國，你們已經非常巧妙的對付了這個變動的結果。我希望我們也能這樣。由於美國幫助着世界上的國家，使他們達到正當的經濟和社會的希望。進而適當的組織她們以共同防衛。這樣，便可避免一次新的世界大戰。」

（譯自 Reader's Digest）

西德通訊

殺害東德人民的特務頭子

奥　挺

蔡塞爾 (Wilhelm Zaisser) 這個人不僅其他國家的人士對他毫無認識，卽在西德，他的名字也是相當陌生的。但他却是在東德最握實權，在莫斯科叫得最響的紅人。東德兩千萬居民之中，除去柏林政治局的十四人以外，對任何一人，他都操有生殺予奪的無上權柄。他的嘍囉可任意逮捕、拷打及槍殺人民。五萬以上的善良老百姓已經瑯璫入獄，或在集中營裏做奴工。他負有消滅東德一切反抗力量，及使東德成爲蘇俄進軍西歐基地的任務。他不作聲的、澈底的、毫無顧忌的執行着此一任務。

蔡塞爾卅年來，一直爲克里姆林宮效忠。他善變多謀，曾經以半打以上的化名，在德國、西班牙、中國及其他國家擔任過組織、間諜及製造暴動的工作。莫斯科的嘍囉中是再也沒有別一個比他在世界各處興風作浪的更多了。史太林爲嘉獎他，曾賜給他榮譽國民的尊榮。這個「光榮」在東德是絕無僅有的。

他坐在東德國家治安部 (S.S.D.── Staatssicherheitsdienst 之簡稱)窄狹的辦公室內，指揮着一支龐大的秘密警察，此一機構是完全以蘇維埃治安部爲藍本組織的，部內所用的人員，全部是蔡塞爾遴選的篤信共產主義的黨徒，他們享有特殊的優待，但也還受着另一組織的監視，只要有絲毫越軌的行動，馬上就會「失踪」。

S・S・D直像是國家中的國家，人民警察的崗室內有它的人員，高等法院政治處內也有它的代表。擧凡與其統治有稍微不利的案件，普通法院皆無權過問。檢察官提出公訴，人民法官審定案件，也都要聽命於S・S・D。看守監獄及集中營的責任同樣也落到S・S・D肩上。他擁有五萬以上的特務，擔任監視居民檢查郵件及調査戶口等任務。

要想在S・S・D中官運亨得通，最基本的條件便是殘忍。蔡塞爾曾說過：「假若某人不忍心親手把一人打死。在領導的階層裏我是不要他的」。要曉得這句話是眞的，只要觀察一下每日由東德逃往西柏林的難民羣便可一目了然了。他們心中的餘悸猶存，聽到些微嘈雜的聲響便嚇得渾身打顫；有些人因受刑過重，走起路來還不能自如。不少人若不是鼻部受傷，便是瘸了腿或斷了手指，這都是屢見不鮮的。

某次，在西柏林難民登記處，一位鐵路職員報告說：「一天我同幾位友好，在酒吧間談話，說到選擧的事情。我說：只有一個候選人，還美其名曰『自由選擧』，眞是滑天下之大稽。當晚，S・S・D的人員便把我拘捕。我共嚐了六個星期的鐵窗生活。八個人被關在一間僅容兩個人的房間內。最可怕還是那每日一次的疲勞審訊。他們堅說我是屬於『反動派』的，我始終予以否認，他們不相信，重重鞭笞我，叫我自白。不得已，我只好簽字說自己有怠工的罪過。其實這是根本沒有的事。不過謝天謝地，他們總算把我釋放了。」

流亡西德的法學專家們爲幫助尙在東德受難的同胞組織了一個「自由律師協會」，他們記錄出成千成萬的供述，準備向聯合國控訴。其實在這些報告中，蔡塞爾所用以磨折人民的方式還是極輕的。關於監獄及集中營裏的情況，自由律師們也有頗爲詳盡的報導。倘若不是他們有那麼千眞萬確的證據，眞令人難以置信。在Waldheim監獄中的八千個被捕者，一九五一年由於營養不足和疾病而死亡的竟超過七百多人的數字。此外，S・S・D還依照蘇俄M・W・D的需要强迫遣送大批勞工到蘇俄去做苦役。

去年夏季一個月內，出走鐵幕奔向西德的人竟達一萬三千餘人。爲遏阻東德人民逃亡，蔡塞爾於是下令在東西德交界處，設立所謂「死亡走廊」。在這一帶形地區以內，所有樹木及住宅都被除折一空，此外尙每隔不遠便設一瞭望臺，只要發現絲毫移動之物，人民警察便開槍射擊。

雖然蔡塞爾有如此大的權柄，而他仍舊愛從事地下工作。他說：「我就是愛在幕後工作」。這正是他所不同於東德其他權要的一點。

有時若因職責的關係，必須出席某種集會，他也參加。雖然他身材魁梧，而他總設法不惹人注目。在可能範圍內，他常及早退席。倘若有時他必須演講，他也不像其他大員一樣，發表什麼高談闊論，滿口的共黨八股。某次，一位同事質問他，爲什麼總不說歌頌史太林的言詞。他譏諷的回答道：「這個讓那些無事的人去做吧」。接着他又加上一句「這樣的事莫斯科是知道的。」

一次，政治局開會的時候，副總理葛羅太窩 (Grotewohl) 想以長官的資格，給蔡塞爾點指示。蔡塞爾不予理會，擺着頭，面對天花板發呆。當他聽得不耐煩時，便轉過他那巨大的頭顱，以那可怕的「蔡塞爾目光」釘住葛羅太窩說：「副總理先生，容我給你上個建議嗎？」葛羅太窩也只有嚇得左說一個是，右說一個是，不能奈他何。

蔡塞爾在第一次大戰時，曾充當步兵中尉，戰後回到故鄉埃森(Essen)卽加入正在成長中的共產黨。一九二三年震驚世界的魯爾工業區的勞工暴動事件，便是他策劃的。一時他成了鼎鼎大名的「魯爾河畔紅色將軍」。他以裝備惡劣的勞工隊，曾經使政府軍疲於應付。最後蔡塞爾雖被政府軍俘獲，但他仍能以那神通廣大的本領，逃出監獄，到蘇俄去進了紅軍大學深造。

(下轉第29頁)

筆尖

師　範

經驗是沒有用的。人，總常常重複他自己的錯誤。

自從上次被那位表叔用任何人都能聽得出來的，那拒絕他借錢的三言兩語送出了大門以後，明之會發誓絕對不會再去承受那種令人無法忍受的難堪。然而肚子問題使他不得不厚着臉皮再一次的去作那個有辦法的表叔家裏的訪客。明知是沒有什麼希望的，可是總還是一個希望，因爲上一次辭別時，表叔曾經向他說：「我一定放在心上，過些天有了消息，我就通知你。」所謂消息，當然就是職業。

他慢吞吞地，簡直有點猶豫而羞愧的在路上走着。他走前一步，心裏就重一點。問題在這裏：白走一趟到沒有什麼關係，祇是如果仍舊像上次那樣，那麼他簡直要無地自容了。表叔會想，上一次不是就已經給你以暗示了嗎？怎麼那樣不懂人情世故，還特地再趕來討一次沒趣？想到這裏，他的心跳了起來而幾乎使他停步下來。但又有什麼辦法呢？在從前，自已一個人，一天一天的怎麼也比較容易打發。可是現在就不能再這樣有一天靡一天的拖了。明華戴上了學士帽，可也跟着得離開學校。自已進了社會這麼些年了，還落得個這個樣子，新出來的自然不會比他更容易些，何況她在學校裏也不是讀的吹牛拍馬與交際。飯是要吃的，可是奬學金却不能變成年俸跟她走出校門。在臺灣，他們可一共祇有兩個人。年輕人雖然常常把空想叫作理想，追求眞理的信心到還足够堅定。因此也就爲了這麼一個神聖而害人的名詞，就在魔鬼能抓住他們以前，帶了滿懷的熱誠與希望到了這裏，一切的後果在所不計：祇求獲得一個自由之身。可是現在，免於恐懼的自由得到了，却面臨着另一個難題：處於匱乏。

這種匱乏不像太平洋彼岸人士在豐衣足食以後謀求更高生活水準的「匱乏」，而是根本不能解決最低限度的吃飯的問題。三七五減租成功了，公地放領了，限田政策也快開始了，農民的生活水準由吃紅苕白薯而逐漸開始改善是明顯而又確實的事。可是他們都是有根的。雷馬克的話不錯：無根而能生活，才是最勇敢的。要沒有根的人憑自己的想法來實踐一個理想，或者僅是最低限度的生活問題，這簡直是一個笑話。雖不能說是根本不可能，却至少也是相當的困難的。而偏巧他們那一點本錢又是那樣的英雄無用武之地：自己是學畫的，妹妹又讀的是文學。這種被一般「人」目爲莫名其妙的「學問」，在承平時代就已經給大人先生們論斤計算，整躉批發來消遣一番的東西，到了今天活命要緊的動亂之時，就根本一文不值了。不管你自己怎麼覺得不入俗流，但別人却無法願意對你這種高尙的興趣作令人可笑的尊重。而更使人氣憤的是，臺灣的畫展却越來越多了，阿貓阿狗都來一次，反正每人都有一批大陸丟在他們手上的那些在野官僚與「名流」們來捧場。——人，還不是你捧我我捧你那麼捧出來了？明明知道出名與成名是兩回事，可是就說像要變成一個名妓吧，也是不容易的：不管是出什麼名，出名終究是出名了。

哥哥在想繪畫界的醜態，妹妹却發文學界的牢騷。「文學」作品是越來越多了，三字兩字亂加分行，病囈似的斷句說是叫做詩，無病吟呻，堆砌一些連自己也覺得肉麻、甚至攪不淸的名詞稱之爲傑出的散文，以及專談酒與女人的傳奇，青筋暴漲硬把口號滲入文章的「小說」，報屁股上千篇一律，莫名其妙的短雜竟出之於許多自認爲大師之手。文藝可以宣傳，但宣傳品畢竟不能稱之爲文藝。然而他們却硬要這樣去做，結果這混合物塑成了四不像，然後在讀者眼睛的過濾之下，宣傳仍是宣傳，詞句仍是詞句的分得淸淸楚楚。因此她曾向哥哥說：「不管我們怎麼不喜歡林語堂那種尖酸刻薄如其人的文章，但我們却不能不承認他那『喜歡××，不喜歡××家』的明晰的分判。現在我們有了畫「家」，但沒有了繪畫；有了音樂「家」，但沒有了音樂；有了文學「家」，但沒有了文學：目前我們的「家」以及自認爲「家」的人太多了，所以沒有了一切。

可是即使兩人的想法相同，明之却仍不能回答妹妹與他自己的疑問。一個簡單而又明顯的事實在這裏可以證明，那就是：經驗是沒有用的。錯誤已經有了足够的經驗，但人們不是常常重複他們自己的錯誤嗎？如果說這句話是否定的，那麼他爲什麼又要去他表叔的家？

腦海裏盤旋着這些與事實大相逕庭的理論，脚步倒還沒有摸錯路（人們是有他們受慾望支配行事的本能的）：想着想着，表叔家的大門已呈現在他的面前了。

他在這門口站定了下來，遲疑了很久。他想他祇要把手向那個電鈴上一按，他就會在幾分鐘以內再得到一次十分可能的難堪。而到現在爲止他仍可免受這場自討沒趣的奚落與白眼：如果他願挨餓，或是目前不致挨餓的話。

但正因爲這個原因，他才顫抖地把手指向電鈴揿了下去。

侯門深如海這句話對他到還並不十分適用。第一、他終究是這座房主的表姪，儘管一表三千里二表六千里那樣的推算也好，他總是一個親戚，即使表叔心裏討厭他，表面上祇少也得敷衍他一下。第二、要是表叔多吃幾年墨水而是個官，即使是一個最起碼的科長也行，那麼也許表叔還可搭個臭架子，用一間廁所做傳達室，可能還養條狗擺擺威風。可是恰恰表叔又祇在一個私塾裏讀了幾年之乎者也，到抗戰以後才不知怎麼的「陡」起來了，自己心裏有數：這個表姪至少墨水就比自己多吃十幾年，除了衣服破舊一點以外，儀表談吐都不毋自己的台。第三、就事實上來講，臺灣的西洋式建築既少，這位表叔也還不够住洋房的身份，祇頂了一幢日本式的塌塌米平房，大門既不高，從大門到房子的距離也不算深。所以門開了，他到也很快的被下人們招呼進去。

「明之，你很久沒有來啦，」表叔給他遞過去一枝煙，幌着那肥碩的腦袋問他：「現在在那裏做事？很忙吧？」

表姪搖了搖頭，這也許是表示不會抽煙，也許是表示還沒有找到事，也許兩者都有。

「沒有工作。」他沉默了一下，終於抬起頭來回答了表叔：反正是來承受難堪的，又怕什麼難為情呢？

「還沒有找到工作？」表叔幾乎跳了起來。他一面縮回給表姪遞煙的那只手，一面替自己點上煙，「那麼為什麼不早來看我？」他弄熄了打火機：「咳，我還以為你找好了事在忙着哪！……」

越是狡猾的人，越是會說風涼話。明之知道這又是一個花樣的上文。因為下文表叔就可以說「你為什麼不早來？給你找到一個事又不來，以為你有了事，就回絕了人家，如今祇好再等下一個機會了」的話。明之虧吃多了，多少也懂得一點巧妙敷衍的世故：表叔一定會這樣作結論的。

「我怕老是打擾您不好意思，」於是他準備了「拂袖而去」，所以諷刺地截斷了對方的話：「是不是有一個機會，可惜我來晚了？」

表叔搖搖頭。——這倒使他莫名其妙了。

「還不晚，」表叔噴出一口煙來：「有一個很適合你興趣的機會，不曉得你願不願意做……」

明之簡直嚇了一跳。馬上有職業可就這件事是他沒有想到的，儘管他希望如此。他曾想有一天會找到一個職業，因為他已失業很久了，他需要一個職業，但沒有想到會有如此之快，而且又是「很合適」自己的興趣的。有時候太早的幸運也會使人手足無措。還管他合適不合適？祇要有工作可做，有錢可拿，什麼工作都做！

「當然願意。」於是他問道：「合我的興趣？什麼工作？」

「是這樣的，」表叔從下女手裏接過一杯茶來呷了一口：「一個朋友辦了一個廣告公司，要一個會畫電影廣告的人，我想你到很適合：你是畫畫的吧？」商人不懂什麼應用美術等等名詞，問他是不是「畫畫」的。

明之點了點頭，心裏可有點不自在。儘管說現在人浮於事，找職業困難，而且自己是學畫的，圖案畫當然不成問題，油畫又是本行，水彩也不差。可是表叔的語氣與本意却明明把自己看成一個匠人。建築房屋用泥水匠，沒有情感的鋼琴彈奏者是鋼琴匠，畫廣告畫，當然是畫匠！不過這一瞬的思維過後，吃飯問題又來拉他的耳朵：算了吧，飯還沒有得吃，還計較這些幹什麼？普式庚也會給尼古拉當過侍從，米蓋朗基羅還不是一個御用的雕刻匠？自己又算得什麼呢？沒有飯吃的時候，做些憑本領換飯吃的工作也沒有什麼丟臉。古人說「窮且益堅」，又說「貧賤不能移」，那是指心性。祇要心性堅定不移就是，工作的性質又何必去計較呢？而且，這總是一份比較合適的工作。

「是的，」於是他愉快地回答：「不會有問題吧？」

「我介紹你去，還有什麼問題？」表叔笑了起來：「不要說一個，就是兩個也成。」他隨便地問道：「對了，明華畢業了吧？」

「她今年暑假剛畢業的。」明之的臉上也開朗了起來，講話也漸漸的恢復了原來的音調，——他剛才下意識地有點結結巴巴呢！

「那麼得找個事嘍。」表叔關心地問：「有了事嗎？」

「那有這樣簡單。今年大專畢業的男生們都去受軍訓，女的都留了下來。」他答非所問的，難為情地微笑着說：「要不是，我們兩個都閒着，我還沒有這樣着急哪。」

「讓我幫你問問看，」表叔正色了起來，側着頭想了一想說：「這樣，我替你寫一個卡片，你先去那個廣告公司辦一辦手續，要保的話，到我這裏來，」他說：「明後天你再來一趟，明華的事說不定有希望，同時，你先問問明華，私人機關願不願做？」

「這表叔您看着辦好了，那有不願的道理。」

「有些人是不願意的，」表叔抽着煙說：「不過我看哪，反正現在沒有事，不妨有事就先做，然後騎馬找馬，總比較好些。」

「就是這樣說哪，」明之笑了起來。他感到表叔的親切與懇摯：「反正表叔您先知道，騎馬找馬，……」

叔姪之間沒有了隔膜。聊了一些不相干的閒話以後，他告辭了表叔回家。走出大門，他的脚步變得輕快起來。他吹着口哨，不時摸摸那張卡片。他走得很快，幾乎高興得撞上了對面開過來的那輛十輪大卡車，而不得不使那輛軍車的司機來個緊急刹車。從那刺耳的尖聲裏，他瞟見司機的嘴在蠕動着，眼睛直瞪住他。他知道是自己錯了：怎麼在不知不覺中走上了快車道？於是他敵不過對方的眼光而把頭低了下來，急急的溜回慢車道來。

回到家裏，明華在煮午飯。壞消息怕別人傷心而常被隱瞞，佳音的處理却正相反，何況兄妹倆日夜在計算如何才能得到一份職業。——謀職的本身是一種學問，絕不是像他(她)們那樣祇憑希望與失望就可以懂得的。——因此這個佳音幾乎使明華忘了端下已煮成的飯鍋。吃飯的時候，他們覺得碗裏青菜的滋味比那一天都要好。

「你說表叔的話到底是不是真的？」明華竭力為自己顯得週密地考慮地，雖然自己已不懷疑，而仍謹慎地問哥哥：「別又是敷衍敷衍你？」

「我以前也曾這麼想，」明之否定妹妹的疑問：『信任自己，同時也得信任別人』。」他從竹床旁邊那張小桌上抽出一本紀念冊，翻出一頁來指給妹妹看。這是別人送給他的格言。

「想不到這份職業能醫治你的剛愎病。」妹妹放下了僅有的不必要的懷疑，承認這兩句格言的準確性，然後揶揄哥哥。

「人是可以改變他的看法的。」明之看看妹妹，自信地微笑着說：「奧斯卡．王爾德說：『我沒有認識你以前，我已經改變了很多了。』對於表叔，我可以這樣說：『我見過他以後，我已改變了很多了。』」

「我看不但改變了很多，恐怕已全部改變了吧？」明華譏諷地說。

「也可以這樣說。」他說：「你難道不這樣想？」

「我沒有改變。」

「什麼？」哥哥奇怪地：「你以為表叔會騙我？」

「我是說，我一開始就沒有把他想做壞成什麼樣子。」她故意綳起面孔回答。然後，兩個人同時笑出聲來。

事實告訴他們表叔的話是真的。當天下午，明之按着表叔卡片所示的地址在那個廣告公司老闆的公司裏獲得了職業。一切都跟表叔所說的一樣：老闆給他一份保證書。

「手續關係，」老闆笑着說：「善祥兄——他表叔的大名——是老朋友了，還有什麼問題？——找他蓋個章就成，」他送明之走出大門：「手續關係，嘻嘻，手續關係。」

「這是應該的。」明之微笑着回答，辭別了老闆，轉向表叔家裏來。

俗話說「福無雙至，禍不單行」，這句話倒也不一定可靠。禍事可能不單行，但福無雙至却不一定。要不然，人家為什麼又要說「雙喜臨門」？事實推翻了這個論斷。

「明華的事我已給她講好了，」表叔在保證書上蓋上章還給他，同時又給他一封介紹信：「就是這個公司，」他指着他寫在信封上的字：「你叫明華自己去看他就是了。」

「謝謝你，表叔，」明之看了看信上的公司名字，由衷地感激道：「什麼工作？」他知道耀華公司在臺灣是一家待遇最優厚、私人設立的龐大的企業公司。他曾聽別人說，那是一個在大陸上做過幾任糧官來臺的寓公所設的。許多人謀職第一是希望去拿美鈔的外國人或是美援機構，第二就是這個私人機關，因為它的待遇跟美援機構差不了多少。但許多人都是可望而不可即的。現在明華却能這樣容易的得到了這份職業，證明了表叔是既有辦法又肯竭力幫別人的忙。

「總是筆頭上的工作吧？」表叔又摸着他那肥碩的下顎，指指信上的人名說：「今天早上我見了王經理，倒沒有仔細問他。」

「那麼我叫明華明天就去看他。」他把信放進口袋。

「早點去也好。」表叔跟他走出來：「祗是有一樣，——……」

明華站定了下來，抬起頭靜待着表叔的話。

「進去以後，可不要隨便就不幹。」

「這不會的。」明之鬆了一口氣。

「這與我的面子有關，」表叔說：「明之，你是我的表姪，我可以這樣講，普通人想進都進不去，要不是我的姪女，我才不管這事勒，是嗎？……」

「這，我當然曉得。」他插進了一句。

「因為這樣的話，人家要說我是開玩笑，那麼以後做人也就難了。……」

「我知道，表叔。」

「並且，社會上不比學校裏，可以由得你使性子，這可不成。進社會做事，有時難免得受點氣，這是說不定的……。」

明之點點頭。

「所以有時候，得忍着點兒。知道嗎？」表叔看姪子同意了自己的話，就下了結論：「好，那麼有空就跟明華到我這裏來玩。」

「嗯。」他又點點頭，然後走了出來。愉快地吁出了一口氣。兩天裏解決了兩個人的職業問題，福無雙至的話自然是錯誤而又荒謬的。

第二天八點多鐘，明華已經端坐在耀華公司經理辦公室外面的會客室的椅子上了。

她本來低着頭，但是她感覺那個大辦公室裏的職員們都在用奇怪的眼光瞪視着她。她抬起頭來，證實了自己的直覺並沒有錯。於是她祗好立刻再低下頭去。並且像做錯什麼事一樣的突然臉紅起來。這給她的不安是顯然的，但她又不能走出去。因為當她走進公司向人詢問經理的時候，一個職員告訴她到這裏來找李秘書。李秘書又告訴她說王經理還沒有來，給她倒了一杯茶，要她在這裏等，並且不時的從辦公室裏跑出來告訴她，說王經理馬上就要來了。於是她祗好呆呆地坐在那裏。

這難堪繼續了很久。半個鐘點以後，李秘書才來說王經理來了，請她進去。她跟他走了進去。一個肥胖而顯得營養很好的人，穿着合身而筆挺的西服，坐在那張大而漂亮的辦公桌的面前，披閱着當天的報紙。

「這位是王經理，」李秘書給她介紹，轉向王經理：「這位就是王善祥先生介紹來的吳小姐。」同時把介紹信跟履歷片代她遞上去。

王經理放下了手裏的報紙，抬起頭來。

「喔，請坐。」他把手向自己對面的那張椅子伸了一伸。

明華有點拘束地坐了下來。她注視着對方看信的神色。然後，他又看履歷片。最後他才又抬起頭來。

「吳小姐剛畢業？」王經理皺着他那胖胖的臉皮

微笑着同她寒暄：「願意到我們這裏來幫忙？很好很好。」

「嗯，」她想不出該向一個陌生的上司說些什麽，於是迸出一句說：「不過我什麽都不懂，還要請王經理多多指敎。」

「不必客氣，我已聽說吳小姐的才氣驚人，」胖子繼續着他的笑臉：「善祥兄是老朋友了，不成問題，不成問題。」

「謝謝王經理。」明華感激地說。

「那裏，我以後靠您的地方多着呢！」他笑着，覺得沒有什麽再寒暄的了：「你今天就上班吧？」他看明華服從地點了點頭，於是在桌上拿起鋼筆，拉過張紙，蘸了蘸墨水就寫了起來。他寫了幾個字，發覺這只筆尖已經不能用了而停了下來。然後叫李秘書爲他換上一只新的，重又繼續寫下去。

「李秘書，」他把那張人事命令交給那位秘書：「林小姐的離職手續辦完了吧？」他看對方點點頭而轉向明華說：「好，你跟李秘書去就是了，」然後又關照李秘書：「你帶吳小姐去坐原來林小姐的桌子，同時給她介紹介紹同事。」

「謝謝您。」明華再度的向王經理致謝了以後，就跟李秘書走了出來。

當天晚上，兄妹倆都沒有睡好覺。當然表叔的竭力幫忙，使他倆感激萬分，而最愉快的却是匱乏之虞已成過去，相當美好的遠景已在他倆的前面亮起，而使他倆興奮過度所致。

一個禮拜六，明之塗完了最後一筆油彩，脫下工作服，點上一枝香煙。別人都早已下班了，但他稍微遲了一點。因爲他要把那個廣告畫上的人像畫好。這正如同文學家們的寫作一樣，某些部分如不一氣呵成，或者告一個段落，那麽前後的思維與靈感很難連貫，而使作品起質的變化。對於一個藝術工作者，卽使是一種應用美術，他也希望作品能代表自已的創造性與藝術性，而不會重視工作的時限。何況這項工作就是放下來，到第二天上班仍是自己的事。於是他多躭了一個鐘點。但等他抽了半枝煙以後，他突然想起今天要跟明華去看電影。因爲平常大家都很忙，晚上各人要做點自己的事。前幾天他畫「曲終夢回」的廣告，順便看了這個故事的介紹，知道這是一張好片子，於是兩人決定今天晚上去看，並且明華在早上就把票子買好了。現在他想起來了，於是立刻站起來，跳上一輛三輪車就走。

明華早已吃完晚飯。「你看祗有二十分鐘了，」她看見他就埋怨，迅速的爲他搬出晚飯：「快吃吧，眞是的！還說討厭那些在開映以後才進場的人呢，你看你自己！」

他沒有回答，向她扮了一個鬼臉，坐下來就吃。

「人家費多大勁才擠來兩張票，你却滿不在乎，這樣慢吞吞的，」她在他的對面坐下說：「唉，眞急死人！」

「你總得讓我把飯吃完呀，」他笑着說：「否則誰給我吃？」

「那是你，我要看電影時可以不吃飯。」她說。停了一下，她又說：「對了，今天王經理說他同他太太要請我吃飯。」

「爲什麽？」

「他說我工作得很好，她太太很願意見見我。」

「幾時？」

「他本來說要今天，可是今天我們要去看電影，我就說有事。他又說明天，我祗好答應下來。」她站起來走了幾步：「其實我眞不想去。」

「人家是好意，跟表叔又是很好的朋友，」明之說：「當然要去。」

「我也這麽想。表叔跟王經理來往得很密切呢，他幾乎每天都來耀華。」

「在家靠父母，出外靠朋友。」明之說：「多少受過高等敎育的人，都不肯認朋友了，倒還是像表叔他們那種少喝幾年墨水，做做生意，還誠誠心心的對待別人，眞正的交些朋友，唉。」

感嘆了世風日下，明之開始把第二碗飯搶進嘴裏：無論如何，吃飯到底還是第一。

果然不出明華所料，當他們趕到電影院時，已經開映了五分鐘。場子裏一片漆黑，跟着女侍跌跌撞撞的找到了座位，那個序曲已經快成尾聲了。

「你瞧，都是讓你給躭誤了。」明華低聲的二度埋怨哥哥。

明之沒有講話。從前排飄過來一陣笑聲與煙味使他感覺討厭：有些人是喜歡在公共場合妨碍別人的自由的。他不喜歡。

「這妞兒多半有男朋友。」一個極熟悉的聲音從剛才飄過笑聲來的地方傳了過來。於是她轉而注意着說話的人，從黑暗中分辨出那正是王經理。她怔了一下，注意聽他的下文：「要不然，今天怎麽不肯來？」

「管他這個幹什麽，」坐在胖子旁邊的另一個男人說：「她答應了你不就得了嗎？——那一天都可以，您別性急。」

明華正想仔細的分辨分辨這另一個人是誰，明之却忽然撞了她一下：

「噯，」他用嘴向前面呶了一呶，附在明華的耳朶上說：「我那廣告公司的老闆坐在前面呢！」

「不要出聲，聽他們說，」她用更輕的聲音向明之說：「另一個是王經理。」

優美的歌劇音樂暫時已不能使他倆欣賞。現在他倆所要注意的，是前排在排演着的活劇。

「便宜了王善祥這小子。」胖子噴出一口煙又說。

「魚與熊掌，不可得兼，」廣告公司老闆意味深長地笑着說：「總不能人財兩得呀！」

「老兄，去年的一萬跟今年的一萬可不同呀，算它三分利，你算算是多少？而且，錢總是錢呀！」

「啊呀，你大經理這一點錢算什麼呀，倒是眞的，」廣告公司老闆側過頭來：「你跟她說你太太要見見她，到時候怎麼辦？別說你太太將來會知道，就是永遠不知道，你明天對那個妞兒用什麼話來搪？」

「啊呀，你眞是聰明一世，糊塗一時？阿桂是幹什麼的？我早就跟她講過，明天借她的客堂用一用，她麼，就冒充一下我的太太。」

「這妖怪又要一筆錢嘍！」

「五百。噯，她們這種生意人不爲錢爲什麼？」胖子得意地：「所以說哪，我這代價也不小呀，賺錢是容易的？」

「可是你有把握使那個妞兒就範？——假如不能，豈不是駝子摔交，兩頭落空？」

胖子把頭靠過去，向他那位好朋友的耳朵上咬了一陣。

「這還不成？」他笑了起來：「這還不成，我放過王善祥？」

「對！妙極了！」搭檔坐正了一下姿勢：「祝你明天馬到成功！」

兩個人同時大笑起來。那種放浪形骸的舉動幾乎掩蓋了電影音樂的旋律，而使四座的人不得不用厭惡的眼光來打量他們一下，然後再無可奈何的回過頭去。

就在這時，明之跟明華努力的抑制着他們的憤怒，拖着沉重的脚步，丢棄了他們最喜歡聽的音樂，悄悄的走了出去。

星期一，明華安心的在辦公室裏坐了下來。她整理着自己的抽屜，然後拿起筆來在紙上寫着。她寫完了，放在桌子上，拿出一本書來看。大約九點鐘的時候，李秘書來叫她到經理室去。

「我很抱歉，」她沒有等滿臉不高興的經理開口，就先說了：「昨天因爲臨時有一點事，所以沒有能遵命……」

胖子看了看她，沒有講話。

「同時，我因爲最近身體不好，想休息一陣子。」她把剛才寫好的辭呈拿出來：「怕躭誤公司裏的事情，所以我想了很久，還是辭職的好。」

對方依舊沒有講話，祗是看着她。

「這幾個月承王經理關照，我很感激，」她裝着笑說：「謝謝王經理。」

「我看你的精神是不大好，」胖子開口了：「其實，你不必一定要辭職，就請幾天假休息休息也可以。」明知她不會這樣做，落得做一個順水人情。

「不，謝謝王經理，」她簡單而堅決的說：「我想還是不要躭誤您的好。」

「那麼也好，」沉默了一會，胖子拿起桌上的鋼筆蘸了蘸墨水，在她的辭呈上畫了兩個字：「李秘書，這筆尖又不行了，換一個新的，」他抬頭向李秘書叫着，然後又向她說：「以後身體好了，有機會還要請吳小姐幫忙。」

「那是應該的，」明華向對方彎了彎腰：「謝謝王經理。」

雖然丢了職業，但今天明華心裏非常平靜。上午忙着一些家庭瑣事，下午就睡了一個午覺。這跟前天晚上的心情完全不同。前天晚上的情緒，那簡直是不堪想像的，現在，她已明白王經理的一切的好意可以用這四個字來解釋：原來如此！憤怒的激動過後，第二天她決定不赴胖經理的宴會。她考慮到了後果，於是她決定辭職。「當然，眼前的情況也許是並不嚴重，」她想：「但不能老是站在獅子的門牙上舐口水來求生！」然後她告訴哥哥自己的決定，跟他商量。

「那是一定的，」明之在仔細的考慮以後點上一枝煙：「也祇有這樣，省得別人開口也好。」他同意了妹妹的決定，而讓她今天向王經理提出了辭呈。

因此她的心裏現在寧靜得很。唯一的顧慮是，她失業了，以後將怎麼辦？不過明之的繼續工作將使他倆仍能維持一個比較可以的生活，同時這幾個月來，優厚的待遇也使她稍稍的積下了一點錢，所以目前還不成問題。因此準備了晚飯以後，她決定今天晚上再跟明之去看一次「曲終夢回」，以補償前天的損失。她想今天一定要早一點去，免得再匆匆忙忙。

似乎知道妹妹的想法，明之今天回來的很早！比往常要早上半小時。他吹着口哨，慢吞吞的走回家裏。進了房間，他把掛在肩上的上衣往床上一丢。坐了下來，從褲袋裏摸出一枝煙來抽着，很久很久，他只是抽着煙，一聲不響。

「吃飯了，」妹妹喊他。

明之把煙弄熄了，走過來幫他的妹妹端菜，拿飯。然後，又是沉默的吃着飯。

「幹什麼不講話？」明華說：「我們今天再去看一次『曲終夢回』——現在我失業了，」她開玩笑地說：「你請客好嗎？」

明之抬頭看了看他的妹妹。

「我也不够資格請客了。」他淡淡的說。

「什麼？」她幾乎跳了起來：「爲什麼？」

「今天上午我把那幅廣告畫趕好，老闆下午又拿來一幅，說要我馬上動手。我也不是機器，」明之聲音高了起來：「剛趕完那幅，很累很累，我知道那個電影還不上演，所以想明天畫，可是那傢伙不肯，一定要我今天畫。這不是存心找蹩扭麼？我心裏很氣，就跟他吵了一架，——他就請我另就高位。哼！」

「爲什麼這樣不講理呢？以前也這樣的嗎？」明華問他。

「以前？」明之看了看他的妹妹：「以前你在耀華，他才客氣哪！」

「怎麼？與我有什麼關係？」

明之淡笑了一下。

「我做了一個傻瓜，」他放下了飯碗：「明華，我眞佩服表叔。怪不得他那時要你『不要使性子，忍着點兒』，哼！」

「到底怎麼回事呀！」她說：「你快說嘛！」

「那天晚上那傢伙不是說表叔欠他一萬多塊錢嗎？」他注視着明華：「這筆錢哪，也是一筆糊塗賬！我們那位老闆是經手人。那個電話接線生小馮告訴我說，今天你們那位寶貝經理打電話來，要他負責歸還。當然，那是因爲你昨天沒有去，今天又辭了職，弄得他啼笑皆非，所以找上他，非要他立刻想法把我辭掉不可，否則就要錢。……」

「他應該還錢，不應該這樣做！」明華氣憤的說。

「你呀，到底還是小孩子。他要的就是把我辭掉，那裏是想收回這筆錢？別說這筆錢他還不出，——你別看他們什麼公司什麼經理的，都是說的好聽！除了你們那位寶貝經理眞有點錢以外，表叔他們都不曉得到底怎麼樣呢，高利貸，吃利息，倒賬，虧空，那對於商人是太不希奇了。他還錢？——就說他們還得出吧，他們肯還嗎？」

「那怎麼不肯？自己的事爲什麼要犧牲不相干的別人？」明華更生氣了。

「誰說不相干？」明之反問他的妹妹：「我的職業，你的職業，還不是都爲他們自己打算？不過我實在佩服表叔，」他重複的說着表叔，慢吞吞而重重的說：「要不還錢麼，就要利用姪女。要利用你麼，就得先安置我。這樣，名正言順，天衣無縫。」他淡笑着說：「現在陰謀不成，當然不必再讓我來佔便宜。」

「什麼便宜？你憑本領換飯吃！——我眞恨表叔！」突然她叫着哭了起來：「我恨他！恨他！恨他！……」

「其實，表叔也許並沒有錯。」明之收拾着桌子：「我想錯誤在我們自己。我們常把正確的判斷認爲錯誤，把錯誤的看成正確。」

兩個人都沉默了。從初次去表叔的家到今天爲止，一切的情形重又浮現在他倆的眼前。的確，一切的估計與看法都是錯誤的。這些情形證明了一件事，那就是說，經驗是沒有用的。人，總常常重複他自己的錯誤。(完)

(上接第23頁西德通訊)

一九三三年，希特勒攫取政權以後，他負着刺探納粹軍事情報的任務潛回德國。時至今日，他仍津津樂道當年來往柏林、華沙之間收集情報的往事。他得意的說：「我經常是乘納粹密警（Gestapo.卽 Geheime Staatspolizei 之簡稱）的專車，但總沒有人敢於盤問我，只要我狠狠的瞪他一眼。因此我便有很好的機會與納粹密警頭腦們談些有關軍事的問題。

西班牙內戰爆發後，蔡塞爾以「高邁斯將軍」(Gomez 西班牙大姓之一）的化名，被派赴西，指揮第十三國際共產縱隊，與佛朗哥將軍麾下的反共十字軍作戰。未幾，他便擢陞爲國際共產志願軍的參謀總長。在每一個吃緊的崗位上，他都置有政治委員一人。凡是稍微不穩的將官和士兵，他都毫不顧惜的予以槍決。

二次世界大戰中，史太林格勒之役，衆多納粹將領被俘，史太林曾下令建立一個反法西斯訓練所，給這批高級俘虜們換腦筋，將來好爲共產主義效勞，蔡塞爾卽被指定擔負此一任務。因爲他具有一副天生的普魯士軍人的氣慨，所以他與被俘的軍官相處得很好。不少高級將領因了他豪爽的態度及雄辯的口才終被說服。一百多業已獲釋的將官，現正在東德新軍中擔任着重要的角色。

一九四九年他與貝利亞等克里姆林宮領導人物商討了建立蘇維埃式新德意志人民共和國的計劃後，便返回柏林。毫無動靜的兩年內他便完成了S·S·D組織。同時他又從人民警察中選拔出五萬名訓練有素的人員，作爲東德新軍的基幹，此一新軍，現已建成，且已具有最新式之裝備。

此時此地，這一位沉默寡言愛穿棕色皮外套的彪形大漢照在西歐國土上的陰影是越來越大了！

書刊評介

中西交通史第一冊

國民基本知識叢書　方豪著　定價十八元　中華文化出版事業委員會印行

祝　封

本書共分十七章，計二四八頁。敍述自史前時期至南北朝之中國和西方的交通歷史。本書所稱之西方，據首章導言，爲中國迤西部份兼及東南亞南洋等處。所謂交通，據作者之意，應相當於英語之 Relation 或 Intercourse，名爲交通史，實可稱作關係史。

作者對於中西交通史花過長時間，有很精深的研究，久已蜚聲中外，爲國際間所一致推崇的中西交通史權威。作者從前發表過的論文，編印爲方豪文錄和中外文化交通史論叢，以及到臺灣以後在各學術刊物上發表的論文，大多數是討論中西交通史以及和它有關問題的。那些論文不僅是中西交通史權威之作，也替我國學術界爭回不少榮譽，因爲在這一方面，我們較之法日諸國落後很多啊。

過去別人曾經有過一部中西交通史料滙篇，和一兩本小冊子中西交通史。前者失之太繁而不知別擇，後者又太簡略，不足以滿足讀者的要求。像作者這樣精心結構寫一部深入淺出，詳明扼要的中西交通史，還是我國自有中西交通史研究以來所未曾有之事。

作者在開首的導言中，詳述中國學者對於西北與域外史地的研究，以及歐美日本學者對於中國的研究，以說明中西交通史研究興起的原因。雖然這是爲了說明這門學問的淵源，而由此可知作者對於過去的關於這方面研究的成績探討得如何深邃了，尤其對於歐美和日本學者的研究敍述，簡直可以作一篇歐美日本漢學小史讀。本書單就利用前人成果一點上說，也是超越前人多多，這自然還是由於作者語言工具豐富的緣故。

本書不但利用了英文、法文、日文……現代語言著作，而且還利用了拉丁、希臘等古代語文的史料，本書中可舉之例甚多，尤以第十四章公元前後希臘羅馬作家關於中國之稱述各節所引材料，足以表現作者在這方面的貢獻。他不但翻譯了許多希臘和羅馬作家的記載，使我們知道在耶穌降生前後時候，希羅人對於中國的認識和瞭解，也更正了前人繙譯的錯誤，眞是極可珍視的收穫。如本書頁二〇一，引愛利脫利亞海周航記「每年有矮人到秦國邊境，這些人面部寬大，而極聰明。」交通史料滙篇誤譯爲「與禽獸相似，然不害人。」又「他們卽用他們的大筐以代床用。」滙篇誤譯爲「取籃中物，散之地面。」又頁二〇二引托勒密地理書「世上無人類居住的地方」，滙篇誤譯爲「人類可居的地方」。如果不是作者去檢對原文，滙篇的訛誤恐怕要一直沿用下去。

作者綜合自己以及前人關於中西交通史研究的成績，寫成本書。在每一個問題上，別擇前人成說加以判斷利用，本不是一件容易事。而作者胸有成竹的羅列衆說，就證據情理各方面詳細推勘，無不一一穩妥得當，使讀者知道每一問題有幾種不同的說法，在這些不同說法中，那一說可信，那一說荒唐。如第二章史前史上兩問題討論，(一)中國人種由來，(二)中西彩陶關係，就足以表現作者搜集的豐富和判斷的正確。又如第十二章漢對黎軒之認識，作者綜各書記載及後人之考證，加以分析判斷，對於這一個在中西交通史上極爲複雜的問題，剖解得異常淸楚，告訴讀者許多誤解的由來。又第十三章漢與大秦之關係，論到大秦的記載和考證，其分析之淸楚，也和上一章一樣。在這些地方，作者處理史料愼重，考據史料的精密，都使讀者可以親切的體會到。假使讀者能細心玩味的話，我想除了得到中西交通史的常識以外，應當從這裏悟到不少研究史學的方法。全書各章中均有類似的表現，當留待讀者自去欣賞，恕不列舉了。

筆者尤喜讀本書第九章漢通西域之其他效果，覺其中各節所說漢武帝伐大宛之動機，實在是極透闢的議論，足以破前人許多謬論，眞有並剪哀梨之妙。作者說：「或謂武帝之伐大宛乃爲求仙，一若求仙乃其發兵之動機。實則斷匈奴之右臂，以防匈奴之入侵，爲武帝最早之計劃，亦卽其派使張騫之最大目的，方士借此機會以蠱惑之，結果乃造成爲有效之鼓勵，促成此空前偉業。故求仙非最早最要之動機與目的；及求仙不成，而良馬已得，於是乃改良馬政，是改良馬政亦爲結果，而非動機；至於因交通線之開闢，並聞羅馬人樂用中國之綢，於是絲綢乃獲大量輸出，是亦武帝經營西域效果之一，乃亦有謂張騫西使實係考察經濟者，寧非倒果爲因乎？」以下先論求仙思想之幻滅，次論戰馬之補充與改良，再論絲絹之大量西銷，對於中外學者對漢武帝伐大宛通西域的動機所持的誤說，一一引證駁斥，平正通達，足以見出作者識力過人。

本書引用材料，極爲繁富，這是作者積多年的功力，苦心搜訪的結果，自不待言；而引用到一九五〇年馬伯樂 Maspero 的 Etudes Historiques 和最近出版的格魯賽 Grousset 著的 De la Grece à la China 這兩本書，在自由中國恐怕讀到的還不很多吧！

總之，本書是自由中國最近出版的史書中，最值得推薦的一部好書，筆者未能詳細列舉它的優點，上面也不過是一鱗一爪而已。希望在不久的將來，作者將二冊三冊四冊陸續寫出來，使人們得窺全豹。最遺憾的，是本書沒有圖，祇有一幅地圖，減色不少，也希望以後能設法補救。

第八卷　第十二期　內政部雜誌登記證內警臺誌字第一九號　臺灣省雜誌事業協會會員　四〇四

給讀者的報告

由於當前國際局勢之令人憂惑，本刊上期卽會以大部份的篇幅來討論世局的趨變。本期我們編輯的重點將仍然着重在這一方面。最近半月之間，韓境停戰談判急轉直下。美國政府居然在英國與印度這些國家的壓力之下，罔顧韓國朝野一致堅決的反對，指令聯軍代表，於本月八日與共方代表簽訂換俘協定。自艾森豪總統就職以來，我們沒有聽到比這更令人失望的消息了。另一方面，擬議中的百慕達三巨頭會議已在積極籌備之中，一俟法國閣潮平息，卽將「擇吉」開會。雖然美國政府一再表示決不在未來任何政治性的會議中作任何片面決定，凡有關西德、南韓與中華民國的任何處置，均必須徵得各該國的同意。艾森豪總統且主動的提出排定議程與會後發表公告兩項明確有力的建議。誠澄清了世人不少的疑慮。然而以邱吉爾的老謀深算、惟利是圖，美國會不會在未來會議中，因英國之壓力而改變其外交政策，證之此次美國在韓戰和談中的表現，則仍然不能使人釋然於懷。歷史雖然未必重演，然人類確常重複其錯誤。是以値此百慕達會議召開前夕，吾人不得不再三提醒美國政府。爲美國之威望計，爲自由世界之生存計，不僅應避免重演慕尼黑之錯誤，更應進一步把握三巨頭會議之時機，圖所以團結之道，加强民主國家之陣營，以對抗共黨之侵略。在本期社論裏，我們首先籲請美國政府萬勿犧牲韓國人民之願望，捨棄正義之立場，而換取不可恃的暫時休戰。因爲這樣的停戰不但已違背了光榮停戰的原則；而且使鐵幕內億萬渴望自由的人民灰心失望。在蔣勻田先生與朱件耘先生的兩篇大文中，其意見更是不謀而合，一致主張美國在百慕達會議擧行時，主動地消彌民主陣營間對蘇政策之歧見，進而草擬一個民主國際的憲章，確立全球的攻勢政略，以保衞全人類之自由。美國居民主國家之領導地位，其行動關係世界之安危，是吾人之所以不能不鄭重言之也。

本期其餘幾篇論著亦都是分量很重的文字。殷海光先生的「治亂底關鍵」，雖是「中國的治道」一文之讀後，實則洋洋灑灑，屹然成篇；且復語重心長，發人深思。讀此文後，使對中國歷史悲劇的根源，便更可了然了。

「公職候選的考試問題」，是當前有待商榷的一項問題。而且也是關係民治前途的重要問題。上次中國政治學會開會時，對此曾有所討論。薩孟武教授是國內政治學權威，他的意見該受到應有的重視。

「俄國與西方的對壘」是史學大師陶比教授的原作，本文從史學的觀點，對俄國與西方的對壘提供了另一新的解釋，從這裏，我們不難獲得對抗俄國侵略的有效對策。

本刊售價

地　區	幣　別	每册價目
臺　灣	臺　幣	4.00
香　港	港　幣	1.00
日　本	日　圓	100.00
美　國	美　金	.20
菲律賓	呂宋幣	.50
馬來亞	叻　幣	.40
暹　羅	暹　幣	4.00
越　南	越　幣	8.00
印　尼	新荷盾	3.00

自由中國 半月刊 第八卷第十二期 總第八十七號

中華民國四十二年六月十六日出版

發行人兼主編　『自由中國編輯委員會』

出版者　自由中國社

社址：臺北市和平東路二段十八巷一〇號
電話：二八五七〇

航空版　香港時報社

經售者

- 臺灣　自由中國發行部
- 美國　中國書報發行所
- 紐約民氣日報社
- 舊金山少年中國晨報社
- 芝加哥中國出版公司
- 日本　東京僑豐企業公司
- 韓國　釜山草粱洞新泰行
- 馬尼剌　大中華日報社
- 印尼　椰嘉達星期日報
- 椰嘉達天聲日報
- 棉蘭繁華圖書公司
- 越南　西貢中原文化印刷公司
- 越南華僑文化事業公司
- 暹邏　曼谷攀多社十二號
- 緬甸　仰光振成書報店
- 印度　孟買梅亞號
- 加爾各答塔梅學校
- 澳洲　雪梨瑞田公司
- 北婆羅洲　馬拉奕坡美芝律聯華公司
- 新加坡　中與日報社
- 檳榔嶼、吉打邦均有出售

印刷者　精華印書館

廠址：臺北市長沙街二段六〇號
電話：二三四一二九

本刊經中華郵政登記認為第一類新聞紙類　臺灣郵政管理局新聞紙類登記執照第二〇四號　臺灣郵政劃撥儲金帳戶第八一三九號

自由中國
第七集

第八卷第一期至第八卷第十二期
1953.01-1953.06

數位重製・印刷　秀威資訊科技股份有限公司
http://www.showwe.com.tw
114 台北市內湖區瑞光路 76 巷 65 號 1 樓
電話：+886-2-2796-3638
傳真：+886-2-2796-1377
劃　撥　帳　號　19563868　戶名：秀威資訊科技股份有限公司
讀者服務信箱：service@showwe.com.tw
網　路　訂　購　秀威網路書店：https://store.showwe.tw
網路訂購：order@showwe.com.tw

2013 年 9 月
全套精裝印製工本費：新台幣 50,000 元（不分售）

Printed in Taiwan

本期刊僅收精裝印製工本費，僅供學術研究參考使用